MEGASTÄDTE DER DRITTEN WELT IM GLOBALISIERUNGSPROZESS
Mexico City, Jakarta, Bombay – Vergleichende Fallstudien in ausgewählten Kulturkreisen

ABHANDLUNGEN ZUR GEOGRAPHIE UND REGIONALFORSCHUNG

herausgegeben von Karl Husa, Christian Vielhaber und Helmut Wohlschlägl
Institut für Geographie der Universität Wien

Schriftleitung: Helmut Wohlschlägl

Band 6

Megastädte der Dritten Welt im Globalisierungsprozeß

Mexico City, Jakarta, Bombay –
Vergleichende Fallstudien in ausgewählten
Kulturkreisen

herausgegeben von
Karl Husa und Helmut Wohlschlägl

mit Beiträgen von
Martin Heintel, Heinz Nissel, Christof Parnreiter
und Günter Spreitzhofer

Wien 1999

In diesem Buch sind Ergebnisse des im Auftrag des Bundesministeriums für Wissenschaft und Verkehr in den Jahren 1996 bis 1998 durchgeführten Forschungsprojekts „Migration in Megastädte der Dritten Welt. Vergleichende Fallstudien in ausgewählten Kulturkreisen" (Projektleitung: Ao. Univ.-Prof. Mag. Dr. Karl Husa und Ao. Univ.-Prof. Dr. Peter Feldbauer; Auftragnehmer: Institut für Geographie der Universität Wien) publiziert. Dem Bundesministerium für Wissenschaft und Verkehr sei für die Finanzierung und Förderung dieses Projekts und für das rege Interesse an den Untersuchungsergebnissen sehr herzlich gedankt.

Die Deutsche Bibliothek – CIP-Einheitsaufnahme

Megastädte der Dritten Welt im Globalisierungsprozeß:
Mexico City, Jakarta, Bombay – Vergleichende Fallstudien in ausgewählten Kulturkreisen / [Institut für Geographie der Universität Wien]. Hrsg. von Karl Husa und Helmut Wohlschlägl. Mit Beitr. von Martin Heintel ... – Wien : Inst. für Geographie, 1999
    (Abhandlungen zur Geographie und Regionalforschung ; Bd. 6)
    ISBN 3-900830-40-1
NE: GT

ISBN 3-900830-40-1

Alle Rechte vorbehalten

© 1999 by Institut für Geographie der Universität Wien
A-1010 Wien, Universitätsstraße 7
Schriftleitung: Helmut Wohlschlägl
Redaktion: Karl Husa und Helmut Wohlschlägl
Textverarbeitung: Helga Hinterberger
Satz und Layout: Helga Hinterberger
Graphische Endbearbeitung: Walter Lang
Umschlaggestaltung: Walter Lang, unter Verwendung eines Fotos von Karl Husa
Druck: Copy & Druck Ges.m.b.H., 1160 Wien
Printed in Austria

Inhalt

Megastädte der „Dritten Welt" im Globalisierungsprozeß – einige Vorbemerkungen (Karl Husa und Helmut Wohlschlägl) 11

Christof PARNREITER
Globalisierung, Binnenmigration und Megastädte der „Dritten Welt" – Theoretische Reflexionen 17

1. Ökonomische und soziale Aspekte von Globalisierung 18
    1.1 „Neue Internationale Arbeitsteilung" und Transnationalisierung der Produktion 18
    1.2 Expansion und Integration der Finanzmärkte 21
    1.3 Der Hintergrund: Krise des Fordismus 24
    1.4 Verschärfte Konkurrenz und soziale Polarisierung 26
2. Globalisierung, Entwurzelung und Migration 28
    2.1 Entwurzelung und Entstehung von Migrationspotentialen 30
    2.2 Arbeitskräftenachfrage als Auslöser von Migrationen 33
    2.3 „Brücken" und die Formierung eines transnationalen Raumes 35
    2.4 Kann von internationalen Migrationen auf Binnenwanderung geschlossen werden? 37
3. Globalisierung, „World Cities" und Megastädte 42
    3.1 Neubewertung des Raumes und Erosion des Nationalstaates 42
    3.2 Der Aufstieg der „Global Cities" bzw. „World Cities" 44
    3.3 Die Megastädte der Dritten Welt: Abseits der Globalisierung? 47
Literatur 52

Christof PARNREITER
Megastadtentwicklung, Globalisierung und Migration – Fallstudie Mexico City 59

1. **Nationalstaatliche und regionale Rahmenbedingungen** 61
2. **Dynamik der Megastadtentwicklung – Fakten, Strukturen und Trends** 65
    2.1 Von der aztekischen Metropole Tenochtitlán zur größten Stadt der Dritten Welt 65
    2.2 Krise und ökonomische Umstrukturierungen ab 1970 70
    2.3 Soziale und räumliche Polarisierung 74
    2.4 Verlangsamtes Stadtwachstum und Veränderung der Zuwanderungsmuster 77
    2.5 Der Hintergrund: Von der nationalen Industriemetropole zur „Global City"? 91
        2.5.1 Die Krise der importsubstituierenden Industrialisierung 91

2.5.2 Die neoliberale Modernisierung: Globalisierung, Wiedererstarken der Industrie und Boom der produktionsbezogenen Dienstleistungen 98
2.5.3 Mexico City – eine „Global City"? 104
2.5.4 Globalisierung und Polarisierung 108

3. **Migrationsmuster in Mexiko – Kontinuität und Wandel** 111
    3.1 Die Migrationen im historischen Rückblick 112
    3.2 Die Binnenmigrationen seit 1970: Stabilität und Veränderungen 119
    3.2.1 Das Migrationsvolumen: Abrupter Anstieg ab 1990 119
    3.2.2 Die Migrationsmuster: Anhaltende Trends, jähe Brüche und Umorientierungen 121
    3.3 Der Hintergrund I: Interpretationen für den Anstieg des Migrationsvolumens 132
    3.3.1 Krise der Landwirtschaft, Entwurzelung und Migration 136
    3.3.2 Arbeitskräftenachfrage als Migrationsauslöser 151
    3.4 Der Hintergrund II: Interpretationen für den Wandel bzw. die Kontinuität der Migrationsmuster 154
    3.4.1 Neue Zu- bzw. Abwanderungsmuster in Mexico City 154
    3.4.2 Die neuen Zuwanderungsziele 159
    3.4.3 Die Kontinuität der Migrationsmuster: Migrationsnetzwerke und „Brücken" 161
    3.5 Stadtentwicklung und Immigration – Immigration und Stadtentwicklung 166

4. **Zusammenfassung** 173

Literatur 186

Martin HEINTEL und Günter SPREITZHOFER
Megastadtentwicklung, Globalisierung und Migration – Fallstudie Jakarta 199

1. **Nationalstaatliche und regionale Rahmenbedingungen** 199
    1.1 Historischer und politischer Hintergrund der Megalopolisierung 202
    1.1.1 Das koloniale Erbe 202
    1.1.2 Japanische Besetzung und Unabhängigkeit 203
    1.1.3 Sukarnos „Gelenkte Demokratie" und die Staatsphilosophie „Pancasila": Nationalität im Widerspruch zu globaler Integration? 204
    1.1.4 Suhartos „Neue Ordnung": Beginnende Internationalisierung 207
    1.2 Bevölkerungspolitik und gesellschaftliche Organisation 210
    1.2.1 Java: Bevölkerungsdruck auf Raten 210
    1.2.2 Staatliche Familienplanung und ländliche Entwicklung 213
    1.2.3 Die javanische Denkschule: Geteilte Armut und vertikale Loyalität 216
    1.2.4 Einheit und Integration: Leitbild der Gegenwart 217
    1.3 Nationale Voraussetzungen der Urbanisierung im Großraum Jabotabek 218
    1.3.1 Batavia – „Die Königin des Ostens" 218

1.3.2	Die Unabhängigkeit: „Nation-Building" und Urbanisierung	219
1.3.3	Jakarta: Hauptstadt und „Triple Primate City"	221
2.	**Dynamik der Megastadtentwicklung – Fakten, Strukturen und Trends**	**223**
2.1	Fakten staatlich gelenkter Stadtentwicklung des Großraumes Jabotabek	224
2.1.1	Jabotabek – Jakarta und das metropolitane Umland	224
2.1.2	Brennpunkt Lebensraum: Der Wohnungsmarkt – Kampf der Prioritäten	240
2.2	Aspekte der Wirtschaftsentwicklung vor dem Hintergrund von Globalisierung und Internationalisierung: Take-Off der „Low-Cost"-Ökonomie?	248
2.2.1	Verstaatlichung und Dirigismus: Privatisierung um jeden Preis?	249
2.2.2	Wachstum ohne Ende?	251
2.2.3	Auslandsverschuldung, Teuerung und die Rolle des IWF: Die ungewollte internationale Bindung	252
2.2.4	Technologiestand und Auslandsabhängigkeit	255
2.2.5	Faktoren der nationalen Internationalisierung	256
2.2.6	Die „Neue Ordnung": Die Phasen der Entwicklung	256
2.2.7	Die Investoren: Eine regionale und sektorale Analyse der globalen Verflechtung	261
2.2.8	Handel und Export: Vom Rentenstaat zum Steuerstaat	266
2.2.9	Finanzwesen: Börse und Banking	269
2.3	Brennpunkt Arbeitsmarkt: Die Wirtschaftseuphorie der „Neuen Ordnung"	273
2.3.1	Arbeitsmarkt und Arbeitsorganisation	273
2.3.2	Die Erhöhung des Bildungsniveaus: Ausgangspunkt globalen Nutzens?	279
2.3.3	Hohes Lohnniveau und hohe Arbeitslosigkeit: Folgen der Globalisierung?	281
2.3.4	Der informelle Sektor als fixer Bestandteil der Stadtökonomie	286
2.4	Wirtschaftsraum Jabotabek: Globalisierung versus Internationalisierung	291
2.5	Sozialer Wertewandel: Die „Neue Gesellschaft"?	301
2.5.1	Praxis „Neue Ordnung": Eliten im Wandel	301
2.5.2	Wohlstand und Vermögensverteilung: Die neue Armut	304
2.5.3	Soziokultureller Wandel: Video statt Wayang	306
3.	**Migrationsmuster in Kontinuität und Wandel**	**308**
3.1	Migration: Ein innerindonesischer Überblick	309
3.2	Transmigration	312
3.2.1	Koloniales Erbe der gelenkten Binnenmigration	312
3.2.2	Gegenwärtige Bedeutung der Transmigration als „Entlastungskonzept" für den metropolitanen Verdichtungsraum	314
3.3	Migration und Stadtentwicklung	315
3.3.1	Internationalisierung und die Entleerung der Kernstadt?	317
3.3.2	Migrantinnen am städtischen Arbeitsmarkt	320
3.3.3	Verkehrsinfrastruktur und Pendelwanderung	322
3.3.4	Stadt-Land-Interaktion und Migration	324
3.4	Internationale Migration	331

4. Zusammenfassung	333
Literatur	336

Heinz NISSEL
Megastadtentwicklung, Globalisierung und Migration – Fallstudie Bombay ... 347

1.	**Nationalstaatliche und regionale Rahmenbedingungen**	347
1.1	Bombay als Mythos und als Realität	347
1.2	Zur Urbanisierung Indiens und zu Bombays Aufstieg in die führende Position der Städtehierarchie	348
1.2.1	Bestimmende Faktoren der Urbanisierung	348
1.2.2	Die regionale Differenzierung der Verstädterung	349
1.2.3	Trends der Urbanisierung nach Städtegrößenklassen 1901 bis 1991	351
1.2.4	Entwicklung der Millionenstädte in Indien und Metropolisierung der großstädtischen Bevölkerung 1901–2001	352
1.2.5	Die Ausweitung des indischen Städtesystems auf Megastädte	352
1.2.6	Bombays Aufstieg an die führende Position der Städtehierarchie Indiens und (als Prognose) schließlich der Welt	353
1.3	Die „Neue Ökonomische Politik" Indiens und ihre Auswirkungen	354
1.3.1	Planwirtschaft mit Fünfjahresplänen 1951–1991	354
1.3.2	Elemente der Wirtschaftsliberalisierung seit 1991	355
1.3.3	Auswirkungen der Wirtschaftskrise in Südostasien und „hausgemachte" Probleme	357
1.3.4	Eindringen und Rückschläge der „Multinational Corporations" (MNCs) im indischen Markt	359
1.3.5	Zur Funktion der Auslandsinder in der „New Economic Policy"	361
1.3.6	Die Verteidigung der Positionierung des Bundesstaates Maharashtra an führender Stelle der Investitionsbereitschaft	362
1.3.7	Maharashtras regionale Disparitäten trotz ökonomischer Vorreiterrolle	364
1.4	Auswirkungen der neuen politischen Situation in Indien	365
1.4.1	Ergebnisse der Wahlen vom Frühjahr 1998	365
1.4.2	Was will die BJP und die Verwirklichung der nuklearen Option durch die „Hindu-Bombe"	366
1.4.3	Eigenheiten des indischen Wählerverständnisses	367
1.4.4	Bombay als „Reich des Bösen" – „Shiv Sena" und die Saat der Gewalt	368
2.	**Dynamik der Megastadtentwicklung – Fakten, Strukturen und Trends**	370
2.1	Bombay als Impulsgeber und Rezipient regionaler, nationaler und globaler Einflüsse	370
2.2	Die Entwicklung der Megastadt in Raum und Zeit	371
2.2.1	Die Komponenten Lage und Raum	372
2.2.2	Kolonialzeitliche Gründung und Aufstieg Bombays	374
2.2.3	Phasen der Siedlungsentwicklung	377
2.3	Strukturen und Funktionen	380
2.3.1	Die City von Bombay – Formierung und aktuelle Trends	382

2.3.2   Strukturelemente und funktionaler Mix in der Bazarzone   386

2.4   Die funktionale „Primacy" der vier Megastädte Indiens und die herausragende ökonomische Position der Megastadt Bombay   389
2.4.1   Die vier Megastädte – gemeinsame Stärke und wechselseitige Rivalität .   389
2.4.2   Anhaltende nationale Dominanz von Bombay im Tertiärsektor   390
2.4.3   Die Hafenfunktion in ihrer nationalen und innerstädtischen Bedeutung   392
2.4.4   Langanhaltender Aufstieg und rezenter Niedergang der Industrie   393
2.4.5   Bombays Bedeutung als Hochschul- und Forschungsstandort   394

2.5   Anmerkungen zu jüngsten Entwicklungen in Bombay   395
2.5.1   Will Bombay „Mumbai" sein oder wer will was? Exkurs über die Umbenennung der Stadt   395
2.5.2   Bombays Rolle als „Global Player"?   397
2.5.3   Auswirkungen der jüngsten Wirtschaftsrezession auf Bombay. Verfall der Immobilienpreise und Stagnation der städtebaulichen Expansion ...   399

2.6   Soziale Entwicklung als soziale und sozialräumliche Polarisierung   401
2.6.1   Das schöne neue Leben der Eliten als Globalisierungsgewinner   401
2.6.2   Die Globalisierungsverlierer, ihre Marginalisierung in der Lebens- und Arbeitswelt   402

3.   **Migrationsmuster in Bombay – Kontinuität und Wandel**   405

3.1   Vorbemerkung   405
3.2   Limitierungen der Zensusdaten   406
3.3   Wichtige Komponenten der Migration auf Grundlage des Zensus 1991   407
3.3.1   Umfang der Migration für den Zeitraum 1981 bis 1991 für „Greater Bombay" (BMC) und „Bombay Urban Agglomeration" (Bombay U.A.)   407
3.3.2   Langfristige Trends der Zuwanderung und Sexualproportion   408
3.3.3   Internationale und nationale Zusammensetzung der Migrationsströme mit Sexualproportion und ruraler/urbaner Herkunft   409
3.3.4   Deutungsversuch der internationalen „In- and Outmigration"   412
3.3.5   Regionale Muster der Binnenmigration – ein Vergleich von Bombay, Kalkutta und New Delhi   414
3.3.6   Regionale Herkunft der Migranten in Bombay aus Maharashtra und aus anderen Bundesstaaten nach wichtigen Indikatoren   415
3.3.7   Begründungen für die Aufbruchsentschlüsse von Migranten und Versuch, diese zu interpretieren   419

3.4   Ergebnisse von Migrationsstudien auf Stichprobenbasis außerhalb der Volkszählung von 1991   420
3.5   Mögliche Auswirkungen der Globalisierung auf die Migration   422

4.   **Zusammenfassung**   423

Literatur   425

Christof PARNREITER
Globalisierung, Megastadtentwicklung und Migration: Mexico City, Jakarta und Bombay – Zusammenfassende Bemerkungen   433

Anhang 447
Ergänzende Tabellen und Abbildungen zum Beitrag von Christof PARNREITER:
Megastadtentwicklung, Globalisierung und Migration – Fallstudie Mexico City .. 447

Verzeichnis der Autoren 465

Megastädte der „Dritten Welt" im Globalisierungsprozeß – Einige Vorbemerkungen

Migrationen und rasante Urbanisierung prägen heute mehr denn je das Gesicht unserer Welt. Etwa um die Jahrtausendwende wird die Menschheit einen demographischen Meilenstein überschreiten: Erstmals in ihrer Geschichte werden mehr Menschen in Städten bzw. städtischen Agglomerationen leben als auf dem Lande. Explosives Bevölkerungswachstum und kontinuierlich anhaltende Ströme von Land-Stadt-Wanderern haben in den letzten Dekaden Riesenstädte geschaffen, die die großen Metropolen der Vergangenheit als geradezu klein erscheinen lassen.

Vor allem in der „Dritten Welt" zählen rasches Städtewachstum – insbesondere jenes der Megastädte – und eine zunehmende Dynamik und Komplexität der Wanderungsbewegungen zu den markantesten Entwicklungen. Dort schreitet die Urbanisierung so rasch voran, daß sich die Zahl der Megastädte in Afrika, Asien und Lateinamerika zwischen 1960 und 1990 auf 23 verachtfacht hat. Zuwanderung vom Land ist dabei – bei generell abnehmender Tendenz – für ein Drittel bis zur Hälfte des Stadtwachstums verantwortlich gewesen. Damit ist die Herausbildung von Megastädten primär zu einer Angelegenheit und einem Problem der „Dritten Welt" geworden. Während bis in die sechziger Jahre große Städte vor allem in den Industriestaaten existierten (London, Paris, New York, Tokio), werden in der Zukunft die größten Städte in Lateinamerika (Mexico City, São Paulo mit um die 20 Millionen Einwohnern) und vor allem in den sogenannten „Newly Industrializing Countries" Asiens (Seoul, Beijing, Shengtung, Shanghai, Jakarta, Delhi, Bombay, Kalkutta, Bangkok, Manila mit zwischen 13 bis 20 Millionen Einwohnern) liegen.

Vor diesem Hintergrund ist es nicht erstaunlich, daß die zunehmende Verstädterung und insbesondere das Phänomen der „Megastädte" in den letzten Jahren nicht mehr nur in der sogenannten „Ersten", sondern vor allem auch in der „Dritten Welt" immer stärker in den Blickpunkt des öffentlichen Interesses gerückt sind. Während eine große Anzahl an Forschungsarbeiten über die Entwicklung von großstädtischen Agglomerationen und über Umfang, Richtung, Struktur und Ursachen von Land-Stadt-gerichteten Binnenwanderungsströmen im jeweiligen nationalen Kontext bereits existiert, sind Studien über aktuelle Dynamiken von Megastadtentwicklung und Migration im Lichte der ökonomischen und kulturellen *Globalisierung* jedoch bislang kaum vorhanden.

Ziel des vorliegenden Bandes ist es, einen Beitrag zur Überwindung dieser Lücke sowie zur wissenschaftlichen Debatte über Ursachen, Ausformung, Zusammenwirken und Konsequenzen der genannten Entwicklungen zu leisten. In welcher Art und Weise prägt die Interaktion global wirkender Kräfte und historisch gewachsener regionaler Strukturen die gegenwärtigen urbanen Entwicklungen und die konkrete Ausformung von Migrationsströmen in die heutigen Megastädte der Dritten Welt? Diese und ähnliche Fragen standen im Mittelpunkt eines im Jänner 1999 abgeschlossenen Forschungsprojekts, das vom Bundesministerium für Wissenschaft und Verkehr finanziert und vom Institut für Geographie der Universität Wien (in Kooperation mit dem Institut für Wirtschafts- und Sozialgeschichte der Universität Wien und dem Interuniversitären Institut für Interdisziplinäre Forschung und Fortbildung der Universitäten Innsbruck, Klagenfurt und Wien) im Zeitraum von 1996 bis 1998 durchgeführt wurde und von dem eine Reihe von Ergebnissen nun in dem vorliegenden Band vorgestellt werden soll.

Das Projekt trug den Titel „Migration in Megastädte der Dritten Welt – Vergleichende Fallstudien in ausgewählten Kulturkreisen". Projektnehmer war Helmut WOHLSCHLÄGL als Vorstand des Instituts für Geographie der Universität Wien, die Projektleitung hatten Peter FELDBAUER vom Institut für Sozial- und Wirtschaftsgeschichte der Universität Wien und Karl HUSA vom Institut für Geographie der Universität Wien inne. Zielsetzung des Projektes war es, anhand dreier Fallbeispiele aus unterschiedlichen Kulturräumen das Zusammenwirken globaler und regionaler ökonomischer und soziokultureller Dynamiken in der Stadtentwicklung und in der Prägung von Migrationsmustern aufzuzeigen.

Als Fallbeispiele wurden Mexico City, Bombay und Jakarta mit ihrem Hinterland ausgewählt. Für diese Entscheidung waren mehrere Gründe ausschlaggebend. Erstens sind diese Städte Paradebeispiele der Urbanisierung in der Dritten Welt, weil sie entweder zu den größten oder zu den am schnellsten wachsenden Megastädten zählen und weil sie hohe Zuwanderungsraten aufweisen oder aufwiesen. Zweitens sind Mexiko, Indien und Indonesien (trotz zeitweise heftiger Turbulenzen) summa summarum wirtschaftlich und industriell dynamische Länder, was die ländlichen Transformationsprozesse und damit auch die Migration beschleunigt. Drittens sind die drei Städte bzw. die Staaten, in denen sie liegen, in die aktuellen Dynamiken der Globalisierung stark eingebunden. Viertens weisen die ausgewählten Beispiele ausreichende Konvergenzen wie auch Divergenzen in zentralen Bereichen auf, um eine Gegenüberstellung und eine Analyse von Identität und Alterität bei Urbanisierungs- und Migrationsmustern sinnvoll erscheinen zu lassen. Last but not least bestanden bereits vor Beginn des Projektes Kontakte zu Forschungseinrichtungen in den ausgewählten Städten bzw. Regionen.

Der interdisziplinäre Zugang ergab sich einerseits durch die Geographen bzw. Wirtschafts- und Sozialhistorikern eigenen Sichtweisen im Rahmen einer bestimmten Themenstellung. Während beispielsweise Wirtschafts- und Sozialhistoriker umfangreiche Raum- und Zeitkategorien im Überblick zu interpretieren versuchen, liegt der geographische Zugang – neben der Analyse der Interdependenzen zwischen Megastadtentwicklung und Migration als raumzeitlicher Prozeß – vor allem auch konkret im Fokussieren aktueller problem- und planungsrelevanter Aspekte. Diese Zugänge als einander ergänzend aufzufassen, erscheint insbesondere in einer Untersuchung von Interaktionsprozessen, wie sie oben beschrieben wurden, als notwendig und wertvoll. Andererseits ergab sich Interdisziplinarität schon daraus, daß die in diesem Projekt angewandten Theoriekonzepte (der Stadt- und Migrationsforschung) selbst interdisziplinärer Natur sind.

Methodologisch stützte sich die Arbeit zum einen auf eine umfangreiche Literaturrecherche und -auswertung (Primär- und Sekundärliteratur). Zum anderen wurden bereits vor Ort von entsprechenden Einrichtungen ausgewertete Daten interpretiert, wobei wegen der Breite der Fragestellungen und der kurzen Laufzeit des Projektes eigene empirische Erhebungen nur peripher durchgeführt werden konnten.

Von Christof PARNREITER wurden der theoretische Rahmen der Untersuchung, die Fallstudie über Mexico City und der zusammenfassende Vergleich der Ergebnisse der drei Fallstudien verfaßt, Martin HEINTEL und Günter SPREITZHOFER sind die Autoren der Fallstudie Jakarta und die Fallstudie über die indische Metropole Bombay wurde von Heinz NISSEL bearbeitet.

Abschließend soll noch kurz erwähnt werden, daß innerhalb der mehr als zweijährigen Laufzeit des Projektes nicht nur die vorliegenden Fallstudien erstellt wurden, sondern auch von allen Mitarbeitern Teilergebnisse in in- und ausländischen Publikationen veröffentlicht wurden. Auch die Lehrtätigkeit an der Universität Wien profitierte unmittelbar von dem Forschungsprojekt, wie die im Sommersemester 1998 mit großem Erfolg abgehaltene Ringvorlesung „Mega-Cities. Die Metropolen des Südens zwischen Globalisierung und Fragmentierung" sowie eine Reihe von zu dieser Thematik durchgeführten Proseminaren, Seminaren und Arbeitsgemeinschaften zeigen. Gleiches gilt auch für die Vortragstätigkeit der Projektmitarbeiter im In- und Ausland, nicht zuletzt am 52. Deutschen Geographentag im Oktober 1999 in Hamburg in der von J. BÄHR und W. TAUBMANN geleiteten wissenschaftlichen Fachsitzung „Globalisierung und Megastädte im Süden".

****

Eine Vielzahl von Personen hat zum Arbeitsverlauf und zur Fertigstellung dieser Untersuchung durch Gespräche, Anregungen, Bereitstellung von Daten etc. beigetragen, und einigen sei an dieser Stelle explizit gedankt:

Für die Bearbeitung der Fallstudie Mexico City gebührt der Dank zahlreichen (mexikanischen) Kolleginnen und Kollegen, die Christof PARNREITER mit Tips, Kritik und Anregungen weitergeholfen haben. Ohne die Unterstützung von *Adrian Guillermo Aguilar, Bertold Bernreuter, José Castro, Javier Delgado, Elda* und *Franz Ellmeier, Markus Gottsbacher, Patricia Mar Velasco, Salvador Rivera Guzman, Sergio Tamayo Flores-Alatorre* und *Kathrin Wildner* hätten sich Leben und Arbeiten in Mexico City wesentlich schwieriger und weniger erfolgreich gestaltet.

Der Dank für das Zustandekommen der Fallstudie Jakarta gilt zahlreichen Personen und Institutionen in Indonesien, die Martin HEINTEL und Günter SPREITZHOFER als Gesprächspartner zur Verfügung standen und vielfältige Informationen in das Projekt einbrachten. Erwähnt seien an dieser Stelle folgende sowohl universitäre Einrichtungen als auch außeruniversitäre Institutionen, ohne deren Mithilfe über zwei Jahre die getätigte Forschungsarbeit nicht möglich gewesen wäre: University of Indonesia, Demographic Institute, Faculty of Economics; Institute of Technology Bandung (ITB), Department of Regional and City Planning; Pusat Penelitian Kependudukan UGM, Population Study Center GMU, Yogjakarta; University of Indonesia: Facultas Mipa Jurusan Geografi, Center for Applied Geography Research (CAGR), Department of Geography, Faculty of Mathematics and Natural Sciences sowie Biro Pusat Statistik; Kantor Statistik Propinsi DKI Jakarta; Indonesia Development Information Office; Jabotabek Development Cooperation Board; Departmen Transmigrasi; National Development Planning Agency (BAPPENAS); BAPEDA DKI Jakarta; Jabotabek Urban Project Coordination Office (JUPCO); Dinas Tata Kota (City Planning Department); Center for Strategic and International Studies (CSIS). Besonders gedankt sei überdies Gabriele AIGNER und Walter LANG, beide vom Institut für Geographie der Universität Wien, für die Erstellung des Literaturverzeichnisses und die kartographischen Ausarbeitungen im Rahmen der Jakarta-Studie.

Auch die Analyse von Migration und Megastadtentwicklung in Bombay von Heinz NISSEL wäre ohne die Inanspruchnahme von Expertenwissen und Institutionen vor Ort nicht machbar gewesen. Es gilt daher, einer Reihe von Personen sowie Forschungseinrichtungen Dank zu sagen für Daten und Informationen, Hinweise und kritische Kommentare. Dieser Dank gilt, ausgehend von Bombay, zuerst Frau Professor *Swapna Banerjee-Guha* vom Department of Geography, University of Bombay, für die gastfreundliche Aufnahme von Heinz NISSEL in ihrer Familie und viele anregende Diskussionen. Ebenso sei *Rahul Mehrotra*,

Architekt und Direktor des Urban Research Design Institutes in Bombay gedankt; weiters *V. K. Pathak*, Chef der Planning Division des Bombay Metropolitan Regional Planning Board, für die Bereitstellung wichtiger Unterlagen und offenen Gedankenaustausch, im gleichen Sinn auch *Gerson Da Cunha*, Chief Executive, Bombay First Society; *Pratima Panwalkar*, Soziologin und früher Professorin am Tata Institute for Social Sciences; *Atul Choksey*, Präsident der Bombay Chamber of Commerce and Industry für Insider-Informationen; ferner *Nakul Correa* von der ITC Classic Real Estate Finance Ltd., einem scharfsichtigen Beobachter des Immobilienmarktes; *Uma Adujumilli*, Planerin von CIDCO und hilfreich bei der empirischen und realen Durchdringung von New Bombay; *V. K. Damodaran*, Director, Indo-German Chamber of Commerce, für die Beratung hinsichtlich ausländischer Investitionen und Joint Ventures; *P. K. Das* (Architekturbüro Das and Partners) und *John Alff*, Architekt aus Berkeley; *Ali Ashgar Engineer* (Journalist) und *Darryl D'Monte* (Stadtentwicklung und Planungsideologie); Professor *Lalit Deshpande* und seiner Gattin *Dr. Sudha Deshpande* vom Department of Economics, Bombay University; Professor *Shekar Mukerjee* vom Department of Migration and Urban Studies, International Institute for Population Studies, sowie einer großen Anzahl von Beamten, Behörden und Mitarbeitern der Brihanmumbai Municipal Corporation (Stadtverwaltung), des Bombay Metropolitan Regional Planning Board, der Bombay Stock Exchange, des Centre for Education and Documentation (Zeitungsdokumentation aller führenden Blätter Indiens), des Census of India for Maharashtra, der CIDCO (City and Industrial Development Corporation), des Government of Maharashtra, Statistical Division, der SICOM (State Investment Corporation of Maharashtra) sowie der SEEPZ (Santa Cruz Electronics Export Processing Zone) und dort insbesondere den AFSS (Airline Financial Support Services) und ihrem Präsidenten *B. P. Randeria* für die faszinierenden Einblicke in die Globalisierung des Airline-Business; Vertretern der State Bank of India, des Bombay Port Trust, sowie der Stadtökologin Professor *Meera Kosambi* von der Frauenuniversität Bombay und – last but not least – Vertretern verschiedener, vorwiegend im „slumimprovement" tätiger, NGO's sowie Journalisten der Zeitungen „Times of India" und „Indian Express". Frau *Dr. Anna Winterberg*, Direktorin des Goethe-Instituts (Max Mueller Bhavan), ist eine Landeskennerin par excellence und ermöglichte immer wieder Kontakte und Kommunikation.

Auch in New Delhi halfen eine Reihe von Experten und Institutionen: Hochrangige Beamte des Census of India, u.a. *C. S. Arora*, Director, Electronic Data Processing Unit, sowie *K. N. Unni*, Joint Director für die Migrationsdaten; HUDCO (Housing and Urban Development Corporation) mit Indikatorensets für indische Metropolen, desgleichen die Society for Development Studies unter ihrem Direktor *Vinay D. Lall*; Frau Professor *Saraswati Raju* vom Centre for the Study of Regional Development; JNU (Jawaharlal Nehru University) sowie mehrere Wissenschaftler des NCAER (National Council for Applied Economic Research); *S. S. Chawla* vom Indian Investment Centre, Advisor to the NRIs (Non Resident Indians); Indo-American Chamber of Commerce; Indo-French Chamber of Commerce; der Business „Tycoon" *S. B. Mathur* von Mathur Associates; *Dewang Mehta* von der National Association of Software & Support Company; *Shakar Sathe* und *Kother Mahindra* als Manager von Merchant Banking; Herr *Preful Bidwai*, Journalist; Direktor *Sanjiv Saran* von Highpoints; *Kurt K. Stefan*, Managing Director von Elin India. Unser Dank gebührt auch dem österreichischen Botschafter, Exzellenz *Dr. Herbert Traxl* und seinen Mitarbeitern sowie dem österreichischen Handelsdelegierten *Dr. Rampitsch* für logistische Unterstützung und Kontakte.

Nicht zuletzt gilt unser Dank zwei Mitarbeiterinnen und Mitarbeitern des Instituts für Geographie der Universität Wien für vielfältige Hilfestellungen und Unterstützung: Frau

Helga HINTERBERGER, die Reinschrift, Satz und Layout des Projektberichts ebenso wie dieses Buches in bewährt hervorragender Weise durchgeführt hat, sowie Herrn Mag. Walter LANG für die profunde kartographische Betreuung.

Finanziell getragen wurde das Projekt durch einen Forschungsauftrag des Bundesministeriums für Wissenschaft und Verkehr, Sektion Forschung und Technologie, und deshalb sei hier zuletzt Herrn Sektionschef Dr. Norbert ROZSENICH und Herrn Ministerialrat Dr. Walter PFEISINGER für die Unterstützung bei der Akzeptierung des Projekts und der Bereitstellung der Forschungsmittel sowie für das rege Interesse am Fortschritt der Projektarbeit sehr herzlich gedankt.

Die Herausgeber

Karl Husa   Helmut Wohlschlägl

Wien, im Oktober 1999

Globalisierung, Binnenmigration und Megastädte der „Dritten Welt": Theoretische Reflexionen[1]

Christof PARNREITER

Eine der spannendsten Fragen der aktuellen Stadt- und Migrationsforschung lautet: Hängen Binnenwanderungen und urbane Transformationen in der „Dritten Welt" mit Prozessen der Globalisierung zusammen? Sind Land-Stadt- (und Stadt-Stadt-) Migrationen sowie Mega-Urbanisierung in der Peripherie eingebettet in globale Dynamiken oder weitgehend unabhängig davon? Und: Wenn es einen Zusammenhang zwischen den Umbrüchen der Weltwirtschaft und Migrations- und Urbanisierungsprozessen gibt, wie materialisiert sich diese Beziehung konkret? Wie sieht das Wechselspiel von globalen und regionalen Dynamiken aus?

Um Migrations- und Urbanisierungsprozesse in der Dritten Welt unter dem Blickwinkel globaler Dynamiken untersuchen zu können, muß zunächst einmal unser Verständnis von „Globalisierung" skizziert werden. Dies gilt umso mehr, als dieser Begriff in Mode gekommen ist und durch den damit einhergehenden inflationären Gebrauch Gefahr läuft, seinen wissenschaftlichen Kontext und sein analytisches Konzept zu verlieren.

Ganz allgemein steht Globalisierung für eine Summe wirtschaftlicher, politischer, räumlicher, kultureller und sozialer Entwicklungen, die seit den siebziger Jahren zu beobachten sind und die in den achtziger und insbesondere in den neunziger Jahren dramatisch an Dynamik gewonnen haben. Das rasche Wachsen des Welthandels, das Auftreten neuer, vor allem ost- und südostasiatischer Anbieter industrieller Güter auf dem Weltmarkt, die rasante Zunahme internationaler Investitionen, die Expansion und Integration von Finanzmärkten, das Entstehen von transnational, also jenseits staatlicher Regulierung agierenden Konzernen – all das sind Phänomene, die mit wirtschaftlicher Globalisierung zusammenhängen.

Damit verbunden sind Veränderungen in politischer und räumlicher Sicht. Während auch die mächtigsten Nationalstaaten an Souveränität und Handlungsfähigkeit verlieren, entstehen in der neuen Geographie des Kapitalismus neue räumliche Ordnungen (z.B. regionale Allianzen, die Teile eines oder auch mehrerer Nationalstaaten umfassen) und neue Zentren (die sogenannten „World" oder „Global Cities"). Begleitet wird die wirtschaftliche Globalisierung von internationalen Massenmigrationen, die als Ziel insbesondere die Großstädte der Zentren haben. Schließlich bildet sich parallel zu den Migrationen und zur Internationalisierung der Wirtschaft so etwas wie eine globale Kultur heraus, und zwar bevorzugt in den urbanen Metropolen. Eine Folge der angesprochenen Globalisierungsprozesse ist eine zunehmende soziale Polarisierung, die sich vor allem in den großen Städten zeigt. Damit ist die räumliche Zuordenbarkeit von weltweiten sozialen Hierarchien (die sich in Ausdrücken wie „Erste" und „Dritte Welt" bzw. „Zentrum und Peripherie" widerspiegelt) schwieriger geworden ist. Hohe und niedrige soziale Standards, reich und arm, sind in der globalisierten Welt zunehmend engräumiger verteilt.

---

[1] Der Autor dankt allen am Forschungsprojekt Beteiligten für anregende Kommentare und Diskussionen und für die kritische Durchsicht des Textes.

Die erkenntnisleitenden Problemstellungen dieses Forschungsprojektes sind durch Arbeiten inspiriert, die sich mit der Interaktion von Globalisierung einerseits und mit internationaler Migration und dem Entstehen von World Cities andererseits beschäftigen. Allerdings bezieht sich ein Großteil dieser Arbeiten auf die Erste Welt, weshalb sie für das gegenständliche Projekt zwar als Ausgangspunkt dienen können, aber einer kritischen Reflexion unterworfen werden müssen. Deshalb soll in den nächsten Abschnitten argumentiert werden, warum hier angenommen wird, daß Globalisierung erstens Auswirkungen auf Migrationsprozesse in der Dritten Welt und zweitens auf wirtschaftliche und soziale Veränderungen der Megastädte des „Südens" hat. Dazu werden zunächst einmal ökonomische und soziale Aspekte von Globalisierung etwas näher beschrieben, um daran anschließend die Frage zu diskutieren, warum der Forschungsgegenstand des in der Einleitung zu diesem Buch kurz dargestellten Projekts – Migrationen und Megastädte der Dritten Welt – am sinnvollsten unter einem „globalen" Blickwinkel untersucht wird.

1. Ökonomische und soziale Aspekte von Globalisierung

1.1 „Neue Internationale Arbeitsteilung" und Transnationalisierung der Produktion

Der Begriff „Neue Internationale Arbeitsteilung" wurde in den späten siebziger Jahren geprägt (FRÖBEL et al. 1977; 1986; für die US-amerikanische Situation siehe BLUESTONE und HARRISON 1982), um eine Entwicklung zu beschreiben, die in den USA Ende der sechziger Jahre, in Westeuropa[2] ab Mitte der siebziger Jahre einsetzte. Kern der „Neuen internationalen Arbeitsteilung" ist es, die Produktion von industriellen Gütern in Teilprozesse zu zerlegen und weltweit verschiedenen Standorten zuzuweisen, was durch die Verbesserung der Transport- sowie der Informations- und Kommunikationstechnologien im großen Stil technisch möglich und profitabel geworden ist.

Dieses Forcieren der räumlichen Mobilität der Produktion oder „worldwide sourcing" ist nach FRÖBEL et al. (1986, S. 101) eine Strategie der Unternehmen, die industrielle Fertigung bzw. Teile derselben an Standorte zu verlagern, an denen die Arbeitskraft relativ billig, hinreichend diszipliniert und qualifiziert und nicht gewerkschaftlich organisiert ist. Solche Standorte lokalisieren FRÖBEL et al. hauptsächlich in der Peripherie. Teile der Dritten Welt wurden deshalb im Rahmen der „Neuen Internationalen Arbeitsteilung" zu Niederlassungen von Industrien, die am Weltmarkt konkurrenzfähig sind, und die folglich zunehmend genutzt werden und (angesichts der globalen Konkurrenz) auch genutzt werden müssen. Damit ist – erstmals in der Geschichte – ein real integrierter Weltmarkt für Arbeitskraft und für Produktionsstandorte entstanden, der die traditionellen Industrieländer und die unterentwickelten Länder gleichermaßen umfaßt (FRÖBEL et al. 1977, S. 61f).

Der Faktor Arbeitskosten, den FRÖBEL et al. unterstreichen, ist allerdings nur einer von mehreren, der die Standortpolitik von Unternehmen bestimmt. Ebenso wichtig sind für Unternehmen günstige Steuer- und Abgabensysteme. Schließlich treibt der Wunsch nach Präsenz auf Märkten, um diese zu erschließen oder zu sichern und um Zollbarrieren zu überspringen bzw. sich vor protektionistischen Tendenzen zu schützen, die Globalisierung

---

[2]) Gedacht als ökonomischer Begriff; also die damalige EWG plus die EFTA-Staaten.

voran (ALTVATER und MAHNKOPF 1996, S. 257–262; Initiativgruppe Regulationstheorie 1997, S. 16f).

Der nächste Schritt in der Globalisierung der Produktion war deshalb der Übergang von multinationalen zu transnationalen Konzernen und von der weltweiten Streuung der arbeitsintensiven Endmontage zum Aufbau transnational integrierter Produktionsprozesse. Konzerne bauen weltweite Zuliefer- und Absatznetze auf, innerhalb derer die klare Aufgabentrennung zwischen Zentrum (höherwertige Produktionsabschnitte plus Entscheidungskompetenzen) und Peripherie (Lohnfertigung) verschwimmt. Die neue Qualität dieser Globalisierungsstrategie ist, daß sie den gesamten Wertschöpfungsprozeß mit einbezieht, was bedeutet, daß innerhalb eines weltweiten Netzwerkes eines Konzernes Sub-Netze entstehen, die etwa für die Zulieferung bestimmter Komponenten zuständig sind, während andere die Verantwortung für Forschung, Entwicklung und Vermarktung übernehmen.

Globalisierung heißt heute also, daß die Aktivitäten der großen Konzerne transnational geworden sind. An die Stelle der „Multis", die in anderen Ländern Niederlassungen gründeten, um mineralische Rohstoffe auszubeuten oder arbeitsintensive Produktionsschritte erledigen zu lassen, treten netzwerkartige Konzerne (die durchaus auch rechtlich selbständige Unternehmen einschließen), die ihren gesamten Produktions- und Vermarktungsprozeß global streuen. Als Ergebnis wird die Wertschöpfung eines Produktes transnational, weil in ihm Kapital, Wissen, Arbeit und materielle Komponenten aus verschiedenen Ländern stecken (WOMACK et al. 1991; REICH 1993; NARR und SCHUBERT 1994; ALTVATER und MAHNKOPF 1996).

Unmittelbare Ursache und Ausdruck dieser Entwicklungen sind der gewaltige Anstieg der ausländischen Direktinvestitionen, die Expansion des internationalen Handels und der große Anteil des konzerninternen Handels am gesamten Welthandel. Auch wenn sich diesbezügliche Angaben einander oft widersprechen – dies selbst dann, wenn sie seriösen Quellen entnommen sind[3] –, sollen hier einige Daten genannt werden, um die Tendenzen zu veranschaulichen.

Von 1960 bis 1992 sind die weltweiten Bestände an ausländischen Direktinvestitionen („direct foreign investments", DFI) von 67,7 Milliarden auf 1,949 Billionen US-Dollar gewachsen, wobei insbesondere seit den achtziger Jahren ein explosionsartiges Wachstum zu verzeichnen ist. Seit damals nahmen die Kapitalabflüsse in Form von DFI jährlich um 27,8 Prozent und mithin fast dreimal so schnell zu wie die Exporte (11,1 Prozent) und das Weltsozialprodukt (9,8 Prozent) (bis 1992). Zwischen 1992 und 1995 wuchsen die jährlich vergebenen Direktinvestitionen von 166 auf 313 Milliarden US-Dollar (in OECD-Staaten von 111 auf 216 Milliarden Dollar, in Entwicklungsländern von 55 auf 97). 1996 schließlich nahmen die ausländischen Direktinvestitionen um weitere 10 Prozent zu, um (als jährliche Investitionssumme) 349 Milliarden US-Dollar zu erreichen (Daten aus den jährlichen UNCTAD World Investment Reports, zitiert in ALTVATER und MAHNKOPF 1996, S. 251; MARTIN und SCHUMANN 1997, S. 210; Der Standard, 20./21.9.1997).

Das rasche Wachstum der ausländischen Direktinvestitionen ist allerdings ein auf wenige Länder konzentriertes. Nur fünf Prozent stammen von transnationalen Unternehmen aus

---

[3] ALTVATER und MAHNKOPF (1996, S. 251) interpretieren die Unsicherheit mit den Daten auch als Folge einer Herauslösung der transnationalen Produktion und mehr noch des Finanzsektors aus der Gesellschaft.

Entwicklungs- oder Schwellenländern (ALTVATER und MAHNKOPF 1996, S. 252), und der überwiegende Teil der DFI fließt in die Industrieländer. Unter den zehn größten Empfängern (1991–1995) fanden sich mit China (als zweitwichtigstes Empfängerland) und Mexiko (am 8. Platz) nur zwei Staaten der Peripherie (OECD-Daten, zitiert in El País, 4.8.1997). In den neunziger Jahren nahm der Anteil der ausländischen Direktinvestitionen, der in die Dritte Welt floß, allerdings markant zu. Während in den achtziger Jahren der Bestand an DFI in den Entwicklungsländern anteilsmäßig sank (von 21,6 auf 19,4 Prozent), verbuchten die Entwicklungsländer in den neunziger Jahren einen Anteil von 31 Prozent an den jährlichen Zuflüssen (Daten aus den jährlichen UNCTAD World Investment Reports, zitiert in GÄCHTER 1995, S. 50; MARTIN und SCHUMANN 1997, S. 210). Aber auch innerhalb der Entwicklungsländer sind es nur wenige, die ausländische Direktinvestitionen anziehen können. 75 Prozent dieser Investitionen konzentrieren sich in zehn Staaten (1992), sechs davon in Ost- und Südostasien (China, Singapur, Malaysia, Hongkong, Thailand, Indonesien), drei in Lateinamerika (Mexiko, Brasilien, Argentinien) und einer in Afrika (Nigeria) (GÄCHTER 1995, S. 49).

Ein zweiter Ausdruck der Transnationalisierung der Produktion findet sich im Ansteigen des Welthandels. Dieser wächst zwar nicht so schnell wie die ausländischen Direktinvestitionen, aber doch deutlich schneller als die Produktion. Der Anteil der weltweiten Produktion, der grenzüberschreitend gehandelt wird, ist von sieben Prozent im Jahr 1950 auf ein Fünftel (1995) gestiegen. In den OECD-Ländern wuchs der Anteil des Außenhandels am Bruttosozialprodukt von 12,5 Prozent (1960) auf 18,6 Prozent im Jahr 1990 (ALTVATER und MAHNKOPF 1996, S. 19–23; MARTIN und SCHUMANN 1997, S. 152). Wie bei den Direktinvestitionen, so findet auch der Großteil des Welthandels innerhalb der OECD-Welt statt. 80 Prozent des grenzüberschreitenden Handels mit Industriegütern und gar 87 Prozent des Handels mit Dienstleistungen werden innerhalb von Industrieländern abgewickelt, wobei die Entwicklungsländer in den achtziger Jahren sogar deutlich an Boden verloren haben (NARR und SCHUBERT 1994, S. 89f; ALTVATER und MAHNKOPF 1996, S. 235, 247f).

Es ist aber nicht so sehr das quantitative Wachstum des Welthandels, das die Globalisierung der Wirtschaft charakterisiert,[4] sondern seine strukturellen Veränderungen. Die Daten zeigen, daß der größte Teil des Welthandels mittlerweile brancheninterner Handel ist. In den USA hat der brancheninterne Handel von 1970 bis 1991 von 49,4 auf 66,1 Prozent zugenommen, in Japan von 30,4 auf 35,1 Prozent, in Deutschland von 58,7 auf 79,9 Prozent und in Großbritannien von 62,1 auf 81,3 Prozent (OECD-Daten, zitiert in ALTVATER und MAHNKOPF 1996, S. 247). Zweitens enthüllen die Daten, daß ein zunehmender Teil des Weltmarktes nicht nur branchenintern, sondern konzernintern abgewickelt wird. In den achtziger Jahren machte dieser „Intra-firm"-Handel etwa 40 Prozent des Welthandels aus, in den Neunzigern bereits fast die Hälfte (OECD-Angaben, zitiert in OMAN 1994, S. 83; und UNCTAD World Investment Report 1995, zitiert in MARTIN und SCHUMANN 1997, S. 157).

Was bedeuten diese Angaben im Zusammenhang mit Globalisierung? Erstens zeigen sie, daß nicht mehr primär – wie bei David RICARDO – Wein und Tuch gehandelt werden, sondern Autoteil „x" und Autoteil „y", oder Finanzdienstleistung „x" und Rechtsdienst

---

[4]) Wie die Kritik an der Globalisierungsdiskussion (z.B. GORDON 1989; BURCHARDT 1996; BECKER 1998) anführt, entsprechen die aktuellen Daten in etwa dem Niveau weltwirtschaftlicher Integration vor 1914.

„y". Zweitens wird sichtbar, daß der Welthandel immer weniger zwischen Staaten (also beispielsweise England und Portugal, wie bei RICARDO, oder aktueller etwa Deutschland und China) abgewickelt wird, sondern immer mehr zwischen verschiedenen Niederlassungen ein und desselben transnationalen Konzerns. Diese strukturellen Veränderungen des Welthandels spiegeln die netzwerkartige Struktur der Weltökonomie wider. Demonstriert der hohe Anteil des brancheninternen Handels eine Spezialisierung von Standorten auf einzelne Komponenten innerhalb bestimmter Produktionssparten, so veranschaulicht das Ausmaß des konzerninternen Handels die funktionalen Standortdifferenzierungen von Unternehmen. „Wir sehen also, wie falsch es ist, heute vom Wettbewerb zwischen Nationen zu reden. Gegenüber stehen sich transnationale Systemführer mit allen darin eingeschlossenen Zulieferern. Diese gehören unterschiedlichen Nationen an. Sie bilden unter sich eine transnationale Produktionsstruktur, die ihre Endprodukte auf dem Weltmarkt absetzt" (NARR und SCHUBERT 1994, S. 52f).

1.2 Expansion und Integration der Finanzmärkte

Mehr als die Transnationalisierung der Produktion ist aber die rasante Expansion und globale Integration der Finanzmärkte zum Inbegriff der Globalisierung geworden. Tatsächlich scheint das Geschäft mit Geld, Aktien, Anleihen, Schuldverschreibungen usw. jede Grenze zu überschreiten – im quantitativen wie räumlichen Sinn.

Zwischen 1974 und 1989 kam es zu einer Verzehnfachung der Kapitalisierung auf den wichtigsten Börsen (SASSEN 1991, S. 171).[5] Mitte der neunziger Jahre überstieg der Umfang der täglichen Finanztransaktionen auf den Kapitalmärkten 1.200 Milliarden US-Dollar – das entspricht etwa einem Drittel des jährlichen Volumens des Welthandels (1993: 3.680 Milliarden US-Dollar). Um den Welthandel zirkulieren zu lassen, würden täglich etwa 10 Milliarden US-Dollar ausreichen – also weniger als ein Prozent der auf den Finanzmärkten bewegten Summen. Der Bestand an zinsbezogenen derivativen Finanzinstrumenten[6] machte 1993 mehr als 14.000 Milliarden US-Dollar aus, was einer Verzehnfachung in nur sieben Jahren entspricht (1987: 1.300 Milliarden US-Dollar). Der Bestand an Futures, Optionen und Swaps übersteigt damit das summierte Sozialprodukt der USA, Japans, Deutschlands und Großbritanniens (ALTVATER und MAHNKOPF 1996, S. 159–168).

Begonnen hat das atemberaubende Wachstum der Finanzaktivitäten und -märkte in den sechziger Jahren. Im Zuge der Durchsetzung des Fordismus flossen immer mehr Dollar von den USA ins Ausland (insbesondere nach Europa), und parallel dazu begannen US-Banken, in London Niederlassungen zu eröffnen. Gemeinsam mit multinationalen Konzernen riefen sie so einen florierenden internationalen Finanzmarkt, den Eurodollarmarkt,

---

[5)] Wie im Falle der ausländischen Direktinvestitionen und des Welthandels geht es bei den Datenangaben primär darum, Tendenzen zu veranschaulichen, und nicht darum, präzise Detailangaben zu vermitteln.

[6)] Gemeint sind hier Futures, Optionen und Swaps. Derivative Finanzinstrumente sind Rechte, deren Bewertung überwiegend von dem Preis bzw. den Preisschwankungen und -erwartungen eines zugrundeliegenden Basisintruments (z.B. Aktien, Devisen, Anleihen) abhängig ist. Optionen, Financial Futures und Swaps sind die wichtigsten der derivativen Finanzinstrumente. Derivative Finanzinstrumente können an der Börse oder außerbörslich gehandelt werden, was nach Angaben der Bank für Internationale Zusammenarbeit (BIZ) in etwa bei der Hälfte der Fall ist (BÜSCHGEN 1994, S. 182; ALTVATER und MAHNKOPF 1996, S. 160f).

ins Leben. Dieser wurde zur internationalen Drehscheibe für die Veranlagung überschüssigen Leihkapitals, so daß er bis 1980 auf 750 Milliarden US-Dollar anschwoll und mehr US-Bankniederlassungen in London als in New York City entstehen ließ (LAMPARD 1986, S. 86). Anfang der siebziger Jahre dehnte sich der Euromarkt geographisch dann auf eine Reihe von „offshore"-Zentren in der Karibik, in Lateinamerika, im Nahen Osten sowie in Südostasien aus, die durch Steuer-, Bank- und Devisengesetze das internationale Bankgeschäft begünstigten (HWALETZ 1990, S. 105). Mitte der neunziger Jahre gab es weltweit bereits etwa 100 solcher Standorte (MARTIN und SCHUMANN 1997, S. 92).

Diese grundlegenden Veränderungen am monetären Weltmarkt wurden durch zwei Entwicklungen vorangetrieben, die mit einer Schlagzeile der New York Times vom 26. Jänner 1985 umrissen werden können: „Technology and ideology spur world financial deregulation" (zitiert in LAMPARD 1986, S. 88). Die neuen Informations- und Kommunikationstechnologien machten Marktinformationen weltweit und sofort erhältlich, Wertpapiere konnten von nun an ohne Aushändigungsprobleme gehandelt werden, und erstmals wurde ein 24-Stunden-Handel in den unterschiedlichen Zeitzonen möglich.

Neben den technologischen Innovationen basierte die Expansion der Finanzmärkte auf der Liberalisierung des Geschäfts mit dem Geld. In New York im Mai 1975 („Mayday") begonnen, in London („Big Bang"), Tokio, Toronto, Zürich, Frankfurt usw. fortgesetzt, ebnete die Deregulierung der Börsen den Weg für einen integrierteren globalen Finanzmarkt (zum folgenden, wenn nicht anders angegeben, siehe SMITH 1989 und SASSEN 1991). Als Folge der neuen technologischen und politischen Möglichkeiten sind Finanzmärkte heute wie nie zuvor zu einem einzigen Pool von Fonds verbunden, zu dem Mittelverwender und Investoren aus allen Industrieländern Zugang haben. Diese Akteure – und das ist eine weitere Veränderung, welche die achtziger Jahre brachten – sind breiter gestreut als noch ein Jahrzehnt zuvor. War früher das Bild geprägt von einer begrenzten Zahl von Großbanken, die einen durch hohe Regulierung sowie moderate, aber stabile Wachstumsraten geprägten Markt dominierten, so wurde das Geschehen von nun an bestimmt durch eine Vielfalt von Banken, Versicherungsgesellschaften, Treuhändern für Pensionsfonds, Börsenmaklern und Investmentfirmen,[7] die auf einem instabilen, spekulativen, aber hohe Profite abwerfenden Markt agieren. Diese „institutionellen Anleger" steuern auch die umfangreichen Mittel für den Boom auf den Finanzmärkten bei.

Eine andere Entwicklung der achtziger Jahre ist die Bildung internationaler Aktienmärkte. Obwohl es grenzüberschreitende Investitionen in Aktien schon zuvor gab (etwa durch Schweizer Banken, die internationales Kapital anzogen und an internationalen Börsen investierten), kannten nur wenige Börsen internationale Anlagen. Die Möglichkeiten, Wertpapiere grenzüberschreitend notieren zu lassen, waren gering, und die meisten Finanzmärkte waren einer Devisenzwangsbewirtschaftung unterworfen. Zu einer wirklichen Internationalisierung der Aktienmärkte kam es erst, als die Nachfrage nach Wertpapieren zunahm, weil das in Folge der Ölpreiserhöhungen Mitte der siebziger Jahre explosionsartig gewachsene anlagehungrige Kapital wegen des Ausbruchs der Schuldenkrise (1981/82) nicht mehr in die Dritte Welt kanalisiert werden konnte. Zum zweiten wurden die wachsenden Staatsschulden der USA über Anleihen finanziert, und zum dritten erfolgte die Globalisierung produktiver Aktivitäten in den achtziger Jahren nicht mehr primär über

---

[7] In den USA haben Investmentfonds, Pensionskassen und Wertpapierhändler ihren Marktanteil am Finanzgeschäft von 22,1 Prozent (1980) auf 42,6 Prozent (1993) fast verdoppelt, während der Anteil von Geschäftsbanken von 34,8 auf 25,4 Prozent zurückging (GUTTMANN 1996, S. 180).

Direktinvestitionen, sondern über Aufkäufe und Fusionen. Diese Entwicklungen führten zu einer markanten Erhöhung des internationalen Handels von Aktien und Anleihen, wie es sich im substantiellen Anstieg der grenzüberschreitenden Transaktionen in Sekundärmärkten und durch neue Emissionen, die von Investoren angeboten werden, zeigt. Außerdem ist es durch die Verallgemeinerung der Organisierung von Unternehmen als Aktiengesellschaften und die Internationalisierung der Aktienmärkte parallel zur Entstehung von „Weltgütern" zur Formierung von national nicht mehr eindeutig zuordenbaren Konzernen gekommen.

Die achtziger Jahre sahen schließlich auch das Aufkommen neuer finanzwirtschaftlicher Instrumente („Derivate"), die zum Boom auf den Finanzmärkten viel beigetragen haben. Geld ist in einem nie dagewesen Ausmaß selbst zum Handelsgut geworden, und die Gewinne, die auf den Finanzmärkten zu erzielen sind, lösten sich zunehmend von der Produktionssphäre: „Utility originally was attached to the actual need for what was traded; that is, a loan statisfied the need for money. Today, tradability is utility. And the more rapid buying and selling afforded by an instrument, the greater the utility" (SASSEN 1991, S. 83f). Die monetäre Akkumulation wird so – wenigstens teilweise – von der realen entkoppelt, weshalb ALTVATER und HÜBNER (1988, S. 32) treffend von „Kasinokapitalismus" sprechen. Das hohe Maß an spekulativen Momenten – und damit auch die Krisenanfälligkeit – liegt also im Wesen des Geschäfts mit der finanziellen Globalisierung begründet, wie die Spekulationen gegen das britische Pfund, die italienische Lira, die spanische Peseta und den französischen Franc 1992/93, die mexikanische Peso-Krise Ende 1994 oder die Turbulenzen auf den Finanzmärkten in Südostasien in den Jahren 1997/98 zeigen.

Auch die Dritte Welt ist in die Globalisierung der Finanzmärkte eingebunden. Zum einen stammt ein Teil des floatierenden Kapitals aus den Einnahmen der Ölindustrie, zum zweiten sind manche Länder der Peripherie (z.B. Mexiko) bedeutende Empfänger von Direkt- und Portfolioinvestitionen. Drittens – und wohl am wichtigsten – sind die Länder der Peripherie im Rahmen des Schuldendienstes sowohl Empfänger von Krediten als auch Exporteure von Kapital. Obwohl die Daten stark variieren,[8] herrscht Einigkeit darüber, daß trotz beträchtlicher Zahlungen an Zinsen und Tilgungen der Schuldenberg weiter gewachsen ist. 1996 hatten die Entwicklungsländer laut Weltbank Schulden in der Höhe von 2.177 Milliarden US-Dollar akkumuliert (1980: 616 Milliarden US-Dollar), was in etwa einem Drittel ihres Bruttosozialprodukts entspricht (The Economist, 26.4.1997).

Nach ALTVATER und MAHNKOPF (1996, S. 165–196) spiegeln Schuldenkrise und -dienst das ungestüme Wachstum der Finanzmärkte insofern wider, als erstens durch die „Schuldenfalle" (KREYE 1993) finanzielle Mittel in die Finanzmärkte gepumpt werden. Die Einbindung der Länder der Dritten Welt in den Prozeß monetärer Akkumulation über den Schuldenmechanismus zeigt sich unter anderem ja gerade daran, daß Schulden zu an den Börsen handelbaren Objekten geworden sind (DABAT 1995, S. 867–869). Zweitens enthüllen Schuldenkrise und -dienst die Aufwertung des Geldes zur eigenständigen Forderung (und nicht mehr „nur" als Zirkulationsmittel für den Warenhandel). Darüber hinaus

---

[8] KREYE (1993, S. 24f) nennt auf Basis von Angaben der Weltbank und des Internationalen Währungsfonds (IWF) die Summe von 1.500 Milliarden US-Dollar, die die Entwicklungsländer von 1982 bis 1992 an Tilgungen und Zinszahlungen geleistet haben, und einen Nettokapitalabfluß aus dem Verschuldungsmechanismus von 225 Milliarden US-Dollar (1982–1991). NARR und SCHUBERT (1994, S. 122f) geben 600 Milliarden US-Dollar für Tilgungen und noch einmal so viel für Zinszahlungen an (1984–1991). ALTVATER und MAHNKOPF (1996, S. 169f) errechnen für die achtziger Jahre einen Schuldendienst von 114 Milliarden US-Dollar.

macht der Schuldendienst sichtbar, daß Geldvermögen und sein Pendant Geldschulden zwar partiell von der realen Ökonomie entkoppelt sind, daß sie aber sachzwanghaft auf diese zurückwirken. Die Verschuldung und die Pflicht, Zinsen zu bezahlen, erzwingen die Anpassung von Wirtschaft und Gesellschaft an die Erfordernisse der monetären Akkumulation. Die den verschuldeten Ländern von IWF und Weltbank auferlegten Programme der „Strukturanpassung" sollen eine Umlenkung von Ressourcen des verschuldeten Landes zugunsten der Geldvermögensbesitzer bewirken, und damit letztlich die monetäre Akkumulation weiter speisen.

1.3 Der Hintergrund: Krise des Fordismus

Aus einer historischen Perspektive betrachtet ist die heutige Phase der Globalisierung Teil des von Europa ausgehenden Prozesses der Expansion des kapitalistischen Systems. Dieses ist seinem Wesen nach global angelegt, und hat in seiner 500-jährigen Geschichte immer neue Regionen und Gesellschaften in den Akkumulationsprozeß eingebunden (BRAUDEL 1985; 1986a; 1986b; WALLERSTEIN 1974b; 1980; 1989). Nach und nach ist dadurch die ganze Welt Bestandteil des modernen Weltsystems geworden, so daß es heute erstens so gut wie keine „weißen Flecken", also unabhängig vom Weltmarkt existierende Menschen, Gesellschaften und Räume, mehr gibt, und daß zweitens die Integration in das kapitalistische System selbst eine viel tiefere geworden ist. In einem Wort: Es ist eine spezifische Qualität der aktuellen Phase von Globalisierung, daß diese zur tagtäglichen Realität für die überwiegende Mehrheit der Menschen geworden ist.

Unmittelbar kann die gegenwärtige Globalisierung auf eine Krise der Weltwirtschaft zurückgeführt werden. Der Fordismus[9] geriet in den USA in der zweiten Hälfte der sechziger Jahre, in Westeuropa Mitte der siebziger Jahre in eine strukturelle Krise. Das Wirtschaftswachstum in den OECD-Ländern wurde schwächer und instabiler, die Arbeitslosigkeit verdreifachte sich innerhalb nur eines Jahrzehnts (1972–1982) auf nahezu 30 Millionen Arbeitslose. Der Anteil der Löhne am Volkseinkommen sank in allen OECD-Ländern, wobei in den europäischen OECD-Staaten die Reallohngewinne deutlich geringer ausfielen (dafür aber die Arbeitslosigkeit höher war als in den USA), während die Arbeitenden in den USA sogar reale Lohnverluste hinnehmen mußten (OECD 1994). Das in der „fordistischen" Ära so erfolgreich gefundene Gleichgewicht zwischen profitablem Wachstum (für die Unternehmer) und steigendem Wohlstand (auch für die Arbeitenden) auf der einen Seite, zwischen den wichtigsten Industriestaaten auf der anderen Seite, geriet auf Grund innerer Widersprüche des Systems ins Wanken (zum folgenden siehe z.B. HIRSCH und ROTH 1986, S. 78–103; AMIN et al. 1986; Initiativgruppe Regulationstheorie 1997).

Die Krise des Fordismus hat mehrere Ursachen. Erstens war die auf Basis tayloristischer Arbeitsorganisation organisierte Industrie an die Grenzen ihrer Produktivitätsreserven

---

[9]) Als „Fordismus" wird ein spezifischer Typ kapitalistischer Produktion bezeichnet, der nach der Weltwirtschaftskrise der zwanziger und dreißiger Jahre in den USA entstanden ist und sich nach dem Zweiten Weltkrieg auch in Westeuropa durchsetzte. Der Fordismus beruhte auf der industriellen Massenproduktion von hochwertigen, dauerhaften Konsumgütern auf Basis wissenschaftlicher Betriebsführung („Taylorismus"), auf der Durchkapitalisierung der Reproduktionssphäre der Arbeitenden und der damit verbundenen Ausdehnung der inneren Märkte, auf einer Neuregelung des Verhältnisses von Kapital und Arbeit durch sozialpartnerschaftliche Regulierungen und keynesianistische Wohlfahrtspolitik, und schließlich auf der weltweiten, politischen und wirtschaftlichen Führungsrolle der USA bzw. des Dollars (siehe z.B. HIRSCH und ROTH 1986).

gestoßen. Damit war das System insgesamt gefährdet, da der wirtschaftliche wie sozialpolitische Erfolg des Nachkriegsmodells auf einer andauernden Steigerung der Produktivität basierte, um wachsende Gewinne *und* sozialen Frieden (relativ hohe Löhne, Vollbeschäftigung) zu garantieren. Mit sinkenden Produktivitätszuwächsen nahm die organische Zusammensetzung des Kapitals zu und die Profitrate ab. Das in die Industrie investierte Kapital war also mit einer Verwertungskrise konfrontiert. Diese wurde – zweitens – durch das Auftreten neuer, vor allem ost- und südostasiatischer Anbieter industrieller Waren am Weltmarkt verschärft. Die Zunahme der Konkurrenz auf und um nationale(n) wie internationale(n) Märkte(n) stellt ein wichtiges Element der Eskalierung der Wirtschaftskrise in den USA und in Westeuropa dar, weil sie den Druck auf Profite und in der Folge auf Löhne intensivierte.[10]

Drittens – und als Folge der erstgenannten Punkte – wurden Löhne zunehmend nicht mehr in ihrer Bedeutung für die Nachfrage angesehen, sondern immer mehr als Kosten wahrgenommen. Die relativ hohen Löhne, die während des Fordismus erforderlich waren, um Massenkaufkraft zu erzeugen und die als Folge der Durchkapitalisierung der Reproduktionssphäre gestiegenen Lebenshaltungskosten abdecken zu können, verstärkten in einer Zeit langsamer wachsender Gewinne den Druck auf die Profitrate weiter. In anderen Worten: Das Dilemma, daß die gesamtwirtschaftliche Lohnquote „weder zu hoch noch zu niedrig" sein sollte, wie ARRIGHI es ausdrückte (zitiert in FRÖBEL et al. 1981, S. 11), konnte nicht mehr durch Produktivitätssteigerungen vertuscht werden.

Viertens begann die wirtschaftliche und politische Vormachtstellung der USA zu erodieren, was politisch durch die Niederlage in Vietnam und wirtschaftlich durch den Wertverfall des Dollars symbolisiert wird. Mit dem Aufholprozeß der westeuropäischen Länder und Japans, der seinerseits ein Ergebnis der tendenziellen Angleichung der Produktionstechnologien und -methoden war, schwand die materielle Basis für die US-Hegemonie. Die weltweite Expansion des US-Kapitals (und also des US-Dollars), das ursprünglich Grundlage des Wachstums war, begann die Stabilität des Dollars zu unterminieren. Als zentrales Problem erwies sich dessen Doppelfunktion als nationale Währung und als Weltgeld. Der Dollar ging 1971 des Goldstandards verlustig, weil durch den Ausbau der internationalen Wirtschaftsbeziehungen das Verlangen nach großer Liquidität in Dollars immer mehr anwuchs. Dieses Anwachsen geriet mehr und mehr in Widerspruch zur Wertstabilität des Dollars. Schließlich traten 1973 an die Stelle der im Bretton-Woods-System festgelegten fixierten Wechselkurse flexible, was unter anderem einen kräftigen Schub für die Expansion des Finanzmärkte bedeutete. Der Wertverfall des Dollars wurde zu Beginn der achtziger Jahre durch eine Erhöhung des Zinsniveaus, also durch Schaffung günstiger Bedingungen für die Anlage von Geldkapital in den USA, aufgefangen, was allerdings unmittelbare und katastrophale Auswirkungen auf die verschuldeten Länder Osteuropas und der Dritten Welt hatte.

Unternehmen und in der Folge auch Staaten reagierten auf die genannten Krisentendenzen des Fordismus mit einer Reihe von Initiativen, deren Ergebnisse heute das Bild von Globa-

---

[10] Der Konkurrenzkampf wurde allerdings nicht nur durch den Aufstieg des pazifischen Asien angeheizt. Er ist, wie die genannten Daten über den hohen Anteil an firmeninternem Welthandel zeigen, zum Teil bereits Ausdruck der Versuche, die Profitkrise des Fordismus durch Transnationalisierung der Produktion zu lösen. Weil „Globaler Wettbewerb" zu einem Gutteil ein Wettbewerb zwischen unterschiedlichen Standorten gleicher Konzerne ist, entpuppt er sich *auch* als eine Waffe, um die Ansprüche der Arbeitenden nach unten zu drücken.

lisierung prägen. Ziel war (und ist) eine umfassende soziale und räumliche Reorganisation der Produktion, durch die einerseits die Herstellungskosten gesenkt und andererseits neue Märkte erobert werden sollen. Rationalisierungen durch den Einsatz neuer Technologien und die – ebenfalls computergestützte – Optimierung des Produktionsprozesses („Lean Production") gehören ebenso zu dieser Reorganisation wie eine weitestgehende Flexibilisierung der Arbeitskräftenutzung und der beschriebene Aufbau transnationaler Produktions-, Beschaffungs- und Vermarktungsstrukturen.

Auch der Boom der Finanzmärkte geht im wesentlichen auf die Krise des Fordismus zurück. Denn einerseits wird die Expansion und Integration der Finanzmärkte durch die Transnationalisierung der Produktion und das Entstehen immer größerer Konzerne gefördert und erforderlich, andererseits liegt in der Profitkrise der „fordistischen" Industrie das zentrale Motiv für die Zunahme des Geschäfts mit dem Geld. Weil die Industrie im Verhältnis zu der in Anspruch genommenen Arbeit zu viel Kapital produzierte, geriet sie in eine Überakkumulationskrise (FRANK 1986, S. 83; Initiativgruppe Regulationstheorie 1997, S. 16). Wegen dieser Verwertungsschwierigkeiten wurden produktive Investitionen zurückgehalten und profitablere Anlagemöglichkeiten für das Kapital gesucht. Diese wurden in den Finanzmärkten gefunden und geschaffen, weshalb Kapital zunehmend in Aktien, Anleihen, Devisen(spekulationen) oder derivative Finanzinstrumente und immer weniger in den Bau von Fabriken floß.

1.4 Verschärfte Konkurrenz und soziale Polarisierung

Ein historisch neues und deshalb spezifisches Charakteristikum der aktuellen Phase globaler Integration ist, daß die (auf Basis politischer Deregulierungen und technologischer Innovationen erfolgende) gegenseitige Durchdringung von Volkswirtschaften und ökonomischen Prozessen die Weltwirtschaft erstmals zu einer tatsächlichen Einheit gemacht haben, die ungeachtet räumlicher oder zeitlicher Distanzen in „Echt-Zeit" funktioniert (CASTELLS 1989, S. 26). Diese „Weitung zum globalen Raum und die Organisierung einer Weltzeit" (ALTVATER und MAHNKOPF 1996, S. 41) bedingen einen zweiten charakteristischen Grundzug der heutigen Globalisierung. Verblieben viele Schritte weltweiter Integration bisher an der „Oberfläche" politischer Herrschaft und der Zirkulation von Waren, so führen die Globalisierungsdynamiken des ausgehenden 20. Jahrhunderts zu einer tiefgreifenden Veränderung gesellschaftlicher Produktions- und Lebensweisen. Und das nahezu überall, so daß heue gilt: „(G)randios as it seems, the world system is a matter of daily experience for most of us" (PORTES und WALTON 1981, S. 189). Daraus resultiert ein drittes typisches Merkmal der heutigen Globalisierung: Die enorm gestiegene Mobilität des Kapitals (und zwar sowohl als tatsächliche als auch als potentielle Beweglichkeit) führt zu einem erheblichen Machtgewinn der Eigner und Verwalter von Kapital gegenüber Orten, der Arbeit und den Arbeitenden (CASTELLS 1989, S. 183–197; HARVEY 1997, S. 39).

Als eine Folge dieser drei Entwicklungen kommt es zu einer dramatischen Zunahme des Wettbewerbs – und zwar auf allen Ebenen. Staaten, Regionen und Städte konkurrieren, um Kapital anzuziehen, Unternehmen konkurrieren um Märkte, auf denen sie ihre Produkte absetzen können, und Arbeitskräfte konkurrieren um Jobs und um einen Platz innerhalb der wohlfahrtsstaatlichen Absicherung. In diesem vielzitierten Standortwettbewerb sind „alle sozialen Errungenschaften zur Disposition gestellt" (ALTVATER und MAHNKOPF 1996, S. 42), weil in der Reorganisation der Weltwirtschaft nur ökonomische, monetär in

Preisen auszudrückende Standards zählen. Staaten, Regionen und Städte sind in einen Wettlauf um niedrigere Steuern, höhere Zinsen, großzügigere Subventionen oder nachlässigeres Umwelt- und Arbeitsrecht gezwungen, Unternehmen in ein Rennen um niedrigere Produktionskosten und Arbeitskräfte in einen Wettstreit um geringere Löhne und größere Flexibilität.

Dieser „antisoziale Anpassungszwang" (NARR und SCHUBERT 1994, S. 112) ist aber ebensowenig ein Naturereignis wie die Globalisierung insgesamt. Der sozialpolitisch abwärtsgerichtete Wettlauf um niedrigere Steuern und geringere Löhne ist zugleich Ergebnis und Ausdruck einer Strategie, die es sich zum Ziel gesetzt hat, nach den Jahrzehnten des sozialen Kompromisses eine neue soziale Ordnung durchzusetzen, die unterhalb des während des Fordismus erreichten Niveaus liegt (FRÖBEL et al. 1986, S. 95–100).

Globalisierung ist also bis zu einem gewissen Grad ein Instrument in einem breit angelegten Angriff auf Errungenschaften der Arbeitenden. Der inflationäre Gebrauch des Begriffs „Globalisierung" ist damit nicht nur eine Modeerscheinung. Er dient der Erpressung – die Androhung der Produktionsverlagerung, die auf der prinzipiellen Möglichkeit basiert, tatsächlich anderswo produzieren (lassen) zu können, genügt, um vielfältigen Verzicht seitens der Arbeitskräfte erfolgreich fordern zu können (Initiativgruppe Regulationstheorie 1997, S. 9). Aus diesem Grund gibt das Ausmaß der Direktinvestitionen in oder des Imports aus Niedriglohnländern, die insgesamt ja relativ gering sind, kaum Auskunft über die tatsächlichen sozialpolitischen Effekte der Globalisierung.

Wie sehr Globalisierung „Gesellschafts*gestaltung* durch Gesellschafts*spaltung*" (ALTVATER und MAHNKOPF 1996, S. 58; kursiv im Original) ist, zeigen beispielsweise die zitierten Daten über den branchen- und vor allem den konzerninternen Wettbewerb. Wenn fast die Hälfte des Welthandels konzernintern abgewickelt wird, dann ist globale Konkurrenz in vielen Fällen nicht wirklicher Wettbewerb, sondern das Ausspielen zweier oder mehrerer Standorte des gleichen Unternehmens gegeneinander. In diesem Sinne kann der Präsident der US-amerikanischen Uhrenfirma Bulova Watch auch ruhig feststellen: „We are able to beat the foreign competition because we *are* the foreign competition" (zitiert in BLUESTONE und HARRISON 1982, S. 114; kursiv im Original).

Die wohl wichtigste Auswirkung ist die zunehmende soziale und räumliche Polarisierung, und zwar sowohl zwischen den Staaten als auch innerhalb der Staaten. Ist wirtschaftliche Integration generell häufig von sozialer Desintegration begleitet (BEAUREGARD 1995, S. 243; PARNREITER 1995a), so bilden Vereinheitlichung und Fragmentierung zwei Seiten derselben Münze. Globalisierung bedeutet und schafft ungleiche zeitliche, soziale und geographische Entwicklung (HARVEY 1997, S. 37), oder, in anderen Worten: „Ungleichheitsproduktion – das ist der soziale Kern des Transnationalisierungsprozesses" (NARR und SCHUBERT 1994, S. 43).

Eine der Ursachen der zunehmenden Polarisierung ist, daß sich die Staaten im Bemühen, „ihre" Unternehmen konkurrenzfähig zu halten und/oder zu machen bzw. neues Kapital anzuziehen, von Wohlfahrts- zu Wettbewerbsstaaten wandeln (HIRSCH 1994). Staatliche Sozialpolitik orientiert sich mehr und mehr an den Erfordernissen flexibler Arbeitsmärkte und struktureller Konkurrenzfähigkeit, weshalb Sozialleistungen beschnitten, gewerkschaftliche Positionen angegriffen und tarifvertragliche Sicherungs- und Schutzmaßnahmen abgebaut werden. Schließlich wird die Steuerlast immer ungerechter verteilt, so daß auch hier ein „wirtschaftsfreundliches Klima" entsteht. Als Ergebnis der großangelegten gesellschafts- und wirtschaftspolitischen Wende werden bisher bestehende Arrangements rund um die industrielle Lohnarbeit aufgelöst und durch vielfältige neue Kapital-Arbeit-Beziehungen ersetzt. Dabei werden alte gesellschaftliche Spaltungen vertieft und neue geschaffen. Die Segmentierung des Arbeits- und Wohnungsmarktes erfolgt nach dem Geschlecht, der ethnischen Herkunft und dem Alter. Arbeitende werden in LohnbezieherInnen, GelegenheitsarbeiterInnen sowie neue Selbständige gespalten, und selbst bei den LohnbezieherInnen kommt es zu stärkerer Ausdifferenzierung nach Löhnen, tariflichen Schutzbestimmungen etc. (HIRSCH und ROTH 1986, S. 112–114; CASTELLS und PORTES 1989, S. 32; PARNREITER 1997).

Ein anderer Antrieb für zunehmende Polarisierung besteht darin, daß die netzwerkartige Weltwirtschaft nur bestimmte Sektoren, Regionen und Menschen integriert. Sowohl auf „nationaler" Ebene als auch auf Weltniveau werden nur jene Teile, die „nützlich" und wettbewerbsfähig sind, in die transnationalen Netze integriert. In der Konkurrenz werden die für die globale Akkumulation wenig oder überhaupt nicht relevanten Wirtschaftszweige (und also die wenig oder überhaupt nicht relevanten Regionen und Personen) an den (unteren) Rand gedrängt oder überhaupt dem Untergang geweiht. Volkswirtschaften werden an dieser Effizienzlinie gespalten, wobei Löhne und soziale Leistungen immer weiter auseinanderklaffen (NARR und SCHUBERT 1994, S. 57–65, 122–126). Noch dramatischer ist die Lage in der Dritten Welt, wo der „unnütze" Teil den verwertbaren überwiegt. Da es, um ein Beispiel von CASTELLS (1991, S. 213) zu zitieren, für die Weltwirtschaft weitgehend bedeutungslos geworden ist, Zinn zu fördern, ein Land wie Bolivien aber nun einmal hauptsächlich Zinn hat, wird dieses Land mit seinen BewohnerInnen vom Weltmarkt weitgehend abgekoppelt – und zwar unfreiwillig. Viele Länder teilen das Schicksal Boliviens – ihre natürlichen Ressourcen, ihre Produkte und ihre Arbeitskräfte sind für den Weltmarkt weitgehend nutzlos geworden. Für sie findet sich kein Platz in den transnationalen Produktionsnetzwerken, sie bewegen sich „von einer Situation sozialer Ausbeutung zu einer Situation funktionaler Irrelevanz" (ibd.).

2. Globalisierung, Entwurzelung und Migration

Stehen nun die beschriebenen Prozesse der Globalisierung in einem Zusammenhang mit Migrationen, und insbesondere mit den Binnenwanderungen, um die es im gegenständlichen Forschungsprojekt ja geht? Ist, anders gefragt, das Weltsystem tatsächlich „a matter of daily experience" (PORTES und WALTON 1981, S. 189) für jene MigrantInnen, die in eine Megastadt der Dritten Welt ziehen? Und wenn ja, inwieweit?

Die Vermutung, daß es eine Beziehung zwischen Globalisierung und Migration gibt, stützt sich auf die empirische und theoretische Auseinandersetzung mit internationalen Migrationen. Schon auf einer sehr deskriptiven Ebene ist nämlich offensichtlich, daß grenzüberschreitende Wanderungen ein Phänomen darstellen, das zur Globalisierung gerechnet werden muß. Nicht nur Kapital, Güter und Informationen werden in immer größerem Ausmaß und immer höherem Tempo rund um den Globus bewegt, es sind auch immer mehr Menschen in Bewegung.[11] Eine andere Beobachtung ist, daß die Zunahme der inter-

---

[11] Für die neunziger Jahre wird geschätzt, daß es weltweit rund 100 Millionen internationale MigrantInnen gibt (CASTLES und MILLER 1993, S. 4). In zahlreichen OECD-Ländern leben rela-

nationalen Migrationen und die Beschleunigung und Vertiefung der Globalisierungsdynamik zeitlich relativ parallel erfolgten, nämlich ab Ende der sechziger Jahre.

Wenn nun Zusammenhänge zwischen den Prozessen der Globalisierung und der Zunahme weltweiter Arbeitsmigrationen vermutet werden, dann stellt sich die Frage nach der Natur dieses Verhältnisses. Welche Auswirkungen haben die immer größere Kapitalmobilität, die Handelsliberalisierung oder die Deregulierung von Arbeitsmärkten auf die Mobilität von Menschen? Wie trägt die Transnationalisierung der Produktion und die Expansion der Finanzmärkte zur Ausweitung der Arbeitsmigrationen bei? Wie sind MigrantInnen selbst in Prozesse der Globalisierung eingebunden? Diese Fragen, gestellt insbesondere im Zusammenhang mit der in den USA ab 1965 gemachten Erfahrung, daß die Globalisierung der US-amerikanischen Wirtschaft von massiver Einwanderung begleitet war/ist, lösten heftige Diskussionen unter MigrationsforscherInnen aus und führten letztlich zu einem Wechsel des dominanten Forschungsparadigmas.

Seit den späten siebziger Jahren ist es zu bedeutenden theoretischen Innovationen gekommen, wobei es gegenwärtig nicht eine oder zwei genau definier- und abgrenzbare migrationstheoretische „Schulen" gibt, sondern verschiedene Modelle, die teilweise miteinander kompatibel sind, teilweise aber auch in Widerspruch zueinander stehen. Gemeinsam ist den neuen Ansätzen (für einen Überblick siehe International Migration Review 1989; MASSEY et al. 1993; MASSEY et al. 1994) allerdings, daß sie die Prämissen der neoklassischen Migrationsmodelle (siehe z.B. SJAASTAD 1962; TODARO 1969; HARRIS und TODARO 1970; BORJAS 1988) angreifen und diese als ahistorisch und individualistisch zurückweisen. Migration könne nicht, so die Kritik, als *individuelles* Verhalten in Antwort auf unterschiedliche Niveaus von Lohn- und Lebensstandards interpretiert werden, das zur Optimierung des eigenen Einkommens gewählt wird und das letztlich zu einer bestmöglichen Ressourcenallokation und zu einem Ausgleich zwischen Sender- und Empfängerregionen führt. Statt dessen wird von den neueren Ansätzen eine *strukturelle*, *historische* und *globale* Perspektive auf Migrationen eingefordert.

Es ist hier nicht der Platz, die theoretischen Innovationen der Migrationsforschung sowie die unterschiedlichen Strömungen umfassend zu diskutieren. Auch bedingt die Themenstellung, daß nur auf eine Seite der Dynamik von Globalisierung und Migration eingegangen werden kann. Die Frage, inwieweit internationale Migrationen selbst zu einem Mechanismus weltweiter Integration geworden sind, MigrantInnen also gewissermaßen als AgentInnen von Globalisierung operieren, muß ausgespart bleiben (siehe dazu PARNREITER

---

tiv große und stabile Einwanderungsgruppen – so machte beispielsweise im Jahr 1990 der Anteil der ausländischen an der Gesamtbevölkerung in der Bundesrepublik Deutschland 8,21 Prozent und in Frankreich 6,41 Prozent aus. Kleinere Länder wie Luxemburg, die Schweiz oder Belgien kamen auf weit höhere Werte (SOPEMI 1992, S. 131). Die USA verzeichneten zwischen 1971 und 1993 eine jährliche Durchschnittszuwanderung von 929.000 Personen (MASSEY 1995, S. 634), die großteils aus Zentral- und Südamerika, aber auch aus Asien stammt, und die sich insbesondere auf die großen Städte konzentriert. Internationale Immigration ist seit den siebziger Jahren aber auch zu einem Phänomen von semiperipheren oder Schwellenländern geworden. In den erdölproduzierenden Golfstaaten arbeiteten 1985 über fünf Millionen MigrantInnen, der Großteil von ihnen aus Süd- und Südostasien (IOM 1991, S. 20). In Südost- und Ostasien wiederum ziehen die „Newly Industrializing Countries" vermehrt ArbeitsmigrantInnen an, wie etwa die Beispiele Singapur (1990: 150.000 ausländische Arbeitskräfte oder 10,1 Prozent der gesamten Arbeitskraft), Hongkong (hatte schon 1980 eine eingewanderte chinesische „Squatter"-Bevölkerung von 750.000) oder Malaysia (zählte Ende der achtziger Jahre etwa 100.000 legale und ein Mehrfaches an „undocumented" ImmigrantInnen) (MARTIN 1991, S. 182–187).

1999). Hier geht es lediglich um jenen Argumentationsstrang, dessen wichtigste These es ist, daß die neue Dynamik globaler Integration neue Bedingungen für menschliche Mobilität entstehen ließ, daß also Globalisierung zu einer Zunahme internationaler Migration führt.

„The perspective is international: large-scale movements of people arise from the accelerating process of global integration. Migrations are not an isolated phenomenon: movements of commodities and capital almost always give rise to movements of people. Global cultural interchange, facilitated by improved transport and the proliferation of print and electronic media, also leads to migration" (CASTLES und MILLER 1993, S. 3).

Im Anschluß daran soll das (für dieses Forschungsprojekt zentrale) Argument entwickelt werden, warum sich die aus der Untersuchung internationaler Wanderungen gewonnenen theoretischen Ansätze auch für die Analyse von Binnenmigrationen als nützlich erweisen können.

2.1 Entwurzelung und Entstehung von Migrationspotentialen

Seit der Formierung des kapitalistischen Weltsystems im 16. Jahrhundert (siehe dazu WALLERSTEIN 1974a; 1974b; 1980; 1989) breitet sich der Akkumulationsprozeß von den Zentren ausgehend über die gesamte Welt aus. Im Zuge dieser Expansion wurden immer mehr Regionen und Gesellschaften in untergeordneter Position in die entstehende internationale Arbeitsteilung eingebunden, was ihre Peripherisierung zur Folge hatte. Parallel zum Prozeß der Peripherisierung läuft einer der Entwurzelung und folglich der Formierung von Migrationspotentialen.

Der Begriff „Entwurzelung" wird in der Migrationsliteratur gewöhnlich im Zusammenhang mit Flüchtlingen, Vertriebenen und „displaced persons" verwendet (siehe z.B. MARRUS 1990). Hier wird jedoch ein weiter gefaßtes Konzept vorgeschlagen. Entwurzelung meint dabei ganz allgemein den Verlust ökonomischer, sozialer und kultureller Bindungen und Gebundenheiten, die in den allermeisten Fällen auch eine raumbezogene Festlegung haben. Direkte Vertreibung oder Verschleppung gehören als die unmittelbarsten Formen dazu: Menschen verlieren ihre Bindungen, weil und wenn sie ihrer (sozialen und räumlichen) Umgebung entrissen bzw. aus ihr verjagt werden. Entwurzelung kann aber auch die Folge einer sukzessiven Schädigung dieses Milieus sein: Menschen werden entwurzelt, wenn wirtschaftliche, soziale und kulturelle Reproduktion an einem bestimmten Ort nicht mehr möglich ist, weil die gesellschaftlichen Institutionen, in die ihr Leben eingebettet war, geoder zerstört wurden (siehe dazu ausführlicher PARNREITER 1995a).

Im Zuge der kapitalistischen Expansion wird Land zur Ware, werden traditionelle Formen der ökonomischen, sozialen und kulturellen Reproduktion unterminiert, wird Subsistenzwirtschaft dem Akkumulationsprozeß untergeordnet. Genau in diesem Prozeß (und nicht in Armut schlechthin oder in individuellen Lohnvergleichen) ist „the heart of an economic theory of migration" (COHEN 1987, S. 26) zu finden, weil abhängige Integration in eine überregionale oder internationale Arbeitsteilung zur sozioökonomischen Desintegration der Peripherien und damit zur Nichtintegration eines Teils der Bevölkerung in die – nun beschädigte – regionale oder nationale Ökonomie führt. In anderen Worten: Es sind die Unterordnung einer Region und Gesellschaft unter das Zentrum und die darauf folgenden inneren Transformationen, die jene Migrationspotentiale entstehen lassen, aus denen MigrantInnen rekrutiert werden oder aus denen sie „selbständig" abwandern:

„Sustained labor migration requires the penetration of the political and economic institutions of the dominant unit – nation-state or region – into the subordinate one. This penetration creates imbalances between sectors and institutions of the subordinate unit, which lead eventually to labor displacement. Imbalances are induced from outside, but become internal to the structure of the weaker societies. These internal balances, not invidious comparisons with the wealth of more developed regions, are what underlie sustained process of labor migration" (PORTES und WALTON 1981, S. 31; siehe auch PETRAS 1981, S. 47, und SASSEN 1988, S. 33).

Infolge der oben skizzierten Globalisierungsprozesse haben die destabilisierenden exogenen Kräfte ein nie dagewesenes Ausmaß, eine bislang unbekannte Reichweite und eine bisher unübertroffene Stärke erreicht. Die Erhöhung der Kapitalmobilität, die Öffnung der Märkte, die Transnationalisierung der Produktion führ(t)en dazu, daß es räumlich keine „weißen Flecken" mehr gibt, und auch die innergesellschaftliche „Landnahme" schreitet unaufhaltsam voran. So gut wie jeder Winkel der Erde und nahezu jede Person sind heute Marktkräften ausgesetzt, was den Entwurzelungsprozeß in der Dritten Welt rapid vorantreibt.

Die Landwirtschaft der sogenannten Dritten Welt ist immer intensiver in die internationale Arbeitsteilung einbezogen und deren Dynamiken immer offener ausgesetzt. Zum einen wird die Peripherie im Rahmen von in großem Stil betriebenen Verlagerungen landwirtschaftlicher Produktion immer stärker als Standort agrarischer Erzeugung genützt, zum anderen werden ihre klein- und mittelbäuerliche Betriebe sowie die Subsistenzwirtschaften infolge der Marktöffnung und des Rückzugs des Staates aus der Agrarpolitik einer übermächtigen Konkurrenz ausgesetzt (FEDER 1980; MCMICHAEL 1993; BONNANO et al. 1994). Während die zunehmende Ausrichtung der Landwirtschaft auf Exportmärkte mit einer fortschreitenden Kapitalisierung, Mechanisierung und Kommodifizierung der agrarischen Produktion einhergeht (Stichwort: „Grüne Revolution"), führt der Freihandel tendenziell zur Verdrängung sowohl kleinbäuerlicher ErzeugerInnen als auch jener Pflanzen, die der Selbstversorgung dien(t)en. Dazu kommt, daß das Entstehen von Arbeits- und Produktmärkten fundamentale soziokulturelle Veränderungen mit sich bringt, die durch Kommodifizierung der Arbeit und das Ersetzen traditioneller sozialer Normen durch marktgerechtes Verhalten gekennzeichnet sind. Zusammengenommen haben diese Entwicklungen die direkte Vertreibung ländlicher Bevölkerungsschichten von ihrem Land, die Auflösung kleiner, nicht mehr rentabler und/oder verschuldeter Betriebe, einen Verlust agrarischer Arbeitsplätze sowie eine soziokulturelle Diskreditierung bäuerlicher Gesellschaften zur Folge.

Ausländische Investitionen und die Einbindung in exportorientierte Handelsstrukturen zeitigen aber nicht nur in der Landwirtschaft destabilisierende Folgen. SASSEN (1988) bringt Formen industrieller Entwicklung, die gewöhnlich als migrationshemmend angesehen wurden, mit Entwurzelung und dem Anwachsen von Migrationspotentialen in Verbindung. Namentlich ist es die durch ausländische Investitionen forcierte exportorientierte Industrialisierung in Ländern der Peripherie, die zu hohen Binnen- und Abwanderungsraten führt. Denn diese Industrien mobilisieren neue Bevölkerungsschichten, und zwar insbesondere junge Frauen, in die Lohnarbeit und unterminieren so traditionelle Arbeitsformen:

„First, the large-scale mobilization of young women into wage labor has had a disruptive effect on traditional waged and unwaged work structures. Second, employment in the new industrial zones has brought about a cultural distancing between the women and their communities of origin. Together these two processes pose objective and ideological barriers to these women's return to their family homes and the work they would traditionally perform there for the household or the local market. At the same time, long-term employment in export factories is highly unlikely. All the evidence points to average tenure being around five years. After that, for a number of reasons, women are laid off with little possibility of being employed in another firm, given the preference for women between sixteen and twenty-five years of age. These women, laid off and westernized, have few options. They add to the ranks of the unemployed. The disruption of traditional work structures due to the extremely high levels of young female emigration has further contributed to increase the pool of unemployed. It has stimulated male emigration and the emigration of women who may not have planned on doing so. Under these conditions, emigration for both women and men may be the only option" (SASSEN 1988, S. 116).

Mit ausländischem Kapital aufgebaute Industrien, die primär Exportmärkte beliefern, vergrößern also innergesellschaftliche Ungleichgewichte. Entwurzelung der ländlichen Bevölkerung ist hier folglich nicht nur eine Bedingung für die Industrialisierung (indem sie die benötigten Arbeitskräfte freisetzt), sondern auch deren Ergebnis. Umgekehrt hat auch die Kehrseite der exportorientierten Industrialisierung – die Öffnung nationaler Märkte für industrielle Importe – destabilisierende Folgen. Neue industrielle Produkte (seien sie in Weltmarktfabriken im Land selbst gefertigt oder importiert) überschwemmen Stadt und Land, und setzen so Handwerk, Gewerbe und sogar nationale Industrien einer übermächtigen Konkurrenz aus.

Im Zusammenhang mit dem verstärkten Eindringen neuer industrieller Waren sollten auch kulturelle Dimensionen von Globalisierung nicht unterschätzt werden. Die zunehmende Präsenz „globaler" Konsumgüter und die über die enorme Verbesserung und Ausweitung der Informations- und Kommunikationssysteme in die entferntesten Winkel transportierten „westlichen" bzw. „nördlichen" Lebensstile, Werte und Ideologien können Wünsche nach Lebensformen, die in der Marktlogik keinen Platz finden und/oder gegenüber dem Klischee vom „American", „German" oder „Japanese Way of Life" zu wenig attraktiv wirken, weiter schwächen, transformieren, auflösen. Auch damit gehen Bindungen verloren, was Abwanderung wesentlich erleichtert.

Die Öffnung der Märkte und die weltweite Generalisierung von Marktbeziehungen setzen nicht nur immer mehr lokale ProduzentInnen und ArbeiterInnen einer überlegenen Konkurrenz aus, sondern machen sie auch immer abhängiger von internationalen Märkten. Mehr und mehr Menschen sind an den Weltmarkt gebunden, was sie für seine Schwankungen in der Nachfrage, kurzfristigen Preisbewegungen und langfristigen Verschlechterungen der Terms of Trade immer verwundbarer macht. Von der Kleinbäuerin über den Regierungsbeamten bis zum Straßenhändler sind immer mehr Menschen Entwicklungen ausgesetzt, über die nicht nur sie selbst nicht entscheiden können, sondern denen auch „ihre" Regierungen ohnmächtig gegenüber stehen. Wie anders als einen „ungeheuerlichen Überfall der Geschichte auf den Menschen" (ARIÈS 1988, S. 53) sollten der Verfall des Erdölpreises von den Betroffenen in Nigeria (SWINDELL 1995) oder die ausbleibende Nachfrage nach Panamahüten (BROWN et al. 1995) in Ecuador wahrgenommen werden, wenn sie weder Zugang zu adäquater Information besitzen noch eine auch nur minimale Chance der Intervention haben?

Globale Durchdringung bedeutet auch die dominante Einflußnahme internationaler Institutionen wie der Weltbank oder des IWF. Von den fünfziger Jahren an forcierten und finanzierten sie eine Politik, die statt zu Entwicklung zu Massenentwurzelung führte, indem sie Millionen Menschen die wirtschaftliche und soziale Lebensgrundlage entzog, wenn deren Lebensraum für Staudämme, Straßen oder Stadterweiterungsprojekte benötigt wurde (siehe z.b. BANERJEE-GUHA 1995). Ab den achtziger Jahren waren die genannten internationalen Institutionen dann federführend an der Konzeption und Durchsetzung von Strukturanpassungsprogrammen in den Ländern der Peripherie beteiligt, wie gerade am mexikanischen und indonesischen Beispiel deutlich ersichtlich wird. Liberalisierungen, Deregulierungen, der Rückzug des Staates aus der Wirtschaft, der Abbau von öffentlicher Beschäftigung und Sozialleistungen und andere Maßnahmen sollten die Ökonomien der betroffenen Länder sanieren, d.h. den neuen Bedingungen der Kapitalverwertung am Weltmarkt anpassen. Auf der Strecke bleiben und blieben Millionen Menschen, die über die Erhöhung der un- und schlecht bezahlten Arbeit versuchen müssen, dem durch die Anpassungsprogramme beschleunigten Verfall der (Re-)Produktionsmöglichkeiten entgegenzuwirken.

Zusammenfassend kann also festgehalten werden, daß die heute als Globalisierung bezeichnete vertiefte und zugleich periphere Integration in die internationale Arbeitsteilung die Desintegration der Gesellschaften und Ökonomien der Dritten Welt beschleunigt. Diese Entwicklung ist als zentraler Faktor im starken Anwachsen von Migrationspotentialen zu beachten, denn: „The result is the creation of a population that is socially and economically uprooted and prone to migration" (MASSEY et al. 1993, S. 446).

2.2 Arbeitskräftenachfrage als Auslöser von Migrationen

Die Zunahme der internationalen Migrationen ist aber nicht nur angebotsseitig zu verstehen. Es ist von der Migrationsforschung weitgehend anerkannt, daß der Bedarf nach Arbeitskraft eine wesentliche Triebfeder in der Mobilisierung von MigrantInnen bildet. Spätestens seit Beginn des 18. Jahrhunderts bildete sich parallel und in Beziehung zu den Weltmärkten für Kapital und Güter ein „Weltmarkt für Arbeitskraft" (POTTS 1988) aus, auf dem Migration als ein wichtiges „labor supply system" (SASSEN 1988) fungierte. Ob erzwungene oder „freiwillige" Arbeitsmigrationen, ob Siedlerbewegungen oder „Gastarbeiter"wanderungen, ob Nah- oder Fernwanderung – die Verwendung von gewanderter Arbeit stellte einen immer wieder gewählten Ausweg dar, wenn zu wenige Arbeitskräfte verfügbar waren, um die von der Expansion des Kapitalismus ausgehende Nachfrage zu befriedigen, oder wenn die vorhandene Arbeitskraft bestimmte an sie gestellte Anforderungen (z.B. Preis, Flexibilität) nicht erfüllen konnte oder wollte. Die konkrete Form, die das „labor supply system" Migration dabei annimmt, hängt mit der jeweils bestimmenden Entwicklungsstufe des Kapitalismus und mit der Position einer Region in der internationalen Arbeitsteilung zusammen (HOPKINS und WALLERSTEIN 1982, S. 197; PORTES und WALTON 1981, S. 49–59; SASSEN 1988, S. 27–54).

In der Zeit der fordistischen Massenproduktion wurden sowohl in den USA als auch in Westeuropa ImmigrantInnen verwendet, um die Arbeitsplätze im sekundären Segment des Arbeitsmarktes, in dem die instabilen, schlecht bezahlten und als minderwertig angesehen Jobs konzentriert sind, besetzen zu können (siehe z.B. PIORE 1979; CASTLES 1986; PARNREITER 1994, Kap. 4). Mit der Krise der fordistischen Industrie ist die Nachfrage nach zugewanderter Arbeitskraft aber nicht zurückgegangen – im Gegenteil. Die zweite Hypothese, warum die neue Dynamik globaler Integration neue Bedingungen für menschliche Mobilität entstehen ließ, lautet, daß Globalisierung nicht nur Migrationspotentiale schafft, sondern auch einen neuen Bedarf an marginalisierter Arbeitskraft kreiert und somit Migrationen nachfrageseitig stimuliert.

Der erste Aspekt betrifft die traditionellen Industriestaaten selbst. Dort kam und kommt es im Zuge der Globalisierung zu einer sozioökonomischen Reorganisation, weil der Niedergang alter und das Entstehen neuer Wachstumsbranchen mit Veränderungen in der Arbeitsorganisation, in der Einkommensverteilung und in der Arbeitskraftnachfrage einhergehen. Die wirtschaftliche und soziale Neuordnung führt zu einer gewaltigen Polarisierung von Wirtschaft und Gesellschaft, was insbesondere in den großen Metropolen sichtbar wird (dazu siehe Kapitel 3.2).

Mehr und mehr werden bisher bestehende Arrangements rund um die industrielle Lohnarbeit aufgelöst und durch vielfältige neue Kapital-Arbeit-Beziehungen ersetzt. Hochqualifizierte und gut bezahlte Arbeitsplätze in den High-Tech-Industrien und den höheren Dienstleistungen nehmen ebenso rasch zu wie un- oder niederqualifizierte und schlecht bezahlte Jobs in den alten Industrien und den niedrigen Dienstleistungen. Der informelle Sektor boomt (und zwar in den traditionellen Industrie- ebenso wie in den Entwicklungsländern), die „Mittelklasse" hingegen, gebildet aus ArbeiterInnen (die ihren einstmaligen Aufstieg zur Mittelklasse der Stärke der Gewerkschaften verdankten) und administrativem Personal, sieht sich von sozialer Abwärtsmobilität bedroht und ist im Schwinden begriffen (siehe z.B. CASTELLS 1989; PORTES et al. 1989; SASSEN 1991; PARNREITER 1997).

Aus dem Anwachsen von gelegentlichen, informellen und fragmentierten Arbeitsmärkten resultiert, daß die Position des Faktors Arbeit (in Gestalt organisierter Gewerkschaften) eine deutliche Schwächung erleidet, während Arbeit (in Gestalt von Arbeitskräften) zunehmend flexibler und anspruchsloser sein muß, um den neuen Anforderungen zu genügen. Aus genau diesem Grund steigt die Nachfrage nach zugewanderter Arbeitskraft:

„The majority of labor is restructured, both by the imposition upon it of new working conditions, generally in a different sector of activity, and by changing the characteristics of the labor pool itself, increasing the proportion of women, immigrants, and ethnic minorities in the labor force, taking advantage of the greater social vulnerability of these groups in a social context of gender and racial discrimination" (CASTELLS 1989, S. 225).

Der Fokus auf die Marginalisierung der Arbeitskraft erklärt die Zunahme der ImmigrantInnenbeschäftigung (und auch der weiblichen Erwerbstätigkeit) auch in Zeiten, in denen Arbeitskräfte der mittleren Einkommensschicht verstärkt arbeitslos werden. Denn Zuwanderer stellen wegen ihrer Selbstwahrnehmung als „target-earners" (PIORE 1979, S. 54 und 95), wegen ihrer rechtlichen Diskriminierung (PORTES und WALTON 1981, S. 50; SASSEN 1988, S. 37) und wegen ihrer Außenseiterrolle in den Zielländern (ZOLBERG 1989, S. 411) eine bevorzugte Gruppe dar, den Arbeitskräftebedarf am unteren Ende des Arbeitsmarktes zu decken.

Die Beschäftigung von ImmigrantInnen stellt dabei keine Alternative zur Kapitalmobilität dar, sondern ist eine Komponente derselben. In beiden Fällen ist es das Ziel, Zugang zu peripherisierten Arbeitsmärkten zu erhalten. Ein wesentliches Merkmal der aktuellen Phase globaler Integration liegt also darin, daß der Weltmarkt für Arbeitskraft immer kleinräumiger reproduziert wird.

Peripherisierte Arbeitsverhältnisse müssen nicht zwangsläufig in der Peripherie liegen, sondern werden in zunehmendem Maße auch in den Zentren nachgefragt und können dort durchgesetzt werden – unter anderem durch die Beschäftigung von ImmigrantInnen (PORTES und WALTON 1981, S. 190; SASSEN 1991, S. 31; PARNREITER 1994, Kap. 5). Diese machen sich ob des Abbaus von Mobilitätsbarrieren im Zuge der Globalisierung und der Herausbildung dichter Migrationsnetzwerke (siehe Kapitel 2.3) zwar zunehmend von selbst auf den Weg in die Zentren, der aktiven Rekrutierung von MigrantInnen kommt aber nach wie vor eine wichtige Rolle zu (MASSEY 1990, S. 68; LIM 1992, S. 140f; Secretaría de Relaciones Exteriores und Commission on Immigration Reform 1997, S. 39f).

Der zweite Aspekt, der im Zusammenhang von Globalisierung, Arbeitskräftenachfrage und Zunahme von Migrationen relevant ist, betrifft die sogenannten „Newly Industrializing Countries". Exportorientierte Industrialisierung, wie sie in Ländern wie Mexiko oder Indonesien vorangetrieben wird, verlangt nach unzähligen Händen, um Jeans zusammenzunähen oder Fernsehgeräte zu montieren. Millionen Menschen, meist aus dem ländlichen Hinterland, zunehmend aber auch aus Städten, werden in Migrationen in Richtung der Exportproduktionszonen mobilisiert, um diesen Arbeitskräftebedarf zu decken. Oftmals handelt es sich dabei um junge Frauen, da diese leichter kontrollier- und ausbeutbar sind (siehe z.B. PHIZACKLEA 1983; International Migration Review 1984). Wegen der hohen „Turnover"-Rate von Weltmarktfabriken und infolge fehlender alternativer Beschäftigungsmöglichkeiten für aus der Exportindustrie entlassene Frauen sowie deren Männer ist die von den Exportproduktionszonen ausgehende Arbeitskräftenachfrage aber nicht nur ein Stimulus für Binnenwanderungen. SASSEN (1988, S. 116) sieht in ihnen auch einen gewichtigen Faktor in der Mobilisierung internationaler Migrationen.

2.3 „Brücken" und die Formierung eines transnationalen Raumes

Ein besonderer Verdienst strukturell und historisch angelegter Migrationsstudien ist es, daß sie darauf hingewiesen haben, daß selbst die Existenz eines Migrationspotentials auf der einen Seite und die Nachfrage nach (marginalisierten) Arbeitskräften auf der anderen Seite nicht ausreichen, Migrationen tatsächlich in Gang zu setzen. Menschen beginnen in aller Regel nämlich nicht von selbst, an Orte mit besseren Arbeits- und/oder Verdienstmöglichkeiten zu wandern. Die Geschichte ist voll der Beispiele, in denen solche Ungleichheiten für die jeweiligen Bevölkerungen bedeutungslos waren. Oder, drastisch ausgedrückt: Migration ist nicht wie Wasser, das bei verschiedenen Niveaus automatisch zu fließen beginnt. Migrationen geschehen nicht naturwüchsig, sie werden erzeugt und geformt.

Damit sich Migrationspotentiale in tatsächliche Wanderungen realisieren, müssen potentielle MigrantInnen und Unternehmer miteinander in Kontakt gebracht werden. Dazu bedarf es eines zusätzlichen intervenierenden Faktors, nämlich sog. „objective and ideological linkages" (SASSEN 1988, S. 9) zwischen Sender- und Empfängerregionen. Solche Verbindungen oder „Brücken" zwischen Abwanderungs- und Zielgebieten werden in der Regel von letzteren geschaffen und können primär ökonomischer Natur sein (z.B. Handelsbeziehungen oder Direktinvestitionen), sie können aus militärischer und/oder politischer Präsenz in einer Region herrühren, sie können historische Wurzeln haben (etwa zwischen Teilen ehemaliger Kolonialreiche), sie können durch direkte Rekrutierung von MigrantInnen oder durch allgemeine „Verwestlichung" durch Kultur, Konsum und Ideologien begründet werden, und sie werden im Laufe der Zeit auch durch Migrationsnetzwerke gebildet (SASSEN 1995, S. 265f; MASSEY 1990, S. 63f).

Die Bedeutung der „Brücken" für das (mehr oder weniger) selbständige Zustandekommen von freiwilligen Migrationen wird dadurch untermauert, daß direkte Rekrutierung (oder Verschleppung) jahrhundertelang erforderlich war, um Menschen zu bewegen: „Thus, active recruitment of migrant labor had to be conducted in many expanding economies not because objective opportunities did not exist, but because insufficient linkages existed to make available populations aware of economic opportunities or to make their physical displacement a straight forward matter" (PORTES und WALTON 1981, S. 48).

Erst mit der zunehmenden wirtschaftlichen, politischen und kulturellen Durchdringung der Peripherien – also im Prozeß der Peripherisierung! – wurden ausreichend Verbindungen zwischen Sender- und Zielländern geschaffen, um Migration zu jenem „spontanen" und nicht enden wollenden Prozeß werden zu lassen, in dem MigrantInnen die Initiative und die Kosten der Wanderung ausschließlich selbst übernehmen (PORTES und BÖRÖCZ 1989, S. 608–611).[12] Mit den Globalisierungsprozessen der letzten drei Jahrzehnte sind immer dichtere Verflechtungen zwischen Zentren und Peripherien entstanden, die MigrantInnen als „Brücken" dienen können: Der Kontakt zum Personal ausländischer Firmen oder zu TouristInnen läßt internationale Auswanderung zu einer Option werden, weil die dadurch oder via elektronischer Massenmedien gewonnenen Informationen ein Bewußtsein für Lohnunterschiede und Chancen auf Arbeitsmärkten in den USA, in Westeuropa oder in Japan schaffen und weil sie diesen Lohnunterschieden Bedeutung verleihen (dies umso mehr, als die Geschäfte voll sind mit [unerschwinglichen] Nike-Turnschuhen und anderen symbolträchtigen Konsumgütern). Der Ausbau und die Verbilligung von Verkehrs- und Kommunikationsmitteln reduzieren Barrieren weiter, und die sich verdichtenden Verbindungen zu einer „eigenen" Community in einer internationalen Metropole dienen als letztes Sprungbrett.

Die globalen Bewegungen von Kapital, Gütern, Dienstleistungen, Informationen und Menschen haben also einen transnationalen Raum geschaffen, in dem räumliche Mobilitätsbarrieren sinken. Zugleich gilt in diesem transnationalen Raum mit seinen dichten Verflechtungen, daß „the amount of emigration is determined by the degree of economic integration between the sending country and the country of destination" (MASSEY 1988, S. 390). Folgerichtig fällt, wie SASSEN (1988) argumentiert, die sogenannte „neue" Immigration in die USA zeitlich mit der verstärkten Internationalisierung ihrer Wirtschaft zusammen (nämlich ab 1965), und konsequenterweise beziehen die USA ihre Einwanderer nicht etwa aus den ärmsten Ländern der Welt, sondern aus jenen, mit denen die USA durch Kapital- und Handelsströme bzw. durch politische Beziehungen oder Militärinterventionen besonders verflochten sind (nämlich Mexiko, die Philippinen, Vietnam, Kuba, die Dominikanische Republik oder China). Auch die zunehmende Einwanderung nach Japan setzte zu einer Zeit ein (zweite Hälfte der achtziger Jahre), als das Land begann, ökonomische Aktivitäten in den südostasiatischen Raum zu verlagern. Die (meist undokumentierten) ImmigrantInnen stammen großteils just aus jenen süd- und südostasiatischen Staaten (Philippinen, Pakistan, Thailand), in denen Japan als Exporteur von Kapital, Fabriken und Waren sowie als Geber von Entwicklungshilfe überaus greifbar ist (SASSEN 1995, S. 271–281). Schließlich besitzt das Konzept der „Brücken" auch im westeuropäischen Kontext

---

[12] Trotz dieser Entwicklung und obwohl der Ausbau und die Verbilligung von Informations-, Kommunikations- und Transportsystemen weiter beigetragen haben, Migration zu einem Massenphänomen werden zu lassen, sollte, wie erwähnt, die immer noch bestehende Bedeutung von Rekrutierungsagenturen vor allem in „jungen" Migrationsgebieten (MASSEY 1990, S. 68; LIM 1992, S. 140f), aber selbst bei lange etablierten Wanderungen (Secretaría de Relaciones Exteriores und Commission on Immigration Reform 1997, S. 39f) nicht unterschätzt werden.

einigen Erklärungswert, da die sogenannte „Gastarbeiterwanderung" der sechziger und siebziger Jahre mit einer wirtschaftlichen Expansion einiger Länder der (damaligen) Europäischen Gemeinschaft in den Mittelmeerraum zusammenfiel (PARNREITER 1994, S. 98–147).

Es ist abschließend noch wichtig, zu unterstreichen, daß mit dem Andauern einer Migration die Netzwerke zwischen MigrantInnen und nicht gewanderten Verwandten und FreundInnen eine der wichtigsten „Brücken" für zukünftige Wanderungen darstellen. Diese Netzwerke transportieren Informationen, reduzieren die Unsicherheit, bieten Hilfe bei der Wohnungs- und Arbeitsuche und können letztlich auch eine emotionale Stütze sein. Damit erleichtern sie künftige Abwanderung, beeinflussen aber auch die räumliche wie berufliche Orientierung des neuen Migranten bzw. der neuen Migrantin. Die meisten Migrationsentscheidungen hängen damit von bereits erfolgter Wanderung ab, oder, anders ausgedrückt, die meisten MigrantInnen bewegen sich in den Fußstapfen anderer. Das erklärt einerseits die räumliche wie berufliche Konzentration von MigrantInnen, andererseits aber auch, warum Wanderungen andauern, selbst wenn die sie ursprünglich auslösenden Faktoren ökonomischer Natur weggefallen sind. Ja, Migration kann, einmal unabhängig von ihren anfänglichen Bedingungen geworden, sogar anhalten, wenn sich diese ins Gegenteil verkehrt haben. Fortbestehende Migrationsprozesse sind, selbst wenn es keinen Arbeitskräftebedarf im Zielgebiet mehr gibt oder wenn die Lohndifferentiale sinken, in diesem Licht keine Anomalien (HUGO 1981; MASSEY und GARCIA ESPAÑA 1987; BOYD 1989).[13]

2.4 Kann von internationalen Migrationen auf Binnenwanderung geschlossen werden?

Wenngleich die Frage, ob Ansätze, welche die Beziehung zwischen Globalisierung und internationaler Migration theoretisch zu fassen suchen, auch in der Untersuchung von Binnenwanderungen nützlich sein können, hypothetisch ist und implizit ohnehin schon bejaht wurde (andernfalls wäre der Auseinandersetzung mit für internationale Wanderungen erarbeiteten Konzepten nicht so breiter Raum gegeben worden), so muß doch geprüft werden, inwieweit diese Annahme auch zu untermauern ist. Dazu ist einerseits zu klären, ob an Binnen- und internationale Migrationen überhaupt der gleiche Maßstab angelegt werden kann, und andererseits, ob den für den Zusammenhang von Globalisierung und internationaler Migration als zentral identifizierten Faktoren auch bei Binnenwanderungen Erklärungswert zukommt.

Grundsätzlich ist vorauszuschicken, daß die von MASSEY et al. (1993, S. 432) bezüglich internationaler Migrationen formulierte Kritik – „when it comes to international migration, popular thinking remains mired in nineteenth-century concepts, models, and assumptions" – auf die Studien der Binnenwanderungen in der Dritten Welt noch wesentlich zutreffen-

---

[13]) Welche Stärke Migrationsnetzwerke entwickeln können, läßt sich an der mexikanischen Emigration in die USA gut nachzeichnen. Nach rund hundert Jahren Geschichte ist dieser Migrationsprozeß zu einem selbständigen Integrationsmechanismus zwischen den beiden Staaten geworden, wobei die trennende Wirkung der (zunehmend militarisierten) Grenze durch die starken Verbindungen der Migrationsnetzwerke oftmals aufgeweicht oder gar aufgehoben wird. Deshalb vermutet Douglas MASSEY (1988, S. 409) auch, daß „it is much too late in the process to have any realistic expectation of markedly affecting the level of Mexican emigration to the United States" (für eine offizielle, aber in der Grundaussage ähnliche Position siehe Secretaría de Relaciones Exteriores und Commission on Immigration Reform 1997).

der ist. Der angesprochene Paradigmenwechsel weg von den neoklassischen Modellen betrifft nämlich in erster Linie die Analyse internationaler Wanderungen. Bezüglich der Binnenmigrationen in der Dritten Welt, und damit auch hinsichtlich der Wanderungen in die Megastädte, dominiert, teils ausdrücklich (SJAASTAD 1962; TODARO 1969; 1976), teils implizit (z.B. DOGAN und KASARDA 1988, S. 19–21; BRONGER 1993, S. 86), nach wie vor die neoklassische Sichtweise bzw. deren trivialisierte Form. Ländliches Bevölkerungswachstum, die Ungleichzeitigkeit von Arbeitskräfteangebot und -nachfrage am Land und in der Stadt sowie der allgemeine Wunsch der Landbevölkerung, ihre Lebenssituation zu verbessern, werden oft ungeprüft als jene Faktoren angenommen, die Migrationen bestimmen und formen. Andererseits gibt es aber auch zunehmend Studien, die eine strukturelle und historische Perspektive wählen und damit die neoklassischen Postulate kritisieren bzw. durch andere Ansätze ersetzen (siehe z.B. HUGO 1981; STARK 1991; GUGLER 1992; SWINDELL 1992; ROBERTS 1995).

Doch zurück zur Frage, ob Binnen- und internationale Migrationen von einer gemeinsamen theoretischen Perspektive aus betrachtet werden können. Insbesondere bezüglich der Ursachen stellen zahlreiche AutorInnen explizit oder implizit eine generelle Vergleichbarkeit fest. So meint etwa MASSEY (1988, S. 396): „International migration is rooted in the same social and economic transformations as internal migration". Einen ähnlichen Standpunkt nehmen PORTES und WALTON (1981, S. 31–34), PORTES und BACH (1985, S. 119), MASSEY (1990, S. 67), PAPADEMETRIOU (1991, S. 269f) oder CORNELIUS und MARTIN (1993, S. 493–496) ein.

Wenn wir also erstens von einer prinzipiellen Verwandtschaft von internationalen und Binnenmigrationen ausgehen können, stellt sich zweitens das Problem, ob Faktoren wie Entwurzelung, Arbeitskräftenachfrage oder „Brücken" zwischen Sender- und Empfängerregionen auch bei Binnenwanderungen das Verhältnis von Globalisierung und Migration prägen. Bezüglich der Entwurzelungsprozesse kann diese Frage jedenfalls bejaht werden.

Zum einen kann die hierarchische weltweite Arbeitsteilung nämlich sogar als eine „Analogie" (HOPKINS und WALLERSTEIN 1982, S. 156; siehe auch POLANYI 1990, S. 59) zu den Stadt-Land-Beziehungen gesehen werden. Das heißt, daß der oben im Zusammenhang mit Globalisierung beschriebene Prozeß der Peripherisierung des ländlichen Raumes und der ländlichen Gesellschaften durch globale Kräfte gewissermaßen eine Fortsetzung einer schon wesentlich länger andauernden Entwicklung ist, in deren Verlauf das Land der Stadt untergeordnet und so in deren Hinterland verwandelt wurde (BRAUDEL 1985, S. 523–611). Denn die Industrialisierung im Europa des 19. Jahrhunderts war ein stadtzentriertes Konzept, dem das Land unterworfen wurde. Es sollte nicht mehr primär die ansässige Bevölkerung ernähren, sondern mußte die Städte mit Lebensmitteln und Arbeitskräften versorgen, Industrialisierungsprogramme finanzieren, und allenfalls als Standort für Unternehmen dienen. Der Niedergang traditioneller Agrarsysteme sowie der Verfall der Heimindustrie stellten damit Komponenten jener „Great Transformation" (POLANYI 1990) dar, welche die moderne Industriegesellschaft schuf. Dabei kam es zu massiven Entwurzelungs-, Vereinzelungs- und Enteignungsprozessen (wenngleich diese retrospektiv auch in einem positiven Licht erscheinen, weil die soziale und räumliche Mobilisierung der Landbevölkerung die Basis für die nachfolgende Entwicklung bildete).

Es waren diese Entwurzelungsprozesse, und nicht generell ländliche Armut, die die massive Landflucht im Europa des 19. Jahrhunderts auslösten. Das Land wurde zum (städtischen) Hinterland und damit auch zum Abwanderungsland (MASSEY 1988; PARNREITER 1995b) – eine Entwicklung, die BRÜCKNER (1982, S. 180) schön auf den Punkt bringt:

„Das Dorf, das der depossedierte Handwerker oder die Tochter kleiner Bauern verlassen, ist oft genug in seiner ökonomischen und sozialen Integrität bereits beschädigt, die Klasse oder Schicht, der ein Abwanderer zugehörte, sozial desintegriert. Er/sie verlieren beim Zug in die Stadt oder in das Fabrikrevier Heimat und Bindungen, weil man sie schon am Fluchtort verloren hatte". Damit ist der oben als Kern einer sozioökonomischen Theorie von Migration beschriebene Punkt – „Sustained labor migration requires the penetration of the political and economic institutions of the dominant unit" (PORTES und WALTON 1981, S. 31) – für Binnenwanderungen ebenso verbindlich wie für internationale Migrationen.

Zwei Beispiele aus unterschiedlichen historischen Epochen der Geschichte Lateinamerikas untermauern diese These. Die abrupte oder schrittweise Zerstörung wirtschaftlicher und soziokultureller Systeme im Rahmen der spanischen Conquista legte – neben den vielen anderen Effekten, die sie hatte – den Grundstein für Massenmigrationen. Sie schuf sehr früh ein mobiles Arbeitskräfteangebot für die Minen und Plantagen, und sie beraubte (über die Polarisierung der Landwirtschaft in Lati- und Minifundien) Millionen Menschen der Möglichkeit, am Land ihr Auslangen zu finden. So zeigt ein Überblick über das Migrationsaufkommen in den siebziger Jahren in 16 Ländern, daß es nicht absoluter Bevölkerungsdruck oder absolute Armut sind, die die Abwanderungsraten bestimmen, sondern der Zugang zu Land (POTTS 1988, S. 54; GUGLER 1992, S. 65f; ROBERTS 1995, S. 95–97). Dann, in der Zeit der importsubstituierenden Industrialisierung (ca. 1930 bis 1970) wurde, ähnlich der Entwicklung in Europa ein Jahrhundert zuvor, das Land verstärkt in die nationale Arbeitsteilung eingebunden und den Industrialisierungsinteressen untergeordnet. Die Bauern und Bäuerinnen mußten jene Exportüberschüsse erwirtschaften, die den Import von Maschinen finanzieren sollten, und sie mußten ihre Produkte billig verkaufen, um die Reproduktionskosten der städtischen ArbeiterInnen und damit deren Löhne niedrig halten zu können (BENNHOLDT-THOMSEN 1982, S. 37f; DE LA PEÑA 1983, S. 75). Importsubstituierende Industrialisierung bedeutete also verstärkte Peripherisierung des ländlichen Raumes, und zwar sowohl im Sinne verstärkter Marginalisierung als auch intensiverer Bindung an das nationale Zentrum. Es ist wenig überraschend, daß genau in dieser Zeit die Abwanderung vom Land ungemein zunahm: „(I)nternal migration is a manifestation of the progressive and cumulative incorporation of provincial areas into the dominant national urban economy" (ROBERTS 1995, S. 101; siehe auch PORTES und BACH 1985, S. 113).

Für die aktuelle Entwicklung kann daraus geschlossen werden, daß die oben skizzierten destabilisierenden exogenen Kräfte (Marktöffnung durch Handelsliberalisierung; Verlagerung landwirtschaftlicher Produktion in die Peripherien; ausländische Direktinvestitionen und exportorientierte Industrialisierung; Eindringen neuer industrieller Waren, Lebensstile, Werte und Ideologien; Abhängigkeit von Marktbeziehungen und internationalen Institutionen), denen ländliche Gesellschaften im Zuge der beschleunigten und vertieften Globalisierung mehr und mehr ausgesetzt sind, das Reservoir an eventuellen MigrantInnen vergrößern.[14] Ob, wie und in welche Richtung sich dieses Potential dann realisiert, hängt

---

[14]) Zu dieser Einschätzung gelangen übrigens nicht nur strukturalistisch orientierte AutorInnen. Auch STARK (1991) sieht, wenn auch von einer anderen theoretischen Perspektive aus und mit einer unterschiedlichen politischen Beurteilung, in der Transformation ländlicher Haushalte einen zentralen Ursprung von Migrationen – auch wenn die Ursachen dieser Transformation nicht thematisiert werden. Wenn der ländliche Haushalt seine „familiäre" Produktion in eine kapitalistische umwandeln *will* (und nicht muß), trachtet er, einerseits das zur Modernisierung benötigte Kapital über die Entsendung eines Haushaltsmitglieds in Migrationen aufzubringen, und andererseits das mit der Modernisierung verbundene Risiko durch die Streuung der Einnahmen (wiederum über Migration) zu minimieren (ibd., S. 11f, S. 208–211).

von zahlreichen Elementen ab, die zu den die Migration ursächlich auslösenden Faktoren dazukommen (wie z.B. Rekrutierung, Arbeitsmarktlage, Familienstrukturen, Ressourcen des Haushalts, Transport- und Informationssysteme, Migrationsnetzwerke). So wie von den Millionen im Europa des 19. Jahrhunderts Entwurzelten ein Teil in die Städte und ein anderer nach Übersee migrierte, so stellen die heute in den ländlichen Regionen der Dritten Welt überflüssig Gemachten eine Quelle sowohl für Binnen- wie auch für internationale Migrationen dar (MASSEY 1990, S. 66). Weil aber beide Migrationstypen auf ähnlich ausgelösten Entwurzelungsprozessen beruhen, kann die These von der Gültigkeit des Zusammenhanges von Globalisierung, Entwurzelung und Binnenwanderung untermauert werden.

Der zweite Aspekt, der bezüglich des Verhältnisses zwischen Globalisierung und Migration diskutiert wurde, ist die Arbeitskräftenachfrage. Es wurde argumentiert, daß im Zuge der Umbrüche der Weltwirtschaft neuer Bedarf an marginalisierter Arbeitskraft in den Zentren und an FabriksarbeiterInnen in den Peripherien entsteht. Die Arbeitskräftenachfrage in den Exportindustrien, zunehmend aber auch in der exportorientierten Landwirtschaft und im internationalen Tourismus (der ja auch einen Aspekt von Globalisierung darstellt), mobilisiert Millionen Menschen in Migrationen, die sich auf die Exportproduktionszonen industrieller, agrarischer oder touristischer Natur richten. Dazu werden in vielen Fällen Arbeitskräfte rekrutiert – analog zu den Anwerbeagenturen, die internationale MigrantInnen mobilisieren. In anderen Fällen ist die Integration der ländlichen Gebiete in den urbanen/nationalen/globalen Wirtschaftsraum schon so weit fortgeschritten, daß direkte Rekrutierung nicht mehr erforderlich ist. Der Migrationsprozeß läuft gewissermaßen von selbst und versorgt die Wirtschaft mit den benötigten Arbeitskräften.

Die durch Prozesse der Globalisierung entstehende neue Arbeitskräftenachfrage ist aber nicht nur bezüglich der Mobilisierung von Migrationen relevant, sondern auch hinsichtlich der Ausbildung konkreter Migrationsmuster. Im Zuge der Umbrüche der Weltwirtschaft bildet sich eine neue räumliche Ordnung aus, indem alte Pole wirtschaftlicher Entwicklung abgewertet und neue geschaffen werden (siehe Kapitel 3.1). Mit neuen Wachstumspolen entstehen aber auch noch nicht dagewesene Zentren der Arbeitskräftenachfrage und damit auch alternative Zielpunkte für die wachsenden Migrationsbewegungen. Umgekehrt sinkt durch die Abwertung alter Wachstumspole der Arbeitsbedarf dort, was seinerseits Auswirkungen auf die Anziehungskraft von MigrantInnen haben kann. Globalisierung würde also, indem sie neue Migrationsziele suggeriert, zu einer Umorientierung von Wanderungen und somit zu einer alternativen Ausformung von Migrationsmustern beitragen.

Letztlich ist zu fragen, ob das Konzept der „Brücken", also notwendiger Verbindungen zwischen Sender- und Empfängerregionen, auch auf Binnenwanderungen umzulegen ist. In diesem Fall würde es sich um Verflechtungen zwischen Stadt und Land handeln, die sich im Prozeß der Formierung eines Nationalstaates und einer Nationalökonomie herausgebildet haben, und die Einfluß darauf ausüb(t)en, aus welchen Regionen Menschen abwandern und wohin die MigrantInnen sich orientieren. Obwohl uns diesbezüglich kaum historische Studien bekannt sind, läßt die oben angeschnittene Analogie der Stadt-Land-Beziehungen zur internationalen Arbeitsteilung vermuten, daß ähnlich wie im globalen Kontext auch im nationalen Zusammenhang im Prozeß der Peripherisierung, also der untergeordneten Einbindung in die nationale Arbeitsteilung, jene „Brücken" geschaffen wurden, die den andauernden Abfluß von MigrantInnen ermöglicht haben. Diese Annahme wird durch einen historischen Vergleich untermauert. Auch im Europa des 19. Jahrhunderts mußten die am Land pauperisierten Massen erst mit den Polen der Industrialisierung in Kontakt gebracht werden, um die Landflucht zu jenem selbständigen Prozeß zu machen, der dann zu Urbanisierung und Emigration führte. Diese Kontaktvermittlung wurde etwa durch den Ausbau eines sackgassenartigen, auf die Metropolen gerichteten Verkehrssystems oder durch direkte Rekrutierung von ArbeiterInnen für die Fabriken geleistet (PARNREITER 1995b, S. 356).

Ähnliches ist auch für die Peripherie zu vermuten. Im Prozeß der Inkorporation in das kapitalistische Weltsystem wurden einerseits die Subsistenzbasis und die soziokulturelle Ordnung ehemals (relativ) autozentrierter Gesellschaften unterminiert oder jäh zerstört, und andererseits wurden Verbindungen zwischen den Dörfern und den Städten sowie gegebenenfalls dem Kolonialreich aufgebaut (GUGLER 1992, S. 62). Verstärkt ist die Integration des ländlichen Raumes in die nationale Arbeitsteilung (zumindestens in Lateinamerika) in den letzten Jahrzehnten zu beobachten gewesen. Die Zeit der importsubstituierenden Industrialisierung war nämlich nicht nur eine Ära, die einen bis dahin nicht dagewesenen Bedarf an FabriksarbeiterInnen entwickelte und die den ländlichen Raum in seiner Überlebensfähigkeit unterminierte, sondern auch eine Zeit, in der die Binnenmarktintegration rasch voranschritt (PREALC 1990, S. 10; ROBERTS 1995, S. 89). Das Industrialisierungsprogramm förderte also erstens, wie erwähnt, die wirtschaftliche und soziokulturelle Desintegration am Land, es fragte zweitens eine relativ große Menge Arbeitskräfte für die urbanen Zentren nach, und es schlug (bzw. „verbreiterte") drittens „Brücken" zwischen den Peripherien und Zentren eines Landes, indem es die nationale Integration im Sinne einer marktmäßigen Vereinheitlichung vorantrieb. Damit gerieten auch abgelegenere Regionen in Kontakt mit und in Abhängigkeit von den großen städtischen Zentren.

Unsere Hypothese lautet deshalb, daß das große Megastadtwachstum und ganz allgemein die Zunahme der Binnenwanderungen in dieser Zeit auch auf die durch die Binnenmarktintegration geschaffenen (vertieften) Verbindungen zwischen Land und Stadt, und insbesondere zwischen Land und Metropole, zurückgehen. Analog zur internationalen Wanderung läßt sich nämlich auch für Binnenmigrationen in der Dritten Welt zeigen, daß nicht die ärmsten Regionen die höchsten Abwanderungsraten haben, sondern jene, die den (nationalen) Wirtschaftszentren räumlich nahe sind oder durch „Brücken" nahe gebracht wurden, denn: „(M)igrants, whatever their origins, arrive in the largest urban centres as a result of some prior contact or information" (ROBERTS 1995, S. 108). Dieser Kontakt kann mittels Eisenbahn- und Straßenbau erfolgt sein, durch die Kommerzialisierung agrarischer Produkte und den Verkauf industrieller Waren in den Dörfern, durch die Verbreitung (elektronischer) Massenmedien und (partei)politische Mobilisierung, durch Schule und Militär, durch die Abwanderung von Pionieren und die Rekrutierung von Arbeitskräften.

Angesichts der großen Rolle, die der ländlichen Armut im wissenschaftlichen wie im öffentlichen Diskurs für das Entstehen von Migrationen zugeschrieben wird, ist ein Aspekt dieser Verbindungen besonders hervorzuheben. Die Integration der ländlichen Gesellschaften in die nationale und internationale Arbeitsteilung vergrößert(e) nicht nur ihre inneren Ungleichheiten (GUGLER 1992, S. 63; ROBERTS 1995, S. 112),[15] sondern sie führt(e) der

---

[15] Die wachsenden innergesellschaftlichen Unterschiede sind selbst ein Anstoß zur Abwanderung vom Land. STARK's Untersuchungen (1991, S. 102–119) haben gezeigt, daß die Rate der Land-Stadt-Wanderungen nicht in den ärmsten Dörfern am höchsten ist, sondern in Dörfern mit einer sehr ungleichen Einkommensverteilung. Er sieht deshalb in der relativen Verarmung eines Teils der Bevölkerung einen wichtigen Auslöser von Migrationen, weil jene DorfbewohnerInnen, die sich relativ zu anderen als verarmt empfinden, dies über Migration zu kompensieren trachten.

Landbevölkerung ihre Armut auch vor Augen: „Rural populations thus came to experience relative deprivation. As incorporation proceeded, they recognized their own poverty: they saw a few in their midst rise to levels of affluence undreamed of in the past, and they came face to face with the life-style of outsiders – missionaries, traders, government officials, foreign experts, and tourists. With the perception of a better life enjoyed by a few came an awareness of the means towards such an end. (...) Some improve their condition while staying where they were born, or moving to other rural areas as farmers, traders, or artisans. But rural aspects appear dim to many, the urban scene more promising" (GUGLER 1992, S. 63). In anderen Worten: Lohn- und Wohlstandsgefälle werden erst zu migrationsrelevanten Faktoren, wenn sie durch den Vergleich, und das heißt durch Kontakt und Information, aktiviert werden (siehe dazu auch VOBRUBA 1995).

Abschließend sei darauf hingewiesen, daß auch bei Binnenwanderungen die Netzwerke zwischen MigrantInnen und nicht gewanderten Verwandten und FreundInnen eine der wichtigsten „Brücken" für zukünftige Wanderungen darstellen. In gleicher Weise wie bei internationaler Migration gilt bei der Binnenwanderung, daß die sozialen Beziehungen, durch welche die Netzwerke geformt sind, Informationen transportieren, Unsicherheiten abbauen und Unterstützung bei Wohnungs- und Arbeitsuche bieten. Sie erleichtern damit künftige Abwanderung, prägen die räumliche und berufliche Ausrichtung der MigrantInnen und werden ihrerseits zu einem Mechanismus der Integration und Verflechtung von Stadt und Land (LOMNITZ 1977; HUGO 1981).

3. Globalisierung, „World Cities" und Megastädte

Das zweite theoretische Grundproblem ist die Frage, ob und inwieweit Globalisierung Auswirkungen auf die Megastädte des „Südens" und ihre wirtschaftlichen, sozialen und demographischen Veränderungen hat. In diesem Zusammenhang sollen zunächst einige Veränderungen in der räumlichen Ordnung des Kapitalismus skizziert werden, um danach näher auf die stadtspezifischen Aspekte einzugehen.

3.1 Neubewertung des Raumes und Erosion des Nationalstaates

Anfangs muß unterstrichen werden, daß die Globalisierung den konkreten Raum keineswegs überflüssig macht. Transnationale Produktionsnetzwerke und Finanzmärkte existieren nicht im luftleeren Raum, Datenhighways im Cyberspace verlaufen zwischen Computern, die in sehr konkreten Büros stehen und in sehr materiellen Fabriken hergestellt wurden, und die alles beherrschende Konkurrenz ist zwar, wie ALTVATER und MAHNKOPF (1996, S. 27) meinen, als *Prinzip* „materiell ebenso wenig faßbar (...) wie der aus der Flasche befreite Geist", als *Praxis* des Standortwettbewerbs ist Konkurrenzfähigkeit aber nur ganz real vor Ort herzustellen. Kurzum: Die „luftige Globalisierung" (ibd., S. 50) braucht den Raum.

Allerdings stellen die heute die Weltwirtschaft dominierenden Sektoren andere Anforderungen an den Raum als etwa die traditionelle Industrie. Weil heute nicht mehr Kohle oder Stahl die Herzstücke des Kapitalismus bilden, sondern die Gewinnung und Verarbeitung von Informationen, hängt Wettbewerbsfähigkeit immer weniger von natürlichen Standortfaktoren (wie Wasserkraft oder Rohstoffen) ab und immer mehr von produzierbaren (wie technologische Infrastruktur, Humankapital, niedrige Arbeitskosten und Steuern oder „wirtschaftsfreundliche" Gesetze). Daß erzeugbare Faktorenausstattung wegen der Herausbildung eines „informational mode of development" (CASTELLS 1989, S. 7–33) und wegen der enorm gestiegenen Kapitalmobilität an Geltung gewinnt, führt zu einer Revalorisierung und in der Folge zu einer Reorganisierung und Rekonstruktion des Raumes (SASSEN 1991, S. 17–34). In anderen Worten: das Kapital mag „vaterlandslos" (geworden) sein, wenn es sich aber „weiterbewegt, tritt die Bedeutung des Ortes klarer hervor" (Raymond WILLIAMS, zitiert in HARVEY 1997, S. 31).

Wenn Wettbewerbsfähigkeit nur konkret vor Ort hergestellt werden kann, beinhaltet das die notwendige Einbeziehung aller lokalen Ressourcen, und die ebenso unbedingte Unterwerfung der lokalen Gegebenheiten unter die Zwänge des Wettbewerbs. Globalisierung kann also ohne Lokalisierung nicht stattfinden, sie ist gewissermaßen eine Artikulation von globalen und lokalen Verhältnissen. Globalisierung wird deshalb oft auch als „Glokalisierung" (ALTVATER und MAHNKOPF 1996, S. 30) verstanden (siehe auch BEAUREGARD 1995; BAUMANN 1996; COHEN et al. 1996). Eine andere Folge der für die Globalisierung notwendigen Artikulation von globalen und lokalen Verhältnissen ist, daß sich auch Widerstand zunehmend lokalisiert. In der lokalen Durchsetzung der globalen Wettbewerbsfähigkeit kommt es nämlich zu Konflikten, in denen lokale Ressourcen, soziale Beziehungen und Strategien zum Tragen kommen. Auseinandersetzungen um den Raum spielen dabei eine herausragende Rolle, weil globales Interesse (z.B. an Büroraum) und lokale Notwendigkeiten (Wohnraum) aufeinanderprallen (BERNER und KORFF 1995).

Den neuen Anforderungen an den Raum werden insbesondere große Metropolen gerecht. Sie spielen eine zentrale Rolle in der durch die Auf- und Abwertung von Wirtschaftsräumen entstehenden neuen Geographie des Kapitalismus. Anders ausgedrückt: Die die Umbrüche der Weltwirtschaft begleitenden räumlichen Umstrukturierungen beinhalten eine stark zentralisierende Tendenz, weil sie die großen Städte als wirtschaftliche Zentren und als politökonomische Schaltstellen stärken, während zugleich der Nationalstaat geschwächt wird.

Diese Aushöhlung oder Erosion des Nationalstaates äußert sich erstens darin, daß verschiedene seiner Funktionen entweder nach „oben" an supraregionale oder supranationale Körperschaften (wie besonders im Falle der Europäischen Union, aber etwa auch bei der Nordamerikanischen Freihandelszone NAFTA ersichtlich) oder nach „unten" an regionale und lokale Institutionen übertragen werden. In diesem Fall kann es zur Autonomisierung und verstärkten Koordination von regionalen und lokalen Strategien kommen, und zwar auch über Nationalstaatsgrenzen hinweg. Daß „(a)uf dem Weltmarkt (…) eben keine politischen Grenzen tabu (sind)" (ALTVATER und MAHNKOPF 1996, S. 28), zeigt sich beispielsweise am Entstehen von Makro-Regionen wie der „Blauen Banane" von Südengland bis in die Lombardei, des europäischen „Sunbelts" an der Mittelmeerküste von Valencia bis zur Toskana, des Grenzraumes zwischen den USA und Mexiko oder der „Wachstumsdreiecke" in Südost- und Ostasien.

Zweitens zeigt sich der Wandel des Nationalstaates in einer „Entstaatlichung politischer Regime" (JESSOP 1997, S. 53). Damit ist die Bewegung weg vom selbstverständlichen Primat des (nationalen) Staatsapparats im Management der wirtschaftlichen und sozialen Verhältnisse eines Landes gemeint. Zunehmend mischen parastaatliche und nichtstaatliche Organisationen mit, womit sich ein Mix aus unterschiedlichen Akteuren und Politikformen ergibt. Drittens ist der Nationalstaat damit konfrontiert, seine traditionelle Funktion der Intervention in die Wirtschaft und der Formulierung und Implementierung einer Sozialpolitik immer weniger erfüllen zu können. In dem Maße, in dem die „Nationalökonomie" globalisiert wird, gehen nationalstaatlich orientierte Eingriffs- und Gestaltungsmöglichkeiten verloren. Damit wandelt sich auch die primäre Aufgabe des Staates. Sie beruht nun nicht mehr darin, eine ausgewogene und binnenzentrierte Leistung der Volkswirtschaft zu gewährleisten (inklusive traditioneller Ziele wie Vollbeschäftigung und Wohlfahrtspolitik), sondern, die internationale Wettbewerbsfähigkeit der auf seinem Territorium angesiedelten oder anzusiedelnden Unternehmen zu garantieren. Der Staat wandelt sich also vom „fordistischen Sicherheitsstaat zum nationalen Wettbewerbsstaat" (HIRSCH 1994; siehe auch REICH 1993; JESSOP 1997). Diese Formulierung impliziert aber auch, daß der Staat weder abstirbt noch einfach durch den „Markt" ersetzt wird. Er bleibt der wichtigste Schauplatz im Management des sich verändernden Gleichgewichts politischer Kräfte, und gesellschaftlicher Zusammenhalt hängt immer noch von den staatlichen Fähigkeiten ab, die Konflikte zwischen konkurrierenden globalen, triadischen, supranationalen, nationalen, regionalen und lokalen Kräften zu bewältigen.

3.2 Der Aufstieg der „Global Cities" bzw. „World Cities"

Die Weltwirtschaft präsentiert sich heute als ein Netzwerk, das die global verstreuten Standorte der Produktion agrarischer und industrieller Güter sowie von Dienstleistungen integriert. Die neue Weltwirtschaft ist damit nicht mehr inter- oder multinational, sondern transnational, weil und indem die großen Konzerne ihre Aktivitäten jenseits nationalstaatlicher Regulierung entwickeln. Umgekehrt aber ist die netzwerkartige Weltwirtschaft nicht ohne Hierarchien. Mit der organisatorischen, räumlichen, sozialen und politischen Reorganisation sind neue Zentren entstanden, und zwar die sogenannten „World Cities" oder „Global Cities", „from where the world economy is managed and serviced" (SASSEN 1988, S. 126f).[16]

Die nunmehr schon über 15 Jahre andauernde Diskussion über Global oder World Cities hat bis dato weder ein einheitliches Konzept noch eine verbindliche Definition derselben hervorgebracht. Die wesentlichen Konturen dieser neuen Qualität der Metropolen sind aber dennoch erkennbar, wie die Zusammenfassung des Konsenses der Forschung[17] zeigt (FRIEDMANN 1995, S. 22–26). Global Cities sind demnach erstens jene Orte, die regionale, nationale und internationale Ökonomien integrieren. Sie sind damit Knotenpunkte, durch welche die globalen Flüsse von Kapital, Gütern, Informationen, Dienstleistungen und MigrantInnen fließen, und an denen sie gesteuert, gemanagt und kontrolliert werden. Eine solche Perspektive beinhaltet zweitens das Einverständnis, daß es eine einheitliche Weltwirtschaft gibt. Drittens werden die Weltstädte nicht durch administrative oder politische Grenzen definiert (und auch nicht, wie hinzugefügt werden sollte, durch die Bevölkerungsgröße), sondern durch ihre Funktionen. Global Cities sind jene Städte, denen bedeutende Aufgaben in der Steuerung, Kontrolle und im Management der Weltwirtschaft zukommen. Viertens wird die Existenz eines weltweiten hierarchischen Städtesystems angenommen, an dessen Spitze New York, London und Tokio stehen. Wenn die Positionierung

---

[16]) Die Begriffe „Global City", „World City" und „Weltstadt" werden hier synonym verwendet.
[17]) Siehe ferner: FRIEDMANN und WOLFF 1982; FRIEDMANN 1986; SMITH und FEAGIN 1987; CASTELLS 1989; KING 1990a; 1990b; SHACHAR 1990; MOLLENKOPF und CASTELLS 1991; SASSEN 1991; FAINSTEIN et al. 1992; SASSEN 1994; KNOX und TAYLOR 1995; LO und YEUNG 1995; KING 1996.

anderer Metropolen auch aus Mangel einer einheitlichen Definition ein ungelöstes Problem darstellt, so impliziert die Existenz eines hierarchischen Städtesystems jedenfalls, daß die großen Städte in eine starke Konkurrenz um Macht und Position verwickelt sind. Fünftens wird die vorherrschende Kultur in den World Cities als kosmopolitisch beschrieben. Die dominanten Schichten dieser Städte haben bezüglich „ihrer" Stadt primär ein Klassen- und kein nationales oder territoriales Interesse, weil sie global agieren und lokal kaum verwurzelt sind. Die Folge ist ein Auseinanderfallen von lokalen Institutionen und Angelegenheiten großer Bevölkerungsteile einerseits und den nach „außen" orientierten Interessen und Aktivitäten der dominanten Schicht andererseits.

Global Cities erlangen ihre zentrale und machtvolle Position also relativ unabhängig vom politisch-administrativen Raum, in dem sie sich befinden, und sie agieren auch ziemlich losgelöst von diesem. Ihre Stärke resultiert aus der Fähigkeit, jene Aktivitäten anzuziehen, die zur Integration regionaler, nationaler und internationaler Ökonomien und zum Funktionieren der Weltwirtschaft unverzichtbar sind (zum folgenden siehe u.a. FRIEDMANN 1986; SASSEN 1991; 1994; KNOX und TAYLOR 1995; SMITH und TIMBERLAKE 1995; KORFF 1997). Globalisierung bedeutet nämlich nicht das selbständige und harmonische Zusammenwachsen der gesamten Welt zu einem integralen Ganzen, sondern ist ein hierarchisches Verknüpfen von Aktivitäten, Gesellschaften und Territorien. Das impliziert, daß die Tätigkeit des Verknüpfens getan werden muß (und deshalb an Personen und Orte gebunden ist).

Genau daraus beziehen World Cities ihre Stärke. Sie sind die Orte, an denen die Zentralen der großen Konzerne ebenso angesiedelt sind wie die neuen Wachstumsbranchen (Finanzmärkte, produktionsbezogene Dienstleistungen). Damit beherbergen sie zweitens auch die Schlüsselaktivitäten, die für die globale Integration unverzichtbar sind. Finanz-, Versicherungs-, Rechts- und andere gehobene Dienstleistungen werden in Global Cities hergestellt und vermarktet, unter anderem, weil sich dort das erforderliche Humankapital, die technologische Infrastruktur und die Nachfrage konzentrieren. Drittens sind Städte (Megastädte, Metropolen)[18] jene Plätze, an denen die unterschiedlichen Ebenen des Weltsystems aufeinandertreffen und miteinander verknüpft werden. Sie sind also die Orte, an denen Globalisierung tatsächlich geschieht, an denen lokale, regionale, nationale und internationale Prozesse zu globalen verschmolzen werden.

Weil die Weltwirtschaft aus der hierarchischen Verknüpfung von lokalen, regionalen, nationalen und internationalen Aktivitäten, Gesellschaften und Territorien entsteht, kommt es zu einer „Nodalisierung" (ALTVATER und MAHNKOPF 1996, S. 160) des globalen ökonomischen Raums. Seine Knotenpunkte bilden die Weltstädte. Hinsichtlich der politischen und ökonomischen Regulierung bedeutet dies, daß nicht mehr die Kontrolle von Territorien (Nationalstaat) im Zentrum steht, sondern die Kontrolle der Netzwerke und ihrer Brennpunkte. In anderen Worten: Global Cities sind Führungs- und Machtzentren der Weltwirtschaft.

---

[18]) Daß an diesem Punkt von „Städten" und nicht von „Global" oder „World Cities" die Rede ist, spiegelt konzeptuelle Unsicherheiten der Debatte wider. Wenn einerseits als Definitionskriterium für „Global" oder „World Cities" die Machtfrage unterstrichen wird (Global Cities als Zentren, von denen aus die Weltwirtschaft kontrolliert und gemanagt wird; siehe z.B. SASSEN 1991), dann kann der Begriff sinnvollerweise nur auf eine relativ kleine Auswahl von Städten angewandt werden. Wenn allerdings hauptsächlich betont wird, daß „World Cities" den Prozeß globaler Integration artikulieren (z.B. FRIEDMANN 1986), dann kommt auch weniger machtvollen Städten eine entsprechende Aufgabe zu.

Zusammenfassend kann also gesagt werden, daß die Restrukturierung der Weltwirtschaft auch eine neue ökonomische Ordnung hervorgebracht hat, und daß „(i)n these new economic landscapes the archipelago of world cities not only represents the most important ‚theaters of accumulation', but also constitutes the locus of key managerial, financial, research and development, business service, and information processing and interpreting functions" (KNOX 1995, S. 7). Noch pointierter kann die Idee der Global bzw. World Cities in literarischen Worten zusammengefaßt werden. Sie sind der Ort, an dem die „masters of the universe" arbeiten und leben, wie Tom WOLFE die Banker und Broker der Wallstreet in seinem Roman „Bonfire of the Vanities" nennt.

Das bedeutet aber keineswegs Wohlstand oder auch nur Wohlfahrt für die gesamte Bevölkerung oder den Großteil derselben. John FRIEDMANN wies schon 1986 darauf hin, daß strukturelle sozioökonomische Veränderungen in den Städten auf ihre zunehmende Globalisierung und die spezifische Weise ihrer Einbindung in die internationale Arbeitsteilung zurückzuführen sind. Der Niedergang alter städtischer Industrien und das Entstehen neuer Wirtschaftsmotoren (Finanzsektor, produktionsbezogene Dienstleistungen) ziehen Veränderungen in der Arbeitsorganisation, der Einkommensverteilung und der Arbeitskraftnachfrage nach sich und führen zu neuen sozialpolitischen Arrangements. Dieses zeichnet sich durch eine markante Polarisierung aus – die Global Cities sind deshalb „Dual Cities" (MOLLENKOPF und CASTELLS 1991; SASSEN 1991, S. 245–319; FAINSTEIN et al. 1992). Die Fragmentierungstendenzen werden sichtbar etwa an der massiven Ausweitung von gelegentlichen und informellen Arbeitsmärkten und der mit ihr verbundenen Zunahme der Beschäftigung von Frauen und ImmigrantInnen, dem Schwinden der „Mittelklasse" oder dem immer tieferen und unüberbrückbareren Gegensatz zwischen „arm" und „reich". Das urbane Ghetto ist nicht mehr wie früher Ausgangspunkt einer gesellschaftlichen Integration, sondern Anfang und Ende einer Ausgrenzung. Was die Lage in den Städten so dramatisch macht, ist, daß dort Zentrum und Peripherie auf das Engste aufeinanderstoßen – New York hat seine Dritte Welt ebenso wie Mexico City seine Erste Welt.

Zu den schon thematisierten Ursachen der zunehmenden sozialen Polarisierung (wie Wandel des Staates vom Wohlfahrts- zum Wettbewerbsstaat oder soziale und räumliche Neuordnung der Welt nach dem alleinigen Kriterium der Verwertbarkeit und Profitabilität; siehe Kapitel 1.4) kommt in den Metropolen noch dazu, daß die neue soziale Ordnung, die um die aktuellen Wachstumsbranchen entsteht, dort besonders ausgeprägt ist. Da sich die Wachstumsbranchen der Weltwirtschaft (Finanzsektor, produktionsbezogene Dienstleistungen) in den Global Cities konzentrieren, verdichtet sich dort beispielsweise auch ihre duale Berufsstruktur. Weil der gehobene Dienstleistungssektor an die Stelle der Mittelklasse (Arbeiter, Beamte) einen hohen Anteil hochqualifizierter und sehr gut bezahlter, aber einen noch größeren Anteil unqualifizierter und schlecht entlohnter Arbeitskräfte setzt, kommt es in Metropolen zu einer besonders markanten Auf- und Abwertung von Arbeitsplätzen, bei einem ebenso ausgeprägten Verlust der Mitte. Verstärkt wird die Polarisierung weiter, weil die neuen Wachstumsbranchen, anders als die industrielle Massenproduktion, keinen Massenkonsum und deshalb auch keine breiten Bevölkerungsschichten mit mittleren Einkommen mehr brauchen, um profitabel zu sein. Schließlich wird die gesellschaftliche Spaltung noch vertieft, indem die breite Oberschicht neue, nur arbeitsintensiv zu befriedigende Konsummuster entwickelt, die immer neue Niedriglohnjobs im Dienstleistungssektor verlangen (z.B. Reinigung oder „Catering"). Alle diese Tendenzen führen zur angesprochenen Ausweitung von gelegentlichen, informellen und fragmentierten Arbeitsmärkten und der damit verbundenen wachsenden Nachfrage nach ImmigrantInnenarbeit.

Im Zuge der sozialen und räumlichen Polarisierung kommt es zu einer „Verlagerung von Zentrum (in Form einer globalen Gesellschaft) und Peripherie in die Städte. Vor allem in den Metropolen, aber nicht nur dort, stehen sich die globale Gesellschaft (in Form internationalisierter sozialer, kultureller, ökonomischer und räumlicher Teile einer Stadt) und Lokalitäten als Lebensräume spezifischer sozialer Gruppen gegenüber" (BERNER und KORFF 1995, S. 14). Oder, zugespitzt formuliert: „Erste und Dritte Welt stoßen sowohl in den Metropolen der Zentren wie der Peripherie aufeinander" (TAUBMANN 1996, S. 8).

3.3 Die Megastädte der Dritten Welt: Abseits der Globalisierung?

Die Hypothese, daß zwischen Globalisierung und städtischer Entwicklung ein enger Zusammenhang besteht, wurde an Hand von Städten wie New York, London oder Tokyo entwickelt und bezieht sich bis dato vorwiegend auf die Metropolen der Industriestaaten. Bezüglich der Megastädte des „Südens" dominiert nach wie vor eine auf den Nationalstaat ausgerichtete Perspektive. Daß die Städte der Peripherie weitgehend aus der Global-City-Debatte ausgeschlossen bleiben, wird allerdings von führenden Vertretern dieser Diskussion mittlerweile selbstkritisch als Mangel eingestanden (FRIEDMANN 1995, S. 42f; KNOX 1995, S. 16).

Diese Selbstkritik erscheint um so angebrachter, als die Forderung nach einem Paradigmenwechsel hin zu einer globalen Betrachtungsweise der Megastädte des Südens bereits vor mehr als 20 Jahren eingemahnt wurde (WALTON 1976). In den achtziger Jahren untersuchten dann Autoren wie TIMBERLAKE (1985), ARMSTRONG und MCGEE (1985) oder DRAKAKIS-SMITH (1986) Aspekte wie das Wachstum der Städte, die „Urban Primacy", die Entwicklung des städtischen Arbeitsmarktes oder den informellen Sektor in Zusammenhang mit der spezifischen Art der Integration der Megastädte der Dritten Welt in die internationale Arbeitsteilung. Seitdem gibt es eine wachsende Zahl von Arbeiten, die internationale Aspekte peripherer Urbanisierung berücksichtigen.[19]

Grundsätzlich können mehrere Argumente für die Einbeziehung der Metropolen der Dritten Welt in den theoretischen Rahmen der Global-City-Debatte angeführt werden. Ein erster Grund ist, daß Mega-Urbanisierung eindeutig zu einem Phänomen der Peripherie geworden ist. War es im Jahr 1900 noch so, daß von den damals 20 Millionenstädten der Welt mit Ausnahme von Kalkutta und Buenos Aires alle in Europa, den USA oder Japan lagen (BRONGER 1996, S. 74), so fanden sich 1950 bereits sieben Metropolen aus der Dritten Welt unter den 20 größten Städten[20] (die nun schon mehr als zwei Millionen EinwohnerInnen zählten). Spätestens ab 1950 wurde Megastadtwachstum endgültig zu einem Thema vor allem der Peripherie: 1990 lagen 14 der 20 größten Megastädte der Welt, die allesamt 8 Millionen und mehr EinwohnerInnen hatten, in Entwicklungsländern, und zwar: Mexico City (an 3. Stelle), São Paulo (4.), Shanghai (5.), Bombay (6.), Peking (8.), Kalkutta (9.), Buenos Aires (10.), Seoul (11.), Rio de Janeiro (13.), Tianjin (15.), Jakarta (16.), Kairo (18.), Delhi (19.) und Metro Manila (20.). Nach UN-Prognosen werden im Jahr 2015 vermutlich 17 der 20 größten Städte in der Dritten Welt liegen, und nur

---

[19] Siehe z.B. GARAU 1989; DRAKAKIS-SMITH 1990; 1992; GILBERT 1992; FINDLEY 1993; PORTES und LUNGO 1992a; 1992b; BERNER und KORFF 1995; LO und YEUNG 1995; ROBERTS 1995; SIMON 1995; SMITH und TIMBERLAKE 1995; SMITH 1996; FELDBAUER et al. 1997.

[20] Und zwar: Shanghai (an 6. Stelle), Buenos Aires (8.), Kalkutta (10.), Peking (13.), Mexico City (16.), Bombay (19.), Rio de Janeiro (20.).

Tokio als größte Stadt der Welt, New York und Los Angeles werden als Städte des Nordens zu den größten urbanen Agglomerationen zählen. Städte wie Bombay, Lagos, Shanghai, Jakarta oder São Paulo könnten den Schätzungen zufolge über 20 Millionen BewohnerInnen haben (Deutsche Gesellschaft für die Vereinten Nationen 1996, S. 34f).[21]

Zweitens spricht für die Einbeziehung der Metropolen der Dritten Welt in die Global-City-Diskussion, daß Prozesse der Urbanisierung spätestens mit der Entstehung des „modernen Weltsystems" im 16. Jahrhundert (WALLERSTEIN 1974b; 1980; 1989) von einem Mix an internen und externen Faktoren bestimmt sind. Wie die Arbeiten der WeltsystemforscherInnen zeigen, hat die Position eines Landes in der internationalen Arbeitsteilung ganz generell entscheidenden Einfluß auf nationale wirtschaftliche und soziale Entwicklungswege. Gleiches gilt für die Stadtentwicklung. In den Zentren und in den Peripherien wurde sie geprägt von globalen (das heißt, die Weltwirtschaft und -gesellschaft insgesamt (be)treffenden) Dynamiken wie dem Handelskapitalismus, der Industrialisierung, dem Kolonialismus, den Weltwirtschaftskrisen, dem Fordismus oder der abhängigen Industrialisierung (BRAUDEL 1985; 1986a; 1986b; CHASE-DUNN 1985; GILBERT 1992; CLARK 1996, S. 63–74). Weil aber internationale Entwicklungen Urbanisierungsprozesse beeinflussen, können diese auch nur im Rahmen einer globalen Perspektive verstanden werden.

Weil hier vermutet wird, daß die Global-City-Debatte einige wichtige Anhaltspunkte für die Analyse der Metropolen der Dritten Welt bietet, sollte dieses recht allgemeine Argument für die Einbeziehung der peripheren Megastädte in die Diskussion um Globalisierung und World Cities bezüglich der aktuellen Entwicklungen konkretisiert werden.

Wird das Postulat einer neuen Funktionsweise und Struktur der Weltwirtschaft ernst genommen, ist also Globalisierung tatsächlich ein Prozeß, der weltweit zu neuen ökonomischen, sozialen, räumlichen und politischen Konstellationen führt und der Städten neue Funktionen und Charakteristika verleiht, dann ist (selbstverständlich) zu vermuten, daß auch die peripheren Megastädte von den globalen Dynamiken erfaßt werden und von massiven Veränderungen betroffen sind. In anderen Worten: Wenn Globalisierung sich unter anderem dadurch auszeichnet, daß die neue räumliche Ordnung der Weltwirtschaft die Form eines Netzwerkes annimmt, in dem Städte die wichtigsten Knotenpunkte bilden, und wenn Lateinamerika, Afrika und Asien in die internationale Arbeitsteilung eingebunden sind, dann müssen auch die Metropolen der Peripherie ihren Platz in der neuen Geographie des Kapitalismus und ihrem Herzstück, dem weltweiten Städtesystem, haben. Sie wären, so gesehen, entscheidende Orte im und für den Prozeß der Globalisierung.

---

[21]) Das gebotene Zahlenmaterial sollte allerdings mit Vorsicht genossen werden. Erstens ist nämlich oft unklar, wie und wer gezählt wird, d.h. wo die Grenzen einer Stadt angesetzt werden. So kommt es, daß beispielsweise für Jakarta im Jahr 1990 mehr als 13 Millionen oder auch „nur" knapp 10 Millionen angegeben werden (BRONGER 1996, S. 74; Deutsche Gesellschaft für die Vereinten Nationen 1996, S. 34f), was einen Unterschied von immerhin 30 Prozent ausmacht. Zweitens sind die Prognosen der urbanen Bevölkerungsentwicklung ausgesprochen problematisch. Sagten UN-Schätzungen aus dem Jahr 1985 zum Beispiel Mexico City für das Jahr 2000 eine Bevölkerung von über 26 Millionen voraus, so liegt sie aktuell um etwa 8 Millionen darunter und wird nach aktuellen Schätzungen (1995) auch im Jahr 2025 eine Bevölkerung von „nur" knapp 20 Millionen haben. Ähnlich verschätzt hat man sich auch bei Kalkutta oder São Paulo. Andererseits wurde 1982 angenommen, daß bis zum Jahr 2000 nur eine chinesische Stadt – nämlich Shanghai – zu den 20 größten Metropolen zählen würde, tatsächlich sind es aber drei (Shanghai, Peking, Tianjin) (DOGAN und KASARDA 1988, S. 14; Deutsche Gesellschaft für die Vereinten Nationen 1996, S. 33–35).

Das würde bedeuten, daß die Megastädte der Dritten Welt jene Orte wären, an denen lateinamerikanische, asiatische oder afrikanische Territorien und Gesellschaften in die Weltwirtschaft integriert werden. Sie würden gewissermaßen als Scharniere fungieren, die das Regionale und Nationale mit dem Globalen verbinden und es so zum Globalen machen. Die Hypothese lautet also, daß in Mexico City und in São Paulo, in Kairo und in Nairobi, in Bombay und in Jakarta globale Dynamiken regional artikuliert, umfochten und durchgesetzt werden. Hinsichtlich dieser Aktivität besitzen die genannten Städte gewiß das, was KNOX (1995, S. 11) „world city-ness" nennt, nämlich „different, but interrelated functions relative to core, semi-periphery and periphery" (ibd.).

Damit hätten auch die Metropolen der Dritten Welt (zunehmend) global orientierte Wirtschaftsbereiche und Gesellschaftsschichten, die sich partiell vom nationalen oder städtischen „Schicksal" entkoppeln (können). Das und der Umstand, daß sie als Teil des weltweiten Städtesystems auch Mitstreiter im urbanen Wettbewerb um Investitionen, Entscheidungskompetenz und Märkte sind, fördert die Tendenz der Polarisierung. Denn die internationale Orientierung und die Teilhabe am globalen Wettbewerb bedeuten, daß sich auch die peripheren Megastädte den heute zentralen Anforderungen an einen potentiellen Standort stellen müssen. Internationales Engagement und sogenannte „Global Players" verlangen nach kostspieligen Infrastrukturen – wie Informations- und Kommunikationstechnologien, schnelle und zuverlässige Transportmöglichkeiten (Straßen, Flughäfen, Hochleistungszüge), die Bereitstellung adäquaten Büroraums (inklusive technologischer Ausstattung), ein hochwertiges Angebot an Kultur- und Konsummöglichkeiten und die Förderung produktionsbezogener Dienstleistungen, insbesondere des Finanzsektors. Angesichts der in der Regel eingeschränkten Budgets und der den Staaten auferlegten Strukturanpassungsprogramme implizieren all diese Maßnahmen aber die Vernachlässigung jener Infrastrukturen, Kultur- und Konsummöglichkeiten, Dienstleistungen und Sozialausgaben (inklusive sozialer Wohnbau), die den einkommensschwachen Bevölkerungsteilen zugutekommen sollten.

In den peripheren Metropolen könnte deshalb die soziale wie räumliche Spaltung vertieft werden. Auch sie werden mehr und mehr zu „Dual Cities". In den Megastädten der Dritten Welt treffen wir auf Straßenzüge und Stadtteile, die jenen in Manhatten gleichen (während sich umgekehrt in New York marginalisierte Viertel finden, wie sie in Mexico City Seltenheit haben). In den Megastädten – und zwar des Nordens wie des Südens – prallen Zentrum und Peripherie, Erste und Dritte Welt aufeinander. Oder, in anderen Worten, es kommt zu einer Verlagerung von Zentrum (in Gestalt einer global(isiert)en Gesellschaft) und Peripherie in die Städte. In den Metropolen stehen sich folglich die globale Gesellschaft in Form internationalisierter sozialer, kultureller, ökonomischer und räumlicher Teile einer Stadt und Lokalitäten als Lebensräume spezifischer sozialer Gruppen gegenüber.

Die Megastädte Lateinamerikas, Afrikas und Asiens sind also von der Globalisierung der Wirtschaft und der Kultur nicht weniger erfaßt als die Global Cities des Nordens. Es gibt allerdings einen wesentlichen Unterschied: Die Metropolen der Dritten Welt und ihre EinwohnerInnen sind von den Entscheidungen der „masters of the universe" unmittelbar betroffen, ohne daß diese in Städten wie Mexico City, Bombay oder Jakarta leben oder arbeiten würden. Anders ausgedrückt: Sind die Megastädte Lateinamerikas, Afrikas und Asiens für den Prozeß der Globalisierung der Wirtschaft und der Kultur auch wesentlich, weil sie Territorien und Gesellschaften in globale Prozesse integrieren, so sind sie doch bei weitem weniger zentral in bezug auf Kontroll- und Managementaufgaben in und für die Weltwirtschaft. Zweifelsohne spielen die Metropolen des Südens eine viel unbedeutendere Rolle als etwa New York oder Tokyo, und auch innerhalb der Peripherien gibt es erhebliche Unterschiede. Daraus ist die naheliegende Annahme abzuleiten, daß die Megastädte der Dritten Welt zwar strategisch wichtige Orte in der und für die Globalisierung sind, daß sie andererseits aber in der weltweiten urbanen Hierarchie weitaus niedrigere Ränge einnehmen als die Städte der Zentren.

Dieses Auseinanderfallen von Funktion und Macht ist für die wissenschaftliche Untersuchung vor allem dort problematisch, wo es um die Verleihung des Etiketts „Global City" geht. Wenn man nämlich Global Cities vor allem als „powerful centres of economic and cultural authority within the contemporary world-system" (KNOX 1995, S. 7) sieht, wenn man unterstreicht, daß sie „highly concentrated command points in the organization of the world economy" (SASSEN 1991, S. 3) darstellen, dann wird klar, daß die Metropolen des „Südens" mangels der Autorität, globale Dynamiken zu kreieren, zu kontrollieren und zu steuern, nicht als Global Cities gelten können. Wenn man aber umgekehrt die Funktionen der World Cities betont – „we have to agree that cities articulate larger regional, national, and international economies" (FRIEDMANN 1995, S. 22) – und der damit verbundenen Spezialisierung als Produktionsstandort – „(t)he ‚things' a global city makes are services and financial goods", also „specialized services needed by complex organizations for running a spatially dispersed network of factories, offices, and service outlets" (SASSEN 1991, S. 5) – Augenmerk schenkt, dann können periphere Megastädte durchaus für sich in Anspruch nehmen, mit dem Maßstab der Global-City-Debatte gemessen zu werden.

Angesichts unklarer oder sogar widersprüchlicher Definitionskriterien und dem Mangel an vergleichbaren Daten (dazu siehe SHORT et al. 1996) ist die Frage, ob periphere Megastädte als World Cities zu bezeichnen sind oder nicht, nicht besonders zweckmäßig. Die bekannten Klassifikationen (oder sollte man Rankings sagen?) helfen nicht weiter, da es ihnen an theoretischem wie empirischem Fundament mangelt. Die am häufigsten zitierte Klassifikation (FRIEDMANN 1986, S. 73f) stuft Mexico City als sekundäre Weltstadt der Semiperipherie ein, während Bombay und Jakarta keine Erwähnung finden. In anderen Studien (THRIFT 1989, zitiert in CLARK 1996, S. 140; GOTTMANN 1989, zitiert in SIMON 1995, S. 142) scheint keine der drei genannten Metropolen auf.

Die Frage, ob die Megastädte der Dritten Welt Global Cities sind, ist sowohl zu zugespitzt wie auch zu allgemein. Zu zugespitzt, weil die theoretischen Unterscheidungsmerkmale und die empirisch vergleichbaren Indikatoren zu einer abgestuften Charakterisierung und zu einer Positionierung innerhalb einer Hierarchie von Städten bislang fehlen. Folglich ist auch nur eine binäre Antwort möglich, die aber undifferenziert und deshalb unbefriedigend bleiben muß. Zu allgemein wiederum ist die Frage, weil sie auf eine Theorie anspielt, die implizit zwar periphere Megastädte miteinbezieht, aber bisher nicht deren spezifische Charakteristika. Ohne eine solche Konkretisierung wird aber einer der wesentlichsten Wesenszüge der Megastädte der Dritten Welt, nämlich die genannte Diskrepanz zwischen globaler Funktion und Machtlosigkeit (oder Abhängigkeit), außer acht gelassen.

Dies spricht nicht gegen eine Einbeziehung der peripheren Metropolen in den theoretischen Rahmen der Global-City-Debatte, sondern für eine Weiterentwicklung und Vertiefung der Diskussion. Aufbauend auf die zitierte Literatur können *vier Forschungsfelder* für zukünftige Arbeiten ausgemacht werden:

- Da vermutet wird, daß globale Dynamiken die wirtschaftlichen, sozialen, politischen und kulturellen Prozesse in peripheren Metropolen entscheidend mitgestalten, ist es fundamental, diese Städte und ihre Entwicklungen im Lichte ihrer spezifischen Integration in die internationale Arbeitsteilung zu analysieren. In anderen Worten: Zu untersuchen ist, welche Auswirkungen für die EinwohnerInnen einer Megastadt der Dritten Welt sowie für deren nationale und regionale Position sich aus der konkreten Art der Einbindung in die urbane Hierarchie ergeben.

- Dazu ist es erforderlich, die unterschiedlichen Varianten der Einbindung von Megastädten der Dritten Welt in die globale urbane Hierarchie empirisch zu untersuchen und theoretisch zu konzeptualisieren. Diesbezüglich müssen nationale und internationale Aufgaben und die unterschiedlichen Ebenen, in die Städte eingebettet sind (von der Lokalität bis zur Globalität), beleuchtet werden.

- Da sich die Weltwirtschaft in Gestalt eines Netzwerkes präsentiert, dessen Knotenpunkte von Städten gebildet werden, ist es wichtig, die ökonomischen, politischen, kulturellen und sozialen Beziehungen zwischen peripheren Metropolen und Städten (der Ersten wie der Dritten Welt) zu untersuchen. Die Natur dieser Verflechtungen (z.B. Häufigkeit, Stärke, Bedeutung, Machtverhältnisse) kann Aufschlüsse über die Strukturen des weltweiten Städtesystems und die Position der betreffenden Megastadt der Dritten Welt darin geben.

- Um die konkrete städtische Materialisierung von Globalisierung fassen zu können, muß schließlich die Dynamik der Verbindungen zwischen dem Globalen und dem Lokalen analysiert werden. Dabei geht es darum, die dialektische Natur diese Beziehungen herauszuarbeiten, da sowohl einseitige (das Globale dominiert und homogenisiert das Lokale) als auch dualistische Ansätze („global" und „lokal" stehen einander als zwei unterschiedliche Kategorien gegenüber) zu kurz greifen.

Nach der Verlagerung der Mega-Urbanisierung in die Dritte Welt und der Vermutung, daß die Global-City-Diskussion wertvolle Anhaltspunkte auch für das Studium peripherer Metropolen bietet, spricht für die Einbeziehung der Megastädte des Südens und des Ostens in eine globale Betrachtungsweise schließlich, daß viele der bisherigen Arbeiten über Megastädte der Dritten Welt unbefriedigend bleiben. Sie sind zu sehr auf quantitative Aspekte (Bevölkerungsgröße!) und zu wenig auf qualitative Zusammenhänge konzentriert, sie betonen die nationale Vormachtstellung im Vergleich zur internationalen Einbettung zu stark, und häufig verfallen sie zu sehr in alarmistische Prognosen und Szenarien.

Besonders deutlich sind die Mängel der Megastadt-Forschung erkennbar an den Kriterien der Definition. Während Global bzw. World Cities qualitativ charakterisiert werden (siehe oben), gilt für Megastädte der Peripherie nach wie vor eine quantitative Einordnung (machen fünf, acht oder zehn Millionen EinwohnerInnen eine Stadt zur Megastadt? Ist Mexico City die größte Stadt der Welt?).

Ein zweiter Kritikpunkt betrifft die Fixierung auf die sogenannte „Urban Primacy" als Forschungsthema. Dieser Begriff steht für die Vormachtstellung einer Stadt innerhalb eines Staates, und war ursprünglich nur auf die Bevölkerungsgröße bezogen, wurde dann aber ausgeweitet und auch auf die ökonomische und infrastrukturelle Dominanz ausgerichtet (siehe z.B. BRONGER 1993, S. 77–85). Bei Primacy-Konzepten verbindet sich das Problem der Quantifizierung mit dem einer ausschließlichen Orientierung auf den nationalstaatlichen Kontext. Ohne Zweifel ist die Konzentration eines sehr großen Bevölkerungsteils in nur einer urbanen Agglomeration einerseits problematisch und andererseits ein wichtiges Kennzeichen peripherer Urbanisierung. Ähnliches gilt für die funktionale Primacy, also die Konzentration der politischen, administrativen, wirtschaftlichen, sozialen und kulturellen Einrichtungen bzw. Aktivitäten des Landes in einer (Groß)Metropole oder in einer Metropolitanregion.

Dennoch ist der Kritik (siehe z.B. SMITH 1985; WALTERS 1985; FINDLEY 1993) zuzustimmen, daß wissenschaftliche Arbeiten keinen deutlichen Schluß darüber zulassen, was ein „normales" Städtewachstum sei, ob Primacy die Folge oder die Ursache von Unterentwicklung ist, und welche Ursachen die Herausbildung einer extrem dominanten Metropole hat. Auch kann nicht zeit- und raumlos über optimale bzw. abnormale urbane Konzentrationsprozesse geurteilt werden, da Urbanisierung, und damit auch die Ausbildung von Primacy, in einem spezifischen sozialen und historischen Kontext geschieht. Die Primacy-Diskussion übersieht dabei oft, daß Maßstäbe sich verändern. Was gestern als Hyperurbanisierung galt, ist heute akzeptiert, und der Alarmismus von heute (TEUNE 1988, S. 361, spricht etwa von „pathologies") kann morgen überholt sein. Weil sich Maßstäbe der Beurteilung verändern, kann es so etwas wie „normales" oder gar „gesundes" Stadtwachstum nicht geben. Wien war 1914 mit 2,2 Millionen EinwohnerInnen die siebentgrößte Stadt der Welt und wurde ohne Zweifel als eine riesige Metropole wahrgenommen. Heute hat die siebentgrößte Stadt der Welt, Los Angeles, 12 Millionen EinwohnerInnen, und eine Stadt mit 2 Millionen gilt keineswegs mehr als riesig. Der Maßstab dafür, was als groß, oder als *zu groß* angesehen wird, ist also historischen Veränderungen unterworfen (Datenangaben aus: BRONGER 1996, S. 75; Deutsche Gesellschaft für die Vereinten Nationen 1996, S. 34f).

Schließlich sind Primacy-Konzepte angesichts der Prozesse ökonomischer und kultureller Globalisierung ernsthaft in Frage zu stellen. Was macht es für einen Sinn, von einer (über)dominanten nationalen Position zu sprechen, wenn gleichzeitig dieser Nationalstaat an Bedeutung verliert, wenn wirtschaftliche, aber auch soziale und kulturelle Entwicklungen immer häufiger transnational ablaufen? Und was bedeutet Primacy, wenn sich der Fokus der Analyse zu einer weltweiten Städtehierarchie verschiebt? Schließlich: Wie kann die Primacy-Diskussion dem historischen Werdegang, der, wie weiter oben ausgeführt, aus einem Mix endogener und exogener Faktoren besteht, gerecht werden?

Literatur

ALTVATER, E. und K. HÜBNER (1988): Das Geld einer mittleren Kolonialmacht. Ein kleiner Streifzug durch die ökonomische Geschichte der BRD. In: Prokla 73, S. 7–36.

ALTVATER, E. und B. MAHNKOPF (1996): Grenzen der Globalisierung. Ökonomie, Ökologie und Politik in der Weltgesellschaft. Münster.

AMIN, S., ARRIGHI, G., FRANK, A. G. und I. WALLERSTEIN (1982): Dynamics of Global Crisis. New York.

ARIÈS, Ph. (1988): Zeit und Geschichte. Frankfurt.

ARMSTRONG, W. und T. G. MCGEE (1985): Theatres of Accumulation: Studies in Asian and Latin American Urbanisation. London.

BANERJEE-GUHA, S. (1995): Involuntary Migration and the Associated Schism: Case of a River Valley Project in India. In: Journal für Entwicklungspolitik 11 (3), S. 349–363.

BAUMANN, Z. (1996): Glokalisierung oder Was für die einen Globalisierung ist, ist für die anderen Lokalisierung. In: Das Argument 217, S. 653–664.

BEAUREGARD, R. A. (1995): Theorizing the Global-Local Connection. In: KNOX, P. L. und P. J. TAYLOR (Hrsg.): World Cities in a World System. Cambridge, S. 232–248.

BECKER, J. (1999): Die Peripherie in der kapitalistischen Weltwirtschaft: Kontinuitäten und Wandel im historischen Überblick. In: PARNREITER, Ch., NOVY, A. und K. FISCHER (Hrsg.): Globalisierung und Peripherie. Umstrukturierung in Lateinamerika, Afrika und Asien. Frankfurt/Wien, S. 9–33.

BENNHOLDT-THOMSEN, V. (1982): Bauern in Mexiko. Zwischen Subsistenz- und Warenproduktion. Frankfurt.

BERNER, E. und R. KORFF (1995): Was macht eine Metropole aus? Die städtische Grund-Unordnung zwischen Zivilisierung und Barbarei. In: Comparativ. Leipziger Beiträge zur Universalgeschichte und vergleichenden Gesellschaftsforschung 5, S. 9–25.

BLUESTONE, B. und B. HARRISON (1982): The Deindustrialization of America. Plant Closings, Community Abandonment, and the Dismantling of Basic Industry. New York.

BONNANO, A., BUSCH, L., FRIEDLAND, W., GOUVEIA, L. und E. MINGIONE (Hrsg.) (1994): From Columbus to Conagra: The Globalization of Agriculture and Food. Kansas.

BORJAS, G. J. (1988): International Differences in Labor Market Performance of Immigrants. Kalamazoo.

BOYD, M. (1989): Family and Personal Networks in International Migration: Recent Developments and New Agendas. In: International Migration Review 23 (3), S. 638–670.

BRAUDEL, F. (1985): Sozialgeschichte des 15.–18. Jahrhunderts. Der Alltag. München.

BRAUDEL, F. (1986a): Sozialgeschichte des 15.–18. Jahrhunderts. Der Handel. München.

BRAUDEL, F. (1986b): Sozialgeschichte des 15.–18. Jahrhunderts. Aufbruch zur Weltwirtschaft. München.

BRONGER, D. (1993): Megastädte: „Erste" Welt – „Dritte" Welt. In: FELDBAUER, P., PILZ, E., RÜNZLER, D. und I. STACHER (Hrsg.): Megastädte. Zur Rolle von Metropolen in der Weltgesellschaft. Wien/Köln: Böhlau, S. 63–106.

BRONGER, D. (1996): Megastädte. In: Geographische Rundschau 48 (2), S. 74–81.

BROWN, L. A., MANDEL, J. L. und V. A. LAWSON (1995): The Uprooting of People, Migration, and Labor Force Experiences: Ecuador 1982 and 1990. In: Journal für Entwicklungspolitik 11 (3), S. 331–348.

BRÜCKNER, P. (1982): Psychologie und Geschichte. Berlin.

BURCHARDT, H. J. (1996): Die Globalisierungsthese – von der kritischen Analyse zum politischen Opportunismus. In: Das Argument 217, S. 741–755.

BÜSCHGEN, H. E. (1994): Das kleine Börsenlexikon. Düsseldorf.

CASTELLS, M. (1989): The Informational City. Information Technology, Economic Restructuring, and the Urban-Regional Process. Oxford.

CASTELLS, M. (1991): Die zweigeteilte Stadt – Arm und Reich in den Städten Lateinamerikas, der USA und Europas. In: SCHABERT, T. (Hrsg.): Die Welt der Stadt. München, S. 199–216.

CASTELLS, M. und A. PORTES (1989): World Underneath: The Origins, Dynamics, and Effects of the Informal Economy. In: PORTES, A., CASTELLS, M. und L. A. BENTON (Hrsg.): The Informal Economy. Studies in Advanced and Less Developed Countries. Baltimore, S. 11–37.

CASTLES, S. (1986): The Guest-Worker in Western Europe. An Obituary. In: International Migration Review 20 (4), S. 761–778.

CASTLES, S. und M. J. MILLER (1993): The Age of Migration. International Population Movements in the Modern World. Hampshire.

CHASE-DUNN, Ch. K. (1985): The System of World Cities, 800 A.D.–1975. In: TIMBERLAKE, M. (Hrsg.): Urbanization in the World-Economy. Orlando, S. 269–292.

CLARK, D. (1996): Urban World, Global City. London.

COHEN, R. (1987): The New Helots. Migrants in the International Division of Labour. Aldershot.

COHEN, M. A., RUBLE, B. A., TULCHIN, J. S. und A. M. GARLAND (Hrsg.) (1996): Preparing for the Urban Future. Global Pressures and Local Forces. Washington.

CORNELIUS, W. A. und P. L. MARTIN (1993): The Uncertain Connection: Free Trade and Rural Mexican Migration to the United States. In: International Migration Review 27 (3), S. 484–512.

DABAT, A. (1995): La crisis mexicana y el nuevo entorno internacional. In: Comercio Exterior 11, S. 866–874.

DE LA PEÑA, G. (1983): La ciudad y el campo en México. Breve historia de una relación conflictiva. In: Dialogos, septiembre-octubre, S. 69–76.

Deutsche Gesellschaft für die Vereinten Nationen (1996): Weltbevölkerungsbericht 1996. Bonn.

DOGAN, M. und J. D. KASARDA (1988): Introduction: How Giant Cities Will Multiply and Grow. In: DOGAN, M. und J. D. KASARDA (Hrsg.): The Metropolis Era. Volume 1: A World of Giant Cities. Newbury Park, S. 12–29.

DRAKAKIS-SMITH, D. (1992): Urban and Regional Change in Southern Africa. London.

DRAKAKIS-SMITH, D. (Hrsg.) (1986): Urbanisation in the Developing World. London.

DRAKAKIS-SMITH, D. (Hrsg.) (1990): Economic Growth and Urbanization in Developing Areas. London.

FAINSTEIN, S. S., GORDON, I. und M. HARLOE (Hrsg.) (1992): Divided Cities. New York and London in the Contemporary World. Oxford.

FEDER, E. (1980): Neuere Tendenzen in der Agrarerzeugung unterentwickelter Länder. In: Strukturveränderungen in der kapitalistischen Weltwirtschaft. Starnberger Studien 4, Frankfurt, S. 89–126.

FELDBAUER, P., HUSA, K., PILZ, E. und I. STACHER (Hrsg.) (1997): Mega-Cities. Die Metropolen des Südens zwischen Globalisierung und Fragmentierung. Frankfurt/Wien.

FINDLEY, S. E. (1993): The Third World City: Development Policy and Issues. In: KASARDA, J. D. und A. M. PARNELL (Hrsg.): Third World Cities. Problems, Policies and Prospects. Newbury Park, S. 1–31.

FRANK, A. G. (1986): Krise der Ideologie und Ideologie der Krise. In: AMIN, S., ARRIGHI, G., FRANK, A. G. und I. WALLERSTEIN: Dynamik der globalen Krise. Opladen, S. 76–117.

FRIEDMANN, J. und G. WOLFF (1982): World City Formation: An Agenda for Research and Action. In: International Journal of Urban and Regional Research 6, S. 309–344.

FRIEDMANN, J. (1986): The World City Hypothesis. In: Development and Change 17, S. 69–83.

FRIEDMANN, J. (1995): Where We Stand: A Decade of World City Research. In: KNOX, P. L. und P. J. TAYLOR (Hrsg.): World Cities in a World System. Cambridge, S. 21–47.

FRÖBEL, F., HEINRICHS, J. und O. KREYE (1977): Die neue internationale Arbeitsteilung. Strukturelle Arbeitslosigkeit in den Industrieländern und die Industrialisierung der Entwicklungsländer. Reinbek bei Hamburg.

FRÖBEL, F., HEINRICHS, J. und O. KREYE (1981): Ungleiche und ungleichmäßige Entwicklung in der kapitalistischen Weltwirtschaft heute. In: FRÖBEL, F., HEINRICHS, J. und O. KREYE (Hrsg.): Krisen in der kapitalistischen Weltökonomie. Reinbek bei Hamburg, S. 8–18.

FRÖBEL, F., HEINRICHS, J. und O. KREYE (1986): Umbruch in der Weltwirtschaft. Reinbek bei Hamburg.

GÄCHTER, A. (1995): Wann kommt es zu Investitionen? Über die Voraussetzungen von Industrialisierung. In: FELDBAUER, P., GÄCHTER, A., HARDACH, G. und A. NOVY (Hrsg.): Industrialisierung. Entwicklungsprozesse in Afrika, Asien und Lateinamerika. Frankfurt/Wien, S. 47–64.

GARAU, P. (1989): Third World Cities in a Global Society Viewed from a Developing Nation. In: KNIGHT, R.V. und G. GAPPERT (Hrsg.): Cities in a Global Society. Newbury Park, S. 68–78.

GILBERT, A. (1992): Urban Development in a World System. In: GILBERT, A. und J. GUGLER (Hrsg.): Cities, Poverty and Development: Urbanization in the Third World. Oxford, S. 14–32.

GILBERT, A. und J. GUGLER (Hrsg.) (1992): Cities, Poverty and Development: Urbanization in the Third World. Oxford.

GORDON, D. M. (1989): Die Weltwirtschaft: Neues Bauwerk auf bröckelnden Fundamenten. In: Prokla 77, S. 109–148.

GUGLER, J. (1992): The Urban-Rural Interface and Migration. In: GILBERT, A. und J. GUGLER (Hrsg.):

Cities, Poverty and Development: Urbanization in the Third World. Oxford, S. 62–86.

GUTTMANN, R. (1996): Die Transformation des Finanzkapitals. In: Prokla 103 (2), S. 165–195.

HARRIS, J. R. und M. P. TODARO (1970): Migration, Unemployment and Development: A Two-Sector Analysis. In: American Economic Review 60, S. 126–142.

HARVEY, D. (1997): Betreff Globalisierung. In: BECKER, S., SABLOWSKI, T. und W. SCHUMM (Hrsg.): Jenseits der Nationalökonomie? Weltwirtschaft und Nationalstaat zwischen Globalisierung und Regionalisierung. Berlin, S. 28–49.

HIRSCH, J. (1994): Vom fordistischen Sicherheitsstaat zum nationalen Wettbewerbsstaat. Internationale Regulation, Demokratie und „Radikaler Reformismus". In: Das Argument 203, S. 7–21.

HIRSCH, J. und R. ROTH (1986): Das neue Gesicht des Kapitalismus. Vom Fordismus zum Post-Fordismus. Hamburg.

HOPKINS, T. K. und I. WALLERSTEIN (1982): Grundzüge der Entwicklung des modernen Weltsystems. In: SENGHAAS, D. (Hrsg.): Kapitalistische Weltökonomie. Kontroversen über ihren Ursprung und ihre Entwicklungsdynamik. Frankfurt, S. 151–200.

HUGO, G. J. (1981): Village-Community Ties, Village Norms, and Ethnic and Social Networks: A Review of Evidence from the Third World. In: DE JONG, G. und R. GARDNER (Hrsg.): Migration Decision Making. New York, S. 186–224

HWALETZ, O. (1990): Über den Prozeß von Akkumulation und Kapitalverwertung in Österreich. Wien.

Initiativgruppe Regulationstheorie (1997): Globalisierung und Krise des Fordismus. Zur Einführung. In: BECKER, S., SABLOWSKI, T. und W. SCHUMM (Hrsg.): Jenseits der Nationalökonomie? Weltwirtschaft und Nationalstaat zwischen Globalisierung und Regionalisierung. Berlin, S. 7–27.

International Migration Review (1984): Women in Migration. Special Issue. 18. Jg., H. 4.

International Migration Review (1989): Special Silver Anniversary Issue. 23. Jg., H. 3.

IOM (International Organization for Migration) (1991): South-North Migration. Report of the Ninth IOM Seminar on Migration. Genf.

JESSOP, B. (1997): Die Zukunft des Nationalstaats – Erosion oder Reorganisation? Grundsätzliche Überlegungen zu Westeuropa. In: BECKER, S., SABLOWSKI, T. und W. SCHUMM (Hrsg.): Jenseits der Nationalökonomie? Weltwirtschaft und Nationalstaat zwischen Globalisierung und Regionalisierung. Berlin, S. 50–95.

KING, A. D. (1990a): Global Cities. Post-Imperialism and the Internationalization of London. London.

KING, A. D. (1990b): Urbanism, Colonialism, and the World Economy. Cultural and Spatial Foundations of the World Urban System. London.

KING, A. D. (Hrsg.) (1996): Re-Presenting the City. Ethnicity, Capital and Culture in the Twenty-First Century Metropolis. London.

KNOX, P. L. (1995): World Cities in a World System. In: KNOX, P. L. und P. J. TAYLOR (Hrsg.): World Cities in a World System. Cambridge, S. 3–20.

KNOX, P. L. und P. J. TAYLOR (Hrsg.) (1995): World Cities in a World System. Cambridge.

KORFF, R. (1997): Globalisierung der Megastädte. In: FELDBAUER, P., HUSA, K., PILZ, E. und I. STACHER (Hrsg.): Mega-Cities. Die Metropolen des Südens zwischen Globalisierung und Fragmentierung. Frankfurt/Wien: Brandes & Apsel/Südwind, S. 21–35.

KREYE, O. (1993): Schuldenfalle als Doppelmühle. Interview mit Christof Parnreiter. In: Weg und Ziel 3, S. 24f.

LAMPARD, E. E. (1986): The New York Metropolis in Transformation: History and Prospect. A Study in Historical Particularity. In: EWERS, H. J., GODDARD, J. B. und H. MATZERATH (Hrsg.): The Future of the Metropolis. Berlin, London, Paris, New York. Economic Aspects. Berlin, S. 27–110.

LIM, L. L. (1992): International Labour Movements: A Perspective on Economic Exchanges and Flows. In: KRITZ, M. M., LIM, L. L. und H. ZLOTNIK (Hrsg.): International Migration Systems. A Global Approach. Oxford, S. 133–149.

Lo, F. und Y. Yeung (1995): Emerging World Cities in Pacific Asia. Tokyo.

Lomnitz, L. (1977): Migration and Network in Latin America. In: Portes, A. und H. Browning (Hrsg.): Current Perspectives in Latin American Urban Research. Austin, S. 133–150.

Marrus, M. R. (1990): The Uprooted: An Historical Perspective. In: Rystad, G. (Hrsg.): The Uprooted. Forced Migration as an International Problem in the Post-War Era. Lund, S. 47–58.

Martin, H. P. und H. Schumann (1997): Die Globalisierungsfalle. Der Angriff auf Demokratie und Wohlstand. Reinbek bei Hamburg.

Martin, P. L. (1991): Labor Migration and Economic Development. In: Díaz-Briquets, S. und S. Weintraub (Hrsg.): Determinants of Emigration from Mexico, Central America, and the Caribbean. Boulder, S. 241–258.

Massey, D. S. (1988): Economic Development and International Migration in Comparative Perspective. In: Population and Development Review 14 (3), S. 383–413.

Massey, D. S. (1990): The Social and Economic Origins of Immigration. In: The Annals of the American Academy of Political and Social Sciences 51, S. 60–72.

Massey, D. S. (1995): The New Immigration and Ethnicity in the United States. In: Population and Development Review 21 (3), S. 631–652.

Massey, D. S. und F. García España (1987): The Social Process of International Migration. In: Science 237 (14. August), S. 733–738.

Massey, D. S., Arango, J., Hugo, G., Kouaouci, A., Pellegrino, A. und J. E. Taylor (1993): Theories of International Migration: A Review and Appraisal. In: Population and Development Review 19 (3), S. 431–466.

Massey, D. S., Arango, J., Hugo, G., Kouaouci, A., Pellegrino, A. und J. E. Taylor (1994): An Evaluation of International Migration Theory: The North American Case. In: Population and Development Review 20 (4), S. 699–751.

McMichael, P. (1993): World Food System Restructuring under a GATT Regime. In: Political Geography 12 (3), S. 198–214.

Mollenkopf, J. und M. Castells (Hrsg.) (1991): Dual City. Restructuring New York. New York.

Narr, W. D. und A. Schubert (1994): Weltökonomie. Die Misere der Politik. Frankfurt.

OECD (1994): The OECD Jobs Study. Facts, Analysis, Strategies. Paris.

Oman, Ch. (1994): Globalisation and Regionalisation: The Challenge for Developing Countries. Paris.

Papademetriou, D. G. (1991): Migration and Development: The Unsettled Relationship. In: Díaz-Briquets, S. und S. Weintraub (Hrsg.): Determinants of Emigration from Mexico, Central America, and the Caribbean. Boulder, S. 259–294.

Parnreiter, Ch. (1994): Migration und Arbeitsteilung. AusländerInnenbeschäftigung in der Weltwirtschaftskrise. Wien.

Parnreiter, Ch. (1995a): Entwurzelung, Globalisierung und Migration. Ausgewählte Fragestellungen. In: Journal für Entwicklungspolitik 11 (3), S. 245–260.

Parnreiter, Ch. (1995b): Vom Land zum Hinterland zum Abwanderungsland. Migration und ungleiche Entwicklung in der tschechisch-österreichischen Grenzregion. In: Komlosy, A., Buzek, V. und F. Svatek (Hrsg.): Kulturen an der Grenze. Waldviertel, Weinviertel, Südböhmen, Südmähren. Wien, S. 349–360.

Parnreiter, Ch. (1997): Die Renaissance der Ungesichertheit: Über die Ausweitung informeller Beziehungen zwischen Kapital und Arbeit im Zeitalter der Globalisierung. In: Komlosy, A., Parnreiter, Ch., Stacher, I. und S. Zimmermann (Hrsg.): Ungeregelt und unterbezahlt. Der informelle Sektor in der Weltwirtschaft. Frankfurt/Wien: Brandes & Apsel/Südwind, S. 203–220.

Parnreiter, Ch. (1999): Migration: Symbol, Folge und Triebkraft von globaler Integration. Erfahrungen aus Zentralamerika. In: Parnreiter, Ch., Novy, A. und K. Fischer (Hrsg.): Globalisierung und Peripherie. Umstrukturierung in Lateinamerika, Afrika und Asien. Frankfurt/Wien: Brandes & Apsel/Südwind, S. 129–149.

Petras, E. (1981): The Global Labor Market in the Modern World-Economy. In: Kritz, M., Keeley,

Ch. und S. Tomasi (Hrsg.): Global Trends in Migration: Theory and Research on International Population Movements. New York, S. 44–63.

Phizacklea, A. (Hrsg.) (1983): One Way Ticket. Migration and Female Labour. London.

Piore, M. J. (1979): Birds of Passage: Migrant Labor and Industrial Societies. Cambridge.

Polanyi, K. (1990 [Englische Erstauflage 1944]): The Great Transformation. Politische und ökonomische Ursprünge von Gesellschaften und Wirtschaftssystemen. Frankfurt.

Portes, A. und J. Walton (1981): Labor, Class, and the International System. New York.

Portes, A. und R. L. Bach (1985): Latin Journey: Cuban and Mexican Immigrants in the United States. Berkeley.

Portes, A. und J. Böröcz (1989): Contemporary Immigration: Theoretical Perspectives on its Determinants and Modes of Incorporation. In: International Migration Review 23 (3), S. 606–630.

Portes, A., Castells, M. und L. A. Benton (1989): The Informal Economy. Studies in Advanced and Less Developed Countries. Baltimore.

Portes, A. und M. Lungo (Hrsg.) (1992a): Urbanización en Centroamerica. San José.

Portes, A. und M. Lungo (Hrsg.) (1992b): Urbanización en el Caribe. San José.

Potts, L. (1988): Weltmarkt für Arbeitskraft. Von der Kolonisation Amerikas bis zu den Migrationen der Gegenwart. Hamburg.

PREALC (1990): Urbanización y Sector Informal en America Latina, 1960–1980. Genf.

Reich, R. B. (1993): Die neue Weltwirtschaft. Das Ende der nationalen Ökonomie. Frankfurt.

Roberts, B. (1995): The Making of Citizens. Cities of Peasant Revisited. London.

Sassen, S. (1988): The Mobility of Labor and Capital. A Study in International Investment and Capital Flow. Cambridge.

Sassen, S. (1991): The Global City. New York, London, Tokyo. Princeton.

Sassen, S. (1994): Cities in a World Economy. Thousand Oaks.

Sassen, S. (1995): Die Immigration in der Weltwirtschaft. In: Journal für Entwicklungspolitik 11 (3), S. 261–284.

Secretaría de Relaciones Exteriores und Commission on Immigration Reform (1997): Estudio Binacional México – Estados Unidos sobre Migración. México D.F./Washington.

Shachar, A. (1990): The Global Economy and World Cities. In: Development and Change 22 (1), S. 149–160.

Short, J. R., Kim, Y., Kuus, M. und H. Wells (1996): The Dirty Little Secret of World Cities Research: Data Problems in Comparative Analysis. In: International Journal of Urban and Regional Research 20, S. 697–717.

Simon, D. (1995): The World City Hypothesis: Reflections from the Periphery. In: Knox, P. L. und P. J. Taylor (Hrsg.): World Cities in a World System. Cambridge, S. 132–155.

Sjaastad, L. A. (1962): The Costs and Returns of Human Migration. In: Journal of Political Economy 70 (5), S. 80–93.

Smith, D. A. (1985): Theories and Measures of Urban Primacy: A Critique. In: Timberlake, M. (Hrsg..): Urbanization in the World-Economy. Orlando, S. 87–117.

Smith, D. A. (1996): Third World Cities in Global Perspective: The Political Economy of Uneven Urbanization. Boulder.

Smith, D. A. und M. Timberlake (1995): Conceptualising and Mapping the Structure of the World System's City System. In: Urban Studies 32 (2), S. 287–302.

Smith, M. P. und J. R. Feagin (Hrsg.) (1987): The Capitalist City. Global Restructuring and Community Politics. Oxford.

Smith, R. C. (1989): International Stock Market Transactions. In: Noyelle, T. (Hrsg.): New York's Financial Markets. The Challenge of Globalization. Boulder, S. 7–29.

SOPEMI (System d'observation permanente pour les migrations) (1992): Trends in International Migration. Paris.

STARK, O. (1991): The Migration of Labor. Cambridge.

SWINDELL, K. (1992): The Urban-Rural Divide Revisited: Employment and Labour Mobility Within the Urban Hinterlands of African Towns. Paper presented at the European Conference „Two Worlds: Migrants – Development – Metropolis" organized by the Berlin Institute for Comparative Social Research.

SWINDELL, K. (1995): Akkumulation, Unsicherheit und Überleben. Migration und ländliche Haushalte in Nordwest-Nigeria. In: Journal für Entwicklungspolitik 11 (3), S. 311–330.

TAUBMANN, W. (1996): Weltstädte und Metropolen im Spannungsfeld zwischen „Globalität" und „Lokalität". In: Geographie heute 17 (142), S. 4–9.

TEUNE, H. (1988): Growth and Pathologies of Giant Cities. In: DOGAN, M. und K. J. D. KASARDA (Hrsg.): The Metropolis Era. Volume 1: A World of Giant Cities. Newbury Park, S. 351–376.

TIMBERLAKE, M. (Hrsg.) (1985): Urbanization in the World-Economy. Orlando.

TODARO, M. P. (1969): A Model of Labor Migration and Urban Unemployment in Less Developed Countries. In: American Economic Review 59 (1), S. 138–148.

TODARO, M. P. (1976): Internal Migration in Developing Countries. Genf.

VOBRUBA, G. (1995): Die soziale Dynamik von Wohlstandsgefällen. In: Soziale Welt 46 (3), S. 326–341.

WALLERSTEIN, I. (1974a): The Rise and Future Demise of the World Capitalist Systems. Concepts for Comparative Analysis. In: Comparative Studies in Society and History 16 (4), S. 387–415.

WALLERSTEIN, I. (1974b) The Modern World System: Capitalist Agriculture and the Origins of the European World-Economy in the Sixteenth Century. New York.

WALLERSTEIN, I. (1980): The Modern World-System II. Mercantilism and the Consolidation of the European World-Economy 1600–1750. New York.

WALLERSTEIN, I. (1989): The Modern World System III: The Second Era of Great Expansion of the Capitalist World Economy, 1730–1840. New York.

WALTERS, P. B. (1985): Systems of Cities and Urban Primacy: Problems of Definition and Measurement. In: TIMBERLAKE, M. (Hrsg.): Urbanization in the World-Economy. Orlando, S. 63–85.

WALTON, J. (1976): Political Economy of World Urban Systems; Directions for Comparative Research. In: WALTON, J. und L. MASOTI (Hrsg.): The City in Comparative Perspective, Cross-National Research and New Directions in Theory. New York.

WOMACK, J. P., JONES, D. T. und D. ROOS (1991): Die zweite Revolution in der Autoindustrie. Konsequenzen aus der weltweiten Studie aus dem Massachusetts Institute of Technology. Frankfurt.

ZOLBERG, A. R. (1989): The Next Waves: Migration Theory for a Changing World. In: International Migration Review 23 (3), S. 403–430.

Megastadtentwicklung, Globalisierung und Migration – Fallstudie Mexico City[1]

Christof PARNREITER

Aus den theoretischen Überlegungen, die im ersten Beitrag dieses Buches näher ausgeführt worden sind,[2] sollen nun, bevor die Fallstudie Mexico City[3] in Angriff genommen wird, einige Hypothesen entwickelt werden. In den Kapiteln 2.1 bis 2.3 des genannten Beitrags wurde dargelegt, daß Prozesse der Globalisierung sowohl Migrationspotentiale vergrößern als auch das Volumen der tatsächlich realisierten Wanderungen anwachsen lassen. Die Öffnung der Märkte, das rasche Wachsen des Welthandels, die rasante Zunahme internationaler Investitionen, der Schwenk von der importsubstituierenden zur exportorientierten Industrialisierung in weiten Teilen der Dritten Welt und die soziopolitischen Umstrukturierungen in den alten Zentren sind Entwicklungen, die Entwurzelungsprozesse in den Peripherien (der Industrieländer, insbesondere aber in den weltweiten Peripherien) vorantreiben, einen neuen Bedarf an (marginalisierter) Arbeitskraft schaffen sowie Migrationen erleichtern, indem Sender- und Empfängerregionen über ideologische und materielle Verbindungen „näher zusammenrücken".

Daran anschließend wurde in Kapitel 2.4 argumentiert, daß diese Prozesse im wesentlichen auch im Zusammenhang mit Binnenmigrationen anzutreffen sind. Daraus ergeben sich folgende Hypothesen zum mexikanischen Fallbeispiel:

- Die vertiefte Einbindung Mexikos in die internationale Arbeitsteilung beschleunigt und verstärkt Destabilisierungs- und Entwurzelungsprozesse der ländlichen Ökonomien und Gesellschaften. Es ist deshalb zu vermuten, daß das Migrationsaufkommen

---

[1] Der Autor dankt Peter FELDBAUER und Karl HUSA für kritische und anregende Kommentare. Dank gebührt auch zahlreichen (mexikanischen) KollegInnen, die mit Tips, Kritik und Anregungen weitergeholfen haben. Ohne die Unterstützung von Adrian Guillermo AGUILAR, Bertold BERNREUTER, José CASTRO, Javier DELGADO, Elda und Franz ELLMEIER, Markus GOTTSBACHER, Patricia MAR VELASCO, Salvador RIVERA GUZMAN, Sergio TAMAYO FLORES-ALATORRE und Kathrin WILDNER hätten sich Leben und Arbeiten in Mexico City wesentlich schwieriger und weniger erfolgreich gestaltet.

[2] Christof PARNREITER: Globalisierung, Binnenmigration und Megastädte der „Dritten Welt": Theoretische Reflexionen. Seite 17 bis 58 in diesem Buch.

[3] Wenn ganz allgemein von Mexico City die Rede ist, dann ist die „Zona Metropolitana de la Ciudad de México" (ZMCM) gemeint. Dieser Begriff bezeichnet die gesamte urbane Agglomeration, die sich verwaltungstechnisch und politisch zusammensetzt aus dem „Distrito Federal" und den mit dem Distrito Federal physisch zusammengewachsenen Gemeinden des mexikanischen Bundesstaates „Estado de México" (der den Distrito Federal umgibt). Der Begriff „Distrito Federal" bezieht sich auf die 1928 geschaffene politische Einheit des keinem Bundesstaat eingegliederten Gebiets der Hauptstadt, das – bis zu den ersten Bürgermeisterwahlen im Juli 1997 – direkt dem Präsidenten unterstellt war. Wenn also von Distrito Federal oder von der Hauptstadt gesprochen wird, dann ist nur der ursprüngliche, innere Teil der Stadt gemeint. 1990 umfaßte die Zona Metropolitana de la Ciudad de México (ZMCM) neben dem Distrito Federal 27 Gemeinden aus dem Estado de México. Der Distrito Federal umfaßte 1990 etwa ein Drittel der Gesamtfläche von Mexico City (die zu diesem Zeitpunkt 4.451,2 km² betrug) und 55 Prozent der Bevölkerung der ZMCM (CAMPOSORTEGA CRUZ 1992, S. 4; INEGI 1994, S. 17, 31; INEGI 1996, S. 133; siehe auch die Abbildungen A-1 und A-2 sowie Tabelle A-2 im Anhang).

zunimmt.[4] In diesem Zusammenhang wäre von einer angebotsseitigen Erhöhung auszugehen.

- Nachfrageseitig kann gemutmaßt werden, daß mit der neuen Qualität der Globalisierung Mexikos an bestimmten Standorten (nämlich jenen der global integrierten Wirtschaftsbereiche wie Exportindustrie, landwirtschaftliche Exportproduktion und Tourismus) verstärkt Arbeitskräftebedarf entsteht, der unter anderem über Binnenwanderungen gedeckt wird.

- Schließlich vermuten wir, daß im Zusammenhang mit den räumlichen Umstrukturierungen, welche die Prozesse der Globalisierung begleiten, auch neue Migrationsmuster entstehen können. Konkret könnte dies bedeuten, daß traditionelle Migrationsziele an Bedeutung verlieren, während an den global integrierten Wachstumspolen neue entstehen.

Bezüglich der Entwicklung der Megastädte wurde zunächst argumentiert, daß die Umbrüche der Weltwirtschaft zu einer Neubewertung des Raums und damit zu einer neuen räumlichen Ordnung des Kapitalismus führen. Innerhalb dieser neuen räumlichen Ordnung spielen Metropolen zentrale Rollen, und zwar insbesondere die Metropolen der Ersten Welt. Es wurde aber auch dafür plädiert, die Megastädte der Peripherie von einer globalen Perspektive aus zu untersuchen (Kapitel 3.3 im ersten Beitrag dieses Buches), und zwar erstens, weil der Charakter der Globalisierung die Integration dieser Städte in das weltweite urbane System nahelegt, und zweitens, weil die Global-City-Debatte wichtige Anhaltspunkte für das Studium peripherer Metropolen bietet.

Bezüglich des gegenständlichen Forschungsvorhabens kann also vermutet werden,

- daß Mexico City in die Prozesse der Globalisierung integriert ist und einen Bestandteil des weltumfassenden Städtesystems bildet;

- daß diese globale Integration den Charakter und die Funktion von Mexico City verändert, und zwar sowohl, was ihre inneren sozioökonomischen und räumlichen Entwicklungen und Beziehungen betrifft, als auch, was ihre Rolle im Rahmen der Nationalstaates angeht;

- daß diese Veränderungen drittens im Verbund mit dem Wandel der Migrationsmuster neue Rahmenbedingungen und Zwänge für Zuwanderer entstehen lassen könnten, die wiederum auf die soziale und kulturelle Verfaßtheit der Stadt zurückwirken.

Im folgenden sollen nun die hier formulierten Hypothesen diskutiert werden, wobei zuerst die Dynamik der Megastadtentwicklung und dann die Migrationsmuster untersucht werden. Zuallererst scheint es aber angebracht zu sein, einige nationalstaatliche und regionale Rahmenbedingungen zu umreißen. Da auf die historische Entwicklung von Mexico City und der Migrationen in den entsprechenden Kapiteln jeweils gesondert eingegangen wird, genügt hier eine knappe Skizze prägender sozioökonomischer Entwicklungen. In anderen Worten: Weil die internationale Integration in diesem Forschungsprojekt eine zentrale Rolle spielt, müssen einige Eckpunkte des mexikanischen „Globalisierungskurses" angeschnitten werden, um die aktuellen Migrations- und Urbanisierungsprozesse in dieses breitere Umfeld einbetten zu können.

---

[4] Dies gilt zunächst einmal für Binnenwanderungen ebenso wie für die Emigration. Da im Zentrum dieses Forschungsprojektes aber die Binnenmigration steht, wird das Augenmerk auf diesen Typ der Wanderung gelegt.

1. Nationalstaatliche und regionale Rahmenbedingungen

Das heutige Mexiko blickt auf eine lange, blutige und in vielen Aspekten zerstörerische Geschichte internationaler Integration zurück. Nach der spanischen Eroberung (1519–1521) drei Jahrhunderte lang Teil des Kolonialreiches, dann, nach der Erringung der formellen Unabhängigkeit (1821), unter die Dominanz der USA geraten, die bis heute andauert, ist das Land und seine Gesellschaft wohl ein Paradebeispiel für die Entwicklung der Unterentwicklung. Die die Geschichte der letzten 150 Jahre bestimmende Integration in den US-amerikanisch dominierten Wirtschafts- und Kulturraum geht zumindest bis in die Mitte des 19. Jahrhunderts zurück, als Mexiko Texas, South Arizona, New Mexico und New California an den Kriegsgegner USA verlor (1846–1848). Die Industrialisierungswelle in den USA nach dem Bürgerkrieg (1861–1865) beschleunigte die Integration, da die rasch expandierende US-Ökonomie beim südlichen Nachbarn agrarische und mineralische Rohmaterialien, Investitionsmöglichkeiten, Märkte und – last but not least – Arbeitskräfte suchte. Von mexikanischer Seite her wurde in der Zeit des Porfiriats (1876–1911) das Land für ausländische Investitionen geöffnet und der Außenhandel forciert (HANSEN 1971, S. 23–26; ZORAIDA VÁZQUEZ und MEYER 1985, S. 73; HERZOG 1990, S. 33–62).

Während der importsubstituierenden Industrialisierung (ca. 1940–1970) kam es – entgegen der politischen Rhetorik dieser Ära, die populistisch und nationalistisch aufgeladen war – zu keiner wirklichen Entflechtung, oder, anders ausgedrückt, zu keinem unabhängigen Entwicklungsweg. Die importsubstituierende Industrialisierung verdankte ihr Entstehen zwar unter anderem dem im Gefolge der Weltwirtschaftskrise und dem weitgehenden Zusammenbruch des Weltmarktes „zeitweise(n) Verschwinden (der) Sachzwänge, die die Konkurrenz der entwickelteren Länder und Unternehmen ausübt" (ALTVATER und MAHNKOPF 1996, S. 405), als Modell nachholender Entwicklung für Länder der Peripherie blieb sie aber (etwa im Bereich des Technologie- und auch des Kapitalimports) immer auf die Zentren bezogen (ALTVATER und MAHNKOPF 1996, S. 405f; BECKER 1996, S. 13f). So schaffte die mexikanische Wirtschaft zwar beeindruckende Wachstumsraten – von 1941 bis 1970 wuchs das Bruttoinlandsprodukt (BIP) um jährlich durchschnittlich 6,3 Prozent (eigene Berechnung, basierend auf PRADILLA COBOS 1997, Gráfico 1) –, diesem „Milagro Mexicano" (mexikanisches Wunder), wie die lange Zeit des Aufschwungs euphorisch genannt wurde (zu euphorisch, wie die Geschichte zeigen sollte), gelang es allerdings in keiner Phase, die Außenabhängigkeit zu überwinden. Der Erfolg der Importsubstitution bei einfachen und zum Teil auch bei dauerhaften Konsumgütern basierte durchwegs auf eingeführter kapitalintensiver Technologie und zog damit „einen prekären Grad an Auslandsabhängigkeit" nach sich (FELDBAUER 1995, S. 185; siehe auch BORIS 1996, S. 12f). Dieser zeigt sich unter anderem an der über lange Jahre negativen Leistungsbilanz (1956–1972: -2,5 Prozent) oder an der Dominanz der USA als Handelspartner – Mitte der siebziger Jahre wurden 62 Prozent der Importe und 56 Prozent der Exporte mit dem nördlichen Nachbarn abgewickelt (PORTES und BACH 1985, S. 114; LUSTIG 1994, S. 35).

Bezüglich der Regionalentwicklung hatte die importsubstituierende Industrialisierung grob gesprochen zwei wesentliche Auswirkungen. Zum einen leitete sie einen enormen Konzentrationsschub ein, und zwar sowohl von wirtschaftlicher Entwicklung als auch von Bevölkerung. 1970 war Mexico City das unangefochtene Epizentrum der mexikanischen Wirtschaft – über ein Viertel (28,6 Prozent) des Bruttoinlandprodukts wurde dort erwirtschaftet (GARZA und RIVERA 1994, S. 60). Wie sehr dem ein *Prozeß* der Konzentration vorausgegangen war, zeigt sich an den folgenden Zahlen. 1970 ballten sich in Mexico

City 41,9 Prozent aller Industriearbeitsplätze – 1930 waren es erst 18,9 Prozent gewesen. Ähnlich war die ökonomische Entwicklung verlaufen. Bezüglich des investierten Kapitals stieg der Anteil von Mexico City im gleichen Zeitraum von 22,5 Prozent auf 42,5 Prozent, bezüglich der Bruttoproduktion von 28,4 auf 46,7 Prozent (GARZA 1985, S. 142f). Parallel dazu konzentrierte sich auch immer mehr Bevölkerung in der größten Metropole. Lebten 1930 erst 7,2 Prozent aller MexikanerInnen in Mexico City, so hat sich dieser Anteil bis 1970 auf 18,6 Prozent mehr als verdoppelt (eigene Berechnung, basierend auf INEGI 1994, S. 31, 42). Doch selbst bei diesem Anstieg der Bevölkerungskonzentration bleibt der weitaus überproportionale Anteil von Mexico City in bezug auf die ausgeprägte wirtschaftliche Dominanz der Stadt innerhalb des Landes frappant, wie der Vergleich mit den diesbezüglich genannten Daten zeigt.

Daraus ergibt sich auch die zweite wesentliche regionalspezifische Auswirkung der importsubstituierenden Industrialisierung. Die Kluft zwischen Stadt und Land wuchs, da die Industrialisierung auf Kosten der traditionellen Landwirtschaft durchgeführt wurde, wodurch ein Gutteil der klein- und mittelbäuerlichen ProduzentInnen immer mehr an den Rand gedrängt wurde. Sie blieben aus der Entwicklungsalliance, gebildet aus nationalem und ausländischem Kapital, Regierungsbeamten, städtischen Arbeitern und Großgrundbesitzern (der nördlichen Regionen) ausgeschlossen. Das Land und seine BewohnerInnen wurden aber nicht nur ignoriert, sie mußten für die beeindruckende Erfolge der urbanen Entwicklungsalliance auch „bluten". Die Terms of Trade für landwirtschaftliche Produkte verschlechterten sich sukzessive, und über die billige Reproduktion von Arbeitskraft flossen weitere Ressourcen in die Industrie und damit in die Städte. Am Ende der importsubstituierenden Ära war der bäuerliche Sektor so weit ausgehöhlt, daß er über weite Strecken von zusätzlichen Einnahmen abhing, die wiederum in vielen Fälle über die Migration eines oder mehrerer Familienmitglieder lukriert wurden (siehe z.B. HEWITT DE ALCÁNTARA 1978; ARIZPE 1985).

Doch zurück zur Einbindung Mexikos in die Weltwirtschaft. Hat diese zwar eine lange Geschichte, so begann nach der Krise und dem definitiven Scheitern des Modells der importsubstituierenden Industrialisierung im Jahr 1982 (Schuldenkrise), spätestens aber mit dem Beitritt zum GATT (heute WTO) 1986, ein tiefgreifender wirtschafts- und gesellschaftspolitischer Kurswechsel, der die heutige Phase von Globalisierung einleitete. Seit damals stehen die wirtschafts- und gesellschaftspolitischen Strategien im Zeichen der Liberalisierung der Wirtschaft und des Arbeits- wie Bodenmarktes, der Öffnung des Binnenmarktes durch den Abbau von Zoll- und anderen Handelshemmnissen, der Orientierung der Produktion auf Exportmärkte, dem Werben um ausländische Investitionen, der Privatisierung parastaatlicher Unternehmen, der Begünstigung des Finanzsektors, der Kontrolle des Budgets und der Inflation, der Einschränkung der öffentlichen Investitionen und sozialen Ausgaben sowie einer äußerst restriktiven Lohnpolitik. Der Übergang von einem binnenmarktorientierten Industrialisierungsmodell hin zu einem exportorientierten, weltmarktoffenen Modell ist mittlerweile getan, der Beitritt zur Nordamerikanischen Freihandelszone NAFTA (1994) kann als logische Konsequenz sowohl der langandauernden Integration in den nordamerikanischen Wirtschaftsraum als auch der neoliberalen Modernisierung der achtziger und neunziger Jahre gesehen werden.

Eine ausführliche Debatte der wirtschaftlichen und gesellschaftlichen Entwicklungen seit Beginn der neoliberalen Umstrukturierung kann hier nicht erfolgen (zusammenfassend siehe etwa BORIS 1996 oder DUSSEL PETERS 1997; eine positivere Einschätzung findet sich bei ASPE ARMELLA 1993 oder bei LUSTIG 1994). Einige Eckdaten seien aber genannt (siehe Abbildung 1). Seit 1982 wuchs die mexikanische Wirtschaft um jährlich durchschnittlich

Abbildung 1: Ausgewählte wirtschaftliche und soziale Indikatoren Mexikos, 1980–1997 (1980=100)

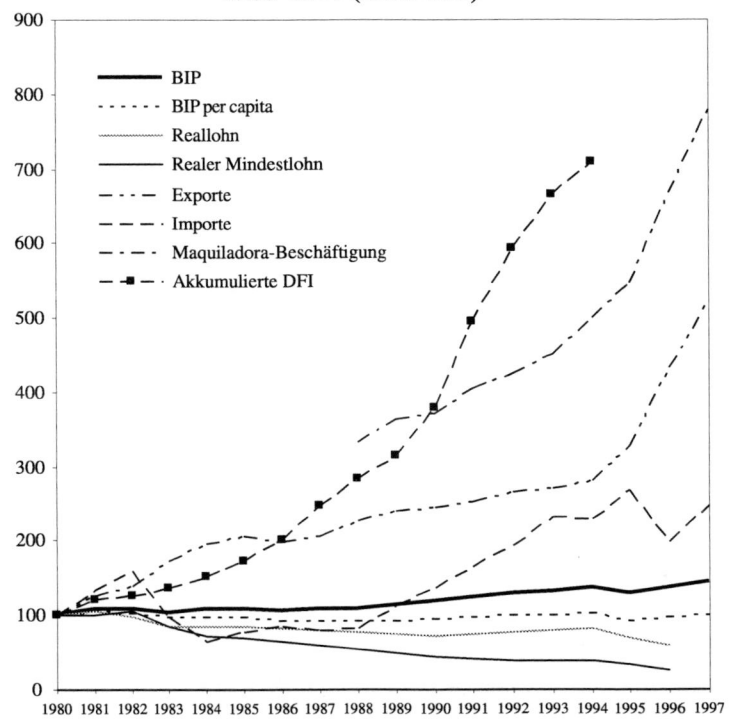

Quellen: BIP: eigene Berechnung, auf Basis von Daten von SHCP, zitiert in La Jornada, 23.2.1998 (zu konstanten Preisen von 1993); BIP per capita: ibd., Bevölkerungsdaten aus CABRERA ACEVEDO 1997, S. 5 (angenommen wird, daß das Bevölkerungswachstum von 1995–1997 wie im Abschnitt 1990–1995 zwei Prozent betrug; Reallohn, Realer Mindestlohn, Importe, Exporte: DUSSEL PETERS 1997, S. 150 (für 1996 Schätzungen); Maquiladora-Beschäftigung: eigene Berechnung, auf Basis von Daten von TAMAYO und TAMAYO 1995, S. 152 (für 1980 und 1985), SÁNCHEZ MÚJICA und FLORES ROSAS 1996, S. 38 (1988–1995), La Jornada, 28.2.1997 (1996), El Financiero 26.2.1998 (1997); Akkumulierte Ausländische Direktinvestitionen (DFI): eigene Berechnung, auf Basis von BORIS 1996, S. 134 (1994 geschätzt).

1,2 Prozent (also deutlich langsamer als in den Jahrzehnten der importsubstituierenden Industrialisierung), um 1997 ein Drittel über dem Wert von 1982 zu liegen. Das Bruttoinlandsprodukt pro Kopf stagnierte, ja es sank infolge der Krise von 1995 sogar unter das Maß von 1982 (eigene Berechnung, basierend auf Daten des Wirtschaftsministeriums [SHCP], zitiert in La Jornada, 23.2.1998, sowie von PRADILLA COBOS 1997, Gráfico 1; La Jornada, 20.2.1997). Der Motor des Wirtschaftswachstums war der Außenhandel, wie die Verfünffachung der Exporte (1980–1996) zeigt (DUSSEL PETERS 1997, S. 150). In den ersten drei Jahren nach dem Inkrafttreten von NAFTA (1994– 1996) wuchsen die Ausfuhren gar um 22,8 Prozent im Jahresdurchschnitt (La Jornada, 31.12.1996, 17.3.1997). Hinter dem Exportboom steht vor allem das enorme Wachstum der sog. Maquiladora-Industrie.[5] Dort stieg die Wertschöpfung zwischen 1982 und 1990 im Jahresdurchschnitt um

---

[5]) Die *Maquiladora-Industrie* ist eine Lohnfertigungsindustrie, die vorwiegend an der Nordgrenze des Landes angesiedelt ist und in der vor allem im Bereich der Elektrogeräte, Elektronik und Transportgüter importierte Komponenten montiert werden, um diese dann wieder zu exportieren. Hauptinvestor und -handelspartner der Maquiladora-Industrie sind naturgemäß die USA.

28 Prozent (eigene Berechnung, basierend auf PRADILLA COBOS 1993, S. 165), und die Beschäftigung wurde zwischen 1980 und 1996 verachtfacht (TAMAYO und TAMAYO 1995, S. 152; El Financiero 26.2.1998). Die Exporte dieser Industrie nahmen zwischen 1988 und 1994 im Jahresdurchschnitt um 17,2 Prozent zu, womit die Maquiladora-Industrie ihren Anteil an allen mexikanischen Exporten von 33 auf 43 Prozent steigerte (1988–1994). Sie ist damit zum wichtigsten Exportsektor aufgestiegen (LECUONA 1996, S. 95).

Auch der Zustrom ausländischer Investitionen hat rasch zugenommen – zwischen 1989 und 1996 flossen über 120 Milliarden Dollar ins Land. Obwohl nur etwa ein Drittel davon Direktinvestitionen sind, hatte Mexiko bis 1996 einen Stock von 80 Milliarden Dollar ausländischer Direktinvestitionen akkumuliert. Damit ist es hinter China der zweitgrößte Kapitalempfänger unter den sogenannten „emerging markets" (BORIS 1996, S. 134; Red Mexicana 1997, S. 42; The Economist, 29.3.1997).

Dank des Exportbooms war die Handelsbilanz für den Zeitraum 1983 bis 1996 leicht positiv, mit Überschüssen in den Jahren 1982 bis 1988 sowie 1995 und 1996 (Red Mexicana 1997, S. 26–28). Die Leistungsbilanz blieb aber in den meisten Jahren – trotz des Zustroms ausländischen Kapitals – negativ, und zwar auch in den letzten Jahren (LUSTIG 1994, S. 62; La Jornada 10.2.1997). Das Budgetdefizit konnte unter der Regierung von Carlos SALINAS DE GORTARI (1988–1994) drastisch gesenkt werden, was unter anderem durch umfangreiche Privatisierungen ermöglicht wurde (bis 1993 wurden 26 Milliarden US-Dollar an Verkaufserlösen erzielt). Von den 1.155 staatlichen oder halbstaatlichen Betrieben, die es 1982 gab, blieben bis 1992 nur 197, dafür sank die öffentliche Schuld (gegenüber dem In- und Ausland) von 62,4 Prozent des BIP (1988) auf 24,4 Prozent vier Jahre später (BORIS 1996, S. 59–62). Die Außenverschuldung hat sich insgesamt jedoch von 1982 bis 1996 auf fast 100 Milliarden Dollar verdoppelt. Und das, obwohl Mexiko von 1982 bis 1992 mehr als 158 Milliarden Dollar an Schuldentilgung und Zinsen bezahlt hatte (LUSTIG 1994, S. 54; DUSSEL PETERS 1995, S. 461; La Jornada, 14.2.1997).

Sind die ökonomischen Daten der verstärkten Weltmarktintegration also keineswegs generell als erfolgreich zu beurteilen, so hat sich die soziale Lage eines Großteils der Bevölkerung im Zeitalter der neoliberalen Modernisierung markant verschlechtert. Die realen Löhne verloren zwischen 1980 und 1996 mehr als ein Drittel ihres Wertes, während die realen Mindestlöhne gar um drei Viertel gesunken sind (DUSSEL PETERS 1997, S. 150). Als Konsequenz der schrittweisen Entwertung der Löhne mußten BezieherInnen von Mindestlöhnen 1997 dreimal so lange arbeiten wie 1986, um die 35 lebensnotwendigsten Güter einkaufen zu können (Expansión, 26.3.1997). Nach Angaben der Internationalen Arbeitsorganisation (ILO) arbeiten rund 60 Prozent der Erwerbsbevölkerung in der informellen Ökonomie, was in etwa einer Verdoppelung seit Mitte der achtziger Jahre entspricht (El Universal, 31.3.1997; WANNÖFFEL 1995, S. 42).

Der durchschnittliche Lebensstandard ist unter das Niveau der fünfziger Jahre gesunken (El Financiero, 9.3.1995, zitiert in WANNÖFFEL 1995, S. 42), und fast ein Viertel der Bevölkerung lebt – nach Angaben der mexikanischen Regierung! – in extremer Armut (La Jornada, 21.2.1997). Gemäß einer Studie der staatlichen Universität UNAM beträgt der Anteil der in „in extremer Armut" lebenden MexikanerInnen gar 50 Prozent, was eine geradezu explosionsartige Zunahme gegenüber 1993 (31 Prozent) bedeuten würde (Migration News, February 1997). Die Zunahme der Armut geht einher mit einer rasch wachsenden Polarisierung der Gesellschaft. Mexiko ist Angaben der Weltbank entsprechend außerhalb Afrikas das Land mit der sechstgrößten Ungleichheit hinsichtlich der Einkommensverteilung. Und die wird immer ungerechter. Konnten die reichsten 10 Prozent der

Bevölkerung 1984 immerhin schon 34 Prozent des nationalen Einkommens auf sich verbuchen, so waren es zehn Jahre später bereits 41 Prozent! Die ärmsten 50 Prozent der Bevölkerung hingegen erhielten 1994 nur 16 Prozent des nationalen Einkommens. Symptomatisch für diese wachsende Polarisierung ist einerseits, daß Mexiko immerhin 15 der 39 lateinamerikanischen (Dollar) Milliardäre zählt (zum Vergleich: in Japan leben 41), und andererseits, daß 1995 der Verkauf von in Mexiko produzierten VW-Käfern drastisch fiel, während der Import von Automobilen der Marke Mercedes-Benz um rund 50 Prozent gestiegen ist (Migration News, August 1996). Die sozialen Indikatoren (insbesondere am Land und hier vor allem in den indigenen Gebieten) sind jedenfalls so schlecht, daß auch die OECD (1995, S. 97–115) sich veranlaßt sieht, von der mexikanischen Regierung ernsthafte Anstrengungen zur Verbesserung in Bereichen wie Gesundheit, Ernährung oder Bildung zu verlangen. Mexikos Gesundheitsausgaben etwa sind – mit nur 60 Prozent des Schnitts – die mit Abstand geringsten innerhalb der OECD-Länder (The Economist, 11.7.1998). Esteban HASAM, mexikanischer Politikwissenschaftler, spricht angesichts der Ausplünderung großer Teile der Bevölkerung und in Anspielung auf die sogenannten „Chicago Boys" (Spitzname für die als theoretische Autoren der gegenwärtigen Modernisierung geltenden Ökonomen), davon, daß der Neoliberalismus „die theoretische Version von Al Capone" sei (zitiert in der Rundfunksendung Diagonal, Ö 1, 20.12.1997).

Die regionalspezifischen Implikationen dieser Entwicklungen bilden einen Kernpunkt der Erforschung der Dynamik der Megastadtentwicklung sowie der Migrationsmuster. Es soll deshalb hier nicht näher auf den Wandel oder die Kontinuitäten von regionalen Rahmenbedingungen eingegangen werden, sondern unmittelbar mit der Untersuchung der Entwicklung von Mexico City begonnen werden.

2. Dynamik der Megastadtentwicklung – Fakten, Strukturen und Trends

Mexiko ist ein stark urbanisiertes Land. 1990 lebten fast drei Viertel der Bevölkerung in Gemeinden mit mehr als 2.500 EinwohnerInnen, und immerhin ein Viertel wohnte in einer der vier Millionenstädte Mexico City, Guadalajara, Monterrey und Puebla (Tabelle A-1 im Anhang; GARZA und RIVERA 1994, S. 6). Die Stadtentwicklung ist allerdings, wie die wirtschaftliche, soziale und politische Entwicklung auch, in hohem Ausmaß durch regionale Ungleichheiten geprägt. Mexico City zählt so viele EinwohnerInnen wie die 17 nächstgrößten Städte zusammengenommen, und mehr als fünfmal so viel wie Guadalajara, die nächstgrößte Metropole (GORMSEN 1995, S. 356). Im folgenden soll nun ein kurzer historischer Überblick über die historische Entwicklung von Mexico City gegeben werden, um daran anschließend die jüngeren sozioökonomischen Transformationen sowie ihre Ursachen und Implikationen darstellen zu können.

2.1 Von der aztekischen Metropole Tenochtitlán zur größten Stadt der Dritten Welt

Schon in vorkolonialer Zeit war die Metropole des Aztekenreiches Tenochtitlán mit 50.000 bis 150.000 EinwohnerInnen eine ausgesprochene Großstadt. Zudem lag die von den Konquistadoren wegen ihrer Größe, Organisation und Pracht bestaunte Stadt im zentralen

Hochland von Mexiko in einem Ökosystem mit vielen Vorteilen – fruchtbare Böden, stabiles Wasserangebot, günstige Durchschnittstemperaturen –, war Zentralort eines leistungsfähigen Wirtschaftssystems und politisch-religiöser Machtmittelpunkt eines der größten Imperien der vorkolonialen Welt (zum folgenden siehe FELDBAUER et al. 1997, S. 280–288).

Tenochtitlán wurde 1521 im Zuge der spanischen Belagerung nahezu komplett zerstört. Herman CORTÉS ging aber fast umgehend daran, auf den Trümmern der aztekischen Hauptstadt die neue Kolonialmetropole „México" zu errichten. Ausschlaggebend waren die zentrale Lage, das günstige Klima, die Absicht, möglichst bruchlos an das aztekische Herrschafts- und Administrationssystem anzuschließen, sowie der Wunsch, den Sieg der neuen spanischen Herren über die einheimischen Fürsten und der christlichen Kirchen über die aztekischen Tempel zu demonstrieren. Das von spanischen Städtebautraditionen bestimmte Zentrum der neuen Hauptstadt erhielt im Jahr 1548 den Namen „La Muy Noble, Insigne y Muy Leal e Imperial Ciudad de México". Die Neugründung soll nur etwa 30.000 EinwohnerInnen beherbergt haben, eine Zahl, die ob der nahezu vollständigen Ausrottung der indigenen Bevölkerung, aber trotz ständiger Zuwanderung aus Spanien bis Ende des Jahrhunderts sogar etwas geschrumpft sein soll. Erst im 17. Jahrhundert begann die Stadt wieder zu wachsen – von etwa 56.000 EinwohnerInnen im Jahr 1650, über 113.000 im Jahr 1793 auf rund 180.000 im Jahr 1810.

Das nach europäisch-asiatischem Maßstab überaus bescheidene Stadtwachstum sollte allerdings nicht den Blick auf das hohe Maß an politischer, wirtschaftlicher und gesellschaftlicher Macht verstellen, das sich infolge der zentralistischen Kolonialverwaltung in der Stadt konzentrierte. Um den eindrucksvollen Hauptplatz gruppierten sich Kolonialregierung, Bischofssitz und Kathedrale, während die spanische Hocharistokratie ihre Paläste in den nahegelegenen Straßen nach Osten und Norden errichtete. Von hier wurde das riesige Vizekönigtum relativ effizient administriert und hierher floß ein erheblicher Anteil der geförderten Edelmetalle, der abgepreßten Tribute und Steuern sowie der steigenden Handelsgewinne.

Infolge der Befreiungskriege und der 1821 erlangten politischen Unabhängigkeit Mexikos verließen viele Spanier das Land, sodaß die Bevölkerung der Hauptstadt um mindestens 10 Prozent abnahm. Obwohl das Konzept zentralistischer Herrschaft auch im souveränen Staat Mexiko beibehalten wurde, brachte das erste halbe Jahrhundert der Unabhängigkeit im Gefolge von politischer Instabilität und ökonomischer Stagnation eine zunehmende Relativierung der Dominanz der Hauptstadt. Die Folge war ein äußerst geringes Bevölkerungs- und Flächenwachstum bis in die siebziger Jahre des 19. Jahrhunderts, wiewohl die Bautätigkeit Kaiser MAXIMILIANS einige Akzente für den Ausbau der „Paseo de la Reforma" als Prunkstraße setzte (RIDING 1985, S. 266; BATAILLON und PANABIÈRE 1988, S. 9ff; WARD 1990, S. 30).

Die Restauration der mexikanischen Republik unter dem liberalen Präsidenten Benito JUÁREZ und vor allem die Entwicklungsdiktatur des Generals Porfirio DÍAZ (1876–1911) ermöglichten ökonomischen Aufschwung, politische Stabilisierung und einen erneuten Zentralisierungsschub. Erstmals seit Erringung der Unabhängigkeit wurden wieder alle landesweit relevanten Entscheidungen im Nationalpalast gefällt. Mittels einer exportorientierten Wirtschaftspolitik wurde Auslandskapital ins Land gezogen, der Eisenbahnbau forciert und eine erste Phase industriellen Wachstums eingeleitet. Die Hauptstadt, nunmehr durch Bahnlinien mit dem Atlantikhafen Veracruz sowie den Bergbaugebieten in den Provinzen des Nordens eng verknüpft, bezog aus dem allgemeinen Wandel starke Wachstumsimpulse und begann alle anderen mexikanischen Großstädte immer stärker in den politischen, kulturellen und allmählich auch wirtschaftlichen Hintergrund zu drängen. Erstmals wies die Hauptstadt eine raschere Bevölkerungszunahme auf als der Rest des Landes. Zu Beginn des 20. Jahrhunderts dürfte sie bereits zwischen 350.000 und 540.000 EinwohnerInnen gezählt haben (GARZA und DAMIÁN 1991, S. 23; Tabelle A-2 im Anhang).

Bis 1910 setzte sich dieser Trend trotz zunehmender Krisenanfälligkeit der Wirtschaft und wachsender politischer Spannungen fort, so daß die Bevölkerungszahl auf etwa eine halbe Million kletterte. Die Hauptstadt war zu diesem Zeitpunkt immer noch eine eher ruhige, von Palästen, Kirchen und pittoresken Vororten maßgeblich geprägte Kolonialmetropole.

Im Revolutionsjahrzehnt flohen einerseits Teile der Bevölkerung aus der Stadt oder schlossen sich einer der konkurrierenden Revolutionsarmeen an, andererseits zogen Bauern und Bäuerinnen sowie reiche Landbesitzer aus umkämpften Regionen zu, was bis 1921 einen Migrationsgewinn auf etwa 600.000 EinwohnerInnen ergab. Parallel zur Überwindung des Traumas der Revolution, der Stabilisierung innerer Sicherheit und der Rückgewinnung wirtschaftlicher Prosperität setzte ein bislang unbekanntes Wachstum der Hauptstadt ein. Ganz im Gegensatz zu dem Ziel der „bürgerlichen" Revolutionäre des Nordens – Kampf gegen die Dominanz der Hauptstadt über die Provinzen – begann sich unter der Herrschaft der siegreichen Generäle die politische und wirtschaftliche Kluft zwischen Mexico City und Hinterland rapide zu vertiefen. In weniger als einem Jahrzehnt wuchs die Bevölkerung der Hauptstadt auf über eine Million, die Ballung politisch-administrativer Macht erfuhr mit der Gründung der staatstragenden nationalen Revolutionspartei einen neuen Höhepunkt, und die Konzentration ökonomischer Potenz schritt insbesondere dadurch voran, daß sich das unbestrittene Finanz- und Handelszentrum der Republik nun auch als wichtigstes Industriezentrum etablierte (BATAILLON und PANABIÈRE 1988, S. 2ff; KANDELL 1988, S. 448).

Trotz der wechselhaften politischen und wirtschaftlichen Entwicklung läßt sich die Zeit von der Jahrhundertwende bis zum Jahr 1930, die ganz im Zeichen der Weltwirtschaftskrise und innenpolitischer Schwierigkeiten stand, als erste Etappe der Metropolisierung begreifen. In drei Jahrzehnten verdreifachte sich die Bevölkerung auf Grund massiver Land-Stadt-Wanderungen. Diese waren sowohl das Ergebnis der die hauptstadtzentrierte Entwicklung begleitenden Peripherisierung der westlichen und zentralen Regionen, als auch des Eisenbahnbaus, der die Infrastruktur für Massenmigrationen bereitstellte (siehe Kapitel 3.1). Um 1930 vermochte der traditionelle Stadtkern die Zuwanderer aus den umliegenden Provinzen nicht mehr zu fassen. Die Stadt begann, über den Distrito Federal hinauszuwachsen.[6] Während die Armen vielfach in alten, zu Mietsquartieren abgesunkenen Gebäuden zusammengepfercht wurden, entstanden an der westlichen und südlichen Peripherie neue Luxusviertel. Noch im Jahr 1921 hatte die gesamte Bevölkerung der Stadt in den zwölf alten zentralen Bezirken Platz gefunden. Im Jahr 1930 wohnten zwar erst 2 Prozent außerhalb dieses Bereiches, die Expansion schritt aber rasch in Richtung der späteren „delegaciones" (Bezirke) Coyoacán und Azcapotzalco voran und begann immer mehr kleine Kolonialstädte der Umgebung in die städtische Agglomeration des Distrito Federal einzubeziehen (KANDELL 1988, S. 48f; GARZA und DAMIÁN 1991, S. 23ff; Tabelle A-2 im Anhang).

---

[6]) Zur Definition des Distrito Federal siehe Fußnote 3.

Die bereits in der Kolonialära grundgelegte, unter Porfirio DÍAZ wiedergewonnene und schließlich von den siegreichen Revolutionsführern schrittweise verstärkte Konzentration politischer Macht in der Hauptstadt erfuhr paradoxerweise unter dem linkspopulistischen Reformpräsidenten Lázaro CÁRDENAS (1934–1940) eine weitere ganz außergewöhnliche Steigerung. Während seiner Regierung entstand der enorm integrationsfähige, für lateinamerikanische Verhältnisse relativ starke und zentralistische Staat und als Konsequenz davon die bereits sprichwörtlich gewordene politische Vorherrschaft von Mexico City. Diese Dominanz bewirkte zusammen mit der parallel einsetzenden, beschleunigten Industrialisierung ein geradezu rasantes Bevölkerungs- und Stadtwachstum, das ein halbes Jahrhundert anhielt und sich erst in den letzter zweiten Hälfte der achtziger Jahre etwas zu verlangsamen begann.

Nach ersten Industrialisierungsansätzen in den dreißiger Jahren des 19. Jahrhunderts sowie in der Ära des Porfiriats setzte eine im wesentlichen importsubstituierende Industrialisierung in der Wiederaufbauphase nach der Revolution ein. Das Wachstum der gewerblich-industriellen Produktion verlief bis zum Ausbruch der Weltwirtschaftskrise in relativ bescheidenen Bahnen, schuf aber doch wesentliche Voraussetzungen des seit den dreißiger und dann vor allem seit den vierziger Jahren beschleunigten Industrialisierungsprogramms (CÁRDENAS 1987). Dieses wies gut ein Vierteljahrhundert lang derart beeindruckende Wachstumsraten auf, daß auswärtige Beobachter gerne vom „Milagro Mexicano" (Mexikanischen Wunder) sprachen.

Während in den dreißiger Jahren unter Präsident CÁRDENAS ein umfassendes Landreformprogramm die zunehmend auf die Hauptstadt und ihr Umland konzentrierte importsubstituierende Industrialisierung flankierte und so die Zuwanderung aus ärmlichen Agrarzonen bremste, begann in den vierziger Jahren eine Industrialisierung um jeden Preis. Die Regierung subventionierte Dienstleistungen für Unternehmen, um die Kapitalbildung zu erleichtern, schützte die heimische Industrieproduktion durch hohe Einfuhrzölle gegen ausländische Konkurrenz, gewährte großzügige Kredite, stimulierte den Zustrom von Auslandskapital und förderte nach Kräften Fabriksansiedlungen im Bereich der Hauptstadt (GARZA 1990, S. 39). Deren Entwicklung wurde allerdings mit der zunehmenden Marginalisierung großer Teile der ländlichen Bevölkerung erkauft. Kleinbäuerlichen Betrieben und den Ejidatarios[7] wurde die staatliche Unterstützung sukzessive wieder entzogen, weshalb sie – angesichts ihres Kapitalmangels, der sich zuungunsten des Landes verschlechternden Terms of Trade sowie der immer geringeren Konkurrenzfähigkeit gegenüber der modernen Agroindustrie – gezwungen waren, zusätzliches „Cash" zu verdienen. Es war in dieser Zeit, daß Migrationen in Richtung der Plantagen, in die USA oder eben in die Hauptstadt zu einem fixen Bestandteil der sozioökonomischen Reproduktion vieler ländlicher Haushalte wurden (siehe Kapitel 3.1).

Zum Hauptziel der Wanderungen wurde der Distrito Federal, der als weitaus größtes Konsumzentrum des Landes und infolge der intensiven öffentlichen Förderung den Großteil der neuen Industrien beherbergte und somit den stärksten Zuwachs an Arbeitsplätzen aufwies (siehe Kapitel 3.1). Daß der metropolitane Arbeitsmarkt die zuströmenden ländlichen Massen nur zu einem Bruchteil absorbierte, störte die Planungsstäbe in Partei und Ministerien vorerst wenig. Das im Dienste rascher Industrialisierungserfolge angestrebte Überangebot billiger Arbeitskraft ließ sich offenbar ohne allzu große politische Spannungen und schwere Sozialkonflikte gewährleisten und dürfte erheblich zur Attraktivität des

---

[7]) Das „*Ejido*" ist staatliches Land, das nach der Revolution an Bauern und Kollektive zur Bewirtschaftung vergeben wurde.

mexikanischen Modells hauptstadtzentrierten Wirtschaftswachstums beigetragen haben, das bald in die Entwicklungsstrategie anderer Peripherieländer aufgenommen wurde (AGUILERA 1986, S. 359f; KANDELL 1988, S. 493ff).

Die Daten zur Industrieentwicklung in Staat und Stadt Mexiko sind bis etwa 1975 tatsächlich eindrucksvoll. Die jährlichen Wachstumsraten des Bruttonationalproduktes lagen seit 1940 im Durchschnitt über 6 Prozent, wobei sich der Anteil der Hauptstadt an der nationalen industriellen Wertschöpfung von 27,2 Prozent im Jahr 1940 auf 48,6 Prozent im Jahr 1970 steigerte. Die im Stadtbereich angesiedelten Industriebetriebe wuchsen von knapp 3.200 im Jahre 1930 auf mehr als 34.500 im Jahr 1975, ihr zahlenmäßiger Anteil an der nationalen Gewerbe- und Industriebranche stieg von 6,8 Prozent auf 29 Prozent. Bezogen auf das Produktionsvolumen steigerte sich die Quote der Hauptstadt sogar von 28,5 Prozent auf 46,8 Prozent im Jahr 1980. In einigen Branchen war das Übergewicht der Industrieproduktion der Metropolitanen Zone erdrückend: hier wurden bis in die achtziger Jahre 92 Prozent der Präzisionsgeräte, 85 Prozent der pharmazeutischen Produkte, 81 Prozent der Elektrowaren oder gar 95 Prozent aller Bücher und Schallplatten hergestellt (GARZA 1985, S. 142f; BATAILLON und PANABIÈRE 1988, S. 36; SCHTEINGART 1988, S. 269; GARZA 1990, S. 40ff).

Das infolge der gezielten zentralistischen Förderungsmaßnahmen überproportionale Industriewachstum der Hauptstadt verstärkte ihr aus der Konzentration von Handel, privaten und staatlichen Dienstleistungen resultierendes traditionelles ökonomisches Übergewicht weiter. Da in aller Regel auch die Profitraten in den hauptstädtischen Industriebetrieben höher als im Staatsdurchschnitt waren, wurden große Teile des Distrito Federal von der Industrialisierung erfaßt. Kleine Betriebe setzten sich nicht selten unweit des Stadtzentrums fest, die großen Industriekomplexe konzentrierten sich weiter nördlich in Azcapotzalco und Tlalnepantla, um entlang der Ausfallstraßen immer weiter nach Norden zu wachsen. Die enorme Konzentration der nationalen Industrieproduktion führte schon bald auch zu Nachteilen für die Bevölkerung wie lange Arbeitswege, Luftverschmutzung und verstärkte die ohnehin problematischen regionalen Disparitäten. Solange sich das Wirtschaftswachstum fortsetzte, galt Mexiko aber weiterhin als Beispiel erfolgreicher großstadtzentrierter Entwicklungspolitik (GARZA 1985, S. 133ff).

Obwohl sich die soziale Ungleichheit in der Hauptstadt parallel zu den Industrialisierungserfolgen weiter verschärfte und obwohl sich schon früh schwere ökologische Probleme abzeichneten, waren die Jahrzehnte radikaler Transformation im Anschluß an die Präsidentschaft von CÁRDENAS für viele das goldene Zeitalter von Mexico City. Aus der vom spanischen Architekturerbe geprägten Kolonialstadt war eine moderne, pulsierende Landesmetropole geworden, die wegen der offenbar möglichen Kombination von industriekapitalistischem Fortschritt und Bewahrung des aztekischen bzw. kolonialen Erbes Weltruf genoß. Die rasche Expansion innerstädtischer Armenviertel würde später als beklagenswerte Begleiterscheinung forcierter Modernisierung und ungebremsten Stadtwachstums gelten.

Vorerst aber weckte die eklektische Architektur sowohl bei den BewohnerInnen der „guten" Viertel als auch bei ausländischen BesucherInnen Bewunderung. Wolkenkratzer aus Stahl und Glas im Stadtzentrum, der „Paseo de la Reforma" als vornehmer Boulevard im Stil von Paris, spanisch-koloniale Paläste und Kirchen um den Zócalo (Hauptplatz) und immer mehr Nobelquartiere in den traditionsreichen, behaglichen Vororten der südlichen Peripherie galten im Verein mit den Industriekomplexen des Nordens und den Bank- und Handelshäusern der zentralen Geschäftsstraßen sowohl als Symbole der Überwindung von Unterentwicklung und neoimperialistischer Abhängigkeit als auch als berechtigter Anlaß für Nationalstolz (KANDELL 1988, S. 485). Für maßgebliche Teile der mexikanischen Eliten war spätestens um 1970 eine Weltstadt geboren und dadurch der Beweis erfolgreicher Modernisierung und steigender Weltgeltung erbracht.

2.2 Krise und ökonomische Umstrukturierungen ab 1970

Der Traum vom Industriefortschritt währte allerdings nicht allzu lange. Nach ersten ökonomischen Schwierigkeiten in den siebziger Jahren geriet Mexiko ab 1982 in die nach Dauer, strukturellen Folgen und Sozialkosten schwerste Wirtschaftskrise des Jahrhunderts. Zwischen 1982 und 1987 sank das Bruttoinlandsprodukt, und nach einer leichten Erholung (1989–1992) schlitterte Mexiko 1994 in eine Abwertungskrise, in deren Gefolge die Wirtschaft neuerlich schrumpfte. Auch die Hauptstadt, die, wie bereits erwähnt wurde, begünstigt durch die historisch bedingte Zentralstellung und verstärkt durch das auf sie zentrierte Wachstumsmodell der importsubstituierenden Industrialisierung, 1970 das Epizentrum der mexikanischen Wirtschaft bildete, blieb von der Krise nicht unverschont.

Ab den siebziger Jahren gingen die Anteile des Distrito Federal und der gesamten ZMCM am nationalen BIP zurück, um in der ersten Hälfte der achtziger Jahre einen regelrechten Einbruch zu erleiden. Machten die Anteile des Distrito Federal bzw. der ZMCM an der gesamten volkswirtschaftlichen Leistung in der ersten Hälfte der siebziger Jahre noch ein gutes Viertel bzw. ein gutes Drittel aus, so fielen sie bis Mitte der achtziger Jahre auf ein Fünftel bzw. ein Drittel. Bei genauerer Betrachtungsweise zeigt sich allerdings, daß die Rückwärtsentwicklung ausschließlich den Distrito Federal betraf. Der Anteil der eingemeindeten Gebiete am nationalen BIP sowie an der Wirtschaftsleistung der gesamten ZMCM stieg bis 1988 ungebrochen an – von 8,6 Prozent (des nationalen BIP) auf 11,4 Prozent. Erst ab diesem Zeitpunkt, und parallel zu den neuerlichen Gewinnen des Distrito Federal, geht der Anteil der eingemeindeten Siedlungen wieder leicht zurück (Abbildung 2; eigene Berechnung, basierend auf PRADILLA COBOS 1997, cuadro 2).

Abbildung 2: Anteile des Distrito Federal und der ZMCM am nationalen Bruttoinlandsprodukt, 1970–1993

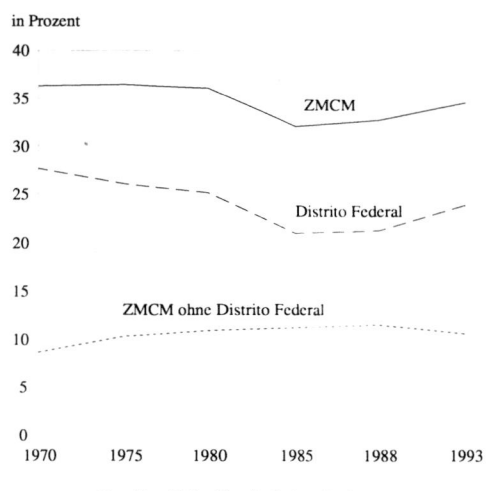

Quelle: Tabelle A-3 im Anhang.

Zweitens zeigt eine nähere Untersuchung der Daten, daß die Industrie die schwersten Verluste erlitt. Sie schrumpfte real (1980–1985: -5,8 Prozent jährlich), wodurch ihr Anteil an der nationalen Industrieproduktion in diesem Zeitraum von 48,6 Prozent auf 32,1 Prozent zurückging (GARZA und RIVERA 1994, S. 13f). Das bedeutet, daß die relativ diversifizierte, in mehreren Branchen (z.B. Autoherstellung oder pharmazeutische Betriebe) relativ hohe Anteile von Auslandskapital aufweisende Industrie der Hauptstadt entgegen allen Erwartungen sogar noch mehr unter der Rezession litt als die gewerblich-industrielle Produktion anderer Landesteile. Erstmals seit 1930 kam es zu einer Reduktion der im Bereich der Stadtagglomeration angesiedelten Betriebe. Zwischen 1980 und 1989 verringerte sich ihre Zahl um 4.430 (oder 12,4 Prozent) auf 31.246, wodurch der Anteil an allen Industriebetrieben von 37 auf 28 Prozent zurückging (AGUILAR 1996, cuadro 8.2).

Drittens fällt auf, daß sich die Wirtschaft des Distrito Federal und der gesamten ZMCM ab Mitte der achtziger Jahre wieder zu erholen begann. Ihr Anteil am nationalen BIP stieg insbesondere in den neunziger Jahren, ohne allerdings das Ausgangsniveau der frühen siebziger Jahre wieder zu erreichen (zumindestens nicht bis 1993), und ohne daß es in der Industrie (bezüglich Anzahl der Betriebe und der Beschäftigten) zu einer solchen Erholung gekommen wäre (Abbildung 2; AGUILAR 1996, cuadro 8.2).

Abbildung 3: Ansiedlung der 500 größten Unternehmen Mexikos nach Bundesstaaten, 1981–1996 (Anteil in Prozent)

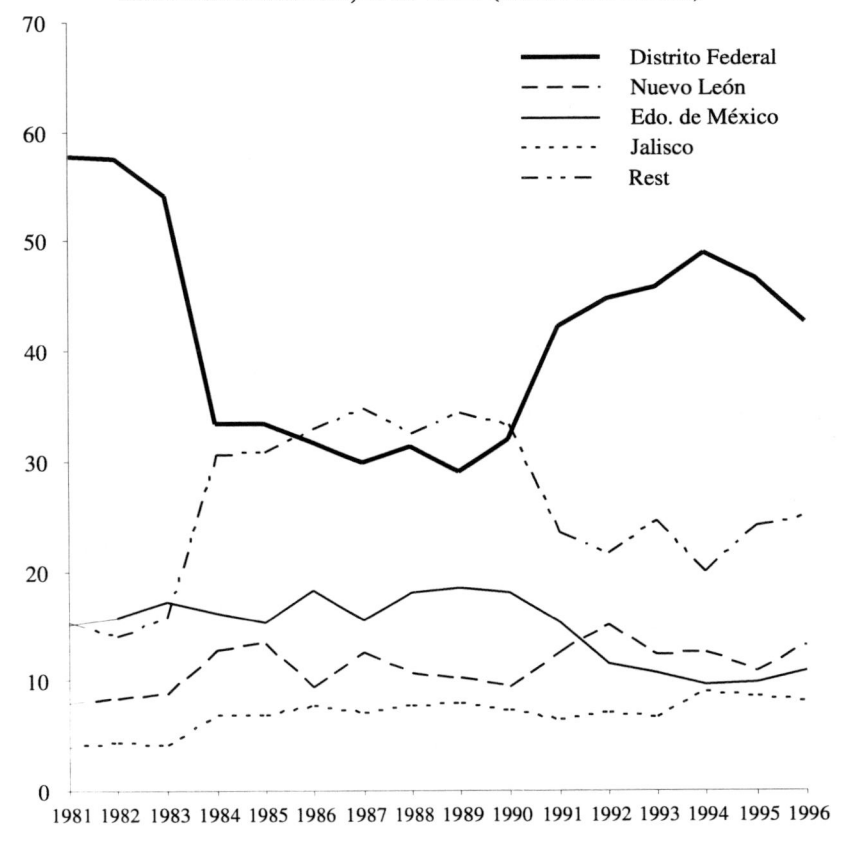

Quelle: Tabelle A-5 im Anhang.

Die Krise der achtziger Jahre traf Mexico City aber nicht nur als industriellen Produktionsort. Sie schwächte auch die Rolle der Hauptstadt als ökonomisches Entscheidungszentrum, wofür der Rückgang der Unternehmenskonzentration im Distrito Federal als Indikator dienen kann. Waren 1982 noch 287 der 500 größten Unternehmen des Landes im Distrito Federal angesiedelt (57,4 Prozent), so war der Anteil bis 1989 auf 29 Prozent gesunken. Auch hier ist allerdings in den neunziger Jahren eine erneute Konzentrationsbewegung festzustellen, sodaß sich 1996 wieder 213 der 500 größten Firmen in der Hauptstadt fanden (Abbildung 3).

Schließlich kam es auch am Arbeitsmarkt zu einer krisenhaften Entwicklung. In nur 15 Jahren sank der Anteil der ZMCM an der nationalen Beschäftigung von 40 auf 30 Prozent, wobei wiederum die Industrie die tiefsten Einbrüche erlitt. 1980 beschäftigte sie 45 Prozent aller mexikanischen IndustriearbeiterInnen, 1994 nur mehr 28 Prozent (Abbildung 4). In absoluten Zahlen bedeutet dies, daß die Industriebeschäftigung in Mexico City in den achtziger Jahren um mehr als 10 Prozent auf knapp 800.000 sank. Von 1989 bis 1994 (also noch vor Ausbruch der jüngsten Wirtschaftskrise) stieg die Zahl der Betriebe zwar ebenso wieder leicht an wie die industriellen Arbeitsplätze (auf 812.033), das Wachstum der Beschäftigung war aber minimal und lag 1994 immer noch 9 Prozent unter dem Niveau von 1980 (AGUILAR 1996, cuadro 8.2). Interessant ist ferner, daß sich der oben angesprochene wirtschaftliche Aufschwung der neunziger Jahre am Arbeitsmarkt nicht widerspiegelt. Mit Ausnahme der Dienstleistungen verlor die ZMCM weiter an Beschäftigungsanteilen, sodaß sie Mitte der neunziger Jahre knapp 30 Prozent aller Arbeitsplätze beherbergte (Abbildung 4).

Abbildung 4: Anteil der Beschäftigung in der ZMCM an der nationalen Gesamtbeschäftigung, 1980–1994

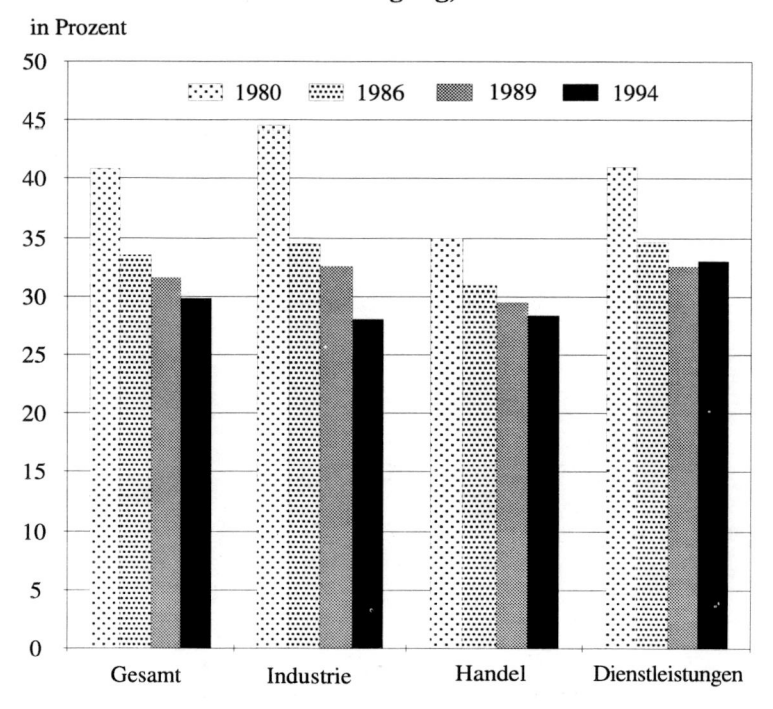

Quelle: Tabelle A-4 im Anhang.

Daß dieser Anteil immer noch weit überproportional ist, zeigt sich nicht nur in Relation zur Bevölkerung (ein knappes Fünftel der mexikanischen Bevölkerung lebt in Mexico City), sondern auch im historischen Vergleich. Ein industrieller Beschäftigungsanteil von 28 Prozent entspricht etwa dem Ballungsgrad der fünfziger Jahre (GARZA 1985, S. 143), also einer Zeit, in der die durch die importsubstituierende Industrialisierung ausgelöste Konzentrationsbewegung bereits in vollem Gange war.

Mexico City hat in den achtziger Jahren aber nicht nur im Verhältnis zum restlichen Mexiko einen Wandel durchgemacht, sondern auch in seiner inneren ökonomischen Struktur. Industrie und Handel verloren Anteile an der städtischen Wirtschaft, während das Transportwesen und vor allem der Dienstleistungssektor deutlich gewinnen konnten. Beide Entwicklungen spiegeln sich auch in der Beschäftigung wider (Abbildungen 5 und 6).

Abbildung 5: Anteile der einzelnen Sektoren am BIP der ZMCM, 1970 und 1990

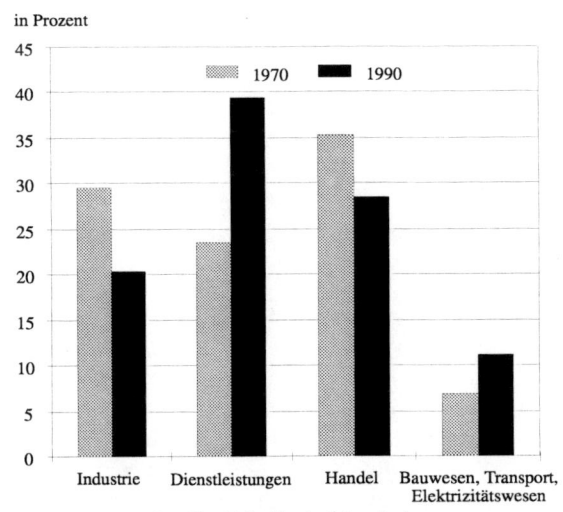

Quelle: Tabelle A-6 im Anhang.

Abbildung 6: Beschäftigung in der ZMCM nach Sektoren, 1980 und 1994

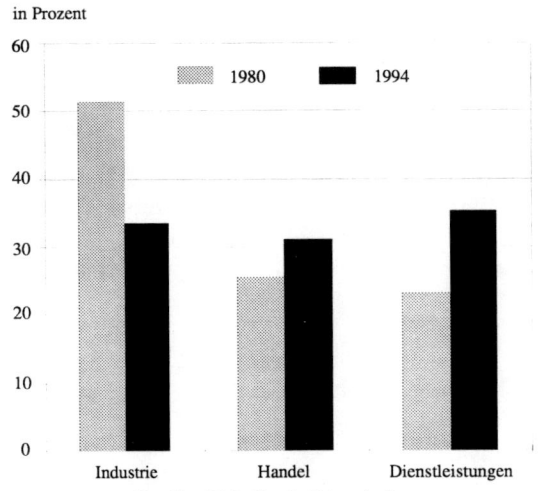

Quelle: Tabelle A-7 im Anhang.

2.3 Soziale und räumliche Polarisierung

Bezüglich der sozialen Entwicklung ist zunächst einmal festzuhalten, daß der Distrito Federal im nationalen Vergleich zu den absoluten Wohlstandspolen Mexikos gehört. Das Pro-Kopf Einkommen lag 1990 zweieinhalbmal über dem nationalen Durchschnitt, was nicht nur den zweithöchsten Wert insgesamt darstellt (nach dem Bundesstaat Campeche), sondern auch eine deutliche Steigerung gegenüber 1970 und 1980 (90 Prozent bzw. 120 Prozent über dem Schnitt) bedeutet (GARZA und RIVERA 1994, S. 52). Das heißt, daß sich die regionalen Einkommensdisparitäten in den letzten Jahrzehnten eindeutig zugunsten der Hauptstadt verschoben haben.

Diese Daten spiegeln allerdings ein fiktives Durchschnittseinkommen wider. Deshalb ist es erforderlich, auch die Verteilung der Einkommen in Betracht zu ziehen. Diesbezüglich können zwei Tendenzen ausgemacht werden. Im Verhältnis zum gesamten Land, also urbane und rurale Gebiete zusammengenommen, weist der Distrito Federal einen über dem Durchschnitt liegenden Wohlstand (oder, besser gesagt, eine unterdurchschnittliche Armut) auf. Während im nationalen Mittel mehr als jeder dritte Haushalt mit zwei oder weniger Mindestlöhnen als Einkommen[8] sein Auslangen finden muß, ist es im Distrito Federal „nur" ein Viertel. Gleichzeitig ist die Oberschicht (Haushalte mit fünf oder mehr Mindestlöhnen als Einkommen) in der Hauptstadt um die Hälfte größer als im Durchschnitt (37,7 Prozent bzw. 26 Prozent aller Haushalte). Die Mittelschicht (zwei bis fünf Mindestlöhne) hingegen entspricht mit einem Drittel der Bevölkerung im wesentlichen dem mexikanischen Durchschnitt (INEGI 1996, S. 546).

Wenn man Mexico City (und nicht nur den Distrito Federal) nimmt, und wenn die Stadt nicht mit dem gesamtmexikanischen Mittel (also inklusive der ländlichen Gebiete), sondern mit dem Durchschnitt der Städte verglichen wird, dann zeigt sich für die ZMCM ein wesentlich weniger vorteilhaftes Bild. Die ärmste Bevölkerungsschicht (definiert hier als *Personen* [und nicht Haushalte!] mit zwei oder weniger Mindestlöhnen) wuchs von 1993 bis 1997 um 10 Prozent (auf mehr als 56 Prozent aller BewohnerInnen), während die Mittelschicht (zwei bis fünf Mindestlöhne) um 20 Prozent schrumpfte. Gehörte ihr 1993 noch ein Drittel der BewohnerInnen der ZMCM an, so ist heute nur mehr etwas mehr als ein Viertel der Bevölkerung dieser sozialen Schicht zuzurechnen. Das Schrumpfen der Mittelschicht setzte sich im wesentlichen in ein Wachstum der Unterschicht um, da der Anteil der Oberschicht (fünf Mindestlöhne und mehr) an der Gesamtbevölkerung bei etwa 10 Prozent konstant blieb (Abbildung 7).

Zeigen schon diese Daten über das Ausmaß der BezieherInnen von Mindestlöhnen eindeutig eine soziale Abwärtsmobilität der Mittelklasse an, so ist bezüglich der Armutsentwicklung zu bedenken, daß nicht nur der Anteil jener, die mit zwei oder weniger Mindestlöhnen ihr Auslangen finden müssen, zunimmt, sondern daß auch der (Mindest)lohn als solcher rasant sinkt. Von 1981 bis 1993 büßte er im Distrito Federal 60 Prozent seines Wertes ein; ein Verlust, der, wenn auch nur knapp, noch über dem nationalen Mittel liegt (BOLTVINIK 1995, S. 37; PRADILLA COBOS 1997, Gráfico 3; MOLINA LUDY und SÁNCHEZ SALDAÑA 1997, S. 9). Angesichts dieser Lohnentwicklung überrascht es nicht, daß jüngst eine Studie zu dem Ergebnis kam, daß die Möglichkeiten zur sozialen Aufwärtsmobilität in Mexico City mittlerweile zur „Illusion" verkommen sind (MOLINA LUDY und SÁNCHEZ SALDAÑA 1997).

---

[8]) Um die allernotwendigsten Lebensmittel einkaufen zu können, muß eine Person *wenigstens* zwei Mindestlöhne verdienen (La Jornada, 27.12.1996).

Abbildung 7: Erwerbsbevölkerung nach Einkommen, ZMCM, 1993–1997

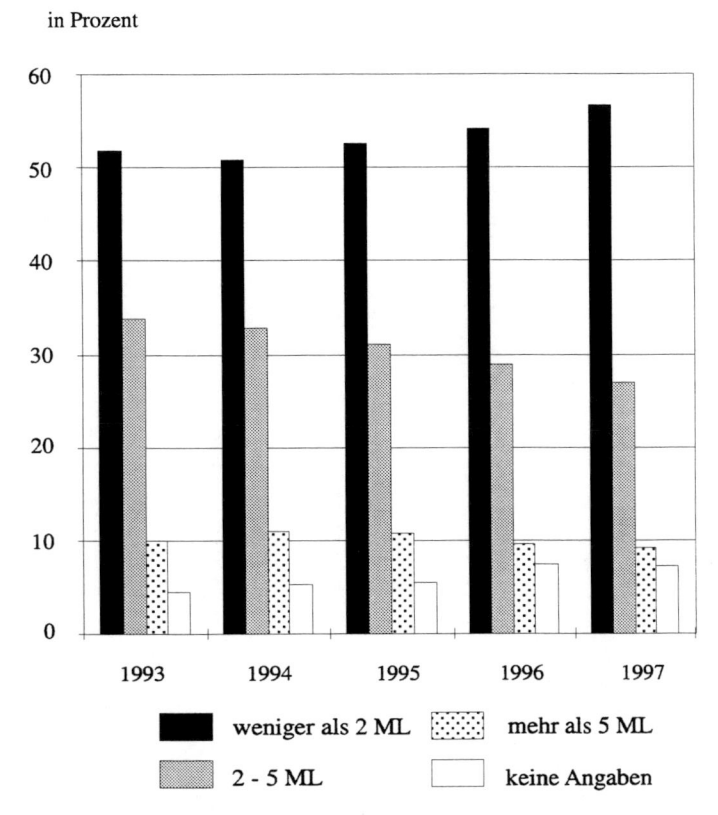

in Prozent

[Balkendiagramm: weniger als 2 ML, 2 - 5 ML, mehr als 5 ML, keine Angaben, Jahre 1993–1997]

Quelle: INEGI 1997, S. 52. ML = Mindestlohn.

Die soziale Polarisierung in Mexico City zeigt sich insbesondere im Vergleich zu den anderen Städten des Landes. Während 1997 in der ZMCM 56,7 Prozent der Bevölkerung mit zwei oder weniger Mindestlöhnen auskommen mußten, waren es im Schnitt aller mexikanischen Städte knapp weniger als die Hälfte (49,5 Prozent). Dafür ist die Mittelschicht in der ZMCM verhältnismäßig klein. Während ihr im urbanen Schnitt über ein Drittel der BewohnerInnen zuzurechnen sind, macht diese soziale Gruppe in der ZMCM nur etwas mehr als ein Viertel der EinwohnerInnen aus (INEGI 1997, S. 4, S. 52).

Unübersehbar sind in Mexico City auch die Tendenzen zur Fragmentierung und Polarisierung des Arbeitsmarktes. So verzeichneten zwischen 1970 und 1990 die Berufssparten am oberen und am unteren Ende der Arbeitsmarkthierarchie das schnellste Wachstum. Die größten Zugewinne verbuchten die technische Berufe und Professionisten („profesionales") der ZMCM mit einer jährlichen Durchschnittswachstumsrate von 4,8 Prozent, dicht gefolgt von den Händlern und Verkäufern mit 4,7 Prozent. Letztere Jobs sind in Mexiko in hohem Ausmaß mit der informellen Ökonomie verbunden und deshalb am unteren Ende der Arbeitsmarkthierarchie angesiedelt. Die für die (untere) Mittelklasse typischen Berufe wie administratives Personal (+3 Prozent) oder Industriearbeiter (+2,1 Prozent) zeigen hingegen wesentlich geringere Wachstumsraten, wobei die Arbeiter sogar deutlich unter dem Durchschnittswachstum aller Berufe (+2,9 Prozent) lagen (AGUILAR 1996, cuadro 10).

Ein anderer Indikator für die soziale Entwicklung ist das Ausmaß der Arbeitslosigkeit bzw. der Unterbeschäftigung. Da als arbeitslos gilt, wer nicht einmal eine Stunde pro Woche arbeitet, und da so definierte Arbeitslosigkeit angesichts des Fehlens einer Arbeitslosenunterstützung ein Luxus ist, den sich kaum jemand wird leisten können, besitzt die offizielle Angabe von 5,1 Prozent Arbeitslosen (1997) wenig Aussagekraft (INEGI 1997, S. 50). Informativer sind da schon Angaben über das Wachstum des informellen Sektors (auch wenn diesbezügliche Angaben wegen der Natur der Informalität natürlich unpräzise sein können). Nach Schätzungen der Internationalen Arbeitsorganisation ILO waren 1997 rund 60 Prozent der ökonomisch aktiven Bevölkerung Mexikos in der informellen Ökonomie tätig (El Universal, 31.3.1997). Zu ähnlichen Werten gelangen die Schätzungen des Gewerkschaftsbundes CTM, der linksliberalen Oppositionspartei PRD sowie die Konföderation der Handelskammern CONCANACO (El Financiero, 14.4.1997; El Universal Tráfico, 2.12.1996; La Jornada, 25.3.1997).

Diese Angaben beziehen sich zwar auf das gesamte Land, aber auch wenn der Anteil der Informalität in den großen Städten geringer ist als in den kleinen Städten und als im Landesmittel (AGUILAR 1995, S. 91), so kann doch davon ausgegangen werden, daß die enorme Zunahme der informellen Ökonomie in den letzten Jahren auch für die ZMCM gilt. Ihre drastische Expansion in den letzten Jahren zeigt sich etwa daran, daß die Nicht-Lohnarbeit doppelt so schnell zunimmt wie die Lohnarbeit (SALAS PÁEZ 1992, S. 90; BUSTAMANTE LEMUS und CASTILLO GARCIA 1997, S. 12), oder daß – im Zeitraum von 1970 bis 1990 – die mit dem informellen Sektor assoziierte Berufsgruppe der Händler und Verkäufer im Vergleich zu den anderen Berufsgruppen die zweithöchste Wachstumsrate und den größten absoluten Zuwachs aufweist (AGUILAR 1996, cuadro 10). Ein anderer Indikator ist, daß zwischen 1987 und 1995 mit dem Kleinhandel und dem öffentliche Verkauf von Lebensmitteln und Getränken zwei Sparten, die eine hohe Neigung zu Informalität aufweisen, die zweitstärksten Beschäftigungszuwächse in der ZMCM zu verzeichnen hatten (übertroffen nur von den Gesundheits-, Bildungs- und Freizeitdienstleistungen). Mehr noch: 37 Prozent aller zwischen 1987 und 1995 entstandenen Arbeitsplätze befanden sich in Betrieben mit höchstens fünf Arbeitskräften, also in Unternehmungen, die nach Kriterien der ILO der informellen Ökonomie zuzurechnen sind (eigene Berechnungen, basierend auf AGUILAR 1996, cuadro 11).

Polarisierung geschieht in Mexico City in zunehmendem Maße auch in räumlicher Hinsicht. Mit der forcierten Industrialisierung sowie dem sprunghaften Ansteigen der Bevölkerung ging auch eine rasante Beschleunigung der räumlichen Ausdehnung einher, im Zuge derer das dichtverbaute Gebiet um 1930 erstmals über den inneren Stadtbereich hinausgriff und in den folgenden Jahrzehnten die alten Vororte in das Stadtgebiet integriert wurden. Ab den fünfziger Jahren beschleunigte sich die territoriale Expansion weiter, und zwar vor allem im Süden entlang der neu ausgebauten Hauptstraßen „Insurgentes" und „Calzada Tlalpan". Das periphere Wachstum vollzog sich aber nach allen Richtungen, was erstmals zur Verlagerung von Handels- und Dienstleistungsbetrieben aus der inneren Stadt führte.

Die räumliche Expansion prägte auch die sozialräumliche Segregation. Grob gesprochen existieren sowohl ein Nord-Süd- als auch ein West-Ost-Gefälle, mit den Industrie- und Unterschichtbezirken im Norden sowie im vegetationsfeindlichen Osten einerseits, den wohlhabenden Gegenden im Süden sowie im Hochtal zwischen bewaldeten Berghängen im Westen andererseits. Während Familien der Mittelklasse also vielfach in neu gebaute, moderne Satellitenstädte zogen, begannen die ärmeren Schichten, die kargen Regionen des ausgetrockneten Texcoco-Sees im Osten der Stadt zu besiedeln. Das berühmteste Beispiel unter den peripheren Wachstumszonen ist die im Osten gelegene Unterschichtsiedlung Nezahualcóyotl. Erst Mitte der fünfziger Jahre begann hier die Siedlungstätigkeit einkommensschwacher Familien, die aus dem Stadtzentrum abgedrängt worden waren oder aus den umliegenden Teilstaaten zuzogen. 1970 sollen in Nezahualcóyotl bereits mehr als 600.000 und zwei Jahrzehnte später sogar zwischen 1,5 und 2 Millionen EinwohnerInnen gelebt haben. Zum anderen sind aber im Distrito Federal die traditionellen Unterschichtquartiere in den zentralen Bezirken nicht verschwunden, obwohl sie einem starken Verdrängungsdruck unterliegen. Immer noch weisen aber relativ viele Stadtviertel – auch im Zentrum! – ein erhebliches Maß an sozialer Durchmischung auf (FELDBAUER et al. 1997, S. 288–292). Ja, die soziale Marginalisierung im Bereich der inneren Stadt, wo zwei Drittel der BewohnerInnen leben, nahm in den achtziger Jahren sogar zu, während sie in den äußeren Bezirken zurückging (GARROCHO 1995b, S. 78).

Parallel dazu ist in den achtziger Jahren die sozialräumliche Segregation noch um eine Komponente erweitert worden. Insbesondere ab der Regierungszeit von Präsident SALINAS DE GORTARI (1988–1994) kam es in Stadtteilen wie in „Santa Fe", in der Gegend des „Paseo de Reforma" oder um die großen Straßenzüge „Insurgentes Sur" und „Periférico Sur" im Süden der Stadt zu einem raschen Wandel. Dieser manifestierte sich einerseits baulich in einer „globalisierten" Architektur in Form von Glas- und Stahlhochhäusern für Versicherungen und Banken sowie in großflächigen Einkaufszentrum nach US-Vorbild, andererseits sozial in einem stückweisen Verschwinden des öffentlichen Raumes (bzw. in seiner Privatisierung). Denn die stark von international agierendem Kapital und Unternehmen geprägten Konsumtempel sind exklusive Orte für die obere Mittelschicht und die Oberschicht, und auch in den deren Vierteln ist es zunehmend Praxis, öffentliche Straßen durch privates Wachpersonal sichern zu lassen und sie damit für die Öffentlichkeit als nicht zugänglich zu deklarieren (DELGADO 1995; HIERNAUX NICOLAS 1997a, S. 6–9; PRADILLA COBOS 1997, S. 10–14). Umgekehrt ist aber auch zu beobachten, daß bestimmte öffentliche Räume auch für die Mittel- und Oberschichten zunehmend zu Nicht-Orten werden. Die Rede ist nicht von den marginalen (bzw. marginalisierten) Vierteln, sondern z.B. auch von der Altstadt, die bei einem Teil der öffentlichen Meinung als unsicher und schmutzig gilt und deshalb nicht mehr frequentiert wird.[9]

2.4 Verlangsamtes Stadtwachstum und Veränderung der Zuwanderungsmuster

Mexico City hat seit den siebziger Jahren aber nicht nur große Veränderungen bezüglich seiner wirtschaftlichen Struktur und Position im nationalen Gefüge sowie hinsichtlich der sozialen und räumlichen Segregation durchgemacht. Eine der bemerkenswertesten Veränderungen betrifft demographische Entwicklungen, und zwar namentlich die deutliche Verlangsamung des urbanen Wachstums und die Umkehrung der Migrationsströme.

Das Bevölkerungswachstum in Mexico City[10] betrug von den zwanziger Jahren an etwa 5 Prozent im Jahresdurchschnitt, womit es um zwei bis drei Prozentpunkte über dem nationalen Mittel lag. Ab den sechziger Jahren begann es sich aber abzuschwächen. Die jährliche Durchschnittswachstumsrate sank von 5,6 Prozent (1960–1970) über 3,8 Prozent (1970–

---

[9]) Persönliche Mitteilung von Kathrin WILDNER.

[10]) Zur Definition siehe Fußnote 3.

1980) auf 1,5 Prozent in den achtziger Jahren (PARTIDA BUSH 1994, S. 14). Zwischen 1990 und 1995 könnte sich diese Tendenz wieder verkehrt haben – PORRAS MACÍAS (1997a, S. 43) nennt eine Wachstumsrate von 1,75 Prozent, was leicht über dem Wert der achtziger Jahre liegen würde[11] (siehe Abbildung 9).

Die Abschwächung des Bevölkerungswachstums spiegelt sich naturgemäß in der Gesamtzahl der EinwohnerInnen von Mexico City wider. Wie Abbildung 8 deutlich zeigt, begann sich zu Beginn der achtziger Jahre die Kurve abzuflachen – eine Abnahme, die allerdings vielleicht nur für ein Jahrzehnt angehalten haben könnte. Eine andere Konsequenz des deutlich verlangsamten Bevölkerungsanstiegs ist, daß die EinwohnerInnenzahl von Mexico City 1995 „nur" 16,3 Millionen betrug (siehe Tabelle A-2 im Anhang) und damit weit unter den für die Jahrtausendwende oftmals prognostizierten 20, 25 oder gar 32 Millionen EinwohnerInnen lag (zu den überhöhten Prognosen siehe z.B. GARZA und SCHTEINGART 1978, S. 54; United Nations Population Division 1973/75 [zitiert in CLARK 1996, S. 169] oder auch noch kürzlich: UNEP/WHO 1992 [zitiert in SIMON 1995, S. 144]). Die mexikanische Metropole ist somit auch nicht, wie oft fälschlicherweise behauptet wird (siehe z.B. BATAILLON und PANABIÈRE 1988), die größte Stadt der Welt, sondern nach Tokyo und New York die drittgrößte (1990). Allerdings ist sie die bevölkerungsstärkste urbane Agglomeration der Dritten Welt, noch vor São Paulo, Shanghai oder Bombay (Deutsche Gesellschaft für die Vereinten Nationen 1996, S. 34f).

Abbildung 8: Bevölkerung im Distrito Federal und in der ZMCM, 1930–1995, in Millionen

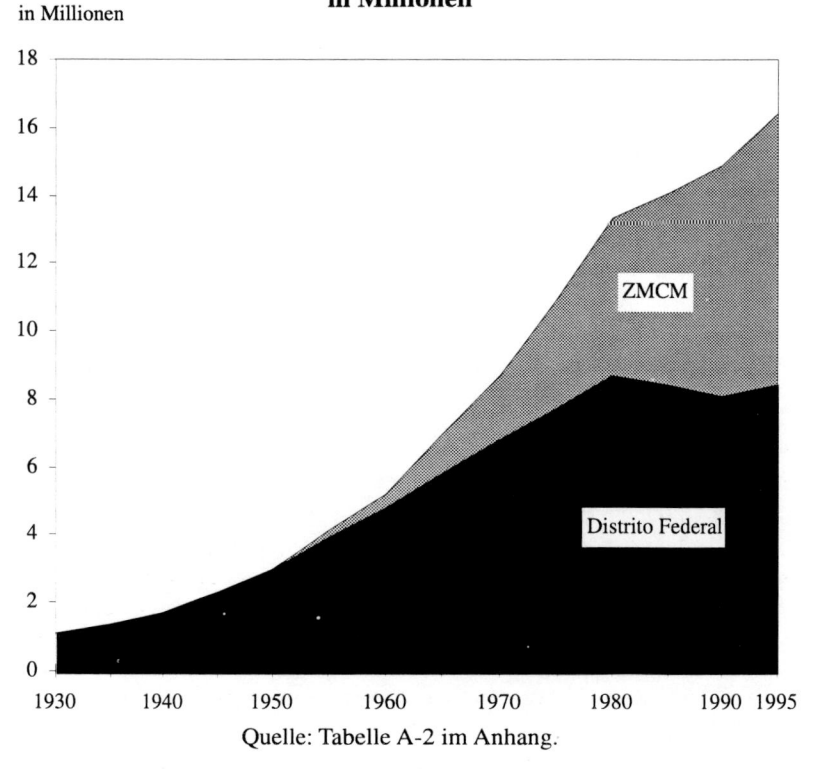

in Millionen

Quelle: Tabelle A-2 im Anhang.

---

[11]) Die vorsichtige Formulierung geht vor allem auf den Umstand zurück, daß die Erfahrungen zeigen, daß unterschiedliche Autoren oft divergierende Datenangaben machen.

An der Abschwächung der Bevölkerungszunahme hatte die Reduktion des natürlichen Wachstums ihren Anteil. Die natürliche Wachstumsrate sank von 3,34 Prozent in den sechziger Jahren über 2,99 Prozent (1970–1980) auf 1,77 Prozent in den achtziger Jahren (PARTIDA BUSH 1994, S. 14), wobei auch hier für die erste Hälfte der neunziger Jahre ein erneuter Anstieg auf 2,12 Prozent konstatiert wird (PORRAS MACÍAS 1997a, S. 43).

Gewichtiger – und für das gegenständliche Forschungsprojekt entscheidender – als die Abnahme des natürlichen Bevölkerungswachstums ist jedoch das Ende der Bevölkerungszunahme durch Immigration. Es ist zweifelsohne eine der bemerkenswertesten Entwicklungen der achtziger Jahre, daß sowohl der Distrito Federal als auch die gesamte urbane Agglomeration der ZMCM Nettoabwanderungsgebiete geworden sind (zu statistischen Problemen hinsichtlich der Migrationsmuster siehe weiter unten). Die Migrationsbilanz der ZMCM wurde in diesem Zeitraum negativ (Abbildung 9), was nichts Geringeres bedeutet, als daß Mexico City nach Jahrzehnten des Bevölkerungsgewinns durch Immigration nun erstmals einen negativen Migrationssaldo aufwies.

Abbildung 9: Wachstumsrate der Bevölkerung der ZMCM, 1950–1995, in Prozent

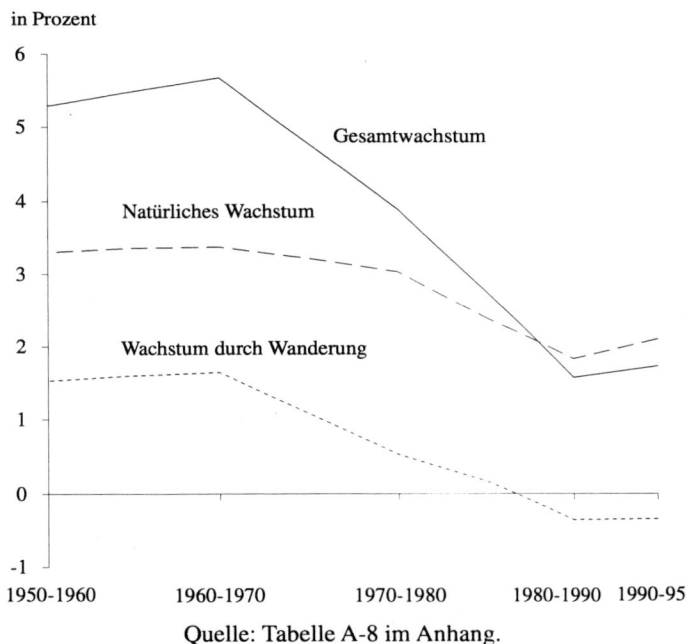

Quelle: Tabelle A-8 im Anhang.

Diese Entwicklung geht insbesondere auf die gewandelte Position des Distrito Federal im mexikanischen Migrationssystem zurück. Die Hauptstadt hat sich zwischen 1980 und 1990 von *dem Zuwanderungspol schlechthin*, der sie über Jahrzehnte war, in *das größte Nettoabwanderungsgebiet* des Landes gewandelt. Der negative Wanderungssaldo der achtziger Jahre belief sich auf deutlich mehr als eine Million Personen, und machte somit fast die Hälfte der kumulierten positiven Salden der Zeit zwischen 1930 und 1980 aus. Oder, um die Dimension der Abwanderung aus dem Distrito Federal in einem anderen Vergleich zu zeigen: In den achtziger Jahren entsprach seine Nettoemigration der addierten Nettoabwanderung der zwei traditionellerweise stärksten Senderregionen, Michoacán und Oaxaca (Abbildung 10).

Abbildung 10: Migrationssalden des Distrito Federal, 1930–1990

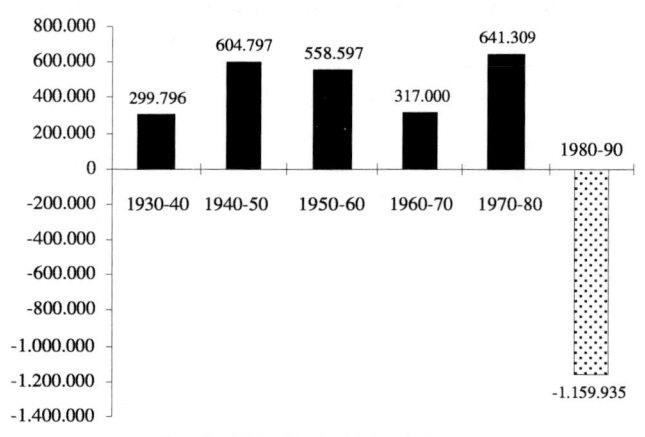

[Bar chart showing values: 1930-40: 299.796; 1940-50: 604.797; 1950-60: 558.597; 1960-70: 317.000; 1970-80: 641.309; 1980-90: -1.159.935]

Quelle: Tabelle A-12 im Anhang.

Was die Entwicklung der Migrationsbilanz des Distrito Federal in der ersten Hälfte der neunziger Jahre angeht, so läßt sich noch keine definitive Einschätzung treffen, da in der Volkszählung von 1995 (INEGI 1996) keine Abwanderungsdaten erhoben wurden. Werden aber die Werte für das jahresdurchschnittliche Bevölkerungswachstum des Distrito Federal (1990–1995: +0,53 Prozent) mit jenen der natürlichen Bevölkerungszunahme (+1,85 Prozent) verglichen, so ergibt sich neuerlich eine negative Wanderungsrate (-1,32 Prozent). Dieses fällt zwar geringer aus als in den achtziger Jahren (-1,86 Prozent), bedeutet aber immer noch, daß der Distrito Federal auch in den neunziger Jahren einen negativen Wanderungssaldo aufweist (PORRAS MACÍAS 1997b). Alleine 1996 hatte die Hauptstadt nach Angaben des CONAPO (Consejo Nacional de Población) einen negativen Wanderungssaldo von 93.000 Personen (La Jornada, 15.2.1997). Diese Entwicklung dürfte, so die Prognose, auch die nächsten zwei Jahrzehnte anhalten (PORRAS MACÍAS 1997a, S. 62–65).

Allerdings ist im Zusammenhang mit den Abwanderungstendenzen auf statistische Probleme hinzuweisen, die es angebracht erscheinen lassen, die vom staatlichen Statistikinstitut INEGI genannten Zahlen hinsichtlich des negativen Migrationssaldo des Distrito Federal zu relativieren. Die Bedenken betreffen hier nicht die immer wieder, insbesondere aber im Zusammenhang mit der Volkszählung von 1980 geäußerten Zweifel an der Güte der Datenerhebung des INEGI (siehe z.B. PARTIDA BUSH o.J., S. 1).[12] Die Einwände beziehen sich viel mehr darauf, daß Globaldaten über die Ein- und Auswanderungen des Distrito Federal und des Estado de México insofern irreführend sein können, als die ZMCM ja

---

[12] Hier ist anzumerken, daß in Mexiko – wie in vielen anderen Ländern auch – die Statistiken zur Bevölkerungs- und Wirtschaftsentwicklung einer zum Teil heftigen Polemik ausgesetzt sind. Dies gilt um so mehr, als das Statistikinstitut INEGI eine staatliche Einrichtung ist. Außerdem ist die Manipulation von Daten keineswegs bloße Mutmaßung oder Verdächtigung – der Zensus von 1980 mußte nach heftiger Kritik mehrmals korrigiert werden, und zwar nach unten. Die Überschätzung der Bevölkerungszahl im Zensus von 1980 hatte ihre Gründe unter anderem darin, daß die Einwohnerzahl der einzelnen Stadtteile (delegaciones) über die Mittelzuteilung entscheidet, was zu überhöhten Angaben verführte. Die Daten der Volkszählungen von 1990 und von 1995 werden in Wissenschaftskreisen allerdings als im wesentlichen korrekt akzeptiert, wobei der Zensus von 1995 ein „Minizensus" war, der wegen der Turbulenzen um die Volkszählung von 1990 eingeschoben wurde.

beiden Bundesstaaten angehört. Ist aber von Abwanderung aus dem Distrito Federal die Rede, wird suggeriert und angenommen, es handle sich um Abwanderung aus der Stadt, also aus der gesamten ZMCM. Dem ist aber weder zwangsläufig noch tatsächlich so. Weil die urbane Agglomeration von Mexico City in zwei Bundesstaaten liegt, kann sich eine Übersiedlung innerhalb der Metropole – sagen wir von Iztapalapa in das Valle de Chalco (dazu siehe HIERNAUX NICOLAS 1995a) – in der Statistik als Emigration aus dem Distrito Federal (*und* als Immigration in den Estado de México) wiederfinden, obwohl diese „Wanderung" keineswegs vergleichbar ist mit jener, die beispielsweise eine Person unternimmt, die von Sinaloa nach Baja California migriert.[13] Umgekehrt kann eine Person, die in der Statistik als Einwanderer in den Estado de México verbucht wird, in eine jener 27 Gemeinden des Estado de México gezogen sein, die zur ZMCM gehören. De facto wäre diese Person also nach Mexico City gezogen.

Am Beispiel der Migrationen der zweiten Hälfte der achtziger Jahre lassen sich die Daten genauer analysieren, um den genannten statistischen Problemen beizukommen. Denn die Verzerrungen sind angesichts des großen Ausmaßes der Mobilität zwischen dem Distrito Federal und dem Estado de México erheblich. Diese Ortsveränderung (in beide Richtungen zusammen) wurde zwischen 1985 und 1990 von 629.879 Personen durchgeführt, was etwas mehr als 18 Prozent aller Wanderungen in Mexiko ausmachte (INEGI 1995, S. 9, S. 12).

Für den Distrito Federal gibt das INEGI für den Zeitraum von 1985 bis 1990 die Zahl von 1.035.758 EmigrantInnen und einen negativen Wanderungssaldo von 737.523 an.[14] Mehr als die Hälfte der EmigrantInnen aus dem Distrito Federal (53 Prozent oder 548.974 Personen) zogen in den Estado de México (INEGI 1995, S. 137f). Der springende Punkt ist nun, daß 92 Prozent der Personen, die vom Distrito Federal in den Estado de México ziehen, sich in einer jener 27 Gemeinden (municipios) niederließen, die mit dem Distrito Federal physisch zusammengewachsen sind und die der ZMCM zugerechnet werden (PARTIDA BUSH 1995, S. 19). In anderen Worten: Fast die Hälfte aller „Auswanderer" aus dem Distrito Federal verließ zwar diesen Bundesstaat, *übersiedelte* aber in Wahrheit lediglich innerhalb des Stadtraumes der Megastadt. In Zahlen ausgedrückt bedeutet dies, daß von den 1.035.758 EmigrantInnen aus dem Distrito Federal ganze 505.056 Personen (48,7 Prozent) nicht abgewandert sind, sondern lediglich innerhalb der ZMCM umzogen (eigene Berechnung, basierend auf INEGI 1995, S. 137f, und PARTIDA BUSH 1995, S. 19). Rund die Hälfte dessen, was als Emigration aus der Hauptstadt verbucht wird, ist de facto also intraurbane Mobilität.

Auch von der anderen Seite, nämlich der der Auswanderung aus dem Estado de México, betrachtet stellt sich ein ähnliches Problem, wenn auch in geringer quantitativer Bedeutung. Ein schwaches Drittel (29,8 Prozent) derer, die zwischen 1985 und 1990 den Estado de México verlassen haben, ist in den Distrito Federal gezogen (INEGI 1995, S. 209). Was aber dort statistisch als Immigration von 80.905 Personen aus dem Estado de México verbucht wird (INEGI 1995, S. 209),[15] ist in der Mehrzahl der Fälle wiederum nicht mehr als intraurbane Mobilität. Nach PARTIDA BUSH (1995, S. 20) stammten 57,7 Prozent der Einwanderer in den Distrito Federal, die aus dem Estado de México kamen, aus einer

---

[13]) Dieses Beispiel wurde deshalb gewählt, weil die Wanderungen von Sinaloa nach Baja California nach den Bewegungen zwischen Distrito Federal und Estado de México den drittgrößten Migrationsstrom ausmachen (INEGI 1995, S. 12).

[14]) Daraus folgt eine Zuwanderung von 298.235 Personen.

[15]) PARTIDA BUSH (1995, S. 20) gibt für diesen Migrationsstrom die Zahl von 89.789 Personen an.

jener 27 Gemeinden, die der ZMCM zugerechnet werden (1985–1990). Von den 80.905 aus dem Estado de México stammenden „Einwanderern" in den Distrito Federal sind also 46.682 innerhalb der ZMCM übersiedelt, womit sich die tatsächliche Immigration aus dem Estado de México in den Distrito Federal auf 34.223 Personen reduziert (eigene Berechnung, basierend auf PARTIDA BUSH 1995, S. 20, und INEGI 1995, S. 209).

In Summe bedeuten diese Korrekturen, daß der Umfang des negativen Wanderungssaldos des Distrito Federal deutlich relativiert wird. Wird die intraurbane Mobilität (Übersiedlungen innerhalb der ZMCM, welche die Bundesstaatsgrenze überschreiten) aus der Migrationsbilanz des Distrito Federal ausgeklammert, ergibt sich eine Bruttoabwanderung von 530.702 Personen. Die Bruttoimmigration in den Distrito Federal würde bei Ausklammerung der intraurbanen Mobilität nicht 298.235 Personen ausmachen, sondern lediglich 251.553. Daraus ergibt sich ein negativer Wanderungssaldo des Distrito Federal von 279.149 EmigrantInnen (eigene Berechnung, basierend auf INEGI 1995, S. 137f, S. 209, und PARTIDA BUSH 1995, S. 19f). Dies ist erheblich und unterstreicht, daß es tatsächlich zu einer bemerkenswerten Veränderung hinsichtlich der Migrationsmuster gekommen ist. Allerdings ist die Abwanderung wesentlich geringer als oft angenommen, sind die Daten erst um die Bewegungen zwischen Distrito Federal und Estado de México statistisch bereinigt. Der hier für den Distrito Federal errechnete negative Wanderungssaldo von 279.149 EmigrantInnen macht nur etwas mehr als ein Drittel des zuerst angegebenen aus!

Die Tendenz, daß der innere Bereich einer Megastadt (oder, anders ausgedrückt, die ursprüngliche Stadt) zum Abwanderungsgebiet wird, läßt sich in zahlreichen Metropolen der Dritten Welt beobachten (für die zweitgrößte lateinamerikanische Stadt, nämlich São Paulo, siehe NOVY 1997, S. 271). Was in Mexiko besonders auffällt, ist allerdings, daß die gesamte urbane Agglomeration von Mexico City Migrationsverluste aufweist (siehe Abbildung 9). Es ist also nicht nur der Distrito Federal, sondern die gesamte „Zona Metropolitana de la Ciudad de México" (ZMCM) zum Abwanderungsgebiet geworden.

Für die zweite Hälfte der achtziger Jahre errechneten CORONA CUAPIO und LUQUE GONZÁLEZ (1992, S. 22–24) eine negative Migrationsbilanz von etwas über 290.000 Personen (das entspräche einer täglichen Nettoabwanderung von 159 Personen), während GÓMEZ DE LEÓN CRUCES und PARTIDA BUSH (1996, S. 15) für den gleichen Zeitraum gar auf ein Minus von 440.000 MigrantInnen kommen (was einer täglichen Nettoemigration von 214 Personen gleich käme).

Werden die diskutierten statistischen Verzerrungen beachtet und die intraurbane Mobilität ausgeklammert, so ergeben sich auch bezüglich der Migrationsbilanz der gesamten ZMCM Veränderungen. Dazu ist es zunächst erforderlich, den positiven Wanderungssaldo des Estado de México von 514.946 Personen (1985–1990) um die Mobilität zwischen dem Distrito Federal und dem Estado de México, die innerhalb der ZMCM verbleibt, zu bereinigen. Dabei ist erstens zu berücksichtigen, daß von den 786.367 ImmigrantInnen in den Estado de México 69,8 Prozent oder 548.974 aus dem Distrito Federal stammten, und 80.905 oder 29,8 Prozent der 271.421 EmigrantInnen des Estado de México in die Hauptstadt zogen. Zweitens ist darauf hinzuweisen, daß 91,2 Prozent oder 717.462 Personen der Gesamtzuwanderung in den Estado de México in eine jener 27 Gemeinden geht, die der ZMCM zugerechnet werden. Drittens sei daran erinnert, daß 57,7 Prozent der Personen, die vom Estado de México in den Distrito Federal ziehen, innerhalb der ZMCM übersiedeln (insgesamt 46.682 MigrantInnen).

Aus einer Kombination all dieser Daten ergibt sich erstens, daß von den insgesamt 786.367 ImmigrantInnen, die zwischen 1985 und 1990 in den Estado de México gezogen sind, fast zwei Drittel, nämlich 500.829 Personen (63,6 Prozent), lediglich aus dem Distrito Federal in eine andere Gemeinde der ZMCM übersiedelten. Die verbleibende wirkliche Bruttoeinwanderung in den Estado de México belief sich 285.538 ImmigrantInnen. Zweitens ergibt sich aus den Daten, daß von den 271.421 EmigrantInnen des Estado de México 46.682 (17,1 Prozent) ÜbersiedlerInnen innerhalb der ZMCM waren, die tatsächliche Emigration also nur 224.739 Personen umfaßte. Wird nun diese intraurbane Mobilität vom oben genannten Wanderungssaldo (+514.946) abgezogen, so verbleibt eine positive Migrationsbilanz des Estado de México von 60.799. Das entspricht nur 11,8 Prozent des ursprünglichen Wertes (eigene Berechnungen, basierend auf PARTIDA BUSH 1995, S. 20 und INEGI 1995, S. 209, S. 438–440).

Für die Wanderungsbilanz der ZMCM, die hier interessiert, heißt das folgendes: Wenn 91,2 Prozent der Zuwanderung in den Estado de México in eine der 27 zur ZMCM gehörenden Gemeinden verlaufen, bedeutet dies, daß die ZMCM *ohne* Distrito Federal in den Jahren 1985 bis 1990 auf ein Zuwanderungsplus von 55.449 MigrantInnen kommt. Wird davon der negativen Wanderungssaldo des Distrito Federal (-279.149) in Abzug gebracht, bleibt für die ZMCM eine negative Wanderungsbilanz von 223.700 Personen (1985–1990). Dies entspricht einer Nettoabwanderung von 123 Personen täglich.

Die Problematik, daß viele der die ZMCM betreffenden Emigrationen entweder überhaupt als intraurbane Mobilität zu bezeichnen sind oder aber sehr kleinräumige Wanderungen umfassen, die an die Ränder der ZMCM geht, wird auch durch PORRAS MACÍAS bekräftigt, der an einer Stelle (1997a, S. 43) eine negative Migrationsbilanz der Metropolitanen Zone konstatiert, an anderer aber (1997b) eine „Zentrumsregion" konzipiert, die dann eine positive Migrationsrate aufweist.[16]

Bezüglich der jüngsten Entwicklung der Migrationsbilanz – gemeint ist die erste Hälfte der neunziger Jahre – können aus den genannten erhebungstechnischen Lücken (Fehlen von Emigrationsdaten in der jüngsten Volkszählung) auch hinsichtlich der ZMCM noch keine definitiven Aussagen gemacht werden. Was also die Migrationsdynamik und -bilanz von Mexico City angeht, müssen wir uns vorerst einerseits mit Prognosen und andererseits mit Ableitungen von natürlichem und tatsächlichem Bevölkerungswachstum begnügen.

Hinsichtlich der Vorhersagen kommen die bis zum Jahr 2010 reichenden Hochrechnungen des Nationalen Rates für Bevölkerungsfragen CONAPO (Consejo Nacional de Población) zu dem Ergebnis, daß die Abwanderung auch in Zukunft die Zuwanderung übertreffen wird. Allerdings ist, auch wenn wir die prognostizierten negativen Migrationssalden fortschreiben, festzuhalten, daß die negative Wanderungsbilanz doch erheblich geringer ausfallen dürfte als in den achtziger Jahren (GÓMEZ DE LEÓN CRUCES und PARTIDA BUSH 1996, S. 17). Was die aus dem natürlichen und dem Gesamtwachstum abgeleiteten Beurteilungen betrifft, so ergeben die in Abbildung 9 verarbeiteten Berechnungen von PORRAS MACÍAS (1997a, S. 43) eine negative Wanderungsrate der ZMCM von 0,37 Prozent im Jahresdurchschnitt (1990–1995). Da sich diese Angaben mit den Werten, die PARTIDA BUSH

---

[16]) Dieser „Región Centro" rechnet PORRAS MACÍAS den Distrito Federal und 57 Gemeinden des Estado de México zu (zur Erinnerung: das INEGI zählte 1990 27 Gemeinden des Estado de México zur ZMCM). Für diese Zentrumsregion beträgt die Migrationsrate seinen Angaben zufolge im Jahresdurchschnitt 0,32 Prozent.

(1994, S. 14) für die Migrationsbilanz der achtziger Jahre angibt, decken, würde die Nettoabwanderung aus Mexico City ihre Dynamik auch in Zukunft beibehalten.

Die Veränderungen der Migrationsmuster schlagen sich naturgemäß auch in der Bevölkerungsstruktur der Stadt nieder. Stellten die Zuwanderer 1960 noch zwei von fünf BewohnerInnen des Distrito Federal, so war 1995 nur mehr ein Viertel der in der Hauptstadt Lebenden in einem anderen Bundesstaat geboren worden (Abbildung 11). In absoluten Zahlen ausgedrückt bedeutet dieser Rückgang der ImmigrantInnenquote, daß der sog. „Migration stock"[17] zwischen 1960 und 1995 nur wenig wuchs – von 1.992.188 ImmigrantInnen auf 2.088.686 (eigene Berechnung, basierend auf CONAPO 1994, S. 41 und INEGI 1985, S. 13 [für 1960] sowie [für 1995] auf INEGI 1996, S. 133, S. 409f). Allerdings findet der Rückgang der ImmigrantInnenquote in den neunziger Jahren sein Ende, ja, es kommt zwischen 1990 und 1995 sogar wieder zu einem minimalen Anstieg des Anteils der Zuwanderer an der Bevölkerung des Distrito Federal. Diese Steigerung ist, obwohl quantitativ vernachlässigbar, dennoch bemerkenswert, handelt es sich doch um die erste Zunahme der ImmigrantInnenquote seit Jahrzehnten. Damit ging auch eine neuerliche Expansion des „Migration stock" einher. Dieser war in den achtziger Jahren um über 400.000 MigrantInnen oder 17 Prozent geschrumpft, um zwischen 1990 und 1995 wieder um knapp 80.000 Einwanderer (oder 3,85 Prozent) zu wachsen (Tabellen A-9 und A-21 im Anhang). Auffällig ist schließlich, daß der Anteil der Immigrantinnen über die Jahrzehnte hin den Anteil der Immigranten übertraf, und daß die Differenz zwischen weiblicher und männlicher Zuwanderung zwar zwischen 1970 und 1990 kleiner wurde, in den letzten Jahren aber wieder zugenommen hat (Abbildung 11).

Abbildung 11: Anteil der Zuwanderer an der Gesamtbevölkerung des Distrito Federal, 1960–1995

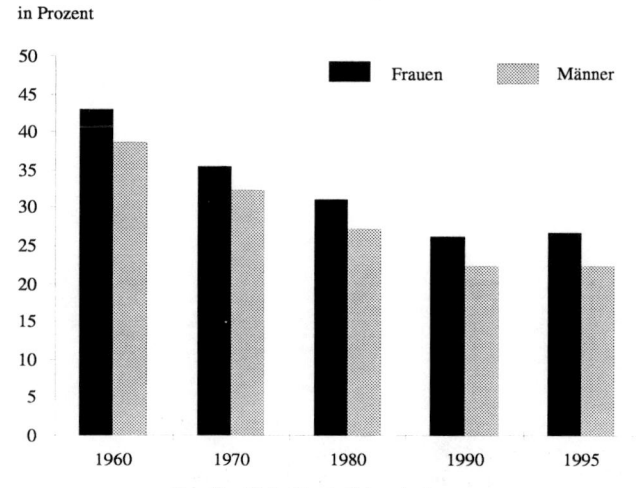

Quelle: Tabelle A-9 im Anhang.

---

[17] Definiert als Personen, die im Distrito Federal lebten, aber in einem anderen Bundesstaat geboren wurden (Gesamtanzahl der jemals zugewanderten Bevölkerung). Unter „Migration stock" wird ganz allgemein die Gesamtzahl der in einer Verwaltungseinheit (Bundesstaat) wohnenden Personen verstanden, die im Laufe ihres Lebens in diese zugewandert sind, also nicht in ihr geboren wurden. Diese in der englischen Fachliteratur gebräuchliche Bezeichnung wird im folgenden in dieser Studie mangels eines ähnlich treffenden und kurzen deutschsprachigen Begriffs weiter verwendet.

Was die Herkunftsgebiete der Zuwanderer in die ZMCM angeht, so ist zunächst einmal festzuhalten, daß bis in die achtziger Jahre der Großteil der ImmigrantInnen (62,3 Prozent) ländlichen Ursprungs war (CORONA CUAPIO und LUQUE GONZÁLEZ 1992, S. 28). Bezogen auf die Bundesstaaten, ist die Identifikation der Senderregionen mit einigen Problemen konfrontiert. Zum ersten gibt es für die neunziger Jahre keine Daten. Verglichen werden können daher lediglich die Perioden zwischen 1975 und 1980 bzw. zwischen 1985 und 1990 (Abbildung 12; Tabelle A-10 im Anhang). Zum zweiten fehlt bei diesen auf Basis des Zensus erstellten Angaben der Estado de México, was die Proportionen insofern verzerrt, da dieser Bundesstaat zu den wichtigsten Senderregionen von MigrantInnen in die ZMCM zählt (siehe Abbildung 13). Außerdem sollte nicht unerwähnt bleiben, daß die Erfaßbarkeit von Wanderungen zwischen dem Estado de México und der ZMCM bzw. dem Distrito Federal vor erhebliche statistische Probleme gestellt ist, die Angaben bezüglich der Wanderungsbilanz wesentlich erschweren.

Wird der Estado de México zunächst einmal außer acht gelassen, so stammten von den 1990 in der ZMCM lebenden ImmigrantInnen 13 Prozent aus Puebla, etwas mehr als 12 Prozent aus Michoacán und jeweils 11 Prozent aus Oaxaca und Hidalgo (Abbildung 12). Verglichen mit den wichtigsten Herkunftsgebieten der Zuwanderung der jüngsten Zeit (1985–1990) fällt einerseits auf, daß Veracruz zwar aktuell die zweitwichtigste Senderregion ist, hinsichtlich der kumulierten Migration aber nur den sechsten Rang einnimmt.

Abbildung 12: Anteile der Bundesstaaten an den Zuwanderern in die ZMCM (ohne Estado de México)

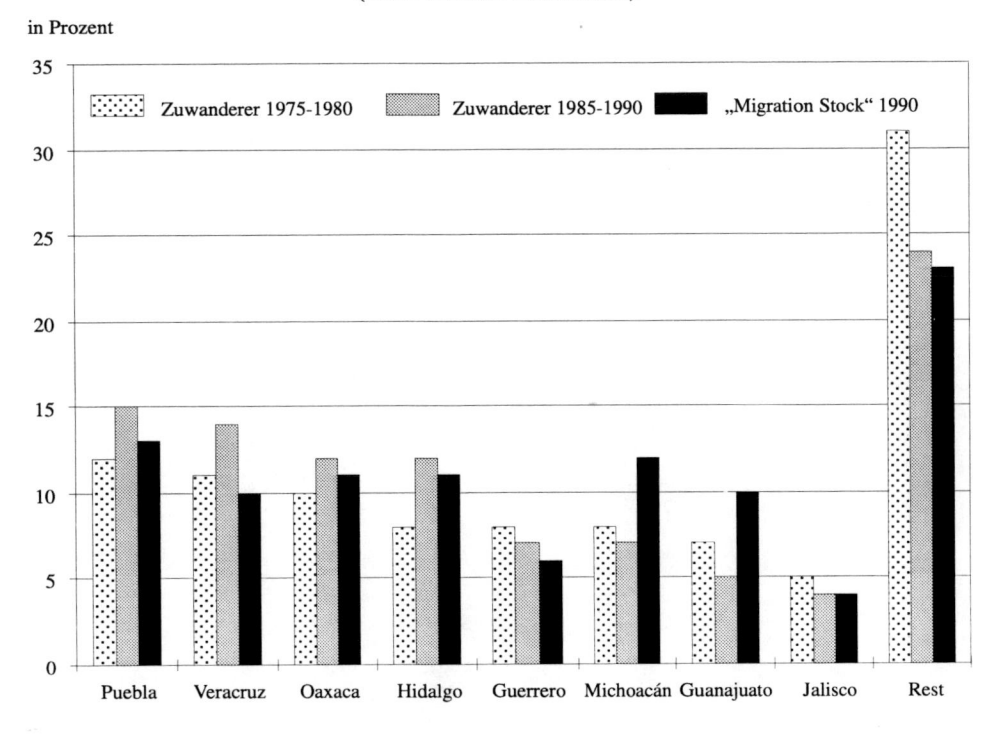

Quelle: Tabelle A-10 im Anhang. Die Angaben der Zuwanderer beziehen auf die Immigration zwischen 1975 und 1980 bzw. zwischen 1985 und 1990, während der „Migration stock" die kumulierte Immigration bis 1990 meint (siehe dazu auch Fußnote 17).

Andererseits ist Michoacán zwar bezüglich des „Migration stock" der zweitwichtigste Bundesstaat, betreffend die gegenwärtige Immigration aber weniger bedeutsam. Beide Aspekte deuten auf einen Wandel der Migrationsmuster hin, und zwar dahingehend, daß Veracruz als Herkunftsgebiet an Wichtigkeit zunimmt, während Michoacán verliert. Ähnliches gilt, wenn auch abgeschwächter, für Puebla, Hidalgo und Oaxaca (zunehmende Bedeutung) bzw. für Guanajuato (rückläufige Relevanz).

Bezüglich der Streuung der Herkunftsgebiete ist eine Konzentrationsbewegung auf weniger Staaten festzustellen. Stammten in der zweiten Hälfte der siebziger Jahre noch 69 Prozent aller in die ZMCM Zuwandernden aus acht Bundesstaaten, waren es zehn Jahre später schon 76 Prozent. Hinsichtlich des kumulierten „Migration stock" kamen die acht Staaten im Jahr 1990 gar auf 77 Prozent (Abbildung 12).

Die Angaben in Abbildung 12 sind allerdings insofern zu relativieren, als der Estado de México als Herkunftsgebiet von Zuwanderern in die ZMCM von erheblicher Bedeutung ist (siehe Abbildung 13). Laut einer vom Nationalen Rat für Bevölkerungsfragen (CONAPO) durchgeführten Feldforschung stammten 14 Prozent der zwischen 1978 und 1987 in die ZMCM Immigrierten aus dem Estado de México, was im Vergleich zur Zeit vor 1977, als 13 Prozent von dort kamen, sogar noch eine leichte Steigerung bedeutet. Ansonsten stimmen die Resultate der Untersuchung des CONAPO im wesentlichen mit den Ergebnissen des Zensus überein, wenn auch die Angaben für Veracruz und, in geringerem Maße, für Hidalgo von den Daten des Zensus abweichen (Abbildung 14; CONAPO 1994, S. 46).

Abbildung 13: Herkunftsgebiete der Zuwanderer in die ZMCM, 1978–1987 (mit Estado de México)

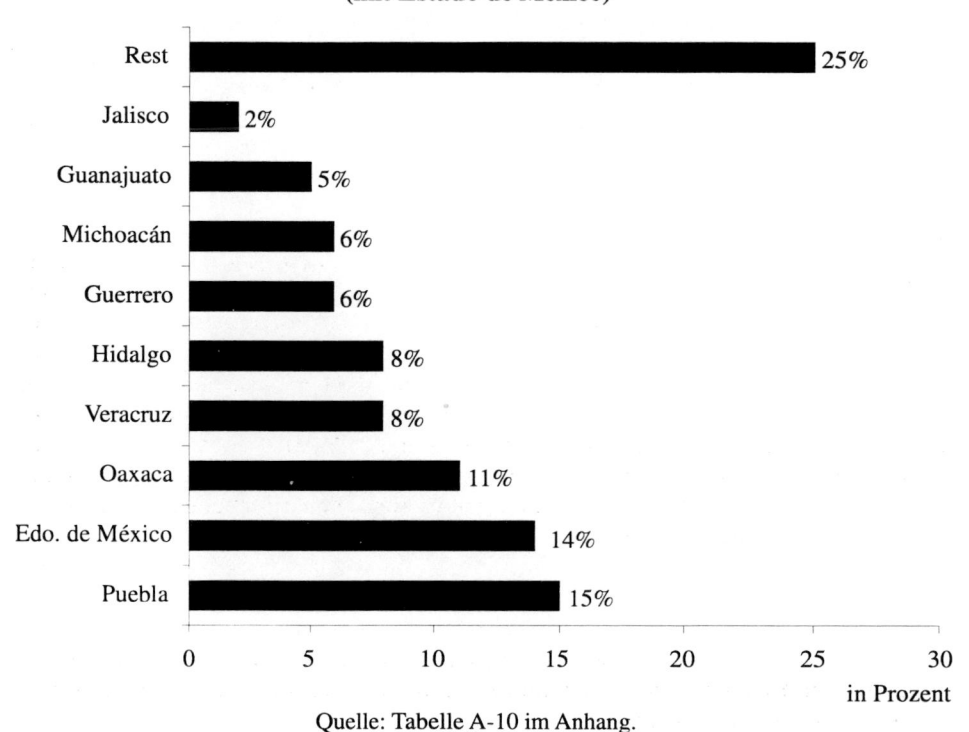

Herkunftsgebiet	Prozent
Rest	25%
Jalisco	2%
Guanajuato	5%
Michoacán	6%
Guerrero	6%
Hidalgo	8%
Veracruz	8%
Oaxaca	11%
Edo. de México	14%
Puebla	15%

in Prozent

Quelle: Tabelle A-10 im Anhang.

Bei der Zuwanderung in den Distrito Federal ist die Bedeutung des Estado de México als Herkunftsgebiet sogar noch ausgeprägter, stammte doch mehr als ein Viertel derer, die in der zweiten Hälfte der achtziger Jahre die Hauptstadt gezogen waren, aus dem umliegenden Estado de México. Ansonsten entsprechen die Anteile der Herkunftsregionen im wesentlichen denen hinsichtlich der ZMCM, mit dem Unterschied, daß Puebla eine geringere und Veracruz eine etwas höhere Quote aufweist (siehe Abbildung 14).

Abbildung 14: Herkunftsgebiete der Zuwanderer in den Distrito Federal, 1985–1990

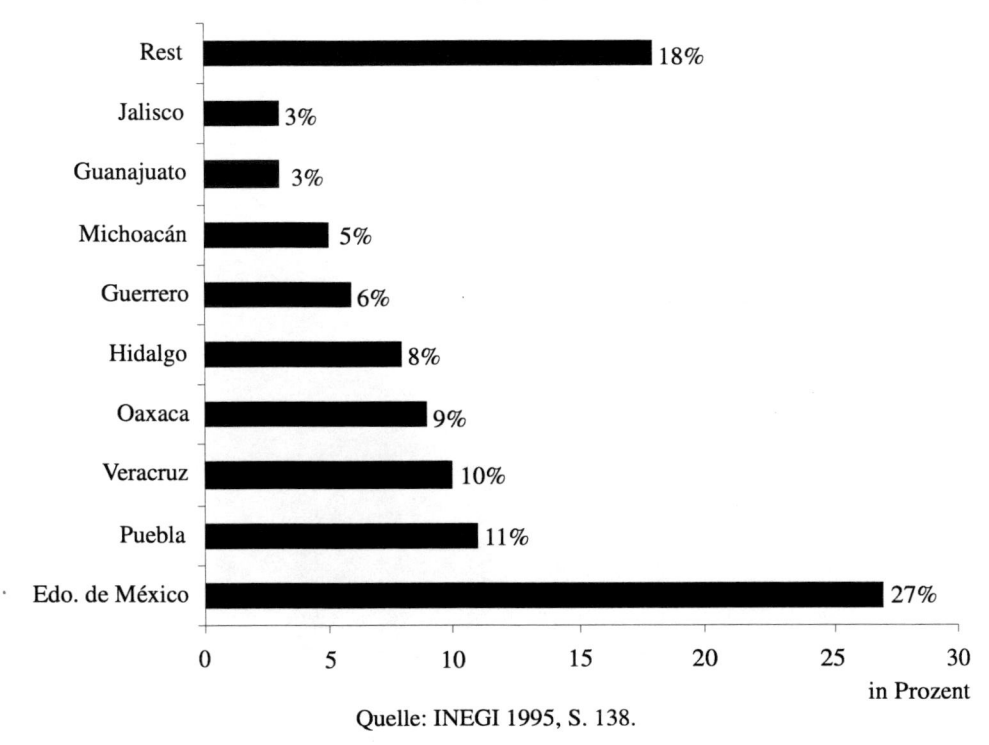

Herkunftsgebiet	Anteil
Rest	18%
Jalisco	3%
Guanajuato	3%
Michoacán	5%
Guerrero	6%
Hidalgo	8%
Oaxaca	9%
Veracruz	10%
Puebla	11%
Edo. de México	27%

Quelle: INEGI 1995, S. 138.

Es wurde bereits erwähnt, daß sowohl der Distrito Federal als auch die gesamte ZMCM in der zweiten Hälfte der achtziger Jahre zu Netto-Abwanderungsgebieten geworden sind. Die Bundesstaaten, die – in absoluten Begriffen ausgedrückt – die meisten EmigrantInnen aus der ZMCM anziehen, liegen durchwegs im Zentrum des Landes. Der Estado de México beherbergt bekanntlich ja etwa ein Drittel der Fläche der ZMCM (siehe Fußnote 3), grenzt also direkt an den Distrito Federal an. Gleiches gilt für den Bundesstaat Morelos, während Querétaro wiederum unmittelbar im Norden des Estado de México liegt (siehe Abbildung A-1 im Anhang). Als nächstwichtigste Zielgebiete der EmigrantInnen aus der ZMCM folgen mit Baja California und San Luis Potosí allerdings ein nördlicher und ein zwischen dem Zentrum und dem Norden gelegener Bundesstaat (Abbildung 15).

Ein historischer Vergleich der Bedeutung der einzelnen Bundesstaaten als Ziele der EmigrantInnen aus der ZMCM zeigt, daß zwar die Staaten im Zentrum absolut gesehen die meisten EmigrantInnen der ZMCM aufnehmen, daß aber Quintana Roo im Südosten des Landes und Baja California im Nordwesten die höchste relative Steigerung verbuchen. Diese beiden ökonomisch überaus dynamischen Staaten konnten zwischen 1975 und 1980 bzw. zwischen 1985 und 1990 ihren zusammengenommen Anteil an den Abwanderern aus der ZMCM verdoppeln, und zwar von 3,4 Prozent auf 6,7 Prozent (Abbildung 15).

Hinsichtlich der Streuung der Zielgebiete der Abwanderer aus der ZMCM ist – ähnlich wie bei der Verteilung der Herkunftsregionen – eine Tendenz zur Konzentration festzustellen. In der zweiten Hälfte der siebziger Jahre zog ein knappes Viertel der EmigrantInnen aus der ZMCM in die neun wichtigsten Zielregionen, wobei alleine 12,8 Prozent nach Morelos, in den Estado de México und nach Querétaro auswanderten. Zwischen 1985 und 1990 nahmen die neun wichtigsten Zielgebiete schon ein Drittel aller Abwanderer aus der ZMCM auf, und die drei genannten Staaten kamen auf 17,2 Prozent (Abbildung 15).

Abbildung 15: Zielgebiete der Abwanderer aus der ZMCM

in Prozent

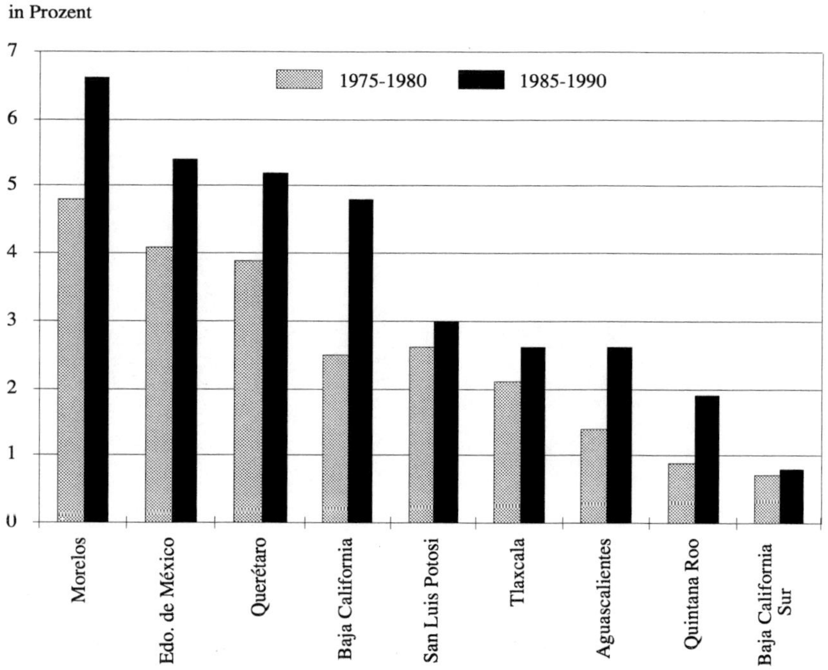

Quelle: Tabelle A-11 im Anhang.

In Hinblick auf die demographischen und soziöokonomischen Merkmale der Zu- und Abwanderer wurde eines der herausragendsten bereits erwähnt (zum Folgenden siehe, wenn nicht anders angegeben, Abbildung 16 bzw. INEGI 1995, S. 143–145 [für den Distrito Federal] sowie CORONA CUAPIO und LUQUE GONZÁLEZ 1992, S. 27f [für die ZMCM]). Wie die Abbildung 11 zeigt, ist die Zuwanderung nach Mexico City traditionellerweise von einer Mehrheit von Frauen geprägt. Von den zwischen 1985 und 1990 in den Distrito Federal Immigrierten waren 53,9 Prozent weiblichen Geschlechts, von den in die ZMCM Eingewanderten waren es gar 55,5 Prozent (1978 – 1987). Die Auswanderung aus der Hauptstadt bzw. aus der ZMCM hingegen bringt bezüglich des Geschlechterverhältnisses keine großen Verschiebungen hervor – von den zwischen 1985 und 1990 aus dem Distrito Federal Emigrierenden war nur knapp mehr als die Hälfte (50,7 Prozent) weiblichen Geschlechts, und auch bei der Auswanderung aus der ZMCM war das Geschlechterverhältnis ausgewogen. Dies bedeutet, daß eine der nachhaltigsten Auswirkungen der Immigration nach Mexico City die Veränderung des Geschlechterverhältnisses ist – 1995 war der Frauenüberhang (51,99 Prozent) in keinem anderen Bundesstaat so hoch wie im Distrito Federal (INEGI 1996, S. 133).

Abbildung 16: Demographische und sozioökonomische Merkmale der Zuwanderer in den Distrito Federal, 1985–1990

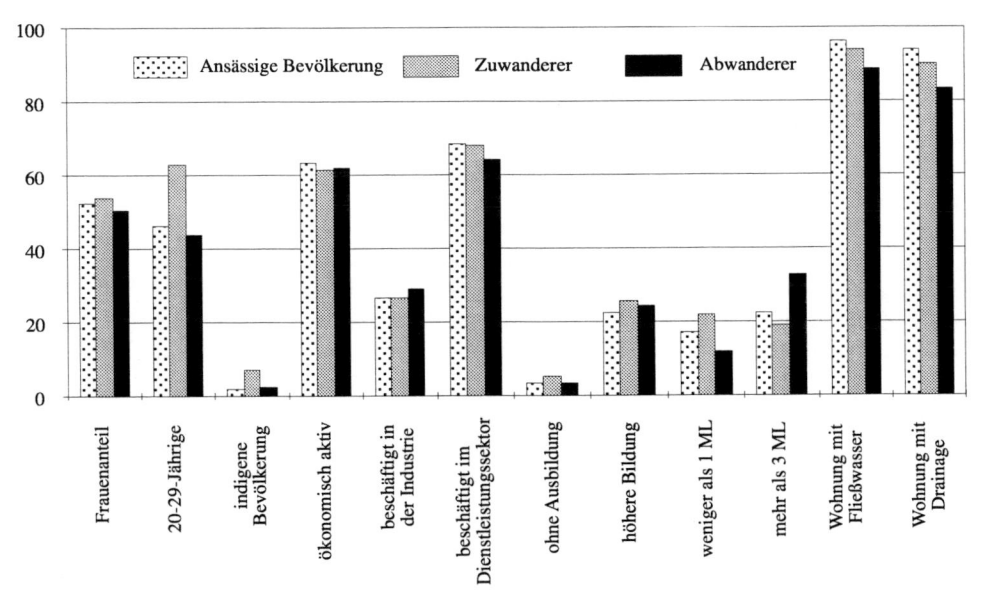

in Prozent

[Balkendiagramm mit den Kategorien: Ansässige Bevölkerung, Zuwanderer, Abwanderer; Merkmale: Frauenanteil, 20-29-Jährige, indigene Bevölkerung, ökonomisch aktiv, beschäftigt in der Industrie, beschäftigt im Dienstleistungssektor, ohne Ausbildung, höhere Bildung, weniger als 1 ML, mehr als 3 ML, Wohnung mit Fließwasser, Wohnung mit Drainage]

Quelle: Tabelle A-13 im Anhang.

Ein zweites demographisches Charakteristikum der ImmigrantInnen ist die Dominanz der 20 bis 29-Jährigen. Diese Gruppe, die an der Gesamtbevölkerung des Distrito Federal 46,1 Prozent ausmacht, stellt fast zwei von drei (63 Prozent) Zuwanderern, während sie bei den EmigrantInnen sogar leicht unterrepräsentiert ist (43,8 Prozent). Drittens verändert die Immigration die ethnische Zusammensetzung der Gesellschaft in der Hauptstadt. 7 Prozent aller Zuwanderer zählen zur indigenen Bevölkerung,[18] im Vergleich zu nur 1,9 Prozent der Bevölkerung des Distrito Federal.

Hinsichtlich der sozioökonomischen Merkmale der ImmigrantInnen und EmigrantInnen sticht zunächst hervor, daß die Abwanderer aus der Hauptstadt überdurchschnittlich gebildet sind und auch eine überdurchschnittliche soziale Position innehatten. Ein Drittel (32,9 Prozent) von ihnen verdiente mehr als drei Mindestlöhne, 16,6 Prozent sogar mehr als fünf. Im Schnitt aller BewohnerInnen des Distrito Federal kommt jedoch nur ein knappes Viertel (22,3 Prozent) auf mehr als drei Mindestlöhne, während Einkommen von fünf und mehr Mindestlöhnen auf 10,4 Prozent der Bevölkerung beschränkt sind. Die Zuwanderer sind – den Angaben des INEGI folgend – im Vergleich dazu deutlich schlechter gestellt. Immerhin ein Fünftel (20,9 Prozent) verdient weniger als einen Mindestlohn (im Schnitt sind es 16,4 Prozent, bei den Abwanderern nur 10,2 Prozent), womit heute kein Auskom-

---

[18]) Das Kriterium dieser Zuordnung ist die Sprache.

men zu finden ist.[19] Allerdings ist das Ungleichgewicht in der Gruppe derer, die drei oder mehr Mindestlöhne verdienen, weniger deutlich ausgeprägt. Immerhin kommen 18,9 Prozent der ImmigrantInnen auf solche Löhne, während das Mittel 22,3 Prozent ausmacht.

Die Ergebnisse einer Feldforschung unter Zuwanderern, die zwischen 1982 und 1989 in die ZMCM immigrierten, kommt in einigen Punkten zu anderen Ergebnissen. Nach BUCHHOFER und AGUILAR (1991, S. 56–61) umfaßt die Gruppe derer, die weniger als einen Mindestlohn verdienten, lediglich 2,1 Prozent der interviewten Haushalte, also nur ein Zehntel des Werts für diese Einkommensgruppe, den das INEGI hinsichtlich der Einwanderer in den Distrito Federal angibt (1995, S. 144). Dafür liegen laut den Ergebnissen von BUCHHOFER und AGUILAR wesentlich mehr ImmigrantInnen in der Kategorie jener, die zwischen einem und drei Mindestlöhne verdienen, und zwar sowohl im Vergleich zu den Angaben des INEGI für den Distrito Federal (72,1 Prozent bzw. 56,7 Prozent) als auch in Bezug zur Gesamtbevölkerung der ZMCM. Schließlich sind nach BUCHHOFER und AGUILAR die wohlhabenderen Haushalte (mehr als drei Mindestlöhne) unter den ImmigrantInnen unterrepräsentiert (25,8 Prozent bei den Haushalten der ImmigrantInnen, 37 Prozent im Schnitt der ZMCM), was mit den Ergebnisse des INEGI übereinstimmt, wenn dieses auch eine weniger prononcierte Unterrepräsentanz feststellt.

Die konstatierte Besserstellung der Auswanderer hinsichtlich des Lohnes wird durch die Ergebnisse betreffend eines weiteren sozialen Indikators konterkariert. Die EmigrantInnen, die den Distrito Federal zwischen 1985 und 1990 verlassen hatten, mußten sich laut INEGI mit deutlich schlechteren Wohnverhältnissen abgeben als die Zuwanderer oder die ansässige Bevölkerung. Von den Auswanderern verfügten nur 88,4 Prozent über Fließwasser und nur 83,4 Prozent waren an das Kanalnetz angeschlossen, während bei den Zuwanderern jeweils über 90 Prozent eine derartige Infrastruktur besaß.

Bezüglich der Bildung sind hinsichtlich des Distrito Federal keine großen Unterschiede zwischen der Zugewanderten, der ansässigen und der abwandernden Bevölkerung festzustellen. Zwar ist der Anteil jener, die keinerlei Ausbildung besitzen, unter den ImmigrantInnen fast doppelt so hoch, da er aber insgesamt sehr klein ist, fällt dies wenig ins Gewicht (5,4 Prozent bzw. 3,3 Prozent). Umgekehrt kann mehr als ein Viertel der Zuwanderer auf eine höhere Ausbildung zurückblicken, während unter allen in der Hauptstadt Lebenden der Anteil nur 22,2 Prozent beträgt. Interessanterweise ist unter den Abwanderern die Quote jener, die eine höhere Ausbildung haben, sogar geringer als bei den Zuwanderern (24,4 Prozent). Anders sind hinsichtlich der Ausbildung die Verhältnisse auf die gesamte ZMCM bezogen. 16 Prozent derer, die sie zwischen 1978 und 1987 verlassen haben, hatten eine Postgraduierten-Ausbildung, während bei den Zuwanderern dies nur auf 9 Prozent zutraf.

Keine gravierenden Unterschiede zwischen der ansässigen und der migrierenden Bevölkerung lassen sich bezüglich ihrer wirtschaftlichen Aktivitäten ausmachen. Im Distrito Federal sind nahezu zwei Drittel der Bevölkerung ökonomisch aktiv, in der ZMCM etwa die Hälfte.[20] Der Großteil – über zwei Drittel der im Distrito Federal Beschäftigten – ist im Dienstleistungssektor tätig, wobei hier der Wert für die EmigrantInnen etwas niedriger liegt als für die Einwanderer bzw. die Ansässigen.

---

[19] Um die allernotwendigsten Lebensmittel einkaufen zu können, muß eine Person *wenigstens* zwei Mindestlöhne verdienen (La Jornada, 27.12.1996).

[20] Es kann nicht festgestellt werden, ob dieser Unterschied auf eine statistische Unschärfe oder auf tatsächliche Differenzen zwischen dem Distrito Federal und der ZMCM zurückzuführen ist.

2.5 Der Hintergrund: Von der nationalen Industriemetropole zur „Global City"?

Bezüglich der urbanen Entwicklungen wurde ganz generell vermutet, daß Prozesse der Globalisierung die Megastädte des Südens integrieren, und daß diese globale Integration den Charakter und die Funktion einer Megastadt verändert. Bezogen auf Mexico City ergibt sich daraus die Hypothese, daß die verstärkte Einbindung Mexikos in die internationale Arbeitsteilung einen starken Einfluß auf den Charakter und die Funktion von Mexico City ausübt(e). In anderen Worten: Zu untersuchen ist, ob die skizzierten ökonomischen, sozialen, räumlichen und demographischen Veränderungen, die für die ZMCM konstatiert wurden, in einem Zusammenhang mit der Krise der achtziger Jahre und der seit damals in Mexiko tonangebenden wirtschafts- und gesellschaftspolitische Strategie einer neoliberalen Modernisierung und intensivierten globalen Integration stehen. Daran anschließend ist letztlich zu fragen, ob und wie die urbanen Transformationen mit dem Wandel und der Kontinuität der Migrationsmuster (siehe Kapitel 3) zusammenwirken.

2.5.1 Die Krise der importsubstituierenden Industrialisierung

Wie weiter oben ausgeführt wurde, hat Mexico City in den achtziger Jahren eine schwere wirtschaftliche Krise durchgemacht. Die Stadt verlor Anteile an der nationalen Wirtschaftsleistung, die Zahl der großen Unternehmen, die in der Hauptstadt ihren Firmensitz hatten, schrumpfte, und auch bezüglich der Beschäftigung ging die Dominanz von Mexico City zurück. Die Krise war räumlich in erster Linie im Distrito Federal und sektoral in der Industrie zu verorten, was sich an den überproportionalen Verlusten dieser zwei Bereiche widerspiegelt (Abbildungen 2, 3 und 4). Daraus folgt, daß eine Analyse der Entwicklungen der achtziger Jahre sich zunächst einmal auf die Krise der in der Hauptstadt angesiedelten Industrie konzentrieren muß.

Zuvor aber ist festzuhalten, daß der Verlust an ökonomischem Gewicht von Mexico City gegenüber anderen Städten und Regionen nicht als das Ergebnis einer politisch gesteuerten Dezentralisierung angesehen werden kann. Zwar gab es ab Mitte der siebziger Jahre solche Pläne (besonders bekannt wurde der „Plan Nacional de Desarollo Urbano" (PNDU), der 1978 in seiner ersten Version verabschiedet wurde), die über die forcierte Schaffung von Industrieparks (z.B. in Torreón), Förderung alternativer Wirtschaftszweige (z.B. Erdöl, Tourismus) oder die Umsiedlung von staatlicher Institutionen in andere Städte eine größere Streuung wirtschaftlicher Aktivitäten und ein ausgewogeneres Städtewachstum erreichen wollten. Doch die Erfolge blieben aus, und die wenigen Vorzeigeprojekte (z.B. übersiedelte das staatliche Statistikinstitut INEGI mit rund 1.500 Beschäftigten aus dem Distrito Federal nach Aguascalientes) gehen eher auf den Schock nach dem Erdbeben von 1985 denn auf eine gezielte Regionalpolitik zurück. Die Dezentralisierung mußte auch scheitern, denn es fehlte an realpolitischen Instrumenten, die Pläne auch umzusetzen (PRADILLA COBOS 1993, S. 39; siehe auch HIERNAUX NICOLAS 1995b, S. 158, und GORMSEN 1995, S. 195. Positiver beurteilt PARTIDA BUSH [1994, S. 14] die Erfolge der Dezentralisierungspolitik).

Teilweise kann der industrielle Bedeutungsverlust sicherlich auf die wachsenden Agglomerationsnachteile von Mexico City zurückgeführt werden. Vor allem jene industriellen Bereiche, die einen hohen Bedarf an Platz, an Wasser und an Transportinfrastruktur haben, fanden die Produktion in der riesengroßen Stadt zusehends problematisch, was durch erste (wenn auch sehr zögernde) Umweltmaßnahmen noch verstärkt wurde. Symbolisch für diese Schwierigkeiten wurde die Schließung der Raffinerie in Azcapotzalco, einem nördlichen Stadtteil von Mexico City (BATAILLON 1992, S. 79; DAVIS 1993, S. 79f; La Jornada, 15.12.1996).

Den Hauptgrund für den industriellen Bedeutungsverlust von Mexico City und insbesondere des Distrito Federal sehen wir aber darin, daß die Industriekrise dort besonders nachdrücklich auftrat. Wie die Abbildungen 2, 3 und 4 zeigen, erfolgte der massive Einbruch bezüglich Produktion, Beschäftigung und Zentrum der großen Unternehmen in der ersten Hälfte der achtziger Jahre. Dies legt einen engen Zusammenhang zum Ausbruch der Schuldenkrise (1982) nahe. In anderen Worten: Die Erklärung der Zahlungsunfähigkeit und die sich daraus ergebende Krise scheint Wirtschaft und Gesellschaft in der Hauptstadt und der gesamten ZMCM am härtesten getroffen zu haben. Dies mag zunächst überraschen, da die Industrie in Mexico City ja, wie bereits ausgeführt, bis in die siebziger Jahre ziemlich erfolgreich war und auch auf einer relativ breiten, diversifizierten Basis stand sowie in mehreren Branchen (z.B. Autoherstellung oder pharmazeutische Betriebe) sogar relativ hohe Anteile von Auslandskapital aufwies (zur Industrie in Mexico City bis in die achtziger Jahre siehe GARZA 1985).

Um die überproportionale Betroffenheit der Hauptstadt verstehen zu können, muß zunächst einmal kurz auf den Charakter der Krise eingegangen werden. Ihr unmittelbarer Auslöser war ja bekanntlich, daß Mexiko sich im Jahr 1982 als zahlungsunfähig deklarierte, also den Schuldendienst nicht mehr bedienen konnte. Die Forderungen für die Zinsen der bei internationalen Banken aufgenommenen Kredite überschritten die interne Zahlungsfähigkeit und die Exporterlöse. Die Insolvenz war allerdings nur das letzte und offensichtlichste Zeichen einer viel tieferen Krise, nämlich der einer über Jahrzehnte verfolgten wirtschaftspolitischen Strategie. Mexiko stand 1982 also nicht nur vor der Zahlungsunfähigkeit, sondern sah sich auch mit der endgültigen Erschöpfung der importsubstituierenden Industrialisierung konfrontiert.

Schon in der zweiten Hälfte der siebziger Jahre begann sich die Schwäche und Krisenanfälligkeit der Importsubstitution durch sinkende Wachstumsraten abzuzeichnen. Die Krisenindikatoren konnten jedoch übersehen und verschleiert werden, da einerseits die Erdölfunde in den siebziger Jahren eine unerwartete Öl-Bonanza bescherten, und andererseits die leichte Zugänglichkeit und die Billigkeit von internationalen Krediten die immer größere Geldaufnahme im Ausland als probates Mittel erscheinen ließ, um Liquidität zu erlangen.[21] Der Ausbruch der Probleme konnte so um einige Jahre hinausgeschoben werden. Zu Beginn der achtziger Jahre allerdings platzte die Seifenblase, da zwei für Mexiko sehr nachteilige Entwicklungen zusammentrafen. Zum einen führte der Übergang zu einer monetaristisch motivierten Wirtschaftspolitik in den USA zu einem starken Anstieg der Wechselkurse für den US-Dollar und in der Folge zu einer enormen Steigerung des internationalen Zinsniveaus. Dies erhöhte den Finanzbedarf zur Schuldentilgung, die Mittel dafür konnten aber von Mexiko (und zahllosen anderen Ländern) nicht aufgebracht wer-

---

[21] Die wachsende Verschuldung bei internationalen Banken war aber, nebenbei bemerkt, nicht nur der Kurzsichtigkeit mexikanischer Regierungen zuzuschreiben, sondern wurde durch die Banken selbst stimuliert. Denn die leichte Zugänglichkeit und die Billigkeit von Krediten war ihrerseits u.a. eine Folge der Krise des Fordismus, weil das in der Industrie nicht mehr profitabel genug zu veranlagende Kapital neue Verwertungsmöglichkeiten suchte, und diese u.a. in einer enormen Ausweitung des internationalen Kreditgeschäftes fand (siehe dazu auch Kapitel 1.2 im ersten Beitrag in diesem Buch).

den, weil der Realzins für internationale Schulden mit einer Erhöhung um mehr als 30 Prozentpunkte (!) geradezu explodierte. Zum anderen wurde Mexikos Fähigkeit, den Schuldendienst zu bedienen, durch den Verfall der Erdölpreise ab 1983 weiter eingeschränkt. Die Exporterlöse sanken, neue Kredite waren angesichts der internationalen Hochzinspolitik nicht mehr zu erhalten, und die Zinsen für die alten konnten nicht zurückgezahlt werden. Die somit 1982 ausbrechende Schuldenkrise offenbarte mit der Zahlungsunfähigkeit eines ehemaligen „Wirtschaftswunderlandes" auch das definitive Ende des Modells der importsubstituierenden Industrialisierung.

Dies war zweifelsohne über Jahrzehnte hinweg erfolgreich gewesen, und zwar bezüglich der makroökonomischen Entwicklung, aber durchaus auch in sozialer Hinsicht, wenn auch nur bis zu einem gewissen Grad und für gewisse Bevölkerungsschichten (z.B. städtische Arbeiter). Allerdings schaffte die importsubstituierende Industrialisierung den Übergang von einem extensiven zu einem intensiven Wachstum nicht, weshalb der Produktionsapparat schrittweise veraltete und die Produktivität stagnierte. Auf lange Sicht schaffte es die importsubstituierende Industrialisierung auch nicht, nach dem in der Erzeugung von einfachen und zum Teil ebenfalls von dauerhaften Konsumgütern erzielten Erfolg auch bei Kapitalgütern eine Importsubstitution zu erreichen. Diese mußten stets importiert werden, wobei es allerdings der Industrie insgesamt nicht gelang, die dazu benötigten Devisen zu erwirtschaften. Die Folgen waren eine wachsende Inflation, notorische Probleme mit der Leistungsbilanz und die steigende Verschuldung (PRADILLA COBOS 1993, S. 15–25; LUSTIG 1994, S. 31–48; DABAT 1995, S. 870; FELDBAUER 1995, S. 185; zur generellen Problematik siehe auch BECKER 1997, S. 149f, und SCHULMEISTER 1994, S. 50–56).

In Anbetracht der umfassenderen Hintergründe der Schuldenkrise von 1982 stellen sich hier folgende Fragen: Warum wurden Mexico City und insbesondere der Distrito Federal von dieser Krise so besonders getroffen? Und, angesichts des auf Globalisierung gelegten Akzentes dieses Forschungsprojektes besonders wichtig, inwiefern kann bei der Krise der achtziger Jahre überhaupt von globalen Dynamiken die Rede sein?

Eine Wirtschaftskrise ist, genau wie das Wachstum, ein räumlich, sektoral und sozial ungleicher Prozeß. In anderen Worten: die Krise wirkt selektiv. So trifft eine Rezession gewöhnlich die Bauwirtschaft, die Kapitalgüterindustrie und die Erzeugung langlebiger Konsumgüter am stärksten, und hat folglich an Orten, an denen diese Branchen überproportional vertreten sind, besonderes Gewicht. Von diesem Axiom ausgehend und sich Mexiko zuwendend wird auch augenscheinlich, warum gerade Mexico City so unter der Krise litt. Hier waren 1970 zwei Drittel der nationalen Produktion der Kapitalgüterindustrie und der Herstellung dauerhafter Konsumartikel konzentriert (eigene Berechnung, basierend auf GARZA 1985, S. 418–421). Monterrey, die zweite große mexikanische Metropole, deren Industrie auf Kapital- und dauerhafte Konsumgüter spezialisiert war, traf das gleiche Schicksal wie Mexico City, während die zwei restlichen Millionenstädte Guadalajara und Puebla die Krise besser überstanden, weil ihre wirtschaftliche Basis in der Erzeugung von unmittelbaren Konsumgütern lag (GARZA und RIVERA 1994, S. 11–14).

Die tiefe und überproportionale Betroffenheit von Mexico City wurde auch noch durch einen zweiten Umstand hervorgerufen. Die ZMCM und insbesondere der Distrito Federal waren ja das Herzstück der mexikanischen Wirtschaft gewesen und genossen als solches das etwas zweideutige Privileg, daß technologische Innovationen und arbeitsorganisatorische Neuerungen dort als erstes eingeführt wurden (AGUILAR et al. 1996, S. 187). Eine rasche und kompromißlose Modernisierung bedeutete aber auch, daß deren sozialen und wirtschaftlichen Kosten unmittelbar und nicht abgefedert Wirkung zeigten, weshalb sich (zumindest für einige Jahre) die sozioökonomischen Probleme noch verschärften.

Drittens wurde die ZMCM von der Krise der achtziger Jahre verhältnismäßig stark in Mitleidenschaft gezogen, weil der Bankrott Mexikos eine abrupte Änderung der wirtschaftspolitischen Strategie nach sich zog, welche die Metropolen als Markt und als Produktionsstandort abwertete (CONNOLLY 1993, S. 66). In der Zeit der auf den Binnenmarkt ausgerichteten importsubstituierenden Industrialisierung stellten die größten urbanen Agglomerationen unter anderem deshalb einen bevorzugten Standort für die industrielle Produktion dar, weil sie die weitaus größte Konzentration von KonsumentInnen auf engem Raum aufwiesen. Die Schuldenkrise und die in ihrem Gefolge durchgesetzte neoliberale Politik aber werteten diesen Binnenmarkt ab und etablierten mit dem neuen, *exportorientierten Wachstumsmodell* auch eine neue räumliche Ordnung der Wirtschaft.

Gemäß dem Diktat der internationalen Finanzinstitutionen (wie IWF oder Weltbank) sowie unter dem Zwang stehend, den Schuldendienst zu gewährleisten, mußten Handelsbilanzüberschüsse erwirtschaftet werden (DOS SANTOS 1995, S. 12). Dazu wurden auf der einen Seite die Importe drastisch gedrosselt (in Mexiko sanken sie zwischen 1982 und 1985 um mehr als 50 Prozent), wozu wiederum die sukzessive Entwertung der Löhne als ein probates Mittel erschien (die realen Mindestlöhne verloren innerhalb dieser drei Jahre ein Drittel ihres Wertes [eigene Berechnungen, basierend auf DUSSEL PETERS 1997, S. 150]). Auf der anderen Seite mußte mit aller Kraft versucht werden, Exportüberschüsse zu erzielen, um Devisen für den Schuldendienst zu erwirtschaften. Da sich der Ölpreis im Keller befand und deshalb die Erdölindustrie nicht geeignet war, die Exportüberschüsse zu erwirtschaften, und da der traditionelle Industriesektor am Weltmarkt wegen mangelnder Produktivität nicht wettbewerbsfähig war,[22] blieb als einzige Lösung die rasante Ausweitung der Exportproduktionszonen, die an der Nordgrenze des Landes gelegen sind.

Die 1965 im Rahmen des „Border Industrialization Program" ins Leben gerufene *Maquiladora-Industrie*[23] beschäftigte 1970 rund 30.000 und zehn Jahre später etwa 120.000 Arbeitskräfte (TAMAYO und TAMAYO 1995, S. 151f). Mittlerweile arbeitet eine knappe Million MexikanerInnen in der Maquiladora-Industrie (Dezember 1997: 979.700 [La Jornada, 10.2.1998]), wobei ein Gutteil der Arbeitskräfte Frauen sind, wenn auch der Anteil der weiblichen Arbeitskräfte sinkt. Waren 1980 noch rund drei Viertel aller Maquiladora-ArbeiterInnen weiblichen Geschlechts, so belief sich der Frauenanteil zehn Jahre später auf 60 Prozent (PRADILLA COBOS 1993, S. 166). Dank dieses Booms kommt die Maquiladora-Industrie inzwischen (1997) für 40,8 Prozent aller mexikanischen Exporte und sogar 47,7 Prozent der industriellen Ausfuhren auf (Carta Anierm, no. 185, enero 1998, S. 14).[24]

Die enge Relation zwischen dem Aufschwung der Maquiladora-Industrie und der Notwendigkeit, Handelsbilanzüberschüsse via exportorientierter Industrialisierung zu erwirtschaften, um dem Schuldendienst nachkommen zu können, zeigt sich daran, daß der große Boom der Maquiladora-Industrie erst in den achtziger Jahren einsetzte. Während in den ersten 15 Jahren des Bestehens der Maquiladora-Industrie „lediglich" 120.000 Ar-

---

[22]) Die Wachstumsrate der Produktivität nahm ab den siebziger Jahren ab, um in der ersten Hälfte der achtziger Jahre zum Stillstand zu gelangen oder gar in ein Negativwachstum überzugehen (LUSTIG 1994, S. 35; DUSSEL PETERS 1995, S. 466).

[23]) Zur Definition siehe Fußnote 5.

[24]) Dieser „Erfolg" ist aber insofern trügerisch, als die Maquiladora-Industrie als Lohnfertigungsbranche auch für 33,5 Prozent aller Importe verantwortlich ist (Carta Anierm, no. 184, S. 16).

beitsplätze geschaffen wurden (TAMAYO und TAMAYO 1995, S. 152), waren es in den 17 Jahren seit 1980 mehr als siebenmal so viel (siehe Abbildung 17). Ähnlich verlief die Entwicklung bezüglich der Produktion. Die Wertschöpfung, die schon zwischen 1975 und 1982 um stolze 9 Prozent im Jahresdurchschnitt gewachsen war, explodierte nach 1982 förmlich. Bis 1990 betrug der durchschnittliche jährliche Zuwachs der Wertschöpfung in der Maquiladora-Industrie nicht weniger als 28 Prozent (eigene Berechnung, basierend auf PRADILLA COBOS 1993, S. 165), was sich naturgemäß und entsprechend den wirtschaftspolitischen Zielvorgaben in den Exporten niederschlug. Diese nahmen, wie erwähnt, ab den achtziger Jahren rasant zu. Alleine zwischen 1988 und 1994 stiegen die aus der Maquiladora-Industrie stammenden Ausfuhren um 17 Prozent im Jahresdurchschnitt, womit die Maquiladora-Industrie ihren Anteil an allen mexikanischen Exporte auf 43 Prozent und ihren Anteil an allen Industrieausfuhren auf 46 Prozent steigerte (LECUONA 1996, S. 95; Red Mexicana 1997, S. 29).

Die Entwicklung der Maquiladora-Industrie wurde aus zwei Gründen so ausführlich dargestellt. Zum ersten war und ist sie nämlich zugleich Ergebnis, Triebfeder und Symbol der *Globalisierung Mexikos*. Geschaffen wurde sie von der mexikanischen Regierung, um einerseits den aus den USA zurückkehrenden bzw. von den USA repatriierten sog. „Bracero-MigrantInnen"[25] Arbeitsplätze zu bieten, und um andererseits an der in den späten sechziger Jahren beginnenden Auslagerung industrieller Aktivitäten aus den Industrieländern in Produktionszonen in Entwicklungsländern (dazu siehe Kapitel 1.1 im ersten Beitrag dieses Buches) teilhaben zu können. Dann, in den achtziger Jahren, diente sie als „Wegweiser des Integrationsprozesses" (HUALDE 1995) und wurde so zum Modell für den Freihandel und den NAFTA-Vertrag. Heute wird die Maquiladora-Industrie von BefürworterInnen wie KritikerInnen von NAFTA als das klarste Beispiel der Auflösung der nationalstaatlichen Faßbarkeit der mexikanischen Wirtschaft gesehen. Während NAFTA-KritikerInnen von einer Denationalisierung der Exportindustrie sprechen (Red Mexicana 1997, S. 29), drückt es NAFTA-Verfechter WEINTRAUB (1991, S. 161) noch radikaler aus: „the Maquiladoras are in Mexico but not part of Mexico".

Im Zusammenhang mit dieser Denationalisierung steht der zweite Grund, warum so ausführlich auf die Maquiladora-Industrie eingegangen wurde. Mit ihrem Aufschwung änderte sich nämlich die ökonomische Landkarte Mexikos. Ein Teilaspekt der entstandenen neuen wirtschaftsräumlichen Struktur ist, daß die Wendung von der binnenmarktorientierten Importsubstitution zur exportgeleiteten Industrialisierung Mexico City als Markt und als Produktionsstandort abwertete und so die Krise in der größten Metropole des Landes verstärkte. Ferner akzentuierte das Entstehen eines starken Industriepols im Norden des Landes die in der Statistik ausgewiesenen *relativen* Anteilsverluste des Distrito Federal und der ZMCM bezüglich der nationalen Wirtschaftsleistung und der Beschäftigung (siehe Abbildungen 2 und 4). Lautete das Verhältnis bezüglich der industriellen Beschäftigung in der ZMCM und in der Maquiladora-Industrie 1980 noch 7,5:1 (oder 890.000 zu 120.000 [AGUILAR 1996, cuadro 8.2; TAMAYO und TAMAYO 1995, S. 152]), so war es bis 1996 auf weniger als 1,5:1 gesunken (siehe Abbildung 17). Im Norden des Landes ist also ein zweiter industrieller Pol entstanden, was sich naturgemäß in der Statistik als Anteilsverlust des ehemals unumstrittenen wirtschaftlichen Zentrums niederschlagen muß.

---

[25] Das „Bracero-Programm" war ein zwischenstaatliches Abkommen zwischen den USA und Mexiko, das die Rekrutierung und Beschäftigung von mexikanischen Arbeitskräften für die kalifornische Landwirtschaft regelte. Gültig zwischen 1942 und 1964, arbeiteten im Rahmen dieses Abkommens rund fünf Millionen MexikanerInnen in die USA (PORTES und BACH 1985, S. 62).

Abbildung 17: Anzahl der Industriebeschäftigten in der ZMCM und in der Maquiladora-Industrie, 1987–1997

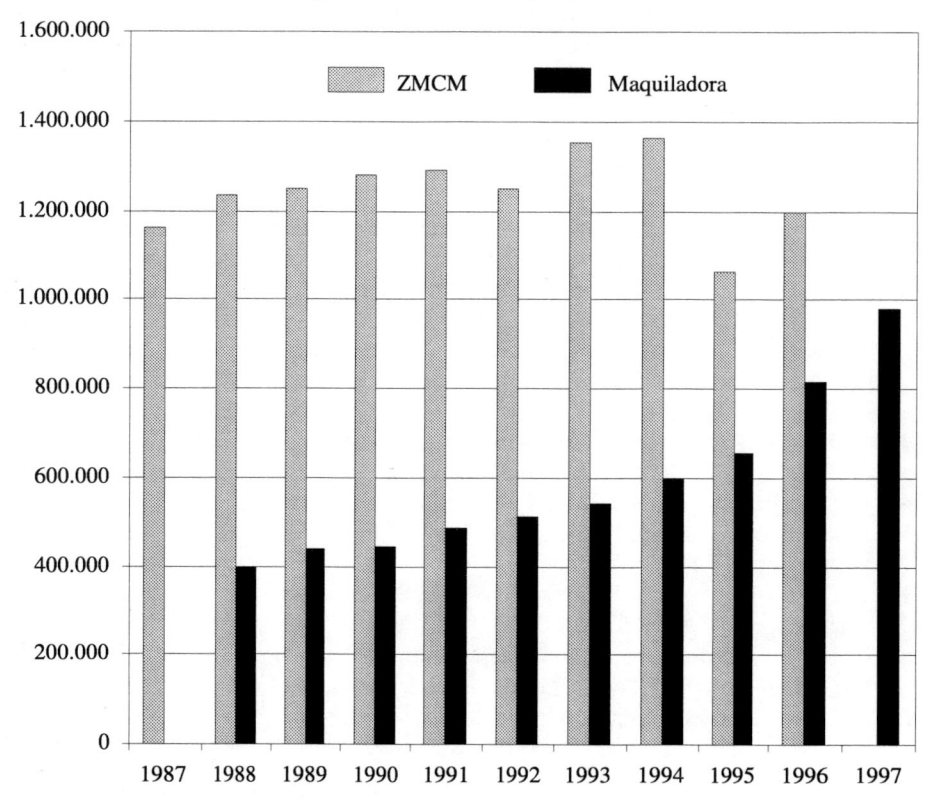

Quelle: Tabelle A-14 im Anhang.

Zusammenfassend können die achtziger Jahre also charakterisiert werden als eine Zeit einer profunden Krise der Industrie im Distrito Federal, hinter der eine ebenso strukturelle wie definitive Krise eines über Jahrzehnte verfolgten Entwicklungsweges und die Umorientierung zu einem anderen wirtschafts- und gesellschaftspolitischen Modell stehen. Es bleibt nun zu fragen, ob und inwieweit die beschriebenen Entwicklungen mit Dynamiken auf globaler Ebene verbunden sind, oder ob es sich um vorrangig nationalstaatliche Phänomene handelt.

In diesem Zusammenhang ist zunächst einmal darauf hinzuweisen, daß die Krise und das Ende der importsubstituierenden Industrialisierung keine auf Mexiko beschränkte Besonderheit darstellen. Im Gegenteil, das Scheitern derartiger oder ähnlicher Strategien nachholender Entwicklung ist in den achtziger Jahren in ganz Lateinamerika sowie in den ehemaligen RGW-Staaten zu beobachten (BECKER 1997, S. 159–163). Es kann deshalb schon auf einer rein beschreibenden Ebene von einer (zumindest der Tendenz nach) globalen Krise gesprochen werden.

Wichtiger aber ist, daß das Modell der importsubstituierenden Industrialisierung niemals abseits oder gar jenseits des kapitalistischen Weltmarktes gestanden ist. Es besetzte relativ erfolgreich jene Nische, die durch die Weltwirtschaftskrise und den weitgehenden Zusammenbruch des Weltmarktes in den dreißiger und vierziger Jahren entstanden war. Dieses

Ausnützen des zeitweisen Verschwindens oder Zurückgehens der internationalen Konkurrenz und der Sachzwänge des Weltmarktes stellte aber, trotz der von vielen lateinamerikanischen Regierungen gepflogenen nationalistischen (und anti-amerikanischen) Rhetorik, keinen unabhängigen Entwicklungsweg dar. Im Gegenteil: Die importsubstituierende Industrialisierung blieb seit ihrem Bestehen auf die Entwicklung in den Zentren bezogen. Zuerst, indem aus deren Schwäche Nutzen gezogen wurde, dann, indem Technologie, Kapitalgüter und letztlich auch Kapital selbst von dort eingeführt werden mußten, um die eigene Produktion von einfachen Konsumgütern voranzutreiben.

Die verhängnisvolle Auslandsabhängigkeit läßt sich an zumindest zwei Faktoren zeigen. Zum einen verschlechterten sich in der zweiten Hälfte der siebziger Jahre die Terms of Trade für die Exporteure von Rohstoffen, während die Preise für Industriegüter zu steigen begannen. Zudem stellte sich die von lateinamerikanischen und osteuropäischen Ländern erhoffte Nachfrage nach ihren Industriegütern unter anderem wegen der Krise in Westeuropa und den USA nicht in ausreichendem Maße ein. Beide Tendenzen verstärkten das aus den anhaltenden Importen von Kapitalgütern und Kapital resultierende Problem der notorisch defizitären Leistungsbilanzen der lateinamerikanischen und osteuropäischen Staaten (AMIN et al. 1982; FRANK 1990, S. 26; FELDBAUER 1995, S. 185; ALTVATER und MAHNKOPF 1996, S. 405–409; BECKER 1997, S. 149).

Der zweite Aspekt, der die Verbindungen zum Weltmarkt und die fatale Auslandsabhängigkeit zeigt, ist die wachsende Verschuldung. Diese ergab sich sowohl aus der Unfähigkeit des Modells der importsubstituierenden Industrialisierung, ausreichend Devisen zu erwirtschaften, als auch aus der politischen Leichtsinnigkeit vieler lateinamerikanischer Regierungen in der Schuldenaufnahme. Beide Erklärungsansätze greifen aber etwas zu kurz. Zu all diesen Faktoren kam nämlich, daß in den siebziger Jahren Teile der Dritten Welt über die billige Vergabe von Krediten in die Globalisierung der Finanzmärkte eingebunden wurden, und zwar auch auf Betreiben internationaler Banken. Denn der Überschuß an Kapital, den es im Gefolge der Krise des Fordismus in den Zentren gab, wurde unter anderem nach Lateinamerika gepumpt, in der Hoffnung, aus dem Verleihen von Geld höheren Profit als aus produktiven Investitionen ziehen zu können (siehe Kapitel 1.2 im ersten Beitrag dieses Buches). Diese Rechnung ging für die Gläubigerbanken alles in allem auf: Die Dritte Welt ist im Rahmen der „Schuldenfalle" (KREYE 1993) zu einem Exporteur von Kapital geworden. Obwohl die Entwicklungsländer von 1982 bis 1992 1.500 Milliarden US-Dollar an Tilgungen und Zinszahlungen geleistet haben, ist der Schuldenberg weiter gewachsen. In anderen Worten: Aus dem Verschuldungsmechanismus resultierte ein Nettokapitalabfluß von 225 Milliarden US-Dollar (1982–1991), also eine Umverteilung von Süd nach Nord (KREYE 1993, S. 24f).[26]

Daß für das letztliche Scheitern der importsubstituierenden Industrialisierung auch gewichtige interne Faktoren verantwortlich sind (wie etwa der fehlende politische Wille zu substantiellen Maßnahmen der Umverteilung, was sich in nur mangelhaften Landreformen niederschlug, woraus sich wiederum eine dauerhafte Beschränkung des Binnenmarktes ergab [BECKER 1996, S. 14]) schwächt das hier vertretene Argument, daß die Krise von Mexico City in den achtziger Jahren zu einem guten Teil auf globale Dimensionen zurückgeführt werden kann, nicht. Denn einerseits war die importsubstituierende Industria-

---

[26]) Die Daten variieren stark, auch wenn seriöse Quellen miteinander verglichen werden. NARR und SCHUBERT (1994, S. 122f) geben 600 Milliarden US-Dollar für Tilgungen und noch einmal so viel für Zinszahlungen an (1984–1991), ALTVATER und MAHNKOPF (1996, S. 169f) errechnen für die achtziger Jahre einen Schuldendienst von 114 Milliarden US-Dollar.

lisierung sowohl in ihren Erfolgen als auch in ihrem Scheitern immer weltmarktbezogen gewesen, und andererseits wirk(t)en Schuldenkrise und -dienst ganz unmittelbar auf die städtische Wirtschaft und Gesellschaft zurück. Etwa erzwang der Schuldendienst den raschen Ausbau von Exportkapazitäten, was zur beschriebenen Verlagerung ökonomischer Aktivitäten hin zur Maquiladora-Industrie und damit an die Nordgrenze Mexikos führte. Oder: Die den verschuldeten Ländern von IWF und Weltbank auferlegten Programme der „Strukturanpassung", die eine Umlenkung von Ressourcen des verschuldeten Landes zugunsten der Geldvermögensbesitzer bewirken und damit die monetäre Akkumulation weiter speisen sollen, beinhalten als Kernstücke eine restriktive Lohnpolitik, einen Abbau der (ohnehin dürftigen) Sozialprogramme und einen Rückzug des Staates. All diese Aspekte aber schlagen auf Mexico City zurück, und zwar als zunehmende soziale Polarisierung, als Abwertung des Binnenmarktes und damit der für ihn erzeugenden Industrie, als massive Entwurzelung ländlicher Haushalte, was seinerseits zu einem deutlichen Anstieg der Migrationen führt (zum letzten Punkt siehe Kapitel 3.3.1).

2.5.2 Die neoliberale Modernisierung: Globalisierung, Wiedererstarken der Industrie und Boom der produktionsbezogenen Dienstleistungen

Mexiko stand, wie bereits erwähnt wurde, nach 1982 unter dem Imperativ, den Schuldendienst zu bedienen. Angesichts des politischen Unwillens und/oder Unvermögens der Regierungen Miguel DE LA MADRID (1982–1998) und Carlos SALINAS DE GORTARI (1988–1994), sich den diesbezüglichen Forderungen zu widersetzen, mußten sie die schwierige Aufgabe in Angriff nehmen, die Kreditwürdigkeit und die Zahlungsfähigkeit des Landes wiederherzustellen. Dazu mußte Mexiko sein Budgetdefizit in den Griff bekommen, die Inflation reduzieren und die Leistungsbilanz ausgleichen.

Um diese Ziele zu erreichen, schlug Mexiko den der neoliberalen Doktrin entsprechenden und vom Internationalen Währungsfonds (IWF) sowie der Weltbank empfohlenen und vorgeschriebenen Weg ein. Mexiko mußte, um zu Umschuldungsverhandlungen zugelassen zu werden, die sieben Gebote des IWF, wie der ehemalige mexikanische Finanzminister Francisco SUAREZ DAVILA (Die Zeit, 12.12.1997) die Forderungen nannte, erfüllen. Zu den zu treffenden Maßnahmen zähl(t)en die Erhöhung der Investitions- und Mobilitätsmöglichkeiten für internationales Kapital, verbunden mit der Deregulierung des Finanzbereiches und der Gewährung von Investitionsanreizen, um den Kapitalfluß zu stimulieren; die Privatisierung oder Schließung von Staatsbetrieben; die Reduktion der öffentlichen Ausgaben und eine Steuerreform; die drastische Senkung der Löhne; die Öffnung der Märkte für Importe und die Ausrichtung der Wirtschaft auf Exportproduktion (für einen Überblick über die Reformen siehe z.B. ASPE ARMELLA 1993 und LUSTIG 1994, sowie kritisch PRADILLA COBOS 1993 und Red Mexicana 1997).

Der unter neoliberalem Vorzeichen stehende Modernisierungskurs hat die wirtschaftliche und soziale Entwicklung von Mexico City nicht weniger geprägt als die Krise, deren Auswirkungen auf die Stadt und ihre BewohnerInnen bereits skizziert wurden (Kapitel 2.5.1). Hier geht es nun um die Folgen der sozioökonomischen Umstrukturierungen der achtziger und neunziger Jahre auf den Prozeß der Urbanisierung und insbesondere um die Frage, welche Rolle die ZMCM künftig im globalisierten Mexiko einnehmen wird.

Diesbezüglich gibt es in der Debatte in Mexiko zwei Positionen. Einerseits wird vertreten, daß eine offene, nach außen gerichtete Wirtschaft einen ökonomischen Dezentralisierungsprozeß begünstigt. Da der wichtigste Markt sich nicht mehr in den größten Städten sondern im Ausland findet, verlieren die Metropolen an Bedeutung. Folglich würden, so die Argumentation, die Agglomerationsvorteile (wie eben die große Nachfrage) die Agglomerationskosten (z.B. knappe Bodenressourcen und folglich hohe Bodenpreise oder Transportprobleme in Folge von Verkehrsüberlastung) nicht mehr aufwiegen, weshalb Unternehmen mehr und mehr dazu neigen könnten, sich außerhalb der ZMCM anzusiedeln. Dies würde das Gewicht anderer Regionen verstärken und notwendigerweise zu einem ökonomischen Bedeutungsverlust von Mexico City führen (siehe z.B. LIVAS ELIZONDO 1994; CONNOLLY 1997).

Dem wird aber von anderer Seite entgegengehalten, daß die Marktöffnung und der Freihandel die Zentralisierung ökonomischer Macht und Leistung verfestigen. In einem durch mehr Wettbewerb geprägten Umfeld sei es unumgänglich, so die These, die Produktion auf eine höhere Stufenleiter zu heben, was aber unweigerlich die Konzentration der industriellen Produktion auf einige wenige Standorte begünstigen würde. Die ZMCM könnte demnach zu den Gewinnerinnen (im Sinne von Verstärkung der eigenen Position) der Globalisierung zählen (siehe z.B. RIVERA 1997; PRADILLA COBOS 1997). Die Rekonzentration wirtschaftlicher Macht in Mexico City würde, so ein anderes, aber auf der gleichen Linie liegendes Argument, durch die Zentralisierung des Finanzwesens auf den Distrito Federal weiter gefördert werden (HIERNAUX NICOLAS 1994, S. 36f).

Auch wenn es für definitive Einschätzungen noch zu früh ist, so spricht doch einiges für die zweite These, nämlich daß die Liberalisierung des Handels, die Öffnung der Märkte und die Außenorientierung der Wirtschaft nicht die Dezentralisierung begünstigen, sondern zu einer neuen Konzentration in der ZMCM führen werden. Wie die Abbildungen 2 und 3 sowie die Tabellen A-3 und A-5 im Anhang zeigen, steigt in den neunziger Jahren sowohl der Anteil der ZMCM am nationalen BIP als auch die Anzahl der Unternehmen, die im Distrito Federal ihren Hauptsitz hatten. Zu keiner Erholung kommt es allerdings bezüglich des Arbeitsmarktes (Abbildung 4).

Die augenscheinliche Stärkung der Stadt im Prozeß der Globalisierung geht unserer Meinung vor allem auf zwei Aspekte zurück. Zum einen scheinen sich Teilbereiche der Industrie aus der Krise der achtziger Jahre erholt zu haben, zum anderen nimmt der gehobene Dienstleistungssektor einen enormen Aufschwung. Für ein Wiedererstarken bestimmter Industriesektoren gibt es zahlreiche Indikatoren. So zeigt eine Untersuchung, daß der Distrito Federal die meisten der stark exportorientierten Firmen beherbergt, und daß der diesbezügliche Konzentrationsgrad ab 1989 deutlich zunimmt. War 1983 ein Drittel der als „stark exportorientiert" klassifizierten Unternehmen in der Hauptstadt, so sank der Anteil in den achtziger Jahren auf ein Viertel. Alleine zwischen 1989 und 1992 stieg er dann aber auf 43 Prozent, was bedeutet, daß mehr als zwei Fünftel der exportträchtigsten Unternehmen vom Distrito Federal aus agieren (CHÁVEZ GUTIÉRREZ 1996, S. 276).

Ein anderer Indikator für das Wiedererstarken bestimmter Industriesektoren in Mexico City ist, daß die dort angesiedelte Industrie Ende der achtziger Jahre in sieben der neun Produktionszweige eine überdurchschnittlich hohe Produktivität aufwies (GARZA und RIVERA 1994, S. 81–83).[27] Dieser Produktivitätsvorsprung der ZMCM auf andere mexika-

---

[27] 1988 wiesen folgende Branchen eine überdurchschnittliche Produktivität auf: Lebensmittel, Getränke und Tabak; Textilien, Bekleidung, Leder; Holz und Holzprodukte (inklusive Möbel); Papier und Papierprodukte, nicht-metallische Mineralprodukte (ohne Erdöl und Kohle); metallische Produkte und Maschinen; andere Industrieprodukte. Lediglich zwei Zweige (chemische Substanzen, Ölderivate, Kohle, Öl- und Plastikprodukte; metallische Basisgüter) hatten eine unterdurchschnittliche Produktivität.

nische Städte (die große Rivalin Monterrey und Toluca [Hauptstadt des Estado de México] kamen auf überdurchschnittliche Werte in je sechs Branchen, während die Millionenstädte Puebla und Guadalajara sich mit drei bzw. gar nur zwei überproportionalen Werten abgeben mußten) konnte im Laufe der Zeit sogar noch ausgebaut werden. Ein Vergleich der Zuwachsraten an Produktivität (DUSSEL PETERS 1995, S. 467) mit der Entwicklung der räumlichen Ansiedlung der wichtigsten Unternehmen (Expansión, unterschiedliche Jahrgänge) zeigt, daß die dynamischsten Branchen den Distrito Federal als Standort bevorzugen. Beispielsweise weist der wichtigste Exportsektor (Erzeugung metallischer Produkte und Maschinen), der für 60 Prozent (KATZ 1996, S. 115) der nicht aus der Maquiladora-Industrie stammenden Ausfuhren und damit für ein Viertel aller mexikanischen Exporte verantwortlich zeichnet, nicht nur eine überdurchschnittliche Produktivität auf, sondern auch einen hohen Grad der Zentralisierung in der Hauptstadt. 40 Prozent der wichtigsten Unternehmen dieses Industriezweiges sind im Distrito Federal angesiedelt (Expansión, 13.8.1997).

Ja, die Erholung bestimmter Industriesektoren spiegelt sich sogar auf dem Arbeitsmarkt wider, wenn auch nur partiell und insgesamt schwächer als im Bereich der Produktion. Zwischen 1987 und 1996 ist die industrielle Beschäftigung leicht gestiegen. Die Beschäftigungszuwächse in der Lebensmittel-, Papier- und Holzindustrie waren so stark, daß sie den Verlust von Arbeitsplätzen in der chemischen und der Metallindustrie überkompensierten (INEGI, verschiedene Jahrgänge). Allerdings ist in diesem Zusammenhang erstens zu unterstreichen, daß das Beschäftigungsplus den Rückgang des Anteils der ZMCM an der nationalen Industriebeschäftigung nicht bremsen konnte (v.a. wegen der ungleich dynamischeren Entwicklung in der Maquiladora-Industrie). Zweitens ist darauf hinzuweisen, daß zwar die erste Phase des Freihandels (die ab dem Beitritt zum GATT (heute WTO) im Jahr 1986 angesetzt werden kann [für den Zeitplan der verschiedenen Reformschritte siehe ASPE ARMELLA 1993]) sich positiv auf den Arbeitsmarkt der ZMCM ausgewirkt hat, daß aber im zweiten Abschnitt (ab in Kraft treten von NAFTA) sehr negative Konsequenzen auf die Industriebeschäftigung zu bemerken sind. Alleine zwischen 1994 und 1996 gingen 168.000 oder 12,3 Prozent aller Industriearbeitsplätze verloren (siehe Abbildung 17 und Tabelle A-14 im Anhang).

Die Beschäftigungsverluste spiegeln aber nicht nur einen Mangel an internationaler Wettbewerbsfähigkeit wider, sondern können paradoxerweise (aber im Rahmen der neoliberalen Modernisierungsstrategien durchaus folgerichtig) auch als die erfolgreiche Anpassung an die globale Konkurrenz gesehen werden. Während in der Textil- und Bekleidungsindustrie der Beschäftigungsrückgang um ein Viertel (1994–1996) mit Produktionseinbußen und einer geringen Produktivität einhergeht und deshalb eine strukturelle Krise der Branche signalisiert, deutet die Reduktion von Arbeitskräften in der chemischen und Metallindustrie in die entgegengesetzte Richtung. Denn hier werden die substantiellen Beschäftigungsverluste (-23 Prozent bzw. -19 Prozent im Zeitraum zwischen 1994 und 1996) begleitet von einem bemerkenswerten Wachsen der Produktion, der Produktivität und der Exporte (INEGI, verschiedene Jahrgänge; OECD 1995, S. 176; KATZ 1996, S. 113–115).

Dem Anschein nach waren also bestimmte Industriesparten der ZMCM fähig, sich den Bedingungen des Freihandels und der technologischen Modernisierung anzupassen und am Weltmarkt konkurrenzfähig zu werden. Umgekehrt scheint es auch so zu sein, daß die verstärkte Globalisierung Mexikos die Position seiner wichtigsten Metropole stärkt, und zwar gewissermaßen in der Funktion als Bindeglied zwischen Weltmarkt und Nationalökonomie (dazu siehe ausführlicher Kapitel 2.5.3). Wenn diese Hypothese zutrifft, dann würde nach der gewissen Dezentralisierung, die sich in den krisenhaften achtziger Jahren abzeichnete, nun nicht nur eine neue Konzentrationsbewegung von ökonomischem Potential in Form industrieller Produktion bevorstehen, sondern auch von wirtschaftlicher Macht.

Dafür spricht etwa die Tendenz zur Relokalisierung von Unternehmenssitzen in der Hauptstadt. In den zehn Jahren nach dem 1986 erfolgten Beitritt zum GATT (heute WTO) ist die Zahl der zu den 500 größten Unternehmen zählenden Firmen, die im Distrito Federal angesiedelt waren, um 34,8 Prozent auf 213 gestiegen (allerdings ohne den historischen Höchststand von 288 aus dem Jahr 1981 zu erreichen). Interresanterweise ging diese Tendenz zur Rekonzentration nicht zu Lasten der großen städtischen Rivalinnen Monterrey und Guadalajara – die diese Millionenstädte beheimatenden Bundesstaaten Nuevo León und Jalisco konnten mit einem Plus von 40,4 Prozent (Nuevo León) bzw. 5,1 Prozent (Jalisco) ebenfalls Unternehmenszentralen gewinnen. Damit ist die Konzentration der Unternehmenszentralen auf die großen Metropolen seit Beginn des neoliberalen Modernisierungskurses deutlich gestiegen – 1986 befanden sich knapp die Hälfte (48,8 Prozent) der 500 größten Firmen im Distrito Federal, in Nuevo León (mit der Hauptstadt Monterrey) oder in Jalisco (Hauptstadt Guadalajara), zehn Jahre später waren es bereits 64 Prozent. Der große Verlierer ist der Estado de México, der zwischen 1986 und 1996 ein Minus von 39,5 Prozent verbuchte. Dies deutet einerseits auf eine noch stärkere Hinwendung auf die großen Metropolen hin und andererseits auf eine Tendenz der Firmen, von der Peripherie der ZMCM wieder in ihr Zentrum zu siedeln (Abbildung 3; Tabelle A-5 im Anhang).

Auf die Bedeutung der Weltmarktorientierung für den Prozeß der Rekonzentration verweist insbesondere der Umstand, daß die Unternehmenskonzentration bei Firmen mit ausländischer Kapitalmehrheit deutlich größer ist als bei jenen in mexikanischem Besitz. Während 1996 insgesamt 43 Prozent der 500 größten Unternehmen ihren Sitz im Distrito Federal hatten, lag dessen Anteil bei Firmen mit mehrheitlich mexikanischem Kapital bei nur 35 Prozent. Umgekehrt aber siedelten 56 Prozent der in der Liste der „500 Großen" aufscheinenden Firmen mit mehrheitlich ausländischem Kapital in der Hauptstadt (eigene Berechnung, basierend auf Expansión, 13.8.1997).

Die Stärkung der Rolle von Mexico City und insbesondere des Distrito Federal als Brennpunkt wirtschaftspolitischer Macht und als Zentrum ökonomischen Managements läßt sich auch an Hand der Entwicklung des gehobenen Dienstleistungssektors zeigen. Produktionsbezogene Dienstleistungen, also im wesentlichen das Finanz-, Versicherungs-, Rechts- und Immobilienwesen, stellen heute einen Kernbereich der Wirtschaft dar. Sie sind mit der wachsenden Komplexität des Produktionsprozesses,[28] die sich unter anderem aus seiner räumlichen Streuung bei gleichzeitiger Integration ergibt, zu unverzichtbaren Bestandteilen sowohl der einzelnen Unternehmen als auch der wirtschaftlichen Entwicklung insgesamt geworden. In anderen Worten: Produktionsbezogene Dienstleistungen sind zur Integration der Weltwirtschaft unabdingbar, weil mit ihnen Globalisierung „gemacht" wird (siehe z.B. SASSEN 1991, S. 90–125; DANIELS 1993).

Der globale Trend, daß das Finanz-, Versicherungs-, Rechts- und Immobilienwesen einerseits rasch expandiert und gewissermaßen den „Motor" wirtschaftlichen Wachstums darstellt, und daß es sich andererseits in großen Metropolen konzentriert (siehe Kapitel 3.2

---

[28] Produktion wird hier im weitesten Sinne gemeint, umfaßt also auch die Herstellung von Dienstleistungen.

im ersten Beitrag in diesem Buch) und damit diese Metropolen stärkt, bestätigt sich auch in Mexiko. Landesweit verdoppelte sich der Anteil der gehobenen Dienstleistungen am BIP zwischen 1985 und 1993 auf 14,9 Prozent (OECD 1995, S. 176), und die Beschäftigung im Bereich der gehobenen Dienstleistungen stieg alleine zwischen 1992 und 1996 um 36 Prozent oder knapp 300.000 Arbeitskräfte (Tabelle A-16 im Anhang). Die ZMCM ist jene Stadt, die am stärksten an diesem Wachstum partizipiert. Ihr Anteil an der nationalen Wertschöpfung des Dienstleistungssektors[29] stieg von 34 Prozent (1970) auf 43,2 Prozent im Jahr 1990, womit Mexico City sich von einer auf industrielle Produktion spezialisierten Stadt zu einer vor allem auf Dienstleistungen festgelegten wandelte (GARZA und RIVERA 1994, S. 73f, S. 106–109). Wie die Abbildungen 5 und 6 zeigen, kam dem Dienstleistungssektor im Jahr 1990 innerhalb der ökonomischen Struktur der ZMCM ein erheblich größeres Gewicht zu als der Industrie, und zwar sowohl bezogen auf die Wirtschaftsleistung als auch auf den Arbeitsmarkt (siehe auch die Tabellen A-6 und A-7 im Anhang). Darüber hinaus liegt in der ZMCM – als einziger Stadt – die Produktivität in allen Bereichen der produktionsbezogenen Dienstleistungen über dem nationalen Mittel, während rivalisierende Städte wie Monterrey oder Tijuana nur in fünf bzw. sechs der neun Subsektoren überdurchschnittlich produktiv sind (GARZA und RIVERA 1994, S. 67, S. 90f).[30]

Am deutlichsten aber zeigt sich der Zusammenhang zwischen dem neuen wirtschaftspolitischen Kurs bzw. dem neuen Akkumulationsregime einerseits und der ökonomischen Stärkung von Mexico City andererseits aber am Arbeitsmarkt für die produktionsbezogenen Dienstleistungen. 1996 arbeiteten in Mexico City 607.833 Arbeitskräfte im Bereich der Immobilien-, Finanz- und professionellen Dienstleistungen, womit sich deutlich mehr als die Hälfte (55,1 Prozent) aller in Mexiko in diesem Segment Tätigen in der ZMCM fanden. Die Wachstumsdynamik des gehobenen Dienstleistungssektors und seine extrem überproportionale Präsenz in Mexico City läßt sich durch einige Detailinformationen noch unterstreichen.

Zum ersten nahm bei Wachstumsraten von fast 10 Prozent (1987–1996) bzw. 12 Prozent (seit Inkrafttreten von NAFTA) die Beschäftigung in diesem Arbeitsmarktsegment von 1987 bis 1996 um insgesamt 89 Prozent oder fast 300.000 Arbeitskräfte zu. Zweitens ist die Konzentration im Bereich der Immobilien-, Finanz- und professionellen Dienstleistungen besonders hoch, verbuchte die ZMCM 1996 doch „nur" 39,6 Prozent aller mexikanischen Arbeitskräfte, aber 55,1 Prozent derer im gehobenen Dienstleistungssektor. Drittens kamen Guadalajara und Monterrey, die nach der ZMCM die zweit- und drittgrößte Beschäftigung in diesem Sektors haben, im Jahr 1996 zusammen nur auf rund 190.000 Arbeitskräfte und damit auf weniger als ein Drittel der ZMCM. Viertens schließlich hat

---

[29] Da die Definition des Dienstleistungssektors hier die Bereiche Transport und Handel *nicht* miteinschließt, kommt den produktionsbezogenen Dienstleistungen naturgemäß ein höherer Anteil am gesamten Sektor zu. Die Definition umfaßt folgende Subsektoren: Finanzielle und Versicherungsdienste; Immobiliendienstleistungen; Sozial- und Bildungswesen; Hotel- und Gastgewerbe; Freizeit-, Sport und Kulturdienstleistungen; Professionelle und technische Dienste; Wartungs- und Reparaturdienstleistungen; mit der Land- und Viehwirtschaft verknüpfte Dienstleistungen.

[30] Die entsprechenden Daten beziehen sich auf das Jahr 1988. Allerdings scheinen die achtziger Jahre auch für die produktionsbezogenen Dienstleistungen in der ZMCM eine schlechte Zeit gewesen zu sein. GARZA (1992b, cuadros 5, 7) zeigt, daß zwischen 1980 und 1988 ihr Anteil sowohl am BIP aller Dienstleistungen in der ZMCM als auch am nationalen BIP der produktionsbezogenen Dienstleistungen zurückging. Der Boom des gehobenen Dienstleistungssektors, für den es zahlreiche und ernstzunehmende Hinweise gibt, dürfte damit insbesondere ein Phänomen der späten achtziger und der neunziger Jahre sein.

die Konzentration der produktionsbezogenen Dienstleistungen in der ZMCM, die zwar schon immer extrem ausgeprägt war, in den letzten Jahren sogar noch zugenommen. 1992 beschäftigte Mexico City „erst" 51,8 Prozent aller Arbeitskräfte im Bereich der Immobilien-, Finanz- und professionellen Dienstleistungen, vier Jahre später waren es, wie erwähnt, bereits 55,1 Prozent. Guadalajara und Monterrey konnten ihren zusammengenommen Anteil nur von 16,5 auf 17,3 Prozent erhöhen. Wird allerdings der Zeitraum von 1987 bis 1996 als Vergleichsrahmen gewählt, dann ist ein gewisses Aufholen von Monterrey und Guadalajara festzustellen. Der gehobene Dienstleistungssektor dieser Städte wuchs in diesem Zeitraum um 143 bzw. um 136 Prozent, und damit doch deutlich schneller zu als in der ZMCM, wo er um 89 Prozent expandierte (Abbildung 18; Tabellen A-15 und A-16 im Anhang sowie INEGI, verschiedene Jahrgänge).

Abbildung 18: Anzahl der Beschäftigten im Sektor Immobilien-, Finanz- und professionelle Dienstleistungen, Mexico City, Monterrey und Guadalajara, 1987–1996.

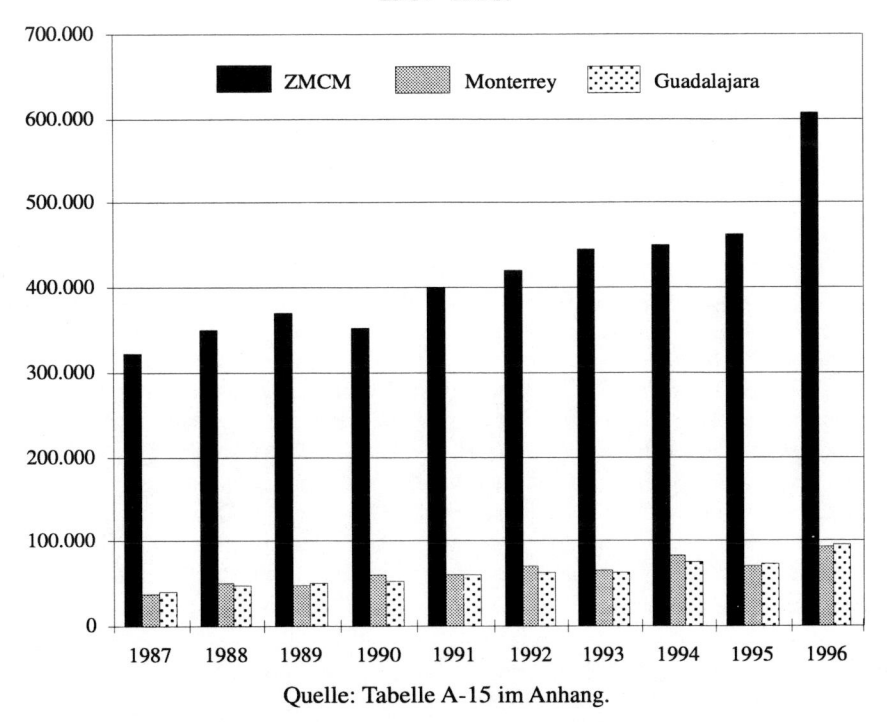

Quelle: Tabelle A-15 im Anhang.

Erwähnenswert ist ferner, daß in Mexico City mittlerweile (1996) jede zehnte Arbeitskraft (9,6 Prozent) im Bereich der Immobilien-, Finanz- und professionellen Dienstleistungen arbeitet – mehr als in jeder anderen Stadt Mexikos. Dies entspricht einer Anteilssteigerung von 50 Prozent in den letzten Jahren – 1987 waren es nämlich erst 6,3 Prozent gewesen. Zum Vergleich: In Monterrey, das bezüglich seines Arbeitsmarktes den zweithöchsten Anteil gehobener Dienstleistungen zeigt, ist nur jede dreizehnte Arbeitskraft in diesem Sektor tätig, in Guadalajara nur jede fünfzehnte (siehe Tabelle A-15).[31]

---

[31]) In diesem Zusammenhang ist erwähnenswert, daß mittlere Städte wie Querétaro (7,24 Prozent) oder Mérida (6,96 Prozent) einen sehr hohen Anteil gehobener Dienstleistungen auf ihrem Arbeitsmarkt haben (INEGI, verschiedene Jahrgänge).

Ein weiterer Aspekt, der auf eine Stärkung der Rolle der ZMCM durch den offensiven Kurs der Globalisierung Mexikos hindeutet, ist die hohe Konzentration der ausländischen Kapitalflüsse auf den Distrito Federal. Zwischen 1989 und 1996 wurden etwas mehr als 120 Milliarden US-Dollar in Mexiko investiert, wovon 37,2 Prozent auf ausländische Direktinvestitionen und der auf Rest Portfolio-Investitionen entfielen (Banco de México, zitiert in Red Mexicana 1997, S. 42).[32] Wie die Tabelle A-17 (im Anhang) zeigt, sind von den knapp 45 Milliarden US-Dollar Direktinvestitionen, die zwischen 1989 und 1996 in Mexiko angelegt wurden, rund zwei Drittel in den Distrito Federal geflossen bzw. wurden dort verbucht, wobei der Anteil der Hauptstadt seit dem Beitritt zu NAFTA noch weiter gestiegen ist (1989–1993: 59,6 Prozent; 1994–1996: 67,5 Prozent).

Weitaus gewichtiger als die ausländischen Direktinvestitionen aber sind die Portfolio-Investitionen – sie machten zwischen 1989 und 1996 fast 63 Prozent des nach Mexiko gehenden Kapitals oder mehr als 75 Milliarden US-Dollar aus (Banco de México, zitiert in Red Mexicana a1997, S. 42). Zwar verfügen wir über keine Zeitreihe über die Streuung oder Konzentration dieser Investitionen, ein Großteil davon dürfte aber ebenfalls in den Distrito Federal gegangen bzw. dort verbucht worden sein. Denn wenn es auch nicht zwangsläufig so ist, daß Portfolio-Investitionen zur Gänze über die Börse abgewickelt werden, so trifft dies in der Regel doch für den Großteil derartiger Anlagen zu. Es kann deshalb mit Fug und Recht angenommen werden, daß die hinsichtlich der Direktinvestitionen festgestellte Zentralisierung des einfließenden Kapitals in der Hauptstadt in einem ähnlichen Ausmaß auch auf die Portfolio-Investitionen und also für das gesamte nach Mexiko fließende Kapital zutreffen wird.

Zusammengefaßt kann also die Hypothese formuliert werden, daß der neoliberale Modernisierungskurs und die verstärkte Globalisierung Mexikos die Position der ZMCM und insbesondere des Distrito Federal innerhalb Mexikos verstärken dürfte. Belegbar ist dies jedenfalls für den Bereich der gehobenen Dienstleistungen. Dessen Expansion hängt ja einerseits untrennbar mit dem neuen ökonomischen Paradigma zusammen, und begünstigt andererseits ganz offensichtlich die Hauptstadt. Für die Industrie gilt, daß sie zum einen die Hauptstadt wieder verstärkt als organisatorische Basis nützt (was wiederum mit der Konzentration der Immobilien-, Finanz- und professionellen Dienstleistungen zusammenhängt und diese weiter forciert), und daß sie zum anderen eventuell auch wieder die ZMCM als Produktionsstandort anderen Orten vorzieht. Diesbezüglich sind aber weitere detaillierte Studien erforderlich.

2.5.3 Mexico City – eine „Global City"?

Eingangs wurde bezüglich der urbanen Entwicklungen die Hypothese formuliert, daß die aktuellen Prozesse der Globalisierung Städte wie Mexico City einschließen und daß diese globale Integration den Charakter und die Funktion von Mexico City verändert, und zwar sowohl was ihre inneren sozioökonomischen und räumlichen Entwicklungen und Beziehungen betrifft, als auch was ihre Rolle im Rahmen der Nationalstaates angeht. Darüber hinaus wurde vermutet, daß diese Veränderung im Verbund mit dem generellen Wandel

---

[32] Dieser relativ geringe Anteil von Direktinvestitionen weist, nebenbei bemerkt, auf das hohe spekulative Moment der nach Mexiko gehenden Kapitalflüsse hin. Allerdings scheint es 1997 zu einem markanten Anstieg der Direktinvestitionen gegenüber den Portfolio-Investitionen gekommen zu sein (La Jornada, 10.4.1997).

der Migrationsmuster in Mexiko neue Rahmenbedingungen und Zwänge für Zuwanderer entstehen lassen könnten, die wiederum auf die soziale und kulturelle Verfaßtheit der Stadt zurückwirken.

Wie sehr die wirtschaftlichen Entwicklung von Kräften auf globaler Ebene geprägt werden, wurde bereits im Zusammenhang mit der Krise der importsubstituierenden Entwicklung und dem Boom des gehobenen Dienstleistungssektors gezeigt (Kapitel 2.5.1 und 2.5.2). Bevor nun auf den Zusammenhang zwischen Globalisierung einerseits, den sozialen und räumlichen Entwicklungen sowie der Veränderung der Migrationsmuster andererseits eingegangen wird, soll diskutiert werden, inwiefern Mexico City tatsächlich zu einer globalisierten Stadt wird. Konkret geht es dabei darum, welche Rolle die ZMCM in der Globalisierung Mexikos spielt und ob Mexico City als eine sogenannte „Global City" bezeichnet werden kann.

Zur Frage, welche Rolle Mexico City im Globalisierungsprozeß des Landes und der Region (Zentralamerika) spielt, können hier nur erste Vermutungen angestellt werden. Es scheint allerdings einiges dafür zu sprechen, daß die ZMCM und insbesondere der Distrito Federal sich mehr und mehr auf eine Art Scharnierfunktion zwischen der mexikanischen und der Weltwirtschaft zu spezialisieren scheint. Dies würde der in Kapitel 3 im ersten Beitrag dieses Buches diskutierten Funktion von Metropolen entsprechen, als Knotenpunkte das Netzwerk der Weltwirtschaft zusammenzuhalten und zu organisieren. Die Hypothese lautet also, daß die Globalisierung Mexikos im wesentlichen über die Hauptstadt organisiert, gemanagt und kontrolliert wird. In anderen Worten: Die Mexiko betreffenden Verbindungen und Verknüpfungen zwischen dem Lokalen, dem Nationalen, dem Regionalen und dem Globalen würden insbesondere vom Distrito Federal aus hergestellt, gehandhabt und gesteuert werden.

Diese Annahme läßt sich an Hand mehrerer Beispiele untermauern. Da Kapitalflüsse heute zu den wichtigsten Mechanismen der Globalisierung zählen, sei zu Beginn an die herausragende Stellung des Distrito Federal bezüglich der Anziehung ausländischer Direkt- und Portfolioinvestitionen erinnert (siehe Kapitel 2.5.2). Der Umstand, daß in den letzten Jahren rund zwei Drittel des nach Mexiko gehenden Kapitals in den Distrito Federal geflossen sind bzw. dort verbucht wurden, zeigt, daß die Banken und die Börse der Hauptstadt eine zentrale Rolle für die Einbindung Mexikos in die Weltwirtschaft spielen. Ja, der mexikanischen Hauptstadt kommt bezüglich der Vermittlung globaler Finanzströme sogar eine erhebliche überregionale Bedeutung zu, ist Mexiko doch unter den „emerging markets" nach China der zweitgrößte Empfänger von ausländischem Kapital (The Economist, 29.3.1997; El País, 4.8.1997).

Die hohe Konzentration der Kapitalflüsse auf den Distrito Federal erklärt zum Teil, weshalb die ZMCM einen derart überproportionalen Anteil an der Beschäftigung im gehobenen Dienstleistungssektor hat. Zum anderen Teil resultiert die hohe Konzentration der Immobilien-, Finanz- und professionellen Dienstleistungen (siehe Kapitel 2.5.2) aus einer Spezialisierung von Mexico City auf Aufgaben des wirtschaftlichen Managements und der politischen wie ökonomischen Kontrolle des Akkumulationsprozesses. Diese Spezialisierung zeigt sich in der bereits angesprochenen überproportionalen Ballung von Unternehmenszentralen im Distrito Federal, wo 1996 42,6 Prozent der 500 größten Firmen niedergelassen waren (siehe Tabelle A-5 im Anhang).

Hier ist allerdings bedeutsamer, daß der Anteil, den die produktionsbezogenen Dienstleistungen einnehmen, als ein Indikator dafür dienen kann, wo Globalisierung „gemacht" wird. Denn die Tätigkeiten im gehobenen Dienstleistungssektor sind, wie bereits mehrmals erwähnt wurde, unverzichtbar nicht nur für die Führung und Organisation der Wirtschaft im allgemeinen, sondern auch für die globale Integration im besonderen. Als zweites Beispiel für die Vermutung, daß die Globalisierung Mexikos von der Hauptstadt aus organisiert wird, sei deshalb die Konzentration von 55,1 Prozent aller in Mexiko im Bereich der Immobilien-, Finanz- und professionellen Dienstleistungen Tätigen angeführt. Diese enorme Ballung ist nicht nur auf Grund ihrer großen Dominanz gegenüber den anderen Metropolen signifikant, sondern auch, weil die Konzentration in den letzten Jahren (1992–1996) deutlich zugenommen hat (siehe Tabelle A-15 und A-16 im Anhang).

Im Zusammenhang mit der These, daß ein überproportional großer Bereich an produktionsbezogenen Dienstleistungen auf eine Spezialisierung auf Aufgaben globaler Artikulation schließen läßt, ist von Interesse, daß die Konzentration der Unternehmenszentralen im Distrito Federal erstens bei den ganz großen Firmen und zweitens bei jenen Unternehmen, die sich mehrheitlich in ausländischem Besitz befinden, noch ausgeprägter ist als im Schnitt der 500 größten Firmen. 30 der 50 größten Unternehmen Mexikos (oder 60 Prozent) agieren von der Hauptstadt aus, ein Prozentsatz, der auch von den von internationalem Kapital bestimmten Firmen annähernd erreicht wird. Hier siedelten sich 1996 immerhin 56 Prozent im Distrito Federal an (eigene Berechnung, basierend auf Expansión, 13.8.1997).

Ein drittes Argument dafür, daß die Globalisierung Mexikos ein Prozeß ist, der von der Hauptstadt aus gesteuert und gemanagt wird, ergibt sich aus der Hauptstadtfunktion des Distrito Federal. Politik oder gar einzelne Politiker mögen zwar nicht die wesentlichen Kräfte hinter dem Prozeß der Globalisierung sein[33] (schon gar nicht, wenn es sich um Politik(er) peripherer Staaten handelt), andererseits aber breitet sich Globalisierung nicht wie ein Ölfilm aus, sondern muß in jeder einzelnen Facette institutionell um- und durchgesetzt werden (SASSEN 1996). Ob nun der NAFTA-Beitritt ein Projekt der Regierung von Carlos SALINAS DE GORTARI war, oder ob er von dieser nur exekutiert wurde – unbestritten ist, daß er über die im Distrito Federal ansässige politische Elite des Landes implementiert wurde. Allgemeiner ausgedrückt gilt, daß die über Jahrzehnte akkumulierte politische Macht im Distrito Federal und die daraus resultierende Monopolstellung innerhalb des Landes (FELDBAUER et al. 1997) die Stadt zur wichtigsten Bühne politischer Auseinandersetzungen rund um die Globalisierung gemacht haben, und zwar trotz des Aufstiegs von regionalen Kräften (wie der sogenannten „Grupo Monterrey").

---

[33]) Es ist hier zwar nicht der Platz, über das Verhältnis von Nationalstaat und Weltwirtschaft oder von Politik und Kapital nachzusinnen, unsere skeptische Einstellung bezüglich der Möglichkeiten der Politik möge jedoch mit zwei Zitaten illustriert werden. Zum einen sagte der Chef der Deutschen Bundesbank TIETMAYER beim Weltwirtschaftsgipfel in Davos im Jahr 1996, „daß sich die meisten Politiker immer noch nicht darüber im klaren sind, wie sehr sie bereits heute unter der Kontrolle der Finanzmärkte stehen und sogar von diesen beherrscht werden" (zitiert in MARTIN und SCHUMANN 1997, S. 89f). Zum anderen kommentiert die New York Times die Vorgänge auf den Finanzmärkten mit dem Satz: „The man from Moody's rules the world" (ibd., S. 99). Gewiß, das sind nur zwei Anekdoten über die geschwundenen Steuerungs- und Kontrollmöglichkeiten. Ähnlich schätzen aber auch WissenschaftlerInnen die Situation ein: NARR und SCHUBERT (1994) sprechen von einer „Misere der Politik", weil jeder Versuch einer Kontrolle oder Regulierung der transnationalen Konzernnetzwerke „illusionär" wäre. Denn: „Welcher Nationalstaat wollte schon intervenieren. Er unterminiere seine eigene Fähigkeit, an diesem Roulette teilzunehmen" (ibd., S. 95f). ALTVATER und MAHNKOPF (1996, S. 174) sehen alle Welt vor einem „alternativlosen Angewiesensein auf das Wohlwollen der ,Märkte' ", und David HARVEY (1997, S. 40f) vermutet, daß staatliche Aktivitäten heute „stärker durch das Geldkapital und das Finanzwesen diszipliniert (sind) als jemals zuvor".

Kann nun aus all diesen, für das Funktionieren der globalen Einbindung Mexikos wichtigen Aufgaben, die vom Distrito Federal aus getan werden, geschlossen werden, daß Mexico City eine Weltstadt ist? In der am häufigsten zitierten Klassifikation von Metropolen (FRIEDMANN 1986), wird Mexico City als „secondary city of the semi-periphery" eingestuft, und zehn Jahre später meint der gleiche Autor, daß „Mexico City's future as a world city is far from clear" (FRIEDMANN 1995, S. 38), da die Kombination aus einer unsicheren wirtschaftlichen Zukunft, schlechten Umweltbedingungen und der Nähe von US-Metropolen wie Los Angeles, Houston, San Diego und Miami keine guten Voraussetzungen für den Aufstieg zu einem regionalen Zentrum darstellt. In anderen Klassifikationen wird Mexico City nicht einmal erwähnt (THRIFT 1989, zitiert in CLARK 1996, S. 140; GOTTMANN 1989, zitiert in SIMON 1995, S. 142).

Allerdings erscheinen uns die Klassifikationen und Rankings ohnehin nicht sehr hilfreich zu sein. Es fehlt an eindeutigen analytischen Kriterien, was nun eine Weltstadt oder eine „Global City" ausmacht (FRIEDMANN 1995), und es fehlt in vielen Fällen an vergleichbaren Daten (SHORT et al. 1996). Die binäre Frage: „Ist Mexico City eine World City?" geht angesichts dieser Mängel ins Leere, weil sie ein spezifisches Charakteristikum von Megastädten wie eben Mexico City außer acht läßt. Die Metropolen der Dritten Welt zeichnen sich nämlich durch eine bemerkenswerte Diskrepanz zwischen einer beträchtlichen Bedeutung im Prozeß der Globalisierung auf der einen Seite und einer weitgehenden Machtlosigkeit hinsichtlich der Steuerung und Kontrolle der Prozesse der Globalisierung auf der anderen Seite aus. In anderen Worten: Mexico City spielt für die Integration Mexikos und künftig vielleicht auch Zentralamerikas in die Weltwirtschaft eine wichtige Rolle, ohne aber in der politischen Ökonomie des globalen urbanen Städtesystems einen Machtfaktor darzustellen. Daraus folgt, daß die Frage: „Global City: Ja oder Nein?" in beide Richtungen beantwortet werden kann. Wird als entscheidendes Kriterium die *Funktion* gewählt, dann fiele die Antwort eher positiv aus, nimmt man hingegen die *Macht* als wesentlichstes Merkmal einer „World City", dann müßte die Antwort negativ sein.

Diese Zweideutigkeit läßt sich an einigen Beispielen illustrieren. Mexico City beherbergte im Jahr 1994 beispielsweise acht der 25 wichtigsten Konzerne Lateinamerikas (AGUILAR 1996, Cuadro 4), womit es die höchste Konzentration dieses Kontinents aufwies. Auf der anderen Seite jedoch ist nur einer der 500 weltgrößten Konzerne im Distrito Federal angesiedelt, nämlich der (noch) verstaatlichte Ölkonzern PEMEX, der 1996 den 97. Rang einnahm (Fortune, 4.8.1997). Oder: Die mexikanische Börse ist die zweitwichtigste in Lateinamerika, nach der in São Paulo (The Economist, 23.5.1998). Trotz dieser scheinbar großen Bedeutung, und ungeachtet der Tatsache, daß Mexiko unter den „emerging markets" nach China der zweitgrößte Empfänger internationalen Kapitals ist, zieht die „Bolsa Mexicana de Valores" (BMV) lediglich 0,005 Prozent des weltweit und nur 1,6 Prozent des an der New Yorker Börse in Aktien und Anleihen investierten Kapitals an (La Jornada, 15.4. 1997, 24.8.1997; El Financiero, 14.4.1997).

Die Machtungleichgewichte lassen sich auch an nicht-ökonomischen Indikatoren zeigen. Mexico City ist, hinter Buenos Aires, der zweitwichtigste Standort internationaler „nonprofit-organizations" in Lateinamerika, und – hinter Nairobi, Bangkok, Manila und eben Buenos Aires – immerhin der fünftwichtigste in der gesamten Dritten Welt (SIMON 1995, S. 138). Anders sieht es jedoch aus bei den profitorientierten Institutionen bzw. solchen, die weltweit jene Wirtschaftspolitik betreiben und verschreiben, die die Profitabilität für private Unternehmen sichern sollen. Geradezu selbstverständlich scheint es, daß keine der großen Privatbanken oder internationalen Geldinstitutionen von Mexico City aus agiert.

Diese Beispiele mögen sich derweil noch auf anekdotischer Ebene bewegen. Sie sind aber jedenfalls ein Hinweis auf den fundamentalen Machtunterschied zwischen den Metropolen des Nordens und des Südens, und sie zeigen auch, daß die Integration von peripheren Megastädten in die Schemata der Global-City-Debatte noch erheblicher theoretischer und empirischer Anstrengungen bedarf. So lange diese Probleme nicht gelöst sind, sollte eine Beantwortung der binären Weltstadt-Frage noch ausbleiben und statt des Status die Funktion von peripheren Megastädten in den Mittelpunkt gerückt werden. In diesem Sinne sei KNOX (1995, S. 11) zitiert, der von „world city-ness" spricht – eine Eigenschaft, die wir (zumindest vorläufig) auch Mexico City zuschreiben wollen.[34]

2.5.4 Globalisierung und Polarisierung

Die in Kapitel 2.3 dargestellten Trends der sozialen Entwicklung bestätigen die vielerorts geäußerte Vermutung, daß die gegenwärtige urbane Entwicklung unter anderem durch markante Tendenzen der sozialen und räumlichen Polarisierung geprägt ist (siehe dazu auch Kapitel 3.2 im ersten Beitrag dieses Buches und – bezüglich der Megastädte der Dritten Welt – FELDBAUER et al. 1997). Allerdings ist zu fragen, inwiefern die absolute Verschlechterung der Lebensbedingungen (gemessen am Verfall der Löhne) und die soziale Polarisierung in der ZMCM ein allgemeines Phänomen in Mexiko darstellen, oder ob sie mit der spezifischen Rolle von Mexico City im Prozeß der Globalisierung des Landes zusammenhängen.

Bezüglich der drastischen Reallohnverluste, die ein Großteil der Bevölkerung in den letzten 15 Jahren hinnehmen mußte, ist zu vermuten, daß sie kein Spezifikum von Mexico City darstellen, sondern als ein das gesamte Land betreffendes Problem gelten können. Denn die Lohnreduktionen waren, wie ein ehemaliger Finanzminister freimütig eingesteht, der Weg, dem nach der Schuldenkrise von 1982 bestehenden Zwang, die Exporterlöse rasch zu steigern, um den Schuldendienst bedienen zu können, nachzukommen (ASPE ARMELLA 1993, S. 26). Darüber hinaus bildete die restriktive Lohnpolitik nicht nur das Kernstück im Bemühen, die mexikanischen Unternehmen am nun offenen Binnenmarkt und im Ausland konkurrenzfähig zu machen sowie die Maquiladora-Industrie zu stimulieren, sondern stellte auch ein wichtiges Instrumentarium in der Inflationsbekämpfung dar (BORIS 1996, S. 37; Red Mexicana 1997, S. 57). Daraus folgt, daß die Lohnsenkungen im Distrito Federal im wesentlichen im nationalen Trend liegen, wenn sie auch, wie erwähnt, in der Hauptstadt etwas akzentuierter ausfallen (BOLTVINIK 1995, S. 37; PRADILLA COBOS 1997, Gráfico 3).

Ist also die generelle Verschlechterung der Einkommenssituation in der ZMCM primär dem neuen wirtschafts- und gesellschaftspolitischen Kurs des Landes zuzuschreiben, so könnte die soziale Polarisierung sehr wohl mit der spezifischen Rolle von Mexico City im Globalisierungsprozeß zusammenhängen. Dafür sprechen etwa die unübersehbaren Tendenzen der Fragmentierung und der Polarisierung des Arbeitsmarktes (siehe Kapitel 2.3).

---

[34]) Obwohl die internationale Migration nicht Gegenstand dieses Forschungsprojektes ist, sollte nicht unerwähnt bleiben, daß ein von vielen Autoren (siehe z.B. SMITH 1995, S. 249; SMITH und TIMBERLAKE 1995, S. 80) genanntes Charakteristikum von „Global Cities", nämlich die Präsenz einer großen Gruppe von Einwanderern, auf Mexico City nicht zutrifft. In der ZMCM lebten 1990 nur 71.250 AusländerInnen, also weniger als 0,5 Prozent der Gesamtbevölkerung. Der Großteil der AusländerInnen (55.412) lebte im Distrito Federal, wo der Anteil der internationalen Zuwanderer damit zwar etwas höher liegt (0,6 Prozent), aber immer noch marginal bleibt (INEGI 1993, S. 23).

So spiegelt etwa das beschriebene Wachstum der Berufssparten am oberen und am unteren Ende der Arbeitsmarkthierarchie einerseits den Niedergang der industriellen Beschäftigung wider, da die Berufsgruppe der sogenannten „blue-collar worker" deutlich unterdurchschnittliche Zuwächse aufweist. Andererseits ist das polarisierende Wachstum des Arbeitsmarktes auf den Aufstieg des gehobenen Dienstleistungssektors zurückzuführen, wie das überproportionale Anwachsen der Gruppe der technischen Berufe und Professionisten zeigt. Beide Tendenzen aber stehen in unmittelbarem Zusammenhang mit der verstärkten Globalisierung Mexikos: Während der Rückgang der Industriebeschäftigung sowohl als Folge der Krise des industriellen Sektors als auch als Konsequenz der partiell gelungenen Anpassung an die neue Weltmarktkonkurrenz gedeutet werden kann, ist die Zunahme der Beschäftigung im gehobenen Dienstleistungssektor der ZMCM auf die Funktion dieser Stadt als Zentrum des ökonomischen Managements zu verstehen.

An dieser Stelle sei darauf hingewiesen, daß die überproportionale Zunahme der Immobilien-, Finanz- und professionellen Dienstleistungen nicht nur innerhalb der Stadt polarisiert, sondern auch zwischen der ZMCM und dem Rest des Landes. GARZA und RIVERA (1994, S. 49–69) zeigen, daß seit 1980 die regionalen Ungleichgewichte in Mexiko deutlich zugenommen haben, und zwar sowohl, was die Produktion, als auch, was das Einkommen betrifft. Diese Entwicklung führen sie im wesentlichen auf die zentripetalen und polarisierenden Kräfte des gehobenen Dienstleistungssektors zurück.

Der vielleicht markanteste Aspekt der Fragmentierung des Arbeitsmarktes in der ZMCM ist das schnelle Wachsen des *informellen Sektors*. Um dessen Charakter und Entstehungsgeschichte ist in den letzten Jahren eine heftige Debatte entbrannt, im Zuge derer die traditionellen Ansätze der Modernisierungs- und der Dependenztheorie immer mehr in Frage gestellt werden. Galt der informelle Sektor lange Zeit als Folge ungenügender Industrialisierung in den Ländern der Dritten Welt und als Antwort der städtischen Armen auf den daraus resultierenden Mangel an Arbeitsplätzen (siehe beispielsweise ILO 1972; KLEIN und TOKMAN 1988), so betonen jüngere Forschungen, daß Informalität, also ungeregelte und un- bzw. unterbezahlte Arbeitsverhältnisse, eine Konstante kapitalistischer Entwicklung bilden. Folglich wird der informelle Sektor nicht als Ökonomie der Marginalisierten oder als ein von der formellen Wirtschaft losgelöster Bereich angesehen, sondern als ein integraler Bestandteil nationaler wie internationaler Akkumulationszusammenhänge gedeutet (PORTES et al. 1989; KOMLOSY et al. 1997).

Diese These untermauernd läßt sich zeigen, daß auch das rasche Wachsen des informellen Sektors in Mexiko nicht nur der zunehmenden Armut oder der „Selbstbeschäftigung" der Arbeitslosen geschuldet ist. Gewiß, das spektakuläre Anwachsen der informellen Ökonomie ist ohne Zweifel eine Folge der schweren wirtschaftlichen und sozialen Krise, die Mexiko seit 1982 durchmacht. Die insbesondere Mexico City treffende Krise der traditionellen Industrie, das daraus resultierende Emporschnellen der Arbeitslosigkeit, das Fehlen jedweder staatlicher Arbeitslosenunterstützung, das deutliche Sinken der Reallöhne sowie der Bankrott vieler kleiner und mittelständischer Betriebe zwang Arbeitslose, ehemalige Unternehmer und bis dahin nicht erwerbstätige Familienmitglieder (vor allem Frauen und Kinder), über informelle Tätigkeiten Einkommen zu lukrieren. In diesem Sinne kann der informelle Sektor durchaus als Überlebenswirtschaft interpretiert werden. Auch die Segmentierung des Arbeitsmarktes (im informellen Sektor arbeiten überproportional viele Jugendliche und Alte, Zuwanderer und Frauen sowie Personen mit niedrigem Bildungsniveau) sowie die schlechten Bedingungen (40 Prozent der Informellen in Mexico City verdienen weniger als den Mindestlohn) deuten auf die Marginalisierung der informell Arbeitenden hin (OLIVEIRA und ROBERTS 1994; ROBERTS 1995, S. 123f).

Da die tiefe wirtschaftliche und soziale Krise in Mexiko aber wesentlich mit globalen Dynamiken zusammenhängt (siehe die Kapitel 1, 2.5.1 sowie 2.5.2), ist selbst aus der Perspektive derer, die die Expansion des informellen Sektors Faktoren wie der Armut oder der Arbeitslosigkeit zuschreiben, ein Zusammenhang mit der vertieften globalen Integration Mexikos zu erkennen. Darüber hinaus kann aus der Marginalität vieler (nicht aller!) im informellen Sektor Tätigen keineswegs geschlossen werden, daß dieser auch als Wirtschaftsbereich marginal sei. Im Gegenteil: Der „Boom" der informellen Ökonomie in Mexico City ist nicht nur ein Indikator für das alltägliche Elend und ein Ausdruck des Überlebenskampfes vieler Familien und kleiner Betriebe, sondern ebenso Ergebnis einer Unternehmensstrategie, die Profitmaximierung auf Kosten der Arbeitenden anstrebt.

Studien belegen nämlich, daß sowohl in der Industrie wie im Dienstleistungssektor verstärkt auf informelle anstelle von formellen Arbeitsverhältnissen zurückgegriffen wird. So sind etwa viele StraßenhändlerInnen in ein komplexes Netzwerk von Lieferanten und Sublieferanten, von Geldverleihern und kommunalen Behörden eingebunden. Indem sie Produkte nationaler und auch internationaler Unternehmen vertreiben, ermöglichen die StraßenhändlerInnen diesen Firmen einen höheren Absatz zu geringeren Kosten als dies in Supermärkten der Fall wäre. Darüber hinaus erlauben sie der verarmenden Mittelschicht und den Unterschichten einen höheren Konsum und tragen so nicht unwesentlich zur Versorgung und damit auch zur sozialen Stabilität bei (ARIZPE 1989, S. 247; HARRISON und MCVEY 1995, S. 7f; NÚÑEZ ESTRADA 1992, S. 12). Auch die kleinen, informellen Handwerks- und Industriebetriebe erfüllen oft eine Komplementärrolle zur großen Industrie bzw. lagert diese zunehmend in solche Läden aus. So wurde etwa gezeigt, daß Elektronikkonzerne über Subunternehmer Fertigungsarbeiten in informelle Werkstätten in Mexico City auslagern. Neben der Senkung der direkten Arbeitskosten ergibt sich für große Unternehmen daraus der Vorteil, das Risiko von Marktschwankungen an kleine Zulieferbetriebe zu verlagern und gesetzliche Regelungen wie Mindestlöhne oder Arbeitsschutzauflagen umgangen werden können. Letztlich können auch gewerkschaftliche Organisierung und Arbeitskonflikte vermieden oder reduziert werden, da die Subunternehmen oft Familienbetriebe unter patriarchaler Kontrolle sind (BENERÍA und ROLDAN 1992, S. 49–60; BORIS 1996, S. 51, S. 159f).

Zusammenfassend kann also gesagt werden, daß das Wachsen des informellen Sektors einerseits Ausdruck der sozialen Krise ist, andererseits aber der neuen wirtschaftlichen und gesellschaftlichen Strategie im Rahmen der neoliberalen Modernisierung geschuldet ist.[35] Vermehrt kommt es zu einer gezielten Verlagerung von ehemals formellen, das heißt, zumindest in einem Minimalausmaß regulierten und geschützten, Arbeitsplätzen in den unregulierten und ungeschützten Bereich. Dort ist die Flexibilität der Arbeitskraft höher und ihre Kosten geringer. Beide Aspekte stellen aber zentrale Faktoren in der Wettbewerbsfähigkeit dar, und sind so gesehen durchaus auch als Unternehmensstrategien im Rahmen der Globalisierung zu deuten.

Die *räumliche Polarisierung* in Mexico City ist im Vergleich zur sozialen bislang noch nicht so ausgeprägt, wie beispielsweise das Fehlen von Investoren zur Modernisierung und Renovierung von Innenstadtteilen („Plan Alameda") zeigt. Dort, wo die Ergebnisse räumlicher Segregation am augenscheinlichsten auftreten, nämlich einerseits in den Geschäftsvierteln wie „Lomas de Chapultepec", „Santa Fe" oder in der Gegend des „Paseo

---

[35] Allerdings muß nochmals unterstrichen werden, daß auch die soziale Krise wenigstens zum Teil ein Ergebnis der neoliberalen Wirtschafts- und Gesellschaftspolitik ist.

de Reforma", und andererseits rund um die großen Straßenzüge „Insurgentes Sur" und „Periférico Sur" im Süden der Stadt, hängt sie aber unzweifelhaft mit der zunehmenden Präsenz der sogenannten „global players" zusammen. Deutlich wird dies etwa bei der Expansion der Einkaufszentren, wo ausländische Investoren alleine oder im Verbund mit mexikanischen Anlegern auftreten (HIERNAUX NICOLAS 1997a, S. 9). Offensichtlich ist der Zusammenhang zwischen räumlicher Polarisierung und Globalisierung aber auch im Bereich der Banken und des Büroraums. Beide Bereiche des Immobiliensektors expandierten insbesondere ab der Ära von SALINAS DE GORTARI (1988–1994), wobei Globalisierung hier nicht nur, und vielleicht sogar nicht einmal hauptsächlich, die Investitionen ausländischer Banken, Versicherungen, Handelsfirmen und anderer Unternehmen meint. Für viele Beobachter des Immobiliensektors ist nämlich unübersehbar, daß der Bauboom eng mit zwei Geschäftsbereichen, die unzweifelhaft auf globaler Ebene angesiedelt sind, zusammenhängt, nämlich mit spekulativen Geschäften einerseits, und der Wäsche von Geldern aus dem Drogenhandel andererseits (PRADILLA COBOS 1997, S. 8).

3. Migrationsmuster in Mexiko – Kontinuität und Wandel

Zu den bemerkenswertesten Veränderungen, die Mexico City seit den achtziger Jahren durchmacht, zählen die deutliche Verlangsamung des Bevölkerungswachstums und insbesondere die Umkehrung der Migrationsströme (siehe Kapitel 2.4). Diese gravierende Veränderung des Wanderungsverhaltens stellt vermutlich nicht nur ein demographisches Phänomen dar, sondern ist wahrscheinlich auch im Zusammenhang mit der sozioökonomischen Verfaßtheit von Mexico City zu sehen. Dennoch wurde diese wichtige Neuerung der Migrationsmuster im Analyseteil (Kapitel 2.5) ausgespart. Und zwar nicht deshalb, weil dieser Umbruch nicht untersuchenswert erscheint. Im Gegenteil: Die Wandlung einerseits des Distrito Federal vom wichtigsten Zuwanderungspol zum größten Abwanderungsgebiet, der ZMCM anderseits in eine Stadt, die netto an MigrantInnen verliert, ist von so großer Wichtigkeit, daß sie im Zusammenhang mit der Entwicklung der Migrationsmuster in Mexiko insgesamt zu analysieren ist. Deshalb sollen die Transformationen der die größte Metropole des Landes betreffenden Migrationsströme in diesem Kapitel (siehe Kapitel 3.4.1) thematisiert werden.

Allerdings ist ein kurzer historischer Rückblick erforderlich, um die Entwicklung der mexikanischen Migrationsmuster auch nur einigermaßen verstehen zu können. Mexiko ist nämlich ein Land, das nicht nur auf eine Geschichte der Globalisierung, also auf eine lange Tradition peripherer Einbindung in die Weltwirtschaft, zurückblickt, sondern auch eines, das eine lange Migrationsgeschichte hat. Diese läßt sich unter anderem daran erkennen, daß 1990 über 71 Prozent der Bevölkerung in Städten[36] wohnten (INEGI 1994, S. 42), während 1996 etwa 7,5 Prozent oder ca. 7 Millionen MexikanerInnen in den USA lebten (Secretaría de Relaciones Exteriores und Commission on Immigration Reform 1997, S. 9). Bevor also die Kontinuitäten und Veränderungen im mexikanischen Migrationssystem ab 1970 dargestellt und untersucht werden, sollen einige wesentlichen Trends skizziert werden, die – gewissermaßen als historisches Erbe – die Entwicklung der Migrationsmuster in den letzten drei Jahrzehnten mitbestimmt haben.

---

[36] Gemeinden mit mehr als 2.500 EinwohnerInnen.

3.1 Die Migrationen im historischen Rückblick

Migration war in Mexiko bereits in der zweiten Hälfte des 19. Jahrhunderts zu einem Phänomen beträchtlichen Umfangs geworden. Einerseits stellten im Norden des Landes grenzüberschreitende Wanderungen eine zentrale Komponente der komplexen wirtschaftlichen und sozialen Symbiose dar, die in der Grenzregion zwischen den USA und Mexiko nach dem Verlust von Texas, South Arizona, New Mexico und New California an den nördlichen Nachbarn entstanden war (PAPADEMETRIOU 1991, S. 260; BURKARD 1992, S. 375f). Andererseits erlebte Mexiko unter Porfirio DÍAZ (1876–1911) die erste große Welle von massenhafter Entwurzelung ländlicher Bevölkerung und folglich auch von Binnenwanderungen.

Die „Hacienda" war im Porfiriat zur vorherrschenden Organisationsform in der Landwirtschaft geworden, was die Zerstörung traditioneller Formen des (gemeinschaftlichen) Landbesitzes bedeutete. Als eine Folge davon waren am Vorabend der mexikanischen Revolution (1910) 97 Prozent der ländlichen Familien ohne Land, und auch die Nachfrage nach Tagelöhnern ging zurück, da ein erster Schub agrarischer Modernisierung (wie Mechanisierung oder Bewässerung) den Arbeitskräftebedarf sinken ließ. Zudem wurde im Porfiriat die Polarisierung in der Landwirtschaft vorangetrieben. Während immer mehr Land in immer weniger Händen konzentriert wurde und die agrarischen Exporte stiegen, stagnierte die Getreideproduktion für den Binnenmarkt. In einem Wort: Der (klein)bäuerliche Sektor wurde unter Porfirio DÍAZ mehr und mehr marginalisiert. Schließlich entzog das sukzessive Eindringen von Fabriksgütern, die aus den USA kamen, den lokalen Handwerkern die Existenzgrundlage.

Alle diese Entwicklungen schufen nicht nur die Voraussetzungen für die mexikanische Revolution, sondern ließen bereits um die Jahrhundertwende ein erhebliches Potential an wanderungsbereiten und -genötigten Personen entstehen (HANSEN 1971, S. 23–26; MASSEY et al. 1987, S. 39–42; MASSEY 1988, S. 403; TOBLER 1992, S. 68–94).

Dieses Potential realisierte sich in dem Maße in tatsächlicher Migration, als aus dem Pool an entwurzeltem Landproletariat eine wachsende Zahl von ArbeitsmigrantInnen für die Landwirtschaft und die Minen im Südwesten der USA rekrutiert wurde (PORTES und BACH 1985, S. 78f). Die direkte Anwerbung war damals eine notwendige Bedingung für das Zustandekommen von Migrationen, da große Teile der mexikanischen Landbevölkerung noch nicht genug in die nationale und internationale Wirtschaft integriert waren, um die Bedeutung eines Tagesverdienstes von vielleicht einem US-Dollar zu erfassen. Anders ausgedrückt: Der reale Lohnunterschied reichte nicht, die Menschen zu bewegen, in die USA arbeiten zu gehen. Sie mußten angeworben, ja geholt werden.

Neben der Rekrutierung tat der ab den achtziger Jahren des 19. Jahrhunderts vorangetriebene Ausbau der Eisenbahn das seine, um die (temporäre) Auswanderung in die USA (und übrigens auch die Binnenmigration) ab der Jahrhundertwende zu einem Massenphänomen werden zu lassen. Die vorwiegend mit ausländischem Kapital errichtete Eisenbahn stellte nämlich einerseits die Infrastruktur zur Ausbeutung der mineralischen und agrarischen Rohstoffe Mexikos sowie zur Durchdringung des Landes mit US-Waren und Kapital dar, andererseits schlug sie genau jene „Brücken", welche die am Land Entwurzelten mit den Zentren der Arbeitskräftenachfrage in den USA und später in Mexiko selbst verbanden (HANSEN 1971, S. 23–26; CARDOSO 1980; GARZA 1985, S. 104–117; PORTES und BACH 1985, S. 76–79; MASSEY et al. 1987, S. 39–44).

Ab der Jahrhundertwende begann sich das wachsende Migrationspotential aber auch in Binnenwanderungen niederzuschlagen. Vor dem Ausbruch der Mexikanischen Revolution im Jahr 1910 dürften Land-Stadt-Migrationen vor allem aus jenen Gebieten stattgefunden haben, in denen die Landwirtschaft früh mechanisiert und kommerzialisiert worden war und die zudem über das Eisenbahnnetz mit den prosperierenden nördlichen Bundesstaaten und der Hauptstadt verbunden waren (MASSEY et al. 1987, S. 45f). In anderen Regionen war Migration zu dieser Zeit noch primär eine Sache kleinräumiger, temporärer Wanderungen in Richtung der Plantagen und Minen (ARIZPE 1985, S. 40; BARRY 1995, S. 16; ROBERTS 1995, S. 99).

Mit der Revolution begannen die Binnenmigrationen einerseits anzuwachsen und andererseits sich immer stärker auf die Städte, insbesondere auf Mexico City, zu konzentrieren. Der Urbanisierungsgrad begann zuzunehmen, und der Anteil der BinnenmigrantInnen an der Gesamtbevölkerung stieg im Revolutionsjahrzehnt von etwa 7 Prozent auf 8,2 Prozent (siehe die Abbildungen 19 und 20).[37]

Für diesen Anstieg der innermexikanischen Mobilität waren mehrere Faktoren ausschlaggebend. Ein Teil der Landbevölkerung floh vor der Gewalt und den Wirren der Revolution (DE LA PEÑA 1983, S. 75; FELDBAUER und MAR VELASCO 1993, S. 242), ein anderer wurde durch die Revolution aus den Fesseln der Schuldknechtschaft des Hacienda-Systems befreit und suchte die neue Mobilität auszunützen (Instituto Nacional Indigenista 1992, S. 15). Ein dritter wurde durch die Revolution politisch und kulturell mobilisiert und in Kontakt mit der urbanen Gesellschaft gebracht (PORTES und BACH 1985, S. 113). Schließlich hatten die USA im Zuge der Wirtschaftskrise ab 1929 die Grenze für Einwanderer bzw. ArbeitsmigrantInnen geschlossen und waren sogar dazu übergegangen, mexikanische Arbeitskräfte zu deportieren (MASSEY et al. 1987, S. 42). Der Nachbar im Norden schied folglich als Wanderungsziel für ein gutes Jahrzehnt aus, was eine „Umleitung" der Wanderungen in Richtung auf Ziele in Mexiko selbst begünstigte.

Der große Wandel zur Massenmigration setzte aber erst nach 1940 ein. Der Anteil der in den Städten lebenden Bevölkerung wuchs von nun an ebenso schnell wie die Zahl der Städte,[38] die sich von 1940 bis 1970 auf 166 verdreifachte (Abbildung 19; GARZA und RIVERA 1994, S. 6). Begründet wurde der zügige Urbanisierungsprozeß vor allem in seiner früheren Phase durch die in dieser Zeit einsetzenden massiven Land-Stadt-Wanderungen.

Lebten 1940 etwa zwei Millionen MexikanerInnen (oder 10,5 Prozent der Bevölkerung) in einem anderen Bundesstaat als dem, in dem sie geboren wurden, so war die Zahl der BinnenmigrantInnen 30 Jahre später auf 7,8 Millionen und ihr Anteil an der Gesamtbevölkerung auf 16,3 Prozent gestiegen (Abbildung 20; INEGI 1994, S. 47; eigene Berechnung, basierend auf PARTIDA BUSH 1995, S. 6, und INEGI 1994, S. 47).

---

[37] Als *BinnenmigrantInnen* werden hier, wenn nicht anders angegeben, jene Personen verstanden, die zum Zeitpunkt der Zählung (Zensus) in einem anderen Bundesstaat lebten als jenem, in dem sie geboren wurden. Es ist darauf hinzuweisen, daß mit dieser Definition das tatsächliche Migrationsaufkommen deutlich unterschätzt wird. Zum einen fallen nämlich alle jene MigrantInnen, die sich *innerhalb* eines Bundesstaates bewegen, aus der Zählung, zum anderen wird nur die kumulierte Migration registriert, während zahlreiche andere Wanderungsformen (vor allem die Pendel- und Etappenmigration) unberücksichtigt bleiben.

[38] Definiert als Gemeinden mit mehr als 15.000 EinwohnerInnen.

Abbildung 19: Anteil der urbanen Bevölkerung an der Gesamtbevölkerung, Mexiko 1900–1990

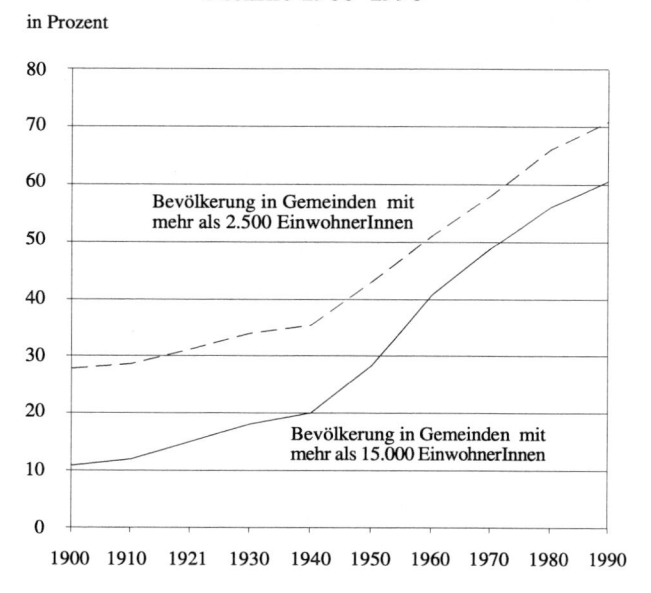

in Prozent

[Diagramm: zwei Kurven – „Bevölkerung in Gemeinden mit mehr als 2.500 EinwohnerInnen" und „Bevölkerung in Gemeinden mit mehr als 15.000 EinwohnerInnen", Jahre 1900–1990, Werte in Prozent von 0 bis 80]

Quelle: Tabelle A-1 im Anhang.

Abbildung 20: Anteil der BinnenmigrantInnen an der Gesamtbevölkerung, Mexiko 1900–1995

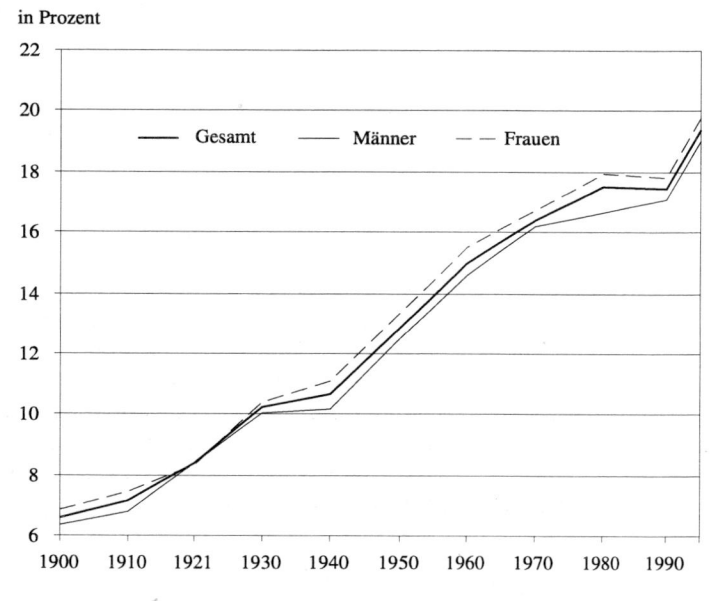

in Prozent

[Diagramm: drei Kurven – Gesamt, Männer, Frauen, Jahre 1900–1995, Werte in Prozent von 6 bis 22]

Quellen: Für 1900–1921 Schätzungen, basierend auf Partida Bush 1995, S. 7; für 1921–1955 INEGI 1994, S. 47 (die 5-Jahresintervalle wurden geschätzt); für 1960–1990 Partida Bush 1995, S. 6; INEGI 1994, S. 47 und eigene Berechnungen (die 5-Jahresintervalle wurden geschätzt); für 1995 INEGI 1996, S. 409. Als BinnenmigrantInnen gelten Personen, die in einem anderen Bundesstaat leben als dem, in dem sie geboren wurden.

Urbanisierung und Binnenmigration sind also ganz offenbar Prozesse, die zeitlich parallel zur importsubstituierenden Industrialisierung verliefen, deren Ära etwa zwischen 1940 und 1970 (oder, großzügiger terminisiert, zwischen 1930 und 1980) anzusetzen ist. Hier stellt sich nun die Frage, ob es einen Zusammenhang zwischen den Phänomenen der raschen Zunahme der Binnenmigrationen, dem Urbanisierungsprozeß und dem auf den Binnenmarkt ausgerichteten Industrialisierungsmodell gibt.

In dieser Beziehung ist erstens auf den Arbeitskräftebedarf der neu entstandenen Industrien hinzuweisen, der sich auf einige wenige Städte und insbesondere auf Mexico City konzentrierte. Diese Ballung der Industrie in den größten urbanen Agglomerationen, die bei den Branchen der Kapital- und dauerhaften Konsumgüterproduktion besonders ausgeprägt ist, läßt sich darauf zurückführen, daß die importsubstituierende Industrialisierung in ihrer Entwicklung auf eine Produktion auf großer Stufenleiter, auf den Binnenmarkt, auf den öffentlichen Sektor und auf ein breites ArbeiterInnenheer angewiesen ist. All diese Elemente treffen am ehesten in den großen Metropolen, in unserem Fall eben in Mexico City, zusammen (FELDBAUER und MAR VELASCO 1993, S. 244; siehe auch ROBERTS 1990, S. 90, und, kritisch gegenüber dieser Position, GARZA 1985, S. 153).

Jedenfalls wuchs die mexikanische Industriebeschäftigung zwischen 1930 und 1970 um mehr als das Fünffache auf über 1,5 Millionen Arbeitskräfte (GARZA 1985, S. 142), sodaß 1970 ein gutes Viertel der erwerbstätigen Bevölkerung im Fertigungssektor arbeitete (GARZA und RIVERA 1994, S. 4). Hier ist bedeutsam, daß die von der Industrie ausgehende Nachfrage nach Arbeitskräften entscheidenden Einfluß auf die Binnenwanderungsmuster ausgeübt hat, und zwar in zweierlei Hinsicht. Erstens beschleunigte sie die Abwanderung vom Land, weil sie potentiellen MigrantInnen lohnende Ziele eröffnete. Zwar fehlen uns für die entsprechende Zeit Belege für die *direkte Rekrutierung* von Arbeitskräften aus den ländlichen Gebieten für die städtischen Industrien, verstreute Hinweise lassen sich jedoch finden. ARIZPE (1979, S. 125) spricht von „la oferta directa de un empleo en la ciudad", also einem *direkten* Arbeitsplatzangebot in der Stadt, als wichtigem Abwanderungsgrund. Darüber hinaus war eine solche Anwerbung zu Beginn des Jahrhunderts für die internationale Migration gang und gäbe (PORTES und BACH 1985, S. 78f). Schließlich stellt die Rekrutierung auch heute noch eine bei Binnenwanderungen übliche Praxis dar (BARRY 1995, S. 83; La Jornada, 22.2.1997, 10.2.1998), weshalb vermutet werden kann, daß vor allem in der Frühphase der Industrialisierung Arbeitskräfte am Land direkt für städtische Jobs angeheuert wurden.[39]

Dokumentiert ist jedenfalls der zweite Schritt in der Geschichte der Land-Stadt-Wanderungen, nämlich die *Selbstreproduktion der Migration*. Schon sehr früh bildeten sich in Mexiko Migrationsnetzwerke, die Gewanderte mit Nicht-Gewanderten verbanden, und die dem Migrationsprozeß ein eigenes Momentum verliehen. Innerhalb der Netzwerke kam es häufig zu indirekter Rekrutierung neuer MigrantInnen durch Verwandte oder FreundInnen, die schon in der Stadt arbeiteten, und die das Wissen um die urbanen Arbeitsmöglichkeiten verbreiteten (LOMNITZ 1974, S. 139; ARIZPE 1985, S. 141).

Zweitens beeinflußte der Arbeitskräftebedarf die räumlichen Muster der Wanderung, und zwar vor allem hinsichtlich ihrer Zentralisierung auf Mexico City. Im Rahmen der importsubstituierenden Industrialisierung wurde die Metropole immer eindeutiger zum Epizen-

---

39) Dieser Punkt stellt einen lohnenden Gegenstand für weitere historische Forschungen dar, da er bislang wenig untersucht ist.

trum der mexikanischen Wirtschaft, so daß 1970 über ein Viertel (28,6 Prozent) des Bruttoinlandprodukts dort erwirtschaftet wurden (GARZA und RIVERA 1994, S. 60). Bezogen auf den Arbeitsmarkt war die Konzentration sogar noch ausgeprägter. Nahezu jeder zweite zwischen 1940 und 1970 geschaffene Industriejob (47,1 Prozent) befand sich in Mexico City, womit die Stadt 1970 zwei von fünf Arbeitsplätzen im Fertigungssektor des Landes beherbergte. Zum Vergleich: 30 Jahre zuvor war es „erst" knapp ein Viertel gewesen (GARZA 1985, S. 142f). Diese hohe Proportion gilt im wesentlichen auch für die anderen Wirtschaftssektoren (natürlich mit Ausnahme der Landwirtschaft), sodaß Mexico City am Ende der Ära der Importsubstitution zwei Fünftel der Gesamtbeschäftigung des Landes auf sich vereinte (AGUILAR 1996, Cuadro 8.1).

Analog zur Konzentration wirtschaftlicher Entwicklung und der sie begleitenden Verdichtung der Arbeitskräftenachfrage auf urbane Räume konzentrierten sich die Binnenmigrationen in hohem Ausmaß auf einige wenige Städte, und insbesondere auf Mexico City. 1970 lebte ein Drittel aller mexikanischen Binnenwanderer im Distrito Federal, der sich damals noch weitgehend mit Mexico City deckte (zur Definition von Distrito Federal bzw. Mexico City siehe Fußnote 3). Wird der den Distrito Federal umgebende Bundesstaat Estado de México dazugerechnet,[40] so zog es 1970 fast jede/n zweite/n BinnenmigrantIn in diese Zentrumsregion, oder, anders ausgedrückt, nach Mexico City bzw. in die die Stadt umgebenden, zunehmend mit ihr zusammenwachsenden Gebiete. In absoluten Zahlen bedeutet dies, daß 1970 etwa 2,3 Millionen MigrantInnen im Distrito Federal und noch einmal eine Million im Estado de México lebten. Zum Vergleich: Jalisco und Nuevo León, die Bundesstaaten, welche die zweit- bzw. drittgrößte Stadt Mexikos beherbergen (Guadalajara bzw. Monterrey), kamen zusammen gerade auf einen „Migration stock" von 650.000 ImmigrantInnen (siehe Tabelle A-19 im Anhang).

Die enorme Konzentration der Wanderungen auf Mexico City trug wesentlich zum Wachstum dieser Stadt bei und spiegelt sich demzufolge auch in ihrer Bevölkerungsstruktur wider. Die Zuwanderung sorgte zwischen 1950 und 1980 für 35 Prozent des jährlichen Durchschnittswachstums der Stadt, was dazu führte, daß MigrantInnen und ihre Nachfahren 1980 fast zwei von fünf BewohnerInnen Mexico Citys stellten. Im Distrito Federal machten unmittelbare Zuwanderer, also Personen, die in einem anderen Bundesstaat geboren wurden, 1970 ein Drittel der Bevölkerung aus (PARTIDA BUSH 1987, S. 134; PARTIDA BUSH 1995, S. 6).

Die Arbeitskräftenachfrage reicht allerdings nicht aus, die starke Zunahme der Binnenmigration (und übrigens auch der Emigration in die USA) ab 1940 zu erklären. In den theoretischen Ausführungen im ersten Beitrag dieses Buches (Kapitel 2.1, S. 30ff) wurde argumentiert, daß das Zustandekommen von dauerhafter Migration die Durchdringung einer Region mit den ökonomischen, kulturellen und politischen Kräften eines Zentrums voraussetzt. Erst diese Penetration führt nämlich zu jenen internen gesellschaftlichen Ungleichgewichten, die das Potential für die freiwillige Abwanderung kreieren. Außerdem wurde gemutmaßt, daß diese Dynamik von ökonomischer Integration und sozialer Desintegration, von Zentralisierung und Peripherisierung, kennzeichnend für die Beziehungen

---

[40]) Wofür erstens spricht, daß die Stadt ab den fünfziger Jahren über die Grenzen des Distrito Federal hinaus in den Estado de México hineinwuchs, und zweitens genau diese Expansion von Mexico City den Estado de México zum Zuwanderungsgebiet machte. Von 1930 bis 1960 war er nämlich ein Nettoabwanderungsgebiet gewesen (die Nettoemigration belief sich von 1930 bis 1960 auf etwa 100.000, mit in den fünfziger Jahren sinkender Tendenz).

zwischen Stadt und Land ist und damit dem Prozeß der Landflucht oder der Land-Stadt-Wanderungen zugrunde liegt (a.a.O., Kapitel 2.4).

Die Geschichte der importsubstituierenden Industrialisierung in Mexiko bestätigt diese Annahmen. Es war eine Zeit (haupt)stadtzentrierten Wachstums einerseits, sukzessiver Unterordnung des Landes und seiner Bevölkerung unter dieses Wachstumsmodell und damit unter die Stadt und ihre BewohnerInnen andererseits. Zwar fallen der Beginn der Importsubstitution und die Zeit, in der die umfangreichste Landreform der Geschichte Mexikos durchgeführt wurde, zeitlich zusammen, dennoch (oder gerade deswegen!) ist ab 1940 ein enger Zusammenhang zwischen der (haupt)stadtzentrierten Industrialisierung, der Peripherisierung weiter Teile des Landes und dem Aufkommen der Massenmigrationen zu erkennen.

Unter Präsident Lázaro CÁRDENAS (1934–1940) wurden über 18 Millionen Hektar Land an über 720.000 „Ejidatarios"[41] vergeben, was mehr als doppelt so viel war wie in den zwölf Jahren zuvor, die seit dem Sieg der Revolution vergangenen waren. Dazu kamen organisatorische Innovationen, wie der erleichterte Zugang zu Kredit oder die Gründung von Kollektivejidos (TOBLER 1992, S. 585–594; GORMSEN 1995, S. 143). Mit der Landreform wurde eine Bindung der neuen Ejidatarios an das Land gefestigt oder geschaffen. Anders ausgedrückt: Die Landverteilung führte zur Verwurzelung eines Teils des zuvor fluktuierenden Landproletariats, und zwar sowohl in ökonomischer wie auch in soziokultureller Hinsicht (CORONA RENTERÍA 1979, S. 70; ARIZPE 1985, S. 16; DE TERESA OCHOA 1996, S. 203).

Mit der Landreform erfüllte CÁRDENAS aber nicht nur eine Forderung der Revolutionäre, sondern er schuf auch die Basis für die Industrialisierung. Bei allen unleugbaren sozialpolitischen Erfolgen und vieler sozialrevolutionärer Rhetorik kam dem Ejido-Sektor, der 1940 etwa die Hälfte des kultivierten Landes ausmachte, nämlich genauso wie der anderen Hälfte der Landwirtschaft die Aufgabe zu, die Städte mit billigen Lebensmitteln zu versorgen, die Reproduktion der (nur fallweise gebrauchten) Arbeitskraft zu gewährleisten und „überschüssige" Bevölkerung an das Land zu binden (BENNHOLDT-THOMSEN 1982, S. 38–40; PRADILLA COBOS 1993, S. 65f; BARRY 1995, S. 22–29; FELDBAUER 1995, S. 183f; zur Parallelität dieses Prozesses in anderen lateinamerikanischen Staaten siehe PREALC 1990, S. 10). In der Zeit nach CÁRDENAS und insbesondere ab der Präsidentschaft von Miguel ALEMÁN (1946–1952) wurde immer offensichtlicher, daß die Industrialisierung auf Kosten der traditionellen Landwirtschaft durchgeführt wurde. In anderen Worten: Die Klein- und Mittelbauern und -bäuerinnen blieben aus der Entwicklungsallianz, die aus nationalem und ausländischem Kapital, Regierungsbeamten, städtischen Arbeitern und Großgrundbesitzern (der nördlichen Regionen) gebildet wurde, nicht nur ausgeschlossen, sie mußten für deren beeindruckende Erfolge auch „bluten".

Deshalb ist es kein Zufall, daß die nach der Zeit des Porfiriats zweite große Entwurzelungswelle in den vierziger Jahren einsetzte. Die ökonomische Basis der bäuerlichen Wirtschaft wurde durch einen anhaltenden Ressourcenabfluß in die Industrie und den agroindustriellen Exportsektor, der über Steuern, sich ständige verschlechternde Terms of Trade und die

---

[41]) Das „Ejido" ist staatliches Land, das nach der Revolution an Bauern und Kollektive zur Bewirtschaftung vergeben wurde. Während der Ertrag in Privatbesitz überging, blieb das Land staatlich und durfte bis 1991 weder verkauft, verpachtet oder belehnt werden. Mit der agrarischen Gegenreform von 1991 ist das Ejido-Land handelbar geworden. Von 1920 bis 1994 wurden 102 Millionen Hektar Land als Ejidos an 3,5 Millionen Ejidatarios vergeben, was im Schnitt 29 ha pro Begünstigtem ausmacht (GORMSEN 1995, S. 143).

billige Reproduktion von Arbeitskraft gewährleistet wurde, ausgehöhlt. Als ein Beispiel dieses konstanten Ressourcenabflusses sei genannt, daß zwar die Löhne am Land immer niedriger waren als in der Stadt, daß aber zugleich die Verbraucherpreise höher lagen als dort, weil sie in der Stadt subventioniert wurden, um politischen Unruhen vorzubeugen. Mit der Grünen Revolution schritt die Polarisierung am Land weiter voran, weil staatliche Investitionen nun (wieder) mehr und mehr in den „modernen" Sektor flossen, während es den klein- und mittelbäuerlichen Betrieben an Kapital und Kredit mangelte. Auch leiteten die höheren Kapitalerfordernisse im Rahmen der Grünen Revolution einen Prozeß der erneuten Landkonzentration ein. Das Ergebnis war, daß einerseits die Erträge (z.B. Weizen, Mais) in den siebziger Jahren Rekordhöhen erreichten, daß aber andererseits der bäuerliche Sektor spätestens ab Mitte der sechziger Jahren so weit geschwächt war, daß er über weite Strecken von zusätzlichen Einnahmen abhing. Diese Einnahmen konnten aus der staatliche Subventionspolitik stammen, in vielen Fälle wurden sie aber über die Migration eines oder mehrerer Familienmitglieder in die Städte oder in die USA lukriert (HEWITT DE ALCÁNTARA 1978; ARIZPE 1985, S. 21, S. 73–84; GRINDLE 1991, S. 136; BARRY 1995, S. 27–32; GORMSEN 1995, S. 126f; ROBERTS 1995, S. 99–103).

So hatten sich bis 1970 denn auch stabile und umfangreiche Migrationssysteme etabliert. Zahlreiche Bundesstaaten verloren in den sechziger Jahren zwischen einem Viertel und einem Drittel ihrer Bevölkerung durch Abwanderung, und die in absoluten Zahlen größten Senderegionen Michoacán und Oaxaca verzeichneten seit 1930 einen negativen Migrationssaldo von jeweils einer halben Million Personen (Tabelle A-20 im Anhang).

Die Unterordnung des Landes unter die städtische Entwicklung und seine Aufgabe, diese zu finanzieren, bedeuteten auch, daß die Verbindungen zwischen Stadt und Land zunahmen. Es ist ein wichtiger Aspekt der importsubstituierenden Industrialisierung, daß sie als ein binnenmarktorientiertes und „nationalistisches" Entwicklungsmodell die Integration des Binnenmarktes und des Nationalstaates vorantrieb. Diese Vereinheitlichung war eine ungleiche, und trotzdem schuf sie immer dichtere Land-Stadt-Verflechtungen bzw. jene „Brücken", die die Abwanderung erleichterten und forcierten bzw. überhaupt erst in Gang brachten. Vor diesem Brückenschlag nämlich übte Mexico City keine besondere Anziehungskraft aus, denn Informationen über das urbane Leben und seine Möglichkeiten waren kaum verbreitet (vgl. ARIZPE 1979, S. 66; siehe auch S. 98).

Danach aber, als über den Bau von Straßen und der Eisenbahn, über Lebensmittellieferungen an die Stadt und den zunehmenden Handel mit industriellen Waren, über die steigende Präsenz „moderner" Konsumgüter, über den Kontakt zu Händlern und politischen Funktionären, die Propaganda und Organisierung betreiben, über den Besuch der Schule und den Zugang zu Massenmedien, und letztlich auch über die zunehmenden Migrationen, da immer mehr Menschen zwischen Land und Stadt wanderten (auch wenn sie ersteres oftmals nur anläßlich der Dorf- und Familienfeste besuchten) ausreichend breite „Brücken" zwischen Dorf und Stadt errichtet waren, fand das wachsende Potential der am Land Entwurzelten seinen Weg in die Städte mit ihren Arbeitsplätzen (ARIZPE 1985, S. 42, S. 83; PRADILLA COBOS 1993, S. 96f; BARRY 1995, S. 133–135; ROBERTS 1995, S. 99–112).

Abschließend sei noch darauf hingewiesen, daß in den Jahrzehnten der importsubstituierenden Industrialisierung auch die Emigration in die USA ein bis dahin nicht dagewesenes Ausmaß annahm – und zwar vorwiegend wegen der direktesten aller möglichen „Brükken", der aktiven Rekrutierung von Arbeitskräften. Im Rahmen des „Bracero-Programms" arbeiteten zwischen 1942 und 1964 rund fünf Millionen MexikanerInnen in den USA, vorwiegend in der kalifornischen Landwirtschaft. Das Bracero-Programm hatte zur Folge, daß Migration heute zu einem festen Bindeglied zwischen den USA und Mexiko geworden ist – ironischerweise geht nämlich ein Guttcil der heutigen, nicht dokumentierten Einwanderung in die USA auf das staatliche Rekrutierungsprogramm der vierziger, fünfziger und sechziger Jahre zurück. Viele Farmer der Südstaaten wollen auf die billige mexikanische Arbeitskraft nicht mehr verzichten, und zahllose Haushalte in mexikanischen Dörfern und Städten sind auf die Überweisungen ihrer zeitweise oder auf immer in die USA migrierten Mitglieder angewiesen (PORTES und BACH 1985, S. 61–63, S. 80; MASSEY et al. 1987, S. 43, S. 54–62; MASSEY 1990, S. 71; MARTIN 1994, S. 22–24).

In Hinblick auf die im Zentrum dieses Forschungsprojektes stehenden Entwicklungen der achtziger und neunziger Jahre kann also folgendes zusammengefaßt werden: Mexiko blickt auf eine lange Migrationsgeschichte zurück, die ihre ersten Wurzeln in einer frühen und engen Bindung an die USA und einer zeitigen Durchdringung von Teilen des Landes mit ausländischem Kapital hat. Dann, in der Mitte dieses Jahrhunderts, wurde einerseits das Land im Zuge der importsubstituierenden Industrialisierung mehr und mehr marginalisiert, andererseits nahm die Arbeitskräftenachfrage in der städtischen Industrie (insbesondere ein Mexico City) und in den USA zu. Erleichtert und gefördert durch die Integration des Binnenmarktes (die infrastrukturelle, soziale, politische und kulturelle „Brücken" zwischen Stadt und Land baute) sowie durch ein US-amerikanisches Anwerbeprogramm für temporäre MigrantInnen wurde Migration bis 1970 zu einem definitiven Bestandteil der Reproduktion vieler Haushalte und zu einem Massenphänomen.

3.2 Die Binnenmigrationen seit 1970: Stabilität und Veränderungen

Die Entwicklung der Binnenmigrationen ab 1970 ist durch eine insgesamt große Beständigkeit der Migrationsmuster charakterisiert. Allerdings treten auch einige durchaus bemerkenswerte Veränderungen auf. Im folgenden werden nun sowohl die Tendenzen der Stabilität wie die des Wandels untersucht werden. Dazu werden zunächst einige quantitative Aspekte der jüngeren Geschichte der Binnenwanderungen gezeigt, um daran anschließend die qualitative Entwicklung der Migrationsmuster zu skizzieren. In einem nächsten Kapitel (Kapitel 3.4) werden die dargestellten Trends dann analysiert, und zwar insbesondere unter Berücksichtigung der Fragestellung, ob und inwiefern die tiefere Integration Mexikos in die Weltwirtschaft in Zusammenhang mit den Entwicklungen hinsichtlich der Migrationsmuster steht.

3.2.1 Das Migrationsvolumen: Abrupter Anstieg ab 1990

Das Migrationsvolumen zeigt Tendenzen sowohl der Stabilität wie auch des Wandels. Zunächst einmal ist festzuhalten, daß der Anteil der Bevölkerung, der in einem anderen Bundesstaat geboren wurde als dem, in dem er zum Zeitpunkt des Zensus lebte, sich zwischen 1970 und 1990 lediglich wenig verändert hat. Nach einem im Vergleich zu den vorhergehenden Jahrzehnten nur mehr sehr leichten Anstieg in den siebziger Jahren (von 16,4 Prozent auf 17,5 Prozent) stagnierte die Migrationsrate in den achtziger Jahren überhaupt. Das bedeutet allerdings nicht, daß es keine absolute Zunahme der Migrationen gab, sondern daß sich diese analog zum Bevölkerungswachstum bewegte. Zwischen 1970 und 1990 wurden etwas mehr als sechs Millionen neue BinnenmigrantInnen in Wanderungen mobilisiert – eine nicht unerhebliche Menge (Abbildungen 21 und 22; Tabelle A-21 im Anhang).

Abbildung 21: Anteil der BinnenmigrantInnen an der Gesamtbevölkerung, 1960–1995

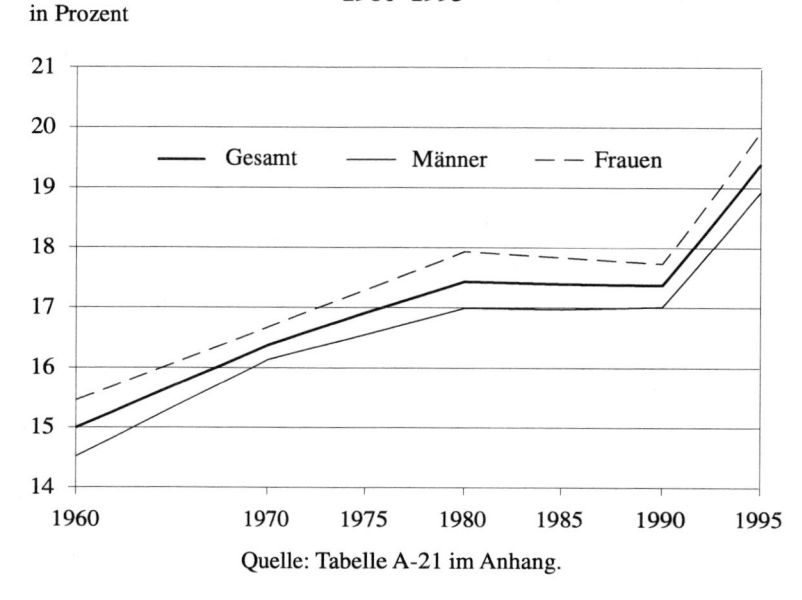

in Prozent

Abbildung 22: : Durchschnittliche jährliche Zuwächse an BinnenmigrantInnen, 1960–1995

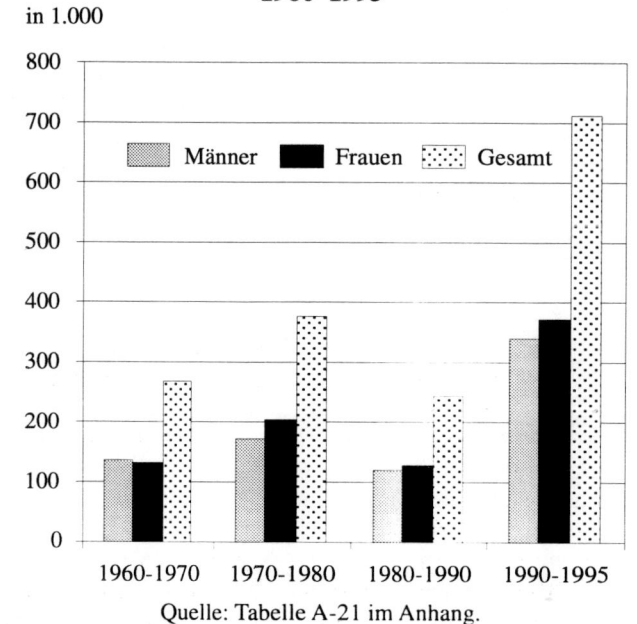

in 1.000

Quelle: Tabelle A-21 im Anhang.

In der ersten Hälfte der neunziger Jahre kam es dann allerdings zu einer Veränderung, welche die Bezeichnung spektakulär durchaus verdient. Die nationale Migrationsrate stieg um zwei volle Prozentpunkte auf 19,4 Prozent, das Migrationsvolumen (der „Migration stock") um ein Viertel auf 17,6 Millionen MigrantInnen. Diese große relative und absolute Zunahme ist angesichts der de facto Stagnation der Migrationsrate in den zwei vorangegangenen Jahrzehnten (1970–1990) besonders bemerkenswert, und kann geradezu als sensationell bezeichnet werden, übertrifft sie doch sogar die starke Zunahme der Migrationen in den vierziger und fünfziger Jahren. Ja, wenn die Daten der Volkszählung von 1995 korrekt sind,[42] kann sogar vom stärksten Anstieg der Binnenmigration gesprochen werden, den es in der Geschichte Mexikos gab (siehe Abbildungen 20 und 21 sowie die Tabelle A-21 im Anhang).

Der Anstieg der Binnenmigrationsrate auf 19,4 Prozent und die Vergrößerung des absoluten „Migration stock" auf 17,6 Millionen im Jahr 1995 bedeuten, daß alleine zwischen 1990 und 1995 über 3,5 Millionen neue Binnenwanderer in Migrationen mobilisiert wurden. Wiederum wird die Dimension erst im historisch Vergleich vollständig erkennbar: Im *Jahrzehnt* zuvor war der „Migration stock" „nur" um knapp 2,5 Millionen Personen gewachsen. In anderen Worten: Zwischen 1990 und 1995 wurden im Jahresdurchschnitt also mehr als 700.000 MexikanerInnen zusätzlich in Binnenmigrationen mobilisiert – fast dreimal so viel wie im Jahresschnitt der achtziger Jahre und immerhin fast doppelt so viel wie im Mittel der siebziger Jahre (Abbildung 22). Auffällig ist auch, daß der geschlechtsspezifische Unterschied wieder größer wird. In den neunziger Jahren ist die Mobilität der Frauen deutlich höher als die der Männer (Abbildungen 21 und 22 sowie Tabelle A-21), wodurch sich das Geschlechterverhältnis bei den Binnenwanderungen immer mehr in Richtung weiblicher Dominanz verschiebt. 1995 stellten Frauen 52 Prozent aller BinnenmigrantInnen (eigene Berechnung, basierend auf INEGI 1996, S. 133, S. 409).

3.2.2 Die Migrationsmuster: Anhaltende Trends, jähe Brüche und Umorientierungen

Ist also das Migrationsvolumen vor allem von einem außergewöhnlichen Anstieg in den letzten Jahren gekennzeichnet, so spiegeln die Daten hinsichtlich der Migrationsmuster eine relativ große Beständigkeit lang anhaltender Tendenzen wider. Beispielsweise ist hinsichtlich der Abwanderungsregionen festzuhalten, daß es zwischen 1970 und 1990[43] zu keinen großen Veränderungen gekommen ist – mit Ausnahme natürlich der bereits skizzierten Entwicklung im Distrito Federal. Ansonsten aber sind sowohl die Bundesstaaten mit der höchsten Nettoemigration als auch jene mit der größten Emigrationsquote im wesentlichen die gleichen wie in den Jahrzehnten zuvor.

Die absolut größten Wanderungsverluste (negative Salden) verzeichneten zwischen 1970 und 1990 Michoacán im Westen (-1.179.772) und Oaxaca im Süden (-979.700), gefolgt von Guanajuato (-887.665), Zacatecas (-852.390) und Puebla (-761.773), die alle in der Zentrumsregion gelegen sind. Relativ zur Bevölkerung verloren die Bundesstaaten Zacatecas, Durango, San Luis Potosí und Hidalgo am meisten MigrantInnen – die Abwanderungsrate bewegte sich hier im Jahr 1990 zwischen 20 und knapp über 30 Prozent. Dies bedeutet im Vergleich zu 1970 einen leichten Rückgang, wobei dieser wegen des Bevölkerungswachstums allerdings in keinem Widerspruch zur absoluten Zunahme der Abwanderungen steht. Der negative Migrationssaldo von Michoacán in den siebziger und achtziger Jahren ist mehr als doppelt so hoch wie jener zwischen 1930 und 1970. Ähnliches gilt für die nächstgrößten Abwanderungsgebiete Oaxaca, Guanajuato und Zacatecas (siehe die Tabellen A-20 und A-22 im Anhang).

---

[42]) Siehe Fußnote 12.

[43]) Der „Conteo" (Volkszählung) von 1995 erhob leider keine Daten hinsichtlich der Abwanderung, weshalb hier die Zeitreihe nur bis 1990 geführt werden kann.

Abbildung 23: Anteil der Bundesstaaten an den Nettoabwanderungsregionen 1970–1990

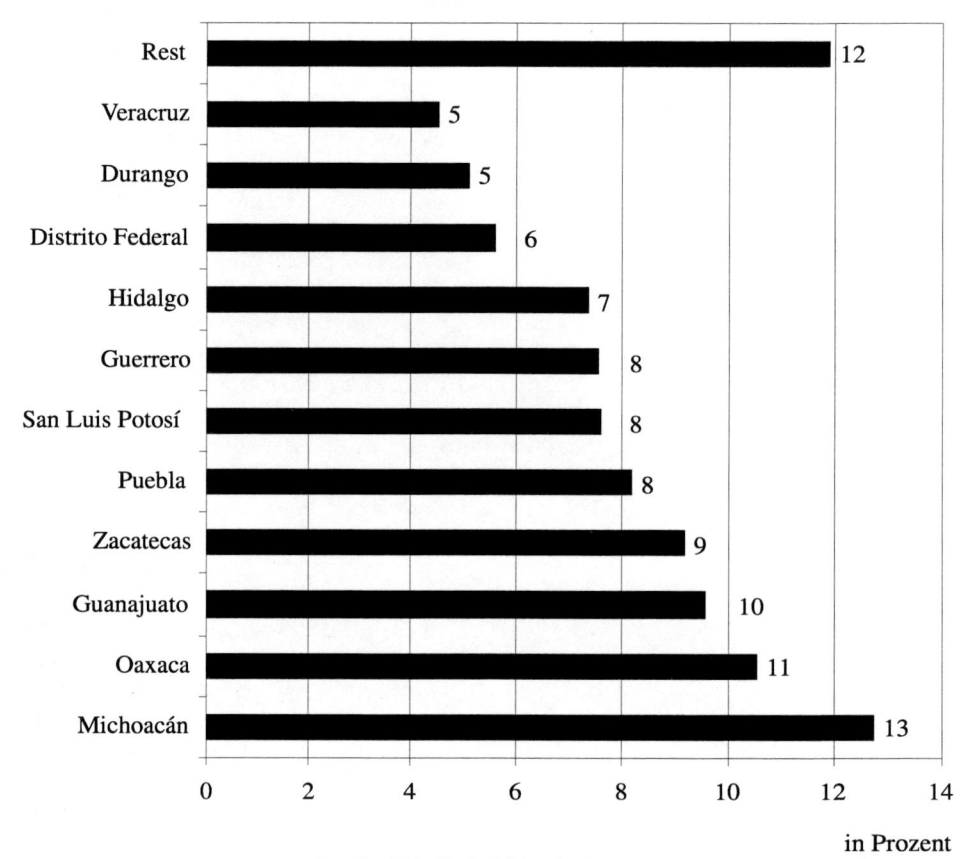

Bundesstaat	Prozent
Rest	12
Veracruz	5
Durango	5
Distrito Federal	6
Hidalgo	7
Guerrero	8
San Luis Potosí	8
Puebla	8
Zacatecas	9
Guanajuato	10
Oaxaca	11
Michoacán	13

in Prozent
Quelle: Tabelle A-22 im Anhang.
Die Nettoabwanderungsverluste summieren sich auf 100 Prozent.

Die größte Veränderung hinsichtlich der Abwanderungsgebiete ist allerdings nur bedingt aus der Abbildung 23 herauszulesen. Sie betrifft den Distrito Federal und wurde bereits ausführlich dargestellt (siehe Kapitel 2.4), weshalb hier eine kurze Zusammenfassung der diesbezüglichen Trends genügt. Die Hauptstadt verbuchte bis 1980 positive Wanderungssalden – zwischen 1930 und 1980 hatte sie einen Migrationsgewinn von netto 2,4 Millionen MigrantInnen (siehe Abbildung 10 bzw. die Tabellen A-9 und A-19 im Anhang). Dann aber kehrte sich der Trend um. Die Hauptstadt verlor in den achtziger Jahren über 1,1 Millionen Personen durch Migration (netto), die Bruttoabwanderung betrug gar 3,1 Millionen Menschen (Abbildung 10; INEGI 1994, S. 50).

Wird die Nettoabwanderung aus der Hauptstadt allerdings um die intraurbane Mobilität bereinigt, werden also jene „Migrationen", die vom Distrito Federal in eine zur ZMCM gehörende Gemeinde des Estado de México verlaufen, aus der Migrationsbilanz ausgeklammert, so wird der negative Wanderungssaldo um fast zwei Drittel kleiner. Nach einer solchen Datenkorrektur (siehe Kapitel 2.4) kam der Distrito Federal zwischen 1985 und 1990 auf eine Nettoabwanderung von 279.149 Personen (eigene Berechnung, basierend auf INEGI 1995, S. 137f, S. 209, und PARTIDA BUSH 1995, S. 19f).

Damit ist die Hauptstadt (zumindestens in der Periode zwischen 1985 und 1990) aber immer noch die mit Abstand wichtigste Senderregion Mexikos, und zwar sowohl, was die absolute Zahl der MigrantInnen, als auch, was die Migrationsbilanz betrifft (siehe die Abbildungen 24 und 25 sowie die Tabelle A-27 im Anhang).

Für die neunziger Jahre müssen, da in der Volkszählung von 1995 (INEGI 1996) keine diesbezüglichen Daten erhoben wurden, Prognosen ausreichen. Diese aber deuten jedenfalls auf eine Verlängerung des Trends zu einer negativen Wanderungsbilanz hin, wenn diese vielleicht auch weniger prononciert ausfallen könnte als in den achtziger Jahren (PORRAS MACÍAS 1997a, S. 62–65; PORRAS MACÍAS 1997b).

Eine mit dem Distrito Federal vergleichbare, wenn auch weniger deutlich ausgeprägte Entwicklung hin zu einer negativen Wanderungsbilanz ist auch in der gesamten ZMCM zu beobachten gewesen. Das Wachstum der Stadt auf Grund von Immigration war in den achtziger Jahren leicht negativ (-0,37 Prozent), was einem Wanderungsverlust von netto zwischen 290.000 und 440.000 (1985–1990) entspräche (Abbildung 9; CORONA CUAPIO und LUQUE GONZÁLEZ 1992, S. 22–24; GÓMEZ DE LEÓN CRUCES und PARTIDA BUSH 1996, S. 15).

Wenn wiederum die intraurbane Mobilität ausgeklammert wird (siehe Kapitel 2.4), reduziert sich der negative Wanderungssaldo der ZMCM in der zweiten Hälfte der achtziger Jahre etwas, nämlich auf 223.700 EmigrantInnen (eigene Berechnungen, basierend auf PARTIDA BUSH 1995, S. 20, und INEGI 1995, S. 209, S. 438–440). Auch bezüglich der ZMCM wird vermutet, daß der Trend zu einer negativen Migrationsbilanz im gegenwärtigen Jahrzehnt anhält, allerdings gilt auch hier die Einschränkung, daß dieser Trend eventuell weniger deutlich ausfallen wird als in der zweiten Hälfte der achtziger Jahre (GÓMEZ DE LEÓN CRUCES und PARTIDA BUSH 1996, S. 17; PORRAS MACÍAS 1997a, S. 43).

Bezüglich der Emigrationsgebiete ist es zwischen 1980 und 1990 zu einer gewissen Dezentralisierung gekommen. Zwar scheint auf den ersten Blick das Gegenteil der Fall zu sein, da in den achtziger Jahren 45,1 Prozent aller mexikanischen BinnenmigrantInnen aus nur fünf Bundesstaaten stammten (Distrito Federal [22,5 Prozent], Veracruz [6,2 Prozent], Michoacán [6,2 Prozent], Puebla [5,2 Prozent] sowie Guanajuato [5 Prozent]), während es zehn Jahre zuvor erst 40 Prozent gewesen waren. Wird allerdings der Distrito Federal ausgeklammert, wofür vor allem die in Kapitel 2.4 thematisierte Verzerrung der Statistik durch den hohen Anteil an intraurbaner Mobilität spricht, dann zeigt sich eine etwas breitere Streuung der Emigrationsgebiete. Betrug der Anteil der fünf stärksten Senderregionen (ohne Distrito Federal) in den siebziger Jahren 30 Prozent an allen Binnenmigrationen, so machte er im darauffolgenden Jahrzehnt nur mehr 27,5 Prozent aus (eigene Berechnungen, beruhend auf INEGI 1994, S. 50).

Werden zur Identifikation der wichtigsten Abwanderungsregionen nicht die Migrationssalden von 1970 bis 1990 herangezogen, sondern die Bruttoabwanderung bzw. die Salden der Zeit von 1985 bis 1990, und werden die diesbezüglichen Daten um die intraurbane Mobilität in der ZMCM bereinigt, so zeigen sich im Vergleich der wichtigsten Senderregionen der mexikanischen BinnenmigrantInnen doch einige wichtige Verschiebungen.

Zum ersten sticht natürlich hervor, daß der Distrito Federal das Herkunftsgebiet der mit Abstand meisten MigrantInnen ist, und zwar auch dann, wenn die intraurbane Mobilität innerhalb der ZMCM aus der Binnenmigrationen ausgeklammert bleibt. Zum zweiten

Abbildung 24: Anteil der Bundesstaaten an der Gesamtabwanderung, 1985–1990 (bereinigt um die intraurbane Mobilität in der ZMCM)

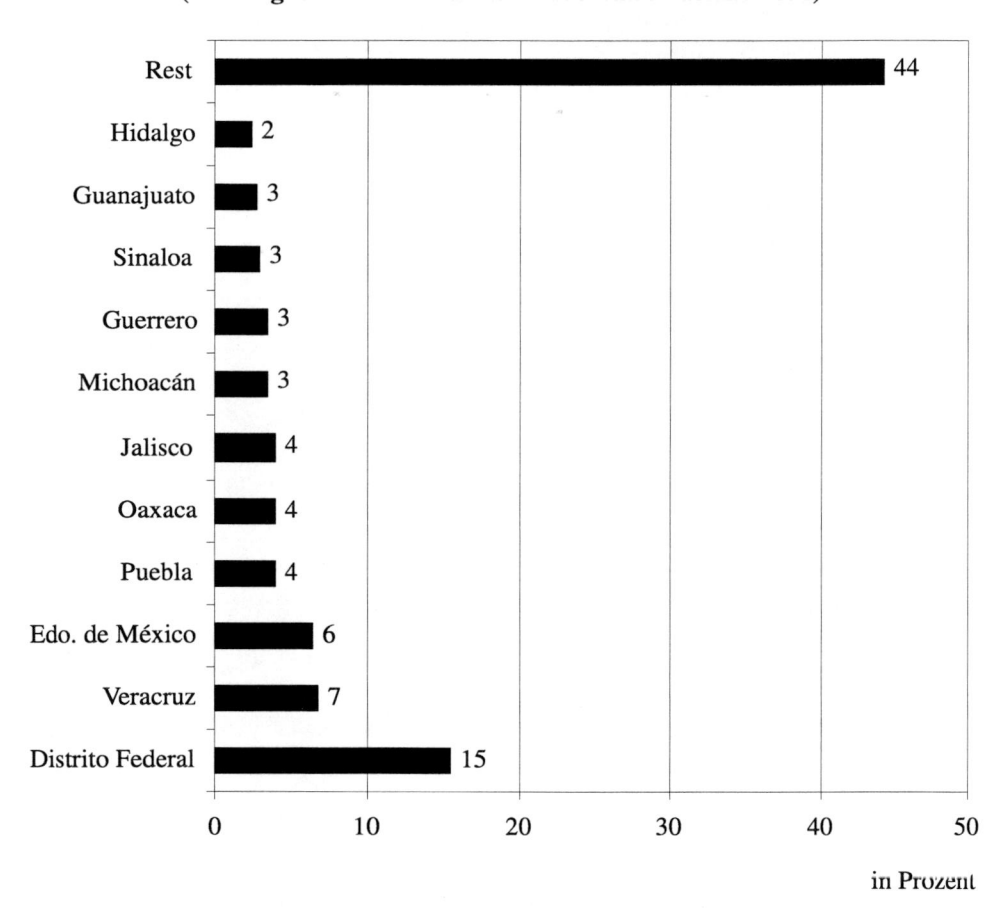

Bundesstaat	Anteil in Prozent
Rest	44
Hidalgo	2
Guanajuato	3
Sinaloa	3
Guerrero	3
Michoacán	3
Jalisco	4
Oaxaca	4
Puebla	4
Edo. de México	6
Veracruz	7
Distrito Federal	15

Quelle: Tabelle A-27 im Anhang.

fällt auf, daß Oaxaca und vor allem Michoacán, die zwischen 1970 und 1990 die meisten BewohnerInnen durch Emigration verloren, in der zweiten Hälfte der achtziger Jahre als Abwanderungsregionen wesentlich weniger ins Gewicht fallen. Guanajuato wandelt sich überhaupt von einer Abwanderungs- in eine Zuwanderungsregion, wenn der positive Migrationssaldo auch sehr gering ist. Andererseits zeigt sich, daß Veracruz, der Estado de México sowie Guerrero als Senderregionen von erheblicher Bedeutung sind (siehe die Abbildungen 24 und 25 sowie Tabelle A-27 im Anhang).

Wird die Entwicklung der Migrationsmuster seit 1970 aus der Perspektive der Zuwanderungsgebiete betrachtet, so fallen ebenfalls einige Verschiebungen und Kontinuitäten auf. Erstens ist mit dem Wandel des Distrito Federal vom Zuwanderungspol zur Abwanderungsregion natürlich auch sein Anteil am nationalen „Migration stock" markant zurückgegangen. 1970 lebten, wie erwähnt, 2,3 Millionen oder ein Drittel aller mexikanischen Binnenwanderer im Distrito Federal. 1995 kam er nur mehr auf einen Anteil von 11,8 Prozent; die Zahl der dort lebenden ImmigrantInnen war auf 2,1 Millionen zurückgegangen. Andererseits ist die Hauptstadt trotz dieses starken Rückgangs am Anteil aller Binnenmigran-

**Abbildung 25: Abwanderungsregionen – Migrationssalden 1985–1990
(bereinigt um die intraurbane Mobilität in der ZMCM)**

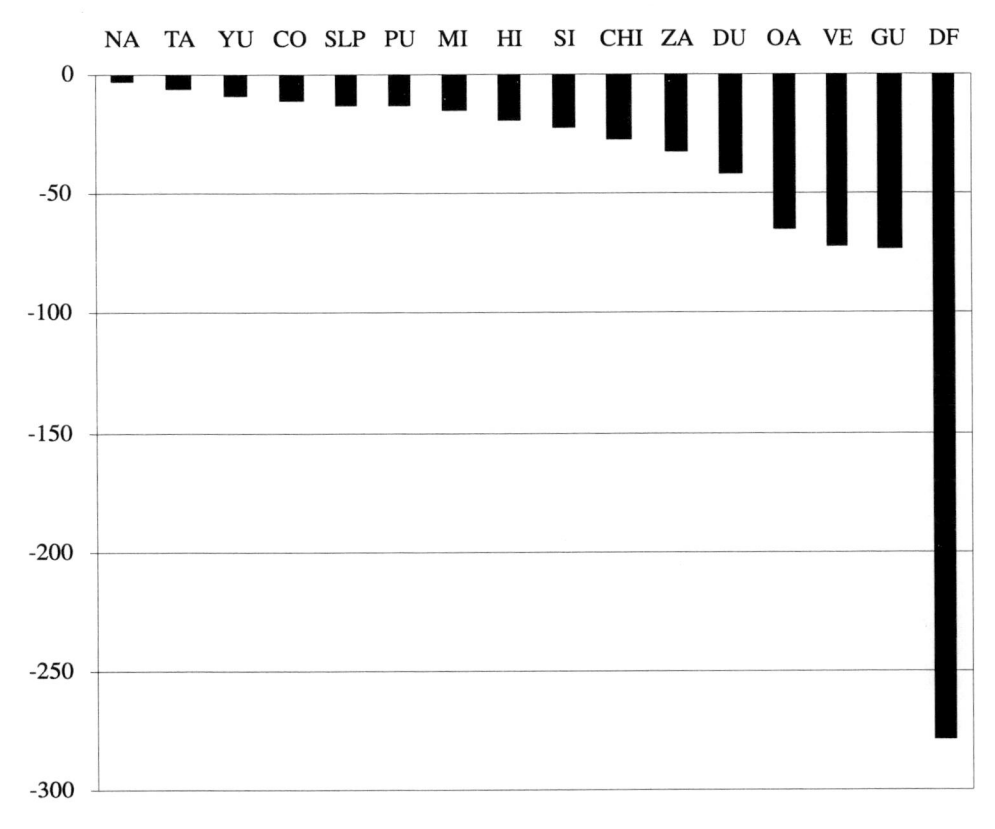

Quelle: Tabelle A-27 im Anhang.
Legende: NA = Nayarit; TA = Tamaulipas; YU = Yucatán; CO = Coahuila; SLP = San Luis Potosí; PU = Puebla; MI = Michoacán; HI = Hidalgo; SI = Sinaloa; CHI = Chiapas; ZA = Zacatecas; DU = Durango; OA = Oaxaca; VE = Veracruz; GU = Guerrero; DF = Distrito Federal.

tInnen nach dem Estado de México immer noch jener Bundesstaat, der die zweitmeisten MigrantInnen umfaßt (Abbildung 26 und Tabelle A-18 im Anhang).

Zweitens fällt auf, daß der Estado de México, auf dessen Gebiet ja etwa die Hälfte der EinwohnerInnen von Mexico City leben, seinen Anteil am nationalen „Migration stock" zwischen 1970 und 1995 parallel zum relativen Bedeutungsverlust des Distrito Federal auf über 30 Prozent verdoppelt hat. Dabei hat der Estado de México gerade zwischen 1990 und 1995, als landesweit ein erheblicher Anstieg der Binnenwanderungen zu verzeichnen war (siehe Kapitel 3.2.1), besonders viele MigrantInnen angezogen. In dieser Zeit verbuchte der Estado de México fast 43 Prozent des Zuwachses des nationalen „Migration stock", womit Mitte der neunziger Jahre 5,4 Millionen Menschen dort lebten, die nicht im Estado de México geboren wurden. 1970 waren es noch wenig mehr als eine Million gewesen (Abbildung 26 sowie Tabellen A-18 und A-25 im Anhang).

Abbildung 26: Anteile der zuwanderungsstärksten Bundesstaaten am „Migration stock", 1970–1995

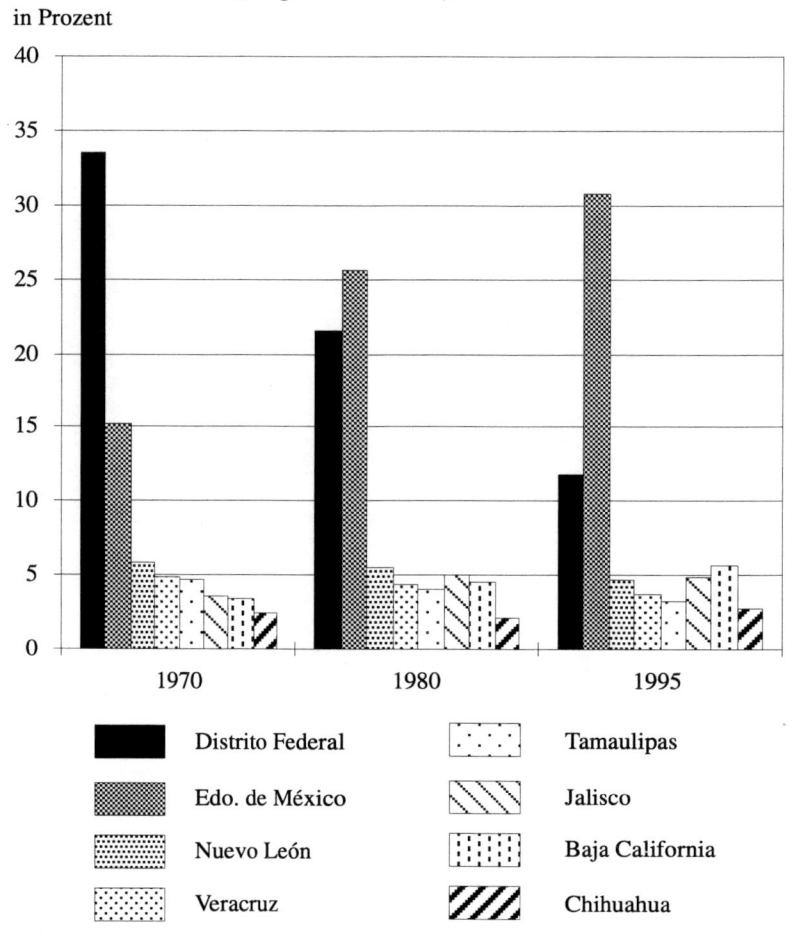

in Prozent

[Balkendiagramm mit Anteilen für 1970, 1980, 1995; Legende: Distrito Federal, Edo. de México, Nuevo León, Veracruz, Tamaulipas, Jalisco, Baja California, Chihuahua]

Quelle: Tabelle A-18 im Anhang.

Eingedenk des Umstandes, daß sich ein Großteil der Zuwanderung, die in den Estado de México geht, in Gemeinden konzentriert, die zur ZMCM gehören (zwischen 1985 und 1990 waren es über 90 Prozent; siehe Kapitel 2.4), spiegelt die Anteilsverschiebung vom Distrito Federal hin zum Estado de México weniger einen Dezentralisierungsprozeß als vielmehr das Wachstum von Mexico City wider. Dieses vollzieht sich mittlerweile so gut wie ausschließlich auf dem Territorium des Estado de México.

Drittens schließlich zeigt die Analyse der Migrationsströme, daß ab den siebziger Jahren neue Migrationsziele an Bedeutung gewonnen haben. Insbesondere handelt es sich dabei um Baja California im Nordwesten des Landes, um Nuevo León im Nordosten, um Jalisco im Westen und um Quintana Roo im Südosten, wobei der erst- und letztgenannte Bundesstaat besonders deutliche Beispiele für neue Zuwanderungsziele darstellen. Baja California hatte 1970 den siebentgrößten „Migration stock" (3,4 Prozent aller mexikanischen Binnenwanderer lebten dort), verbuchte dann aber bis 1990 den zweitgrößten positiven Migrationssaldo (nach dem Estado de México). Mit fast einer Million Zuwanderer, die im Jahr 1995

Abbildung 27: Zuwanderungsregionen – Bruttozuwanderung und Migrationssalden 1985–1990 (bereinigt um die intraurbane Mobilität in der ZMCM)

in 1000

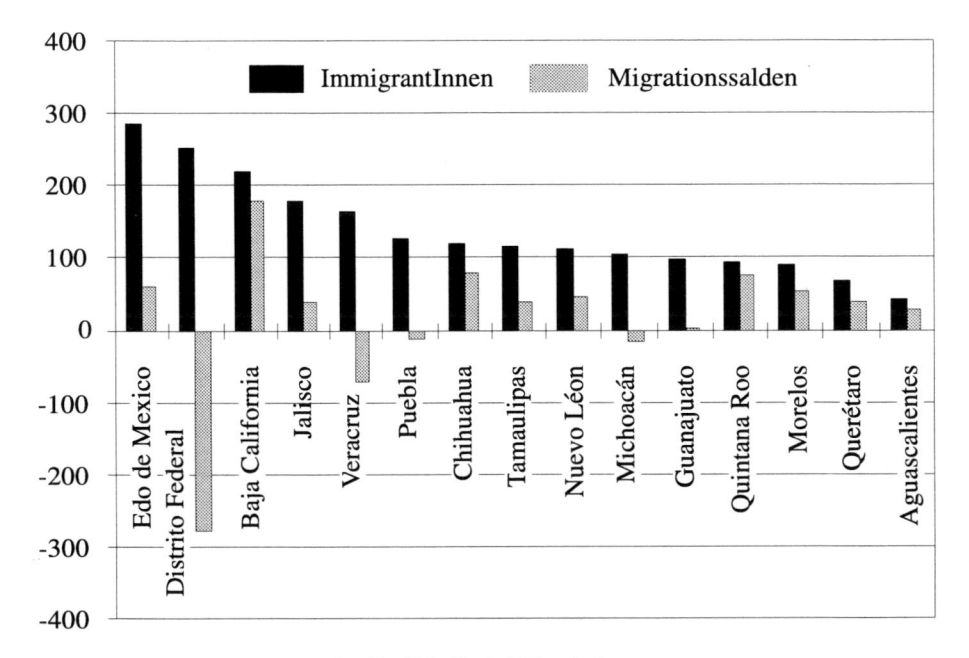

Quelle: Tabelle A-27 im Anhang.

in Baja California lebten oder 5,6 Prozent des nationalen „Migration stock" stieg dieser Bundesstaat zu jenem mit der drittgrößten ImmigrantInnenbevölkerung auf. Noch markanter, wenn auch auf niedrigerem absolutem Niveau, verläuft die Entwicklung in Quintana Roo. Dieser Bundesstaat im Südosten des Landes zählte 1970 gerade 38.610 Zuwanderer, was die fünftkleinste ImmigrantInnenbevölkerung in ganz Mexiko bedeutete. Zwischen 1970 und 1990 verbuchte Quintana Roo dann trotz seiner geringen Größe die fünftgrößte Nettozuwanderung, in den achtziger Jahren sogar die viertgrößte. Bis 1995 verzehnfachte sich in Quintana Roo die Größe der zugewanderten Bevölkerung, womit dieser Staat nun schon über den elftgrößten „Migration stock" verfügt.

Was Nuevo León und Jalisco angeht, so ist das Muster in diesen Fällen etwas widersprüchlicher. Denn einerseits verfügen diese Staaten entweder über hohe Migrationsgewinne (Nuevo León zählte zwischen 1970 und 1990 eine Nettoimmigration von fast einer Million) oder über einen stark wachsenden „Migration stock" (Jalisco), andererseits aber büßen sie als Zuwanderungsgebiete entweder an Bedeutung ein, und zwar relativ zu anderen Bundesstaaten (wie im Falle von Nuevo León), oder aber sie haben wie Jalisco trotz der hohen Einwanderung einen negativen Migrationssaldo (Tabellen A-18, A-24 und A-25 im Anhang).

Besonders deutlich zeigt sich das Entstehen neuer Zuwanderungsziele, wenn die um die intraurbane Mobilität in der ZMCM bereinigten Migrationsdaten der zweiten Hälfte der achtziger Jahre herangezogen werden. Es zeigt sich nämlich, daß die massive Zuwanderung in den Estado de México zu einem guten Teil Wanderungen bzw. Übersiedlungen innerhalb von Mexico City geschuldet ist, weshalb er als Zuwanderungsziel im eigentlichen Sinn nicht von so überaus dominanter Bedeutung ist. Er zieht zwar in absoluten Zahlen die meisten MigrantInnen an, ist aber hinsichtlich der Migrationsbilanz nur der viertwichtigste Bundesstaat – hinter Baja California, Chihuahua und Quintana Roo (siehe Abbildung 27 sowie Tabelle A-27 im Anhang).

Die eben angesprochenen Entwicklungen der Migrationsmuster, nämlich die Abwanderung aus der Hauptstadt, die nach wie große Anziehungskraft des Estado de México sowie das Entstehen neuer Zuwanderungspole im Norden und im Südosten des Landes, zeigen sich deutlich in der konkreten Ausformung der Migrationsströme (INEGI 1995; siehe die Abbildungen 28 bis 31).

Die Wanderungen in der zweiten Hälfte der achtziger Jahre sind natürlich in erster Linie von der Wandlung des Distrito Federal in ein Abwanderungsgebiet, und hier wiederum vor allem durch die Migrationen zwischen der Hauptstadt und dem Estado de México charakterisiert. Von den fast 3,5 Millionen MigrantInnen, die zwischen 1985 und 1990 innerhalb Mexikos in einen anderen Bundesstaat zogen, gehen ein knappes Drittel (29,8 Prozent) auf die Emigration aus dem Distrito Federal, 15,8 Prozent auf die Wanderungen vom Distrito Federal in den Estado de México und immerhin 14,5 Prozent auf Übersiedlungen innerhalb der ZMCM zurück (eigene Berechnungen, basierend auf PARTIDA BUSH 1995, S. 19f, und INEGI 1995, S. 137f, S. 209, S. 438–440; vgl. auch Tabelle A-26 im Anhang). Auch der zweitgrößte Migrationsstrom (80.905 MigrantInnen oder 2,3 Prozent aller Migrationen des Zeitraums von 1985 bis 1990) verläuft zwischen diesen beiden Staaten, allerdings diesmal vom Estado de México in den Distrito Federal. Der Personenaustausch zwischen diesen beiden Staaten kommt damit auf 18,1 Prozent aller Binnenmigrationen in Mexiko.

Über die absolute Dominanz der Abwanderungen aus der Hauptstadt im Rahmen der Migrationsmuster zeigen die Abbildungen 28 bis 31 aber auch, daß der Distrito Federal weiterhin das zweitwichtigste Zuwanderungsgebiet ist (brutto), und zwar nach dem Estado de México. Allerdings wird auch klar, welche Bedeutung neue Migrationsziele gewonnen haben. Werden nämlich die Abwanderung aus der Hauptstadt und die Mobilität zwischen dieser und dem Estado de México ausgeklammert, so sind die größten Migrationsströme jene von Sinaloa nach Baja California und von Yucatán nach Quintana Roo. Darüber hinaus ist Baja California für mittlere und kleinere Ströme – auch aus der Zentralregion Mexikos – von immer größerer Bedeutung. Auch die zunehmende Relevanz von Quintana Roo als Zuwanderungsgebiet spiegelt sich in den Migrationsmustern der Zeit von 1985 bis 1990 wider. Dieser sehr kleine Bundesstaat im Südosten des Landes verbuchte immerhin den achtgrößten aller mexikanischen Migrationsströme (der aus dem benachbarten Yucatán kommt), ist aber auch für kleinere Ströme aus der Zentrumsregion (sogar aus dem Distrito Federal) von Gewicht.

Eine über Baja California und Quintana Roo hinausgehende Diversifizierung der mexikanischen Migrationsmuster zeigt sich vor allem bei den mittleren und kleineren Migrationsströmen (Abbildungen 29 bis 31). Jalisco (in der westlichen Zentrumsregion), Chihuahua (im Norden) und Veracruz (in der östlichen Zentrumsregion) sind das Ziel von Migrationen im Umfang von jeweils knapp 100.000 MigrantInnen, während Puebla, Tamaulipas, Michoacán und Nuevo León Ströme im Umfang von jeweils zwischen 70.000 und 85.000 MigrantInnen auf sich vereinen.

Abbildung 28: Räumliche Migrationsmuster 1985–1990, Teil I: Migrationsströme ersten Ranges (30.000 und mehr Migranten)

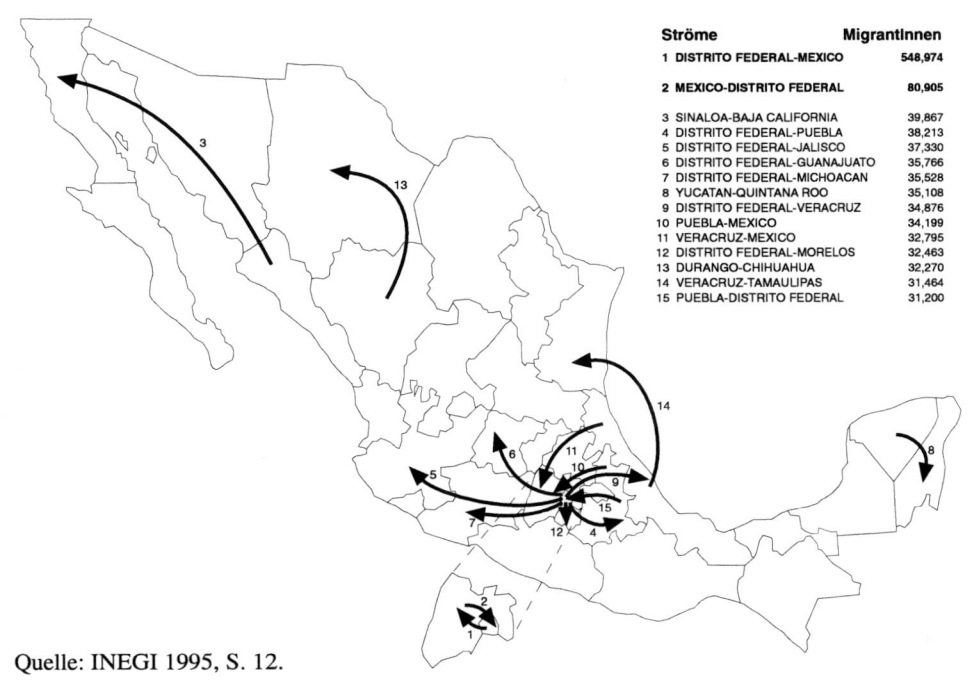

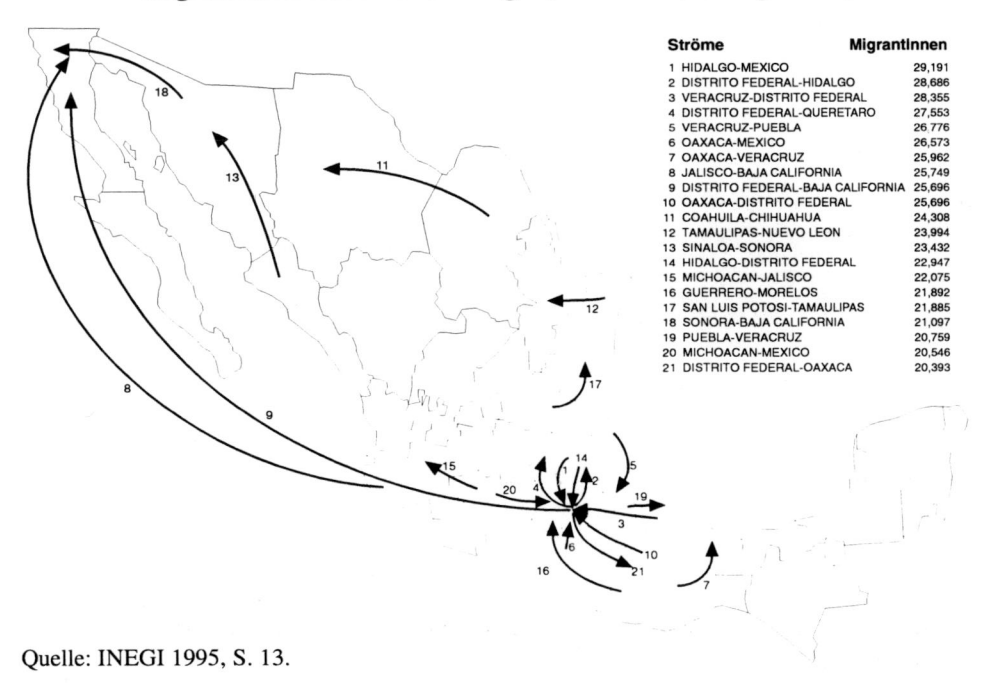

Ströme	MigrantInnen
1 DISTRITO FEDERAL-MEXICO	548,974
2 MEXICO-DISTRITO FEDERAL	80,905
3 SINALOA-BAJA CALIFORNIA	39,867
4 DISTRITO FEDERAL-PUEBLA	38,213
5 DISTRITO FEDERAL-JALISCO	37,330
6 DISTRITO FEDERAL-GUANAJUATO	35,766
7 DISTRITO FEDERAL-MICHOACAN	35,528
8 YUCATAN-QUINTANA ROO	35,108
9 DISTRITO FEDERAL-VERACRUZ	34,876
10 PUEBLA-MEXICO	34,199
11 VERACRUZ-MEXICO	32,795
12 DISTRITO FEDERAL-MORELOS	32,463
13 DURANGO-CHIHUAHUA	32,270
14 VERACRUZ-TAMAULIPAS	31,464
15 PUEBLA-DISTRITO FEDERAL	31,200

Quelle: INEGI 1995, S. 12.

Abbildung 29: Räumliche Migrationsmuster 1985–1990, Teil II: Migrationsströme zweiten Ranges (20.000–30.000 Migranten)

Ströme	MigrantInnen
1 HIDALGO-MEXICO	29,191
2 DISTRITO FEDERAL-HIDALGO	28,686
3 VERACRUZ-DISTRITO FEDERAL	28,355
4 DISTRITO FEDERAL-QUERETARO	27,553
5 VERACRUZ-PUEBLA	26,776
6 OAXACA-MEXICO	26,573
7 OAXACA-VERACRUZ	25,962
8 JALISCO-BAJA CALIFORNIA	25,749
9 DISTRITO FEDERAL-BAJA CALIFORNIA	25,696
10 OAXACA-DISTRITO FEDERAL	25,696
11 COAHUILA-CHIHUAHUA	24,308
12 TAMAULIPAS-NUEVO LEON	23,994
13 SINALOA-SONORA	23,432
14 HIDALGO-DISTRITO FEDERAL	22,947
15 MICHOACAN-JALISCO	22,075
16 GUERRERO-MORELOS	21,892
17 SAN LUIS POTOSI-TAMAULIPAS	21,885
18 SONORA-BAJA CALIFORNIA	21,097
19 PUEBLA-VERACRUZ	20,759
20 MICHOACAN-MEXICO	20,546
21 DISTRITO FEDERAL-OAXACA	20,393

Quelle: INEGI 1995, S. 13.

**Abbildung 30: Räumliche Migrationsmuster 1985–1990, Teil III:
Migrationsströme dritten Ranges (15.000–20.000 Migranten)**

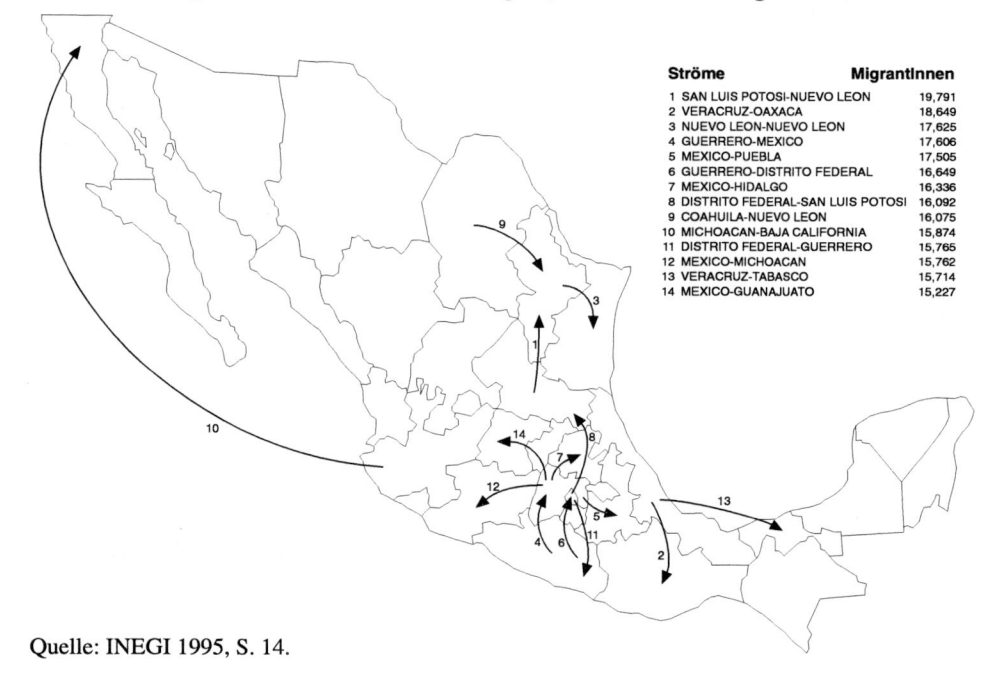

Ströme		MigrantInnen
1	SAN LUIS POTOSI-NUEVO LEON	19,791
2	VERACRUZ-OAXACA	18,649
3	NUEVO LEON-NUEVO LEON	17,625
4	GUERRERO-MEXICO	17,606
5	MEXICO-PUEBLA	17,505
6	GUERRERO-DISTRITO FEDERAL	16,649
7	MEXICO-HIDALGO	16,336
8	DISTRITO FEDERAL-SAN LUIS POTOSI	16,092
9	COAHUILA-NUEVO LEON	16,075
10	MICHOACAN-BAJA CALIFORNIA	15,874
11	DISTRITO FEDERAL-GUERRERO	15,765
12	MEXICO-MICHOACAN	15,762
13	VERACRUZ-TABASCO	15,714
14	MEXICO-GUANAJUATO	15,227

Quelle: INEGI 1995, S. 14.

**Abbildung 31: Räumliche Migrationsmuster 1985–1990, Teil IV:
Migrationsströme vierten Ranges (10.000–15.000 Migranten)**

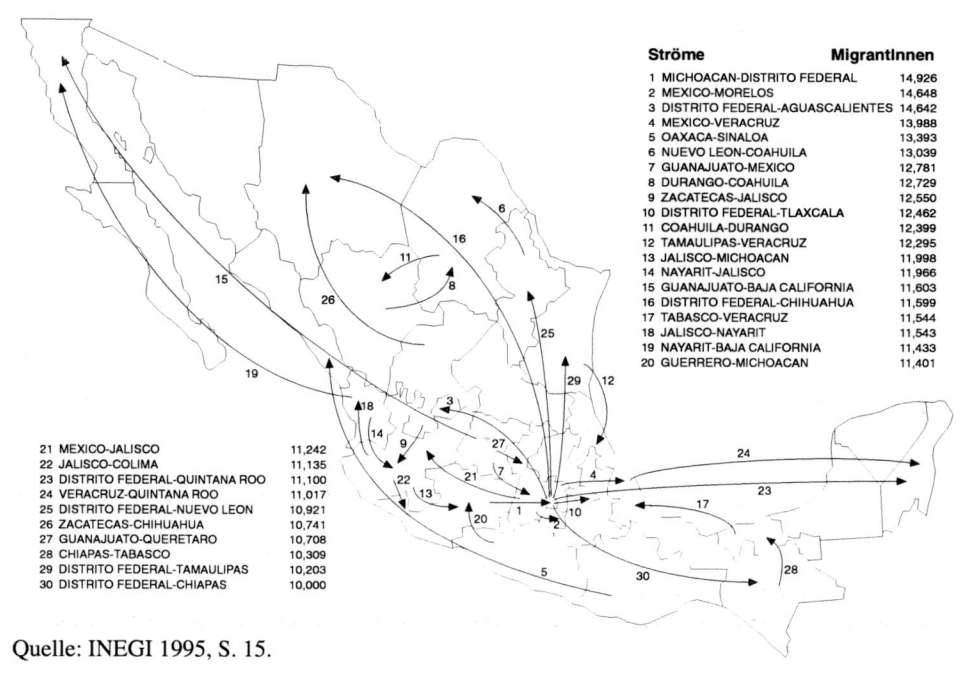

Ströme		MigrantInnen
1	MICHOACAN-DISTRITO FEDERAL	14,926
2	MEXICO-MORELOS	14,648
3	DISTRITO FEDERAL-AGUASCALIENTES	14,642
4	MEXICO-VERACRUZ	13,988
5	OAXACA-SINALOA	13,393
6	NUEVO LEON-COAHUILA	13,039
7	GUANAJUATO-MEXICO	12,781
8	DURANGO-COAHUILA	12,729
9	ZACATECAS-JALISCO	12,550
10	DISTRITO FEDERAL-TLAXCALA	12,462
11	COAHUILA-DURANGO	12,399
12	TAMAULIPAS-VERACRUZ	12,295
13	JALISCO-MICHOACAN	11,998
14	NAYARIT-JALISCO	11,966
15	GUANAJUATO-BAJA CALIFORNIA	11,603
16	DISTRITO FEDERAL-CHIHUAHUA	11,599
17	TABASCO-VERACRUZ	11,544
18	JALISCO-NAYARIT	11,543
19	NAYARIT-BAJA CALIFORNIA	11,433
20	GUERRERO-MICHOACAN	11,401
21	MEXICO-JALISCO	11,242
22	JALISCO-COLIMA	11,135
23	DISTRITO FEDERAL-QUINTANA ROO	11,100
24	VERACRUZ-QUINTANA ROO	11,017
25	DISTRITO FEDERAL-NUEVO LEON	10,921
26	ZACATECAS-CHIHUAHUA	10,741
27	GUANAJUATO-QUERETARO	10,708
28	CHIAPAS-TABASCO	10,309
29	DISTRITO FEDERAL-TAMAULIPAS	10,203
30	DISTRITO FEDERAL-CHIAPAS	10,000

Quelle: INEGI 1995, S. 15.

Diese breitere Streuung der Wanderungen wird im Vergleich der Migrationsmuster im Jahr 1980 mit denen zehn Jahre später besonders deutlich. GARROCHO (1995a, S. 61–67), der die Wanderungen in Migrationssysteme, die jeweils aus mehreren Bundesstaaten gebildet werden (Ab- bzw. Zuwanderungsgebiete), einteilt, kommt zu dem Schluß, daß während der achtziger Jahre im Norden Mexikos mit Chihuahua bzw. Baja California ein neues Migrationssystem und -subsystem entstanden sind, während im Süden das Subsystem Quintana Roo an Relevanz gewonnen hat. Im Zentrum des Landes dominiert natürlich das um den Estado de México gebildete Migrationssystem, das zwischen 1980 und 1990 auch den Distrito Federal vereinnahmte (siehe Abbildung 32).

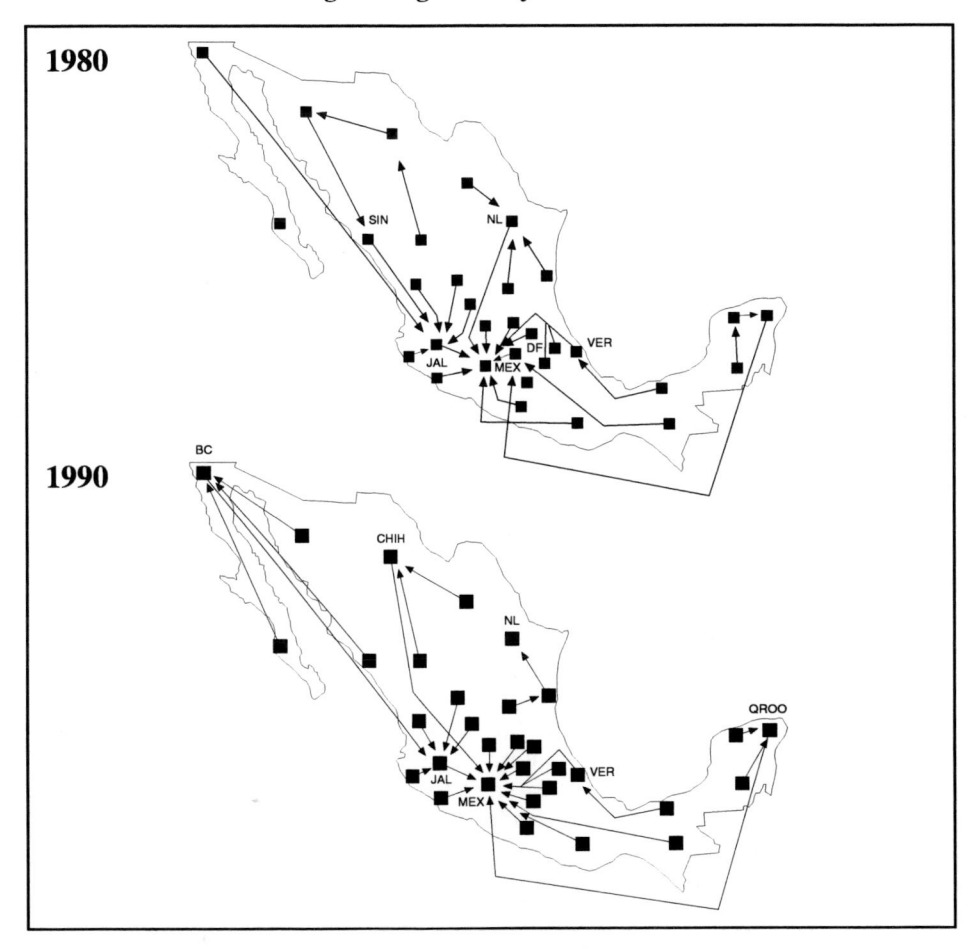

Abbildung 32: Migrationssystem 1980 und 1990

Quelle: GARROCHO 1995.

Eine andere Veränderung der Migrationsmuster, die sich räumlich niederschlägt, ist die zunehmende Bedeutung der Mittel- und Kleinstädte als Ziele von Migrationen. Das urbane Wachstum während der achtziger Jahre war am größten in Städten mit weniger als 50.000 EinwohnerInnen, gefolgt von solchen mit 100.000 bis 249.999 BewohnerInnen und denen mit 50.000 bis 99.999. Die Millionenstädte und solche, die zwischen einer halben Million und einer Million EinwohnerInnen haben, wuchsen hingegen deutlich langsamer (AGUILAR et al. 1996, S. 44; zur Verlagerung des Urbanisierungsprozesses vor allem auf die mittleren Städte siehe GARZA 1992a; GARZA und RIVERA 1994; AGUILAR et al. 1995; GARROCHO und SOBRINO 1995; AGUILAR et al. 1996; TOMAS 1997).

An dieser Entwicklung ist die Umorientierung vieler Migrationsströme in Richtung der Klein- und Mittelstädte wesentlich beteiligt. In den Städten, die zwischen 1985 und 1990 die dynamischste Zuwanderung hatten,[44] lebten durchwegs weniger als eine Million Menschen (1990), und den größten Anteil an den zuwanderungsstärksten Städten hatte jene mit 100.000 bis 249.999 EinwohnerInnen. Vier urbane Immigrationspole fielen in diese Kategorie (Cancún, Ensenada, La Paz, Nogales). Von den anderen zuwanderungsstärksten Städten hatte Tlaxcala etwas mehr 50.000 EinwohnerInnen, Cuernavaca und Querétaro zählten jeweils zwischen 250.000 und 499.999 BewohnerInnen, und in Zamora, Tijuana und Ciudad Juarez lebten jeweils zwischen einer halben Million und einer Million Menschen (CORONA und TUIRÁN 1994, S. 22; GORMSEN 1995, S. 356; NEGRETE SALAS 1995, S. 38).

Das Kapitel über Kontinuitäten und Wandel der mexikanischen Migrationsmuster abschließend soll nochmals kurz auf die geschlechtsspezifische Zusammensetzung der Binnenmigrationen hingewiesen werden. Es wurde bereits mehrmals erwähnt, daß die Mobilität der Frauen höher war und ist als jene der Männer, und daß die Differenz zwischen weiblicher und männlicher Migration wächst (Abbildungen 20, 21 und 22). Auffällig ist weiters, daß der Frauenüberschuß besonders hoch ist einerseits unter den EmigrantInnen aus einigen traditionellen Abwanderungsgebieten (wie z.B. in Michoacán oder Hidalgo) und andererseits unter den Zuwanderern in den Distrito Federal (dazu siehe Abbildung 11), der ja trotz seiner insgesamt negativen Migrationsbilanz nach wie vor Migrationen auf sich zieht. Im Estado de México entspricht das Geschlechterverhältnis der ImmigrantInnen in etwa dem nationalen Mittel, während es in Quintana Roo als einzigem Bundesstaat unterschiedlich ist – hier überwiegen die Männer (PARTIDA BUSH 1995, S. 6, S. 10).

3.3 Der Hintergrund I: Interpretationen für den Anstieg des Migrationsvolumens

Bevor mit der Analyse der jüngeren Entwicklung der Migrationsmuster begonnen werden kann, muß vorausgeschickt werden, daß sich eine solche Untersuchung mit zwei Problemen konfrontiert sieht. Zum einen wird der markante Anstieg der Binnenwanderungen nach 1990 bis dato in Mexiko noch nicht untersucht, ja kaum wahrgenommen. Zum anderen beziehen sich die Daten der Volkszählung von 1995 (INEGI 1996) lediglich auf die Zuwanderung, weshalb es unmöglich ist, für die jüngste Geschichte regionalspezifische Abwanderungsmuster zu untersuchen. Aus den genannten Gründen kann die hier entwickelte Perspektive lediglich vorläufigen Charakter haben, und sollte nach dem nächsten Zensus im Jahre 2000 jedenfalls vertieft und/oder gegebenenfalls auch korrigiert werden.

Daß der in der letzten Volkszählung dokumentierte Anstieg der Binnenwanderungen in Mexiko noch keinen Gegenstand eingehenderer Untersuchungen darstellt, bedeutet aber

---

[44]) Nach CORONA und TUIRÁN (1994, S. 22) waren das: Cancún (168.000 EinwohnerInnen im Jahr 1990), Tijuana (745.000), Ensenada (169.000), La Paz (138.000), Nogales (106.000), Ciudad Juarez (792.000), Querétaro (456.000), Zamora (550.000), Cuernavaca (383.000) sowie Tlaxcala (50.000). Die Angaben zur Bevölkerungsgröße wurden GORMSEN (1995, S. 356) und NEGRETE SALAS (1995, S. 38) entnommen.

keineswegs, daß dem Themenkomplex Freihandel und Migration keinerlei Beachtung geschenkt wurde. Im Gegenteil: Seit Beginn der neoliberalen Umstrukturierung und insbesondere im Zusammenhang mit dem Beitritt zur NAFTA im Jahr 1994 haben zahlreiche US-amerikanische und mexikanische Studien untersucht, welche Auswirkungen die Öffnung des mexikanischen Marktes, der Rückzug des Staates und die Hinwendung zu einer exportorientierten Strategie auf das Migrationsverhalten der mexikanischen Bevölkerung zeitigen würden.

Das Ergebnis vieler Arbeiten[45] kann mit den Worten eines der renommiertesten US-amerikanischen Autoren so zusammengefaßt werden: „(T)here is additional migration as a result of NAFTA" (MARTIN 1994, S. 35). Da das (politische) Interesse dieser Studien im Vorfeld des Abschlusses des NAFTA-Vertrages sich auf die internationale Migration und hier insbesondere auf die nicht-dokumentierte Einwanderung[46] Hunderttausender MexikanerInnen in die USA konzentrierte, drehte sich die Diskussion primär darum, für wie lange die (nicht-dokumentierte) Einwanderung in die USA zunehmen werde. Vor allem seitens US-amerikanischer Forscher wurde diesbezüglich vermutet, daß die Immigration nach etwa 15 Jahren zurückgehen werde, weil der Freihandel die mexikanische Wirtschaft stimulieren und neue Arbeitsplätze schaffen würde.[47]

Da hier nicht der Platz ist, die Studien über den Zusammenhang von Freihandel und Migration einer ausführlichen Diskussion und Kritik zu unterziehen, seien lediglich zwei Punkte angemerkt. Erstens haben sich die Vermutungen (oder lediglich Behauptungen?), die NAFTA würde die wirtschaftliche und soziale Lage in Mexiko verbessern, bis dato als unrichtig herausgestellt (siehe Kapitel 1). Aber selbst wenn es in Zukunft einen solchen Aufschwung geben sollte, greift die Annahme, eine stabilere wirtschaftliche Entwicklung in Mexiko reduziere die Emigration, zu kurz. Denn es ist einerseits zu einem guten Teil die Arbeitskräftenachfrage seitens bestimmter Industriezweige in den USA (z.B. fleisch-

---

[45] Siehe z.B.: Commission for the Study of International Migration and Cooperative Development 1990; HINOJOSA-OJEDA und ROBINSON 1991; ACEVEDO und ESPENHADE 1992; DRISCOLL DE ALVARADO 1992; OECD 1992; SOLIS 1992; ARROYO ALEJANDRE 1993; CORNELIUS und MARTIN 1993; LEVY und VAN WIJNBERGEN 1994; MARTIN 1994; ZABIN und HUGHES 1995; ZAPATA MARTELO 1995; Secretaría de Relaciones Exteriores und Commission on Immigration Reform 1997.

[46] Sowohl in den USA als auch in Mexiko wird vielfach der Ausdruck „nicht-dokumentierte Einwanderung" für ImmigrantInnen, die in die USA ohne Autorisierung und folglich ohne Ausweisdokumente oder mit falschen Papieren einreisen, verwendet („undocumented immigrants" bzw. „immigrantes indocumentados"). Dieser Sprachgebrauch wird hier beibehalten, weil er dem im deutschen Sprachraum üblichen „illegale Einwanderer" aus epistemologischen und politischen Gründen vorzuziehen ist.

[47] In diesem Zusammenhang sollte erwähnt werden, daß das Thema der Migration im Vertrag selbst offiziell ausgespart blieb. Allerdings bildete es im Hintergrund einen wichtigen Gegenstand der Verhandlungen. Die USA hofften (oder jedenfalls propagierten sie eine solche Hoffnung), daß ein Freihandelsabkommen das Wirtschaftswachstum in Mexiko ankurbeln und so die nicht-dokumentierte Einwanderung aus diesem Land bremsen würde. Für die mexikanischen Verhandler wiederum war die Auswanderung ein Druckmittel in den Gesprächen, wie die Bemerkung des damaligen Präsidenten SALINAS DE GORTARI zeigt, der meinte, Mexiko könne entweder Tomaten oder Tomatenpflücker exportieren. Außerdem blieb die Wanderung von Arbeitskräften nicht vollständig aus dem NAFTA-Vertrag ausgeschlossen. Die Migration der „high professionals" für den gehobenen Dienstleistungssektor wird nämlich durchaus erwähnt und geregelt. Sie ist ja – im Gegensatz zur Migration der „TomatenpflückerInnen" – erwünscht. Es ist diskursanalytisch interessant, daß die Wanderung der Arbeitskräfte des produktionsbezogenen Dienstleistungssektors nicht in einem eigenen Kapitel über Migration thematisiert wird, sondern im Zusammenhang mit dem freien Verkehr von Dienstleistungen.

verarbeitende Industrie) und der US-Farmer, welche die Auswanderung aus Mexiko antreibt. So kommt ein gemeinsamer Bericht der US-amerikanischen und mexikanischen Regierung zu dem Schluß, daß „ein Großteil der gegenwärtigen nicht-dokumentierten Migration von Mexiko in die USA seine Ursachen in den USA selbst hat" (Secretaría de Relaciones Exteriores und Commission on Immigration Reform 1997, S. 31). Andererseits sind die Migrationsnetzwerke zwischen den in den USA und den in Mexiko lebenden MexikanerInnen, zwischen US-Industrien bzw. Plantagen und mexikanischen Dörfern mittlerweile so dicht, daß die grenzüberschreitende Wanderung zu einem sich selbst reproduzierenden Prozeß geworden ist, der auch im Falle geringer werdender Not in Mexiko weiterlaufen würde (siehe u.a. ALARCÓN 1992; ROUSE 1992; KEARNEY 1995).

Für unseren Zusammenhang ist aber nicht die Frage zentral, ob und für wie lange die internationale Emigration als Folge des Freihandels und der neoliberalen Modernisierung zunehmen wird. Hier ist vielmehr wichtig, daß unter den ForscherInnen erstens Konsens darüber besteht, daß das Migrationspotential und die tatsächlich realisierten Wanderungen auf Grund des Beitritts zur NAFTA zunehmen (werden). Kurz gesagt: Es herrscht Übereinstimmung darüber, daß die verstärkte Globalisierung Mexikos eine „Great Migration" (MARTIN 1994, S. 19) nach sich ziehen wird.[48] An diese Prognose anschließend ist hier zweitens bedeutungsvoll, daß auch jene Studien, die sich auf die internationale Emigration konzentrieren und mittelfristig deren Rückgang prognostizieren, implizit anerkennen, daß die Binnenwanderungen weiter anwachsen werden. Wenn unbestritten ist, daß es zu einer „Great Migration" kommt, und wenn die einzige große offene Frage lautet, ob das zusätzliche Potential an MigrantInnen primär in die USA gehen oder im Lande selbst bleiben wird, dann folgt daraus erstens, daß jedenfalls ein erheblicher Teil des Migrationsanstieges sich in Binnenwanderungen niederschlagen wird, und daß zweitens, sollte es tatsächlich zu dem prognostizierten Rückgang der Emigration in die USA kommen, die Alternative nur Binnenmigration lauten kann. Tatsächlich bestätigen die oben dargestellten Entwicklungen diese Annahmen. Das Volumen der Binnenmigrationen ist in den letzten Jahren dramatisch gestiegen (siehe Abbildung 21 bzw. Tabelle A-21 im Anhang), und auch die Auswanderung in die USA nimmt stetig zu (Secretaría de Relaciones Exteriores und Commission on Immigration Reform 1997, S. 11; Migration News, verschiedene Ausgaben).

Um diesen Anstieg näher untersuchen zu können, bedarf es einer theoretischen Perspektive, die über die traditionellen Ansätze (neoklassische Theorie und ihre trivialisierte Variante, die Push- und Pull-Modelle) hinausgeht. An einer mexikospezifischen Konkretisierung der weiter oben angedeuteten generellen Kritik dieser Modelle läßt sich ausführlicher zeigen, daß sie sich nicht eignen, ein adäquates Verständnis von Migration zu erlangen.

Der ursächliche Zusammenhang zwischen Armut und Abwanderung, der postuliert wird von Autoren, die der neoklassischen Migrationsschule zugeordnet werden, und solchen, welche die trivialisierte Spielart der neoklassischen Migrationstheorie, die sogenannten Push- und Pull-Modelle, unreflektiert einsetzen, läßt sich so direkt nämlich nicht bestätigen. Gleichgültig, welche Rangordnung der ärmsten Bundesstaaten Mexikos herangezogen wird, sie stimmt *nicht* mit der Liste der abwanderungsstärksten Regionen überein.

---

[48]) Die durch diesen Ausdruck hergestellte Analogie zu POLANYI's „Great Transformation" (POLANYI 1990 [1944]) unterstreicht das Ausmaß der Veränderungen, die durch den Freihandel auf die mexikanische Bevölkerung zukommen.

PARTIDA BUSH (1995, S. 97) nennt Chiapas, Oaxaca und Guerrero als die drei ärmsten Staaten Mexikos (in dieser Reihenfolge), der Nationale Rat für Bevölkerungsfragen (CONAPO) sowie das Institut für Statistik, Geographie und Informatik (INEGI) führen in einer jüngst erstellten Liste Veracruz, Chiapas und Oaxaca an (La Jornada, 25.2.1998). Die drei abwanderungsstärksten Gebiete der achtziger Jahre[49] aber waren der Distrito Federal, Michoacán und Oaxaca. Auch wenn ein längerer Zeitraum gewählt wird, um den scheinbaren „Sonderfall" Distrito Federal auszublenden, nimmt die Übereinstimmung nicht zu. Von 1970 bis 1990 hatten Michoacán, Oaxaca und Guanajuato die höchste Emigration (Tabelle A-22 im Anhang). Michoacán aber ist nach PARTIDA BUSH (1995, S. 97) lediglich der zwölftärmste Staat, Guanajuato folgt als dreizehnter, und der Distrito Federal ist überhaupt der reichste Bundesstaat Mexikos. Relative Übereinstimmung zwischen „Armut" und „Emigration" besteht also nur im Falle Oaxacas.

Daß, von dieser Ausnahme abgesehen, keine Deckung zwischen Marginalisierungsindex und Abwanderung besteht, zeigt sich auch an den als ärmste Regionen genannten Staaten Veracruz und Chiapas. Der erste hatte von 1970 bis 1990 nur den elftgrößten negativen Migrationssaldo und – bezogen auf seine Gesamtbevölkerung – eine deutlich unterdurchschnittliche Abwanderungsrate (vier Prozentpunkte oder ein Viertel unter dem nationalen Mittel).[50] Am Beispiel von Chiapas können die neoklassischen Annahmen noch deutlicher falsifiziert werden. Chiapas liegt bezüglich der sich über einen längeren Zeitraum ergebenden negativen Migrationssalden im unteren Drittel (1970–1990: 13. Rang), und auch jüngst ist diesbezüglich keine Änderung zu bemerken. Hinsichtlich der 80 größten Migrationsströme, die zwischen 1985 und 1990 die mexikanische Binnenwanderungen prägten (fast zwei Drittel aller Wanderungen passierten in einem dieser 80 Ströme), war die Emigration aus Chiapas nur mit einem vertreten, und zwar jenem nach Tabasco. Dieser umfaßte 10.309 Personen, was lediglich den 78. Rang ergibt und 0,47 Prozent des Volumens der 80 größten Migrationsströme (INEGI 1995, S. 9–15). Im Verhältnis zu seiner Gesamtbevölkerung hat Chiapas überhaupt die *niedrigste* Emigrationsrate aller mexikanischen Bundesstaaten. Mit einer Abwanderungsquote von 7,2 Prozent bei Frauen und 6,7 Prozent bei Männern liegt es mehr als zehn Prozentpunkte unter dem nationalen Schnitt (siehe die Tabellen A-21 und A-22 im Anhang sowie PARTIDA BUSH 1995, S. 10).[51]

Auch hinsichtlich der Emigration in die USA zeigt sich, daß die neoklassischen Postulate nicht greifen. Chiapas und Veracruz zählten zwischen 1987 und 1992 zu den fünf Bundes-

---

[49]) Für die neunziger Jahre können, wie erwähnt, aus Erhebungsmängeln keine Angaben gemacht werden.

[50]) Allerdings ist bezüglich des Bundesstaates Veracruz einzuschränken, daß zwar die negativen Migrationssalden und die Abwanderungsrate moderat sind, die Brutto-Emigration aber erstens hoch und zweitens steigend ist. Aus dieser Perspektive ist Veracruz zwischen 1985 und 1990 das drittwichtigste Herkunftsgebiet von MigrantInnen, und zwar hinter dem Distrito Federal und dem Estado de México (INEGI 1995, S. 12–15). Diese beiden allerdings zählen keineswegs zu den ärmsten Staaten, was wiederum auf die Ungültigkeit einer direkten Relation zwischen Armut und Emigration verweist.

[51]) Zu vermuten ist allerdings, daß durch die militärische Rebellion und vor allem durch den anhaltenden Krieg auf niedriger Intensität („low-intensity warfare"), den die mexikanische Regierung und paramilitärische Gruppen gegen die Aufständischen und mit ihnen sympathisierende Bevölkerungsgruppen führen, die Abwanderung deutlich ansteigen könnte. Denn einerseits nehmen direkte Vertreibungen zu, und andererseits wird Chiapas „erschlossen", in dem Sinne, daß das Militär, die JournalistInnen, die politischen VermittlerInnen und – last but not least – die TouristInnen „Brücken" nach außen bauen.

staaten mit der geringsten Beteiligung an Migrationen in die USA,[52] und auch in Oaxaca haben 65 Prozent der Gemeinden (municipios) keinerlei Abwanderung in die USA. Umgekehrt finden sich 48 Prozent der Gemeinden mit intensiver Emigration[53] in Jalisco, Michoacán und Zacatecas, die im zitierten Marginalisierungsindex von PARTIDA BUSH allesamt im Mittelfeld liegen (VERDUZCO und UNGER o.J.).

Zur Kritik der neoklassischen Ansätze sei letztlich noch kurz eine der am häufigsten zitierten mexikanischen Arbeiten über die Binnenmigration angeführt. ARIZPE stellt in ihrer zum Standardwerk gewordenen Untersuchung über die Zuwanderung indigener Bevölkerungsgruppen nach Mexico City fest, daß „es keinen mechanischen Zusammenhang zwischen niedrigen Einkommen und Emigration gibt" (ARIZPE 1979, S. 31). Denn wäre es so, dann könnten weder der Umstand, daß in den untersuchten Dörfern bei weitem nicht alle marginalisierten Bauern und Bäuerinnen nach Mexico City abgewandert sind, noch die Tatsache, daß nicht die Ärmsten der indigenen Bevölkerung, sondern die untere Mittelschicht der Mischlinge („mestizos") die höchste Emigrationsneigung zeigt, erklärt werden (ibd., S. 104, S. 112f).[54]

Auf Grund dieser offensichtlichen Unzulänglichkeiten von Push- und Pull-Modellen soll auf die in Kapitel 2 des ersten Beitrags in diesem Buch entwickelten theoretischen Ansätze zurückgegriffen werden. Die Zunahme der Binnenmigrationen in den letzten Jahren läßt sich unserer Meinung nach am besten mit Prozessen der *Entwurzelung* erklären, die vor allem durch die vertiefte globale Integration der mexikanischen Landwirtschaft ausgelöst werden.[55] Das Andauern bestimmter Wanderungsmuster sowie das Entstehen neuer kann wiederum am ehesten mit Veränderungen hinsichtlich der Arbeitskräftenachfrage sowie mit der Existenz bestimmter *„Brücken"* zwischen Ab- und Zuwanderungsregionen in Zusammenhang gebracht werden.

3.3.1 Krise der Landwirtschaft, Entwurzelung und Migration

Die Landwirtschaft spielte im gesamtwirtschaftlichen Entwicklungsprozeß von 1940 bis 1970 eine wichtige Rolle. Auf Basis relativ hoher Wachstumsraten des Agrarsektors gelang es, die interne Nachfrage zu befriedigen und über Exporterlöse Devisen für den Industrialisierungsprozeß zu erwirtschaften. Die Kehrseite dieser Entwicklung war allerdings, daß der Agrarsektor und die bäuerliche Bevölkerung strukturell und systematisch gegenüber dem städtisch-industriellen Bereich benachteiligt wurden, da niedrige Agrarpreise und billige Reproduktion der LohnarbeiterInnen bzw. der potentiellen LohnarbeiterInnen notwendige Vorbedingungen für den Industrialisierungsprozeß darstellten.

---

[52]) Die drei anderen waren Tabasco, Yucatán und Quintana Roo.

[53]) „Intensiv" wird definiert als eine Abwanderungsrate von 25 Prozent bis 100 Prozent der Erwerbsbevölkerung.

[54]) Schon 1976 zeigt SHAW (zitiert in GUGLER 1992, S. 65f) in einem Überblick über 16 Länder, daß es nicht absoluter Bevölkerungsdruck oder absolute Armut sind, die die Abwanderungsraten bestimmen, sondern der Zugang zu Land bzw. die Möglichkeit, Land zu bearbeiten. Die hohen Abwanderungsraten in Mexiko, aber auch in Peru oder Venezuela werden dadurch erklärt, daß sich mehr als das halbe Land in den Händen von Großgrundbesitzern befindet.

[55]) Die krisenhafte Entwicklung des Agrarsektors und der ländlichen Gesellschaft bildet übrigens auch in den oben genannten Studien den Kern der Annahmen über das Anwachsen der internationalen Emigration.

Diese ungleiche Entwicklung schädigte vor allem den kleinbäuerlichen und den Ejido-Sektor, der ob der jahrzehntelangen Auszehrung Ende der sechziger Jahre definitiv in die Krise geriet. Die durchschnittliche Wachstumsrate nahm ab, die Produktivität stagnierte und das (für die kleinbäuerlichen ProduzentInnen ohnehin prekäre) Gleichgewicht zwischen Produktionskosten und Preisen agrarischer Produkte zerbrach endgültig. Dazu kam die ökologische Erschöpfung der Böden, die nach Jahrzehnten der Überausbeutung nun nur mehr mittels (teurer) Düngemittel Erträge brachten. Als Folge all dieser Entwicklungen gingen bereits in der zweiten Hälfte der sechziger Jahre die bebauten Flächen und die Ernten zurück, was wiederum dazu führte, daß Mexiko seit Anfang der siebziger Jahre seinen Bedarf an Grundnahrungsmitteln (Mais, Bohnen, Weizen) immer weniger aus eigener Produktion decken konnte (ARIZPE 1979, S. 67f; ARIZPE 1985, S. 74; BORIS 1996, S. 102f).[56]

Die Aushöhlung der wirtschaftlichen und sozialen Basis der ländlichen Gesellschaften wurde also durch die neoliberale Modernisierung der achtziger Jahre nicht initiiert, aber doch wesentlich beschleunigt. Die strukturelle Krise, in der sich die mexikanische Landwirtschaft seit Mitte der sechziger Jahre befand, wuchs sich im Gefolge der forcierten Globalisierung zum endgültigen „Desaster" (MOGUEL und BARTRA 1995) aus.[57] Seit den achtziger Jahren stagniert die Produktion des Agrarsektors – von 1982 bis 1997 wuchs das landwirtschaftliche BIP im Jahresdurchschnitt um weniger als 0,7 Prozent. Im Verhältnis zur Bevölkerung sank die Produktion sogar rapid: Zwischen 1981 bis 1992 ging das landwirtschaftliche BIP per capita um 18,5 Prozent zurück. Stark rückläufig ist auch der Anteil der Landwirtschaft an der gesamten Wertschöpfung (1980: 8,2 Prozent; 1997: 5,6 Prozent), was um so problematischer ist, als nach wie vor ein Viertel der erwerbstätigen Bevölkerung im Agrarsektor tätig ist (CALVA 1994, S. 42; BORIS 1996, S. 119, S. 230; La Jornada, 23.2.1998).

Die landwirtschaftlich genutzte Fläche reduzierte sich von 0,27 Hektar pro Person (1980/82) auf 0,21 Hektar zehn Jahre später, und die Erträge der zehn wichtigsten Kulturen, die zusammengenommen rund 80 Prozent der gesamten landwirtschaftlichen Produktion Mexikos ausmachen, sanken um 20 Prozent (1981–1989). Die Erträge pro Hektar sind ebenfalls stark zurückgegangen. Bei Mais fielen sie von 1,9 auf 1,6 Tonnen pro Hektar (-15 Prozent), bei Bohnen gingen sie gar um ein Drittel zurück – nämlich von 0,67 auf 0,45 Tonnen pro Hektar (RELLO und PÉREZ 1996, S. 16f; OROZCO ALVARADO und GARCÍA RAMOS 1996, S. 128). Schließlich sind auch die Löhne (inklusive des realen Mindestlohns) für die agrarischen Arbeitskräfte, die ohnehin weit unter den urbanen Einkommen liegen, weiter gesunken (BARRY 1995, S. 51; GOICOECHEA 1996, S. 105). So erlebt die Landbevölkerung Mexikos nach der sprichwörtlichen verlorenen Dekade der achtziger Jahre (siehe World Commission on Environment and Development 1987) nun das nächste „verlorene Jahrzehnt" (LARA FLORES und CHAUVET 1996, S. 25). Diese negative Tendenz wird sich unter

---

[56] Die zunehmenden Importe hatten aber auch das Ziel, die Konsumentenpreise in den Städten weiterhin niedrig zu halten, um politische Unruhen zu vermeiden. So machte etwa eingeführter Mais bereits in den siebziger Jahren rund die Hälfte des von der Tortilla-Industrie in Mexico City verarbeiteten Getreides aus (HEWITT DE ALCÁNTARA 1992, S. 7).

[57] Es ist eine bemerkenswerte Ironie der mexikanischen Geschichte, daß Arturo WARMAN, der in den siebziger Jahren zu den schärfsten und profiliertesten Kritikern der Marginalisierung des Ejido- und kleinlandwirtschaftlichen Sektors zählte (siehe z.B. WARMAN 1978), während der Ära SALINAS DE GORTARI (1988–1994) als Landwirtschaftsminister jene neoliberale Agrarpolitik um- und durchsetzte, die den Ejidatarios und den Klein- und Mittelbauern endgültig zum Verhängnis wurde.

dem Einfluß der NAFTA vermutlich fortsetzen, denn die Entwicklungen seit 1994 lassen – wie ZERMEÑO (1996, S. 64) meint – „für die Zukunft nichts Gutes vermuten".

Zahlreiche Prognosen stimmen mit dieser skeptischen Beurteilung überein (für eine Zusammenschau verschiedener Projektionen siehe RELLO und PÉREZ 1996). In den optimistischen Vorhersagen wird der Zuwachs an bebauter Fläche, an Rentabilität und an Erträgen unter den historisch erzielten Niveaus bleiben, in den pessimistischen Voraussagen werden bebaute Fläche und Produktion zurückgehen, und zwar vor allem in den nicht bewässerten Gebieten. Die Landwirtschaft wird somit in keinem der Szenarien fähig sein, die wachsende Nachfrage zu befriedigen, was die Steigerung agrarischer Importe unausweichlich erscheinen läßt. Die Zuwächse in der Exportproduktion (Gemüse, Obst, Viehwirtschaft) werden die massiven Einfuhren von Getreide nicht kompensieren können, weshalb die agrarische Handelsbilanz immer negativer ausfallen wird. Die Tendenz, in der Versorgung der Bevölkerung von Importen abhängig zu werden, könnte sich noch verschärfen, wenn traditionelle Kulturen wie Mais oder Bohnen von Exportprodukten verdrängt werden. In einer kritischen Bilanz über drei Jahre NAFTA wird deshalb bezüglich der Landwirtschaft ernüchtert resümiert, daß die NAFTA für die Landwirtschaft „weder komparative Handelsvorteile noch eine Verbesserung der Selbstversorgung" gebracht hat (Red Mexicana 1997, S. 98).

Daß die Landwirtschaft und insbesondere die klein- und mittelbäuerlichen ProduzentInnen[58] von Getreide oder Ölfrüchten sowie die kleinen und mittleren Viehbauern zu den Verlierern der Weltmarktöffnung zählen, ist nicht weiter überraschend. Zu groß sind die Produktivitätsunterschiede zwischen den USA und Mexiko, als daß das Gros des mexikanischen Bauerntums angesichts der raschen Handelsliberalisierung[59] überleben könnte. Schon 1992 (also noch vor dem Beitritt zur NAFTA, aber sechs Jahre nach Beginn der einseitigen Handelsliberalisierung durch Mexiko) lagen die Importpreise für Mais, Bohnen, Weizen, Gerste oder Soja erheblich unter den nationalen Preisen – und zwar zwischen 72 Prozent bei Mais und 9 Prozent bei Soja (FRITSCHER MUNDT 1996, S. 284). Selbst bei Gemüse- und Obstsorten, die zu den Exportgütern Mexikos zählen (z.B. Tomaten, Melonen, Brokkoli, Zwiebel), waren die durchschnittlichen Produktionskosten in Mexiko um 16 Prozent höher als in den USA (VALENZUELA GARCÍA 1996, S. 111).

Eine Untersuchung, die 1992 (also ebenfalls vor dem Beitritt zur NAFTA) im Auftrag der Welternährungsorganisation FAO durchgeführt wurde, ergab, daß in Mexiko auf 28 Prozent der bebauten Fläche nicht rentabel produziert werden konnte. Im Falle einer völligen Liberalisierung des Agrarsektors, so die Prognose, werde nur ein Viertel der bebauten Oberfläche wettbewerbsfähig sein, bei den als strategisch eingestuften Pflanzen wie Mais, Bohnen, Weizen oder Reis könnten es gar nur 21 Prozent sein (RELLO und PÉREZ 1996, S. 22). Dieser gravierende Mangel an Konkurrenzfähigkeit kann durch jene Produkte, bei denen Mexiko gegenüber den USA und anderen Anbietern am Weltmarkt komparative Vorteile besitzt, nicht wettgemacht werden. Tropische Früchte sowie die sich als Export-

---

[58]) Inklusive des Ejido-Sektors.

[59]) 1984 waren noch 92,5 Prozent aller landwirtschaftlichen Importe von speziellen Bewilligungen abhängig. Bis 1989 wurde diese Quote auf 23,2 Prozent reduziert (ARROYO ORTIZ und LEÓN RAMOS 1996, S. 141f). Als Folge des Beitritts zur NAFTA kommt es zur vollständigen Liberalisierung der Agrarimporte, lediglich für besonders sensible Güter (Mais, Bohnen, Ölfrüchte, Milch, Rind- und Schweinefleisch) wurden bis zu 15jährige Übergangsfristen bis zur völligen Liberalisierung vereinbart (Red Mexicana 1997, S. 75f).

güter eignenden Obst- und Gemüsesorten machen weniger als 10 Prozent der landwirtschaftlich genutzten Fläche des Landes aus (ZERMEÑO 1996, S. 68).

Besonders dramatisch sind die Produktivitätsunterschiede in der Maisproduktion – und zwar in dreifacher Hinsicht. Zum ersten ist Mais ein, wenn nicht sogar das Hauptnahrungsmittel vor allem der Armen und der Landbevölkerung in Mexiko, da aus ihm die bei keiner Mahlzeit fehlenden bzw. diese oft primär bildenden Tortillas gemacht werden. Das erklärt zum zweiten auch, warum der Maisanbau das Rückgrat der mexikanischen Landwirtschaft darstellt. 1992 machte er 78 Prozent der Gesamtgetreideproduktion aus, und die rund 2,7 Millionen MaisproduzentInnen bebauen mehr als 50 Prozent der gesamten landwirtschaftlich genutzten Fläche Mexikos (ESCALANTE SEMERENA 1996, S. 195f). Drittens ist die Lage bezüglich der Maisproduktion dramatisch, weil hier die Produktivitätsunterschiede zwischen heimischer und Weltmarktproduktion abgrundtief sind. Der durchschnittliche Ertrag pro Hektar liegt in den USA viermal so hoch wie in Mexiko, während umgekehrt die Produktionskosten pro Tonne in Mexiko fast das Doppelte ausmachen wie in den USA. Die Arbeitsproduktivität in der Maiserzeugung schließlich liegt in den USA 17,8 mal höher als in Mexiko (VALENZUELA GARCÍA 1996, S. 112; ZERMEÑO 1996, S. 66). Kein Wunder, daß bei diesen Unterschieden und angesichts offener Märkte die Maisproduktion in Mexiko immer unprofitabler wird. Bereits 1988 erwirtschafteten schon zwei Drittel aller Maisbauern und -bäuerinnen ein Defizit, was HEWITT DE ALCÁNTARA (1992, S. 17, siehe auch S. 13) zu dem Schluß führt, daß „maize production was no longer a viable economic activity in many areas of small-scale commercial agriculture". Seither hat sich die Situation weiter verschlechtert, sodaß heute unzählige MaisproduzentInnen wirtschaftlich ruiniert sind. Alleine 1996 gaben 600.000 ihre unrentable Produktion auf (La Jornada, 16.2.1997).

Die Unfähigkeit, am Weltmarkt zu konkurrieren, bekamen die klein- und mittelbäuerlichen ProduzentInnen um so schärfer zu spüren, als sich der Staat parallel zur Handelsliberalisierung und im Einklang mit ihr aus einer fördernden Landwirtschaftspolitik zurückzog. Unter dem Motto der Effizienzsteigerung und verstärkten Marktorientierung, was gleichzusetzen ist mit einer intensivierten Exportorientierung, wurde die Eliminierung des Zollschutzes von einer drastischen Reduktion direkter und indirekter staatlicher Unterstützungen begleitet. Bei aller strukturellen Ausbeutung des klein- und mittelbäuerlichen Sektors und seiner daraus folgenden Marginalisierung gab es seitens des mexikanischen Staates nämlich bis in die achtziger Jahre hinein Investitionen zur ländlichen Entwicklung, geförderte Kredite und Versicherungen für die Landwirtschaft, gestützte Preise für Samen und Dünger, garantierte Abnahmepreise und gesicherte Vermarktung für die agrarischen Produkte.

Mit dem Ausbruch der Schuldenkrise und der neoliberalen Modernisierung wurde diese aktive Landwirtschaftspolitik aber beendet. Zwischen 1982 und 1990 sanken die öffentlichen Investitionen in der Landwirtschaft um 56 Prozent, die Unterstützungszahlungen gingen von 10,9 Prozent des BIP auf 3,2 Prozent zurück (ARROYO ORTIZ und LEÓN RAMOS 1996, S. 142).[60] Die Ausgaben für die Förderung ländlicher Entwicklung sanken zwischen 1981 und 1992 um zwei Drittel, die entsprechenden Investitionen gingen gar um drei Viertel zurück. Investitionen für ländliche Entwicklung machten damit 1992 nur mehr 0,03 Prozent des BIP aus (CALVA 1994, S. 44).

---

[60]) Dies ist um so dramatischer, als die Landwirtschaft der USA, die ohnehin wesentlich höhere Stützungszahlungen erhält als die mexikanische, weiterhin massiv subventioniert wird (OROZCO ALVARADO und GARCÍA RAMOS 1996, S. 126).

Schließlich bedeutete der Rückzug des Staates aus der Agrarpolitik auch das Ende staatlicher Einrichtungen wie CONASUPO („Compañía Nacional de Subsistencias Populares").[61] Dies hatte zur Folge, daß die ländlichen Unterschichten (insbesondere in abgelegenen Regionen) beim Verkauf ihrer Produkte, aber auch beim Einkauf diverser Waren zur Deckung ihrer Grundbedürfnisse, nun wieder alternativlos auf die lokalen Machthaber angewiesen waren. Diese sogenannten „caciques" monopolisierten traditionellerweise den Handel, weil sie als einzige einen Lastkraftwagen besaßen, und weil nur sie über das notwendige Kapital verfügten, die Ernte aufzukaufen. Mit CONASUPO und anderen Einrichtungen war der Bevölkerung in abgelegenen Gebieten eine günstigere Alternative geboten worden, die nun, in den achtziger Jahren, wieder verlorenging (ARIZPE 1979, S. 102; HEWITT DE ALCÁNTARA 1992, S. 4).

Besonders gravierend ist der staatliche Rückzug aber im Bereich der Kreditvergabe, da erstens der Staat bis vor kurzem die wichtigste Quelle der Finanzierung darstellte, und weil zweitens eine direkte Korrelation zwischen dem Zugang zu einem Kredit einerseits und dem Produktionsergebnis andererseits besteht. Die staatlicherseits vergebenen Darlehen gingen um 85 Prozent zurück (1980–1995), wobei in Einzelbereichen der Rückzug ein vollständiger war. Die Getreideproduzenten etwa, die 1985 noch 45 Prozent aller Kredite von staatlichen Institutionen erhielten, waren 1991 ausschließlich auf Privatbanken angewiesen. Da die in die Landwirtschaft fließenden Privatkredite von 1980 an relativ konstant blieben (allerdings mit erheblichen Schwankungen), führte die drastische Reduktion staatlicher Darlehen nicht nur zu einem insgesamt deutlich geschrumpften Kreditvolumen (1980–1995: -50 Prozent), sondern auch zu einer Anteilsverschiebung hin zu den Privatbanken. In deren Händen liegen mittlerweile 82 Prozent der Kreditvergabe an die Landwirtschaft (1995).

Da das einzige Interesse der Privatbanken die Profitabilität ist, konzentrieren sich die Darlehen auf einige wenige Produzenten in fruchtbaren und/oder bewässerten Gebiete im Norden und Westen Mexikos, in denen hauptsächlich Exportgüter angebaut werden. So konnten die Bundesstaaten Sonora, Sinaloa, Jalisco und Chihuahua ihren Anteil an allen Krediten, die an Getreideproduzenten vergebenen wurden, von 45,7 Prozent (1985) auf 57,2 Prozent (1991) steigern. Umgekehrt aber fließt in Regionen, in denen primär für die Selbstversorgung und/oder den Binnenmarkt angebaut wird, kaum mehr Kapital. Der Estado de México, Puebla, Michoacán und Chiapas, die gemeinsam immerhin auf ein Drittel der mexikanischen Mais- und ein Viertel der Getreideproduktion kommen, erhielten 1991 nur mehr 12,2 Prozent aller Kredite. 1985 waren es immerhin noch 19,4 Prozent gewesen (SCHWENTESIUS RINDERMANN et al. 1995, S. 13; ARROYO ORTIZ und LEÓN RAMOS 1996; siehe auch IBARRA 1995).

Das Problem der klein- und vor allem auch der mittelbäuerlichen ProduzentInnen ist also nicht nur die starke Konkurrenz infolge der Handelsliberalisierung, sondern auch und gerade das Fehlen von Kapital, das sich in massiven Produktionseinbrüchen niederschlägt. Denn weitgehend ausgeschlossen vom Kreditsystem, können die klein- und mittelbäuerlichen ProduzentInnen nicht investieren. Die daraus resultierende schleichende Entkapitalisierung des klein- und mittelbäuerlichen Sektors spiegelt sich im Rückgang

---

[61]) CONASUPO war eine Einrichtung, die den Markt für Basisprodukte regulierte, einerseits, indem diese zu festgelegten Preisen auch in den abgelegensten Regionen vermarktet wurden, und andererseits, indem sie zu ebenfalls fixierten Preisen von den Bauern und Bäuerinnen erworben wurden.

der bewässerten Anbaufläche (die alleine von 1982 bis 1988 um nahezu ein Viertel oder 1,2 Millionen Hektar abnahm) ebenso wider wie in der Schrumpfung des Traktorenparks um fast 60 Prozent (1985–1994) oder im stark abnehmenden Gebrauch von wertvollem Saatgut (1985–1995: -78 Prozent), Düngemitteln (1985–1993: -36 Prozent) oder Insektiziden (SCHWENTESIUS RINDERMANN et al. 1995, S. 22; BORIS 1996, S. 107f).

Ein anderes zentrales Problem ist der Preisverfall agrarischer Produkte. Von 1981 bis 1993 verschlechterten sich die Terms of Trade für alle landwirtschaftliche Erzeugnisse um ein Viertel, für die zehn wichtigsten Produkte, die 42 Prozent der landwirtschaftlichen Produktion ausmachen und 72 Prozent der bebauten Fläche einnehmen, gar um 49 Prozent (1981–1994). Betroffen sind vor allem jene Kulturen, die für die Existenzsicherung und die Nahrungsmittelautonomie notwendig wären. So verschlechterte sich beispielsweise der Preis für Mais im Verhältnis zu den Produktionskosten um 53 Prozent, während die Terms of Trade für Bohnen um 42 Prozent und für Weizen um 38 Prozent sanken. In anderen Worten: Die ProduzentInnen von Mais oder Bohnen müssen heute doppelt so viel erzeugen wie zu Beginn der achtziger Jahre, um das gleiche Ergebnis zu erzielen (CALVA 1994, S. 43; SCHWENTESIUS RINDERMANN et al. 1995, S. 15). Die Tendenz des Preisverfalls hat sich seit dem Beitritt zur NAFTA noch beschleunigt. Nach Angaben einer Landarbeitergewerkschaft und der landwirtschaftlichen Hochschule in Chapingo (Estado de México) sind alleine im Jahr 1996 die Preise für Mais, Weizen, Bohnen, Hirse und Soya um 40 Prozent gefallen, was dazu führt, daß die ProduzentInnen all dieser Früchte negativ bilanzieren (Última Hora, 22. 12. 1996).

Fehlender Zugang zu Krediten und der Verfall der Preise führen zu einer immer größeren Verschuldung des agrarischen Sektors. Die Summe der nicht mehr bedienbaren Kredite verzwanzigfachte sich zwischen 1988 und 1995 und machte 1994 bereits mehr als ein Viertel der Ernteerträge aus. Das Ausmaß der Überschuldung der landwirtschaftlichen ProduzentInnen wird in seiner gesamten Dimension aber erst sichtbar, wenn laufende und nicht mehr bedienbare Kredite addiert werden. 1994 machten alle Darlehen zusammengenommen nämlich 70 Prozent des landwirtschaftlichen BIP aus – 1988 war der entsprechende Wert noch bei 30 Prozent gelegen (SCHWENTESIUS RINDERMANN et al. 1995, S. 12f).

Die klein- und mittelbäuerlichen ProduzentInnen von Basiskulturen werden so mehr und mehr marginalisiert – und zwar durchaus nicht nur als „Nebenprodukt" einer Politik, die auf das Land und seine BewohnerInnen vergißt, sondern auch mit voller Absicht. Denn die Ruinierung des klein- und mittelbäuerlichen Sektors entspricht einerseits den Grundsätzen der neoliberalen Politik in Mexiko, mit den am Markt nicht konkurrenzfähigen ProduzentInnen aufräumen. In der Ära SALINAS DE GORTARI (1988–1994) wurde offen propagiert, den Anteil der in der Landwirtschaft Tätigen dem Anteil des Agrarsektors am BIP anzupassen, und zwar ungeachtet der Folgen für die Ernährungssicherheit der Bevölkerung. Es sollten nach den Plänen der Regierung nur jene Bereiche überleben, die Möglichkeiten zur Anbindung an den Weltmarkt besitzen (ZAPATA MARTELO 1995, S. 368; OROZCO ALVARADO und GARCÍA RAMOS 1996, S. 130f).

Andererseits ist diese Politik eingebettet in die Strategie der US-amerikanischen Agroindustrie, die ab den achtziger Jahren begann, ihre Märkte auf Zentral- und Südamerika auszudehnen. Da für die USA der Export landwirtschaftlicher Güter eine ungleich größere Rolle spielt als für Mexiko – 12 Prozent aller Exporte sind Agrarprodukte, in Mexiko lediglich 9 Prozent (OROZCO ALVARADO und GARCÍA RAMOS 1996, S. 133f) – bildet der Freihandel auch im Bereich der landwirtschaftlichen Güter einen Eckpfeiler ihrer Globalisierungsstrategie. Die NAFTA war für Agrokonzerne wie Cargill, ADM, Continental, Dreyfous oder Tysson eine notwendige Voraussetzung, ihre höhere Produktivität in schrankenlose Expansion umlegen zu können und dabei die mexikanischen ProduzentInnen von deren „eigenem" Binnenmarkt zu verdrängen. In diesem Unterfangen wurden sie von der mexikanischen Regierung tatkräftig unterstützt: „By opening up the farm sector and the food distribution system to international market forces, the Mexican government turned its back on the nationalist and populist policies of the past and embraced the agroindustrial imperative of today's globalized economy" (BARRY 1995, S. 56).

Eine Folge ist, daß die Getreideimporte seit dem Inkrafttreten der NAFTA um 22 Prozent gestiegen sind (1994–1996), im Vergleich zur Periode zwischen 1985 und 1989 gar um 63 Prozent (Red Mexicana 1997, S. 96f). Folglich wandelte sich Mexiko von einem Nettoexporteur agrarischer Produkte zu einem Nettoimporteur, was zu einer permanenten Verschlechterung der agrarischen und natürlich auch der gesamten Handelsbilanz führt. Betrug das Defizit der agrarischen Handelsbilanz Mitte der achtziger Jahre noch 1,4 Milliarden US-Dollar, so machte es 1992 bereits 6 Milliarden aus (BORIS 1996, S. 109). Symptomatisch für die neue Abhängigkeit bei Agrarprodukten ist die Situation bei Mais – dem mexikanischen Lebensmittel schlechthin. Obwohl 1996 eine Rekordernte eingebracht wurde, importierte Mexiko im selben Jahr 5,8 Millionen Tonnen – 96 Prozent davon aus den USA, dem weltgrößten Maisexporteur. Diese Importe bedeuten eine Steigerung von 145 Prozent gegenüber 1994, die Kosten der Maiseinfuhren haben sich gar um 184 Prozent erhöht. Damit importierte Mexiko 1996 insgesamt 12 Millionen Tonnen Getreide oder rund ein Drittel seines Gesamtbedarfs (Migration News, August 1996; Red Mexicana 1997, S. 92f).

Angesichts dieser Situation ist offensichtlich, daß die über zwei Millionen klein- und mittelbäuerlichen ProduzentInnen (BARRY 1995, S. 101), die über Jahrzehnte das Rückgrat der Nahrungsmittelversorgung bildeten, heute nicht mehr als (potentielle) Quelle von Reichtum und Produktion angesehen werden, sondern zu Empfängern von Almosen degradiert sind (DE TERESA OCHOA 1996, S. 190f).[62] Was in der Landwirtschaft zählt, ist eine verschwindend kleine Minderheit agrarischer Produzenten (SALINAS und QUINTERO MÁRQUEZ [1996, S. 241] schätzen diese Schicht auf drei Prozent aller landwirtschaftlichen Erzeuger), die fähig sein werden, von der Handelsliberalisierung zu profitieren und dem Motto der neoliberalen Landwirtschaftspolitik (Effizienz! Export!) gerecht zu werden.

Zu all den ökonomischen Problemen ist schließlich noch eine einschneidende politischrechtliche Veränderung hinzuzählen, welche die Krise des ländlichen Mexiko weiter akzentuieren wird. Am 27. Februar 1992 wurde eine Veränderung des Artikels 27 der seit 1917 gültigen Verfassung beschlossen, mit der die Landreform der mexikanischen Revolution (Verteilung von Boden an Landlose) definitiv für beendet erklärt, die Privatisierung von Ejido-Land durchführbar und folglich sein Verkauf legalisiert sowie der Besitz von Land durch Aktiengesellschaften (auch mit ausländischer Beteiligung) ermöglicht wird (CORNELIUS 1992, S. 3f; ZAPATA MARTELO et al. 1994, S. 110f).

Diese Reform – oder vielmehr „contrareforma" (PRADILLA COBOS 1993, S. 57; ORTIZ WADGYMAR 1994, S. 249) – steht nicht nur zeitlich in einem direkten Zusammenhang mit

---

[62] Wie der extrem hohe Armutsgrad am Land und insbesondere in den indigenen Gebieten zeigt, ist selbst der Ausdruck „Empfänger von Almosen" übertrieben. In vielen Fällen dürfte die ländliche Bevölkerung nur mehr als Anspruchsteller wahrgenommen werden, ohne aber die Almosen zu erhalten.

Globalisierungsschritten wie dem Eintritt in das GATT (heute WTO) und den Verhandlungen über einen NAFTA-Beitritt. Eingebettet in die neoliberale Rhetorik über unternehmerische Verantwortung,[63] die Notwendigkeit von Effizienzsteigerungen in der Landwirtschaft und den Wert der Wettbewerbsfähigkeit, ist die rechtliche Neuordnung auf Druck nationaler wie internationaler Kapitaleigner und der Weltbank zustandegekommen (CALVA 1993, S. 71–88; PRADILLA COBOS 1993, S. 52). Das Ziel lautet(e), einige nicht marktkonforme Aspekte der mexikanischen Verfassung zu eliminieren. Denn: den Landlosen per Verfassung das Recht auf Boden zuzugestehen, stellt eine (zumindest potentielle) Bedrohung des Großgrundbesitzes dar; das Ejido als nicht verkauf-, verpacht- oder belehnbares Land zu definieren, entzieht es der Marktlogik und widerspricht damit dem Grundcharakteristikum des Freihandels, Marktbeziehungen auszuweiten und zu vertiefen; und die strenge Regulierung von wirtschaftlichen Beteiligungsmöglichkeiten im Agrarsektor behindert schließlich die freie Mobilität von Kapital.

Die GegnerInnen der Verfassungsänderung vertreten den Standpunkt, daß durch diese die Konzentration von Land voranschreiten, ein Ausverkauf an ausländisches Kapital vonstatten gehen, die soziale Polarisierung am Land zunehmen und letztlich die Landflucht ansteigen würde (PRADILLA COBOS 1993, S. 65–71; Red Mexicana 1997, S. 79f). Allerdings sind bis dato die schlimmsten Prognosen über die Auswirkungen der Neuregelung nicht eingetroffen. Das hat mehrere Gründe. Erstens bedeutet schon das große Ausmaß des Ejido-Sektors ein gewisses Hindernis, müßten doch 28.058 Ejidos bzw. agrarische Gemeinschaften[64] mit mehr als drei Millionen Ejidatarios bzw. Mitgliedern (DEWALT et al. 1994, S. 4) dem Privatisierungsverfahren (Zuerkennung des Landtitels) unterworfen werden. Zweitens war auch schon vor der Verfassungsänderung das (illegale) Verpachten oder Verkaufen von Ejido-Land üblich. Seit den siebziger Jahren entwickelte sich ein aktiver, informeller Bodenmarkt, und zwar sowohl innerhalb landwirtschaftlicher Bezirke als auch an den Rändern der großen Städte. Fallstudien ergaben beispielsweise, daß in einzelnen landwirtschaftlichen Bezirken bis zu 50 Prozent des individuellen oder kollektiven Ejido-Landes verpachtet waren, und daß sich das Wachstum von Mexico City bis zu zwei Drittel auf Ejido-Land vollzog (ARIZPE 1979, S. 103; DEWALT et al. 1994, S. 35–43; CRUZ RODRÍGUEZ 1996).

Drittens dürften die Befürchtungen hinsichtlich unverzüglicher Landkonzentration und Ausverkauf ans Ausland die externe Nachfrage nach Ejido-Land überschätzen. Denn wenn es auch einen florierenden informellen Bodenmarkt gab, so spielten sich die meisten Transaktionen doch im wesentlichen innerhalb enger Grenzen – der Familie, des Ejidos, des Dorfes – ab (DEWALT et al. 1994, S. 41; SCOTT 1996, S. 93), oder eben im Umland der Städte. Was also den Verkauf von Ejidos zur agrarischen Nutzung betrifft, so scheint es angesichts der schlechten Qualität der überwiegenden Mehrheit des Ejido-Landes (nur 21 Prozent der 95 Millionen Hektar können bebaut werden, der Rest ist Wald oder Weideland, nur 16 Prozent des Ejido-Landes sind bewässert) sowie einer weitverbreiteten antibäuerlichen und antiagrarischen Grundstimmung (DEWALT et al. 1994, S. 4; BARRY 1995 S. 86, S. 119, S. 127) als nicht sehr wahrscheinlich, daß in unmittelbarer Zukunft bedeutsame Investitionen fließen werden. Der Landverkauf an Nichtmitglieder eines Dorfes oder einer agrarischen Gemeinschaft hat zwar zugenommen, aber nicht substantiell (BARRY

---

[63] „Like the agrarian struggles in the past, the objective [of the reform of Article 27] is the broadening of justice and liberty", bemerkte der damalige Präsident Carlos SALINAS DE GORTARI anläßlich der Verabschiedung der Verfassungsänderung (zitiert in BARRY 1995, S. 117).

[64] Kollektivejidos, oftmals auch indigene Dorfgemeinschaften.

1995, S. 123). Und daß die ausländischen Investitionen in der Landwirtschaft zwischen 1985 und 1994 um 3.500 Prozent zugenommen haben, klingt zwar imposant, ergibt sich im wesentlichen aber daraus, daß das Ausgangsniveau extrem niedrig war. Trotz dieses sensationell erscheinenden Zuwachses gehen nämlich nach wie vor nur 0,4 Prozent der ausländischen Investitionen in den Agrarsektor (Red Mexicana 1997, S. 80).

Welche Auswirkungen wird also die Reform des Artikels 27 auf die ländliche Entwicklung haben? Nach gegenwärtigem Stand werden weder die optimistischen Prognosen bezüglich einer Wiederbelebung des Ejido-Sektors und einer Effizienzsteigerung noch die pessimistischen Vorhersagen unmittelbar voll eintreffen (zum folgenden siehe CALVA 1993, S. 25–70; DEWALT et al. 1994, S. 42, S. 54–58; BARRY 1995, S. 120–128; CORNELIUS und MYHRE 1998). In den Kollektivejidos wird sich mittelfristig vermutlich wenig ändern, während die Einzelejidatarios vielfach ihre individuellen Landrechte gelten machen dürften. Sowohl der Verkauf von Ejido-Land in großem Stil als auch massive private Investitionen in den Ejido-Sektor erscheinen als unwahrscheinlich, allerdings wird es in den bewässerten Regionen im Norden, Nordwesten und im Zentrum vermutlich zu verstärktem Engagement privater Anleger kommen. Ihre Beteiligung dürfte aber vor allem über Pachtverträge bzw. durch die Eingliederung von Ejidatarios in (inter)nationale Produktionsketten erfolgen und weniger über den direkten Landkauf. Eine Dynamisierung des Bodenmarktes durch Verkauf von Ejido-Land wird es vor allem an den Stadträndern geben und in Regionen, die touristisch erschließbar sind.[65]

Scheint die Neubildung von Latifundien durch den Verkauf von Ejido-Land vorerst also nicht sehr wahrscheinlich zu sein, so wird es *innerhalb* der Ejidos vermutlich doch zu Landkonzentrationen kommen. Ejidatarios mit sehr kleinen, unproduktiven Parzellen werden geneigt sein, diese aufzugeben, wobei angesichts ihrer Überschuldung durchaus auch (indirekter) Zwang mitspielen kann. Dadurch werden Polarisierungstendenzen gefördert, und zwar zwischen Landbesitzern und Landlosen einerseits, zwischen exportorientiertem Agrobusiness und subsistenz- und binnenmarktorientierten ProduzentInnen andererseits.

Die größte Veränderung dürfte aber im politischen und soziokulturellen Bereich liegen. Das Verhältnis zwischen Staat und Bauernschaft ändert sich mit der Reform des Artikels 27 grundlegend. Mit der offiziellen Beendigung der Landreform und der Möglichkeit, das Ejido zu privatisieren, privatisierte der Staat auch die Verantwortung für einen Gutteil der ländlichen Bevölkerung. Dieser Bruch des als Folge der Revolution geschlossenen Sozialvertrages zwischen dem Staat einerseits und dem ärmsten Teil der Bevölkerung andererseits ist die wahrscheinlich größte unmittelbare Implikation der Verfassungsänderung, deren Auswirkungen sich vermutlich erst in den nächsten Jahrzehnten in vollem Umfang zeigen werden. Gleichzeitig wird die soziale Rolle der Ejidos abnehmen, was einerseits als Schwächung oder Ende paternalistischer und klientelistischer Kontrolle durch die Staatspartei PRI („Partido Revolucionario Institucional") und ihre Funktionäre begrüßt wird, was aber zugleich der Individualisierung und Entsolidarisierung Vorschub leisten könnte. Letztlich bedeutet der Rückgang der sozialen Rolle des Ejido aber auch, daß eine wichtige soziokulturelle Bande zwischen der ländlichen Bevölkerung und dem Land geschwächt wird. Land war (und ist) in Mexiko mehr als nur ein Produktionsfaktor. Dieser große gesellschaftliche Wert steht mit der Transformation in eine Ware allerdings zur Disposition, was

---

[65]) Damit sind insbesondere auch enorme ökologische Risiken verbunden, wie PRADILLA COBOS (1993, S. 73f) unterstreicht.

einem Prozeß sozio-kultureller Entwurzelung gleichkäme und der Abwanderung weiteren Antrieb gäbe.

Die Probleme, die sich für die mexikanische Landwirtschaft bzw. für die klein- und mittelbäuerliche Bevölkerung durch die neoliberale Modernisierung und die beschleunigte Globalisierung ergeben, wurden deshalb so ausführlich dargestellt, weil in ihnen der wesentlichste Schlüssel zum markanten Anstieg der Binnenmigrationen (und der Auswanderung in die USA) zu finden ist. Die neue Agrarpolitik beraubt Millionen Menschen ihrer ländlichen Existenzgrundlage und begründet somit eine *Entwurzelungswelle* in einem selbst für mexikanische Verhältnisse unbekannten Ausmaß.

Geschätzt wird, daß seit Beginn der neunziger Jahre zwischen 500.000 und 750.000 Subsistenzbauern und -bäuerinnen die Landwirtschaft verlassen haben (Migration News, Oktober 1996). Eine andere, bereits zitierte Mutmaßung geht gar von 600.000 MaisproduzentInnen aus, die alleine 1996 aufgeben mußten (La Jornada, 16.2.1997). Mittelfristig wird vermutet, daß hunderttausende (RICHARDSON 1995, S. 189), 1,4 (HINOJOSA-OJEDA und ROBINSON 1991), zwei (OMAN 1994, S. 119; BARRY 1995, S. 47), dreieinhalb (CALVA 1993, S. 65), fünf (Migration News, Juni 1996) oder gar fünfeinhalb Millionen Familien (NAFTA & Inter-Am Trade Monitor 5–17, 1996) mittelfristig nicht als bäuerliche ProduzentInnen überleben werden können. Das würde das sozio-ökonomische Aus für acht bis 15 Millionen Menschen bedeuten – Zahlen, die übrigens mit den Plänen der Regierung SALINAS DE GORTARI (1988–1994) korrespondieren, die landwirtschaftliche Beschäftigung dem Anteil des Agrarsektors am BIP anzupassen (ZAPATA MARTELO 1995, S. 368).

So stark die einzelnen Zahlenangaben auch variieren mögen, daß sich dieser massive Entwurzelungsprozeß in einer markanten Zunahme der Wanderungen niederschlägt, wird von so gut wie allen Studien, die einen möglichen Zusammenhang zwischen NAFTA und Migration untersuchen, anerkannt. Allerdings ist die Abwanderung nicht die einzige mögliche Strategie, mit der Familien auf die akzentuierte agrarische Krise reagieren (können). Denn Migration resultiert nicht automatisch oder mechanisch aus der Entwurzelung. Die Wege, die Haushalte zur Lösung der durch die vertiefte Globalisierung ausgelösten Krise einschlagen, hängen von zahlreichen Faktoren ab, die vielfach auf der lokalen oder regionalen Ebene angesiedelt sind.

Zu diesen zählen Ressourcenumfelder wie Zugangsmöglichkeiten zu Land(besitz), Arbeitsmärkte, Kreditmöglichkeiten oder (staatliche) Politik, soziale Beziehungen einschließlich der Klassenverhältnisse, Geschlechterrollen und Familienstrukturen, soziokulturelle Gegebenheiten wie soziale und/oder ethnische Identitäten (gerade letztere spielen im mexikanischen Fall eine wichtige Rolle) oder Heiratsmuster sowie letztlich auch historisch bedingte Dispositionen (siehe dazu allgemein z.B. WALLERSTEIN und SMITH 1992; BEAUREGARD 1995; BAUMANN 1996; LLAMBÍ 1996; LONG 1996). Innerhalb dieser Konstellationen trifft die betroffene Bevölkerung ihre Entscheidungen. Hier kann keine detaillierte Untersuchung der sehr unterschiedlichen Krisenbewältigungsstrategien erfolgen. Es sollen deshalb lediglich einige Möglichkeiten angedeutet werden, um dann näher auf die Migration – als einen der meistgewählten Auswege – einzugehen.

Die gewiß spektakulärste Antwort auf die jahrzehntelang latente und ab den achtziger Jahren virulente Krise gaben die bewaffneten Aufständischen des EZLN („Ejército Zapatista de Liberación Nacional") im Süden Mexikos. Sie besetzten am 1. Jänner 1994 zahlreiche Städte im Bundesstaat Chiapas und versuchen seit dem mit der Regierung vereinbarten

Waffenstillstand, auf politischem Weg eine Besserstellung der indigenen Bevölkerung zu erreichen. Daß der militärische Aufstand zeitlich mit dem Inkrafttreten der Nordamerikanischen Freihandelszone übereinstimmte, war kein Zufall. Es war auch mehr als bloß ein (gelungener) Public-Relations-Schachzug.

Der Zusammenhang zwischen NAFTA und Revolte ist nach den Worten des Subcomandante MARCOS ein direkter, denn „(d)as Fehlen von Land war der Anlaß dieses Krieges" (zitiert in URRUTIA 1995, S. 217). Der Freihandel und die mit ihm verbundene Änderung des Verfassungsartikels 27 begründen zwar nicht die politische und militärische Allianz zwischen urbanen Linken und indigenen Bauern und Bäuerinnen in Chiapas, stellen aber sehr wohl den definitiven Auslöser für deren bewaffneten Kampf dar (BURBACH und ROSSET 1994; LE BOT 1997, S. 220f).[66] Es sei auch daran erinnert, daß der politische Kampf gegen die Verschlechterung der ländlichen Lebensbedingungen in Mexiko eine lange Tradition hat. Auch nach der Revolution wurde das Land niemals befriedet, und in den siebziger Jahren erlebten bäuerliche Protestbewegungen einen starken Aufschwung (GRINDLE 1991, S. 130). Politische Mobilisierung wurde dabei übrigens oft als Alternative zur Abwanderung gesehen – der Historiker WOMACK sagt etwa über die historischen Zapatisten der Mexikanischen Revolution: „(They were) country people who did not want to move and therefore go into a revolution" (zitiert in BARRY 1995, S. 33).

Eine andere Antwort auf die Krise geben alle jene Bäuerinnen und Bauern, die notgedrungen oder selbstgewählt auf Subsistenzproduktion setzen oder den Anteil der Eigenwirtschaft erhöhen. Dies ist einerseits in einigermaßen fruchtbaren Regionen zu beobachten, wo sich bäuerliche Familien in Reaktion auf den Preisverfall ihrer Produkte und die zunehmende Konkurrenz schrittweise aus Marktzusammenhängen zurückgezogen haben und versuchen, über den Anbau von Mais und anderen Produkten einen Gutteil ihrer Bedürfnisse abzudecken (HEWITT DE ALCÁNTARA 1992, S. 18f). Andererseits zeigen Forschungen in Juchitán, einer Kleinstadt im Süden Mexikos (Bundesstaat Oaxaca), daß Subsistenzorientierung auch einen Schutzschild gegen die schlimmsten Auswirkungen der neoliberalen Modernisierung bilden kann. Die Konzentration von Produktion und Handel auf lokale Bedürfnisbefriedigung (insbesondere bei Lebensmitteln) stellt nämlich bei aller Integration in den nationalen und internationalen Markt eine Wirtschafts- und Lebensform dar, die der (marktvermittelten) Krise weniger Angriffsflächen bietet.[67] In unserem Zusammenhang besonders interessant ist die auffällig geringe Migrationsrate Juchitáns. Zwar gibt es auch hier viele Formen der Mobilität, die für den Bundesstaat Oaxaca aber typische Abwanderung nach Mexico City und die seit den achtziger Jahren stark zunehmende Emigration in die USA spielen eine geringe Rolle. Ja, die Zahl der EmigrantInnen nahm in den

---

[66] Major MOISÉS vom EZLN dazu ausführlicher im Interview mit dem Anthropologen Yvon LE BOT: „... cuando empezó a hablar Salinas del Tratado de Libre Comercio, lo que es el artículo 27, la privatización del ejido, de las empresas, y el cambio del billete. Nos explicaban los compañeros eso. Lo que significaba para nuestro país, y especialmente para los campesinos, el artículo 27, que nos iba a llevar a una etapa como bajo Porfirio Díaz. Entonces la gente empezó a decir no, desde aquí ya basta. Tenemos que declarar la guerra contra éstos. Entones cuando ellos dijeron, así será, hay que preguntar a los compañeros y las compañeras. Y fue esa la decisión. Por eso hubo un 1° de enero del 94" (zitiert in LE BOT 1997, S. 221).

[67] Umgekehrt ist festzuhalten, daß es gerade die Marktintegration, die seit 1940 so sehr zugenommen hat, ist, die die Bauern und Bäuerinnen die Krise so unmittelbar spüren läßt. Zum Beispiel sind sie, weil sie einen zunehmenden Anteil ihrer Einkommen in Geld beziehen (sei es über den Verkauf von Produkten, über die Rimessen von MigrantInnen oder über staatliche Zuschüsse) anfällig für die Inflation geworden (SCOTT 1996, S. 97f).

achtziger Jahren sogar ab, was in deutlichem Gegensatz zum allgemeinen Trend steht (BENNHOLDT-THOMSEN und MIES 1997, S. 120–122; HOLZER 1997).

Häufiger als Rebellion oder verstärkte Subsistenzorientierung aber ist, daß ländliche Haushalte bewährte (im Sinn von bekannte) Strategien einschlugen bzw. seit langem praktizierte Maßnahmen intensivierten (GRINDLE 1991, S. 130f). Ein solcher Schritt, auf die Krise zu reagieren, ist der erzwungene Konsumverzicht (GONZÁLEZ DE LA ROCHA 1991).[68] Mindestens ein Drittel, in indigenen Gebieten sogar rund die Hälfte der Bevölkerung kann gegenwärtig nur die Hälfte der für die Ernährung eigentlich notwendigen Lebensmittel konsumieren, und der Verbrauch von Nahrungsmitteln ist weiter rückläufig (La Jornada, 17.2.1997; 21.3.1997). Parallel dazu trachten viele ländliche Familien danach, über die Intensivierung ihrer Arbeitsleistung, also die Verlängerung des Arbeitstages, die Erhöhung der Arbeitskräfte pro Familie oder das Neuerschließen und Kombinieren verschiedener entlohnter und „selbständiger", formeller und informeller Tätigkeiten zusätzliche Einkommen zu lukrieren. Dieser Zwang ist so stark und so allgegenwärtig, daß der spätere Landwirtschaftsminister Arturo WARMAN aus Zynismus oder aus unglücklicher Ausdrucksweise meinte: „Creating employment, inventing ways of working harder, is part of peasant leisure (zitiert in GRINDLE 1991, S. 136; siehe auch HEWITT DE ALCÁNTARA 1992, S. 12; DEWALT et al. 1994, S. 47; ZAPATA MARTELO et al. 1994, S. 110; DE TERESA OCHOA 1996, S. 225–227; DE TERESA OCHOA und CORTEZ RUIZ 1996, S. 26).

Unter all den Möglichkeiten, die Krise über das Erschließen neuer Einkommen zu bewältigen, ist Migration eine bevorzugte (zu allgemeinen und internationalen Aspekten diesbezüglich siehe z.B. SCHMINK 1984; MASSEY 1990; JELIN 1991; STARK 1991; SWINDELL 1995). Auch in unzähligen Dörfern und Regionen Mexikos ist die zeitweise oder permanente Wanderung von einem oder mehreren Haushaltsmitgliedern seit Jahrzehnten ein fixer Bestandteil der Reproduktion des ländlichen Haushalts (siehe die teils klassisch gewordenen Studien über Binnenwanderung und, häufiger, über die Emigration in die USA, etwa ARIZPE 1979 und 1985; MINES 1981; ROBERTS 1981; DINERMAN 1982; PORTES und BACH 1985; MASSEY et al. 1987 sowie DURAND 1994).

Migration in die USA oder nach Mexico City bzw. in eine andere Stadt wird von Millionen Menschen aus Hunderttausenden Haushalten als bewußte Strategie gewählt, um zusätzliche Einkommen zu erwirtschaften, damit der Preisverfall für agrarische Produkte wettgemacht werden kann, damit notwendige Vorprodukte wie Düngemittel eingekauft werden können, damit Vorsorge gegen unvorhersehbare Zu- und Unglücksfälle getroffen werden kann oder damit mehr Unabhängigkeit von der landwirtschaftlichen Erzeugung erlangt wird. In vielen ländlichen Gebieten ist das Überleben am Land also von den Rimessen der MigrantInnen abhängig geworden. In anderen Worten: „La *permanencia* del sector campesino nos remite, paradójicamente, a una sociedad *en movimiento*" (DE TERESA OCHOA 1996, S. 193).

Mit der zunehmenden Bedeutung der Migrationen und der Rücküberweisungen ist der ländliche Haushalt aber auch immer mehr in den städtischen, den nationalen oder den internationalen sozioökonomischen Raum eingebunden und von diesem abhängig geworden (GRINDLE 1991, S. 138, S. 143f; HEWITT DE ALCÁNTARA 1992, S. 20f). Dadurch werden auch traditionelle Scheidelinien zwischen „Stadt" und „Land" durchlässiger. Der länd-

---

[68]) Beides sind „Methoden" der Krisenbewältigung, die zu keiner anderen genannten in Widerspruch stehen, sondern diese (leider) meist ergänzen müssen.

liche Raum und ländliche Gesellschaften sind inhomogener geworden, da letztere, um zu überleben, ihre Grenzen in räumlicher und soziokultureller Sicht überwinden müssen (DE TERESA OCHOA 1996, S. 201, S. 235; BONFIL SÁNCHEZ 1996, S. 73; LARA FLORES 1996, S. 146, S. 152, S. 161f; BARRY 1995, S. 133–135).

Eine ähnliche Inhomogenität, wie sie den ländlichen Raum zunehmend prägt, findet sich auch im Werden konkreter Migrationsmuster. Hierbei spielen lokale und regionale Gegebenheiten einzelner Dörfer und Familien eine große Rolle. Fragen wie agrarische Strukturen, Qualität des Bodens und Kontrolle über Ressourcen, ethnische Zugehörigkeit und Klassenverhältnisse, alters- und geschlechtsspezifische Zusammensetzung eines Haushalts, und, last but not least, auch die Migrationsgeschichte eines Ortes verbinden sich mit den Determinanten auf der makroökonomischen und -gesellschaftlichen Ebene und prägen über Jahrzehnte die Formen der Abwanderung (WILSON 1993).

Für die jüngere Geschichte zeigen nicht nur die Daten (bezüglich der Binnenmigration siehe Tabelle A-21 im Anhang; zur Emigration in die USA siehe Secretaría de Relaciones Exteriores und Commission on Immigration Reform 1997, S. 9–11), daß sich an diesem Muster nichts geändert hat. Wenn auch das in der Volkszählung von 1995 (INEGI 1996) offenbar werdende starke Ansteigen der Migrationen in den neunziger Jahren noch nicht Thema genauer Analysen ist, so deckt es sich einerseits mit den bereits zitierten Prognosen bezüglich der Auswirkungen des Freihandels und der neoliberalen Modernisierung auf die Migrationen. Andererseits weisen auch einige jüngere, auf der Mikroebene angesiedelte Fallstudien darauf hin, daß Haushalte weiterhin und zunehmend Migration wählen, um die kritische Situation zu meistern, in der sie sich befinden: „(T)he response to the crisis of the 1980s has been more of the same – migration (…) and subsistence based on remittances" (GRINDLE 1991, S. 143).

Die zunehmende Migration ist zu verstehen als Bestandteil einer fundamentalen Strategie ländlicher Familien, die Krise zu bewältigen.[69] Ja, die Wanderung eines oder mehrerer Haushaltsmitglieder ist für Hunderttausende Familien zum Herzstück des Überlebenskampfes geworden. Indem die Ehefrau und Mutter, der Sohn, die Töchter in Richtung bezahlter Tätigkeiten migrieren, können die Einkommensausfälle, welche die agrarische Krise und das Ausbleiben staatlicher Unterstützung mit sich brachten, wenigstens teilweise kompensiert werden. So zeigt etwa HEWITT DE ALCÁNTARA (1992, S. 20–22) in ihrer Analyse über die Situation der mexikanischen MaisproduzentInnen, daß trotz der unvorteilhaften Entwicklung auf den urbanen Arbeitsmärkten mehr und mehr Mitglieder klein- und mittelbäuerlicher Haushalte in die Städte, auf die Plantagen oder in die USA migrieren, weil „maize production, even for subsistence, depends increasingly on the ability of the households to generate off-farm income in order to finance indispensable purchased inputs"

---

[69] In Einklang mit den zitierten Daten über die Binnenmigrationen in Mexiko (siehe Tabelle A-22 im Anhang sowie die Abbildungen 25 bis 28) und mit einer Analyse über die Charakteristika der jüngeren Emigration in die USA (CORNELIUS 1991) ist darauf hinzuweisen, daß zunehmende Migration auch eine der bevorzugten Überlebensstrategien urbaner Haushalte ist. In einer 1987/88 in Südkalifornien durchgeführten Untersuchung stellte sich heraus, daß Mexico City als Herkunftsgebiet von Einwanderern in die USA immer größere Bedeutung gewinnt. Mexico City war mit einem Anteil von 23,1 Prozent das wichtigste Herkunftsgebiet der jüngst eingetroffenen MigrantInnen und mit 11,1 Prozent immerhin das viertwichtigste Herkunftsgebiet der bereits beschäftigten mexikanischen ImmigrantInnen (CORNELIUS 1991, S. 158–161). Zeitungsberichten zufolge hält diese Tendenz bis in die unmittelbare Gegenwart an (RAMIREZ und FANZOLATTO 1997).

(ibd., S. 20). Zum gleichen Schluß gelangt GRINDLE (1988, 1991) in ihrer Untersuchung der Überlebensstrategien von Armen in vier ländlichen Gemeinden in der mexikanischen Zentralregion.[70] Sie weist nicht nur nach, daß die Abwanderung in die USA bzw. nach Guadalajara und Mexico City stark zugenommen hat, sondern auch, daß die durch Migration erwirtschafteten Gelder angesichts der Krise ländlicher Haushalte mehr und mehr zur Deckung von Basisbedürfnissen und immer weniger für Investitionen verwendet werden. Schließlich zeigt YÚNEZ-NAUDE (1997) in ihrer Untersuchung von vier anderen ländlichen Dörfern,[71] daß vor allem Familien aus Gemeinden, die in ihrer Reproduktion schon vor dem Einbruch der Krise der achtziger Jahre erheblich von Rimessen aus Binnenwanderungen abhingen, einen starken Antrieb zeigen, mehr Haushaltsmitglieder in Migrationen zu entsenden. Denn gerade sie sind vom Lohnverfall in Mexiko und der Abwertung des Peso massiv betroffen, weshalb sich die zusätzliche Emigration auch bevorzugterweise in Wanderungen in die USA niederschlagen wird.

Wenn Familien in den letzten Jahren dazu übergehen, zusätzliche Mitglieder in Binnenwanderungen oder in internationale Migration zu entsenden, um zusätzliche Geldeinkommen lukrieren zu können, dann sind zwei Personengruppen besonders betroffen: Frauen und Kinder bzw. Jugendliche (BONFIL SÁNCHEZ 1996, S. 73). Es wurde bereits mehrmals darauf hingewiesen, daß in Mexiko Frauen häufiger wandern als Männer. Alleine zwischen 1990 und 1995 wurden um 8,5 Prozent mehr Frauen in Migrationen mobilisiert als Männer (siehe Tabelle A-21 im Anhang). Diese überproportionale Vertretung in Migrationen hängt auch damit zusammen, daß die Krise der achtziger und neunziger Jahre Frauen generell stärker traf bzw. trifft als Männer. Sie haben im Falle der Abwanderung der Männer (Gatten und Söhne) erhöhte Verantwortung für die häusliche Produktion und die Subsistenz zu tragen (ohne allerdings dieser Verantwortung entsprechende Möglichkeiten eingeräumt zu bekommen), und sie müssen mit einem sich wegen der neoliberalen Umstrukturierungen verringernden Spielraum zur Befriedigung elementarer Bedürfnisse zurechtkommen. Dazu werden sie im Rahmen der Krise und der Strategien, sie zu bewältigen, immer häufiger auch zu Protagonistinnen von Migrationen (ZAPATA MARTELO 1995; ZAPATA MARTELO und MERCADO GONZÁLEZ o.J.).

Für Frauen dominieren häufig andere örtliche Migrationsziele als für Männer. In den letzten Jahren sind für sie Mittel- und Kleinstädte wichtigere Ziele geworden als die großen Metropolen, was einerseits mit der wachsenden Flexibilisierung und Informalisierung der (industriellen) Arbeit zusammenhängt. Produktionsprozesse werden immer häufiger zerstückelt und die einzelnen Arbeitsschritte dann in ländliche und kleinstädtische Haushalte ausgelagert, was die Migration in die ehemaligen Industriezentren (vor allem natürlich Mexico City) zurückgehen ließ und an ihrer statt Mittel- und Kleinstädte attraktiver machte (LARA FLORES 1996, S. 146–154).

Andererseits hängt die zunehmende Bedeutung von Mittel- und Kleinstädten als Migrationsziele für Frauen mit der Expansion der Maquiladora-Industrie in den Städten der Nordgrenze zusammen. Beispielsweise werden die Wanderungen in Richtung der Maquiladora-Städte Tijuana, Ciudad Juarez oder Matamoros von Migrantinnen dominiert (RUIZ MARRUJO und VELASCO ORTIZ 1995, S. 16). Diese Wanderungen und ihre spezifische Zusammenset-

---

[70] Tepoztlán in Morelos, Jaral del Progreso in Guanajuato, Unión de San Antonio in Jalisco und Villamar in Michoacán.

[71] Concordia in Coahuila, El Chante in Jalisco, Napízaro in Michoacán und San Quintín in Baja California.

zung (hoher Anteil junger Frauen) gehen einerseits auf die enorme Nachfrage nach Arbeitskräften seitens der Maquiladora-Industrie zurück (siehe Tabelle A-14 im Anhang), andererseits aber auch auf sozio-ökonomische Veränderungen in den Abwanderungsgebieten sowie auf die Notwendigkeit vieler Familien nach einem zusätzlichen Geldeinkommen. Daß es vor allem junge Frauen sind, die in Richtung Maquiladora-Industrie abwandern, hat seine Ursache nicht nur in der auf diese Altersgruppe beschränkten Arbeitskräftenachfrage, sondern auch im Zyklus der Familie und der funktionalen Verteilung von Arbeiten innerhalb des Haushalts. So zeigt eine Fallstudie aus Oaxaca (VELASCO ORTIZ 1995), daß die jungen Frauen vor ihrer Heirat innerhalb der häuslichen Ökonomie „funktionslos" sind – im Gegensatz zu den größeren Kindern, die auf die Kleinen aufpassen, und zu den erwachsenen Frauen, die im Haushalt arbeiten und ein Stück Land bearbeiten. Angesichts der dringenden Notwendigkeit nach zusätzlichen Geldeinkommen werden die jungen Frauen also in Wanderungen mobilisiert, die häufig temporärer und zirkulärer Natur sind.

Die vermehrte Migration von Frauen hängt aber auch mit der Ausweitung der agrarischen Exportproduktion zusammen. In vielen der Regionen, in denen für den Export gepflanzt wird, reicht die ansässige Arbeitskraft nicht aus, die Nachfrage der Unternehmen zu befriedigen. Die Folge sind umfangreiche Wanderungen nach Veracruz, Sinaloa, Baja California, Sonora, Guanajuato und anderen Bundesstaaten, wobei sich für eine wachsende Gruppe von MigrantInnen eine neue, spezifische Landkarte, nämlich die der Kulturen und ihrer jeweiligen Erntezeiten, ergibt (BARRÓN 1995, S. 45–57). Weil aber der Arbeitsmarkt in der agrarischen Exportwirtschaft ein nach Geschlecht, ethnischer Zugehörigkeit und Alter hoch segmentierter ist, sind auch die Migrationen in die sogenannten „Agromaquilas" (LARA FLORES und CHAUVET 1996, S. 29) stark von Frauen, von indigener Bevölkerung und von Kindern geprägt.

Zur steigenden Nachfrage nach Arbeitskräften für die agrarische Exportproduktion kommt, daß im Rahmen der Strategien, die Familien einschlagen, um die tiefe Krise der achtziger und neunziger Jahre zu lösen, die zunehmende Integration von Frauen in bezahlte landwirtschaftliche Arbeiten eine wichtige Stellung einnimmt. Diese Entwicklung stellt, entsprechend einer UNICEF-Studie, sogar jenes Phänomen dar, das ländliche Frauen während der achtziger Jahre am stärksten betroffen hat (HEWITT DE ALCÁNTARA 1992, S. 21). Naturgemäß ist diese Integration in den allermeisten Fällen mit Migration verbunden, weshalb Frauen – und Kinder (siehe unten) – in Land-Land-Wanderungen so stark präsent sind (BARRÓN 1996, S. 290f; LARA FLORES 1996, S. 154–158; siehe auch SIFUENTES OCEGUEDA 1994).

Die zweite Gruppe, die vom vermehrten Gebrauch der häuslichen Überlebensstrategie „Migration" besonders betroffen ist, sind Kinder und Jugendliche. Insbesondere in den Wanderungen in Richtung der agrarischen Exportproduktionszonen sind sie stark vertreten, weil der Arbeitsmarkt dort nicht nur nach dem Geschlecht, sondern auch nach dem Alter und der ethnischen Zugehörigkeit stark segmentiert ist. Eine der auffälligsten (und auch bedenklichsten) Entwicklungen ist, daß der Anteil der Kinder in den Land-Land-Migrationen seit der Peso-Krise 1994/95 stark zunimmt. Die Kinder sind dabei, wohlgemerkt, *eigenständige* Arbeitskräfte, und nicht ein Anhängsel ihrer arbeitenden Mütter. In Sinaloa, dem wichtigsten Anbaugebiet für die Produktion von Gemüse für den Export (BARRÓN 1995, S. 43), ist beispielsweise ein Viertel der rund 300.000 ArbeiterInnen, die jährlich zwischen September und April für Erntearbeiten angeworben werden, unter 14 Jahre alt, und 37 Prozent sind jünger als 16 Jahre. Fast die Hälfte (43 Prozent) dieser

Kinder stammen aus Oaxaca und Guerrero, sind also MigrantInnen, wobei ein Viertel von ihnen aus indigenen Gebieten kommt. Der Großteil (63 Prozent) wurde direkt in Oaxaca und Guerrero rekrutiert, und zwar durch eigene Anwerber. In Baja California liegt der Anteil der indigenen Bevölkerung unter den zugewanderten Kindern gar bei 62 Prozent (La Jornada, 9.2.1998, 10.2.1998).

Zusammenfassend kann also gesagt werden, daß sowohl die Daten der Volkszählung von 1995 (INEGI 1996) als auch die zitierten Studien vermuten lassen, daß ein enger Zusammenhang zwischen Globalisierung, landwirtschaftlicher Krise und Zunahme der Migration besteht. Angesichts der Krise und im Zusammenhang mit bestehenden Migrationstraditionen und -netzwerken entsenden mehr Familien mehr Mitglieder in Wanderungen, um zusätzliche Einkommen zu erwirtschaften und von landwirtschaftlichen Erträgen unabhängiger zu werden. Damit scheint es sehr plausibel zu sein, daß ein Gutteil des Migrationszuwachses der letzten Jahre auf die Entwurzelung am Land im Gefolge der neoliberalen Modernisierung zurückgeht. Es muß hier allerdings auch gefragt werden, ob nicht auch die Nachfrage nach Arbeitskräften an der Mobilisierung neuer MigrantInnen ihren Anteil hatte. Implizit wurde ein solches Beteiligt-Sein ja bereits thematisiert, indem auf die spezifische Mobilisierung von Frauen und Kindern in Migrationen in Richtung der Maquiladora-Industrie und der agrarischen Exportproduktionszonen hingewiesen wurde.

3.3.2 Arbeitskräftenachfrage als Migrationsauslöser

Für einen Zusammenhang zwischen steigender Migration und Arbeitskräftenachfrage spricht, daß sich im letzten Jahrzehnt jenseits der traditionellen Ballungsräume einige dynamische wirtschaftliche Branchen entwickelt haben. Herausragend ist diesbezüglich die Maquiladora-Industrie, die ihren Beschäftigtenstand zwischen 1980 und 1997 auf 979.700 verachtfachte, wobei alleine seit 1990 eine halbe Million neuer Arbeitsplätze geschaffen wurde (TAMAYO und TAMAYO 1995, S. 152; SÁNCHEZ MÚJICA und FLORES ROSAS 1996, S. 38; La Jornada, 10.2.1998).

Diese rasante Expansion läßt natürlich vermuten, daß der Arbeitskräftebedarf neue Wanderungen stimuliert haben könnte. Tatsächlich wiesen Baja California, Chihuahua, Tamaulipas, Coahuila, Sonora und Nuevo León, in denen 90 Prozent aller Maquiladoras konzentriert sind (SALMEN 1997, S. 18), im Jahr 1995 einen gegenüber 1990 um 600.000 MigrantInnen angewachsenen „Migration stock" auf, wobei insbesondere Baja California und Chihuahua herausragen. Diese beiden Staaten verbuchten, werden die intraurbanen Bewegungen innerhalb der ZMCM aus der Migrationsstatistik ausgeklammert (siehe Kapitel 2.4), zwischen 1985 und 1990 den größten Nettogewinn an MigrantInnen in ganz Mexiko (siehe die Tabellen A-24 und A-27 im Anhang). Auch zog, wie erwähnt, Baja California in diesem Zeitraum den größten Migrationsstrom Mexikos an (wiederum bei Ausklammerung der intraurbanen Bewegungen innerhalb der ZMCM [siehe Abbildung 28]). Schließlich hat Baja California nach Quintana Roo den zweithöchsten Zuwanderungsanteil aller mexikanischen Bundesstaaten (1995: 46,1 Prozent bei Männern und 48,1 Prozent bei Frauen). Das bedeutet, nahezu jede zweite in diesem nordwestlichen Bundesstaat lebende Person ist aus einem anderen Bundesstaat zugewandert (Tabelle A-23 im Anhang).

Diese Daten unterstreichen das oben angeführte Argument, daß auf Grund der Arbeitskräftenachfrage der Maquiladoras ein neues Bevölkerungssegment in Wanderungen mobilisiert wird. Die Exportindustrie an der nördlichen Grenze, und insbesondere die Staaten Baja

California und Chihuahua, sind zu einem bedeutsamen Migrationsziel geworden. Trotz dieser unbestreitbaren quantitativen Relevanz der Maquiladora-Industrie ist die Frage angebracht, ob die Arbeitskräftenachfrage einen mit der Entwurzelung vergleichbaren Faktor in der Zunahme der Binnenwanderungen[72] darstellt.

Die sechs genannten nördlichen Bundesstaaten konzentrieren heute nämlich ungeachtet der massiven Zuwanderung, die sie auf sich ziehen, keinen größeren Anteil an allen mexikanischen BinnenmigrantInnen als vor dem Boom der Maquiladora-Industrie. Ja, obwohl sie zwischen 1970 bis 1990 einen positiven Wanderungssaldo von 2,6 Millionen MigrantInnen aufweisen, wovon ein Plus von 350.000 MigrantInnen auf den Zeitraum zwischen 1985 und 1990 fällt (Tabellen A-22, A-23, A-27 im Anhang), und obwohl ihr „Migration stock" von 1970 bis 1995 um mehr als 2,1 Millionen MigrantInnen zugenommen hat (Tabelle A-24 im Anhang), ist der *Anteil* der sechs nördlichen Bundesstaaten am landesweiten „Migration stock" zwischen 1970 und 1995 sogar minimal gesunken (von 20,9 auf 20,1 Prozent [Tabelle A-24 im Anhang]).

In anderen Worten: Die Maquiladora-Staaten ziehen zwar jede Menge MigrantInnen an, weil aber andere Migrationsziele in Mexiko – und hier insbesondere die Zentrumsregion mit Mexico City – genauso viele oder noch mehr Zuwanderung auf sich ziehen, werden die nördlichen Staaten insgesamt gesehen kein wichtigeres Wanderungsziel. So weisen denn auch in der Zeit des jüngsten Migrationsanstieges (1990–1995) lediglich Baja California und Chihuahua überdurchschnittliche Zuwanderungsquoten auf, während in den restlichen Grenzstaaten die Zuwanderungsquoten niedriger als im Landesschnitt sind. Auch ist dort der Anteil der ImmigrantInnen an der Gesamtbevölkerung sogar leicht rückläufig (Tabellen A-23 und A-24 im Anhang).

Daraus kann geschlossen werden, daß Chihuahua und insbesondere Baja California eine immer größere Relevanz als Zielorte von Binnenmigrationen erlangen, und daß die Arbeitskräftenachfrage der in diesen beiden Staaten angesiedelten Maquiladora-Industrie auch als unmittelbarer Auslöser von Migrationen eine gewisse Rolle spielt. Allerdings dürfte diese Bedeutung im Verhältnis zu jener der ökonomischen und sozialen Krise in den achtziger und neunziger Jahren relativ gering sein. Dieser Schluß würde auch mit Forschungsergebnissen übereinstimmen, die zeigen, daß die Maquiladora-Industrie vor allem NahmigrantInnen anzieht, also solche aus dem gleichen Bundesstaat (CORNELIUS und MARTIN 1993, S. 495f).[73]

Ähnliches dürfte auch hinsichtlich zweier weiterer expandierender Wirtschaftssektoren, dem Tourismus und der bereits angesprochenen exportorientierten Landwirtschaft, gelten. Ohne Zweifel weiten beide nicht nur ihr Beschäftigungsvolumen aus, sondern ziehen auch eine immer größere Anzahl von Binnenwanderern an. So hat sich in Quintana Roo, dem südöstlichen Bundesstaat, in dem sich das Tourismuszentrum Cancún befindet, die Zahl der Zuwanderer zwischen 1970 und 1995 verzehnfacht, und zwar auf über 385.000.

---

[72] Es sei daran erinnert, daß hier ausschließlich von jenen Migrationen die Rede ist, die eine Bundesstaatsgrenze überschreiten.

[73] Andere Arbeiten hingegen kommen zu dem Schluß, daß die Maquiladoras sehr wohl MigrantInnen auch aus den zentralen und südlichen Bundesstaaten Mexikos anziehen (ZAPATA MARTELO 1995, S. 378). Auch sollte nicht unerwähnt bleiben, daß auch darüber Unklarheit herrscht, ob die Maquiladora-Industrie die (undokumentierte) Auswanderung in die USA fördert, bremst oder ohne Auswirkungen auf diese bleibt (Commission for the Study of International Migration and Cooperative Development 1990, S. 70; DÁVILA und SAENZ 1990).

Mit einem Zuwandereranteil von 55,3 Prozent bei Männern und 54,2 Prozent bei Frauen hat Quintana Roo auch die landesweit höchste Immigrationsquote (Tabellen A-23 und A-24 im Anhang). Die Entwicklung von Quintana Roo zu einem Zuwanderungspol zeigt sich weiters darin, daß dieser Bundesstaat zwischen 1985 und 1990 immerhin drei der 80 umfangreichsten Migrationsströme Mexikos anzog (siehe Abbildungen 28 bis 31) und – im selben Zeitraum – nach Baja California und Chihuahua den drittgrößten positiven Migrationssaldo Mexikos verbuchte (bei Bereinigung der Daten um die intraurbane Mobilität innerhalb der ZMCM [siehe Tabelle A-27 im Anhang]). Diese Entwicklungen stellen ohne Zweifel eine bedeutsame Modifikation der Migrationsmuster in Mexiko dar (siehe Kapitel 3.4.2). Andererseits ist aber doch festzuhalten, daß der „Migration stock" von Quintana Roo 1995 gerade einmal 2,18 Prozent des gesamten nationalen „Migration stock" ausmachte, und daß nur 2,9 Prozent des Migrationszuwachses zwischen 1990 und 1995 auf Quintana Roo entfielen (Tabelle A-24 im Anhang). Angesichts dieser Dimensionen kann davon ausgegangen werden, daß der Arbeitskräftenachfrage im Tourismus landesweit keine allzugroße Bedeutung in der Mobilisierung neuer Migrationen zukommt. Im benachbarten Yucatán hingegen ist die Abwanderungsrate zwischen 1970 und 1990 wesentlich stärker gestiegen als im Landesschnitt (PARTIDA BUSH 1995, S. 10), was, kombiniert mit dem Umstand, daß zwischen 1985 und 1990 der immerhin achtgrößte Migrationsstrom Mexikos zwischen Yucatán und Quintana Roo verlief (INEGI 1995, S. 12), den Schluß nahelegt, daß auf der regionalen Ebene die Arbeitskräftenachfrage durch den Tourismus einen erheblichen Faktor in der Migrationsmobilisierung darstellt.

Auch für die exportorientierte Landwirtschaft dürfte gelten, daß ihr auf landesweiter Ebene als Auslöser von Migrationen eine lediglich untergeordnete Bedeutung zukommt (allerdings wird eine diesbezüglich Einschätzung insofern erschwert, als keine Daten über die Gesamtbeschäftigung in diesem Sektor und den Anteil an MigrantInnen verfügbar sind). Ebenso wie es unbestreitbar ist, daß die Nachfrage nach Arbeitskräften insbesondere in der Erntezeit Migrationen auslöst (siehe oben), ist es klar, daß der Umfang dieser Wanderungen im Gesamtvergleich relativ gering bleibt. Beispielsweise umfaßten die Wanderungen von Oaxaca nach Sinaloa (1985–1990), die ein typisches Beispiel für die Migrationen in die agrarischen Exportproduktionszonen darstellen, 13.393 Personen. Zum Vergleich: Doppelt so viele MigrantInnen aus Oaxaca wanderten im gleichen Zeitraum in den Estado de México, also mit großer Wahrscheinlichkeit nach Mexico City (siehe die Abbildungen 28 bis 31).

Zusammenfassend kann geschlossen werden, daß die Nachfrage nach Arbeitskräften an neu entstehenden Polen wirtschaftlichen Wachstums ohne Zweifel von erheblicher Bedeutung für die konkrete Ausformung der Migrationsmuster ist (siehe dazu Kapitel 3.4.2) und daß ihr wohl auch eine Bedeutung in der Mobilisierung neuer Wanderungen zukommt. Dafür sprechen nicht nur der starke Anstieg der Migrationen in Staaten wie Baja California oder Quintana Roo, sondern auch Belege, daß gezielt MigrantInnen für die Maquiladoras, den Tourismus und die agrarische Exportindustrie rekrutiert werden (La Jornada, 22.2.1997, 10.2.1998). Allerdings würde eine genauere Gewichtung des Faktors Arbeitskräftenachfrage detaillierte eigene Studien erfordern, die im Rahmen dieses Forschungsprojektes nicht geleistet werden konnten. So müßte beispielsweise untersucht werden, ob die Arbeitskräftenachfrage ihre migrationsrelevante Dynamik erst im Kontext der Krise der achtziger und neunziger Jahre entfaltet hat (oder auch ohne dieselbe geschichtsmächtig geworden wäre), oder ob es sich bei den Migrationen in die Maquiladoras, in den Tourismus und in die Agrarexportzonen im wesentlichen um die „Umleitung" alter Ströme handelt oder um die Mobilisierung neuer.

3.4 Der Hintergrund II: Interpretationen für den Wandel bzw. die Kontinuität der Migrationsmuster

Sehr detailliert wurde analysiert, welche Ursachen für den abrupten Anstieg der Binnenwanderungen zwischen 1990 und 1995 in Frage kommen. Diese Ausführlichkeit erschien deshalb angebracht, weil die starke Zunahme der Migrationen erstens ausgesprochen auffällig ist und weil zweitens ihre Diskussion durchaus neue Erkenntnisse für die intensive wissenschaftliche Debatte, ob und welche Auswirkungen Freihandel auf Migration hat, bringen kann (zu dieser Debatte siehe z.B. CORNELIUS und MARTIN 1993; Österreichisches Institut für Wirtschaftsforschung 1998; OECD 1998).

Im folgenden Kapitel sollen nun die Hintergründe für die Stabilität und die Transformationen der Migrationsmuster untersucht werden. Den Anfang macht dabei Mexico City, und zwar einerseits, weil die Migrationen in die bzw. aus der Megastadt im Mittelpunkt des gegenständlichen Forschungsprojektes stehen, und weil andererseits die Veränderungen, die Mexico City hinsichtlich der Wanderungsmuster durchmacht(e), den spektakulärsten Wandel im Rahmen der Transformationen des mexikanischen Migrationssystems darstellen.

3.4.1 Neue Zu- bzw. Abwanderungsmuster in Mexico City

Wie in Kapitel 2.4 dargestellt wurde, fiel die Bevölkerungszunahme der ZMCM durch Migration in den achtziger Jahren in den negativen Bereich. Trugen die Migrationsgewinne zwischen 1960 und 1970 noch mit durchschnittlich 1,6 Prozent zum jährlichen Wachstum der Stadt bei, so „schrumpfte" Mexico City in den achtziger Jahren – wenn man nur die Wanderungsbilanz betrachtet und das durch den Geburtenüberschuß bedingte Wachstum ausblendet – auf Grund der Abwanderung um 0,37 Prozent im Jahresdurchschnitt. In absoluten Zahlen ausgedrückt bedeutet dies, daß der Distrito Federal in den achtziger Jahren einen negativen Wanderungssaldo von fast 1,2 Millionen MigrantInnen aufwies. Aus der gesamten ZMCM betrug die Nettoabwanderung in der zweiten Hälfte der achtziger Jahre zwischen 290.000 und 440.000 Personen. Obwohl viel von dieser Abwanderung nur in der Statistik passiert (siehe die Problematisierung der intraurbanen Mobilität in Kapitel 2.4), bleibt die Nettoabwanderung eines der hervorstechendsten Merkmale der Entwicklung der ZMCM in den achtziger Jahren. Auch bei Bereinigung der Statistik verbleibt nämlich eine negative Wanderungsbilanz von knapp 280.000 MigrantInnen für den Distrito Federal und von etwas mehr als 220.000 für die urbane Agglomeration von Mexico City (jeweils 1985–1990). Zudem gilt für beide räumliche Einheiten, also Distrito Federal und ZMCM, daß sich die Tendenz einer Nettoabwanderung in den nächsten Jahrzehnten vermutlich fortsetzen wird (Tabelle A-8 im Anhang; CORONA CUAPIO und LUQUE GONZÁLEZ 1992, S. 22–24; GÓMEZ DE LEÓN CRUCES und PARTIDA BUSH 1996, S. 15; PORRAS MACÍAS 1997a, S. 62–65; eigene Berechnungen, basierend auf PARTIDA BUSH 1995, S. 19f, und INEGI 1995, S. 137f, S. 209, S. 438–440).

Die Diskussion der statistischen Probleme hat gezeigt, daß die Darstellung der Abwanderungstendenzen aus dem Distrito Federal und aus der ZMCM oftmals von überhöhten Angaben ausgeht, weil sie die enorme intraurbane Mobilität in die Migrationsstatistiken inkludiert. Trotz aller statistischen Verzerrungen muß aber festgehalten werden, daß die Wandlung des Distrito Federal und der ZMCM in Abwanderungsregionen eine bemerkenswerte und deshalb auch erklärungsbedürftige Veränderung darstellt. Welche Ursachen könnte sie haben?

Zunächst aber soll der große Anstieg der Mobilität *innerhalb* von Mexico City kurz thematisiert werden. TESCHNER (1997, S. 10) nennt als eine Ursache des Wachsens der Vorstädte die Haushaltsgründungen junger Familien. Diese ziehen aus den dichtbevölkerten, zentralen Wohnvierteln an die Ränder der Stadt, um dort ihr eigenes Haus zu bauen. Zum anderen geht die periphere Urbanisierung auf innerstädtische Vertreibungsprozesse zurück. Mit der Realisierung von Großprojekten wie den sogenannten „ejes centrales" (breite Straßenzüge, welche die Stadt durchziehen) wurden in den achtziger Jahren Hunderttausende aus einfachen Wohnungen und Häusern vertrieben, was die Suburbanisierung in Gebieten wie dem Valle de Chalco beschleunigt hatte.

Doch zurück zur Wandlung des Distrito Federal und der ZMCM in eine Abwanderungsregion. In diesem Zusammenhang ist zum ersten darauf hinzuweisen, daß die Abnahme des Bevölkerungswachstums und die Verlangsamung der Zuwanderung kein auf Mexico City beschränktes Phänomen sind. Im Gegenteil: Ähnliche Tendenzen zeigen sich in allen großen Städten Lateinamerikas. Verursacht wird die Verlangsamung im Stadtwachstum einerseits durch einen mit großer Wahrscheinlichkeit als säkular zu bezeichnenden Trend des Rückgangs des natürlichen Wachstums der Bevölkerung. Andererseits wird diese Entwicklung durch Prozesse der Dekonzentration unterstrichen. Im Zuge der größer und/oder bewußter werdenden Nachteile von großen urbanen Agglomerationen (wie knapper Boden, Umweltzerstörung oder Verkehrsüberlastung) kommt es zu gewissen Dezentralisierungstendenzen von Industrien und Bevölkerung (BRONGER 1993, S. 74f; ROBERTS 1995, S. 90f; hinsichtlich der zweitgrößten Metropole Lateinamerikas, São Paulo, siehe NOVY 1997, S. 270–272, sowie The Economist, 23.5.1998).

Auch im Falle von Mexico City stellen die Verminderung des natürlichen Wachstums der Bevölkerung und die größer (oder zumindest bewußter) werdenden Agglomerationsnachteile wichtige Aspekte hinsichtlich der verlangsamten Stadtexpansion dar. Die natürliche Zunahme ging zwischen den sechziger und achtziger Jahren auf etwa die Hälfte zurück (Tabelle A-8 im Anhang), und hinsichtlich der Agglomerationsnachteile stechen vor allem die steigenden Bodenpreise, Verkehrsüberlastung sowie Umweltaspekte hervor (BATAILLON 1992, S. 79; DAVIS 1993, S. 79f; HIERNAUX NICOLAS 1994, S. 27; ROBERTS 1995, S. 198; La Jornada, 15.12.1996). Zur Illustration dieser ungünstigen Rahmenbedingungen in den großen Metropolen soll hier kurz auf zwei der zentralen Probleme von Megastädten und auch von Mexico City eingegangen werden – auf die Verkehrsüberlastung und die Umweltverschmutzung.

Der Smog in Mexico City ist so sprichwörtlich wie es der Nebel in London war. Im Zeitabschnitt von 1989 bis 1992 wurde an 347 Tagen im Jahr oder 95 Prozent aller Tage zumindest die erste der drei Warnstufen hinsichtlich der Luftqualität insgesamt überschritten und an 310 Tagen oder 85 Prozent des Jahres (1988–1997) wurde die „Schmerzgrenze" von 100 Ozon-Punkten überstiegen (GORMSEN 1994, S. 82; PALAZUELOS RENDÓN 1997, S. 117). Ein wesentlicher Verursacher des Smogs ist der Verkehr, werden in Mexico City doch täglich 26,3 Millionen Fahrten unternommen, davon 4,8 Millionen (18,3 Prozent) mit dem privaten PKW (1994). Dabei verbrauchten die PKW täglich fast 5,2 Millionen Liter Treibstoff, was umgelegt einen Schnitt von 0,3 Liter pro EinwohnerIn und Tag bedeutet. Allein durch den Autoverkehr werden täglich 189 Tonnen an Kohlenwasserstoffen, über 2.000 Tonnen an Kohlenmonoxiden und 73 Tonnen Stickoxide emittiert (GRAIZBORD et al. 1997, Cuadro 3). Zu diesen ohnehin schon enormen Umweltbelastungen durch den Privatverkehr sind die Emissionen des öffentlichen Verkehrs zu zählen. Täglich werden in Mexico City 800.000 Fahrten mit dem Taxi unternommen, 52.000 Kollektivtaxis zirkulieren, und 15.000 Autobusse machen täglich (und nur im Distrito Federal) knapp zwei Millionen Fahrten.

Summa summarum emittiert der gesamte Verkehr jährlich 2,3 Millionen Tonnen Kohlenmonoxid, 555.000 Tonnen Kohlenwasserstoffe, 92.000 Tonnen Stickoxide oder 12.200 Tonnen Schwefeldioxide. Er kommt damit auf 75 Prozent aller Umweltbelastungen in der ZMCM. Innerhalb des Verkehrs fällt der Löwenanteil an den Emissionen dem Privatverkehr zu – fast 54 Prozent der Abgase aus dem Transport oder zwei Fünftel aller Luftverunreinigungen in Mexico City entstammen den privaten PKW (MARTÍNEZ MUÑOZ 1997, S. 81–89).[74]

Die Verkehrsüberlastung bedroht und zerstört aber nicht nur die Luft und die Atemwege der BewohnerInnen von Mexico City, sie stellt auch Mobilität als solche in Frage. Die Durchschnittsgeschwindigkeit, in der sich ein Autobus in Mexico City vorwärtsbewegt, beträgt – je nach Größe desselben – zwischen 11 und 16 km/h. Der private PKW ist kaum schneller. 20 Kilometer können mit ihm pro Stunde zurückgelegt werden – bei einer Nord-Süd-Ausdehnung (Luftlinie!) alleine des Distrito Federal von über 50 Kilometern ein Tempo, bei dem von Mobilität kaum mehr die Rede sein kann. Das mit Abstand schnellste Transportmittel ist die Metro – sie erreicht immerhin 34 km/h (CASO AGUILAR 1997, S. 113).

Diese wenigen Beispiele zeigen, daß Mexico City und natürlich insbesondere der Distrito Federal an Grenzen gelangt sind, die das weitere Stadtwachstum brems(t)en. Zweifelsohne beeinflußten diese durchaus auch als physische Barrieren zu verstehenden Grenzen des Stadtwachstums auch das Migrationsverhalten und trugen zur Wandlung von Mexico City von einem Zuwanderungsgpol in ein Gebiet der Nettoabwanderung bei.

Die 1986 vom CONAPO („Consejo Nacional de Población") durchgeführte „Encuesta Nacional de Migración en Áreas Urbanas" (ENMAU; Nationale Umfrage über Migration in städtische Gebiete) brachte zutage, daß ein knappes Drittel (32,2 Prozent) der BewohnerInnen der ZMCM den Wunsch hatte, abzuwandern, wobei der Streß und die Luftverschmutzung für mehr als die Hälfte von ihnen die ausschlaggebenden Gründe waren. 32,7 Prozent nannten das gehetzte Leben als Grund für den Abwanderungswunsch, 24,3 Prozent die Umweltverschmutzung und 15,3 Prozent das Fehlen öffentlicher Sicherheit. Für 8,2 Prozent war die Information, daß es anderswo Arbeit gibt, ausschlaggebend für den Emigrationswunsch, 6,3 Prozent wollten aus familiären Gründen wegziehen, und 5 Prozent, weil sie sich anderswo zu Hause fühlten (CONAPO 1987, S. 269f).

Allerdings ist einzuschränken, daß viel von dieser Emigration in Wahrheit keine ist. Zum bereits ausführlich dargestellten Umstand, daß viele EmigrantInnen aus der Hauptstadt zwar in den Estado de México ziehen, dabei tatsächlich aber oftmals nur innerhalb der ZMCM übersiedeln, kommt, daß nach Angaben des CONAPO rund 60 Prozent der EmigrantInnen aus dem Distrito Federal weiterhin dort arbeiten oder studieren (El Día, 15.2.1997). Sie bleiben also funktional weiterhin an die Hauptstadt gebunden.

---

[74]) Die Angaben bezüglich der Taxifahrten entstammen einer persönlichen Information von Boris GRAIZBORD. Die Metro, die 1994 über 420 Millionen Passagiere beförderte und damit für 13,4 Prozent aller Fahrten aufkam (MARTÍNEZ MUÑOZ 1997, S. 84, S. 88), wird hier absichtlich nicht genannt, weil sie weder zum Problem der Umweltverschmutzung noch zur Verkehrsüberlastung beiträgt.

Neben den Agglomerationsnachteilen könnte ein zweiter wichtiger Grund für das verlangsamte Stadtwachstum und den radikalen Wandel der Migrationsmuster im Zusammenhang mit dem schweren Erdbeben aus dem Jahr 1985 entstanden sein. Leider gibt es keine exakten Angaben darüber, wieviele Personen unmittelbar nach oder wegen dieser Naturkatastrophe, die angeblich zehntausende Menschen das Leben gekostet haben soll, die Stadt verlassen haben. Auch wird ihre Bedeutung auf die Migrationsmuster kaum diskutiert, und wenn doch, dann widersprüchlich. So vermutet PARTIDA BUSH (1994, S. 14) keine allzu großen Auswirkungen des Bebens auf das Wanderungsverhalten, während GARROCHO (1995a, S. 67) meint, daß in Folge des Bebens „Tausende" abwanderten und neuer Zuzug gebremst wurde.

Jedenfalls ist die zeitliche Parallelität von Erdbeben und Trendumkehr hinsichtlich der Migrationsbilanz auffällig und legt den Schluß nahe, daß das Unglück von nicht zu unterschätzender Bedeutung für die Umkehrung der Migrationsströme gewesen sein könnte. Das Beben scheint zumindest insofern bedeutsam gewesen zu sein, als es für viele BewohnerInnen der ZMCM den letzten Anstoß gegeben haben könnte, die Stadt zu verlassen. Sicher ist nämlich, daß mit dem Erdbeben nicht nur zahlreiche Häuser einstürzten, sondern auch die Vorstellungen vom Urbanen als Fortschritt in sich zusammenbrachen. Mit dem Erdbeben kehrte sich der trotz der Wirtschaftskrise immer noch optimistische Diskurs über die Stadt schlagartig um. Dominierten trotz aller wirtschaftlichen, sozialen und letztlich auch politischen Probleme lange die hoffnungsfrohen Einschätzungen und die Ausrufung der „Weltstadt" Mexico City (FELDBAUER und MAR VELASCO 1993, S. 246), so standen plötzlich die Schattenseiten, der Schmutz, das Chaos der Stadt im Zentrum des öffentlichen Diskurses.[75] Carlos MONSIVÁIS, Schriftsteller und Essayist, spricht etwa von der „post-apokalyptischen Stadt, (die) zweifellos an ihre historische Grenze gestoßen ist, (…), die Opfer ihrer eigenen Maßlosigkeit sein wird" (MONSIVÁIS 1997, S. 4).

Der Einfluß des Erdbebens auf das Migrationsverhalten könnte damit primär auf der symbolischen Ebene gelegen sein – die „City Lights" verloren mit einem Mal an Strahlkraft. An diesen Gedanken anknüpfend kann vermutet werden, daß der Umstand, daß die Stadt wegen der angesprochenen Agglomerationsnachteile weniger MigrantInnen anzog und mehr verlor als bisher, nicht notwendigerweise und/oder nicht ausschließlich auf eine absolute Zunahme der Schwierigkeiten zurückzuführen ist. In anderen Worten: Mit dem Erdbeben und dem darauf folgenden Offenbarwerden enormer Probleme, die von der Verwundbarkeit der großen Städte gegenüber den Unwägbarkeiten der Natur bis zur Unfähigkeit der Stadtregierung, Hilfe zu organisieren, reichen, wurden die Schattenseiten deutlicher realisiert und damit handlungsmächtig. Die wachsende Abwanderung und die schrumpfende Zuwanderung könnten somit auch auf eine Veränderung im diskursiven Feld zurückgehen.

Eine dritte Ursache für die Veränderung der Migrationsmuster (und damit auch für die Verlangsamung des Bevölkerungswachstums) ist in den in Kapitel 2 aufgezeigten sozioökonomischen Entwicklungen in Mexico City zu suchen. Bemerkenswerterweise gibt es wenige Analysen des Wandels der Migrationsmuster der ZMCM – in der mexikanischen Literatur überwiegen die demographischen Studien bei weitem. Dies hat einerseits gewiß mit Forschungstraditionen und -vorlieben zu tun, andererseits aber auch damit, daß breiter

---

[75] Persönliche Information von Sergio TAMAYO FLORES-ALATORRE sowie Debatten im Rahmen des Seminario de Investigación del Doctorado en Estudios Urbanos, Líneas en Espacio Urbano e Identidades Urbanas, UAM-Azcapotzalco, Frühjahr 1997.

Konsens darüber besteht, daß die Krise und die sozioökonomischen Transformationen der achtziger und neunziger Jahre die Migrationsmuster von Mexico City beeinflußten. Ja, der Konsens scheint so breit zu sein, daß der Zusammenhang zwischen Krise, neoliberaler Umstrukturierung und neuem Wanderungsverhalten implizit oft vorausgesetzt wird.[76]

Damit sind die zwei aus ökonomischer Sicht relevanten Aspekte der Umkehrung der Migrationsmuster genannt. Zum einen hat Mexico City selbst an Attraktion für MigrantInnen eingebüßt, zum anderen sind – parallel dazu und mit der Krise in Mexico City in Verbindung stehend – neue, verheißungsvollere Migrationsziele in anderen Landesteilen entstanden. Beide Momente zusammengenommen führten (gemeinsam mit den oben angeführten Aspekten) zu vermehrter Abwanderung und verringerter Immigration. Letztere ist deshalb zu betonen, weil die Umkehrung der Migrationsbilanz von Mexico City ja nicht nur auf eine immer größere Emigration zurückgeht, sondern auch auf eine drastisch sinkende Einwanderung.

Ja, dieser Punkt stellt angesichts der Relativierung des Umfangs der Abwanderung (siehe Kapitel 2.4) einen zentralen Aspekt dar. Der Distrito Federal zog in den achtziger Jahren (brutto) um 434.585 MigrantInnen weniger an als im Jahrzehnt zuvor, was einem Rückgang der Einwanderung um 17,9 Prozent gleichkommt (INEGI 1994, S. 50). Wird das Ausmaß der Reduktion der Zuwanderung mit der nicht in den Estado de México gehenden Emigration des Distrito Federal verglichen (1985–1990: 486.784 [INEGI 1995, S. 137]), so zeigt sich, daß der negative Migrationssaldo zu einem nicht unerheblichen Teil durch die Abnahme der Einwanderung zustande gekommen ist. Eine verminderte Neuzuwanderung läßt sich auch für die gesamte ZMCM konstatieren. Im Vergleich der Perioden 1975 bis 1980 bzw. 1985 und 1990 ging sie um 15,2 Prozent oder etwas mehr als 75.000 MigrantInnen zurück (CORONA CUAPIO und LUQUE GONZÁLEZ 1992, S. 26).

Dieser Rückgang der Anziehungskraft hängt zweifelsohne eng mit der Krise der Wirtschaft in der ZMCM zusammen, die in Kapitel 2.2 skizziert wurde (GARZA 1992a). Die Nachfrage nach Arbeitskräften, die über Jahrzehnte einen wichtigen Stimulus für die Wanderungen nach Mexico City bildete (siehe Kapitel 3.1), fiel spätestens ab Beginn der achtziger Jahre als migrationsantreibender Faktor weg. Dies läßt sich besonders deutlich am Beispiel der Industriebeschäftigung zeigen. Hatte sich diese von 1930 bis 1970 noch verzwölffacht (GARZA 1985, S. 142), stagnierte sie in den achtziger und neunziger Jahren (AGUILAR 1996, cuadro 8.2; Tabelle A-14 im Anhang). Zwar wird diese Stagnation der Industrie durch eine Ausweitung der Beschäftigung im Dienstleistungssektor konterkariert, die Expansion des Arbeitsmarktes hält aber weder das Tempo vorangegangener Dekaden noch jenes anderer Regionen. Zwischen 1980 und 1994 ging der Anteil von Mexico City an der Gesamtbeschäftigung von über 40 auf weniger als 30 Prozent zurück (siehe Tabelle A-4 im Anhang), da ja Mexico City von der Wirtschaftskrise härter als andere Städte und Regionen getroffen wurde.

---

[76] „Existe consenso en señalar que la crisis económica de los años ochenta afectó sobre todo a las grandes urbes, lo cual contribuyó a reducir su poder de atración. (...) No debe olvidarse que la transición hacia un nuevo modelo de desarollo ha implicado también una serie de profundas transformaciones, ajustes y reacomodos que tienen expresión regional. (...) De hecho, la restructuración económica ha estado acompañada por una intensa relocalización de los procesos productivos que ha favorecido un grupo numeroso de ciudaddes intermedias (...). Por ello, algunos autores sostienen que México se encuentra en el umbral de una nueva geografía de la producción (...), que en caso de hacerse realidad, probablemente traerá consigo una nueva geografía de la migración" (CORONA und TUIRÁN 1994, S. 22).

Der Verlust an Dynamik hinsichtlich der Beschäftigung dürfte zwei Auswirkungen gehabt haben. Zum einen fällt die schon genannte verminderte Anziehungskraft ins Gewicht, zum anderen dürfte sie Abwanderungstendenzen verstärkt und/oder ausgelöst haben. Letzteres scheint insbesondere im Zusammenhang mit der einsetzenden massiven Rückwanderung in die traditionellen Herkunftsgebiete von Gültigkeit zu sein. Mit Puebla etwa, das sowohl in der zweiten Hälfte der siebziger Jahre als auch von 1985 bis 1990 die zweitwichtigste Herkunftsregion von ImmigrantInnen in den Distrito Federal war (nach dem Estado de México), ist die Wanderungsbilanz des Distrito Federal in der zweiten Hälfte der achtziger Jahre negativ. Das heißt: Auf eine Zuwanderung von 31.200 MigrantInnen aus Puebla kam eine Abwanderung von 38.213 Personen dorthin. Ähnlich verhält es sich mit den anderen wichtigen Senderregionen Veracruz, Hidalgo und Oaxaca[77] (INEGI 1995, S. 137). Eine Frustration der wirtschaftlichen Hoffnungen, die in eine Wanderung in die Hauptstadt gesetzt wurden, könnte ein wesentlicher Punkt in der verstärkten Rückwanderung sein, wobei auch dieser Punkt detailliertere Studien verlangen würde.

Trotz aller angebrachter Vorsicht kann dennoch festgehalten werden, daß viel dafür spricht, daß die Transformation der ZMCM in eine Abwanderungsregion nicht nur mit endogenen Faktoren, sondern auch mit exogenen Aspekten zusammenhängt. In anderen Worten: Die sich ändernde globale Integration Mexikos und seiner Metropole wirkt über zwei „Umwege" auf die Migrationsmuster von Mexico City: Einerseits über die sozioökonomische Krise und Transformation der achtziger und neunziger Jahre, und andererseits über das parallele Auftauchen von neuen Migrationszielen in anderen Teilen Mexikos. Denn der mit der wirtschaftlichen Krise verbundene Rückgang an Anziehungskraft von Mexico City wird durch das Entstehen neuer Zuwanderungspole noch akzentuiert. Die Umorientierung der mexikanischen Migrationsströme, zu der die Transformation der ZMCM in eine Abwanderungsregion ja zählt, ist ohne eine Analyse dieses neuen räumlichen Musters der Wanderungen nicht vollständig verständlich.

3.4.2 Die neuen Zuwanderungsziele

In Kapitel 3.2.2 wurde bereits ausführlich dargestellt, daß sich in Mexiko bei aller Stabilität der Migrationsmuster doch so etwas wie eine neue „Geographie der Wanderungen" abzeichnet. Seit den siebziger Jahren haben neue Migrationsziele an Bedeutung gewonnen, die insbesondere im Norden des Landes liegen (Baja California, Chihuahua, mit Abstrichen auch Nuevo León). Aber auch im Südosten und (mit Einschränkungen) im Westen werden mit Quintana Roo und Jalisco neue Zuwanderungsgebiete relevanter.[78] Besonders deutlich tritt das Entstehen einer neuen räumlichen Struktur der Wanderungen zutage, wenn die Migrationsbilanzen um die intraurbane Mobilität innerhalb der ZMCM bereinigt werden. In diesem Falle weisen – von 1985 bis 1990 – Baja California, Chihuahua und Quintana Roo die höchsten positiven Wanderungssalden auf, während der Estado

---

[77]) Im Falle von Oaxaca ist die Wanderungsbilanz noch positiv, allerdings nur geringfügig (25.696 Einwanderern stehen 20.393 Auswanderer gegenüber).

[78]) Die Einschränkungen bezüglich von Nuevo León und Jalisco ergeben sich daraus, daß diese Staaten zwar einerseits entweder über hohe Migrationsgewinne (Nuevo León) oder über einen stark wachsenden „Migration stock" (Jalisco) verfügen, andererseits aber entweder an Bedeutung als Zuwanderungsgebiete einbüßen (Nuevo León) oder aber trotz der hohen Einwanderung einen negativen Migrationssaldo aufweisen (Jalisco [siehe die Tabellen A-18, A-24 und A-25 im Anhang]).

de México nur viertwichtigstes Zuwanderungsgebiet ist. Selbst bei der Bruttozuwanderung liegt Baja California nicht weit hinter dem Estado de México und dem Distrito Federal, wenn die Statistik erst einmal von den Verzerrungen durch die intraurbane Mobilität bereinigt ist (siehe die Tabellen A-18, A-23, A-25 und A-27 im Anhang).

Diese Modifikationen in den mexikanischen Migrationssystemen und das Entstehen einer neuen räumlichen Struktur der Wanderungen sind ohne Zweifel im Zusammenhang mit der vertieften Globalisierung zu interpretieren. Die hohen Zuwanderungsgewinne im Norden und im Südosten sind verbunden mit zwei dynamischen Wirtschaftszweigen, die per definitionem von der Integration in den Weltmarkt leben: Der Maquiladora-Industrie einerseits, dem internationalen Tourismus andererseits. Die Bedeutung, die der Weltmarktintegration für diese beiden Wirtschaftszweige – und damit diese Räume! – zukommt, erinnert daran, daß die Maquiladora-Industrie bereits 1994 auf 43 Prozent aller mexikanischen Exporte kam (LECUONA 1996, S. 95), und daß Mexiko nach China das meistbesuchte Land der Dritten Welt ist (Der Standard 25.9.1997).

Der Zusammenhang zwischen weltmarktverbundener wirtschaftlicher Expansion und Immigration ist insbesondere in den Städten offensichtlich. Die beiden Städte Mexikos, die von 1985 bis 1990 eine „extreme Anziehungskraft" auf MigrantInnen ausübten, sind Cancún und Tijuana (CORONA und TUIRÁN 1994, S. 22)[79] – beides Zentren von auf den Weltmarkt orientierten wirtschaftlichen Aktivitäten. Cancún (in Quintana Roo gelegen) beherbergte schon 1990 mehr ausländische TouristInnen als der Distrito Federal, Guadalajara und Monterrey zusammen – insgesamt über 20 Prozent aller in Mexiko nächtigenden AusländerInnen taten es in Cancún (GORMSEN 1995, S. 218). Und seit 1990 ist die touristische Expansion unaufhörlich vorangeschritten (HIERNAUX NICOLAS 1997b). Die Grenzstadt Tijuana (in Baja California gelegen) hingegen ist das zweitgrößte Zentrum der Maquiladora-Industrie, mit 7,8 Prozent aller in diesem Bereich beschäftigten Arbeitskräften (SÁNCHEZ MÚJICA und FLORES ROSAS 1996, S. 38; SALMEN 1997, S. 18). Von den acht Städten mit „starker Anziehungskraft" auf ImmigrantInnen[80] liegen vier in den nördlichen Bundesstaaten, unter ihnen Ciudad Juarez (im Bundesstaat Chihuahua gelegen), das größte Zentrum der Maquiladora-Fertigung (CORONA und TUIRÁN 1994, S. 22; SALMEN 1997, S. 18).

Tijuana, Cancún oder Ciudad Juarez sind gewiß die herausragendsten Beispiele für neue Immigrationsziele, die durch die veränderte Integration Mexikos in den Weltmarkt entstanden sind. Die in Kapitel 3.2.2 dargestellte Umorientierung vieler Migrationsströme in Richtung der Klein- und Mittelstädte umfaßt allerdings auch weniger prominente Städte, die sowohl hinsichtlich ihrer wirtschaftlichen Entwicklung als auch bezüglich der Zuwanderung eine ausgesprochen dynamische Entwicklung durchmachen. Diese größere Dynamik geht einerseits auf die ökonomischen *und* räumlichen Umstrukturierungen der letzten Jahre zurück und ist andererseits durch politisch intendierte oder einfach passierte Schritte der Dezentralisierung begründet.

In Aguascalientes etwa ist das dynamische Wachstum sowohl Ergebnis der staatlichen Dezentralisierungspolitik (in dieser Stadt ließ sich beispielsweise das staatliche Statistikinstitut INEGI nieder, nachdem es nach 1985 den Distrito Federal verließ) als auch der Ansiedlung größerer ausländischer Unternehmen (wie Nissan, Rank-Xerox oder Texas

---

[79]) „Extreme Anziehungskraft" wird definiert dadurch, daß 15 Prozent oder mehr der Bevölkerung, die 1990 dort ansässig waren, fünf Jahre zuvor noch in einem anderen Bundesstaat lebten.

[80]) Zehn bis 14 Prozent der Bevölkerung, die 1990 dort ansässig waren, lebten fünf Jahre zuvor noch in einem anderen Bundesstaat.

Instruments). Cuernavaca im Süden des Distrito Federal und Toluca im Westen werden einerseits auf Grund ihrer relativen Nähe zur Hauptstadt zunehmend zu Wohnstädten für deren Mittel- und Oberschicht, sind aber andererseits in ihrem Wachstum auch durch die Expansion der Automobilindustrie (Nissan, General Motors) geprägt. Als letztes Beispiel sei noch Hermosillo genannt, dessen Wachstum ebenfalls von seiner neuen wirtschaftlichen Rolle (Automobilproduktion von Ford für den US-Markt) bestimmt ist (GORMSEN 1995, S. 186; GRAIZBORD 1995, S. 51f; TOMAS 1997, S. 29; FUCHS 1997, S. 83).

Diese neue räumliche Ordnung der Produktion ist einerseits untrennbar mit der vertieften Globalisierung Mexikos und der Implementierung eines neuen Modells industrieller Produktion verbunden (PRADILLA COBOS 1993, S. 59–64, S. 108f). Andererseits beeinflußt sie auch die räumliche Struktur der Wanderungen. Den genannten Städten ist erstens gemeinsam, daß sie ein überdurchschnittliches demographisches Wachstum aufweisen (AGUILAR et al. 1996, Cuadro A), und zweitens, daß die Zuwanderung daran einen erheblichen Anteil hat. Aguascalientes, Cuernavaca, Toluca und Hermosillo sind Beispiele für mittelgroße Städte, die eine starke Anziehungskraft auf MigrantInnen ausüben und folglich in den achtziger Jahren als Immigrationsziele erheblich an Bedeutung gewonnen haben (CORONA und TUIRÁN 1994, S. 22; SOBRINO 1995, S. 251; NEGRETE SALAS 1995, S. 31).

Damit kann hinsichtlich des Entstehens neuer Zuwanderungspole festgehalten werden, daß sich das mexikanische Migrationssystem in gewisser Weise der sich wandelnden räumlichen Ordnung der Wirtschaft anpaßt. In anderen Worten: Verstärkte Globalisierung und neoliberale Umstrukturierungen haben traditionelle Zentren der Zuwanderung geschwächt und neue gestärkt, woraus sich ein sehr deutlicher Zusammenhang zwischen Globalisierung einerseits und der konkreten Ausformung von Migrationsmustern andererseits ableiten läßt.

3.4.3 Die Kontinuität der Migrationsmuster: Migrationsnetzwerke und „Brücken"

Nach der ausführlichen Diskussion der Transformationen des mexikanischen Migrationssystems muß doch auch unterstrichen werden, daß bei allem Wandel die beharrenden Kräfte von erheblicher Stärke sind. Abbildung 33 zeigt, daß es in den letzten 25 Jahren zwar Verschiebungen in der Aufteilung des nationalen „Migration stock" gab, daß diese aber (noch) nicht einem radikalen Wandel entsprechen. Mexico City und sein Umland[81] verlieren zwar Anteile, versammeln aber 1995 immer noch fast 43 Prozent aller BinnenmigrantInnen. Die restliche Zentrumsregion gewinnt, was der Distrito Federal und der Estado de México verlieren, während der Norden sogar geringfügig an Anteilen einbüßt.

Diese Darstellung schließt allerdings die intraurbane Mobilität innerhalb der ZMCM nicht aus, weshalb Übersiedlungen innerhalb der Stadtagglomeration, die die Bundesstaatsgrenzen überschreiten, als Migrationen aufscheinen und folglich das Gewicht der ZMCM aufgebläht wird. Allerdings bleibt selbst bei Ausklammerung der intraurbanen Mobilität Mexico City das unbestritten größte Zuwanderungsziel.

---

[81]) Hier werden der „Migration stock" des Distrito Federal und des Estado de México unter „Mexico City und Umland" zusammengefaßt, was insofern berechtigt erscheint, als (zumindest zwischen 1985 und 1990) über 90 Prozent der Immigration in den Estado de México in die ZMCM geht (eigene Berechnung, basierend auf INEGI 1995, S. 438–440).

Abbildung 33: Anteile der Regionen am „Migration stock", 1970 und 1995

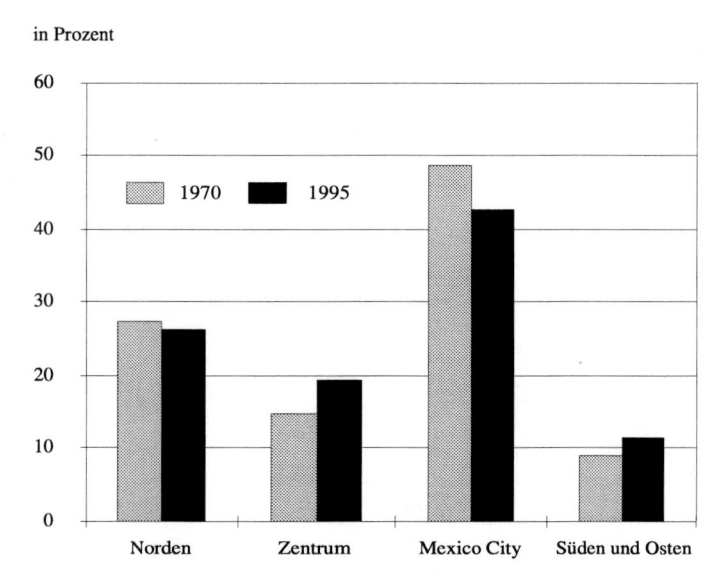

in Prozent

Quelle: Eigene Berechnungen auf Basis von Tabelle A-24 im Anhang. Der Norden umfaßt die Bundesstaaten Baja California, Baja California Sur, Nayarit, Sinaloa, Sonora, Coahuila, Chihuahua, Durango, San Luis Potosí, Zacatecas, Tamaulipas und Nuevo León; das Zentrum: Aguascalientes, Colima, Guanajuato, Jalisco, Michoacán, Hidalgo, Morelos, Puebla, Querétaro, Tlaxcala; Mexico City und Umland den Distrito Federal und den Estado de México; der Süden und Osten die Bundesstaaten Chiapas, Guerrero, Oaxaca, Tabasco, Veracruz, Campeche, Quintana Roo und Yucatán.

Die Stadt und ihr Umland[82] zogen zwischen 1985 und 1990 über eine halbe Million Menschen an (Bruttozuwanderung), was immerhin mehr als 15 Prozent aller Binnenmigrationen dieser Zeit ausmachte. Die in Abbildung 33 genannten 12 nördlichen Bundesstaaten kamen zusammen auf eine knappe Million Einwanderer oder 28,8 Prozent aller Binnenmigrationen (siehe Tabelle A-27 im Anhang). Das ist ohne Zweifel eine erhebliche Steigerung, verglichen mit den 15 Prozent, die *alleine* die urbane Agglomeration von Mexico City auf sich zieht, jedoch gar nicht so viel.

Eine mögliche Erklärung für das offensichtliche Beharrungsvermögen der ZMCM wäre, daß sie immer noch die mit Abstand größte Kapazität aufweist, Arbeitsplätze zu kreieren. Zwischen 1990 und 1995 sind in Mexico City knapp 500.000 neue Arbeitsplätze entstanden – mehr als doppelt so viel wie in der auf sechs Bundesstaaten verteilten Maquiladora-Industrie (INEGI, verschiedene Jahrgänge; SÁNCHEZ MÚJICA und FLORES ROSAS 1996, S. 38). Allerdings greift das Argument, den immer noch massiven Zustrom in die ZMCM nachfrageseitig zu erklären, zu kurz – wenn es überhaupt greift (siehe auch Kapitel 3.4.1). Denn angesichts der Wirtschaftskrise, der Stagnation des Arbeitsmarktes und des explosionsartigen Wachstums der informellen Ökonomie (nach einer Schätzung der Internationalen Arbeitsorganisation [ILO] arbeiten etwa 60 Prozent der Erwerbsbevölkerung informell [El Universal, 31.3.1997]) scheint es angezeigt, (auch) Erklärungsansätze zu Rate zu ziehen, die nicht mit der Arbeitskräftenachfrage in Zusammenhang stehen.

---

[82]) Wiederum werden die Zuwanderungen in den Distrito Federal und in den Estado de México unter „Mexico City und Umland" zusammengefaßt.

Daß die beharrenden Kräfte dem Anschein nach eine mindestens ebenso prägende Kraft auf die Migrationsmuster ausüben wie die Dynamiken des Wandels, könnte in erster Linie auf die Existenz und Stärke von Migrationsnetzwerken zurückzuführen sein. Diese werden durch soziale Beziehungen, die MigrantInnen mit Verwandten und FreundInnen haben, die nicht gewandert sind, verbunden. Solche Netzwerke transportieren Informationen, reduzieren die Unsicherheit für die MigrantInnen, bieten Hilfe bei der Wohnungs- und Arbeitsuche und können letztlich auch eine emotionale Stütze sein. Damit erleichtern sie künftige Abwanderung, beeinflussen aber auch die räumliche wie berufliche Orientierung des/der neuen MigrantIn. Die meisten Migrationsentscheidungen hängen damit von bereits erfolgter Wanderung ab, oder, anders ausgedrückt, die meisten MigrantInnen bewegen sich in den Fußstapfen anderer. Migrationsnetzwerke erklären somit einerseits die räumliche wie berufliche Konzentration von MigrantInnen, andererseits aber auch, warum Wanderungen andauern, selbst wenn die sie ursprünglich auslösenden Faktoren ökonomischer Natur weggefallen sind. Ja, Migration kann, einmal unabhängig von ihren anfänglichen Bedingungen geworden, sogar anhalten, wenn sich diese ins Gegenteil verkehrt haben. Fortbestehende Migrationsprozesse sind, selbst wenn es keinen Arbeitskräftebedarf im Zielgebiet mehr gibt oder wenn die Lohndifferentiale sinken, in diesem Licht keine Anomalien (HUGO 1981; MASSEY und GARCIA ESPAÑA 1987; BOYD 1989).

Gerade der letztgenannte Punkt könnte im Falle von Mexico City hohen Erklärungswert besitzen. Denn die meisten Zuwanderer nach Mexico City und in den Estado de México haben „VorgängerInnen" (im Wortsinn!) – schon in den späten siebziger Jahren ergaben Studien, daß 90 Prozent der Zuwanderer nach Mexico City ihre Migration im Rahmen von Netzwerken unternahmen (LOMNITZ 1977, S. 220; ROBERTS 1995, S. 146). ARIZPE (1979, S. 127) bringt die Bedeutung der Netzwerke auf den Punkt, wenn sie schreibt, daß „Zuwanderer nach Mexico City immer einen Familienangehörigen oder Bekannten in der Stadt hatten, der sie beherbergte und ihnen half, Arbeit zu finden". LOMNITZ zeigt in ihrer klassischen Studie über die sozialen Netzwerke der Marginalisierten in Mexico City die Mechanismen, wie innerhalb eines guten Jahrzehnts aus der Migration von drei jungen Männern aus einem Dorf in San Luis Potosí in dem von ihr untersuchten Stadtteil von Mexico City eine ImmigrantInnenpopulation von 264 Personen entstanden ist. Sie zitiert einen Informanten mit den Worten: „Primero vino mi primo Pérez y él metió a mi hermano (de colocador de alfombras); después vino otro primo y lo metió a él, después me metió a mí y así todos fuimos aprendiendo a trayendo a otros"[83] (LOMNITZ 1977, S. 62; für das Fortdauern dieses Muster bis in unsere Zeit siehe z.B. Instituto Nacional Indigenista 1992, S. 18).

In räumlicher Hinsicht spannen sich die Netzwerke zwischen Personen, die nach Mexico City emigriert sind, und jenen, die es nicht taten, vor allem zwischen den verschiedenen Vierteln von Mexico City einerseits und den Regionen im Zentralraum, im Süden und im Osten des Landes, von wo das Gros der Zuwanderer nach Mexico City stammt.[84] Für die

---

[83]) „Zuerst kam mein Cousin, und der brachte meinen Bruder als Teppichleger unter; danach kam ein anderer Cousin, und auch den brachte er unter. Danach brachte er mich unter, und so lernten wir, andere nachzubringen."

[84]) Zwischen 1985 und 1990 stammten 74,4 Prozent der Zuwanderer in die ZMCM aus Guerrero, Guanajuato, Hidalgo, Jalisco, Estado de México, Michoacán, Oaxaca, Puebla und Veracruz (GÓMEZ DE LEÓN CRUCES und PARTIDA BUSH 1996, S. 13). Der überwiegende Teil der Zuwanderer in den Estado de México kommt aus dem Distrito Federal, gefolgt von Puebla, Veracruz, Hidalgo, Oaxaca und Michoacán (INEGI 1995, S. 210).

gegenwärtige Situation und für die künftige Entwicklung der Migrationsmuster ist wichtig, zu bedenken, daß die Herkunftsgebiete der meisten MigrantInnen im wesentlichen Regionen sind, in denen der Großteil der Landwirtschaft auf nicht bewässerter Fläche betrieben werden muß (GORMSEN 1995, S. 129). Es ist deshalb zu vermuten, daß die agrarische Krise hier besonders gravierend ausfallen dürfte und daß folglich sehr viele Familien von den in Kapitel 3.3.1 beschriebenen Entwicklungen getroffen werden. Dazuzufügen ist, daß diese Gebiete auch eine hohe Konzentration indigener Bevölkerung aufweisen (Instituto Nacional Indigenista 1992, S. 16), weshalb angenommen werden muß, daß diese von Entwurzelung und Migration besonders stark getroffen werden.

Zusammen mit der Existenz stabiler Migrationsnetzwerke, die Familien in Guerrero, Hidalgo, Oaxaca oder Veracruz mit Angehörigen und FreundInnen in Nezahualcóyotl, Ecatepec oder Valle de Chalco (Gemeinden des Estado de México, die der ZMCM angehören, und die in dieser Reihenfolge seit den sechziger Jahren das Gros der Zuwanderer aufnahmen) verbinden, ließe es die räumliche Fokussierung der agrarischen Krise auf den Zentralraum als plausibel erscheinen, daß die in diesen Regionen Entwurzelten überwiegend in die ZMCM und ihr Umland migrieren, obwohl der dortige Arbeitsmarkt keineswegs der verheißungsvollste Mexikos ist. Genau das läßt sich an der Entwicklung in der ersten Hälfte der neunziger Jahre dokumentieren. Von der Zunahme des landesweiten „Migration stock" verbuchten der Estado de México und der Distrito Federal fast die Hälfte (!) auf sich; 45,5 Prozent des Zuwachses gingen auf das Konto von Mexico City und seinem Umland (siehe Tabelle A-25 im Anhang).

Migrationsnetzwerke entstehen aber nicht aus dem Nichts. Sie sind das dauerhafte Ergebnis und zugleich die konkreteste Ausformung jener „Brücken", die Zu- und Abwanderungsregionen miteinander verbinden und die für das Zustandekommen dauerhafter Migrationen unerläßlich sind (siehe Kapitel 2.3 im ersten Beitrag dieses Buches). Sind also Migrationsnetzwerke für die Persistenz bestimmter Migrationsmuster bedeutsam, so sind auch die historischen Prozesse, in deren Verlauf die „Brücken" zwischen Ab- und Zuwanderungsregionen geschlagen wurden, für das Andauern von konkreten Formen der Wanderung wichtig. Wie bereits dargestellt wurde (siehe Kapitel 3.1), wurden in Mexiko solche Verbindungen vermehrt ab den vierziger Jahren geschaffen.[85] Das Modell der importsubstituierenden Industrialisierung bedingte eine Integration des Binnenmarktes, die vom Ausbau des Straßen- und Eisenbahnnetzes, von zunehmendem (wenn auch ungleichem) Güteraustausch zwischen Stadt und Land, aber auch von einer wachsenden Präsenz von Händlern, politischen Funktionären, staatlichen Einrichtungen (Schulen!) und Massenmedien am Land geprägt war. Mit diesem Brückenschlag rückte einerseits die alles dominierende Metropole, Mexico City, näher an die Landbevölkerung heran, andererseits aber wurde eine jahrzehntelange Migrationsgeschichte begründet.

Aus Analysen des internationalen Migrationsprozesses ist bekannt, daß diesen „Brücken" langfristige Bedeutung zukommt. Die heutige Abwanderung in die USA ist räumlich stark konzentriert – nur 4,5 Prozent der 2.428 mexikanischen Gemeinden zeigen eine hohe Emigrationsneigung,[86] und davon findet sich wiederum fast die Hälfte in Jalisco, Michoacán

---

[85]) Die späten achtziger Jahre sind nach NEGRETE SALAS (1995, S. 23) eine Zeit, in der der Ausbau der Infrastruktur mit großem Nachdruck vorangetrieben wurde, um das gesamte Land zugänglich zu machen. Dies könnte zum dokumentierten Anstieg der Binnenwanderungen beigetragen haben.

[86]) 25 Prozent oder mehr der Erwerbsbevölkerung.

und Zacatecas (VERDUZCO und UNGER o.J., S. 8f). Genau diese Staaten stellten aber bevorzugte Regionen der Rekrutierung seitens US-amerikanischer Anwerber während des bereits erwähnten „Bracero-Programms" (1942–1964) dar, weswegen geschlossen wird, daß ein Gutteil der heutigen Einwanderung in die USA Teil einer nun schon seit Jahrzehnten andauernden Migrationsgeschichte ist (SASSEN 1988, S. 8; MASSEY 1990, S. 71).

Leider ist es ein viel zu wenig untersuchtes Thema, welche *konkreten* Faktoren am Anfang der Binnenwanderung in die Städte standen, wo und wie Verbindungen zwischen dem Land und den Städten aufgebaut wurden. Analog zur internationalen Migration ist aber zu vermuten, daß auch hier „Brücken" die Abwanderung der vierziger, fünfziger und sechziger Jahre erstens erleichterten bzw. erst in Gang brachten, und daß zweitens die räumlich ungleiche Verteilung der „Brücken" die räumliche Selektion der Migrationen beeinflußte, und zwar sowohl, was die Ab-, als auch, was die Zuwanderungsgebiete betrifft.

ARIZPE erwähnt beispielsweise mehrmals (z.B. 1979, S. 66, S. 98) die Bedeutung, die der erste Kontakt zu Händlern oder die Anbindung von Dörfern an das Straßennetz für das Zustandekommen der Abwanderung hatten. Und sie führt auch aus, daß dieser erste Kontakt die Wanderungsmuster prägte. Beispielsweise bildete für die MigrantInnen aus Santo Domingo, einem Dorf im Estado de México, der „Merced"-Markt im Zentrum des Distrito Federal die primäre Anlaufstelle und das wichtigste Arbeitsgebiet (ARIZPE 1979, S. 41). Die Vermutung, daß die Existenz oder Abwesenheit von „Brücken" die entstehenden Migrationsmuster beeinflußte, läßt sich auch am Beispiel von Chiapas anstellen. Daß dieser südliche Bundesstaat trotz seiner großen Armut eine so geringe Emigration aufweist (siehe Kapitel 3.3), läßt sich möglicherweise auch (wenn auch natürlich nicht ausschließlich) mit der bis vor kurzem relativen schwachen Integration eines Gutteils seiner Bevölkerung in die mexikanische Wirtschaft und Gesellschaft erklären. Auch die Migrationsmuster im benachbarten Oaxaca dürften viel mit dem selektiven Zustandekommen oder Ausbleiben von „Brücken" zu tun haben. Dieser Staat ist eines der wichtigsten Herkunftsgebiete für BinnenmigrantInnen, aber im Zusammenhang mit der Emigration in die USA bis in die achtziger Jahre bedeutungslos. Es kann angenommen werden, daß in Oaxaca an Stelle der Rekrutierung seitens US-amerikanischer Anwerber sehr frühe und intensive Verbindungen zu Mexico City entstanden sind.[87]

Abschließend sei ein Aspekt der mexikanischen Binnenwanderungen erneut aufgegriffen, der durchaus als Kontinuität der Muster bezeichnet werden kann, obwohl er sich in den letzten Jahren akzentuiert hat: die *Dominanz von Frauen in den Migrationen*. Ihre traditionell höhere Mobilität dürfte mit einem Mix aus ökonomischen und soziokulturellen Faktoren zusammenhängen. Die in Mexiko seit den vierziger Jahren ohnehin schon sehr geringe Möglichkeit, Land zu bekommen, ist für Frauen praktisch nicht existent, was sie im Falle einer Witwenschaft, Scheidung oder der Entscheidung, alleine zu leben, zur Migration in eine Stadt nötigt. Dazu kommt, daß der Katholizismus spanischer Prägung den Status der alleinstehenden Frau forcierte, weshalb die Periode zwischen Pubertät und Heirat relativ ausgedehnt ist, was junge Frauen potentiell mobiler macht. In den letzten Jahren hat, zumindest in manchen Regionen, der soziokulturelle Druck auf Frauen, früh Kinder zu gebären, abgenommen, was ihre Migrationsneigung und -möglichkeiten weiter erhöht

---

[87]) Es wäre ein lohnendes Thema für ein eigenes Forschungsprojekt, diesen Hypothesen auf den Grund zu gehen, da eine genauere Gewichtung der Bedeutung der einzelnen Faktoren (Entwurzelung, Arbeitskräftenachfrage, Migrationsnetzwerke, Brücken) für die Ausformung von Migrationsmustern im Rahmen dieses Forschungsprojektes nicht geleistet werden konnte.

hat. Letztlich geht die Zahl der Frauen, die am Land verbleiben, während der Mann abwandert, zurück, weil die Trennung weniger akzeptabel erscheint, weil die Möglichkeiten, zu Land zu kommen, weiter sinken und deshalb auch die Rückkehroption weniger attraktiv wird, und weil städtische Löhne gegenüber ländlichen Einkommen immer mehr an Bedeutung gewinnen (GUGLER 1992, S. 78–86; ARIZPE 1979, S. 101).

Dazu kommt in den letzten Jahren, daß die Notwendigkeit für Familien, über die Entsendung weiterer Haushaltsmitglieder zusätzliche Ressourcen zu erwirtschaften, zugenommen hat, was sich oftmals in der Mobilisierung von Ehefrauen und Töchtern in Migrationen niederschlägt. Denn was ENLOE (1990, S. 185) im Zusammenhang mit internationaler Wanderung für Frauen der Dritten Welt generell feststellt, gilt auch für die Binnenwanderung einer wachsenden Zahl von Mexikanerinnen: „When a woman from Mexico, Jamaica or the Philippines decides to emigrate in order to make money as a domestic servant she is designing her own international debt politics. She is trying to cope with the loss of earning power and the rise in the cost of living at home by cleaning bathrooms in the country of the bankers" (siehe auch Kapitel 3.3.1). Zu dieser angebotsseitigen Erhöhung der Wanderungen kommt nachfrageseitige Stimulanz. Mit dem Boom der Maquiladora-Industrie und dem Aufschwung der agrarischen Exportproduktion sind zwei neue Pole wirtschaftlichen Wachstums entstanden, in denen vor allem Frauen beschäftigt werden. Folglich sind die Migrationsströme dorthin auch größtenteils von Frauen (und im Falle der Exportlandwirtschaft auch von Kindern) dominiert.

3.5 Stadtentwicklung und Immigration – Immigration und Stadtentwicklung

Eine Hypothese dieses Forschungsprojektes lautete, daß die sozioökonomischen Veränderungen in der Stadt im Verbund mit dem Wandel der Migrationsmuster neue Rahmenbedingungen und Zwänge für Zuwanderer entstehen lassen könnten, die wiederum auf die soziale und kulturelle Verfaßtheit der Stadt zurückwirken. Zuwanderung und Stadtentwicklung hängen also zusammen, und das nicht nur hinsichtlich des demographischen und räumlichen Wachstums. MigrantInnen und ihre in der Stadt geborenen Kinder stellen trotz der abnehmenden Zuwanderung ein wichtiges Element der kulturellen, politischen und ökonomischen Entwicklung in der Stadt dar, und zwar schon alleine wegen ihrer großen Zahl. MigrantInnen und ihre in der Stadt geborenen Kinder machten 1980 38 Prozent der Bevölkerung von Mexico City aus (PARTIDA BUSH 1987). Die quantitative Bedeutung ist aber nur eine Seite, denn „even in those countries in which net migration contributes a minor fraction of urban population growth, the migration experience may still be an important one in the urban social structure" (ROBERTS 1995, S. 94).

Ob und wie durch die sozioökonomischen Transformationen, die sich für Mexico City aus der verstärkten Globalisierung ergeben, neue Rahmenbedingungen für die Zuwanderer in der Stadt entstanden sind, ist ein leider kaum untersuchtes Thema. Dies mag am geringen zeitlichen Abstand zu diesen Veränderungen liegen, oder daran, daß sich mit der Krise der achtziger und neunziger Jahre auch die Bedingungen wissenschaftlichen Arbeitens verschlechtert haben. Jedenfalls liegt dieser Mangel aber auch daran, daß das Thema „Migration" unter WissenschaftlerInnen in Mexiko heute aus der Mode gekommen ist.[88] Diese Entwicklung zeigt sich beispielsweise daran, daß die wichtigsten Arbeiten über den Zusammenhang von Stadtentwicklung und Zuwanderung (und umgekehrt von Zuwande-

---

[88]) Übereinstimmende Feststellung bei Interviews mit Larissa LOMNITZ (UNAM), Gustavo VERDUZCO (El Colegio de México) und Virgilio PARTIDA BUSH (CONAPO).

rung und Stadtentwicklung) aus den siebziger Jahren stammen (siehe etwa LOMNITZ 1977; MUÑOZ et al. 1977; ARIZPE 1979), während sich bei dem ersten großen internationalen Kongreß über Stadtpolitik und -forschung[89] im Jahr 1997 von den 189 Vorträgen nur drei dem Thema der Migration widmeten (NOLASCO 1997; ROMER 1997; eingeschränkt: SÁNCHEZ GÓMEZ 1997). Diese bleiben allerdings weitgehend deskriptiv und/oder auf einen engen thematischen Bereich fokussiert, weshalb in diesem Kapitel vorerst fragmentarische Informationen und Hypothesen genügen müssen.

Das Wechselspiel von Zuwanderung und Stadtentwicklung hat zwei Seiten. Die eine ist die Frage, welchen Zugang die Stadt ihren Zuwanderern gewährt, und zwar im wörtlichen wie im übertragenen Sinn. Die Frage, welchen Platz ImmigrantInnen in der Stadt einnehmen können, betrifft also einerseits das Problem des Wohnens und der räumlichen Segregation (dazu siehe z.B. SCHTEINGART 1991; HIERNAUX NICOLAS 1995a), und andererseits die Rolle, die den MigrantInnen im städtischen Wirtschaftsleben zukommt. Weil der Fokus dieses Forschungsberichtes sehr stark auf die sozioökonomischen Veränderungen von Mexico City gerichtet war, sollen hier einige möglichen Konsequenzen des Wandels der Stadt, wie er in den Kapiteln 2.2, 2.3 und 2.5 beschrieben wurde, erläutert werden.

Bezogen auf den urbanen Arbeitsmarkt stechen drei Entwicklungen hervor, die für Zuwanderer von potentieller Relevanz sind. Erstens stellt die Industrie kaum mehr eine Möglichkeit dar, Jobs zu finden, weil die industrielle Beschäftigung seit den achtziger Jahren nur mehr wenig wächst. Zweitens – und damit zusammenhängend – sind der Dienstleistungssektor und der Handel die größte Arbeitgeber in der Stadt geworden (siehe Tabelle A-7 im Anhang). Drittens hat die informelle Beschäftigung seit den achtziger Jahren überproportional zugenommen – es wird geschätzt, daß die Hälfte der erwerbstätigen Bevölkerung oder mehr im informellen Sektor arbeitet (siehe Kapitel 2.3).

Aus diesen drei Entwicklungen kann vermutet werden, daß Zuwanderer in den achtziger und neunziger Jahren im Vergleich zu ihren Vorgängern in den fünfziger, sechziger oder siebziger Jahren zu einem immer größeren Teil auf informelle Dienstleistungs- und Handelsaktivitäten verwiesen werden (BATAILLON 1994, S. 20; NOLASCO 1997, S. 6). Der Bruch hat bereits in den Siebzigern eingesetzt, als das mexikanische Wirtschaftswunder zu verblassen begann und die Aufnahmefähigkeit des urbanen Arbeitsmarktes erschöpft war (ARIZPE 1979, S. 13f; SÁNCHEZ GÓMEZ 1997, S. 11f). Bis dahin war soziale Aufwärtsmobilität in einem gewissen (bescheidenen) Ausmaß möglich gewesen – die (zugewanderten) Unterschichten konnten ihren Konsum erhöhen, den Wohnraum verbessern, nicht unbedingt notwendige Ausgaben tätigen und den Kindern bzw. Enkeln eine bessere Ausbildung zukommen lassen. Diese Aufstiegschancen führten zum Entstehen einer gar nicht kleinen Mittelschicht und ganz generell zum sozialen Mix und einer sozialen Durchmischung, die Mexico City bis in die achtziger Jahre prägte.[90] Doch mit der Schuldenkrise, den folgenden Strukturanpassungsprogrammen und der neoliberalen Modernisierung wurde der soziale Aufstieg zur „Illusion" (MOLINA LUDY und SÁNCHEZ SALDAÑA 1997) – soziale Mobilität findet heute der Tendenz nach nach unten statt (siehe Kapitel 2.3).

---

[89]) „Congreso Internacional Ciudad de México, Sobre Política y Estudios Metropolitanos", organisiert vom „Consejo Mexicano de Ciencia Sociales", abgehalten vom 10. bis zum 14. März 1997, México D.F.

[90]) Der Stadtteil Nezahualcóyotl etwa, der in den Medien oftmals als „größter Slum der Welt" bezeichnet wird, entspricht zwar sicherlich nicht den europäischen Vorstellungen von (unterer) Mittelklasse, unterscheidet sich aber trotzdem kraß von den Favelas in Rio de Janeiro oder den Slums in Bombay.

Damit begannen aber auch die Integrationsmöglichkeiten für Zuwanderer abzunehmen. Dies trifft zunächst die räumliche Segregation. Während sich früher die (indigenen) Zuwanderer[91] hauptsächlich im Stadtzentrum niederließen, sind es spätestens ab den siebziger Jahren die eingemeindeten „municipios" des Estado de México, wo die neuen BewohnerInnen der Hauptstadt ihre Häuschen (eher als Hütten) bauen. Ciudad Neza, wie die Gemeinde Nezahualcóyotl allgemein genannt wird, oder Ecatepec und jüngst das Valle de Chalco sind die neuen Pole der Zuwanderung innerhalb der Stadt. Allerdings ist die soziale Durchmischung immer noch eine recht große – auch heute kann beispielsweise noch nicht von einem Viertel der indigenen Bevölkerung gesprochen werden, weil diese Zuwanderer relativ gleichmäßig auf die Stadt verteilt leben (ARIZPE 1979, S. 127f; HIERNAUX NICOLAS 1995a; SÁNCHEZ GÓMEZ 1997).

Die Integrationsmöglichkeit begann vor allem hinsichtlich des Arbeitsmarktes abzunehmen. Bezüglich der indigenen Zuwanderer stellt SÁNCHEZ GÓMEZ (1997, S. 11–15) fest, daß es ihnen ab den siebziger Jahren praktisch unmöglich geworden war, sich dauerhaft in den städtischen Arbeitsmarkt zu integrieren und formelle Jobs zu erlangen. Die informelle Ökonomie stellt praktisch das einzige ihnen offene Arbeitsfeld dar, wobei hier wiederum der ambulante Straßenverkauf überwiegt.

Allerdings muß es zum jetzigen Zeitpunkt noch als Hypothese formuliert werden, daß die neuen Zuwanderer zum überwiegenden Teil Beschäftigung in der „Selbstbeschäftigung", wie es oft euphemistisch heißt, finden. Detaillierte Untersuchungen wären vonnöten, und zwar insbesondere empirische Feldforschung. Denn die Auswertung des Zensus von 1990 (INEGI 1993a) hinsichtlich der Beschäftigung der Zuwanderer hilft nur bedingt weiter. Für den Distrito Federal etwa werden nur 140.025 beschäftigte ImmigrantInnen (Zuwanderungszeitraum: 1985–1990) angegeben, obwohl der gleiche Zensus 299.285 ImmigrantInnen im Alter von fünf Jahren und mehr angibt. Selbst wenn nur die 15- bis 64jährigen als Erwerbsbevölkerung angenommen werden (was angesichts der sich ausbreitenden Kinderarbeit einer Unterschätzung der Erwerbsbevölkerung gleichkommt), ergeben sich 237.116 ImmigrantInnen.

In der Statistik der *beschäftigten* Zuwanderer sind also bestenfalls 59 Prozent der tatsächlich arbeitenden ImmigrantInnenbevölkerung erfaßt, vermutlich aber deutlich weniger (INEGI 1993a, S. 186, S. 903). Daß von den Erfaßten 83 Prozent als „Angestellte" bzw. „Arbeiter" ausgewiesen werden (INEGI 1993a, S. 903) und folglich der formellen Ökonomie zuzurechnen wären, besagt folglich nicht allzuviel: Es ist nämlich naturgemäß anzunehmen, daß die in der Informalität Tätigen der Zählung und Statistik leichter entkommen als die formell Beschäftigten.

Werden – in einer ganz groben Schätzung – die 41 Prozent der nicht von der Statistik Erfaßten dem *informellen Sektor* zugerechnet, und werden dazu noch die vom INEGI (1993, S. 903) als informell Tätige[92] Ausgewiesenen hinzuaddiert, so ergäbe sich ein Anteil von ca. 50 Prozent an Informellen unter den ImmigrantInnen. Dieser Anteil steigt auf fast zwei Drittel, wenn nicht die Arbeitssituation, sondern der von den MigrantInnen ausgeübte Beruf (INEGI 1993a, S. 729, S. 816) der Schätzung zugrunde gelegt wird.

---

[91]) Heute leben etwa zwei Millionen Menschen in Mexico City, die eine indigene Sprache sprechen (La Jornada, 10.2.1998), was einen erheblichen Anteil an allen Zuwanderern ausmacht.

[92]) Zu dieser Kategorie zählen Tagelöhner, Arbeiter auf eigene Rechnung und unbezahlte Arbeiter im Rahmen des Familienverbundes.

Noch größer ist der Anteil der informell arbeitenden Zuwanderer im Estado de México,[93] wo – je nach zu Grunde gelegtem Kriterium – zwischen 16 und 41 Prozent der von der Statistik erfaßten ImmigrantInnen dem informellen Sektor zuzurechnen sind. Allerdings erfaßt das INEGI lediglich 54 Prozent der zugewanderten Bevölkerung im Erwerbsalter (INEGI 1993a, S. 206, S. 745, S. 832, S. 919). Der geschätzte Anteil der in der informellen Ökonomie tätigen Zuwanderer beträgt im Estado de México also zwischen 54 und 68 Prozent.

Auch wenn diese Hochrechnungen mit einiger Vorsicht betrachtet werden müssen und nähere Untersuchungen jedenfalls erforderlich sind, stützen sie doch die Annahme, daß der informelle Sektor für die Zuwanderer mehr und mehr zum Arbeitsfeld wird. Dies wirft zwei (miteinander verwandte) Probleme auf. Die erste Frage lautet, ob es sich bei der Konzentration der ImmigrantInnen in der *informellen Ökonomie* um ein Phänomen gespaltener Arbeitsmärkte handelt, ob also in Mexico City analog zu der im Zusammenhang mit internationaler Migration immer wieder festgestellten Unterschichtung urbaner Arbeitsmärkte auch eine Segmentierung in Zuwanderer und Ansässige anzutreffen ist. Die offiziellen Daten (siehe Tabelle A-13 im Anhang) scheinen dem zu widersprechen, ist doch bezüglich der Positionierung am Arbeitsmarkt kein großer Unterschied zwischen ImmigrantInnen und ansässiger Bevölkerung auszumachen. Die Erwerbsbeteiligung ist bei der ansässigen Bevölkerung zwar minimal höher, die Verteilung auf Industrie und Dienstleistungssektor aber nahezu identisch.

Demgegenüber halten zahlreiche ForscherInnen (siehe z.B. LOMNITZ 1977, S. 222; ARIZPE 1979, S. 109; CORONA RENTERÍA 1992, S. 365) allerdings fest, daß der städtische Arbeitsmarkt sehr wohl von einer dualen Struktur geprägt ist, wobei die Zuwanderer auf die schlechteren Positionen verwiesen werden (beispielsweise Fabrik und Bauwirtschaft bei Männern, Dienstbotinnenjobs für Mädchen und Frauen [die sprichwörtlichen „muchachas"], informeller Straßenverkauf für beide Geschlechter). Die Spaltung des Arbeitsmarktes nach Ansässigen und Zuwanderern wird durch eine ethnische Segmentierung noch einmal vertieft. Während zugewanderte Mestizen bis in die siebziger Jahre Jobs als Chauffeure, Industriearbeiter oder in der staatlichen oder urbanen Bürokratie bekamen, verblieben für indigene ImmigrantInnen HilfsarbeiterInnenjobs in der Bauwirtschaft, auf den Märkten oder als Dienstbotinnen (ARIZPE 1979, S. 70f; SÁNCHEZ GÓMEZ 1997, S. 13).

Das zweite Problem, das sich aus der Ballung der ImmigrantInnen im informellen Sektor ergibt, und das mit der Frage der Segmentierung des urbanen Arbeitsmarktes zusammenhängt, rührt an einen altbekannten theoretischen Streit: Wird die informelle Ökonomie von den Zuwanderern geschaffen, weil diese dort (und nur dort) Arbeit und Auskommen finden und dabei „ihre" traditionellen Strukturen reproduzieren? Oder sind MigrantInnen lediglich besonders gut geeignet, die Anforderungen der informellen Ökonomie zu erfüllen? Konkret: Ist das enorme Wachsen des informellen Sektors im Mexico City der achtziger Jahre ein Ergebnis der Zuwanderung, oder ist die Konzentration der Zuwanderer in der schnell expandieren informellen Ökonomie das Resultat sozioökonomischer Umbrüche?

Weiter oben (siehe Kapitel 2.5.4) wurde bereits argumentiert, daß der informelle Sektor nicht als eine von der formellen Wirtschaft losgelöste Ökonomie der Marginalisierten angesehen werden kann, sondern daß er einen integralen Bestandteil nationaler wie inter-

---

[93] Es sei daran erinnert, daß von 1985 bis 1990 über 90 Prozent aller Zuwanderer in den Estado de México in die ZMCM zogen.

nationaler Akkumulationszusammenhänge bildet. Demzufolge ist auch das rasche Wachsen des informellen Sektors in Mexiko nicht nur eine Folge der zunehmenden Armut und des Überlebenskampfes vieler Familien, sondern ebenso Ergebnis einer Unternehmensstrategie, die Profitmaximierung auf Kosten der Arbeitenden anstrebt. Studien belegen nämlich, daß sowohl in der Industrie wie im Dienstleistungssektor verstärkt auf informelle anstelle von formellen Arbeitsverhältnissen zurückgegriffen wird.

Wenn dem allerdings so ist, dann kann die These nicht aufrechterhalten werden, die Zuwanderer würden den informellen Sektor *schaffen*. Dessen Wachstum geht vielmehr zurück auf einen Mix an unterschiedlichen Strategien unterschiedlicher urbaner Akteure. Familien müssen angesichts der wirtschaftlichen und sozialen Krise danach trachten, über weitere Haushaltsmitglieder neue Einkommen zu lukrieren. Klein- und Mittelbetriebe müssen, wollen sie angesichts der erhöhten Konkurrenz nicht bankrott gehen, die Arbeitskosten senken und greifen deshalb vermehrt auf informelle ArbeiterInnen zurück, weil diese flexibler, ungeschützter und billiger sind. Aus dem gleichen Grund beuten auch nationale wie internationale Großunternehmen vermehrt informelle Arbeitsverhältnisse aus, allerdings mit dem Unterschied, daß es sich hier um Strategien der Profitmaximierung und nicht des ökonomischen Überlebens handelt. Das Wachstum des informellen Sektors wird also angebots- und nachfrageseitig genährt, wobei sich der Kreis dort schließt, wo der informelle Sektor Teil des gespaltenen urbanen Arbeitsmarktes ist. In ihm finden sich überproportional viele Jugendliche und Alte, MigrantInnen und Frauen sowie Personen mit niedrigen Bildungsniveaus (ROBERTS 1995, S. 124). Diese Segmentierung scheint sich, so die abschließende These, mit der sozioökonomischen Krise und der neoliberalen Modernisierung verfestigt zu haben.

Gestützt wird diese Vermutung dadurch, daß die Abnahme der Integrationsfähigkeit der Stadt weder auf Mexico City noch auf die Metropolen der Dritten Welt beschränkt ist, sondern ein in den achtziger und neunziger Jahren generell auszumachendes Phänomen darstellt. HÄUSSERMANN und OSWALD (1997) sprechen von einer tiefen Krise der Beziehung zwischen Zuwanderern und Stadt, die ihre Ursache in den Umbrüchen der letzten zwei Jahrzehnte hat: „(D)urch die Modernisierung haben die Großstädte an Integrationskraft verloren. Der soziale Wert des modernen Stadtbürgers hängt ab von seiner erfolgreichen Integration in Arbeits- und Wohnungsmarkt, in Bildungs- und Sozialversicherungssystem. Eine Existenz, die sich ‚nur' in bestehende soziale Netze einhängt, ohne in den genannten Subsystemen eindeutig verortet zu sein, ist weder möglich noch zulässig" (ibd., S. 19). Insbesondere die Integration in den Arbeitsmarkt, das heißt, die Chance auf einen Job, der eine gewisse Möglichkeit zur sozialen Aufwärtsmobilität bietet, wird zu einem immer unrealistischeren Unterfangen für Zuwanderer. Der informelle Sektor, die niedrigen Dienstleistungen oder der abgewertete industrielle Sektor stellen zwar wichtige Komponenten der urbanen Wirtschaft dar, sind also ökonomisch gesehen in die Stadt eingebunden, aus sozialpolitischer Perspektive aber sind sie entkoppelt, weil sie kaum noch Chancen auf Integration bieten (SIEBEL 1997, S. 38; siehe dazu generell z.B. BAILEY und WALDINGER 1991; CROSS und WALDINGER 1992; GORDON und SASSEN 1992; FAINSTEIN 1993).

Der Zusammenhang zwischen Zuwanderung und Stadtentwicklung läßt sich aber auch noch aus einer anderen Perspektive analysieren. Parallel zur Frage, welche Auswirkungen urbane Transformationen auf die Möglichkeiten der Zuwanderer haben, kann auch untersucht werden, ob und wie die ImmigrantInnen selbst zum städtischen Wandel beitragen. Denn die konkrete Art und Weise, wie die Zuwanderer mit den Problemen und Chancen der Stadt umgehen, wie und wo sie sich Wohnraum und Arbeit beschaffen oder schaffen, hängt nicht nur von dem Platz ab, den ihnen die Stadt einräumt, sondern auch von ihren eigenen Ressourcen. In anderen Worten: Die städtische „performance" der ImmigrantInnen hängt nicht zuletzt von ihren eigenen sozialen, ideellen und materiellen Mitteln ab, also von sozialen Beziehungen, Ausbildung oder materiellem Kapital. Da aber diese Ressourcen je nach Herkunftsgebiet und je nach Zeit, in der die Migration unternommen wurde, variieren, ist Immigration auch für die Stadt ein dynamischer Prozeß, in dessen Verlauf sie verändert wird (ROBERTS 1995, S. 88).

Die Dynamik entsteht daraus, daß sich im Zuge der Urbanisierung soziale Praktiken verschiedener (Herkunfts-)Orte vermischen, wodurch aus den Gegensätzen „Stadt" und „Land" – oder „Moderne" und „Tradition" – etwas Neues entsteht. AGUILAR (1994, S. 202) nennt es „lo popular urbano", und meint damit eine aus der Unterschiedlichkeit der Herkunftsorte der StadtbewohnerInnen entstehende spezifische Diversivität urbaner Politik, Kultur und Ideologie. Diese Unterschiedlichkeit – oder dieser „pool of cultures" (SOJA 1989, S. 222f) – ist einerseits gewiß Ergebnis und Ausdruck der Zuwanderung, aber auch der politischen, sozialen, wirtschaftlichen, räumlichen und kulturellen Fragmentierungen. Andererseits ist die Diversität aber auch identitätsstiftend. Die Stadt Mexico City trägt nicht nur den Namen des gesamten Landes,[94] die Stadt birgt das Land (und den Staat) via Zuwanderung auch in sich (GARCÍA CANCLINI 1994, S. 24–30).

„Lo popular urbano", also jenes spezifisch städtische Element, das durch die Interaktion der Zuwanderer mit der Stadt entsteht, ist wesentlich geprägt durch ein Geflecht aus familiärer Infrastruktur und sozialen Netzwerken der ImmigrantInnen. Ja, diese bauen eine „unsichtbare Stadt", wie die Anthropologin Larissa LOMNITZ (1992) die informellen sozialen Institutionen der Zuwanderer bezeichnet. Dieser Begriff geht zurück auf ihre zu einem Klassiker der Stadtforschung avancierte Studie über das Überleben der Marginalisierten in Mexico City. Dort dokumentiert sie, daß die Zuwanderer die ökonomische Unsicherheit, in der sie sich angesichts des Fehlens staatlicher Vorsorge befinden, über ausgedehnte soziale Netzwerke kompensieren, innerhalb derer sie Güter und Dienstleistungen nach dem Prinzip der Gegenseitigkeit austauschen (zum folgenden siehe LOMNITZ 1977 und 1992; für ähnliche Beispiele aus anderen lateinamerikanischen Städten siehe ROBERTS 1995, S. 165–171).

Da die Marginalisierten (im Falle der gegenständlichen Untersuchung zu zwei Dritteln Zugewanderte) auf den städtischen Märkten weder Eigentum noch Ausbildung anbieten können, müssen sie auf Ressourcen jenseits der Gesetze des Marktes zurückgreifen. Sie tun dies, indem sie eine ihrer wichtigsten Ressourcen, die sozialen Beziehungen, mobilisieren. Alle ImmigrantInnen sind in ein soziales Netzwerk integriert, über das Wohnungen, Jobs, Papiere usw. beschafft und Zugang zu Ressourcen des formellen Bereiches, die auf formalem Wege unerreichbar bleiben müßten, erlangt werden kann. Die schon mehrmals angesprochenen Migrationsnetzwerke, die Gewanderte mit Daheimgebliebenen, Stadt mit Land verbinden, dienen also nicht nur der Erhaltung des ländlichen Haushaltes, sondern auch dem Überleben der MigrantInnen in der Stadt und ihrer Integration in den Arbeits- und Wohnungsmarkt sowie der sozialen Einbindung.

Geknüpft werden die Netzwerke in erster Linie auf der Basis von verwandtschaftlichen Verbindungen, erweitert werden sie häufig durch fiktive Verwandte („compadre") und FreundInnen. Die Beziehungen können gesellschaftlich eher horizontal oder aber vertikal

---

[94]) In weiten Teilen Mexikos ist mit dem Wort „Mexico" nicht der Staat, sondern die Stadt gemeint.

aufgebaut sein. Der erste Typus beruht stark auf gegenseitiger Hilfe, der zweite auf den Systemen der Patronage. In beiden Fällen aber gehorcht der Transfer von Waren, Dienstleistungen und Informationen innerhalb dieser Beziehungs-Netzwerke nur bedingt den Marktdynamiken. Der Austausch knüpft zwar an einem realen Bedürfnis, also der Knappheit einer Ressource (wie Wohnen oder Arbeitsplatz) an, gehorcht aber in seiner Funktionsweise einer symbolisch-kulturellen Logik, die sich sowohl von der im formellen Sektor vorherrschenden ökonomischen Rationalität als auch von der offiziellen Staatsideologie abhebt.

Eine solche kulturelle Norm ist die „*confianza*" (mit „Vertrauen" nur bedingt zu übersetzen). In ethnographischer Perspektive definiert LOMNITZ diese „confianza" einerseits als Fähigkeit und Bereitschaft zum Austausch von Gefälligkeiten und Informationen und andererseits als Maßstab für diese Bereitschaft. Die Ausgestaltung dieses Systems wird von sozio-kulturellen und physischen Aspekten bestimmt, so insbesondere von den Generationen- und Verwandtschaftsbeziehungen, von sozialer und räumlicher Nähe oder von der Häufigkeit des Austausches. „Confianza" wird geleitet vom Prinzip der Gegenseitigkeit, wodurch ein System wechselweiser Hilfe geschaffen wird. Im Falle von asymmetrischen oder Patron-Klient-Beziehungen wird der Zusammenhalt des Netzwerkes nicht durch Vertrauen und Gegenseitigkeit gestiftet, sondern durch den Tausch von Gefälligkeit und Unterstützung gegen Loyalität.

Für die hier interessierende Frage, wie sich Stadtentwicklung und Immigration gegenseitig bedingen und verändern, wäre eine Wiederholung der Studie in den heutigen Zuwanderungsgebieten wünschenswert. Leider trifft aber der schon mehrmals beklagte Literaturmangel in diesem Punkt besonders zu. Zwar gibt es einige Arbeiten über Phänomene wie Netzwerke und Vereinigungen von MigrantInnen in der Stadt (z.B. MORA VÁZQUEZ 1991; HIRABAYASHI 1993) oder kulturelle Praktiken und Kämpfe indigener Zuwanderer (z.B. LIRA 1983; BRAVO MORANTES 1992; PORTAL ARIOSA 1997), unseres Wissens nach gibt es aber keine umfassendere Untersuchung über die gegenwärtigen Dynamiken und Interaktionen von Zuwanderung und Stadtentwicklung. Wieder einmal müssen also bruchstückhafte Informationen und Hypothesen genügen.

Ein Ansatz, die sich wandelnden Migrationsmuster mit den urbanen Transformationen in Zusammenhang zu bringen, ist, die Merkmale der ImmigrantInnen denen der EmigrantInnen bzw. der Ansässigen gegenüberzustellen. Die Angaben des INEGI hinsichtlich der Zuwanderung zwischen 1985 und 1990 zeigen diesbezüglich etwa, daß die Zuwanderer sowohl jünger als die wohnhafte als auch als die abwandernde Bevölkerung des Distrito Federal sind. Allerdings schlägt sich der höhere Anteil von 20- bis 29jährigen nicht, wie es zu erwarten wäre, in einer höheren Erwerbsbeteiligung nieder. Neben der Verjüngung führt die Zuwanderung tendenziell zu einem höheren Frauenanteil in der Stadt und zur Zunahme der indigenen Bevölkerung (siehe Tabelle A-13 im Anhang). Gerade die Zuwanderung der Indígenas stellt ein markantes Beispiel dafür da, wie Immigration eine Stadt verändern kann. Der Anthropologe BONFIL BATALLA schätzte zu Beginn der neunziger Jahre, daß rund zwei Millionen Indígenas in Mexico City lebten, womit diese Stadt die größte indigene Bevölkerungsgruppe Amerikas aufweist (zitiert in VILLAVICENCIO 1997, S. 12).

Eingedenk des Umstandes, daß Frauen und Indígenas Bevölkerungsgruppen sind, die am segmentierten urbanen Arbeitsmarkt auf die schlechteren, oftmals in der informellen Ökonomie angesiedelten Jobs verwiesen werden, und angesichts dessen, daß die Abwanderer aus dem Distrito Federal überproportional viel verdienen (Tabelle A-13 im Anhang), können die Daten des INEGI unterstützend für die manchmal geäußerte These herangezogen werden, die Stadt würde im Zuge des Migrationsprozesses der achtziger Jahre hinsichtlich der Qualifikationsstruktur eine langsame Abwertung erfahren. CORONA CUAPIO und LUQUE GONZÁLEZ (1992, S. 27f) vertreten ebenso wie GARROCHO (1995b, S. 80) die Ansicht, daß die ZMCM durch den Migrationsprozeß gut qualifizierte und dynamische Arbeitskräfte verliert, weil die neuen Zuwanderer weniger gut ausgebildet und weniger aktiv seien als die Abwanderer.

Allerdings ist diese Erkenntnis keineswegs gesichert. BUCHHOFER und AGUILAR (1992, S. 56–61) vertreten die genaue Gegenposition. Ihrer Meinung nach wirkt die Krise der achtziger Jahre auf die Migrationsprozesse äußerst selektiv, und zwar dahingehend, daß die Ärmsten weniger Chancen für eine Zuwanderung nach Mexico City haben. Denn mit der Krise sind, so das Argument, auch die Kosten der Wanderung gestiegen, und zwar zumindest relativ zum eigenen Einkommen. Damit wird aber Migration kostspieliger, was sozial Bessergestellte bevorzugen würde. In anderen Worten: Mexico City würde durch den Migrationsprozeß Bevölkerungsgruppen gewinnen, die in der traditionellen sozialen Schichtung über den MigrantInnen der sechziger oder siebziger Jahre stehen würden.

Die Unklarheit über diese Frage bestätigt, daß die Veränderungen urbanen Lebens, die sich aus der Zuwanderung ergeben, sowie die generelle Dynamik von Stadtentwicklung und Immigration gewiß jene Forschungsbereiche darstellen, welche die größten Defizite aufweisen. Was im Ökonomischen noch ansatzweise diskutiert wird, liegt hinsichtlich soziokultureller Fragestellungen weitgehend im Dunkeln. Die Forschungsagenda, die MORA VÁZQUEZ (1996, S. 28) formuliert, ist folglich ebenso umfassend wie interessant: Wie eignen sich Immigrantinnen den urbanen Raum an, wie benützen sie ihn, wie verändern sie ihn? Welchen Ausdruck finden kultureller Konsum und kulturelle Praktiken von ImmigrantInnen? Werden ländliche Kulturmuster in der Stadt reproduziert, und wenn ja, welche und wie? Wie prägt die unterschiedliche Herkunft der Zuwanderer die Beziehungen zwischen ihnen? Welche Beziehungen entwickeln sich zwischen den ImmigrantInnen und den Ansässigen? Wie tragen die (unterschiedlichen) Gruppen von Zuwanderern zum Entstehen einer Identität und Kultur von Mexico City bei? Diese Fragen im Zusammenhang mit den demographischen und sozioökonomischen Veränderungen von Mexico City, die hier untersucht wurden, zu analysieren, würde ein lohnendes Feld für ein eigenes Forschungsprojekt eröffnen.

4. Zusammenfassung

Im Mittelpunkt der Fallstudie Mexiko stand die Frage, inwieweit sich die Mexico City betreffenden Wanderungsmuster in den letzten 25 Jahren verändert haben und welche Faktoren dafür ausschlaggebend sein könnten. Gestützt auf die theoretischen Überlegungen des ersten Beitrags in diesem Buch konzentrierte sich die Untersuchung einerseits auf urbane Veränderungen, andererseits auf Transformationen des ländlichen Raumes. In beiden Fällen wurde eine globale Perspektive gewählt, das heißt, es wurde der tieferen Integration Mexikos in die Weltwirtschaft große Bedeutung sowohl für die urbanen Transformationen als auch für den Wandel der Migrationsmuster zugeschrieben.

Dieser hohe Stellenwert, der den Prozessen der Globalisierung eingeräumt wurde, ergab sich aus der Annahme, daß die ökonomischen Veränderungen der achtziger und neunziger

Jahre (wie die Öffnung der Märkte, das rasche Wachsen des Welthandels, die rasante Zunahme internationaler Investitionen, der Schwenk von der importsubstituierenden zur exportorientierten Industrialisierung), aber auch gesellschafts- und sozialpolitische Veränderungen, die oftmals unter dem Begriff Neoliberalismus zusammengefaßt werden (wie Rückzug des Staates aus der Wirtschaftspolitik, Abbau der Sozialleistungen, Privatisierungen, Förderung des Finanzsektors etc.) von prägendem Einfluß auf die Entwicklung von Mexico City und seine Migrationsmuster sein würden.

Es wurde vermutet, daß diese Prozesse der Globalisierung mit den Untersuchungsgegenständen dieses Projektes (Migrationen und Megastädte) insofern zusammenhängen, als

- die vertiefte Einbindung Mexikos in die internationale Arbeitsteilung Destabilisierungs- und Entwurzelungsprozesse der ländlichen Ökonomien und Gesellschaften beschleunigt und verstärkt, weshalb angenommen wurde, daß das Migrationsaufkommen in Mexiko zunimmt;
- mit der neuen Qualität der Globalisierung Mexikos an den Standorten der global integrierten Wirtschaftsbereiche (wie Exportindustrien, landwirtschaftliche Exportproduktion und Tourismus) verstärkt Arbeitskräftebedarf entsteht, was Binnenwanderungen auslösen kann oder sie zumindest in ihrer räumlichen Orientierung prägt;
- Mexico City in die Prozesse der Globalisierung integriert ist und einen Bestandteil des weltumfassenden Städtesystems bildet;
- diese globale Integration den Charakter und die Funktion von Mexico City verändert, und zwar sowohl, was die inneren sozioökonomischen und räumlichen Entwicklungen und Beziehungen betrifft, als auch, was die Rolle der Megastadt im Rahmen der Nationalstaates angeht.

Summa summarum lautete die zentrale Hypothese, daß die verstärkte Globalisierung Mexikos zu wirtschaftlichen, räumlichen und sozialen Umstrukturierungen führt, welche die Verfaßtheit von Mexico City als dominanter Metropole, den Umfang der Wanderungen und die Form der Migrationsmuster verändern würden. Es wurde also angenommen, daß sich mit den Prozessen der Globalisierung die Funktion und die Rolle von Mexico City wandeln würden und auch die Entstehung neuer Migrationsmuster zu erwarten wäre.

Die Ergebnisse der auf der Auswertung von Sekundärliteratur und aufbereitetem Datenmaterial beruhenden Studie bestätigen im wesentlichen die Annahmen, wenn auch in einigen Punkten Modifikationen angebracht werden müssen und andere Fragestellungen auf Grund der unzureichenden Literaturlage (und der knappen zeitlichen Distanz zu den beschriebenen Vorgängen der Globalisierung) vorerst offen bleiben müssen.

Mexico City hat seit den siebziger Jahren in wirtschaftlicher, sozialer und demographischer Hinsicht markante Veränderungsprozesse durchgemacht. Sein Anteil am nationalen Bruttoinlandsprodukt ging bereits in den siebziger Jahren zurück, um in der ersten Hälfte der achtziger Jahre einen regelrechten Einbruch zu erleiden. Bei genauerer Betrachtungsweise zeigt sich allerdings, daß die Rückgangsentwicklung erstens ausschließlich den Distrito Federal betraf und zweitens primär eine Krise der Industrie widerspiegelt. Die relativ diversifizierte, in mehreren Branchen (z.B. Autoherstellung oder pharmazeutische Betriebe) auch relativ hohe Anteile von Auslandskapital aufweisende Industrie der Hauptstadt litt überraschenderweise noch mehr unter der Rezession der achtziger Jahre als die gewerblich-industrielle Produktion anderer Landesteile. Die Krise der achtziger Jahre traf

Mexico City aber nicht nur als industrieller Produktionsort, sondern auch als ökonomisches Entscheidungszentrum. Waren 1982 noch 287 der 500 größten Unternehmen des Landes im Distrito Federal angesiedelt, so war der Anteil bis 1989 auf 29 Prozent gesunken.

Die Wirtschaftskrise fand ihren Niederschlag am Arbeitsmarkt. In nur 15 Jahren sank der Anteil der ZMCM an der nationalen Beschäftigung von 40 auf 30 Prozent, wobei wiederum die Industrie die tiefsten Einbrüche erlitt. Die Industriebeschäftigung sank in Mexico City in den achtziger Jahren um mehr als 10 Prozent auf knapp 800.000 Personen. Mexico City ist aber immer noch das dominante Zentrum industrieller Fertigung – der nationale Beschäftigungsanteil entspricht etwa dem Ballungsgrad der fünfziger Jahre, also einer Zeit, in der die durch die importsubstituierende Industrialisierung ausgelöste Konzentrationsbewegung bereits in vollem Gange war.

Mexico City hat in den achtziger Jahren aber nicht nur im Verhältnis zum restlichen Mexiko einen Wandel durchgemacht, sondern auch in seiner inneren ökonomischen Struktur. Industrie und Handel verloren Anteile an der städtischen Wirtschaft, während das Transportwesen und vor allem der Dienstleistungssektor deutlich gewinnen konnten. Beide Entwicklungen spiegeln sich auch in der Beschäftigung wider – 1994 übertrafen die Dienstleistungen (ohne Handel) erstmals die Industrie als wichtigster Arbeitgeber der Stadt.

In der zweiten Hälfte der achtziger Jahre begannen sich die Wirtschaft des Distrito Federal und der gesamten ZMCM wieder zu erholen. Ihre Anteile am nationalen BIP stiegen insbesondere in den neunziger Jahren wieder an, ohne allerdings das Ausgangsniveau der frühen siebziger Jahre nochmals zu erreichen. Auch bezüglich der Unternehmenszentralen ist in den neunziger Jahren eine erneute Konzentrationsbewegung festzustellen, sodaß sich 1996 wieder 213 der 500 größten Firmen in der Hauptstadt fanden. Am Arbeitsmarkt schlug sich die ökonomische Erholung jedoch nicht nieder. Mit Ausnahme der Dienstleistungen verlor die ZMCM weiter an Beschäftigungsanteilen (bezogen auf den gesamten Staat), sodaß sie Mitte der neunziger Jahre knapp 30 Prozent aller Arbeitsplätze beherbergte.

Die krisenhafte Entwicklung des Arbeitsmarktes trägt zu einer zunehmenden sozialen Polarisierung in Mexico City bei. Obwohl diese Stadt, und insbesondere natürlich der Distrito Federal, im nationalen Vergleich zu den absoluten Wohlstandspolen Mexikos gehört, ist die soziale Krise nicht zu übersehen. Während die Mittelschicht schrumpft, nimmt der Anteil der Armen stetig zu. Dies ist einerseits auf rasante Reallohnverluste zurückzuführen (1981–1993: minus 60 Prozent) und andererseits auf eine immer ungleichere Verteilung der Einkommen. Diese wiederum hängt unmittelbar mit der zunehmenden Fragmentierung und Polarisierung des urbanen Arbeitsmarktes zusammen. Während die klassischen Berufe der (unteren) Mittelschicht (administratives Personal, Industriearbeiter) relativ langsam wachsen, verzeichnen die Berufssparten am oberen und am unteren Ende der Arbeitsmarkthierarchie das schnellste Wachstum (technische Berufe und „profesionales" einerseits, Händler und Verkäufer andererseits). Parallel zur Polarisierung des Arbeitsmarktes wächst die informelle Ökonomie – Mitte der neunziger Jahre dürften rund 50 Prozent (oder mehr) der erwerbstätigen Bevölkerung im informellen Sektor tätig gewesen sein.

Die vielleicht größte, jedenfalls aber überraschendste Veränderung betrifft jedoch die demographische Entwicklung von Mexico City. Das Bevölkerungswachstum hat sich ab den sechziger Jahren deutlich abgeschwächt (1960–1970: 5,6 Prozent jährlich; 1980–1990: 1,5 Prozent jährlich), woran die Reduktion des natürliches Wachstums ihren Anteil hatte. Die natürliche Wachstumsrate sank von 3,34 Prozent in den sechziger Jahren auf 1,77 Prozent in den achtziger Jahren. Mit diesem Trend des verlangsamten Bevölkerungswachstums liegt die derzeitige EinwohnerInnenzahl deutlich unter den Prognosen der siebziger und achtziger Jahre – 1995 lebten 16,3 Millionen Menschen in Mexico City. Die mexikanische Metropole ist somit auch nicht, wie oft fälschlicherweise behauptet wird, die größte Stadt der Welt, sondern nach Tokyo und New York die drittgrößte (1990). Allerdings ist sie die bevölkerungsstärkste urbane Agglomeration der Dritten Welt, noch vor São Paulo, Shanghai oder Bombay.

Gewichtiger – und für das gegenständliche Forschungsprojekt entscheidender – als die Abnahme des natürlichen Bevölkerungswachstums ist jedoch das Ende der Bevölkerungszunahme durch Immigration. Es ist zweifelsohne eine der bemerkenswertesten Entwicklungen der achtziger Jahre, daß sowohl der Distrito Federal als auch die gesamte urbane Agglomeration der ZMCM Nettoabwanderungsgebiete geworden sind. Die Wanderungsrate der ZMCM wurde in den achtziger Jahren negativ, was nichts Geringeres bedeutet, als daß Mexico City nach Jahrzehnten des Bevölkerungsgewinns durch Immigration nun erstmals einen negativen Migrationssaldo aufwies.

Diese Entwicklung geht insbesondere auf die gewandelte Position des Distrito Federal im mexikanischen Migrationssystem zurück. Die Hauptstadt hat sich zwischen 1980 und 1990 von dem Zuwanderungspol schlechthin, der sie über Jahrzehnte war, in das größte Nettoabwanderungsgebiet des Landes gewandelt. Der negative Wanderungssaldo der achtziger Jahre belief sich auf deutlich mehr als eine Million Personen, und machte somit fast die Hälfte der kumulierten positiven Salden der Zeit zwischen 1930 und 1980 aus. Obwohl diesbezüglich noch keine gesicherten statistischen Angaben vorliegen, kann vermutet werden, daß der Trend zu einer Netto-Abwanderung aus dem Distrito Federal auch in der ersten Hälfte der neunziger Jahre anhalten dürfte, wenn auch in einem geringeren Ausmaß als in den Achtzigern.

Abwanderung aus den Kernstädten ist zwar generell ein weit verbreitetes Phänomen, daß die gesamte metropolitane Zone zu einem Netto-Emigrationsgebiet wird, dürfte jedoch eines der markantesten Merkmale von Mexico City in den achtziger Jahren sein. Zwischen 1985 und 1990 hatte die Stadt eine negative Migrationsbilanz von mindestens 290.000, vielleicht sogar von 440.000 Personen. Auch hier wird vermutet, daß sich der Trend in den neunziger Jahren fortsetzen wird.

Allerdings inkludieren diese Angaben auch die intraurbane Mobilität zwischen dem Distrito Federal und Gemeinden, die zwar im angrenzenden Bundesstaat Estado de México liegen, aber zur Metropolitanen Zone von Mexico City gehören. Wird diese Mobilität aus der Migrationsstatistik ausgenommen, so verringern sich die negativen Wanderungssalden des Distrito Federal und der ZMCM zwar erheblich, bleiben aber – und das scheint unterstreichenswert – dennoch als solche bestehen. Um die intraurbane Mobilität bereinigt, reduziert sich der negative Wanderungssaldo des Distrito Federal um etwa zwei Drittel, der der ZMCM um ein Viertel bis die Hälfte (1985–1990: Distrito Federal: -279.149 Personen; ZMCM: -223.700 Personen).

Nahezu zwei Drittel der Zuwanderer in die ZMCM sind – nach Daten aus den achtziger Jahren – ländlichen Ursprungs, wobei die Bundesstaaten Puebla, Michoacán, Oaxaca und

Hidalgo auf das größte Kontingent von in der ZMCM lebenden ImmigrantInnen kommen.[95] Allerdings zeichnet sich seit Mitte der achtziger Jahre ab, daß Veracruz als Herkunftsgebiet an Bedeutung gewinnt, während Michoacán verliert. Auch ist eine Konzentrationsbewegung auf weniger Herkunftsgebiete festzustellen – stammten in der zweiten Hälfte der siebziger Jahre noch 69 Prozent aller in die ZMCM Zuwandernden aus acht Bundesstaaten, waren es zehn Jahre später schon 76 Prozent. Die Abwanderer aus der ZMCM ziehen großteils in Bundesstaaten im Zentrum des Landes (Estado de México, Morelos, Querétaro), wobei allerdings jüngst Bundesstaaten mit großer Arbeitskräftenachfrage (Baja California im Nordwesten und Quintana Roo im Südosten) die höchste relative Steigerung an Zuwanderung aus der ZMCM verbuchen.

Was die Migrationsmuster in Mexiko insgesamt angeht, so ist die bemerkenswerteste Veränderung der abrupte Anstieg der Binnenwanderungen in den neunziger Jahren. Nachdem sich die Migrationsrate zwischen 1970 und 1990 lediglich wenig verändert hat, hat sie in der ersten Hälfte der neunziger Jahre um zwei Prozentpunkte auf 19,4 Prozent zugenommen. In absoluten Zahlen bedeutet dies, daß das Migrationsvolumen um ein Viertel auf 17,6 Millionen MigrantInnen angestiegen ist. In anderen Worten: Zwischen 1990 und 1995 wurden im Jahresdurchschnitt mehr als 700.000 MexikanerInnen zusätzlich in Migrationen mobilisiert, was die stärkste Zunahme in der Geschichte Mexikos bedeutet.

Sieht man von diesem außergewöhnlichen Anstieg des Volumens der Wanderungen ab, sind die mexikanischen Migrationsmuster durch eine relativ große Beständigkeit geprägt. Hinsichtlich der wichtigsten Abwanderungsregionen ist es seit 1970 zu keinen großen Veränderungen gekommen ist – mit Ausnahme natürlich der bereits skizzierten Entwicklung im Distrito Federal. Die absolut größten Wanderungsverluste verzeichnen Michoacán im Westen und Oaxaca im Süden, gefolgt von Guanajuato, Zacatecas und Puebla, die alle in der Zentrumsregion gelegen sind. Relativ zur Bevölkerung verlieren die Bundesstaaten Zacatecas, Durango, San Luis Potosí und Hidalgo am meisten MigrantInnen – die Abwanderungsrate bewegte sich hier im Jahr 1990 zwischen 20 und knapp über 30 Prozent.

Auch hinsichtlich der wichtigsten Zuwanderungsregionen sind die Migrationsmuster von relativ großer Beständigkeit geprägt. Zwar ist mit dem Wandel des Distrito Federal vom Zuwanderungspol zur Abwanderungsregion auch sein Anteil am nationalen „Migration stock" markant zurückgegangen, doch wurde dieser Verlust im wesentlichen durch eine Anteilssteigerung des Estado de México kompensiert. Eingedenk des Umstandes, daß sich ein Großteil der Zuwanderung, die in den Estado de México geht, in Gemeinden konzentriert, die zur ZMCM gehören, spiegelt diese Anteilsverschiebung vom Distrito Federal hin zum Estado de México weniger einen Dezentralisierungsprozeß als vielmehr das Wachstum von Mexico City wider. Dieses vollzieht sich mittlerweile so gut wie ausschließlich auf dem Territorium des Estado de México. Trotz dieser weiter bestehenden Dominanz der urbanen Agglomeration von Mexico City als Zuwanderungspol haben seit den siebziger Jahren neue Migrationsziele an Bedeutung gewonnen (insbesondere handelt es sich dabei um Baja California im Nordwesten des Landes und um Quintana Roo im Südosten).

Die Migrationssysteme Mexikos haben sich also in den achtziger Jahren zu diversifizieren begonnen, indem sich im Norden und im Südosten neue Subsysteme gebildet haben. Eine weitere Veränderung ist, daß Mittel- und Kleinstädte als Ziele von Migrationen er-

---

[95]) Der Estado de México bleibt hier wegen der thematisierten Probleme hinsichtlich der intraurbanen Mobilität ausgeklammert.

heblich an Bedeutung gewonnen haben. Die geschlechtsspezifische Zusammensetzung der Wanderungen ist hingegen im wesentlichen durch Kontinuitäten gekennzeichnet – die Mobilität der Frauen war traditionell höher als jene der Männer, und dieser Frauenüberhang in den Binnenmigrationen nimmt weiter zu.

In der Interpretation der Entwicklung der Migrationsmuster und der urbanen Transformationen wurde gezeigt, daß beide Entwicklungen stark mit der veränderten und vertieften Integration Mexikos in die internationale Arbeitsteilung zusammenhängen. So geht der relative ökonomische Bedeutungsverlust von Mexico City im nationalen Gefüge nicht auf Versuche der politisch gesteuerten Dezentralisierung zurück, und nur partiell auf die wachsenden Agglomerationsnachteile (wie Mangel an Boden, Transportinfrastruktur, Luftverschmutzung). Der Hauptgrund für den industriellen Bedeutungsverlust von Mexico City und insbesondere des Distrito Federal in den achtziger Jahren liegt vielmehr darin, daß die Schuldenkrise dort besonders nachdrücklich auftrat.

Diese überproportionale Betroffenheit der Hauptstadt erklärt sich daraus, daß die Schuldenkrise mehr war als eine (vorübergehende) Zahlungsunfähigkeit. Sie markierte die endgültige Erschöpfung des Modells der importsubstituierenden Industrialisierung, und damit das Ende eines über Jahrzehnte in makroökonomischer Hinsicht durchaus erfolgreichen Entwicklungsweges. Weil aber die importsubstituierende Industrialisierung sowie die mit ihr einhergehende Entwicklung hochgradig auf die größte Metropole des Landes konzentriert waren, traf die Krise Mexico City und seine BewohnerInnen besonders heftig. In anderen Worten: Mit der Schuldenkrise und der in ihrem Gefolge durchgesetzten neoliberalen Politik wurde ein neues, exportorientiertes Wachstumsmodell implementiert, das auch eine neue räumliche Ordnung der Wirtschaft mit sich brachte (ersichtlich vor allem am Aufstieg der Maquiladora-Städte an der Nordgrenze des Landes).

Ein Teilaspekt der entstehenden neuen räumlichen Wirtschaftsstruktur ist, daß die Wendung von der binnenmarktorientierten Importsubstitution zur exportgeleiteten Industrialisierung Mexico City als Markt und als Produktionsstandort abwertete und so die Krise in der größten Metropole des Landes verstärkte. Ferner akzentuierte das Entstehen eines starken Industriepols im Norden des Landes die in der Statistik ausgewiesenen relativen Anteilsverluste des Distrito Federal und der ZMCM bezüglich der nationalen Wirtschaftsleistung und der Beschäftigung.

Krise und Ende der importsubstituierenden Industrialisierung sind aber keine auf Mexiko beschränkten Phänomene, sondern können durchaus als globale Entwicklungen bezeichnet werden, wie das Scheitern derartiger oder ähnlicher Strategien nachholender Entwicklung in ganz Lateinamerika sowie in den ehemaligen RGW-Staaten zeigt. Darüber hinaus war das Modell der importsubstituierenden Industrialisierung niemals abseits oder gar jenseits des kapitalistischen Weltmarktes gewesen, sondern blieb – bei allen erzielten Erfolgen – immer ein Modell abhängiger Entwicklung.

Daß für das letztliche Scheitern der importsubstituierenden Industrialisierung auch gewichtige interne Faktoren verantwortlich sind (wie etwa der fehlende politische Wille zu substantiellen Maßnahmen der Umverteilung, was sich in nur mangelhaften Landreformen niederschlug, woraus sich wiederum eine dauerhafte Beschränkung des Binnenmarktes ergab) schwächt das Argument, daß die Krise von Mexico City in den achtziger Jahren zu einem guten Teil auf globale Dimensionen zurückgeführt werden kann, nicht. Denn einerseits war die importsubstituierende Industrialisierung sowohl in ihren Erfolgen als auch in ihrem Scheitern immer weltmarktbezogen gewesen, und andererseits wirk(t)en Schuldenkrise und -dienst ganz unmittelbar auf die städtische Wirtschaft und Gesellschaft zurück. So erzwang der Schuldendienst etwa den raschen Ausbau von Exportkapazitäten, was zur beschriebenen Verlagerung ökonomischer Aktivitäten hin zur Maquiladora-Industrie und damit an die Nordgrenze Mexikos führte.

Der Mitte der achtziger Jahre einsetzende und unter neoliberalem Vorzeichen stehende Modernisierungskurs hat die wirtschaftliche und soziale Entwicklung von Mexico City nicht weniger geprägt als die Krise. Die den verschuldeten Ländern von IWF und Weltbank auferlegten Programme der „Strukturanpassung", die eine Umlenkung von Ressourcen des verschuldeten Landes zugunsten der Geldvermögensbesitzer bewirken und damit die monetäre Akkumulation weiter speisen sollen, beinhalten als Kernstücke eine restriktive Lohnpolitik, einen Abbau der (ohnehin dürftigen) Sozialprogramme und einen Rückzug des Staates. Alle diese Aspekte aber schlagen auf Mexico City zurück, und zwar als zunehmende soziale Polarisierung, als Abwertung des Binnenmarktes und damit der für ihn erzeugenden Industrie, als massive Entwurzelung ländlicher Haushalte, was seinerseits zu einem deutlichen Anstieg der Migrationen führt.

Ob der neoliberale Modernisierungs- und Globalisierungskurs die ökonomische Position von Mexico City stärken oder schwächen wird, ob er also zu einer Rekonzentration ökonomischer Aktivitäten und Macht oder zu einer Dezentralisierung führt, ist noch nicht definitiv auszumachen und wird auch in Mexiko kontrovers debattiert. Allerdings spricht einiges für die These, daß die Liberalisierung des Handels, die Öffnung der Märkte und die Außenorientierung der Wirtschaft zu einer neuen Konzentration in der ZMCM führen werden. So zeigt sich, daß in den neunziger Jahren sowohl der Anteil der ZMCM am nationalen Bruttoinlandsprodukt als auch die Anzahl der Unternehmen, die im Distrito Federal ihren Hauptsitz haben, wieder zunimmt. Zu keiner Erholung kommt es allerdings bezüglich des Arbeitsmarktes.

Die ökonomische Stärkung der Stadt im Prozeß der Globalisierung geht vor allem auf zwei Aspekte zurück. Zum einen scheinen sich Teilbereiche der Industrie aus der Krise der achtziger Jahre erholt zu haben, zum anderen nimmt der gehobene Dienstleistungssektor einen enormen Aufschwung. Bestimmte Industriesparten der ZMCM (wie die chemische und Metallindustrie) waren dem Anschein nach fähig, sich den Bedingungen des Freihandels und der technologischen Modernisierung anzupassen und am Weltmarkt konkurrenzfähig zu werden. Gestärkt wird die Position von Mexico City (oder vielmehr des Distrito Federal) noch dadurch, daß diese Stadt die Funktion als Bindeglied zwischen Weltmarkt und Nationalökonomie ausübt. So ist etwa die ohnehin sehr hohe Konzentration von Unternehmenssitzen in der Hauptstadt bei Firmen mit ausländischer Kapitalmehrheit noch einmal deutlich größer ist als bei jenen in mexikanischem Besitz. Während 1996 insgesamt 43 Prozent der 500 größten Unternehmen ihren Sitz im Distrito Federal hatten, lag dessen Anteil bei Firmen mit mehrheitlich mexikanischem Kapital bei nur 35 Prozent. Umgekehrt aber siedelten 56 Prozent der in der Liste der 500 Großen aufscheinenden Firmen mit mehrheitlich ausländischem Kapital in der Hauptstadt.

Die Stärkung der Rolle von Mexico City und insbesondere des Distrito Federal als Brennpunkt wirtschaftspolitischer Macht und als Zentrum ökonomischen Managements läßt sich auch an Hand der Entwicklung des gehobenen Dienstleistungssektors zeigen. Der Anteil der ZMCM an der nationalen Wertschöpfung des Dienstleistungssektors stieg von 34 Prozent (1970) auf 43 Prozent im Jahr 1990, womit Mexico City sich von einer auf industrielle Produktion spezialisierten Stadt zu einer vor allem auf Dienstleistungen festgelegten wandelte. Dem Dienstleistungssektor kommt mittlerweile innerhalb der ökonomischen Struktur der ZMCM ein erheblich größeres Gewicht zu als der Industrie, und zwar sowohl bezogen auf die Wirtschaftsleistung als auch auf den Arbeitsmarkt. Darüber hinaus liegt in der ZMCM – als einziger Stadt Mexikos – die Produktivität in allen Bereichen der produktionsbezogenen Dienstleistungen über dem nationalen Mittel, während rivalisierende Städte wie Monterrey oder Tijuana nur in fünf bzw. sechs der neun Subsektoren überdurchschnittlich produktiv sind.

Am deutlichsten aber zeigt sich der Zusammenhang zwischen dem neuen wirtschaftspolitischen Kurs bzw. dem neuen Akkumulationsregime einerseits und der ökonomischen Stärkung von Mexico City andererseits aber am Arbeitsmarkt für die produktionsbezogenen Dienstleistungen. 1996 arbeiteten in Mexico City 607.833 Arbeitskräfte im Bereich der Immobilien-, Finanz- und professionellen Dienstleistungen, womit sich deutlich mehr als die Hälfte (55,1 Prozent) aller in Mexiko in diesem Segment Tätigen in der ZMCM fanden und jede zehnte Arbeitskraft der ZMCM im Bereich der Immobilien-, Finanz- und professionellen Dienstleistungen arbeitete. Die Wachstumsraten der Beschäftigung in diesem Sektor liegen bei über 10 Prozent, und die Konzentration der produktionsbezogenen Dienstleistungen auf die ZMCM nimmt weiter zu.

Ein weiterer Aspekt, der auf eine Stärkung der Rolle der ZMCM durch den offensiven Kurs der Globalisierung Mexikos hindeutet, ist die hohe Konzentration der ausländischen Kapitalflüsse auf den Distrito Federal. Zwischen 1989 und 1996 flossen rund zwei Drittel der ausländischen Direktinvestitionen in Mexiko in den Distrito Federal bzw. wurden dort verbucht, wobei der Anteil der Hauptstadt seit dem Beitritt zur NAFTA noch weiter gestiegen ist. Eine vergleichbare Entwicklung ist bei den Portfolio-Investitionen zu beobachten.

Die ökonomische Stärkung der Rolle der ZMCM geht allerdings nicht mit einer sozialen Aufwärtsentwicklung einher. Im Gegenteil: Die absolute Verschlechterung der Lebensbedingungen sowie die Tendenzen der sozialen und räumlichen Polarisierung hängen nicht nur mit der allgemeinen Entwicklung in Mexiko zusammen, sondern gehen teilweise auch auf die spezifische Rolle von Mexico City im Prozeß der Globalisierung zurück. Während die drastischen Reallohnverluste als Beispiel für ein das gesamte Land betreffendes Problem gelten können, sind die Tendenzen der Fragmentierung und der Polarisierung des Arbeitsmarktes in ihrer starken Ausprägung ein vor allem metropolitanes Phänomen. So spiegelt etwa das Wachstum der Berufssparten am oberen und am unteren Ende der Arbeitsmarkthierarchie einerseits den Niedergang der industriellen Beschäftigung in der ZMCM wider und andererseits die überproportionale Zunahme des gehobenen Dienstleistungssektors. Beide Tendenzen aber stehen in unmittelbarem Zusammenhang mit der verstärkten Globalisierung Mexikos: Während der Rückgang der Industriebeschäftigung sowohl als Folge der Krise des industriellen Sektors als auch als Konsequenz der partiell gelungenen Anpassung an die neue Weltmarktkonkurrenz gedeutet werden kann, ist die Zunahme der Beschäftigung im gehobenen Dienstleistungssektor der ZMCM auf die Funktion dieser Stadt als Zentrum des ökonomischen Managements zu verstehen.

Der vielleicht markanteste Aspekt der Fragmentierung des Arbeitsmarktes in der ZMCM ist das schnelle Wachstum des informellen Sektors. Entgegen traditionellen Ansätzen, die den informellen Sektor als Folge ungenügender Industrialisierung der Welt und als Antwort der städtischen Armen auf den daraus resultierenden Mangel an Arbeitsplätzen interpretieren, kann am Beispiel von Mexico City gezeigt werden, daß die informelle Ökonomie einen integralen Bestandteil nationaler wie internationaler Akkumulationszusammenhänge darstellt. Das rasche Wachsen des informellen Sektors in Mexiko geht nämlich nicht nur auf die zunehmende Armut oder die „Selbstbeschäftigung" der nunmehr Arbeitslosen zurück, sondern ist ebenso Ergebnis einer Unternehmensstrategie, die Profitmaximierung auf Kosten der Arbeitenden anstrebt. StraßenhändlerInnen sind in ein komplexes Netzwerk von Lieferanten und Sublieferanten, von Geldverleihern und kommunalen Behörden eingebunden und vertreiben Produkte nationaler und auch internationaler Unternehmen. Auch die kleinen, informellen Handwerks- und Industriebetriebe erfüllen oft eine Komplementärrolle zur großen Industrie bzw. diese lagert zunehmend gewisse Produktionen in solche Betriebe aus. Elektronikkonzerne lassen über Subunternehmer in informellen Werkstätten in Mexico City fertigen, wodurch sie die direkten Arbeitskosten senken und das Risiko von Marktschwankungen an kleine Zulieferbetriebe abwälzen können.

Auch die Entwicklung der Migrationsmuster und insbesondere der drastische Anstieg der Binnenwanderungen in den neunziger Jahren stehen in engem Zusammenhang zur vertieften globalen Integration Mexikos. Was nahezu alle Arbeiten über den Zusammenhang zwischen dem Beitritt Mexikos zur NAFTA und der Emigration in die USA vorhersagten, daß nämlich dieser Beitritt zumindest kurz- und mittelfristig zu einem starken Anstieg der Wanderungen führen wird, ist auch hinsichtlich der Binnenmigrationen zutreffend.

Der Grund für diese Entwicklung ist in der tiefen Krise der Landwirtschaft zu suchen. Die Aushöhlung der wirtschaftlichen und sozialen Basis der ländlichen Gesellschaften wurde nicht erst durch die neoliberale Modernisierung der achtziger Jahre initiiert – vielmehr geriet der Agrarsektor schon Ende der sechziger Jahre definitiv in die Krise. Doch im Gefolge der forcierten Globalisierung wuchs sich die strukturelle Krise endgültig zum Desaster aus. Die agrarische Produktion stagniert, das landwirtschaftliche BIP per capita sinkt rapid, die landwirtschaftlich genutzte Fläche reduziert sich, die Erträge fallen. In einem Wort: Die Landbevölkerung Mexikos erlebt nach der sprichwörtlichen verlorenen Dekade der achtziger Jahre nun das nächste „verlorene Jahrzehnt".

Die Prognosen sind durchwegs düster. In keinem Szenario wird die Landwirtschaft fähig sein, die wachsende Nachfrage zu befriedigen, was die Steigerung agrarischer Importe unausweichlich erscheinen läßt. Die Zuwächse in der Exportproduktion (Gemüse, Obst, Viehwirtschaft) werden die massiven Einfuhren von Getreide nicht kompensieren können, weshalb die agrarische Handelsbilanz immer negativer ausfallen wird. Die Tendenz, in der Versorgung der Bevölkerung von Importen abhängig zu werden, könnte sich noch verschärfen, wenn traditionelle Kulturen wie Mais oder Bohnen von Exportprodukten verdrängt werden.

Daß die Landwirtschaft und insbesondere die klein- und mittelbäuerlichen ProduzentInnen von Getreide oder Ölfrüchten sowie die kleinen und mittleren Viehbauern zu den großen Verlierern der Weltmarktöffnung zählen, ist nicht weiter überraschend. Zu groß sind die Produktivitätsunterschiede zwischen den USA und Mexiko, als daß das Gros des mexikanischen Bauerntums angesichts der raschen Handelsliberalisierung überleben könnte. Eine Untersuchung, die 1992 im Auftrag der Welternährungsorganisation FAO durchgeführt wurde, ergab, daß in Mexiko auf 28 Prozent der bebauten Fläche nicht rentabel produziert werden konnte. Im Falle einer völligen Liberalisierung des Agrarsektors, so die Prognose, werde nur ein Viertel der bebauten Fläche wettbewerbsfähig sein, bei den als strategisch eingestuften Pflanzen wie Mais, Bohnen, Weizen oder Reis könnten es gar nur 21 Prozent sein.

Die Unfähigkeit, am Weltmarkt zu konkurrieren, bekamen die klein- und mittelbäuerlichen ProduzentInnen umso schärfer zu spüren, als sich der Staat parallel zur Handelsliberalisierung und im Einklang mit ihr aus einer fördernden Landwirtschaftspolitik zurückzog. Unter dem Motto der Effizienzsteigerung und verstärkten Marktorientierung, was gleichzusetzen ist mit einer intensivierten Exportorientierung, wurde die Eliminierung des Zollschutzes begleitet von einer drastischen Reduktion direkter und indirekter staatlicher Unterstützungen. Besonders gravierend ist der staatliche Rückzug im Bereich der Kreditvergabe. Die vergebenen Darlehen gingen um 85 Prozent zurück (1980–1995), wobei der Rückzug in Einzelbereichen (z.B. Getreideproduktion) ein vollständiger war. Da sich die privaten Kreditgeber (Banken) naturgemäß auf profitable Geschäfte beschränken (oder dies zumindest versuchen), konzentrieren sich die Darlehen auf einige wenige Produzenten in fruchtbaren und/oder bewässerten Gebieten im Norden und Westen Mexikos, in denen hauptsächlich Exportgüter angebaut werden. In Regionen, in denen primär für die Selbstversorgung und/oder den Binnenmarkt angebaut wird, fließt hingegen kaum mehr Kapital.

Ein anderes zentrales Problem ist der Preisverfall agrarischer Produkte. Von 1981 bis 1993 verschlechterten sich die Terms of Trade für alle landwirtschaftlichen Erzeugnisse um ein Viertel, für die zehn wichtigsten Produkte, die 42 Prozent der landwirtschaftlichen Produktion ausmachen und 72 Prozent der bebauten Fläche einnehmen, gar um 49 Prozent (1981–1994). Betroffen sind vor allem jene Kulturen, die für die Existenzsicherung und die Nahrungsmittelautonomie notwendig wären. Beispielsweise müssen die ProduzentInnen von Mais oder Bohnen heute doppelt so viel erzeugen wie zu Beginn der achtziger Jahre, um das gleiche Ergebnis zu erzielen.

Zu all den ökonomischen Problemen ist schließlich noch eine einschneidende politisch-rechtliche Veränderung zu erwähnen, welche die Krise des ländlichen Mexiko weiter akzentuieren wird. Mit einer 1992 beschlossenen Verfassungsänderung wurde die Landreform der mexikanischen Revolution definitiv für beendet erklärt, die Privatisierung von Ejido-Land durchführbar und folglich sein Verkauf legalisiert sowie der Besitz von Land durch Aktiengesellschaften (auch mit ausländischer Beteiligung) ermöglicht.

Dieser Schritt, der in einem direkten Zusammenhang mit Globalisierungsschritten wie dem Eintritt in das GATT (heute WTO) und den Verhandlungen über einen NAFTA-Beitritt steht, hat bis dato zwar weder die erhofften (Effizienzsteigerung, Produktionszuwächse) noch die befürchteten Auswirkungen (wie Konzentration von Land oder Ausverkauf an ausländisches Kapital) gezeigt, dürfte aber mittelfristig doch gravierende Konsequenzen insbesondere im politischen und soziokulturellen Bereich haben. Denn mit der Reform des Artikels 27 ändert sich das Verhältnis zwischen Staat und Bauernschaft grundlegend. Mit der offiziellen Beendigung der Landreform und der Möglichkeit, das Ejido zu privatisieren, privatisierte der Staat auch die Verantwortung für einen Gutteil der ländlichen Bevölkerung. In anderen Worten: Der als Folge der Revolution geschlossene Sozialvertrag zwischen dem Staat einerseits und dem ärmsten Teil der Bevölkerung andererseits ist aufgekündigt worden.

Alle diese Entwicklungen führ(t)en zu einer immer stärkeren Marginalisierung der klein- und mittelbäuerlichen ProduzentInnen von Basiskulturen, worin der wesentlichste Schlüssel zum markanten Anstieg der Binnenmigrationen (und der Auswanderung in die USA) zu finden ist. Die neue Agrarpolitik beraubt Millionen Menschen ihrer ländlichen Existenzgrundlage und begründet somit eine Entwurzelungswelle in einem selbst für mexikanische Verhältnisse unbekannten Ausmaß. Es wird vermutet, daß mittelfristig bis zu fünfeinhalb Millionen Familien nicht als bäuerliche ProduzentInnen überleben werden können, was das sozio-ökonomische Aus für acht bis 15 Millionen Menschen bedeuten würde.

Für viele dieser Entwurzelten wird die Migration in eine mexikanische Stadt oder in die USA der Weg sein, auf die akzentuierte agrarische Krise und die soziale Not zu reagieren. Schon seit Jahrzehnten stellt in unzähligen Dörfern und Regionen Mexikos die zeitweise oder permanente Wanderung von einem oder mehreren Haushaltsmitgliedern einen fixen Bestandteil der Reproduktion des ländlichen Haushalts dar. Für die jüngere Geschichte zeigen nicht nur die mehrmals zitierten Daten, daß sich an diesem Muster nichts geändert hat. Auch einige jüngere, auf der Mikroebene angesiedelte Fallstudien weisen darauf hin, daß Haushalte weiterhin und zunehmend Migration wählen, um die kritische Situation zu meistern, in der sie sich befinden.

Wenn nun Familien in den letzten Jahren dazu übergehen, zusätzliche Mitglieder in Binnenwanderungen oder in internationale Migration zu entsenden, um zusätzliche Geldeinkommen lukrieren zu können, dann sind zwei Personengruppen besonders betroffen: Frauen und Kinder bzw. Jugendliche. Der Frauenanteil an den BinnenmigrantInnen erhöht sich, wobei für Frauen häufig andere örtliche Migrationsziele dominieren als für Männer. In den letzten Jahren sind für sie Mittel- und Kleinstädte wichtigere Ziele geworden als die großen Metropolen, was einerseits mit der wachsenden Flexibilisierung und Informalisierung der (industriellen) Arbeit, andererseits mit der Expansion der Maquiladora-Industrie in den Städten der Nordgrenze zusammenhängt. Die vermehrte Migration von Frauen hängt aber auch mit der Ausweitung der agrarischen Exportproduktion zusammen. Die zweite Gruppe, die vom vermehrten Gebrauch der häuslichen Überlebensstrategie Migration besonders betroffen ist, sind Kinder und Jugendliche. Insbesondere in den Wanderungen in Richtung der agrarischen Exportproduktionszonen sind sie stark vertreten, weil der Arbeitsmarkt dort nicht nur nach dem Geschlecht, sondern auch nach dem Alter und der ethnischen Zugehörigkeit stark segmentiert ist.

Im Vergleich zur ländlichen Entwurzelung spielt die Arbeitskräftenachfrage als Auslöser der Binnenmigrationen mittlerweile eine eher untergeordnete Rolle. Zwar gibt es zweifelsohne Pole dynamischer wirtschaftlicher Entwicklung jenseits der traditionellen Ballungsräume, die einen Zusammenhang zwischen steigender Migration und Arbeitskräftenachfrage nahelegen. Herausragend ist diesbezüglich die Maquiladora-Industrie, die ihren Beschäftigtenstand zwischen 1980 und 1997 auf 979.700 Arbeitskräfte verachtfachte. Tatsächlich wiesen Baja California, Chihuahua, Tamaulipas, Coahuila, Sonora und Nuevo León, in denen sich 90 Prozent aller Maquiladoras konzentrieren, im Jahr 1995 einen gegenüber 1990 um 600.000 MigrantInnen angewachsenen „Migration stock" auf, wobei insbesondere Baja California und Chihuahua herausragen. Diese beiden Staaten verbuchten, werden die intraurbanen Bewegungen innerhalb der ZMCM aus der Migrationsstatistik ausgeklammert, zwischen 1985 und 1990 den größten Nettogewinn an MigrantInnen in ganz Mexiko. Außerdem hat Baja California – nach Quintana Roo – den zweithöchsten Zuwanderungsanteil aller mexikanischen Bundesstaaten (1995: 46,1 Prozent bei Männern und 48,1 Prozent bei Frauen). Das bedeutet, nahezu jede zweite in diesem nordwestlichen Bundesstaat lebende Person ist aus einem anderen Bundesstaat zugewandert.

Die Exportindustrie an der nördlichen Grenze und insbesondere die Staaten Baja California und Chihuahua sind also zweifelsohne zu einem bedeutsamen Migrationsziel geworden. Trotzdem muß daran erinnert werden, daß die sechs genannten nördlichen Bundesstaaten heute keinen größeren Anteil an allen mexikanischen BinnenmigrantInnen aufweisen als vor dem Boom der Maquiladora-Industrie. In anderen Worten: Die Maquiladora-Staaten ziehen zwar jede Menge MigrantInnen an, weil aber andere Migrationsziele in Mexiko – und hier insbesondere die Zentrumsregion mit Mexico City – genauso viel oder noch mehr Zuwanderung auf sich ziehen, werden die nördlichen Staaten insgesamt gesehen kein wichtigeres Wanderungsziel. Obwohl also Chihuahua und insbesondere Baja California eine immer größere Relevanz als Zielorte von Binnenmigrationen erlangen, dürfte die Arbeitskräftenachfrage der Maquiladora-Industrie als unmittelbarer Auslöser von Migrationen im Verhältnis zur ökonomischen und sozialen Krise in den achtziger und neunziger Jahren eine untergeordnete Rolle spielen. Ähnliches gilt auch für den Tourismus, der sich insbesondere im Bundesstaat Quintana Roo konzentriert, und für die exportorientierte Landwirtschaft. Allerdings ist die Nachfrage nach Arbeitskräften an neu entstehenden Polen wirtschaftlichen Wachstums ohne Zweifel von erheblicher Bedeutung für die konkrete Ausformung der Migrationsmuster, also die räumliche Verteilung der Migrationsströme.

Werden die Kontinuitäten und Transformationen der mexikanischen Migrationsmuster untersucht, so ist die veränderte Position der ZMCM das wohl herausragendste Phänomen. Die Abnahme des natürlichen Wachstums der Bevölkerung und die Umkehrung der Migrationsströme in den achtziger Jahren gehen zum einen auf die größer (oder zumindest bewußter) werdenden Agglomerationsnachteile zurück. Verkehrsüberlastung und Umweltverschmutzung sind in Mexico City nicht nur sprichwörtlich, sondern stellen tatsächlich Barrieren für weiteres Stadtwachstum dar. So gesehen trugen Faktoren wie Streß, Smog oder Kriminalität auch zur Wandlung von Mexico City von einem Zuwanderungspol in ein Gebiet der Nettoabwanderung bei.

Neben den Agglomerationsnachteilen könnte ein zweiter wichtiger Grund für das verlangsamte Stadtwachstum und den radikalen Wandel der Migrationsmuster im Zusammenhang mit dem schweren Erdbeben aus dem Jahr 1985 entstanden sein. Obwohl es keine exakten Angaben darüber gibt, wieviele Personen unmittelbar nach oder wegen dieser Naturkatastrophe die Stadt verlassen haben, war das Unglück von nicht zu unterschätzender Bedeutung für die Umkehrung der Migrationsströme. Die Bedeutung des Bebens für die Migrationsmuster liegt vor allem darin, daß sich mit ihm der Diskurs über die Stadt radikal verändert hat. Mit dem Erdbeben stürzten nicht nur zahlreiche Häuser ein, sondern auch die Vorstellungen vom Urbanen als Fortschritt. Damit könnte das Erdbeben für viele der (letzte) Anstoß gewesen sein, der ZMCM den Rücken zu kehren.

Eine dritte Ursache für die Veränderung der Migrationsmuster ist in den aufgezeigten sozioökonomischen Entwicklungen in Mexico City zu suchen. Zum einen hat Mexico City selbst an Attraktion für MigrantInnen eingebüßt, zum anderen sind – parallel dazu und mit der Krise in Mexico City in Verbindung stehend – neue, verheißungsvollere Migrationsziele in anderen Landesteilen entstanden. Beide Momente zusammengenommen führten zu vermehrter Abwanderung und verringerter Immigration.

Die Nachfrage nach Arbeitskräften, die über Jahrzehnte einen wichtigen Stimulus für die Wanderungen nach Mexico City bildete, fiel spätestens ab Beginn der achtziger Jahre als migrationsantreibender Faktor weitgehend weg. Zwar wird die Stagnation der Industrie durch eine Ausweitung der Beschäftigung im Dienstleistungssektor konterkariert, die Expansion des Arbeitsmarktes hält aber weder das Tempo vorangegangener Dekaden noch jenes anderer Regionen. Der Verlust an Dynamik hinsichtlich der Beschäftigung dürfte zwei Auswirkungen gehabt haben. Zum einen fällt die schon genannte verminderte Anziehungskraft ins Gewicht, zum anderen dürfte sie Abwanderungstendenzen verstärkt und/ oder ausgelöst haben. Letzteres scheint insbesondere im Zusammenhang mit der einsetzenden massiven Rückwanderung in die traditionellen Herkunftsgebiete von Gültigkeit zu sein.

Die sich ändernde globale Integration Mexikos und seiner Metropole wirkt damit über zwei „Umwege" auf die Migrationsmuster von Mexico City: Einerseits über die sozioökonomische Krise und Transformation der achtziger und neunziger Jahre, und andererseits über das parallele Auftauchen von neuen Migrationszielen in anderen Teilen Mexikos. Denn der mit der wirtschaftlichen Krise verbundene Rückgang an Anziehungskraft von Mexico City wird durch das Entstehen neuer Zuwanderungspole noch akzentuiert. Ja, die Umorientierung der mexikanischen Migrationsströme, zu der die Transformation der ZMCM in eine Abwanderungsregion ja zählt, ist ohne eine Analyse dieser neuen „Geographie der Wanderungen" nicht vollständig verständlich.

Seit den siebziger Jahren haben neue Migrationsziele an Bedeutung gewonnen, die insbesondere im Norden des Landes liegen (Baja California, Chihuahua, mit Abstrichen auch Nuevo León). Aber auch im Südosten und (mit Einschränkungen) im Westen werden mit Quintana Roo und Jalisco neue Zuwanderungsgebiete relevanter. Besonders deutlich tritt das Entstehen einer neuen räumlichen Struktur der Wanderungen zutage, wenn die Migrationsbilanzen um die intraurbane Mobilität innerhalb der ZMCM bereinigt werden. In diesem Falle weisen Baja California, Chihuahua und Quintana Roo die höchsten positiven Wanderungssalden auf (1985–1990), während der Estado de México nur viertwichtigstes Zuwanderungsgebiet ist. Diese Modifikationen in den mexikanischen Migrationssystemen und das Entstehen eines neuen räumlichen Migrationsmusters sind ohne Zweifel im Zusammenhang mit der vertieften Globalisierung zu interpretieren. Die hohen Zuwanderungsgewinne im Norden und im Südosten sind mit zwei dynamischen Wirtschaftszweigen verbunden, die per definitionem von der Integration in den Weltmarkt leben – der Maquiladora-Industrie einerseits, dem internationalen Tourismus andererseits. Der Zusammenhang zwischen weltmarktverbundener wirtschaftlicher Expansion und Immigration ist insbesondere in den Städten offensichtlich. Die beiden Städte Mexikos, die von 1985 bis 1990 eine „extreme Anziehungskraft" auf MigrantInnen ausübten, sind Cancún und Tijuana – beides Zentren von auf den Weltmarkt orientierten wirtschaftlichen Aktivitäten (Tourismus, Maquiladora-Industrie).

Damit kann hinsichtlich des Entstehens neuer Zuwanderungspole festgehalten werden, daß sich das mexikanische Migrationssystem in gewisser Weise der sich wandelnden räumlichen Ordnung der Wirtschaft anpaßt. In anderen Worten: Verstärkte Globalisierung und neoliberale Umstrukturierungen haben traditionelle Zentren der Zuwanderung geschwächt und neue gestärkt, woraus sich ein sehr deutlicher Zusammenhang zwischen Globalisierung einerseits und der konkreten Ausformung von Migrationsmustern andererseits ableiten läßt.

Andererseits muß aber doch auch unterstrichen werden, daß bei allem Wandel der Migrationsmuster die beharrenden Kräfte von erheblicher Stärke sind. In den letzten 25 Jahren ist es zwar zu Verschiebungen in der Aufteilung des nationalen „Migration stock" gekommen, diese sind aber (noch) nicht substantieller Natur. Mexico City und sein Umland verlieren zwar Anteile, wiesen aber 1995 immer noch fast 43 Prozent aller BinnenmigrantInnen auf. Die restliche Zentrumsregion gewinnt, was der Distrito Federal und der Estado de México verlieren, während der Norden sogar geringfügig an Anteilen einbüßt.

Eine Erklärung für das offensichtliche Beharrungsvermögen der ZMCM ist, daß sie immer noch die mit Abstand größte Kapazität aufweist, Arbeitsplätze zu kreieren. Wichtiger scheint jedoch zu sein, daß die stärksten Abwanderungsregionen und Mexico City durch starke und stabile Migrationsnetzwerke verbunden sind, die gerade in einer Zeit der Krise die räumliche Orientierung der Migrationen prägen. Die meisten Zuwanderer nach Mexico City und in den Estado de México haben „Vorgänger". Weil sie aber überwiegend aus Regionen stammen, in denen der Großteil der Landwirtschaft auf nicht bewässerter Fläche betrieben werden muß, kann vermutet werden, daß die Kombination von agrarischer Krise und Existenz von Migrationsnetzwerken zu einer erneuten Dynamisierung der Zuwanderung in die ZMCM führen könnte.

Literatur

ACEVEDO, D. und T. ESPENHADE (1992): Implications of a NAFTA for Mexican Migration into the United States. In: Population and Development Review 18 (4), S. 729–744.

AGUILAR, A. G. (1995): Dinámica metropolitana y terciarización del empleo en México. 1970–1990. In: AGUILAR, A. G. (Hrsg.): Desarollo regional y urbano. Tendencias y alternativas (Tomo II). México DF, S. 75–97.

AGUILAR, A. G. (1996): Restructuración económica y costo social en la Ciudad de México. Una metrópoli periférica en la escena global. Ponencia presentada en el Seminario „Economía y Urbanización: Problemas y Retos del Nuevo Siglo", organizado por el Instituto de Investigaciones Económicas, UNAM, en la Unidad de Seminarios „Dr. Ignacio Chávez", 20–22 de mayo 1996. México DF.

AGUILAR, A. G., CASTRO CASTRO, L. J. und E. JUÁREZ AGUIRRE (Hrsg.) (1995): El desarollo urbano de México a fines del siglo XX. Nuevo León.

AGUILAR, A. G., GRAIZBORD, B. und A. SÁNCHEZ CRISPÍN (1996): Las ciudades intermedias y el desarollo regional en México. México DF.

AGUILAR, M. A. (1994): La ciudad de México como experiencia urbana: rasgos y tendencias. In: BASSOLS, M. (Hrsg.): Campo y Ciudad en una Era de Transición. Problemas, Tendencias y Desafíos. México DF, S. 201–216.

AGUILERA, A. (1986): Erfahrungen aus der Städteplanung in Mexico-City und im Bundesstaat Tabasco. Zur Diskussion über die Verwirklichung von Plänen und Programmen. In: KOHUT, K. (Hrsg.): Die Metropolen in Lateinamerika – Hoffnung und Bedrohung für den Menschen. Regensburg, S. 355–370.

ALARCÓN, R. (1992): Norteñización: Self-Perpetuating Migration from a Mexican Town. In: BUSTAMANTE, J., REYNOLDS, C. und R. HINOJOSA-OJEDA (Hrsg.): U.S. Mexican Relations: Labor Market Interdependence. Stanford.

ALTVATER, E. und B. MAHNKOPF (1996): Grenzen der Globalisierung. Ökonomie, Ökologie und Politik in der Weltgesellschaft. Münster.

AMIN, S., ARRIGHI, G., FRANK, A. G. und I. WALLERSTEIN (1982): Dynamics of Global Crisis. New York.

ARIZPE, L. (1979): Indígenas en la Ciudad de México. El Caso de las „Marias". México DF.

ARIZPE, L. (1985): Campesinado y migración. México DF.

ARIZPE, L. (1989): La mujer en el desarollo de México y de America Latina. México DF.

ARROYO ALEJANDRE, J. (1993): Migración hacia Estados Unidos, desarollo de ciudades medias y la política de liberalización económica: El caso de Jalisco. In: ARROYO ALEJANDRE, J. und D. LOREY (Hrsg.): Impactos regionales de la apertura comercial. Perspectivas del tratado de libre comercio en Jalisco. Guadalajara, S. 233–254.

ARROYO ORTIZ, J. und A. LEÓN RAMOS (1996): El crédito agrícola en México. In: BARRÓN, A. und J. M. HERNÁNDEZ TRUJILLO (Hrsg.): La agricultura mexicana y la apertura comercial. México DF, S. 139–184.

ASPE ARMELLA, P. (1993): El camino mexicano de la transformación económica. México DF.

BAILEY, T. und R. WALDINGER (1991): The Changing Ethnic/Racial Divison of Labor. In: MOLLENKOPF, J. und M. CASTELLS (Hrsg.): Dual City. Restructuring New York. New York, S. 43–79.

BARRÓN, A. (1995): Migraciones y empleo agrícola en los cultivos no tradicionales. In: Fundación Ford (Hrsg.): Condiciones laborales de la mujer rural. México DF, S. 41–61.

BARRÓN, A. (1996): Comportamiento del empleo rural. 1988–1993. In: BARRÓN, A. und J. M. HERNÁNDEZ TRUJILLO (Hrsg.): La agricultura mexicana y la apertura comercial. México DF, S. 271–292.

BARRY, T. (1995): Zapata's Revenge. Free Trade and the Farm Crisis in Mexico. Boston.

BATAILLON, C. (1992): Servicios y empleo en la economía de la ZMCM. In: Consejo Nacional de Población (CONAPO): La Zona Metropolitana de la Ciudad de México. Problemática actual y perspectivas demográficas y urbanas. México DF, S. 79–83.

BATAILLON, C. (1994): Los frenos al crecimiento e la ciudad de México. In: HIERNAUX NICOLAS, D. und F. TOMAS (Hrsg.): Cambios económicos y periferia de las grandes ciudades. El caso de la ciudad de México. México DF, S. 18–21.

BATAILLON, C. und L. PANABIÈRE (1988): Mexico aujourd'hui. La plus grande ville du mode. Paris.

BAUMANN, Z. (1996): Glokalisierung oder Was für die einen Globalisierung ist, ist für die anderen Lokalisierung. In: Das Argument 217, S. 653–664.

BEAUREGARD, R. A. (1995): Theorizing the Global-Local Connection. In: KNOX, P. L. und P. J. TAYLOR (Hrsg.): World Cities in a World System. Cambridge, S. 232–248.

BECKER, J. (1996): Fenster für die Linke. Umbrüche in der Weltwirtschaft und alternative Gesellschaftsprojekte in der (Semi-)Peripherie. In: BECKER, J. u.a.: Die Zukunft der Dritten Welt. Weder Revolution noch Reform? Wien, S. 8–25.

BECKER, J. (1997): Entwicklungsmodelle, Internationalisierung und Verteilung. In: RAZA, W. und A. NOVY (Hrsg.): Nachhaltig arm. Nachhaltig reich. Frankfurt und Wien, S. 135–173.

BENERÍA, L. und M. I. ROLDÁN (1992): Las encrucijadas de clase y género. Trabajo a domicilio, subcontratación y dinámica de la unidad doméstica en la ciudad de México. México DF.

BENNHOLDT-THOMSEN, V. (1982): Bauern in Mexiko. Zwischen Subsistenz- und Warenproduktion. Frankfurt.

BENNHOLDT-THOMSEN, V. und M. MIES (1997): Eine Kuh für Hillary. Die Subsistenzperspektive. München.

BOLTVINIK, J. (1995): La satisfacción de las necesidades esenciales en México en los setenta y ochenta. In: DE LA GARZA, L. A. und E. NIETO (Hrsg.): Distribución del ingreso y politicas sociales. Tomo I. Semenario Nacional Sobre Alternativas Para la Economia Mexicana. México DF, S. 17–77.

BONFIL SÁNCHEZ, P. (1996): Las familias rurales ante las transformaciones socioeconómicas recientes. In: Estudios Agrarios 5, S. 64–78.

BORIS, D. (1996): Mexiko im Umbruch. Modellfall einer gescheiterten Entwicklungsstrategie. Darmstadt.

BOYD, M. (1989): Family and Personal Networks in International Migration: Recent Developments and New Agendas. In: International Migration Review 23 (3), S. 638–670.

BRAVO MORANTES, C. (1992): Población indígena urbana. El caso de Iztapalapa. In: Iztapalapa. Revista de Ciencias Sociales y Humanidades 12 (25), S. 53–62.

BRONGER, D. (1993): Megastädte: „Erste" Welt – „Dritte" Welt. In: FELDBAUER, P., PILZ, E., RÜNZLER, D. und I. STACHER (Hrsg.): Megastädte. Zur Rolle von Metropolen in der Weltgesellschaft. Wien, S. 63–106.

BUCHHOFER, E. und A. G. AGUILAR (1992): Urban Expansion in the Debt Crisis – the Case of Mexico City. In: Applied Geography and Development 39, S. 48–65.

BURBACH, R. und P. ROSSET (1994): Chiapas and the Crisis of Mexican Agriculture. Oakland.

BURKARD, H. (1992): Auswanderung und die Situation an der Nordgrenze. In: BRIESEMEISTER, D. und K. ZIMMERMANN (Hrsg.): Mexiko heute. Politik, Wirtschaft, Kultur. Frankfurt, S. 375–396.

CABRERA ACEVEDO, G. (1997): Cambios en el tamaño y crecimiento de la población total. In: Demos. Carta demográfica de México 10, S. 4–5.

CALVA, J. L. (1993): La disputa por la tierra. La reforma del Artículo 27 y la nueva Ley Agraria. México DF.

CALVA, J. L. (1994): Resultados de la estrategia neoliberal en el campo mexicano. In: Problemas del Desarrollo 25 (98), S. 42–46.

CÁRDENAS, E. (1987): La industrialización mexicana durante la Gran Depresión. México DF.

CARDOSO, L. A. (1980): Mexican Emigration to the United States 1897–1931. Socio-Economic Patterns. Tucson.

CASO AGUILAR, A. (1997): El sistema del transporte colectivo (Metro) de la Ciudad de México. In: Federalismo y Desarrollo 10 (59), S. 103–114.

CHÁVEZ GUTIERREZ, F. J. (1996): Las grandes empresas en el comercio exterior de México, 1983–1994. In: Comercio Exterior 4, S. 267–284.

CLARK, D. (1996): Urban World, Global City. London.

Commission for the Study of International Migration and Cooperative Development (1990): Unauthorized Migration: An Economic Development Response. Washington.

CONNOLLY, P. (1993): La restructuración económica y la ciudad de México. In: COULOMB BOSC, R. und E. DUHAU (Hrsg.): Dinamica urbana y procesos socio-politicos. Lecturas de actualización sobre la Ciudad de México. México DF, S. 45–70.

CONNOLLY, P. (1997): Cuál megalópolis? Ponencia presentada en el Congreso Internacional Ciudad de México, Sobre Política y Estudios Metropolitanos, organizado por el Consejo Mexicano de Ciencia Sociales, A.C., 10 al 14 Marzo. México DF.

Consejo Nacional de Población (CONAPO) (1987): Caracteristicas principales de la migración en las grandes ciudades del país. Resultados preliminarias de la Encuesta Nacional de Migración en Áreas Urbanas (ENMAU). México DF.

Consejo Nacional de Población (CONAPO) (1994): Información basica sobre migración por entidad Federativa 1990. México DF.

CORNELIUS, W. A. (1991): Los Migrantes the la Crisis. The Changing Profile of Mexican Migration to the United States. In: GONZÁLEZ DE LA ROCHA, M. und A. ESCOBAR LATAPÍ (Hrsg.): Social Responses to Mexico's Economic Crisis of the 1980's. La Jolla, S. 155–193.

CORNELIUS, W. A. (1992): The Politics and Economics of Reforming the Ejido Sector in Mexico: An Overview and Research Agenda. In: LASA Forum XXIII (3), S. 3–10.

CORNELIUS, W. A. und P. L. MARTIN (1993): The Uncertain Connection: Free Trade and Rural Mexican Migration to the United States. In: International Migration Review 27 (3), S. 484–512.

CORNELIUS, W. A. und D. MYHRE (Hrsg.) (1998): The Transformation of Rural Mexico: Reforming the Ejido Sector. La Jolla.

CORONA CUAPIO, R. und R. LUQUE GONZÁLEZ (1992): El perfil de la migración de la Zona Metropolitana de la Ciudad de México. In: Consejo Nacional de Población (CONAPO): La Zona Metropolitana de la Ciudad de México. Problemática actual y perspectivas demográficas y urbanas. México DF, S. 21–31.

CORONA CUAPIO, R. und R. TUIRÁN (1994): Profundas transformaciones regionales. In: Demos. Carta demográfica sobre México 7, S. 21–22.

CORONA RENTERÍA, A. (1979): Urban-Rural Migration as a Factor of Urban Growth and Social Disintegration in Mexico. In: SÁNCHEZ CAMARA, F. und F. AYALA (Hrsg.): Concepts for Communication and Development in Bilingual Communties. Den Haag, S. 67–82.

CORONA RENTERÍA, A. (1992): Migrationen und die Stadt-Land-Beziehungen in Mexiko. In: BRIESEMEISTER, D. und K. ZIMMERMANN (Hrsg.): Mexiko heute. Politik, Wirtschaft, Kultur. Frankfurt, S. 363–373.

CROSS, M. und R. WALDINGER (1992): Migrants, Minorities, and the Ethnic Division of Labor. In: FAINSTEIN, S. S., GORDON, I. und M. HARLOE (Hrsg.): Divided Cities. New York and London in the Contemporary World. Oxford, S. 151–174.

CRUZ RODRÍGUEZ, M. S. (1996): La urbanización ejidal. El encuentro de dos procesos: El rural y el urbano. In: CARTON DE GRAMMONT, H. und H. TEJERA GAONA (Hrsg.): La sociedad rural mexicana frente al nuevo milenio. Tomo II: La nueva relación campo-ciudad y la pobreza rural (coordinado por Ana Paula DE TERESA OCHOA y Carlos CORTEZ RUIZ). México DF, S. 123–144.

DABAT, A. (1995): La crisis mexicana y el nuevo entorno internacional. In: Comercio Exterior 11, S. 866–874.

DANIELS, P. W. (1993): Service Industries in the World Economy. Oxford.

DÁVILA, A. und R. SAENZ (1990): The Effect of Maquiladora Employment on the Monthly Flow of Mexican Undocumented Immigration to the U.S., 1978–1982. In: International Migration Review 24 (1), S. 96–107.

DAVIS, D. E. (1993): Crisis fiscal urbana y los cambios políticos en la ciudad de México: desde los orígenes globales a los efectos locales. In: Estudios Demográficos y Urbanos 22, 8 (1), S. 67–102.

DE LA PEÑA, G. (1983): La ciudad y el campo en México. Breve historia de una relación conflictiva. In: Dialogos, septiembre-octubre, S. 69–76.

DE TERESA OCHOA, A. P. (1996): Una radiografía del minifundio: población y trabajo en los valles centrales de Oaxaca, 1930–1990. In: CARTON DE GRAMMONT, H. und H. TEJERA GAONA (Hrsg.): La sociedad rural mexicana frente al nuevo milenio. Tomo II: La nueva relación campo-ciudad y la pobreza rural (coordinado por Ana Paula DE TERESA OCHOA y Carlos CORTEZ RUIZ). México DF, S. 189–240.

DE TERESA OCHOA, A. P. und C. CORTEZ RUIZ (1996): El agro en México: un futuro incierto después de las reformas. In: CARTON DE GRAMMONT, H. und H. TEJERA GAONA (Hrsg.): La sociedad rural mexicana frente al nuevo milenio. Tomo II: La nueva relación campo-ciudad y la pobreza rural (coordinado por Ana Paula DE TERESA OCHOA y Carlos CORTEZ RUIZ). México DF, S. 17–34.

DELGADO, J. (1995): La recomposición de la centralidad metropolitana. Ponencia presentada en el XX Congreso de la Asociación Latinoamericana de Sociología, Ciudad de México, octubre.

Deutsche Gesellschaft für die Vereinten Nationen (1996): Weltbevölkerungsbericht 1996. Bonn.

DEWALT, B. R., REES, M. W. und A. D. MURPHY (1994): The End of the Agrarian Reform in Mexico. Past Lessons, Future Prospects. In: Transformation of Rural Mexico, Number 3, Ejido Reform Research Project. La Jolla.

DINERMAN, I. R. (1982): Migrants and Stay-at-Homes: A Comparative Study of Rural Migration from Michoacán, Mexico. La Jolla.

DOS SANTOS, T. (1995): Latin America: Democratization and Structural Adjustment. The Story of an Unbalancement. Paper presented at the XIII International Colloquium on the World Economy (Karl Renner Institut, Starnberger Institut, Fernand Braudel Center, Maison des Sciences de l'Homme). Vienna.

DRISCOLL DE ALVARADO, B. (1992): El tratado libre de comercio y la migración Mexicana a los Estados Unidos: La visión unilateral estadounidense. In: DRISCOLL DE ALVARADO, B. und M. C. GÁMBRILL: El tratado libre de comercio: Entre el viejo y el nuevo orden. México DF, S. 173–192.

DURAND, J. (1994): Más allá de la línea. Patrones migratorios entre México y Estados Unidos. México DF.

DUSSEL PETERS, E. (1995): El cambio estructural del sector manufacturero mexicano, 1988–1994. In: Comercio Exterior 6, S. 460–469.

DUSSEL PETERS, E. (1997): La economía de la polarización. Teoría y evolución del cambio estructural de las manufacturas Mexicanas (1988–1996). México DF.

ENLOE, C. (1990): Bananas, Beaches and Bases. Making Feminist Sense of International Politics. Berkeley.

ESCALANTE SEMERENA, R. (1996): Evaluación de las condiciones productivas de los agricultores de maíz en Jalisco, San Luis Potosí y Guanajuato. In: BARRÓN, A. und J. M. HERNÁNDEZ TRUJILLO (Hrsg.): La agricultura mexicana y la apertura comercial. México DF, S. 195–236.

FAINSTEIN, N. I. (1993): Transformationen im industriellen New York. Politik, Gesellschaft und Ökonomie 1880–1973. In: HÄUSSERMANN, H. und W. SIEBEL (Hrsg.): New York. Strukturen einer Metropole. Frankfurt, S. 27–50.

FELDBAUER, P. (1995): Mexiko und die historischen Wurzeln abhängiger Industrialisierung. In: FELDBAUER, P., GÄCHTER, A., HARDACH, G. und A. NOVY (Hrsg.): Industrialisierung. Entwicklungsprozesse in Afrika, Asien und Lateinamerika. Frankfurt/Wien, S. 173–191.

FELDBAUER, P. und P. MAR VELASCO (1993): Megalopolis Mexiko. In: FELDBAUER, P., PILZ, E., RÜNZLER, D. und I. STACHER (Hrsg.): Megastädte. Zur Rolle von Metropolen in der Weltgesellschaft. Wien, S. 239–264.

FELDBAUER, P., MAR VELASCO, P. und Ch. PARNREITER (1997): Megalopolis Mexiko. In: FELDBAUER, P., HUSA, K., PILZ, E. und I. STACHER (Hrsg.): Mega-Cities. Die Metropolen des Südens zwischen Globalisierung und Fragmentierung. Frankfurt/Wien, S. 281–302.

FELDBAUER, P., HUSA, K., PILZ, E. und I. STACHER (Hrsg.) (1997): Mega-Cities. Die Metropolen des Südens zwischen Globalisierung und Fragmentierung. Frankfurt/Wien.

FRANK, A. G. (1990): Politische Ironien der Weltwirtschaft. In: FRANK, A. G. und M. FUENTES-FRANK: Widerstand im Weltsystem. Kapitalistische Akkumulation, Staatliche Politik, Soziale Bewegung. Wien, S. 13–45.

FRIEDMANN, J. (1986): The World City Hypothesis. In: Development and Change 17, S. 69–83.

FRIEDMANN, J. (1995): Where We Stand: A Decade of World City Research. In: KNOX, P. L. und P. J. TAYLOR (Hrsg.): World Cities in a World System. Cambridge, S. 21–47.

FRITSCHER MUNDT, M. (1996): El repunte maicero en tiempos de neoliberalismo. In: CARTON DE GRAMMONT, H. und H.TEJERA GAONA (Hrsg.): La sociedad rural mexicana frente al nuevo milenio. Tomo I: La inserción de la agricultura mexicana en la economía mundial (coordinado por Sara María LARA FLORES y Michelle CHAUVET). México DF, S. 281–302.

FUCHS, M. (1997): Nuevas interdependencias locales y cambios en las relaciones de trabajo en el sistema de produccion automotriz. In: Anuario Estudios Sociales 96. Puebla, S. 77–94.

GARCÍA CANCLINI, N. (1994): La desintegración de la Ciudad de México y el debate sobre culturas. In: GARCÍA CANCLINI, N. et al. (Hrsg.): De lo local a lo global. Perspectiva desde la antropología. México DF, S. 15–37.

GARROCHO, C. (1995a): Cambios en la estructura funcional del sistema migratorio mexicano, 1980–1990. In: AGUILAR, A. G. (Hrsg.): Desarollo regional y urbano. Tendencias y alternativas (Tomo II). México DF, S. 54–71.

GARROCHO, C. (1995b): El centro de la zona metropolitana de la ciudad de México: ¿auge o decadencia? In: GARROCHO, C. und J. SOBRINO (Hrsg.): Sistemas metropolitanas. Nuevos enfoques y prospectiva. Toluca, S. 63–105.

GARROCHO, C. und J. SOBRINO (Hrsg.) (1995): Sistemas metropolitanas. Nuevos enfoques y prospectiva. Toluca.

GARZA, G. (1985): El proceso de industrialización en la Ciudad de México (1821–1970). México DF.

GARZA, G. (1990): El carácter metropolitano de la urbanización en México 1900–1988. In: Estudios Demográficos y Urbanos 5 (1), S. 37–59.

GARZA, G. (1992a): Crisis económica y desarollo urbano. In: Demos. Carta demográfica sobre México, No. 5. S. 14–15.

GARZA, G. (1992b): Crisis del sector servicios de la Ciudad de México, 1960–1988. Mimeo. México DF.

GARZA, G. und M. SCHTEINGART (1978): The Emerging Megalopolis. In: CORNELIUS, W. und R. KEMPER (Hrsg.): Metropolitan Latin America. The Challenge and the Response. Beverly Hills, S. 51–85 (= Latin American Urban Research 6).

GARZA, G. und A. DAMIÁN (1991): Ciudad de México. Etapas de crecimiento, infraestructura y equipamiento. In: SCHTEINGART, M. (Hrsg.): Espacio y vivienda en la Ciudad de México. México DF, S. 21–49.

GARZA, G. und S. RIVERA (1994): Dinamica macroeconomica de las ciudades en México. Aguascalientes.

GOICOECHEA, J. F. (1996): La modernización agropecuaria, forestal, y pesquera: hacia una evaluación preliminar. In: CARTON DE GRAMMONT, H. und H. TEJERA GAONA (Hrsg.): La sociedad rural mexicana frente al nuevo milenio. Tomo I: La inserción de la agricultura mexicana en la economía mundial (coordinado por Sara María LARA FLORES y Michelle CHAUVET). México DF, S. 99–115.

GÓMEZ DE LEÓN CRUCES, J. und V. PARTIDA BUSH (1996): La Ciudad de México: tendencia demográfica y escenarios para el siglo XXI. In: Federalismo y Desarollo 9 (56), S. 12–17.

GONZÁLEZ DE LA ROCHA, M. (1991): Family Well-Being, Food Consumption, and Survival Strategies during Mexico's Economic Crisis. In: GONZÁLEZ DE LA ROCHA, M. und A. ESCOBAR LATAPÍ (Hrsg.): Social Responses to Mexico's Economic Crisis of the 1980's. La Jolla, S. 115–127.

GORDON, I. und S. SASSEN (1992): Restructuring the Urban Labor Markets. In: FAINSTEIN, S. S., GORDON, I. und M. HARLOE (Hrsg.): Divided Cities. New York and London in the Contemporary World. Oxford, S. 105–128.

GORMSEN, E. (1995): Mexiko. Land der Gegensätze und Hoffnungen. Gotha.

GOTTMANN, J. (1989): What are Cities Becoming the Centers of? Sorting Out the Possibilities. In: KNIGHT, R. V. und G. GAPPERT (Hrsg.): Cities in a Global Society. Newbury Park/London/New York, S. 58–67.

GRAIZBORD, B. (1995): Ciclos metropolitanos: notas preliminares. In: GARROCHO, C. und J. SOBRINO (Hrsg.): Sistemas metropolitanas. Nuevos enfoques y prospectiva. Toluca, S. 47–62.

GRAIZBORD, B., BABCOCK, L., NAVA, E. und R. LEMUS (1997): Transporte y contaminación: el uso del automóvil privado en el Área Metropolitana de la Ciudad de México. Ponencia elaborada para el Congreso Internacional Ciudad de México, Sobre Política y Estudios Metropolitanos, organizado por el Consejo Mexicano de Ciencia Sociales, A.C., 10 al 14 Marzo.

GRINDLE, M. S. (1988): Searching for Rural Development. Labor Migration and Employment in Mexico. Ithaca.

GRINDLE, M. S. (1991): The Response to Austerity: Political and Economic Strategies of Mexico's Rural Poor. In: GONZÁLEZ DE LA ROCHA, M. und A. ESCOBAR LATAPÍ (Hrsg.): Social Responses to Mexico's Economic Crisis of the 1980's. La Jolla, S. 129–153.

GUGLER, J. (1992): The Urban-Rural Interface and Migration. In: GILBERT, A. und J. GUGLER (Hrsg.): Cities, Poverty and Development: Urbanization in the Third World. Oxford, S. 62–86.

HÄUSSERMANN, H. und I. Oswald (1997): Zuwanderung und Stadtentwicklung. In: HÄUSSERMANN, H. und I. OSWALD (Hrsg.): Zuwanderung und Stadtentwicklung. Opladen, S. 9–29.

HANSEN, R. D. (1971): La politica del desarollo Mexicano. México DF.

HARRISON, M. und C. MCVEY (1995): Street Trading in Mexico City. In: Geography Review 9 (1), S. 7–9.

HARVEY, D. (1997): Betreff Globalisierung. In: BECKER, S., SABLOWSKI, T. und W. SCHUMM (Hrsg.): Jenseits der Nationalökonomie? Weltwirtschaft und Nationalstaat zwischen Globalisierung und Regionalisierung. Berlin, S. 28–49.

HERZOG, L. A. (1990): Where North Meets South: Cities, Space, and Politics on the U.S.-Mexican Border. Austin.

HEWITT DE ALCÁNTARA, C. (1978): La modernización de la agricultura mexicana 1940–1970. México DF.

HEWITT DE ALCÁNTARA, C. (1992): Economic Restructuring and Rural Subsistence in Mexico: Maize and the Crisis of the 1980s. Geneva.

HIERNAUX NICOLAS, D. (1994): Hacia la ciudad neoliberal? Algunas hipótesis sobre el futuro de la ciudad de México. In: HIERNAUX NICOLÁS, D. und F. TOMAS: Cambios económicos y periferia de las grandes ciudades. El caso de la ciudad de México. México DF, S. 22–45.

HIERNAUX NICOLAS, D. (1995a): Nueva periferia, vieja metrópoli: El caso del Valle de Chalco, Ciudad de México. México DF.

HIERNAUX NICOLAS, D. (1995b): Reestructuración económica y cambios territoriales en México. Un balance 1982–1995. In: Estudios Regionales 43, S. 151–176.

HIERNAUX NICOLAS, D. (1997a): Las clases altas, la ciudad y la globalización. Ponencia presentada en el Congreso Internacional Ciudad de México, Sobre Política y Estudios Metropolitanos, organizado por el Consejo Mexicano de Ciencia Sociales, A.C., 10 al 14 Marzo.

HIERNAUX NICOLAS, D. (1997b): The Cancún Bliss. In: FAINSTEIN, S. und D. JUDD (Hrsg.): Urban Tourism. Princeton.

HINOJOSA-OJEDA, R. und S. ROBINSON (1991): Alternative Scenarios of U.S.-Mexico Integration: A Computable General Equilibrium Approach. Berkeley.

HIRABAYASHI, L. (1993): Cultural Capital: Mountain Zapotec Migrant Associations in Mexico City. Tucson.

HOLZER, B. (1997): Subsistenzorientierung als „widerständige Anpassung" an die Moderne. Frauen in Juchitán. In: SCHRIEK, E. und H. W. SCHMUHL (Hrsg.): Das andere Mexiko. Indigene Völker von Chiapas bis Chihuahua. Gießen, S. 135–155.

HUALDE, A. (1995): Die mexikanischen Maquiladoras – Wegweiser des Integrationsprozesses. In: HOFFMANN, R. und M. WANNÖFFEL (Hrsg.): Soziale und ökologische Sackgassen ökonomischer Globalisierung. Das Beispiel NAFTA. Münster, S. 122–150.

HUGO, G. J. (1981): Village-Community Ties, Village Norms, and Ethnic and Social Networks: A Review of Evidence from the Third World. In: DE JONG, G. und R. GARDNER (Hrsg.): Migration Decision Making. New York, S. 186–224.

IBARRA, D. (1995): Problemas institucionales y financieros de la agricultura. In: Comercio Exterior 9, S. 639–651.

Instituto Nacional de Estadísticas, Geografía y Informatica (INEGI) (1985): Estadisticas Historicas de México. Tomo I. México DF.

Instituto Nacional de Estadísticas, Geografía y Informatica (INEGI) (1993a): Migración. Tabulados Temáticos, Tomo I. XI Censo General de Población y Vivienda 1990. Aguascalientes.

Instituto Nacional de Estadísticas, Geografía y Informatica (INEGI) (1993b): Encuesta Nacional de Migración en Áreas Urbanas. Aguascalientes.

Instituto Nacional de Estadísticas, Geografía y Informatica (INEGI) (1994): Estadisticas Historicas de México. Tomo I. Aguascalientes.

Instituto Nacional de Estadísticas, Geografía y Informatica (INEGI) (1995): Migración Reciente en México, 1985–1990. Aguascalientes.

Instituto Nacional de Estadísticas, Geografía y Informatica (INEGI) (1996): Estados Unidos Méxicanos. Conteo de Población y Vivienda 1995. Resultados Definitivos. Tabulados Básicos. Aguascalientes.

Instituto Nacional de Estadísticas, Geografía y Informatica (INEGI) (1997): Estadisticas Economicas. Indicadores de Empleo y Desempleo. Aguascalientes.

Instituto Nacional de Estadísticas, Geografía y Informatica (INEGI) (varios años): Encuesta Nacional de Empleo Urbano (ENEU). Aguascalientes.

Instituto Nacional Indigenista (1992): Indigenas Migrantes en la Ciudad de México.México DF.

International Labour Office (ILO) (1972): Employment, Incomes and Equality: A Strategy for Increasing Productive Employment in Kenya. Geneva.

JELIN, E. (Hrsg.) (1991): Family, Household and Gender Relations in Latin America. Paris.

KANDELL, J. (1988): La Capital. The Biography of Mexico City. New York.

KATZ, I. (1996): Exportaciones y crecimiento economico. Evidencia para la industria manufacturera en México. In: Comercio Exterior 2, S. 109–119.

KEARNEY, M. (1995): The Effects of Transnational Culture, Economy, and Migration on Mixed Identity in Oaxaca and California. In: SMITH, M. P. und J. R. FEAGIN (Hrsg.): The Bubbling Cauldron. Race, Ethnicity, and the Urban Crisis. Minneapolis, S. 226–243.

KLEIN, E. und V. E. TOKMAN (1988): Sector informal: Una forma de utilizar el trabajo como consequencia de la manera de producir y no viceversa. In: Estudios Sociologicos 6 (16), S. 205–212.

KNOX, P. L. (1995): World Cities in a World System. In: KNOX, P. L. und P. J. TAYLOR (Hrsg.): World Cities in a World System. Cambridge, S. 3–20.

KOMLOSY, A., PARNREITER, Ch., STACHER, I. und S. ZIMMERMANN (Hrsg.) (1997): Ungeregelt und unterbezahlt. Der informelle Sektor in der Weltwirtschaft. Frankfurt/Wien.

KREYE, O. (1993): Schuldenfalle als Doppelmühle. Interview mit Ch. Parnreiter. In: Weg und Ziel 3, S. 24f.

LARA FLORES, S. M. (1996): El papel de las mujeres en la nueva estructura de los mercados de trabajo „rur-urbanos". In: CARTON DE GRAMMONT, H. und H. TEJERA GAONA (Hrsg.): La sociedad rural mexicana frente al nuevo milenio. Tomo II: La nueva relación campo-ciudad y la pobreza rural (coordinado por Ana Paula DE TERESA OCHOA y Carlos CORTEZ RUIZ). México DF, S. 145–166.

LARA FLORES, S. M. und M. CHAUVET (1996): La inserción de la agricultura mexicana en la economía mundial. In: CARTON DE GRAMMONT, H. und H. TEJERA GAONA (Hrsg.): La sociedad rural mexicana frente al nuevo milenio. Tomo I: La inserción de la agricultura mexicana en la economía mundial (coordinado por Sara María LARA FLORES y Michelle CHAUVET). México DF, S. 19–33.

LE BOT, Y. (1997): El sueño zapatista. Entrevistas con el Subcomandante Marcos, el mayor Moisés y el comandante Tacho, del Ejército Zapatista de Liberación Nacional. Barcelona.

LECUONA, R. (1996): Reforma estructural, movimientos de capital y comercio exterior en México. In: Comercio Exterior 2, S. 87–101.

LEVY, S. und S. VAN WIJNBERGEN (1994): Labor Markets, Migration and Welfare: Agriculture in the North American Free Trade Agreement. In: Journal of Development Economics 43 (2), S. 263–278.

LIRA, A. (1983) Comunidades indigenas frente a la Ciudad de México. México DF.

LIVAS ELIZONDO, R. A. (1994): Desarollo regional y apertura comercial. In: Examen de la Situación Económica de México 2 (819), S. 85–91.

LLAMBÍ, L. (1996): Globalización y nueva ruralidad en América Latina: una agenda teórica y de investigación. In: CARTON DE GRAMMONT, H. und H.TEJERA GAONA (Hrsg.): La sociedad rural mexicana frente al nuevo milenio. Tomo I: La inserción de la agricultura mexicana en la economía mundial (coordinado por Sara María LARA FLORES y Michelle CHAUVET). México DF, S. 75–98.

LOMNITZ, L. (1974): The Social and Economic Organization of a Mexican Shantytown. In: CORNELIUS, W. A. und F. M. TRUEBLOOD (Hrsg.): Anthropological Perspective on Latin American Urbanization. Beverly Hills, S. 135–155 (= Latin American Urban Research 6).

LOMNITZ, L. (1977): Cómo sobreviven los marginados. México DF.

LOMNITZ, L. (1992): Die unsichtbare Stadt: Familiäre Infrastruktur und soziale Netzwerke im urbanen Mexiko. In: BRIESEMEISTER, D. und K. ZIMMERMANN (Hrsg.): Mexiko heute. Politik, Wirtschaft, Kultur. Frankfurt, S. 419–435.

LONG, N. (1996): Globalización y localización: nuevos retos para la investigación rural. In: CARTON DE GRAMMONT, H. und H. TEJERA GAONA (Hrsg.): La sociedad rural mexicana frente al nuevo milenio. Tomo I: La inserción de la agricultura mexicana en la economía mundial (coordinado por Sara María LARA FLORES y Michelle CHAUVET). México DF, S. 35–74.

LUSTIG, N. (1994): México. Hacia la reconstrucción de una economía. México DF.

MARTIN, H. P. und H. SCHUMANN (1997): Die Globalisierungsfalle. Der Angriff auf Demokratie und Wohlstand. Reinbek bei Hamburg.

MARTIN, P. (1994): Trade and Migration: The Case of NAFTA. Paper presented at the Employment and International Migration Conference of the OECD Workshop on Development Strategies, Paris.

MARTÍNEZ MUÑOZ, R. (1997): El transporte público en la zona metropolitana de la Ciudad de México. In: Federalismo y Desarollo 10 (59), S. 79–91.

MASSEY, D. S. (1988): Economic Development and International Migration in Comparative Perspective. In: Population and Development Review 14 (3), S. 383–413.

MASSEY, D. S. (1990): The Social and Economic Origins of Immigration. In: The Annals of the American Academy of Political and Social Science 510, S. 60–72.

MASSEY, D., ALARCÓN, R., DURAND, J. und H. GONZÁLEZ (1987): Return to Aztlán: The Social Process of International Migration from Western Mexico. Berkeley.

Massey, D. S. und F. García España (1987): The Social Process of International Migration. In: Science 237, 14. August, S. 733–738.

Mines, R. (1981): Developing a Community Tradition of Migration: A Field Study in Rural Zacatecas, Mexico, and California Settlement Areas. La Jolla.

Moguel, J. und A. Bartra (1995): El sector agropecuario mexicano. Un balance sobre el desastre (1988–1994). In: Problemas del Desarollo 26 (102), S. 173–197.

Molina Ludy, V. und K. Sánchez Saldaña (1997): El fin de la ilusión. Lo movilidad social entre familias de la Ciudad de México. Ponencia presentada en el Congreso Internacional Ciudad de México, Sobre Política y Estudios Metropolitanos, organizado por el Consejo Mexicano de Ciencia Sociales, A.C., 10 al 14 Marzo.

Monsiváis, C. (1997): Post-apokalyptische Stadt. Das Leben in der Metropole. In: Ila 207, Juli, S. 4–5.

Mora Vázquez, T. (1991): Nduandiki y la sociedad de allende en México. Un caso de migración rural urbana. Tesis de maestría, Escuela Nacional de Antropoligía e Historia, México DF.

Mora Vázquez, T. (1996): Migración, identidad y cultura urbana. In: Aguilar Díaz, M. A. und A. Sevilla (Hrsg.): Estudios recientes sobre cultura urbana en México. México DF, S. 19–30.

Narr, W. D. und A. Schubert (1994): Weltökonomie. Die Misere der Politik. Frankfurt.

Negrete Salas, M. E. (1995): Evolución de las zonas metropolitanas en México. In: Garrocho, C. und J. Sobrino (Hrsg.): Sistemas metropolitanas. Nuevos enfoques y prospectiva. Toluca, S. 19–46.

Nolasco, M. (1997): Migración indigena a la Ciuadad de México. Ponencia presentada en el Congreso Internacional Ciudad de México, Sobre Política y Estudios Metropolitanos, organizado por el Consejo Mexicano de Ciencia Sociales, A.C., 10 al 14 Marzo.

Núñez Estrada, H. R. (1992): Crecimiento sin control o control del crecimiento. Reflexiones sobre el area metropolitana de la Ciudad de México. In: Géstion y Estrategia 3 (2), S. 10–14.

OECD (1992): Estudio sobre México 1991/1992. Paris.

OECD (1995): OECD Economic Surveys 1994–1995. Mexico. Paris.

OECD (1998): Migration and Regional Economic Integration in Asia. Paris.

Österreichisches Institut für Wirtschaftsforschung (1998): Migration, Free Trade and Regional Integration in Central and Eastern Europe. Wien.

Oliveira, O. de und B. Roberts (1994): The Many Roles of the Informal Sector in Development: Evidence from Urban Labor Market Research, 1940–1989. In: Rakowski, C. A. (Hrsg.): Contrapunto. The Informal Sector Debate in Latin America. Albany, S. 51–71.

Oman, Ch. (1994): Globalisation and Regionalisation: The Challenge for Developing Countries. Paris.

Orozco Alvarado, J. und L. E. García Ramos (1996): Breve contribución a la crítica de un modelo neoliberal en México. In: Barrón, A. und J. M. Hernández Trujillo (Hrsg.): La agricultura mexicana y la apertura comercial. México DF, S. 119–138.

Ortiz Wadgymar, A. (1994): Impacto del modelo neoliberal sobre la macrocefalia de la Ciudad de México. Reflexiones. In: Problemas del Desarollo 98, S. 235–249.

Palazuelos Rendón, E. (1997): El impacto del transporte urbano en el medio ambiente. El caso de la Ciudad de México. In: Federalismo y Desarrollo 10 (59), S. 115–122.

Papademetriou, D. G. (1991): Migration and Development: The Unsettled Relationship. In: Díaz-Briquets, S. und S. Weintraub (Hrsg.): Determinants of Emigration from Mexico, Central America, and the Caribbean. Boulder, S. 259–294.

Partida Bush, V. (1987): El proceso de migración a la ciudad de México. In: Atlas de la Ciudad de México. México DF, S. 134–137.

Partida Bush, V. (1994): Nuevo derrotero en su ritmo de crecimiento. In: Demos. Carta demográfica sobre México 7, S. 13–14.

Partida Bush, V. (1995): Migración interna. Tomo II. Aguascalientes.

Partida Bush, V. (o. J.): Estimación de los niveles de la migración en el Censo de México de 1980.

México DF.

POLANYI, K (1990 [Englische Erstauflage 1944]): The Great Transformation. Politische und ökonomische Ursprünge von Gesellschaften und Wirtschaftssystemen. Frankfurt.

PORRAS MACÍAS, A. (1997a): El Distrito Federal en la dinámica demográfica megalopolitana en el cambio de siglo. In: EIBENSCHUTZ HARTMAN, R. (Hrsg.): Bases para la planeación del desarollo urbano en la Ciudad de México. Tomo I: Economía y sociedad en la metropoli. México DF, S. 37–73.

PORRAS MACÍAS, A. (1997b): Estructura y dinámica de la zona metropolitana del valle de México, 1970–1995. Ponencia elaborada para el Congreso Internacional Ciudad de México, Sobre Política y Estudios Metropolitanos, organizado por el Consejo Mexicano de Ciencia Sociales, A.C., 10 al 14 Marzo.

PORTAL ARIOSA, M. A. (1997): Ciudadanos desde el pueblo. Identidad urbana y religiosidad popular en San Andrés Totoltepec, Tlalpan, México DF. México DF.

PORTES, A. und R. L. BACH (1985): Latin Journey: Cuban and Mexican Immigrants in the United States. Berkeley.

PORTES, A., CASTELLS, M. und L. A. BENTON (1989): The Informal Economy. Studies in Advanced and Less Developed Countries. Baltimore.

PRADILLA COBOS, E. (1993): Territorios en crisis. México 1970–1992. México DF.

PRADILLA COBOS, E. (1997): La megalópolis neoliberal: Gigantismo, fragmentación y exclusión. Ponencia presentada en el Congreso Internacional Ciudad de México, Sobre Política y Estudios Metropolitanos, organizado por el Consejo Mexicano de Ciencia Sociales, A.C., 10 al 14 Marzo.

PREALC (1990): Urbanización y sector informal en America Latina, 1960–1980. Geneva.

RAMIREZ, R. und G. FANZOLATTO (1997): Visión humanitaria de la migración hacia Estados Unidos de América. In: Derechos Humanos y Ciudadania. Suplemento mensual, núm. 5, La Jornada, 4.

Red Mexicana de Acción Frente al Libre Comercio (RMALC) (1997): Espejismo y Realidad: El TLCAN Tres Años Después. Análisis y Propuesta Desde la Sociedad Civil. México DF.

RELLO, F. und A. PÉREZ (1996): Liberalización económica y política agrícola: el caso de México. In: BARRÓN, A. und J. M. HERNÁNDEZ TRUJILLO (Hrsg.): La agricultura mexicana y la apertura comercial. México DF, S. 15–50.

RICHARDSON, H. W. (1995): El tratado de libre comercio y el México urbano. In: GARROCHO, C. und J. SOBRINO (Hrsg.): Sistemas metropolitanas. Nuevos enfoques y prospectiva. Toluca, S. 167–205.

RIDING, A. (1985): Mexico. Inside the Volcano. London.

RIVERA, S. (1997): Cambios en el desarollo urbano: ¿Es la globalización una era de desconcentración urbana? In: Demos. Carta demográfica de México 10, S. 27–29.

ROBERTS, B. (1990): The Informal Economy in Comparative Perspective. In: SMITH, M. E. (Hrsg.): Perspectives on the Informal Economy. Lanham.

ROBERTS, B. (1995): The Making of Citizens. Cities of Peasants Revisited. London.

ROBERTS, K. D. (1981): Agrarian Structure and Labor Migration in Rural Mexico. San Diego.

ROMER, M. (1997): Recreación de la identidad étnica y racismo en el medio urbano. Un caso de migrantes mixtecos en la ZMCM. Ponencia presentada en el Congreso Internacional Ciudad de México, Sobre Política y Estudios Metropolitanos, organizado por el Consejo Mexicano de Ciencia Sociales, A.C., 10 al 14 Marzo.

ROUSE, R. C. (1992): Making Sense of Settlement: Class Transformation, Cultural Struggle, and Transnationalism Among Mexican Migrants in the United States. In: Annals of the New York Academy of Sciences 645, S. 25–52.

SALAS PAÉZ, C. (1992): Actividad económica y empleo en el Area Metropolitana de la Ciudad de México: 1979–1990. In: Consejo Nacional de Población (CONAPO): La Zona Metropolitana de la Ciudad de México. Problemática actual y perspectivas demográficas y urbanas. México DF, S. 85–93.

SALINAS, E. und A. QUINTERO MÁRQUEZ (1996): Modernización y campesinado en México. In: BARRÓN, A. und J. M. HERNÁNDEZ TRUJILLO (Hrsg.): La agricultura mexicana y la apertura comercial. México DF, S. 237–248.

SALMEN, H. J. (1997): Die Maquiladora-Industrie in Mexiko. Exportorientierte Industrialisierung. In: Geographie heute 155, S. 16–19.

SÁNCHEZ GÓMEZ, M. J. (1997): Consideraciones en torno a las condiciones de vida y trabajo de los indígenas en la ciudad de México. Ponencia presentada en el Congreso Internacional Ciudad de México, Sobre Política y Estudios Metropolitanos, organizado por el Consejo Mexicano de Ciencia Sociales, A.C., 10 al 14 Marzo.

SÁNCHEZ MÚJICA, R. und F. FLORES ROSAS (1996): La industria Maquiladora de exportación en México: Orígenes y desarollo. In: El Mercado de Valores 6, S. 32–39.

SASSEN, S. (1988): The Mobility of Labor and Capital. A Study in International Investment and Capital Flow. Cambridge.

SASSEN, S. (1991): The Global City. New York, London, Tokyo. Princeton.

SASSEN, S. (1996): Losing Control? Sovereignity in an Age of Globalization. New York.

SCHMINK, M. (1984) Household and Economic Strategies: A Review and Research Agenda. In: Latin American Research Review 19 (3), S. 87–101.

SCHTEINGART, M. (1988): Mexico City. In: DOGAN, M. und J. D. KASARDA (Hrsg.): The Metropolis Era. Volume 1: A World of Giant Cities. Newbury Park, S. 268–293.

SCHTEINGART, M. (Hrsg.) (1991): Espacio y vivienda en la Ciudad de México. México DF.

SCHULMEISTER, S. (1994): Der Prozeß der weltwirtschaftlichen Entwicklung 1950–1993. Mimeo. Wien.

SCHWENTESIUS RINDERMANN, R., GÓMEZ CRÚZ, M. A. und J. L. CALVA TELLEZ (1995): La cartera vencida del sector agropecuario. Evolución, causas, soluciones. Chapingo.

SCOTT, C. D. (1996): El nuevo modelo económico en América Latina y la pobreza rural. In: CARTON DE GRAMMONT, H. und H. TEJERA GAONA (Hrsg.): La sociedad rural mexicana frente al nuevo milenio. Tomo II: La nueva relación campo-ciudad y la pobreza rural (coordinado por Ana Paula DE TERESA OCHOA y Carlos CORTEZ RUIZ). México DF, S. 83–122.

Secretaría de Relaciones Exteriores und Commission on Immigration Reform (1997): Estudio Binacional México-Estados Unidos sobre Migración. México DF und Washington.

SHAW, R. P. (1976): Land Tenure and the Rural Exodus in Chile, Colombia, Costa Rica, and Peru. Gainesville.

SHORT, J.R., KIM, Y., KUUS, M. und H. WELLS (1996): The Dirty Little Secret of World Cities Research: Data Problems in Comparative Analysis. In: International Journal of Urban and Regional Research 20, S. 697–717.

SIEBEL, W. (1997): Die Stadt und die Zuwanderer. In: HÄUSSERMANN, H. und I. OSWALD (Hrsg.): Zuwanderung und Stadtentwicklung. Opladen, S. 30–41.

SIFUENTES OCEGUEDA, E. L. (1994): Migraciones Rurales y Mercados de Fuerza de Trabajo Agricolas en Nayarit. XVIII Congreso Internacional Latin American Studies Association.

SIMON, D. (1995): The World City Hypothesis: Reflections from the Periphery. In: KNOX, P. L. und P. J. TAYLOR (Hrsg.): World Cities in a World System. Cambridge, S. 132–155.

SMITH, D. A. und M. TIMBERLAKE (1995): Cities in a Global Matrices: Toward Mapping the World-System's City System. In: KNOX, P. L. und P. J. TAYLOR (Hrsg.): World Cities in a World System. Cambridge, S. 79–97.

SMITH, M. P. (1995): The Disappearance of World Cities and the Globalization of Local Politics. In: KNOX, P. L. und P. J. TAYLOR (Hrsg.): World Cities in a World System. Cambridge, S. 249–266.

SOBRINO, J. (1995): Funciones económicas predominantes del sistema metropolitano de México. In: GARROCHO, C. und J. SOBRINO (Hrsg.): Sistemas metropolitanas. Nuevos enfoques y prospectiva. Toluca, S. 245–270.

SOJA, E. W. (1989): Postmodern Geographies: The Reassertion of Space in Critical Social Theory. London.

SOLIS, D. (1992): Migration Issue Reflects Free Trade's Costs. In: The Wall Street Journal, 13. Juli.

STARK, O. (1991): The Migration of Labor. Cambridge.

SWINDELL, K. (1995): Akkumulation, Unsicherheit und Überleben. Migration und ländliche Haushalte in Nordwest Nigeria. In: Journal für Entwicklungspolitik 11 (3), S. 311–330.

TAMAYO, J. und L. TAMAYO (1995): Die Maquiladoras – Umweltdumping als Entwicklungsmodell? In: HOFFMANN, R. und M. WANNÖFFEL (Hrsg.): Soziale und ökologische Sackgassen ökonomischer Globalisierung. Das Beispiel NAFTA. Münster, S. 151–169.

TESCHNER, K. (1997): Unaufhaltsames Wachstum? Die Entwicklung des Lebensraums Mexico-Stadt jenseits apokalyptischer Visionen. In: Ila 207, Juli, S. 8–11.

THRIFT, N. J. (1989): The Geography of International Economic Disorder. In: JOHNSTON, R. J. und P. J. TAYLOR (Hrsg.): A World in Crisis. Oxford, S. 16–79.

TOBLER, H. W. (1992): Die mexikanische Revolution. Frankfurt.

TOMAS, F. (1997): Ciudades medias, descentralización y globalización en América Latina. In: Anuario de Espacios Urbanos. México DF, S. 21–30.

URRUTIA, M. G. (1995): Umweltstandards und ökologische Integration. In: HOFFMANN, R. und M. WANNÖFFEL (Hrsg.): Soziale und ökologische Sackgassen ökonomischer Globalisierung. Das Beispiel NAFTA. Münster, S. 202–220.

VALENZUELA GARCÍA, J. A. (1996): Libre comercio a agricultura mexicana: De la Ronda Uruguay al TLC. In: BARRÓN, A. und J. M. HERNÁNDEZ TRUJILLO (Hrsg.): La agricultura mexicana y la apertura comercial. México DF, S. 97–118.

VELASCO ORTIZ, L. (1995): Migración femenina y estrategías de sobreviviencia de la unidad doméstica: un caso de estudio de mujeres mixtecas en Tijuana. In: GONZÁLEZ, S., RUÍZ, O., VELASCO, L. und O. WOO: Mujeres, migración y maquila en la frontera norte. México DF, S. 37–64.

VILLAVICENCIO, Martha (1997): Stadtindianer. Das indigene Gesicht der Metropole. In: Ila 207, Juli, S. 12–13.

WALLERSTEIN, I. und J. SMITH (1992): Creating and Transforming Households. The Constraints of the World-Economy. Cambridge.

WANNÖFFEL, M. (1995): Globalisierung der Ökonomie – soziale Transformation – gewerkschaftliche Handlungsspielräume. In: HOFFMANN, R. und M. WANNÖFFEL (Hrsg.): Soziale und ökologische Sackgassen ökonomischer Globalisierung. Das Beispiel NAFTA. Münster, S. 32–57.

WARD, P. M. (1990): Mexico City. The Production and Reproduction of an Urban Environment. London.

WARMAN, A. (1978): Política agraria o política agrícola. In: Comercio Exterior 28 (6), S. 681–687.

WEINTRAUB, S. (1991): The Maquiladora Industry in Mexico: Its Transitional Role. In: DÍAZ-BRIQUETS, S. und S. WEINTRAUB: Regional and Sectoral Development in Mexico as Alternatives to Migration. Boulder, S. 155–167.

WILSON, T. D. (1993): Theoretical Approaches to Mexican Wage Labor Migration. In: Latin American Perspectives 20 (3), S. 98–129.

World Commission on Enviroment and Development (1987): Our Common Future. Oxford.

YÚNEZ-NAUDE, A. (1997): Impactos de los cambios económicos en el agro mexicano y en la migración: un análisis micro-multisectorial. Documento Básico preparado para el Estudio Binacional México-Estados Unidos sobre Migración (Hrsg.: Secretaría de Relaciones Exteriores und Commission on Immigration Reform. México DF und Washington).

ZABIN, C. und S. HUGHES (1995): Economic Integration and Labor Flows: Stage Migration in Farm Labor Markets in Mexico and the United States. In: International Migration Review 29 (2), S. 395–422.

ZAPATA MARTELO, E. (1995): Internationalisierung, Bevölkerungsbewegungen und Veränderungen im Alltag der Haushalte. In: Journal für Entwicklungspolitik 11 (3), S. 365–388.

ZAPATA MARTELO, E., MERCADO GONZÁLEZ, M. und B. LÓPEZ ARELLANO (1994): Mujeres rurales ante el nuevo milenio. Desde la teoría del desarollo rural hacia la concepción del género en el desarollo. Montecillo.

ZAPATA MARTELO, E. und M. MERCADO GONZÁLEZ (o.J.): Que significa para las mujeres rurales el TLC. Tenencia de la tierra, migración y maquiladoras. Mimeo.

ZERMEÑO, L. F. (1996): La agricultura ante la apertura comercial y el TLC. In: BARRÓN, A. und J. M. HERNÁNDEZ TRUJILLO (Hrsg.): La agricultura mexicana y la apertura comercial. México DF, S. 51–70.

ZORAIDA VÁZQUEZ, J. und L. MEYER (1985): The United States and Mexico. Chicago.

Zeitungen und Zeitschriften:

Carta Anierm
Der Standard
Die Zeit
El Día
El Financiero
El País
El Universal
El Universal Tráfico
Expansión
Fortune
La Jornada
Migration News (http://migration.ucdavis.edu)
NAFTA & Inter-Am Trade Monitor (iatp@igc.apc.org)
The Economist
Última Hora

Megastadtentwicklung, Globalisierung und Migration – Fallstudie Jakarta[1]

Martin HEINTEL und Günter SPREITZHOFER

Globalisierung hat sich auch in Indonesien als Schlagwort des ausgehenden 20. Jahrhunderts etabliert. Im internationalen „Wettbewerb der Städte" gewinnt globale Integration immer mehr an – vorwiegend ökonomischer – Bedeutung. In der folgenden Fallstudie wird die Rolle der indonesischen Hauptstadt Jakarta zwischen Transnationalität und nationaler Verhaftung diskutiert. Welche Auswirkungen hat eine zunehmende Marktöffnung auf Stadtentwicklung, Migration, ökonomische und gesellschaftliche Strukturen und die nationale Dominanz Jakartas?

1. Nationalstaatliche und regionale Rahmenbedingungen

Als niederländische Siedler 1619 in den sumpfigen Niederungen um Sunda Kelapa eine Niederlassung der „Vereinigten Ostindischen Handelskompanie" gründeten, konnte wohl von urbaner Problematik noch keine Rede sein; die Küstenstadt an der Java-See war zunächst nicht mehr als ein westliches Standbein in den Reisfeldern einer Sundainsel, legte jedoch zweifellos die Grundlage zur Metropolisierung des späten 20. Jahrhunderts. Das koloniale Batavia des 17. Jahrhunderts – Vorgänger des heutigen Jakarta, der Hauptstadt des unabhängigen Inselstaates Indonesien – war mit seinen 30.000 Einwohnern so europäisch gelenkt wie das Jakarta der Gegenwart international ausgerichtet ist: „... the intelligentsia of the city ... is the most Westernized in Indonesia and has been so since colonial times", konstatierte ABEYASEKERE (1985, S. 22) bereits vor einem Jahrzehnt, als die investorenfreundlichen Deregulierungsprogramme der frühen neunziger Jahre noch nicht absehbar waren.

---

[1]) Die Laufzeit des diesem Buchbeitrag zugrundeliegenden Projektes „Migration in Megastädte der Dritten Welt" von Juni 1996 bis September 1998 fiel in eine für Indonesien politisch und wirtschaftlich sehr sensible und rasch veränderliche Zeitphase, da das Land ab Ende 1997 von der „Asienkrise" schwer in Mitleidenschaft gezogen wurde. Vor allem die Zeit von Jänner bis Mai 1998 war zuerst bestimmt von einem Absturz der Landeswährung (Inflation von über 100 Prozent gegenüber dem Juli 1997) und dann geprägt von massiven sozialen Spannungen, von Interventionen des Weltwährungsfonds und von Unruhen und Protesten gegen den Langzeitpräsidenten SUHARTO, die bis zu seinem Rücktritt führten. Ein Verständnis für die schwierige ökonomische Lage des Landes zur Zeit der Durchführung der Untersuchung (stark angestiegene Arbeitslosigkeit in Jakarta, Preisanstiege im Basislebensmittelbereich um zum Teil über 300 Prozent, Abzug von internationalem Kapital und von Humanressourcen etc.) und deren Analyse waren notwendig, um die Leitfragestellungen des Projektes bearbeiten zu können. Die Krisensituation hat sehr schnelle Veränderungen (oft von einem Tag auf den anderen) mit sich gebracht und die Erstellung der Fallstudie erschwert. Dennoch wurde versucht, zumindest ansatzweise – wo noch möglich – aktuelle Entwicklungen und Veränderungen in diesen Beitrag aufzunehmen. Es bleibt aber festzuhalten, daß vor allem dort, wo eine exakte Datenlage notwendig ist (Migrationsstatistiken, ökonomische Parameter etc.), die aktuellen Entwicklungen seit dem Jahr 1998 unberücksichtigt bleiben müssen.

Bildeten Angehörige der (niederländischen) Kolonialregierung bis 1945 die urbane Elite, so repräsentierten die (javanisch strukturierten) Militärs des pseudo-demokratischen Regimes von Präsident SUHARTO seit 1967 die eigentliche Entscheidungsgewalt – die landesweite Dichotomie zwischen ruraler Armut und (scheinbarem) urbanem Reichtum war mitverantwortlich für zunehmende Migration in die Metropole, deren Take-Off zur „Primate City" seit der endgültigen Unabhängigkeit Indonesiens 1949 erfolgte: Nach MURRAY (1991, S. 13) handelt es sich hiebei lediglich um eine Verschiebung der Dimensionen: „... [Jakarta] was the centre of colonial exploitation and extraction of surplus, the relation of the capital to the rest of Indonesia being paralleled in the urbanization process itself." RUTZ (1985) ortet in der Hauptstadtfunktion eines neuen souveränen Staates den entscheidenden Impuls der Wachstumsexplosion; das niederländische Batavia beherbergte weniger Zentralbehörden, zudem bewirkte der zunehmende staatliche Einfluß auf alle Bereiche des öffentlichen Lebens seit der Unabhängigkeit weitere Wachstumseffekte.

Die niederländische Infrastruktur war auf eine Bevölkerungszahl der Stadt von einer halben Million Menschen ausgerichtet – 435.000 Einwohnern (1930) standen allerdings bald 2,9 (1961), 4,6 (1971) und 6,5 Millionen (1981) gegenüber: Der Widerspruch der Realität eines überdimensionalen Kampung (BOOMGAARD 1987, S. 157ff) und der Vision einer internationalen Metropole wurde mit Beginn der „Neuen Ordnung" SUHARTOS erstmals thematisiert, die romantisierte Idealisierung als „Queen of the East" war angesichts massiver ökologischer und sozio-ökonomischer Eingriffe eines autoritären Staates auf der Suche nach internationaler Integration nicht länger haltbar. Bevölkerungswachstum und Urbanisierung wie zunehmende Konsumorientierung und Industrialisierung sind nicht archetypisch für Indonesien, den bevölkerungsmäßig viertgrößten Staat der Welt; doch die Kluft zwischen Tradition und Moderne kulminiert in Jakarta, der Hauptstadt des 200-Millionen-Landes, dessen räumliche (13.600 Inseln), ethnische (30 verschiedene ethnische Einheiten) und kulturelle Disparitäten (250 Regionalsprachen und Dialekte) durch eine Internationalisierungs-Offensive bewältigt werden sollen.

Der Schmelztiegel der Nation erfuhr die zielgerichtete Internationalisierungspolitik des späten SUHARTO-Regimes so massiv wie direkt: „... its little islands and peninsulas of modern metropolis lapped by a vast sea of slums, Jakarta appears ... as a wilderness of Western-style shopping complexes and garish hoardings advertising imported films", stellte ABEYASEKERE (1987, S. 1) bereits vor einem Jahrzehnt die beiden Seiten der Stadt gegenüber, die im Jahr 2000 – je nach Berechnungsgrundlage – mit einer prognostizierten Bevölkerungszahl von 13,2 bis 13,4 Millionen Menschen die dreizehntgrößte (PERNIA 1988, S. 103), zwölftgrößte (HUGO 1994, S. 31) oder auch neuntgrößte (SUKAMDI 1996, S. 57) Stadt der Welt sein wird; unter Berücksichtigung einer hohen Dunkelziffer zumindest an temporären Einwohnern wird die Wucht der Entwicklung offenkundig. Bis zur Jahrtausendwende wird die Bevölkerungszahl der metropolitanen Region Jakarta („Jabotabek") auf rund 30 Millionen geschätzt, was in einer weltweiten Wertung Rang 7, noch vor Los Angeles, ergeben würde (HUGO 1994, S. 31).

Die folgende Fallstudie versucht eine Bestandsaufnahme aktueller Tendenzen der Stadtentwicklung Jakartas, der größten Agglomeration Südostasiens, bis Ende 1997: Neben einer Analyse der Entwicklung und Bedeutung der Neun-Millionen-Stadt (1995) im urbanen System des Archipelstaates liegt der Schwerpunkt der Betrachtung auf der Rolle des Internationalisierungskurses SUHARTOS für die räumliche und soziokulturelle Entwicklung der „Triple Primate City" Jakarta. Im Zentrum regionaler (Java) und nationaler Migration (periphere Außeninseln) gelegen, gab die Megastadt die entscheidenden Impulse für die bis 1997 boomende Wirtschaftsentwicklung Indonesiens; sie stellt aber auch während und nach der südostasiatischen Wirtschaftskrise nach wie vor den wichtigsten nationalen Arbeitsmarkt dar. Der Wirkungsbereich der Metropole geht längst über die eigentliche Kernstadt hinaus und setzt als Zentrum der mega-urbanen Agglomeration Jabotabek mittlerweile deutliche Impulse für funktionale Spill-Over-Effekte in das urban-rurale Umland, das durch die massive Zuwanderung der letzten Jahrzehnte an die Grenzen der ökologischen und infrastrukturellen Tragfähigkeit getrieben wurde.

Indonesien war 1967 Gründungsmitglied des pro-westlichen Staatenbundes der ASEAN („Association of Southeast Asian Nations"). Insbesondere in der zweiten Hälfte der achtziger Jahre und in den neunziger Jahren bis zur sog. „Asienkrise" boomte die Sechser-Vereinigung (Brunei, Indonesien, Malaysia, Philippinen, Singapur, Thailand; – in den letzten Jahren sind auch noch Vietnam, Laos und Myanmar beigetreten) und mit ihr der SUHARTO-Staat – die gesamtwirtschaftlichen jährlichen Wachstumsraten Indonesiens von rund 7 Prozent gehen jedoch weitgehend nur auf das Konto der mega-urbanen Region Jakarta in Westjava (WEBSTER 1995). Die wirtschaftlichen Entwicklungen des Jahres 1998 sind in der folgenden Analyse zwar bereits ansatzweise mitberücksichtigt, aber aufgrund der bisher ungenügend vorhandenen Datenmaterialien nicht umfassend dokumentiert. Festzuhalten ist bereits zu Beginn der Ausführungen, daß die südostasiatische Wirtschaftskrise 1997/98 in ganz Südostasien und hier vor allem in Indonesien ab Jänner 1998 – nicht zuletzt durch die Ablöse von Langzeitpräsident SUHARTO durch HABIBIE – eine starke Zäsur des kontinuierlichen Wirtschaftswachstums der letzten Jahre darstellt. Die Unruhen, sozialen Spannungen und Militärinterventionen des Mai 1998 haben die ökonomische Entwicklung Indonesiens weiter stark geschwächt.

Die nationale Dominanz der Steuerung gesellschaftlicher und ökonomischer Prozesse in Indonesien ist zwar ungebrochen – beginnt aber zunehmend „an vielen Fronten zu bröckeln". Die weltwirtschaftlichen Voraussetzungen dagegen sind nicht gerade von jener Persistenz geprägt wie die innenpolitischen Rahmenbedingungen der vergangenen drei Jahrzehnte. Die Politik in Indonesien ist ausgerichtet auf Nationalität bei gleichzeitiger internationaler Integration. Diesen Widerspruch gilt es – unter dem Aspekt des im ersten Beitrag dieses Buches kurz dargestellten Globalisierungsansatzes als theoretischer Grundlage dieser Ausführungen – näher zu erörtern.

Die vorliegende Fallstudie streicht daher primär jene ökonomischen Entwicklungen, sozialen Prozesse und Migrationstrends hervor, die zeitlich *vor* der Krise stehen, zum Teil auch die zitierte Krise (mit)eingeleitet haben. Eine Analyse von global wie lokal gesteuerten Perspektiven und Tendenzen innerhalb der „globalisierten Modernisierungsinsel" Jakarta (DÜRR 1994, S. 12) bildet den Kernpunkt der abschließenden Diskussion der ökonomischen Perspektiven südostasiatischer Urbanisierung.

Zielführend scheint zunächst eine Analyse der historischen, politischen und gesellschaftlichen Rahmenbedingungen Indonesiens, die als Grundlage jedweder Urbanisierung fungieren und die Entwicklung des Landes zur internationalen Wirtschaftsmacht dokumentieren. Aspekte der Internationalisierung und Globalisierung sind nicht abgekoppelt von nationalen und regionalen Entwicklungstendenzen zu betrachten, traditionelle Denkmuster und Hierarchien prägen bis heute die sozialen und ökonomischen Vernetzungen in Indonesien, dessen Hauptstadt Jakarta alle Facetten einer nunmehr dreißigjährigen Internationalisierung aufweist: Explodierende Kluft zwischen Arm und Reich, neue Werte und Wohnräume, alte Korruption und staatliche Lethargie, boomende Industrialisierung und ökologisches Desaster.

1.1 Historischer und politischer Hintergrund der Megalopolisierung

1.1.1 Das koloniale Erbe

Der folgende politökonomische historische Exkurs dient zur Veranschaulichung der politischen wie gesellschaftlichen Rahmenbedingungen, die die Urbanisierungs- und Migrationstendenzen der Gegenwart in Indonesien entscheidend prägten und prägen, teils kausal bedingten und auch jetzt noch bedingen. Zahlreiche gesellschaftliche Entwicklungen des ausklingenden 20. Jahrhunderts sind historisch begründbar, gehen sie doch vielfach auf traditionell philosophische Grundsätze javanischer Kultur sowie post-koloniale Dogmen zurück, womit eine Längsschnittbetrachtung legitim erscheint; sowohl Grundzüge der Wirtschafts- und Agrarpolitik wie auch Aspekte der vielfach investitionsfeindlichen Politlandschaft der neunziger Jahre sind auf jahrhundertelangen niederländisch-britischen Imperialismus und die dreijährige (doch nichtsdestoweniger prägende) japanische Annexion während des Zweiten Weltkriegs zurückzuführen.

Nach einem kurzen portugiesischen Intermezzo (Eroberung der Molukken 1511) wurden die Niederlande ab 1600 die bestimmende koloniale Macht, die in der Gründung der „Vereinigten Ostindischen Handelskompanie" gipfelte. Im Antwerpen-Abkommen (1619) wurden britische und niederländische Interessen im Archipel geregelt, mit dem Friedensschluß zwischen AMANGKURAT I und VAN DER LIJN wurde die endgültige überregionale Handelserlaubnis erteilt (KERSCHBAUMER 1994, S. 18).

Ein weiterer gesellschaftlicher Konfliktherd der Gegenwart nahm ebenfalls im 17. Jahrhundert seinen Ausgang: Die Niederlande erreichten eine Kehrtwendung der bereits erfolgten Islamisierungspolitik und erwirkten eine Trennung von Politik und Religion. Die Schaffung eines islamischen Gottesstaates ist seither Anliegen orthodoxer moslemischer Kreise (SCHUHMANN 1991, S. 315f) und Mitte der neunziger Jahre ein bedeutender politischer Faktor.

Eine systematische Erschließung des Landes und der Aufbau einer flächendeckenden Kolonialverwaltung für „Niederländisch-Indien" zur Monopolschaffung im Gewürzhandel (HALL 1981, S. 263f) erfolgten jedoch erst im Laufe des 19. Jahrhunderts, als tiefgreifende Wirtschaftsstrukturänderungen exekutiert und der agrarischen Bevölkerung im Rahmen des „Kultivierungssystems" erstmals Zwangsauflagen zur Erzeugung von Exportprodukten gemacht wurden. Die fortschreitende Verarmung weiter Teile der Bevölkerung und ein rasanter Bevölkerungsanstieg führten zu ersten Unruhen und bewirkten eine systemstabilisierende Kurskorrektur der niederländischen Kolonialmacht: Im Rahmen der neuen „ethischen Politik" erfolgten verstärkte Investitionen im regionalen Bildungs- und Gesundheitswesen, erste Umsiedlungsmaßnahmen aus strategisch-stabilisierenden Überlegungen fanden statt und nahmen die transmigratorischen Bemühungen zur Entflechtung des bevölkerungsmäßigen und politischen Kernraumes Java vorweg.

Das „nationale Einheitsgebiet" Indonesien entstand letztendlich lediglich durch den systematischen Aufbau eines kolonialen Verwaltungsapparates, der zu einer kontinuierlichen Anbindung der einzelnen Teilgebiete des Archipels untereinander führte, jedoch auch in prä-kolonialer Zeit nie ein einheitliches Staatsgebilde dargestellt hatte; trotz nationalistischen Erwachens waren die Niederlande als staatstragende Kolonialmacht bis zum Pazifischen Krieg 1942 fest verwurzelt.

DÜRSTE et al. (1987, S. 6) betonen die beginnende Verstärkung regionaler Disparitäten zwischen Java und den peripheren Außeninseln, die den gewinnorientierten Weltmarktkurs der Kolonialmacht aufgrund fehlender klimatischer Gunstbedingungen (Plantagenbereich) und gravierender Transporthemmnisse (Bergbaubereich) nicht mitzutragen imstande waren: „Diese Entwicklungstendenz hat sich bis heute im wesentlichen fortgesetzt, was dazu führt, daß der moderne Sektor stärker in den Strukturen des Weltmarktes als in der nationalen Ökonomie integriert ist."

1.1.2 Japanische Besetzung und Unabhängigkeit

Die gleichermaßen anti-westliche wie pro-islamische Haltung der japanischen Invasoren wurde von indonesischer Seite zum Teil goutiert, insbesondere von MASJUMI („Madjelis Sjuro Muslimin Indonesia"), einem Dachverband islamisch-nationaler Interessengruppen. Die einseitige Erklärung der Unabhängigkeit mit Kriegsende, nach der Kapitulation Japans (17. August 1945), durch den Nationalistenführer SUKARNO mündete in einen letzten zähen vierjährigen Kolonialkampf mit den Niederlanden, der 1949 – nicht zuletzt auf internationalen Druck – die endgültige Unabhängigkeit brachte. Die ambivalente Haltung Indonesiens zu späteren japanischen Investitionen[2] wird so verständlich.

Die Nachkriegsentwicklung des nunmehr unabhängigen Staates Indonesien ist nach MACHETZKI (1994, S. 71ff) in drei Phasen untergliederbar: Während die erste Phase 1949–1957 das selbstverursachte Scheitern der anfänglich begrüßten parlamentarischen Demokratie erlebte, folgte bis 1965 das Experiment der „Gelenkten Demokratie" SUKARNOs, die ab 1966 durch SUHARTOS „Neue Ordnung" (*Orde Baru*) abgelöst wurde.

Doch zunächst zurück zu den Anfangsproblemen des jungen heterogenen Staatsgebildes auf der Suche nach Identität und politischem Kurs: „A language had to be found that could be used across ethnic and status lines to fulfill the unifying function at the mass level that Dutch performed to the elite" (ANDERSON 1990, S. 138). „Bahasa Indonesia", die neue Lingua Franca, entstanden aus dem sogenannten „Bazaar-Malaiisch", wurde die neue hierarchielose Nationalsprache[3] (PABOTINGGI 1990, S. 12) und gilt als erfolgreichstes Entwicklungsprogramm einer Nationalsprache in der Dritten Welt (SCHINDLER 1993, S. 40).

Das politische Denken des ersten Jahrzehnts nach der Unabhängigkeit war durch Antiimperialismus und Nationalismus geprägt: Lokal gebildete Eliten nahmen die europäische nationale Selbstbestimmung zum Vorbild, gleichzeitig stieg die anti-westliche Fremdenfeindlichkeit in der einfachen Bevölkerung – Fakten, die soziale wie regionale Disparitäten bis heute nachhaltig beeinflussen und ökonomische Entscheidungsmuster tiefgreifend prägen. FEITH et al. (1990, S. 18ff) analysieren die SUKARNO-Ära als moralisierend, optimistisch und javanisch determiniert. „Nation-Building" genoß in der post-kolonialen Phase eindeutige Priorität vor jedweder Form von „Entwicklung", was zu Produk-

---

[2] Die anti-japanischen Proteste gipfelten in den „Malari"-Unruhen 1974, deren Wurzeln in der zunehmenden Präsenz japanischer Investoren zu suchen sind (HILL 1988, S. 135f; KAMINSKI 1995).

[3] 1980 sprachen 12 Prozent Bahasa als Muttersprache, 49 Prozent gaben an, Bahasa zu verstehen (Volkszählung 1980, zit. nach HUGO et al. 1987, S. 104).

tions- und Exportrückgängen, wachsenden Haushaltsdefiziten und Auslandsverschuldungen, schrumpfenden Devisenreserven sowie Inflationsraten von bis zu 650 Prozent führte (DÜRSTE et al. 1987, S. 6).

1.1.3 Sukarnos „Gelenkte Demokratie" und die Staatsphilosophie „Pancasila": Nationalität im Widerspruch zu globaler Integration?

Mag die Wirtschaftsphilosophie der ersten Stunde jeden internationalen Ansatz vermissen lassen und längst überholt sein, so ist die Staatsphilosophie „Pancasila", formuliert in der Verfassung von 1945, bis heute (offizielle) Grundlage sämtlicher politischer Entscheidungsprozesse. Nach HAMIJOYO (1994, S. 37) ist die Formulierung von moralisch-philosophischen Richtlinien ein traditionell-indonesisches Phänomen: Die „Pancasila", Revolutionsprogramm und Dogma gleichermaßen, basiert auf Inhalten javanischer Tradition und umfaßt fünf Prinzipien („Silas") (KERSCHBAUMER 1994, S. 25ff; SCHINDLER 1993, S. 83ff; SUKARNO 1950):

1. *Ketuhanan Yang Maha Esa* (Glaube an einen Gott).
2. *Kemanusiaan yang adil dan beradab* (Zivilisierte Humanität, Toleranz; „Internationalismus" im Staat).
3. *Persatuan Indonesia* (Einheit Indonesiens; „Nationalismus").
4. *Kerakyatan yang dipimpin oleh hikmat kebijaksanaan dalam permusyawaratan/ perwakilan* (Demokratie).
5. *Keadilan sosial* (Soziale Gerechtigkeit).

SUKARNO erkannte durchaus die Bedeutung des Internationalismus, räumte nationalstaatlichen Überlegungen jedoch Priorität ein: „Internationalism cannot flower if it is not rooted in the soil of nationalism. Nationalism cannot flower if it does not grow in the garden of internationalism" (SUKARNO 1950, S. 26). Die Bedeutung der Pancasila-Ideologie wird auch durch die jüngste Geschichte untermauert: Die Wahlkampfrichtlinien, die von der indonesischen Regierung für die im Mai 1997 stattgefundenen Wahlen ausgegeben wurden, waren von Anfang an klar definiert. So durfte keiner der Wahlkampfteilnehmer einer zugelassenen Partei – „Golkar" (Staatspartei), „Vereinigte Entwicklungspartei" PPP (islamisch) und „Demokratische Partei Indonesiens" PDI – irgendwelche Zweifel und Kritiken an der Staatsphilosophie „Pancasila" und der bestehenden Verfassung üben. Mitglieder einer nicht zugelassenen Partei, wie beispielsweise der „Demokratischen Partei des Volkes", wurden mit zum Teil drakonischen Gefängnisstrafen wegen ihrer politischen Artikulation bedacht. So wurde der Vorsitzende dieser Partei, Budiman SUJATMIKO, mit der Höchststrafe von 13 Jahren mit der Begründung von „subversiven Handlungen gegen die Pancasila-Ideologie und Untergrabung der nationalen Stabilität" verurteilt (Südostasien aktuell 3/97, S. 191f).

Angelpunkt der breit formulierten Thesen ist ein nationaler Grundkonsens als Fundament der staatlichen Einheit (MAGNIS-SUSENO 1989, S. 137); das Familienprinzip steht an erster Stelle: Der Glaube an die Notwendigkeit einer wohltätigen, paternalistischen politischen Ordnung ist unverkennbar (REEVE 1985, S. 359f), die Rechte des Kollektivs stehen vor den Rechten des Individuums. Durch Diskussion („Musyawarah") soll Konsens („Mufakat") erzielt werden; unter dem idealisierten Motto „einer für alle, alle für einen" sollte das junge System gefestigt werden (SCHINDLER 1993, S. 86f).

Welche Auswirkungen haben nun die Grundsätze der Staatsphilosophie „Pancasila" für die Fragestellungen nach der globalen Integration Indonesiens im allgemeinen und des Großraumes Jakartas im speziellen?

Sila 1 beinhaltet zwar monotheistisches Gedankengut, die Toleranz gegenüber anderen Religionen[4] – in der synkretistischen Entwicklung Javas wurzelnd – ist jedoch seit 1945 verfassungsmäßig etabliert und kein Reibepunkt im bevölkerungsmäßig größten Moslem-Staat der Welt: Knapp 90 Prozent der Indonesier sind nominelle Moslems, was sich für potentielle Urbanisierungsmuster und Enklavenbildung im Zuwanderraum Jakarta jedoch als unerheblich erweist.

Eine kombinierte Betrachtung von Sila 2 und 3 ergibt die Betonung von Patriotismus wie Toleranz; beide Thesen sind als Anerkennung der ethnischen Vielfalt und kulturellen Pluralität interpretierbar, wobei der Fokus nationaler Bestrebung durchwegs vom archipelagischen Zentralraum ausging: Indonesischer Nationalismus war stets synonym mit javanischem Nationalismus, was sich in der singulären Entwicklung Jakartas zur „Primate City", Zielraum internationaler Investitionen, niederschlug.

Die Synthese der beiden Komponenten bezeichnet SUKARNO als „Sozio-Nationalismus", der in den Thesen 4 und 5 um die Parameter demokratischer Struktur im ökonomischen und sozialen Umfeld erweitert wird. Der javanische Einfluß wird auf gesellschaftlicher Ebene offenkundig: *„Gotong Royong"*, die traditionelle Grundlage des Zusammenlebens in javanischen Dörfern, beruht auf der Unterdrückung von Eigeninteressen zugunsten des Gesamtinteresses.

Die Entscheidungsfindung auf Dorfebene ist exemplarisch für die indonesische Demokratie per se: Meinungsäußerung ja, doch „oberstes Gebot des Javaners sollte immer die Aufrechterhaltung der Harmonie sein" (KERSCHBAUMER 1994, S. 28). MAGNIS-SUSENO (1989, S. 47ff) betont die Fragwürdigkeit der Entscheidungsfindung durch oberflächliche Konsensfindung der Interessenvertreter, da eine Offenbarung von Unzufriedenheit und Dissonanz als Unbeherrschtheit zum einen und Verstoß gegen die Harmonieprinzipien zum anderen interpretiert wird, was persönliche Unreife impliziert.

Die gegenwärtige Bedeutung der Staatsphilosophie Pancasila darf unter der theoretischen Bezugnahme zum Globalisierungsansatz nicht undiskutiert bleiben. Die von außen schwer entflechtbare Widersprüchlichkeit staatlicher Oganisation in Indonesien kommt auch durch die bewußt von staatlicher Seite verstärkt geförderten Auslandsinvestitionen in Indonesien auf der einen und die Pancasila-(Staats)Philosopie auf der anderen Seite zum Ausdruck. Pancasila und Ideologie spielen in Indonesien eine tragende Rolle. Das zu betonen ist, im Kontext der Frage nach globaler Integration Indonesiens, ein wesentlicher Punkt. Pancasila wird als Strategie gegen „Verwestlichung" und als Bewahrung eigenständiger Kultur interpretiert, ist somit streng genommen Widerstandsfaktor gegen „Gleichmacherei" und „Vereinheitlichung" und ideologische Grundlage der gesellschaftlichen Organisation.

„We were faced with various problems in ideology. There were then the ideology of communism and individualism-liberalism and we had to get rid of them in order to pave

---

[4] SUKARNO, Sohn einer hinduistischen Mutter und eines moslemischen Vaters, verhinderte 1945 die Vorwegnahme eines künftigen islamischen Gottesstaates, als er die geforderte Scharia nicht in Verfassungsrang stellte (KERSCHBAUMER 1994, S. 25ff; SCHUHMANN 1991, S. 659ff).

the way for our own ideology, that is, Pancasila. ... The Westerns insist that if the nations which used to embrace the ideology of communism have now taken individualism-liberalism as their way of life, there is little reason why the other nations should not do so. A strong movement then spread all over the world, particulary to the developing nations, to get the Western way of life accepted as the only right way. ... Indonesian nation already stressed the importance of democracy in 1945 constitution. However, the Indonesian nation wishes to develop a democracy of ist own way, the democracy based on is cultural values, that is, Pancasila democracy. ... At the same time, globalization process brings in cultural values from outside to all households through the radio, television, computer with its internet, and printed media. Some of these values are relevant and suitable to our culture but some are not relevant or suitable and are even detrimental." (SURYOHADIPRODJO 1995, S. 21ff). Diese Analyse der Pancasila-Philosophie unterstreicht auch den Widerstand von staatlicher Seite gegen eine globale Integration.

Angesichts der Grundthesen der Staatsphilosophie Pancasila, die weitgehend javanischen Ursprung aufweisen, werden zahlreiche Entscheidungsmuster der Stadt- und Regionalentwicklung im Großraum Jakarta verständlicher: Der eigentliche Startschuß zur Metropole erfolgte für Jakarta erst nach der Unabhängigkeit im Zuge der Nationalbewegung; planerische Grundsatzentscheidungen sind schwammiger Konsensfindung unterworfen; Selbsthilfe unter Migranten wiederum geht über das übliche Maß hinaus und unterliegt der „Gotong Royong"-Ideologie, was zentralistische Eingriffe wie dirigistische Maßnahmen erschwert oder gänzlich unmöglich macht.

SUKARNOS Hauptanliegen war die Einheit der jungen indonesischen Nation, die – auf Kosten wirtschaftlicher und sozialer Innovation – unter Beibehaltung des postkolonialen Staatsapparates zu erzielen versucht wurde. Die anti-westliche Haltung SUKARNOS war keineswegs unumstritten und führte zu massiven Spannungen, die letztendlich im Verbot der (rechtsgerichteten) islamischen MASJUMI gipfelten und den Militärs zunehmende Machtpotentiale einräumten. KERSCHBAUMER (1994, S. 29f) betont die innenpolitische Ausgleichswirkung der Kommunistischen Partei Indonesiens (PKI), die ein 1960 erlassenes, jedoch nie realisiertes erstes Landreformgesetz befürwortete und dadurch die Masse der verarmten Bevölkerung zu mobilisieren verstand: Die prekäre innenpolitische Labilität, in der „Nasakom-Doktrin" verherrlicht dargestellt als „Einheitsfront von Nationalismus, Religion und Kommunismus" (MACHETZKI 1994, S. 72), zwang zu außenpolitischen Akzenten mit dezidiert anti-westlicher Stoßrichtung; nach dem Austritt aus der UNO 1965 und der Konfrontationspolitik gegen die Gründung Malaysias ab 1963 war Indonesien – mit Ausnahme enger Beziehungen zur Volksrepublik China – international isoliert. Das „Nicht-Verhältnis" zum Westen (vor allem der USA) wie auch zur Sowjetunion bewirkte fehlende internationale Hilfeleistungen und letztendlich den (blutigen) Zusammenbruch 1965.

Die Politik der „Gelenkten Demokratie", 1959 nach dem Prinzip einer autokratischen Präsidialherrschaft initiiert, hatte die präzise Zielsetzung der Autarkie, die mit zentralistischen Strukturen erreicht werden sollte; die angestrebte endgültige Befreiung von der Kolonialmentalität stellt allerdings einen Widerspruch zur beibehaltenen kolonialen Verwaltungsstruktur dar, deren Zentrum die vormals niederländische Handelsmetropole Batavia war. Das nunmehrige Jakarta blieb Verwaltungs- und Politzentrum[5] und erhielt prägende symbolistische Züge: Das Nationalmonument, eine 137 m hohe blattgoldverzierte Marmorsäule, die größte Moschee der Welt oder das siebenstöckige Kaufhaus Sarinah

---

[5]) Das Zentrum der Hauptstadt heißt Jakarta-Pusat; die indonesische Bezeichnung „Pusat" bedeutet „Nabel".

symbolisierten den Übergang in eine neue Epoche (PURDY 1984, S. 121ff). Der Grundstein für die heutige Entwicklung war gelegt: Die Betonung eines korporativen Staates, die Ideologisierung des Genossenschaftsgedankens, die Hinnahme der Dominanz der Staatsmonopolbetriebe unter Armeeregie, sowie die Elemente einer zentralen Planwirtschaft (LIEM 1995, S. 95).

Das Jakarta SUKARNOS war extrem antiwestlich-autoritär orientiert (Verbot von westlicher Pop-Musik und Jeans) und als Inkorporation nationalstaatlicher Symbolik konzipiert. So fanden 1957 die letzten freien Munizipialwahlen statt; ab 1960 wurden die jeweiligen Gouverneure Jakartas, das Provinzstatus erlangt hatte, zentral von SUKARNO bzw. später SUHARTO nominiert und unterstanden direkt dem Präsidenten, was Konformität mit dem nationalen Politkurs induzierte und gleichermaßen einen hohen Grad an Autonomie bewirkte. Zahlreiche gigantomanische Prestigeprojekte SUHARTOS sollten die Hauptstadt des jungen Staates auf internationaler Ebene bekanntmachen. Bauliche Modernisierungsmaßnahmen im Vorfeld der Asien-Spiele 1962 bildeten den Startschuß zu Utopismus auf Kosten der Squatter-Bevölkerungsmehrheit: Deren Niederlassungen im Bereich des neuen Stadtzentrums um den Merdeka Square fielen, nach Schleifung kolonialer Relikte, architektonischen Renommierprojekten (Kulturzentrum Taman Ismail Marzuki, Vergnügungspark Ancol etc.) zum Opfer. „His taste ran towards flamboyant statuary and skyscrapers as well as modern highways with clover-leaf by-passes", skizziert ABEYASEKERE (1985, S. 11) die Visionen des Präsidenten, der nach dem (ökonomischen und politischen) Zusammenbruch seines Regimes die Realisierung seiner revolutionären Pläne Gouverneur SADIKIN, einem „New-Order"-Technokraten, überlassen mußte.

1.1.4 Suhartos „Neue Ordnung": Beginnende Internationalisierung

Demokratisierung: Nein danke!

Nach dem ökonomischen Scheitern der „Alten Ordnung" (*Orde Lama*) SUKARNOS, deren nationalistische Autarkiebestrebungen ausländische Investitionen und Handelsbeziehungen weitgehend verhindert hatten, etablierte General SUHARTO ab 1966 das System der „Neuen Ordnung" (*Orde Baru*). „The New Order can be regarded as a capitalist state rooted in the social power of a growing bourgeoisie and consequently much stronger than the fragile, factionalized, Sukarno state", analysiert ROBINSON (1990, S. 42) prägnant.

Private Kapitalflüsse wurden allmählich möglich, auch die Außenpolitik mußte sich den wirtschaftlichen Entwicklungsnotwendigkeiten unterordnen. Die nunmehr deutlich prowestliche Kehrtwende erforderte eine Wiederherstellung internationalen Vertrauens in Stabilität und Zukunft des Landes, die durch die Mitbegründung der „Association of South-East Asian Nations" (ASEAN) 1967 tiefgreifend dokumentiert wurde; das ursprünglich antikommunistische Bollwerk (Indochinakonflikt!) verfolgt die Zielsetzung, das in den siebziger Jahren gewachsene stabilitätspolitische Klima zu wahren und den Status Südostasiens als weltweit aufstrebendes Produktions- und Investitionszentrum zu festigen.

Grundlage auch der „Neuen Ordnung" ist das Prinzip der „Pancasila"-Demokratie. Aufgrund fehlender Konfliktregelungsmechanismen dominieren Harmoniezwänge, die sowohl durch die Absage an einen islamisch-fundamentalistischen Staat als auch an eine liberal-pluralistische Demokratie im westlichen Sinne offenkundig werden. MACHETZKI (1994, S. 73) interpretiert die „Neue Ordnung" als „halbautoritär": Zum einen sind jeder

Art von Opposition deutliche Tabugrenzen gesetzt, auf deren Verletzung die Regierung auch mit ihrem Gewaltmonopol zu reagieren bereit ist, ohne sich durch ausländische Interventionen nachhaltig beeinflussen zu lassen;[6] Fragen der Pressefreiheit, Landverteilung oder Gewerkschaftsrechte stellen nach wie vor höchst sensible Themen dar (Far Eastern Economic Review, 18.5.1995, S. 50f). Andererseits besteht jedoch ein klar erkennbarer Spielraum, unterschiedliche Entwicklungsvorstellungen und programmatische Ideen zu äußern.

„A highly centralized political system has been firmly in place for well over a quarter of a century and is now deeply embedded in Indonesia's institutional structures" (HILL 1992, S. 373) – Zentralismus bleibt die oberste Maxime, die auf militärischer Ebene noch ausgeprägter ist als auf politischer Ebene und nur begrenzte Dezentralisierungstendenzen und insgesamt eine geringe Bedeutung von Nicht-Regierungsorganisationen (NGOs) erkennen läßt, wie auch offizielle Stellen konzedieren (Ministry of Foreign Affairs 1992, S. 37).

SUHARTO, von 1966 bis 1998 (Mai) an der Macht, war das längstamtierende Staatsoberhaupt Asiens, Symbol des Wirtschaftsaufstieges und Internationalismus wie Garant (oberflächlich) innenpolitischer Stabilität – zumindest bis zum Zeitpunkt der neuerlichen Wiederwahl im März 1998 war er nach wie vor Entscheidungsträger und letzte Instanz im politischen und militärischen bürokratischen Apparat, verantwortlich für die Regulierung politischer Partizipation: „Commentators like to compare Indonesian politics to a ‚wayang' (shadow puppet) play", meint MCBETH (Far Eastern Economic Review, 18.5.1995, S. 48f) in Anspielung auf SUHARTOS Machtmonopol, das zunehmend nepotistische Züge trug.

Parteienlandschaft und Gesellschaftsordnung: Dominanz der Militärs und Wiedergeburt des Islam

HANISCH (1995, S. 141ff) weist darauf hin, daß der gesellschaftliche Aspekt der „Neuen Ordnung" durch klientelistische und korporatistische Einbindung der relevanten gesellschaftlichen Gruppen gekennzeichnet ist. Die Kanäle institutionalisierter (Schein-)Partizipation am präsidialen Machtmonopol sind begrenzt; die Parteienlandschaft ist dreigeteilt und besteht seit 1973 aus der „Golkar" (*Golongan Karya*), einer „Quasi-Staatspartei", in der alle öffentlich Bediensteten Zwangsmitglieder sind, sowie zwei Oppositionsparteien: Sowohl die islamische PPP („Vereinigte Islamische Entwicklungspartei") wie die nationalistische PDI („Demokratische Partei Indonesiens") sind zwar im Parlament vertreten, dürfen sich aber nicht auf (Sub-)Distriktsebene – an der gesellschaftlichen Basis – betätigen;[7] dazu kommen offiziell parteilose Massenorganisationen, die in der Namensgebung auf nicht mehr existierende politische Organisationen zurückgreifen (Beispiel: „Neue Masjumi") und als destabilisierendes Element in der legalen Parteienlandschaft auftreten (Südostasien aktuell 1/96, S. 21). Brisante Fragen wie etwa Betriebsneugründungen im suburbanen Raum sind somit nicht Parteisache und bewegen sich außerhalb der demokratischen Spielregeln und Einflußmuster.

---

[6] Die demonstrative Zurückweisung niederländischer Entwicklungshilfe 1992 wegen „ständiger Einmischung ... in die inneren Angelegenheiten Indonesiens" – konkreter Anlaß war der Osttimor-Konflikt – dokumentiert diese Haltung.

[7] Die PPP allerdings hat ihrer religiösen Orientierung wegen durch islamische Schulen dennoch Zugang zur öffentlichen Meinungsbildung; diese sogenannten „Pesantren" stellen als Basis ihrer islamischen Sammelpartei einen nicht unbedeutenden politischen Faktor dar (ZIEMEK 1986, S. 81ff).

Die Golkarpartei war in sämtlichen Wahlen, dank der Unterstützung durch Administration, Militär und Geheimdienste, traditionell unschlagbar und erhielt bei der Parlamentswahl am 9. Juni 1992 68,1 Prozent der abgegebenen Stimmen; PPP (15 Prozent) und PDI (14,9 Prozent) lagen abgeschlagen etwa gleichauf (NOHLEN 1993, S. 337). Die zunehmende Liberalisierung machte Prognosen für die Parlamentswahlen 1997 allerdings keineswegs mehr so eindeutig,[8] denn Golkar gilt in Kreisen Intellektueller und der wachsenden Mittelschicht als hauptverantwortlich für die grassierende Korruption und die verstärkte Polarisierung zwischen Arm und Reich (Südostasien aktuell 3/96, S. 212). Der letztendlich überwältigende Sieg der Golkar im Jahr 1997 dokumentiert jedoch, nach mehreren gewaltsamen Zusammenstößen im Zuge des Wahlkampfes, eine Fortschreibung des bis dahin üblichen politischen Kurses. Bei allen nötigen Einschränkungen hinsichtlich des tatsächlichen Parteieinflusses, bei aller Einbeziehung allmählicher Liberalisierung traditioneller Politmuster schien – zumindest oberflächlich – das etablierte Machtgefüge vorerst zementiert. Nichtsdestoweniger agierte die Opposition zunehmend couragierter, wobei insbesondere SUHARTOS Kurs der Außenorientierung zum Kritikpunkt wurde.

Kanalisiert wurde das Unbehagen durch einen fundamentalisierenden Islam und das Wiedererwachen nationaler Tendenzen. Megawati SUKARNOPUTRI, Tochter des Staatsgründers SUKARNO und als Vorsitzende der PDI Ausgangspunkt und Anlaß der blutigen Sommerunruhen 1996, ließ keinen Zweifel am aufkommenden sozialen Unfrieden: „My father ... always knew what the people needed. But [Suharto's] New Order period put a stopper in the bottle of people's political expression ... business conditions are unfair and favor the well-connected ... people are increasingly frustrated, so I'm afraid violence may grow and spread. People are not as afraid anymore" (MOREAU 1997, S. 29).

Nichtsdestoweniger hat das Parlament keine realen Kontrollrechte gegenüber der Regierung, seine Gesetzgebungsfunktion ist durch das Dekretrecht des Präsidenten stark limitiert; die duale Funktion des Militärs[9] – politisches Einflußpotential (bis zur Kabupatenebene)[10] neben explizit militärischen Aufgaben – ist langjähriges Charakteristikum des Regimes. Die offenkundige Verknüpfung zwischen Interessen der Politik und der Streitkräfte führte zu einer (erzwungenen) dezidierten Abgrenzung und Betonung der neutralen Rolle der Militärs durch General Feisal TANJUNG im März 1996 (Südostasien aktuell 2/96, S. 116).

1983 wurden 60 Prozent der Zentralregierungsposten von ehemaligen Militärangehörigen besetzt, was als Beitrag zur innenpolitischen Stabilität (KERSCHBAUMER 1994, S. 37) wie auch Schwächung der provinziellen Entscheidungshoheit betrachtet werden kann (MACANDREWS 1986, S. 20ff). Die Verknüpfung von militärischer Gewalt und intellektueller Elite beruht auf einem langfristigen bildungspolitischen (teiluniversitären) Programm, das

---

[8] Im April 1996 erfolgte die Bildung eines unabhängigen Wahlbeobachtungskomitees (KIPP), dem Oppositionelle, Menschenrechtsgruppen, Studenten und Arbeitergruppen angehören. Unter dem Vorsitz von Mohamed GOENAWAN zielt die Initiative auf die Verhinderung von Wahlunregelmäßigkeiten, die der regierenden Golkar-Partei oftmals angelastet werden (Südostasien aktuell 3/96, S. 212).

[9] HANISCH (1995, S. 142) verweist auf die ambivalente Haltung des Militärs: Zum einen bekleiden pensionierte höhere Offiziere wichtige Positionen in der Administration, zum anderen sind es ebenfalls pensionierte Offiziere (ohne Amt), die auf Demokratisierung des Regimes drängen.

[10] Indonesiens Staatsgebiet wird administrativ in 27 Provinzen untergliedert (Vorsteher: Gouverneur, vom Präsidenten ernannt), die sich ihrerseits in Bezirke (Kabupaten) und weiter in Gemeinden (Kecamatan) untergliedern lassen; die kleinste administrative Einheit ist das „Desa".

von der US-Agentur für internationale Entwicklung (USAID) seit Mitte der siebziger Jahre für Militärangehörige aus Dritte-Welt-Staaten initiiert wurde: „Part of the military ... training is carried out in the US, and includes the Civic Action Program which encourages armies to participate in rural development activities in order to prove to the people that the Army is their friend" (GEORGE 1976, S. 75).

Die Kreierung lokaler Eliten durch Ausbildung im westlichen Ausland[11] ist psychologisch nicht zu unterschätzen: Durch die (finanziell) meist großzügige Gestaltung des Auslandsaufenthalts kommt es oftmals zur kritiklosen Absorption westlicher Lebens- und Wertemuster, die nach der Rückkehr umgesetzt werden wollen. Die wachsende Mittelschicht rekrutiert sich somit aus Mitgliedern von Militär und Parteikadern, erst seit kurzer Zeit ergänzt um eine teils kritische Bildungselite vorwiegend akademischer Provenienz, die dem Umgang mit der Realität massiver Verstädterung und Industrialisierung höchst reserviert gegenübersteht – oder sich die neuen Optionen zunutzemacht.

1.2 Bevölkerungspolitik und gesellschaftliche Organisation

Die folgende Diskussion von Aspekten der indonesischen Bevölkerungs- und Gesellschaftsentwicklung hat Längsschnitt- wie Querschnittcharakter: Nach einer Kurzanalyse genereller demographischer Aspekte der staatlichen Bevölkerungspolitik folgt eine deskriptive Bewertung der javanischen Denkschule, die auf Armutsausgleich ebenso wie auf vertikaler Loyalität beruht und vor dem Hintergrund der gegenwärtigen Politik der sozialen Integration betrachtet werden soll – Armut steht in sehr engem Bezug zu urban destinierter Migration, die ihren Kulminationspunkt in Java in Wanderungsströmen nach Jakarta findet.

1.2.1 Java: Bevölkerungsdruck auf Raten

„One day ... the population of Jawa [sic] will crowd the whole island ... Millions of tenants will have to live on fractions of a hectare growing nothing but rice. Their incomes will be no more than those of poor field labourers, just covering what is absolutely necessary for survival." (zit. nach DONNER 1987, S. 53).

Als L.P.J DU BUS DE GISIGNIES, Generalkommissar der Niederländischen Kolonialverwaltung, vor 170 Jahren ein düsteres Zukunftsbild für Java malte, war von Bevölkerungsdruck noch keine Rede: Nach RAFFLES (1817) war im frühen 19. Jahrhundert lediglich ein Siebentel der Fläche Javas kultiviert; die Intensität der Bewirtschaftung führte allerdings in Zentraljava bereits zu vereinzelten Dichtewerten von mehr als 800 Einwohnern/km². In Ostjava dagegen wurden selbst größere „Sawah"-Gebiete[12] erst um die Jahrhundertmitte durch Zuwanderung aus überfüllten Regionen der Inneninseln, vor allem aus Madura, aufgefüllt (BOOTH 1985, S. 142).

Eine britische Volkszählung errechnete 1815 4,6 Millionen Einwohner. 1830 besiedelten lediglich sechs (DONNER 1987, S. 53f) bis sieben Millionen Menschen (GEERTZ 1963, S. 69) die damals noch teils von tropischem Regenwald bestandene Insel, deren traditionelle

---

[11]) Der 1998 bis 1999 amtierende Präsident HABIBIE etwa studierte in Essen (BRD).

[12]) „Sawah" ist ein Sammelbegriff für bewässerte landwirtschaftliche Nutzflächen, auf denen vorwiegend Naßreisbau betrieben wird (UHLIG 1995, S. 179).

Naßreis-Kulturen der Selbstversorgung dienten und lediglich punktuelle Dichtezentren schufen. Erst Mitte des 19. Jahrhunderts begann sich die Bevölkerungsspirale allmählich zu drehen und ganz Java mit Reiskulturen zu überziehen: Aufgrund zunehmender Bevölkerungszahl wurden die zur Verfügung stehenden Kulturflächen geringer und die Anbaumethoden intensiver.

Durch die koloniale Konzentration auf (arbeitsintensive) Cash-Crops entstanden vermehrte Arbeits- und Einkommensmöglichkeiten für die rurale Bevölkerung; weiters führten massive Verbesserungen im sozialen (Gesundheit, Bildung), politischen (Beendigung interner Rivalitäten durch die „Pax Nederlandica") und ökologischen Umfeld (Bewässerungsmaßnahmen, Überschwemmungsschutz) zu sinkenden Sterberaten und steigender Lebenserwartung.

Die schrittweise Ausdehnung der Anbauflächen gilt als Voraussetzung für das Bevölkerungswachstum Javas, das durch intensive Land-Land-Wanderungen (etwa von Zuckerkulis aus Madura nach Ostjava) noch forciert wurde. Zumindest javaweit geht nach der Theorie BOSERUPS das Bevölkerungswachstum mit ständiger Steigerung der Hektar-Erträge, Anbauintensität und Flächenerweiterung einher; demgegenüber steht die GEERTZsche Theorie der „agricultural involution", die – dem heutigen Erfahrungsstand nach realistischer – besagt, daß es durch kontinuierlich weitergeteiltes und immer dichter besetztes Agrarland zu ökonomischer Stagnation und „shared poverty" kommen muß (UHLIG 1995, S. 159).

Nach einer kurzen Zäsur im Zuge der neuen Unabhängigkeit – Hungersnöte, Guerillakämpfe und allgemeine politische und ökonomische Labilität bewirkten Bevölkerungsstagnation – erfolgte der eigentliche Take-Off jedoch erst um die Mitte des 20. Jahrhunderts: 1961, im Rahmen der ersten Nachkriegsvolkszählung, ergab sich ein jährliches Bevölkerungswachstum von 2,2 Prozent, das höchste der letzten 80 Jahre (DONNER 1987, S. 54ff), das sich in den folgenden Jahren noch auf 2,4 Prozent verstärkte.

Abbildung 1: Die Bevölkerungsdynamik in Indonesien (1971–2020): Stadt- und Landbevölkerung im Vergleich

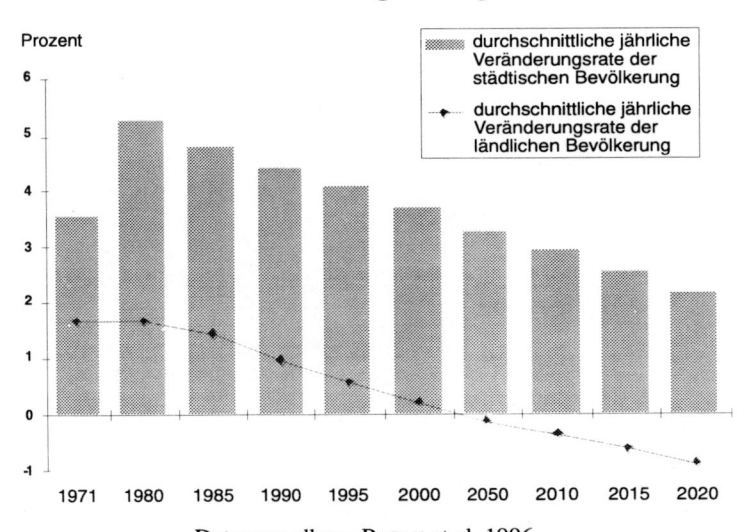

Datengrundlage: PASAY et al. 1996.

Tabelle 1: Indonesien: Fläche, Bevölkerungszahl und Bevölkerungsdichte nach Regionen und Provinzen

Region/Provinz	Fläche in km²	Einwohner (Z 1990)	Einwohner (Z 1995)[1]	Einw. je km² 1995
Sumatera (Sumatra)	473 481	36 507 000	40 830 334	86
Aceh	55 392	3 416 000	3 847 583	69
Nordsumatra	70 787	10 256 000	11 114 667	157
Westsumatra	49 778	4 000 000	4 323 170	87
Riau	94 561	3 304 000	3 900 534	41
Jambi	44 800	2 021 000	2 369 959	53
Südsumatra	103 688	6 313 000	7 207 545	70
Bengkulu	21 168	1 179 000	1 409 117	67
Lampung	33 307	6 018 000	6 657 759	200
Jawa (Java) mit Madura	132 186	107 581 000	114 733 486	868
Jakarta	590	8 259 000	9 112 652	15 445
Westjava	46 300	35 384 000	39 206 787	847
Mitteljava	34 206	28 521 000	29 653 266	867
Yogyakarta	3 169	2 913 000	2 916 779	920
Ostjava	47 921	32 504 000	33 844 002	706
Nusa Tenggara (Kleine Sundainseln)	82 927	10 165 000	10 958 553	132
Bali	5 561	2 778 000	2 895 649	521
West-Nusa Tenggara	20 177	3 370 000	3 645 713	181
Ost-Nusa Tenggara	47 876	3 269 000	3 577 472	75
Timor Timur (Ost-Timor)[2]	14 874	748 000	839 719	56
Kalimantan (Borneo)	539 460	9 100 000	10 470 843	19
Westborneo	146 760	3 229 000	3 635 730	25
Mittelborneo	152 600	1 396 000	1 627 453	11
Südborneo	37 660	2 598 000	2 893 477	77
Ostborneo	202 440	1 877 000	2 314 183	11
Sulawesi (Celebes)	189 216	12 521 000	13 732 449	73
Nordcelebes	19 023	2 478 000	2 649 093	139
Mittelcelebes	69 726	1 711 000	1 938 071	28
Südcelebes	72 781	6 982 000	7 558 368	104
Südostcelebes	27 686	1 350 000	1 586 917	57
Maluku (Molukken)	496 486	3 505 000	4 029 143	8
Molukken	74 505	1 856 000	2 086 516	28
Irian Jaya (Westirian)	421 981	1 649 000	1 942 627	5
insgesamt	1 919 317	179 378 946	194 745 808	101

[1] Intercensal Population Census.
[2] Annektiert 1976 bis 1999.
Quelle: Statistisches Bundesamt Wiesbaden 1993; Biro Pusat Statistik 1997b.

Spätestens jetzt stand die indonesische Regierung unter Aktionsdruck, der ein zweifaches Maßnahmenbündel bedingte: Zum einen eine modifizierte Fortführung der niederländischen Transmigrationsprogramme, zum anderen forcierte Familienplanung.

Werden die jährlichen Wachstumsraten und deren Trends der Stadt- und Landbevölkerung in Indonesien gegenübergestellt, so zeigt sich ganz deutlich die Entwicklung in Richtung einer „urban dominierten Gesellschaft" (Abbildung 1). Spätestens im Jahr 2020 leben – laut Prognosen – mehr Menschen in Stadtgebieten als im ländlichen Raum. Die jährliche Veränderungsrate der ländlichen Bevölkerung wird im Jahr 2005 erstmals bei -0,1 Prozent liegen und somit ein „Negativwachstum" darstellen. Die jährliche Wachstumsrate der städtischen Bevölkerung soll im selben Jahr bei rund 3,3 Prozent liegen (PASAY et al. 1996, S. 101). Der Großraum Jakarta als Absorptionsraum der ländlichen Peripherie ist Ausdruck dieses Entwicklungsszenarios. Das städtische Bevölkerungswachstum hatte seinen Kulminationspunkt zwar Anfang/Mitte der achtziger Jahre und ist seit diesem Zeitpunkt rückläufig, übersteigt das Wachstum der ländlichen Bevölkerung seit 1980 aber nach wie vor sehr deutlich.

Die urbane Bevölkerung Indonesiens stieg von 1960 von 15 Prozent (Anteil an der Gesamtbevölkerung des Landes) auf 34 Prozent im Jahr 1994. Für das Jahr 2000 wird der Anteil der städtischen Bevölkerung mit 40 Prozent veranschlagt. Damit liegt Indonesien zwar knapp unter dem Schnitt der Entwicklungsländer (41 Prozent) und dem generellen weltweiten Schnitt von 47 Prozent, hat aber vor allem in den letzten beiden Jahrzehnten rapid „aufgeholt". Die „urban population annual growth rate" lag in Indonesien in der Zeit von 1990 bis 1994 bei 4,7 Prozent. Hier wird ein Rückgang von 1994 bis ins Jahr 2000 auf 4,2 Prozent prognostiziert (Deutsche Gesellschaft für die Vereinten Nationen 1997, S. 222). Tabelle 1 unterstreicht die Bevölkerungskonzentration auf Java, ein krasser Gegensatz zur Situation im gesamten übrigen Staatsgebiet.

1.2.2 Staatliche Familienplanung und ländliche Entwicklung

„Okeh anak okeh rejeki!"
(Je mehr Kinder, umso mehr Glück)

Das Prinzip der Fruchtbarkeit ist bereits in der javanischen Mythologie verankert und mitverantwortlich für den enormen Bevölkerungsdruck, dem vor allem der zentralindonesische Teil (Java, Madura) ausgesetzt ist: Rund 114 Millionen Menschen, etwa 60 Prozent der indonesischen Gesamtbevölkerung, konzentrieren sich heute auf nur 7 Prozent des Staatsgebietes (The Far East and Australasia 1996, S. 384), was jedoch nach UHLIG (1995, S. 155) bereits eine relative Entspannung des Bevölkerungsdrucks darstellt: 1930 waren es noch 72,3 Prozent.[13]

„More land is available in the Outer Islands of Indonesia, but they are generally of lower soil fertility. This also explains their lower population densities" (World Food Programme 1993, S. 1) – es waren jedoch keineswegs nur die vergleichsweise guten Lebensbedingungen auf Java, die die Bevölkerungsdichte der Inneninseln auf ein Vielfaches der indonesienweit rund 100 Einwohner/km^2 ansteigen ließen (Java: 859, Bali: 517). Java stand seit Jahrhunderten unter dem Einfluß der niederländischen Kolonialherrschaft, die von 1619 bis 1942 zwar den Anbau agrarischer Exportprodukte forcierte, einen parallelen Strukturwandel der Gesamtökonomie jedoch hintanstellte; die Transferierung der Gewinne er-

---

[13]) Eine statistische Vergleichbarkeit ist jedoch hinsichtlich der Bevölkerungsrelationen nicht gegeben, da die demographischen Kennzahlen vor 1962 Irian Jaya (West-Neuguinea) meist ausgeklammert haben.

folgte großteils nach Europa, womit die Schaffung neuer Arbeitsplätze sowie Entwicklungsimpulse weitgehend unterblieben (GEERTZ 1963, S. 47ff).

Der eigentliche Startschuß zur Bevölkerungsexplosion erfolgte unter dem Einfluß des „Cultuur-Stelsels"[14] zu Beginn des 20. Jahrhunderts, als die Bevölkerung relativ kurzfristig von 4 auf 24 Millionen anwuchs, ohne daß dementsprechend neues Anbauland gewonnen werden konnte: Eine Liberalisierung der Vergabe öffentlichen Landes – die neugerodeten „upland"-Felder[15] wurden dem Dispositionsrecht der alten Dorfgemeinschaften entzogen – führte zu einem „unparalled rush on the wastelands" (PALTE 1989, S. 43), was zwischen 1850 und 1885 in einer Verdoppelung des Ackerlandes Javas resultierte.

Die Bauern suchten ihre Zwangsabgaben durch Aufteilung ihrer Anteile am kommunalen Reisland auf landlose Mitbewohner und Zuzügler zu mindern, während die Kolonialverwaltung mit der Abgabenerfassung selbst in periphere Bergsiedlungen vordrang und damit den weiteren Ausbau zunächst unrentabel gestaltete – dieses Schließen des „Ventils" für den Bevölkerungsüberschuß bewirkte erneute Steigerungen des Bevölkerungsdrucks, der in einer weiteren, „squatter"-haften Landnahme im Zuge der japanischen Besetzung und der Gesetzlosigkeit der ersten Unabhängigkeitsphase kulminierte.

Java war längst nicht mehr zur Selbstversorgung in der Lage, doch immer noch erfolgten – unter SUKARNO – Aufrufe zur Steigerung der Population, um die aus javanischer Sicht ungenutzten Außeninseln zu erschließen und den Wohlstand der gesamten Nation zu steigern.

Erst die Regime der „Neuen Ordnung" implementierten zielgerechte Lösungsansätze zur Kontrolle des Bevölkerungsanstieges. Mit der Unterstützung von UNICEF und Weltbank konnte ab 1957 innerhalb des KB-Programmes („Keluarga Berencana") durch ein Maßnahmenbündel (MIYAN et al. 1984) – wie verstärkte Aufklärung und die Verteilung von Kontrazeptiva – eine Reduzierung der jährlichen Geburtenrate von 36 Promille (1967) auf etwa 20 Promille (1995) erreicht werden (Südostasien aktuell 3/96, S. 213): „The success of our nation depends on the success of our family planning policy" (DONNER 1987, S. 37) – seit einem Jahrzehnt die oberste politische Leitlinie.

Im Zeitraum 1980–1990 belief sich das Bevölkerungswachstum in Indonesien auf durchschnittlich 2,1 Prozent. Im Jahr 1996 lag es bereits bei 1,7 Prozent. Ab dem Jahr 2000 wird mit einer Wachstumsrate von 1,2 Prozent gerechnet. Die Erfolge der Familienplanungsprogramme in Indonesien, die seit 1970 laufen, haben Indonesien den „United Nations Population Award" als diesbezügliches Vorbildland eingebracht. Dennoch gilt es festzuhalten, daß die Bevölkerung Indonesiens nach wie vor um rund drei Millionen Menschen jährlich im Wachsen begriffen ist (Südostasien aktuell 2/97, S. 113).

Die heute erfolgreiche Umsetzung der ab 1957 formulierten Ziele der nationalen Familienplanung (PKBI) war anfangs bestenfalls erhofftes Nebenprodukt: „... little thought was given to the population-environment nexus as the concern then had to do primarily with speeding up economic growth" (PERNIA 1991, S. 132).

---

[14]) Jeder Bauer war verpflichtet, ein Fünftel seines Bodens mit festgelegten Cash-Crop-Produkten zu einem festgelegten Fixpreis zu bebauen (DONNER 1987, S. 55ff).

[15]) Die bis dahin nahezu unbesiedelten Berg- und Hügelländer Ost- und Zentraljavas wurden innerhalb weniger Jahrzehnte aufgesiedelt. Während die „sawah"-Gebiete von 1893 bis 1913 um 19 Prozent wuchsen, erhöhte sich die Trockenlandnutzung um 177 Prozent (PALTE 1989, S. 44ff).

Mit der Gründung einer für die Familienplanung zuständigen Regierungsbehörde (BKKBN) – eine unabhängige Behörde mit Koordinationsaufgaben, die direkt dem Präsidenten verantwortlich ist – erfolgte 1970 der konkrete Startschuß familienplanerischer Aktivität. Die tatsächliche Durchführung der Projekte geschieht durch eine Reihe staatlicher und nichtstaatlicher Institutionen, die – unter bewußter Einbindung traditioneller kultureller Wertsysteme und Einbeziehung der einzelnen Religionen – an das an die „Pancasila" verankerte Familienprinzip anknüpfen und Eigenverantwortlichkeit voranstellen. Die dezentralisierte Aufgabenverteilung gilt allgemein als Hauptparameter eines Erfolges (DONNER 1987, S. 38), den die Weltbank zu „one of the most impressive demographic transitions in the developing world" (Weltbank 1994a, S. 10) hochstilisiert.

ROSS (1988, S. 7) streicht die Innovativität des indonesischen Modells der sozialen Kommunikation hervor, das auch Inhalt der ersten drei Fünfjahrespläne (Repelita I–III, 1974–1983) war, und – von Java ausgehend – für die Außeninseln adaptiert wurde: „Das Familienplanungsprogramm führte Aktivitäten zur Verbesserung der Familiengesundheit, der Erziehung, des Einkommens ... deshalb durch, um die ... Zusammenhänge zwischen der ‚kleinen' auf der einen und der ‚glücklichen und wohlhabenden' Familie auf der anderen Seite zu untermauern." (HAMIJOYO 1994, S. 44).

So erfolgreich die Familienplanung in Java selbst verlief, so divergierend präsentiert sich die Situation auf den peripheren Außeninseln (Tabelle 2), wofür traditionelle Denkweisen der autochthonen Subsistenzbevölkerungen sowie der agrarisch geprägten Transmigranten aus dem übervölkerten Java verantwortlich gemacht werden, die keinerlei finanzielle Bonusleistungen für Kinderarmut – wie etwa javanische Beamte[16] – in Anspruch nehmen konnten (BABCOCK 1986, S. 161; KERSCHBAUMER 1994, S. 53).

Tabelle 2: Bevölkerungswachstum in Indonesien 1990–1995

	Bevölkerungszahl (in Millionen)		Durchschn. jährliche
	1990	1995	Wachstumsrate in Prozent
Java	107,6	114,7	1,3
Außeninseln	71,8	80,0	2,2
Gesamt Indonesien	179,4	194,7	1,7

Quelle: Berechnet aus Daten des Zensus 1990 und des „Intercensal Population Census" 1995.

Die Fertilitätsrate ist in den letzten beiden Jahrzehnten generell deutlich gesunken. Das propagierte Motto „Zwei Kinder sind genug, Mädchen und Jungen sind gleichwertig" findet zunehmende Akzeptanz, die mit dem Bildungsniveau und urbanen Lebensformen steigt: Nahmen 1973/74 lediglich 12,4 Prozent der Javaner, 1977/78 28,1 Prozent (Außeninseln: 9,2 Prozent) das KB-Programm in Anspruch, so betrug die Akzeptanz 1990 47 Prozent,[17] 1993/94 68,1 Prozent (Gesamtindonesien: 64,0 Prozent); die Verwendung von Kontrazeptiva zur Geburtenkontrolle stieg von 10 Prozent (1960) auf 45 Prozent (1990)

---

[16] Ab dem vierten Kind wird für Staatsbedienstete die Familienbeihilfe eingestellt (DONNER 1987, S. 39ff).

[17]) Die Prozentangaben beziehen sich auf die Zahl der verheirateten Paare. Vergleichswerte 1990: Philippinen 30 Prozent, Malaysia 22 Prozent (UHLIG 1995, S. 178).

(Weltbank 1994a, S. 10). Allein Jakarta verzeichnete zwischen 1971 und 1990 einen Geburtenrückgang von 55,1 Prozent (SINGARIMBUN 1995, S. 126).

DONNER (1987, S. 41ff) streicht die tiefergehende Bedeutung der Basisidee hervor, die über die bloße Reduzierung der Kinderzahl weit hinausreicht und eine Transformation traditioneller Lebensstile auch im rural geprägten Raum induziert. Bessere gesundheitliche Versorgung, Bildungsmöglichkeiten für Jungen und Mädchen und Arbeitsplatzchancen werden als Basisparameter von Beratern auf lokaler und regionaler Ebene ins Treffen geführt – Motto: Weniger Kinder, mehr Wohlstand.

Dennoch, selbst unter der unrealistischen Annahme einer ausnahmslosen Zwei-Kind-Familie ab 1971 würde sich die Bevölkerung Javas jährlich um mindestens zwei Millionen vermehren, da die reproduktionsfähige Bevölkerung überproportional vertreten ist: Anfang der siebziger Jahre waren 55 Prozent der Bevölkerung unter 20 Jahre alt.

Ein Ausgleich zwischen Geburten- und Sterbefällen wäre frühestens 2020, weniger optimistischen Weltbank-Prognosen zufolge nicht vor 2115 zu erwarten – Javas Entwicklung zur „largest megapolis on earth"[18] (DONNER 1987, S. 42) scheint auch mit intensivierter Familienplanung nicht aufzuhalten zu sein.

Schätzungen zufolge wird sich die Bevölkerungsdichte Javas bis 2031 bei 1300 Einwohnern pro km^2 einpendeln, der Bevölkerungsplafond wird mit etwa 300 Millionen Menschen prognostiziert (Weltbank 1994a, S. 10).

1.2.3 Die javanische Denkschule: Geteilte Armut und vertikale Loyalität

Die javanische Gesellschaft besitzt seit jeher ein hohes Maß an sozialer Differenzierung, die auf der traditionellen Landnutzung beruht. Durch ein komplexes System des sozialen Ausgleiches und der Umverteilung der Erträge konnte über Jahrhunderte die Verelendung der ärmsten Bevölkerungsschichten verhindert wie auch der gesellschaftliche Status ranghoher Gruppen abgesichert werden.

Die Reisernte erfolgte arbeitsintensiv durch manuelles Abschneiden der Reisähren mit dem Reismesser, wobei die Zahl der Schnitter (Entlohnung: 7–10 Prozent der Erntemenge) unbegrenzt war. Die Folge war geteilte Armut statt punktueller Verelendung, was als sozialer Ausgleichsmechanismus bis zur „Grünen Revolution" von Erfolg gekrönt war.

Ein weiteres sozio-kulturelles Merkmal der javanischen Gesellschaft stellt die vertikale Gliederung der Gesellschaft dar, die horizontales Schicht- oder Klassenbewußtsein traditionell hintanstellt. Im Zentrum stehen patrimoniale Loyalitäten: So ist der „Patron" (*bapak*) für seine Klienten (*anak buah*) verantwortlich und zeigt sich für die von ihnen entgegengebrachte Loyalität erkenntlich; diese wiederum fühlen sich nicht mit sozial Gleichgestellten (zum Beispiel anderen Landarbeitern) solidarisch, sondern definieren ihr soziales Selbstverständnis aus ihrer Zugehörigkeit zu einem vertikalen „*aliran*".

---

[18]) Javas Bevölkerung ist jedoch keineswegs gleichmäßig verteilt und zeigt trotz hoher Gesamtdichtewerte gewaltige regionaldemographische Disparitäten: So standen 1971 – bei insgesamt 1430 Kecamatan (Unterbezirken) – 85 Kecamatan mit weniger als 200 Einwohnern/km^2 267 mit weit über 1000 Einwohnern/km^2 gegenüber (HORSTMANN et al. 1980, S. 102; UHLIG 1995, S. 157).

Als drittes Spezifikum des javanischen Denkens gilt der hierarchische Aufbau der Gesellschaft, wie er im Feudalsystem der Vorkolonialzeit oder der kolonialen Bürokratie gegeben war.

Die skizzierten Loyalitätsverhältnisse legen den Schluß nahe, daß Verwaltungsentscheidungen – speziell auf mittlerer und unterer Ebene – des öfteren als Ausdruck einer Patron-Klient-Beziehung verstanden werden können (DÜRSTE et al. 1987, S. 5f).

1.2.4 Einheit und Integration: Leitbild der Gegenwart

„We are fully convinced that diversity in our societies is our strength, not our weakness, and we intend to protect this diversity by ensuring non-discrimination between all our people, irrespective of gender, race, religion or ethnic origin." (United Nations Development Programme 1994).

Die Konsensbereitschaft ist traditioneller Bestandteil der indonesischen Gesellschaft, die, nach anarchischen Zuständen im Zuge der ersten Jahre des nachkriegszeitlichen SUKARNO-Regimes, die Existenz des jungen Staatsgebildes auf Einheit aufbauen mußte. Die gewaltige ethnische, sprachliche und religiöse Pluralität des Landes, die räumlichen Disparitäten zwischen dem megalopolisierten Kulturraum Java und den peripheren Außeninseln wie die dramatischen latenten sozio-ökonomischen Unterschiede bedurften eines Leitbildes, um den Zusammenhalt zu rechtfertigen:

„Because Indonesia's territorial boundaries were determined by the Dutch through the historical accidents of their dealings with the British, Portugese, Spaniards and others during the colonial era, it has often been asserted that the new nation is a factitious, even unnatural entity, therefore intrinsically fissiparous and fragile." (MACKIE 1980, S. 669).

Daß sich Einheit nicht immer selbsttätig ergibt, macht DRAKE (1988, S. 1) deutlich: „This is the process of forging unity within diversity, to bind together the various regions and diverse peoples into a cohesive, functioning and interdependent whole."

„*Bhineka Tunggal Ika*" („Einheit in der Vielfalt") ist bis heute das Motto eines Staates, dessen autoritäre Regime die Einheit des Landes nach außen hin demonstrieren, gleichzeitig aber Opposition nur bedingt dulden und auch in Menschenrechtsfragen (HANISCH 1995, S. 143) – trotz offizieller Öffnung nach Westen – keine ausländischen Interventionen zulassen.

Die zunehmende Bedeutung eines sozialen Ausgleichs ist in Zeiten wachsender Industrialisierung und Globalisierung vielen durchaus bewußt, wie auch SUHARTO zur Feier des 49. Jahrestages der Republik klarstellt: „Our nation is very diverse. The history of our development is still young. This is why our society is still vulnerable, especially towards elements that can tear us apart." (PEMBARUAN 1994, S. 12).

Nach TAN (1995, S. 140) besteht nationale Integration aus vier interdependenten Sub-Komponenten – der politischen, ökonomischen, kulturellen und sozialen Dimension. Die soziale Integration gilt als Grundlage, die nicht auf absoluter Einheit beruhen kann, sondern Zusammenleben in „productive and cooperative diversity" ermöglichen soll.

Harsja W. BACHTIAR, der bedeutende indonesische Soziologe, betont die Realitätsferne des angestrebten Einheitskonzeptes, formuliert aber nichtsdestoweniger pathetisch: „Our aim as Indonesians is modest but noble, that is, a society, where all groups live together in harmony, develop themselves without harming other groups, but assisting and supporting each other, in order to attain a just and prosperous society" (1992, S. 43ff) – ein theoretisches Ideal, das durch die Praxis innergesellschaftlicher Disparität jedoch relativiert wird.

1.3 Nationale Voraussetzungen der Urbanisierung im Großraum Jabotabek

Aku anak kampung, tak tahu budaya kota keramaian.
Aku anak kampung, korban karena keadaan.
Pintu-pintu kota Jakarta terkunci untuk ku.
Di desa-desa tanah-tanah yang hitam tapi aku tak ikut punya.

(Ich bin ein Kind des Kampung, ich kenne die Kultur der Großstadt nicht.
Ich bin ein Kind des Kampung, ein Opfer der Umstände.
Die Tore nach Jakarta sind mir versperrt.
Und am Land ist der Boden reich, gehört aber nicht mir.)

Aus: „Anak Kampung" (Indonesischer Pop-Song)

Urbanisierung ist ein vielfach ambivalenter Begriff, dessen mannigfaltige Interpretationen meist demographischen oder soziologischen Charakter annehmen: Während die demographische Definition einzig Aspekte wie Bevölkerungswachstum und -anteile in verstädterten Räumen (im Gegensatz zu ruralen Gebieten) beinhaltet, umfaßt der soziologische Erklärungsansatz sämtliche Komponenten urbaner Veränderung von Lebensstil und Wertesystemen: „… the transformation from rural to urban forms of life, from high communicative density within a limited community, high value of traditional forms of solidarity, e.g. in the extended family, in one's own ethnic group, to anonymity, communication and interaction limited to an extremely small number of town dwellers, changeover to ‚modern forms' of solidarity, e.g. in trade unions …" (SCHMIDT-KALLERT 1992, S. 23). Die folgende Skizze der Urbanisierung Javas versucht eine kaleidoskopartige Analyse beider Aspekte der Verstädterung und einen historischen Abriß java-spezifischer Tendenzen von der späten Kolonialzeit bis zur Gegenwart.

1.3.1 Batavia – „Die Königin des Ostens"

Die räumliche Verteilung der Bevölkerung wie der Grad der beginnenden Urbanisierung gelten allgemein als direktes Produkt der Kolonialzeit; trotz der späten Einführung einer verbindlichen systematischen Klassifikation als „urban" und „rural" ab 1920 existieren zumindest punktuell verläßliche Schätzungen über Dichteräume (HUGO 1987, S. 48). Das koloniale Städtewachstum war ökonomisch-strategisch determiniert und kulminierte im wesentlichen entlang der Küstenstriche, die als Umschlagplätze der agrarischen und mineralischen Rohstoffe des Hinterlandes dienten.

Verglichen mit der boomenden europäischen Stadtentwicklung des späten 19. Jahrhunderts verlief die urbane Evolution Indonesiens jedoch zögernd: RANNEFT (1929, S. 80ff) ortet „subsidiary industries" in Java, die arbeitsintensive Verarbeitung der tradierten Primärrohstoffe erfolgte jedoch in Europa und trug zum dortigen Städtewachstum bei.

Anfang des 20. Jahrhunderts ist jedoch bereits starkes Städtewachstum feststellbar, die urbanen Zentren wuchsen durchschnittlich doppelt so stark wie die Gesamtbevölkerung.

HUGO (1987, S. 49ff) betont folgende Spezifika der spätkolonialen Stadtentwicklung Indonesiens:

- Die urbane Hierarchie von „Niederländisch Ostindien" war nicht von einer „single primate port city" dominiert; Batavia, die koloniale Hauptstadt, stand bis Anfang des 20. Jahrhunderts im Schatten der ostjavanischen Metropole Surabaya.
- Die traditionelle Vorherrschaft Javas dokumentiert sich auch in der Städtehierarchie. Bis 1920 gab es keine Stadt der Außeninseln mit einer Bevölkerungszahl über der Grenze von 100.000 Personen, während in Java bereits sechs Städte diese Einwohnerzahl überschritten.
- Kolonial forcierte (Küsten-)Städte entwickelten sich rasanter als die traditionell-hierarchischen monarchischen Zentren im Landesinneren.

1.3.2 Die Unabhängigkeit: „Nation-Building" und Urbanisierung

„Comrades from Jakarta, let us build Jakarta into the greatest city possible. Great, not just because of its skyscrapers ... even in the little houses of the workers of Jakarta there must be a sense of greatness ...
Give Jakarta an extraordinary place in the minds of the Indonesian people, because Jakarta belongs to the people of Jakarta ... to the whole Indonesian people ..."
(SUKARNO 1950)

Java ist heute die am dichtesten besiedelte Insel der Welt: 60 Prozent der Gesamtbevölkerung Indonesiens massieren sich auf der Insel, die Lebensraum für über 120 Millionen schafft – trotz der (noch) vergleichsweise geringen Verstädterung, die jedoch durch hohe Dichten im ländlichen Raum kompensiert wird: „27 Prozent of the population lives in big cities and rapid urbanization with all its consequences is an increasing problem." (United Nations Conference 1992, S. 217).

Um die hohen Dichtewerte noch plakativ hervorzuheben, drängt sich ein Vergleich mit europäischen Ländern auf: Wäre beispielsweise Österreich so dicht besiedelt wie Java, so würde die Bevölkerungszahl nicht acht, sondern 65 Millionen ausmachen. Der Dichtewert in Österreich liegt bei 96 Einwohnern/km^2, selbst Deutschland bringt es auf nicht mehr als 228 Einwohner/km^2 (HUSA und WOHLSCHLÄGL 1996).

Aufgrund der extremen Bevölkerungsdichte der Insel (1971: 576; 1990: 814 Einwohner/ km^2) (Central Bureau of Statistics 1994, S. 42f) war der Übergang zwischen ländlichen und städtischen Räumen stets definitorisch umstritten und uneinheitlich, wenngleich überregionale Trendmuster offenkundig waren. Die Existenz einer Reihe von Millionenstädten kann nicht darüber hinwegtäuschen, daß Java – in historischer Perspektive – keineswegs als permanente Agglomeration darstellbar ist; Indonesien galt allgemein als einer der am wenigsten verstädterten Räume Asiens.

Die Geschwindigkeit der Urbanisierung Indonesiens, von der Java vorrangig betroffen ist, ist jedoch augenscheinlich: Bereits Mitte der siebziger Jahre lebten 66 Prozent (RÖLL 1979, S. 55ff), zehn Jahre darauf nahezu unverändert 65 Prozent (HUGO 1987, S. 91) der urbanen Bevölkerung auf Java, wo sich auch sieben der zehn größten Städte befanden; zwanzig Jahre später konzentrieren sich 43 Prozent der sprunghaft wachsenden städtischen Bevölkerung Indonesiens – 14,8 Prozent (1961), 22,4 Prozent (1980), 30,9 Prozent (1990)

– auf zwei Provinzen im Westen der Insel (Java Barat, DKI Jakarta), was bestehende wie entstehende räumliche Disparitäten zu untermalen vermag. 1990 lebten 55,4 Millionen Menschen in urbanen Regionen, fünf Jahre später bereits über 65, das sind 30,9 Prozent der Gesamtbevölkerung des 200-Millionen-Staates (Department of Information 1996, S. 186); für 1999, nach Ende des sechsten Fünfjahresplans (Repelita VI), wird für die urbane Bevölkerung ein Anteil von 39,2 Prozent prognostiziert (BENNATHAN 1996, S. 1). Etwa 40 Prozent davon leben in Städten über 500.000 Einwohner – Mitte der neunziger Jahre beträgt der Anteil Javas an der urbanen Gesamtbevölkerung 62 Prozent (TJIPTOHERIJANTO 1996a, S. 6).

Nach einer Phase abgeschwächter Stadtentwicklung nach der Unabhängigkeit 1949 beschleunigte sich das Wachstum erst gegen Ende von SUKARNOS „Gelenkter Demokratie" beträchtlich – eine Analogie zu sämtlichen ASEAN-Nachbarstaaten (PERNIA 1991, S. 115f). Das jährliche Städtewachstum Javas betrug zwischen 1961 und 1980 durchschnittlich 3,3 Prozent (RUTZ 1985, S. 11), wobei die Berechnungsausgangslage als zu niedrig angesetzt galt; zudem erschwerten Grenzverlegungen exakte Vergleiche (HAMER 1986, S. 221), weiters blieben Parameter der bereits 1971 erheblichen zirkulären Migration und Pendelwanderung Hunderttausender unberücksichtigt: „This ‚hidden urbanization' blurs the social and economic meaning of ‚rural' and ‚urban' in Indonesia." (HUGO 1987, S. 86). Unter der Annahme eines kontinuierlichen Wachstums der urbanen Bevölkerung von jährlich 5,4 Prozent (1980–1990) war nach VAN DER HOFF et al. (1993, S. 5) bis Mitte der neunziger Jahre mit einer städtischen Bevölkerung von 72 Millionen zu rechnen.

Für die Volkszählung 1980 wurde die Stadtdefinition konkretisiert und funktionalisiert, mit Hilfe eines neu initiierten „Nationalen Stadtentwicklungsprojekts" (NUDSP) wurden insgesamt 831 funktional-urbane Räume identifiziert – doch die fehlende Operationalisierbarkeit etwa in der Frage der Pendelwanderung läßt fundierte Detailuntersuchungen nach wie vor nicht zu.

Trotz aller statistischen Einschränkungen gilt jedoch als gesichert, daß sich der urbane Bevölkerungsanstieg in der Untersuchungsperiode 1970–1980 bei jährlich etwa 4 Prozent bewegte (National Urban Development Strategy Project 1985, S. 12ff), der Grad der Urbanisierung ist dennoch bei weitem geringer, wie HUGO (1987, S. 88f) hervorstreicht: Von 1920–1980 verzehnfachte sich die urbane Bevölkerung, der prozentuelle Anteil der städtischen Bevölkerung an der Gesamtbevölkerung vervierfachte sich im selben Zeitraum bloß.

Java weist die höchste Anzahl urbaner Bevölkerung auf. Die Hälfte der städtischen Bevölkerung lebt in Städten über 500.000 Einwohner, drei der landesweit vier Millionenstädte finden sich auf Java. Theoretische Modelle einer „javanischen Megalopolis" gingen von einem – noch imaginären – Netzwerk urbaner Siedlungen an der Nordküste der Insel mit einer Gesamtbevölkerung von 90 Millionen bis zum Jahr 2000 (DONNER 1987, S. 296) aus. Doch: Obwohl Java indonesienweit den größten Verstädterungsgrad erreicht, ist sein urbanes Wachstum national unterdurchschnittlich. Insgesamt wurden im Zeitraum 1971–1980 dreimal so viele Arbeitsplätze in urbanen Räumen geschaffen wie im Landesdurchschnitt – womit das Binnenwanderungsverhalten maßgeblich beeinflußt wurde.

Prognosen der Weltbank zufolge wird sich die Urbanisierung tendenziell fortsetzen – 2020 könnten 125 Millionen, die Hälfte der indonesischen Gesamtbevölkerung, in urbanen Räumen leben; überproportionale Wachstumsimpulse werden sich in den Städtegrößenkategorien mit über einer Million Einwohnern ergeben, deren Anteil an der städtischen

Gesamtbevölkerung 1990 bei 41,5 Prozent lag. Die urbane Bevölkerung Javas könnte somit bereits um die Jahrtausendwende 50 Millionen, 2020 gar 85 Millionen übersteigen, was einem urbanen Anteil von über 60 Prozent entsprechen würde (Weltbank 1994a, S. 11). Indonesien befindet sich somit im internationalen Trend. Schätzungen zufolge liegt die urbane Bevölkerung weltweit im Jahr 2025 in etwa bei 61 Prozent.

FIRMAN (1991, S. 18ff) betont die enge Verflechtung zwischen nationaler Wirtschaftspolitik und Stadtentwicklung. Dem urbanen Raum – als Empfänger nationaler und internationaler Investitionen Motor der Entwicklung – hat das planerische Hauptaugenmerk zu gelten: „... city development policy is not a goal in itself but rather a tool to achieve the wider aims of social and economic development" – die zunehmend grenzüberschreitende Wirtschaftsverflechtung der letzten Jahrzehnte erfordert planerische Strategien, die über das Maß der einzelnen Regionen hinausgehen. Die industrielle Globalisierung gilt als Hauptakteur in der physischen Stadterweiterung vor allem Javas und macht Fragen der Landnutzung zu den Kernelementen jedweder Entwicklungsplanung: Ob Ökologie oder Gesellschaft, der verstärkte Fluß von Gütern, Geld und Information macht die administrative Gliederung in urbane und rurale Räume innerhalb Javas zu einem vielfach synthetischen Konstrukt.

FIRMAN urgiert eine Dreiteilung der Zielsetzungen der urbanen Entwicklungspolitik: Neben einer Unterstützung des nationalen Wirtschaftswachstums und einer anzustrebenden Gleichverteilung der Bonitäten eines derartigen Wachstums soll nicht zuletzt die nationale Stabilität garantiert werden – „... an effort to outline urban development policy in the macro sense is particularly needed, because the city also has a social and economic role in national development. Thus, this policy should be oriented towards national development in its totality." (FIRMAN 1991, S. 21).

1.3.3 Jakarta: Hauptstadt und „Triple Primate City"

Zentrum der urbanen Bevölkerungsexplosion wurde Jakarta. Der Zuzug von vor allem junger ruraler Bevölkerung primär aus dem Stadtumland sollte das natürliche Bevölkerungswachstum bis ins nächste Jahrtausend vorwegnehmen. Die Metropole hat Provinzstatus („*Daerah Khusus Ibukota Jakarta*", DKI Jakarta), steht somit unter der Leitung eines Gouverneurs, und nimmt mit 590 km² (43 Distrikte unter der Leitung eines Camat, 265 Subdistrikte unter der Leitung eines Lurah) lediglich 0,03 Prozent der Gesamtfläche Indonesiens ein (Central Bureau of Statistics 1994, S. 4).[19] Seit 1966 ist die Administration partiell dezentralisiert: Den insgesamt fünf Stadtregionen (Central Jakarta, North Jakarta, West Jakarta, East Jakarta, South Jakarta) stehen jeweils Bürgermeister („Walikota") vor.

In der auslaufenden SUKARNO-Ära der späten sechziger bis weit in die frühen siebziger Jahre der „Neuen Ordnung" SUHARTOS wurde das stete Wachstum der Hauptstadt zwar registriert, jedoch mit dem de-facto unrealisierbaren Konzept der „Closed City" unter Bürgermeister SADIKIN nur unzureichend gegengewirkt. Der beginnende Öl-Boom der frühen siebziger Jahre ermöglichte den Bau zahlreicher Monumentalbauten unter SADIKIN,

---

[19] Der Stadtverwaltung zufolge beträgt die Fläche Jakartas 650 km², die auf 30 Distrikte (Kecamatan) und 236 Sub-Distrikte (Kelurahan) aufgegliedert ist (Jakarta Metropolitan City Government 1995, 51); die Schwierigkeit der Stützung empirischer Untersuchungen auf statistisches Datenmaterial verschiedener (auch offizieller) Quellen tritt hier deutlich zutage.

dessen vage Idee der „Metropolitan City" – nach dem Vorbild von Hongkong und Singapur – einerseits auf der Förderung des Nationalgefühls lag; andererseits sollte durch zielgerichtete Verbesserung der kommunalen Infrastruktur das Interesse ausländischer Investoren geweckt werden. „Metropolitan" stand für sauber, autogerecht und westlich-modern, „Ordnung" gilt als Voraussetzung für Entwicklung: „Jakarta began to acquire the attributes of a smoothly-running metropolitan machine ..." (ABEYASEKERE 1985, S. 12).

SADIKINs Kampagne der Internationalisierung der Bevölkerung Jakartas trug wenig Früchte. „Jakartanize Jakartans", ein Appell zur Umstellung auf metropolitane Lebensformen, blieb ein Minderheitenprogramm für eine schmale Mittelschicht; das 1967 (erfolgreich) implementierte Familienplanungsprogramm konnte keine kurzfristige Bevölkerungsverringerung bewirken; das Transmigrasi-Programm der Umsiedlung von Familien aus javanischen Dichteräumen in nationale Periphergebiete wiederum nahmen bis 1977 lediglich 3.000 Personen in Anspruch.

Der Versuch, die Stadt 1970 zur „closed city" zu machen und keine weiteren Migranten aufzunehmen, war trotz rigoroser Kontrolle von Identitätskarten und erforderlichem Nachweis von legaler Beschäftigung zum Scheitern verurteilt. Die mittelfristige Folge war ein verstärkter Bevölkerungszuwachs in den suburbanen Randzonen. Internationalisierung ohne die Realität der Existenz und Einbindungsnotwendigkeit der „armen" Bevölkerungsmehrheit verblieb bloße Theorie, die durch ein – bereits kolonial erprobtes – Maßnahmenbündel erreicht werden sollte: Einer Kombination aus Kampung-Verbesserung und der Unterdrückung unerwünschter Elemente des informellen Sektors, Quelle des Lebensunterhaltes der städtischen Armen.

Beide Elemente wurden auch Inhalt des Jakarta Masterplans, der – als Planungsszenario auf die ersten beiden Jahrzehnte der „Neuen Ordnung" projektiert (1965–1985) und 1967 als Gesetz verabschiedet – die Landnutzungskonzeption des Großraums Jakarta prägen sollte (ABEYASEKERE 1987, S. 219f; SETHURAMAN 1976, S. 34ff). Die fingerförmige Entwicklungsplanung ersetzte fortan die ersten Konzepte der unmittelbaren Unabhängigkeit von 1945, die den Bevölkerungsboom noch nicht abzuschätzen vermochten; das Raumordnungskonzept der folgenden Jahrzehnte wurde jedoch damit vielfach vorprogrammiert (Jakarta Metropolitan City Government 1995, S. 48ff):

- *Industriezonen* wurden in Nordjakarta (Leichtindustrie in Ancol und Pluit) und punktuell-spezifischen Lokationen (Pondok Pinang: Holzverarbeitung, Möbel; Karet: Batik, Textilproduktion) eingerichtet; bis 1970 waren etwa in Pluit bereits 285 Hektar industriell genutzt.
- Die Entwicklung der *Wohngebiete* wurde auf den Süden und Westen der Stadt konzentriert, um die Verfügbarkeit von Land und zufriedenstellende Umweltbedingungen zu nutzen.
- Die *Verwaltungseinrichtungen* wurden im Bereich des Merdeka Squares und des „Goldenen Dreieckes" sowie beiderseits des Ciliwung-Flusses in Richtung Süden angelegt.
- Als *Erholungsräume* wurden die Viertel um den Ragunan Zoo, den See Situ Gintung, die Küste bei Ancol und die Inselgruppe Pulau Seribu reserviert.

In den beiden letzten Jahrzehnten wuchs die Bevölkerungszahl Jakartas um 80,4 Prozent, die mittlere Bevölkerungsdichte (Department of Information 1996, S. 291) betrug 1990 12.495 Einwohner/km^2 (1971: 7.761), überstieg in einzelnen Slum-Distrikten jedoch die

100.000-Schallmauer. Seit Mitte der siebziger Jahre ist die Problematik unkontrollierter Stadtentwicklung im Brennpunkt planerischer Konzeption: Das prognostizierte Wachstum der Agglomeration läßt, beruhend auf Schätzungen von 1973, bis zur Jahrtausendwende eine Bevölkerungsexplosion auf 12 Millionen für den Kernraum Jakarta erwarten. Die zunehmenden Internationalisierungsbestrebungen (Repelita IV) ihrerseits bedingten neue Raumnutzungen und einen gesteigerten Raumbedarf und schufen weiteren endogenen Handlungsbedarf.

SADIKINS Nachfolger, COKROPRANOLO, setzte auf vermehrte Intensivierung der Nutzung des städtischen Kernraumes; großmaßstäbiger kommunaler Wohnbau wurde forciert, um – aus ökologischen Überlegungen – eine weitere, kolonialzeitlich begonnene Ausdehnung der Stadt Richtung Süden, dem Trinkwasserreservoir der Stadt, zu verhindern. Spätestens Anfang der siebziger Jahre war die Stadtentwicklung Jakartas über die engen Distriktsgrenzen hinaus nicht mehr zu negieren, einer Renaissance des metropolitanen Jabotabek-Schemas stand fortan nichts mehr im Wege, um die Bewältigung überregionaler Verstädterungsprobleme in West-Java gezielt voranzutreiben; von nachhaltiger Entwicklung war jedoch noch lange keine Rede, Ziel war lediglich eine versuchsweise Koordinierung der Maßnahmenbündel zur Lenkung der Migration innerhalb der Hauptstadt.

2. Dynamik der Megastadtentwicklung – Fakten, Strukturen und Trends

Die Abgrenzung und somit Größenbestimmung ist für fast alle Megastädte der Welt, ob in Afrika, Asien oder Lateinamerika, gleichermaßen ein Definitionsproblem. Wo endet eine rasch wachsende Stadt, wo beginnt das Stadtumland, der suburbane Bereich, und wie sind zusammenwachsende Neusiedlungsgebiete und gewachsene Städte im Umland miteinander verflochten? Das rasante Stadtwachstum der letzten 30 Jahre in vielen Ländern Asiens und Lateinamerikas hat historisch definierte Gebietseinheiten gesprengt. Vielfach macht es keinen Sinn mehr, von der Stadt an sich zu sprechen, sondern nur noch von einer Stadtagglomeration. Fragen der Migration, Neubesiedlung und ökonomischen Erschließung sind längst nicht mehr auf die eigentlichen Kernstadtbereiche reduzierbar.

Ist von Jakarta die Rede, ist damit in der Regel DKI Jakarta als statistische Gebietseinheit gemeint. Die Angaben der Bevölkerungszahlen im internationalen Städteranking beziehen sich dann auf diese Einheit. Hört aber Jakarta dort auf, wo die statistischen Gebietseinheiten eine administrative Schranke setzen? Vielmehr wird daher in der letzten Zeit von der Stadtagglomeration „Jabotabek" gesprochen. *Jabotabek* steht als Akronym für die Stadtagglomeration, bestehend aus *Ja*karta sowie *Bo*gor, *Ta*ngerang und *Bek*asi, den im Süden, Westen und Osten dem Kernstadtbereich angegliederten Städten. Der Übergang der einzelnen Städte zum Kernstadtbereich DKI Jakarta kann – zumindest Tangerang und Bekasi betreffend – als fließend betrachtet werden. Industrielle Ansiedlungen (Tanjung Priok etc.) oder Neubauprojekte kommerzieller und siedlungsbezogener Art (z.B.: Villa 2000, Concord 2000, Waterfront, Kemayoran etc.) und bedeutende Verkehrsachsen (z.B.: DKI Jakarta – International Airport Sukarno Hatta, Zugverbindung (Hauptachse Javas) von DKI Jakarta nach Bogor) sind für diese Entwicklung mitverantwortlich. Wird die Jabotabek-Region nun als „urbanisiertes Konglomerat" wahrgenommen, so ergeben sich deutlich höhere Vergleichszahlen. Der Großraum Jabotabek wird mit gegenwärtig bis zu 19 Millionen Menschen veranschlagt.

Darüber hinaus tragen Korridore wie „Jabotabek – Bandung" oder „Jabotabek – Semerang" noch zusätzlich zur Verdichtung des urbanen Umfeldes bei. Diese peri-urbanen Räume bilden das Bindeglied zwischen Kernstadtbereich und ländlicher Peripherie. Sie sind eine Mixtur aus unterschiedlichen sozio-ökonomischen Aktivitäten, Landwirtschaft spielt dabei ebenso eine Rolle wie Industrie und Handel. Dieser „interaktive-Stadttyp" (FIRMAN 1992, S. 36) ist durch immense Wachstumsdynamik vor allem im industriellen Bereich und Verdrängung agrarischer Strukturen in das Hinterland gekennzeichnet.

Historisch betrachtet waren Städte zum einen nationaler Knotenpunkt, das heißt, Verbindungsstelle zum Hinterland, zum anderen in der Regel ökonomische Ansprechstelle im weltwirtschaftlichen Kontext. Ist diese Funktion für (Mega)Städte der (Semi)Peripherie aufrecht oder muß sie im Zeitalter der globalen Vernetzung neu interpretiert und analysiert werden? Wie stellt sich Jakarta zum einen auf der Ebene der „functional primacy" – als eine national dominante Stadt mit der Konzentration von Entscheidungsprozessen, Dienstleistungsfunktionen, industrieller Infrastruktur und anderen qualitativen Indikatoren – dar, wie ist Jakarta als Megastadt (eine Stadt mit mehr als 10 Millionen Einwohnern) international und global eingebunden, hat es hier Veränderungen gegeben, nicht zuletzt durch die kolonial geprägte Vergangenheit?

2.1 Fakten staatlich gelenkter Stadtentwicklung des Großraumes Jabotabek

2.1.1 Jabotabek – Jakarta und das metropolitane Umland

Zur Genese einer Region

Die ersten raumplanerischen Ansätze im Bereich der Stadtentwicklung Javas fallen in die letzten Jahre der niederländischen Kolonialherrschaft, als der Migrationsstrom in die Städte ständig zunahm und Handlungsbedarf entstand. Parallel zum heutigen Verwaltungssystem wurde auch im kolonialen Indonesien zwischen drei Ebenen, der National-, der Provinzial- und der zweigeteilten Lokal-/Regionaladministration – gleichwertig nebeneinander stehen „kotamadya" (städtischer Raum) und „kabubaten" (Distrikt) – unterschieden.

Bereits in der Umbruchsphase, am 23. Juli 1948, trat ein Stadtplanungsakt in Kraft,[20] gefolgt von einer nationalen Verordnung zur Stadtplanung;[21] exekutiert wurden die erforderlichen Maßnahmen im neubegründeten Raumplanungsbüro („Centraal Planologisch Bureau") des damaligen Batavia, das dem „Department of Reconstruction and Public Works" (später: Minstry of Public Works and Energy) zugeordnet war.

Kebayoran, die erste Neustadtgründung südlich von Jakarta, die für eine Einwohnerzahl von 100.000 konzipiert war, geht planungstechnisch noch auf eine niederländische Konzeption zurück und kann als erster Schritt in Richtung einer integrativen Regionalentwicklung im Umfeld der neuen Nationalmetropole Jakarta betrachtet werden – auch wenn die Wirren der Unabhängigkeit (1949) eine gezielte Fortführung der planerischen Leitideen zur Migrationskontrolle zunächst vereitelten.

Nichtsdestoweniger entwickelte ein holländisch-indonesisches Planungskomitee zur metropolitanen Grenzfestlegung der neuen Hauptstadt 1950 das Konzept „Jakarta Raya",

---

[20]) Stadsvormingsordonnantie, Staatsblad 1948, No.18.
[21]) Stadsvormingsverordening, Staatsblad 1949, No.40.

Abbildung 35: Flächenwachstum Jakartas von 1800 bis 1980

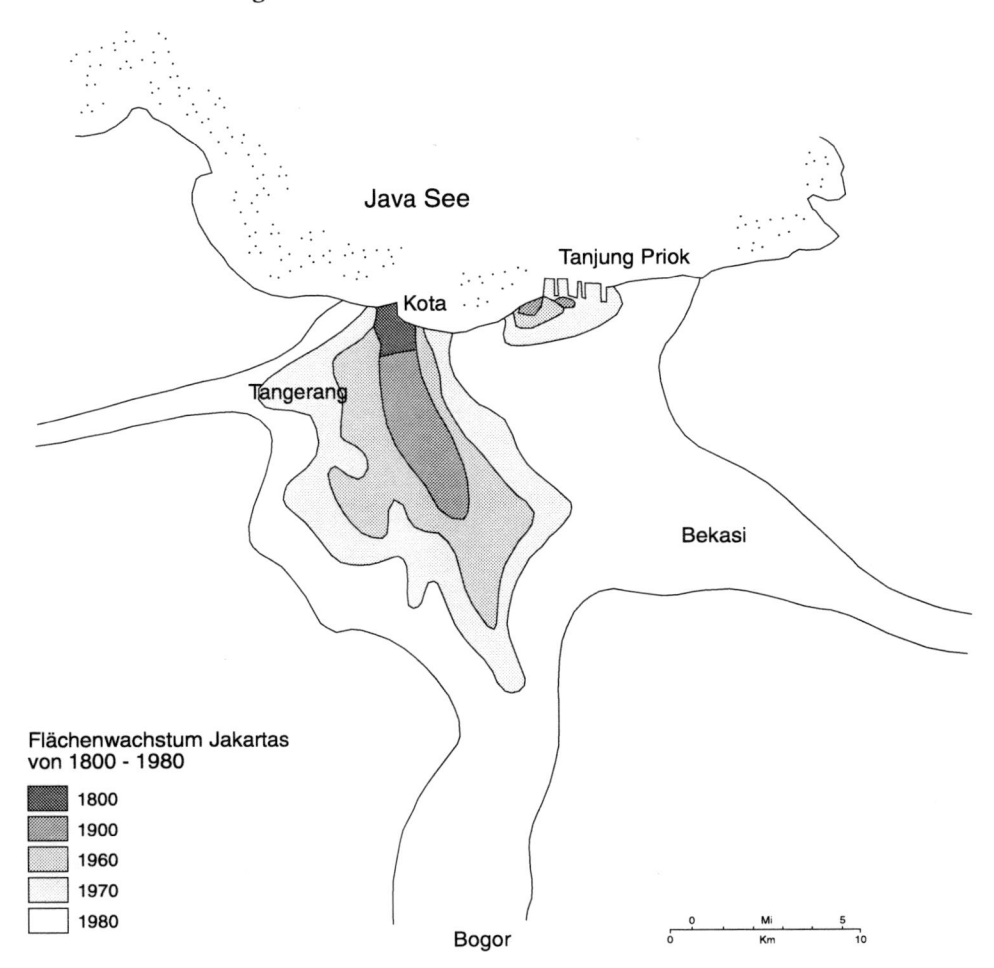

Quelle: SPREITZHOFER und HEINTEL 1997; Datengrundlage: BAUER 1993.

das in wesentlichen Zügen dem Jabotabek-Ansatz der Gegenwart entspricht. Auch der Jagorawi-Highway, die Hauptverkehrsachse zwischen Jakarta und Bogor, geht auf die unmittelbare Nachkriegszeit zurück, die allerdings – aufgrund der politisch labilen Situation und nach der Demission niederländischer Raumplanungsexperten – außer Absichtserklärungen wenig konkrete planerische Umsetzung bieten konnte. SUKARNOS Administration der „Gelenkten Demokratie" war insgesamt zu schwach und in der Frage der überfälligen Landreform zum Scheitern verurteilt: „Not enough attention was given to the legal and financial background of the mostly ostentatious policies." (GIEBELS 1986, S. 103).

Es blieb SUHARTOS „Neuer Ordnung" vorbehalten, die anstehenden Fragen der metropolitanen Stadterweiterung erneut, diesmal jedoch unter massivem Bevölkerungsdruck, einer Lösung zuzuführen. Auch wenn der Anteil der urbanen Bevölkerung 1971 indonesienweit nur bei 17 Prozent lag, erforderte das disproportionale Wachstum Jakartas, Symbol der Einheit der jungen Nation, Hauptaugenmerk auf die kulminierenden Migrationsströme in die Hauptstadt, die ihre Bevölkerungszahl seit 1930 auf 4,6 Millionen verzehnfacht hatte.

Der Entwicklungsplan West-Java,[22] von niederländischen Raumplanern mitgestaltet, stellt ein Konstrukt hierarchischer Zentren im Umland der Kernstadt Jakarta dar. Die Politik der Zentralisierung hatte die gesamte wirtschaftliche, infrastrukturelle wie soziale und kulturelle Entwicklung auf die Metropole fokussiert, für die bis in die frühen siebziger Jahre 50 Prozent des Nationalbudgets aufgewendet wurden – die unumgängliche Schaffung wirtschaftlicher Gegenpole wurde im Jabotabek-Report 1973 erstmals formuliert. Laut Volkszählung 1971 waren nur 30 Prozent arbeitstätig, davon 70 Prozent im Dienstleistungsbereich – die Restbevölkerung gänzlich dem informellen Sektor zuzuordnen, wäre jedoch eine fahrlässige Vereinfachung, die die massive Arbeitslosigkeit und die prekären Wohn- und Sanitärverhältnisse der Migranten übertünchen würde.

Die Karte in Abbildung 2 dokumentiert die flächenintensive Erweiterung des Kernstadtbereiches im zeitlichen Ablauf von 1800 bis 1980.

Planungsphasen von Jabotabek: Strategien und Realitäten

Die erste Phase der Großraumplanung kann als unkoordiniert interpretiert werden. Irreale Szenarien und Planungskonzepte leiten die Stadtplanung ein. Bereits 1963 existierten inoffizielle Szenarien, die die zukünftige Entwicklung Jakartas als Metropolis inmitten eines (noch) ruralen Umlandes vorwegnahmen: Eine Studie der United Nations prognostizierte einen jährlichen Bevölkerungszuwachs von 4 Prozent (80.000 Personen), der Begriff Botabek (Bogor, Tangerang, Bekasi) – als regionales Hinterland – wurde erstmals formuliert. Der erste Jakarta Master Plan war für den Zeitraum 1965–1985 konzipiert und sah den Ausbau Jakartas rund um das neu errichtete „Monumen Nasional" (Monas) vor, um das sich in einem Umkreis von 15 km punktuelle Enwicklungszentren massieren sollten – der hohe symbolische Stellenwert des 1964 geschaffenen Mahnmals des Freiheitskampfes Indonesiens verdeutlicht die subtil-psychologische Einbeziehung eines sich verstärkenden Nationalgefühls (City Planning Department 1994, S. 12f).

Ziel war ein gelenktes Wachstum in konzentrischen Kreisen, ohne jedoch dezidierte Richtlinien vorzugeben. Eine Reihe von mehrjährigen sektoralen Untersuchungen – wie die Jakarta Metropolitan Area Transport Study, der Water Supply Master Plan, der Sewerage Master Plan, der Railways Master Plan und diverse Mautstraßenkonzepte – wurden von verschiedenen Organisationen durchgeführt, die, auf Grundlage unterschiedlicher (sozio)ökonomischer Szenarien agierend, zu divergierenden und unkoordinierten Ergebnissen kamen: Lediglich einige Empfehlungen im Bereich des Straßennetzes wurden von den zuständigen Planungsinstanzen realisiert. „By the mid-1970s, there was a large and expanding series of largely unused spatial and sectoral plans for a city growing by some 200.000 to 250.000 people annually, but there was no coherent plan for any single sector such as housing and residential land." (CLARKE 1985, S. 43).

Die zweite Planungsphase kann als Beginn einer strategischen Planung gesehen werden. Anhaltende Migration, sich verschlechternde Umweltbedingungen und ein schrumpfender Arbeitsmarkt verlangten nach verstärkter überregionaler Koordination. Die Planungsregion Jabotabek – eine Stadtregion in Westjava mit einer Ausdehnung von 6.160 km², die neben Jakarta auch die angrenzenden „Kabubaten" (Distrikte) mit den Hauptstädten Bogor,

---

[22]) Die Region West-Java (Provinzen West-Java und DKI Jakarta) entspricht, bei weit höherer Einwohnerzahl, der Fläche der Niederlande und wurde somit zum Experimentierfeld niederländischer Raumplanung.

Tangerang und Bekasi umfaßt – wurde mit Beginn des zweiten Fünfjahresplanes (Repelita II) als Planungskonzept etabliert. Zur Operationalisierbarkeit des Entwicklungskonzeptes wurde 1976 ein Koordinationsgremium geschaffen (BKSP – „Jabotabek Development Planning Board"):[23] Die „Jabotabek Metropolitan Development Study", 1977 mit Unterstützung der Weltbank initiiert, war mit Kosten von 224 Millionen US-Dollar veranschlagt (CERNEA 1993, S. 35). Ziel war die Koordinierung infrastruktureller Maßnahmen im Großraum Jakarta, da bis dato Maßnahmen der Wasserver- und -entsorgung sowie des Straßen- und Schienenausbaus ohne Rahmenkonzeption erfolgt waren; die latente Konzeptlosigkeit galt allgemein als größeres Hindernis als die Lukrierung finanzieller Ressourcen und technischen Knowhows (CLARKE 1985, S. 43). Der Schwerpunkt des Programmes lag auf vier Ebenen:

- *Effizienz*: Die Optimierung von Wirtschafts-, Umwelt- und Beschäftigungsentwicklung bei gleichzeitiger Minimierung der öffentlichen und privaten Kosten.
- *Ausgeglichenheit*: Die Suche nach adäquaten Entwicklungsoptionen für untere Einkommensgruppen durch Erhöhung des Beschäftigungsangebotes.
- *Kostenminimierung*: Die Reduzierung der öffentlichen Infrastrukturaufwendungen durch Wahl der günstigsten urbanen Lebensform.
- *Machbarkeit*: Der Ausbau der Koordination zwischen zuständigen Planungsinstanzen und die Bereitstellung von geeignetem Land.

Der „Jabotabek Strategic Plan 1978–81" sollte ergänzend die Entwicklung des metropolitanen Umlandes steuern und war auf die Bereitstellung von Trinkwasser, auf Überschwemmungskontrollen sowie die Schaffung von Wohn- und Industriegebieten ausgerichtet (City Planning Department 1994, S. 40).

Abbildung 3 zeigt die Grobgliederung der Jabotabek-Region. Ausgewiesen sind sowohl Stadtentwicklungsgebiete als auch der Kernstadtbereich sowie Zentren und Subzentren des Großraumes. Die Industriegebiete sind vorwiegend im Norden der Stadt lokalisiert.

Die jährlichen Wachstumsraten der drei Nachbardistrikte Jakartas betrugen seit Beginn der Industrialisierungs-Offensive SUHARTOS zwischen 3,6 Prozent und 4,6 Prozent und schufen infrastrukturellen Handlungsbedarf über die engen Grenzen der Kernstadt hinaus: „The new strategic approach aimed to ensure linkages between the different issues involved, i.e. economic objectives, urban growth dynamics, inter- and intra-sectoral choices, financial resources, the role of the community and implementation capabilities." (United Nations Centre for Human Settlements 1996, S. 298). Neben Begleiterscheinungen wie Bevölkerungsentflechtung und Armutsverminderung stand die gezielte Ansiedlung internationaler Industrien um Tangerang (Westen) und Bekasi (Osten) im Mittelpunkt, während die Region Bogor (Süden) vorwiegend als Trinkwasserspeicher und Wohnraum reserviert bleiben sollte (DONNER 1987, S. 298).

Konzeptionell zur Anwendung kam das Modell der „bundled concentration", das – dem niederländischen „Randstad-Modell" entsprechend – die Förderung punktueller Wachstumszentren im Großraum Jakarta vorsah, um eine weitere unkontrollierte Suburbanisierung zu verhindern; die lineare Wachstumsstrategie („ribbon development") setzte sich hiebei letztendlich durch, die den geringsten infrastrukturellen Kostenaufwand und auch Freiflä-

---

[23] Die legistische Grundlage bildete die „Presidential Instruction No. 13, 1975" (CCJ 1994, S. 12; SOEGIJOKO 1995, S. 19).

Abbildung 3: Die Region Jabotabek

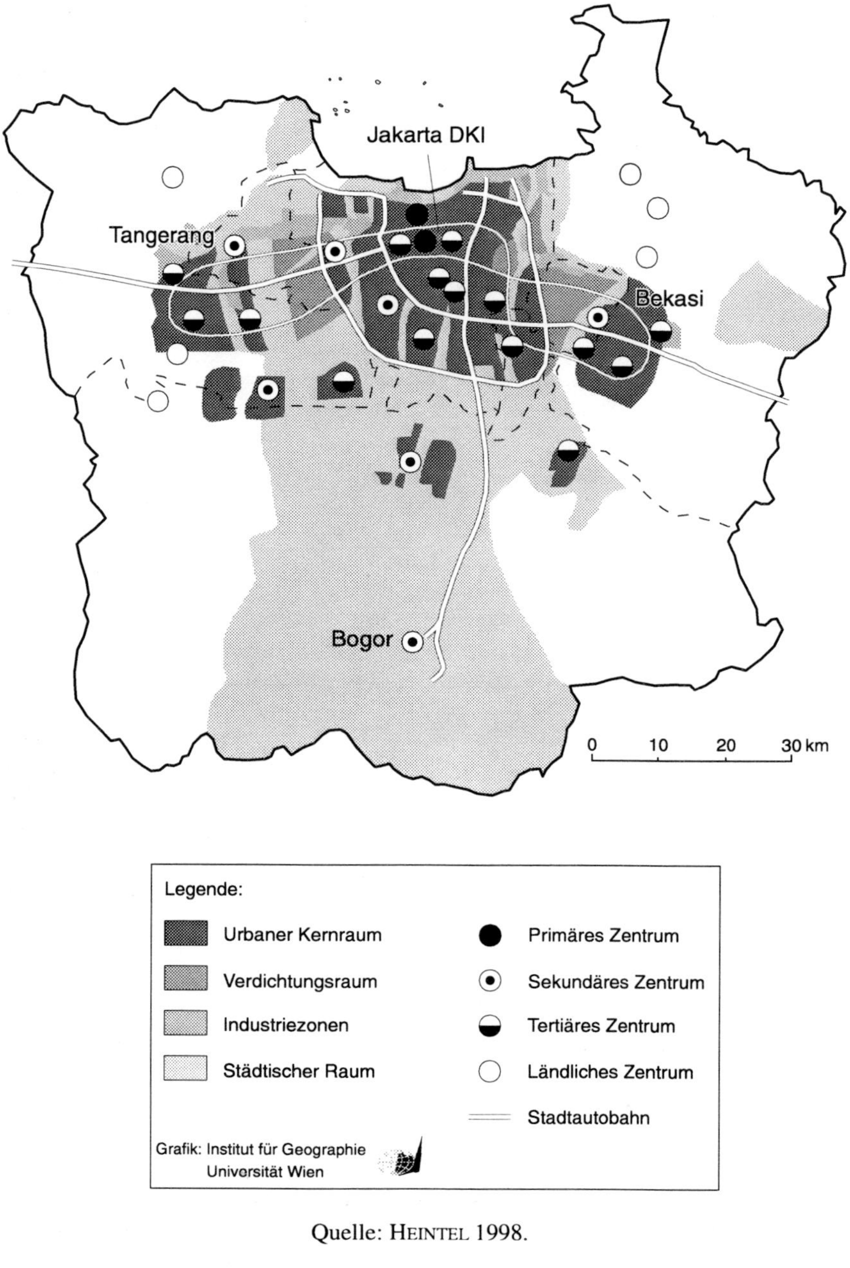
Jakarta DKI
Tangerang
Bekasi
Bogor
0 10 20 30 km
Legende:
Urbaner Kernraum
Verdichtungsraum
Industriezonen
Städtischer Raum
Primäres Zentrum
Sekundäres Zentrum
Tertiäres Zentrum
Ländliches Zentrum
Stadtautobahn
Grafik: Institut für Geographie
Universität Wien

Quelle: HEINTEL 1998.

chen zwischen den Wachstumspolen erwarten ließ (GIEBELS 1986, S. 113f). Die Achsenbildung kulminiert heute in zwei Hauptströmen: ein 120 km langer Ost-West-Korridor verbindet Bekasi mit Jakarta und Tangerang, eine 200 km lange Nord-Süd-Achse geht längst über die südliche Distriktsgrenze hinaus bis in den Bereich der zweitgrößten Agglomeration Javas, Bandung: „This has created intense rural-urban linkages, blurring the rural-urban distinction and making for a distinctive settlement pattern.“ (DHARMAPATNI et al. 1995, S. 299).

Als integrierender Teil des nationalen „Long-Term Regional Development Pattern 1985–2005" wurde 1985 das Konzept „Jakarta General Spatial Planning 2005" (= „Jakarta Structure Plan")[24] formuliert: Ziel war eine optimierte Landnutzung, die Erhaltung historisch wertvoller Bausubstanz und die kontrollierte Ausweitung der Verbauung in das metropolitane Umland. Zur Erleichterung der effektiven Umsetzbarkeit der abstrahierten Zielsetzungen wurden „Urban Partial Plans" (Detailplanungen für Stadtteile) und „District Plans" (für Subdistrikte) etabliert: „... [D]evelopment activities and construction processes in Jakarta have not deviated from ist original principal objective, which is to raise the welfare of Jakarta citizens ... The principle consideration behind all the policies and decrees is the limited urban land in Jakarta and the wish to maintain ecological equilibrium" (City Planning Department 1994, S. 15 u. S. 41) – soweit die optimistisch-geschönte Version der Stadtplanungsbehörde in Jakarta. Im Gegensatz zum „Jakarta Master Plan 1965–1985", der physischer Entwicklung eindeutige Priorität einräumte, beruht der „Jakarta Master Plan 1985–2005" auf „umfassender integraler Kombination von urbaner Funktion, Programmatik und Struktur", wie die Stadtregierung formuliert (Jakarta Metropolitan City Government 1995, S. 75).

Zur Umsetzung der Planungsstrategien bedarf es allerdings mehr als bloßer Absichtserklärungen oder auch (teils) fundierter Zielsetzungen; solange die Umsetzung an demographischen (Migrationsvolumen) und gesellschaftspolitischen (urbane Raumplanung versus private Erschließungspläne) Fehleinschätzungen scheitert, ist das Ziel der positiv perzipierten Internationalisierung in weiter Ferne.

Die ursprüngliche Strategie, bestehende Siedlungseinheiten zu hierarchisch strukturierten Wachstumszentren auszubauen und auf Stadtneugründungen zu verzichten, um keine Umsiedlungsmaßnahmen zu forcieren, erwies sich als irreal. Die Nukleus-Idee der Autonomie der Subzentren hinsichtlich Arbeitsplatz- und Dienstleistungsangebot ist dagegen nach wie vor aktuell, lediglich die globalisierten Leaderfunktionen der Neusiedlungen haben mittlerweile multinationale Konzerne übernommen – die „Superblock"-Konzeption der Stadterweiterung liegt sämtlichen Szenarien für Jabotabek zugrunde und beruht auf der Verordnung 678/1994 des Gouverneurs von Jakarta: Als Superblocks gelten multifunktionale und integriert entwickelte Gebiete mit einer Mindestgröße von 20.000 m², die von mindestens zwei Hochkapazitätsstraßen erschlossen werden und in urbanen Stadterneuerungsgebieten oder Niedrigdichteregionen liegen sollen (Jakarta Metropolitan City Government 1995, S. 83). Die Ziele dieses Entwicklungskonzeptes formuliert Ahmaddin AHMAD, Leiter der Stadtplanung Dinas Tata Kota, folgendermaßen (1996, S. 6):
- Minimierung der Transportkosten,
- Schaffung von Wohnraum,
- Verhinderung einseitiger Konzentration,
- Verringerung der Kosten der Infrastrukturerschließung.

Die verwaltungstechnische Operationalisierung der erforderlichen Planungsstrategien obliegt seit 1976 einem koordinativen Gremium aus Zentralregierung, Stadtregierung und Provinzregierung (West Java).

Bis 1985 waren 2,4 Millionen neue Wohneinheiten projektiert, 50 Prozent des gesamten indonesischen Wohnbudgets von Repelita II flossen in infrastrukturelle Maßnahmen für den Raum Jabotabek (GIEBELS 1983, S. 5ff), der 1970 1,3 Millionen Haushalte umfaßte, die im Zuge des „Kampung Improvement Programmes" (KIP) sanitär verbessert und räum-

---

[24]) Beide Begriffe werden synonym verwendet (AHMAD 1996, S. 1).

lich entflochten werden sollten; bis 1989 erfolgte ein „Upgrading" von 24.100 Hektar (VAN DER HOFF et al. 1993, S. 6).

Die Entwicklung von 1980 bis 1990 zeigt die absolute Notwendigkeit koordinierter Urbanisierung in der Botabek-Region: Innerhalb dieses Jahrzehntes stieg die Bevölkerung um 3,5 Millionen, was einer Zunahme von 336 Prozent, bei etwa 16 Prozent jährlichem Durchschnittswachstum, entspricht. Die Urbanisierungsrate der Region lag 1990 bereits weit über 50 Prozent gegenüber lediglich 20 Prozent im Jahre 1980. Räumlich disparitäre Entwicklung ist offenkundig: Galt in den frühen achtziger Jahren die (südliche) Region Bogor als Zuwanderungsmagnet, so explodieren die westlichen (Tangerang) und östlichen (Bekasi) urbanen Pole zeitverzögert von rund einer Viertelmillion Einwohner (1980) auf über 1 Millionen (1990). Während sich die Bevölkerung der Kernstadt von 1961 (2,9 Millionen) bis 1981 (6,5 Millionen) mehr als verdoppelt hat und bis zur Jahrtausendwende die 12-Millionen-Schallmauer durchbrechen sollte, wird für die Umlandgebiete zumindest eine Verdreifachung der Bevölkerungszahl auf 17 Millionen (CERNEA 1993, S. 34) erwartet; für die gesamte Region Jabotabek ist ein Bevölkerungsanstieg von 17,1 Millionen (1990) – davon sind 13,1 Millionen dem urbanen Sektor zuzuordnen – auf 30 Millionen (2010) prognostiziert (WEBSTER 1995, S. 28).

Abbildung 4 und Tabelle 3 geben einen Überblick über die Bevölkerungsentwicklung im Großraum Jabotabek im Zeitraum von 1960 bis 1990.

Abbildung 4: Die Bevölkerungsentwicklung in Jakarta von 1960 bis 1990

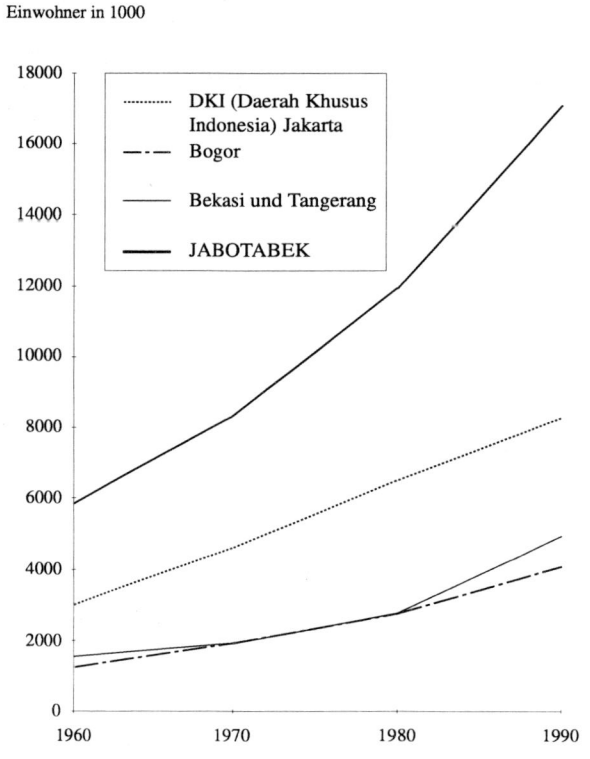

Quelle: SPREITZHOFER und HEINTEL 1997; Datengrundlage: Zensusdaten Indonesiens 1960, 1970, 1980, 1990.

Tabelle 3: Die Entwicklung der Bevölkerungszahl in Jabotabek

	1960 in Mio.	in %	1970 in Mio.	in %	1980 in Mio.	in %	1990 in Mio.	in %
DKI Jakarta (Kernstadt)	2,97	51	4,57	55	6,49	54	8,22	48
Bogor	1,31	23	1,86	22	2,74	24	4,01	23
Bekasi und Tangerang	1,54	26	1,90	23	2,67	22	4,87	29
Jabotabek (Gesamt)	5,83	100	8,33	100	11,89	100	17,01	100

Quelle: MCGEE 1995, S. 12.

Langfristige Hochrechnungen erwarten ein durchgehendes Städteband entlang der javanischen Nordküste mit einer Gesamtbevölkerung von etwa 80 Millionen Menschen. Abbildung 5 schematisiert den Großraum Jabotabek, dessen Grundlage die ökonomische Verflechtung in West-Java bildet. Das prognostizierte Städteband lokalisiert sich schon gegenwärtig an der Nordküste von Merak im Westen bis Bekasi im Osten Jabotabeks. Eine durchgehende Verbindung bis Semerang scheint bis in das Jahr 2025 als realistisches Entwicklungsszenario.

Der „*Desakota*"-Ansatz („Desa" bedeutet „rural", „kota" bedeutet „Stadt") der Planungsinstanzen der „Neuen Ordnung" korreliert mit der aktuellen demographischen Entwicklung Jabotabeks: Das Wachstum der Kernstadt (DKI Jakarta) liegt derzeit bei vergleichsweise geringen 2,4 Prozent jährlich – verglichen mit 3,8 Prozent in den frühen siebziger Jahren, als das Konzept der metropolitanen Planung die Konseqenz des dringenden Handlungsbedarfes war. Eine Reihe von innerstädtischen Bezirken zeigt sogar Bevölkerungsrückgang (LEAF 1994, S. 68f), dessen Ursache jedoch umstritten ist: Zum einen trägt die Umwandlung weiter Flächen in Industriegebiete das ihre zu dieser Entwicklung bei, zum anderen gilt die Politik der De-Konzentrierung von Dichte-Wohngebieten als verantwortlich. Insgesamt ist der Bevölkerungsanteil der Kernstadt Jakarta an der Gesamtbevölkerung von Jabotabek von 55 Prozent (1980) auf 48 Prozent (1990) gesunken, wofür die

Abbildung 5: Großraum Jabotabek: Ökonomischer Wachstumsgürtel

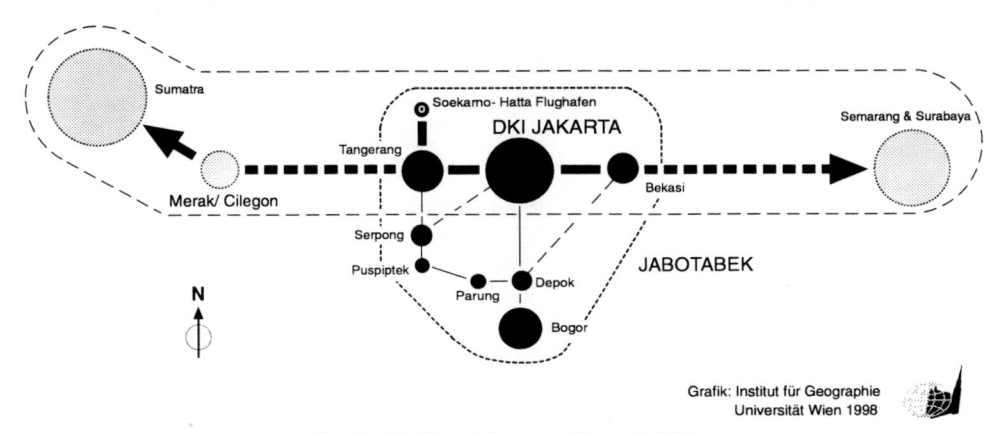

Quelle: Pt. Bumi Serpong Damai 1985.

rege Bautätigkeit in den Randregionen verantwortlich ist – 6 Prozent (38.000 ha) der Fläche Botabeks wurden von der „National Housing Agency" mit Nutzungspermits versehen, von denen 86 Prozent für Wohnzwecke und 14 Prozent für Industrieprojekte vergeben wurden.

Jabotabek 2000

„Here there are many people who are more powerful than our governor. That makes Jakarta a very difficult city to manage."
(BIANPOEN 1991, S. 71)

Bereits im nationalen Entwicklungsplan „Repelita V" wurde für die Entwicklung von Jabotabek eine Summe von einer Milliarde US-Dollar veranschlagt; die Effizienz sämtlicher Bestrebungen der zuständigen Behörden auf zentraler, regionaler und lokaler (Kabubaten) Ebene ist aufgrund mangelnder Definition der Arbeitsbereiche und Verantwortungsfelder jedoch als gering einzustufen – der Einflußbereich zweier verschiedener Provinzen (DKI Jakarta und Westjava) mit divergierenden Entwicklungsperspektiven, mangelnde Kommunikation und Koordination sowie sinkende Investitionsbereitschaft der öffentlichen Hand gelten als weitere Erschwernisse. „With more limited resources, the government is forced to seek new ways to finance Jabotabek's development. Urban managers are now being asked to rely on local resources and not to expect huge subsidies from the central government." (SOEGIJOKO 1996, S. 403).

Nach der Erstellung einer ersten Regionalstudie zu Jabotabek (1974) wurde 1976 – als präsidiale Verordnung – das „Jabotabek Planning Team" (JPT) etabliert, das für den „Jabotabek Metropolitan Development Plan" (JMDP) verantwortlich zeichnet. 1984 revidiert und als „Jabotabek Structure Plan 1985–2005" neu formuliert, gilt dieses Konzept als die umfassendste metropolitane Planung Indonesiens, wenngleich der präsidiale Verordnungscharakter, quasi als legistische Absicherung, bis dato nicht erzielt werden konnte.

Sämtlichen Planungsstrategien zugrunde liegt das Konzept der „Marketing Geography": „... the dominant pattern of links between consumers and resources within the region determined a hierarchy of growth centres whose order depended on their economic significance", erklärt SOEGIJOKO (1996, S. 404f). Neben den etablierten Standorten Jabotabeks (Bekasi, Bogor und Tangerang) gewinnen auch Karawang und Serang zunehmende Bedeutung, die verbleibenden Flächen innerhalb der administrativen Grenzen Jabotabeks sind für die Konservierung als Agrarland vorgesehen. Im Sinne einer nachhaltigen Entwicklung sind – unter dem Paradigma einer gesteuerten Ost-West-Expansion – folgende Entwicklungsschritte vorgesehen:

- Implementierung einer rigiden Bevölkerungspolitik, um die Bevölkerungszahl Jakartas 2005 unter 12 Millionen zu halten.
- Implementierung einer adäquaten Landnutzungspolitik im Umland, um die steigende Bevölkerungszahl zu dezentralisieren.
- Schwerpunktsetzung auf zielgerechtes Umweltmanagement unter besonderer Berücksichtigung der Wasserqualität.
- Reduzierung des Individualverkehrs, verstärkter Ausbau öffentlicher Verkehrsmittel.

Jakarta also als saubere, moderne, internationale Stadt: soweit die Theorie. Für das Umland erscheinen die potentiellen Konfliktfelder noch ausgeprägter. Die Raumplanungskonzepte Westjavas für Botabek lassen eine Interessenkollision zwischen agrarischem

Versorgungsraum und der dezidierten Ansiedlung von industriellen Groß- und Mittelbetrieben erkennen. Im Rahmen eines konzentrischen Wachstums der Wohnzonen soll dem Pendlerproblem begegnet werden, das seinerseits die miserable innerstädtische Transportsituation ursächlich bedingt: In einem inneren Kreis, der maximal 15–20 km von der Distriktgrenze DKI Jakartas entfernt ist, sollen 75 Prozent der potentiellen Arbeitspendler lokalisiert sein, in einem äußeren Kreis (Entfernung zur Kernstadtgrenze: 30–40 km) 25 Prozent. Die Praxis zeigt jedoch die de-facto Unkontrollierbarkeit jedweder Entwicklung im unmittelbaren Umfeld der Kernstadt: Teils sind ungeplante Wachstumspole entstanden, die wiederum ihrerseits das Verkehrskonzept überaltet erscheinen lassen – für SOEGIJOKO (1996, S. 406) eine vorhersehbare Entwicklung: „All these new physical developments are clearly induced by government policy to deregulate the economy and to promote industrial estates as a necessary step to attract foreign firms."

Doch Plan und Realität erwiesen sich als keineswegs konsistent, was das aktuelle Motto des „dynamic planning" (LEAF 1994, S. 65) erleichterte. Visionen brauchen Visionäre, um Realität zu werden: Einer der Männer, die die planerischen Akzente für das Jakarta der Jahrtausendwende setzen, heißt CIPUTRA, ein chinesisch-indonesischer Unternehmer, dessen Drähte bis zu höchsten politischen Kreisen und ergiebigsten Privatfinanciers reichen. (Umstrittene) Stadtneugründungen wie Bumi Serpong Damai (bei Tangerang; 6.000 ha) oder die Eröffnung der Luxusgolfanlage Pantai Kapuk Indah in einem Naturschutzgebiet im Nordwesten Jakartas (1993) zeigen die bestehende Verfilzung zwischen privatem Kapital und politischer Elite: „... CIPUTRA has had a greater influence on the formation of Jakarta's landscape than any other single individual, including Sukarno", stellt LEAF (1994, S. 65) die Effizienz administrativer Planungsebenen (öffentliche Infrastrukturinvestitionen, Landnutzungregulative) in Frage.

Weitere (meist privat finanzierte) Stadtgründungen entlang der West-Ost-Achse – eine Stadtgründung bei Tangerang (3.000 ha), vier bei Bekasi (gesamt 7.000 ha) – sind für die finanzkräftige Mittelschicht geplant. Die Wohnraumschaffung für die Industriearbeiterschaft, quasi im Package mit der Gründung von Industrieparks, ist dagegen eine neue Tendenz: Cikarang Baru (im Gelände des Cikarang Industrial Estate) oder Lippo City (im Umfeld des Bekasi Terpadu Industrial Estate) gelten als erste Beispiele für Reißbrett-Stadtgründungen für finanzschwache Sozialgruppen, was die latente Strukturlosigkeit an der urbanen Peripherie weiter verstärkt (Tabelle 4).

Tabelle 4: Stadtneugründungen in Botabek

Name	Fläche (ha)	Lage	Finanzierung
Bumi Serpong Damai	6.000	Tangerang	privat
Tigaraksa	3.000	Tangerang	privat
Cariu	—	Bogor	privat
Bekasi 2000	2.000	Bekasi	privat
Bekasi Terpadu	1.500	Bekasi	privat/öffentlich
Cikarang Baru	2.000	Bekasi	privat
Lippo City	450	Bekasi	privat
Depok	—	Bogor	öffentlich
Lippo Village	500	Tangerang	privat

Quellen: DHARMAPATNI et al. 1995; LEAF 1994.

Abbildung 6: Jabotabek und Bandung

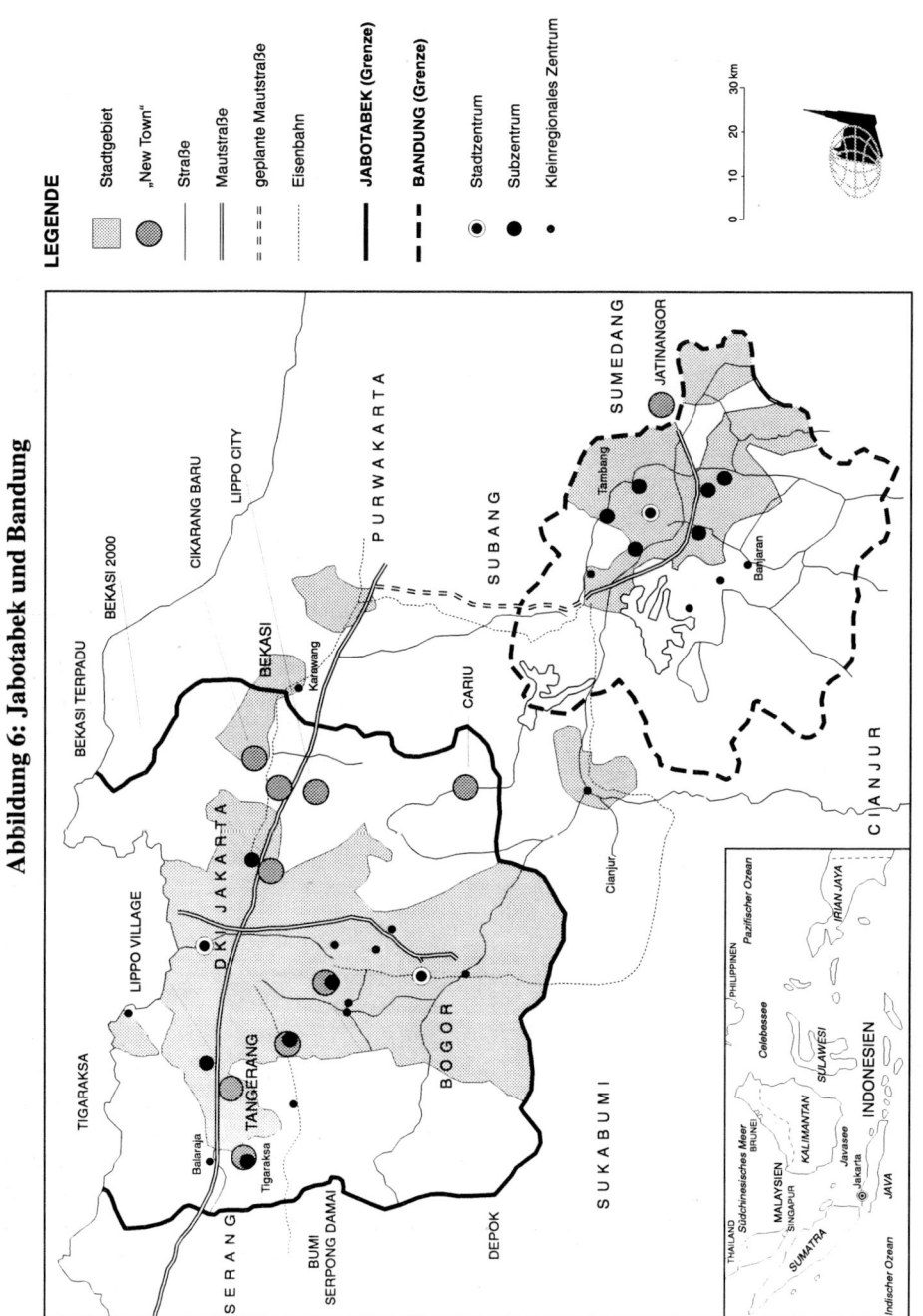

Quelle: SPREITZHOFER und HEINTEL 1997. Kartographie: Institut für Geographie der Universität Wien.

Insgesamt geht die Tendenz zur Schaffung von punktuellen „Superblocks", die eine Integration von Wohnraum, Büroflächen und Geschäftsräumlichkeiten (teils mit Großkaufhäusern) darstellen; eine tiefgreifende Umformung der urbanen Struktur scheint somit vorprogrammiert.

Abbildung 6 zeigt die Entwicklung der New Towns am Rande des Kernstadtbereiches von Jakarta und Bandung, sowie das „Zusammenrücken" der beiden Millionen-Agglomerationen.

Im Ostteil der Stadt wird das ehemalige Flughafengelände Kemayoran zu einer „city within a city" umgestaltet: Auf 400 ha sind neben Wohnflächen auch die Errichtung von nationalen Prestigeprojekten wie dem Jakarta Trade Fair oder dem Jakarta Tower – designiertes Wahrzeichen des „globalen Jakarta" – vorgesehen (Jakarta Metropolitan City Government 1995, S. 79f u. S. 102).

Noch im Planungsstadium sind zwei weitere Großprojekte, die – bei weitem großflächiger strukturiert – das Bild der Hauptstadt in Hinkunft entscheidend prägen könnten: Während sich Teluknaga im Distrikt Tangerang (FIRMAN 1996, S. 13) noch im ersten Projektionsstadium befindet, sind die Planungen für die „Waterfront City" (WFC) oder Pantura bereits wesentlich konkreter: Dieses öffentlich-private Großprojekt erstreckt sich über die gesamte Jakarta Bay (ca. 32 km, innerhalb DKI Jakarta), basiert auf 2.700 ha (künstlich gewonnenem, 1,5 km ins Meer reichendem) Küstenland sowie 2.500 ha Revitalisierungsland und ist, bei Bereitstellung von 500.000 Arbeitsplätzen, für 1–1,5 Millionen Einwohner konzipiert (DREESBACH 1996, S. 1) – massive Binnenmigration scheint vorprogrammiert. Die Leitung des „Jakarta Waterfront Project" obliegt direkt dem Gouverneur von Jakarta und reflektiert die gezielte Konzentration städtebaulicher Konzeption auf den Norden Jabotabeks. Während der Westteil um den Flughafen Soekarno Hatta als Wohngegend ausgebaut werden soll, sind für den Ostteil um den Hafen Tanjung Priok Industriezonen geplant; der zentrale Mittelteil ist für Mischnutzung und Erholung vorgesehen und schließt teils bereits bestehende urbane Subzentren (Mangga Dua Wholesale Trade and Business Center, Kemayoran Trade Center, Tanjung Priok Harbour City, Historic Cultural Center of Sunda Kelapa, Ancol Recreation Park) ein – Nord-Jakarta als „embryo of a modern world city" (City Planning Department 1994, S. 58) und „front door to the city and the nation" (SIDARTA 1996, S. 38), dessen Anbindung an die südlich gelegenen Subzentren Jabotabeks über die bereits projektierte – derzeit auf unbestimmte Zeit verschobene – U-Bahn-Anbindung (MRT) erfolgen sollte.

„It is designed to the most up-to-date waterfront city in the world, and could serve as a model for the construction of similar projects in the future" (Citra Image Indonesia 1995, S. 3); nach Gouverneur Soerjadi SUDIRJA handelte es sich – voller Enthusiasmus – um eine Weltneuheit, die vom damaligen Präsidenten SUHARTO persönlich begrüßt worden ist. Die Forcierung des Waterfront-Projektes stellt einen Bruch der historischen Tradition dar und dokumentiert die bewußte Zielsetzung einer Entwicklung zur internationalen (Welt)Stadt: Seit der Kolonialzeit wuchs Jakarta stets landeinwärts (südwärts), ausgehend von ersten Siedlungsansätzen um Sunda Kelapa; die derzeitige Stadtentwicklung geht, von punktuellen Wachstumszentren innerhalb Jabotabeks abgesehen, durch den Grand Kemayoran Corridor (ehemaliges Flughafengelände) tendenziell zurück in den Norden, der infrastrukturell (Verkehrsanbindung) und ökologisch (Salzwasserintrusion, Überflutungen) als rückständige Problemzone galt. Die Wiederbelebung des ersten Siedlungsgebietes, Jayakarta, mag dabei ein nicht unwesentlicher positiver Nebeneffekt gewesen sein, um Nationalge-

Abbildung 7: Jabotabek: Typen der Stadtentwicklung

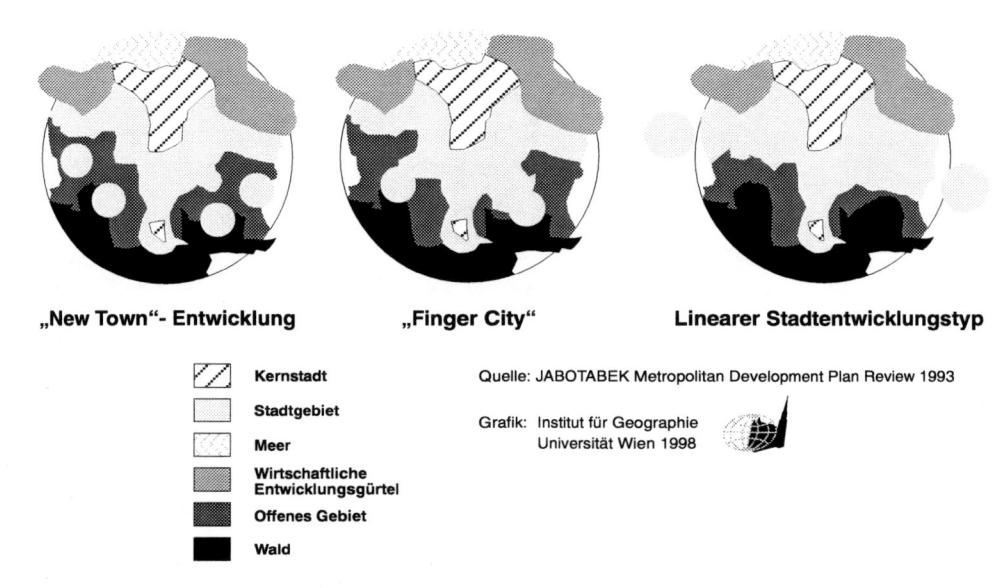

„New Town"- Entwicklung   „Finger City"   Linearer Stadtentwicklungstyp

- Kernstadt
- Stadtgebiet
- Meer
- Wirtschaftliche Entwicklungsgürtel
- Offenes Gebiet
- Wald

Quelle: JABOTABEK Metropolitan Development Plan Review 1993
Grafik: Institut für Geographie Universität Wien 1998

fühl und internationale Anerkennung zu vereinen (SIDARTA 1996, S. 40). „This unconventional city development planning ... is expected to boost the Municipality's revenues, as well as provide better leverage for Jakarta to develop itself into a 21st century megacity ... a world city is no more a phantasy nor a dream, it is a concept of realistic hardwork and proper planning" (City Planning Department 1994, S. 62) – inwieweit der globale Traum realitätsbezogen ist, versucht eine nachfolgende Analyse der gegenwärtigen Infrastrukturentwicklung zu klären.

Abbildung 7 visualisiert die Schritte der zukünftigen Stadtentwicklung. Ausgangspunkt dabei bildet die „New Town"-Entwicklung der neunziger Jahre, die in eine „Finger City" übergeleitet wird, indem die Stadtneugründungen mit dem Kernstadtbereich verschmelzen. Der „Lineare Stadtentwicklungstyp" erschließt zukünftig noch weitere urbane Zentren außerhalb der als Verdichtungsraum wahrgenommenen Jabotabek-Region.

Die Spillover-Effekte zunehmender Landnutzung im Umland der Kernstadt manifestieren sich in massiver Verbauung, die – von der Stadtgrenze ausgehend – zunächst die angrenzenden Teile Botabeks erfaßten. Die kontinuierliche Ausweitung in vormals reines Agrarland, verbunden mit einer radikalen Konvertierung in städtisches Bauland und Industrieflächen, gilt allgemein als charakteristisches Merkmal der Mega-Urbanisierung Südostasiens (MCGEE und ROBINSON 1995).

Eine Betrachtung der verbauten Fläche innerhalb von DKI Jakarta verdeutlicht den enormen Siedlungsdruck in Richtung Botabek: 1971 waren 31,4 Prozent, 1980 58 Prozent, 1994 bereits 82 Prozent des Stadtgebietes verbaut, was einer jährlichen Zustrom der bebauten Fläche von derzeit 4,3 Prozent entspricht; zwischen 1971 und 1980 sorgte der Zustrom von Migranten, die 40 Prozent der damaligen Gesamtbevölkerung ausmachten, sogar für jährliche Steigerungsraten von 7,1 Prozent (SOEGIJOKO 1995, S. 16). 95 Prozent sämtlicher 1993 in Jabotabek neu errichteter Häuser – insgesamt 246.000 – entstanden in Botabek, lediglich 5 Prozent in Jakarta selbst, wo noch 1981 48 Prozent der Neubauten lokalisiert waren. SOEGIJOKO (1995, S. 20f) nennt ein Faktorenbündel aus interdependenten Ursachen für diese Entwicklung:

- Verfügbarkeit von vergleichsweise kostengünstigem Land.
- Verbesserung der metropolitanen Infrastruktur (Verkehrsanknüpfung, Telekommunikation).
- Schaffung von Arbeitsplätzen durch bewußte Liberalisierungsmaßnahmen.

Die Strategie der Forcierung von Gegenpolen zu Jakarta, sogenannten „Countermagnets", innerhalb Botabeks ist ein Produkt des letzten Jahrzehnts; die Schaffung von semi-autarken „New Towns" ist prägendes Merkmal der gegenwärtigen Planungsintention, um Migration und Pendlerwesen zielgerecht zu begegnen.

Gegenwärtig agieren über 30 private Landerschließungsgesellschaften, die auf Flächen von 500 bis 10.000 ha Neustadtgründungen planen; sämtliche dieser designierten Wachstumspole sind innerhalb eines Umkreises von 60 km zu Jakarta gelegen und umfassen eine Gesamtfläche von über 43.000 ha (KUSBIANTORO 1996, S. 61).

Die Neustadtgründungen mögen zwar architektonische Bewährungsproben sein und auch kurzfristige Erfolge in der Entlastung des angespannten Wohnungsmarktes (für Mittelschichtpublikum) bringen; Hochrechnungen für das Ende der Erschließungsphase lassen jedoch eine bloße Verlagerung der Transportproblematik befürchten. Die Rolle der Neugründungen als Gegenmagnet wird – bei Fortschreibung der gegenwärtigen Entwicklungstendenzen – weitere transregionale Verkehrsströme bedingen. Die Szenarien für Bumi Serpong Damai, einer „New Town" im Distrikt Tangerang, deren Fertigstellung für 2015 mit einer Einwohnerzahl von rund 500.000 projektiert ist, prophezeien eine Verkehrslawine ersten Ranges: Ausgehend von der bisherigen 12-prozentigen Erschließung (1989–1995) sprechen die Prognosen von einer 30fachen Steigerung des Verkehrs auf Regionalstraßen und einer 20fachen Erhöhung auf den bemauteten Hauptachsen; Studien für Lippo Cikarang (Distrikt Bekasi) sind annähernd deckungsgleich, die Hochrechnungen geben keinen Anlaß zu Optimismus, das Siedlungsproblem mit Neustadtgründungen im Griff zu haben: „Given that all new towns and industrial estates developed along the toll road corridor are expected as the one that BSD and LC have, the impact of this rapid development will be devastating." (KUSBIANTORO 1996, S. 63).

HENDERSON et al. (1996, S. 78ff) unterstreichen die inhärente Konzeptlosigkeit, die zahlreichen derartigen Erschließungsprojekten zu eigen ist. Die Entwicklung findet vielfach in „Pockets", als transportkostenschonendes Anhängsel, entlang der Mautstraßenkorridore statt, auf den Bau eigener Verkehrswege wird aus Kostengründen vielfach verzichtet. Die fehlende Koordination der einzelnen Betreiber untereinander bewirkt mangelhafte Infrastruktur und eine scheinbar konzeptlose Aneinanderreihung von Bauprojekten. Die (durchaus vorhandenen) örtlichen Raumplanungsmaßnahmen wären sehr wohl exekutierbar – doch Plan und Realität erwiesen sich als keineswegs konsistent, was das aktuelle Motto des „dynamic planning" (LEAF 1994, S. 65) erleichterte.

„Desakotasasi" oder „Kotadesasi": Die rural-urbane Transformation

Die Eingliederung von Landwirtschaft und landwirtschaftlichen Haushalten in metropolitane Handelsbeziehungen und Arbeitsmärkte hat indonesienweit weniger zur Urbanisierung des weiteren Umlandes als vielmehr zum Aufkommen einer Mischung ruraler wie urbaner Aktivitäten und Landnutzungsformen beigetragen. Diese Bereiche sind schwer in konventionelle Konzepte ruraler oder urbaner Räume einzugliedern; aus sozialen wie ökonomischen Überlegungen erschien eine terminologische Präzisierung des Phänomens der rural-urbanen Transformation angebracht.

McGee kreierte schließlich den Terminus „*Desakotasasi*", der aus indonesischen Wortteilen zusammengesetzt ist: „Desa" bedeutet Dorf, „Kota" steht in der Nationalsprache Bahasa für Stadt. Desakota-Regionen sind demnach die Übergangsbereiche zwischen Stadt und Land, die im Transformationsprozeß begriffen sind: „... the key to the new concept is the persistence of rural and urban aspects in a time frame spanning several decades", definiert Douglass (1991, S. 239): „The usefulness of the term lies in its bringing into focus the intense interaction and endurance of both rural- and urbanlike activities, not just land-use changes per se" (ebd.: S. 263). Moderne Transporttechnologien und Informationsflüsse haben asienweit zu einer stetig wachsenden Erweiterung der Kernstadt geführt, was als Rechtfertigung dieses Neu-Begriffes der internationalen Stadtforschung herangezogen werden kann.

Nach Douglass (1991, S. 240ff) gilt die Struktur des Arbeitsmarktes und nicht die Landnutzung einer Raumeinheit als Definitionskriterium zur Zugehörigkeit zu einer Desakota-Region. Im Fallbeispiel Jakarta etwa zeigt sich die Interdependenz von urbaner Landwirtschaft, ökologischer Labilität und städtischem Transportwesen deutlich – Landnutzungskonflikte waren angesichts der Ineffizienz der regionalen Stadtplanung vorprogrammiert und sind integrierender Bestandteil des Transformationsprozesses der „desakotasasi".

Jamieson (1991, S. 277) bevorzugt dagegen den Terminus „*Kotadesasi*", um denselben Prozeß bzw. dessen Folgen zu präzisieren: „Kotadesasi zones are defined by a cluster of associated characteristics, including an increase in nonagricultural activities in areas formerly agricultural, extreme fluidity and mobility of population, and intense mixture of landuse types, and increased female participation in nonaagricultural labor" – beide Termini werden in der Fachliteratur als synonym erachtet und verwendet, wenngleich der Begriff der „Desakota-Region" ersterer Variante vorrangig verwendet wird.

Die Persistenz ruraler wie urbaner Lebensformen auf engem Raum ist – bei permanenter Flächenverdichtung im suburbanen Raum – ein indonesisches Spezifikum. Die Aufnahmekapazität von Handel, Industrie und Dienstleistungssektoren war, seit Beginn der politisch motivierten Internationalisierung vor drei Jahrzehnten, stets zu gering, um den wachsenden Zustrom von Arbeitskräften aus dem ruralen Java zu bewältigen.

Die Freisetzung von Arbeitskräften im Zuge der Grünen Revolution wie auch das (mittlerweile gezügelte) Bevölkerungswachstum waren dafür ebenso verantwortlich wie die physiogeographischen Gegebenheiten der Stadt: Im Umland von Jakarta, dem heutigen Planungsbereich Jabotabek, waren die Dichtewerte stets niedrig – sowohl im nationalen (javanischen) wie im (ost-)asiatischen Vergleich, was kolonial bedingt ist: Klimatische wie gesundheitsbedingte Gründe trugen dazu bei, die Stadt bis zur nationalen Unabhängigkeit 1945 vergleichsweise klein zu halten; Jakarta lag nie im landwirtschaftlichen Herzland des Staates.

Erst im Zuge der „Neuen Ordnung" wurde die internationale Entwicklung der Kernstadt bewußt gepusht, indem zuerst allmählich importsubstituierende Industrien im urbanen

Kernstadtbereich angesiedelt wurden und Jakarta zum internationalen Handelszentrum aufstieg.

Die agrarische Orientierung zahlreicher Migranten in das Umland der Metropole wird somit als ökonomische Überlebensstrategie verständlich: Boden war vorhanden, Bodenrechte vielfach ungeklärt, (industrielle) Arbeitsplätze angesichts des permanenten Zustroms nicht ausreichend verfügbar. „... if desakotasasi reflects a desirable development process, it is one marked by very slow structural changes in employment in the economy as a whole rather than simply a new form of urbanization on a regional scale", führt DOUGLASS (1991, S. 240) aus.

„Desakotasasi" ist somit definierbar als simultaner Prozeß der Polarisierung von Entwicklung bei gleichzeitiger räumlicher Ausweitung der metropolitanen Region Jakarta. Dieser Prozeß ist einerseits untrennbar verbunden mit dem allmählichen Zusammenwachsen mit Javas drittgrößter Stadt Bandung (*Jabopunjur*-Korridor: *Jabo*tabek und die Hügeldistrikte im Süden, *Pun*cak und Cian*jur*), andererseits bildet dieser Vorgang ein offenkundiges Phänomen auch im Zuge der Metropolitanisierung der javanischen Nordküste.

Direkt mit der sprunghaften Entwicklung des urbanen Großraums Jabotabek verknüpft sind zweifellos die Auswirkungen der Grünen Revolution: Wie in allen anderen Staaten Asiens war die Reis-Politik der siebziger Jahre durchwegs Sache der ländlichen Entwicklungspolitik, ohne die Implikationen auf den städtischen Arbeitsmarkt zunächst zu berücksichtigen. Der Anstieg der Reisproduktion durch massiven Einsatz von Dünge- und Schädlingsbekämpfungsmitteln sowie durch den Anbau hochwertiger (synthetischer) Spezialreissorten bewirkte zwar in den achtziger Jahren – erstmals in der neueren Geschichte des Landes – die Selbstversorgung, hatte jedoch verheerende Auswirkungen auf den nationalen Arbeitsmarkt.

Die neuen landwirtschaftlichen Produktionsbedingungen veränderten sowohl traditionelle soziale wie auch Arbeitsbeziehungen – Reis wurde zum Exportgut und Devisenbringer, wodurch sämtliche landwirtschaftlich gut nutzbare Flächen dem Reisanbau gewidmet wurden. Diese Spezialisierung reduzierte alternative Möglichkeiten landwirtschaftlicher Beschäftigung weiter drastisch. Die gesteigerte Effizienz der Reisproduktion ging auf Kosten der Arbeitsplätze, die im Zuge der Grünen Revolution auf ein Minimum schrumpften.

Parallel dazu erzeugten – politisch forciert – die wesentlich verbesserten Transportbedingungen auf Java neue räumliche Mobilität: Der (Aus)Bau von Straßen und das Aufkommen von Minibussen rückten auch bislang schwer erreichbare Siedlungen zunehmend in die Nähe der Hauptstadt – der Zeitfaktor der Anreise war kein Hinderungsgrund mehr für saisonale oder temporäre Beschäftigung(ssuche) im Umfeld der Hauptstadt, was die räumliche Entwicklung Westjavas entscheidend mitbeeinflussen sollte.

Umgekehrt eröffnete der Ausbau des Verkehrswesens auch die Möglichkeit der Penetration ruraler Märkte mit Gütern, die in städtischen Mittel- und Großproduktionsbetrieben erzeugt wurden. Ob Lebensmittel oder Kleidung, der Preis- und Qualitätsdruck der urban produzierten Waren bewirkte vielfach eine berufliche Umorientierung der Erwerbstätigkeit (Kleiderhändler statt Schneider) wie auch rurale Arbeitslosigkeit und einen weiteren Push in Richtung informeller Tätigkeiten im städtischen Raum – gemeinsam mit definitiv besseren Bildungsmöglichkeiten in Jabotabek, die als Impetus nicht zu vernachlässigen sind.

2.1.2 Brennpunkt Lebensraum: Der Wohnungsmarkt – Kampf der Prioritäten

„*We shall not be able to build a complete Indonesian being, we shall not be able to enjoy spiritual and material well-being, we shall not be able to improve the quality of life, unless the problem of human settlement and shelter can be fundamentally overcome.*"
(SUHARTO, zit. nach National Committee for Habitat II 1996, S. 1)

Der legistische Hintergrund

Um den neuen Anforderungen eines adäquaten Wohnungsmarktes gerecht zu werden, war von staatlicher Seite eine Anpassung der legistischen und administrativen Voraussetzungen notwendig. Die Zusammenlegung des „Ministry of Housing" mit dem „Ministry of Population and Environment" zum jetzigen „State Ministry for the Environment and State Housing of Population" belegt die enge Verknüpfung von bevölkerungspolitischen und umwelttechnischen Fragestellungen; die zunehmende Dezentralisierung von planungsrelevanten Schritten in Sachen Finanzierung und Infrastrukturgestaltung gilt als weiteres Indiz für gezielte Interventionsmaßnahmen in den Wohnungsbereich, dessen enge Bindung an den Wohlstand einer Gesellschaft mittlerweile unbestritten ist.

Aufgrund des Netto-Devisenrückgangs wegen der Ölkrise, dem wichtigsten Exportgut bis Mitte der achtziger Jahre, war ökonomischer Ressourceneinsatz bei der Strukturierung der urbanen Planung gefragt. Der Strukturlosigkeit und weitreichenden Ineffizienz von ersten Maßnahmenpaketen zur Lenkung der Urbanisierung (KIP) wurde ab 1985 durch die Schaffung einer „National Urban Development Strategy" (NUDS) entgegengewirkt, die explizit die Forcierung der Industrie und graduelle Dezentralisierung urgierte – zunächst vergeblich, nicht zuletzt als Folge der zu geringen Infrastrukturausgaben der achtziger Jahre. Doch auch 1990/91 beliefen sich die tatsächlichen Investitionen lediglich auf 70 Prozent der projektierten 1.094 Milliarden Rupiah (VAN DER HOFF et al. 1993, S. 5f), und der rapide Bauboom und Baubedarf hatte zahlreiche Zielsetzungen von 1985 bereits längst überholt oder durch fehlende Institutionalisierung unrealisierbar gemacht (FIRMAN 1991, S. 17f).

Zur Optimierung der staatlichen Investitionen und Einbindung lokaler Gelder existiert seit 1985 das „Integrated Urban Infrastructure Development Programme" (IUIDP), das mittlerweile von einem ganzheitlich strukturierten „Integrated Urban Development Programme" (IUDP) abgelöst wurde. Die Entwicklungsstrategien werden Stadt für Stadt speziell ausgearbeitet, wobei die Einbeziehung des „Ministry of Public Works", der „National Development Planning Agency", des „Ministry of Finance" und des „Ministry of Home Affairs" eine konsistente wie auch pragmatisch fundierte Basis gewährleisten soll, die Dezentralisierung, Koordinierung und Finanzierung urbaner Landnutzung wie -schaffung regelt. Das IUDP gilt asienweit als Musterbeispiel gremienübergreifender Zusammenarbeit (United Nations Centre for Human Settlements 1996, S. 302).

Unter der Prämisse einer nachhaltigen urbanen Entwicklung, die als Grundlage einer erfolgreichen Internationalisierung gilt, wurde seit Beginn der „Neuen Ordnung" eine Reihe von Programmen gestartet, die zur Verbesserung der urbanen Lebensbedingungen beitragen sollten. Indirekt sollte der dadurch erzielte soziale Friede als attraktiver Wettbewerbsvorteil im Kampf um Auslandsinvestoren eingesetzt werden: Neben dem noch näher zu erläuternden Konzept des „Kampung Improvement Programme" (KIP) beginnt parallel dazu ein weiteres, vom nationalen „Ministry of Social Affairs" 1991 implementiertes Programm der „Social Rehabilitation of Poor Areas" (*Rehabilitasi Sosial Daerah Kumuh*) allmählich Wirkung zu zeigen, von dem national bislang über drei Millionen Slumbewohner profitiert haben. Die Schwerpunktsetzung auf nachhaltige Siedlungsentwicklung („Urban Policy Action Plan" – UPAP) im zweiten Langzeit-Entwicklungsplan Indonesiens (1993–2018) verdeutlicht das Bewußtsein, daß ökonomische Zuwachsraten allein auf Dauer die gesellschaftliche Stabilität nicht tragen werden können (National Committee for Habitat II 1996, Vf, S. 13).

Die Schaffung adäquaten Wohnraums ist angesichts des anhaltenden Stadtwachstums das Gebot der Stunde. Die Bevölkerungsdichtewerte bewegen sich innerhalb Jakartas zwischen 13.000 und 50.000 Einwohnern pro km^2, jährlich rund 100.000 (offizielle) Migranten erhöhen den Druck auf den Wohn- und Arbeitsmarkt. Bei einer jährlichen Bevölkerungszunahme von etwa 3 Prozent sind jährlich mindestens 54.000 neue Wohneinheiten nötig, um der Nachfrage Herr zu werden (Citra Image Indonesia, 1995, S. 6).

Leben im Kampung: Traditioneller Lebensraum am Ende?

Die oftmals synonyme Verwendung der Termini „Slum" und „Kampung" mag Usus sein, ist jedoch inhaltlich nicht korrekt. Letzterer Terminus ist mit dörflichen Strukturen assoziierbar, wobei die korporative Einheit sowohl durch räumliche wie auch soziale Merkmale gekennzeichnet ist.

SULLIVAN (1992) erachtet den hohen Grad an Zusammengehörigkeitsgefühl und „Nachbarschaft" als grundlegende Charakteristik: „... there are strong pressures on kampung people to be good neighbours. Good neighbourship or ‚neighbourliness' is quite precisely defined in the kampung and powerful sanctions function to make community members behave in conformity with the conventions" (1992, S. 71); Kampungs sind weiters gekennzeichnet durch „communal harmony, a situation in which people live together peacefully and compatibly ..." (1992, S. 106).

MURRAYS (1991, S. 61) Definition klammert dagegen das Konzept der Gemeinsamkeit weitgehend aus und betont das System der Zweckgemeinschaft: „... kampung is not an entity capable of devising a ‚strategy' but a community of individuals adapting to their urban situation and the arrival of more and more people with a balance of co-operation and competition". Insgesamt scheint die Zusammengehörigkeit auf die unmittelbaren Nachbarn beschränkt, da der gesamte Bereich des Kampungs aufgrund seiner Ausdehnung und Bevölkerungszahl intensivere Kontakte im Sinne des traditionellen „Gotong Royong" nahezu unmöglich macht: „... inhabitants identified less with the kampung than with clusters of houses along several paths", erkennt JELLINEK (1991, S. 26) in ihren Erhebungen über das Leben in javanischen Kampungs.

Sowohl JELLINEK (1991) als auch MURRAY (1991) betonen die weibliche Dominanz in den nachbarschaftlichen Beziehungen, die – auf informeller Basis und Gegenseitigkeit beruhend – sowohl Netzwerke beruflicher Tätigkeit aufbauen wie auch, durch Verwandtschaftsbeziehungen, Kontakte in andere städtische Kampungs bieten. Die kommerziellen Aktivitäten des informellen Sektors, dessen Wurzeln in den dörflichen Strukturen der urbanen Kampungs liegen, sind mit Informationsaustausch verknüpft und kausal gekoppelt.

Die soziale Realität des Zusammenlebens auf engstem Raum und der erforderlichen Solidarität innerhalb der Bevölkerung bedeutet jedoch nicht zwangsläufig Homogenität; die soziale und räumliche Stratifizierung ist ausgeprägt, etwa zwischen Haushalten im Zentrum und solchen an den äußeren Übergangszonen, im Grenzbereich zu semipermanenten Slum-Distrikten. Doch auch innerhalb der Kampung-Struktur sind Disparitäten unverkennbar: „... the better-off regarded themselves and were regarded by the rest of the neighbourhood as outsiders", wie MURRAY (1991, S. 41f) feststellen konnte – je höher der Bildungsgrad und, – damit in Zusammenhang – Einkommen und Mobilität, desto eher sind schichtspezifische Identifikationsmuster bemerkbar. SULLIVAN (1992, S. 75) ortet darin ein wesentliches Charakteristikum im Kampung-Leben der neunziger Jahre: „... the reality of inequality – the existence of a rather broad social mis – is just as essential to kampung order as the kampung's subtle ideologically shaped conception of equality."

Die Verbindung zwischen politischer und gesellschaftlicher Macht ist hierarchisch strukturiert und zweigeteilt. Innerhalb der diversen Kampungs, Mikrokosmen und Zellen der urbanen indonesischen Gesellschaft existieren formelle wie informelle Instanzen zur Lenkung und Ausrichtung der internen Entwicklung: Das staatlich bestimmte Oberhaupt der Kampungs ist der Lurah, ein Regierungsbeamter in der Position eines Gemeindeoberhauptes; religiöse Führer und der „Rat der reichen Alten" bilden – ergänzend – die informelle Entscheidungsebene (SOMANTRI 1995).

Die Intensität sozialer Kontakte ist somit einer hierarchisch-institutionellen Basis unterworfen, die intern fungiert, aber auch über den eigentlichen Kampung hinausgeht. Die administrative Koppelung bewirkt soziale und ökonomische Streuung unter divergierender Führerschaft. KORFF (1996a, S. 303) vergleicht dieses Organisationsmuster mit einer Pyramide, deren horizontale Verknüpfungen auf die unmittelbare Umgebung (Familie, Nachbarschaft) beschränkt bleiben, während die vertikalen Konnexe über den individuellen Einflußbereich hinausgehen – dieses Konzept verringert die Möglichkeiten organisierter kommunaler Aktivitäten außerhalb formalisierter Kanäle beträchtlich. Die Bedeutung von administrativen Regulativen als Impetus für soziale Entwicklung gilt als umstritten: „... kampung has been idealised in terms of social harmony (rukun) and supposedly traditional mutual help. The ideology of rukun and the patron-client model of society is institutionalised in the urban administrative structure as a means of imposing order ... Gotong royong has been taken up as a national political symbol and is formally imposed on the kampung to achieve development goals" (MURRAY 1991, S. 64).

„Kampung Improvement Programme": Verordneter Mindeststandard?

Das „Kampung Improvement Programme" (KIP), 1969 auf Provinzebene initiiert, 1974 als nationale Zielstellung formuliert und von der Weltbank zunächst als beispielloser sozioökonomischer Erfolg gefeiert, wurde nach dem kolonialen Vorbild der niederländischen Wohnraumverbesserung etabliert. 1970 waren geschätzte 80 Prozent, 1986 rund 70 Prozent der Bevölkerung Jakartas Bewohner von Kampungs, dörflichen Strukturen im urbanen Umfeld. Lowry und DHARMAPATNI (1994, S. 3) definieren urbane Kampungs als eine Ansammlung von Kleinhäusern (Minimum: 30 m²), die von engen, vierraduntauglichen Gassen durchzogen sind, hohe Bevölkerungsdichten wie sanitäre Mängel aufweisen und – trotz vielfach unklarer Grundbesitzverhältnisse – der ansässigen Bevölkerung weitgehend stabile, nur von Großprojekten gefährdete Sicherheit bieten.

„This rich mixture of diverse socio-economic groups is ... not only accepted as a reality, but also as a desirable form of urban settlement in Indonesia" beschreibt DONNER (1987,

S. 289) den Lebens- und Arbeitsraum für etwa fünf Millionen Menschen, der – auf dem Prinzip des „Gotong Royong" (Nachbarschaftshilfe) beruhend – die traditionelle Lebensform des Archipelstaates darstellte. Dem nationalen Housing Survey von 1969 zufolge waren 60 Prozent der Stadtfläche von Slums mit insgesamt 75 Prozent der Stadtbevölkerung belegt, 80 Prozent der Kampung-Häuser hatten zu Beginn der „Neuen Ordnung" keine Toiletten, 80 Prozent keinen Elektrizitätsanschluß und 90 Prozent kein Fließwasser.

Das Programm beruht auf drei Säulen: Neben Umsiedlungsprogrammen der armen Bevölkerungsgruppen in öffentlich subventionierte Wohnanlagen sowie der Schaffung von Basisinfrastruktur um diese (meist suburbanen) Wohnanlagen („Site and Services") bildet die Verbesserung der Lebensqualität in situ durch die Bereitstellung adäquater Infrastruktur einen Schwerpunkt (Slum-Upgrading); LOWRY und DHARMAPATNI (1994, S. 2) sprechen hierbei von „brown agenda", handelt es sich doch vorwiegend um eine (beabsichtigte) Verbesserung der Sanitärbedingungen: „The density of poor settlements, uncertain or disputed land tenure, poor site conditions, low-capaacity sewer and water lines, prohibitive costs and uncertain cost recovery are among the many reasons offered for not providing the urban services to the poor that are provided to the ‚planned' city".

Scheiterte die Umsiedlung in „Site and Services"-Satellitenwohnanlagen am Stadtrand aufgrund überhöhter Mietforderungen der nationalen Wohnbaubehörde „Perum Perumnas"[25] – etwa in Klender (Ostjakarta) –, weil die Mieten lediglich für eine Minderheit von 15–20 Prozent erschwinglich waren (JELLINEK 1991, S. 128f), so erwies sich die versuchte Verbesserung des Wohnumfeldes als erfolgreicher und effektiver für den einzelnen: In den ersten sieben Jahren des Programmes erfolgte ein „Upgrading" von 166 Kampungs mit einer Bevölkerungszahl von über zwei Millionen Menschen bei einem Pro-Kopf-Aufwand von 11.000 Rupiah (etwa 40 US-Dollar); bis 1984 profitierten landesweit 3,5–4 Millionen Menschen in 400 Kampungs (CLARKE 1985, S. 37; DONNER 1987, S. 289).

Von 1984–1995 wurden in Indonesien 800 Städte mit rund 24.100 ha Kampungflächen und etwa 6 Millionen Haushalten in das KIP eingebunden: „Although the programme does not directly provide housing, the objectives of KIP seek to improve housing quality in poor neighborhoods, which have been built primarily though informal sector activites." (National Committee for Habitat II 1996, S. 14). Ursprünglich von den Stadtverwaltungen in Jakarta und Surabaya eingeführt, wurde das Programm 1979 auf ganz Indonesien ausgedehnt und fungiert heute als Teil des Integrated Urban Infrastructure Development Programme (IUIDP). Von 1973–1993 wurden 90 Prozent der Kampungs Jakartas mit insgesamt 6 Millionen Menschen – bei einem durchschnittlichen Pro-Kopf-Aufwand von 33 US-Dollar – von dem Programm erfaßt.

So positiv die Schaffung von Moscheen, Verwaltungsgebäuden, Kanalsystemen und der Ausbau des Wegenetzes perzipiert wurde, so sehr stieß die autoritäre Prioritätensetzung der Stadtregierung, die ohne Information und Rücksprache mit den Betroffenen erfolgte, auf Kritik: Durch fehlende Beteiligung lokaler Entscheidungsträger ist die Erhaltung etwa von neuen Straßenzügen keineswegs gesichert. Die Forcierung von PKW-tauglichen Stra-

---

[25] „Perum Perumnas" wurde 1974 gegründet, um neue Siedlungsgebiete im metropolitanen Jakarta zu erschließen; Zielgruppe waren „low- and moderate-income households", deren Einkommen zwischen 20 Prozent und 80 Prozent des indonesischen Durchschnittseinkommens liegen sollten – seit „Repelita II" wurden rund 303.000 Häuser in 131 Städten errichtet (National Committee for Habitat II 1996, S. 15).

ßen war für unmotorisierte Kampung-Bewohner ebenso unverständlich wie die „laissez-faire" Haltung in der Trinkwasserfrage; 70 Prozent des finanziellen Aufwands gingen in die Verbesserung der Verkehrsinfrastruktur, lediglich 1 Prozent kam der Verbesserung der sanitären Verhältnisse zugute (MURRAY 1991, S. 22). Nicht die hygienisch bedenklichsten, sondern die westlichen Beobachtern am besten zugänglichen Kampungs wurden eher saniert: 15–20 Prozent des Stadtbudgets flossen in Kampungs mit über 60 Prozent der Wohnbevölkerung, der Rest wurde für Straßenbau, Wasser- und Elektrizitätsversorgung der Mittel- und Oberschicht verwendet. „… Like the Dutch, the Jakarta administration chose the cheapest means of assisting the poor, so as not to jeopardize their concentration on building up the more visible parts of the city as a modern, international capital." (ABEYASEKERE 1987, S. 226).

Angelpunkt sämtlicher Bestrebungen war die optische Modernisierung der Stadt, die der physischen Erneuerung Priorität vor gesellschaftlicher Adaption und Schaffung adäquater Arbeitsplätze einräumte. BIANPOEN (1991, S. 68) kommentiert sarkastisch: „A problem is made of the appearance of hovels, which make people feel ashamed if seen by outsiders. … It is comparable with a curing a person suffering of a skin disease by changing his dress with a better one. Although his illness may be unseen, it remains."

Der „Jakarta Master Plan", das (geheimnisumwitterte und unveröffentlichte) Raumordnungs-Szenario der Metropole, sah die Schleifung von etablierten Kampungs ebenso wie von illegalen Squatter-Settlements vor, sofern der öffentliche Bedarf für Straßen- und Industrieflächenerschließung gegeben war. Den Betroffenen wurden günstigstenfalls Umzugskosten ersetzt, jedoch war keine generelle Entschädigung für den verlorenen Wohnraum vorgesehen, und Kompensationskosten im Ausmaß von mehreren Jahreseinkommen blieben die Ausnahme. Je größer der erreichte Grad der öffentlichen Anteilnahme, desto höher wurde die Entschädigung.

SOMANTRI (1995, S. 221) betont hingegen die Gelassenheit, mit der Umsiedlungen in der Regel hingenommen werden, und ortet vielfach Lethargie und das Bewußtsein der Chancenlosigkeit jedweder Protestaktion: „For kampung dwellers, to get a fair amount of compensation money and move elsewhere is more attractive than to continue to suffer severe repression by security officers in the urban areas, and to preserve their communities. In this sense, the world-view of many of Jakarta's rural-urban migrants is still influenced by rural Javanese cosmology an a moral economy of peasant life, which leads to their individualistic and dispersed style of urban social protest."

Noch 1970 hatte nur 35 Prozent der Stadtfläche einen offiziellen Besitzer, 1986 war 43 Prozent der Wohnfläche Jakartas illegal besetzt (DONNER 1987, S. 288). Die akribisch geplanten, meist militärisch unterstützten Räumaktionen machten keinerlei Unterschied zwischen öffentlichem Interesse an urbaner Infrastrukturverbesserung und privatem Interesse teils ausländischer Investoren, was die Haltung zu Internationalisierung bereits in der Anfangsphase zunehmend verschlechterte – als Paradebeispiel gilt der Kampung Pondok Indah, der einem privaten Shopping-Komplex mit Luxuswohnungen und Golfanlagen weichen mußte.

Direkte staatliche Investitionen in den Wohnungsbau sind indonesienweit gering, in urbanen Bereichen ist die Dominanz privater und kommunaler Bauträger noch stärker ausgeprägt und beträgt geschätzte 85 Prozent für den städtischen Wohnungsmarkt. Die Gewinnorientierung der Bauträger, deren Bautätigkeit auf die finanzielle Kapazität der schmalen

Mittelschicht ausgelegt ist, führt zur verstärkten Ausprägung illegaler Squatter Settlements, die die Absorptionsfunktion für die stetig wachsende Bevölkerung zu tragen haben. Nimmt man das verwendete (provisorisch-semipermanente) Baumaterial dieser sogenannten „shanty towns" als Definitionskriterium, so lebt auch Anfang der neunziger Jahre – je nach Berechnung – ein Drittel der Bevölkerung Jakartas (1970: 60 Prozent) in Slums (BAUER 1993, S. 29); die Schätzungen der Stadtregierung sind optimistischer, denen zufolge 4,8 Prozent (2.855 ha) der Stadtfläche Jakartas von Slums belegt sind, in denen knapp 10 Prozent der Gesamtbevölkerung der Metropole leben – bei der überwiegenden Mehrheit handelt es sich um saisonale Migranten.

Die Visionen eines slum-freien Jakarta bis 2005 scheinen angesichts der bisherigen restriktiven Vorgangsweise des (ehemaligen) SUHARTO-Regimes in zahlreichen gesellschafts- und wirtschaftspolitischen Belangen nicht unbedingt totale Illusion. Die Schleifung traditioneller Kampungs und darauffolgende Ersetzung durch Wohnblock-Siedlungen mag technisch durchaus bewerkstelligbar sein, stellt jedoch lediglich eine Problemverlagerung in das Umland Jakartas und – langfristig – nach West-Java dar.

Die Entwicklungsstrategien

Die Reduzierung der Armut ist das offizielle Hauptanliegen der indonesischen Regierung, die dieses Ziel mittels massivem Wirtschaftswachstum und rapider Erhöhung der Produktivität erreichen will. WARDHANA (1996, S. 454) betont die Notwendigkeit spezifischer Maßnahmenbündel, um der Bevölkerung unter der Armutsgrenze den Zugang zu Transportmitteln und Wohnungen erschwinglich zu machen – ohne aktive Eingriffe der Stadtpolitik ist die Etablierung eines Niedrigpreis-Wohnungsmarktes illusorisch. Auf präsidiale Verordnung wurde seit 1995 die Fertigstellung von 240.000 „Very Low-Cost Housing"- (2.200–3.000 US-Dollar) und „Low-Cost Housing"-Einheiten (4.000–5.000 US-Dollar) eingeleitet, was latente Spannungsfelder in Fragen der Landnutzung und Landrechte intensivierte: „Global economic restructuring tend to widen the imbalances in concentration of economic activities between large cities on the one hand and smaller urban centres and rural areas on the other." (National Committee for Habitat II 1996, S. 3).

Ambivalent wie viele Aspekte der nationalen Wirtschaftspolitik bleibt auch der Umgang mit dem urbanen Wohnungsmarkt: Während einige Autoren einen deutlichen Rückgang der urbanen Armut innerhalb des letzten Jahrzehnts reklamieren (CRANE und DANIERE 1996, S. 206), ortet etwa BIANPOEN (1991, S. 68) eine bloße Verlagerung der Armut in urbane Räume, die über arbeitssuchende Migranten aus dem ruralen Indonesien quasi importiert wird. Urbanisierung als Synonym für Verarmung?

Analog zu Entwicklungstendenzen am urbanen Arbeitsmarkt ist auch der Wohnungsmarkt durch zunehmende Informalisierung gekennzeichnet. Der formelle Sektor, bestehend aus der nationalen Wohnbaugesellschaft Perum Perumnas und zahlreichen Privaterschließungsgesellschaften, kann auf nationaler Ebene gerade 15 Prozent der städtischen Wohnungsnachfrage decken (National Committee for Habitat II 1996, S. 9), in Jakarta etwa 25 Prozent. Konträr zur ursprünglichen Konzeption waren die Anlagen von Perum Perumnas nicht in der Lage, der Nachfrage nach Wohnraum auch nur annähernd gerecht zu werden: Zum einen übersteigen die verlangten Preise der Gebäude (Durchschnittsfläche: 12 m^2) zumeist die finanzielle Kapazität der abgesiedelten Kampung-Bewohner und auch der neu migrierten Bevölkerungsgruppen; nach BIANPOEN (1991, S. 69) ist ein zweiter Negativ-Faktor jedoch zumindest ebenbürtig im Entscheidungsgefüge – die Lage in den urbanen Randzonen ist für einen adäquaten Lebensunterhalt denkbar ungeeignet; Wohnblocks wiederum verhindern die Beibehaltung etablierter Beschäftigungsmuster vor allem des informellen Sektors. Wäscherinnen im dritten Stock sind so deplaziert wie eine Umsiedlung von fahrenden Garküchen in das Dachgeschoß – „flats are only suitable for those with formal professions, like civil servants, labourers or other professions prosecuted out of the house", bringt BIANPOEN (1991, S. 69) die Kluft zwischen arbeitspolitischer Realität und wohnungspolitischer Vision auf den Punkt.

Der informelle Wohnungsmarkt Jabotabeks funktioniert vergleichsweise zufriedenstellend, vorwiegend aufgrund einer ausgeprägten „laissez-faire"-Haltung der Planungsbehörden, die auf Preisvorschreibungen und restriktive Reglementierung verzichten, solange keine ökonomischen Interessen dagegensprechen. Wesentliche Hürden im Zugang zu low-cost housing bilden jedoch einerseits das Fehlen klarer Besitzverhältnisse, zum anderen die derzeit geringe Verfügbarkeit von Wohnbaukrediten, wobei das neu etablierte KUPEDES-Programm der „Bank Rakyat Indonesia" in dieser Hinsicht mittelfristig Abhilfe schaffen könnte; für Beamte wurde das TAPERUM-Schema, eine Art obligatorische Bausparkasse, initiiert.

Um den – speziell für Privatbaugenossenschaften unattraktiven – Billigwohnungsmarkt zu beleben, kam es zur Etablierung einer verpflichtenden Hausentwicklungsquote, um den finanziell lukrativen, doch vergleichsweise wenig nachgefragten Hochpreissektor zugunsten des Niedrigpreissektors zu entlasten: Der Schlüssel 1 (Luxus) : 3 (Mittel) : 6 (Billig) zwingt Privatfirmen zwar in der Theorie zu verstärkter Konzentration auf „low-cost-housing", aufgrund der explodierenden Landpreise bleibt allerdings auch dieser Bereich außerhalb der finanziellen Kapazität der Mehrheit der Bevölkerung (DOUGLASS 1996a, S. 17). Eine Studie der Baulandpreise im Raum Jabotabek Ende der achtziger Jahre ergibt folgendes Bild: Zwischen 1987 und 1989 stieg der Preis für Parzellen 10 km außerhalb des CBD um jährlich rund 11 Prozent, im unmittelbaren Zentrum um 5 Prozent und 20 km außerhalb um durchschnittlich 18 Prozent (CRANE et al. 1997, S. 1498).

„Housing is a basic requirement for the improvement of equitable community welfare ... every citizen has the right and responsibility to decent shelter, as well as the right to participate in housing development" (National Committee for Habitat II 1996, S. 19). Die im „Housing and Human Settlements Law" (1992) festgelegte Rolle der Regierung als Regulator der Landpreisentwicklung scheint damit – analog zu zahlreichen Aspekten der nationalen und regionalen Wirtschaftsentwicklung – von der Realität überholt. Lebensraumschaffung ist mehr als die Bereitstellung von Wohneinheiten (DOUGLASS 1996a, S. 3) ohne infrastrukturelle Koordination, die nach Aufschließung von einstigem Agrarland strukturlos – ohne adäquate Wasser- oder Elektrizitätsversorgung sowie Müllentsorgung – zwangsläufig weiteren Umweltdruck durch Zersiedelung bewirken.

Bis 1985 waren 2,4 Millionen neue Wohneinheiten projektiert, 50 Prozent des gesamten indonesischen Wohnbudgets von Repelita II flossen in infrastrukturelle Maßnahmen für den Raum Jabotabek (GIEBELS 1983, S. 5ff), der 1970 1,3 Millionen Haushalte umfaßte, die im Zuge des „Kampung Improvement Programme" (KIP) sanitär verbessert und räumlich entflochten werden sollten; bis 1989 erfolgte ein „Upgrading" von 24.100 ha (VAN DER HOFF et al. 1993, S. 6) – die reale effektive Schaffung von Wohnraum konnte jedoch mit der rapiden Bevölkerungsentwicklung nicht Schritt halten. Hochrechnungen zufolge betrug die Nachfrage nach Wohnraum 1995 500.000 Häuser; unter Zugrundelegung des gegenwärtigen Bevölkerungswachstums von jährlich 2,4 Prozent wären – nach Sättigung des bisherigen Bedarfs – immer noch jährlich 70.000 bis 100.000 Wohnungen (DOUGLASS 1996b, S. 54) erforderlich, die Hälfte davon für Bevölkerungsgruppen unter der Armutsgrenze.

Der anhaltende Zustrom an Migranten, deren Dunkelziffer die offiziellen Zahlen bei weitem übersteigen dürfte, sorgt für derart massiven Druck auf den urbanen Wohnungsmarkt, daß das (geplante) Angebot – ganz abgesehen von der überhöhten Preisgestaltung – mit der effektiven Nachfrage nicht Schritt halten kann. Solange latente Disparitäten die rurale Bevölkerung Java, wenn auch vielfach nur temporär, nach Jabotabek treibt, ist eine Entspannung der Siedlungssituation wohl ferne Vision – und genauso illusorisch wie die Eindämmung der Migration. Die gezielte (private) Schaffung von mittel- und hochklassigem Wohnraum im „Inner Ring" Jabotabeks kann die Nachfrage nach Billigwohnraum nicht unterbinden: „Without a clear strategy for developing low-cost serviced land for housing on a massive scale, current settlement patterns characterized by crowding into unserviced neighborhoods, houses built along the slopes of river banks, flood-prone areas and into illegal settlements on public land will continue", prophezeit DOUGLASS (1996b, S. 54).

Das „Urban Housing Renewal Programme", eine Weiterentwicklung des „Kampung Improvement Programme" (KIP), führt weiterhin zu „kampung clearance" und damit verbundener Relozierung der Bevölkerung sowie zu einer Ersetzung gewachsener Bausubstanz durch vielstöckige Bauwerke mit internationalisierter Architektur. HUGO (1994, S. 35) fordert explizit die Aufgabe der Versteifung auf „minimim housing standards" und „aesthetic niceties", die als Rechtfertigung für Schleifungsaktionen im Zentrum der Kernstadt angeführt werden, ohne jedoch adäquaten und finanziell erschwinglichen Ersatz-Wohnraum in den „New Towns" Jabotabeks anzubieten, die durch zunehmende internationale Investitionstätigkeit und dadurch neu geschaffene Erwerbsmöglichkeiten stetig attraktiver werden. Die Hebung des allgemeinen Bildungsniveaus mag mittelfristig die Zahl potentiell interessierter Angehöriger der Mittelschicht erhöhen, deren finanzieller Hintergrund jedoch wohl erst in geraumer Zeit gegeben sein wird; die Zahl der „neo-decadent dwellings" einer zunehmenden Oberschicht, war jedoch bereits vor einem Jahrzehnt Thema diverser Publikationen (CLARKE 1985, S. 39).

Der Anstieg der Wohnungskosten im legal-autorisierten Bereich betrug zwischen 1980 und 1990 153 Prozent und lag damit deutlich über der Inflationsrate von 133 Prozent (State Ministry for People's Housing 1995). Die Divergenz zwischen der Stadtplanung der regierenden Elite und den Bedürfnissen der Masse der urbanen Bevölkerung, die durch staatspolitisch motivierte Maßnahmen wie „Street Clearance", „Kampung Clearance" und „Land Clearance" die Internationalisierung hautnah erfährt, dokumentiert sich nicht zuletzt in einem mehrheitlich unerschwinglichen Wohnungsmarkt: „The ever increasing land prices in urban areas are a result of the increased need for commercial space and increased land speculation, and have led to the growth of more slum housing, particular on public land and marginal areas ..." (TJIPTOHERIJANTO 1996, S. 9). Die oftmals dubiosen Besitzrechte wiederum reduzieren die Bereitschaft der Bevölkerung, am Aufbau kleinmaßstäbiger Lokal-Infrastruktur (Kanalisierung, Straßenbefestigung, etc.) aktiv mitzuwirken; SISWANTOS (1996) Vision der „Community Participation" scheitert somit derzeit an legistischen Rahmenbedingungen. Ebenso ambivalent ist die Haltung der Stadtregierung, die einerseits – bei Ignoranz – eine de-facto Legitimierung der Squatter-Settlements befürchten muß, andererseits allerdings deutliche Kostenersparnisse bei Involvierung der Lokalbevölkerung haben würde (DOUGLASS 1996, S. 54f).

„Those in possessory rights cannot sell their land (since they have no title) and can only exercise their rights and realise some value to their land by continuing to reside on it, thus inhibiting changes in land use patterns", bringen HENDERSON et al. (1996, S. 80) die Interessenkollision auf den Punkt.

DOUGLASS (1996a, S. 15ff) betont die Illusion einer Entwicklungskonzentration auf die infrastrukturell völlig überlastete Kernstadt. Ziel der Planungsstrategien sollte eine integrierte Schaffung von „site and service"-Einrichtungen sein: Ohne die Bereitstellung von Verkehrswegen, Trinkwasser, Müllentsorgung oder Elektrizität würde die Konzeptlosigkeit der frühen „Neuen Ordnung" prolongiert und eine weitere Verschärfung der prekären Umwelt- und Transportbedingungen vorweggenommen. Die Erschließung von „Serviced Land", teils in Form von Neustadtgründungen, genießt mittlerweile längst den Vorrang vor krampfhaftem „Kampung Improvement" der frühen achtziger Jahre, das – durch die Tertiärisierung der Kernstadt – ohnedies eine Relozierung etablierter zentraler Siedlungsräume mit sich bringt.

Langfristig scheint die Kernstadt Jakarta als Wohnraum nur mehr gehobenen Einkommensgruppen zugänglich, die – der Vision der Weltstadt entsprechend – ihren Lebensbereich in zentral gelegene Appartements und Condominiums von privat errichteten vielstöckigen Towers verlegen (SOEGIJOKO 1995, S. 22).

2.2 Aspekte der Wirtschaftsentwicklung vor dem Hintergrund von Globalisierung und Internationalisierung: Take-Off der „Low-Cost"-Ökonomie?

Die wirtschaftliche Entwicklung in Südostasien kann nicht als einheitliche Entwicklung verstanden werden, vielmehr als ein Nebeneinander unterschiedlicher nationaler Strategien, trotz bereits 30jährigem Bestehen der ASEAN, dem Zusammenschluß der südostasiatischen Staaten.[26] Der Zeitpunkt der Gründung der ASEAN steht auch in direktem Kontext zu dem wirtschaftlichen Untersuchungszeitraum der vorliegenden Studie und dem Beginn der Plazierung Südostasiens im internationalen System sowie der Befriedung einer „Krisenregion". Die politischen Kooperationsbestrebungen der ASEAN werden gegenwärtig ergänzt durch gezielte ökonomische Bündnisse wie der AFTA (Asian Free Trade Area) und transnationale Wachstumsregionen wie dem Wachstumsdreieck Singapur – Süd Malaysia – Riau bzw. Teilen Sumatras und ebenso die Region Südthailand (Satun, Yala, Songkhla, Narathiwat), Nord-Malaysia (Perlis, Kedah, Penang, Perak) und dem Nordwesten Indonesiens (Nordsumatra) (LUKAS 1997).

Die weltwirtschaftliche Integration Indonesiens (vor allem Jakartas) wird von offizieller Seite als Erfolgsstory präsentiert. „Internally, we have been able to maintain a high economic growth, increased the living standards of the people, and attained national stability. This trilogy of development is regarded as a success story of a developing country within the countries of the non-aligned movement." (SUDARSONO 1996, S. 5). Die Realität stellt sich oft anders dar, wie diverse Unruhen von 1996 bis zur Fertigstellung dieses Beitrags doku-

---

[26]) 1967 waren es fünf Gründungsmitglieder (Indonesien, Malaysia, Singapur, Thailand und die Philippinen), die die ASEAN („Association of South East Asian Nations") aus der Taufe hoben; sie wurde durch Brunei, Laos, Myanmar und Vietnam als Vollmitglieder sukzessive erweitert. Die Vollmitgliedschaft Kambodschas wurde vorerst einmal verschoben. Papua-Neuguinea hat Beobachterstatus.

mentierten. Das Bedürfnis, diese Tatsache vor dem potentiellen ausländischen Wirtschaftsengagement zu kaschieren, dokumentiert der Investitionsminister SASTROWARDOYO auf eindrucksvolle Weise, indem er darauf hinweist, daß „trotz kürzlicher Unruhen in verschiedenen Städten bereits in den ersten drei Wochen des Jahres 1997 achtzig ausländische Investitionsprojekte mit einem Wert von 3,4 Milliarden US-Dollar genehmigt wurden" (Jakarta Post 1998).

Die Notwendigkeit nationaler Stabilität als Grundlage für Transnationalisierung wird in Indonesien bereits im Nationalen Entwicklungsplan explizit berücksichtigt. „A lack of national stability, that is, poor balance in national condition, will potentially produce disturbances in the nations development activities. Accordingly, to ensure maximum results in the national development, it will be important that efforts are made to eliminate potential disturbances. Consequently, national stability was imperative when we set out in our national development plan." (SURYOHADIPRODJO 1995, S. 21).

Wird die Entwicklung Jabotabeks unter den inhaltlichen Aspekten von Migration und Globalisierung diskutiert, kommt der Ökonomie vielleicht die Schlüsselposition zu. Die Prämissen der jeweiligen staatspolitischen Kurse divergieren gewaltig, was angesichts der Kehrtwende SUHARTOS zu industrieller und gesellschaftlicher Internationalisierung ab 1966 nicht weiter wundert. Die Existenz eines eindimensionalen „internationally-oriented economic growth" (GARNAUT 1994, S. 5) seit den siebziger Jahren ist jedoch unbestritten.

Unter der Prämisse der Außenöffnung lassen sich aus der staatlichen Wirtschaftspolitik der achtziger und neunziger Jahre im wesentlichen folgende Tendenzen und Strategien erkennen (BUSCH et al. 1991, S. 5):

- Kurzfristige Stabilisierung durch restriktive Geld- und Fiskalpolitik in Verbindung mit einer flexiblen Steuerung des Wechselkurses zur Stärkung der externen Wettbewerbsfähigkeit;
- Abbau von staatlicher Regulierung und Stärkung der Marktkräfte und des privaten Unternehmenssektors, um durch den Aufbau neuer Industrie die Abhängigkeit des Landes vom Ölexport zu verringern;
- Konsolidierung des öffentlichen Haushalts und Steigerung der Effizienz des öffentlichen Sektors in der Unterstützung der privaten Wachstumskräfte, vor allem in der Bereitstellung dringend nötiger Infrastrukturinvestitionen;
- Sicherung einer möglichst breiten Streuung der positiven Effekte von Wachstum und Beschäftigung unter der Bevölkerung.

Im folgenden sollen Tendenzen der nationalen Wirtschaftsentwicklung dokumentiert werden, die mit die Grundlage für die Globalisierungsdiskussion urbaner Räume im allgemeinen und der metropolitanen Region Jabotabek im besonderen bilden.

2.2.1 Verstaatlichung und Dirigismus: Privatisierung um jeden Preis?

SUKARNO wie SUHARTO verfolgten eine Linie massiven staatlichen Interventionismus, der südostasienweit den Gegenpol zu Hongkongs „laissez faire"-Politik bildet (KRETZSCHMAR 1994, S. 419). Aufgrund verschiedener historischer Ausgangsbedingungen – wie politischer Übernahme der kolonialen Unternehmen, schwacher unternehmerischer Ethik der einheimischen Oberschicht oder latenter Ressentiments gegen ethnisch-chinesisches Unternehmertum – war das staatliche Moment in der indonesischen Volkswirtschaft von Beginn an verhältnismäßig groß. Infolge der Dominanz kapitalintensiver Entwicklungsstrategien blieb der Aufbau der arbeitsintensiven Klein- und Mittelindustrie bis Mitte der achtziger Jahre sekundär, was sich in der seit einem Jahrzehnt boomenden Investitionslandschaft auch in Jakarta dokumentiert. Die Hauptstadt profitierte nicht zuletzt von der Konzentration nationalstaatlicher Entscheidungshierarchien, die Investitionstätigkeit im Raum Jakarta stets forcierten: „… the complex system of regulation and licensing has encouraged firms to establish in close proximity to the centre of bureaucratic power, Jakarta." (HILL 1988, S. 42f).

Der hohe Verstaatlichungsgrad dient zum einen als Kontrollmechanismus für strategische Industrien[27] (wie Öl, Gas und Dünger), zum anderen als Entwicklungsregulativ für neue Industriezweige (wie Flugzeugbau), für die im Privatbereich zunächst geringe Investitionsbereitschaft bestehen dürfte; Mitte der achtziger Jahre existieren über 220 registrierte staatliche Unternehmen (HILL 1988, S. 139). Die Übernahme und Einbindung von Schlüsselressourcen in staatliche Monopolbetriebe unter Armeeregie (Beispiel: Mineralölkonzern *Pertamina*) wurde in den sechziger Jahren zur Grundlage des indonesischen Paradigmas: die (militärisch-politische) Doppelfunktion der Armee („dwifungsi") und die versuchte Zurückdrängung des wirtschaftlichen Einflußbereiches der Auslandschinesen. LIEM (1995, S. 94) ironisiert die Kooperation von Bürokraten und chinesischen Unternehmern als „Ali-Baba"-Effekt, der zur Grundlage des Kurses der „Kollusion und Korruption" der neunziger Jahre hochstilisiert wird.

Die impulsgebende Rolle des Staates[28] für die Gesamtwirtschaft – teils in kartellähnlichen Konstellationen (Far Eastern Economic Review, 16.5.1996, S. 44) – ist nach wie vor manifest, MACHETZKI (1994, S. 76) konstatiert allerdings eine zunehmende Verschiebung der Gewichte in Richtung Privatwirtschaft, die sich – allen Prognosen zufolge – im laufenden Jahrzehnt weiter verstärken und das Erscheinungsbild der indonesischen Wirtschaft deutlich verändern wird: „Der Mehranteil der Investitionstätigkeit und der für die Zukunft des Landes entscheidende Anteil der industriellen Produktion dürfte bereits mittelfristig durch privatwirtschaftliche Tätigkeit erfolgen".

Zur Festlegung der planwirtschaftlichen Entwicklungsziele werden seit 1969 Fünf-Jahres-Pläne („Repelitas") formuliert, die weniger detaillierte Planungen, sondern vielmehr die Benennung und Rangfolge zukünftiger Entwicklungsziele anstreben; zunehmende private Einbindung wird darin explizit urgiert. Das Konzept der *„ekonomi pasar terkendali"*, einer Art kontrollierter Marktwirtschaft, ist mittlerweile Grundlage jedweder ökonomischer Entscheidung. (Statistisch meßbares) Wirtschaftswachstum steht vor Maßnahmen zur räumlichen und sozialen Gleichverteilung (WIROSARDJONO 1991, S. 64).

HANISCH (1995, S. 136) ortet demgegenüber eine unrealistische Privatisierungseuphorie, da insgesamt mangelhafte Rentabilität, ineffizientes Management und politische Auflagen durchschlagende Erfolge bislang verhindern; zudem sollen ausländische Käufer ge-

---

[27]) Zehn der bedeutendsten staatlichen Unternehmen Indonesiens sind seit 1989 in der „Agentur für strategische Industrien" (BPIS = Badan Pengelola Industri Strategis) zusammengefaßt, die als eine Art Staatsholding mit dem Finanzministerium als de facto-Aktionär fungiert. Ziel ist die Leitung, Koordinierung und Überwachung von entwicklungspolitisch relevanten staatseigenen Unternehmen, die national-industrielles High-Tech-Wachstum garantieren sollen; die Gesamtbeschäftigtenzahl liegt derzeit bei knapp 50.000 Arbeitskräften (MACHETZKI 1994).

[28]) 1988 wurden 44 Prozent der Wertschöpfung im verarbeitenden Sektor in Staatsbetrieben erwirtschaftet (HANISCH 1995, S. 135).

nauso wie chinesisch-indonesische Konglomerate ausgeschlossen werden. Die Gründung einer „Generaldirektion für die Entwicklung der Staatsunternehmen" 1992, die die Professionalisierung staatsbetrieblichen Managements anstrebt, dokumentiert die Abkehr von der These der Privatisierung um jeden Preis.

Im Gegensatz zu SUKARNOS „Gelenkter Ökonomie" wurde SUHARTOS „Neue Ordnung" wachstumstheoretisch durchkonzipiert[29] und Grundlage der Wachstumsphasen der neunziger Jahre. Die Politik der Berkely-Technokraten beruhte auf dem traditionsbehafteten Prinzip der dualistischen Ökonomie (exportorientierter industrieller Sektor versus subsistenzwirtschaftlicher ländlicher Sektor) und führte seit einem Jahrzehnt zur Entstehung einiger tausend Nichtregierungsorganisationen (NGOs) und einer konkret beginnenden Entstaatlichung,[30] die jedoch vielfach mit Skepsis verfolgt wird (HANISCH 1995; MACHETZKI 1995).

Freie Marktwirtschaft als mittelfristiges Ziel? GOENAWAN[31] (1993, S. 60ff) limitiert die Euphorie über schwindende staatliche Intervention: Marktwirtschaft ist kein Synonym für Demokratie, die beobachtbaren erfolgreichen Liberalisierungs- und Deregulierungstendenzen erscheinen auch nach der Abwahl SUHARTOS nicht dazu angetan, die autoritäre Struktur der Nationalökonomie empfindlich zu beeinflussen.

2.2.2 Wachstum ohne Ende?

Die „Pancasila-Wirtschaft" ist diffuse Utopie, befand Mohamed GOENAWAN (1993), der eine zunehmende Islamisierung auch auf höchster wirtschaftspolitischer Ebene konstatiert: Der ehemalige Staatsminister für Forschung und Technologie und Nachfolger SUHARTOS, HABIBIE, verknüpft in seiner Zukunftsvision für das Jahr 2000 moslemisches Gedankengut mit der Technologisierung Indonesiens (durch Flugzeugbau); die Auflehnung weiter Teile der Bevölkerung gegen fremdgesteuerte, „westliche" Entwicklungspläne der Regierung verstärkt sich vor allem in den Außenregionen. Auf der APEC-Konferenz in Jakarta (November 1994) wurde explizit die Öffnung der Märkte ihrer Mitgliedsländer und „Globalisierung unter US-amerikanischer Ägide" (LIEM 1995, S. 97) in Aussicht gestellt; ebendort trat Präsident Suharto vehement für eine Freihandelszone im asiatisch-pazifischen Raum (ODRICH und ODRICH 1995, S. 75) ein, was als Flucht in die Internationalität interpretierbar ist – die statistischen Fakten relativieren die These unbegrenzten Wirtschaftswachstums, die nur unter Annahme kontinuierlich positiver Weltwirtschaftsentwicklung plausibel erschien (The Far East and and Australasia 1996, S. 384).

Trotz einer Wachstumsverlangsamung der indonesischen Volkswirtschaft betrug das Wirtschaftswachstum im Jahr 1996 noch immer 7,8 Prozent. Im Jahr 1995 lag es noch bei 8,2 Prozent (Südostasien aktuell 2/97, S. 112). Das Bruttoinlandsprodukt pro Kopf stieg in

---

[29]) Ökonomen der Harvard Universität haben am Auslandsinvestitionsgesetz 1967 mitgearbeitet, Wachstumstheoretiker wie ROSTOW oder HIRSCH gaben die theoretische Grundlage für SUHARTOS „Neue Ordnung" (LIEM 1995, S. 95).

[30]) Diesen Organisationen war im Konzept der Technokraten offensichtlich die Rolle zugedacht, den „anderen", „rückständigen" Teil des Dualismus impulshaft aufzumischen und zu moblisieren (LIEM 1995, S. 96).

[31]) Muhamed GOENAWAN ist oppositioneller Regimekritiker und Herausgeber des 1994 verbotenen Nachrichtenmagazins „Tempo".

dieser Zeit von 1.039 US-Dollar (1995) auf 1.140 US-Dollar im darauffolgenden Jahr 1996 (Südostasien aktuell 3/97, S. 192).[32]

Der Wirtschaftsstandort Indonesien unterliegt aber auch einer strengen internationalen Bewertung. Nach dem neuesten Jahresbericht der Hongkonger „Political and Economic Risk Consultancy" ist Indonesien im Jahr 1996 zum „korruptesten Land in ganz Asien", gefolgt von Indien, China und Vietnam, aufgestiegen (Jakarta Post, 1.4.1997). Mitschuld daran trägt auch die bisher ungenügende mediale Kontrolle korruptiver Vorgänge im Staatssystem. Die Tatsache der stetig steigenden Korruptionsvorwürfe an Regierungskreise und Militär hat sich auch als weiterer Hemmfaktor der wirtschaftlichen Entwicklung herausgestellt. Nationale Stabilität gilt ja als eine der wesentlichen Grundvoraussetzungen für ausländische Investitionen. Politische Instabilität und steigende Korruption unterstützten hingegen die These einer verzögerten globalen Integration Indonesiens. Der massive Personalabzug von multinationalen Konzernen während der Unruhen in Indonesien im Mai 1998 bestätigt die Wichtigkeit nationaler Stabilität für eine kontinuierliche ökonomische Entwicklung.

2.2.3 Auslandsverschuldung, Teuerung und die Rolle des IWF: Die ungewollte internationale Bindung

Südostasien und Teile Ostasiens werden seit Sommer 1997 von einer wirtschaftlichen Krise erschüttert, die in dieser Form eine neue Qualität des Wachstumseinbruches von bislang als beispielhaft geltenden prosperierenden Ökonomien darstellt. „Tigerstaaten", „Asian miracle" und „Pazifisches Jahrhundert" sind nur drei von vielen Schlagworten, die als Assoziationen für Staaten wie Thailand, Malaysia, Singapur oder Südkorea bereitgestellt wurden. Indonesien wird von der erwähnten Krise gegenwärtig am härtesten getroffen.

Die Auslandsverschuldung Indonesiens liegt 1995 bei über 100 Milliarden US-Dollar und übertrifft damit die Auslandsverschuldung der SUKARNO-Ära um das Fünfzigfache; sechzig Prozent dieser Schulden wurden von der Regierung aufgenommen, vierzig Prozent von privaten Firmen, die kommerzielle Kredite zu Marktpreisen erhalten haben. Schon in den achtziger Jahren übertraf die Schuldenrückzahlung den jährlichen Kredit der ausländischen Gläubiger von jährlich etwa 5 Milliarden US-Dollar – die Folge war permanente Neuverschuldung zur Finanzierung des Schuldendienstes; Hauptgläubigerland ist Japan, das 1992 etwa vierzig Prozent der Schuldenlast zu tragen hat (LIEM 1995, S. 98; PAYE 1995, S. 30), die aufgrund zunehmender Exportgewinne bis vor kurzem leicht rückläufig war.

1990 waren 36,7 Prozent der Auslandsverschuldung japanorientiert (1984: 21,4 Prozent), was die zunehmende Dependenz weiter zu unterstreichen vermag (HARDJOSOEKARTO 1993, S. 418). Als eine der Ursachen gilt allgemein die nationale Industriepolitik, die mit prestigeträchtigen und extrem kostenintensiven Projekten die Stellung Indonesiens als ernstzunehmende überregionale Wirtschaftsmacht dokumentieren will: Die Etablierung eines Nationalautos reflektiert ebenso die futuristische Vision eines High-Tech-Staates wie die Entwicklung eines zweimotorigen 250sitzigen Turbo-Prop-Verkehrsflugzeuges der staat-

---

[32] Die Auswirkungen des veranschlagten Nullwachstums im Zusammenhang mit den geforderten IWF-Kriterien für das Jahr 1998 konnten bis zur Drucklegung dieses Beitrages noch nicht recherchiert werden.

lichen „Industri Pesawat Terbang Nusantara", das 1995 seinen Jungfernflug antrat (Far Eastern Economic Review, 16.5.1996, S. 42; ODRICH und ODRICH 1995, S. 76).

Kursverluste von über 80 Prozent in Indonesien vom 1. Juli 1997 bis 24. Jänner 1998 – wie die Jakarta Post am 24. Jänner 1998 berichtet – lassen Thailand (Verluste von etwa 53 Prozent im Vergleichszeitraum) und ebenso Korea (minus 49 Prozent) als „lucky looser" dastehen. Ohne auf makroökonomische Aspekte näher einzugehen, sei doch darauf hingewiesen, daß es zunehmend die lokale Bevölkerung ist, die von den Konsequenzen einer globalen Ökonomie nun unvorbereitet getroffen wird. Der Traum der ASEAN als einer weltwirtschaftlich verankerten Macht gegenüber den USA, Japan und Europa scheint vorerst geplatzt. Wurde im Jänner 1997 die Rupiah noch etwa im Verhältnis 1:200 zum österreichischen Schilling gewechselt, so wurden im Jänner 1998 für einen Schilling bereits knapp 1.000 Rupiah gezahlt. Vor allem aber der Sturz der Rupiah von Anfang Jänner 1998 von etwa 5.000 Rupiah auf 12.500 Rupiah gegenüber dem US-Dollar Mitte Jänner haben das Vertrauen internationaler Investoren in den Zukunftsmarkt Indonesien stark geschwächt. Multinationale Unternehmen mit Stammsitzen in Europa, Australien und den USA haben große Teile ihrer Belegschaft auch aus wirtschaftlichen Gründen vorübergehend beurlaubt bzw. abgezogen. Auch die Kampagne bedeutender indonesischer Politiker und Unternehmer unter dem Motto „I love Rupiah" motivierte in der breiten Öffentlichkeit nur wenige. Ziel dieser Strategie ist die Stärkung der indonesischen – noch geöffneten – Banken durch Dollarankauf, um Hartwährung zu binden.

Die Auswirkungen der Teuerung werden nicht nur bei Luxusgütern, sondern auch bei Gütern des täglichen Bedarfs offenkundig. Als erstes sind es die Luxusgüter gewesen, die in den großen Kaufhäusern um oft mehr als das Doppelte verteuert wurden. Bücher, elektronische Geräte und Kleidung wurden somit prompt einer Teuerung unterzogen. Aber auch die nationale Fluglinie Garuda hat ihren Inlandsflugtarif auf den Hauptstrecken um durchschnittlich ein Drittel angehoben. Die europäischen Presseberichte des Frühjahrs 1998 dokumentieren die innenpolitischen Unruhen als Konsequenz der Preiserhöhungen im Basislebensmittelbereich und der korrupten Staatsverwaltung.

Auch wenn das zweite, revidierte Budget Indonesiens im neuen Fiskaljahr ab April 1998 einen Wechselkurs zum US-Dollar mit 5.000 Rupiah als Ziel veranschlagt hat, so war das vorerst doch nicht mehr als ein Wunsch denn werdende Realität. Zur Erinnerung: War es doch die erste Budgetrede SUHARTOS Anfang Jänner 1998, in der der Wechselkurs zum US-Dollar mit 4.000 Rupiah festgemacht worden war, die die Jännerkrise erst so richtig in Schwung gebracht und den „free-fall" der Rupiah ausgelöst hat.

Um einen erhofften Ausweg aus der Krise zu finden, unterzeichnete Präsident SUHARTO damals am 15. Jänner 1998 ein 50-Punkte-Memorandum (veröffentlicht in der Jakarta-Post), das vom internationalen Währungsfonds (IWF) in Zusammenarbeit mit der indonesischen Regierung für Indonesien ausgearbeitet worden war. Anders als beispielsweise in Ländern Lateinamerikas scheint der Widerstand gegenüber einer Krisenintervention des IWF in Indonesien nur oberflächlich vorhanden. Vereinzelte studentische Proteste in Bandung und Jakarta waren die wenigen wahrnehmbaren Unmutsäußerungen gegen eine globale Interventionspolitik im allgemeinen und gegenüber der Abhängigkeit von den USA und vom US-Dollar im speziellen.

Als Ursache für dieses „indonesische Phänomen" seien drei Thesen zur Erklärung dieser Widerspruchslosigkeit angeführt:

Erstens ist davon auszugehen, daß SUHARTO zwar auf internationalen Druck reagiert hat und den Vertrag mit dem IWF eingegangen ist, um die Talfahrt der Rupiah zu entschleunigen, aber gleichzeitig konnte damit nicht automatisch angenommen werden, daß die geforderten Punkte auch wirklich im Vertragssinn umgesetzt werden. Als Beispiel sei dazu folgendes herausgegriffen: Die bisherige staatliche Subvention von Treibstoff und Elektrizität sollte ab 1. April 1998 sukzessive reduziert werden, eine immense Teuerung des individuellen und zum Teil auch öffentlichen Transports wäre die logische Konsequenz gewesen. Dies war nicht nur politisch nicht opportun, sondern war – wie die Unruhen im Mai 1998 untermauern – Anlaß für bürgerkriegsähnliche Verhältnisse. Das wußte SUHARTO sehr wohl. Transport ist in Indonesien – wie in den meisten übrigen südostasiatischen Ländern – ein eher „sensibles Gut". So wurden beispielsweise um 70 Prozent ermäßigte Tickets für Arbeitslose in Jakarta für „Idul Fitri" von der „State Railway Company Perumka" für 70.000 Reisende am 20. und 21. Jänner 1998 aufgelegt und Sonderzüge bereitgestellt, um saisonalen Migranten die Heimreise zu ermöglichen. Eine Teuerung des Treibstoffes und der Elektrizität bei individueller Weitergabe der Mehrkosten war bei gleichzeitiger Lohnhöhenbeibehaltung nicht durchsetzbar. Die Benzinpreiserhöhung wurde kurz nach Inkrafttreten als erste „Kalmierungsmaßnahme" von SUHARTO wieder zurückgenommen. Das Beispiel ist nur ein komplexer Punkt von fünfzig des vereinbarten Paketes, zu dem SUHARTO öffentlich keine Stellung bezog.

Ein weiteres Beispiel unterstreicht die Komplexität der Materie. Erst kürzlich ist – ausgehend von der Indonesischen Regierung – ein Projekt initiiert worden mit dem Ziel, den gesamten Grund und Boden des Landes zu registrieren, um die wirtschaftliche Entwicklung des Landes zu stimulieren und die von der Weltbank vorgeschriebenen Kriterien bezüglich einer etwaigen Kreditförderung zu erfüllen. Die Rechtslage ist dafür jedoch in Indonesien äußerst schwierig, da eine Koexistenz von staatlichen Rechtssystemen und das Gewohnheitsrecht einen Rechtspluralismus schaffen, der das staatliche Anliegen von vorneherein zu einem schwierigen Unterfangen macht (LUKAS 1997, S. 34).

Zweitens ist das widerspruchslose (auch zum Teil hilflose) Vorgehen SUHARTOS am Ende seiner Amtszeit durch die in der indonesischen (vor allem javanischen) Tradition liegende konsensorientierte Auffassung der Staatsphilosophie zu begründen. Der Umgang mit Widersprüchen ist nicht nur grundsätzlich schwierig, sondern war im spezifischen Fall noch dazu höchst ungewohnt. Die Ambivalenz, vielleicht besser die Kongenuität von autokratischer Entscheidung bei gleichzeitiger konsensualer Absicherung durch Militär und Regierung hat einen relativ unhinterfragten politischen Kurs SUHARTOS – nicht zuletzt durch nepotistische Absicherung des Wirtschaftssystems – über drei Jahrzehnte ermöglicht. So schreibt beispielsweise die Jakarta Post am 26. Jänner 1998: „In Indonesia, virtually all large business groups, in one way or another, and at one time or another, have benefited from preferential treatment from the state power holders." Die Widerspruchslosigkeit der Innenpolitik sitzt so tief, daß 1998 kaum ein Aktionspotential mit Ideen bei gleichzeitiger breiterer Akzeptanz in der Öffentlichkeit festgemacht werden konnte. Das fehlt enorm. SUHARTO war ein „Aussitzer", er reagierte, bevor er agierte – das war möglich, so lange niemand in der Lage war, Reformen zu induzieren. Gleichzeitig – und das steht ebenfalls in der Tradition der konsensorientierten nationalen Politik sowie der Staatsphilosophie „Pancasila", gibt es eine – auch wenn es nach außen vielleicht nicht gerade den Eindruck erweckt – soziale Verantwortung des Staates, der indonesischen Regierung, die gegen die Härten des IWF wirksam wird. Wieder ein Grund dafür, daß das Fünfzig-Punkte-Memorandum des IWF nicht in allen Details umsetzbar ist.

Die dritte These der Widerspruchslosigkeit liegt in der Tatsache, daß es sich bei Indonesien um ein Land handelt, das nicht nur keine wirklich linke Opposition, sondern auch keine vor allem unkonfessionelle Gruppierung hat, die als Sprachrohr der Unterschicht bzw. der unteren Mittelschicht auftritt. Das ist insoferne bemerkenswert, als bei Indonesien mit über 200 Millionen Einwohnern frei geschätzt etwa 80 Prozent der Bevölkerung diesen Gruppen angehören. Es fehlt die in Worte gefaßte Artikulation linker Positionen, die einen politisch widersprüchlichen Diskurs erst möglich macht. Es ist niemand wirklich in der Lage, mit breiterer Unterstützung aus dem Volk neue politische Linien denkbar zu machen, sie zu diskutieren und zu formulieren. Es fehlt die Tradition einer gewerkschaftlichen Organisation sowie die der Arbeitsniederlegung und protestbezogenen Koordination. Einfach gesagt finden etwa 80 Prozent der Bevölkerung keine Worte, um sich selbst auszudrücken. Dieses Phänomen unterscheidet Indonesien sehr stark von amerikanischen Ländern wie zum Beispiel Brasilien und Mexiko, die mitunter sehr kontroverse Positionen zur Interventionspolitik des IWF beziehen.

Werden die angeführten Thesen nicht zuletzt aufgrund bisheriger Kooperationserfahrungen zwischen dem IWF und Indonesien Realität, so ist zu vermuten, daß viele Details des Fünfzig-Punkte-Katalogs von vornherein unberücksichtigt bzw. umgangen, somit wirkungslos werden. Die soziale Härte, die das IWF-Paket als Importgut bereitstellt, würde dadurch abgefangen, wirtschaftliche Reformen hingegen so wie bisher nicht wirklich angestrengt und wachsende soziale Disparitäten nicht wirklich gestoppt werden. SUHARTO stand weder auf der Seite des IWF noch in Opposition zu diesem.

Internationale Solidaritätsäußerungen von Politikern wie CLINTON, KOHL oder japanischen Regierungsmitgliedern unterstrichen zwar den Ernst der Lage, wirkten aber nur temporär. So konnte ein Telefonat von US-Präsident CLINTON mit SUHARTO den weiteren Fall der Rupiah Mitte Jänner 1998 nur für wenige Stunden stoppen. Äußerungen wie jene von Japans Vizefinanzminister SAKAKIBARA: „We will never let Indonesia break down at any cost!" (Jakarta Post, 25.1.1998, S. 2) dürfen über die Tatsache nicht hinwegtäuschen, daß auch Japan als Wirtschaftsmacht von der ökonomischen Krise mitbetroffen war. Noch im September 1997 wurde von Japan die Idee in Umlauf gebracht, einen separaten „Asian Development Fund" ins Leben zu rufen, um mögliche asiatische Problemsituationen selbst – und vor allem ohne Intervention des internationalen Währungsfonds – lösen zu können, wogegen sich vor allem die USA vehement ausgesprochen hat.

2.2.4 Technologiestand und Auslandsabhängigkeit

Der insgesamt niedrige Ausbildungs- und Technologiestand bedingt, daß Indonesien für sämtliche Exporte die Mehrzahl der Komponenten und Investitionsgüter importieren muß (70 Prozent der Gesamteinfuhr); die hohe budgetäre Ressourcenabhängigkeit führt zu Niedrigpreisexporten zur Importfinanzierung hochwertiger Technologieprodukte aus dem Ausland. Tertiäre Dienstleistungen wie Transport und interinsulärer Verkehr werden vielfach durch ausländische Firmen abgedeckt, während andere Infrastrukturaufgaben (Energie, Straßen, Wasser) zwar nicht mehr vom Staat geleistet werden können, jedoch auch noch keine adäquate private Suksession erfolgt ist.

Das Hauptmanko liegt nach LIEM (1995, S. 98) jedoch in fehlenden Vor- und Rückkoppelungen, wodurch bislang Zuliefernetzwerke in Industrie und Handwerk kaum zur Entstehung gelangen konnten; dieses Faktum gilt vollinhaltlich auch für die staatlich-strategischen Industrien, die etwa die Hälfte der ausländischen Hilfeleistungen (jährlich 5 Milliarden US-Dollar) in Anspruch nehmen.

Als Kernproblem künftiger Wirtschaftsentwicklung im sekundären Sektor gilt allgemein die Asymmetrie der Ressourcenverfügbarkeit, die trotz anlaufender Dezentralisierung die Ausbildung und Verstärkung regionaler Disparitäten nicht zu verhindern vermochte – 80 Prozent der Investitionen erfolgen auf Java, dem traditionellen staats- und wirtschaftspolitischen Zentrum, die Jakarta zur Metropole der Globalisierung werden lassen, ohne zu einem Disparitätenabbau beizutragen:

Der Staat, lange Zeit eine Form von „Präsidialdiktatur" (HANISCH 1995, S. 141), ist dominanter Akteur, der das freie Spiel der Marktkräfte durch (bewußt) dirigistische Maßnahmen wie auch (unbewußte) Anpassung an bürokratische Rahmenbedingungen zu unterbinden weiß: Die jetzigen Konglomerate Indonesiens, die alle mehr oder weniger mit dem Präsidentenpalast verbunden waren, wurden in der Vergangenheit durch Protektion und Lizenvergabe und weniger durch Wettbewerb großgezogen (LIEM 1995, S. 100).

2.2.5 Faktoren der nationalen Internationalisierung

Die Internationalisierung der indonesischen Wirtschaft ist durch drei Parametergruppen darstellbar, die – interdependent – seit Beginn der „Neuen Ordnung" den Aufstieg Indonesiens mitgetragen haben: Ausländische Direktinvestitionen, Handel und Export sowie Finanzwesen. Nach einer gesonderten Analyse der Einflußfaktoren folgt eine Bewertung von Ausmaß und Folgen der nationalen Wirtschaftspolitik auf den Großraum Jakarta, der nicht nur Hauptprofiteur der Internationalisierungstendenz ist, sondern in weiterer Folge auch gesellschaftspolitische Spillover-Effekte in das rurale Umland gesetzt hat. HUGO (1994, S. 16ff) betont die Wirkung der Deregulierung, die – Stadtregionen einseitig fördernd – Migration in die urbanen Räume nachhaltig bedingt.

2.2.6 Die „Neue Ordnung": Die Phasen der Entwicklung

Deregulierung: Der Impetus für Auslandsinvestitionen

Die Regierungslinie gegenüber ausländischen Investitionen ist tendenziell ambivalent und reflektiert den jeweiligen Stand der indonesischen Nationalökonomie: Je nach Gunst oder Ungunst der wirtschaftlichen Entwicklung schwankt die politische Direktive zwischen liberalem und restriktivem Kurs – interne (staatliche Stabilität) wie externe Faktoren (Ressourcenverfügbarkeit, -nachfrage) sind in die Entscheidungsprozesse nachhaltig integriert und lassen seit Beginn der „Neuen Ordnung" SUHARTOS (1967) keine durchgehende Haltung erkennen.

Im Brennpunkt der folgenden Analysen stehen die (klassischen) direkten Auslandsinvestitionen,[33] die – nach PANGESTUS (1995, S. 1) Definition – eine Mindesteigentümerschaft von 10 Prozent beinhalten; weiters sind Technologietransfer, Marktzugänge und Management- bzw. Marketingservice beinhaltet. Neue Investitionsformen (Franchising,

---

[33] „Foreign Direct Investment" (FDI): beide Begriffe werden fortan synonym verwendet.

Lizenzgebung etc.) etablieren sich zwar zunehmend, sind aber vergleichsweise schwer statistisch faßbar, wenngleich Dependenzen zwischen nationaler und internationaler Produktion offenkundig sind.

Liberalisierung: Die erste Euphorie (1967–1970)

Bis zur politischen Kurswende und der Hinwendung zu einer Wirtschaftsinternationalisierung im Zuge der Machtübernahme SUHARTOS dominierte staatlich geförderter Nationalismus: Die anti-koloniale wie anti-chinesische Grundstimmung der SUKARNO-Ära gipfelte in massiver Verstaatlichung der Kernwirtschaft und der Schaffung von Importmonopolen, die bis 1966 nicht in Frage gestellt wurden.

Die oftmals widersprüchlichen Ansätze zur Förderung internationaler Investitionen sind – trotz expliziter Orientierung an westlichen Werten und Wirtschaftsmustern – als Reflexion der jeweiligen gesellschaftspolitischen Stimmung interpretierbar: „The ‚swings' are integrally related to the situation of shortages and abundance of capital to fund development which by and large have been influenced by the size of government oil revenues as well as the inflows of foreign investment themselves. ... when there is a foreign investment boom, there is no move to improve foreign investment regulations and even moves to restrict ...", wie PANGESTU (1995, S. 2) die Pendelmanier auf den Punkt bringt.

Unmittelbar nach SUHARTOS einschneidendem ökonomischen Kurswechsel, der die staatliche Kontrolle vom Spiel der Marktkräfte abgelöst sehen wollte, wurde 1967 das (bahnbrechende) „Gesetz No. 1" erlassen, das ausländische Investitionen legistisch regeln sollte: Neben einer Garantie der Nicht-Verstaatlichung auf 30 Jahre lagen weitere Incentives in Steuerreduzierung und Zollfreiheit; ausländische Banken waren zugelassen, 100-prozentige Eigentümerschaft wurde gestattet, der Absatz fremdkapitalfinanzierter Produkte am indonesischen Markt jedoch untersagt (HARJOSOEKARTO 1993, S. 426). Der Hintergedanke war klar: Auslandsinvestitionen sollten das Binnenkapital gleichsam stützen und zum Aufbau einer leistungsfähigen Nationalökonomie beitragen, danach würde das (fremdkapitalfinanzierte) Unternehmen jedoch zwangsweise an einen heimischen Konzern übergehen – bis 1970 wurden derart 177 Projekte genehmigt, 37 davon waren hundertprozentig in ausländischem Besitz (HILL 1988).

Zwischen Restriktion und Liberalisierung (1970–1985)

Die Ölbooms der siebziger Jahre waren einer weiteren Attraktivierung Indonesiens für potentielle internationale Investoren nicht zuträglich, da die Deviseneinerlöse aus dem fossilen Energiebereich als Füllhorn ohne Ende schienen; dazu kamen erste anti-ausländische Stimmen, die vor der zunehmenden Dominanz des internationalen Großkapitals warnten – die massiven Demonstrationen und Gewaltakte im Zuge eines Besuchs des japanischen Ministerpräsidenten TANAKA 1974 führten schließlich zu einer Umformulierung der Investitionslegistik: Ausländische Investitionen waren fortan nur mehr in Form von Joint Ventures gestattet, die heimische Mindestbeteiligung wurde mit 51 Prozent festgelegt, dazu wurde die Zahl der (für Auslandsinvestitonen) gesperrten Sektoren (z.B. auf Webereibetriebe auf Java) ausgeweitet; Steuererleichterungen wurden zurückgenommen und nicht-indonesisches Personal limitiert. Grundlage künftiger Investitionen sollte seit 1977 eine Prioritatenliste von Investitionen („Dafta Skala Prioritas") darstellen, die alljährlich von der nationalen Investitionsbehörde (BKBM) veröffentlicht wurde.

Die Zielsetzungen der BKBM waren statutarisch formuliert: Regionale Verteilung, Einkommensgleichverteilung, Exportförderung (HARDJOSOEKARTO 1993, S. 426). Öl-Rezessionen sorgten zwischenzeitlich kontinuierlich für ein Aufflackern der Investitionsliberalisierung, wenngleich der Trend zur obligatorischen Einbindung lokaler Unternehmen in internationale Kontexte allmählich Gestalt anzunehmen begann.

Der Take-Off zur Deregulierung: 1986–1997

Nach einer Serie externer Schocks (Verfall der Ölpreise, Aufwertung des japanischen Yen) begann eine graduelle Liberalisierung ab Mitte der achtziger Jahre zu greifen, die letztendlich im Deregulierungspaket von 1994 gipfelte: „The liberalization was very much linked to efforts to promote non oil exports and encourage private sector participation in the economy, and in recognition of growing competition for foreign investment." (PANGESTU 1995, S. 6).

Die Restriktionen der öl-euphorischen Phase wurden schrittweise aufgehoben: Steuerliche Gleichbehandlung wurde genauso selbstverständlich wie die Senkung der indonesischen Mindesteigentümerschaft auf 5 Prozent bei Betriebsgründung, auch die Zahl der gesperrten Sektoren wurde drastisch reduziert – 1988 waren 926 Branchen offiziell für internationale Investoren offen, darunter die Wachstumsbranchen der Gegenwart: Immobilien, Tourismus und Textil.[34]

Auch sämtliche – bis dato ebenfalls investitionsgesperrte – chemische und metallurgische Industrien, Maschinenbau und Elektronik wurden dem globalen Markt geöffnet, um durch Know-How- und Kapitaltransfer internationale Impulse zu erhalten. Bislang als „strategisch" erachtete Wirtschaftssektoren wurden somit bewußt international zugänglich gemacht, was als Hinwendung an globale Inputs verständlich ist.

Innerhalb von nur vier Jahren (1987–90) versechsfachten sich sowohl die Werte der Binneninvestitionen (auf etwa 33 Milliarden US-Dollar) als auch der direkten Auslandsinvestitionen (auf 8,8 Milliarden US-Dollar); zwei Drittel der Investitionen gingen in die Industrie, dazu war eine stetige Zunahme der exportorientierten Kapitalzuflüsse beobachtbar, die 70 Prozent der FDI-Projekte kennzeichneten – die genehmigten Direktinvestitionen dieser vier Jahre überstiegen die vorangegangenen zwei Jahrzehnte deutlich (SOESASTRO 1993, S. 316); 1967–1995 waren 64 Prozent aller Projekte exportorientiert (PANGESTU 1995, S. 13).

Die Periode 1989–1992 war dennoch durch leichte Einbrüche im Bereich internationaler Investitionen gekennzeichnet, 1993 sanken die Investitionen Japans (-40 Prozent) und der USA (-51 Prozent) drastisch (ODRICH und ODRICH 1995, S. 77): Das rapide Wirtschaftswachstum (7 Prozent im Jahresdurchschnitt) und die darauffolgende Inflation von jährlich bis zu 10 Prozent hatte makroökonomische Stabilisierungsmaßnahmen bedingt – Steuer-

---

[34] 1989 wurde dieses System durch eine „Negativliste" ersetzt. – Motto: Es darf in allen Bereichen investiert werden, die nicht explizit ausgeklammert sind (PANGESTU 1995, S. 8).

erhöhungen und Kreditbeschränkungen sorgten in weiterer Folge für einen Rückgang internationalen Interesses und erforderten wirtschaftspolitische Schritte.

Der „Big Bang" der Deregulierung kam im Juni 1994: Zur Wahrung der Konkurrenzfähigkeit am globalen Weltmarkt waren einschneidende Maßnahmenpakete notwendig geworden, wobei China, Vietnam, Indien und Bangladesch als Hauptkonkurrenten fungieren – einen weiteren Impetus gaben wohl auch externe internationale Entwicklungen innerhalb der GATT und der APEC (Unverbindliche Investitionsprinzipien): „The push to deregulate appears to have come from increased global competition for trade and investment in an increasingly competitive global environment ..." (PANGESTU 1995, S. 9). Die wesentlichen Neuerungen präsentieren sich wie folgt:

- Internationalen Investoren stehen zwei Investitionsformen offen: Joint Ventures (Maximalbeteiligung: 95 Prozent) oder Eigentümerschaft (bis zu 100 Prozent). Verglichen mit ASEAN-Nachbarstaaten handelt es sich dabei um die liberalste Auslegung von Fremdkapitalbestimmung.
- Die Bestimmung einer Minimalkapitalerfordernis wurde eliminiert, ebenso die zwangsweise Abgabe von Anteilen in Joint Venture-Konstruktionen an indonesische Partner.
- Die 1967 auf 30 Jahre beschränkte Lizenz zur Investition wurde beliebig erneuerbar gestaltet; das BKBM kann eine automatische Verlängerung beschließen, solange die Vorteile für die nationale Entwicklung durch ausländische Investition positiv perzipiert werden.
- Internationale Investitionen sind nicht mehr an das Vorhandensein von Industrial Estates gebunden – ökologisch bedenkliche Standortentscheidungen scheinen damit vorprogrammiert.
- Schließlich wurden die letzten neun Sektoren, die bis dato aus national-strategischen Überlegungen[35] für internationales Kapital gesperrt waren, geöffnet: Hafenanlagen, Schiffahrt, Luftverkehr, Schienenverkehr, Elektrizität, Telekommunikation, (Trink)wasserversorgung, Energiegewinnung und Massenmedien dürfen fortan als Joint Ventures (indonesische Minimalbeteiligung: 5 Prozent) geführt werden.

Die de-facto Gleichstellung von indonesischen und internationalen Unternehmen wurde damit eingeleitet, was Besteuerung, Unternehmensgründung und sonstige regulatorische Maßnahmen betrifft. BENNATHAN (1996, S. 4) ortet in vermehrter staatlicher Intervention und Incentive-Bildung die Chance verstärkter Regionalentwicklung auch in Peripherräumen des Archipels, da die Konzentration auf die Zentralräume in Westjava latente Disparitäten weiter verstärken würde: „Private investment, unlike government investment, may have to be steered in the right direction, ... away from concentration on ... Jabotabek ... signaling the government's commitment to regional development and a more equal distribution of income and growth."

SOESASTRO (1993, S. 311) betont die geänderte Haltung zu Auslandsinvestitionen: Dominierten in sämtlichen einschlägigen Studien die negativen Effekte sowohl in Ziel- (Verminderung nationaler Souveränität) als auch Herkunftsländern (Abfluß von Kapital und Arbeitsplätzen), so scheint der Grundtenor einer Akzeptanz bzw. vorsichtig-optimistischen Haltung gegenüber einer globalisierenden Wirtschaft gewichen zu sein. Die genehmigten

---

[35] Nach Artikel 33 der Verfassung müssen Sektoren, die für das Wohl einer Mehrzahl von Menschen verantwortlich sind, staatlich kontrolliert sein (Dikuasai Negara) (PANGESTU 1995, S. 9).

internationalen Gesamtinvestitionen[36] erreichten 1995 mit 39,9 Milliarden US-Dollar einen bisherigen Höchstwert 16,2 Milliarden US-Dollar mehr als 1994 (Makindo Report 1996, S. 20; Far Eastern Economic Review, 16.5.1996, S. 40) – der globale Take-Off?

Spätestens die Deregulierung von 1994 kann als Indiz für den bewußten, zielgerechten Weg in die Internationalisierung gelten: „It reflects a new found pragmatism in facing increased competition in the global market and a realization that the past policies often affected the maximum gains that can be obtained from foreign investment", analysiert PANGESTU (1995, S. 16) die Regierungslinie, die auch in den wirtschaftspolitischen Richtlinien von Repelita VI explizit formuliert wird: Auslandsinvestitionen zur Förderung moderner Technologien, verstärkter Weltmarktzugang, globale Anbindung – projektiert sind ein durchschnittliches Wirtschaftswachstum von 6,2 Prozent sowie die Schaffung von 12 Millionen Arbeitsplätzen, was einer Fortschreibung arbeitsintensiver Fertigung gleichkommt (ODRICH und ODRICH 1995, S. 75f).

Der rasante Aufholprozeß im Bereich internationaler Direktinvestitionen kann jedoch nicht darüber hinwegtäuschen, daß der Investitionsfluß dennoch vergleichsweise gering ist – gemessen sowohl an der Zahl der Projekte wie am Kapitalwert: Malaysia etwa verbuchte 1992 viermal mehr Investitionen. Die Ergebnisse einer empirischen Studie[37] (1994) belegen die Parameter der Attraktivität Indonesiens für potentielle Investoren: Komparative Vorteile ergeben sich demzufolge vorwiegend aus den niedrigen Arbeitskosten und der politischen Stabilität, während Arbeitsqualität, Produktivität und Ausbildungsstand wie Zinsniveau, Flächenverfügbarkeit und Arbeitsrecht allgemein als negativ bewertet wurden – unter dem Aspekt der zunehmenden politischen und gesellschaftlichen Labilisierung, gemeinsam mit sinkenden Lohnkostenvorteilen gegenüber China oder Vietnam, scheinen die langfristigen Szenarien für die globale Etablierung im High-Tech-Sektor eher düster. Werden die direkten Auslandsinvestitionsprojekte nach Regionen aufgeschlüsselt, so zeigt sich, daß Java mit Abstand als Hauptdestination (hier vor allem West-Java) fungiert (vgl. Abbildung 8).

LI (1993) belegt in seiner Studie über die Anwendung von Hochtechnologien in Entwicklungsländern die Bedeutung externer Einflußfaktoren: Technikentwicklung erfolgt nicht selbständig, sondern wird durch rationale Arbeitsteilung und Ressourcennutzung beeinflußt – die potentiellen Nutzeffekte der Innovationen wirken somit unter verschiedenen sozialen Bedingungen differenziert. Der Ausbau eines nationalen Innovationssystems muß über bloße Absichtserklärungen hinausgehen und kann durch effiziente Facharbeiterausbildung, eine Optimierung von Informationsnetzwerken und die Schaffung technologischer Beratungs- und Prognosesysteme erleichtert werden. Ein entwickelter Markt bedeutet eine zusätzliche Push-Komponente für Innovation und Diffusion, wobei die Betriebe als Innovationsverwirklicher wie Nutznießer fungieren – ohne die aktive Rolle des Staates bei der Schaffung adäquater Rahmenbedingungen ist ein Übergang zu high-tech-orientierter Produktionsweise unmöglich (LI 1993, S. 6f).

---

[36]) Die Realisierungsrate der genehmigten Auslandsinvestitionen liegt – je nach Literaturlage – zwischen etwa 30 Prozent und 50 Prozent, wobei von den Hauptinvestoren Japan (60 Prozent) und die USA (45 Prozent) den höchsten Umsetzungsgrad aufweisen; die Realisierung der NICs ist deutlich unterdurchschnittlich (PANGESTU 1995, S. 11; Far Eastern Economic Review, 16.5.1996, S. 44).

[37]) Die Untersuchung wurde 1994 vom indonesischen „Foreign Investment Advisory Service" (FIAS) durchgeführt und beruht auf der Auswertung von Fragebögen, die an ein Sample an internationalen Investoren gesandt wurden (PANGESTU 1995).

Abbildung 8: Genehmigte Auslandsinvestitionsprojekte* nach Regionen von 1967–1997 (Angabe in Millionen Rupiah)

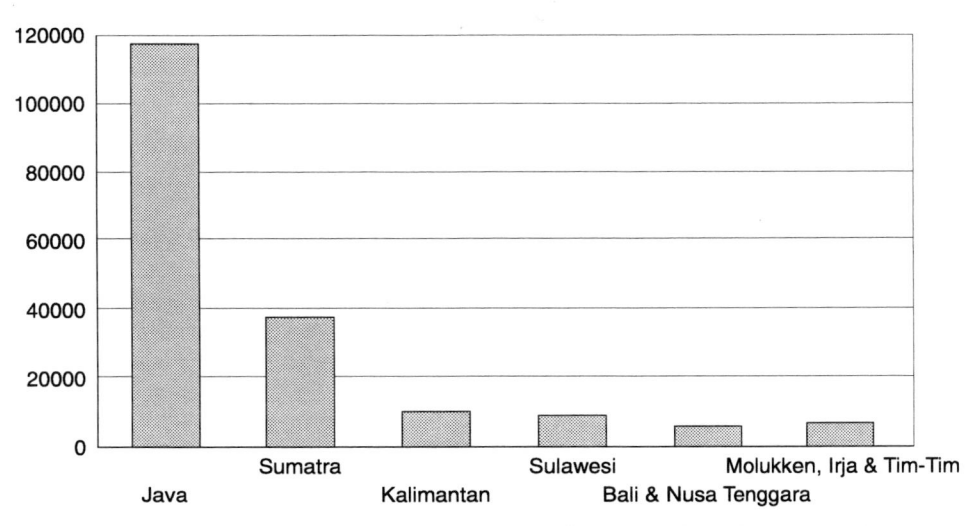

* Ausgenommen: Erdöl, Versicherungen und Bankensektor.
Quelle: Biro Pusat Statistik 1997a.

2.2.7 Die Investoren: Eine regionale und sektorale Analyse der globalen Verflechtung

Die Bandbreite internationaler Investoren in Indonesien ist groß, wenngleich die „Global Powers" die Rangliste anführen: Neben Japan prägen vor allem die asiatischen NICs (Newly Industrialized Countries) die Investitionslandschaft, die Rolle der USA bleibt vergleichsweise marginal – die steigende Attraktivität Indonesiens für den nordatlantischen Wirtschaftsraum zeigt sich jedoch in der Tatsache, daß Jakarta die erste Standortwahl des geplanten „US Commercial Centre" (Hilfestellung für US-Investoren und -Exporteure) in Asien darstellt (ODRICH und ODRICH 1995, S. 74).

Lediglich 16,2 Prozent (= 3,8 Milliarden US-Dollar) sämtlicher US-amerikanischer Investitionen in Ostasien flossen 1990/91 nach Indonesien, das nach Hongkong (27,7 Prozent) und Singapur (16,8 Prozent) drittwichtigster Investitionsraum war. Die japanischen Investitionen lagen dreimal höher (11,5 Milliarden US-Dollar) – Indonesien rangiert als japanisches Investitionsziel an erster Stelle und lukriert etwa ein Viertel sämtlicher Investitionen Tokios in Ostasien, die 1991 mit knapp 50 Milliarden US-Dollar nur geringfügig niedriger waren als von Gesamteuropa. Augenfällig ist die massive Verflechtung – das sogenannte „criss-crossing of investments" (SOESASTRO 1993, S. 313) – von Kapital- und Güterströmen innerhalb der asiatisch-pazifischen Region, was die ökonomischen Interdependenzen mittelfristig weiter verstärken wird. Die Transnationalisierung Indonesiens ist derzeit primär von asiatischer Ausrichtung, wobei – als mittelfristiges Szenario – die zunehmende Verflechtung des pazifischen Wirtschaftsraumes auch der USA alle Optionen offenläßt.

Europa ist investitionstechnisch nur marginal präsent, was auch eine Analyse der zwanzig größten Werbeetats in indonesischen Printmedien dokumentiert: Europäische Konzerne sind nicht vertreten, die USA scheinen zweifach auf, japanische Investoren sind dagegen sechsfach vertreten – eine Reflexion der internationalen Schwerpunktsetzungen (GRAF 1995, S. 44f). Die wirtschaftliche Tripolarität (Europäische Union, Japan, USA), die WURFEL et al. (1996, S. 290f) als Wachstumsszenario für Südostasien orten, hat Indonesien noch nicht erfaßt.

Von 1967 bis zum 30. Juni 1997 erreichten die (genehmigten) Auslandsinvestitionen ein Volumen von 185,1 Milliarden US-Dollar; die Realisierungsraten lagen 1997 bei rund 56 Prozent für Projekte, die auf Auslandsinvestitionen beruhen, und 53 Prozent für binnenfinanzierte Projekte. In einer Hierarchiestellung der bedeutendsten Investoren seit 1967 liegt Japan mit 963 Investitionsvorhaben mit einem Gesamtvolumen von 28,6 Milliarden US-Dollar deutlich voran (20,87 Prozent sämtlicher genehmigter Auslandsinvestitionen), gefolgt von Großbritannien (27,94 Milliarden US-Dollar), Singapur (17,54 Milliarden US-Dollar), Hongkong (16,98 Milliarden US-Dollar) und den USA (13,18 Milliarden US-Dollar) (EIU 1997, S. 7).

Japan

Trotz historisch vorbelasteter Beziehungen fungiert Japan, abgesehen vom Öl-Sektor, als wichtigster Handelspartner und größter Investor in Indonesien. Tokio ist der bedeutendste Markt (49,6 Prozent aller indonesischen Exporte) wie auch Lieferant (23 Prozent aller indonesischen Importe) – in absoluten Zahlen relativiert sich jedoch die Interdependenz der beiden Staaten: Lediglich knapp 25 Prozent aller japanischen Importe aus Asien entstammen Indonesien, nur etwa 1,8 Prozent der Importe weltweit – Indonesiens wirtschaftliche Bedeutung für Japan ist somit vergleichsweise gering, bei gleichzeitig massiver ökonomischer Abhängigkeit.

Ein Schwerpunkt japanischer Investition liegt auf dem Ausbau der nationalen Infrastruktur – bis 1990 gehen 31 Prozent der indonesischen Energieversorgung, 76 Prozent des Telephonsystems in Jakarta und 46 Prozent der Trinkwasserversorgung auf japanischen Kapital- und Know-How-Influx zurück, auch die projektierte U-Bahn (MRT) im Zentrum des CBD Jakartas ist punkto Planung wie Finanzierbarkeit ein japanisches Produkt (DREESBACH 1996) – die Bereitstellung der ökonomischen Infrastruktur ist eine traditionelle Domäne Japans in Indonesien, was keineswegs auf breite Zustimmung der Bevölkerung stößt (HARDJOSOEKARTO 1993; SOESASTRO 1993).

„We should be cautious about the increasing number of Japanese aid", titelte die Zeitung „Merdeka Newspaper" am 1. Februar 1988; der Ökonom SUDARSONO schätzt die japanische Hilfe zu 70 Prozent als politisch und 30 Prozent ökonomisch motiviert ein – eine exemplarische Reflexion der Haßliebe Indonesiens zu potentiellen Investoren, die die wirtschaftliche Abhängigkeit allgegenwärtig machen. Japanische Investitionen – „nothing more than projects by which Japanese private enterprises pursued their profit" (Kompas, 7.1.1989). Der Trend zu zunehmender Exportorientierung von Investitionen findet zumindest Anfang der neunziger Jahre keine empirische Stützung – nur 15 Prozent der japanischen Unternehmen im Raum der gesamten ASEAN produzieren für den japanischen Markt (HARDJOSOEKARTO 1993, S. 428). 1995 lag Japans Anteil an sämtlichen Auslandsinvestitionen in Indonesien bei 15 Prozent, gefolgt von Hongkong (11,9 Prozent), Taiwan (6,7 Prozent) und Singapur (5,3 Prozent) (FIRMAN 1996b, S. 5).

„Japanese multinationals are now confronted with an imperative of having to share their technologies with their partners overseas in order to secure that the components produced are up to international standards", bringt HARDJOSOEKARTO (1993, S. 430) die investitionsinhärenten Aspekte des Technologietransfers auf den Punkt. Die institutionellen Rahmenbedingungen wurden mit der Etablierung eines indonesisch-japanischen Wirtschaftskomitees (IJEC) gelegt, das – in den frühen achtziger Jahren gegründet – die Ausweitung bilateraler Handelsbeziehungen fördern soll; dazu kam die Einrichtung eines japanisch-indonesischen Technologieforums, das mit dem indonesischen Forschungsministerium kooperieren und Strukturverbesserungen wie nationale Industrialisierung beschleunigen soll.

Die Zahl indonesischer Trainees stieg von 1986–1990 um 159 Prozent auf 2.891, was im ASEAN-Vergleich weit unterdurchschnittlich ist[38] – Thailand (+434 Prozent) oder Malaysia (+474 Prozent) scheinen den Chancen internationaler Fortbildung wesentlich positiver gegenüberzustehen als Indonesien, dessen vergleichsweise niedriges Bildungsniveau einer der Hemmschuhe im globalen Wettbewerb ist. Das Sponsoring von Ausbildungsstätten – etwa das Landwirtschaftliche Institut in Bogor, das Umweltforschungszentrum in Bekasi – dokumentiert die japanische Bereitschaft zum Technologietransfer, stellt jedoch gleichermaßen Versuche dar, die öffentliche Meinung japan-freundlich(er) zu machen (HARDJOSOEKARTO 1993, S. 429ff).

Asiatische NICs

Hat Japan im indonesischen Archipel auch eine traditionelle Leaderstellung, so ist seit Beginn der neunziger Jahre das Aufkommen der asiatischen Tigerstaaten unverkennbar: 1991 gingen bereits 50 Prozent sämtlicher Investment-Projekte auf das Konto der NICs Hongkong, Singapur, Südkorea und Taiwan, deren rapider gesellschaftlicher Wandel und (makro)ökonomischer Aufschwung ein Investitionsinteresse geweckt hatte, das durchaus bilaterale Vorteile zeitigte: „Indonesia's economic policy makers have targeted on attracting the Asian NIE's as a new source of new investments, particularly because of the export potentials of their investments", kommentiert SOESASTRO (1993, S. 317) den Pull-Faktor an Liberalisierungsmaßnahmen, die speziell auf NIC-Investoren ausgerichtet waren: So wurde die Mindestinvestitionssumme von einer Million auf 250.000 US-Dollar reduziert, da NIC-Investitionen traditionell kleinmaßstäbiger sind als die der westlichen Industrieländer (WIE 1993, S. 445). Dazu kamen bilaterale Investitionsgarantieabkommen und Steuerverträge; das gestiegene Lohnniveau der Tigerstaaten wiederum fungierte als Push-Element – Wirtschaftsbeziehungen zu Indonesien seitens der NICs wurden allgemein goutiert und gefördert.

In bezug auf die Investitionszielsetzung bestehen nichtsdestoweniger deutliche Unterschiede: Hongkong und Singapur, mit vergleichsweise langer Tradition am indonesischen Markt, massieren ihre Investitionen im Immobilienbereich, Tourismus, Bauwesen und Industrie; Südkorea und Taiwan dagegen, als relative Neueinsteiger, konzentrieren ihre Investitionen auf die Bereiche Industrie, Transport und Waldwirtschaft. Gemeinsames Merkmal

---

[38] In krassem Gegensatz dazu ist das Interesse an einem Studium in Deutschland deutlich rückläufig, was als Reaktion auf medial transportierte Ausländerfeindlichkeit zum einen und/oder schlechtes Image deutscher Produkte in Indonesien zum anderen interpretierbar ist (GRAF 1995, S. 45).

sämtlicher Investitionstätigkeit der asiatischen NICs ist der hohe Grad der Exportorientierung (80 Prozent), der die Werte Japans (59 Prozent) und der USA (38 Prozent) klar übertrifft – die Rolle Indonesiens als attraktives Niedrigkostenland und Exportbasis gilt mittlerweile als unbestritten (SOESASTRO 1993, S. 317ff): „... direct investment from the NICs will facilitate the movement up the ladder of comparative advantage, both in the investment countries, whose resources can be released to move to more capital-and-technology-intensive activities, and in the host countries, whose industrial employment and non-traditional exports can expand, particularly manufactured exports" (WIE 1993, S. 439).

Die höchsten Steigerungsraten verzeichnet die Textilbranche: Während etwa der Exportanteil von Holz(produkten) ausländischer Firmen in Indonesien seit 1990 bei 13 Prozent stagniert, verdoppelte sich der Anteil an Textilexporten auf rund 40 Prozent; auch 40 Prozent der gesamtindonesischen Schuhproduktion wird exportiert. Produktivität und Wertschöpfung gelten in international gelenkten Unternehmen als überdurchschnittlich hoch, wobei die Schuhbranche (Bata) und Getränkeproduktion (drei Bierbrauereien) hervorstechen.

Die globale Verflechtung einzelner Sektoren wird bei einer Analyse der Importquote deutlich, die bei international gesteuerten Konzernen überdurchschnittlich ist: In der Textilbranche etwa werden 91 Prozent der nötigen Inputs importiert, während lokale Betriebe knapp 30 Prozent einführen – eine ähnliche Entwicklung ist für die Schuh- und Elektrobranche feststellbar. Zum einen sind diese Betriebe oftmals Teile eines internationalen Produktionsnetzes, das die Grundstoffe liefert; zum anderen werden Qualitätsunterschiede als Erklärungsansatz herangezogen, da lokale Grundstoffe den internationalen Standards nicht entsprechen (PANGESTU 1995, S. 15).

Die Investitionen der Tigerstaaten sind somit einerseits vorwiegend exportorientiert, zum anderen auch wesentlich arbeitsintensiver als die Projekte westlicher Investoren – mit Ausnahme Singapurs ist der Aufwand an Arbeitskräften durchschnittlich doppelt so hoch. Der Pull-Faktor der komparativen Kostenvorteile gilt speziell für Südkorea und Taiwan, deren – vergleichsweise geringes – Investitionsvolumen schwerpunktmäßig in „low-technology"-Industrien massiert ist, was Vergleiche mit den frühen japanischen Projekten der siebziger Jahre aufdrängt. Solange das Arbeitskräftepotential Indonesiens auf Niedriglohnniveau allerdings arbeitsintensive – Auslandsinvestitionen beschäftigen rund zwei Millionen Arbeitskräfte (PANGESTU 1995, S. 13) – und exportorientierte Niedrigtechnologien attraktiv hält, ist kurzfristig keine grundlegende Änderung der Investitionsstruktur zu erwarten.

Exemplarischer Exkurs: Ungleicher Kampf um globale Märkte – Astra versus Kia

In einer abschließenden Gegenüberstellung der Hauptinvestorengruppen – hie Japan, da die asiatischen NICs – lassen sich folgende Unterschiede treffen: Japan ist ein über zwei Jahrzehnte etablierter Investor am indonesischen Markt, dessen Projekte generell großmaßstäbig, kapital- und technologieintensiv sind. Demgegenüber stehen die „Tigerstaaten", die – derzeit noch kleinmaßstäbig agierend und im arbeitsintensiven Niedrigtechnikbereich tätig – zu einem rapiden Aufholprozeß in den Hochtechnologiesektor ansetzen und sich mittelfristig zu einer ernsthaften Konkurrenz zur High-Tech-Macht Japan entwickeln könnten.

Am Beispiel des umstrittenen Nationalautos „Timor", einem indonesisch-koreanischen Joint Venture, dokumentieren sich deutlich potentielle Reibungszonen der nahen Zukunft, die gesellschafts- wie wirtschaftspolitische Spannungsfelder veranschaulichen (Far Eastern Economic Review, 4.1.1996, S. 72f; 14.3.1996, S. 50f; 20.6.1996, S. 60f).

Kia-Timor Motor ist ein Konzern, der – zu 30 Prozent dem südkoreanischen PKW-Produzenten Kia, zu 70 Prozent der *Timor Putra Nasional* (einer Holding, damals unter der Leitung von SUHARTOS jüngstem Sohn) gehörig – extreme Wettbewerbsvorteile genießt: Seit der Markteinführung im Herbst 1996 ist der (erste) Nationalwagen, Symbol des industriellen Aufstiegs Indonesiens mit „Pionierstatus", auf drei Jahre sowohl von Einfuhrzöllen auf Zubehör wie auch von der 35-prozentigen Luxussteuer befreit – obwohl die Produktion bis zur geplanten Fertigstellung des Werksgeländes in Cicampek (Westjava) 1998 ausschließlich in Südkorea erfolgen wird.

Die Reaktion des bisherigen 90 Prozent-Marktführers am indonesischen PKW-Markt, Astra International, der in Joint Ventures mit Isuzu und Toyota verbunden ist, ist einhellig: „The import concessions to Kia-Timor are the clearest breach of global trading rules you could ever find." Nachdem Indonesien zu keinerlei Konzessionen bereit war, wiederholte Japan im Mai 1997 seine Beschwerde wegen Handelsdiskriminierung vor der Schlichtungsstelle der Welthandelsorganisation WTO (Südostasien aktuell 3/97, S. 195).

Mit dieser Regelung, die durch einen speziellen Präsidialerlaß SUHARTOS[39] ermöglicht wurde, wird die Konkurrenz um 30–50 Prozent unterboten; der Marktpreis wird bei lediglich 35 Millionen Rupiah (etwa 170.000 ATS) liegen können und das Fahrzeug auch für neue Kundenschichten attraktiv machen. Ob der Anteil an lokalem Zubehör im dritten Jahr nach Markteinführung tatsächlich – wie für die Konkurrenz zwingend vorgeschrieben – bei 60 Prozent liegen wird, gilt derzeit als umstritten. Der Automarkt hat Zukunft: Einer Astra-Statistik zufolge wurden 1995 indonesienweit 379.000 PKW verkauft, davon fast 90 Prozent japanischer Provenienz.[40] – So verwundert es nicht weiter, daß auch ein weiterer Sohn SUHARTOS, Bambang TRIHADMODJO, mit seiner „Bimantara Citra Group" ein Joint Venture mit dem südkoreanischen Konzern Hyundai einging; SUHARTOS Halbbruder PROBOSUTEDJO schließlich sicherte sich einen 40 Prozent-Anteil am neuen General Motors-Werk in Bekasi.

Die wirtschaftspolitischen Interventionen im Dunstkreis des SUHARTO-Clans stellen auch noch nach dem Abtreten des Langzeitpräsidenten massive Eingriffe in marktwirtschaftliche Prozesse dar, die das Investitionsklima – aufgrund ihrer Unvorhersehbarkeit – wohl nicht zu fördern geeignet sind. Das nepotistische Entscheidungsgefüge mag zwar globalen Influx durchaus fördern, Kontinuität im Aufbau internationaler Netze ist aufgrund oftmals undurchsichtiger Entscheidungsflüsse derzeit jedoch massiv erschwert. WURFELS optimistische Prognose scheint für die indonesische Realpolitik der neunziger Jahre jedenfalls verfrüht: „Institutions of the global economy sometimes determine state policies, ... ‚global concensus' often sets the agenda of state policy-makers." (WURFEL et al. 1996, S. 284).

---

[39]) Der Erlaß No.42/1996 erlaubte den Import von 45.000 Fahrzeugen des Typs „Timor Sedan" bis Juni 1997.

[40]) Mercedes, der einzige registrierte nicht-asiatische Fahrzeugtyp, erreicht einen Marktanteil von 2 Prozent.

2.2.8 Handel und Export: Vom Rentenstaat zum Steuerstaat

Neben einer Analyse der ausländischen Direktinvestitionen kann der internationale Handel als weiteres Kriterium globaler Verflechtung herangezogen werden. Zu Beginn der „Neuen Ordnung" war das landesinterne Anreizsystem einseitig zugunsten binnenmarktorientierter Industrialisierung ausgerichtet; aufgrund der ölboom-bedingten Aufwertung und hoher wirtschaftspolitischer Protektion war der Ausbau weltmarktpreis-gebundener Exportindustrien wenig attraktiv. Industriepolitische Regulierungen schützen die dominante fossile Grundstoffindustrie, der geringe inländische Wettbewerb wiederum resultiert in niedriger Produktivität und führt zur Bildung von Angebotsmonopolen.

Die siebziger Jahre: Export fossiler Energieträger

Erst 1978 erfolgten erste wirtschaftspolitische Maßnahmen zur Förderung industrieller Exporte: Durch tarifpolitische Reformen[41] wurde die Neutralisierung des binnenmarktorientierten Handelsregimes eingeleitet; ergänzend zu zwei etwa 30-prozentigen Währungsabwertungen (1983, 1986) (PAYE 1995, S. 29) kann ab Anfang der achtziger Jahre ein enormes Ansteigen von Investitions- und Exportvolumen im Bereich der verarbeitenden Industrie konstatiert werden (LABER 1995, S. 4ff). Vor etwa einem Jahrzehnt startete Indonesien eine Fülle von Liberalisierungsmaßnahmen eines bis dahin streng protektionistischen Handelsgefüges. Zwischen 1985 und 1989 wurden vier Maßnahmenpakete zur Steigerung der internationalen Wettbewerbsfähigkeit geschnürt, die drei Hauptbereiche umfaßten: Handelsbeschränkungen, Tarifpolitik und zollfreie Zulieferungen für Exporteure – Schätzungen der Weltbank zufolge sank der Wert der betroffenen Einfuhrgüter von 43 Prozent (1986) auf 15 Prozent (1990), was die Attraktivität Indonesiens als Importland drastisch steigerte (SOEGIJOKO 1996, S. 382ff).

Die gezielte Abwertung der Nationalwährung gegenüber dem US-Dollar (1986) erhöhte zusätzlich die Profitabilität von Exporten und Importsubstitutionen. Analog zur wirtschaftspolitischen Zielsetzung der massiven Förderung von Exporten wurde damit die Importquote drastisch zu reduzieren versucht, um den Devisenabfluß zu minimieren – der Makindo-Report (1996, S. 15ff) nennt neben der wachsenden Investitionsfreudigkeit vor allem das Aufkommen konsumorientierter Gesellschaftsmuster als Hauptverursacher des derzeitigen Handelsbilanzdefizites: Einem Anstieg der Importe von 27 Prozent (1995) steht nur ein Anstieg der (Nicht-Öl-)Exporte von 15 Prozent gegenüber (Far Eastern Economic Review, 16.5.1996, S. 42). Zum einen beruhen die exportorientierten Industrien vermehrt auf dem Zufluß internationaler Kapital- und Güterströme, zum anderen verfestigen die gestiegenen Lebensstandards vor allem in urbanen Räumen die Nachfrage nach internationalen Konsumgütern, die – zwar bei einem marginalen Anteil von 5 Prozent haltend – seit 1995 eine 70-prozentige Zunahme erfuhren; nach Aussage des indonesischen Handelsministers Tunky ARIWIBOWO betrugen die Importe für KFZ-Zubehör 1995 allein 3,6 Milliarden US-Dollar (Far Eastern Economic Review, 16.5.1996, S. 42). Die Impulse zur Produktionssteigerung, etwa für die japanischen Elektronikkonzerne Panasonic (Lautsprechererzeugung), Sanyo (Zubehör) oder Sony, das jährlich eine Million Fernsehgeräte in Jabotabek erzeugt, sind offenkundig (Far Eastern Economic Review, 18.5.1995, S. 56ff).

---

[41] Entsprechend dem „Infant-Industry"-Argument war, nach LABER (1995, S. 31), die Implementierung eines protektionistischen Tarifregimes unabdingbar.

Der Wandel der Exportprodukte entspricht der Entwicklung einer Reihe anderer Drittwelt-Ökonomien: Dominierte in Indonesien bis Ende der SUKARNO-Ära (1965) der Export primärer Produkte,[42] so bewirkte die Energiekrise der frühen siebziger Jahre bis Mitte der achtziger Jahre eine Schwerpunktverlagerung auf Öl- und Gasausfuhren – die globale Interaktion mit den Haupt-Ölabnehmerstaaten Japan (61 Prozent) und USA (24 Prozent) war damit vorweggenommen. 57,8 Prozent der Exporte gehen 1990 in die USA und den Fernen Osten (Japan: 42,2 Prozent), Westeuropa (12,9 Prozent) ist als Handelspartner sekundär (BUSCH et al. 1991, S. 21ff). Bis Mitte der achtziger Jahre konnte das Wirtschaftswachstum einzig durch die Erdöl- und Erdgasexporte finanziert werden; die jährlichen Wachstumsraten lagen bei 7,7 Prozent (1971–1980) bzw. 5,5 Prozent (1981–1990) und basierten bis 1987 vorwiegend auf dem Export fossiler Energieträger.

Die neunziger Jahre: Textilien und Schuhe als industrieller Hauptexport

Noch Anfang der achtziger Jahre lukrierte Indonesien drei Viertel aller Exporte und zwei Drittel aller Deviseneinnahmen aus dem Ölgeschäft (HILL 1992, S. 352), Mitte der neunziger Jahre wurde – durch den Verfall der Ölpreise – etwa die Hälfte aller Exporteinnahmen durch verarbeitete Güter und nur noch ein Drittel durch Brennstoffe erzielt; während sich der Anteil des Erdöl/Erdgassektors am Bruttosozialprodukt von 22 Prozent auf 11 Prozent halbierte (1980–1991), verdoppelte sich der Anteil des verarbeitenden Sektors in einem vergleichbaren Umfang von 13 auf 21 Prozent (HANISCH 1995, S. 134ff) mit jährlichen Wachstumsraten von durchschnittlich 18 Prozent ab 1990 (PAYE 1995, S. 29).

Der Aufschwung der gewerblichen, vorwiegend privaten Sachgüterproduktion erfolgte doppelt so rasch wie der Anstieg des Bruttoinlandsprodukts und bewirkte 1990 einen Anteil an der Wertschöpfung von 15 Prozent – parallel zum Niedergang der Ölindustrie, deren Anteil an der nationalen Wertschöpfung von 1983 bis 1990 von 22 Prozent auf 18 Prozent sank. BUSCH et al. (1991, S. 4ff) konstatieren eine Ressourcenverschiebung – weg von fossilen Energieträgern – zu arbeitsintensiven (Textil-, Schuhbranche) und rohstoffintensiven (Papierprodukte, Holzerzeugnisse[43]) Exportgütern.

Zu Beginn der „Neuen Ordnung" war das landesinterne Anreizsystem einseitig zugunsten binnenmarktorientierter Industrialisierung ausgerichtet; aufgrund der ölboom-bedingten Aufwertung und hoher wirtschaftspolitischer Protektion ist der Ausbau weltmarktpreisgebundener Exportindustrien wenig attraktiv. Industriepolitische Regulierungen schützen die dominante Grundstoffindustrie, der geringe inländische Wettbewerb wiederum resultiert in niedriger Produktivität und führt zur Bildung von Angebotsmonopolen.

Erst 1978 erfolgten erste wirtschaftspolitische Maßnahmen zur Förderung industrieller Exporte: Durch tarifpolitische Reformen[44] wurde die Neutralisierung des binnenmarktorientierten Handelsregimes eingeleitet; ergänzend zu zwei etwa 30-prozentigen Währungsabwertungen (1983, 1986) (PAYE 1995, S. 29) kann ab Anfang der achtziger Jahre ein enormes Ansteigen von Investitionen und Exportvolumen im Bereich der verarbeitenden

---

[42] Indonesien ist nach Malaysia der weltweit zweitgrößte Exporteur von Palmöl – die Hälfte der 4,6 Millionen Tonnen (1995) ging nach Europa und Südasien.

[43] Exportiert wurden unter anderem Rattanmöbel, da der Export von Rohholz in den achtziger Jahren verboten war.

[44] Vergleiche dazu LABER (1995, S. 31).

Industrie konstatiert werden (LABER 1995, S. 4ff): 57,8 Prozent der Exporte gingen 1990 in die USA und den Fernen Osten (Japan: 42,2 Prozent), Westeuropa (12,9 Prozent) war Ende der achtziger Jahre als Handelspartner sekundär (BUSCH et al. 1991, S. 21ff).

Auf der Suche nach neuen Finanzierungsquellen in der Post-Ölboom-Phase bediente man sich somit der Einführung eines rigiden Steuersystems, zum anderen besann man sich auf die komparativen Kostenvorteile aus der Kolonialzeit und begann mit der Förderung etablierter wie auch neuer industrieller Güter – das REAGAN-Konzept der Deregulierung bislang protegierter Märkte fand seine Umsetzung.

Nach MACHETZKI (1994, S. 76f) mit Erfolg: Er konstatiert eine erhebliche Verbesserung der Wettbewerbsfähigkeit im Bereich arbeitsintensiver Fertigwaren, die das jährliche gesamtwirtschaftliche Wachstum von 5,8–7,5 Prozent (ab 1990) bedingten. Die verarbeitende Industrie wies seit dem zweiten Ölschock Mitte der achtziger Jahre zweistellige Zuwachsraten auf und hielt 1993 bei einem Beitrag zum Bruttoinlandsprodukt im Ausmaß von 20 Prozent; das aktuelle jährliche Wachstum des BIP fluktuierte zwischen 5,8 Prozent (1988) und 7,3 Prozent (1994).

Seit 1990 stellen Textilien das indonesische Hauptexportgut (vor Holz) dar, die Exporterlöse verdoppelten sich von 1990 bis 1995 auf 6,2 Milliarden US-Dollar; der Weltmarktanteil im Bereich Textilien/Bekleidung lag 1995 bei 2,4 Prozent. Nach Holzprodukten und elektrischen Geräten (Komponentenproduktion) rangiert die Schuhproduktion an vierter Stelle der Exporterlöse (1995: 2,1 Milliarden US-Dollar), wobei vor allem die Produktionsverlagerung von Sportschuhen renommierter Marken (Nike, Reebok, Adidas) aus den ostasiatischen NICs den Boom auslöste; 1994 wurden landesweit 580 Millionen Paar Sportschuhe produziert, von denen etwa ein Drittel in den Export ging – ähnlich der Textilproduktion sorgt auch in der Schuhbranche die Anhebung der Mindestlöhne für eine Verschlechterung der internationalen Konkurrenzfähigkeit.[45]

Noch 1980 machten Textilien/Bekleidung nur 0,4 Prozent der Gesamtexporte Indonesiens aus; seit dem Höchstwert 1992 (17,8 Prozent) sank der Anteil auf 13,7 Prozent (1995) (The Far East and Australasia 1996, S. 386). Zur Anhebung der Exporterlöse im Textilbereich gilt Qualitätssteigerung als erfolgversprechender Lösungsansatz: Da im absoluten Billigbereich des Textilmarktes nicht mehr mit China oder Vietnam mitgehalten werden kann, lanciert Indonesien die Kreation einer eigenständigen Modeindustrie abseits der international etablierten Markenproduktion – die steigende Nachfrage am heimischen Markt dokumentiert auch die teils geringere Exportorientierung indonesischer Textilunternehmen, die ihre Produktpalette auf einen zunehmend kaufkräftigen urbanen Markt abstimmen (Far Eastern Economic Review, 18.5.1995, S. 58).

Die asiatisch-pazifische Verflechtung setzte sich auch nach der Ölboom-Dekade fort. 65 Prozent der indonesischen Importe stammen aus Japan, der ASEAN, Europa und den USA; auch 1995 ist Japan der wichtigste Handelspartner (27 Prozent der indonesischen Exporte; 23 Prozent der indonesischen Importe) vor den USA (14 Prozent; 12 Prozent) und Singapur, das allerdings als Importland mit zunehmender Konkurrenz Deutschlands und der NICs konfrontiert ist (The Far East and Australasia 1996, S. 386). Innerhalb der ASEAN ist derzeit Singapur, der Hauptkonkurrent Jakartas, der wichtigste Handelspartner

---

[45] Die Bestimmungen über die jeweiligen Mindestlöhne sind im Mandat IV der Verordnung des Arbeitsministeriums No.2/1996 niedergelegt (Makindo Report 1996, S. 39f).

(SOEGIJOKO 1996, S. 384) – der Ansatz der „ASEANisierung" Südostasiens (WURFEL et al. 1996, S. 278) scheint unwidersprochen.

Die eingeleitete Forcierung internationaler Handelsströme impliziert die Bereitstellung der erforderlichen Infrastruktur, um die prognostizierten Zuwachsraten bewältigen zu können: Tanjung Priok, dem Hafen Jakartas, kommt in sämtlichen Szenarien das Hauptgewicht zu – im Archipelstaat Indonesien hat der Seeweg im Güterverkehr überragende Bedeutung, sowohl im interinsularen wie auch im internationalen Gütertransfer. Ein Drittel sämtlicher nationaler Importe (37,9 Millionen Tonnen) geht über Tanjung Priok, wobei der Wert der Importe nach Jakarta sogar mehr als die Hälfte der Gesamtimporte (28,3 Milliarden US-Dollar) beträgt; auch 30 Prozent des nationalen Exportwertes (36,8 Milliarden US-Dollar) fließen durch Jakartas Hafen, dessen Kapazität mittelfristig auf 2 Millionen TEU verdreifacht werden soll; dazu kommen Ausbau-Überlegungen des nationalen Transportministeriums, Container-Handling der vierten Generation zu ermöglichen – Ziel ist ein internationaler Hafen von der Kapazität und Qualität Rotterdams, Singapurs oder Los Angeles (City Planning Department 1994, S. 38).

2.2.9 Finanzwesen: Börse und Banking

JSX – Jakarta Stock Exchange

Der Börsenboom Jakartas bis 1997 war kein gänzlich neues Phänomen der Internationalisierung, wenngleich die erste Blütephase in die koloniale Gründerzeit des frühen 20. Jahrhunderts fällt: Nach der Einrichtung eines Aktienmarktes im damals niederländischen Batavia (1912) betrug die Anzahl der notierten Unternehmen etwa 250, Zweigstellen in Surabaya und Semarang wurden aufgrund des großen Bedarfes 1925 eingerichtet (NOERHADI 1994, S. 202).

Nach dem Zusammenbruch des privaten Aktienmarktes im Zuge der Erlangung der Unabhängigkeit (1949) scheiterten zunächst auch staatliche Interventionen und legistische Maßnahmen an der Bürde der Reaktivierung des Börsenhandels – die Leitidee der Nationalisierung und Verstaatlichung hatte weder vor niederländisch-kolonialen noch vor sonstigem ausländischen Privatbesitz Halt gemacht, dazu schufen weder die politische Unsicherheit der frühen SUKARNO-Ära noch die galoppierende Inflation von 650 Prozent in den frühen sechziger Jahren ein Klima der Investitionsbereitschaft. Erst im Zuge der „Neuen Ordnung" wurde mit der Gründung einer Agentur zur Sondierung des Kapitalmarktes (Badan Pelaksana Pasar Modal, Bapepam) das wiedererwachte Interesse an Börsenaktivitäten signalisiert, das jedoch zunächst bescheiden blieb: „Indonesia has undertaken to create something as complicated as a modern capital market essentially on a greenfield basis" (LINNAN 1994, S. 227) – im Gegensatz zu den regionalen Nachbarn Singapur und Malaysia, die sich sehr wohl auf das koloniale Erbe im Börsenwesen stützen konnten.

1976 waren vorwiegend ausländische Unternehmen vertreten, deren Interesse lediglich – zur pro forma „Indonesianisierung" – an der Börsennotierung per se denn an Kapitalsteigerung lag; internationalen Investoren blieb der Zugang bis 1987 untersagt. Von 1977–1988 waren insgesamt bloß 24 Unternehmen vertreten, deren täglicher Transaktionswert – bei einem Umsatz von 28.000 Aktien – noch 1988 bei lediglich 122 Millionen Rupiah lag; sämtliche sieben Anbieter von Anleihen waren staatsnahe Betriebe – der Wertpapiermarkt stagnierte und betrug im Dezember 1988 0,1 Prozent des nationalen Bruttoinlandsprodukts (NOERHADI 1994, S. 205).

Zur Ankurbelung des privaten Kapitalmarktes erließ die Regierung zwischen Dezember 1987 und 1988 drei Maßnahmenpakete, die den privatkapitalistischen „Take-Off" Indonesiens einläuten sollten. Die Deregulierungsmaßnahmen waren durch sinkende Ölpreise unabdingbar geworden, um die Nationalökonomie zu stützen und damit die soziale Stabilität – ihrerseits Voraussetzung für ein investorenfreundliches Klima – zu gewährleisten. Subventionierungsstrategien sollten durch private Kapitalaufbringung ersetzt werden (Makindo-Report 1996, S. 53); 60 Prozent des indonesischen Privatkapitals befindet sich in der Hand chinesischstämmiger Geschäftsleute, was die wachsende Kluft zwischen Arm und Reich um eine weitere gesellschaftspolitische Facette erweitert (Far Eastern Economic Review, 22.5.1997, S. 53).

Die Börse wurde privatisiert; durch Vereinfachung, Informationskampagnen und kontinuierliche Aufhebung von Zugangsbeschränkungen stieg die Zahl der börsennotierten Unternehmen bis 1990 auf 122, bis 1995 auf 197, davon 30 Joint Ventures (RAIS 1996, S. 10). Das tägliche Transaktionsvolumen vervielfachte sich von 30.000 Aktien (1988) auf 400.000 (1989) und drei Millionen (1990); der Handelswert der Aktien wuchs innerhalb dreier Jahre auf das 34fache an, was der staatlichen Leitlinie der Privatisierung Rechnung trug: „The intention was to encourage more private sector entities to participate in the market, and ... to reduce the government's direct involvement." (NOERHADI 1994, S. 208).

LINNAN stützt die Regierungslinie der Deregulierung, die den Zustrom internationalen Kapitals nachhaltig gefördert hat: Global agierende Konzerne würden bei negativer Entwicklung einer Nationalbörse flexibler agieren können, ökonomische Panikreaktionen würden minimiert. Die zunehmende Internationalisierung reduziert indirekt die Möglichkeiten regulatorischer Eingriffe im nicht-marktkonformen Sektor, was nationalen Entwicklungszielen mitunter abträglich sein kann: „If too much pressure is applied, both investors and issuers may ‚vote with their feet' by choosing to transact business in overseas capital markets." (LINNAN 1994, S. 225). Ambivalent erscheint jedenfalls der Versuch, nationalistische Überlegungen mit ökonomischen Konzentrationserscheinungen koppeln zu wollen.

Der Aktienmarkt florierte, nicht zuletzt als Folge der Privatisierungspolitik SUHARTOS: Repelita VI (1994/95–1998/99) projektierte Investitionen von 660 Trillionen Rupiah, wovon 75 Prozent aus dem privaten Sektor lukriert werden sollten (NOERHADI 1994, S. 222). 1995 war das „Jahr der Privatisierung": Die eingeleiteten Privatisierungen etwa der Nationalbank *Bank Negara Indonesia (BNI)*, der staatlichen Energiebehörde *Perusahaan Listrik Negara (PLN)* oder der staatlichen *PT Telekomunikasi Indonesia (Telkom)*, die seit 1995 sowohl an der JSX als auch an der New Yorker Börse notiert, reflektieren die Regierungslinie – Privatisierung als Mittel zur Internationalisierung: „Globalisation in the form of competition between capital market regulatory structures in Indonesia and elsewhere will improve Indonesian practices in the near to medium term", zeigt sich LINNAN (1994, S. 223) durchaus optimistisch. Internationale Beobachter sehen die Privatisierung von Staatseigentum weniger euphorisch und orten einen direkten Transfer von Staatsbesitz an eine Handvoll Privatpersonen im Dunstkreis des SUHARTO-Clans, der – etwa durch eine 82-prozentige Steigerung des Aktienkurses im Fall der BNI – direkter Nutznießer der Internationalisierung war. Die nationale Privatisierungskampagne geriet damit zunehmend in eine schiefe Optik und bot den Kritikern des Globalisierungskurses genügend Angriffsflächen (Far Eastern Economic Review, 30.1.1997, S. 54).

Indonesiens Privatwirtschaft wird von der Unternehmensstruktur durch 47 Verbundkonzerne (Konglomerate, „Business Groups") bestimmt, wobei die enge persönliche Verflechtung der vorwiegend ethnisch-chinesischen Eigentümer zur Präsidentenfamilie ein traditionelles Charakteristikum ist.

Ab 1988 war es multinationalen Konzernen möglich, sich als Aktionäre an indonesischen Unternehmen zu beteiligen: Die Anteile durften jedoch 49 Prozent des Gesamtwertes nicht übersteigen, um dem Ausverkauf der nationalen Ökonomie nicht Vorschub zu leisten. 1994 zeichneten internationale Investoren für 70 Prozent des Umsatzes verantwortlich – die Attraktivität der JSX, die 94 Prozent der gesamtindonesischen Börsenaktivität verbucht (NOERHADI 1994, S. 209), beruht auf hohen gesamtwirtschaftlichen Zuwachsraten zum einen und innenpolitischer Stabilität zum anderen. Weitere Impulse zur Umsatzsteigerung erfolgten Anfang 1996: Neben der Einführung eines automatischen Handelssystems (JATS) verabschiedete das Parlament ein neues Kapitalmarktgesetz, das klare legistische Grundlagen und Verantwortlichkeiten am Aktienmarkt formuliert – Ziel war eine Reduzierung der Risiken für potentielle Investoren, vor allem aus kleinen und mittleren Betrieben. „Domestic investors" sollten zu vermehrter Börsenaktivität angeregt werden, da hohe Bankzinsen (bis zu 15 Prozent) Börsenspekulationen bislang nicht attraktiv erscheinen ließen (Makindo Report 1996, S. 53; Far Eastern Economic Review, 16.5.1996, S. 50).

Wenngleich internationale Aktionäre nach wie vor die Hauptrolle (1996: 67 Prozent; Vergleichswerte: Thailand und Malaysia 30 Prozent) (Far Eastern Economic Review, 16.5.1996, S. 50) spielen, ist das Aufkommen lokaler Partizipation augenscheinlich – noch 1995 betrug der Anteil indonesischer Unternehmen im Börsenhandel lediglich 28 Prozent gegenüber 33 Prozent (1996) und 41 Prozent im März 1997, wobei der Lokalanteil – derzeit sind bloß 2,5 Prozent der Bevölkerung Jakartas (200.000 Personen) am Aktienmarkt tätig – zu Jahresende 1997 mit 60 Prozent prognostiziert wurde. Nach einer aktuellen Studie der Financial Times rangierten 1996 fünf indonesische Unternehmen unter den Top-100 Konzernen Asiens.[46]

Investamatic, die Finanzinformationsagentur, reihte die JSX (Marktkapitalisierung 1996: 84,5 Milliarden US-Dollar) hinter Manila und Kuala Lumpur auf Rang 3 innerhalb Südostasiens. Nach SJAHRIR, Direktor des Institutes für Wirtschafts- und Finanzforschung, befand sich die Börse Jakartas am Weg zum größten Aktienmarkt innerhalb der ASEAN – die enge Koppelung an New Yorks Wall Street gehört der Vergangenheit an (Far Eastern Economic Review, 22.5.1997, S. 54f). Die 8,7 Billionen US-Dollar, die 1995 an der JSX umgesetzt werden, dokumentieren die damalige Relevanz Jakartas im Konzert der internationalen Börsen (Makindo Report 1996, S. 54).

Auch am Aktienmarkt erweist sich die offizielle Haltung Indonesiens zu Globalisierung und Internationalisierung ambivalent: Zum einen pushten Deregulierungsmaßnahmen die JSX zu stetig neuen Rekordwerten, zum anderen war die boomende Bedeutung internationaler Investoren für die Nationalökonomie Anlaß zu Sorge. Der Makindo Report präzisiert: „... the increasing importance of foreign capital makes the local market greatly dependent on foreign investors, and more vulnerable to external shocks" (1996, S. 57) – doch: „... the JSX is to establish itself as one of the most dynamic markets in the ASIA-Pacific" (1996, S. 60).

---

[46] *Indocement Tunggal Perkasa* (54.) führt das indonesische Kontingent an, gefolgt von den Zigarettenproduzenten *HM Sapoerna* (57.) und *Gudang Garam* (65.), dem Lebensmittelproduzenten *Indofood* (70.) und der Telekommunikationsgesellschaft *Indosat* (73.). (Makindo Report 1996, S. 58).

Bankwesen

Bereits in der Frühphase der „Neuen Ordnung" stieg die Zahl der indonesischen Banken um jährlich 12,4 Prozent (YEREMIAS et al. 1988, S. 32), dennoch war das kommerzielle Bankwesen bis Ende der achtziger Jahre Domäne der Staatsbanken. Seit den Deregulierungsprogrammen von 1988 finden sich an die 210 Zweigstellen staatsnaher Banken und über 950 Zweigstellen von Privatbanken (Jakarta Metropolitan City Government 1995, S. 83), die – aufgrund großteils geringer Kapitalkraft – unter meist staatlich urgiertem Fusionierungszwang stehen. J. Soedradjad DJIWANDONO, Vorstandsdirektor der indonesischen Nationalbank *Bank Negara Indonesia (BNI)*, forderte 1996 explizit die Umstrukturierung des überhitzten Bankwesens zur internationalen Konkurrenzfähigkeit im globalen Wachstum: „(that) ... each bank is not only sound, but is sufficiently big and possesses high sustainability and competitiveness at the global level ..." (Far Eastern Economic Review, 16.5.1996, S. 46). 20 Prozent aller Darlehen gingen in den Immobiliensektor, was die turbulente Fulminanz in den Bereichen von staatlicher wie privater Wohnungspolitik zu unterstreichen vermag. Der rapide Zusammenbruch des Bankensystems 1998 belegt die Richtigkeit dieser Forderungen, die zur Hochblüte des Wirtschaftswachstums ignoriert geblieben waren.

Die frühen neunziger Jahre sahen eine Reihe von Reformen des Bankwesens, die die Mobilität der investitionsfähigen Ressourcen erhöhen sollten: Internationalen Banken, die bis dahin auf den Standort Jakarta beschränkt waren, stand die Möglichkeit der Filialgründung in Regionalzentren offen; indonesische Banken wiederum bot sich die Möglichkeit von Joint Ventures, solange die internationale Konzernzentrale in Jakarta lag; die Kreditrahmen wurden erhöht und nahezu unbeschränkte Devisentransaktionen legalisiert (The Far East and Australasia 1996, S. 387f).

Bereits 1992 waren in Jakarta mehr als 100 ausländische Banken – teils als Joint Venture-Unternehmen – vertreten, unter anderem führende internationale Unternehmen wie die Bank of America, die Citibank, die Deutsche Bank oder die Bank of Tokyo (FIRMAN 1996a, S. 6): „These foreign banks must be categorized as major banks in the country of origin, which must adopt a reciprocal relationship with the Indonesian government", erläutert SOEGIJOKO (1996, S. 384f) die internationale Gründungswelle, die jedoch auf wenige Städte beschränkt blieb.[47] 61 Prozent sämtlicher Bank- und Finanztransaktionen massieren sich in den Regionen Jabotabek und Bandung.

Negativ perzipiert wird die Rolle der sieben staatsnahen Banken, die einer Moody's-Studie[48] zufolge (Ranking A-E) bestenfalls D+ erreichten[49] – Ursachen dafür liegen in der notorisch defizitären Darlehenssituation und unökonomischer Wirtschaftsweise im Dunstkreis von (versteckter) Korruption: „... collusion and political favouritism ... are still very much in evidence" (Far Eastern Economic Review, 16.5.1996, S. 48). Der Marktanteil der Staatsbanken fiel seit Beginn der neunziger Jahre von 90 Prozent auf unter 40 Prozent,

---

[47] Internationale Bankniederlassungen sind außer in Jakarta nur in Surabaya, Semarang, Bandung (Java), Medan (Sumatra), Denpasar (Bali) und Ujung Pandang (Sulawesi) gestattet.

[48] Zum Vergleich: Die österreichische Bank Austria wurde von der Rating-Agentur Moody's mit der Höchstnote AAA („Triple A") bewertet.

[49] BNI, Bank Tabungan Negara, Bank Ekspor Impor Indonesia (D+), Bank Dagang Negara, Bank Rakyat Indonesia (E+), Bank Bumi Daya, Bapindo (E) (Far Eastern Economic Review, 16.5.1996, S. 48).

was die Privatisierungstendenzen im Bankensektor verständlich macht – im Zuge verstärkter globaler Präsenz ist Flexibilität gefragt, die staatsnahe Betriebe vergleichsweise schwer aufbringen können.

Im Sinne der Profitmaximierung dominierten bis 1997 Darlehen im boomenden Immobilienmarkt, der als Spekulationsbereich jedwede Börsenaktivitäten in den Schatten drängte. Dazu kam die Konkurrenz lizenzloser Geldverleiher aus dem informellen Sektor, die die Gewinnspannen der Banken weiter reduzierte und das hohe Zinsniveau stützte. Seit März 1996 waren Kommerzbanken verpflichtet, 20 Prozent ihrer Darlehen an Kleinbetriebe zu vergeben, um die Polarisierung im Bankensektor zu verringern und eine Risikostreuung vorzunehmen (Far Eastern Economic Review, 16.5.1996, S. 48; 22.5.1997, S. 53) – sozialpolitischer Nebeneffekt ist dabei die versuchte Formalisierung von informeller Arbeitskraft.

Die Überhitzung des Bankensektors bis zur Krise 1997/98 liegt nicht zuletzt im Internationalisierungsboom begründet: 20 Prozent sämtlicher Darlehen flossen in den Immobilienmarkt. Abgesehen von der Rolle der „Land Developer" ist hier – wenn auch quantitativ vernachlässigbar – ein verstärktes Interesse einer neuen Mittelschicht offenkundig. Um den Markt abzukühlen, einigten sich sämtliche Banken auf Anregung der Nationalbank BNI, einer freiwillig reduzierten Gewinnspanne von jährlich unter 15 Prozent aus dem Immobiliengeschäft zuzustimmen (Far Eastern Economic Review, 22.5.1997, S. 54), – zusätzlich zu den monetären Maßnahmenbündeln, die die Regierung bereits initiiert hatte, um die damaligen Wachstumsraten von jährlich 8 Prozent auch weiter beizubehalten: Dazu zählten Importsteuern, die Beschränkung des Kreditrahmens sowie die landesweite Vereinheitlichung der internationalen Wechselkurse.

„An increasingly global economy means that the expected liquidity tightening will prove difficult. World economic integration makes the inflow of offshore capital difficult for the monetary authorities to control", konstatiert der Makindo Report (1996, S. 46). Die hohen Zinssätze mögen attraktiv für ausländische Investoren gewesen sein, erschwerten jedoch gleichzeitig die Partizipation des nationalen Klein- und Mittelkapitals – die intersektoralen Disparitäten erfuhren dadurch eine weitere Verstärkung.

2.3 Brennpunkt Arbeitsmarkt: Die Wirtschaftseuphorie der „Neuen Ordnung"

2.3.1 Arbeitsmarkt und Arbeitsorganisation

Nach der Volkszählung 1980 betrug die Zahl der Arbeitskräfte in urbanen Räumen etwa 10 Millionen; dieser Wert verdoppelte sich bis 1990, mit jährlichen Steigerungsraten von 7,4 Prozent. 70 Prozent der städtischen Arbeitsbevölkerung (14,7 Millionen) waren in Java lokalisiert, das allerdings – im gesamtindonesischen Vergleich – die niedersten Wachstumswerte erkennen ließ. Der periphere Außenbereich des Archipels (Molukken, Irian Jaya) weist einen rapiden Aufholprozeß auf. Die Beschäftigung wuchs in urbanen Räumen dreimal so schnell wie in ruralen Gebieten (HUGO 1994, S. 3).

Den urbanen Arbeitsmarkt prägen zunehmend junge Bevölkerungsgruppen. 1980 waren 34 Prozent (4,4 Millionen) der städtischen Arbeitsbevölkerung 10–29 Jahre, 1990 bereits 43,7 Prozent (9 Millionen), was einer jährlichen Steigerung von 7,4 Prozent gleichkommt. Grundsätzlich sinkt der Bildungsstand mit höherem Alter; der einsetzende sozio-ökonomische Wandel ist mitverantwortlich für Migration aus ruralen Räumen, um in den Städten ausbildungsadäquate Arbeitsplätze zu finden.

Anfang 1997 hat die indonesische Regierung ein neues Arbeitsgesetz im Parlament zur Diskussion gestellt. Neu in diesem Entwurf ist ein sehr vage formuliertes Streikrecht, das aber besagt, daß während der Streikzeit kein Anrecht auf Lohnfortzahlung besteht. Vor allem gewalttätige Streiks in Großstädten mehren sich in Indonesien seit Mitte 1996. Motive dafür sind vorrangig Forderungen nach der Einhaltung des gesetzlich festgelegten Mindestlohnes, der Einhaltung der gesetzlichen Schwangerschaftsbestimmungen und nach sozialerer Behandlung.

Die Frage nach der Zulassung von Gewerkschaften ist aber auch weiterhin als unbeantwortet anzusehen. Gegenwärtig ist die FSPSI (Gesamtindonesischer Gewerkschaftsverband) die einzige von staatlicher Seite her zugelassene Vertretung der indonesischen Arbeiter und Arbeiterinnen. Die Regierungsnähe dieser Gewerkschaft bedingt wenig Kritikpotential, wenngleich in letzter Zeit illegale Gewerkschaften in Ausbreitung begriffen sind (Südostasien aktuell 1/97, S. 20).

Stadtsoziologische Forschungen (NOVY 1997) analysieren immer wieder Organisationsformen und Potentiale für Demokratisierungsprozesse in Megastädten. Historisch betrachtet waren Städte immer Orte des dynamischen Wandels. Ist dieses „innovative Milieu" – wie es auch immer wieder bezeichnet wird – in Megastädten heutiger Ausprägung (rasches Wachstum, starke Fluktuation, Penetration globaler Prozesse) überall gleich stark (oder vergleichbar) vetreten?

Die These der Fokussierung von Demokratisierungsprozessen in Städten wird durch die wirtschaftlichen Entwicklungen und innenpolitischen Entscheidungen des Frühjahres 1998 in Indonesien unterstrichen. Die ersten organisierten Protestwellen gegen den Staatsapparat im Zuge der Teuerungswellen gingen von Bandung, Jakarta und Medan aus.

Sozioökonomischer Wandel: Jakarta als „Service City"

Den Anstoß zur rasanten Entwicklung der Region zum bedeutendsten Wirtschaftsraum Indonesiens gab zweifellos der Internationalisierungs-Impuls der frühen „Neuen Ordnung"; diverse Deregulierungspakete lösten in der Folge eine Globalisierungseuphorie aus: Der Aufstieg zur „World City" war das dezidierte Ziel der Regierungselite – zumindest bis zur „Asienkrise".

Wie in allen urbanen Räumen Indonesiens ist auch die ökonomische Entwicklung des metropolitanen Jakarta von einer zunehmenden Bedeutung des sekundären und tertiären Sektors gekennzeichnet. Der Rückgang der agrarischen Bevölkerung ist jedoch nicht nur auf Migration in zentralere, industriell geprägte Regionen zurückzuführen, sondern wird auch durch die zunehmende Dispersion von – teils internationalen – Industrien in das Umland von DKI Jakarta erklärbar. Niedrigere Bodenpreise und verbesserte Transportbedingungen gelten als hauptverantwortlich für die wachsende Industrialisierung der einstigen Randgebiete Botabeks, die durch erhöhtes Arbeitsplatzangebot Arbeitskräfte aus der Landwirtschaft abziehen.

Bis 1980 leistete der Handel den höchsten Anteil am Bruttoregionalprodukt Jabotabeks, wurde jedoch ab 1990 von der Industrie an die zweite Position gedrängt; auch andere

Sektoren, wie allgemeine Dienstleistungen und Finanzwesen, zeigen – zumindest in der Wertschöpfung – fallende Tendenz, was die ökonomische Relevanz und Effizienz der staatlichen Deregulierungsprogramme zur Ansiedelung industrieller Produktionen innerhalb Jabotabeks dokumentiert. Der Anteil des tertiären Servicesektors an der regionalen Wertschöpfung sank zwar von 21 Prozent (1975) auf 7,5 Prozent (1990) – die regionale Leitlinie einer Diversifizierung der Wirtschaftssektoren in Jabotabek ist offensichtlich: Während die Kernstadt (DKI Jakarta) schrittweise de-industrialisiert werden soll und für die Funktion einer reinen „Service City" vorgesehen ist, wird die boomende Industrialisierung in das angrenzende Botabek ausgelagert, das zwischen Serang und Cikampek eine West-Ost-Ausweitung erfährt: „This trend is not only because of the rocketting land price in Jakarta, but also due to the spatial policies which require east-west axis development in order to protect the water recharge areas in the south." (SOEGIJOKO 1995, S. 6).

Die Transformation von Flächen steht somit in unmittelbarem Zusammenhang mit der Beschäftigungsstruktur: Die Zahl der nicht-landwirtschaftlichen Arbeitskräfte in Botabek vervierfachte sich von 1971 (584.000) bis 1990 (2,4 Millionen) (HUGO 1994). Den Berechnungen von JONES et al. (1996, S. 51) zufolge wuchs die Beschäftigung in der Kernstadt DKI Jakarta um 52 Prozent (1980–1990), im sogenannten „Inner Ring" (der unmittelbar an DKI grenzende Teil Botabeks) um 425 Prozent, wobei das Bildungsniveau der Arbeitskräfte ebenfalls drastisch gestiegen sei. „… the fringe areas have been integrated, spatially as well as functionally, into the economy of Metropolitan Jakarta, and have very little linkages with the rural economies" (FIRMAN 1996a, S. 15).

Handel und Industrie sind zwar die dominanten Wirtschaftssektoren in Jabotabek, der Anteil der Hauptstadtregion an Gesamt-Indonesien ist jedoch in diesen beiden Sektoren mit 26,6 Prozent bzw. 18,1 Prozent (jeweils 1990) nicht extrem hoch. Die größten Anteile finden sich im Bankwesen (47,4 Prozent) und im Bereich der technischen Infrastruktur (Elektrizität, Wasser, Gas; 45,5 Prozent), die landesweit den höchsten Entwicklungsstand aufweisen (SOEGIJOKO 1995, S. 7). Ahmaddin AHMAD, Leiter der Raumplanungsagentur von DKI Jakarta, verweist auf die realpolitischen Zwänge der Tertiärisierung der Kernstadt – horrende Bodenpreise sorgen für eine Abwanderung traditioneller Industrien in das Umland, da ein Faktorenbündel aus Transport- und Umweltbelastung die Abwanderung nach Botabek begünstigt, was aber der Stadtregierung nicht ungelegen zu kommen scheint: „… a ‚service city' … is not an ambitious manner, but it is a must" (AHMAD 1996, S. 1). 70 Prozent der Einnahmen innerhalb von DKI Jakarta entstammen derzeit dem Dienstleistungsbereich (City Planning Department 1994, S. 37). In Anlehnung an den Jakarta Structure Plan (1985–2005) sollen die verschmutzungsintensiven „Low-Tech"-Industrien ausgelagert werden, im Zentrum soll eine Konzentration von sauberen „High-Tech"-Produktionsweisen erfolgen.

Der Rückgang des primären und tertiären Sektors

Im Zeitraum von 1980–1990 stieg die Zahl der Beschäftigten in Jabotabek[50] insgesamt um 69 Prozent (2,3 Millionen); eine Million der Beschäftigtenzunahme (ein Anstieg von 52 Prozent) war innerhalb von DKI Jakarta festzustellen, jedoch 1,3 Millionen (ein An-

---

[50] JONES et al. (1996) bevorzugen den Terminus „Extended Metropolitan Region" (EMR); vom Flächenanspruch sind Jabotabek und EMR deckungsgleich, beide Begriffe werden daher synonym verwendet.

stieg von 90 Prozent) innerhalb Botabeks, das allerdings gewaltige entwicklungsspezifische Disparitäten erkennen läßt – im DKI Jakarta umgebenden „Inner Ring" betrug der Beschäftigungsanstieg 425 Prozent, im „Outer Ring" dagegen lediglich 36 Prozent, was bloß dem natürlichen Wachstum des Arbeitsmarktes entspricht (JONES et al. 1996, S. 56). Das Absorptionspotential der Kernstadt ist damit vergleichsweise geringfügig höher als in der Außenzone Jabotabeks, der beschäftigungspolitische Take-Off findet seit zwei Jahrzehnten im unmittelbaren Kernstadt-Umland statt, auch wenn stattfindende Tagespendlerströme Richtung Zentrum unberücksichtigt blieben.

Eine Analyse der vorherrschenden Wirtschaftssektoren untermauert den rasanten strukturellen Wandel: Der Anteil der landwirtschaftlichen Erwerbsbevölkerung fiel zwischen 1980 und 1990 in ganz Jabotabek, am markantesten jedoch im „Inner Ring" von 18 Prozent auf 5 Prozent; der Rückgang des tertiären Sektors ist zwar weniger dramatisch, zeigt jedoch ebenfalls eine deutliche Tendenz, die vor allem die Kernstadt betrifft. Demgegenüber steht ein massiver Anstieg sekundärer Aktivitäten, deren Anteil von 15 Prozent (1980) auf 22 Prozent (1990) wuchs. Nicht weiter verwunderlich verzeichnet der „Inner Ring" den höchsten Anstieg und hält 1990 bei einem Anteil von 27 Prozent – die günstige Verfügbarkeit von Industrieflächen in Botabek ist dafür mitverantwortlich, die ausbaubedürftigen Infrastrukturvoraussetzungen und fehlenden „Urban Linkages" des „Outer Ring" verhindern bislang eine Industrialisierung wie in der Innenzone Botabeks.

Die Suburbanisierung der Industrie

HENDERSON et al. (1996, S. 85) führen die Suburbanisierung der Fertigungsindustrie vorrangig auf die Schaffung eines leistungsfähigeren Verkehrsnetzes zurück. Von 1986–1991 stieg der Anteil Botabeks an der Beschäftigung in diesem Industriezweig von 43 Prozent auf 56 Prozent; im formellen Sektor[51] erfolgten 73 Prozent aller neuen Firmengründungen (1989–1991) in Botabek, trotz des Protektionsstatus der neuen Exportförderungszonen (export processing zones – EPZ) in DKI Jakarta (Distrikte Cakung und Cilincing).

Während das Wachstum des Fertigungsbereichs in der Kernstadt stagniert, boomen einzelne Distrikte (Kecamatan) des suburbanen „Inner Ring". Selbst das langsamste Wachstum innerhalb dieser Gruppe betrug immer noch 210 Prozent (1986–1991), manche Boomdistrikte um Bekasi und Tangerang verzeichneten eine Vervierzehnfachung ihrer Beschäftigungsnachfrage – die Strategie der räumlichen Entflechtung dieser Agglomerationen durch die Gründung von Satellitenstädten als Gegenmagneten wurde seit den neunziger Jahren eingeleitet, um der unkoordinierten Infrastrukturentwicklung der „Goldgräberzeit" nach Einführung tiefgreifender Deregulierungsmaßnahmen gezielt begegnen zu können.

Dank des (teils geplanten) Ausbaus leistungsfähiger Mautstraßensysteme schreitet die Industrialisierung in West-Ost-Richtung allmählich über die administrative Begrenzung Jabotabeks hinaus und erreichte 1994 – nach Statistiken des Ministry of Public Works – bereits Serang und Karawang: „This very rapid decentralisation along transport corridors suggests that, with further transport and communication development throughout Java, industry could decentralise into interior medium and smaller cities beyond the Jabotabek area" (HENDERSON et al. 1996, S. 85f) – die Lohnkosten sinken in konzentrischen Kreisen um die Kernstadt, was nicht zuletzt als Reflexion der Lebenserhaltungskosten interpre-

---

[51]) Nach HENDERSON et al. (1996, S. 85) sind Unternehmen des formellen Sektors Mittel- und Großbetriebe mit mehr als zwanzig Angestellten.

tierbar ist, und attraktivieren dadurch zusätzlich Standortentscheidungen im Peripherbereich der urbanen Agglomeration. Zwischen DKI Jakarta und Botabek besteht ein 25-prozentiger Lohnunterschied für gleiche Tätigkeiten in der Fertigungsbranche, was die Suburbanisierung industrieller Tätigkeiten – zusätzlich zu der Pull-Komponente der niedrigen Bodenpreise – weiter forciert, um die Konkurrenzfähigkeit am internationalen Markt wahren zu können.

Die industrielle Monozentrizität der frühen „Neuen Ordnung" ist ein Produkt der Vergangenheit. Die traditionellen Industriezonen innerhalb der Kernstadt (Jakarta Utara, Teile von Jakarta Pusat) sind mittlerweile ergänzt um eine großmaßstäbige Streuung von polyzentralen Subzentren innerhalb der metropolitanen Region. Trotz der Dispersion nach Botabek bestehen eindeutige Konzentrationstendenzen industrieller Aktivität, die sich auf vier Hauptzonen konzentrieren lassen: Jakarta Utara, Bekasi und Tangerang (jeweils an DKI unmittelbar anschließend), sowie Bogor (vorwiegend entlang der Nord-Süd-Mautstraße). Gemessen an der Produktionsstruktur erscheint allerdings eine Zweiteilung ebenfalls legitim: Während der Raum Bogor als Zentrum der Bekleidungs- und Textilindustrie etabliert ist (und im übrigen mit dem südlich anschließenden Agglomerationsraum Bandung, der Textilmetropole (PRABATMODJO et al. 1996, S. 320ff) Indonesiens, eine funktionale Einheit darstellt), bilden die verbleibenden drei Zonen ein durchgehendes Band gemischter industrieller Schwerpunkte (Maschinenbau, Transportzubehör, chemische Industrie), das sich ebenfalls am Ost-West-Verkehrsnetz orientiert und durch Spillover-Effekte eine permanente Flächenerweiterung impliziert; das Niederlassungsverbot für bestimmte Industriezweige in DKI kommt als zusätzlicher Erklärungsansatz dazu (HENDERSON et al. 1996, S. 87ff; SOEGIJOKO 1996, S. 391ff).

Der „Inner Ring" Jabotabeks hat sich emanzipiert und ist längst mehr als ein Anhängsel von DKI Jakarta, wie auch eine Betrachtung der explosionsartigen Entwicklung einzelner Berufsgruppen dokumentiert: Die Zahl der Angestellten stieg zwischen den letzten beiden Zensuserhebungen (1980, 1990) von 12.000 auf 152.000 (20 Prozent innerhalb Jabotabeks), die Zahl der Beschäftigten in Transport und Produktion wuchs von 75.000 auf 475.000 (22 Prozent); 19 Prozent der Arbeitsbevölkerung Jabotabeks finden sich im „Inner Ring" (JONES et al. 1996, S. 57ff), in dem auch das Bildungsniveau der Bevölkerung massiv zugenommen hat – der Anteil der Volksschullehrer der EMR vervierfachte sich von 1980 bis 1990, was – durch zunehmende Bildungsmöglichkeiten weiter Teile der Bevölkerung – eine Transformation von Beschäftigungsmöglichkeiten bedeuten könnte.

Die Tertiärisierung der Kernstadt

Wesentlich schwieriger nachvollziehbar ist der räumliche Wandel nicht-industrieller Aktivitäten; die einzige konsistente Informationsquelle bildet der „Economic Census", eine alle zehn Jahre durchgeführte Erhebung wirtschaftlicher Tätigkeit (letzte Zählung: 1986), deren Daten jedoch schwer zugänglich und großteils unbearbeitet sind. Eine Analyse der baulichen Veränderung des CBD sowie des regionalen Immobilienmarktes ergibt vielfach aussagekräftigere Aufschlüsse.

Unbestritten ist der kontinuierliche Aufstieg des „Goldenen Dreiecks" von hochrangigen Business- und Finanzaktivitäten entlang des (derzeit völlig überlasteten) 5km-Hochleistungsstraßenbandes Jalan Thamrin und Jalan Sudirman: Von Jakarta Pusat in einer Südausweitung bis Blok M (Jakarta Selatan) reichend, findet sich hier eine deutliche Ballung von tertiären Einrichtungen – 35 Prozent sämtlicher kommunalen und sozialen

Beschäftigungsmöglichkeiten Jakartas sind in Jakarta Pusat (25 Prozent für Jabotabek), 34 Prozent aller Arbeitsplätze im Handel und Restaurant/Hotel-Bereich (24 Prozent für Jabotabek) in Jakarta Selatan lokalisiert (HENDERSON et al. 1996, S. 91f).

Das infrastrukturelle Potential des Stadtkernes wurde durch ein gezieltes Entwicklungsprogramm forciert: Das Programm „Intensity Pattern for 7 Main Roads (7 Corridors)" bewirkte eine radikale Umformung der Bebauungsstruktur und sorgte – nach Eliminierung der als rückständig empfundenen Kampungs – für eine Konzentration auf gehobene tertitäre Einrichtungen (Condominiums, Botschaften, Business-Towers) (City Planning Department 1994, S. 41).

Analog zu anderen metropolitanen Räumen weist der CBD Jakartas eine konzentrierte Zentralität auf: Im Zuge des „Waterfront Projekts" soll jedoch, im Sinne einer polyzentrierten Stadtentwicklung, auch im know-how-intensiven Tertiärbereich ein Gegen-CBD geschaffen werden, um die räumlich und verkehrstechnisch bereits derzeit überforderte Verkehrsinfrastruktur zu entlasten, die durch die projektierte Etablierung des MRT nach der Jahrtausendwende Verbesserung erwarten kann.

Der internationale Aufstieg in die Informationsgesellschaft globaler Prägung manifestiert sich zweifellos auch in der Nachfrage nach Büroflächen in den prestigeträchtigen Glaspalästen der neuen Central Business Districts der Metropole; seit 1990 boomt die Nachfrage, bis 1997 waren 2,7 Millionen m² Bürofläche projektiert, was einer jährlichen Zunahme von 28 Prozent entsprach (SOEGIJOKO 1995, S. 23). 54 Prozent der in Bau befindlichen Office-Flächen waren 1995 bereits vorverkauft (Far Eastern Economic Review, 18.5.1995, S. 66). Der Flächenzuwachs von durchschnittlich 185.000 m² innerhalb der letzten fünf Jahre vor der „Asienkrise" – 1995 allein 350.000 m² „Grade A"-Flächen (Far Eastern Economic Review, 16.5.1996, S. 52) – zählte zu den höchsten Asiens und überstieg die Nachfrage etwa in Hongkong oder Singapur beträchtlich, wobei Branchen aus den Bereichen der Telekommunikation und des Finanzsektors die massivsten Nachfragemuster erkennen ließen: „... Indonesia appears to be the one bright spot in an otherwise bleak regional landscape", wie Eugene GALBRAITH, Forschungsdirektor von HG Asia, vor den Ereignissen 1998 betonte (Far Eastern Economic Review 16.5.1996, S. 52).

Mitte 1997 standen in Jabotabek 3,42 Millionen m² Büroflächen zur Verfügung – ob die Zahl der leerstehenden Offices Ende 1997 tatsächlich unter den projektierten 10 Prozent lag (EIU 1997, S. 21), ist angesichts der Entwicklungen in der jüngsten Vergangenheit zu bezweifeln. Anfang der neunziger Jahre ist es auch zu einer spürbaren Erhöhung der Mieten (etwa 20 US-Dollar/m²/ Monat) gekommen, was konform mit der Entwicklung der Grundstückspreise im Großraum Jabotabek ging: Trotz der Nachfrage nach Objekten in erstklassiger Lage stieg die Zahl der Büroflächen – bei durchschnittlichen Belegungsraten von 92 Prozent – außerhalb des „Goldenen Dreiecks" um 400 Prozent, innerhalb um 170 Prozent (1985–1994) (Far Eastern Economic Review, 18.5.1995, S. 66). Im urbanen Bekasi, dem östlichen Stützpfeiler der metropolitanen Region, liegen die Preise für Industrieflächen mit bis zu 250 US-Dollar/m² um ein Dreifaches höher als im (noch) ruralen Umland (Far Eastern Economic Review, 22.5.1997, S. 57). Die zentrifugale Dispersion zahlreicher (multinationaler) Unternehmen in die Peripherie der Großregion wird dadurch mitbeeinflußt, was in der Intention der dezentralen „Superblock"-Strategie der Regierung liegt.

Ähnlich motiviert ist die sprunghafte Ausbreitung von (Groß)Handelsunternehmen an den Stadtgrenzen von DKI Jakarta: 40 Prozent der Handelsfläche von 1,79 Millionen m² waren 1997 jünger als zwei Jahre, 60 Prozent nach 1992 entstanden – die Bedürfnisse einer quantitativ geringen, jedoch umso finanzkräftigeren neuen Mittelschicht (von etwa 20 Prozent der urbanen Gesamtbevölkerung, in Jakarta aufgrund des hohen Lohnniveaus optimistisch geschätzte 50 Prozent) wollen befriedigt werden.

Den „Global players" kommt in der boomenden Shopping Center-Landschaft im suburbanen Umland vielfach eine Schlüsselfunktion als sogenannte „anchor tenants" zu: Die Attraktivität der internationalen, mittels weitverbreiteter CNN- und MTV-Bewerbung im Unterbewußtsein etablierten Markenware fungiert als Magnet für die Invasion von japanischen (Seibu, Sogo) und US-amerikanischen (J.C. Penney, Wal-Mart) Shopping-Malls und Supermärkten – in der „Lippo Karawaci Supermal" etwa, einem 1996 errichteten 94.000 m² Megazentrum in Tangerang, stellen Vertreter internationaler Ketten bereits die Hälfte der 300 Mieter (Far Eastern Economic Review, 16.5.1996, S. 52). Gemeinsam mit der Etablierung indonesischer Einzelhandelsketten (Ramayana, Hero, Matahari) geht die Transformation von traditionellen Handels- und Konsummustern auf Kosten lokaler Kleinhändler und schafft weiteren Druck auf den Arbeitsmarkt. Als Beispiel für die gewaltigen Dimensionen sei die „Mal Ciputra" genannt, ein Hotel- und Handelszentrum im Nordwesten Jakartas auf einer Gesamtfläche von 5,4 ha, das neben Appartements und Büroflächen ein Shoppingzentrum (161.000 m²), einen Themenpark und zwei Vier- bzw. Fünf-Stern-Hotels beherbergt (EIU 1997, S. 24).

2.3.2 Die Erhöhung des Bildungsniveaus: Ausgangspunkt globalen Nutzens?

Das Bildungsniveau einer Gesellschaft gilt als ein Indikator für die Eingliederungsfähigkeit einer Region in internationale Handelsbeziehungen; je höher das allgemeine Bildungsniveau, desto eher ist die Transformation in technologie-intensivere Sektoren möglich, desto eher entfällt auch eine Beschränkung auf arbeitsintensive Produktionstechniken.

Der Schwerpunkt der Bildungsziele liegt – in Orientierung am Bedarf „entwickelter Gesellschaften" – auf dem Erwerb theoretischer (akademischer) Kenntnisse. Im Gegensatz zu den heterogenen, in ihrem jeweiligen sozialen Umfeld harmonisch gewachsenen, vorkolonialen Strukturen wurde das Bildungssystem im postkolonialen Nationalstaat Indonesien nach holländischem Vorbild – als „akademische Papierqualifikation" (DAUTH 1995, S. 255) tituliert – etabliert.

Eine bloße Deregulierung des Wirtschaftssystems bildet zwar die Voraussetzung zu internationaler Beteiligung, ist jedoch für sich nicht mehr als ein Mosaikstein auf dem Weg zum globalen Markt. Die Tendenz geht zu know-how-intensiven Produkten, weg von der bloßen Produktion (Bearbeitung) von Rohmaterialien; dazu ist Fachwissen gefragt, um auf die geänderten Produktionsweisen adäquat reagieren zu können und nicht den Status einer verlängerten Werkbank multinationaler Konzerne zu zementieren. „The inevitable transformation from industries dependent on cheap labor to higher technology industries creates an urgent need for more skilled labor", konzediert Tubagus FERIDHANUSETYAWAN (1995, S. 6), Wirtschaftswissenschaftler vom „Centre for Strategic and International Studies" in Jakarta – der Bildungsstand hält mit den rasch wechselnden Nachfragemustern der Industrie nicht mit.

Das Bildungsniveau Indonesiens ist insgesamt weit unterdurchschnittlich – in weltweiter Perspektive, jedoch auch im (aussagekräftigeren) ASEAN-Vergleich. Indonesien verfügt asienweit über den geringsten Prozentsatz an Universitätsabsolventen; 80 Prozent haben nicht mehr als Volksschulbildung (60 Prozent in der Bevölkerungsgruppe von 15–29), 18 Prozent High School-Abschluß, nur 2 Prozent eine höhere Ausbildung – die internationale Wettbewerbsfähigkeit abseits rohstofforientierter Produktion scheint somit auch mittelfristig nicht gegeben (Far Eastern Economic Review, 22.5.1997, S. 53; FERIDHANUSETYAWAN 1995, S. 1). Eine Analyse der Alphabetenrate ergibt jedoch markante Vorteile zugunsten der urbanen Räume, wo – bei einem Anstieg von 6,6 Prozentpunkten zwischen 1980 und 1990 – der Anteil der Alphabeten 1990 bei 92,2 Prozent (1980: 85,5 Prozent) lag, gegenüber 80,3 Prozent (1990) bzw. 66,9 Prozent (1980) in ruralen Räumen (BENNATHAN 1996, S. 26).

Die einseitig-glorifizierenden nationalstatistischen Darstellungen (Department of Information 1995, S. 20f) über eine qualitativ verbesserte Lehrerausbildung und eine quantitative Verdoppelung von Schulen und Schülern seit Beginn der „Neuen Ordnung" (Südostasien aktuell 3/97, S. 196) reflektieren die bewußte Forcierung von Bildungselementen als entwicklungspolitisches Ziel; durch das extrem niedrige Ausgangsniveau in bildungspolitischen Belangen kann aber auch eine Verdreizehnfachung etwa der Universitätsstudenten von 156.000 (Beginn Repelita I, 1969/70) auf zwei Millionen (Ende Repelita VI, 1993/94) das allgemein niedrige Bildungsniveau nicht entscheidend heben.

Das Bildungsniveau in Jabotabek selbst erreicht – zumindest auf nationaler Ebene – Spitzenwerte, wobei eine Detailanalyse auf Distriktebene stadtinterne Disparitäten offenlegt. Das Arbeitskräftepotential von DKI Jakarta weist durchschnittlich eine deutlich höhere Bildung auf als im metropolitanen Botabek – die Unterschiede werden umso größer, je höher der Ausbildungsstand ist. Seit 1980 ist ein rapider Aufholprozeß im Gange, der die Bildungsdifferenzen mittelfristig minimieren wird: Besaßen 1980 noch 27 Prozent der Erwerbsbevölkerung der Kernstadt sekundäre oder tertiäre Ausbildung (urbanes Botabek: 9 Prozent; rurales Botabek: 7 Prozent), so waren es 1990 41 Prozent (33 Prozent; 16 Prozent). Die Ursachen dafür mögen auch in einer Verbesserung des nationalen Bildungssystems liegen, sind aber hauptsächlich mit der Migration einer hohen Bildungsschicht aus Jakarta wie auch aus anderen Teilen Indonesiens (vor allem Java) in das metropolitane Umland erklärbar; der äußere Ring Jabotabeks ist für Migranten höherer Bildung vergleichsweise unattraktiv (JONES et al. 1996, S. 69).

Der Markt für Arbeitskräfte ist mittlerweile asienweit vielfach transparent und mobil geworden; die Rolle Indonesiens als Exportland für minderqualifizierte bzw. Importland für hochqualifizierte Arbeitskräfte scheint vorprogrammiert. Die Tendenz des „Learning on the job" ist ohne Basiswissen schwierig umsetzbar – der Influx ausländischer oder im Ausland ausgebildeter Bankangestellter auch für mittlere Positionen war nach der Deregulierung im Finanzbereich ein Indiz für die mangelnde Flexibilität des indonesischen Schulwesens. Ähnliche Phänomene zeigen sich in der rasch expandierenden Computerbranche, in der ebenfalls die Nachfrage nach indonesischen Computertechnikern mit dem Angebot nicht mithalten konnte. Es ist jedoch nicht ausschließlich eine Frage der vielfach fehlenden Fertigkeiten, sondern vielmehr oft ein mentales Manko, das die Einsetzbarkeit von Arbeitskräften am Arbeitsmarkt entscheidend vermindert: Kritisiert wird die „Reaktivität" und fehlende Flexibilität der Arbeitnehmer, gefordert wird der mündige, „proaktive" Mitarbeiter (EIU 1997, S. 27).

Analog zur staatlichen Wirtschaftspolitik könnte, Experten zufolge, die Lösung in der Privatisierung von Ausbildungswegen liegen, um eine Effizienzsteigerung zu erzielen: „The need for a reform in the education system is crucial, otherwise Indonesia will always specialize in low-technology labor intensive industries." (FERIDHANUSETYAWAN 1995, S. 7).

Höhere Bildung ist jedoch nicht gleichbedeutend mit optimierten Chancen am Arbeitsmarkt. Bei einer Arbeitslosenrate von 11,2 Prozent (1995) (RAIS 1996, S. 3) waren – bei aller gebotenen Vorsicht in der Interpretation statistischer Arbeitsmarktdaten – rund 2,5 Millionen Menschen in formellen Arbeitsverhältnissen in DKI Jakarta tätig; 64,6 Prozent der Arbeitslosen hatten zumindest einen höheren Schulabschluß (Senior High School), was auf eine Trendwende im Bildungs- und Arbeitssystem hindeutet, die auch weitreichende Folgen auf den gesamten innerurbanen Arbeitsmarkt hat. Die große Mehrheit der Schul- und Universitätsabgänger muß sich einen Platz im manuellen Vollzug der Entwicklungsplanung suchen, wo sich westliche Bildungsinhalte eher als nachteilig erweisen – eine Reform der Bildungsinhalte wiederum scheitert bislang am Ehrgeiz der nationalen Eliten, mit dem westlichen Bildungssystem kompatibel zu sein: DAUTH (1995, S. 256) ortet die Entstehung eines sozial frustrierten, überqualifizierten „akademischen Proletariats", dessen klassische Arbeitnehmermentalität die nötige Unternehmermentalität vermissen läßt. Besonders gravierend ist die offene Arbeitslosigkeit in der Altersgruppe von 20 bis 24 Jahren mit Pflichtschulabschluß, von denen die Hälfte bereits in urbanen Räumen lebt (DJOJOHADIKUSUMO 1997, S. 36ff).

SUKAMDI (1996, S. 66f) sieht in der hohen Arbeitslosigkeit der vergleichsweise gut qualifizierten (jungen) Stadtbevölkerung sozio-ökonomische Wandelerscheinungen und einen Bruch mit der Tradition etablierter Berufsbilder: Feldarbeit und landwirtschaftliche Tätigkeiten werden abgelehnt, gleichzeitig sind die (qualitativ entsprechenden) Beschäftigungsmöglichkeiten in der Industrie limitiert. Da White-Collar-Berufe nicht ausreichend vorhanden sind, erfolgt – zeitverschoben – eine Bewerbung für (qualitativ anspruchslose) Blue-Collar-Tätigkeiten; das Heer der minderqualifizierten Arbeitskräfte wird somit aus ihren adäquaten Wirkungsbereichen gedrängt und agiert im statistisch nur rudimentär faßbaren informellen Sektor weiter. Nach GUGLER (1992a, 1992b) beruht die hohe Arbeitslosigkeit im Mittel- und Hochbildungsbereich auf zwei Faktoren: Zum einen lohnt sich längeres Warten auf einen adäquaten Job finanziell, zum anderen bewirkt der oftmals gehobene soziale Hintergrund der Arbeitssuchenden geringeren Druck bei der Arbeitssuche.

Diese ausbildungsadäquaten Jobs werden großteils von multinationalen Investoren zur Verfügung gestellt. DAUTH (1995, S. 258f) kann diesem „Brain Drain" wenig Positives abgewinnen und ortet eine Zementierung des „West Best"-Gedankengutes: „Diese Kräfte gehen der eigentlichen Entwicklungsarbeit eines Landes zunächst einmal verloren. Sie werden wiederum in die westliche Mulde gegossen und so unbewußt zu Statthaltern fremder Interessen. Sie sammeln Erfahrung in vorgedachten Technologieprozessen. Ihr kreatives Potential paßt sich an die westliche Denkweise in allen Abläufen der Produktion und des Managements an. Für die kulturspezifische Entwicklung ihrer Gesellschaften sind sie damit fast nutzlos geworden …".

2.3.3 Hohes Lohnniveau und hohe Arbeitslosigkeit: Folgen der Globalisierung?

Der Weg zur „weltweit integrierten" Stadt führt über die Bekämpfung von Arbeitslosigkeit und Armut – soweit die offizielle Regierungslinie, die Internationalisierung mit zwangsläufiger Erhöhung des nationalen Lebensstandards gleichsetzt (City Planning Department 1994).

Die offiziellen Statistiken zur nationalen Beschäftigungssituation weisen einen niedrigen Grad offener Arbeitslosigkeit aus (2–6 Prozent), jedoch hohe Unterbeschäftigung von etwa 40 Prozent der potentiellen Arbeitsbevölkerung (BENNATHAN 1996, S. 3; HUGO 1994, S. 30; SUKAMDI 1996, S. 65ff); nach GUGLER (1992a, 1992b) ist die offene Arbeitslosigkeit in Drittwelt-Ökonomien kein Thema. Aufgrund fehlender sozialer Absicherung ist das Ausmaß der Unterbeschäftigung beträchtlich höher und landesweit leicht ansteigend (1990: 20,3 Prozent in urbanen Regionen, 1980: 18,9 Prozent) – statistisch bedeutet dies eine wöchentliche Arbeitszeit von weniger als 35 Stunden (SUKAMDI 1996, S. 67ff); statistisch als arbeitslos gelten wiederum Personen, die weniger als eine Stunde pro Woche in einem Arbeitsverhältnis standen (YEREMIAS et al. 1988, S. 20). Die Überlappung mit Segmenten des informellen Sektors ist zweifellos gegeben, jedoch statistisch nicht faßbar.

Die Aufweichung des traditionellen „Gotong Royong"-Prinzips der sozialen Absicherung in Form von Nachbarschaftshilfen verschärft jedoch allmählich die zunehmend gespannte Lage am urbanen Arbeitsmarkt, wo durch das allgemein gestiegene Bildungsniveau keine adäquaten Jobs in einem auf manuellen Tätigkeiten ausgerichteten Arbeitsumfeld verfügbar sind – 1986 waren 62 Prozent sämtlicher High School-Absolventen (Altersgruppe 15–19) ohne Beschäftigung, die Statuserwartungen scheinen mit dem tatsächlichen Arbeitsangebot nicht zu korrelieren (HUGO 1994, S. 30). Speziell in urbanen Räumen, wo diese Schere am weitesten geöffnet ist, wachsen somit nicht nur offene Arbeitslosigkeit, sondern auch soziale Unruhe einer geistigen Elite, deren Nutzen der Außenöffnung und Verwestlichung beschränkt ist.

Die Arbeitslosenraten in Jabotabek differieren beträchtlich: 1994 waren 11,2 Prozent der Bevölkerung in DKI Jakarta, 9,3 Prozent in Bogor, rund 6 Prozent in Tangerang und 7,1 Prozent in Bekasi ohne Beschäftigung (RAIS 1996, S. 3). Die anvisierte nachhaltige Stadtentwicklung beinhaltet jedoch nicht zuletzt auch die Schaffung ausreichender ökonomischer Betätigungsfelder: „Job Creation" gilt als vorrangiges Ziel der Planungsinstanzen. „This will entail efforts to attract both high- and low-skill industries and more importantly, job training for Jabotabek residents. If residents are empowered to take advantage of new jobs, they will enrich the region as taxpayers and active members of society", beleuchtet SASONO (1996, S. 4) die sozialpolitische Relevanz eines absorptionsbereiten Arbeitsmarktes. Anfang 1998 war die Zahl der Arbeitslosen im Großraum Jabotabek so groß wie noch nie zuvor. Offizielle statistische Erfassungen der tatsächlichen Arbeitslosenrate existieren nicht.

Die Arbeitslosigkeit hat vor allem in der Megastadt Jakarta zu neuen Rekordhöhen geführt. Soziale Disparitäten werden in Zeiten des Währungsverfalls (Juli 1997 bis Jänner 1998) besonders deutlich, indem Kapital-Besitzende und -Besitzlose einander gegenüberstehen. Alte Feindbilder – wie beispielsweise die chinesische Minderheit – müssen dann als Ziele der Aggressionen herhalten. Beschäftigungsprojekte, vor allem im Bereich der Infrastruktur, wurden von der indonesischen Regierung geschaffen, um die Arbeitslosigkeit zu mildern. Bei einem Tageslohn von etwa 7.500 Rupiah – 1997 nicht einmal ein US-Dollar – werden Begrünungsaktionen, Flußreinigungen und Flutpräventionsaktionen in einem befristeten Zeitraum von 80 Tagen durchgeführt. Der „National Development Planning Board" („Bappenas") hat hierfür eine halbe Million US-Dollar zur Finanzierung dieser Stadtrevitalisierungsprojekte bereitgestellt.

Die Konzentration auf arbeitsintensive Tätigkeiten im Zuge der internationalen Arbeitsteilung ist wohl auch mittelfristig die beschäftigungspolitische Option, die Indonesien offensteht: Der wesentliche Standortvorteil des Archipelstaates im kapitalistischen Verständnis liegt vorwiegend in seinem Niedriglohncharakter, da das bisherige zweite Standbein – die politische Stabilität – als Investitions-Incentive rapide an Bedeutung verliert. Das Überangebot an „low-skilled labor" (FERIDHANUSETYAWAN 1995, S. 1) prägt den urbanen Arbeitsmarkt Jabotabeks. Der anhaltend hohe Zustrom in die urbanen Räume erhöht die interne Konkurrenz der Arbeitssuchenden und senkt damit das Lohnniveau weiter, womit der Status der verlängerten Werkbank in metropolitanen Regionen verfestigt scheint. Die Devise ist klar: Je höher die Zahl der Investoren, desto größer auch die Zahl der geschaffenen Arbeitsplätze, desto geringer das potentielle Konfliktpotential. Wären 1994 sämtliche genehmigten Investitionsprojekte tatsächlich realisiert worden, hätte dies Arbeitsplätze für 623.500 Personen bedeutet (Far Eastern Economic Review, 18.5.1995, S. 56).

Zu Beginn der Internationalisierungskampagne SUHARTOS wurde der Konflikt zwischen Produktivitätserhöhung und Reduzierung der Arbeitslosigkeit, die die junge Bevölkerung hauptbetrifft, thematisiert: Von den (indonesienweit) jährlich 2,3 Millionen Neu-Arbeitskräften können nur 300.000 vollbeschäftigt werden (Asiaweek, 9.8.1996, S. 18), was die Flucht in den urbanen informellen Sektor weiter verstärkt. Der „Jakarta Master Plan" beinhaltete die (theoretisch) vollständige Eliminierung der Arbeitslosigkeit innerhalb Jakartas, was durch verstärkte Industrialisierung und Bautätigkeit erreicht werden sollte – physische Erneuerung stand vor sozialer Erneuerung.

Durch das kulminierende Bevölkerungswachstum der Metropole und den programmierten Übergang von arbeitsintensiven zu know-how-intensiven Industrien bleibt jedoch der Zustrom in den planungsstrategisch unerwünschten informellen Sektor unvermeidlich. Rationalisierungstendenzen multinationaler Konzerne waren einerseits beschäftigungspolitisch kontraproduktiv, zerstörten durch die kostengünstige Massenfertigung etwa im Textilbereich jedoch das Preisgefüge von Klein- und Mittelbetrieben und bewirkten damit indirekt weiteren Druck auf den Arbeitsmarkt. Die Vision der Schaffung einer „Pancasila Industrial Relations" (HIP) (Department of Information 1995, S. 22), das durch harmonisches Zusammenleben von Arbeitgebern und Arbeitnehmern zur Sicherung von Stabilität und Umsatz gekennzeichnet ist, erscheint angesichts dessen geradezu grotesk.

„Urban Indonesians on average are better off than their rural cousins", relativiert HUGO (1994, S. 31) lapidar die massive Verschlechterung der städtischen Lebensbedingungen in ökologischer und sozialer Perspektive. Der Zustrom von Migranten in die Hochlohnregion Jakarta hält jedenfalls an – das durchschnittliche Pro-Kopf-Jahreseinkommen liegt mit 850 US-Dollar 70 Prozent über dem nationalen Durchschnitt, in der Fertigungsindustrie 40–50 Prozent (BENNATHAN 1996, S. 22). Die Dispersion von Industrieneugründungen über die Grenzen von Jabotabek hinaus hob allerdings das Lohnniveau auch außerhalb des Untersuchungsraumes – punktuell zumindest – beträchtlich an, wie Untersuchungen etwa für Cilegon, die „Dollar City" in Westjava, belegen (HIKAM 1996, 4). Die bestehenden regionalen und sozialen Ungleichgewichte erfahren jedoch in der Entlohnungsfrage eine neue Dimension: Im Vergleich zu seinen ASEAN-Nachbarn weist Indonesien die gravierendsten Disparitäten auf, beträgt doch das Verhältnis von den niedrigsten zu den höchsten Löhnen durchschnittlich 1:50 (Thailand 1:18, Singapur 1:11).

1993 gingen 55 Prozent des Gesamteinkommens Jakartas auf lediglich 20 Prozent der Haushalte zurück (SOEGIJOKO 1995, S. 21) – ein klares Indiz für die Existenz einer gravierenden Lohnschere. Das Lohnniveau in der Fertigungsindustrie etwa ist in der Kernstadt

Jakarta 25 Prozent höher als in Botabek (HENDERSON et al. 1996, S. 86). Die Einkommensdisparitäten haben, zusätzlich zur beschäftigungspolitischen Komponente, auch einen räumlichen Aspekt: Mittlere und höhere Einkommensschichten tragen in der Regel die Suburbanisierung im Wohnbereich (PRABATMODJO et al. 1996, S. 319ff) und beschleunigen damit die Metropolisierung; die industrielle Suburbanisierung wiederum beruht nicht zuletzt auf monetären Lohnvorteilen für (internationale) Unternehmer.

Die neu formulierte Lohnpolitik der Regierung (Mandat IV der Verordnung des Arbeitsministeriums No.2/1996), die fixe Mindestlöhne – in Jabotabek rund 25 Prozent höher als in anderen Teilen des Landes – festlegte, ist jedoch ambivalent: Ein 60-prozentiger Anstieg des Lohnniveaus innerhalb der letzten drei Jahre (etwa im Bereich der Schuherzeugung) ist zwar sozialpolitisch großzügig, scheint allerdings nicht dazu angetan, den Standort Jakarta – bei stagnierender Produktivität – langfristig zu sichern (Makindo Report 1996, S. 40). Zumindest kurzfristig wird diese Maßnahme eine weitere Erhöhung der Arbeitslosigkeit bewirken, solange Begleitmaßnahmen für Unternehmen zur Attraktivierung von größerer Beschäftigung unterbleiben (FERIDHANUSETYAWAN 1995, S. 3). Die Weigerung zahlreicher Betriebe, die Mindestlöhne auszuzahlen, war im Raum Jakarta verbunden mit der Drohung eines Standortwechsels – der Großstreik von 10.000 Angestellten der „PT Hardaya Aneka Shoes Industry" in Tangerang ist als weiteres Zeichen zunehmender Destabilisierung wie auch Emanzipierung zu werten (Südostasien aktuell 3/97, S. 195f).

Der offizielle Lohnanstieg von jährlich 3,4 Prozent für Industriearbeiter und 2,3 Prozent für Agrararbeiter (1983–1990) (BUSCH et al. 1991, S. 12ff) bedarf jedoch einer Relativierung: Vertreter der Gewerkschaft SPSI orten zwischen 1986 und 1993 – bei permanentem jährlichem Anstieg der Produktivität um 2 Prozent – einen realen Lohnverlust von durchschnittlich 1,9 Prozent. Der von der Regierung festgelegte Mindestlohn deckte nur 63 Prozent des Verbrauches eines ledigen Arbeiters zur Erfüllung seiner wichtigsten physischen Bedürfnisse (ABDULLAH 1995, S. 135ff), selbst nach der Anhebung um durchschnittlich 10,6 Prozent im April 1995 liegt der Deckungsgrad erst bei 93 Prozent. Offiziellen Stellungnahmen des Statistischen Zentralbüros zufolge haben sich die Einkommensverhältnisse zwar allgemein verbessert, die Einkommensdifferenz von Gut- und Schlechtverdienenden war 1993 jedoch annähernd wieder am Stand von 1975 (Südostasien aktuell 3/96, S. 213).

Erschwerend ist die Tatsache, daß sich zahlreiche internationale Unternehmer über die Mindestlohnfestlegung hinwegsetzen und dezidiert mit der Abwanderung in die Konkurrenzstaaten am Niedriglohnbereich (China, Vietnam) drohen. Die Situation erinnert an die sogenannte „Quadratur des Kreises": „Es gibt Gesetze in Indonesien … Aber wer hält sich schon an Gesetze, wenn … gigantischer Gewinn winkt. Die Wirtschaft klinkt sich auch in Indonesien in solchen Fällen kurzerhand ab von der Politik, degradiert Gesetze zur Makulatur." (BERTRAM 1995, S. 95).

Der Tageslohn eines Industriearbeiters liegt bei umgerechnet 1–1,8 US-Dollar (BUSCH et al. 1991, S. 13; FERIDHANUSETYAWAN 1995, S. 1; HANISCH 1995, S. 141), was die Attraktivität Indonesiens als Niedriglohnland unterstreicht: Die Stundenlöhne in der Textil- und Bekleidungsindustrie beliefen sich 1991 in Taiwan auf 5 US-Dollar, in Hongkong auf 3,4 US-Dollar, in der VR China 0,34 US-Dollar – die javanische Entlohnung lag nur unwesentlich höher (MACHETZKI 1995, S. 156) und bedingte indirekt auch verwaltungstechnische Investitionshemmnisse (für potentielle Investoren) und bürokratische Erschwernisse (für alle) durch die Koppelung der Beamtengehälter an die durchschnittlichen Mindestlöhne. Zum Vergleich: Auch die (sozial tiefststehenden) Müllsammler haben einen ähnlichen Tagesverdienst (POERBO 1991, S. 74). Die zögernde Etablierung eines sozialen Absicherungsprogrammes (Department of Information 1995, S. 23) namens JAMSOSTEK („Manpower Social Insurance Program"), das Unfallversicherung, Pensions- und Lebensversicherung beinhaltet, scheint vorerst nicht dazu angetan, die offene Lohnschere auszugleichen.

Die Vormachtstellung Jakartas wird durch die vorherrschenden innerindonesischen regionalen Disparitäten weiter bestärkt. Die Einkommensarmut in Jakarta, Yogjakarta und Bali lag im Jahr 1993 beispielsweise bei weniger als 10 Prozent, dagegen in East Nusa Tengara, Iran Jaya, West Kalimantan und Osttimor bei über 40 Prozent (Deutsche Gesellschaft für die Vereinten Nationen 1997, S. 51). Auch das gesetzlich festgesetzte Mindestlohnniveau ist regional unterschiedlich fixiert. Es betrug im April 1997 152.000–186.000 Rupiah per Monat (etwa 60 US-Dollar) im Großraum Jakarta. In den übrigen Landesteilen ist es bis zu 25 Prozent niedriger. Der Stundenlohn lag 1997 in etwa bei 0,25 US-Dollar (Südostasien aktuell 3/97, S. 196). Einkommensgefälle werden auch immer wieder als Motive für Unruhen – wie Anfang 1997 in der west-javanischen Stadt Rengasdengklok – bei der mehrere tausend Muslim-Jugendliche zahlreiche Häuser, 72 Geschäfte, 26 Fahrzeuge und vier Kirchen in Brand gesetzt haben, angeführt (Jakarta Post, 31.1.1997). Dennoch wird von Beobachtern der Weltbank in einem Langzeitbeobachtungszeitraum seit dem Jahr 1983 ein Rückgang des Einkommensgefälles zwischen den verschiedenen Provinzen Indonesiens diagnostiziert, wenngleich festgehalten wird, daß diesbezügliche Disparitäten nach wie vor deutlich sichtbar sind.

HANISCH (1995, S. 139f) ortet einen „brain drain" der Staatsbediensteten in Richtung Privatwirtschaft, da trotz 18-prozentiger Anhebung der Beamtengehälter (1993) der Gehaltsspiegel zwischen monatlich 39 und maximal 270 US-Dollar fluktuiert; Korruption und die Aneignung öffentlicher Güter oder die Aufnahme von Zweit- und Drittjobs im informellen Sektor gelten als symptomatische Begleiterscheinungen des indonesischen Beamtentums. Trotz fehlender statistischer Untermauerung des informellen Sektors gilt jedoch als wahrscheinlich, daß das Lohnniveau ebendort höher ist (SUKAMDI 1996, S. 71ff); die Schaffung von Arbeitsplätzen in der Fertigungsindustrie mag zwar beschäftigungsstatistisch erfolgreich sein, bewirkt jedoch keine durchgreifende Lohnverbesserung und damit auch keine Änderung des Lebensstandards. Das Schlüsselproblem des urbanen Arbeitsmarktes ist die Diskrepanz zwischen (raschem) Bevölkerungswachstum und (vergleichsweise langsamem) Anstieg adäquater Arbeitsplätze in einer internationalisierten Gesellschaft.

Der Druck auf den formell organisierten Arbeitsmarkt impliziert in weiterer Folge die Ausweitung des informellen Sektors, der als temporärer oder auch permanenter Absorptionsraum des städtischen Arbeitskräftepotentials fungiert – das insgesamt niedrige Bildungsniveau, das für arbeitsintensive Produktionsformen ausreichend ist, macht die Arbeitskräfte frei austauschbar. Die Kapazitäten der traditionellen Aufnahmeinstitutionen (Bergbau, Transport, Fertigungsindustrie) sind mittelfristig erschöpft; der Übergang zu know-how-intensiver Technik wiederum wäre aufgrund des stetig steigenden Bildungsniveaus durchaus möglich – doch internationale Investitionen in High-tech-Branchen mögen zwar das erklärte Ziel sein, sind jedoch derzeit kaum vorhanden. Zur Globalisierung Jabotabeks scheinen die Voraussetzungen aus arbeitsrechtlicher Perspektive nahezu „ideal" – ein Überangebot an Arbeitsuchenden, schwache Gewerkschaften, die gegenwärtigen Arbeitsgesetze und die Regierungshaltung lassen eine kurzfristige Veränderung der Rahmenbedingungen des urbanen Arbeitsmarktes unwahrscheinlich wirken: „It is another contradiction that on one hand the government has accused the firms for accumulating too much profit, while on the other hand the government permits unnecessary monopoly practices in the economy." (FERIDHANUSETYAWAN 1995, S. 3).

2.3.4 Der informelle Sektor als fixer Bestandteil der Stadtökonomie

Der informelle Wirtschaftssektor gilt als fixer Bestandteil der Stadtökonomie. Die „Stärke" Indonesiens – oder ganz Südostasiens – lag in der Wachstumsstrategie. Schätzungen zufolge liegt in Jakarta der Anteil des informellen Sektors am Bruttoregionalprodukt bei 20 Prozent, die nicht in der volkswirtschaftlichen Gesamtrechnung auftauchen. Trotzdem wird vermehrt vom Rückgang der informellen Stadtökonomie gesprochen (EVERS 1997). Die Formalisierung des Informellen durch den Staat, Dezentralisierungen, Erfassung von Kleinhändlern, Förderungen vom Unternehmertum, Regulierungen und die Zunahme der Lohnarbeit sind hierfür verantwortlich.

Eine weitere These, die sich mit dem Rückgang des informellen Sektors zumindest im Kernstadtbereich befaßt, steht in Zusammenhang mit den Schleifungen von traditionellen Wohn- und Siedlungsformen („kampung-demolitions") sowie Bauflächenspekulationen. Mit der Verdrängung der dörflichen Strukturen, die ursprünglich einmal die Basis des Stadtwachstums gebildet haben, werden nicht nur die Menschen entwurzelt, sondern es kommt auch zu einem Verdrängungsprozeß der informellen Ökonomie. Eine Studie des „Indonesian Institute of Sciences" (PTT-LIPI), die sich mit Migranten und Straßenverkäufern im informellen Sektor befaßte, kommt zu folgendem Schluß: „One of the future implications of the current Jakarta trend towards the year 2000 is that the steady increase of land prices, the kampung improvement projekts, the disappearance of kampung and the mushrooming of apartment-complexes, will have a negative impact on the informal sector. These developments will ultimately cause the eviction of the poor inhabitants, and with them the informal sector, which so far has constituted an essential part of the Indonesian economy" (WIRAKARTAKUSUMAH et al. 1991, S. 84). Informelle Ökonomie nimmt in den Kampungs die vielleicht wesentlichste Rolle der Nahversorgung ein. Werden Kampungs geschleift oder saniert, verändert sich nicht nur die bauliche Struktur, sondern auch das Nachfragepotential, und somit die Beschäftigungsgrundlage vieler „pedagang kaki lima" („street vendors").

Grundsätzlich gilt aber festzuhalten, daß die informelle Ökonomie in Jakarta zu den am wenigsten untersuchten ökonomischen Strukturen zählt, obwohl sie trotz des zitierten Rückganges enorme Bedeutung für die individuelle Lebenserhaltung hat. Einzig Fallstudien (WIRAKARTAKUSUMAH und PANTJORO 1991) geben Auskunft über bestimmte Segmente wie Straßenverkäufer, Frauenarbeit etc., meist in bestimmten Kampungs. „Very little is known about the labour market faced by those people currently engaged in the informal sector: how the labour market operates, how the economic as well as social mechanism function in this market and the extent of job and income stability in the informal sector." (WIRAKARTAKUSUMAH et al. 1991, S. 80).

Geschätzte 80 Prozent der in der informellen Ökonomie Tätigen in Jakarta sind für ihr eigenes „Unternehmen" ohne Hilfe von außen selbst verantwortlich, und das bei einer täglichen Kapitalkalkulation von wenigen tausend Rupiah. Das Wirtschaftswachstum Indonesiens bis Mitte 1997 war somit auch Produkt dieser „nationalen" Wirtschaft, die auch für andere Tigerstaaten von Gültigkeit ist und nicht – wie vielfach fälschlich angenommen – alleiniges Produkt der sukzessiven Integration in weltwirtschaftliche Kontexte.

Die Entwicklung der in der informellen Ökonomie Beschäftigten in Indonesien (in Prozent) stellt sich laut Erhebungen und Schätzungen von EVERS (1997, S. 137) in den Jahren 1967 bis 1994 wie folgt dar (vgl. Tabelle 5):

Tabelle 5: Beschäftigte im informellen Sektor[52] in Indonesien 1967–1994 (in Prozent)

Jahr	1967	1971	1980	1985	1990	1994
Beschäftigte im informellen Sektor	41,2	61,3	70,0	68,8	63,7	66,1

Quelle: EVERS 1997, S. 137.

Die Daten für 1994 werden als geschätzt angegeben, und es ist damit zu rechnen, daß der Wert auch für 1994 im prognostizierten Trend liegt und als niedriger angenommen werden muß. Bemerkenswert ist der Einbruch der Beschäftigten in der informellen Ökonomie mit Beginn der achtziger Jahre. In Jakarta selbst waren im Jahr 1990 nur noch 26 Prozent der Arbeitskräfte im informellen Sektor tätig, das ist die niedrigste Prozentzahl von allen indonesischen Provinzen (EVERS 1997).

Der scheinbare Rückgang des informellen Sektors in Indonesien (oder in weiten Teilen Südostasiens) darf jedoch auch nicht darüber hinwegtäuschen, daß dieser nach wie vor in großem Ausmaß Arbeitskräfte absorbiert, wenngleich festgehalten werden muß, daß die Fähigkeit, die formelle Ökonomie dadurch zu entlasten – nicht zuletzt aufgrund der stetig steigenden Arbeitsplätzenachfrage – nicht mehr wirklich gegeben ist. EVERS (1991, S. 34) führt folgende Merkmale für informelle Tätigkeiten an:

- Die sogenannte „Schattenwirtschaft", vielfach synonym zu informellen Aktivitäten betrachtet, umfaßt sämtliche Tätigkeiten, die nicht in staatlichen Statistiken aufscheinen und daher von Regierungsrichtlinien, Gesetzesvorgaben und Steuerleistung enthoben sind.
- Der informelle Sektor ist derjenige Teil der Schattenwirtschaft, der – auf Grundlage kleiner Einheiten – für den Markt produziert und Dienstleistungen zur Verfügung stellt.

RACHBINI (1991, S. 50) führt aus, daß das Aufkommen eines maßgeblichen informellen Sektors eine Reflexion des schwachen Organisationsgrades von formell-legaler ökonomischer Tätigkeit ist. Vielfach wird argumentiert, daß die Schattenwirtschaft Indonesiens die direkte Folge von Einkommensdisparitäten, ungleicher Verteilung der Industrie und hoher Arbeitslosigkeit ist. SETHURAMAN (1974) führte erstmals in Jakarta eine Reihe von einschlägigen Studien zur Entwicklung des informellen Sektors durch, die das Phänomen informeller Tätigkeit im Kleinhandel und Dienstleistungssektor analytisch betrachteten; seiner These nach liegen die Hauptparameter für das Wachstum informeller Aktivitäten in der Einführung neuer Technologien im Agrarbereich, der damit verbundenen Verringerung agrarwirtschaftlich nutzbarer Flächen sowie der Einkommensschere zwischen ruraler und urbaner Bevölkerung, die Migration in die Städte ursächlich bedingen (SETHURAMAN 1985).

---

[52] Die Beschäftigung im informellen Sektor wird hier als selbständige und unbezahlte Familienarbeit in allen Bereichen der Wirtschaft definiert.

„Informal sector activities generally come to the fore in areas with high population density, where open and disguised forms of unemployment constitute a major problem. In such circumstances, the labour surplus enters the informal sector, although this is considered as a temporary solution ...", erläutert RACHBINI (1991, S. 50f), der den traditionellen Übergangscharakter derartiger Tätigkeiten betont: „Only skilled labour is absorbed into the formal modern sector, while at the same time the informal sector experiences an increase in volume, intensity and number of activities." Der Boom des informellen Sektors ist nicht zuletzt ein zutiefst gesellschaftspolitisches Problem und keineswegs nur auf eine tiefgreifende Verschärfung am urbanen Arbeitsmarkt reduzierbar – eine Tatsache, der auch die nationale Planungsbehörde im Zuge des zweiten Langzeitentwicklungsplanes („Pembengunan Jangka Panjang Tahap II", PJPT II) gegenüberstand, ohne konkrete Lösungsansätze anbieten zu können: Ohne zielgerechte Bewältigung der Arbeitsmarktprobleme ist nachhaltige Entwicklung unmöglich.

WIROSARDJONO (1991, S. 61f), stellvertretender Vorsitzender der nationalen Statistikbehörde, verurteilt die vereinfachte Darstellung einer Dichotomie zwischen informellem und formellem Sektor; beide Sektoren greifen ineinander und sind interdependent. Während das informelle Element die „interne Dynamik" der urbanen Räume prägt und Güter und Dienstleistungen zur Verfügung stellt, bildet der formelle Sektor die „externe Dynamik" der Ökonomie, der die informell produzierten Sachleistungen weitergibt – lokal, regional oder international. Die Frage der urbanen Armut steht so in kausalem Zusammenhang mit der Art und Relation der beiden Wirtschaftsformen: Die Existenz eines massiven informellen Bereiches ermöglicht – sozialpolitisch betrachtet – erst die geringen Lohnzahlungen, die Jabotabek bislang attraktiv für Investoren gemacht haben. „Without the informal sector, workers would simply be unable to survive on the the level of salary they are receiving ... the living standard of the main part of the urban population, which includes lower rank civil servants and military, is such that the presence of the informal sector is inevitable" (WIROSARDJONO 1991, S. 62).

POERBO, Direktor des „Centre of Environmental Studies" in Bandung, beobachtet eine zunehmende Akzeptanz des informellen Bereiches von Regierungsseite, die die kontinuierliche Formalisierung dieses Segmentes zum Ziel hat – und Formalisierung bedeutet Modernisierung, womit eine Aufhebung der inhärenten Struktur verbunden wäre: „... the informal sector has a big potential of creating work opportunities. It has received a place in development thinking." (POERBO 1991, S. 72).

Impulse durch Deregulierung: Absorptionsraum des urbanen Arbeitsmarktes

DJOJOHADIKUSUMO (1997, S. 32f) erachtet sämtliche Deregulierungsmaßnahmen als wenig zielführend, solange die bürokratischen Rahmenbedingungen unverändert bleiben und institutionelle Hemmnisse nicht beseitigt werden: „They are the result of misguided policy intervention on overgrowth and undergrowth of regulations, monopolistic practices, under protectionism combined with subsidies to inefficient and losing industries, all this adding to high costs of production, transportation and trade". Die Deregulierungspolitik zwang die indonesische Industrie zur Steigerung ihrer internationalen Wettbewerbsfähigkeit und setzte deutlich Impulse auf dem Arbeitsmarkt. Nach WARDHANA (1993, S. 455) überwiegen die positiven beschäftigungspolitischen Effekte deutlich, wurden doch 1985–1990 2,4 Millionen neue Arbeitsplätze geschaffen, gegenüber 1,4 Millionen in der Vorperiode 1980–1985. Außer auf Großkonzerne bewirkten die Liberalisierungsmaßnahmen auch positive Effekte für kleingewerbliche Betriebe und informelle Unternehmen, für die die Wachstumsraten 5,4 Prozent (1980–1990) betrugen.

Geschätzte 30 Prozent (SUKAMDI 1996, S. 71) bis 40 Prozent (National Committee for Habitat II 1996, S. 7) aller Beschäftigten in urbanen Räumen sind im informellen Sektor tätig, der als Absorptionsraum rural-urbaner Migration fungiert; SUKAMDI (1996, S. 68) spricht von einem „Sicherheitsventil", das Arbeitslosigkeit und Unterbeschäftigung in Grenzen hält. Die Informalisierung des Arbeitsmarktes in Jabotabek zeigt, trotz konträrer politischer Zielsetzung, steigende Tendenz: Waren 1971 noch 73,3 Prozent der Arbeitsbevölkerung formell beschäftigt, so sank dieser Wert 1980 auf 70,1 Prozent, bei gleichzeitiger Zunahme der informell Beschäftigten von 26,7 auf 29,9 Prozent (YEREMIAS et al. 1988, S. 20f).

Der informelle Sektor, der als Absorptionsraum für das urbane Arbeitskräftepotential gedient und eine symbiotisch-integrative Funktion im Zusammenleben zwischen disparitären sozialen Gruppen eingenommen hatte, stand der angestrebten Kosmopolitanisierung im Wege. „Traits of the informal sector reflect a backwardness", argumentiert Soetjipto WIROSARDJONO (zit. nach MURRAY 1991, S. 89), stellvertretender Vorsitzender der nationalen Statistikbehörde, die Regierungslinie, die in dessen unkontrollierter Ausbreitung eine Verletzung von Normen und illegale Konfiszierung öffentlicher Flächen ortet; 1993 waren geschätzte 43,6 Prozent der urbanen Bevölkerung Indonesiens im informellen Sektor tätig (TJIPTOHERIJANTO 1996, S. 8).

Verflechtungsmuster: Die Dependenz der Großunternehmen

HENDERSON et al. (1996, S. 90) definieren den informellen Sektor als Unternehmen mit weniger als 20 Angestellten; unterschieden werden dabei Kleinbetriebe (5–20 Mitarbeiter) und sogenannte „Cottage Industries" (1–4 Angestellte). Die räumlichen Verbreitungsmuster von formellen und informellen Aktivitäten ergeben bei Mittel- und Großbetrieben eine weitaus größere Suburbanisierungsbereitschaft; der informelle Sektor scheint vergleichsweise wenig mobil, was als Persistenz tradierter Strukturen wie auch hoher Nachfrage nach dessen Leistungen interpretierbar ist. Die Bedeutung des letzten verbleibenden Industriegebietes innerhalb DKI (Jakarta Utara) – immerhin 25 Prozent der industriellen Gesamtbeschäftigung Jabotabeks sind hier konzentriert – beruht nicht zuletzt auf der engen Verflechtung mit vor- und nachgelagerten (informellen) Kleinbetrieben, die hohe Innovationsfähigkeit und Flexibilität (etwa im Reparaturbereich) aufweisen und eine Belebung der Produktivität der gesamten Region darstellen. Informelle Betriebe sind – bei entsprechender Wettbewerbsfähigkeit – vielfach eine Vorstufe zu formell geführten Unternehmen, die Übergänge sind oftmals fließend.

Die geplante tiefgreifende Umstrukturierung Nord-Jakartas im Rahmen des „Waterfront Development Projects" ist nicht unumstritten und beschäftigungspolitisch problematisch. Die Eliminierung des „unmodernen" informellen Sektors ist das erklärte Ziel beim Ausbau Jakartas zur Weltstadt – ein gegenteiliger Effekt könnte jedoch die Folge sein, wie HENDERSON et al. (1996, S. 91) warnen: „Attempts to eliminate small-scale sector activity will hurt formal sector productivity and competitiveness in world markets."

SASONO, CIDES-Vorsitzender, betrachtet den informellen Sektor pragmatisch: „In relation to the absorption of labor forces this economic activity is very helpful" (1996, S. 4) – ein

Denkmodell, das sich allerdings noch nicht bis in die urban-strategischen Entscheidungsebenen durchgesetzt haben dürfte.

Nahversorgung und Kleinhandel: Der informelle Alltag

Im Bereich urbaner Handelsmuster ist die Situation ähnlich: Seit Beginn der „Neuen Ordnung" sind Anti-Trading Razzien an der Tagesordnung, ist doch das Regierungsziel die Ballung sämtlicher Händler in offiziell autorisierten Markthallen der Staatsgesellschaft PD Pasar Raya, die 1986 bereits 52 derartiger Handelszentren besaß. Deren meist unattraktive Lage im städtischen Peripherbereich führte – gemeinsam mit verstärkter Konkurrenz durch expandierende (teils multinationale) Supermarktketten und Handelshäuser – zu einer Angebotsverschlechterung im täglichen Bedarf zum einen sowie zu einer Reduzierung der Arbeitsoptionen durch die Einführung fixer Renten von Verkaufsräumlichkeiten zum anderen. Die zunehmende Dominanz arabischer und chinesischer Händler in den punktuellen Handelszentren bewirkte in weiterer Folge ethnische (anti-chinesische) Spannungen und reflektierte die Destabilisierung der urbanen Gesellschaft durch die Aufgabe traditioneller Handels- und Transportmuster. 1993 sind nur drei Prozent der indonesischen Gesamtbevölkerung Übersee-Chinesen, die jedoch über einen 70-prozentigen Anteil am inländischen Gesamtkapital verfügen (MACHETZKI 1995, S. 154) – ein Mitgrund für die zunehmende Nationalisierung, die durch islamische Gruppierungen geschürt wird.

Public Transport: Becak go home?

Analog zum informellen Straßenhandel waren die Becak-Fahrer zunehmenden Repressalien ausgesetzt – ein Transportmittel, das bereits in den dreißiger Jahren von der niederländischen Kolonialregierung als „erniedrigende Fortbewegungsform" (ABEYASEKERE 1985, S. 11) vehement bekämpft wurde, doch nichtsdestoweniger unersetzlich war: „Becak-drivers cluttered up the streets, reducing the flow of motorized traffic and providing an embarrassing glimpse of the man-powered technology which lurked behind the thin facade of mechanization in Indonesia", resümiert ABEYASEKERE (1987, S. 230) die Rolle einer Berufsgruppe, die am Beginn von SUHARTOS „Neuer Ordnung" zum Lebensunterhalt von über 1,2 Millionen Menschen beitrug: 1970 betrug die Zahl der Becaks schätzungsweise 150.000 (92.650 waren offiziell registriert), die im Zweischicht-Betrieb mindestens 300.000 Fahrer beschäftigten (Tempo, 29.1.1972).

Wiederum wurde das Argument der Inhumanität der Lebensumstände dieser Berufsgruppe herangezogen, um die eigentlichen Ziele der optischen Modernisierung der Großstadt zu legitimieren. Die „Exploitation de l'homme par l'homme", die menschenunwürdige Ausbeutung von Personengruppen durch andere, galt als offizieller Hauptgrund für großmaßstäbige Vertreibungsaktionen, die jedoch zutiefst wirtschaftspolitisch motiviert waren und geheucheltes Sozialverständnis darstellten. Becak-Fahrer als „Schande der Nation"? POERBO (1991, S. 73) stellt unzweifelhaft klar: „According to me, the question is whether we can afford to be ashamed or to repudiate activities on the basis of presumed exploitation, as long as people need those activities to earn a living. So if we forbid them to do their jobs, we have a moral obligation to create other employment opportunities. If not, it is immoral, it means you are intervening into one's life without offering an alternative."

Durch Produktionsstop und Vernichtung konnte die Zahl der traditionellen Güter- und Personenbeförderungsmittel bis 1973 zwar um ein Drittel, bis 1984 auf 65.000 reduziert werden. Mehr als die Eliminierung aus dem unmittelbaren Zentrum der sogenannten „protocol areas" im Umkreis des Thamrin-Bezirkes erwies sich jedoch, nicht zuletzt aufgrund der Bestechlichkeit der Behörden in den Außenbezirken, als illusorisch; gelegentliche Razzien wurden ab Mitte der achtziger Jahre zunehmend rigider betrieben; bereits in den ersten beiden Monaten der Kampagne 1984 wurden allein in Süd-Jakarta 983 Becaks beschlagnahmt und auf Mülldeponien in Jalan Pemuda endgelagert (MURRAY 1991, S. 91). Ein definitives Becak-Verbot konnte für Jakarta erst ab 1990 durchgesetzt werden, was einen Spill-over in den Raum Botabek nach sich zog und lediglich eine Problemverlagerung darstellte.

Ziel war die Modernisierung des innerstädtischen Transportwesens; die als rückständig betrachteten Dreirad-Gefährte sollten durch benzinbetriebene „Bajbaj" (indischer Provenienz) und „Mikrolet"-Minibusse ersetzt werden, die ihrerseits von den Hauptverkehrsachsen Jakartas verbannt waren (CLARKE 1985, S. 41). Die Becak-Fahrer wurden vor die Wahl gestellt, in ihre Heimatdörfer zurückzukehren, das Transmigrationsprogramm in Anspruch zu nehmen oder ein Ausbildungsprogramm (zum Bajbaj-Fahrer, Müllsammler etc.) zu absolvieren – die Mehrheit tauchte in anderen Bereichen des informellen Sektors unter. „I really want to show newcomers that life in Jakarta isn't pleasant. It's like hell" (Tempo, 10.2.1973), ließ der damalige Gouverneur SADIKIN über seine Intentionen keinen Zweifel, die eine tiefgreifende Umwandlung und Selektion der urbanen Gesellschaft vorsah, in der für image-schädliche Randgruppen wie Obdachlose („gelandangan"), Bettler oder Prostituierte kein Platz war. Die Folge waren rigide Abschiebungen – allein 1975 fanden 200 Planquadrat-Aktionen statt – in die Heimatdörfer auf Kosten der öffentlichen Hand (ABEYASEKERE 1987, S. 231f). In den frühen siebziger Jahren fanden sich in Jakarta geschätzte 30.000 Obdachlose, 45.000 illegale Straßenhändler und etwa 10.000 Prostituierte (DONNER 1987, S. 287).

Der Erfolg der „Säuberungsaktionen" von Gruppierungen, die dem Bild der Moderne nicht entsprechen, schlägt sich auch statistisch nieder. Die Zahl der Obdachlosen sank – laut Volkszählung 1990 – von 100.000 auf 24.000, von denen sich rund ein Viertel als Langzeitobdachlose deklarierten. Die Mehrzahl der neuen Migranten nach Jakarta ohne soziales Netzwerk startet als Müllsammler, ein Berufszweig, der zunehmend formalisiert und reglementiert wird (WIROSARDJONO 1991, S. 67), was indirekt – bei gebotenem vorsichtigem Optimismus – mit vermehrtem ökologischem Bewußtsein in Zusammenhang gebracht werden könnte.

2.4 Wirtschaftsraum Jabotabek: Globalisierung versus Internationalisierung

Um die Position Indonesiens im globalen Kontext zu diskutieren, bedarf es zuallererst einer Differenzierung der Begriffe Internationalisierung, Multinationalisierung und Globalisierung. Ohne hier an dieser Stelle eine Definition dieser doch unterschiedlichen – aber verwandten – Entwicklungstrends zu treffen, verschwimmt jede Argumentation, und Vergleiche zu anderen Staaten sind nur schwer möglich. Diese Begriffe als Synonyme zu verwenden, verzerrt Phänomene und Auswirkungen.

Die staatlich gelenkte Strategie in Indonesien ist demnach am ehesten als Kurs bewußter *Internationalisierung* zu interpretieren. Die Internationalisierung von Wirtschaft und Gesellschaft geht vom Staatssystem als Akteur aus. Das betrifft Direktinvestitionen des Auslandes in Indonesien ebenso wie die Herrschaft über den Rohstoffhandel (z.B.: staatliche Erdölgesellschaft Pertamina), die Industrieproduktion etc.

Der Internationalisierungskurs Indonesiens drückt sich auch in den Zuwachsraten des Pro-Kopf-Bruttosozialproduktes aus, die die Kluft zu OECD-Staaten verringerten. Im Zeitraum 1965–1990 gab es durchschnittliche Zuwachsraten von 4–5 Prozent (SCHÄTZL 1995, S. 36). Dennoch gilt Indonesien – im Gegensatz zu Singapur, Taiwan, Südkorea und Malaysia – noch nicht als „Schwellenland" (ebd.). Der für den wirtschaftlichen Aufstieg verantwortliche industrielle Transformationsprozeß von einer arbeitsintensiven über eine sachkapitalintensive hin zu einer humankapital- und technologieintensiven Wirtschaftsausrichtung ist in Indonesien noch nicht in diesem Maß fortgeschritten bzw. vollzogen wie in den zuvor genannten Ländern. Indonesien liegt aber dennoch im Trend südostasiatischer Staaten. Dazu zählen u.a.: Staatliche Subvention des ökonomischen Strukturwandels, der Binnenwirtschaft, Exportorientierung und Weltmarktintegration.

Die *Multinationalisierung* (vielleicht auch *Transnationalisierung*) von Wirtschaft und Gesellschaft ist in Indonesien ein Prozeß, der sukzessive in Bewegung kommt. Gemeint ist damit die Penetration der indonesischen Volkswirtschaft durch andere Volkswirtschaften. Firmenkooperationen, Übernahmen, Tochterfirmen, Verlagerung von Produktionskapazitäten (internationale Arbeitsteilung allein bedeutet jedoch keineswegs die Multinationalisierung der Ökonomie), Joint-ventures etc. Japan als Land, dem vor allem in den USA vermehrt mit einer „Japanophobie" begegnet wird, ist auch am indonesischen Markt mit den meisten Investitionen vertreten. Als Reaktion darauf gibt es in Indonesien einen bereits artikulierten und zum Teil auch organisierten Widerstand der Bevölkerung im Sinne nationalistischer, ethnisch bestimmter oder religiös motivierter Gegenstrategien; wenngleich (noch) nicht in einem großen Maßstab. Nachdem bisher die Betriebsansiedlungspolitik vom Regierungsclan gelenkt wurde, ist auch hier die nationale Kontrolle gegeben. Die üblichen sozialen und bildungspolitischen Folgen einer verstärkten Multinationalisierung der Gesellschaft sind für Indonesien noch in weiter Ferne. Indonesische Medien und Universitäten sind beispielsweise bisher nicht in der Lage, einen Weg in Richtung Multinationalisierung wirklich zu beeinflussen. Auch der Islam als staatstragende Religion vertritt in seinen Paradigmen nicht gerade eine anzustrebende Durchdringung der Wirtschaft durch vor allem westliche Kapitalströme und christliche Normen (Beispiel: Im Oktober 1996 und November 1998 kam es zu fanatisch-religiösen Ausschreitungen und antichristlichen Gewalttätigkeiten in Form der Zerstörung christlicher Kirchen).

Globalisierung hingegen ist die Fortsetzung der bisher aufgeschlüsselten Entwicklungsschritte als Konsequenz der unterschiedlichsten Formen der Transnationalität. Sie allein über „Coca-Kolonialisierung", „Mc-World" und international vergleichbare (um nicht zu sagen austauschbare) Architektur etc. zu definieren, ist zu wenig. Unter diesem Aspekt kann Jakarta in ein weltweites Städtesystem – zumindest im „business-district" – zwar rein optisch als integriert gelten, diese Symbolik ist in Jakarta aber häufig nur reine Metapher, Kulisse für national getroffene Entscheidungsprozesse jenseits einer globalen Integration und Akzeptanz. Das Bild Indonesiens in den Industrienationen, geprägt durch Attribute wie demokratiefeindlich, korrupt, menschenrechtsverletztend, politisch instabil etc. ist auch als Begleitelement des Tempos einer globalen Integration mitzubedenken. So hält „Citra Indonesia" im Editorial als Jahresbotschaft 1997 fest: „Indonesia certainly needs political and economic stability, especially as it approaches the free-trade era within AFTA in 2003 and later on, economic globalization with APEC. We cannot escape the fact of globalization. It is coming, like it or not. It cannot be beaten. Instead of fighting in vain, we should join globalization and prepare ourselves to avoid being ‚gulped down' helplessly.

We must instead find ways and opportunities to gain from it and develop to the maximum extent a situation of mutual benefit amongst participating countries." (Citra Image Indonesia 1997, Vol. III, S. 2).

Die von der Gruppe von Lissabon (1997, S. 47ff) dargestellten sieben Kategorien der Globalisierung bilden den Ausgangspunkt der Analyse, in welchen Bereichen Indonesien als „global integriert" angesehen werden kann. Die Kategorien sowie Hauptelemente und -prozesse wurden dabei erweitert und in den nationalen Kontext Indonesiens gesetzt (vgl. Abbildung 9).

Abbildung 9: Kategorien, Elemente und Prozesse von Globalisierung am Beispiel Indonesiens – Versuch einer Systematik

Kategorie	Hauptelemente und -prozesse	Indonesien: Beispiele und Auswirkungen von Globalisierung
Globalisierung von Finanzen und Kapitalbesitz	Deregulierung der Finanzmärkte, internationale Kapitalmobilität, Anstieg der Firmenverschmelzungen und -aufkäufe, Globalisierung des Aktienbesitzes in der Frühphase	Bis 1988 waren Anbieter auf der Börse in Jakarta nur staatsnahe Betriebe; danach Privatisierung der Börse und rasante Umsatzsteigerungen in kurzer Zeit
Globalisierung der Märkte und Marktstrategien	Weltweite Integration der Geschäftsabläufe, Etablierung integrierter Operationen im Ausland, globale Suche nach Komponenten und strategischen Allianzen	Allianzen v.a. in Form von Joint Ventures, Öffnung der letzten staatlichen Sektoren (Verkehr, Elektrizität, Telekommunikation etc.) für internationale Investoren
Globalisierung von Technologie und der damit verbundenen Forschung und Entwicklung bzw. des Wissens	Entstehung globaler Netzwerke innerhalb einer oder zwischen mehreren Firmen, Entwicklung der Telekommunikation und Ausbau der Informationstechnologie	„Take Off" zur Internationalisierung seit 1994 (bis dahin massive Verstaatlichung); Technologien als Prestigevorhaben staatlich gefördert
Globalisierung von Lebensformen und Konsummustern sowie des Kulturlebens	Transfer von vorherrschenden Lebensweisen in den nationalen Kontext, Angleichung des Konsumverhaltens, Medien als Haupttransporteure	Nationale Medien erst seit Ende 1997 offener; „globale Lebensformen" und „Vereinheitlichung" des Konsumverhaltens werden von einer etwa 7-prozentigen Mittelschicht gelebt
Globalisierung von Regulierungsmöglichkeiten und politischer Steuerung	Reduzierte Rolle nationaler Regierungen und Parlamente, Aufbau von Institutionen und Regelungsmechanismen für globale Lenkungen	Nationale Regierung zumindest bis Mai 1998 dominant in Entscheidungsprozessen (Diktatur im staatstragenden und Oligopol im ökonomischen Bereich); Mitgliedschaft in internationalen Bündnissen (Entscheidungen nicht immer bindend)
Globalisierung als politische Einigung der Welt	Integration der Weltgesellschaften in ein globales wirtschaftlich-politisches System	Islam (Staatsreligion, 90 Prozent der Bevölkerung) hemmt integrativen Prozeß; Ethnienvielfalt; staatspolitisch demokratiefeindlich
Globalisierung von Wahrnehmung und Bewußtsein	„Eine Welt-Modell", Weltbürgertum	Weit davon entfernt

Erstellt von M. HEINTEL (1998) in Anlehnung an eine ähnliche Darstellung in: Die Gruppe von Lissabon (1997), verändert und erweitert.

Globalisierung ist vorrangig ein ökonomisches Phänomen, wie SOEGIJOKO ausführt: „Although sociocultural and political interactions among countries are important aspects of the internationalization or integration of a country into the world, it cannot be denied that economic interaction or linkage is the most dominant factor affecting the growth and development of a national economy." (1996, S. 378).

Als eine unmittelbare Auswirkung der Globalisierung erscheint die strategisch forcierte Transnationalisierung der Wirtschaft von indonesischer Regierungsseite im wichtigsten „Wachstumsdreieck" („Growth Triangle") Südostasiens (Singapur – Johor – Riau) – somit die Behauptung am asiatischen Markt. Die Entwicklung Batams – einst Drehscheibe der nationalen Erdölgesellschaft Pertamina – ist direkt dem Präsidenten unterstellt. So wurde bereits im Jahr 1977 eine US-amerikanische Beratungsfirma mit einer Entwicklungsstudie über Batam beauftragt und darauf aufbauend ein Masterplan geschaffen, der sich bis in das Jahr 2004 erstreckt. Die Ziele des „Batam Development Program" sind umfassend und weit gestreut: So soll Batam zum einen Handelszentrum für den Import und Export indonesischer Waren werden, eine arbeitsintensive, auf indonesische Rohstoffe spezialisierte Industrie soll aufgebaut, und überdies die Insel verstärkt als Touristendestination vermarktet werden (The Batam Development Program 1980). In naher Zukunft sollten auch die Arbeiten zum Bau eines der größten Containerhäfen ganz Südostasiens aufgenommen werden (Jakarta Post, 31.10.1996). Interessant ist die zumindest vordergründig differente Entwicklungsstrategie von Batam und Indonesien generell, vor allem deshalb, da beides unter nationaler Lenkung steht. Auf Batam wird auf eine exportorientierte und privatwirtschaftlich abgestützte Entwicklungsstrategie verfolgt, während Indonesien grundsätzlich importsubstituierende Maßnahmen mit einem immer ökonomisch dominierenden Staat setzt. Ob Batam tatsächlich ein zweites Singapur wird, wie vom ehemaligen Minister für Handel und Kooperativen, Radius PRAWIRO angestrebt – „I can visualize the day when Batam will be another Singapore ..." (The Batam Development Program 1980) – und somit in direkte Konkurrenz zu Jakartas nationaler Dominanz treten würde, kann gegenwärtig wohl schwer abgeschätzt werden.

Nachdem der Internationalisierungskurs von Jakarta seinen Ausgang genommen hat, und Jakarta auch als Drehscheibe reüssieren soll („Queen City of the East and symbol of the nation"), wäre die These diskutierenswert, ob ein „gelenkter Globalisierungskurs" die Position Jakartas im nationalen Kontext momentan nicht zusätzlich gefestigt hat und kurz- bis mittelfristig nicht noch festigen wird. „... the foreign and domestic investment as well as international trade have been the main determinants of Jabotabek growth. This also largely reflects the integration of Jabotabek into the global economy, and to an even greater extent, the Asian economy." (FIRMAN et al. 1994). Mit der Etablierung privatwirtschaftlicher Interessen, einer Dezentralisierung von Marktsegmenten zumindest auf Java und einem möglichen politischen Kurswechsel (dzt. nicht absehbar) könnte vielleicht zukünftig auch ein Machtgefälle zu anderen Zentren (z.B. Bandung) abgebaut werden. Das bleibt jedoch momentan reine Spekulation.

Diese Überlegung entspricht auch grundsätzlich den Annahmen von Globalisierungstheorien, die besagen, daß Städte und Stadtagglomerationen die wichtigsten Räume der Neuorganisation einer sich zukünftig verstärkten globalisierenden Wirtschaft sein werden (Gruppe von Lissabon 1997, S. 117).

„Die Globalisierung ist das beherrschende ökonomische Thema der neunziger Jahre, und dieser Begriff ist Diagnose und Rezept zugleich. ... Als Rezept verordnet er die Liberalisierung der nationalen und globalen Märkte in der Überzeugung, daß der freie Fluß von

Handel, Finanzmitteln und Informationen das bestmögliche Ergebnis in Form von Wachstum und menschlichem Wohlergehen hervorbringen werde. Dies alles wird mit dem Anschein der Unausweichlichkeit und im Brustton der Überzeugung vorgetragen. Seit der Blütezeit des Freihandels im 19. Jahrhundert gab es keine andere Wirtschaftstheorie, die eine derart weit verbreitete Zustimmung fand." (Deutsche Gesellschaft für die Vereinten Nationen, 1997, S. 99). Globalisierung in dieser Interpretation ist nichts anderes als die konsequente Fortsetzung der neoklassischen Wirtschaftstheorie, die besagt, daß durch Faktorwanderungen allmählich Gleichgewichte der wirtschaftlichen und in Folge auch der sozialen Ausgangsbedingungen hergestellt, und regionale Disparitäten ausgeglichen werden. Neu ist dabei allerdings die schwindende nationale Kontrolle ökonomischer Prozesse aufgrund des Einflusses multinationaler Konzerne.

Vergleicht man den Gesamtwert des Bruttoinlandsproduktes von Indonesien im Jahr 1994 von 174,6 Milliarden US-Dollar mit den höchsten Konzernumsätzen im selben Jahr, so zeigt sich, daß beispielsweise allein General Motors im Vergleichsjahr 1994 einen Jahresumsatz von 168,8 Milliarden US-Dollar verbuchen konnte, gefolgt von Ford mit 137,1 Milliarden US-Dollar und Toyota mit 111,1 Milliarden US-Dollar. Analog dazu scheinen europäische Staaten wie Dänemark (BIP 1994: 146,1 US-Dollar) und Norwegen (BIP 1994: 109,6 US-Dollar) schon fast als „arm" in den Statistiken auf (Deutsche Gesellschaft für die Vereinten Nationen 1997, S. 111f). Festzuhalten gilt, daß zumindest manche multinationale Konzerne über eine weitaus größere Wirtschaftsmacht verfügen als die meisten Staaten dieser Welt. So befinden sich unter den 100 größten globalen Wirtschaftssystemen etwa 50 Multis. Die 350 mächtigsten Konzerne wickeln in etwa 40 Prozent des weltweiten Handels ab.

Die Liberalisierung ökonomischer Austauschbeziehungen im Zeitalter der Globalisierung bedingt weiters eine Eigendynamik. Damit ist eine Entwicklung, deren Vorgang nicht unbedingt vorhersehbar ist und jedenfalls nicht vorweggenommen werden kann, gemeint – auch das ist neueren Datums und bedarf einer Reflexion im jeweiligen nationalen Kontext. Zum Teil bewußt induzierte Prozesse wie zum Beispiel die laut US-Gesetz verbotenen ausländischen Wahlkampffinanzierungshilfen für US-Präsident Bill CLINTON durch indonesische Clans oder auch die schon dargestellten Sonderförderungsrichtlinien Batams zur Entwicklung als neuer wirtschaftlicher Drehscheibe Indonesiens sind Beispiele einer in Gang gesetzten Dynamik, die zumindest zum Teil nicht kalkulierbare „positive" Konsequenzen – mit Hilfe globaler Dynamiken – nach sich ziehen soll. Aber auch schon länger zurückliegende Ereignisse wie der Erdölboom der siebziger Jahre in Indonesien als Konsequenz einer globalen diesbezüglichen Krise sind Ergebnis globaler wirtschaftlicher Beziehungen, denen eine Eigendynamik wohl schwer abgesprochen werden kann. Auch inszenierte Aktienspekulationen wie Anfang 1997 mit einer Goldmine in Kalimantan, die in sich zusammengebrochen sind, wäre wohl diesem Bereich der Eigendynamik zuzuordnen. Der vermeintliche „größte Goldfund dieses Jahrhunderts" in Busang hielt nicht nur die internationalen Medien in Atem, sondern motivierte auch das kanadische Unternehmen „Bre-X Minerals Ltd.", sich der Ausbeutung anzunehmen. Der Aktienwert von Bre-X stieg je notiertem Stück von knapp 18 US-Dollar auf über 200 US-Dollar. Als sich die Fundstelle als inszenierter Flop entpuppte, fielen die Aktien auf drei US-Dollar pro Stück.

Zu widersprüchlich ist die (vielleicht auch „bremsende") nationale Kontrolle der Wirtschaft bei gleichzeitig forcierter wirtschaftlicher Öffnung, zu groß die Konkurrenz von zukünftig verstärkt weltwirtschaftlich integrierten Ländern im asiatischen Raum mit Produktionsvorteilen wie China und Indien (mehr Humanressourcen, mehr Knowhow,

Dienstleistungen etc.). Als These wäre – über diesen Beitrag hinaus – zu diskutieren, ob Indonesien (Jakarta) in der Rolle einer Semiperipherie im weltsystematischen Kontext förmlich „steckenbleiben" wird, ohne momentan dort so recht Platz gegriffen zu haben. Trotz des bestehenden Bedürfnisses einer internationalen Integration Indonesiens bleibt aufgrund des Machtwechsels an der Staatsspitze am 21. Mai 1998 und der neuerlichen Wahlen im Jahr 1999 abzuwarten, inwieweit eine wirtschaftliche Stabilität für potentielle Investoren in naher Zukunft gegeben sein wird.

Nationale Stabilität als Voraussetzung für voranschreitende weltwirtschaftliche Integration Indonesiens scheint von aktueller Brisanz – mehr noch als in den vergangenen 20 Jahren. Die Folgen der zunehmenden politischen Labilisierung sind derzeit noch nicht abzusehen. Die Unruhen im Zuge vermehrter Demokratisierungsbestrebungen kühlen die Investitionsbereitschaft seit 1996 drastisch ab – „… investor sentiment in Indonesia has severly soured", vermerken Politbeobachter in Jakarta lapidar: „… analysts seriously question whether a rebound is possible as political risk has asserted itself as the only game in town." (Far Eastern Economic Review, 8.8.1996, S. 16). Die Frage, die daran anknüpft, bezieht sich nun darauf, ob „Globalität" in Teilbereichen nicht vielleicht an Indonesien in Richtung der beiden genannten Staaten (China, Vietnam) „vorbeigeht". Restriktive Staatspolitik war – wie andere weltweite Beispiele unter Beweis stellen – zumindest in der Lage, Trends zu verschleppen, globale Integration bewußt hintanzustellen.

Eine Titelgeschichte („China erwacht, die Welt erbebt") des „Spiegel" (9/1997, S. 157) unterstreicht diese These. So steht geschrieben: „Kaum ein Massenprodukt, das die neue Großmacht (Anm.: China) nicht selbst herzustellen vermöchte, zu geringeren Preisen als sonst irgendwo; kaum ein Lohn, den die 1,2 Milliarden Menschen, ein Fünftel der Weltbevölkerung, nicht unterbieten könnten." Diese Argumentation wird bereits in Indonesien auf eine sehr direkte – und auf Kosten der indonesischen Arbeiter ausgetragene Form – bestätigt. Marktanteilsverluste an China, Indien und Vietnam sind offenkundig, was jedoch auf politischer Entscheidungsebene nicht durchwegs negativ perzipiert wird, ist doch die schrittweise Transformation zu wertintensiver Produktion ein erklärtes Ziel – anscheinend auch auf Kosten erhöhter Arbeitslosigkeit. Patrick TANG, Leiter der Hongkong-Delegation auf der 16. internationalen Fußbekleidungskonferenz in Bali bringt die mangelnde Produktivität indonesischer Fertigung auf den Punkt: Eine durchschnittliche Schuhfabrik in China ist in der Lage, mit 15.000 Beschäftigten 1,3 Millionen Paar Schuhe pro Monat zu erzeugen; drei Schuhfabriken in Indonesien mit 17.000 Arbeitskräften schaffen gerade 800.000 Paar Schuhe (EIU 1997, S. 30).

Die Argumentationslinie der Unternehmungsführungen der „Großen Konglomerate" oder „business groups", wie die in der indonesischen Privatwirtschaft etablierten Verbundkonzerne bezeichnet werden, baut darauf auf, gesetzliche Mindestlohnvereinbarungen nicht einzuhalten, da damit die internationale Wettbewerbsfähigkeit geschwächt wird, und es in der Folge zu einer weiteren Produktionsabwanderung v.a. der arbeitsintensiven Fertigungsindustrie (Textilien, Bekleidung und Schuhe) nach China und Vietnam kommen wird (Südostasien aktuell 3/97, S. 196). In diesem Kontext wird vor allem die Anhebung der Mindestlöhne nicht nur für die generelle Wettbewerbsfähigkeit des Landes, sondern auch für den Rückgang des Wirtschaftswachstums mitverantwortlich gemacht. Diese Argumentationsbasis gewinnt vor dem Hintergrund, daß die meisten großen Konglomerate in der Hand ethnisch-chinesischer Eigentümer oder/und die Besitzer in enger Verbindung zur noch immer mächtigen Familie des ehemaligen Präsidenten stehen, an besonderer Bedeutung (ebd., S. 193f).

Globalisierung in Indonesien bedeutet unter diesem Aspekt und unter der Berücksichtigung der Staatslenkung und des Islam weniger eine „Verwestlichung", sondern vielmehr einen zukünftig verstärkten Faktor chinesischer Dominanz. Da die direkten ökonomischen Verflechtungen zwischen Indonesien und China nicht so ausgeprägt sind wie z.B. von Indonesien mit Japan und Singapur, das letztendlich wirtschaftliche Potential der chinesischen Wirtschaft aber bereits heute Indonesien – wie bereits dargestellt – maßgeblich „irritiert", wird hier eben nicht von Transnationalisierung gesprochen, sondern von Globalisierung. Vor allem der ökonomisch potenten Durchdringung des Weltmarktes von China aus wird in der Globalisierungsdebatte zu wenig Beachtung eingeräumt. Zu sehr wird landläufig unter „Globalisierung" eine „Verwestlichung" nach US-amerikanischen Mustern verstanden.

Bei einer zukünftig geforderten enormen Flexibilität am Produktionssektor und verstärkt auch im Dienstleistungsbereich stellt sich aber doch die Frage, inwieweit Jakarta diese geforderte Flexibilität im globalen urbanen System zu erbringen imstande ist. Momentan scheint sie nicht gegeben, und schon in 10 Jahren wird die Konkurrenz im asiatischen Raum deutlich größer sein. Gegenwärtig kann Jakarta als „globalisierte" Metropole der (Semi)Peripherie gesehen werden – von einer „Global City" ist sie weit entfernt.

„The goal is to achieve Indonesia's modernity with her own model and characteristics. But with long and strong tentacles of the ruthless albeit effective and efficient global capital system, how could the credo and goal be achieved?" (KAYAM 1996, S. 220)

Das ausklingende zwanzigste Jahrhundert ist eine Ära der internationalen Vernetzung, die der Großraum Jabotabek zu ökonomischem Aufstieg in die Position eines internationalen Wirtschaftszentrums zu nützen versuchte. Nicht zuletzt der Zusammenbruch des kommunistischen Systems gab den Anstoß zu verstärkter marktwirtschaftlicher Konkurrenz im südostasiatischen Raum, der durch den neuen Mitstreiter Vietnam seit Beginn der neunziger Jahre entscheidend geprägt ist: „The new era with global impact has been the progress in technology with focus on tele-communication system which determined the advent of the information era." (Jakarta Metropolitan City Government 1995, S. 83).

Das Investitionsgesetz von 1967 gab den Startschuß zum wirtschaftlichen Aufstieg Jabotabeks. Als Hauptstadt des Archipelstaates mit ausreichender Infrastruktur ausgestattet und als Handelszentrum und Regierungssitz wirtschaftspolitisch forciert, genoß das metropolitane Jakarta als „Triple Primate City" zweifellos deutliche Standortvorteile: Flossen in den ersten fünf Jahren von SUHARTOS „Neuer Ordnung" (1967–1972) 50 Prozent sämtlicher Auslandsinvestitionen nach Jakarta (GIEBELS 1983, S. 14), so waren es in der ersten Dekade 70 Prozent (YEREMIAS und MANTRA 1988, S. 31ff), 1967–1991 zwei Drittel (MCBETH 1995, S. 56). Im selben Zeitraum erfolgten etwa 45 Prozent der Binneninvestitionen im Umland von Jakarta, gegenüber lediglich 18 Prozent im Zeitraum bis 1985, den ersten beiden Jahrzehnten der SUHARTO-Ära; vier Fünftel der Auslandsinvestitionen im industriellen Bereich massierten sich seit Beginn der „Neuen Ordnung" in den Regionen Bandung und Botabek.

Andere Berechnungen fußen ausschließlich auf direkten Investitionen: Von 1967–1994 gingen demzufolge 21,1 Prozent sämtlicher Auslandsinvestitionen in die indonesische Hauptstadt, 30,2 Prozent in die Provinz West Java, der Löwenanteil davon in das Umland Jakartas (Botabek); dazu kamen Binneninvestitionen von 11,7 Prozent (DKI Jakarta) bzw. etwa 35 Prozent (Westjava) – unabhängig von der statistischen Aufbereitung bleibt die absolute „Primacy" Jakartas außer Diskussion. Die national propagierte Exportorientierung schlägt sich auch in der Etablierung von Sonderexportzonen nieder („Export Processing Zones", EPZs) – zwei der derzeit insgesamt drei Zonen sind in Jabotabek lokalisiert (SOEGIJOKO 1996, S. 382).

Die Investitionen gehen seit Anfang des Jahrzehnts vermehrt in den Dienstleistungssektor und lösen die Schwerpunktsetzung auf die Industrie innerhalb von DKI Jakarta allmählich ab – dieser Trend geht konform mit der neuen Rolle Jakartas als „Service City", wie im zweiten Langzeitentwicklungsplan (PJP II) vorgesehen; nach den Entwicklungsrichtlinien für DKI Jakarta (1988) dürfen in der Kernstadt selbst nur ausgewählte Industriezweige operieren, die high-tech- und exportorientiert sind und geringen Land- und Wasserbedarf haben (SOEGIJOKO 1995, S. 9ff). Bis Ende der siebziger Jahre waren noch 95 Prozent sämtlicher Investitionen in Botabek in den „Manufacturing Sector" (Leicht-, Schwer-, chemische und pharmazeutische Industrie) geflossen. Eine großmaßstäbigere Analyse ergibt die Dominanz Tangerangs bei Investitionen in industrielle Klein- und Mittelbetriebe (64,4 Prozent), während Bogor und Bekasi die chemischen und pharmazeutischen Investitionen anführen (YEREMIAS und MANTRA 1988, S. 34f).

Die Attraktivität Jabotabeks (SOEGIJOKO 1995, S. 10) beruht auf einer Fülle von Parametern, die die metropolitane Region im Umfeld der Hauptstadt von der zunehmenden Investitionsliberalisierung kontinuierlich hauptprofitieren ließ – die nationale Rezession der frühen neunziger Jahre mit teils drastischen Wirtschaftseinbrüchen ging am metropolitanen Jakarta spurlos vorüber (City Planning Department 1994, S. 15):

- DKI Jakarta ist das administrative, politische, wirtschaftliche wie auch soziale und kulturelle Zentrum des viertgrößten Staates der Welt.
- Facharbeitskräfte wie auch Hilfsarbeitskräfte sind ausreichend vorhanden.
- Durch das vergleichsweise hohe Lohnniveau der Region ist ein Absatzmarkt für eine Vielzahl von Produkten gegeben.
- Eine Fülle von Industrieparks im Raum Jabotabek erhöht Synergieeffekte.
- Das Raumplanungskonzept (Periode 1985–2005) garantiert DKI Jakarta legistische Unterstützung beim Ausbau der Wirtschaftsaktivitäten.

Die Deregulierungskampagnen per se waren zweifellos ausschließlich ökonomisch motiviert, um einerseits die Effizienz der einzelnen Wirtschaftssektoren zu maximieren, andererseits auch die Exporte abseits des fossilen Energieträgers Öl anzukurbeln. Die Konsequenzen auf die räumliche Stadtentwicklung vor allem Javas mögen ungewollt sein, sind jedoch umso massiver, je höher der Grad der benötigten Infrastruktur ist – „the deregulation policies had spurred development of large cities." (FIRMAN 1996a, S. 7).

Analog zur gesamtwirtschaftlichen Situation dominiert Japan als Hauptinvestor, gefolgt von den asiatischen „Tigerstaaten" Südkorea, Hongkong und Singapur – die Strategie der Relokalisierung der dortigen Industrien in Länder mit niedrigen Lohnkosten ist offensichtlich. Die geringe Einbindung in die lokale Ökonomie erleichtert jedoch anti-internationale Kritik und verschärft das Unbehagen in weiten Kreisen der wirtschaftlich nicht prosperierenden Bevölkerung: Die Wirtschaftspolitik Japans steuert indirekt die Entwicklung Jabotabeks. – „In terms of the global urban system this will also mean that Jabotabek is being oriented to Tokyo" (FIRMAN 1996a, S. 6).

Der Wettbewerb der Systeme zwischen Kapitalismus und Sozialismus mag entschieden sein; der Wettbewerb zwischen Wertordnungen und gesellschaftlichen Idealen hat eben erst begonnen, wie SCHARLAU (1995, S. 283) ausführt. Für Jabotabek bedeutet dies ein

Überdenken der wirtschaftspolitischen Weichenstellung, der vorbehaltslosen Hinwendung an westliche Investoren, denen in vorausahnender Gehorsamkeit Gesetze auf den Leib geschrieben werden. Ein Kurswechsel scheint derzeit jedoch so unwahrscheinlich wie unmöglich, um den ökonomischen Stellenwert des Standortes Indonesien – dessen Schwerpunkt zweifellos auf Jabotabek liegt – nicht weiter zu untergraben und die latente Labilisierung der Gesellschaft nicht noch mehr voranzutreiben.

Der Welthandel hat sich überdies nicht unbedingt zum Vorteil der Länder Asiens entwickelt. Die westlichen Industrienationen diktieren die Rohstoffpreise, die Abhängigkeit Indonesiens nahm in allen Bereichen der wirtschaftlichen Aktivitäten zu, ob in den Finanzen, den Investitionen oder bei Technologietransfers; die wachsende Auslandsverschuldung wiederum bedingte sozialpolitische Maßnahmen, die ökonomische Abhängigkeit wurde um politische und gesellschaftliche Dependenzen ergänzt.

Transnationale Investoren kontrollieren beträchtliche Teile der industriellen Fertigung; westliche Konzepte wiederum diktieren Kultur und Erziehung – die Überstülpung westlich-orientierter Entwicklungsmuster, ohne Berücksichtigung des indigenen Umfeldes, wurde nicht nur für Indonesien insgesamt problematisch: Auf Java ist materieller Zugewinn beispielsweise kein erstrebenswertes Lebensziel (DAUTH 1995, S. 252).

Da sind einerseits die optimistisch bis euphorischen Szenarien der lokalen und nationalen Planungsagenturen, die das Jakarta 2000 bereits auf einer Ebene mit den etablierten „Global Players" der westlichen und ostasiatischen Industriestaaten wähnen (vgl. etwa City Planning Department 1994). Die massiven Deregulierungs- und Liberalisierungsmaßnahmen des letzten Jahrzehnts bedeuten die endgültige Orientierung am internationalen Markt; die Attraktivität speziell Jabotabeks für internationale Investoren dokumentierte sich in der bis vor kurzem boomenden Nachfrage nach Land- und Officeflächen, in explodierenden Grundstückspreisen und tiefgreifendem räumlichem Wandel – Skyline im Zentrum, Industrie im metropolitanen Umland.

Andererseits existieren mehr und mehr kritische Stimmen, die auf rasante Auslandsverschuldung und explodierendes Handelsbilanzdefizit hinweisen; arbeitsintensive Produktionsabläufe sind unvermeidbar, da niedrige Arbeitskosten Indonesiens Attraktivität als Investitionsland entscheidend prägen; die Devise der Exportorientierung allein kann die steigenden Importbilanzen nicht wettmachen, die – abseits ökonomischer Globalisierungseffekte (Zulieferindustrie für internationale Produktionsabläufe) – durch neue Konsumationsmuster auch zutiefst gesellschaftlich bedingt sind.

„Indonesia faces the rising tide of world economic globalisation in which competition is increasingly high", konstatiert der Makindo-Report, „the progress made by the manufacturing industry ... is simply not enough." (1996, S. 31). Eine aktuelle Studie belegt zwar den internationalen Aufschwung der Nationalökonomie, relativiert jedoch ebenfalls den wirtschaftlichen Stellenwert des weltweit bevölkerungsmäßig viertgrößten Landes: Der „Global Competitive Report", 1996 vom „World Economic Forum" (WEF) herausgegeben, analysiert sowohl Konkurrenzfähigkeit wie auch Marktwachstum. Während Indonesien in letzterer Kategorie – auf Rang 14 liegend – die ASEAN-Wertung damals anführte (Thailand: 15, Singapur: 19, Malaysia: 23, Philippinen: 28), ergibt sich im Bereich der internationalen Konkurrenzfähigkeit eine geringfügige Rangverbesserung auf Platz 30 (1995: S. 33). Herangezogen wurde ein Faktorenbündel aus 155 Parametern (Makindo Report 1996, S. 33), in dem sowohl infrastrukturelle Rahmenbedingungen, Stand der Technologie und gewerkschaftlicher Organisierungsgrad wie auch wirtschaftspolitische und finanzrechtliche Kriterien eingebunden waren.

Und die Stimmung der Betroffenen selbst? Zahlreiche Artikel beschäftigen sich seit Mitte der neunziger Jahre mit dem Phänomen der Globalisierung und ihren Auswirkungen auf den indonesischen Arbeitsmarkt; konzediert wird – zumindest bis zum Einsetzen der südostasiatischen Rezession – die Chance der Partizipation und, damit verbunden, Wirtschaftswachstum und Entlastung des lokalen Arbeitsmarktes; realistisch betrachtet wird jedoch auch die vielfach unzureichende Vorbereitung auf den internationalen Wettbewerb, für den nur Java teilweise gerüstet scheint: „… this readiness does not come automatically, but must be forced to be ready", streicht Hadi SUSASTRO (1996, S. 17) hervor, „… globalization means efficiency. This national economic integration must become our homework" (S. 21).

Das Potential zur internationalen Wirtschaftsmacht scheint somit in langfristiger Perspektive durchaus gegeben. Die internationale Konkurrenzfähigkeit leidet jedoch durch sinkende Exporterlöse einzelner Produkte aus dem Nicht-Öl-Bereich – etwa Tropenholz (ökologische Beweggründe), Textilien und Leder (höheres Lohnniveau, Rohstoffmangel), dazu kommen Dumping-Vorwürfe seitens der EU (Schuhe), der USA (Textilien) und Australiens (Büroartikel):

„Given these conditions, efforts to improve competitiveness do not only depend on efficient industrial performance, but require a conducive industrial environment which can only be created through government policy", nahm der Makindo Report (1996, S. 35) das bislang letzte Deregulierungspaket (Juni 1996) vorweg, indem weitere Reduzierungsmaßnahmen von Zolltarifen vorgesehen waren, um den Zufluß von Kapitalgütern und Rohstoffen (etwa für die Lederindustrie) weiter zu vereinfachen; weiters wurde ein Anti-Dumping-Komitee eingerichtet, um internationalen Protesten vorzubeugen.

Die Schaffung regionaler Handelsblöcke wie AFTA („Asian Free Trade Area") oder NAFTA erhöht, zusätzlich zur – bereits erwähnten – verstärkten Konkurrenz von China und Vietnam im arbeitsintensiven Bereich, die wirtschaftspolitischen Anforderungen; dazu erzeugt die Konzeption der Asien-Freihandelszone (2003) zusätzlichen Handlungsdruck. Indonesiens federführende Rolle im System der ASEAN – so ist das zentrale Koooordinationsbüro der Vereinigung seit 1976 in Jakarta lokalisiert – kommt auch in der Wahl Jakartas als zentralem Tagungsort deutlich zum Tragen, etwa für die entscheidenden Weichenstellungen zur Initiierung der gemeinsamen Zolltarifreform CEPT („Common External Preferential Tariff Scheme") 1992; die Euphorie der frühen neunziger Jahre ist mittlerweile jedoch verflogen (United Nations 1996, S. 104ff).

Bereits die Beibehaltung des bisher erreichten Produktions- und Exportniveaus wird vielfach in Frage gestellt, da mangelndes Ausbildungsniveau zum einen und die – aus Gründen politischer Stabilität verordnete – arbeitsintensive Produktionslinie zum anderen beibehalten werden soll; wie Einbrüche etwa im Textilbereich demonstrieren, dürfte auch Jabotabek der Konkurrenz aus regionalen Billiglohnländern nicht gewachsen sein: 8,1 Prozent Wirtschaftswachstum 1995, das höchste der SUHARTO-Ära, war kein Garant für eine wirtschaftlich stabile Zukunft. Die „Asienkrise" traf ab 1997 gerade Indonesien in besonderem Maß.

Die Bewertung der langfristigen Rolle Indonesiens am globalen Markt ist so vielschichtig wie ambivalent; die Situation Jabotabeks, als gewachsenes wie gepushtes Zentrum im

Herzen der Megalopolis Westjava, ist nicht minder schwierig zu beurteilen. Unterschieden werden muß zwischen ökonomischen und gesellschaftlichen Effekten, die einander zwar bedingen mögen, in ihren Auswirkungen jedoch gesonderte Betrachtung verdienen.

2.5 Sozialer Wertewandel: Die „Neue Gesellschaft"?

2.5.1 Praxis „Neue Ordnung": Eliten im Wandel

Wie weit sind die traditionellen Elemente der Loyalität und Hierarchieakzeptanz noch im Indonesien der neunziger Jahre verwurzelt? Hat die verstärkte West-Öffnung Aufweichungstendenzen in den jahrhundertealten Prinzipien gezeigt? Erfährt das Konzept der sozialen Integration planerische und legislative Umsetzung? Die Antworten sind so vielschichtig wie ambivalent und zeigen die Heterogenität eines Landes, dessen Globalisierungspolitik zwar Werteverschub, doch – wenn auch bisweilen unbewußt – keine Aufgabe tradierter Denkweisen mit sich brachte.

Die den Pancasila-Thesen verhaftete indonesische Bevölkerung ist spätestens seit SUHARTOS Internationalisierungspolitik der „Neuen Ordnung" einem schwunghaften Wandel ausgesetzt – die ökonomische Leitlinie der Modernisierung bewirkte rapiden sozio-ökonomischen Problemdruck, der nach DÜRSTE et al. (1987, S. 5) drittweltspezifisch ist; rasche Krisenlösungen wären gefragt, konfrontieren die Regierungen der Dritten Welt jedoch mit gewaltigen Zielkonflikten: Die Bewertung der ausgelösten Effekte als positiv oder negativ obliegt der jeweiligen Betrachtungsweise.

Während die „affirmative" Schule den Ertragsaspekt der wirtschaftlichen Entwicklung ab 1966 betont – Selbstversorgung im Ernährungs- (vor allem Reis-) Sektor, politische Stabilität, internationale Ausrichtung seien als Indikatoren exemplarisch genannt-, steht für die „kritische" Schule der Verteilungsaspekt im Vordergrund: Die sich verschärfenden regionalen wie internen Ungleichgewichte und die Problematik der kapitalintensiven Wachstumspolitik – in Hinblick auf die sozialen und ökologischen Schattenseiten der „Grünen Revolution" im ruralen Raum – bilden hiebei die Hauptkritikpunkte.

Die Komplexität soziokultureller Veränderung steht außer Zweifel, eindimensionale Bewertungsmuster sind für objektive Schlüsse unbestreitbar unzureichend. Grundsätzlich profitieren auch zwanzig Jahre nach Einführung der „Neuen Ordnung" die etablierten, meist urbanen Eliten der Post-SUKARNO-Ära unverändert: Die für den politisch-wirtschaftlichen Gestaltungsprozeß des Landes bedeutsamen Gruppen bilden nach wie vor das Offizierskorps der Streitkräfte und die zivile Wirtschaftsadministration (allgemeiner Sprachgebrauch: „Technokratie"), erst jüngst verstärkt durch das private Unternehmertum und die städtische Mittelschicht (MACHETZKI 1994, S. 75ff). Nicht uninteressant erscheint in diesem Zusammenhang eine grundlegende Veränderung im sozialen Zusammenleben der urbanen (muslimischen) Bevölkerung Südostasiens, die JONES und HULL (1997) ausführlich analysiert: So sehr familienplanerische und imagebezogene westliche Wertvorstellungen vielfach kritiklos übernommen bzw. angestrebt wurden, so augenscheinlich sind die massiv sinkenden Scheidungszahlen der traditionell höchst scheidungsfreudigen Javaner. Noch in den fünfziger Jahren zählten die Scheidungsraten Malaysias und Indonesiens zu den höchsten der Welt, während sie 1990 etwa nur mehr einem Viertel derer der Industriestaaten des Westens entsprachen (JONES und HULL 1997, S. 96) – Urbanisierung, steigende Integration der weiblichen Bevölkerung in den (internationalen) Arbeitsmarkt und insgesamt höheres Bildungsniveau (die weibliche Alphabetisierungsrate Indonesiens verdoppelte sich von 1960 bis 1980 auf 66 Prozent) zeitigten also in verschiedenen Kulturkreisen gegenteilige Effekte. Als verantwortlich dafür gelten einerseits die erhöhte eigenständige Partnerwahl, zum anderen beschäftigungspolitische Maßnahmen: So muß etwa seit 1983 jeder männliche Beamte die Erlaubnis seiner Vorgesetzten einholen, um sich scheiden zu lassen oder eine Zweitfrau nehmen zu können.

Gemäß der „Dwifungsi"-Doktrin gestehen sich die Streitkräfte traditionell eine gesamtnationale Verantwortung für die Entwicklung des Landes zu; dieser umfassende Gestaltungs- und Ordnungsanspruch wird jedoch im heutigen Indonesien keineswegs mehr uneingeschränkt anerkannt und speziell von der technokratischen (meist auslandsgebildeten) Zivilelite, Träger der Säkularstaatsidee, angefochten. MACHETZKI (1994, S. 75) ortet – je nach Involvierung in politische und wirtschaftliche Pfründe – divergierende Verhaltensmuster und konstatiert durchwegs heterogene Züge, die von bedingungsloser Außenorientierung bis hin zur Beibehaltung orthodoxer staatlich-zentralistischer Strukturen reichen (MCBETH 1994); das hierarchische Prinzip scheint jedenfalls Maßstab allen Denkens zu sein.

Welche Rolle spielt nun der Mittelstand in einem immer wieder geforderten Demokratisierungsprozeß Indonesiens? Zum einen muß festgehalten werden, daß sich gerade in den letzten Jahren – nicht zuletzt im Zusammenhang mit der verstärkten Entwicklung des formellen Wirtschaftssektors – in den Städten eine stabilere Schicht an regelmäßigen Lohn- und Gehaltsempfängern gebildet hat, die es erlaubt, neue Konsummuster zu entwickeln. Steigende Durchschnittseinkommen bedingen neue Lebensstile, die oberflächlich durch Kleidung, Handys und Mahlzeiten in einer der zahlreichen – im Gegensatz zum nationalen Durchschnittsniveau teuren – Fastfoodketten wie Pizza Hut, Mc Donalds oder Kentucky Fried Chicken zur Schau getragen werden. Mit geschätzten vierzehn Millionen hält diese Gruppe derzeit einen etwa sieben-prozentigen (MCBETH 1994, S. 50) bis zehn-prozentigen (MOREAU 1997, S. 29) Anteil an der Gesamtbevölkerung und stellt eine mittelfristig nicht zu unterschätzende Größe dar, der im urbanen Raum anteilsmäßig schon jetzt – zumindest quantitativ – weit größeres Gewicht zukommt als in der gesamtstaatlichen Betrachtung. Als wirtschaftliche Motoren der Entwicklung kommt ihnen nach MACHETZKI (1995, S. 154) die Rolle zu, die staatliche Neigung zum Einsatz dirigistischer Instrumente zu überwinden – eine Position, die TAN (1995, S. 146) ansatzweise teilt, jedoch die Rolle der Mittelschicht als „nucleus of a civil society" pragmatisch-realistisch beurteilt.

Dennoch stellt sich die Frage, inwieweit eine sich jetzt sukzessiv entwickelnde Mittelklasse in Indonesien – deren Größe zumal nicht wirklich bekannt ist – in der Lage ist, gesellschaftspolitisch wirksam zu werden. SANTOSO meint: „The rationale is that the large number of people belonging to this middle class the more there are groups who are able to demand things from the government. The government itself will, in turn, be unable to eliminate or reject such demands." (1995, S. 13). Betrachtet man die Zusammensetzung des Mittelstandes in Indonesien (EVERS 1997, S. 144), so stellt sich heraus, daß fast zwei Drittel davon Regierungsbeamte der Staatspartei „Golkar" sind. Ein Demokratisierungsschub vom Mittelstand her würde somit zwangsläufig einen Verrat an der eigenen politischen Verankerung bedeuten. Es ist in der nächsten Zeit (unter weiterhin annähernd gleichbleibenden nepotistischen innenpolitischen Bedingungen) trotz neuerlicher Wahlen im Jahr 1999 nicht zu erwarten, daß der Mittelstand in der Lage und Willens ist, eine etwaige Veränderung (Demokratisierung) der gegebenen Voraussetzungen herbeizuführen.

Neben der neueren Mittelklasse in Indonesien bildet sich aber ebenso ein rasch wachsendes Proletariat und Subproletariat. Soziale Spannungen werden mehr und mehr zum

Konfliktpotential in der indonesischen Alltagswelt. Die Sozialausgaben des Staates liegen in Indonesien beispielsweise am niedrigsten Niveau des gesamten asiatisch-pazifischen Raumes (HOLBERG 1997, S. 6).

Empirische Untersuchungen von EVERS (1995) ergaben eine sinkende soziale Mobilität – langfristig scheinen somit die Aufstiegschancen in mittlere Statuspositionen abzunehmen, die die relativ hohe Armutsminderung der achtziger Jahre bewirkt hatten; die Konsolidierung der Mittelschicht scheint vorerst abgeschlossen, was die Zukunftsperspektiven der jungen Generation nicht erfreulicher gestaltet.

Das Gros der Bevölkerung bildet naturgemäß die agrarisch geprägte ländliche Bevölkerung, von der jedoch nur mäßige Impulse zu konzeptioneller Änderung und politischer Unruhe zu registrieren sind. Der Politologe Joewono SUDARSONO bringt die systembewahrende Trägheit der Massen auf den Punkt: „... only shortages of rice or kerosene will lead to serious unrest among the rural population" (Far Eastern Economic Review, 18.5.1995, S. 50).

Ähnliches gilt für die quantitativ schwach entwickelte Gruppe der Industriearbeiterschaft, die – ebenfalls am untersten Ende von Gesellschaftspyramide und Entscheidungsebene stehend – nur unvollkommen in Gewerkschaften organisiert ist, die zudem kaum Anstalten machen, am Arbeitsplatz oder im politischen System die Rechte der Arbeiter zu vertreten; Lohnerhöhungen etwa werden vielfach direkt bei den Arbeitgebern eingefordert, die Zahl der Streiks ist tendenziell im Anwachsen, gilt summiert jedoch immer noch als minimal (HANISCH 1995). Die wachsende soziale Destabilität dokumentiert sich jedoch allein in der Jabotabek-Region in einer 36-prozentigen Streikzunahme von 1991 bis 1992 (SIMANJUNTAK 1993, S. 29), wo bei offiziell 177 Streiks 67.231 Arbeitnehmer einen Verlust von 509.421 Arbeitsstunden bewirkten (Ministry of Manpower 1993, S. 176ff).

Eine zielgerichtete politische Mobilisierung der Armen ist in Indonesien bislang unterblieben, was in engem Zusammenhang mit der vorhin skizzierten Konsens- und Loyalitäts-Mentalität zu sehen ist: „Der Demokratisierungsdruck geht von den Funktionären und Aktivisten aus, kaum von den Zielgruppen", meint HANISCH (1995, S. 146), der auch die Rolle der Nicht-Regierungsorganisationen (meist geleitet von intellektuellen Mittelschichtangehörigen urbaner Prägung) unter diesem Blickwinkel als derzeit wenig effizient einstuft.

Im Gegensatz zu politischen Oppositionsbewegungen haben soziale Oppositionsgruppen jedoch insgesamt eindeutig an Stärke gewonnen. Aufbauend auf Studentenprotesten gegen den sozialwirtschaftlichen Kurs Ende der achtziger Jahre erfolgten ab 1990/91 Protestzusammenschlüsse in Arbeiterkreisen, die in weiterer Folge die Herausbildung illegaler, teils radikaler Gewerkschaftsorganisationen begünstigte, die dem offiziellen – regierungsabhängigen – gesamtindonesischen Gewerkschaftsverband zunehmende Konkurrenz machen: Als Beispiel sei die PPBI, „Zentrum für den Kampf der Arbeiter", genannt (Südostasien aktuell 2/96, S. 116), die in direkter Konkurrenz zur staatlich sanktionierten „Hubungan Perburuhan Pancasila" (HPP), einer Dachorganisation zur Schaffung einer friedlichen und harmonischen Partnerschaft zwischen Management und Arbeitnehmern steht: „... the basic normative principle of labor relations in the country through which the acquiescence of the working class to the existing regime of production in the workplace and the smooth management of labor relations can be guaranteed", analysiert HIKAM (1996, S. 2). Offiziell existiert seit 1973 nur eine staatlich sanktionierte (und finanzierte) Gewerkschaftsbewegung, die SPSI; sämtliche Versuche, andere Arbeitnehmervertretungen zu initiieren (Beispiele: SBMS, SBBT, SBSI), resultierten bislang stets in einer sofortigen Liquidierung durch den Staat, wenngleich die zunehmende Streikbereitschaft im Raum Jabotabek – verglichen mit den Umlandregionen Zentral- und Westjava (HIKAM 1996) – doch auf höhere urbane Mündigkeit wie Risikobereitschaft hindeutet.

Aufgrund der unverkennbaren politischen Labilität des Landes, die gegenwärtig nur oberflächlich – durchaus rigide – kaschiert wird, liegen Massenvertretungen der Arbeitnehmer nicht in der Intention eines sich vielfach liberal präsentierenden Regimes, wenn zusätzlich starke gewerkschaftliche Organisierung kontraproduktiv für die Investitionsentscheidung potentieller Investoren ist. Ganz abgesehen von staatlichen Rahmenbedingungen macht das Überangebot an Arbeitskräften zusätzlich gewerkschaftliche Streikmaßnahmen nahezu unmöglich: „... any movement toward unionization in developing countries, including Indonesia, may have a difficult time simply because the supply of workers is larger than the demand" (FERIDHANUSETYAWAN 1995, S. 3ff).

Trotz ohnehin nicht vorhandener Pressefreiheit in Indonesien kritisierte SUHARTO die Berichterstattung. Für die steigenden sozialen Unruhen im Land seit 1996 machte er die nationale Presse mitverantwortlich, da sie „die Sichtweise der ausländischen Presse bei der Berichterstattung über die Vorgänge im Lande übernähme". „... Statt dessen sollten sich die Publikationsorgane des Landes darum bemühen, solche Werte herauszufiltern, die nicht zu den Werten Indonesiens passen und die Bevölkerung zur Wachsamkeit ermutigen gegen gefährliche Werte und aufzeigen, wie man deren Infiltration verhindert" – so SUHARTO (Südostasien aktuell 2/97, S. 112). Die Aufgabe und der Stellenwert der Presse in Indonesien wird von präsidialer Seite damit knapp und präzise umrissen. Nimmt sie diese Aufgabe der Filterung nicht wahr, unterliegt sie sofortiger Kritik. Der globale Vormarsch v.a. westlicher Sichtweisen mittels nationaler Medien liegt jedoch erst in seinen Anfangszügen. Zu bemerken ist aber, daß von Mitte 1997 bis zum Frühjahr 1998 ein erstaunlicher Wandel in der medialen Offenheit stattgefunden hat.

2.5.2 Wohlstand und Vermögensverteilung: Die neue Armut

Einer gerechten Vermögensverteilung, noch in den siebziger Jahren – vor der post-ölboombedingten Rezession – im Regierungskonzept „*Delapan Jalur Pemerataan*" („Acht Pfeiler der Gleichverteilung")[53] formuliert, kam in der kapitalistischen (angestrebten) High-Tech-Phase der Gegenwart, in der statistische Wachstumsraten über Erfolg oder Nichterfolg von Systemen entscheiden, lange keine überstaatliche Bedeutung zu (WIE 1995, S. 114f). Die permanenten Appelle an die Einheit des Volkes wie der Nation reflektieren die neue Einsicht, daß Wachstum stets destabilisierend ist und soziale Ungleichheit („Kesenjangan sosial") inhärent fördert: SUHARTO wurde nicht müde, die (marktwirtschaftlichen) Folgen zunehmender Globalisierung zu relativieren. „Social envy (,Kejemburan sosial'), which can lead to social unrest, could be avoided, as small business ... will have a share in big

---

[53] Die „*Acht Pfeiler der Gleichverteilung*" lassen sich vereinfacht (übersetzt nach TAN 1995, S. 151) folgendermaßen darstellen: 1. Gerechte Verteilung von Serviceleistungen und Deckung der Grundbedürfnisse (Kleidung, Essen, Unterkunft). – 2. Gerechter Zugang zu Bildungs- und Gesundheitswesen. – 3. Gerechte Verteilung des Einkommens. – 4. Gleiche Möglichkeiten am Arbeitsmarkt. – 5. Gleiche Möglichkeiten für Privatunternehmen. – 6. Gleiche Möglichkeiten für Jugend und Frauen in der Gesamtentwicklung. – 7. Gleichverteilung der Entwicklunghilfe im Land. – 8. Gleichheit vor dem Gesetz.

business. ... the overriding challenge facing Indonesia in the area of social integration is the reduction and eventual elimination of the effects of uneven development, as seen in the differential development of the various regions and the inequity in the development of the diverse groups of people in society." (TAN 1995, S. 147).

Die ungleiche Vermögensverteilung erfuhr durch disparitäre Infrastrukturerschließung und Arbeitsplatzschaffung eine weitere kontinuierliche Verschärfung und setzte SUHARTO vor den Parlamentswahlen 1997 unter Zugzwang, um das Machtmonopol seiner Golkar-Partei zu festigen. Zur Lukrierung der Mittel von projektierten 250 Milliarden Rupiah erging ein – in dieser Form noch nie erfolgter – schriftlicher Solidaritätsappell an 11.000 (indonesische wie auch ausländische) Privatpersonen und Firmen, deren gemeinsames Merkmal ein Einkommen über der 100 Millionen Rupiah-Schallmauer war; angeregt wurde ein Beitrag von 2 Prozent des jährlichen Gesamteinkommens, 55 Prozent der Gesamtsumme sollten Java zugutekommen, das, nach jahrelanger Konzentration sämtlicher Infrastrukturinvestitionen auf die peripheren Außeninseln, offenbar als potentiell labil perzipiert wird: „Affluent taxpayers, you should consider yourselves fortunate to have been able to seize the opportunities presented during the overall development activities in this Land of Pancasila", so der Beginn des Schreibens, „you have the opportunity to carry out the noble task of poverty alleviation together with the government." (Far Eastern Economic Review, 28.2.1996, S. 25). Eine Rückbesinnung auf das noble Modell des fast vergessenen „Gotong Royong"? Eine Analyse des Erfolgs dieses Modells steht noch aus.

Statistisch ist die Armut, sämtlichen Berechnungsgrundlagen zufolge, seit Etablierung der „Neuen Ordnung" stetig gefallen. Noch in den siebziger Jahren befanden sich 70 Millionen Menschen (30 Prozent der Gesamtbevölkerung) unter der imaginären Armutslinie,[54] die nach den Richtlinien der Weltbank bei „2.100 calories and an allowance for essential nonfood expenditures" (World Bank 1992, S. XVIf) liegt; demzufolge sind 30–40 Prozent der gegenwärtigen 193-Millionen-Bevölkerung als „arm" einzustufen, 25 bis 30 Millionen (14–17 Prozent) gelten (TAN 1995, S. 145) – je nach Autor und Berechnungsgrundlage – als „absolut arm"; sie sind großteils dem ruralen Java zuzuordnen (Far Eastern Economic Review, 28.4.1994, S. 58). Das Pro-Kopf-Einkommen ist in den vergangenen 25 Jahren – von 70 US-Dollar auf 1.300 US-Dollar – um das nahezu Zwanzigfache gestiegen, auch die Bildungsoffensive wurde vorangetrieben und ermöglicht 90 Prozent der Bevölkerung zumindest Grundlagen des Lesens und Schreibens – doch die Kluft zwischen Arm und Reich wird, allen Regierungsprogrammen zum Trotz, täglich größer: „Poor people complain not because they are getting poorer but because the rich are getting richer faster", wie der Politologe Dewi ANWAR hervorstreicht (Newsweek, 2.6.1997, S. 28).

BUSCH et al. (1991, S. 13) verweisen auf die Problematik der Statistik: Zwar ist die Armut relativ zurückgegangen – rural stärker als urban (HUGO 1992, S. 175) –, die absolute Zahl der Betroffenen ist jedoch gestiegen. Trotz der hier erzielten landesweit größten Fortschritte im Bereich der Armutsminderung – 1976 lebten 78 Prozent der Bevölkerung Javas unter der Armutslinie (Ministry of Foreign Affairs 1992, S. 36) –, gilt Java quantitativ nach wie vor als das Armenhaus Indonesiens (EVERS 1995, S. 330), trotz (oder wegen) des bedingungslosen Fortschrittglaubens des Regimes: „Admittedly, even the lower stratum of society has been economically improved, though inequality has increasingly been felt by people" (HIKAM 1996, S. 5).

---

[54]) In Java allein wurden Mitte der siebziger Jahre 50 Prozent der Bevölkerung als unter der Armutsgrenze lebend eingestuft (GORDON 1979, S. 137f).

Als kausale Ursachen gelten gemeinhin die „Grüne Revolution", die die Absorptionsfähigkeit des Agrarsektors drastisch reduzierte (SCHMIDT-KALLERT 1992, S. 25), sowie das Bevölkerungswachstum, das, trotz mittlerweile effizienter Familienplanung und bevölkerungspolitischer Maßnahmen, noch bis ins dritte Jahrtausend Bevölkerungsdruck erzeugen wird und planerische Maßnahmen zur landesinternen Disparitätenverringerung erzwingt. Solange Sichtweisen wie die des Übergangspräsidenten B.J. HABIBIE allerdings nach wie vor das Bevölkerungspotential Indonesiens als Voraussetzung für eine zukunftsorientierte, arbeitskraftbasierte Industrialisierung erachten, scheint ein tiefgreifender Bewußtseinswandel in den obersten politischen Entscheidungsebenen noch auf sich warten zu lassen (UHLIG 1995, S. 160).

Das staatliche Problembewußtsein ist – schon aus dem Blickwinkel innenpolitischer Stabilität – mittlerweile groß und dokumentiert sich im zweiten staatlichen 25-Jahres-Entwicklungsplan (PJP II), der der Gesellschaftsentwicklung den Vorrang vor weiterer Wirtschaftsentwicklung einräumt: „... the policies and programmes are specifically geared towards the enhancement of the quality of human resources, both women and men, and the accelerated development of a just and prosperous society" (TAN 1995, S. 147) – nach TAN et al. (1994, S. 2ff) ein Ansatz zu „people-oriented, sustainable development".

Eine konkrete Umsetzung dieser abstrahierten Leitidee ist das dreijährige „präsidiale Bildungsprogramm für unterentwickelte Dörfer" (Inpres Desa Tertinggal), das, seit 1. April 1994 laufend, mit einem jährlichen Kostenaufwand von 206 Millionen US-Dollar veranschlagt ist: Im Unterschied zu früheren Projekten „directly into the hands of the neediest – without trickling into the pockets of local officials who normally watch over the development cookie jar", wie Margot COHEN (Far Eastern Economic Review, 28.4.1994, S. 58) treffend analysiert. Ziel dieses ehrgeizigen Programmes war eine Reduzierung der Bevölkerung unter der Armutsgrenze von derzeit 15 Prozent auf 6 Prozent bis 1998/99.

Zur Verbesserung des sozialen Netzes für Privatbeschäftigte wurde 1985 ein staatlich subventioniertes Krankenversicherungsschema (PKTK) initiiert, um „cross-subsidizing of the poor by the better-off" (World Bank 1991, S. 95ff) zu gewährleisten. Das Projekt erwies sich jedoch als zu kostenintensiv und wurde kaum nachgefragt – die Schaffung umfassender sozialer Absicherung steckt noch in den Kinderschuhen.

2.5.3 Soziokultureller Wandel: Video statt Wayang

Kultur ist ein „weiches Thema", wie MACHETZKI (1995, S. 151) ausführt, und keineswegs die oftmals reklamierte Konstante im Modernisierungsprozeß. Nichtsdestoweniger erscheint der rapide, informationstechnologische strukturelle Wandel des letzten Jahrzehnts durchaus in der Lage, etablierte Mechanismen in Frage zu stellen oder gänzlich zu durchbrechen; Rolle und Aussagen der indonesischen Medien sind ungleich schwieriger zu kontrollieren, die bis dato gängige Zensur etwa der Printmedien ist durch die rasante Verbreitung audiovisueller Informations- und Unterhaltungsträger vielfach erschwert.

Die kulturelle Überfremdung ist nicht zuletzt ein Produkt der westlich dominierten Kommunikationstechnologie. Der Informationsfluß, ob Printmedien, Funk oder Fernsehen, beruht in hohem Maße auf dem Import von Nachrichten internationaler Nachrichtenorganisationen – asienweit werden zwei Drittel sämtlicher Nachrichten in Printmedien von westlichen Diensten bezogen, im Fernsehen macht der Anteil der Westprogramme mindestens 60 Prozent aus. Die Basis der medialen Dominanz des Westens wurde unmittelbar nach dem Zweiten Weltkrieg gelegt, als die Regierungen Großbritanniens und der USA mehrere asiatische Nachrichtenagenturen („Near and Far East News", NAFEN) gründeten und die Ausbildung asiatischer Journalisten in die Hand nahmen (DAUTH 1995, S. 259).

Die postkoloniale Vorherrschaft der Medien mag zwar der Vergangenheit angehören, die entscheidenden Impulse wurden dennoch in der ersten Phase der Unabhängigkeit gesetzt. Mit Hilfe des „Rural Broadcasting System" (nationales Radionetz „Radio Republik Indonesia", RRI), das 1974 initiiert wurde, gelang die informationstechnische Erschließung der Peripherbereiche des Archipelstaates; das 1962 in Jakarta eingeführte staatliche Fernsehen („Televisi Republik Indonesia", TVRI) wurde zum tragenden gesellschaftspolitischen Steuerungselement, das seit Repelita IV mit der steigenden Konkurrenz von Privatsendern, vor allem im Raum Jakarta (ANTEVE, INDOSIAR, RCTI, TPI), konfrontiert ist, deren (oftmals) verzerrtes Bild des Westens die Haltung der Bevölkerung zu Internationalisierung entscheidend prägt (Department of Information 1995, S. 37ff).

„Für die Bürokratie ist es ... ungleich schwerer, die Lebensbilder unter Kontrolle zu halten, die auf Video kursieren, als die öffentlichen Programme im staatlichen Fernsehen und in den Kinos", stellt Mohamed GOENAWAN (1993, S. 64) nicht ohne Genugtuung fest – die Erweiterung der Kompetenzen der nationalen Zensurbehörde („Badan Sensor Film", BSF) 1994 verdeutlicht die Intensität des als bedrohlich empfundenen Zustroms von scheinbar staatsgefährdenden Ideologien. Neue Informationsträger sind jedoch bedeutend schwerer kontrollierbar: Das 1994 verbotene Nachrichtenmagazin „Tempo" ist seit März 1996 im Internet vertreten und damit nicht länger unter direkter Kontrolle der staatlichen Zensurbehörden (Far Eastern Economic Review, 28.3.1996). Auch bei gegenwärtig äußerst beschränktem Zugang zu den neuen Kommunikationsmedien – indonesienweit sind lediglich 20.000 individuelle „Internet-Surfer" registriert (Far Eastern Economic Review, 29.8.1996, S. 26) – scheint ein Anfang zur Überwindung der nationalen Zensur gemacht.

Die elektronische Globalisierung induziert eine massive „Verwestlichung", die, von den urbanen Zentren kontinuierlich in rurale Peripherräume ausgreifend, den Nährboden für eine zunehmende fundamentalistische Islamisierung darstellt (HANISCH 1995, S. 147; LIEM 1995, S. 97) – die oftmals kritiklose Akzeptanz westlicher (kleindimensionaler) Statussymbole durch die Adidas-Generation ist in ihren mittelfristigen Auswirkungen auf die indonesische Gesellschaft noch nicht absehbar.

Yaumil A. ACHIR (1996, S. 25ff) warnt vor einer Betrachtung globaler Integration als Bedrohung soziokultureller Tradition und betont die Unabwendbarkeit westlicher Einflüsse durch das sogenannte Tripe-T-Faktorenbündel (Telekommunikation, Transport, Tourismus): „The rate of penetration of foreign cultures into Indonesian society proceeds at a very high rate. Like it or dislike it, this process will continue" – (unaufhaltsamer) sozialer Wandel gilt als Chance der Modernisierung, als „social engineering", die im Pilotprojekt des „Disiplin Nasional" gipfelt, das – auf einer Fülle von kommerziellen Plakatflächen beworben – westliche Disziplinelemente propagiert (Schlangestehen statt Drängen, Sauberhalten öffentlicher Flächen, etc.). Die insbesondere von islamischer Seite hart kritisierte Verwestlichung stößt allerdings an die Grenzen der Adaptierbarkeit auf asiatische Verhaltensmuster – und erweist sich nicht zuletzt als ambivalent. Schließlich kann sich auch der indonesische Islam den neuen Informationsnetzen nicht länger verschließen, wie die Einrichtung des „Muslimnet" am internationalen Datenhighway belegt. „By plugging into the global marketplace of ideas, Muslim-run companies can upgrade their management skills and business acumen", betont Haidar BAGIR, Herausgeber der moslemischen Tageszeitung „Republika" (Far Eastern Economic Review, 29.8.1996, S. 26).

Traditionelle Werte dominieren weiterhin, auch wenn die „neue Freiheit" allgegenwärtig ist: Ob in den Medien oder in den Freizeitaktivitäten einer neuen urbanen Mittel- und Oberschicht (Disco, Golf, etc.), der Einfluß westlicher Werte ist präsent – doch eingebettet in etablierten Konservativismus. „They may mimic American trends – music and fashion – but they aren't like American kids … the Asian generation can reconcile global consumerism with loyalty towards home and community", wie asiatische Marktforscher betonen. „Superficially they may look Western, they may prefer their McDonald's … or watch the same programmes as their counterparts in the West. But inside they hold a lot of values they get from their parents that are hard to change." (Far Eastern Economic Review, 5.12.1996, S. 51ff).

Die Informationsrevolution ist nicht zu stoppen: Die Antennen für CNN, BBC und MTV sind mittlerweile allgegenwärtige Symbole einer globalisierenden Welt – nicht nur in Mittelschichthaushalten. Die weltweiten Live-Übertragungen von Demonstrationen und Protestmärschen gegen Korruption und soziale Ungerechtigkeit zeigen Wirkung, dringen allmählich auch in das Bewußtsein der indonesischen Bevölkerung ein. SUHARTO als Opfer seines eigenen Erfolges? „The young Indonesians who were born and educated during his rule have become the ones who are the most vociferous in demanding more political liberties and civil justice." (Newsweek, 2.6.1997, S. 27).

Kritische Stimmen sind auf indonesischer Seite nicht zu überhören, sie sind sich jedoch bewußt, das Rad der Zeit nicht zurückdrehen zu können: „Wir finden alles Große, Monumentale und Kolossale toll und sensationell. Wir wollen ja eine richtige moderne, fortschrittliche Großstadtbevölkerung werden – bezeichnenderweise machen die sogenannten fortschrittlichen Nationen keinen solchen Aufruhr hinsichtlich des Fortschritts", meint Slanet SYUKUR (1995, S. 187)[55], westlich gebildeter Intellektueller, sarkastisch und kann der Video- und Pop-Welle der neunziger Jahre wenig Positives abgewinnen; „Die Worte sind dünn und schal wie verwässerter Wein, …" pflichtet auch SYLADO (1995, S. 179ff), ein nationalistischer Technokrat, bei, dessen Ansicht über die Imitation US-amerikanischer Tanzstile auch weitreichender, als symptomatisch für überhastet krampfhafte Verwestlichung, analysiert werden kann: „Trotz aller Verausgabung sah es irgendwie vergeblich aus."[56]

3. Migrationsmuster in Kontinuität und Wandel

Stadtentwicklung und Migration stehen in Megastädten der Dritten Welt in sehr engem Wechselbezug. Migration wird im Rahmen dieser Ausführungen jenseits „klassischer Push-Pull-Modelle" verstanden, indem davon ausgegangen wird, daß globale ökonomische Rahmenbedingungen den Kontext zum Migrationsverhalten herstellen und nicht so sehr der immer wieder zitierte „individuelle Wanderungsentscheid", der die Basis gängiger Analysen darstellt.

---

[55]) Musik Minimax – billig, real, leistungsfähig (SYUKUR 1995, S. 187ff).
[56]) Indonesische Pop-Musik, ein ewiges „Warum" (SYLADO 1995, S. 178ff).

Eingangs muß festgehalten werden, daß Migration als Forschungsthema in bzw. zu Indonesien erst verstärkt in den achtziger Jahren aufgegriffen wurde. So betont auch GARDINER (1997) – „The studies of geographic mobility of population and urbanisation have historically been the poor stepchildren of Indonesian demography" – die bisherigen Versäumnisse der Forschungsarbeit. Mitursachen dafür sind vor allem die unzureichenden Datengrundlagen, die eine genaue Aufarbeitung und auch Prognosen für das zukünftige Wanderungsverhalten bis heute nur sehr ungenau zulassen, somit auch die Untersuchungen zu diesem Beitrag beeinträchtigten. Die Wichtigkeit der Auseinandersetzung mit vielen Fragen der innerindonesischen Mobilität ist im Kontext der Megastadtentwicklung dagegen unumstritten. Sie wird von Experten auch als „tip of the iceberg" (GARDINER 1997) bezeichnet. Trotz der schon langen Tradition von Transmigration, der staatlich organisierten Umsiedlung von dicht besiedelten in dünn besiedelte ländliche Räume, ist es von staatlicher Seite nicht gelungen, das Wanderungsverhalten in Richtung des Großraumes Jabotabek zu kontrollieren, geschweige denn statistisch exakt zu erfassen.

3.1 Migration: Ein innerindonesischer Überblick

Verstärkte Integration in internationale Kontexte, aber auch der Bevölkerungsdruck auf Java und in Teilen Sumatras haben in der letzten Dekade zu erhöhter Mobilität geführt. „For 10 years from the population census of 1980 up to the population census of 1990, the Indonesian population trend has generally experienced an increase in mobility. At the national level, the proportion of migrants in 1980 was 7,8 percent and this increased to 9,9 percent in 1990." (KASTO et al. 1996, S. 6). In Summe bedeutet das ein Migrationsvolumen von 17,8 Millionen Personen im Jahr 1990. KASTO weiter: „The provinces with the largest migration rate were Jakarta Special Region with 18,1 percent and West-Java which had 17,3 percent. These two provinces constituted the main destination areas because of the relatively higher employment opportunities they offer compared with other places."

Ergänzend gilt es noch festzuhalten, daß der demographische Übergang mit einer niedrigeren Geburtenrate den Ausgangspunkt in „Inner Indonesia" (Java, Madura und Bali) gegenüber den „Outer Islands" genommen hat (GARDINER 1997, S. 121), somit der natürliche Bevölkerungsdruck von außen zusätzlich auf den größten innerindonesischen Arbeitsmarkt einwirkt, da die Bevölkerung im arbeitsfähigen Alter zusätzlich überproportional zur Gesamtbevölkerung im Wachsen begriffen ist.

Abbildung 10 gibt einen ersten Überblick über die Migrationsströme ab 200.000 Personen in Indonesien. Als Hauptdestination hat sich der Großraum West-Java neben DKI Jakarta herauskristallisiert. Festgehalten kann werden, daß neben der Kernstadt Jakarta vor allem die umliegenden Provinzen Jabotabeks – das primäre Ansiedlungsgebiet internationaler Unternehmungen – den Zuzug binden. Die Zirkulation der Bevölkerung zwischen Zentral-Java, DKI Jakarta und West-Java – bedingt vor allem durch informelle Ökonomie und temporäre Arbeitstätigkeit – gilt ebenfalls als ein Hauptmerkmal der Binnenmigration Indonesiens und unterstreicht die zunehmende ökonomische Verdichtung eines zusammenhängenden, für das erste Viertel des kommenden Jahrhunderts prognostizierten mega-urbanen Raumes in West- und Zentral-Java. Weiters ist ersichtlich, daß neben Java noch Sumatra als bedeutendere Destination von Wanderungen anzusehen ist. Die nationale Vormachtstellung des Großraumes Jabotabek erfährt durch das innerindonesische Migrationsverhalten an weiterer Bedeutung. Ökonomische Konzentration von internationalem Kapital und Migration stehen in direktem Verhältnis zum Zuzug vor allem der ländlichen Bevölkerung aus Zentral-Java.

**Abbildung 10: Bedeutende Wanderungsströme in Indonesien auf Provinzbasis
1985–1990 ***

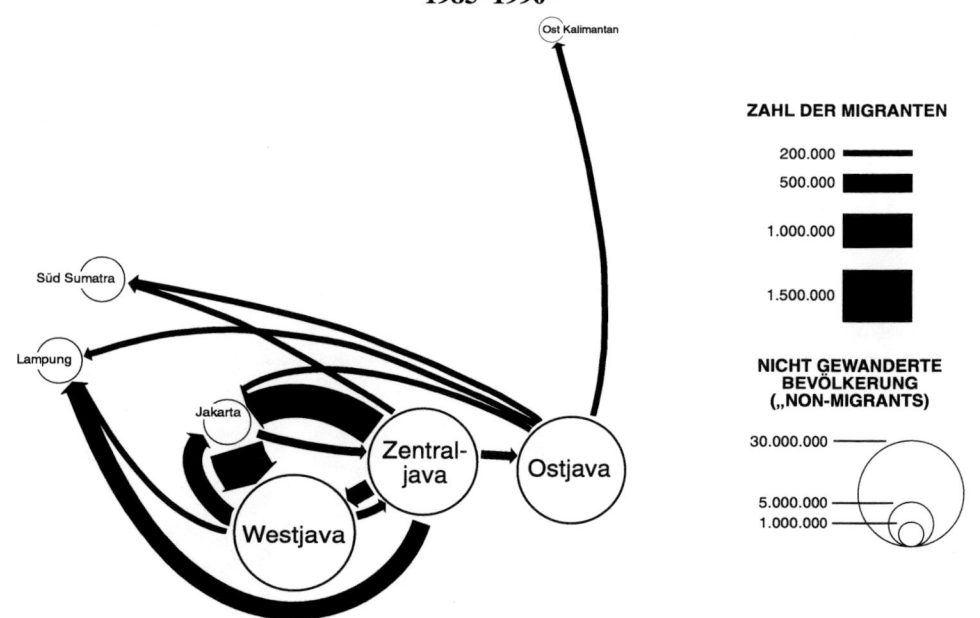

*) Fünfjahres-Migration – Vergleich des Wohnortes vor fünf Jahren mit dem Wohnort
  zum Zeitpunkt des Zensus 1990.
  Quelle: HUGO 1997, verändert. Datengrundlage: Zensus 1990.

Die Freisetzung der ruralen Bevölkerung Javas aus ihren Arbeitszusammenhängen und die damit in Zusammenhang stehende Migrationsbereitschaft hängen nicht zuletzt mit der Kleinstrukturiertheit der Landwirtschaft zusammen. So hatten beim Zensus 1980 etwa 34,4 Prozent von 12,8 Millionen ländlichen Haushalten auf Java nur bis maximal 0,25 Hektar Ackerland zur Verfügung (DJUHARI und TITIK HANDAYANI 1991, S. 79). Dennoch gibt es Untersuchungen, die erkennen lassen, daß viele nach Jakarta Zugewanderte zuvor ebenfalls in urbanen Gebieten Indonesiens gelebt haben und nicht ausschließlich in der Landwirtschaft tätig waren (DJUHARI und TITIK HANDAYANI 1991, S. 81). Ältere Studien sehen das Hauptmotiv zur Wanderung nach Jakarta in der Hoffnung der Migranten, ihre ökonomische Situation zu verbessern. Die Wichtigkeit bestehender sozialer Netzwerke wird in fast allen Fallstudien vor allem im Kontext des informellen Sektors und seiner Absorptionskapazität für Migranten bestätigt. Untersuchungen zeigen, daß kulturelle Identität und die Bindung an das Herkunftsgebiet im Leben der Migranten in den großen Städten nach wie vor von hoher Bedeutung sind (SCHEFOLD 1996, S. 158).

Die Gründe für eine erhöhte Mobilitätsbereitschaft innerhalb Indonesiens sind zahlreich und unterschiedlich:

- Wirtschaftswachstum in Agglomerationsgebieten und im Rahmen staatlicher Regionalpolitik.
- Staatlich gelenkte Transmigrationsprogramme.
- Ausländische Direktinvestitionen im Kontext einer verstärkten Transnationalisierung der Wirtschaft.
- Rückgang der in der Landwirtschaft Beschäftigten („Grüne Revolution", Weltmarkt, Naturkatastrophen und Überbevölkerung, z.B. in Java).

- Vorhandensein von Informationskanälen über Arbeitsplätze und -konditionen (informelle Familiennetzwerke, Medien etc.).
- Naturkatastrophen (Zwangsevakuierungen, Vulkanausbrüche, Erosion, Ernteausfälle etc.).
- Flüchtlingsbewegungen (Ost-Timor).
- Verbesserungen im öffentlichen Transportwesen (dieses ist vor allem in Java und Sumatra sehr gut organisiert).
- Anstieg im Bildungsniveau.
- Ökonomische Krisen.

Tabelle 6 zeigt die Dominanz Javas im Mobilitätsaufkommen Indonesiens im Gegensatz zu sämtlichen übrigen Landesteilen. Allein im Kernstadtbereich DKI Jakarta können im Jahr 1995 in Summe knapp 22 Prozent der Bevölkerung als Migranten klassifiziert werden. Zu sagen bleibt jedoch, daß die offizielle Zählung mit Sicherheit unter der tatsächlichen Zahl der Gewanderten bleibt.

Tabelle 6: Anzahl der Nicht-Migranten und der Migranten („Lifetime-Migration") [a] nach Provinzen 1995 [b]

Provinz	Nicht-Migranten	Migranten	Gesamtbevölkerung
Dista Aceh	3 618 942	181 574	3 800 516
Sumatera Utara	10 562 217	1 025 451	11 587 668
Sumatera Barat	4 062 325	837 493	4 899 818
Riau	3 015 765	169 941	3 185 706
Jambi	1 887 164	112 204	1 999 368
Sumatera Selatan	6 168 647	580 077	6 748 724
Bengkulu	1 077 037	66 762	1 143 799
Lampung	4 733 831	273 061	5 006 892
DKI Jakarta	5 741 268	1 589 285	7 330 553
Jawa Barat	35 591 688	1 891 615	37 483 303
Jawa Tengah	28 980 288	5 014 822	33 995 110
DI Yogyakarta	2 569 534	861 679	3 431 213
Jawa Timur	33 035 007	2 879 389	35 914 396
Bali	2 737 747	230 149	2 967 896
Nusa Tenggara Barat	3 570 486	107 261	3 677 747
Nusa Tenggara Timur	3 519 557	118 625	3 638 182
Timor Timur	780 863	9 692	790 555
Kalimantan Barat	3 385 113	126 834	3 511 947
Kalimantan Tengah	1 302 425	57 448	1 359 873
Kalimantan Selatan	2 571 522	245 595	2 817 117
Kalimantan Timur	1 573 074	88 646	1 661 720
Sulawesi Utara	2 573 009	218 240	2 791 249
Sulawesi Tengah	1 586 462	47 793	1 634 255
Sulawesi Selatan	7 254 072	792 342	8 046 414
Sulawesi Tenggara	1 326 776	125 403	1 452 179
Maluku	1 926 039	135 727	2 061 766
Irian Jaya	1 668 351	47 356	1 715 707
Luar Negeri/Abroad	-	101 135	101 135
Gesamt	176 819 209	17 935 599	194 754 808

a) „Lifetime-Migration": Vergleich des Geburtsorts und des Wohnorts zum Erhebungszeitpunkt.
b) Datenbasis des „1995 Intercensal Population Survey".
Quelle: Biro Pusat Statistik 1996b.

3.2 Transmigration

3.2.1 Koloniales Erbe der gelenkten Binnenmigration

Transmigration, das staatlich gelenkte Umsiedlungsprogramm Indonesiens, ist insoferne für den thematischen Kontext von Bedeutung, da deren historischer Ausgangspunkt – das erste Umsiedlungsprojekt wurde im Jahr 1905 getätigt (BEYER 1988, S. 38) – auf die koloniale Intervention der Niederlande zurückzuführen ist. Transmigration ist in letzter Konsequenz Ergebnis imperialistischer Einmischung in die nationale Souveränität Indonesiens und somit erstes Anzeichen von Auswirkungen der Internationalisierung auf die Binnenmigration. Nachdem das Konzept der Transmigration nach der Unabhängigkeit von Indonesien selbst aufgegriffen wurde, haben sich deren Voraussetzungen jedoch verändert.

Ob die Notwendigkeit von Transmigrationen, wie häufig argumentiert wird, durch zunehmende Inter- und Transnationalisierung Indonesiens an Bedeutung gewonnen hat, läßt sich so einfach nicht beantworten, da dieser Zusammenhang von staatlicher Seite jedenfalls nicht als Diskussion aufgegriffen wird. Festgehalten kann werden, daß die regionalen Disparitäten an Schärfe zugenommen haben und das wiederum in engem Kontext zur verstärkten Marktintegration Indonesiens zu verstehen ist. Indonesien nimmt somit eine internationale Sonderstellung im organisierten Migrationsverhalten ein.

Das von offizieller Seite vorrangig angeführte Ziel von „Umsiedlungen" aus bevölkerungsdichten (vor allem Java, Bali) in bevölkerungsarme Zielgebiete (vor allem: Irian Jaya, Kalimantan, Sumatra, Sulawesi und Molukken) liegt im Abbau nationaler Disparitäten. „Transmigration is the voluntary migration of Indonesian people from one region within Indonesia to a different region also within Indonesia. These people will become part of stable and sedentary settlements in receiving areas. Transmigration is coordinated by the Indonesian Government as a contribution to national and regional development." (Ministry of Transmigration and Forest Squatter Resettlement 1990, Folder). Erste Transmigrationen (unter der Bezeichnung „*kolonisasi*") wurden – wie bereits oben erwähnt – schon durch die niederländische Kolonialregierung eingeleitet mit dem Ziel, die Lebenssituation der Bauern zu verbessern.

Tabelle 7: Bevölkerungsverteilung in Indonesien 1990

Inseln	Fläche (km²)	Flächenanteil in Prozent	Gesamtbevölk. (Millionen)	Anteil an der Gesamtbevölk. (in Prozent)	Einwohner pro km²
Java und Madura	132.186	6,88	107,574	59,99	814
Bali	5.561	0,29	2,778	1,55	500
Westl. Nusa Tenggara	20.177	1,05	3,370	1,88	167
Sumatra	473.481	24,67	36,445	20,33	77
Kalimantan	539.460	28,11	9,110	5,08	17
Sulawesi	189.216	9,85	12,522	6,98	66
Östl. Nusa Tenggara	74.505	2,49	3,269	1,88	68
Molukken	74.505	3,88	1,856	1,03	25
Irian Jaya	421.981	21,99	1,641	0,93	4
Osttimor	14.874	0,78	0,748	0,39	50

Quelle: Ministry of Transmigration and Forest Squatter Resettlement 1990.

Ausschlaggebend für die eingeleiteten Transmigrationen war seit jeher die national ungleich verteilte Bevölkerung (vgl. Tabelle 7). So leben auf 6,9 Prozent der Gesamtfläche Indonesiens (Java und Madura) rund 60 Prozent der Landesbevölkerung. Das entspricht einer Bevölkerungsdichte von 814 Personen pro km² (Ministry of Transmigration and Forest Squatter Resettlement 1990).

Das Transmigrasi-Konzept, vom nunmehr unabhängigen Indonesien übernommen, erwies sich zunächst als unrealistisch und unfinanzierbar: So sollten innerhalb von 15 Jahren 50 Millionen Menschen umgesiedelt werden (HARDJONO 1988). Unter SUHARTO wurde die Idee wieder aufgenommen und vorwiegend im zweiten Fünfjahresplan (Repelita II, 1974/75–1978/79) forciert, als 83.000 Familien umgesiedelt wurden, und 28 Prozent des Gesamtbudgets der gesteuerten Regionalentwicklung zugute kamen (The Far East and Australasia 1996, S. 376). Der Effekt des demographischen Disparitätenausgleichs stand zwar im Vordergrund, strategische Überlegungen – etwa die Stärkung Kalimantans gegen eine potentielle malaysische Invasion – wurden jedoch zunehmend relevant (SCHWARZ 1993, S. 17).

Unterschieden muß zwischen „offizieller Transmigration" („sponsored transmigration") und „spontaner Migration" („spontaneous transmigration") werden. Im Rahmen der offiziellen Transmigration werden finanzielle Unterstützungen für die Reise und die Ankunft im Zielgebiet von staatlicher Seite gewährleistet. So bekommen beispielsweise Familien, die in der Landwirtschaft tätig sind, als Starthilfe zwei Hektar Land vom Staat geschenkt und ein eigenes Haus zur Verfügung gestellt. Demgegenüber steht der Nachteil, daß weder der Zeitpunkt der Transmigration noch der Zielort individuell gewählt werden können. Die spontane Migration ist dadurch gekennzeichnet, daß Zielort und Zeitpunkt der Reise zwar selbst gewählt, jedoch die Reise selbst in der Regel nicht finanziell unterstützt wird. Ist die Transmigration erfolgt, kann aber im nachhinein eine Eingliederung in diverse Unterstützungssysteme staatlicher und privatwirtschaftlicher Organisationen erfolgen. Spontane Transmigranten sind von Regierungsseite insoferne willkommen, als die staatlichen Förderkosten dadurch geringer gehalten werden. Gefördert wird grundsätzlich: „Foodcrop farming, estate farming, agro forestry, fishery and fishpond management, manufacturing and industry" (BRABENEC 1996, S. 23; Ministry of Transmigration and Forest Squatter Resettlement 1990; Ministry of Transmigration and Forest Squatter Resettlement, Republic of Indonesia 1994).

Bis 1990 wurden rund 900.000 Familien, das sind etwa 3,7 Millionen Menschen, aus der javanischen Reis-Kulturlandschaft auf die indonesischen Außeninseln mit ihrem monsunalwechselfeuchten Klima umgesiedelt; dazu kamen weitere 700.000 „spontane Umsiedler" und etwa 5 Millionen „autonome" Transmigranten.[57] Zusammengenommen entstand somit eine Bevölkerungsumverteilung von etwa 8–9 Millionen, von denen sich die Mehrzahl – zwei Drittel nach Sumatra, etwa ein Viertel nach Kalimantan – auf zwei Hauptinseln konzentrierte (UHLIG 1995, S. 177).

Die staatlichen Ziele der Transmigration in Indonesien lassen sich schwerpunkthaft folgendermaßen aufschlüsseln (HUSA und WOHLSCHLÄGL 1996; Ministry of Transmigration and Forest Squatter Resettlement, Republic of Indonesia 1994):

---

[57] Die „echte", auf eigene Faust erfolgende Rodungskolonisation wird als „autonome Transmigration" bezeichnet (UHLIG 1995, S. 180).

Abbildung 11: Staatliche Ziele (Legitimation) der Transmigration, differenziert nach nationaler und regionaler Bedeutung (Herkunftsregion und Neusiedlungsgebiet)

National	Herkunftsregion	Neusiedlungsgebiet
Förderung des innerstaatlichen Wohlstandes	Verminderung der Urbanisierung und Slumbildung	Technologietransfer in periphere Gebiete
Optimierung der Bevölkerungsverteilung	Armutsbekämpfung	Bildung neuer Wachstumszentren (Infrastrukturaufbau)
Stabilisierung der nationalen Einigkeit	Entlastung des Arbeitsmarktes	Förderung von benachteiligten Regionen (Regionalentwicklung)
Soziale staatliche Verantwortung (Förderung der Armen, Schul-Drop-Outs, Landlosen etc.) auf Basis der Pancasila-Ideologie	Abbau sozialer, ökonomischer und politischer Spannungen in Verdichtungsräumen	Optimaler Einsatz der Transmigranten nach Qualifikationsprofil durch staatliches Auswahlverfahren
„Lösung des indonesischen Bevölkerungsproblems"	Abbau des regionalen Bevölkerungsdruckes	Verbesserung der landwirtschaftlichen Strukturen
Garantierung der nationalen Sicherheit (Aufbau strategischer Positionen und der Landesverteidigung)	Entlastung von Siedlungsräumen, die durch Naturkatastrophen bedroht sind, und Vermeidung der Bestellung von zunehmend unfruchtbarem Ackerland	Verbesserung der individuellen Lebenssituation der Transmigranten (Einkommen, [selbständige] Arbeit, „self-motivation", Landbesitz etc.)
Abbau regionaler Disparitäten	Stopp der Rodungskolonisation in geschützen Waldgebieten und Schutz für überfischte Meereszonen	Optimale Nutzung von Humankapital und natürlichen Ressourcen
Verbesserung des Lebensstandards		Wirtschaftswachstum
Nationalentwicklung		Integration ethnischer Minderheiten in die „indonesische Gesellschaft"

Entwurf: M. HEINTEL.

3.2.2 Gegenwärtige Bedeutung der Transmigration als „Entlastungskonzept" für den metropolitanen Verdichtungsraum

Die optimistischen Zielsetzungen der Transmigration dürfen über die negativen Folgewirkungen vor allem in den Zielgebieten nicht hinwegtäuschen und erfordern daher eine kritische Interpretation. Ethnische Konflikte und „Javanisierung" (mangelnde Integration und Assimilation der Zuwanderer), Naturkatastrophen durch die Erschließung von ungeeignetem Ackerland (zu große Ausbeutung, Erosion, Rodung, Regenwaldzerstörung etc.) und die oft harte Pionierarbeit stehen vielfach im Widerspruch zu den idealisierten Zielsetzungen der indonesischen Regierung (HUSA und WOHLSCHLÄGL 1996, S. 127). Auch die „Lösung des indonesischen Bevölkerungsproblems" konnte als Legitimation für das Transmigrationsprogramm nicht wirklich länger aufrecht erhalten bleiben, statt dessen wird jetzt der Abbau der regionalen Disparitäten als Hauptargument angeführt. Das Management, das vom Ministry of Transmigration als Garant für den optimalen Ablauf einer Transmigration angepriesen wird, ist jedoch häufig selbst für Mißerfolge und Korruption, mangelnde Kooperation und Koordination mit lokalen Behörden, den Wechsel von Organisationsformen etc. mitverantwortlich (Auswahl ungeeigneter Zielorte, Verzögerungen im Transport der Transmigranten, unzureichende Vorbereitung für den Ortswechsel, schlechtes Agromanagement etc.).

In Summe nehmen etwa 250.000 Personen pro Jahr Transmigrationsprogramme in Anspruch (Ministry of Transmigration and Forest Squatter Resettlement, Republic of Indonesia 1994, S. 4). Während des dritten Fünfjahresplanes (Repelita III 1979–1984) erreichte die Transmigration ihren Höhepunkt, nicht zuletzt aufgrund massiver Stützungen durch die Weltbank, die sich aber mittlerweile von diesem Projekt zurückgezogen hat. Es darf jedoch die Tatsache nicht außer acht gelassen werden, daß die staatlichen Zielsetzungen von etwa 13 Millionen Menschen, die das Transmigrationsprogramm in den letzten beiden Jahrzehnten des 20. Jahrhunderts in Anspruch nehmen hätten sollen, bei weitem nicht erreicht werden konnten (HUSA und WOHLSCHLÄGL 1996, S. 130f). Festgehalten muß aber auch werden, daß die spontane Migration an Dynamik gewonnen hat – was nicht zuletzt auch im staatlichen Interesse liegt.

Auch im letzten verfügbaren Fiskaljahr April 1996 bis März 1997 konnten die staatlichen Erwartungen nicht erfüllt werden. Insgesamt war für diesen Zeitraum ein Plansoll von 38.086 Familien aus den Herkunftsgebieten Java, Bali, Nusa Tenggara Barat (NTB) und Nusa Tenggara Timur (NTT) vorgesehen. In der Zeit von März 1996 bis Jänner 1997 wurden im Durchschnitt nur 61,6 Prozent des Plansolls erreicht. Den höchsten Sollwert dabei erreicht DKI Jakarta mit 69,9 Prozent, das entspricht einer Summe von 1.398 gewanderten Familien des Plansolls von 2.000, gefolgt von Java Barat (Jabotabek und Bandung) mit 65,3 Prozent des Plansolls von 9.350 Personen (Direktorat Pemindahan dan Penempatan 1997, S. 5).

Insgesamt gilt die gesteuerte Transmigration Indonesiens sozial wie ökologisch umstritten. Auch die getätigten Infrastrukturinvestitionen (Pernia 1991, S. 133), die ohne geoökologische Eignungsprüfungen die Wahl standortgerechter Anbauformen lange Zeit negierten (SCHOLZ 1992), zeigten eine vergleichsweise geringe Effizienz. Während das Bevölkerungswachstum Javas zwischen 1961 und 1976 2,7 Millionen betrug, erwies sich die gesteuerte Netto-Auswanderung – bei fast einer halben Million Zuwanderer – mit jährlich 47.000 Personen als minimal (DONNER 1987, S. 55). MANNING (1988, S. 52) konstatiert erst ab der Periode 1979–1984 (Repelita III) eine signifikante Verringerung (500.000 Haushalte) des Bevölkerungsdrucks auf Java.

Transmigrationsprogramme konnten die Binnenmigration und explosionsartige Urbanisierung Javas, vor allem Jakartas, nicht verringern (SCHWARZ 1993, S. 18); das derzeitige Bevölkerungswachstum von jährlich 1,6 Prozent (World Bank 1994b, S. 10) mag zwar aufgrund erfolgreicher Familienplanung – zumindest mittelfristig – im Sinken sein, kann aber den gewaltigen Bevölkerungsdruck auf urbane Räume kurzfristig nicht stoppen.

3.3 Migration und Stadtentwicklung

Migration und Stadtentwicklung stehen vor allem in Java in sehr engem Wechselbezug. Die schon erwähnte ungleichmäßige Verteilung der Bevölkerung, die Konzentration ökonomischer Prozesse auf Java verbunden mit der sukzessiven Integration von ausländischem Kapital ebendort sowie der Rückgang der in der Landwirtschaft Beschäftigten sind dafür mitverantwortlich. Die Zukunft der Stadtentwicklung auf Java wird aber nicht zuletzt aufgrund historischer Gegebenheiten bestimmt. Hohe Bevölkerungsdichte, ökonomische Vormachtstellung im nationalen Kontext, ethnische Dominanz der Javaner gegenüber Nichtjavanern, verbunden mit politischer Macht über den gesamten Inselstaat, sind nicht nur Merkmale der Vergangenheit, sondern ebenso der Gegenwart. Die nationale Hegemonie Javas erklärt auch die sukzessive Urbanisierung der Insel, die bei weitem noch nicht abgeschlossen ist. „It is anticipated that Java will retain a majority of the population until around the year 2025, when the island will be highly urbanized. In fact, in the early 1970s, Djojohadikusumo predicted that Java would be an island city in the year 2000, which is now only a few years away." (PASAY 1994, S. 46). Die „Inselstadt" ist somit Ergebnis von natürlicher Bevölkerungsbewegung, Migration und wirtschaftlichem Wachstum.

Java, allen voran der Großraum Jabotabek, ist zum einen der größte nationale Markt des bevölkerungsmäßig viertgrößten Staates der Welt, zum anderen Potential billiger Arbeitskräfte für den Produktionssektor v.a. ausländischer Investoren. Der urbane Arbeitsmarkt hat eine sehr hohe Attraktivität für potentielle Migranten, weniger wegen der zum Teil höheren Verdienstmöglichkeiten gegenüber dem ländlichen Raum, als vielmehr deshalb, weil überhaupt eine Chance besteht, einer (geregelten) Arbeit nachgehen zu können. Die offizielle Beschäftigungsrate im ländlichen Raum Indonesiens liegt zwar über der im städtischen, schafft aber keine Attraktivität zum Verbleib im ländlichen Raum, da der informelle Sektor der Stadtökonomie ein enormes Absorptionspotential von Arbeitskräften bereithält. Im Vordergrund der Überlegungen vieler Migranten steht das Motiv, lieber in die „Falle der informellen Ökonomie zu tappen", als in der formellen Ökonomie arbeitslos zu sein.

Untersuchungen von HUGO (1988, 1989) haben ergeben, daß etwa 25 Prozent der ländlichen Haushalte in Java ein oder mehrere Haushaltsmitglieder beherbergen, die zumindest einen Teil oder Teile des Jahres in den urbanen Arbeitsmarkt integriert sind. „This would imply that at least 3.75 million people are involved in this form of migration on Java, equivalent to just over 50 percent of the measured 1980 urban employment in Java." (HUGO 1991, S. 18). Das zeigt auch ein neues Phänomen der Mobilität auf (HUSA und WOHLSCHLÄGL 1995, S. 92), das jenseits der konventionellen Land-Stadt-Wanderung liegt, die auf die ständige Verlagerung des Wohnsitzes vom Land in die Stadt hin orientiert war. Zirkuläre Mobilität bestimmt gegenwärtig die Dynamik des Wanderungssektors der indonesischen Binnenmigration. Angefangen bei Pendelwanderung über mehrjährige Mobilitätsformen mit der Aufrechterhaltung der Bindung zu den Herkunftsgebieten bis hin zu „Working Life Migrants" spannt sich hier das Spektrum temporärer Migration.

Die Nachteile für den ländlichen Raum Indonesiens sind vielfältig und zum Teil vorprogrammiert. PASAY (1994, S. 47) beschreibt die Migranten, die von ländlichen in städtische Räume wandern, im Vergleich zur bleibenden ländlichen Bevölkerung als überdurchschnittlich gut gebildet. Nicht nur, daß somit qualifizierte Arbeitskräfte der ländlichen Ökonomie abhanden kommen (gekommen sind), fehlt auch zunehmend der bildungspolitische Hintergrund im ländlichen Raum, der Regionalentwicklung sichert und regionale Disparitäten zumindest nicht vergrößern läßt. Umgekehrt steigt das Konkurrenzverhalten am urbanen Arbeitsmarkt. Informationsdefizite von Migranten über den urbanen Arbeitsmarkt werden vielfach mit besserer Bildung und höherer Flexibilität kompensiert. Mit der Länge des Verbleibs in der Stadt egalisieren sich jedoch die individuellen Vor- oder Nachteile zwischen Migranten und gebürtigen Städtern, sodaß kein signifikanter Unterschied zwischen Beschäftigung und Arbeitslosigkeit der beiden Gruppen hergestellt werden kann. Mit der Konkurrenz am Arbeitsmarkt steigt auch die Arbeitslosigkeit im top-qualifizierten Bereich. Die Arbeitslosenrate für Universitätsabsolventen im städtischen Raum stieg von 1,5 Prozent im Jahr 1980 auf 8,6 Prozent im Jahr 1990 ebenso wie die Arbeitslosenrate für

High School-Absolventen in diesem Vergleichszeitraum von 4,1 Prozent auf 9,3 Prozent. Die generelle Problematik im Zusammenhang von Migration und Stadtentwicklung liegt jedoch vor allem in der Erfassung der Mobilitätsvorgänge. Von starker Zunahme ist die Wanderung innerhalb der Provinzgrenzen, wie zum Beispiel die Verlagerung des Wohnsitzes innerhalb West-Javas vom ländlichen Raum in die bereits suburbanisierten Gebiete. Dieser Wanderungstrend fördert die Agglomerationsbildung und Verstädterung, ist jedoch statistisch sehr schwer faßbar.

HUGO (1991, S. 16) bemerkt in diesem Zusammenhang folgendes: „It is difficult to detect changes in levels of internal migration in Indonesia because the census only recognizes as migrants those movers who cross a provincial boundary and most provinces are large and heterogenous. Surveys suggest that five times more permanent migrants move within, than move between, provinces." Das Stadtumland von DKI Jakarta bildet jene Stadtentwicklungszone Indonesiens, die die größte Dynamik und Veränderung sowie die höchste Attraktivität für potentielle Investoren und Neusiedler aufweist.

3.3.1 Internationalisierung und die Entleerung der Kernstadt?

„Pembangunan" (Entwicklung), das Leitbild der „Neuen Ordnung", war auf einseitiges Wirtschaftswachstum der Metropole Jakarta limitiert; die kosmopolitische Vision einer internationalen Metropole erwies sich jedoch aufgrund des unaufhaltsamen Zustroms von Migranten aus dem Umland als Illusion: Zwischen 1966 und 1976 wuchs die Bevölkerungszahl von 3,6 auf 5,7 Millionen, das jährliche Bevölkerungswachstum überstieg zwischen den Volkszählungen 1961 und 1971 4,5 Prozent, 1971 hatten 60 Prozent der Bevölkerung ihren Geburtsort außerhalb Jakartas. Die kommunalen Infrastruktureinrichtungen (Wasserversorgung, Müllentsorgung, Transport) waren massiv überlastet und entsprachen – außerhalb eines architektonisch modernisierten Kernbereiches – keineswegs der Idee des indonesischen „Big Apple".

Wird ausschließlich der Kernstadtbereich (DKI Jakarta) analysiert, so zeigt sich ein Nettozuwachs von im Schnitt etwa 2 Millionen Menschen pro Dekade. Wichtig zu bemerken ist dabei jedoch, daß die Hauptdestination der „Out-Migration" von DKI Jakarta wiederum in den „out-ring-areas", somit in der Jabotabek-Region liegt. „DKI Jakarta is the main destination. In 1971 31,18 Prozent of migration across provincial borders headed for DKI Jakarta. In 1990 DKI Jakarta and West Java accommodated 37,75 Prozent of the interprovincial migrants." (ALATAS 1993, S. 25).

Es kommt somit lediglich zu einer Verschiebung innerhalb des urbanen Großraumes sowie zu weiterer Verstädterung in den Subzentren Bogor, Tangerang und Bekasi. Festzuhalten gilt jedoch, daß seit 1985 nicht mehr DKI Jakarta als Hauptdestination gilt, sondern West-Java.

Tabelle 8: Struktur der „Lifetime-Migration" in DKI Jakarta (1971–1990)

Lifetime-Migration	1971	1980	1990
In-Migration	1.821.833	2.599.367	3.170.215
Out-Migration	132.215	400.767	1.052.234
Net-Migration	1.689.618	2.198.600	2.117.981

Quelle: ALATAS 1993.

Abbildung 12: Migrationsverhalten in DKI Jakarta (1980–1990)

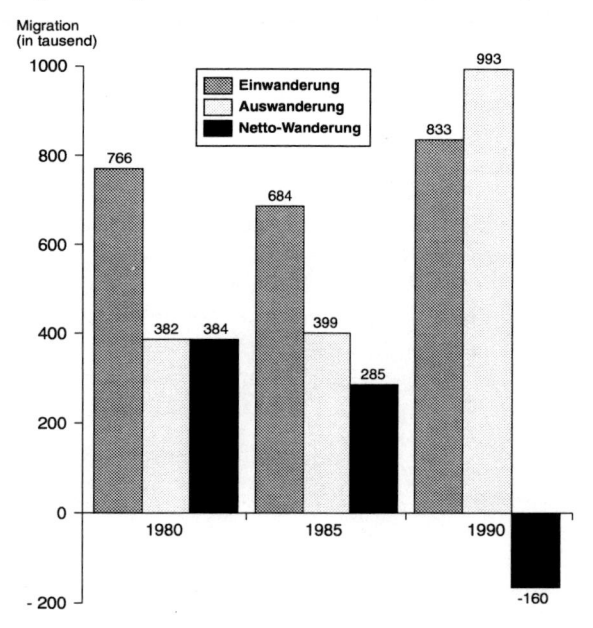

Quelle: Erstellt nach Daten aus ALATAS 1993.

Die Graphik in Abbildung 12 zeigt die Trendwende in der Struktur der Wanderung in DKI Jakarta. Im Jahr 1990 überwog erstmals die Abwanderung aus dem Kernstadtbereich.

Ausschlaggebend für die Umland-destinierte Migration ist der Ansiedlungsprozeß internationaler Unternehmen seit Beginn der wirtschaftlichen Öffnung Indonesiens mit massiver staatlicher Unterstützung. „Die Millionenstädte und Metropolen stellen die Untersuchung der Urbanisierung vor ein Problem, denn Metropolen sind nicht nur in ein nationales Stadtsystem integriert, sondern vor allem in ein globales. Neben dem normalen Bevölkerungswachstum ist ihre Größe das Ergebnis einer Land-Stadt-Migration innerhalb eines Landes oder einer Region und internationaler Migration, zu der auch Flüchtlingsbewegungen zu zählen sind. Deshalb ist ihre Entwicklung ebenso eng mit der Dynamik von Globalisierungsprozessen verbunden wie mit Prozessen nationalen und regionalen Wandels." (KORFF 1996b, S. 8).

Der Großraum Jabotabek, hier vor allem der ökonomische Wachstumsgürtel an der Nordküste, ist das primäre Wachstumsgebiet mit sukzessiver Erhöhung der Arbeitsplatzdichte, die mit einem Verdrängungsprozeß ruraler Strukturen im Stadtumland verbunden ist. Das Phänomen der Kernstadtentleerung ist somit direkt mit der Suburbanisierung Jabotabeks verbunden; der Anteil der Bevölkerung DKI Jakartas an der Gesamtbevölkerung Jabotabeks ist von 54,8 Prozent (1980) auf 43,2 Prozent (1990) gesunken, was – bei Berücksichtigung sämtlicher statistischer Fehlerquellen[58] – nicht nur einen demographischen, sondern auch einen ökonomischen Wandel impliziert.

---

[58]) DHARMAPATNI et al. (1995) weisen auf die Problematik der statistischen Erfassung hin: Gegenwärtig wohnen etwa 400.000 Menschen in Bekasi, die immer noch eine „Kartu Penduhuk" (Meldezettel) von DKI Jakarta besitzen.

Abbildung 13: Stadt-Land-Interaktion: Migration und Verdrängung

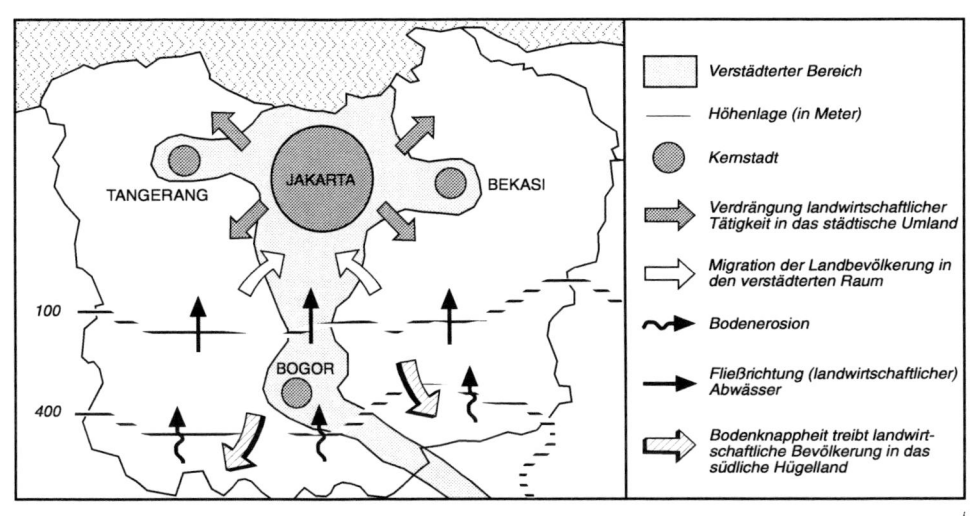

Quelle: DOUGLASS 1991.

Abbildung 13 dokumentiert den durch Migration verursachten Bevölkerungsdruck auf das Umland des Kernstadtbereiches DKI Jakarta. Der in Gang gesetzte Verdrängungsprozeß von ruralen Strukturen im suburbanen Bereich hat nicht nur die Dislokation der bisher ansässigen Bevölkerung zur Folge, sondern bedingt wiederum Migrationen in die urbanen Zonen und belastet den städtischen Arbeitsmarkt. Die ökologischen Folgeschäden der Umsiedlungen in zum Teil für den Agrarbereich nur schwer erschließbare Zonen (Südraum Jabotabek) auf der einen und die Auflassung von Naßreiskulturen auf der anderen Seite gewinnen zunehmend an Bedeutung.

Interessant sind natürlich auch die Konsequenzen eines „internationalisierten Jakarta" für die Migrationsmuster innerhalb der Stadt selbst. Die rasch wachsende „Modernisierung" Jakartas impliziert eine erhöhte Mobilität von Personen mit niedrigem Einkommen, die dem informellen Sektor zuordenbar sind. Ausschlaggebend für die Mobilität sind für knapp ein Viertel der Bevölkerung die Schleifungen von Kampungs („kampung demolitions") sowie die Suche nach besserem gemeinschaftlichem Zusammenleben, die Intention, näher am Arbeitsplatz zu leben (wobei zu sagen ist, daß gerade die unteren Einkommensschichten vor allem durch den informellen Sektor absorbiert werden), sowie der Bau eines Eigenheimes und lebenszyklische Veränderungen (SOMANTRI 1995). Aber auch die staatliche (stadtplanerische) Politik gegen die informelle Ökonomie (z.B.: Vertreibung der Becak-Fahrer aus dem Stadtkern) hat innerstädtische Mobilität nach sich gezogen. „When in Jakarta a policy against informal sector trade was started, one reaction was migration to other places, where other employment possibilities exist." (KORFF 1996b, S. 8). Von der Mobilität innerhalb der Stadt profitieren vor allem die Mitglieder der „Jakarta's urban strategic groups" und der „large-scale business community". Kampung-Bewohner sind somit indirekte Wegbereiter der innerstädtischen Modernisierung. Im Bereich der „Intra-City Migration" von Jakarta ist aber der Hauptteil der sog. „urban floating-mass" gar nicht erfaßbar.

Eine Analyse der regionalen Erwerbsstruktur kann aufgrund der vorhandenen Datenlage lediglich Querschnittcharakter haben, da Untersuchungen über das Wanderungsverhalten potentieller Migranten im Zuge der schrittweisen Industrialisierung nicht vorhanden sind. Auf dem Fragenkatalog der Zensuserhebungen von 1980 und 1990 beruhend können indonesische Beschäftigungsdaten nur nach dem Wohnort der Arbeitnehmer, nicht jedoch nach deren Arbeitsort analysiert werden – Aussagen über wechselnde Arbeitsplatzpräferenzen oder die „Anziehung" von Industrialisierungsprojekten im Zuge der Stadterweiterung haben daher den Charakter von Trendanalysen, ohne jedoch empirisch detailliert belegbar zu sein.

„Informal sector has flourished and occupied all corners of roads in the city", wie T.M. RAIS (1996, S. 3), Vize-Gouverneur von Jakarta, blumig beschreibt – allein die Zahl der registrierten Migranten stieg von rund 238.000 (1990) auf über 414.000 (1995), wobei die tatsächliche Zahl 1995 auf weit über eine Million geschätzt wird. Die Haltung der Staatsführung gegenüber informellen Phänomenen, sei es in den Bereichen Wohnen oder Beschäftigung, ist ambivalent und zeigt zumindest offiziell eine zunehmende Akzeptanz – wohl auch aus der Einsicht der Unvermeidlichkeit derartiger Prozesse.

Die Verstärkung latenter Disparitäten zwischen dem hochurbanen Java mit seiner Kulmination in Jakarta und den peripheren Außeninseln manifestiert sich in stetiger Zuwanderung in die Hochlohnregion in Westjava. Die staatlichen Mindestlöhne für Industriearbeiter betragen seit 1.1.1994 in Jakarta 3.800, in Ostjava 3.200, in Südsulawesi 2.300 Rupiahs/Tag [Wechselkurs Jänner 1997: Rp. 2.500 = 1 US-Dollar; Wechselkurs Jänner 1998: Rp. 13.000 = 1 US-Dollar]. Diese Tatsache stellt auch die Nationale Planungsbehörde „Bappenas" vor unlösbare Aufgaben: „We see how difficult the problem is and find no method to answer it even in a modest way", meint auch Planungsminister Ginandjar KARTASAMITA (zit. nach DÜRR 1994, S. 11).

3.3.2 Migrantinnen am städtischen Arbeitsmarkt

Im Zuge der Internationalisierung veränderte sich nicht nur die Beschäftigtenstruktur per se, sondern auch das Geschlechterverhältnis. Der Wandel der Berufsbilder verstärkte die Einbindung von Frauen in den regionalen Arbeitsmarkt, wobei – neben informellen Tätigkeiten etwa als Straßenhändlerin oder Haushaltshilfe – auch die Nachfrage nach Billigarbeitskräften in der Fertigungsindustrie wuchs und Migration in die urbanen Räume förderte. Die informellen Netze, die Migrantinnen den Zugang in den städtischen Arbeitsmarkt erleichtert haben, zeigen allmähliche Formalisierungstendenz, die – vorerst auf wenige Aktionsmuster beschränkt – langfristig eine Veränderung der traditionellen sozialen Integrationsmuster nach sich ziehen könnte; als Beispiel seien die boomenden Vermittlungsagenturen für Hausmädchen („Penyalur Pembantu Rumah Tangga") erwähnt, die – nach Einschulung in vielfach unbekannte Tätigkeiten wie elektrisches Bügeln oder Glühbirnenwechseln – den neu migrierten Arbeitskräften gegen spätere Lohnbeteiligung Unterkunft und Verpflegung bieten und das frühzeitige Abgleiten in die Prostitutionssyndikate der Stadt verhindern (WIROSARDJONO 1991, S. 66f).

Einerseits trafen die geänderten Produktionsbedingungen in der Landwirtschaft vorwiegend weibliche Arbeitskräfte, die der kommerzialisierten Mechanisierung zahlreicher Produktionsprozesse zum Opfer fielen. Die „Grüne Revolution" reduzierte die Absorptionsfähigkeit des Agrarsektors drastisch und betraf fünf Millionen Menschen allein in Java

(SCHMIDT-KALLERT 1992, S. 25). Schätzungen zufolge bewirkte bereits die Einführung von mechanischen Enthülsungsmaschinen anstelle manueller Dreschvorgänge – eine weibliche Domäne – den Verlust von jährlich 125 Millionen Arbeitstagen für weibliche Arbeitskräfte.

Zum anderen bieten die Folgen der internationalen Arbeitsteilung vermehrte Beschäftigungsmöglichkeiten für Frauen. Die weltweite Auslagerung arbeitsintensiver Produktionen – etwa im Textilbereich – in Niedriglohnländer schuf erhöhte Nachfrage nach jungen, unverheirateten Frauen, die allgemein als billig, effizient und anpassungsfähig gelten (ANAF 1986) sowie als handwerklich geschickter (bei der Herstellung von Elektronikbauteilen oder Kleidung) eingestuft werden (POERBO 1991, S. 77). Zudem schufen geänderte Wertsysteme und Statuserwartungen den Nährboden für eine allmähliche Änderung des weiblichen Rollenbildes, das mit dem Aufkommen einer quantitativ immer stärkeren Mittelschicht und nicht zuletzt mit dem Erfolg des nationalen Familienplanungsprogrammes in direktem Zusammenhang steht. Der Einfluß der Massenmedien und der internationalisierten Verkabelung ist indirekt ebenso für ein geändertes Anforderungsprofil weiblicher Arbeitskräfte verantwortlich; Verbesserungen im Bildungs- und Transportsystem erhöhen zusätzlich die geistige wie räumliche Mobilität – gegen Ende von Repelita V existierten indonesienweit 57 frauenspezifische Forschungszentren, an der Trisakti University in Jakarta wurde ein eigener Frauenlehrstuhl eingerichtet. Auch die Abhaltung der zweiten asiatisch-pazifischen Ministerkonferenz über den Themenbereich „Frauen und Entwicklung" in Jakarta (1994) dokumentiert gesteigertes Problembewußtsein (Department of Information 1995, S. 26).

Vergleicht man die Entwicklung des geschlechterspezifischen Migrationsverhaltens, so ist auffällig, daß in der Dekade zwischen 1980 und 1990 weibliche Migrantinnen überproportional zugenommen haben (HUGO 1995, S. 302f). Vor allem Jakarta gilt hier als Hauptdestination und Hauptarbeitsmarkt. Der Wandel im Migrationsverhalten kommt natürlich auch in der Beschäftigungsstruktur zum Ausdruck. Tabelle 9 zeigt die Zunahme der Beschäftigungszahlen von Arbeitnehmerinnen im oben genannten Zeitraum. Auffallend ist die gegenüber männlichen Arbeitnehmern um ein Drittel höher liegende Wachstumsrate weiblicher Arbeitnehmerinnen in der formellen und die doppelt so hohe Zuwachsrate in der informellen Ökonomie.

ALATAS (1993) untersuchte die Einbindung von Migrantinnen in den urbanen Arbeitsmarkt Jakartas: Migrantinnen waren in der Regel besser gebildet und häufiger im Dienst-

Tabelle 9: Wandel der Beschäftigungsstruktur nach Geschlecht zwischen 1980 und 1990

	Jahr	Männer	Frauen
Formelle Ökonomie	1980	11.008.213	3.984.201
	1990	18.209.252	7.894.481
Prozentueller Zuwachs		*65,4*	*98,1*
Informelle Ökonomie	1980	22.966.035	12.411.189
	1990	27.767.290	17.594.607
Prozentueller Zuwachs		*20,9*	*41,8*

Quelle: HUGO 1995.

leistungssektor beschäftigt als länger ansässige Frauen. 1980 waren 34 Prozent aller Migrantinnen Haushaltshilfen; Handel und industrielle Fertigung erwiesen sich als die nächstattraktiven Arbeitsbereiche. Trotz vergleichsweise hohem Lohnniveau und verstärkter Emanzipation aus traditionellen Hierarchien bedeutet der Statuswandel weiblicher Arbeitskräfte nicht zwangsläufig eine Verbesserung der Lebensumstände. Durch die Abschottung von traditionellen dörflichen Machtstrukturen kommt der migrierten Kernfamilie wesentlich höhere Freiheit, aber auch Verantwortlichkeit zu – das nachbarschaftshilfliche Prinzip des „Gotong Royong" verliert in urbanen Räumen generell an Relevanz als soziales Netz, was für Tätigkeiten im informellen Sektor allgemein und für zusätzlich illegale Tätigkeiten wie Prostitution im speziellen gilt. „Migration may lead to a multiplicity of new roles playing heavy burdens on women and in some cases separation from the support systems of the place of origin exposes them to greater risks of exploitation", verdeutlicht HUGO (1994, S. 25).

Es ist schwierig zu analysieren, inwieweit Urbanisierung, Industrialisierung und weibliche Migration die Rolle und den Status der Frau verändert und neu bestimmt haben. Durchgeführte Fallstudien geben dazu sehr unterschiedliche, oft gegensätzliche Auskünfte (HUGO 1994, S. 9). Auf der einen Seite wird argumentiert, daß Migrantinnen am städtischen Arbeitsmarkt in doppelter Ausbeutung zwischen dem in der Familie oft herrschenden Patriarchat und den Konzerninhabern (-betreibern) stehen. Dem gegenüber steht eine Studie aus Java, die besagt, daß Frauen im Arbeitsprozeß besser lernen, Lebensentscheidungen selbstbestimmt zu treffen und nicht nur verstärkt über eigene ökonomische Ressourcen verfügen, sondern dadurch auch häufiger Dispositionen beim Haushaltsbudget besser selbst treffen können. Hier zeigt sich wieder, daß homogene Aussagen über die Auswirkungen von Wanderungsverhalten, Arbeitsmarkt und Migration nur schwer möglich sind.

3.3.3 Verkehrsinfrastruktur und Pendelwanderung

In direktem Zusammenhang mit der Beschäftigungsstruktur und Arbeitsmarktlage steht die Frage des urbanen Transports – je höher das Ausmaß der Pendelwanderung, desto massivere Anforderungen werden an ein leistungsfähiges Verkehrsnetz gestellt. Im Zuge der zunehmenden Industrialisierung in den Wachstumspolen des metropolitanen Jabotabek und bei gleichzeitiger Tertiärisierung des Kernstadtbereiches kommt dem Ausbau der Massentransportmittel vermehrtes Gewicht zu, um den wachsenden Pendlerstrom – ob formell oder informell bedingt – zu bewältigen.

Durch gezielten Ausbau des Straßennetzes etwa kann die Entwicklung von Industrievierteln oder Wohnsiedlungen massiv gestützt werden, was – wie im Fall Jabotabek – die korridorförmigen Suburbanisierungsmuster des metropolitanen Umlandes entscheidend prägt; je attraktiver die Verkehrsverbindung in das rurale Umland ist, desto eher werden Migration und Pendelwanderung erleichtert, womit die Bedeutung adäquater Planung über ausschließlich stadtgeographische Aspekte weit hinausgeht. „As the young and poor continue to migrate in search of work, opportunity, or merely food and shelter, the capacity of urban infrastructure is often strained and even reduced. Existing housing stocks deteriorate and become overcrowded, open space is invaded, streets become congested, air quality falls, the natural sewage treatment capacity of rivers and canals is exceeded, ... and so on", veranschaulichen CRANE und DANIERE (1996, S. 203f) den status quo, der durch Migrantenzuströme von geschätzten 1.000 Personen täglich eine kontinuierliche Verschärfung erfährt.

Mitte der neunziger jahre betrug die Zahl der Einpendler nach DKI Jakarta täglich 400.000 Personen (bei 3,7 Millionen Arbeitsplätzen), davon etwa 70 Prozent (280.000) aus Botabek; in die Gegenrichtung pendeln 90.000 Personen (RAIS 1996, S. 8). Unter der Annahme eines konstanten Wirtschaftswachstums könnte sich die Zahl der Pendler bis zum Jahr 2015 auf 1,4 Millionen (bei 6,5 Millionen Arbeitsplätzen) erhöhen. HENDERSON et al. (1996, S. 82) prognostizieren eine Verschärfung der Situation durch verstärkte Suburbanisierung. Der unabdingbare Ausbau des Straßennetzes impliziert einerseits die Verlegung industrieller Produktion und die Schaffung von punktuellen „New Towns", andererseits erhöht gerade die Existenz verbesserter Verkehrsinfrastruktur Tendenzen eines sogenannten „extensive cross and circumferential commuting". Bereits 1990 arbeiteten in DKI Jakarta 27 bis 43 Prozent aller Einwohner außerhalb ihres Bezirkes („kotamadya"), für Botabek sind die Pendlerzahlen noch höher: Bis zu zwei Drittel der Bevölkerung Botabeks pendeln täglich über ihre Distriktgrenzen („kabubaten") nach (durch) DKI Jakarta. Aufgrund verbesserter verkehrstechnischer Maßnahmen nehmen auch die Distanzen in der täglichen Pendelwanderung zu; im Gegensatz zu temporären Migranten handelt es sich dabei vorwiegend um formell beschäftigte Arbeitskräfte aus dem „White-Collar-Bereich" (HUGO 1994, S. 19ff).

„Vehicular traffic is making more than proportionate demands on land for roadways and superhighways to move ever more numerous and ever more distant populations into core areas of the region on a daily basis" (DOUGLASS 1996b, S. 48). Der Landverbrauch ist ein weiterer Aspekt der verstärkten Pendelwanderung, die – indirekt – zur Zersiedelungstendenz der rural geprägten Außenzonen Botabeks beiträgt. KENWORTHY et al. (1995, S. 63f) streichen die theoretischen Chancen einer grundlegenden Verkehrskonzepterstellung für die suburbanen Außenzonen der Region hervor, orten jedoch zunehmende PKW-Dependenz einer in die neuen Satellitenstädte orientierten Mittelschicht, was sich in den Werbebotschaften der New Towns (Reihenhaus, Kleinfamilie, Golf, PKW) deutlich manifestiert.

Eine durchgreifende Entflechtung der Verkehrsströme scheint nicht nur aus ökologischen Gründen unabdingbar. Der bereits heute alltägliche Verkehrsinfarkt in den Business Districts erfordert langfristige Planungsstrategien, um die Zugänglichkeit – und damit Rentabilität und Attraktivität – der Wachstumspole für internationale Investoren sowie für die Wohnbevölkerung zu gewährleisten. Die volkswirtschaftlichen Gesamtkosten des innerstädtischen Dauerstaus werden 1996 mit etwa einer Milliarde US-Dollar/Jahr beziffert; die Luftverschmutzung verursachte 1990 Schäden von etwa 400 Millionen US-Dollar, die indirekten Auswirkungen auf die Gesundheit werden 2015 jährlich etwa 4,5 Milliarden US-Dollar betragen (DREESBACH 1996, S. 9) – die prekäre Verkehrssituation ist mehr als bloß Verlust von potentieller Arbeitszeit, sie ist ein gesamtwirtschaftlich essentieller Problemkomplex, der durch saisonale Migration und global vernetzte Handelsströme zunehmende Brisanz erfährt.

DOUGLASS (1996a, S. 6f) sieht das Ziel in der Entflechtung der „Urban Linkages", die das arbeitsplatzbedingte Pendeln nach sich ziehen – eine Reduzierung des Pendelverkehrs würde nicht nur ökologische (Luft- und Lärmbelastung), sondern auch soziale Entlastung (Zeitbudget) bewirken. „Mixed land-use planning aimed at decreasing spatial separation or urban functions combined with cost-effective mass transport services would help in reducing the trip length for work and non-work needs, alleviating traffic congestion and controlling consumption of urban transport energy" – der Schwerpunkt der Entwicklung sollte demnach nicht auf der Verdichtung eines urbanen Kernbereiches mit Suburbanisierungserscheinungen im Wohnbereich liegen, sondern auf der Schaffung (Beibehaltung) einer funktionalen Mix-Nutzung innerhalb Jabotabeks.

Das urbane Straßennetz besteht aus einer vergleichsweise großen Zahl an Hochkapazitätsstraßen („primary network"), einem unzureichenden Sekundärnetz und einem weitgehend ausreichenden Tertiärnetz von oftmals zweispurig unbefahrbaren Gassen in Kampungs – die Nadelöhre bei den Ausfahrten der Hauptachsen (Inner Ring Road, Outer Ring Road, Harbor Road, überregionale Mautstraßen etc.) sind somit vorprogrammiert. Mit einem jährlichen Durchschnittswachstum von 6 Prozent (1978–1993) beträgt die Straßenlänge Jabotabeks insgesamt 12.200 km; entgegen der planerischen Leitlinie einer verstärkten Ost-West-Erweiterung weist die gegenwärtige Straßenentwicklung in Richtung Süden (Bogor) mit 17 Prozent jährlicher Zunahme die größte Dynamik auf, doppelt so hoch wie im Westen (Tangerang) und Osten (Bekasi) Jabotabeks. Die Zahl der Pendler aus den vergleichsweise attraktiven Wohngebieten ist im Raum Bogor am höchsten: 71 Prozent aller Pendler in die Kernstadt Jakarta kommen aus dieser Region (SOEGIJOKO 1995, S. 13). Eine Gegenüberstellung der Wachstumszahlen im Verkehrsbereich ab 1990 dokumentiert den Handlungsdruck: einem Plus von vier Prozent im Bereich leistungsfähiger Straßen („primary network") steht eine Zunahme von 15 Prozent im Bereich der KFZ gegenüber – die derzeitige Länge des Straßennetzes ergibt eine statistische Durchschnittsbelegung von 393 Fahrzeugen pro km (RAIS 1996, S. 5). Trotz vergleichsweise gut ausgebautem Straßennetz gilt Java indonesienweit – hinsichtlich Pro-Kopf-Straßenkilometern – als am schlechtesten ausgestattet (Far Eastern Economic Review, 11.4.1996, S. 55).

3.3.4 Stadt-Land-Interaktion und Migration

Der Wanderungsbewegung vom Land in die Stadt kommt in Indonesien eine besonders hohe Bedeutung zu. „Rural-urban migration has increased substantially and at the 1985 Intercensal Survey 57 percent of all migrants within provinces and 52 percent of those moving between provinces, migrated to urban destinations. Metropolitan Jakarta had the largest number of inmigrant residents of any Indonesian province." (HUGO 1991, S. 22). Der Gouverneur Wiyogo ATMODARMINTO stellte fest, daß „the rapid growth of the city ([hier: Jakarta] created by rural-urban migration was the greatest and most complex problem his government faced and was at the root of the City's problems in housing, health, employment and transportation" (Jakarta Post, 18. June 1988, S. 1).

Trotz der schon relativ frühen Problemwahrnehmung der metropolitanen Entwicklung ist es bis dato nicht gelungen, die Entwicklungsdynamik des Großraumes Jabotabek so zu lenken, daß eine Dezentralisierung (auch Problemumverteilung) in Java selbst (bzw. in ganz Indonesien) wirksam wird. Selbst ein gut hierarchisiertes Städtesystem auf Java konnte das Ziel des „Ministry of Population and Environment" und der Weltbank – die Attraktivitätssteigerung von Mittelstädten zur Absorption von Migranten, die auf den urbanen Arbeitsmarkt in West-Java drängen – nicht zufriedenstellend lösen. Die Liste der Inhalte der „Promotion" von „medium-sized cities vis-a-vis the Jakarta Metropolitan Region" ist lang und beinhaltet u.a. folgende Zielsetzungen (HUGO 1991, S. 29f): Stärkung des ländlichen Hinterlandes von Mittelstädten durch einen regionalen Markt, Dezentralisierung und Entbürokratisierung der Zentralhierarchien bei gleichzeitiger Aufwertung der Lokalpolitik, Stärkung der mittelstädtischen Infrastruktur, Stärkung der Armenviertel in Klein- und Mittelstädten etc. Trotz dieser Leitlinien konzentriert sich das ökonomische und bevölkerungsbezogene Wachstum nach wie vor auf den Großraum Jabotabek.

Eine Entlastung des Kernstadtbereiches von DKI Jakarta und der umgebenden städtischen Peripherie bei gleichzeitiger Stärkung ruraler Strukturen wird wohl auch noch für die

Tabelle 10: Verhältnis von städtischer zu ländlicher Bevölkerung in Indonesien von 1920 bis 1990 in absoluten Zahlen und Prozent sowie jährliche Veränderungsraten in Prozent

	Volkszählungen					
	1920	1930	1961	1971	1980	1990
Städtische Bevölkerung	2.881.576	4.034.149	14.358.372	20.465.377	32.846.000	55.460.466
Ländliche Bevölkerung	46.418.424	56.693.084	82.660.457	98.674.687	114.089.000	123.861.175
Städtische Bevölkerung (%)	5,8	6,7	14,8	17,2	22,4	30,9
Ländliche Bevölkerung (%)	94,2	93,4	85,2	82,8	77,6	69,1
Gesamtbevölkerung	49.300.000	60.727.333	97.018.829	119.140.064	146.935.000	179.321.641
Stadt-Land-Ratio	0,062	0,081	0,174	0,207	0,287	0,448

	Durchschnittliche jährliche Wachstumsrate in Prozent				
	1920-1930	1930-1961	1961-1971	1971-1980	1980-1990
Städtische Bevölkerung	+3,42	+4,18	+3,61	+5,40	+5,36
Ländliche Bevölkerung	+2,02	+1,22	+1,79	+1,63	+0,79
Städtische Bevölkerung (%)	+1,45	+2,59	+1,51	+2,98	+3,27
Ländliche Bevölkerung (%)	-0,09	-0,30	-0,29	-0,72	-1,15
Gesamtbevölkerung	+2,11	+1,52	+2,08	+2,36	+2,01
Stadt-Land-Ratio	+2,71	+2,50	+1,75	+3,70	+4,55

Quelle: HUGO 1993.

nächsten Planungsperioden oberstes Ziel der Stadt- und Landespolitik bleiben. Dennoch darf auch hier nicht zu viel Optimismus den zukünftigen Planungsprozeß blenden. Selbst wenn die zitierten (und weitere) Dezentralisierungskonzepte greifen sollten, bleibt der Großraum Jabotabek nicht von Wachstum verschont. Die gegenwärtige „Eigendynamik" der unkontrollierten Stadtentwicklung wird auch – wie in den meisten anderen Megastädten der Dritten Welt – an Bedeutung beibehalten.

Tabelle 10 zeigt die kontinuierliche Abnahme des Anteils der ländlichen Bevölkerung zugunsten des städtischen Raumes. Bemerkenswert hier ist vor allem die Zunahme der städtischen Bevölkerung von 20 auf mehr als 55 Millionen von 1971 bis 1990, was einer kontinuierlichen durchschnittlichen jährlichen Wachstumsrate von mehr als 5 Prozent in diesem Zeitraum entspricht. Legt man den Fokus der Betrachtungen auf Jakarta und West-Java, so zeigt sich, daß nahezu die Hälfte der Bevölkerung (etwa 47 Prozent) hier im urbanen Raum lebt. Dies liegt zum einen im starken Stadtwachstum im suburbanen Bereich von Botabek mit dem gleichzeitigen Verdrängungsprozeß ländlicher Strukturen, zum anderen in der starken Zuwanderung innerhalb der Provinzen vom ländlichen in den städtischen Raum.

Als Konsequenz dieser Entwicklung ist auch das Wachstum der Beschäftigungszahlen im nicht-landwirtschaftlichen Bereich, bei gleichzeitigem Rückgang der in der Landwirtschaft Beschäftigten in West-Java, feststellbar. Tabelle 11 zeigt den Wandel der Beschäftigungsstruktur im Zeitraum von 1971 und 1990. Auffallend dabei ist der Rückgang der in der Landwirtschaft Beschäftigten sowohl im städtischen als auch ländlichen Raum. Der Anstieg der Beschäftigten im Dienstleistungsbereich entspricht dem weltweiten Trend der Tertiärisierung in wachsenden Industrienationen und Schwellenländern.

Tabelle 11: Beschäftigte nach Wirtschaftssektoren (1971 und 1990 im Vergleich)

	1971		1990	
	Absolut	Prozent	Absolut	Prozent
„Urbane" Gebiete[59]				
Landwirtschaft	653.508	11,8	1.839.687	9,7
Industrie	1.452.240	26,3	3.516.486	18,6
Dienstleistungen	3.424.866	61,9	13.521.788	71,7
Nicht erfaßt	520.386		369.122	
Gesamt	6.051.000	100,0	19.247.083	100,0
„Rurale" Gebiete				
Landwirtschaft	25.808.930	76,2	33.610.698	64,6
Industrie	2.957.640	8,7	5.437.874	10,5
Dienstleistungen	5.070.240	15,1	12.987.837	24,9
Nicht erfaßt	1.373.190		700.367	
Gesamt	35.210.000	100,0	52.736.776	100,0

Quelle: HUGO 1991.

Die hohe Bevölkerungsmobilität bringt aber nicht nur einen räumlichen Ortswechsel (Migration) innerhalb einer Region wie Jabotabek mit sich. Steigende Urbanisierung impliziert auch Berufswechsel, etwa vom primären zum sekundären Sektor, ohne zwingende (Wohn)Ortsveränderung. Eine Analyse der Beschäftigungsstruktur verdeutlicht den massiven Wandel: Seit 1982 absorbiert die Landwirtschaft Javas nicht mehr die Mehrheit der Arbeitsbevölkerung. JONES et al. (1996) und FIRMAN (1992) erklären diese Tatsache mit Migration in die Städte auf temporärer oder permanenter Basis und sozio-ökonomischem Wandel in ländlichen Gebieten; die rascheste Transformation findet in den Kabubaten an den unmittelbaren Stadtaußengrenzen statt, was auch die Problematik der Einstufung der administrativen Einheiten als „urban" oder „rural" in der amtlichen Statistik verdeutlicht.[59]

Der Migrationsfluß in die Metropole ist auf ein interdependentes Faktorenbündel aus sozialen und ökonomischen Parametern zurückzuführen. DOUGLASS (1991, S. 245ff) ortet folgende Basisfaktoren:

1. *Nationale Urbanisierung: Zentral statt peripher*
   Das System der – im Zuge der „Neuen Ordnung" prosperierenden – Hafenstädte des Archipels ist nicht gleichgewichtig; speziell in den Peripherbereichen Indonesiens bewirkte die eindimensionale wirtschaftliche Ausrichtung der Küstenhandelszentren auf Rohstoffe (Öl, Tropenholz, Erze) eine massive Dependenz vom Weltmarkt. Nach dem Verfall der Ölpreise und dem rigiden Einfuhrverbot von Tropenholz in zahlreichen Abnehmerländern trug der wachsende Bedeutungsverlust der urbanen Zentren außerhalb Javas zu einer zusätzlichen Konzentration investitionssteigernder Maßnahmen im Raum Jakarta bei – trotz aller Lippenbekenntnisse zur Förderung der nationalen Ungunstgebiete durch gezielten Infrastrukturausbau blieb die Realpolitik Indonesiens de facto auf die Förderung des ökonomischen Kernraums Westjava beschränkt.

---

[59]) Die statistische Gliederung der Kabubaten in „urban" und „rural" beruht auf folgender Einstufung der Haushalte: Sind weniger als 25 Prozent der Haushalte einer Untersuchungseinheit in der Landwirtschaft beschäftigt, gilt die Einstufung als „urban" (JONES et al. 1996, S. 52).

2. *Wirtschaftsfaktor Rohstoffexport: Zunehmende Krise*
Die Rohstoffkrise bewirkte neben einem Bedeutungsverlust der peripheren Zentren zwangsläufig eine konkrete Reduzierung der Arbeitsplätze und Beschäftigungsmöglichkeiten im ruralen Raum sowohl im Staatsdienst als auch im privaten Sektor – neben (wegen) einer Erhöhung der Stadt-Land-Disparitäten im Bereich des Regionaleinkommens ein weiterer Migrationsgrund in die verbleibenden urbanen Hoffnungsräume.

3. *Transmigration:*
Ein zusätzlicher Faktor für die Migrationsflüsse nach Jabotabek ist – zumindest indirekt – das de facto Auslaufen des nationalen Transmigrationsprogrammes Transmigrasi, das in den siebziger und achtziger Jahren die Abwanderung von Tausenden Haushalten Javas auf die Außeninseln zur Folge hatte und das rapide Wachstum bislang unbedeutender städtischer Siedlungen beschleunigte. 71 Prozent aller Transmigranten (1980–1985) entstammten Java, während rund zwei Fünftel der interprovinziellen Migration Javas auf Jakarta ausgerichtet waren: Während Jakarta und West-Java Netto-Wanderungsgewinne verzeichnen konnten, mußten Zentral- und Ost-Java Migrationsverluste von 400.000 Personen in den urbanen Kernbereich hinnehmen.

4. *Grüne Revolution: Transformation der Landwirtschaft*
Trotz rapider Zuwächse der Land- und Arbeitsproduktivität steigt die Abwanderung aus dem ländlichen Raum kontinuierlich an: Die weitgehende Eliminierung von Frauen aus dem arbeitsaufwendigen Ernteprozeß zugunsten kontraktgebundener Männer-(klein)gruppen, die wachsende Bedeutung der Eigentümerverhältnisse und die massive Mechanisierung des Reisanbaus führten zu einer nachhaltigen Transformation der Produktions- und Arbeitsbedingungen. Waren früher bis zu fünfhundert (vorwiegend weibliche) Arbeitskräfte pro Hektar für die Reisernte beschäftigt, so reichen heute 10 bis 20 Personen aus. Der Einsatz von (ökologisch sensiblen) Hochleistungssorten begünstigte durch hohen Dünge- und Pestizideinsatz kapitalintensive Großbetriebe und bedingte dadurch die Überschuldung der traditionellen Kleinbetriebe (indonesienweit: 70 Prozent der landwirtschaftlichen Betriebe sind kleiner als ein Hektar). Durch die Erbfolge nahm die Zersplitterung des Grundbesitzes und somit die weitere Verkleinerung zu. Der Anteil der Landlosen steigt in gleichem Ausmaß, sobald einige Reis-Tycoone Interesse an weiterem Landaufkauf zeigen – nicht zuletzt aus Spekulationsüberlegungen, was eine weitere Belastung für den urbanen Arbeitsmarkt darstellt. Dennoch bleibt festzuhalten, daß „Arbeitsmobilität ein weniger ausgiebig diskutiertes Thema ist. Es bleibt offen, in welche Sektoren die in der Landwirtschaft freigesetzten Beschäftigten abgewandert sind." (EVERS 1997, S. 141).

5. *Investition und Industrie: „Manufacturing Belt" Jabotabek?*
Trotz boomendem Investitionsvolumen vor allem ostasiatischer Unternehmergruppen, die vorwiegend exportorientiert wie auch importsubstituierend produzieren, scheint der Arbeitsmarkt Jabotabeks permanent überlastet. Das enorme Arbeitskräftepotential, das infolge der Grünen Revolution und des Bevölkerungswachstums die Metropole zum Zielort ihrer Migranten gemacht hat, ist – bei aller Beschäftigungszunahme bis Mitte 1997 – nicht zur Gänze in den Produktionsprozeß integrierbar. Ein Drittel der gesamtindonesischen Fertigungsindustrie ist in Jabotabek und Bandung lokalisiert, sowohl in traditionellen „cottage-industries" (eigenbeschäftigt) wie auch zunehmend in (internationalen) Mittel- und Großbetrieben (fremdbeschäftigt); noch 1985 waren 55 Prozent der Arbeitnehmer der „cottage-industries" keine Lohnempfänger bzw. Fa-

milienangehörige. „From a rural household perspective, these trends have resulted in the adoption of spatially extended household-level patterns of commuting, circular migration, and diversification of family labor into subsistence-level agriculture as well as nonagricultural petty commodity production and self-employment in trade and service activities" (DOUGLASS 1991, 248).

Allen fünf genannten Faktoren liegt die Dynamik einer zunehmend disparitären Entwicklung zwischen städtischem und ländlichem Raum zugrunde, die ja gleichzeitig Mitursache der Migrationsbewegung vom Land in den urbanen Raum darstellt, die wiederum neuerlich die Kluft zwischen Stadt und Land weiter verstärkt. Einer Untersuchung der Weltbank zufolge (HUGO 1991) lebten noch Ende der achtziger Jahre 26,8 Prozent der ländlichen, aber „nur" 7,3 Prozent der städtischen Bevölkerung Indonesiens in Armut. Experten sind sich einig, daß das rapide Stadtwachstums Jabotabeks und die in Zusammenhang damit stehende Migration nur über eine koordinierte ländliche Entwicklungsplanung gebremst werden kann. „The inter-relationships between specific rural development policies, programmes and initiatives in peripheral regions and migration is an area in which little is known. ... The solution to Indonesia's unbalanced development and especially the rapid growth of Jakarta lies partly in an integrated rural development strategy which would have local multiplier effects in peripheral areas because of the demand created for small local towns to supply agricultural inputs, to service tools and equipment and to process and market agricultural surpluses." (HUGO 1991, S. 39). Erhöhtes Einkommen im ländlichen Raum, Attraktivitätssteigerung von lokalen Märkten und Dienstleistungen sowie Regionalentwicklung im ländlich-peripheren Raum gelten als Faktoren, die einer Wanderung in Agglomerationen entgegenwirken.

Festzuhalten bleibt aber auch, daß – und das zeigen weltweite Entwicklungstrends weitgehend unabhängig vom jeweiligen Grad der Industrialisierung – ländliche und städtische Entwicklung nur mehr koordiniert durchgeführt werden können. Zu eng ist hier der Wechselbezug – zu lange Zeit wurde der Focus einer Zusammenarbeit zwischen den Provinzen oder Regionen von der staatlich organisierten Zentralbürokratie unterbunden, da die in der Repelita IV ausgewiesenen Großregionen mit ihren jeweiligen Wachstumszentren keinen politischen und administrativen Status zuerkannt bekamen. Der Problemkreis Stadt-Land-Migration wurde erst zu dem Zeitpunkt als planungsrelevant von staatlicher Seite aufgegriffen, als er raumwirksam wurde.

Von 1980 bis 1994 wurden etwa 48.000 ha Land (7,7 Prozent der Gesamtfläche Jabotabeks) in urbane Nutzungsformen transformiert (vgl. Abbildung 14). Die Ausweitung industrieller Aktivitäten, die in weiterer Konsequenz auch Wohnraumschaffung für die immigrierte Arbeitsbevölkerung nach sich zieht, führte zu einer massiven Umwandlung einst ruraler Dorfstrukturen zu urbanen Lebensformen. Schätzungen zufolge wurden innerhalb von vier Jahren 2.000 der insgesamt 23.000 ha an Naßreiskulturen („sawah") des Distrikts Bogor in Wohn- und Industrieland umgewandelt, der Distrikt Bekasi verliert derart jährlich etwa 200 ha (FIRMAN 1992, S. 104). Die gestiegene sozio-ökonomische Attraktivität solcher Distrikte wiederum führte zu weiterer Migration in das metropolitane Umland von DKI Jakarta sowohl aus dem ruralen Java als auch aus der Kernstadt selbst.

Die zitierten sichtbaren Trends der Land-Stadt-orientierten Migration dürfen aber nicht darüber hinwegtäuschen, daß eine statistische Erfassung der migrierten Personen oft nur schwer möglich ist. Die Ursachen dafür sind unterschiedlich: Erstens wird – wie bereits erwähnt – bei Zensusdaten nur jene Wanderung erfaßt, die über Provinzgrenzen hinaus

Abbildung 14: Jabotabek: Urban genutzte und rurale Räume 1980 und 1990

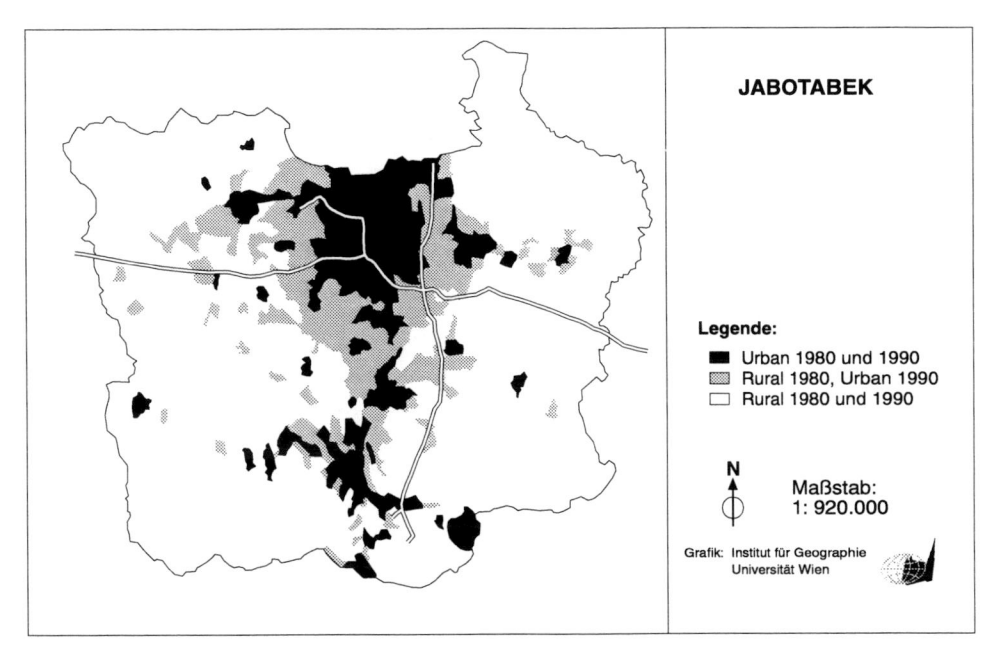

Quelle: GARDINER 1997.

gerichtet ist, nicht jedoch innerhalb der Provinz stattfindet. Gerade innerhalb der Provinzen kommt der Verlagerung des Wohnsitzes vom ländlichen in den suburbanen Raum aber ein hoher Stellenwert zu. Zweitens gewinnt die zirkuläre Migration immer höhere Bedeutung. Der Hauptwohnsitz bleibt im ländlichen Raum erhalten, während die Arbeitstätigkeit im städtischen Raum (hier vor allem im Großraum Jabotabek) temporär verrichtet wird. Die Schwierigkeit der Sichtbarmachung des urban ausgerichteten Migrationspotentials leitet auch in das Dilemma der Stadtplanung Jabotabeks über.

Die Gründe für eine *nicht-permanente Migration* von ländlichen Regionen in städtische Ballungsräume sind vielfältig:

- Die Lebenshaltungskosten im städtischen Raum sind deutlich höher als die im ländlichen. Das bringt mit sich, daß zumeist nur ein Familienmitglied zeitlich fixiert im städtischen Raum arbeitet, während die Familie im ländlichen Raum bleibt und von der Stadt aus monetär versorgt (bzw. unterstützt) wird („earning in the city while spending in the village").
- Viele der Jobs in der Stadt – vornehmlich im informellen Sektor – können gut mit Besuchen in den Heimatgemeinden verbunden werden. Häufig werden auch Produkte, die im ländlichen Familienverband hergestellt werden, im städtischen Raum abgesetzt und erfordern so eine regelmäßige Reisetätigkeit.
- Das öffentliche Transportsystem in Java ist sehr billig, von staatlicher Seite subventioniert und gut organisiert.
- Der ständige Kontakt mit der Heimatregion erleichtert temporären Migranten auch die Reintegration in den ländlichen Arbeitsmarkt vor allem zu Erntezeiten und sichert so zusätzliches Familieneinkommen.

- Gut organisierte Netzwerke von Migranten sowie Arbeitgebern in der Stadt stellen Wohnmöglichkeiten in urbanen Räumen auch für kürzere Zeit zur Verfügung.
- Die Organisation des Familieneinkommens aus formeller und informeller Tätigkeit ist aufgrund des wirtschaftlichen Einbruchs im Jahr 1997/98 zunehmend strategisch ausgerichtet. Das beinhaltet den oft dezidert geäußerten Entschluß, zumindest ein Familienmitglied in den städtischen Raum auf Arbeitssuche „zu schicken".
- Der Einfluß des Islam auf die alltägliche Lebensweise der Bevölkerung ist zusätzlich ein nicht zu unterschätzender Faktor für das Bedürfnis der Beibehaltung traditioneller Lebensformen, die im ländlichen Raum leichter zu erhalten sind als in der Stadt, wo sie durch „westlichen Einfluß" zunehmend gefährdet scheinen. Dieses wird von Familien häufig als Grund angeführt, indem der Kindererziehung im ländlichen Familienverband der Vorzug gegeben wird.
- Die ökonomische Lage Indonesiens der Jahre 1997/98 erfordert auch ein individuell hohes Maß an (ungewollter) Flexibilität und Mobilität. Die Sicherung der Arbeitsplätze über längere Zeiträume scheint – zumindest momentan – unmöglich. Die Konsequenz daraus liegt zum einen in einem noch engeren Zusammenhalt in der Familie und somit einer Bindung zum ländlichen Raum, zum anderen in der Freisetzung von Migranten am urbanen Arbeitsmarkt.
- Als Hypothese sei noch angeführt, daß auch die zirkuläre internationale Arbeitsmigration vor allem von ländlichen Gebieten Sumatras nach Malaysia durch die Wirtschaftskrise in Südostasien zugenommen hat. Daten liegen hier zwar noch nicht vor, Zeitungsmeldungen Anfang 1998 (Jakarta Post) ist aber zu entnehmen, daß illegale indonesische Migranten verstärkt auf den städtischen Arbeitsmarkt in Malaysia drängen. Die geringe räumliche Distanz, die bessere Wirtschaftslage im Nachbarland und die ebenso guten Transportbedingungen zwischen Sumatra und Malaysia sind dafür ebenso ausschlaggebend wie die allgemeine Strukturschwäche des ländlichen Raumes in weiten Teilen der Insel.

Die Auswirkungen der Migration und der damit verbundene Einfluß des „Städtischen" (Familienleben, Wertesystem, Verhaltensweisen, Lebenszyklen etc.) auf den ländlichen Raum lassen sich nicht vereinheitlichen, Trends sind jedoch bemerkbar. Der Aufbruch patriarchaler Familienstrukturen, das Ansteigen des Heiratsalters, das Sinken der Polygamie und die Abnahme der Auswahl des Heiratspartners (der Heiratspartnerin) durch die Eltern sind Indikatoren der Veränderung der Lebensweise, die im ländlichen Raum durch die Durchdringung städtischer Verhaltensmuster augenscheinlich werden. Dennoch ist der Stellenwert von Familie und auch Familienleben in Indonesien nach wie vor sehr hoch anzusetzen – nicht zuletzt durch die jüngsten Ausprägungen der oben angeführten zirkulären Migration. Generell wurde die Bindung an die Kernfamilie durch Migration vom Land in die Stadt zwar stark beeinflußt und temporär unterbunden, selten jedoch ganz abgebrochen.

Zunehmende Wanderung vom Land in die Stadt zeigt nicht nur Auswirkungen auf die Kernfamilie als Ganzes, sondern hat auch die Rolle der Frau im Haushalt vielfach neu definiert. Die (temporäre) Abwesenheit der Männer bedingt, daß Frauen für bestimmte Lebensbereiche Entscheidungen übernehmen und Vorantwortung tragen müssen, von denen sie bisher aus traditionellen Gründen Abstand nehmen mußten. Aber auch hier ist es gerade für Indonesien wieder sehr schwierig, allgemeine Aussagen zu treffen. Zu heterogen ist die indonesische Gesellschaft, als daß hier einheitliche Feststellungen über Haushaltsstrukturen und ihren Wandel gemacht werden könnten. Hier wäre nicht nur eine regionale Differenzierung nach Herkunftsgebieten notwendig, sondern auch eine Analyse der so unterschiedlichen Ethnien. Als Hypothese sei formuliert, daß sogar einzelne Dörfer unterschiedliche Strategien in der Dorforganisation bereithalten, um die Absenz der Männer zu kompensieren. Gerade dort, wo von „Keilern" im Auftrag großer Firmen versucht wird, so viele arbeitsfähige Männer eines ganzen Dorfes wie möglich zu rekrutieren, wird eine neue Organisationsform zur Notwendigkeit. „The enormous cultural, ethno-linguistic, economic and geographical diversity make it difficult to generalize about the roles and statuses of women and how this is changing with the rapid shifts occurring in Indonesia's economy and society", bemerkt auch HUGO (1994, S. 6) zu diesem Phänomen.

Trotz der allgemeinen indonesischen Gesetzeslage und des Islam als Staatsreligion und der damit in Kontext stehenden Benachteiligung der Frau gilt es festzuhalten, daß die soziale Position der Frau im Alltag relativ hoch anzusehen ist. So ist Indonesien eines der wenigen Entwicklungsländer, wo es noch vor der wirtschaftlichen Integration des Landes einen relativ hohen Prozentsatz der Frauen als Haushaltsoberhaupt gab (vgl. Tabelle 12). Die Migration der Männer in urbane Räume trägt häufig dazu bei, diese gesellschaftliche Position der Frauen weiter zu stärken. Uniforme innerfamiliäre Verhaltensmuster, bedingt durch Migration und Globalisierung, können innerindonesisch nicht festgemacht werden. Interessant anzuschließen wären hier vergleichende Fallstudien in betroffenen regional unterschiedlichen ländlichen Regionen Indonesiens.

Tabelle 12: Prozentzahl der weiblichen Haushaltsoberhäupter in Java (1971–1990)

Jahr	Ländlicher Haushalt	Städtischer Haushalt	Gesamt
1971	14,1	16,7	16,3
1980	13,5	14,4	14,2
1985	13,5	13,0	13,1
1990	13,7	13,1	13,3

Quelle: HUGO 1994.

Die Verschärfung der ökonomischen Situation durch die Auswirkungen der „Asienkrise" wird aber – so die Vermutung – weiter dazu beitragen, daß Frauen zunehmend traditionelle Rollen im Familienverband werden aufgeben müssen. Ein Trend, der in Indonesien unter anderen Vorzeichen schon seit Anfang der siebziger Jahre manifest ist. „The need to improve the family economic condition has caused substantial number of women to leave their traditional role as housekeeper. There was a marked decline in the percentage of the population involved in housekeeping only. In 1971 the percentage of housekeeping was 24,5 percent and it was down to 18,5 percent in 1990." (TJIPTOHERIJANTO 1996b, S. 5f).

3.4 Internationale Migration

Internationale Migration ist nicht Untersuchungsgegenstand dieser Studie. Es gilt jedoch aufzuzeigen, daß die nationale wirtschaftliche Lage der Jahre 1997/98 und die innenpolitische Gesamtsituation den urbanen Arbeitsmarkt in der Jabotabek-Region massiv beeinflußt haben. Der Druck am innerindonesischen Arbeitsmarkt ist in den vergangenen zwei Jahren so enorm gestiegen, daß die Nachbarländer – allen voran Malaysia – als Destination der Migranten gewählt werden. Internationale Migration und nationale Entwicklung stehen somit in einem sehr engen Zusammenhang.

Noch im Jahr 1986 zeigten die Migrationsmuster auf internationaler Ebene im innerasiatischen Gefüge folgendes Bild: Die Hauptdestination der von Indonesien ausgehenden internationalen Migration war mit 91 Prozent Malaysia, Singapur lag bei 7 Prozent. Malaysia ist nach wie vor für arbeitssuchende Indonesier ein extrem wichtiger Arbeitsmarkt. Anfang 1997 gab es zwischen Indonesien und Malaysia verstärkte Konflikte aufgrund illegaler Arbeitsmigration nach Malaysia, da dort die Grenzen dicht gemacht und Razzien in Großstädten gegen Illegale durchgeführt wurden, um sie abzuschieben.

So titelte die Jakarta Post (2.2.1997, S. 1) „Malaysia moves to arrest illegal foreign workers: Malaysia yesterday started a nationwide blitz to round up and arrest foreigners without valid work-permits. ... The move came at the end of a Jan. 31 extended deadline set by the governement for about one million illegal workers to leave the country or face prosecution." Geschätzt werden ca. 2 Millionen Fremdarbeiter in Malaysia, etwa 700.000 davon sind offiziell registriert. Die Hälfte der Registrierten kommt aus Indonesien (Jakarta Post 27.1.1997). Die Dunkelziffern der illegalen indonesischen Arbeiter in Malaysia sind dementsprechend höher. Die Situation der Arbeitsmigranten zeigt bereits erste Auswirkungen auf die bilateralen Beziehungen zwischen Malaysia und Indonesien. „One of the most significant issues (and currently most topical and problematic) in the Malaysia-Indonesia relations ist the illegal immigrants phenomenon. This is a phenomenon more than just what the population experts or the human resource economists might call ‚cross country labour movement'. It has significant bearings not only on social and economic but also on political and security as well as on religious and cultural matters." (ABDULLAH 1993, S. 171).

Interessant zu beobachten ist eine zunehmende Trendwende in der Wahl der Destinationen internationaler indonesischer Migranten seit den achtziger Jahren (Tabelle 13). „Before the 1980s, a large number of international labour migrants from Indonesia tend to choose developed countries or the non-Asian countries (particulary the United States, Europe and Australia) as destination countries, but after 1980s the bulk of international labour migrants from Indonesia are heading to the East and the Southeast Asian countries and to the Middleeast countries." (FIRDAUSY 1996, S. 406). Die Gründe dafür sind vielfältig. Hauptausschlaggebend für die gestiegene Attraktivität von Wanderungen innerhalb der südostasiatischen Staaten sind das enorme Wirtschaftswachstum seit Beginn der achtziger Jahre, die restriktive Einwanderungspolitik der meisten westlichen Länder und die Arbeitskräftenachfrage, zum Beispiel in Malaysia.

Tabelle 13: Internationale Auswanderung von Arbeitsmigranten aus Indonesien 1988 nach Zielregionen (Angaben in Prozent)

Region (Welt)	1988	Region (in Asien)	1988
Mittlerer Osten	83,14	Brunei	04,50
Asien	10,13	Hongkong	06,38
Amerika	03,32	Indien	-------
Europa	03,23	Japan	00,54
Andere	00,18	Malaysia	34,54
		Philippinen	00,02
		Singapur	53,90
		Taiwan	00,12

Quelle: NACHROWI et al. 1995, S. 87f.

Die Einwanderung nach Indonesien hingegen geht Hand in Hand mit der sukzessiven Öffnung des Landes für ausländische Investitionen. „The flow of foreign investment has been accompanied by the inflow of foreign labour to Indonesia. In addition, more and more Indonesian companies are hiring foreign workers, especially from India and the Philippines. ... One private company admits that hiring Indian and Filipino accountants often costs less than hiring Indonesian accountants with the same qualifications. Another reason is prestige: hiring foreign (especially Western) consultants often raises the company's status." (ANANTA 1996, S. 156f). Generell ist aber zu sagen, daß dieses Segment der Migration noch wenig erfaßt ist, was sowohl die legale als auch die illegale Immigration betrifft.

4. Zusammenfassung

Die Metropolen Südostasiens wurden in den letzten drei Jahrzehnten einer raschen Wachstumsdynamik unterzogen. Globalität auf der einen und Lokalität auf der anderen Seite bilden hier das Spannungsfeld. Indonesien mit seiner „nepotistischen Oligarchie" steht an der Schwelle zur Marktöffnung, zu Internationalisierung und Globalisierung. Dem gegenüber hindert aber nationale Kontrolle und die vom Staat propagierte Staatsphilosophie „Pancasila" genau diese weltweit bemerkbaren Trends.

Der Beitrag analysiert die spezifische Rolle Jakartas als „funktionale Primate City" im Kontext zunehmender Internationalisierung und damit verbundener Migration. Thematisiert wird die Bevölkerungsentwicklung in der Jabotabek-Region im Spannungsfeld von Arbeitsmarktentwicklung und Arbeitskräftenachfrage. Der ökonomischen Situation kommt dabei eine besondere Bedeutung zu. Die Polarisierung der Gesellschaft geht Hand in Hand mit den generellen regionalen Disparitäten zwischen Stadt und Land. Die oft gefährdete gesellschaftliche Stabilität in Indonesien ist nicht zuletzt ein Faktor (Gradmesser) für internationale Integration und Investition, wie augenscheinlich durch die wirtschaftspolitische Lage der Jahre 1997/98 im Zuge der „Asienkrise" zum Ausdruck gebracht wurde. Die Entwicklung Indonesiens im allgemeinen und Jakartas im speziellen wird davon bestimmt werden, wie eine Eingliederung in globale Kontexte zukünftig vonstatten gehen wird.

Grundsätzlich kann – wie in den im ersten Beitrag dieses Buches formulierten Ausgangshypothesen angeführt – bestätigt werden, daß Jakarta (der Großraum Jabotabek) spezifischen und weltweit „typischen", jedenfalls vergleichbaren Migrations- und Megastadtentwicklungstendenzen unterliegt. Stadtwachstum und Migration, Internationalisierung und Arbeitsmarktentwicklung sowie die disparitäre Entwicklung von Stadt und Land gelten auch bei diesem Fallbeispiel als Eckpfeiler der Analysen.

Die Rolle der funktionalen „primacy" Jakartas in der Gegenwart ist kein zufälliges Produkt, sondern historische Bedingtheit. Kolonialzeitliche Entwicklung und die Logik der Wachstumspolförderung gehen hier Hand in Hand. Strategien der indonesischen Regierung für Dezentralisierung und Bevölkerungsumverteilung (von Transmigrationsprogrammen bis Neusiedlungsgebieten im suburbanen Bereich) bleiben ohne die gewünschte Wirkung. Daran änderte auch die „End-of-the-Year-Message" am 31. Dezember 1996 des damals noch im Amt befindlichen Langzeitpräsidenten SUHARTO wenig, in der er „the need to eliminate discrepancies in national development that existed in intra-sectoral, intraregional and intra-economic groupings" forderte (Citra Image Indonesia 1997, S. 3). Eine umfassende (dezentrale) Entwicklungsplanung scheint in Indonesien – nicht zuletzt aufgrund der Großflächigkeit – nicht durchführbar. Was bleibt übrig, als die Förderung jener Gebiete, die bereits über Infrastruktur wie Kommunikationstechnologie, Verkehrsanbindung (internationaler Flugplatz und Hafen etc.) und industrielle Voraussetzungen verfügen, zu forcieren. Die innerindonesische Peripherie (wie Iran Jaya, Kalimantan und viele andere Archipele der indonesischen Inselwelt) hingegen übt die klassische Rolle der Rohstofförderung oder „Passivität" aus.

Die Ausgangsüberlegung zu diesem Beitrag, daß „ansteigende Migration und rasante Verstädterung in der Dritten Welt als Phänomene gelten, die mit der zunehmenden Globalisierung von Wirtschaft, Kultur und Politik zusammenhängen und als Subsysteme eines transnationalen Raumes begriffen werden müssen", kann am Beispiel Indonesien zwar grundsätzlich bestätigt werden, es bedarf dabei jedoch einer genaueren Untersuchung der außenpolitischen Strategiefindung Indonesiens in den letzten 30 Jahren. Die Durchdringung ausländischer Investitionen in das nationale Wirtschaftsgefüge war zu großen Teilen eine gezielte und vor allem gelenkte Strategie des SUHARTO-Regimes. Die Motive dazu waren wohl sehr unterschiedlich. Prestigedenken allein würde als Argument zu kurz greifen. „Arrangements" mit weltwirtschaftlichen Interessen und Trends gelten hier wohl ebenso als Motive. Dennoch schien die weltwirtschaftliche Integration Indonesiens zumindest bis zum Abgang SUHARTOS sehr stark von Regierungsseite gelenkt.

Eine globale Integration Indonesiens in wirtschaftliche Kontexte kann als noch nicht abgeschlossen gelten, vor allem, was die Bedeutung des Standortes Jakarta im Weltwirtschaftssystem, aber auch im südostasiatischen Raum betrifft. Die ökonomische Krise Südostasiens, im besonderen aber Indonesiens, hemmt jedenfalls spätestens seit Anfang 1998 die bisher so linear wirkende Integration in den globalen Markt. Die noch vor der Wirtschaftskrise merkliche Eingliederung Indonesiens in ein asiatisches Wirtschaftsgefüge wurde in erster Linie dadurch zum Ausdruck gebracht, daß branchenspezifische Auslagerungen bzw. Neuinvestitionen (z.B.: Fertigungsbereich) in anderen Teilen Asiens (Vietnam, Bangladesch und China) getätigt wurden, Indonesien somit nicht mehr als klassisches Billiglohnland („erste Wahl") mit verlängerten Werkbänken der Weltwirtschaft gilt.

Im Zusammenahng mit der im ersten Beitrag dieses Buches formulierten Hypothese, daß Globalisierung ursächlich für die Entwurzelung der Bevölkerung im ländlichen Raum mittels Migration in urbane Großräume verantwortlich gemacht wird, muß hier nun der Sachverhalt differenziert analysiert werden. Internationalisierung und die Öffnung der Wirtschaft gegenüber ausländischem Kapital haben ohne Zweifel massiv zur Herauslösung der Arbeitskraft aus ländlichen Arbeitsverbänden beigetragen sowie Arbeitskräftepotential (Arbeitslose) des ländlichen Raumes in urbanen formellen und informellen Ökonomien gebunden. Dennoch zeigt der Trend zur zirkulären Migration (und das nicht zuletzt vielleicht sogar verstärkt durch den Einfluß internationaler Interventionen), daß von einer Entwurzelung vieler Teile der Bevölkerung – im Sinne der Kontextlosigkeit zu ihren Herkunftsgebieten – nicht generell die Rede sein kann. Die gesellschaftliche Organisation Indonesiens baut sehr stark auf den Erhalt des (Groß)Familienverbandes und des familiären Haushaltseinkommens als Summe aller im arbeitsfähigen Alter befindlichen Familienmitglieder. Daher bestimmen familiäre Netzwerke zwischen Stadt und Land – wie bereits angeführt – den Zusammenhalt zwischen dem städtischen Arbeitsmarkt und ländlichen Herkunftsgebieten. Traditionelle Familienzusammenführungen zu moslemischen Feiertagen (z.B.: „Idul Fitri" – Ende des Ramadan) zwischen Stadt und Land untermauern ebenso die starken familiären Bindungen.

Der Überhang von globalen gegenüber lokalen (regionalen) Dynamiken im Kontext von Migration und Megastadtentwicklung kann zwar für Java bestätigt werden, darf aber nicht über die Bedeutung soziokultureller Traditionen und religiös motivierter Handlungen hinwegtäuschen. Die Rolle der Religion im größten islamischen Staat der Welt hat seit der Wirtschaftskrise an politischem Gewicht und individueller Ausdruckskraft zugenommen. Bisher war die Interpretation des Islam in Indonesien von gemäßigter Ausrichtung. Die Unruhen der Jahre 1997/98 haben aber gezeigt, daß eine „kontra-westliche" und „anti-chinesisch-christliche" Stimmung sehr schnell eingeleitet werden kann, und viele Träger der internationalen Wirtschaft damit konfrontiert werden. Gewinnt der fundamentalistisch orientierte Islam zukünftig verstärkt an Gewicht – so eine neu gewonnene Hypothese –, kann es auch passieren, daß lokale Trends, zumindest temporär, globale Interventionen „von außen" überschattet werden. Für die indonesische Peripherie hat Religion und kulturelles Erbe – trotz „CNN-Infotainment" – nach wie vor einen äußerst hohen Stellenwert.

Festgehalten werden muß aber an der Ausgangshypothese der zunehmenden Polarisierung zwischen Stadt und Land, die somit bestätigt werden kann. Die rasante Megastadtentwicklung hat zu einer weiteren sozialräumlichen Benachteiligung von ländlichen – zum Teil peripheren – Landesteilen geführt. Während internationale Investitionen, Infrastruktur und damit verbundene Arbeitsplätze die Phase des exponentiellen Stadt- und Wirtschaftswachstums ebendort bis Mitte des Jahres 1997 bestimmten, konnte der ländliche Raum vergleichsweise wenig(er) von der boomenden Entwicklung profitieren.

Ländliche Räume hinken auch heute noch hinter vielen in den Städten schon selbstverständlichen Standards nach. Internationalisierung und Industrialisierung der Ballungsräume Javas – vor allem des Großraumes Jabotabek – hat die Kluft zu den entlegenen Teilen des Landes überproportional verstärkt. Das immer wieder vorgespielte Bemühen von staatlicher Seite, mittels Dezentralisierung, Kompetenzneuverteilung und regionaler Selbst-(Mit)Bestimmung eine Situationsverbesserung einzuleiten, kann in einem derartig zentralistisch organisierten Staat nicht wirklich ernst genommen werden. Anders gesagt: Die wachsenden Unterschiede zwischen Stadt und Land sind zum einen Ergebnis der Entwicklung internationaler (vor allem transnational organisierter ökonomischer) Einflüsse (Abwanderung von Humankapital in urbane Räume etc.), stehen zum anderen jedoch auch in sehr engem Kontext zur innenpolitischen Gesamtsituation. Stadt-Land-Gegensätze in Indonesien können als Summe von internationaler Integration und innenpolitischen Fehlleistungen verstanden werden. Der internationalen Produktion und Investition allein diese sich verstärkende Kluft zuzuschreiben, würde hier zu kurz greifen.

Jabotabek als Zielgebiet der ländlichen Migration vereint nicht erst seit dem starken Wachstum und Bevölkerungszustrom, sondern bereits seit der Kolonialzeit städtische und ländliche Strukturen auf engstem Raum. Noch heute bestehen im Kernstadtbereich DKI Jakarta dörfliche Einheiten mit in sich relativ geschlossenen sozialräumlichen Strukturen. Der wegen zunehmender Internationalisierung staatlich verstärkt organisierte Wohnbau, die „Kampung-Sanierungs-Programme" und internationales Kapital konnten diese Siedlungsstrukturen zwar dort aufbrechen, wo Verslumungstendenzen vorlagen und Grundstücksspekulationen Wegbereiter eines Verdrängungswettbewerbes waren (sind), dennoch wird die Integration von Migranten am städtischen Arbeitsmarkt vielfach im jeweiligen Wohnumfeld sichergestellt (z.B.: Familiennetzwerke über Generationen, Arbeitersiedlungen, wo beispielsweise viele Arbeiter aus einem Dorf rekrutiert wurden etc.). Wurden sozialräumliche Strukturen durch internationale Intervention und staatliche Lenkung jedoch erst einmal zerstört, ist es nahezu unmöglich, sie andernorts wieder zu rekonstruieren. Neu geschaffene Wohneinheiten im städtischen Raum gelten meist als „nicht beziehbar", vor allem aus Kostengründen.

Migranten mit oft höherer Flexibilität und Ausbildung treten nun in Konkurrenz zur ansässigen Stadtbevölkerung mit ihrem „lokalen Know-how" über den städtischen Arbeitsmarkt. Durch die guten sozialen und familiären Netze sowie durch die Dauer des Aufenthalts der Migranten in der Stadt kommt es vor allem dann zu einer Gleichstellung, wenn die Heimatregion ebenso auf Java liegt, da Konfliktfelder ethnischer und religiöser Herkunft minimiert werden können. Liegt der unmittelbare Grund der Migration nicht in den gezielten „Werbekampagnen" und Rekrutierungsmaßnahmen von potentiellen Arbeitskräften im ländlichen Raum für den städtischen Arbeitsmarkt, so findet eine Integration in diesen häufig über die informelle Ökonomie statt, die in der letzten Zeit sukzessive immer stärker formalisiert wird.

Rein quantitativ hat Jakarta (Jabotabek) die Vormachtstellung im nationalen Kontext in den letzten zwei Jahrzehnten weiter ausbauen können. Es kann daher durchaus von einer „primate city" gesprochen werden. Jakarta ist bevölkerungsmäßig zumindest fünfmal so groß wie die zweitgrößte Stadt des Landes (Surabaya). Vor allem der Großraum Jabotabek (West-Java) gilt nach wie vor als Hauptziel der Migranten und somit potentiellen Arbeitnehmer. Trotz angestrebter Dezentralisierung ist Jakarta nach wie vor die „Schaltstelle" und Machtakkumulation Indonesiens. Die Organisation der politischen Struktur Indonesiens ist auf Konzentration – indem alles im Machtzentrum zusammenläuft – ausgerichtet. Solange die Vormachtstellung des SUHARTO-Clans – trotz des Wechsels an der Regierungsspitze – relativ ungebrochen ist, wird sich an der räumlichen Fokussierung von Entscheidungsstrukturen wahrscheinlich nur wenig ändern.

Festgehalten kann werden, daß Jakarta als Megastadt des Südens eine andere Entwicklungsdynamik erfahren hat als die Großstädte der Industrieländer, von denen einige – wie London, New York und Tokio – als „Global Cities" etabliert sind. Im Kontext der Stadtentwicklungstypologie des „Südens" wird vielfach von einer „Urbanisierung ohne Modernisierung" gesprochen. Betrachtet man nun die analysierte Position Jakartas, würde sich hier in analoger Interpretation der Begriff „Urbanisierung mit Internationalisierung" oder „Urbanisierung mit partieller Globalisierung" aufdrängen.

Literatur

ABDULLAH, F. (1993): The Phenomenon of Illegal Immigrants. In: The Indonesian Quarterly XXI (2), S. 171–186.
ABDULLAH, F. (1995): Notizen zur Situation der Arbeiter. In: PASUHUK, H. und E. KOESOEMAWIRIA (Hrsg.): Traum der Freiheit; Indonesien 50 Jahre nach der Unabhängigkeit. Köln: Omimee, S. 135–138.
ABEYASEKERE, S. (Hrsg.) (1985): From Batavia to Jakarta: Indonesia's Capital 1930s to 1980s. Jakarta: Centre of Southeast Asian Studies (= Annual Indonesian Lecture Series 10).
ABEYASEKERE, S. (1987): Jakarta. A History. Oxford: Oxford University Press.
ACHIR, Y. A. (1996): Threats and Opportunities. In: Telsha 39, S. 25–33.
AHMAD, A. (1996): Land Management, Urban Design, Building Code. Conference Paper, Seminar, July 8–10, 1996: Strategies for a Sustainable Greater Jabotabek. The Regent Hotel, Jakarta:

Bappenas – Ministry of Public Works – World Bank.

ALATAS, S. (1993): Macro Patterns of Internal Migration in Indonesia, 1971–1990. In: Demografi Indonesia 40, S. 21–48.

ANAF, A. (1986): Female Migration and Employment: A Case Study in Kecamatan Pasar Rebo, Jakarta. Jakarta: National Institute of Economic and Social Research, Indonesian Institute of Science.

ANANTA, A. (1996): Labour Market Developments and International Migration in Indonesia. In: Migration and the Labour Market in Asia. Prospects to the Year 2000. Paris: OECD Document, S. 151–158.

ANDERSON, B. (1990): Language and Power. Exploring Political Cultures in Indonesia. New York: Cornell University Press.

Asiaweek, Hongkong, versch. Ausgaben 1990–1997.

BABCOCK, T. (1986): Transmigration: The Regional Impact of a Miracle Cure. In: MACANDREWS, C. (Hrsg.): Central Government and Local Development in Indonesia. Oxford/New York: Oxford University Press, S. 152–164.

BACHTIAR, H. W. (1992): Integrasi Nasional Indonesia (Indonesian National Integration). In: Wawasan Kebangsaan Indonesia (Indonesian Sense of Nationhood). Jakarta: Bakom PKB Pusat.

Bappenas (1994): Repelita VI. Indonesia's Sixth Five-Year Development Plan (1994/95–1998/99). A Summary. Jakarta.

BAUER, E. (1993): Umweltprobleme in Indonesien mit besonderer Berücksichtigung der urbanen Regionen. Magisterarbeit Lehrstuhl für Südostasienkunde, Universität Passau.

BENNATHAN, E. (1996): Urbanization in Indonesia. Conference Paper, Seminar, July 8–10, 1996: Strategies for a Sustainable Greater Jabotabek. The Regent Hotel, Jakarta: Bappenas – Ministry of Public Works – World Bank.

BERTRAM, J. (1995): Dynamik und Destruktion – Die Schattenseiten des Wachstums in Südostasien. In: STAHL, S. und U. MIHR (Hrsg.): Die Krallen der Tiger und Drachen. Wirtschaftsboom und Selbstbewußtsein in Asien. München: Droemer Knaur, S. 79–106.

BEYER, U. (1988): Ein Volk zieht um: Indonesiens staatliche Umsiedlungsprogramme und die Kirchen. Frankfurt am Main: Verlag Otto Lembeck.

BIANPOEN (1991): Managing the Megalopolis. In: The Indonesian Indicator 51, S. 67–71.

Biro Pusat Statistik (1997a): Indikator Ekonomi. November 1997. Monthly Statistical Bulletin. Jakarta: BPS.

Biro Pusat Statistik (1997b): Statistik Indonesia, Statistical Yearbook of Indonesia 1996. Jakarta: BPS.

BOOMGAARD, P. (1987): Children of the Colonial State: Population Growth and Economic Development in Java 1795–1880. Proefschrift, University of Amsterdam.

BOOTH, A. (1985): Accomodating a Growing Population in Javanese Agriculture. In: Bulletin of Indonesian Economic Studies 21, S. 2.

BRABENEC, M. (1996): Die Auswirkungen von staatlich geplanter und autonomer interner Migration in Indonesien. Diplomarbeit am Institut für Raumplanung und Regionalentwicklung der Wirtschaftsuniversität Wien.

BUSCH, G. und J. STANKOVSKY (1991): Indonesien als Wirtschaftspartner Österreichs: Stand der Beziehungen und Entwicklungsperspektiven. Wien: Österreichisches Institut für Wirtschaftsforschung.

Central Bureau of Statistics (1994): Statistik Indonesia 1993. Jakarta: BPS.

CERNEA, M. M. (1993): The Urban Environment and Population Relocation. New York/Jakarta: International Bank for Reconstruction and Development.

Citra Image Indonesia (Hrsg.) (1995): Waterfront City. In: Citra Image Indonesia 6/1995, S. 3.

Citra Image Indonesia (Hrsg.) (1997): President Soeharto's End-of-the-Year Message: People and Government Should Unite to Meet the Challenges of 1997. In: Citra Image Indonesia III/1. January 1997, S. 2–5.

City Planning Department (Hrsg.) (1994): Capital City of Jakarta (CCJ); Jakarta. A Dynamic World City at the Threshold of the 21st Century. Jakarta.

CLARKE, G. (1985): Jakarta, Indonesia: Planning to Solve Urban Conflicts. In: LEA, J. P. und J. M. COURTNEY (Hrsg.): Cities in Conflict. Studies in the Planning and Management of Asian Cities. A World Bank Symposium. Washington: The World Bank, S. 35–60.

COHEN, M. A. (1994): Sharing the Wealth. In: Far Eastern Economic Review, 28.4.1994, S. 58.

CRANE, R. und A. DANIERE (1996): Measuring Access to Basic Services in Global Cities. Descriptive and Behavioral Approaches. In: Journal of the American Planning Association 62 (2), S. 203–221.

CRANE, R., DANIERE, A. und S. HARWOOD (1997): The Contribution of Environmental Amenities to Low-income Housing: A Comparative Study of Bangkok and Jakarta. In: Urban Studies 34 (9), S. 1495–1512.

DAUTH, J. (1995): Entwicklung – Modernisierung – Fortschritt: Über die Rolle des Westens bei der Entwicklung Südostasiens. In: STAHL, S. und U. MIHR (Hrsg.): Die Krallen der Tiger und Drachen. Wirtschaftsboom und Selbstbewußtsein in Asien. München: Droemer Knaur, S. 245–266.

Department of Information (Hrsg.) (1995): Indonesia; 50 Years of Independence. Jakarta: Directorate of Foreign Information Services.

Department of Information (Hrsg.) (1996): Indonesia 1996. An Official Handbook. Jakarta.

Der Spiegel (Hrsg.) (1977): China erwacht, die Welt erbebt. In: Der Spiegel 9/97, S. 154–166.

Deutsche Gesellschaft für die Vereinten Nationen (Hrsg.) (1997): Bericht über die menschliche Entwicklung 1997. Veröffentlicht für das Entwicklungsprogramm der Vereinten Nationen. Bonn: UNO.

DHARMAPATNI, I. und T. FIRMAN (1995): Problems and Challenges of Mega-Urban Regions in Indonesia: The Case of Jabotabek and the Bandung Metropolitan Area. In: MCGEE, T. G. und I. M. ROBERTSON (Hrsg.): The Mega-Urban Regions of Southeast Asia. Vancouver: University of British Columbia Press, S. 297–314.

Die Gruppe von Lissabon (1997): Grenzen des Wettbewerbs: Die Globalisierung der Wirtschaft und die Zukunft der Menschheit. München: Luchterhand.

Direktorat Pemindahan dan Penempatan (1997): Laporan Harian; Pemindahan dan Penempatan Transmigrasi: Tahun Anggaran 1996/1997. Jakarta

DJOJOHADIKUSUMO, S. (1997): The Political Economy of Indonesia: Past, Present and Furture. In: Duta. Indonesian Journal of World Affairs 1, Dec 97–Feb 98, S. 28–44. Jakarta: Indonesian Council on World Affairs.

DJUHARI, M. und P. TITIK HANDAYANI (1991): Migrants and Self-Employment in Jakarta. In: Prisma; The Indonesian Indicator. The Cities of Janus, Two Faces of Transformation, S. 79–85.

DONNER, W. (1987): Land Use and Environment in Indonesia. London: Hurst.

DOUGLASS, M. (1991): Planning for Environmental Sustainability in the Extended Jakarta Metropolitan Region. In: GINSBURG, N., KOPPEL, B. und T. G. MCGEE (Hrsg.): The Extendened Metropolis Settlement Transition in Asia. Honolulu: University of Hawaii Press.

DOUGLASS, M. (1996a): Land-Use Planning and Management Strategies For A Sustainable Greater Jabotabek. Conference Paper, Seminar, July 8–10, 1996: Strategies for a Sustainable Greater Jabotabek. The Regent Hotel, Jakarta: Bappenas – Ministry of Public Works – World Bank.

DOUGLASS, M. (1996b): Land-Use Planning and Management Strategies For A Sustainable Greater Jabotabek. In: Jurnal Perencanaan Wilayah dan Kota 21, S. 46–59.

DRAKE, C. (1988): National Integration in Indonesia: Patterns and Policies. Honolulu: University of Hawaii Press.

DREESBACH, F. (1996): The Implementation of the First Priority Line From Blok M to Kota Jakarta, Indonesia. Conference Paper, Seminar, July 8–10, 1996: Strategies for a Sustainable Greater Jabotabek. The Regent Hotel, Jakarta: Bappenas – Ministry of Public Works – World Bank.

DÜRR, H. (1994): Nationales Wirtschaftswachstum, regionale Ungleichheiten, lokale Handlungspotentiale: Indonesien als Beispiel. In: Südostasien Informationen 1/94, S. 11–14. Wien: ÖIE.

DÜRSTE, H. und M. FENNER (1987): Wirtschaftliches Wachstum und soziokultureller Wandel. Das Beispiel Indonesien. In: Entwicklung und Zusammenarbeit 28 (2), Baden-Baden, S. 5–7.

EIU (1997): Indonesia. Country Report, 3rd Quarter 1997. London: The Economist Intelligence Unit.

EVERS, H. D. (1991): Shadow Economy, Subsistence Production and Informal Sector: Economic Activity Outside of Market and State. In: The Indonesian Indicator 51, S. 34–45.

EVERS, H. D. (1995): Armut in Indonesien. Eine Wende in der Entwicklungspolitik? In: Internationales Asienforum 26 (3–4), S. 327–341.

EVERS, H. D. (1997): Entwicklungssoziologie: Aufstieg und Fall des informellen Sektors. Indonesien im Vergleich. In: KOMLOSY, A., PARNREITER, C., STACHER, I. und S. ZIMMERMANN (Hrsg.): Ungeregelt und unterbezahlt. Der informelle Sektor in der Weltwirtschaft. Frankfurt am Main/ Wien: Brandes & Apsel/Südwind, S. 133–148 (= Historische Sozialkunde 11).

Far Eastern Economic Review (1994–1997): 28.04.1994, 18.05.1995, 04.01.1996, 28.02.1996, 14.03.1996, 28.03.1996, 11.04.1996, 16.05.1996, 20.06.1996, 08.08.1996, 29.08.1996, 05.12.1996, 30.01.1997, 22.05.1997.

FEITH, H. und L. CASTLES (1990): Indonesian Political Thinking 1945–65. London: Ithaca.

FERIDHANUSETYAWAN, T. (1995): Labor Issues in Indonesia. Jakarta: Department of Economic Affairs, Center for Strategic and International Studies.

FIRDAUSY, C. M. (1996): Economic Issues of International Labour Migration from Indonesia to the East and Southeast Asian Countries. In: The Indonesian Quarterly XXIV (4), S. 405–418.

FIRMAN, T. (1991): Some Thoughts on Urban Development Policy. In: The Indonesian Indicator 51, S. 17–22.

FIRMAN, T. (1992): The Spatial Pattern of Urban Population Growth in Java, 1980–1990. In: Migration and Urbanization in Asia and the Pacific. Bangkok: UN-ESCAP, S. 36–44 (= Asian Population Studies Series 111).

FIRMAN, T. (1996a): Urban Development in Bandung Metropolitan Region. A Transformation to a Desa-Kota-Region. In: TWPR 18 (1), S. 1–22.

FIRMAN, T. (1996b): Patterns and Trends of Urbanization in Indonesia. A Reflection of Regional Disparity. Paper presented to Indonesia Update 1996, organized by the Indonesia Project Division of Economics and Department of Political and Social Change, Research School of Pacific and Asian Studies with collaboration of the Demography Program, Research School of Social Sciences, The Australian National University, 23 and 24 August 1996.

FIRMAN, T. und I. DHARMAPATNI (1994): The Challenges to Sustainable Development in Jakarta Metropolitan Region. London: Elsevier Science Ltd.

GARDINER, P. (1997): Migration and Urbanization: A Discussion. In: JONES, C. W. und T. H. HULL (Hrsg.): Indonesia Assessment. Population and Human Resources. Singapore: Institute of Southeast Asian Studies, S. 118–134.

GARNAUT, R. (1994): Asian Market Economies. Challenges of a Changing International Environment. Singapore: Institute of Southeast Asian Studies.

GEERTZ, C. (1963): Agricultural Involution. The Process of Economical Change in Indonesia. Berkeley/California: University of California Press.

GEORGE, S. (1976): How the Other Half Dies. The Real Reason for World Hunger. London: Penguin Books.

GIEBELS, L. J. (1983): Jabotabek. Discussion paper for the workshop on Indonesian towns in Leiden, 25–27 Oct. 1983. Leiden.

GIEBELS, L. J. (1986): Jabotabek – an Indonesian-Dutch Concept on Metropolitan Planning of the Jakarta-Region. In: The Indonesia City 117, Dordrecht, S. 101–116.

GOENAWAN, M. (1993): Am Rande bemerkt. Herausgegeben und übersetzt von W. WASMUTH, Unkel/ Rhein.

GORDON, A. (1979): Stages in the Development of Java's Socio-Economic Formations 700–1979 AD. In: Journal of Contemporary Asia 9, S. 129–141.

GRAF, A. (1995): Indonesien: Schrittweise Liberalisierung. In: PRETZELL, K. A. und W. HERMANN (Hrsg.): Zugang in Südostasien, S. 39–46 (= APIA-Publications: Schriftenreihe der Asien-Pazifik Informations-Agentur 1).

GUGLER, J. (1992a): The Urban-Rural Interface and Migration. In: GILBERT, A. und J. GUGLER (Hrsg.): Cities, Poverty and Development: Urbanization in the Third World. Oxford: Oxford University Press, S. 62–86.

GUGLER, J. (1992b): Patterns of Political Integration and Conflict. In: GILBERT, A. und J. GUGLER (Hrsg.): Cities, Poverty and Development: Urbanization in the Third World. Oxford: Oxford University Press, S. 177–219.

HALL, D. G. E. (1981): A History of South-East Asia. London: Macmillan.

HAMER, A. M. et al. (1986): Indonesia. The Challenge of Urbanization. Washington D.C. (= World Bank Staff Working Papers 787).

HAMIJOYO, S. (1994): Bevölkerungspolitik und Familienplanung in Indonesien. Errungenschaften und Probleme. In: Epd-Entwicklungspolitik 16/94, S. 37–45.

HANISCH, R. (1995): Indonesien: Abenddämmerung des Suharto-Regimes. In: Jahrbuch Dritte Welt 1995, S. 133–148.

HARDJONO, J. (1988): The Indonesian Transmigration Program in Historical Perspective. In: International Migration 26 (4), S. 427–452.

HARDJOSOEKARTO, S. (1993): Japan's Role in Indonesia's Development. In: The Indonesian Quarterly XXI (4), S. 410–433.

HEINTEL, M. (1990): Jakarta: Mega City Südostasiens. Eine Fallstudie des Projektes Migration in Megastädte der Dritten Welt „in progress". In: GOETZ, K. et al. (Hrsg.): Geografie, Wirtschaftskunde und andere Ungereimtheiten. Wien: WUV, S. 89–103.

HENDERSON, J. V., KUNCORO, A. und D. NASUTION (1996): The Dynamics of Jabotabek Development. In: Bulletin of Indonesian Economic Studies 32 (1), S. 71–95.

HIKAM, M. A. S. (1996): Political Marginalization and Resistance in the New Order's Indonesia: A Case Study of Workers in Banten, West Java (1989–1994). In: Ekonomi dan pembangunan IV, 1.

HILL, H. (1988): Foreign Investment and Industrialization in Indonesia. Singapore: Oxford University Press.

HILL, H. (1992): Regional Development in a Boom and Bust Petroleum Economy: Indonesia since 1970. In: Economic Development and Cultural Change 40 (2), Chicago, S. 351–379.

HOLBERG, A. (1997): Indonesien: Unruhe im Drachenstaat. In: Volksstimme, 21./22. Mai 1997, Wien, S. 6.

HORSTMANN, K. und W. RUTZ (1980): The Population Distribution of Java. Tokyo: Institute of Developing Economies (= I.D.A. Statistical Data Series 29).

HUGO, G. (1988): Population Mobility and Development Issues in ASEAN. Summary Report of the ASEAN Population Programme. Population Mobility and Urbanization Project. Bangkok.

HUGO, G. (1989): Internal and International Migratory Flows: Some Recent Developments in Asia. In: International Population Conference New Delhi 1989, Band 2. Liege, S. 239–260.

HUGO, G. (1991): Population Movements in Indonesia: Recent Developments and their Implications. Revised Version of a Paper Prepared for International Conference on Migration, Centre for Advanced Studies, National University of Singapore, Singapore, 7–9 February 1991.

HUGO, G. (1992): Women on the Move: Changing Patterns of Population Movement of Women in Indonesia. In: Chant 1992, S. 175–196.

HUGO, G. (1994): International Labour Migration and the Family: Some Observations from Indonesia. Paper Prepared for the Symposium on „Work and Family Life of International Migrant Workers", Nihon University, Tokyo, 5–7 December 1994.

HUGO, G. (1995): Indonesia's Migration Transition. In: Journal für Entwicklungspolitik 11 (3), Frankfurt am Main/Wien, S. 285–309.

HUGO, G. (1997): Changing Patterns and Processes in Population Mobility. In: JONES, G. W. und T.

H. HULL (Hrsg.): Population and Human Resources. Indonesia Assessment. Singapore: Australian National University und Institute of Southeast Asian Studies, S. 68–100.

HUGO, G., HULL, T. H., HULL, V. J. und G. W. JONES (1987): The Demographic Dimension in Indonesian Development. Singapore: Oxford University Press.

HUSA, K. und H. WOHLSCHLÄGL (1995): Von der „alten Seßhaftigkeit" zur „neuen Dynamik der Mobilität" – Migrationsvorgänge in Südostasien im Umbruch. In: Beiträge zur historischen Sozialkunde 25 (3), Wien, S. 85–95.

HUSA, K. und H. WOHLSCHLÄGL (1996): Staatlich gelenkte Umsiedlungsprogramme und spontane Neulanderschließung in Südostasien. In: BINDERHOFER, E., GETREUER-KARGL, I. und H. LUKAS (Hrsg.): Das Pazifische Jahrhundert? Wirtschaftliche, ökologische und politische Entwicklung in Ost- und Südostasien. Frankfurt am Main/Wien: Brandes & Apsel/Südwind, S. 121–143 (= Historische Sozialkunde 10).

Jakarta Metropolitan City Government (1995): Jakarta. 50 Tahun Dalm Pengembangan Dan Penataan Kota (Jakarta insight fifty years of city planning and development). Jakarta: Jakarta Metropolitan City Government.

Jakarta Post; The Journal of Indonesia Today (1988–1998): 31.10.1996, 27.01.1997, 31.01.1997, 02.02.1997, 01.04.1997, 30.04.1997, 24.01.1998, 25.01.1998, 26.01.1998, 18.06.1998.

JAMIESON, N. (1991): The Dispersed Metropolis in Asia: Attitudes and Trends in Java. In: GINSBURG, N., KOPPEL, B. und T. G. MCGEE (Hrsg.): The Extendened Metropolis Settlement Transition in Asia. Honolulu: University of Hawaii Press, S. 275–297.

JELLINEK, L. (1991): The Wheel of Fortune: The History of a Poor Community in Jakarta. Honolulu: University of Hawaii Press.

JONES, G. W. und T. H. HULL (Hrsg.) (1997): Indonesia Assessment; Population and Human Resources. Singapore: Australien National University und Institute of Southeast Asian Studies.

JONES, G. W. und M. MAMAS (1996): The Changing Employment Structure of the Extended Jakarta Metropolitan Region. In: Bulletin of Indonesian Economic Studies 32 (1), S. 51–70.

KAMINSKI, H. (1995): Handel und Direktinvestitionen in den japanisch-indonesischen Beziehungen. Ein Beitrag zur Entwicklung Indonesiens? Hamburg: Institut für Asienkunde (= Mitteilungen des Instituts für Asienkunde 246).

KASTO, L. und H. SEMBIRING (1996): The Profile of Indonesian Population, Profil Kependudukan Indonesia, Selama PJP I dan Awal PJP II. Yogyakarta: Pusat Penelitian Kependudukan Universitas Gadjah Mada.

KAYAM, U. (1996): On Foreign Influences: The Indonesian Case. In: The Indonesian Quarterly XXIV (3), S. 214–219.

KENWORTHY, J., NEWMAN, P. W. G., BARTER, P. und C. POBOON (1995): Is Increasing Automobile Dependence Inevitable in Booming Economies? Asian Cities in an International Context. In: Journal of International Association of Traffic and Safety Sciences 19 (2), S. 58–67.

KERSCHBAUMER, M. (1994): Das Transmigrationsprogramm. Ein Wechselspiel interner und externer Machtverhältnisse im Licht sozio-ökonomischer Transformationsprozesse. Diplomarbeit Universität Wien.

Kompas (1989): Ausgabe vom 07.01.1989.

KORFF, R. (1996a): Global and Local Spheres: The Diversity of Southeast Asian Urbanism. In: Sojourn. Journal of Social Issues in Southeast Asia 11 (1), S. 288–313.

KORFF, R. (1996b): Urbanisierung der Entwicklungsländer. Universität Bielefeld, Forschungsschwerpunkt Entwicklungssoziologie, Working Paper 261.

KRETZSCHMAR, M. (1994): Die strategischen Industrien Indonesiens. In: asien, afrika, lateinamerika 22, S. 419–429.

KUSBIANTORO, B. S. (1996): Transportation Problem in Rapidly New Town Development Area. In: Jurnal Perencanaan Wilayah dan Kota 21, S. 60–65.

LABER, B. (1995): Indonesiens Industrialisierung: Der Einfluß der Öleinnahmen auf die Entwicklung der Exporte der verarbeitenden Industrie. Frankfurt am Main: Peter Lang.

LEAF, M. L. (Hrsg.) (1994): Urbanisation in Southeast Asia: Public Policy and Private Initiative. Vancouver: University of British Columbia, Centre for Southeast Asian Research.

LI, X. (1993): Möglichkeiten der Entwicklung und Anwendung von Hochtechnologien in Entwicklungsländern. Frankfurt am Main: Peter Lang

LIEM, J. (1995): Billiglohnland mit hohen ‚Nebenkosten' – Umrisse einer Wirtschaftspolitik. In: PASUHUK, H. und E. KOESOEMAWIRIA (Hrsg.): Traum der Freiheit; Indonesien 50 Jahre nach der Unabhängigkeit. Köln: Omimee, S. 93–100.

LINNAN, D. K. (1994): Indonesian Capital Market Development and Privatisation. In: MCLEOD, R. H. (Hrsg.): Indonesia Assessment 1994. Finance as a Key Sector in Indonesia's Development. Singapore: Institute of Southeast Asian Studies, S. 223–247.

LOWRY, K. und I. DHARMAPATNI (1994): Evaluating Jakarta's Kampung Improvement Program. In: DOUGLASS, M. (Hrsg.): Urban Environmental Management at the Grassroots. University of Hawaii, Department of Urban and Regional Planning. (Third International Workshop on Community-Based Environmental Management. Institute of Technology Bandung, Indonesia. October 3–6, 1994).

LUKAS, H. (1997): Südostasien: Formierung einer Region; 30 Jahre ASEAN. In: International, Die Zeitschrift für internationale Politik 3–4/97, S. 27–34.

MACANDREWS, C. (Hrsg.) (1986): Central Government and Local Development in Indonesia. Oxford/New York: Oxford University Press.

MACHETZKI, R. (1994): Indonesien-Skizze: Einführung in Geschichte, Politik und Wirtschaft. In: Südostasien aktuell 1/94, S. 70–77.

MACHETZKI, R. (1995): Kultur und Wirtschaftserfolg in Südostasien. In: Jahrbuch Dritte Welt 1995, S. 150–158.

MACKIE, J. A. C. (1980): Integrating and Centrifugal Factors in Indonesian Politics since 1945. In: Indonesia: The Making of a Nation. Canberra: The Australian National University.

MAGNIS-SUSENO, F. von (1989): Neue Schwingen für Garuda. Indonesien zwischen Tradition und Moderne. Kindt.

Makindo Report (1996): 1996 Another Year of Dynamic Growth. P. T. Makindo, October 1996, Volume III, Nr. 2. Jakarta.

MANNING, C. (1988): Rural Employment Creation in Java. Lessons from the Green Revolution and Oil Boom. In: Population and Development Review 14 (1), New York, S. 47–80.

MCBETH, J. (1994): Challenges of Progress. In: Far Eastern Economic Review, 28.4.1994, S. 44–46.

MCBETH, J. (1995): Succession Talk Recedes. In: Far Eastern Economic Review, 18.5.1995, S. 48–58.

MCGEE, T. G. (1995): Metrofitting the Emerging Mega-Urban Regions of ASEAN: An Overview. In: MCGEE, T. G. und I. M. ROBERTSON (Hrsg.): The Mega-Urban Regions of Southeast Asia. Vancouver: University of British Columbia Press, S. 3–26.

MCGEE, T. G. und I. M. ROBERTSON (1995): The Mega-Urban Regions of Southeast Asia. Vancouver: University of British Columbia Press.

Merdeka Newspaper (1988): Ausgabe vom 01.02.1998.

Ministry of Foreign Affairs (1992): The Sector Programme for Rural Development. Programme Evaluation with Special Reference to Indonesia, Sudan, Rwanda, Tanzania and Nicaragua. The Hague.

Ministry of Manpower (1993): Manpower and Employment Situation in Indonesia. Jakarta.

Ministry of Transmigration and Forest Squatter Resettlement (1990): Transmigration (Folder). Jakarta.

Ministry of Transmigration and Forest Squatter Resettlement (1994): Transmigration – A Step Toward National Prosperity and Unity. Jakarta.

MIYAN, I. und I. P. YAYASAN (Hrsg.) (1984): The Management of Population Assistance Programmes. Examples of Public Management of Population Projects in Bangladesh and Indonesia. Paris: OECD.

MOREAU, R. (1997): The Little Guys. Newsweek, June 2, 1997, S. 26–29.

MURRAY, A. J. (1991): No Money, no Honey: a Study of Street Traders and Prostitutes in Jakarta. Singapore: Oxford University Press.

NACHROWI, D. N., FERGUS, D. und B. DWIWATI (1995): Labor Market Issues in Indonesia: An Analysis in a Globalization Context. In: Journal of Population 1 (1), S. 71–105.

National Committee for Habitat II (1996): National Report for Habitat II. Main Document. Republic of Indonesia. Jakarta: National Committee for Habitat II.

National Urban Development Strategy Project (NUDSP) (1985): Analysis of Urban Growth and Structure. Directorate of City and Regional Planning, Jakarta: Department of Public Works.

Newsweek (1997): Ausgabe vom 02.06.1997.

NOERHADI, D. C. (1994): The Role of the Indonesian Capital Market. In: MCLEOD, R. H. (Hrsg.): Indonesia Assessment 1994. Finance as a Key Sector in Indonesia's Development. Singapore: Institute of Southeast Asian Studies, S. 202–222.

NOHLEN, D. (Hrsg.) (1993): Lexikon Dritte Welt. Reinbek bei Hamburg: Rowohlt.

NOVY, A. (1997): Sao Paulo: Metropole Südamerikas. In: FELDBAUER, P., HUSA, K., PILZ, E. und I. STACHER (Hrsg.): Mega-Cities; Die Metropolen des Südens zwischen Globalisierung und Fragmentierung. Frankfurt am Main/Wien: Brandes & Apsel/Südwind, S. 259–280 (= Historische Sozialkunde 12)

ODRICH, B. und P. ODRICH (1995): Südostasien für Manager. Ein Führer durch die dynamischte Wirtschaftsregion der Welt. Frankfurt am Main/New York: Campus.

PABOTINGGI, M. (1990): How Language Determined Indonesian Nationalism. In: Prisma 50, S. 9.

PALTE, J. G. L. (1989): Upland Farming in Java, Indonesia. A Socio-Economic Study of Upland Agriculture and Subsistence under Population Pressure. Amsterdam/Utrecht (= Nederlandse Geografische Studies 97).

PANGESTU, M. (1995): Deregulation of Foreign Investment Policy: Past, Present and Future. Paper Presented for the World Bank – ISEI, Conference on Economic Deregulation in Indonesia, Jakarta, 26.–28. April 1995. Jakarta, 17 S.

PASAY, A. (1994): Impact of Migration on the Labour Market in Indonesia. In: Issues in the Study of Rural-Urban Migration. Bangkok: UN-ESCAP, S. 46–52 (= Asian Population Studies Series 130).

PASAY, H., TANOK, Y. und E. PRIYONO (1996): Small Town and Rural Human Resources Development to Reduce Migration to Large Cities: The Case of Indonesia. Jakarta (= Lembaga Demografi, Fakultas Ekonomi, Universitas Indonesia, Reprint Series 16).

PAYE, J.-C. (1995): OECD and Major Developing Countries. Paris: OECD.

PERNIA, E. M. (1988): Urbanization and Spatial Development in the Asian and Pacific Region: Trends and Issues. In: Asian Development Review 6 (1), S. 86–105.

PERNIA, E. M. (1991): Aspects of Urbanization and the Environment in Southeast Asia. In: Asian Development Review 9 (2), S. 113–136.

POERBO, H. (1991): A Glimpse of Tragedy and a Question of Morality. In: The Indonesian Indicator 51, S. 72–78.

PRABATMODJO, H. und T. FIRMAN (1996): Problems of Small Town Development in a Rapidly Growing Metropolitan Economy: The Case of Soreang, West Java. In: Sojourn 11 (2), S. 316–335.

Pt. Bumi Serpong Damai (Hrsg.) (1985): Kota Mandiri; Bumi Serpong Damai. Pre Study Report; Executive Summary. Jakarta.

PURDY, S. (1984): Legitimation of Power and Authority in a Pluralistic State: Pancasila and Civil Religion in Indonesia. New York: Columbia University.

RACHBINI, D. J. (1991): Some Reflections on Dualism in the Urban Informal Economy. In: The Indonesian Indicator 51, S. 46–59.

RAFFLES, T. S. (1978): The History of Java. Vol. 2, Modern Edition (first published in 1817). Kuala Lumpur: Oxford University Press.

RAIS, T. (1996): Development Strategies of DKI Jakarta: Towards an Environmentally Sustainable

Greater Jabotabek. Conference Paper, Seminar, July 8–10, 1996: Strategies for a Sustainable Greater Jabotabek. The Regent Hotel, Jakarta: Bappenas – Ministry of Public Works – World Bank.

RANNEFT, J. M. (1929): The Economic Structure of Java. In: SCHRIEKE, B. (Hrsg.): The Effect of Western Influence on Native Civilizations. The Hague: Kolff, S. 71–84.

REEVE, D. (1985): Golkar of Indonesia. An Alternative to the Party System. Singapore/Oxford: Oxford University Press.

ROBINSON, R. (1990): Power and Economy in Suharto's Indonesia. In: Journal of Contemporary Asia Publishers, Wollongong/Australia, S. 38–49.

RÖLL, W. (1979): Indonesien. Entwicklungsprobleme einer tropischen Inselwelt. Stuttgart: Klett (Klett Länderprofile).

ROSS, J. A. (1988): Family Planning and Child Survival: 100 Developing Countries. New York: Columbia University, Center for Population and Family Health.

RUTZ, W. (1985): Die Städte Indonesiens: Städte und andere nicht-landwirtschaftliche Siedlungen. Berlin: Borntraeger.

SANTOSO, A. (1995): 50th Anniversary of Indonesia: Middle Class and Problems of Political Development. In: Telstra 35 (7–8), S. 13–19.

SASONO, A. (1996): Social Aspects for Sustainable Urban Growth. Jakarta: CIDES (Center for Information and Development Studies).

SCHARLAU, W. (1995): Konflikt der Kulturen oder die Asiatisierung Asiens. In: STAHL, S. und U. MIHR (Hrsg.): Die Krallen der Tiger und Drachen. Wirtschaftsboom und Selbstbewußtsein in Asien. München: Droemer Knaur, S. 267–284.

SCHÄTZL, L. (1995): Weltwirtschaftliche Transformationsprozesse und Regionalentwicklung in den marktwirtschaftlichen Entwicklungs- und Schwellenländern Ost-/Südostasiens. In: BEIER, Ch. und J. BLENCK (Hrsg.): Die Dritte Welt im Rahmen weltpolitischer und weltwirtschaftlicher Neuordnung. Stuttgart: Franz Steiner Verlag (= 49. Deutscher Geographentag Bochum. Tagungsbericht und wissenschaftliche Abhandlungen. Band 3).

SCHEFOLD, R. (1996): Nationalismus und ethnische Minderheiten in Südostasien: Das Beispiel Indonesien. In: BINDERHOFER, E., GETREUER-KARGL, I. und H. LUKAS (Hrsg.): Das Pazifische Jahrhundert? Wirtschaftliche, ökologische und politische Entwicklung in Ost- und Südostasien. Frankfurt am Main/Wien: Brandes & Apsel/Südwind, S. 145–162 (= Historische Sozialkunde 10).

SCHINDLER, V. (1993): „Smaragdkette des Äquators": Entstehung, Ideologie und Verbreitung von Nationalismus am Beispiel Indonesien. Diplomarbeit Universität Wien.

SCHMIDT-KALLERT, E. (1992): Surviving in Asia's Mega Cities. In: Development and Cooperation 4, Frankfurt am Main, S. 23–25.

SCHOLZ, U. (1992): Transmigrasi – ein Desaster? In: Geographische Rundschau 44, S. 33–39.

SCHUHMANN, O. (1991): Die Stellung des Islam und des islamischen Rechts in ausgewählten Staaten. Indonesien, Malaysia und die Philippinen. In: ENDE, W. und U. STEINBACH (Hrsg.): Der Islam in der Gegenwart. München.

SCHWARZ, T. (1993): Flucht- und Migrationsbewegungen in Indonesien. Berlin: Edition Parabolis.

SETHURAMAN, S. V. (1974): Urbanization and Employment in Jakarta. Genf: ILO World Programme Research.

SETHURAMAN, S. V. (1976): Jakarta. Urban Development and Employment. Genf: International Labour Office.

SETHURAMAN, S. V. (1985): Informal Sector in Indonesia: An Assessment of Policies. Genf: International Labour Office, Technical Report.

SIDARTA, M. (1996): Jakarta Waterfront City Development. In: Jurnal Perencanaan Wilayah dan Kota 21, S. 38–45.

SIMANJUNTAK, P. J. (1993): Karakteristik Pemogokan Pekerja di Sektor Industri di Jabotabek (Characteristics of Strikes in the Industrial Sector in Jabotabek). In: Warta Demografi 23 (2), S. 23–31.

SINGARIMBUN, M. (1995): Keluarga Berencana und Bevölkerungspolitik. In: PASUHUK, H. und E. KOESOEMAWIRIA (Hrsg.): Traum der Freiheit; Indonesien 50 Jahre nach der Unabhängigkeit. Köln: Omimee, S. 121–128.

SISWANTO, A. (1996): Inner City Neighborhood Development and Community Participation. Conference Paper, Seminar, July 8–10, 1996: Strategies for a Sustainable Greater Jabotabek. The Regent Hotel, Jakarta: Bappenas – Ministry of Public Works – World Bank.

SOEGIJOKO, B. T. S. (1995): Evolution of Urban Spatial Form in Jabotabek Region: Characteristics and its Policy Implications for Regional Development Planning. Paper presented to the Cambridge Conference on Global City Regions: Their Evolution and Management, 17–19 September 1995, Cambridge, MA.

SOEGIJOKO, B. T. S. (1996): Jabotabek and Globalization. In: YEUNG, Y. und F. LO (Hrsg.): Emerging World Cities in Pacific Asia. Tokyo/New York/Paris: United Nations University Press, S. 377–414.

SOESASTRO, H. (1993): Foreign Direct Investment in Indonesia. In: The Indonesian Quarterly XXI (3), S. 311–319.

SOMANTRI, G. R. (1995): Migration within Cities: A Study of Socioeconomic Processes, Intra-City Migration and Grassroots Politics in Jakarta. Dissertation an der Universität Bielefeld.

SPREITZHOFER, G. und M. HEINTEL (1997): Jakarta: Der „Big Apple" Südostasiens? In: FELDBAUER, P., HUSA, K., PILZ, E. und I. STACHER (Hrsg.): Mega-Cities. Die Metropolen des Südens zwischen Globalisierung und Fragmentierung. Frankfurt am Main/Wien: Brandes & Apsel/Südwind, S. 151–175 (= Historische Sozialkunde 12).

State Ministry for People's Housing (1995): Setengah Abad Perumahan Rakyat. Jakarta.

Statistisches Bundesamt Wiesbaden (1993): Länderbericht Indonesien. Wiesbaden.

Suara Pembaruan (1994): Special Supplement of the Presidential Address 16. August 1994.

SUDARSONO, J. (1996): Surviving Globalization. Indonesia and the World. Jakarta: The Jakarta Post, S. 5.

Südostasien aktuell, Ausgaben 1–3, 1996 und 1–3, 1997. Hamburg: Institut für Asienkunde.

SUKAMDI (1996): Urbanization and the Structure of Urban Employment in Indonesia. In: Sojourn. Journal of Social Issues in Southeast Asia 11 (1), S. 52–75.

SUKARNO (1950): The Birth of Pancasila: The Five Principles of the Indonesian State. Jakarta: Ministry of Information.

SULLIVAN, J. (1992): Local Government and Community in Java: An Urban Case Study. Oxford: Oxford University Press.

SURYOHADIPRODJO, S. (1995): National Stability at Present and in The Future. In: Telstra 35 (7–8), S. 21–25.

SUSASTRO, H. (1996): Globalization and Threat Against the Indonesian Economy. In: Telstra 39, S. 17–33.

SYLADO, R. (1995): Indonesische Pop-Musik, ein ewiges „Warum". In: PASUHUK, H. und E. KOESOEMAWIRIA (Hrsg.): Traum der Freiheit; Indonesien 50 Jahre nach der Unabhängigkeit. Köln: Omimee, S. 178–186.

SYUKUR, S. (1995): Musik-Minimax – billig, real, leistungsfähig. In: PASUHUK, H. und E. KOESOEMAWIRIA (Hrsg.): Traum der Freiheit; Indonesien 50 Jahre nach der Unabhängigkeit. Köln: Omimee, S. 187–191.

TAN, M. G. (1995): Bhineka Tunggal Ika – Social Integration in Indonesia. In: WERLEN, B. und S. WÄLTHY (Hrsg.): Kulturen und Raum. Theoretische Ansätze und empirische Kulturforschung in Indonesien; Festschrift für Professor Albert Leemann. Zürich: Rüegger, S. 139–154.

TAN, M. G. und N. B. IKRAR (1994): Social Integration: Issues and Implications. Paper presented at the Asia Pacific Seminar on Social Development, Bandung, July 25–28, 1994.

Tempo (1972–1973): Ausgaben vom 29.01.1972, 10.02.1973.

The Batam Development Program (1980). Jakarta: Batam Industrial Authority.

The Far East and Australasia (1996). 27th edition. London: Europa Publications.

TJIPTOHERIJANTO, P. (1996a): Urbanisation and Urban Development in Indonesia. In: The Indonesian Quarterly XXIV (1), S. 8–14.

TJIPTOHERIJANTO, P. (1996b): Labor Market and International Migration: An Indonesia Case. Jakarta: Lembaga Penerbit FEUI, S. 1–16.

UHLIG, H. (1995): Bevölkerungsdruck, Landnot und der Ausbau der Landnutzung in Indonesien (besonders auf Java). In: WERLEN, B. und S. WÄLTHY (Hrsg.): Kulturen und Raum: Theoretische Ansätze und empirische Kulturforschung in Indonesien; Festschrift für Professor Albert Leemann. Zürich: Rüegger, S. 155–184.

United Nation Development Programme (UNDP) (1994): Human Development Report. Oxford: Oxford University Press.

United Nations (1996): Handbook of Economic Integration and Cooperation Groupings of Developing Countries 1. Regional and Subregional Economic Integration Groupings. Geneva: UNCTAD.

United Nations Centre for Human Settlements (HABITAT) (1996): An Urbanizing World: Global Report on Human Settlements 1996. Oxford: Oxford University Press.

United Nations Conference (1992): Nations of the Earth Report, Vol. III, Genf: UNO.

VAN DER HOFF, R. und R. STEINBERG (1993): The Integrated Urban Infrastructure Development Programme and Urban Management Innovations in Indonesia. Rotterdam: IHS (= IHS Working Paper Series 7).

WARDHANA, A. (1993): Indonesia During the Economic Take-Off: Economic, Political and Social Challenges. In: The Indonesian Quarterly XXI (4), S. 451–460.

WARDHANA, A. (1996): Economic Reform in Indonesia: The Transition from Resource Dependence to International Competitiveness. In: The Indonesian Quarterly XXIV (3), S. 257–272.

WEBSTER, D. (1995): Mega-Urbanization in ASEAN: New Phenomenon or Transitional Phase to the ‚Los Angeles World City'? In: MCGEE, T. G. und I. M. ROBERTSON (Hrsg.): The Mega-Urban Regions of Southeast Asia. Vancouver: University of British Columbia Press, S. 27–41.

WIE, T. K. (1993): Foreign Investment and the ASEAN Economies, with Special Reference to Indonesia. In: The Indonesian Quarterly XXI (4), S. 434–450.

WIE, T. K. (1995): Wohlstand und Vermögensverteilung: Einige Notizen. In: PASUHUK, H. und E. KOESOEMAWIRIA (Hrsg.): Traum der Freiheit; Indonesien 50 Jahre nach der Unabhängigkeit. Köln: Omimee, S. 114–120.

WIRAKARTAKUSUMAH, M. D. und H. PANTJORO (1991): Migrants and Self-Employment in Jakarta. In: The Indonesian Indicator 51, S. 79–85.

WIROSARDJONO, S. (1991): The Informal Sector: Victims of a Double Standard. In: The Indonesian Indicator 51, S. 61–66.

World Bank (Hrsg.) (1991): Indonesia: Health Planning and Budgeting. Washington D.C.

World Bank (Hrsg.) (1992): Indonesia: Strategy for a Sustained Reduction in Poverty. Washington D.C.

World Bank (Hrsg.) (1994a): Indonesia: Environment and Development. Washington D.C.

World Bank (Hrsg.) (1994b): Indonesia: Sustaining Development. Washington D.C.

World Food Programme (1993): Transmigration in Repelita VI – UN Programming. Jakarta.

WURFEL, D. und B. BURTON (Hrsg.) (1996): Southeast Asia in the New World Order. The Political Economy of a Dynamic Region. New York: St. Martin's Press.

YEREMIAS, T. K und B. MANTRA (1988): Metropolitanization in Indonesia. In: Asean Population Programme. Population Studies Center, S. 1–66.

ZIEMEK, M. (1986): Traditionelle islamische Bildung und sozialer Wandel in Indonesien. Frankfurt am Main: Pesantren.

Megastadtentwicklung, Globalisierung und Migration – Fallstudie Bombay

Heinz NISSEL

1. Nationalstaatliche und regionale Rahmenbedingungen

>Salaam Bombay
>*von Malavika* SANGHVI
>
>*Salaam Bombay, where half the population is dieting and the other half goes hungry.*
>*Salaam Bombay, with its tantalising skin-deep facade and its wretched underbelly.*
>*Salaam Bombay, where everyone tells you how tough it is to live but no one wants to leave.*
>*Salaam Bombay. You are a state of mind; you are a law unto yourself;*
>*and very soon it will be time for you to launch diplomatic relations with the rest of India.*
>
>Aus: The Times of India, Ausgabe vom 17. Juli 1996.

1.1 Bombay als Mythos und als Realität

Die vorangestellten Zeilen fassen wie in einem Zeitraffer tiefverwurzelte Diskrepanzen der Megastadt Bombay zusammen: die Haßliebe ihrer Bewohner zum eigenen urbanen Umfeld, die Polarisierung in unten und oben, arm und reich, die Fremdbestimmung durch die koloniale Gründung und Geschichte der Metropole des westlichen Indien, das Besondere, Einzigartige; einerseits der von den Briten induzierte Fremdkörper im indischen Fleisch – ihr „Gateway of India" –, andererseits für Millionen Zuwanderer „The City of Gold", der Ort, an dem jeder Habenichts sein Schicksal wenden kann und die Träume von Reichtum und Glück zu verwirklichen hofft. „Bollywood", die weltgrößte Traumfabrik, von der aus hunderte Filme jährlich die Phantasien potentieller Zuwanderer anregen: Bombay ist urban, dynamisch, kosmopolitisch, modern (auch im negativen Sinn verwestlicht). Der Mythos Bombay entspricht – zumindest in Südasien, auf dem Indischen Subkontinent – dem Mythos von New York für Generationen von Emigranten – „if I can make it there, I make it anywhere". Der Mythos lebt und wird in Einzelschicksalen auch verwirklicht. Filmstars, Politiker, Unterwelt-Dons „beweisen" seine Richtigkeit.

Für die große Mehrheit der Bewohner aber ist die Wirklichkeit eine andere – Tag für Tag Überlebenskampf unter unglaublichen Rahmenbedingungen, Verelendung der Massen – mehr als die Hälfte der „Bombayites" vegetieren in Slums (geschätzte 6 Millionen Einwohner), 700.000 sogenannte „pavement dweller" haben nicht einmal ein Dach über dem Kopf. Die verstärkte Polarisierung und Segmentierung der städtischen Gesellschaft zeigt sich auch in der weiter steigenden Arroganz der Eliten. Durch die Einflüsse der Globalisierung in den neunziger Jahren werden über den Arbeits- und Wohnungsmarkt die sozialen Gegensätze weiter verschärft.

In diesem ersten Teil der Fallstudie Bombay sollen die wichtigsten nationalstaatlichen und regionalen Determinanten der aktuellen Position der Megastadt analysiert werden: Trends der Urbanisierung in Indien und im Bundesstaat Maharasthra, Elemente der völligen Umpolung der indischen Wirtschaft unter globalen Einflüssen im Gefolge der Wirtschaftsliberalisierung seit 1991, und die Auswirkungen der neuen politischen Situation durch die Machtausübung rechtsgerichteter politischer Parteien in Delhi für Indien, in Bombay für Maharashtra sowie innerhalb der Megastadt selbst.

1.2 Zur Urbanisierung Indiens und zu Bombays Aufstieg in die führende Position der Städtehierarchie

1.2.1 Bestimmende Faktoren der Urbanisierung

Die raumzeitliche Entwicklung der Urbanisierung Indiens speist sich aus den vielfältigen historischen Schichten der hinduistischen und islamischen Stadtkulturen, aus dem radikalen Umbruch des städtischen Systems in der britischen Kolonialzeit von einer strikten Binnenorientierung hin zur Außenorientierung auf das „Mutterland" Großbritannien, schließlich nach der Unabhängigkeit (1947) aus einer Neuausrichtung auf die Möglichkeiten und Bedürfnisse des jungen indischen Staates, wobei in einzelnen Phasen der Wirtschaftslenkung (Fünfjahrespläne) die Städte insgesamt und vor allem die Metropolen eine sehr unterschiedliche Bewertung und Inspruchnahme erfahren (für eine weiter ausgreifende Darstellung siehe NISSEL 1986).

In jüngster Zeit gilt es schließlich, das städtische System nicht mehr (nur) in nationalen Zusammenhängen zu interpretieren, sondern im Globalen, wobei dieses Wirkungen im Lokalen entfaltet – daher auch die Entwicklung der Thesen vom „global village" oder der „glokalen" (= „globalen" und „lokalen") städtischen Lebensform. Selbst der innere Strukturwandel einer Metropole der „Semi-Peripherie", zu der ich auch Bombay zählen möchte, ist nur mehr in seinem Zusammenhang mit ihrer Aufgabe in der internationalen Arbeitsteilung und der Einbettung im weltwirtschaftlichen Kontext zu begreifen.

Die jüngste Volkszählung, 1991, weist für Indien eines der weltweit größten städtischen Bevölkerungspotentiale von 217 Millionen Menschen aus. Der Verstädterungsgrad liegt aber dabei nicht höher als 25,7 Prozent, das heißt, daß noch immer praktisch drei von vier Bewohnern des Landes in den mehr als 550.000 Dörfern leben. Beim Zensus 1981 lag der Urbanisierungsgrad bei 23,3 Prozent, 1971 bei 19,9 Prozent. Daraus erkennt man zwingend, wie langsam der Prozeß der Urbanisierung insgesamt voranschreitet, und, gleichermaßen interessant, daß sich dieser Prozeß im letzten Jahrzehnt noch verlangsamt hat! Aus dem Spannungsverhältnis von hohen Absolutwerten städtischer Bevölkerung bei niedrigem Urbanisierungsgrad resultiert eine Reihe von Fragestellungen.

Die im 20. Jahrhundert insgesamt nur sehr zäh verlaufende Verstädterung Indiens muß in engem Zusammenhang mit der langsamen Entwicklung der indischen Gesellschaft als solcher gesehen werden. Trotz vorhandener Fortschritte sowohl in der Industrialisierung wie Tertiärisierung des Wirtschaftsraumes arbeiten noch immer ca. zwei Drittel der Erwerbsbevölkerung in der Landwirtschaft und erbringen nahezu 30 Prozent des Bruttoinlandsprodukts (Länderbericht Indien 1995, S. 61).

Obwohl die „Schattenwirtschaft" (das sind die volkswirtschaftlich nicht erfaßten oder erfaßbaren Leistungen im informellen Sektor) in Indien etwa die Hälfte des offiziellen Bruttosozialprodukts erreichen dürfte, bleibt doch die vergleichsweise bedeutende Rolle des Primärsektors nach wie vor erhalten. Weitere wichtige Komponenten der gebremsten Urbanisierung zeichnen sich in folgenden Bereichen ab: immer noch mangelhafte Infrastrukturausstattung und -erschließung der nationalen Peripherie und Semiperipherie; mangelnde Generierung, ja zunehmender Abbau von industriellen Arbeitsplätzen vor allem in den Städten; immer noch vorhandene Auswirkungen kolonialzeitlicher Deformationen (Bahnnetz mit vier verschiedenen Spurweiten, unterschiedliche Investitionspolitik in den einzelnen Regionen usw.); schließlich auch spezifische Einstellungen im sozio-kulturellen Bereich, wie etwa die traditionelle Verachtung des städtischen Lebens in der hinduistischen Mentalität, vor allem auch durch die Intellektuellen, und eine damit einhergehende Verherrlichung des indischen Dorflebens als das dem indischen Wesen genuin entsprechende (es empfiehlt sich, dazu nur einmal die Schriften Mahatma GANDHIS zu lesen).

1.2.2 Die regionale Differenzierung der Verstädterung

Ein Staat von der Größe Indiens – das nicht umsonst immer wieder mit dem Begriff „Subkontinent" umschrieben wird – zeigt selbstverständlich große regionale Unterschiede sowohl in der Verstädterungsquote wie im Urbanisierungsgrad. Dabei erweist sich, daß bereits stärker urbanisierte Bundesstaaten vergleichsweise geringere Zuwachsraten aufweisen als die bisher kaum verstädterten Bundesstaaten und Territorien etwa im Nordosten des Landes. Mehr als die Hälfte der städtischen Bevölkerung konzentriert sich schon allein in fünf der 25 Bundesstaaten: Maharashtra und Gujarat in Westindien, Uttar Pradesh in Nordindien, Tamil Nadu und Karnataka in Südindien. Der Bundesstaat Maharashtra mit seiner Hauptstadt Bombay hat von allen Flächenstaaten Indiens 1991 die höchste Urbanisierungsquote – 38,7 Prozent – sowie auch absolut gesehen die größte städtische Bevölkerung Indiens – 30,5 Millionen (bei 78,7 Millionen Bewohnern im Bundesstaat).

An zweiter Stelle folgt (absolut) Uttar Pradesh mit 27,6 Millionen städtischer Bevölkerung, dies jedoch bei nicht weniger als 139 Millionen Einwohnern, was die Verstädterungsquote in der volkreichsten Region Indiens auf magere 19,9 Prozent drückt (alle Angaben nach: Census of India, Paper Nr. 2, 1991, Rural-Urban Distribution). Trotz der relativ stärker greifenden Verstädterung bisher geringer urbanisierter Landesteile bleiben die vorhandenen regionalen Ungleichgewichte der städtischen Entwicklung noch weitgehend sichtbar. Diese Einschätzung verwischt jedoch, daß die Metropolen Indiens, vor allem die Megastädte, die Durchschnittswerte einiger Bundesstaaten entscheidend mitbestimmen. Ohne Bombay würde etwa Maharashtra um ca. zehn Prozentpunkte an die sechste Stelle im Urbanisierungsgrad nach Bundestaaten zurückfallen. Die Dominanz der Metropolen verdeckt so ein bloß gering oder nur durchschnittlich entwickeltes Städtesystem in diesen Landesteilen. Interessant ist auch das Faktum, daß die Quote der Verstädterung in keiner direkten Relation zur Bevölkerungsdichte einer Region steht. Niedrige Quoten bestehen sowohl in übervölkerten Bundesstaaten (Uttar Pradesh, Bihar und Kerala) als auch in vergleichsweise schütter besiedelten Staaten (Orissa, Rajasthan, Madhya Pradesh).

Zur Positionierung der 25 Bundesstaaten und sieben Unionsterritorien für diesen Zusammenhang und nachfolgende Subkapitel vgl. Abbildung 1 über die Verwaltungseinteilung Indiens 1991. Die Einwohnerdichte reflektiert ganz überwiegend das Agrarpotential der naturräumlich sehr unterschiedlich strukturierten Landesteile und die anhaltende Bedeutung der Landwirtschaft. Trotz Urbanisierung nimmt die Anzahl der im ländlichen Raum Lebenden weiterhin zu und eine „Landflucht" in größerem Umfang hat im Subkontinent überhaupt noch nicht eingesetzt! Zwei Drittel aller Migrationsbewegungen sind land-landorientiert, das heißt, es handelt sich ganz überwiegend um Heiraten und Familienzusammenführungen.

Abbildung 1: Indien. Verwaltungseinteilung 1991 nach 25 Bundesstaaten und 7 Unionsterritorien

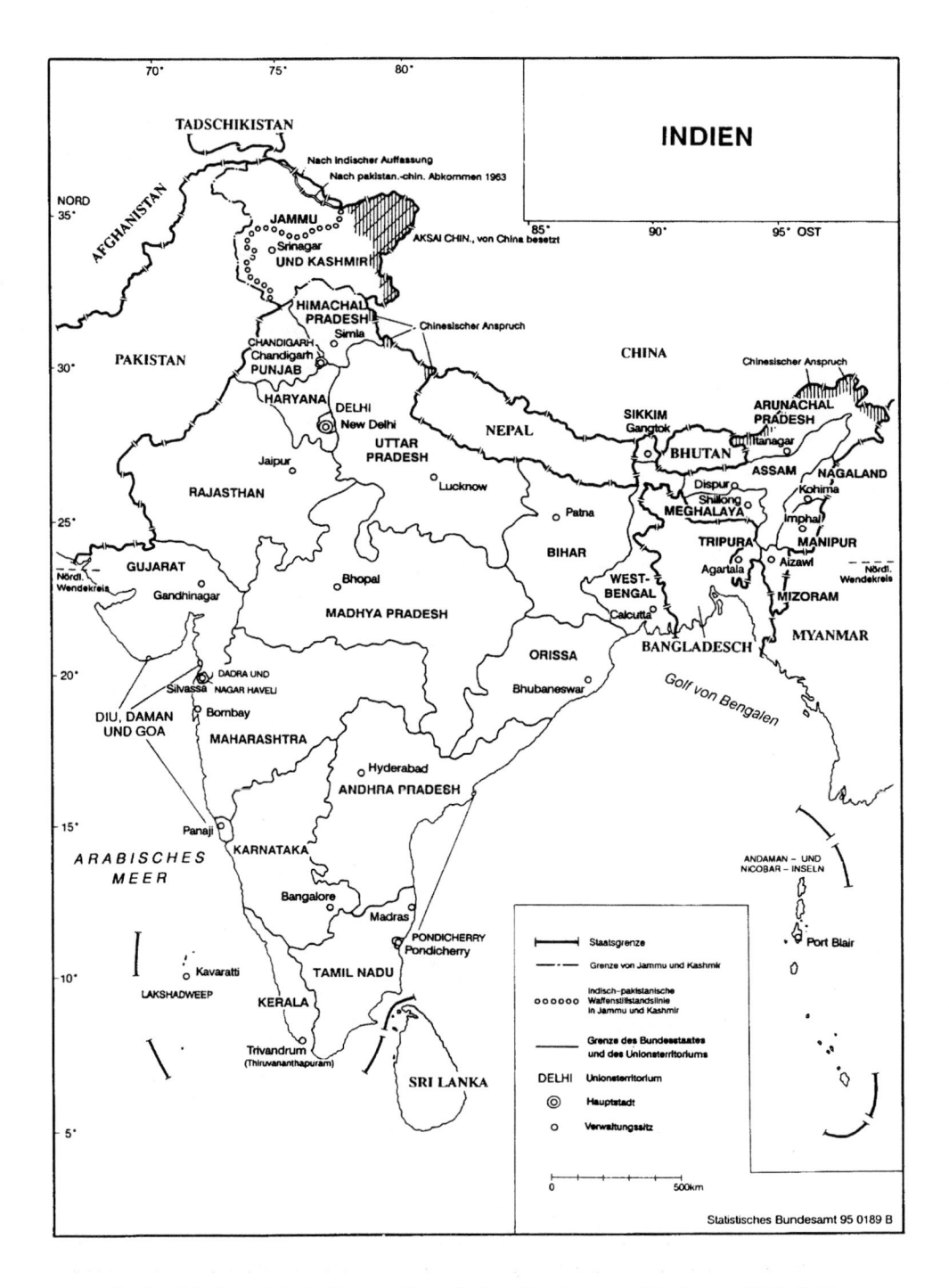

Quelle: Länderbericht Indien des Statistischen Bundesamtes Wiesbaden 1995, S. 11.

Das städtische Bevölkerungspotential erhöhte sich zwischen 1981 und 1991 um 58 Millionen Menschen; nimmt man grob an, daß maximal ein Drittel davon auf Zuwanderung entfällt, wären das weniger als 20 Millionen MigrantInnen in Land-Stadt-Wanderungen. Die Gesamtbevölkerung Indiens wuchs jedoch um 161 Millionen, das ergibt mehr als 100 Millionen Zuwachs im ländlichen Raum selbst unter der Annahme von 20 Millionen Abwanderern in die Städte. So gesehen sind im letzten Jahrzehnt kaum mehr als drei Prozent der ländlichen Bevölkerung von der Abwanderung in die Städte erfaßt worden (1971–1981 lag diese Quote noch bei nahezu fünf Prozent, das heißt, ebenfalls niedrig, jedoch relativ deutlich höher).

1.2.3 Trends der Urbanisierung nach Städtegrößenklassen 1901 bis 1991

Die indische Statistik differenziert die städtische Hierarchie nach sechs Größenklassen. Klasse I: Großstädte: über 100.000 Einwohner; Klasse II: 50.000–99.999; Klasse III: 20.000– 49.999; Klasse IV: 10.000–19.999, Klasse V: 5.000–9.999 und Klasse VI: unter 5.000 Einwohner (Aufnahme nur bei Erfüllung bestimmter „städtischer Kriterien", welche im Zensus 1961 festgelegt wurden: Orte mit städtischem Rechtsstatut – municipality, corporation, cantonment board etc. –, einer Bevölkerungsdichte von 400 Personen pro qkm und mindestens 75 Prozent aller Erwerbstätigen im nicht-agrarischen Bereich). Die Auswertung der diversen Volkszählungen pro Dekade beweist generell eine Zunahme in den Klassen I bis IV (und zwar in dieser Reihenfolge) und eine Ausdünnung der Zwergstädte (Klassen V und VI). In diesem Jahrhundert erhöhte sich die Anzahl der Großstädte von 24 (1901) auf genau 300 (1991), also um das Zwölffache, im gleichen Zeitraum die Klasse II von 42 auf 345 Städte, Klasse III von 135 auf 947 Städte, Klasse IV von 393 auf 1.167. Klasse V umfaßte 1901 schon 750 und 1951 sogar 1.146 Städte, 1991 jedoch nur mehr 740. Klasse VI schließlich reduzierte sich von 490 auf nur noch 197 Zwergstädte. Einem stetigen Wachstum der Großstädte und (größeren) Mittelstädte steht damit eine Stagnation und Abnahme der Klein- und Zwergstädte gegenüber. Durch die Dominanz von Bombay und Kalkutta sind in Maharashtra und Westbengalen heute mehr als drei Viertel der Stadtbevölkerung in Großstädten konzentriert.

Eine Aufsplittung der Größenklassen hinsichtlich der Anteile der städtischen Bevölkerung beweist noch stärker den Trend zur „Vergroßstädterung". Während 1901 erst 25,7 Prozent, also rund ein Viertel der urbanen Bevölkerung, in Großtädten lebte, sind es 1991 bereits 65,2 Prozent, also praktisch zwei Drittel (Census 1991, paper 2, Fig. 6, S. 32). Die Anteile der Mittelstädte stagnieren (Klasse II bei 11 und Klasse III bei 13 Prozent), die Klein- und Zwergstädte wurden quasi zur „quantité négligeable" reduziert, von über einem Viertel der städtischen Bevölkerung 1901 auf weniger als drei Prozent 1991. Es wäre verfehlt, in einer solchen Umformung ein indienspezifisches Phänomen zu sehen. So hat zum Beispiel Gabriele WÜLKER (1985, S. 263) über drei Jahrzehnte hinweg gemessen, daß weltweit nahezu 70 Prozent des urbanen Bevölkerungszuwachses auf Großstädte entfielen: „Je größer die Stadt, um so größer ihre Anziehungskraft, ein Trend, der sich im Laufe dieser drei Dekaden verschärfte."

Die Wachstumskurven der indischen Großstädte variieren in bezug auf die Stadtgröße, hinsichtlich ihrer regionalen Differenzierung und funktionsspezifisch deutlich. Diese Unterschiede zeigen, daß eine Beschränkung der Analyse auf die Größenklasse I, „Großstädte", alleine heute nicht mehr zielführend sein kann. Innerhalb der Großstadtgruppe nämlich hat längst ein Sortierungsprozeß zugunsten der Millionenstädte eingesetzt. Daraus ergibt sich ein Entwicklungsbogen, der, beginnend beim Prozeß der Verstädterung, über eine Phase der Vergroßstädterung hin zur Metropolisierung der urbanen Bevölkerung führt, und zuletzt in die Ausbildung und prägende Wirkung von Megastädten – Städten mit mindestens fünf Millionen Einwohnern – einmündet.

1.2.4 Entwicklung der Millionenstädte in Indien und Metropolisierung der großstädtischen Bevölkerung 1901–2001

1901 bestand auf dem riesigen Territorium Britisch-Indiens mit über 4,5 Millionen km^2 Fläche nur eine einzige Millionenstadt, Kalkutta – damals die Hauptstadt des Subkontinents und nach London zweitgrößte Stadt des British Empire. Als nächstes überschritt die „Rivalin" Bombay 1911 erstmals die Millionengrenze. Bis zur Ausrufung der Unabhängigkeit 1947 blieben dies die einzigen Metropolen. Aufgrund der erzwungenen Massenumsiedlungen im Gefolge der Teilungskämpfe wiesen dann beim Zensus 1951 bereits drei weitere Großstädte mehr als eine Million Einwohner auf: New Delhi, Madras und Hyderabad. 1961 folgten Ahmedabad und Bangalore, 1971 Kanpur und Pune (vormals Poona), 1981 Nagpur, Lucknow (Lakhnau) und Jaipur. Damit war „das Dutzend" komplett. In den achtziger und neunziger Jahren ging die Metropolisierung im städtischen System Indiens nicht nur weiter, sondern gewann ständig an Dynamik.

In richtiger Einschätzung der Entwicklung differenzierte die Volkszählung 1991 bereits fünf Untergruppen der Großstadtgruppe Klasse I, M1 bis M5. Hiebei umfaßt M1 die Gruppe der Großstädte von 100.000 bis 199.999 Einwohnern, in der sich 167 der 300 Großstädte befanden. Diese zusammen beinhalteten aber damit auch nicht mehr als nur 16,4 Prozent der städtischen Bewohner insgesamt. In der Klasse M2, 200.000–299.999 Bewohner, lagen 40 Städte wie auch in der Gruppe M3, 300.000–499.999; 30 Städte bzw. städtische Agglomerationen befanden sich in der Gruppe M4 mit einer Einwohnerzahl zwischen 500.000 und einer Million und die Kategorie der Millionenstädte (Klasse M5) umfaßte 1991 bereits 23 Städte. Zu den bereits Genannten gesellten sich inzwischen noch Surat, Kochi (früher Cochin), Coimbatore, Vadodara (Baroda), Indore, Patna, Madurai, Bhopal, Visakhapatnam, Varanasi (Benares) und Ludhiana.

Damit besteht bereits ein gesamtindisches Netzwerk von Metropolen, zumindest von Millionenstädten. Alle wichtigen Flächenstaaten – mit Ausnahme der extrem unterurbanisierten Bundesstaaten Assam und Orissa – besitzen zumindest eine Stadt dieser Rangordnung. 1991 lebten bereits zwei von drei Städtern in Indien in Großstädten, jedoch, und noch wichtiger, nicht weniger als 50,6 Prozent in Millionenstädten, also bereits mehr als die Hälfte! Dieser Prozeß der Metropolisierung ging mit vermindertem Tempo, aber trotzdem unaufhörlich in den neunziger Jahren weiter. Für die Volkszählung 2001 werden in Indien nicht weniger als 40 Millionenstädte prognostiziert.

1.2.5 Die Ausweitung des indischen Städtesystems auf Megastädte

So wie sich der Prozeß der Metropolisierung in den letzten Jahrzehnten kontinuierlich weiterentwickelte, wiederholt sich ein Wandel hin zum Größeren nun erneut auf dem nächsthöheren Niveau der Megastadtausprägung. Unter Megastädten seien zunächst Städte subsummiert, die mehr als fünf Millionen Einwohner aufweisen. Kalkutta hatte mit 5,98

Millionen Einwohnern diese Grenze erstmals 1961 übersprungen, mit fast genau der gleichen Einwohnerzahl (5,97) folgte Bombay ein Jahrzehnt später (1971), danach mit dem Zensus 1981 Delhi und schließlich 1991 Madras. Damit ist die gleiche Rangordnung zwischen den „eigentlichen" vier Metropolen Indiens, die die Zentren für den Osten, Westen, Norden und Süden des Landes darstellen, und dem „Rest" der indischen Städtehierarchie wiederhergestellt. Dies freilich unter neuen Vorzeichen, da besonders die Megastädte unter dem verstärkten Einfluß der Globalisierung stehen. Splittet man die Kategorie M5, Millionenstädte, weiter auf, läßt sich diese zunehmende Konzentration der städtischen Bevölkerung hin zu den größten Städten der urbanen Hierarchie eindeutig belegen. In der Subgruppe M5(i) mit ein bis zwei Millionen Menschen, die 1991 14 Einheiten umfaßte, lebten zum Zeitpunkt dieser Volkszählung 17 Millionen oder 12,3 Prozent aller Städter, in der Subgruppe M5(ii) mit zwei bis fünf Millionen Menschen (mit fünf Städten) 16 Millionen oder 11,6 Prozent aller Städter.

Die vier Megastädte der Gruppe M5(iii) beherbergten 1991 nicht weniger als 37 Millionen Einwohner oder 26,6 Prozent aller städtischen Bewohner Indiens. Auch dabei wird dieser Prozeß logischerweise nicht sein Ende finden. Im Jahr 2001 werden mit Sicherheit auch Hyderabad und Bangalore, vielleicht auch schon Ahmedabad, die Grenze von fünf Millionen Bewohnern überschritten haben. Doch haben inzwischen Bombay, Kalkutta und ebenso bereits New Delhi die Zehn-Millionen-Marke übertroffen, sodaß innerhalb des 20. Jahrhunderts die führenden Städte Indiens um mindestens eine Zehnerpotenz anschwollen. Diese Bevölkerungsexplosion in den Spitzen der Städtehierarchie ist aber nur zum geringeren Teil durch funktionelle Ausweitungen und Vielfalt erklärbar, auch nicht durch eine vergleichsweise langsame Industrialisierung, die keineswegs parallel mit der Urbanisierung einhergeht wie in Ländern der sogenannten Ersten Welt. Die Metropole Südindiens, Madras (heute umbenannt zu Chennai), vermag allerdings in diesem Wettlauf nicht mehr mitzuhalten, da die Hauptstadt von Tamil Nadu in zunehmende Konkurrenz zu Bangalore (Hauptstadt von Karnataka) und Hyderabad (Hauptstadt von Andhra Pradesh), gerät.

1.2.6 Bombays Aufstieg an die führende Position der Städtehierarchie Indiens und (als Prognose) schließlich der Welt

An dieser Stelle sollen noch keine historischen oder ökonomischen Begründungen für den unaufhaltsamen Aufstiegs Bombays zur führenden Stadt in Indien gegeben werden, sondern das Augenmerk zunächst nur auf demographischen Fakten liegen. Erstmals im letzten Jahrzehnt vermochte Bombay seine „ewige Rivalin" Kalkutta endlich auch einwohnermäßig zu überholen. Während Kalkutta seine Einwohnerzahl „nur" noch von 9,19 auf 10,92 Millionen erhöhen konnte, sprang jene Delhis zwischen 1981 und 1991 von 5,73 auf 8,37 Millionen und jene Bombays sogar von 8,24 auf 12,57 Millionen. Dieses phänomenale Wachstum der Megastadt Bombay resultiert aber nur zum geringeren Teil aus der natürlichen Bevölkerungszunahme sowie in noch geringerem Umfang aus der Zuwanderung. Gemessen an den Grenzen der „Bombay Municipal Corporation" (BMC) von 1981 blieb die Metropole mit 9,91 Millionen Einwohner noch knapp unter der magischen Zehn-Millionen-Grenze. Trotzdem lag damit allein innerhalb der alten Stadtgrenzen der Zugewinn innerhalb eines Jahrzehnts bei 1,7 Millionen Menschen. Dieser Zuwachs zwischen 1981–1991 übertrifft damit deutlich die Gesamtbevölkerung von Wien!

Der größere Anteil an der Bevölkerungszunahme erwuchs jedoch aus „Geländegewinnen", aus der Eingemeindung der bedeutenden Großstädte Kalyan (1 Million Einwohner), Thane

(800.000), Ulhasnagar (370.000), New Bombay (307.000) und Mira Bayandar (175.000). Statistisch ist dies nur ein Nachholeffekt gegenüber den drei anderen Megastädten, die schon 1971 und 1981 als urbane Agglomerationen erfaßt wurden.

Die Gesamtbevölkerung der „Bombay Metropolitan Region" (BMR) betrug im Jahr 1991, wie oben erwähnt, 12,57 Millionen Einwohner und dürfte im Jahr 1996 15 Millionen überschritten haben. Eine Extrapolation gegenwärtiger Trends ergibt für das Jahr 2001 18,5 Millionen und im Jahr 2011 22,4 Millionen Bewohner! Damit würde sich Bombay, das in der Rangordnung der Weltmetropolen immer weiter nach oben klettert, in einem absehbaren Zeitraum hinter Tokio und vielleicht noch vor São Paulo an die zweite oder dritte Position der Megastädte der Welt schieben (Trendanalysen nach BMRDA: Regional Plan for Bombay Metropolitan Region 1995, Part I/3). Schließlich wäre etwa um das Jahr 2025 – aufgrund des deutlich „ausgereiften" Spätstadiums der Agglomeration Tokio-Yokohama und der niedrigen Geburtenraten Japans – sogar denkbar, daß – immer unter der Annahme langfristig gleichlaufender Trends – Bombay zur einwohnerstärksten Stadt unserer Erde aufsteigt.

1.3 Die „Neue Ökonomische Politik" Indiens und ihre Auswirkungen

Im vorangegangenen Kapitel wurden die Kernelemente der Urbanisierung in Indien und die Rolle Bombays in den wesentlichen Grundzügen analysiert. Dabei erfolgten zunächst nur Hinweise auf die wirtschaftlichen Determinanten, die auch das hierarchische System der Städte entscheidend beeinflussen. Da eine direkte Beziehung zwischen der seit 1991 in Kraft befindlichen sogenannten „New Economic Policy" (NEP) und der sich weiter festigenden Dominanz der Megastädte Indiens festgestellt werden kann, gilt es an dieser Stelle, auf diese bisher einmalige Kehrtwende der indischen Wirtschaftspolitik ausführlicher einzugehen.

1.3.1 Planwirtschaft mit Fünfjahresplänen 1951–1991

Die ökonomische Reformpolitik seit 1991 hat innerhalb weniger Jahre zu einem tiefgreifenden Strukturwandel in der indischen Wirtschaft geführt, ausgelöst durch den bisher tiefsten Einschnitt in das vorhandene Wirtschaftsgefüge des Landes seit seiner Entstehung vor 50 Jahren. Einfach formuliert erlebt Indien zur Zeit den Übergang von einer gelenkten Planwirtschaft zu einer kapitalistischen, „freien" Marktwirtschaft, in welcher globalen Einflüssen Tür und Tor geöffnet wird. Es mangelt deshalb auch nicht an internationalem Lob für Indien; so sprechen etwa Weltbank und UNIDO von einer stillen wirtschaftlichen Revolution (UNIDO 1995, S. 1).

Während vier Jahrzehnten, von 1951 bis 1991, zeichnete sich die Wirtschaft durch ein hohes Maß an staatlicher Steuerung aus. Die in der Frühphase noch mächtige Planungskommission erstellte Fünfjahrespläne, wie sie Jawaharlal NEHRU in der Sowjetunion studiert hatte, und auch seine Tochter Indira GANDHI verfolgte hartnäckig ihre Vision vom „right way towards a socialist pattern of society". Die wichtigsten Elemente dieser Planwirtschaft nach kommunistischem Vorbild bestanden aus strikten Importregulationen, einem industriellen Lizenzsystem, welches die regionale und lokale Konkurrenz von Firmen und Produkten zu unterbinden suchte, eingeschränkten Devisenzuteilungen an die Geschäftswelt u.a.m.

In den achtziger Jahren bescherte das bürokratisch gegängelte Wachstum der Wirtschaft trotzdem Wachstumsraten von ca. 3,5 Prozent, für die der indische Wirtschaftswissenschaftler Raj KRISHNA den ironischen Terminus der „Hindu rate of growth" prägte (vgl. ROTHERMUND 1996, S. 354). Stellt man diesem Wirtschaftswachstum die über zwei Prozent Bevölkerungswachstum pro Jahr gegenüber, verbleiben etwa 1,5 Prozent „ökonomischer Fortschritt". Dieses langsame Wachstum in den 40 Jahren von 1951 bis 1991 brachte trotzdem eine Steigerung des Pro-Kopf-Einkommens um 60 Prozent. ROTHERMUND (ebenda) vertritt die These, daß gerade diese Langsamkeit des Wachstums das Austragen sozialer Konflikte verhinderte. „Die Armen blieben arm, und die Reichen wurden reicher. Aber die Polarisierung sprengte nicht den politischen Rahmen der indischen Demokratie, die sich in regelmäßigen Wahlen bewährte."

Auf diese Weise stabilisierte die Kongreßpartei (offizieller Name: „All India Congress Committee") durch drei Jahrzehnte ihre Macht. Das Wirtschaftssystem war auf Abschottung nach außen und möglichst große Autarkie („Self-reliance") im Inneren ausgerichtet. Erst der Ölschock von 1973 brachte die Einsicht, für die dringend benötigten Devisen verstärkt den Export anzukurbeln, um wenigstens die Kosten der Erdölimporte decken zu können. Im Gegensatz zur Kolonialzeit verblieb immer ein Handelsbilanzdefizit, welches nur über massive ausländische Hilfe und Überweisungen von Auslandsindern abgedeckt werden konnte.

Die rapide ansteigenden Kosten im Gefolge des Golfkriegs brachten die schon lange schwelende ökonomische Krise vollends zum Ausbruch: 1991 erreichte die Inflationsrate 17 Prozent, die Devisenreserven sanken auf nur noch 1,2 Milliarden Dollar (das entsprach einer Importreserve von gerade noch zwei Wochen!), die Staatsverschuldung erreichte zehn Milliarden Dollar, und das Budgetdefizit stieg auf die Rekordhöhe von 8,4 Prozent des Bruttonationalprodukts. Die Kreditwürdigkeit Indiens sank durch diese Situation so sehr, daß auf dem internationalen Kapitalmarkt für Indien kein „frisches Geld" mehr aufzutreiben war.

1.3.2 Elemente der Wirtschaftsliberalisierung seit 1991

In dieser Staatskrise entschloß sich die neue Regierung unter dem Premier Narasimha RAO und seinem Finanzminister Manmohan SINGH, der als „Vater" der „New Economic Policy" gilt (beide Juni 1991 bis Mai 1996), in einem radikalen Schritt die indische Wirtschaft zu liberalisieren. Wie groß dabei der Druck der USA, der Weltbank und des Internationalen Währungsfonds (IMF) gewesen sein mögen, bleibt der zukünftigen Forschung der Zeithistoriker vorbehalten. Seither findet mit für indische Verhältnisse geradezu atemberaubendem Tempo ein Strukturwandel statt, wobei das alte System der Importsubstitution durch das „freie Spiel der Kräfte" ersetzt wird.

Die einzige größere Krise nach Einleitung der Liberalisierung in Indien ergab sich 1992, als in einer kurzen Phase verminderter Überwachung durch die „Central Bank" einige Banken versuchten, Börsenmakler an der Effektenbörse illegal mit Kapital zu versorgen, um Aktienpakete zu erwerben. Binnen kurzer Zeit kollabierten im Land die Börsenkurse um 40 Prozent, bevor die „schwarzen Schafe" im Bankensektor aus dem Verkehr gezogen wurden.

Die Kernpunkte der Wirtschaftsreform können folgendermaßen bestimmt werden (nach JOSHI und LITTLE 1996 und – zur Industriepolitik – MANI 1995): Die Reform zielt vor allem auf die Währungs- und auf die Handelspolitik. Das früher so gefürchtete Lizenzierungssystem wurde weitgehend vereinfacht, teilweise sogar abgeschafft – dies ist vermutlich der schwerste Schlag gegen die indische Bürokratie seit Erlangung der Unabhängigkeit. Die sogenannten FDIs („foreign direct investments") dürfen jetzt bereits in 34 Industriebranchen eine Kapitalmehrheit von 51 Prozent besitzen. Das vollständige, hundertprozentige Eigentum von Firmen in ausländischer Hand ist zwar noch genehmigungspflichtig, wurde aber in mehr als 100 Fällen bereits gestattet.

G. K. NIDUGALA (1997) versucht, die Liberalisierung der indischen Wirtschaft mit derjenigen Mexikos zu vergleichen. Die differierenden Pfade der ökonomischen Liberalisierung sind auch für diese Studie interessant, da sie unterschiedliche Entwicklungen für Mexico City und Bombay induzieren. Beide Staaten weisen in ihrer früheren Wirtschaftspolitik, in ihren Wirtschaftsreformen und in ihrer heutigen Struktur Ähnlichkeiten auf. Während jedoch Mexiko den Weg des „big bang type of reforms" ging, entschied sich Indien für einen graduellen Umschwung. Indiens Weg der Neustrukturierung des Bankensektors gestaltete sich langsam und konservativ. Die vorhandenen Banken, die unter Indira GANDHI eine Nationalisierung erfuhren, wurden nicht „denationalisiert", sondern zehn neue Privatbanken als Element der Konkurrenz erlaubt. Innerhalb von zwei Jahren erfolgte ein „Floaten" der Austauschrate für die Rupie, für den mexikanischen Peso hingegen erst nach sieben Jahren und nach einer heftigen Finanzkrise.

In Indien versuchte man, die heimische Industrie in graduellen Schritten an die neuen Bedingungen anzupassen (schrittweise Reduktion der Importzölle, jedoch rasche Beseitigung der Quotenregelungen auf Güter im Zwischenhandel). Ein ganz wichtiger Unterschied zu Mexiko: Indien hielt moderate Einschränkungen in Hinsicht auf FDI-Flüsse aufrecht, übte jedoch – gleichzeitig! – scharfe Restriktionen gegenüber „short-term capital flows"! Als Ergebnis dieser unterschiedlichen Politik mußte Mexiko zwischen Mitte Dezember 1994 und Jänner 1995 seine Währung um 40 Prozent abwerten. Zwischen Juni und Dezember 1995 verlor zwar auch die indische Rupie 13 Prozent an Wert, aber das Wachstum des realen Bruttoinlandsprodukts lag 1995 und 1996 über sieben Prozent, höher als je zuvor in der indischen Geschichte, und der Wechselkurs stabilisierte sich auch.

In dieser Phase, vor allem nach dem euphorisch gefeierten Budgetentwurf des neuen Finanzministers P. CHIDAMBARAM, eines Schülers und Gefährten Manmohan SINGHS, im Frühjahr 1997 hielten Wirtschaftsfachleute zehn, ja sogar 12 Prozent Wachstum pro Jahr in Indien für möglich. Die wirtschaftlichen Turbulenzen der „Kleinen Tiger" in Ost- und Südostasien 1997/98 und in Japan sowie der erneute politische Kurswechsel in Indien selbst haben diese Hoffnungen inzwischen wieder zunichte gemacht.

Als Hauptelemente der – zumindest bis zur Wirtschaftskrise in Südostasien – ziemlich erfolgreichen indischen Politik können genannt werden:
- Graduelle Liberalisierung der Handelsschranken.
- Geringe und schrittweise binnenstaatliche Finanzliberalisierung.
- Moderate und schrittweise Liberalisierung von Kapitalflüssen bei starken Restriktionen „on portfolio investment flows".
- Freigabe der Wechselkurse innerhalb von zwei Jahren in Phasen.

In Indien haben also die Einflüsse der Globalisierung den „ökonomischen Nationalismus" des Landes nicht wirklich beseitigt, sondern es entstanden neue Formen des Miteinander, neue Balancen zwischen transnationalen und nationalen Einflüssen.

*1.3.3 Auswirkungen der Wirtschaftskrise in Südostasien und „hausgemachte"
Probleme*

Die Wirtschaftskrise in Südostasien, die zunächst eine Finanzkrise war, hat auch zu negativen Auswirkungen auf Indien geführt, jedoch nicht in dem Ausmaß, wie es vielleicht von indischen Finanzkreisen selbst befürchtet worden ist. Ab Oktober 1997 bis zum Frühjahr 1998 war zu beobachten, daß Fondsgesellschaften zunehmend ihr Geld aus Indien abzogen. Von Oktober bis Jahresende 1997 verlor die vorher jahrelang stabile Rupie zwölf Prozent an Wert, die Kurse an der Börse von Bombay, der mit Abstand wichtigsten des Landes, fielen in derselben Zeit um ein Viertel ihres Wertes.

Ein Statement spricht für viele: Stephen WILBERDING, Geschäftsführer der Investmentbank Merrill Lynch in Bombay: „Es gibt eine hohe Frustration unter ausländischen Investoren" (zitiert aus: Die Zeit, 26.12.1997 – „Frustrierte Geldgeber"). Die Befürchtung vieler Broker in Indiens Wirtschaftsmetropole, daß die Abwertung immer weiter ginge, ist zwar nicht eingetroffen, jedoch ist am 16. Jänner 1998 erstmals die „magische Grenze" von 40 Rupien für den US-Dollar gefallen, trotz mehrfacher massiver Interventionen der „Reserve Bank of India", u.a. alleine durch den Verkauf von über zwei Milliarden Dollar an Währungsreserven. Führende Ökonomen des Landes bezweifeln die Richtigkeit dieses Schrittes (Tenor: der Preis für Geldwertstabilität sei zu hoch).

Neben der Finanzkrise der asiatischen Tiger wirken aber vor allem „hausgemachte" Faktoren lähmend auf mögliche Investoren: überbordende Korruption (in einer internationalen „Richterskala" nur von Indonesien übertroffen) sowie eine Bürokratie mit „Weltniveau" und Vetternwirtschaft (Nepotismus). Experten sind der Auffassung, daß Gesetzesänderungen, Genehmigungen für Investitionen und die Gerichtsbarkeit weltweit nirgendwo so lahm funktionieren wie in Indien. Zum Beispiel sind Wartezeiten bei Zivilprozessen von fünf und mehr Jahren gang und gäbe. Auch weist Indien, wie viele asiatische Nachbarn, eine hohe Verschuldung, eine negative Zahlungsbilanz und ein unausgeglichenes Haushaltsbudget auf (das Defizit beträgt fünf Prozent des Bruttosozialproduktes). Außerdem kontrolliert Indien nach wie vor den Kapitalverkehr mit dem Ausland streng und „verschreckt" damit ausländische Spekulanten, die nur rasch Gewinne erzielen wollen, um dann sofort wieder ihr Kapital abzuziehen.

Multi- und transnationale Konzerne werden einerseits umworben – auch die rechtsgerichteten Regierungen im Zentrum des Landes und in Maharashtra, die sich sonst so nationalistisch gebärden, machen hier keine Ausnahme (!) – andererseits werden wiederum wirtschaftlich sinnvolle Projekte nicht selten politisch abgewürgt. Erst vor kurzem brachte z.B. der Luftfahrtminister IBRAHIM das Projekt einer privaten innerindischen Fluglinie, die als „joint venture" zwischen dem Paradekonzern TATA und „Singapore Airlines" geplant war, unter der mehr als fadenscheinigen Begründung, es gelte, die Überfremdung des indischen Himmels zu verhindern, zu Fall. In Wahrheit ging es darum, die marode, schlecht wirtschaftende und funktionierende „Indian Airlines" vor unliebsamer Konkurrenz abzuschotten. Von der 1991 im Zuge der Wirtschaftsliberalisierung groß angekündigten Öffnung des Luftmarktes nach US-Vorbild sind 1998 nur noch eine gut operierende, expandierende Inlandslinie („Jet Airways") und einige gerade noch überlebende kleine Firmen übriggeblieben.

Bezogen auf Südostasien ergeben sich für Indien sowohl Vor- als auch Nachteile: Da die Auslandsinvestitionen nur einen Bruchteil derjenigen in anderen asiatischen Ländern, wie

Indonesien, Thailand oder VR China ausmachen, muß allein aus dieser Konstellation die Auswirkung der Finanzkrise in Südostasien nur „gebremst" auf Indien einwirken (unter der Voraussetzung, daß der Finanzmarkt in Indien nicht psychologisch bedingt in Panik gerät und sich eine „self-fulfilling-prophecy" aufhalst). Andererseits hat die Wirtschaftsliberalisierung nach der Anfangseuphorie 1991-1993 eine Reihe von Rückschlägen hinnehmen müssen. Wenn man bedenkt, daß zur Zeit vom Ausland jährlich rund 40 Milliarden US-Dollar an Kapital in China investiert werden, in Indien jedoch nur 2,7 Milliarden Dollar, ist dies ein mehr als deutliches Zeichen für einen nicht so großen globalen „Impact" (für Indien Fiskaljahr 1996/97). Für 1997/98 werden 3 Milliarden US-Dollar angepeilt und der langfristige „Wunsch" wären zehn Milliarden Dollar jährlich (Financial Times, 24.6.1997, S. xix). Zitat: „India remains somewhat ambivalent about foreign investment. It wants the capital, jobs, technology and business know-how that foreign companies bring. But it is afraid of the impact they might have on India's economic, social and political fabric."

Darüber hinaus ist der indische Markt vom Potential her wesentlich größer als die Märkte von Thailand, Indonesien oder Malaysia, und die Bedarfsdeckung ist vermutlich – wie in China – noch auf viele Jahre hinaus noch nicht gegeben. Zum anderen gilt als sicher, daß im Katastrophenfall Indien keineswegs so massive Hilfen erwarten dürfte wie die „Kleinen Tiger", ist das Land doch weder in der ASEAN noch in der APEC präsent, und die japanischen und australischen Wirtschaftsinteressen sind nun einmal ungleich stärker auf Südostasien ausgerichtet. Die südasiatische Kooperationsschiene SAARC schlummert vor sich hin und kann bisher bestenfalls als „Papiertiger" gekennzeichnet werden.

Die Zeitschrift Business World vom 7. Jänner 1998 widmet ihren Leitartikel dem Thema „The Financial Sector Whirlwind" (S. 30 ff.): „As the financial sector is rocked by job losses, closures and mergers, investment bankers, brokers and finance companies are worried to death. ... 'This year will be a watershed for the financial sector', says G. C. Garg, managing director of Lloyds Finances, one of the countries largest finance companies. A month ago, his company asked 100 people to leave." Renommierte Firmen wie Peregrine, W. I. Carr, Jardine Fleming und UBS Securities betreiben „downsizing". Andere Firmen wie Natwest Securitics und BZW hängen in der Luft, weil sich ihre ausländischen Mutterfirmen aus dem Investmentgeschäft generell zurückgezogen haben, während wieder andere wie die Deutsche Investmentbank Morgan Grenfell sang- und klanglos ihre Indienfilialen auflösen.

Die Ideologie des „hire and fire" treibt immer neue, schrecklichere Blüten. In Insiderkreisen der Metropole Bombay machte zur Jahreswende 1997/98 folgende (wahre) Geschichte die Runde: Ein multinationaler Konzern unter ausländischer Firmenleitung lud seine Jungmanager zum Lunch in ein Nobelrestaurant an der „Seaface" in Bombay ein und servierte als Dessert die fristlose Kündigung. Zwischenzeitlich hatte Sicherheitspersonal ihre Schreibtische im Office geräumt und händigte den verdutzten Aufsteigern ihre persönliche Habe auf offener Straße aus, da die Gefeuerten die Firma nicht mehr betreten durften.

Sind die derzeitigen Probleme der Wirtschaft strukturell oder zyklisch bedingt? Insbesondere die „Non Banking Finance Companies" (NBFCs) dürften in einer Dauerkrise stecken. Noch im März 1997 wurde das Budget 1997/98 von Finanzminister CHIDAMBARAM von der gesamten Presse und Wirtschaftswelt als Traumbudget hochgejubelt. Jetzt breitet sich Katzenjammer aus, weil die prognostizierte Wachstumsrate von sieben bis acht Prozent auf 5,5 Prozent reduziert werden mußte, die Industrieproduktionszuwächse sind nahezu halbiert (von 12 auf 6,5 Prozent) und die Exporte laufen lange nicht so gut wie erwartet.

1.3.4 Eindringen und Rückschläge der „Multinational Corporations" (MNCs) im indischen Markt

Durch die Liberalisierungspolitik wurde vor allem zwischen 1991 und 1994 eine Reihe von transnationalen und multnationalen Firmen angelockt – darunter Unternehmen wie Sony, IBM, Mercedes Benz, Kellogs, Whirlpool, Bell Telephone – und auch die von Indira GANDHI des Landes verwiesenen Trendsetter Coca Cola und Pepsi feierten ein Comeback. Darüber hinaus existierte schon eine Reihe von Tochterunternehmen, für die sich jetzt nur die Bedingungen schlagartig verbesserten, etwa Siemens India, Ciba Geigy, Hindustan Lever (Tochter von Unilever), Procter and Gamble. Doch mußten die meisten multinationalen Konzerne (MNCs) den harten indischen Marktbedingungen Tribut zollen, wie weiter unten genauer ausgeführt wird. Daneben versuchten vor allem im Dienstleistungssektor (Bankenwesen und Immobilienmarkt) ausländische Unternehmen Fuß zu fassen, doch wurde im vorangegangenen Abschnitt bereits auf die aktuelle Krise dieser Branchen hingewiesen, in denen sich internationales Kapital breit macht, sobald die Zeichen der Zeit günstig scheinen, jedoch bei Krisen ebenso rasch als (Über-)Reaktion die Flucht einsetzt.

Die Methoden der MNCs zur Penetration des indischen Subkontinents sind vor kurzem in einer ersten umfassenden Arbeit von BANERJEE-GUHA (1997) ausführlich analysiert worden. Dabei geht es um die sektorale und räumliche Organisation und Operation der MNCs, um die Auslandsinvestitionen in Indien, die raumzeitliche Dynamik der Diffusion von MNCs, Beispiele aus der Konsumgüterindustrie, schließlich um die für Regionalisierungsprobleme wichtige Frage, inwieweit die MNCs vorhandene räumliche Disparitäten der indischen Wirtschaft noch weiter verschärfen. BANERJEE-GUHA kommt zu folgendem Schluß (1997, S. 121): „The spatial organisation of the MNCs can be seen as a process of centralising and perfecting the process of capital accumulation following the national specificity and regional specialisations."

Deshalb besaß Maharashtra 1973 45 Prozent aller multinationalen Firmen im westlichen Indien und 14 Prozent aller Industriebetriebe Indiens. BANERJEE-GUHA untersuchte 435 MNCs in Indien aus dem Jahr 1990. Bei diesen handelte es sich – nach ihrer Klassifikation – zur Gänze um sog. „Level II"-Firmen, bei denen sich die Managementzentrale der Firma in Indien selbst befindet und weitgehende Entscheidungsfreiheit besitzt, während sie „Level I"-Firmen (wichtige Entscheidungen fallen alleine in der Konzernzentrale im Mutterland) von vornherein ausklammerte. Nur Großbritannien besitzt aufgrund der traditionellen Rolle im Teeanbau eine Firmenmehrheit in Ostindien (Kalkutta) auf dem zweiten Level, die überwiegende Mehrheit anderer MNCs konzentriert sich in Westindien (USA 56 Prozent, Deutschland 60, Schweiz 52, Frankreich 63, Kanada 50), nur Japan splittet seine Firmen zwischen Bombay, New Delhi und – schwächer – Südindien auf. Als Regel kann gelten, daß die Firmenhauptquartiere ganz überwiegend in den Megastädten konzentriert sind, während die Produktion weit über kleinere Städte und vor allem in periphere Regionen streuen kann.

Nahezu 90 Prozent des *Managements* dieser 435 Firmen sitzen in den Millionenstädten Indiens, 76 Prozent allein in den vier Megastädten Bombay, Kalkutta, Delhi und Madras – davon in Bombay nicht weniger als 39 Prozent, in Kalkutta 20, Delhi 10 und Madras sieben Prozent, weitere 14 Prozent in Bangalore, Pune, Hyderabad etc. zusammen. Schon alleine aus dieser Tatsache erhellt sich die Bedeutung Bombays als „Gateway of India" für die „global player". Weniger deutlich, aber immer noch stark, finden sich die *Fabriken* der MNCs konzentriert. Nahezu die Hälfte von ihnen liegt in Millionenstädten, die Hälfte von diesen wiederum in den vier Megastädten oder in ihrem Umfeld.

Auf steigende Lohnkosten in diesen reagieren die MNCs verstärkt mit einem Ausweichen der Produktion in die Klein- und Hinterhofindustrie und in den informellen Sektor (Auslagerung in Heimarbeit, sprich Frauen- und Kinderarbeit!). Das Phänomen der Feminisierung von unorganisierten – gewerkschaftsfreien –, niedrigrangigen und extrem schlecht bezahlten Tätigkeiten greift inzwischen auch in Indien voll! Gute Beispiele für diese relativ neue Strategie des „Outsourcing" liefern Firmen wie Procter and Gamble, Hindustan Lever, Cadbury India oder Bata India, Colgate Palmolive oder Philips. Toilettenartikel der sogenannten „Procter and Gamble Home Products" (PGHP) werden in keiner PGHP-Fabrik hergestellt, weil es in Indien gar keine gibt, sondern nur in Heimarbeit durch Familien. Während dieser Konzern in seinen Hauptwerken Kalwa und Hyderabad nur noch Medikamente und veraltete Gesundheitsartikel herstellt, ist die Produktion überwiegend in den unorganisierten Sektor verlagert worden.

BANERJEE-GUHA (1997, S. 187): „Forty percent of the candy product was produced by contract labourers of the sub-contracting firms located at Surendranagar in Gujarat and Hyderabad (Pharmesia and Anand Food). Forty percent of Action 500, an analgesic drug, was undertaken by contract labourers of Hyderabad. All of the Crest tooth paste was produced by contract labourers at Vapi in Gujarat. The entire lot of Clearasil medicated cream was produced by the subcontracting labourers of Hagel Capsul of Andheri, Bombay. 100 percent Ultra Clearasil facial cream was made by contract labourers in Pharmesia in Hyderabad. All of Whisper sanitary napkin was produced by contract labourers in Maharashtra and Goa."

Mit genau dieser Strategie hat – ein zweites Beispiel – Cadbury India seine organisierte Fabrikbelegschaft von 1.200 Arbeitskräften im Jahr 1988 auf 1.150 im Jahr 1990, 1.050 im Jahr 1991 und nur mehr 730 im Jahr 1993 reduziert. Dies verringert die Produktionskosten, erhöht die Profite und erzeugt permanenten Druck auf die noch verbliebenen Arbeiter, politisches Wohlverhalten an den Tag zu legen.

Im Herbst 1994 hatte der indische Großindustrielle Aditya BIRLA noch selbstbewußt – und von westlichen Firmenvertretern belächelt – die zukünftige Rolle indischer MNCs eingefordert: „We are not afraid of global competition. Let it be afraid of us." (India Today, 15.9.1994).

Inzwischen ist einer Reihe von MNCs nicht nur das Lachen im offensichtlich überaus schwierigen indischen Markt vergangen, sondern sie müssen um ihr Überleben kämpfen (Informationen nach: „The big losers", Business World, 22.10.1997, S. 28–35; „The Discovery of India", Outlook, 23.7.1997, S. 51–57, und „Reality hits MNCs", Economic Times, 24.9.1997). Tenor: nicht die MNCs haben die indische Industrie bisher aus den Angeln gehoben, sondern es ist genau umgekehrt: Fehleinschätzungen der Marktoperationen, des Vertriebs und vor allem der Konsumenten kosten Spitzenmanagern den Kopf und Firmen Geld. Im ersten Halbjahr 1997 machte Whirlpool Verluste von 580 Millionen Rupien, General Electric's joint venture mit der Godrej Gruppe kostete 600 Millionen Rupien; Sony und Panasonic verloren 200 bis 250 Millionen. Chairman V. CHATTERJEE von Feedback Ventures, New Delhi: „The hip-shooting big-bang approach of the MNC's has backfired."

Die immer wieder propagierten 300 Millionen kaufkräftigen Mittelstandsinder entpuppen sich als Chimäre. Es sind maximal 100 Millionen. Die adjustierte Kaufkraft (nach Kaufkraftparität) dieser Mittelschichten liegt bei 7.800 Dollar in den USA, aber nur bei 1.280 Dollar in Indien (zum Vergleich: Sri Lanka: 3.600 Dollar). Es handelt sich also um eine ganz andere, wesentlich ärmere Mittelschicht. So kommt der Analyst BANERJI der Firma Booz-Allen zu seiner Beurteilung: „At the end of the day, we have to realise that India is genuine a poor country."

Daher gibt es für die Produkte von Firmen wie Reebok und Nike auf einmal keine Käufer, und sie müssen ihre Preise drastisch reduzieren. Kellogg mußte feststellen, daß indische Konsumenten es ablehnen, Cornflakes mit kalter Milch zu essen. Mercedes Benz wollte in Indien die E 220er Serie zusammenbauen, während die potentiellen Käufer längst wußten, daß in Deutschland eine neue E-Serie in Produktion ging; ähnliches leisteten sich Peugeot und Daewoo. Coca Cola feuerte seinen Direktor Richard NICHOLAS, als die Verluste auf 1.200 Millionen Rupien aufgelaufen waren. Der Konkurrent PepsiCo scheiterte bei dem Versuch, Kartoffelchips zu verkaufen, weil sie bei lokalen Konkurrenten nur ein Drittel kosteten. Sogar fünf Jahre, nachdem der Medienzar Rupert MURDOCH Indien mit seinem „Star TV" beglückte, macht das Unternehmen noch immer keine Gewinne. Die Idee, amerikanische Seifenopern mit indischen Sprachen zu synchronisieren, löste überall Heiterkeit aus. Die Liste ließe sich endlos fortsetzen. Sie zeigt, daß praktisch alle Branchen bitteres Lehrgeld zahlen müssen. Viele MNCs setzten auch auf die falschen indischen Vertragspartner, vor allem auf „expats" (Expatriots, in die USA emigrierte Inder), die von ihrer Heimat wirtschaftlich keine Ahnung (mehr) hatten. Bedeutende Firmen, wie Siemens India oder Cadbury gewinnen stetig Marktanteile und Kontrolle, verlieren aber ebenso stetig Geld. Zu viele Firmen zielen nur auf die „Upper Ten", die ein bis zwei Prozent wirklich Reichen, und dafür ist der Markt (noch) zu klein.

Es soll nicht verschwiegen werden, daß umgekehrt auch eine Reihe bekannter indischer Marken aufgekauft wurden, wie Limca und Thums Up, die regionalen Cokes und Pepsis, oder die Seife Lakme und Kwality Ice Cream. Hewlett Packard „killte" die erfolgreichste Hardware-Computerfirma Blue Star usw. Insgesamt jedoch verfestigt sich der Eindruck, daß die indische Industrie heute die globale Herausforderung angenommen hat.

1.3.5 Zur Funktion der Auslandsinder in der „New Economic Policy"

Die „*Non Resident Indians*" (NRIs) werden bis heute von der indischen Regierung als Investoren besonders umworben. Sie stellen quasi das „missing link" zwischen dem „Neuen Indien" und der Welt im globalen Zeitalter dar. Sie oder ihre Väter wanderten aus, hielten sich an keine persönliche „Hindu rate of growth", sondern mehrten ihren Reichtum in Staaten mit geringeren Reglementierungen, vor allem in den USA, dem Land der Verheißung schlechthin (der Traum der Jugend ist nicht mehr der „British passport", sondern die amerikanische „green card"), in Kanada, und doch auch noch in Großbritannien. Eine halbe Million NRIs dürften in den USA leben, 300.000 in Kanada – beide Gruppen bestehend aus hochqualifizierten Personen nicht nur in den Finanzdienstleistungen und im Handel, sondern gerade auch in der Software- und Raumfahrttechnologie und in vielen anderen Forschungsbereichen (hervorzuheben etwa in der Medizin oder als Nationalökonomen an Eliteuniversitäten). In Großbritannien, das 800.000 in Indien Gebürtige aufweist, ist das soziale Spektrum deutlich breiter. Inder als Ärzte, Krankenschwestern oder Busfahrer gehören zum Alltag. Noch immer arbeiten ca. eine Million Inder in den Golfstaaten; ihre Überweisungen sind von großer Bedeutung für die indische Zahlungsbilanz. Sie kehren aber früher oder später nach Hause zurück. Hingegen hat mehr als die Hälfte der NRIs in den Industriestaaten bereits die Staatsbürgerschaft ihrer neuen Heimat angenommen.

Die Auslandsinder spielen ganz sicher am Immobilienmarkt in Bombay eine dominante Rolle, doch ist es schwierig, die für Gesamtindien einströmenden Investitionen durch NRIs regional aufzuschlüsseln. Ganz überwiegend kehren sie nicht „ad personam" in das Land zurück, sondern lassen ihr Geld arbeiten, vor allem beim Aufkauf von Immobilien.

Alleine zwischen 1991 und 1993 sollen über 350 Millionen US-Dollar von NRIs nach Indien geflossen sein, wobei die Transfers (bis heute) vor allem aus den USA und den Golfstaaten kommen. Laut Economic Times (5.8.1997) sind zwischen August 1991 und April 1997 folgende ausländische Direktinvestitionen in Indien genehmigt worden (in Milliarden Rupien): USA 305,6, Großbritannien 78,5, Mauritius 57,7 und NRIs an vierter Position mit 54,5, also noch vor Staaten wie Japan oder Deutschland. Naturgemäß sind über solche Finanztransaktionen, über die Träger der Investitionen, die Firmenverflechtungen etc. kaum Informationen zu bekommen. In der Anfangsphase konnten die Auslandsinder ihre bei indischen Banken deponierten ausländischen Devisen – ganz überwiegend US-Dollar – jederzeit vollständig wieder in das Ausland zurückordern, was zwar dem Staat zunächst dringend benötigte Devisen brachte, ihn aber auch gegenüber den Eigeninteressen der NRIs anfällig machte.

Bei Firmenneugründungen in Indien genießen Auslandsinder Sonderrechte. Sowohl NRIs als auch OCBs („Overseas Corporate Bodies") und PIOs („Persons of Indian Origin") können bei Investitionen in 35 Bereiche der „High Priority Industries and Export/Trading/ Star Trading Houses" mit automatischer Genehmigung der Reserve Bank of India hundertprozentige Eigentumsrechte erwerben. FIs („Foreign Investors") und FIIs („Foreign Institutional Investors") hingegen dürfen nur bis 51 Prozent gehen (Angaben nach: Indian Investment Centre 1996, S. 2ff). Dies wirft auch die Frage auf, ob die Auslandsinder nicht verstärkt von ausländischem Kapital als Eisbrecher oder Mittelsmänner zur Eroberung der indischen Märkte mißbraucht werden. Ähnlich wie bei chinesischen Auslandskolonien funktionieren auch bei den NRIs gut geölte Netzwerke (häufig Familienbande oder landsmannschaftliche Kontakte). In den „besseren Kreisen" Bombays gehört es schon fast zum Standard, Verwandte in London, New York oder Los Angeles zu haben – gleichsam eine globale Achse über drei Kontinente im engsten Familienverbund geknüpft. Wieviele dieser Investitionen in den Immobilienboom Bombays geflossen sind, kann nur Gegenstand von Spekulationen sein. Die völlige Überhitzung des Wohn- und Büromarktes 1994 und 1995 dürfte eng mit der rasant gestiegenen Nachfrage durch NRIs und durch Repräsentanten ausländischer Firmen (oft in Personalunion) zusammenhängen.

1.3.6 Die Verteidigung der Positionierung des Bundesstaates Maharashtra an führender Stelle der Investitionsbereitschaft

Der Bundesstaat Maharashtra nimmt seit den sechziger Jahren eine Spitzenposition bei den Investitionen ein, zunächst bei inländischen, aber insbesondere im Gefolge der Liberalisierung auch bei ausländischen. 1966 gründete die Landesregierung die Gesellschaft SICOM zur Förderung der Industrialisierung des Landes. SICOM finanziert Projekte, entwickelt Wachstumspole, erschließt neue Industrieflächen, vergibt kurz- und mittelfristige Kredite an Industrieprojekte, übernimmt das Management von „Package Schemes" und ist die führende Finanzorganisation des Bundesstaates für Industrieentwicklung. 1993 stieß der Staat Maharashtra 51 Prozent seiner Anteile ab und seither ist SICOM eine Gesellschaft mit beschränkter Haftung, Eigenverantwortung seiner Manager und einem stärker „marktorientierten Image". In einer ihrer Hochglanzbroschüren zeigt sich SICOM stolz darüber „to play an active role in the process of globalizing Maharashtra". Und weiter: „It functions as a nodal agency for Non-Resident Indians and Foreign Direct Investments in Maharashtra". Neuestes Ziel ist das Anbot eines „one stop finance shop", wobei ein Industrieprojekt von A bis Z finanziell betreut wird.

Potentiellen Investoren wird eine Vielfalt von „Incentives" angeboten (Aufhebung oder Erleichterungen bei verschiedenen Steuern, Stromkosten etc.), wobei der Bundesstaat hinsichtlich der Industrieentwicklung in sieben Zonen unterschiedlichen Niveaus eingeteilt wird und die „Segnungen" von SICOM von der geographischen Position des intendierten Projekts im Staat abhängen. Als „Basic Approach" gelten folgende Ziele:
- „Strong support to liberalisation,
- Thrust on infrastructure in developing regions,
- Private sector participation in developmental efforts
- Simplification of procedures and transparency."

Laut Eigendarstellung hat SICOM in den über 30 Jahren ihres Bestehens mehr als 8.200 Industrieprojekte mit Ausgaben in Höhe von 448 Milliarden Rupien gefördert. Dadurch wurden 708.000 Arbeitsplätze in Maharashtra geschaffen. Außerdem betreute SICOM mehr als 900 NRI-Projekte mit einem Investment von 33 Milliarden Rupien.

Neben dieser glanzvollen Selbstdarstellung mehren sich aber auch die Stimmen, die von einem vergleichsweise erlahmten Elan der Behörden und anderer Schlüsselinstitutionen des Bundeslandes sprechen, wobei vor allem die südindischen Bundesstaaten Karnataka und Andhra Pradesh immer wieder als dynamischere Rivalen genannt werden.

Die indische ökonomische Zeitschrift „Business Today" veröffentlichte im 6. Jahrgang, Heft Nr. 24 (22.12.1997 – 6.1.1998) die Ergebnisse einer großen vom Marktforschungsinstitut Gallup durchgeführten Umfrage „The best states to invest in" (BT-Gallup MBA Research Project).

Diese Untersuchung ist eine Panelstudie zu einer ersten Erhebung zum gleichen Thema vom Dezember 1995. Als wichtigstes Ergebnis kann festgehalten werden, daß wiederum Maharashtra als „Gruppensieger" durch das Ziel geht, gefolgt von Gujarat, Tamil Nadu und Karnataka. Am Ende der Skala befinden sich zu beiden Untersuchungszeitpunkten Bihar, Assam und die übrigen kleinen Bundesstaaten im Nordosten Indiens. Im Mittelbereich hingegen kam es zu deutlichen Verschiebungen (etwa einer deutlichen Aufwärtsentwicklung für Westbengalen).

Wirtschaftsliberalisierung und verstärkter Konkurrenzkampf der Regionen Indiens untereinander um Investitionen haben also in jüngster Zeit zu einer erweiterten Polarisierung geführt. Die Zentralregierung hat in den letzten Jahren Befugnisse, die das Ausmaß, die Richtung und die Zusammensetzung von Investitionen betreffen, an die Bundesstaaten abgegeben. Zur Frage an führende CEOs („Chief Executive Officers", also Geschäftsführer), wo sie 1998 bevorzugt investieren wollen, nannten 51 Prozent Maharashtra, 46 Prozent Gujarat, 39 Prozent Karnataka und 36 Prozent Tamil Nadu (Mehrfachnennungen möglich). Hinsichtlich Maharashtra wurde zum Beispiel die Einführung einer Mehrwertsteuer (VAT; „single-point value-added-tax") positiv bewertet. Während für heute immer noch die Infrastruktur (z.B. Verfügbarkeit von Strom) als wichtigstes Kriterium der Einschätzung gilt, wird für künftige Zeiten das Gewicht stärker auf andere Faktoren verschoben: Ausbildungsqualität der Arbeitenden, Arbeitsklima im Bundesstaat, Lebensqualität der Metropolen und Immobilienpreise.

Obwohl in der aktuellen Umfrage 1998 wieder die gleichen vier Bundesstaaten an der Spitze der Skala liegen, beginnen Engpaßfaktoren wie hohe Preise und Löhne, überforderte Infrastruktur und Landmangel den Vorsprung dieser Gruppe bereits zunehmend in Frage zu stellen und andere Regionen Indiens holen vergleichsweise stärker auf. Die Erhebung, die unter 70 führenden Firmen durchgeführt wurde, enthielt eine Zweiteilung in ein Perzeptionsranking und in objektive Ränge. Letztere reichten über Infrastrukturausstattung, Investitionsverhalten der jeweiligen Landesregierung, Arbeitsklima bis zur sozialen Infrastruktur. Die Perzeptionsliste umfaßte 19 Parameter (Marktnähe, „Law and Order"-Situation usw.). Aufgrund der Antworten erfolgte schließlich eine Gewichtung (Infrastruktur 60, Effizienz der Regierungsstellen 20, Arbeitsmarkt zehn und Sozialindikatoren zehn) und dann eine Zusammenführung der subjektiven und objektiven Bewertungen. Dieser komplexe Ansatz dürfte die tatsächliche, aktuelle Investitionsbereitschaft nach Bundestaaten recht genau abbilden.

1.3.7 Maharashtras regionale Disparitäten trotz ökonomischer Vorreiterrolle

Trotz der führenden Position Maharashtras und den jahrzehntelangen Anstrengungen um interregionalen Ausgleich etwa durch SICOM bleiben nach wie vor erstaunlich scharfe räumliche Disparitäten der Wirtschaftsentwicklung erhalten. So stellt eine Studie der „Chamber of Commerce and Industry" von 1996 fest, daß Maharashtra zwar im Investitionsranking an erster Stelle in Indien liegt, die innerstaatliche Verteilung der Investitionen jedoch höchst unterschiedlich erfolgt. Bloß vier der 30 Distrikte des Bundesstaates – nämlich Bombay, Ratnagiri, Rajgarh und Thane – vereinen 51 Prozent der geplanten Investitionen und 56 Prozent der geplanten Projekte auf sich. Darüber hinaus gibt es noch Schübe für Chandrapur, Pune und Nagpur. Hingegen erhalten die Region Marathwada und große Teile des westlichen Maharashtra so gut wie keine Geldmittel.

Maharashtra weist einerseits im Kontext der Bundesstaaten Spitzenwerte im Leistungs- und Lebensniveau auf – so liegt das Pro-Kopf-Einkommen (World Bank Report 1995) bei 446 US-Dollar im Vergleich zu 330 US-Dollar in Indien, nur übertroffen von den agrobusinessorientierten nordindischen Staaten Punjab und Haryana, während sich am unteren Ende der Skala Bihar mit 161 US-Dollar befindet –, andererseits beweist eine Anzahl von Studien (J. K. MUKHOPADHYAY 1991; M. DESARDA 1996; K. S. PRABHU und P. C. SARKER 1992) eine starke regionale Polarisierung gerade auch in Maharashtra, obwohl regionale Entwicklungs- und Dezentralisierungsprogramme seit mehr als 20 Jahren zur Anwendung kommen. MUKHOPADHYAY (1991, S. 81) stellt fest, daß die Durchschnittseinkommen in den vier reichsten Distrikten (Thane, Pune, Raigad, Greater Bombay) 4,8mal höher sind als im Quartett der Ärmsten (Gadchiroli, Jalna, Parbhani, Bhandara). Nicht weniger als 14 der 30 Distrikte „have been declared backward". D. R. PENDSE beobachtete schon 1973: „... Maharashtra ... that it is one of the most industrially advanced states, or that it is the most urbanised of all states or that it tops in most statewise economic indicators ... these figures conceal the fact that barring a few industrialised pockets Maharashtra remains a predominantly backward area". Im Vergleich zu damals haben sich weitgehend nur die schon vorhandenen Industrieregionen ausgeweitet und einige rückständige Peripherregionen sind in gewissem Ausmaß entwickelt worden.

Kombiniert man Bombay mit der ebenfalls prosperierenden Millionenstadt Pune (früher Poona, drei Millionen Einwohner) und trennt sie gedanklich vom „Rest" des Landes (das heißt, von weiteren 26 Provinzen), so fallen die Indikatoren der sozioökonomischen Entwicklung und die Verstädterungsquote unter den indischen Durchschnitt. Dies heißt nichts anderes, als daß ohne die beiden Metropolen dieser fortschrittliche Bundesstaat zum armen und unterentwickelten Landesteil mutieren würde. Besonders betroffen sind dabei die peripheren und infrastrukturell benachteiligten Regionen Marathwada und Vidharba sowie Konkan. Doch selbst innerhalb des Großraums Bombay überleben noch etwa Wochenmärkte in sozialräumlichen Nischen, etwa in schlecht erschlossenen Teilräumen mit armen Bewohnern.

1.4 Auswirkungen der neuen politischen Situation in Indien

In den Jahrzehnten seit der Unabhängigkeit war Indien zwar keineswegs frei von innenpolitischen Spannungen, religiösen Konflikten und Auseinandersetzungen zwischen Regionen und Sprachgruppen, jedoch im Vergleich mit seinen unmittelbaren Anrainern bot sich die sich gerne selbst so bezeichnende „größte Demokratie der Welt" als recht stabil scheinendes Staatengebilde mit einem vergleichsweise günstigen Investitionsklima dar. In den letzten Jahren trat aber sowohl innen- wie außenpolitisch immer stärker eine gefährliche Radikalisierung des politischen Alltags wie der politischen Leitlinien ein. Der „Verbrauch" von vier Regierungschefs innerhalb von zwei Jahren spricht hier eine überaus deutliche Sprache.

1.4.1 Ergebnisse der Wahlen vom Frühjahr 1998

Die nationalistische (oder rechtspopulistische) Hindu-Partei „Bharatiya Janata Party" (BJP) ging zwar bereits aus den Unterhauswahlen vom April/Mai 1996 mit 161 von 544 Sitzen als stärkste politische Fraktion hervor, blieb aber vorerst noch auf gesamtindischer Ebene isoliert, nachdem ihr Führer VAJPAYEE nach nur zwölf Tagen als Regierungschef eine Vertrauensabstimmung verlor, wobei anschließend eine Vielparteienkoalition der „United Front" unter Inder GUJRAL zunächst mit Duldung der Kongreßpartei regierte, aber am 28. November 1997 den Premierminister bei der Vertrauensfrage fallen ließ, weil dieser sich weigerte, die südindische Regionalpartei DMK („Dravida Munnetra Kazhagam") aus dem Regierungsbündnis auszuschließen. Deshalb fanden nach weniger als zwei Jahren vorgezogene Neuwahlen zum Unterhaus am 16., 22. und 28. Feber sowie am 7. März 1998 statt, aus denen zwar wie erwartet die rechtsgerichtete BJP unter ihrem charismatischen „Führer" VAJPAYEE erneut als (relative) Wahlsiegerin hervorging – diesmal jedoch mit 178 Mandaten (+16), mit Verbündeten 250.

Durch den persönlichen Einsatz von Sonia GANDHI erlitt die Kongreßpartei jedoch nicht in dem Ausmaß wie prognostiziert Verluste, sondern erhielt 141 (mit Verbündeten 166) Sitze, während die „United Front" mit nur noch 97 Abgeordneten förmlich einbrach (–82 Mandate). Insgesamt befinden sich im Unterhaus derzeit Abgeordnete von nicht weniger als 38 Parteien! Lange vorbei sind die Zeiten, wo die Familienabfolge NEHRU – Indira

GANDHI – Rajiv GANDHI mit Hilfe der allmächtigen Kongreßpartei in Indien wie eine Dynastie regierte. Da die Wahlgewinnerin BJP ebenfalls keine absolute Mehrheit erreicht hat, ging sie mit 14 Miniparteien und einigen unabhängigen Abgeordneten den Bund der „Hindutvafront" ein, zusätzlich eine notwendige, jedoch obskure Allianz mit einer südindischen Regionalpartei aus Andhra Pradesh (TDP; „Telugu Desam Party"), insgesamt eine Konstellation, die ein längeres Durchhalten auch dieser Regierung höchst in Zweifel stellt.

1.4.2 Was will die BJP und die Verwirklichung der nuklearen Option durch die „Hindu-Bombe"

Im Dezember 1992 zerstörten fanatisierte Hindus mit Pickeln und bloßen Händen die Babri-Moschee in Ayodhya im Bundesstaat Uttar Pradesh (vgl. weiter unten die darauf basierenden Pogrome in Bombay), weil diese (angeblich? vermutlich?) am Geburtsplatz des hinduistischen Gottes Ram stand. Seither weiß die Welt, daß sich Indien verändert hat. Von Mahatma GANDHI, NEHRU, AMBEDKAR und anderen ganz bewußt als säkularer Staat konzipiert (im Gegensatz zur Islamischen Republik Pakistan), in dem Platz für alle Religionen ist, unterwühlen seit geraumer Zeit die hindu-chauvinistische BJP und ihr nahestehende noch radikalere Hindu-Organisationen (RSS, Jana Sangh usw.) die Ideen vom friedlichen Neben-, wenn schon nicht Miteinander. Hingegen propagiert die BJP die „Reinigung der heiligen Mutter Erde" von unindischen Elementen. In der Hindutva-Ideologie sind nur Hindus Kinder dieser Erde, die „immer schon da waren", während vor allem Moslems, aber auch Christen, erst später als Usurpatoren diese prästabilisierte Harmonie störten.

Historiker weisen immer wieder auf die völlige Haltlosigkeit dieser These hin, denn die überwältigende Mehrheit dieser Religionsgruppen besteht aus konvertierten Hindus. So sagt die bedeutende Historikerin Romila THAPAR (aus: Der Standard, 11.8.1997): „Der traditionelle Hinduismus ist amorph, dezentralisiert, mit einer Vielzahl von Richtungen, ohne eine klare Hierarchie." Was radikale Hindus anstreben, sei eine „Umformung des Hinduismus nach dem Modell von Islam und Christentum, in der Annahme, nur eine durchorganisierte religiöse Gruppe könne auch politische Macht ausüben." Versteht sich von selbst, daß orthodoxe muslimische Kräfte ihrerseits durch islamischen Fundamentalismus auch in Indien ein „Gleichgewicht des Schreckens" herstellen wollen.

Die aus der politischen Schwäche des neuen indischen Premierministers VAJPAYEE entsprungene „Vorwärtsverteidigung", das heißt, die Einlösung von Wahlversprechen an seine Klientel, begann schon bei seiner Regierungserklärung vom 18. März 1998, in der starke nationalistische Töne angeschlagen wurden (Angaben nach Fischer-Weltalmanach 1999, S. 346). Schlagwort für die Neue Politik ist „Swadeshi", das heißt, alle Reformen sollen das Konzept verfolgen „daß Indien von Indern aufgebaut wird". Eine Aufstockung des Verteidigungshaushalts wurde angekündigt, unter anderem, „um die nukleare Option offenzuhalten".

Daraus resultierten nur Wochen später, im Mai, die indischen Atomtests (sechs Atomexplosionen in zwei Serien zu je drei Versuchen am 11.5. und am 13.5.1998). Indien hatte ja schon 1974 seine erste Atomexplosion in der Wüste Tharr erfolgreich durchgeführt, jetzt ging es um (eingebildete) Bedrohungen durch Pakistan und China. Die Welt reagierte wütend, aber wieder einmal zu spät. Da half kein durch US-Präsident CLINTON verhängter Technologie- und Finanzboykott der USA und keiner durch die Weltbank. Auch die Verurteilung Indiens durch die Mitglieder der Genfer Abrüstungskonferenz störte die nationale Euphorie, die über Indien hereinbrach, nicht. Bal THACKERAY, „Führer" der noch radikaleren „Shiv Sena"-Partei (siehe weiter unten) jubilierte: „Wir sind keine Eunuchen mehr". Die nationale Begeisterung in Indien schien für die Regierung und die Funktionäre der rechten Parteien die kalkulierte internationale Ablehnung mehr als wettzumachen. Die regionale Führungsmacht Südasiens ließ die Muskeln spielen. Umfragen zeigen, daß 90 Prozent der Bevölkerung (zunächst) in Euphorie verfielen.

Der „Dank" von seiten Pakistans folgte prompt, und wie könnte es anders sein, diesmal war es die „Islamische Bombe", die die Welt „wieder ins Lot brachte": Am 28. Mai zündete Pakistan gleich fünf Sprengsätze, denen am 30. Mai ein sechster Test folgte. Die strenge Symmetrie beweist die hochgradige Projektion der gegenseitigen Feindbilder, die sich schon dreimal in militärischen Konflikten entladen hat. Beide Gegner besitzen Streitkräfte, die zu den weltweit größten gehören (Angaben nach Die Presse, 30.5.1998). Indien bastelt an den Raketen „Prithvi" und „Nag" gegen Pakistans „Hattaf" (Kurzstreckenraketen), und rechnet „Agni" gegen „Ghauri" aus Pakistan auf – Mittelstreckenraketen mit einem Radius von 2.500 Kilometern, die Atomsprengköpfe tragen können.

Pakistan gibt unfaßbare 51 Milliarden Schilling pro Jahr für die Rüstung aus (ein Fünftel seines Haushalts), Indien ist auch dabei noch „größer" mit 140 Milliarden Schilling. Dabei sind versteckte Posten in den Budgets noch nicht einmal eingerechnet. Der ehemalige Weltbankdirektor MAHBUB-AL-HAQ vermutet, daß beide Länder in Wirklichkeit rund 640 Milliarden Schilling aufwenden. Dabei zählen – nach dem Pro-Kopf-Einkommen – beide Staaten noch immer zu den Ärmsten der Erde. Pro hundert Rupien für Erziehung wendet Indien 65 für die Verteidigung auf, Pakistan sogar 125. Allein die Kosten des indischen Atomprogramms werden vom Magazin „Business Standard" auf bisher 36 Milliarden US-Dollar geschätzt! Mit dieser Geldmenge wäre es theoretisch möglich, die Hälfte der unter der Armutsgrenze vegetierenden Menschen in Indien – das sind rund 150 Millionen Menschen! – über die offizielle Armutsschwelle zu heben und ihnen damit ein menschenwürdiges Leben zu ermöglichen.

Als Antwort auf das atomare Wettrüsten der beiden Möchte-gern-Mächte am Subkontinent haben alleine die USA im Juni 1998 Entwicklungshilfeprojekte in Indien im Wert von 2,5 Milliarden US-Dollar und in Pakistan um 1,5 Milliarden US-Dollar eingefroren. Wie sagte jedoch schon der später hingerichtete pakistanische Premier BHUTTO: „Wir müssen die Bombe haben, und wenn wir alle Gras fressen müssen" (aus dem Gedächtnis zitiert).

1.4.3 Eigenheiten des indischen Wählerverständnisses

Bundes- wie Regionalwahlen haben weiter gezeigt, daß die Wähler neuerdings die jeweils Regierenden massiv bestrafen. So konnte die BJP nicht die absolute Mehrheit gewinnen, weil sie in Rajasthan schwere Einbußen erlitt, und das gleiche passierte mit ihrem Verbündeten „Shiv Sena" („Armee des Gottes Shiva") in Bombay und Maharashtra! Fazit: die regional wie national vorhandene, weiter wachsende politische Unsicherheit schreckt – zumindest 1998 – nationale wie globale Investoren ab!

Da weder die Kongreßpartei (die heute als Partei der Mitte einzustufen ist) noch die rechtsgerichtete „Hindu-Volkspartei" BJP, noch die Mitte-Links-Koalition der „United Front" in den letzten Jahren eine langfristig stabile Regierung zusammenbrachten, ist auf längere Sicht mit politisch instabilen Verhältnissen zu rechnen. Koalitionsregierungen, an denen bis zu 15 Parteien beteiligt sind, erweisen sich auf Dauer nicht als (über-)lebensfähig.

Ein weiteres Problem der indischen Innenpolitik ist darin zu sehen, daß es zu häufigen Parteiensplittings und Amalgamierungen kommt, daß der Wechsel von Abgeordneten zwischen den Parteien oder die Gründung neuer Parteien innerhalb der Legislaturperiode an der Tagesordnung sind, und daß regionale Parteien oft nichts anderes sind als politische Vehikel ihrer starken Führungspersönlichkeiten (zu den „Besonderheiten" der Innenpolitik gehört auch das zahlreiche und erfolgreiche Auftreten von Filmstars insbesondere in Südindien, wo dann die Akteure von den „Massen" gleich mit jenen Göttern verwechselt werden, die sie im Kino mehr oder weniger brillant darstellen).

Trotzdem bleibt festzuhalten, daß in Indien – laut Eigendefinition – die „größte Demokratie der Welt" besteht, in welcher die jeweils Herrschenden noch regulär abgewählt werden können, außerdem existiert eine starke, unabhängige Presse und die Armee mischte sich bisher nicht in die politischen Angelegenheiten ein. Dies ist ein deutlicher Unterschied zu anderen Schwellenländern wie dem unmittelbaren Nachbar Pakistan, wie Nigeria oder – durch lange Jahre – Argentinien und Brasilien. Da die UNO und die wichtigsten internationalen Geldgeber wie der Weltwährungsfonds oder die Weltbank immer stärker „good governance" als Leitziel jeder staatlichen Entwicklung und damit zusammenhängender Entwicklungszusammenarbeit propagieren, könnte mittel- und langfristig Indien gegenüber potentiell „willigen" Geldgebern gute Karten haben (Voraussetzung: Beendigung der atomaren Drohgebärden).

1.4.4 Bombay als „Reich des Bösen" – „Shiv Sena" und die Saat der Gewalt

Bombay ist heute „eine Metropole im Krieg gegen sich selbst" (Suketu MEHTA), eine Stadt, in der gleichzeitig Hochkonjunktur und ziviler Notstand herrschen. Als am 6. Dezember 1992 der Hindumob die Babri-Moschee in Ayodhya zerstörte, war dies das von den Hindutva-Gläubigen lang herbeigesehnte Zeichen zum „Endkampf" gegen die Moslems. Nach einer Serie von Krawallen starben damals in der Megastadt, die bis dahin in Indien das Symbol für multikulturelles Zusammenleben schlechthin gewesen war, nach offizieller Lesart 1.400 Menschen. Inoffiziell wird ein Mehrfaches davon, 5.000 und mehr, genannt. In der ersten Phase gab es Auseinandersetzungen zwischen Moslems und der Polizei. Danach folgte im Jänner 1993 eine zweite, gewalttätigere Welle, die von der hinduistischen Bewegung „Shiv Sena" ausging, wobei die von Parteigängern durchsetzte Polizei von Bombay jede Menge aktive Hilfe leistete. Moslems wurden systematisch ausgesondert und massakriert, ihre Häuser und Läden (über die Wählerlisten!) markiert, geplündert und niedergebrannt.

Die völlig aufgeheizte und feindselige Stimmung beschreibt Suketu MEHTA in seinem Beitrag „Mumbay" in der Zeitschrift „lettre" (Heft 37, 1997, S. 23): „Ich fragte ihn, ob die von ihnen verbrannten Moslems um ihr Leben gebettelt hatten. ‚Ja, sie sagten: Habt Mitleid mit uns. Aber wir waren so voller Haß. Selbst wenn einer von uns sagte, laßt ihn gehen, gab es zehn andere, die sagten, nein, bringt ihn um. Also mußten wir ihn umbringen.' ‚Und wenn er unschuldig war?' Raghav sah mich an. ‚Er war Moslem', sagte er." Die Rache der Moslems – die dritte Phase – war der 12. März 1993. Autobomben detonierten überall in der Stadt: in der Börse, im Hauptquartier der Air India; 317 Menschen fanden den Tod.

Die materiellen Verluste alleine bei den Unruhen im Jänner 1993, die insgesamt 18 Tage anhielten, beziffert MASSELOS (1995, S. 199) mit mindestens zwei Milliarden US-Dollar für Eigentumswerte (nach Tata Services Ltd 1993). Weitere 500 Millionen Dollar sind für entgangene geschäftliche Abschlüsse und 625 Millionen Dollar für Verluste für nicht geleistete Güterproduktion und Dienstleistungen anzunehmen. Exportverluste werden im Jahr mit einer weiteren Milliarde Dollar sowie entgangene Steuern mit mindestens 75 Millionen Dollar geschätzt. Erstmals in der Geschichte der Stadt waren von den Auseinandersetzungen alle Stadtteile und alle sozialen Schichten direkt betroffen.

MASSELOS beschreibt die beklemmende Atmosphäre (1995, S. 202): „The uncertainty enveloped everyone in the city, in all its areas and localities; there was no part unaffected and there was no part at all sure of what was happening or might happen. And in all this, the city diminished to its smallest constituent elements, and even among them it was clear that no one could be trusted and that there was no guarantee of security." Und weiter (a.a.O., S. 205): „Bombai hamari hai, bhago, bhago. What the crowd was saying was: Bombay is ours: destroy, destroy [them and their property]. The crowd was excluding and the victims were excluded. For both, the result of the exclusion was the destroying of an idea of the city which had attracted the migrants to Bombay and which had retained those who lived in it or were born there." Und weiter (nach Sunday, 24–30.1.1993, S. 29): „For several decades, Bombay has been a symbol of all that India wants to become. It is prosperous, it is relatively efficiently run, it is full of success stories of the rags-to-riches variety and it has a cosmopolitan ethos in which it is what you do that matters, not were you come from."

Nachfolgende Analyse stützt sich auf die Arbeit von Jayant LELE (1996): „Saffronization of the Shiv Sena: The Political Economy of City, State and Nation." LELE resümiert auf S. 185: „During the January 1993 riots in Bombay, the Shiv Sena once again displayed its muscle power. This time the mobilization of its troops had some distinctive features. It was far more systematic than ever before, in its organization, in the targeting of its enemy and in the total dehumanization and brutality of its methods."

Es handelte sich also um keine der üblichen „communal riots", wie sie die Metropole seit Jahrzehnten immer wieder erlebt. Über 200.000 Menschen flohen unter Zurücklassung von Hab und Gut aus Bombay, um wenigstens ihr nacktes Leben zu retten. In den sechziger Jahren hatte der Cartoonist Bal THACKEREY die „Shiv Sena"-Partei mit wenigen Leuten gegründet. Ihre ersten Aktivitäten waren gegen die Südinder, „Madrasi", gerichtet. Im organisatorischen Aufbau folgte THACKERAY der radikalen Hindugruppierung „Rashttriya Swayamsevak Sangh" (RSS). In jenen Jahren tobte bereits ein Sprachenkampf zwischen Marathi und Gujarati, der 1962 zur Aufteilung in die zwei Bundesstaaten Maharashtra und Gujarat führte. Das Problem der Marathen: sie stellten mit 40 Prozent der Einwohner die stärkste Gruppe in der Hauptstadt ihres Bundestaates, besetzten aber keine Spitzenpositionen im Handel und in der Industrie, dafür die einfachen Tätigkeiten im Hafen, in den Basaren usw.

Die „Shiv Sena" („Armee des Gottes Siva") griff den Frust und die Ressentiments dieser „Underdogs" auf und kanalisierte geschickt um 1970 gegen „lungiwallas" (Träger des Beinkleids Lungi = Südinder) – „criminals, gamblers, illicit liquor destillers, pimps, goondas and Communists" (GANGADHARAN 1970, S. 19), und schon in diesem Stadium zeigt sich auch die freundliche Grundhaltung gegenüber Großkapitalisten, die als „annadatas" (Nahrungsspender) firmieren. Durch die Jahre unterstützte „Shiv Sena" immer politisch rechtsstehende Parteien, auch die Kongreßpartei, aber vornehmlich „Jan Sangh" und

„Swatantra", und bekämpfte alles links von der Mitte. Innerhalb der damals in der Industrie noch dominierenden Textilarbeitergewerkschaften existierte ebenfalls diese Polarität. Erst in den achtziger Jahren erfolgt die „Saffronisierung" der Kader und die Übernahme des Hindutva-Konzepts dann 1984 unter der erstmaligen politischen Allianz mit der BJP.

Von 1980 bis 1984 gab es in Bombay und Maharashtra eine Reihe von Unruhen („riots"), nicht nur gegen Moslems, sondern auch gegen „dalits" (Unberührbare) und Stammesleute. In den neunziger Jahren erweiterte die Shiv Sena stetig ihre Basis unter den Marathen in Bombay und im Bundesstaat, während sie bis heute der BJP das restliche Indien „überläßt". In der politischen Szene Bombays greift der Konnex zwischen lokaler Politik, Big Business und Unterwelt, Drogen- und Waffenhandel, Geldwäsche in der Filmindustrie, der Aufstellung von Privatarmeen (insbesondere Jugendkader der Shiv Sena – arbeits- und hoffnungslose Halbwüchsige, denen Bedeutung suggeriert wird) und nicht zuletzt weitreichenden Verbindungen zur organisierten Kriminalität in Bombays Unterwelt.

In diesem Milieu lukriert die Shiv Sena Menschen und Finanzen, breitet sich in der Exekutive und Legislative aus, unter Intellektuellen und Arbeitern, Kleinbürgern und zuletzt Bauern. 1986 wurde sie erstmals stimmenstärkste Fraktion in Bombay und stellte den Oberbürgermeister. So wie andere rechtsradikale Parteien zerfällt auch die Shiv Sena in parlamentarische und militante Untergruppen usw. Sie bleibt in der Metropole und im Staat bis heute eine Macht, auch wenn sie 1998 bei der jüngsten Wahl eine schmerzliche Niederlage gegen die vereinten Kräfte aller anderen (Congress, Sozialisten, Dalits usw.) hinnehmen mußte. Ihr populistischer Charakter ließ sie im Juli 1995 mit einem unausgegorenen „Programme for the Rehabilitation of Slum and Hutment Dwellers in Brihan Mumbai" (erfolglos) vorpreschen und ihr Heil in einer „Umbenennungswelle" in Bombay/Mumbai suchen.

2. Dynamik der Megastadtentwicklung – Fakten, Strukturen und Trends

„Zu dieser frühen Stunde strahlte die Stadt die Vergänglichkeit einer Filmkulisse aus. Sogar die Landschaft schien provisorisch ... Man konnte fast glauben, daß am Ende des jetzigen Wirtschaftsbooms die Fassade Bombays abgebrochen und wegtransportiert werden würde wie Filmkulissen nach einer Aufnahme. Dann könnte das Gebiet seinen ursprünglichen Bewohnern zurückgegeben werden – den Koli, die in ihren Dauen Butterfische angeln, den Kokospalmen, Mangobäumen und Moskitos – und in seine ungleichen Stücke zerfallen: sieben malariaverseuchte Inseln, die von einem gemeinsamen Meer getrennt und verbunden werden. Keine Familienbande. Keine Ahnenerinnerung."

> Aus: Bombay Ice
> von Leslie FORBES (deutsch 1998, englisches Original: 1998).

2.1 Bombay als Impulsgeber und Rezipient regionaler, nationaler und globaler Einflüsse

Die Megastadt Bombay ist heute der wichtigste Knotenpunkt transnationaler Einflüsse in Indien: dies konnte bereits an der räumlichen Konzentration von Managementzentralen der „Multinational Corporations" und am Einfluß der „Non-Resident-Indians" (NRIs) mit ihren Sonderrechten im ersten Abschnitt dieser Untersuchung festgemacht werden. Die Akteure der Globalisierung nutzen das „Gateway of India" wie ehedem die britischen Kolonialherren zur Penetration des indischen Subkontinents, nur das „Agenda-Setting" verläuft unter den neuen Rahmenbedingungen. Ihre Organisationen, Netzwerke und Lobbyisten verorten sich an dem Platz, der über die besten Kommunikationseinrichtungen, die dichteste Einbindung im nationalen und internationalen Verkehrsnetz und über die entsprechende Sogwirkung in den Köpfen verfügt – Bombay bildet sich zuerst einmal in den „mental maps" der „opinion leader" aus Wirtschaft und Politik als Schaltstelle der Innovation und Diffusion von Neuerungen, Modernisierungen und einfach Veränderungen aller Art ab. So wie für „die Fremden" Bombay die Eingangspforte nach Indien darstellt, so bedeutet umgekehrt für die meinungsbildenden Inder die Metropole das „Tor zur Welt" und insbesondere zu westlicher (das heißt, amerikanischer) Technologie, Lebensstilen usw.

Was zeichnet verantwortlich für den Aufstieg dieser im geschichtsträchtigen Indien jungen Metropole, die sich anschickt, Weltstadt, vielleicht sogar „global city" zu werden? Die heutige Zentralität wie die führende Position in der indischen Städtehierarchie sind das Resultat und nicht die Ursache des ökonomischen und politischen Erfolgs. Diese Stadt kann wie kaum eine andere als Paradebeispiel für die Entwicklung und die Probleme einer Metropole in der sogenannten Dritten Welt dienen. New Delhi ist die politische Leitstelle des Landes, aber Bombay mit seiner dynamischen, multikulturellen Bevölkerung gilt als heimliche Hauptstadt, offeriert mehr Chancen für ökonomischen und sozialen Aufstieg, bildet in den Köpfen von Millionen Zuwanderern Träume von Reichtum und Glück ab. Für manchen werden diese Träume wahr, für die große Mehrheit jedoch bleibt der Alltag Überlebenskampf unter unmenschlichen Bedingungen. Die Arroganz der Eliten und die Verelendung der Massen führen zu weitreichenden Verdrängungsprozessen, Marginalisierungen und einem „Auseinanderklappen" der verschiedenen Stadtquartiere durch anwachsende soziale Segregation.

In diesem zweiten Teil sollen die Leitlinien der Entwicklung Bombays verfolgt werden, soweit sie für den heutigen Status sowie für die Absorbtionsfähigkeit globaler Einflüsse notwendig erscheinen. Deshalb ist es notwendig, in einem historischen Exkurs die Entfaltung Bombays in Raum und Zeit darzustellen, die Auswirkungen der Metropole als Motor der industriellen Revolution in Indien zu beleuchten, aber auch die industrielle Krise der neunziger Jahre, die Rolle der Megastadt als Kommerz- und Dienstleistungszentrum des Landes, als Bildungs- und Forschungszentrum, sowie die Vernetzung der tragenden Säulen von Wirtschaft und Gesellschaft. Doch ist auch von den Auswirkungen der neuen Trends auf die soziokulturelle Struktur der Bevölkerung wie auf den „Stadtkörper" zu sprechen, von der verstärkten Polarisierung und Segmentierung der städtischen Gesellschaft nicht zuletzt als Ergebnis globaler Einflüsse und auf diesen basierenden Änderungen nationaler Prioritäten. Der Schwerpunkt der Interpretation der Befunde wird dabei auf der sozialräumlichen Polarisierung und Fragmentierung der Bewohner der Megastadt liegen.

2.2 Die Entwicklung der Megastadt in Raum und Zeit

Das pulsierende Herz der heutigen Agglomeration ist noch immer die nord-süd ausgerichtete Insel Bombay mit ihren rund vier Kilometern Breite und fünfzehn Kilometern Länge, auf der zwar auch über drei Millionen Einwohner leben, auf der jedoch nach wie vor die wichtigsten Funktionen der Metropole konzentriert sind – die City mit ihren hochrangigen Dienstleistungen, die Bazarzone mit ihrer führenden Rolle im indischen Handel, die ausgedehnten Hafeneinrichtungen und die traditionellen Standorte der Großindustrie (vor allem der Textilfabriken), welche in ihrem Funktionswandel in den letzten vier bis fünf Jahren zum Eldorado der Bau- und Bodenspekulanten mutierten (nachfolgende Ausführungen stützen sich auf NISSEL 1977 und 1989).

2.2.1 Die Komponenten Lage und Raum

Die „Stadt" Bombay („*Bombay Island*" oder – wie heute noch von den Bewohnern genannt – „Bombay City") liegt auf der gleichnamigen Insel von 67 km^2 Fläche auf 72 Grad 54 Minuten östlicher Länge und 18 Grad 55 Minuten nördlicher Breite vor der indischen Westküste. Sie wird im Norden durch einen Meeresarm, den Mahim Creek, von der rund sechsmal größeren Insel Salsette getrennt, die ihrerseits dem eigentlichen Festland des Subkontinents südlich des sogenannten Bassein-Thana Creek vorgelagert ist. 1950 bzw. 1957 erfolgte in zwei Etappen die Eingemeindung eines Großteils der „Vororte" auf Salsette, seitdem konstituieren „Bombay Island" und die westlichen wie östlichen „Suburbs" auf Salsette das heutige *„Greater Bombay"* mit 448 km^2. Seit 1969 besteht die zunächst nur als Planungsregion konzipierte „Bombay Metropolitan Region" (BMR) mit zunächst 3.860 km^2, die über die Insel Salsette nach Norden und vor allem auf die Ostseite des Thana Creek übergreift. Der Zensus von 1991 akzeptierte schließlich in einem Nachholverfahren die durch die explosive Stadtausweitung veränderten Rahmenbedingungen und definierte die BMR als *„Bombay Urban Agglomeration"* („Bombay U.A.").

Im jüngsten Schritt hat nun die BMRDA („Bombay Metropolitan Region Development Authority") die urbane Zone auf 4.355 km^2 erweitert, wobei Bombay U.A. aus den „municipal corporations" von Greater Bombay („Brihanmumbai"), Thane (früher Thana), Kalyan und New Bombay („Navi Mumbai") besteht, zusätzlich aus weiteren 16 „municipal towns", sieben „non-municipal urban centres" und weiters immer noch 995 Dörfern in den Distrikten Thane und Raigad. Wie bereits früher erwähnt, resultiert die explosionsartige Bevölkerungsvermehrung der Megastadt im letzten Jahrzehnt weitgehend (nur) aus der Ausweitung auf die Bombay U.A. Es ist daher wichtig, immer klar zu definieren, ob von „Bombay Island", „Greater Bombay" oder „Bombay Urban Agglomeration" die Rede ist. Zusätzlich trägt noch zur Verwirrung bei, daß Bombay Island statistisch häufig mit Bombay City gleichgesetzt wird, während aus stadtgeographischer Sicht nur die Kernräume im Süden der Insel Bombay, nämlich CBD (Central Business District) und Bazarzone, als „eigentliche" City firmieren.

Wassertiefen von mehr als zehn Metern in einer sechs bis zehn Kilometer breiten, etwa 20 Kilometer tief eindringenden, sturmsicheren Bucht zwischen diesen beiden Inseln und dem Festland (Thana Creek) machten Bombay bis zum Aufkommen der Supertanker zu einem der besten natürlichen Hafenplätze der Erde und konkurrenzlos gegenüber allen anderen Standorten am Subkontinent. Aus diesem Grund setzte sich die Stadt schließlich gegen alle Rivalen durch, welche ursprünglich über günstigere Lagen zu einem reicheren und leichter erreichbaren Hinterland verfügten, wie Surat, Cambay und Broach in Gujarat, Goa, Mangalore und Cochin im Süden. Zwar hat der Hafen in der Gegenwart seine überragende Bedeutung für die Stadtentwicklung eingebüßt, bleibt aber die „raison d'être" der Gründung und des Aufstiegs der Metropole.

Bombay befindet sich am Nordende des Küstenabschnitts „Konkan", welcher bei 500 Kilometern Länge nur 45 bis 80 Kilometer Breite aufweist; als landseitige Begrenzung hebt sich die wuchtige Mauer der „Sahyadri" (früher Westghats) heraus, die Hauptwasserscheide des Subkontinents, oft auf zwei Kilometer Distanz über 1000 m ansteigend, mit einer klassischen Serie von Schichtstufen-, Tafel- und Inselberglandschaften des Dekhan Trapp. In diesem technisch schwierigen Gelände verbinden bis heute praktisch nur zwei Pässe um 600 m Seehöhe Bombay mit dem Hinterland.

Rom wurde auf sieben Hügeln erbaut – Bombay auf sieben Inseln. An der Stelle der heutigen Insel Bombay gruppierten sich noch vor 300 Jahren sieben Inseln trapezförmig um eine Lagune (siehe Abbildung 2). Vielleicht bezieht sich schon ein Hinweis von PTOLEMÄUS

Abbildung 2: Die sieben ursprünglichen Inseln von Bombay, Stand um etwa 1700

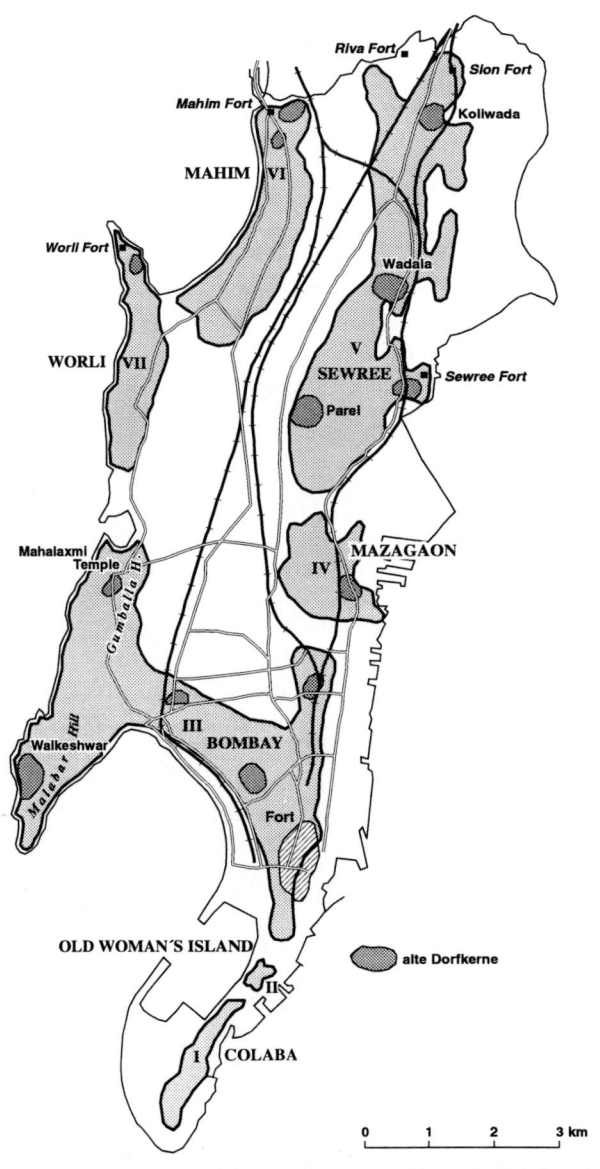

Quelle: NISSEL 1977, S. 11; basierend auf Originalkarten im Victoria & Albert Museum, Bombay.

(A.D. 150) auf ein Gebiet „Heptanesia" (= die sieben Eilande) auf diesen Raum. Diese Inseln waren teilweise mit Hügeln besetzt, von denen etliche weniger markante im Lauf der Zeit zur Neulandgewinnung abgetragen wurden. Deutlicher prägt sich die westliche Inselgruppe aus, wo Malabar und Cumballa Hills bei zusammen vier bis fünf Kilometern Länge und einem Kilometer Breite Maximalhöhen von 70 Metern erreichen. Sie stellen in der Gegenwart noch immer die exklusivsten Wohnzonen der Oberschichten dar. Der durchgängige geologische Zusammenhang der nur bis zu 30 Meter hohen Hügel an der Ostseite ist nur durch Bohrungen gesichert.

In manchen heutigen Stadtbezirken, etwa solchen der Bazarzone, lassen sich die Übergänge zwischen den ehemaligen flachen Inseln und der zentralen Lagune in der großstädtischen Physiognomie überhaupt nicht mehr ausmachen, obwohl erst 1783 mit dem „Hornby Vellard" die letzte große Bresche abgedämmt wurde und damit der Zusammenschluß der sieben Eilande zur Insel Bombay „manmade" erfolgte. Zwar konnte nachher der Kernraum der Insel kontinuierlich trockengelegt und genutzt werden – zuerst agrarisch, später als Standort der Textilindustrie und ihrer zugeordneten Arbeiterquartiere –, er blieb jedoch immer Problemgebiet. Ungefähr ein Viertel dieser Fläche befindet sich unter dem Meeresniveau (mittlerer Pegelstand bei Normalwasser), der Rest nur wenig darüber. Die Schwierigkeiten mit Abwässern und Entwässerung sind damit vorprogrammiert, bei heftigen Monsunregen können die Pumpen die anfallende Wassermenge nicht mehr ins Meer befördern, sondern dieses dringt umgekehrt in den Stadtraum ein, führt alljährlich zu riesigen Überschwemmungen, zum mehrfachen, manchmal tagelangen Zusammenbruch der gesamten städtischen Infrastruktur, zum Kollaps alter Bausubstanz und kaum vorstellbaren Überlebensbedingungen in tiefgelegenen Slums.

An sämtlichen Küstenabschnitten der Insel Bombay wurde und wird weiterhin kostbares Land durch Aufschüttungen gewonnen. Insgesamt gilt mehr als die Hälfte des heutigen Siedlungsraums als dem Meer abgerungen. Weite Strecken der Geschichte der Metropole sind von diesem „Kampf um Land" geprägt, von Boden- und Immobilienspekulationen seit den ersten Tagen der Stadtgründung. Salsette und die durch Verlandung mit ihr verbundene ehemalige Insel Trombay weisen zentrale Hügelketten bis an die 500 Meter Höhe mit dichter Monsunwaldbedeckung auf, während die weithin versumpften Küstensäume (zum Teil Mangrovewald) noch immer siedlungsfeindlich wirken (Überschwemmungen, Malariazonen). Nur zwei wenige Kilometer breite Alluvialbänder zwischen den Küsten und dem Rückgrat der Hügelzonen boten günstige Entwicklungsbedingungen. In ihnen laufen die Bahnlinien, deren S-Bahnstationen zu Kristallisationspunkten der Siedlungsentwicklung wurden, sowie auch die Fernstraßen und Expressways. In den „Western and Eastern Suburbs" von Salsette und Trombay leben derzeit bereits mehr als doppelt so viele Menschen wie auf Bombay Island.

2.2.2 Kolonialzeitliche Gründung und Aufstieg Bombays

Die sieben Inseln gehörten in voreuropäischer Zeit verschiedenen hinduistischen wie islamischen Reichen an, doch mit Ausnahme des Shivatempels in Walkeshwar, der vor allem Pilger von der Malabarküste anzog („Malabar Hill"), bestand nur eine Anzahl kleiner Fischerdörfer. Keines von diesen hieß Mumbai oder hinterließ steinerne Artefakte früherer Herrschaft. Als VASCO DA GAMA 1498 das Kap der Guten Hoffnung umsegelt hatte, verdrängte die portugiesische Flotte binnen weniger Jahre die Araber vom Seehandel an der Westküste Indiens. Eine Kette von Militär- und Handelsstützpunkten sicherte die Interessen Portugals. 1530 wurde Goa zur Residenz des Vizekönigs erhoben, 1534 die „Sieben Eilande" nach Kampf von Sultan BAHADUR von Gujarat abgetreten. Rund 130 Jahre sollte die portugiesische Herrschaft dauern, letztlich blieb jedoch nicht viel mehr übrig als die Namengebung der Stadt – „Bombahem" oder „Bombaim" oder „Bom Bahia" („gute Bucht" wegen der Schutzlage für die Segelschiffe). Diejenigen, die diese Namengebung nicht mehr gelten lassen wollen, leiten Mumbai auch von „Mumba Ai" oder „Maha Amba" („große Mutter" – Schutzgöttin der einheimischen Fischer) her (zum Kulturkampf um die Namengebung siehe Subkapitel weiter unten in diesem Abschnitt).

Das erstarkende England und das von Spanien bedrohte Portugal besiegelten eine vorübergehende politische Allianz mit der Heirat des britischen Thronfolgers CHARLES II und der Prinzessin Infanta Donna CATHARINA (1661). Als Teil der Mitgift der Braut wechselte das Territorium um Bombay 1665 kampflos in englische Hände über und wurde drei Jahre später vom König an die 1600 gegründete, später legendäre „East India Company" verpachtet. 1687 verlagerte die Company aufgrund von Querelen mit dem lokalen Herrscher ihren Hauptstützpunkt von Surat in Gujarat nach Bombay. Seuchen und Kriege machten mehrfach die Pionierleistungen des Aufbaus der Stadt zunichte, so schätzte man für 1673 rund 60.000 Einwohner, für 1715 jedoch nur noch 15.000. Die Company blieb klug genug, sich mit den mächtigen Marathen im Dekhan-Hinterland nicht anzulegen. Jede Erwägung dieser berühmtesten und mächtigsten aller Handelsgesellschaften ging von kommerziellen Interessen aus; ganz im Gegensatz zu den Portugiesen waren missionarische Aktivitäten lange strikt untersagt, hingegen Menschen aller Rassen und Religionen willkommen, die aktiv neben ihrem eigenen Glück auch das Wohl der Stadt mehren wollten.

Vielleicht kann man hier eine Parallele mit der Entwicklung New Yorks ziehen. Die East India Company versuchte ganz systematisch, handeltreibende „communities" aus ganz Indien anzuziehen. Obwohl dieser Prozeß an die 100 Jahre dauerte und, wie nur angedeutet, nicht ohne schwere Rückschläge verlief, wurde damit ein für alle Mal das Fundament gelegt für eine kosmopolitische, multiethnische und später auch multikulturelle Gesellschaft, die Bombay bis zur Gegenwart den Nimbus des Besonderen, Einzigartigen in Indien verleiht. In dieser kolonialen Frühphase wanderten Hindus und „Jain Banias" (Kaufleute), muslimische Bohras und Khojas, Parsen und vor allem Gujaraten (Kosambi 1985), aber auch Araber, Afrikaner, Nepalis, Afghanen, Chinesen u.a.m., last but not least Europäer, überwiegend Briten, trotz „mörderischer Klimaverhältnisse", wie es in dem alten Spruch „two monsuns are a white men's death" drastisch zum Ausdruck kommt, zu.

Ein glänzendes Beispiel für die positiven Wirkungen dieser Ansiedlungspolitik liefern die Parsen, durch Jahrzehnte die Elite der Stadt schlechthin. Diese kleine religiöse Minderheit (Anhänger des Zarathustra- bzw. Zoroasterkults) floh bereits im 8. Jahrhundert vor dem Ansturm des Islam in Persien an die indische Westküste und trug wesentlich zum Aufbau von Bombay bei. Zunächst entwickelte sich diese Minderheit zum treuesten Diener ihrer britischen Herren, akkumulierte Kapital im Opiumhandel mit China, reinvestierte die Gewinne in der Textilindustrie, im Schiffbau usw., und nach der „Weißwäsche" spendeten sie großzügig soziale, medizinische und schulische Einrichtungen, etwa die erste Universität des Landes (1857), die bedeutendsten Krankenhäuser und Forschungseinrichtungen. Die Parsen sind immer noch die sozial angesehenste Gruppe der Megastadt, zu ihnen zählen auch die Dynastien der Tata und Godrej, die Krupps und Thyssen Indiens.

Die weitere Entwicklung Bombays ab Mitte des 18. Jahrhunderts prägten zwei interdependente Faktoren – die „Industrielle Revolution" im Mutterland und die schrittweise militärische Eroberung des Subkontinents. Aus beiden Ursachen verlor die East India Company 1813 ihr Handelsmonopol und verfiel 1833 der totalen Liquidierung. Noch bis 1803 befand sich das unmittelbare Hinterland der Stadt in der Hand der Marathen, während etwa Kalkutta und Madras schon über ein weites „befriedetes" Hinterland verfügten. Die indischen (!) Kaufleute der Stadt finanzierten schließlich in diesem Jahr die erfolgreichen „Campagnen" der britischen Truppen unter WELLESLEY zur „Ausweitung des Binnenhandels". Mit der Erschließung der Baumwollzonen des Dekhan für die Textilindustrie von Lancashire begann in Bombay ein rasanter ökonomischer Aufschwung, der von einer entsprechenden Bevölkerungszunahme begleitet wurde: 1830 wurde die erste Straße über die Sahyadri angelegt, 1836 die „Bombay Chamber of Commerce" gegründet, 1840 die erste „joint-stock bank", 1850 existierten bereits 25 Versicherungen. Überschritt die Stadt ca. um 1780 gerade die 100.000 Einwohner, so waren es 1810 bereits mehr als doppelt so viele und 1850 bereits über eine halbe Million. Diese positive Entwicklung ging jedoch auf Kosten des Hinterlands, Zerstörung der Heimindustrien, Verarmung und Reagrarisierung gingen Hand in Hand mit der gewaltsamen Öffnung für die industriellen Importe aus dem „Mutterland".

Um 1850 war Bombay bereits die Metropole im westlichen Indien und wichtigster Mittler im Fernhandel Europa – Asien. Die stürmischeste Entwicklungsphase sollte aber erst in der zweiten Hälfte des 19. Jahrhunderts einsetzen. Nach ersten gescheiterten Versuchen begann damals die Industrialisierung in Indien Fuß zu fassen, mit Bombay als Schrittmacher der Industriellen Revolution. Bei den ausgedehnten Finanzierungen wie Transaktionen von Rohbaumwollexporten und Textilimporten konnte es nur eine Frage der Zeit sein, bis mit Hilfe britischer Maschinen eine eigene Textilindustrie aufkommen mußte. Diese Industrie bauten schließlich – im Gegensatz zur Entwicklung der Juteindustrie in Kalkutta durch die Schotten – indische Bankiers und Kaufleute auf, vor allem im Schiffsbau und im Opiumhandel mit China reichgewordene Parsen. 1854 gab der Parse Cowasji DAVAR den Auftrag zur Errichtung der ersten Textilfabrik, bis 1890 erhöhte sich ihre Anzahl beständig bis auf 70. Durch den Bürgerkrieg in den USA (1861–1865) geriet die britische Textilindustrie über Nacht in völlige Abhängigkeit vom indischen Baumwollanbau. Dieser „cotton boom" führte zunächst zu riesigen Gewinnen in Bombay, die sich in Beteiligungen und hochspekulativen Finanzgeschäften aller Art sowie in einem Bauboom sondergleichen niederschlugen (Phase der „share mania"). Zwischen 1846 und 1864 schnellte die Einwohnerzahl von 566.000 auf 816.000. 1865 brach dieser Boom ebenso rasch wieder zusammen, mit ihm die meisten Banken und Finanzgruppen (sog. „managing agencies"), bis 1872 sank die Bevölkerungszahl auf 644.000 ab. Bleibender Gewinn sind jedoch die in jenen Jahren entstandenen bedeutendsten öffentlichen Bauten in Bombay.

Mit der Eröffnung des Suezkanals setzte ab 1869 eine weniger hektische, dafür kontinuierliche Aufschwungphase ein. Zugleich aber wuchs hinter der glänzenden Fassade der City und hinter den vornehmen Villen der Oberschichten ein Industrieproletariat heran, das in übervölkerten Arbeiterquartieren katastrophale Lebensbedingungen (Cholera, Typhus-, Pockenepidemien) erdulden mußte. Die Bevölkerungszahl fluktuierte gewaltig, so flohen allein im Pestjahr 1896/97 an die 400.000 Menschen aus der Metropole; erst nachher bemühte sich die britische Obrigkeit endlich um neue Baugesetze und hygienische Maßnahmen, gleichzeitig trieben jedoch verheerende Dürren und Hungersnöte Menschen aus dem Landesinneren nach Bombay.

Betrachtet man dieses 19. Jahrhundert als entscheidend für die Ausformung der Metropole, so ist doch klar erkennbar, daß entscheidende Impulse zur Stadtentwicklung immer von außen induziert wurden, eben in kolonialer Abhängigkeit. Dazu zählen etwa der Cotton Boom, die Eröffnung des Suezkanals oder noch davor die Schaffung eines umfassenden Bahnnetzes, welches dem Subkontinent eine völlig neue Dimension der Vernetzung und Mobilität aufdrückte. Es ist auch kein Zufall, daß die erste Bahnlinie überhaupt die Strecke von Bombay V. T. nach Thana war (gebaut 1854). Bombay war Knoten- und Angelpunkt des umfassenden britischen Konzepts, den gesamten Subkontinent aufzubrechen und für britische Interessen verfügbar zu machen.

Das gesamte städtische System des Subkontinents war vor der Kolonialzeit binnenorientiert, die Briten drehten mit dem Ausbau der Hafenstandorte und des Bahnnetzes die Städtehierarchie auf eine Außenorientierung um. Manzor ALAM benennt Britisch-Indien mit seinen vier Haupthäfen, alle bezeichnenderweise erst durch die Briten begründet – Bombay, Kalkutta, Madras und Karachi –, als „Koloß mit den vier Krallen". Bombay war schon in der Kolonialzeit wichtigste Schnittstelle zwischen ausländischen Interessen und ihrer Wahrnehmung und Aneignung durch lokale/nationale Eliten. Mit allen diesen Impulsen war Bombay beim ersten Zensus 1872 bereits zur zweitgrößten Stadt des British Empire aufgestiegen, nur von London übertroffen, und nannte sich stolz „urbs prima in Indis". Um die Jahrhundertwende reichte die Verwaltung der „Bombay Presidency" von Belutschistan bis Mysore State (bis 1875 sogar noch bis in die Golfstaaten und zur Insel Sansibar), und alle diese Gebiete haben ihre Spuren in der kosmopolitischen Bevölkerung der Stadt hinterlassen.

Ab 1890 begann eine Rezessionsphase, bedingt durch das rapide Wachstum der Industrien in Ostasien und die zunehmende inländische Konkurrenz (Ahmedabad, Sholapur, Nagpur). Erst während des Ersten Weltkriegs führte die Rüstungsindustrie mit ihrem Arbeitsplatzangebot zum erstmaligen Überspringen der Millionengrenze der Bewohner, doch zeigte vor allem die Weltwirtschaftskrise 1929 die Strukturschwächen insbesondere der Textilindustrie Bombays erstmals in voller Härte auf; es schlossen ca. ein Drittel aller Fabriken und die Bevölkerungszahl stagnierte bis zum Wiederholen des Rüstungszyklus im Zweiten Weltkrieg. Nach der Unabhängigkeit Indiens 1947 führten die Möglichkeiten wie Bedürfnisse des jungen Staates zu einer stetig steigenden Nachfrage nach Leistungen und Gütern aller Art, damit zu einer raschen Differenzierung des Sekundär- wie Tertiärsektors. Politisch waren diese Jahre von schweren internen Auseinandersetzungen in der Stadt überschattet, die 1960 in der Trennung der heutigen Bundesstaaten Maharashtra und Gujarat gipfelten, wobei Bombay ersterem zugesprochen wurde.

2.2.3 Phasen der Siedlungsentwicklung

Auf der ehemaligen Insel Mahim im Norden der heutigen Insel Bombay errichteten die Portugiesen ihren Stützpunkt. Doch die Dominanz ihrer Flotte, die Versorgung von See her (und nicht vom feindlichen Hinterland) führte zu einer Verlagerung vom Nordwesten zum landferneren Südosten des Archipels. Der Standort dieses Kastells wurde von den Engländern übernommen, zum halbkreisförmigen „Fort" ausgebaut und damit bis zum heutigen Tag die exzentrische Lage der „City", des Central Business District, im festlandsfernsten Bereich der Agglomeration Bombay fixiert! Obwohl es nicht an Ideen, Absichtserklärungen und Projekten gefehlt hat, diesen Anachronismus zu beenden, blieben die beharrenden Kräfte – vor allem der Politik – bisher immer stärker als rationale Erwägungen oder Entscheidungen! (Zur Lage des Forts und späteren Entwicklungsphasen siehe Abbildung 3).

Abbildung 3: Siedlungsentwicklung der Insel Bombay

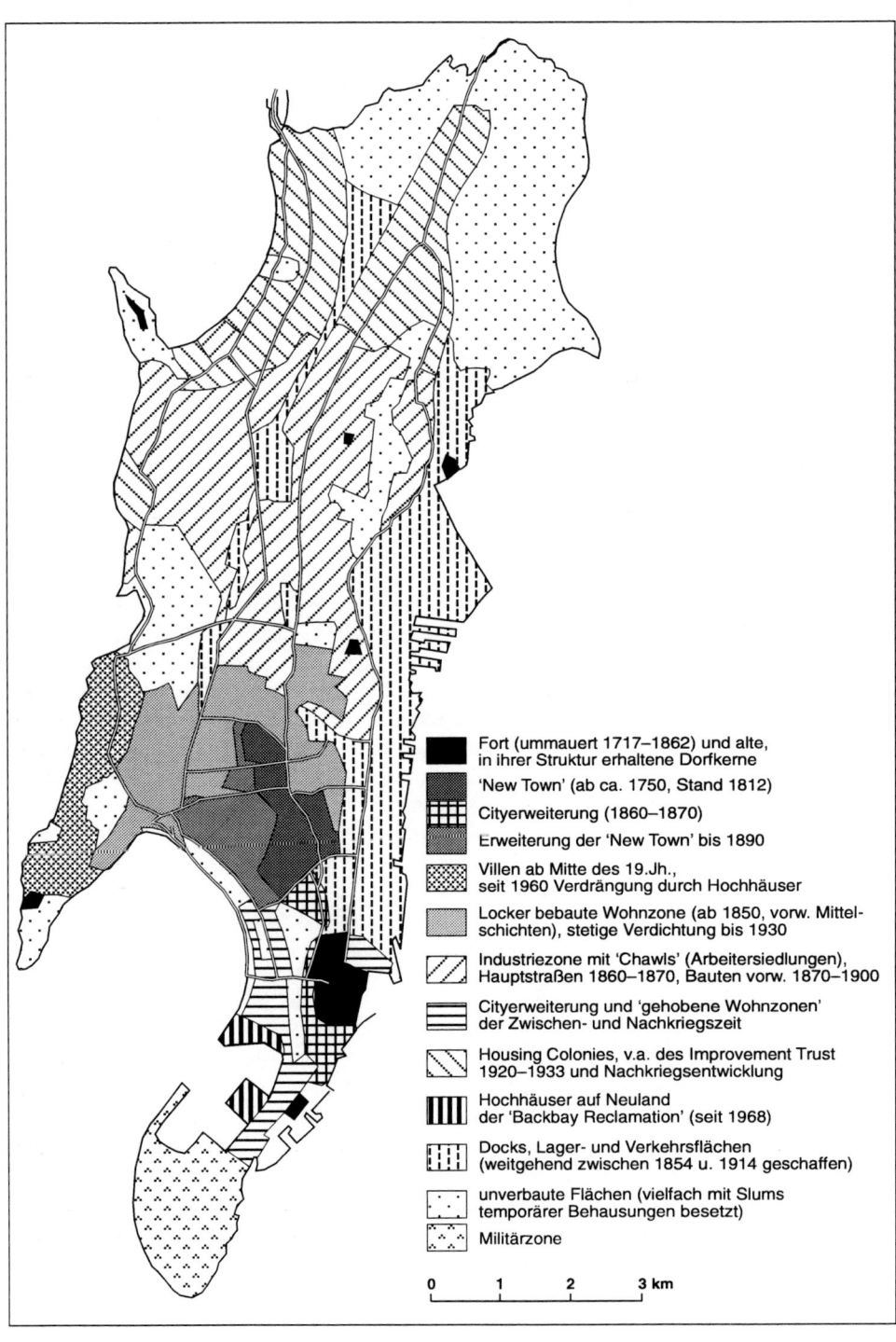

■	Fort (ummauert 1717–1862) und alte, in ihrer Struktur erhaltene Dorfkerne
▓	'New Town' (ab ca. 1750, Stand 1812)
▦	Cityerweiterung (1860–1870)
▒	Erweiterung der 'New Town' bis 1890
▨	Villen ab Mitte des 19.Jh., seit 1960 Verdrängung durch Hochhäuser
░	Locker bebaute Wohnzone (ab 1850, vorw. Mittelschichten), stetige Verdichtung bis 1930
╱	Industriezone mit 'Chawls' (Arbeitersiedlungen), Hauptstraßen 1860–1870, Bauten vorw. 1870–1900
≡	Cityerweiterung und 'gehobene Wohnzonen' der Zwischen- und Nachkriegszeit
╲	Housing Colonies, v.a. des Improvement Trust 1920–1933 und Nachkriegsentwicklung
▮	Hochhäuser auf Neuland der 'Backbay Reclamation' (seit 1968)
▦	Docks, Lager- und Verkehrsflächen (weitgehend zwischen 1854 u. 1914 geschaffen)
⋯	unverbaute Flächen (vielfach mit Slums temporärer Behausungen besetzt)
⋰	Militärzone

Quelle: NISSEL 1977, S. 14. Erstellt unter Verwendung von Karten von Captain DICKINSON (1812), James DOUGLAS (1890), Imperial Gazetteer 1901 und 1930. Entwurf: H. NISSEL.

Im Jahr 1717 wurde das Fort mit einer festen Stadtmauer ummantelt. Um 1750 konnte der Nordteil des Forts, der die indigene Bevölkerung beherbergte (während der Südteil jenseits der Churchgate Street, heute Veer Nariman Road, den Briten, Juden und Parsen vorbehalten blieb), die ständig wachsende Einwohnerschaft nicht mehr aufnehmen, jedoch verhinderte ein Militärdekret die Fortsetzung der städtischen Verbauung unmittelbar an der Außenmauer – diese später mehrfach erweiterte Freifläche, die sog. „Esplanade", diente als Abwehrgürtel (Schußradius der Kanonen des Fort). 1775 hatte das Stadtareal eine Nord-Süd-Ausdehnung von 1,5 Kilometern und eine Breite von 500 Metern bei etwa 100.000 Bewohnern. Am 17. Feber 1803 zerstörte ein Großbrand nahezu 40 Prozent der umwallten Stadt. Beim Wiederaufbau setzte sich Eigennutz der Hausbesitzer und Kaufleute weitgehend gegen geänderte Bebauungspläne durch. Dafür entstanden nördlich der Esplanade neue Viertel, „New Town" oder „Native Town" genannt, in denen ärmere Bevölkerungsgruppen der „Eingeborenen" untergebracht wurden: im hafenseitig gelegenen Teil „Mandvi" Moslems, die ja traditionell der Seefahrt verbunden blieben, westlich davon zunächst niedrigkastige Hindus. Die „New Town" umschloß zuerst den östlichen und zentralen Teil der heutigen „Bazarzone", ab 1840 breitete sie sich etwas langsamer, jedoch stetig nach Westen und Norden aus. Das zähe Festhalten der Grundeigner am Bodenbesitz verzögerte vor allem im Westen die Verstädterung der Liegenschaften bis zur Backbay beträchtlich.

Zwischen 1850 und 1865 führten die Auswirkungen des „cotton boom" wie der „share mania" zu einer hektischen Bautätigkeit, die bis zur Gegenwart die Physiognomie der City und das Grundnetz des Verkehrs bestimmt. Die 1854 und 1864 eröffneten Bahnlinien der heutigen Central- und der Western Railway beginnen am Rand der „Fort-Area", umschließen die Bazarzone und durchlaufen in zentraler Achsenlage die gesamte Insel; ihre Stationen stellen auch hier schon, wie später dann auf der Insel Salsette, die Kerne der weiteren Stadtentwicklung dar. Etwa ab 1860 erfolgte in vorausschauender Weise die planmäßige Anlage des Straßennetzes im tiefgelegenen Kern der Insel, erst im Anschluß daran die Errichtung der ersten Textilfabriken. Gleichzeitig verlagerten die Wohlhabenden ihre Domizile auf die Hügel an der Westküste, während ihre Stadthäuser rein kommerzielle Funktionen übernahmen. Der 1873 konstituierte „Port Trust" löste private Hafengesellschaften ab, erwarb in der Folgezeit den Großteil der Flächen an der Ostküste und entfaltete zusätzlich eine bedeutende Neulandgewinnung im Zusammenhang mit dem Aushub neuer Docks. Zwischen 1860 und 1890 füllte sich der Kern der Insel mit den rauchenden Schloten der Textilfabriken und den zugehörigen Massenquartieren der Arbeiter, und zwar von der „New Town" ausgehend gegen Norden in zunächst lockerer Verbauung, jedoch mit in der letzten Dekade rasch zunehmender Verdichtung.

Im Gefolge der Epidemien 1896/97 formierte die Regierung nach dem Vorbild Glasgows den „Improvement Trust". Diese mit großen Vollmachten ausgestattete Organisation veränderte besonders in den zwanziger Jahren die städtische Physiognomie beträchtlich. Sie veranlaßte die Demolierung ganzer Stadtviertel, Durchbrüche breiter Straßenzüge in dichtverbauten Gebieten, den Bau von Arbeitersiedlungen, und als wichtigste Leistung den Bau von Mittelklasseviertln nördlich des Industriegürtels (Matunga, Sion, Dadar) nach heute noch vorbildlichen Gestaltungsprinzipien der „Garden City". Die Weltwirtschaftskrise beendete dann – mit Ausnahme des „Shivaji Park"-Viertels in Mahim (1933) – nahezu jede Bautätigkeit bis zum Zweiten Weltkrieg.

Nach 1945 lassen sich für Bombay Island vier große Trends ausmachen: Sowohl in den Citylagen wie in den Wohnzonen der Oberschichten erzwangen die Bodenpreise die Umorientierung auf vertikale Expansion und die Schaffung einer neuen Skyline von Wolkenkratzern: dies betrifft die Cityerweiterung von Nariman Point in den siebziger Jahren, exklusive Wohnzonen von Colaba, Malabar und Cumballa Hills und Worli sowie in den achtziger Jahren ein Ausgreifen auf die westlichen Vororte auf Salsette (Bandra, Vile Parle und Andheri-Juhu). Zweitens errichteten große Baukooperativen (Maharashtra Housing Board, Municipal Corporation, Port Trust) „Housing Colonies", monoton wirkende Mietskasernen, vor allem im Norden der Insel und in Chembur-Trombay sowie Sion auf der Ostseite, welche an die Qualität der Stadtteile des Improvement Trust in keiner Weise mehr herankommen. Drittens degradierten die Bezirke der Bazarzone sowie die Altstadt (Fort Nord) kontinuierlich und weitgehend zu innerstädtischen Slums. Die mit Abstand auffälligste Entwicklung bildete jedoch die Schaffung hunderter und später tausender Slums aus zunächst noch provisorischen, dann permanenten Hüttensiedlungen in allen Teilen der Stadt, besonders jedoch in Worli, Dharavi und Hafennähe, weil Geburtenraten und Zuzüge in keinster Weise von der Wohnraumschaffung aufgefangen werden können.

Ähnliche Muster der Siedlungsentwicklung wiederholen sich in den achtziger und neunziger Jahren in den Western und Eastern Suburbs, wobei sich die sozialräumliche West/Ost-Polarisierung der Insel Bombay (hoher/niedriger Status) in den Vororten fortsetzt und die Baustrukturen mit 10- bis 15jähriger Verzögerung kopiert werden. Zugleich greift die städtische Bebauung auch bereits über die Grenzen von Greater Bombay hinaus vor allem auf Bereiche rund um den Thana Creek.

2.3 Strukturen und Funktionen

Zwischen städtischen Strukturen und Funktionen bestehen komplexe Interaktionen. Faktoren wie Raumanspruch, Erreichbarkeit, Prestige, Persistenzen usw. bestimmen sie. Es gibt Funktionen, die am gleichen Ort in Symbiose existieren (müssen) (City) oder einander ausschließen (Wohnviertel der Eliten – Schwerindustriezonen), manche sind an natürliche Raummuster gebunden (der Hafen an der Küste) oder völlig flexibel (ambulante Sozial- und Bildungseinrichtungen). Städtische Strukturen stellen riesige Investitionen dar und zeigen vor allem deshalb große Beharrungstendenzen, während der Funktionswandel in ihnen durchaus schnell erfolgen kann (etwa die Umwidmung von Wohn- zu Büroraum). Ein Versuch, die urbane Vielfalt Bombays in einem möglichst einfachen Strukturmuster abzubilden, führt zu folgendem Schema der großräumigen Zonierung:

Die Lage der Altstadt und heutigen City („Fort Area") an der Südspitze der Insel ist das Ergebnis früherer europäischer Kolonialpolitik, wie bereits dargelegt. Die nachfolgende städtische Expansion setzte sich in konzentrischen Ringen fort, wegen der besonderen Lagebedingungen der Insel besonders nach Norden. Mit der Anlage der „New Town" zu Beginn des 19. Jahrhunderts bildete sich die Bazarzone aus, der bedeutendste Träger der Groß- und Einzelhandelsfunktionen. Daraus ergibt sich eine recht scharfe Dichotomisierung zwischen dem Fort, dem CBD mit seiner Konzentration von Banken, Versicherungen, Behörden etc., also der westlichen (ehemals britischen) City, und der Bazarzone oder indischen (Handels-)City. Diese Aufsplittung des Tertiärsektors auf eine Dualstruktur von City und Bazarzone würde den Ansätzen der Mehrkerntheorie entsprechen. Trotz ihrer deutlich exzentrischen Lage besitzt die City die beste Erreichbarkeit im Verkehrssystem, selbst unter Einbeziehung von Salsette und Trombay. Jedoch führt die Divergenz von „natürlichem Zentrum" (Inselmittelpunkt) und „Erreichbarkeitszentrum" zu gravierenden Problemen der infrastrukturellen Versorgung. Die interne Gliederung der Bazarzone orientiert sich nur partiell nach wirtschaftlichen Erfordernissen, wichtiger scheinen die sozio–

Abbildung 4: Strukturschema von Bombay

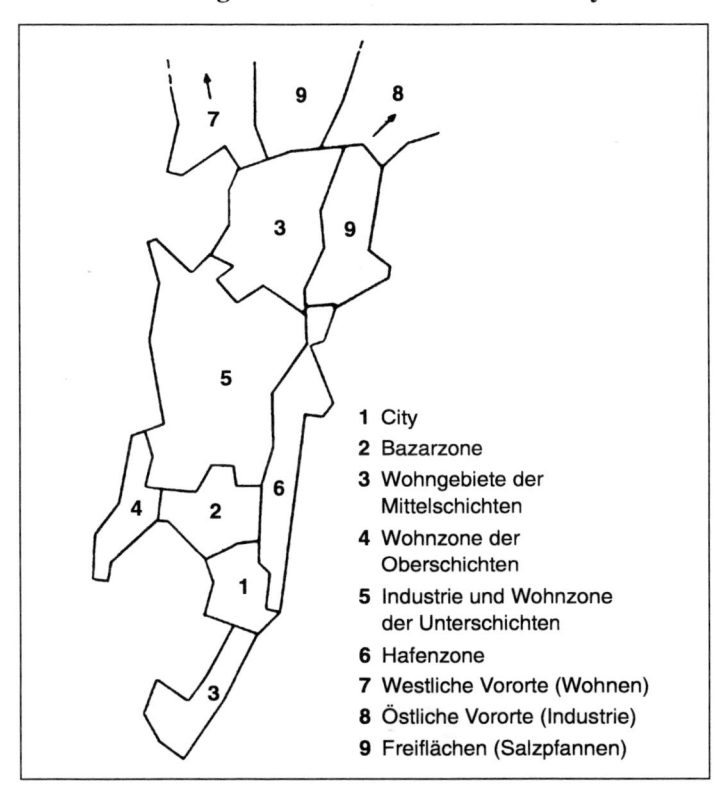

1 City
2 Bazarzone
3 Wohngebiete der Mittelschichten
4 Wohnzone der Oberschichten
5 Industrie und Wohnzone der Unterschichten
6 Hafenzone
7 Westliche Vororte (Wohnen)
8 Östliche Vororte (Industrie)
9 Freiflächen (Salzpfannen)

Quelle: NISSEL 1977, S. 24.

kulturellen Normen und Verhaltensmuster. Segregation nach Sprachen, Religionen, Kasten ist auch dort vorhanden, wo sie wirtschaftlich sinnlos erscheint.

Die Wohnzonen der Eliten wechselten mehrfach die Standorte, heute befinden sie sich auf den Hügeln im Westen der Insel, so weit als möglich von Bazarzone, Hafen und Industriearealen abgehoben – nicht zuletzt auch als einzige Zonen in Bombay eine Resultante des Individualverkehrs. Die Industriezone im Inselkern entspricht sowohl den räumlichen Möglichkeiten wie der historischen Abfolge. Die enge Verzahnung der Fabriken mit den Mietskasernen („chawls") der Industriearbeiter in Gehdistanz weist auf die zumeist schon mehr als hundertjährige Tradition der Errichtung dieser Bauten hin, aber auch auf das niedrige Einkommensniveau der ansässigen Arbeiter. Nördlich des „gründerzeitlichen" Industriegürtels liegen Wohnzonen der Mittelschichten, von denen aus die Berufstätigen – qualifizierte Gruppen von „white collar workers", die sich schon vor 50 und mehr Jahren die Distanzüberwindung zur City mittels öffentlicher Verkehrsmittel leisten konnten – meist in die City einpendeln. Auch das südlich an die City angrenzende Colaba ist als eine solche Mittelschichtzone anzusprechen.

Der Hafen hielt an seinem ursprünglichen Standort an der Ostseite der Insel fest und erweiterte sich allmählich stetig nach Norden. Da der Individualverkehr bis heute vergleichsweise nur schwach entwickelt ist, sind vor allem die Bahnlinien, in schwächerem Ausmaß die Hauptstraßen mit ihrem innerstädtischen Bussystem, die Träger der Raumverteilung.

Die Entwicklung der Vororte läßt sich klar in einem Sektorenmodell einpassen. Die Stationen der S-Bahnlinien dienen als Kerne der gesamten städtischen Expansion, wobei Bevölkerungsdichten, Bodenpreise etc. graduell mit der Entfernung von der City abnehmen. Während die Suburbs bis in die achtziger Jahre nur die Schlafstädte der Mittelschichten und die Fabrikindustrien und Wohnquartiere der Arbeiter trugen, ergibt sich seitdem eine Tertiärisierung und Kommerzialisierung rund um solche wichtigen S-Bahnstationen: Bandra, Kurla, Andheri. Zwischen den beiden Erstgenannten entsteht derzeit die zweite City von Bombay. Doch schon seit ca. 1970 wurden Cityfunktionen ausgelagert: Teile des Industriemanagements nach Worli, die Universität zum Campus Kalina in Flughafennähe, und immer mehr verdrängen hochrangige tertiäre Einrichtungen (Konsulate, indische wie ausländische Finanzierungs- und Handelsgesellschaften, Ärzte und Rechtsanwälte) selbst in Toplagen der Oberschichtwohnzonen die dort Wohnhaften. Trotz enormer Raumnot und größtem Bevölkerungsdruck unterliegt noch immer rund ein Fünftel der Insel Bombay, vor allem Gebiete im Nordosten, keiner städtischen Nutzung (Freiflächen, Marschland). Eine Skizze soll noch einmal das Strukturschema von Bombay verdeutlichen (Abbildung 4).

Die beiden Stadtstrukturelemente, in denen tertiärwirtschaftliche Interessen Strukturen und Funktionen besonders prägen, seien an dieser Stelle genauer analysiert – City und Bazarzone.

2.3.1 Die City von Bombay – Formierung und aktuelle Trends

Der Kern der City, die Altstadt oder die „Fort Area", hebt sich zunächst schon physiognomisch scharf von der Umgebung ab (vgl. Abbildung 5). Ursprünglich multifunktional, erfuhr dieser Raum seit etwa 1850 eine allmähliche Transformation zur Dominanz tertiärer Funktionen hin, zur Ausbildung eines Central Business District. Im Kern der Altstadt, um die Mehta Road und den Horniman Circle, mußten die Altbauten bereits vor Jahrzehnten weichen. Hier konzentrieren sich neben dem Hauptsitz der Staatsbank dutzende indische und ausländische Bankenzentralen sowie die großen Versicherungsträger in repräsentativen Bauten. Diese Zone kann als „Inner Core" der City definiert werden, um die sich andere Funktionen des Handels, der Verwaltung und Kultur gruppieren.

Im Südteil der Altstadt (jenseits der Churchgate/Nariman Road) blieben zwar die engen Gässchen und oft über 200 Jahre alten Bauten bis jetzt bestehen, doch verdrängten kommerzielle Aktivitäten die Wohnfunktion weitgehend. Hier gibt es eine Unzahl von (freiberuflichen) Dienstleistern und Cityindustrien (bezeichnend etwa Papierwarengeschäfte und kleine Druckereien), die die Masse der in die City drängenden Tagespendler versorgen. Eingänge der Altbauten sind – wenngleich in den letzten Jahren abnehmend – noch immer mit Firmenschildern von Briefkastenfirmen übersät, da der Briefkopf „Bombay – Fort Area" im Geschäftsleben nach wie vor besonders prestigeträchtig ist. Der Nordteil des Fort-Bezirkes hat bis heute seinen Wohncharakter erhalten.

In Bombay existiert keine „transition zone" im Sinne von BURGESS rund um die City, sondern die bauliche und soziale Degradierung findet im Citybereich selbst statt, wobei hochrangige Funktionen historisch jüngerer und in ihrer Expansion dynamischerer Zonen, die um diesen harten Kern der City angesiedelt sind, in diesen eindringen und die Altstadt zu transformieren beginnen. Etwa ein Drittel der Häuser ist abbruchreif oder sogar zum Abbruch freigegeben, und bisweilen wird der Stadtentwicklung mit „warmer Sanierung" (Brandstiftung) nachgeholfen (Beispiel Handloom House).

Abbildung 5: Die City von Bombay

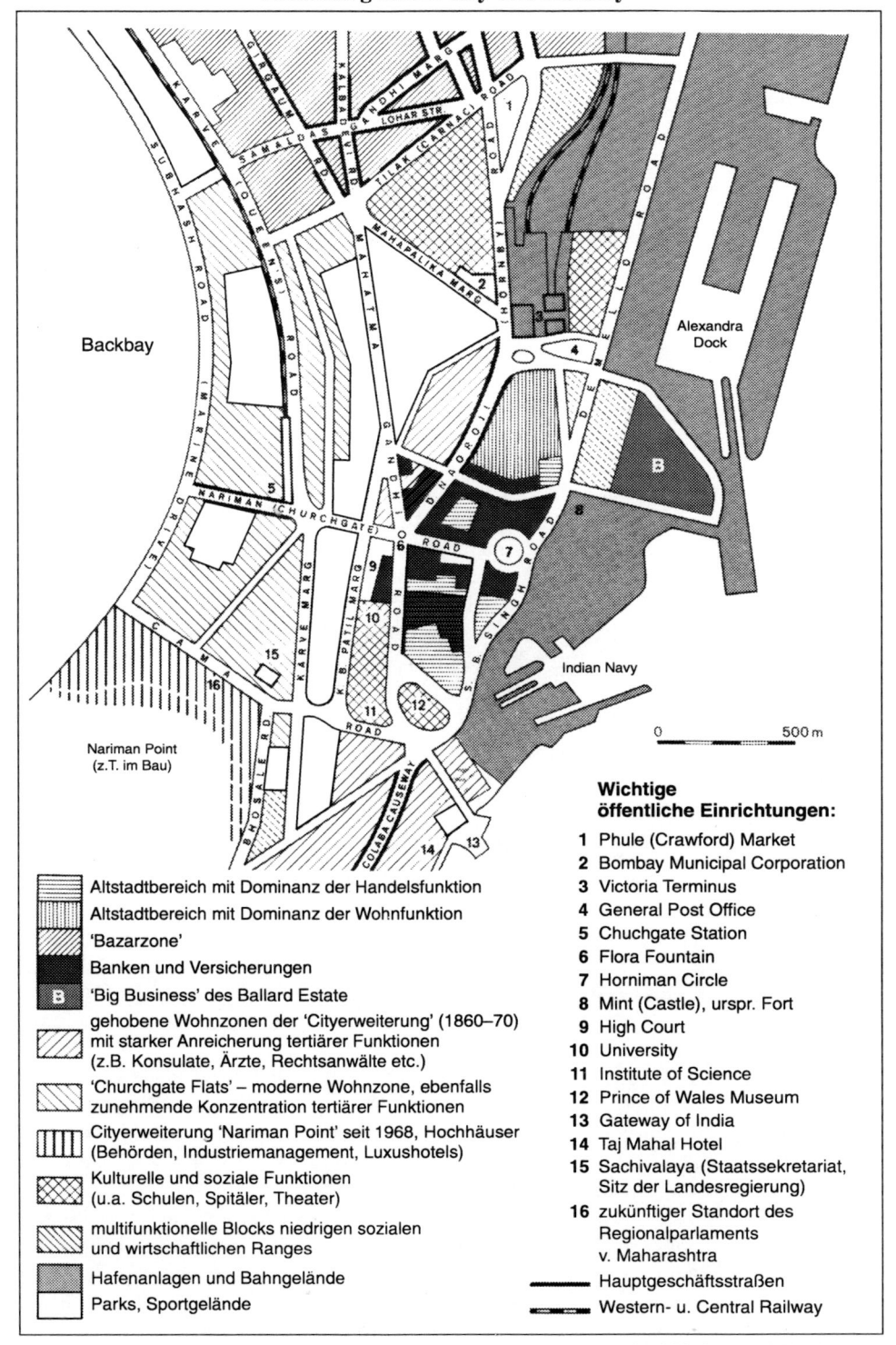

Backbay

Alexandra Dock

Nariman Point (z.T. im Bau)

Indian Navy

0   500 m

Altstadtbereich mit Dominanz der Handelsfunktion
Altstadtbereich mit Dominanz der Wohnfunktion
'Bazarzone'
Banken und Versicherungen
'Big Business' des Ballard Estate
gehobene Wohnzonen der 'Cityerweiterung' (1860–70) mit starker Anreicherung tertiärer Funktionen (z.B. Konsulate, Ärzte, Rechtsanwälte etc.)
'Churchgate Flats' – moderne Wohnzone, ebenfalls zunehmende Konzentration tertiärer Funktionen
Cityerweiterung 'Nariman Point' seit 1968, Hochhäuser (Behörden, Industriemanagement, Luxushotels)
Kulturelle und soziale Funktionen (u.a. Schulen, Spitäler, Theater)
multifunktionelle Blocks niedrigen sozialen und wirtschaftlichen Ranges
Hafenanlagen und Bahngelände
Parks, Sportgelände

Wichtige öffentliche Einrichtungen:

1 Phule (Crawford) Market
2 Bombay Municipal Corporation
3 Victoria Terminus
4 General Post Office
5 Chuchgate Station
6 Flora Fountain
7 Horniman Circle
8 Mint (Castle), urspr. Fort
9 High Court
10 University
11 Institute of Science
12 Prince of Wales Museum
13 Gateway of India
14 Taj Mahal Hotel
15 Sachivalaya (Staatssekretariat, Sitz der Landesregierung)
16 zukünftiger Standort des Regionalparlaments v. Maharashtra

Hauptgeschäftsstraßen
Western- u. Central Railway

Quelle: NISSEL 1977, S. 25. Kartengrundlage: Topographische Karte 1:25.000. Entwurf: H. NISSEL.

Östlich der Altstadt nimmt der Marinehafen den Platz des ursprünglich ältesten Teiles von Bombay ein, in welchem sich auch das alte Fort (Kastell) befindet. Um die Altstadt entstanden auf Gründen der sie umgebenden Grünzone „Esplanade" zwischen 1850 und 1870 jene öffentlichen Großbauten, die noch heute das äußere Erscheinungsbild der City prägen. Der Abbruch der Stadtmauer erfolgte 1862, danach feierte der Historismus, besonders der neugotisch-venezianische und der indo-sarazenische Stil wahre Triumphe: Victoria Terminus, Rathaus, Town Hall (Stadtbibliothek), Telegraphenamt, Bombay Club, Höchstgericht, Universität und Prince of Wales Museum. Nach 1870 versuchte man zunehmend, indische Stilelemente zu integrieren, zum Beispiel die Hauptpost mit einer Kuppel im „Bijapurstil", im Taj Mahal Hotel und im Gateway of India. Die Bautätigkeit innerhalb der Esplanade läßt sich durchaus mit der „Inszenierung" der Wiener Prachtbauten der gründerzeitlichen Ringstraßenarchitektur vergleichen.

Die „Big Business Area" des Ballard Estate ist eine von der Hafenbehörde aufgeschüttete, gut geplante repräsentative kommerzielle Zone, die sich wohltuend von den extremen Fehlplanungen am Nariman Point abhebt, mit Schiffsagenturen, Import/Exportfirmen, Managementzentralen multinationaler Konzerne und bedeutender indischer Firmen. Auf der Westseite der früheren Prachtstraße Bombays, der D. Naoroji (früher Hornby) Road, stehen desgleichen prachtvolle vierstöckige kolonialzeitliche Ensembles, die Großhandel, Banken, Privatschulen beherbergen. Die Verbindung zwischen dem Fort und der Bazarzone stellt ein Dreieck her, in dem sich das Rathaus von Bombay, die Times of India und der berühmteste Markt der Stadt (M. Phule, ehemals Crawford Market) sowie andere Nichtwohnfunktionen befinden, die jedoch keinen kommerziellen, sondern kulturellen und sozialen Funktionen dienen. Die Naoroji Road verbindet den Hauptbahnhof V.T. mit dem „Piccadilly Circus" von Bombay, nämlich „Flora Fountain" (neu: Hutatma Chowk). Quer dazu laufen die beiden anderen wichtigen Geschäftsstraßen der City, Mehta Road und Veer Nariman Road. Sie alle tragen typische Citygeschäfte mit Schaufenstern, fester Preisauszeichnung und Klimaanlagen.

Jenseits des Grüngürtels gegen Westen hin erfolgte die Cityerweiterung seit dem Ersten Weltkrieg gegen die Backbay, die sogenannte „Churchgate Reclamation" mit dem gleichnamigen Kopfbahnhof der Western Railway. Hier, am Marine Drive und dahinter, befinden sich große Wohnblocks mit Appartments für die „upper middle class" aller Sprach- und Religionsgruppen („Churchgate Flats"), wobei hier, m.E. erstmals in der Metropole, Menschen unterschiedlichster Herkunft in denselben Wohnbauten leben – das einzige, das hier zählt, ist Geld; ein Prinzip, welches sich später in allen übrigen Wohnzonen der Eliten wiederholen sollte. Clubs, Restaurants, Büros der Fluggesellschaften ergänzen Cityfunktionen.

Die auffallendste Transformation des städtischen Raumes in Bombay erfuhr eine westlich an die Esplanade anschließende Zone der „Backbay Reclamation", genannt „Nariman Point". Es ist heute kaum noch vorstellbar, daß die ursprüngliche Planung der sechziger Jahre davon ausging, auf diesem teuersten Stück Land Indiens Wohnblocks für „low and middle income housing" zu errichten. Was dann ab 1968 hier und am weiter südlich gelegenen Abschnitt der Landgewinnung, in „Cuff Parade", tatsächlich passierte, ist eine in Indien beispiellose Saga der Bau- und Immobilienspekulation. Der erste städtebauliche Kardinalfehler lag in der Fehlentscheidung der Landesregierung von Maharashtra, nicht auf dem indischen Festland, in New Bombay, einen entscheidenden Entwicklungsimpuls zu setzen, sondern das Regionalparlament des Bundesstaates hier am Nariman Point zu errichten. Dies hatte das Nachziehen weiterer politischer Einrichtungen zur Folge.

In räumlich extrem gedrängter Form wurden dann in den siebziger Jahren architektonisch erschreckend schlechte Hochhäuser errichtet, die wichtige Cityfunktionen aufnahmen: die Zentralen von Air India und Indian Airlines, von Zeitungsverlagen (Express) und Managementleitstellen der Konzerne (z.b. Mafatlal), Büros internationaler Fluglinien als übliche Trendsetter, Konsulate, Brokerhäuser, Investitions- und Finanzgruppen, Luxushotels, staatliche Planungsstellen usw. Eine besondere Ironie liegt darin, daß die Planungsbehörde für die Schaffung von New Bombay jenseits des Thana Creek, die „City and Industrial Development Corporation" (CIDCO), ihr Hauptbüro jahrzehntelang nicht von hier nach New Bombay verlagerte. Mitte 1995 kletterten die Quadratmeterpreise für Wohnungseigentum bis auf über 10.000 US-Dollar und die Appartmentmieten bis über 12.000 US-Dollar pro Monat, womit Bombay Tokio und Manhattan kurzfristig überflügelte!

Die Schäbigkeit des äußeren Erscheinungsbildes dieser Hochhäuser, die nach drei Monsunen bereits so aussehen, als ob sie 300 Jahre alt wären, korrespondiert keineswegs mit den geforderten Summen. Einziger Lichtblick bleibt das sich langsam formierende „National Centre of the Performing Arts" mit dem „TATA Theatre", womit sich die Metropole des Mammon, spät, aber doch mit einem künstlerischen Kristallisationspunkt schmückt. Noch immer ist dieser neue CBD nur mit Bussen mehr schlecht als recht an das öffentliche Netz angebunden, obwohl an die 120.000 Arbeitsplätze vorhanden sind (Auskunft der Municipal Corporation 1998).

Südlich der „Fort Area" liegt der Stadtteil Colaba, dessen nächstgelegene Bereiche durchaus noch Citycharakter aufweisen. Die Hauptachse Colaba Causeway dürfte heute die dynamischeste Geschäftsstraße in Bombay sein, die von einer großen Anzahl Hotels aller Kategorien, Touristenläden, Luxusrestaurants, Antiquitätenläden etc. flankiert wird. Neben der Konzentration ausländischer Touristen finden sich hier starke Kontingente von Parsen und Katholiken, deren Einrichtungen (Katholische Kathedrale in der Woodhouse Road, Cusrow Baug, Privatschulen) ebenfalls prägende Kraft im urbanen Raum ausstrahlen.

In der City, in Colaba, Malabar und Cumballa Hills kam es insbesondere in den achtziger Jahren zur massiven Vernichtung alter, oft wertvoller Bausubstanz (Zerstörung der Bungalows und Parzellierung der Gärten und Parks für den Bau von Appartmenthochhäusern), in den ärmeren Wohnbereichen der Fort Area zu Prozessen der „Gentrification" (Verdrängung altansässiger Wohnbevölkerung). Da, wo noch Wohnbevölkerung vorhanden ist (Verluste um über 50 Prozent zwischen 1971 und 1991), besitzt sie eine selbst für Bombay völlig untypische Zusammensetzung. Kommen doch die Marathi-Sprechenden nur auf 20 bis 25 Prozent, und das in ihrer eigenen Landeshauptstadt! Genug Zündstoff für politische, soziale und ökonomische Spannungen. Noch komplexer muß ja die Zusammensetzung der Arbeitsbevölkerung in der City und ihren Randlagen sein.

Die geballte Kaufkraft der Wohlhabenden, der Touristen (immer noch auch aus den Golfstaaten) und der vielleicht 25.000 wohnhaften Ausländer, viele von ihnen in leitenden Funktionen, schafft immer neue Anreize zur Cityausweitung sowie zur vertikalen Intensivierung der Nutzung. Die „New Economic Policy" und die Wirkungen der Globalisierung in den neunziger Jahren haben die Nachfrage nach Hotel-, Büro- und Wohnraum in Citylage rapid anschwellen lassen, dies ist der Hauptgrund für das völlig aus den Fugen geratene Preis-/Leistungsverhältnis. Diese jüngste Entwicklung sowie die extreme Lage der City an der landfernsten Südspitze der Insel Bombay belasten die überaus unzulängliche Infrastruktur noch zusätzlich. Heute scheint endgültig die Chance vertan, durch Verlagerung von City-Einrichtungen die negativen Auswirkungen der letztendlich unökonomischen Raumgliederung Bombays langfristig zu überwinden. Politische Beharrungskräfte und wirtschaftliche Profitgier, miteinander untrennbar verbunden durch niemals endende Korruptionsaffären, sind und bleiben stärker.

2.3.2 Strukturelemente und funktionaler Mix in der Bazarzone

Die Bazarzone wird im Süden von der Esplanade physiognomisch scharf abgegrenzt durch die Tilak Marg (vormals Carnac Road). Auch im Westen und Osten ist eine eindeutige Begrenzung durch die Bahnkörper der Western und Central Railways gegeben. Nur gegen Norden hin verfließen die Strukturen, doch sehe ich die Limits funktionell und sozialräumlich entlang der West-Ost-Achse Charni Road und Maulana Shaukat Ali Road (vormals Grant Road), jedoch zusätzlich die Bezirke Kamatipura und 2nd Nagpada nördlich dieser Linie. Schon von der Struktur her hebt sich die Bazarzone deutlich von allen übrigen Bereichen der Insel ab. Nach dem großen Brand in der Altstadt (1803) gelang es auch bei der baulichen Entwicklung der „New Town" oder „Native Town" wieder nicht, „vernünftige" (d.h. westliche oder britische) Bauvorschriften durchzusetzen. Zunächst erhielt Mandvi, ein hafenseitig gelegener kahler Hügel, noch einen planmäßigeren Grundriß als später verbaute Flächen. Die zukünftigen Bezirke Girgaum, Thakurdwar, Fanaswadi etc. befanden sich in den Händen von Großgrundbesitzern – „Fazindars" –, die Land an Großfamilien oder Clans verpachteten. Dies führte zur Ausbildung der bis heute charakteristischen sogenannten „Wadis".

Ein „Wadi" enthält eine Anzahl von recht planlos in den Raum gestellten Häusern (haufendorfartig), die um einen zentralen Platz gruppiert sind. Meist führt nur eine schmale, gewundene Gasse nach außen, welche älteren Flureinteilungen folgt. Beispiele für gut erhaltene Wadis: Kandewadi im Bezirk Girgaum, Cavel in Dhobi Talao, Vithalwadi in Market. (Zur räumlichen Orientierung der Großbezirke – Wards – und der Bezirke – Sektionen – der Insel Bombay siehe Abbildung 6). Auf solche Weise entstand in weiten Bereichen der New Town – mehr als 100 Jahre *nach* der planmäßigen Anlage von Fort South – ein „orientalisches" Sackgassenschema, wie wir es sonst nur von islamisch geprägten Städten kennen!

Bazarstraßen und Märkte sind klarerweise das beherrschende Element dieser Zone, im äußeren Erscheinungsbild dominiert die Handelsfunktion. Für die siebziger Jahre errechnete ich einmal, daß in Bombay ein Einzelhändler auf zwanzig Personen aller Altersstufen kommt, und unter Einschluß der Großhändler ein „Aktiver" einen „Einzugsbereich" von 14 Personen oder drei Familien umfaßt – ein deutlicher Hinweis auf den zumindest teilweise parasitären Charakter dieses Wirtschaftssektors, sowie auf „versteckte Arbeitslosigkeit". Ein Sechstel aller Berufstätigen arbeitet im Einzelhandel, davon jeder zweite oder dritte in der Bazarzone.

In dieser spielen jedoch auch andere urbane Funktionen eine Rolle: Dienstleistungen aller Art, die Wohnfunktion, Gewerbe und Hinterhofindustrie. Typisch ist eben gerade der intensive Funktionsmix auf engstem Raum. Generell sind im Wirtschaftsleben die Übergänge fließend, was eine genaue Charakterisierung oder Klassifikation nach westlichem Muster oft obsolet macht. Groß- und Einzelhandel, Kauf und Verkauf, Gewerbe und Kleinindustrie, Dienste, alles befindet sich oft unter einem Dach, in den Händen einer Großfamilie, wobei unter den Mitgliedern häufig die Funktionen aufgeteilt sind.

Abbildung 6: Die Verwaltungsgliederung der Insel Bombay nach Wards und Sektionen

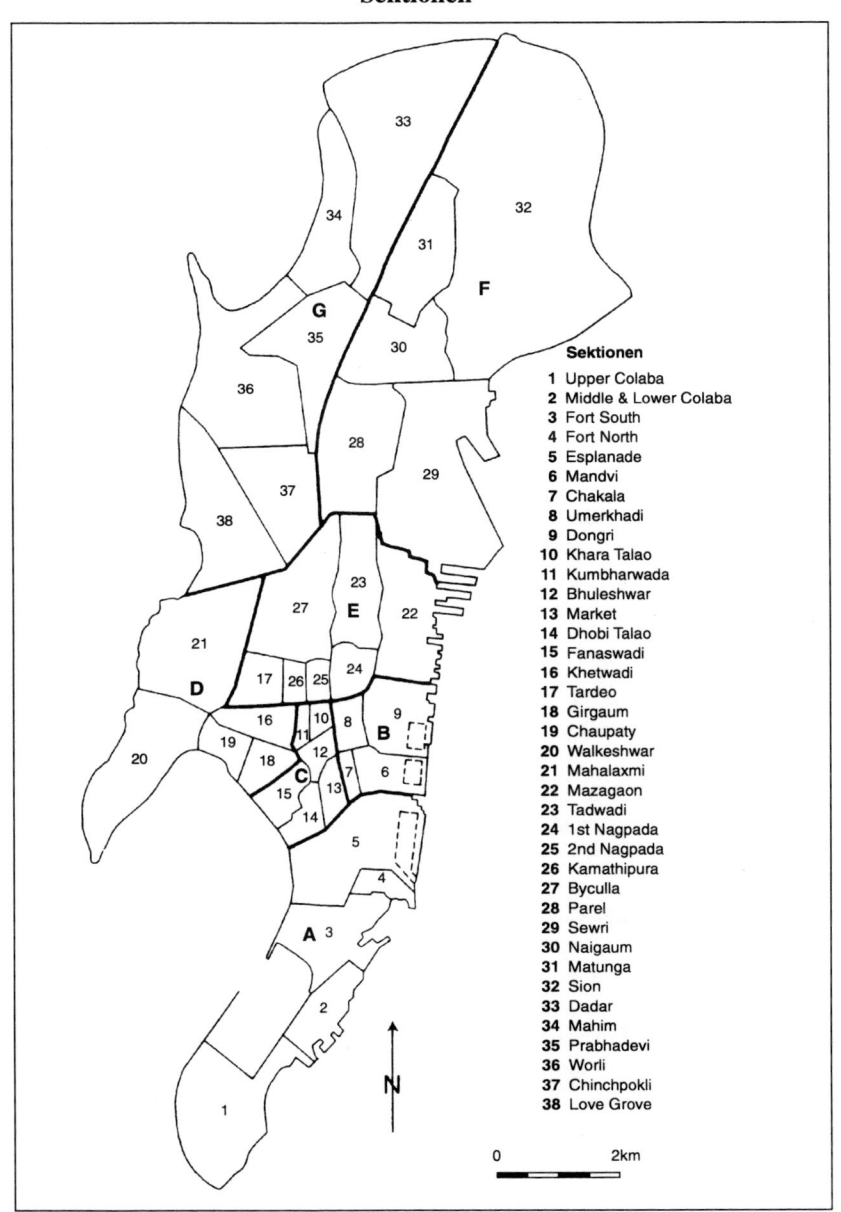

Sektionen
1 Upper Colaba
2 Middle & Lower Colaba
3 Fort South
4 Fort North
5 Esplanade
6 Mandvi
7 Chakala
8 Umerkhadi
9 Dongri
10 Khara Talao
11 Kumbharwada
12 Bhuleshwar
13 Market
14 Dhobi Talao
15 Fanaswadi
16 Khetwadi
17 Tardeo
18 Girgaum
19 Chaupaty
20 Walkeshwar
21 Mahalaxmi
22 Mazagaon
23 Tadwadi
24 1st Nagpada
25 2nd Nagpada
26 Kamathipura
27 Byculla
28 Parel
29 Sewri
30 Naigaum
31 Matunga
32 Sion
33 Dadar
34 Mahim
35 Prabhadevi
36 Worli
37 Chinchpokli
38 Love Grove

Quelle: NISSEL 1977, S. 20.

Im Unterschied zur City zählen die Wohndichten in der Bazarzone (immer noch) zu den höchsten der Erde. Sie umfaßt etwa 410 Hektar, dies entspricht dem 1. Bezirk in Wien (Innere Stadt). Auf dieser Fläche lebten 1971 über 750.000 Menschen, im Herzen der Bazarzone, im Bezirk Bhuleshwar, über 3.000 Einwohner pro Hektar, in einigen seiner Zählbezirke (Circles) über 5.000! Der Bezirk Kumbharwada, vor ihrem Auszug nach New Bombay die Sektion der Klein- und Hinterhofindustrie par excellence, zählte auf acht

Hektar 38 Fabriken und rund 500 Werkstätten bei einer Wohndichte von 2.800 Einwohnern pro Hektar (Kamathipura mit nur ein- bis zweistöckigen Altbauten 2.400). In Kethwadi zum Beispiel trennen bloß vier bis fünf Meter breite Straßen vierstöckige Häuser. Nur die Altstädte von Delhi und Hongkong können weltweit mit vergleichbaren Dichten aufwarten.

In den letzten beiden Jahrzehnten (1971–1991) setzte, ebenso wie in der City, ein massiver Bevölkerungsverlust ein, der im Herzen der Bazarzone, im Bezirk (nomen est omen) „Market" die Wohnenden um mehr als die Hälfte reduzierte, in allen anderen Sektionen um ein Viertel bis ein Drittel (NISSEL 1997). Die Gründe dafür sind vielfältig. Die zunehmende Kommerzialisierung führt wie in der City auch in den Bazarbezirken zu einer immer stärker greifenden Verdrängung der Wohnhaften. Die Tertiärisierung der alten Stadtbezirke zeigt sich auch in einer Verdreifachung der Dienstleistungsbetriebe innerhalb dieser 20 Jahre, während der Anteil der Wohnbevölkerung nur noch sechs Prozent von Greater Bombay umfaßt (1971 noch an die 20 Prozent). Neben diesem Prozeß, der ebenso greift, wie schon für die Altstadtbereiche der City beschrieben, dürfte es dann auch um die Abwanderung all derer gehen, die einen persönlichen ökonomischen Aufstieg erleben und deshalb in den Außenbezirken Bombays neue Wohnungen beziehen können und damit der Enge wie den schlimmen hygienischen Zuständen entkommen. Ein weiterer Aderlaß liegt (statistisch noch nicht beweisbar, aber als Ergebnis von persönlichen Begehungen für mich evident) in der (vorübergehenden) Flucht einer Viertelmillion Menschen aus Bombay in den bürgerkriegsähnlichen Pogromen 1992/93 (vgl. in dieser Arbeit a.a.O.), wobei die Bazarzone mit ihrem hohen Anteil (armer) muslimischer Bevölkerung besonders betroffen wurde. Viele ihrer kleinen Läden stehen bis heute leer!

Diese Entwicklung wird nur verständlich, wenn man begreift, daß die Bazarzone in ihrer räumlichen Organisation durch soziokulturelle Werte und Normen mindestens ebenso stark geprägt wird wie durch ökonomische „Gesetze". Für so manche Branche ist zu vermuten, daß die Massierung unzähliger kleiner Läden mit gleichartigem Angebot an einer Stelle eher ein Verlustgeschäft sein dürfte oder zumindest die Gewinnspannen schmälert. Glaubensüberzeugungen entscheiden das Angebot der Märkte für den täglichen Bedarf, Berufe sind in der Regel nicht erworben, sondern vererbt („ascribed, not achieved status"), praktisch alle Bereiche des Wirtschaftslebens von bestimmten „Communities" monopolisiert – Gujarati sitzen im Baumwoll- und Textilhandel, Marwari gelten als beinharte Geldleiher, Sikhs beherrschen Autohandel und Speditionswesen, Jains sind Juweliere oder Goldhändler, Südinder – in Bombay noch immer „Madrasi" genannt – leiten Restaurants und Cafés, Moslems arbeiten als Metallwarenhändler, Möbelerzeuger, Fleischhauer usw. – und dies alles mit einer Regelhaftigkeit, die nur vereinzelt Ausnahmen duldet.

Die einzelnen Wohnquartiere bestehen keineswegs aus einer zunächst so wirkenden amorphen Häusermasse, sondern lösen sich bei genauerem Hinsehen sehr wohl in ein komplexes „Nachbarschaftsmosaik" auf, wobei das Prinzip gilt: „birds of a feather flock together". Diese Raumeinheiten zeichnet ein hohes Ausmaß von Gemeinschaftsbewußtsein aus. Hier sind die Quartiere nicht nach Einkommen, Beruf und Bildung differenziert wie in den Wohnstandorten der Eliten und Mittelschichten, sondern nach Sprache, Religion, Kaste oder ursprünglicher Heimat der Bewohner. Scharf getrennt werden die Moslembezirke von solchen der Hindus, die ihrerseits wiederum in Kastenquartiere zerfallen. Besonders Brahmanen und andere Hochkastige treten in räumlicher Konzentration auf. Kastenassoziationen („Sabhas") und „Communities" besitzen häufig ihre eigenen Kulturzentren, Schulen, Krankenhäuser, Altersheime usw. Die in der Bazarzone von Stadtplanern ausgewiesenen Slums sind nicht etwa Stadtteile niederen sozialen Rangs, sondern solche extrem schlechter Lebensbedingungen in Hinsicht auf Gebäudealter und -ausstattung (teilweise keine Wasser- und Stromzufuhr), Wohndichte u.a.m.

Die Handelsfunktion, die trotz der funktionellen Durchmischung als „Leitvariable" der Bazarzone gelten kann, ist am stärksten im Süden im Anschluß an die City und im Zentrum ausgebildet (Market, Chakala, Bhuleshwar). Nach Nordwesten hin wird die reine Wohnfunktion, gegen Norden hin die Mischung mit Kleinindustrien immer stärker. Die Geschäfte unterscheiden sich grundlegend von der City, sie sind klein, oft nur zwei bis drei Meter breit, aber in die Tiefe reichend; sie werden nachts mit hölzernen Türen verriegelt. Die Straßen besitzen zumeist keine Gehsteige. Ladenbesitzer und ihre Familien wohnen meist direkt über dem Geschäft, Mitarbeiter schlafen im Laden oder als „watchdogs" vor den Eingängen. Preise sind Verhandlungssache. Handwerker und Gewerbetreibende werden immer mehr in Nebengassen und Hinterhöfe abgedrängt, sie verfügen über geringere Einkommen und weniger Sozialprestige als die Kaufleute, so wie es für „orientalische" Städte von WIRTH, EHLERS und anderen ebenfalls nachgewiesen wurde. In den Hauptstraßen dominiert der Einzelhandel, sowie hochwertige Gewerbe wie Juweliere und Goldschmiede. Die Branchen mit größeren Gewinnen – Elektrowaren, Schmuck, Glas, andere langlebige Verbrauchsgüter – gleichen ihr äußeres Erscheinungsbild und die Ausstattung im Inneren immer mehr dem „internationalen" Niveau der Citygeschäfte an.

In Summe bleibt festzuhalten, daß die Citybereiche von Bombay, die „westlichen" Standards nacheifern, voll in die negativen, zum Teil auch positiven Sogwirkungen der „New Economic Policy" und der Globalisierung geraten sind, während die Bazarzone – Einzel- und Großhandelszentrum und damit zweiter ökonomischer Kernbereich der Metropole, nicht zuletzt ein Ergebnis der „dual economy" aus kolonialer Zeit darstellend – als gesellschaftliches und städtebauliches Element der Beharrung, des zähen Festhaltens an konservativen Mustern und eines Lebensraumes für Bevölkerungsgruppen gesehen werden muß, die die Modernisierung gegenwärtig überwiegend passiv erleiden.

2.4 Die funktionale „Primacy" der vier Megastädte Indiens und die herausragende ökonomische Position der Megastadt Bombay

Unter „funktionaler Primacy" wird die Dominanz der funktionalen Hegemonialstellung einer Metropole im nationalen Raum verstanden (für weltweite Vergleiche siehe BRONGER 1997 und frühere Arbeiten). Bei der Größe und Einwohnerzahl Indiens nimmt es nicht wunder, daß gleich vier Megastädte eine Primatstellung aufweisen, wobei innerhalb dieser Gruppe Bombay mit Abstand die führende Position einnimmt, und das nicht nur in demographischer Hinsicht, wie schon im ersten Abschnitt dargelegt.

2.4.1 Die vier Megastädte – gemeinsame Stärke und wechselseitige Rivalität

In Indien mit seinen europäischen Dimensionen und einer Einwohnerzahl, die 2001 die Milliardengrenze überschreiten wird, stehen vier Megastädte zueinander in Konkurrenz um die nationale Dominanz. Gleichzeitig üben sie jedoch gemeinsam trotz wechselseitiger Rivalität einen stetig steigenden Einfluß auf die gesamte wirtschaftliche Entwicklung des Landes aus. Während der Anteil der Einwohner der vier führenden Städte nicht einmal fünf Prozent der Gesamtbevölkerung Indiens ausmacht, ist beispielsweise der Anteil der Studenten, der Krankenhausbetten, des industriellen Produktionswertes um das drei- bis vierfache höher. 40 Prozent aller Personenautos sind in ihnen zugelassen, die Häfen wikkeln mehr als die Hälfte aller Ex- und Importe ab, die Flughäfen 90 Prozent des internationalen Flugverkehrs, jedes dritte Telephon ist dort installiert (aber 80 Prozent der Umsätze im Telephonverkehr entfallen auf sie). Dies sind Erscheinungsformen der funktionalen „Primacy", die zu den auffälligsten Gegebenheiten von Metropolen in Entwicklungsländern zählen, sowohl auf nationaler wie regionaler Ebene.

Sind diese Städte Zentren des wirtschaftlichen und sozialen Fortschritts, von denen „spread effects" und „trickle down effects" ausgehen und zu einer allmählichen Angleichung des ländlichen Raums auf höherem Niveau führen (sollen)? Oder handelt es sich um „backwash effects" (Entzugseffekte), bei denen der Großteil der Menschen und Dörfer die Städte subventioniert und dabei selbst ausblutet? Die einseitige Bevorzugung der Metropolen wurde zunächst durch die Veränderungen der Arbeitsteilung im Kolonialismus eingeleitet, ja gewaltsam durchgesetzt. Dies erklärt jedoch nicht hinreichend die zunehmende Hypertrophie der indischen Metropolen in nachkolonialer Zeit. Mitverantwortlich dafür dürfte ein sich ständig selbstverstärkender Prozeß der Agglomerationsvorteile sein. Dabei fließen Standortwirkungen (räumliche Konzentration gleichartiger Nutzungen) sowie Urbanisierungswirkungen (Konzentration unterschiedlicher Nutzungen, Aktivitäten und Infrastruktureinrichtungen) zusammen, führen damit zu externen Größenvorteilen („economies of scale").

Mit dem übersteigerten Wachstum dieser Städte nimmt jedoch der Gesamtnutzen dieser Wirkungsgrößen ab. Grund und Boden, Umwelt und in Ländern der Dritten Welt zusätzlich alle Infrastruktureinrichtungen regredieren zunehmend zu Engpaßfaktoren. Es ist wahrscheinlich, daß heutzutage die Grenzkosten den Grenznutzen wenigstens in den Kernräumen der Metropolen bereits deutlich übertreffen. Die „spill over"-Wirkungen dienen vor allem Kapital- und Landeignern, unprofitable Bereiche (schulische, medizinische, kulturelle Einrichtungen) werden von der Stadt, dem Staat oder von Privatorganisationen finanziell abgedeckt, das heißt, daß die Kosten der Metropole von vielen getragen werden, der Nutzen dagegen immer stärker zu den Eliten hin verlagert wird.

Jede technisch-ökonomische Innovation in Indien setzt in den vier Megastädten ein oder dient der effizienteren Verbindung zwischen diesen. Beispiele dafür wären die Einführung des Fernsehens (später des Farbfernsehens), der Ausbau der Hauptbahnstrecken (Elektrifizierung), die Verdichtung des innerstaatlichen Flugverkehrs mit Großraumflugzeugen oder das jüngst eingerichtete telekommunikative Hochleistungsnetz. Als Fazit kristallisiert sich eine Bevorzugung der führenden Städte bei der staatlichen wie privaten Investitionstätigkeit heraus, weil die Kapitaldecke offensichtlich für eine breite regionale Streuung nicht ausreicht oder rasche Profite anders nicht realisierbar scheinen.

2.4.2 Anhaltende nationale Dominanz von Bombay im Tertiärsektor

Eine Reihe von Indikatoren beweist die herausragende Bededutung der Megastadt Bombay selbst innnerhalb dieser Viererguppe (nachfolgende Angaben sind aus einer Reihe von Quellen zusammengestellt: Tatra Services: Statistical Outline of India 1997–1998 und frühere Ausgaben; MASSELOS 1995; Socio-Economic Review of Greater Bombay 1994–1995; MUKHOPADHYAY 1991).

Die beiden Hauptbörsen in Bombay sollen bis zu drei Viertel aller Börsengeschäfte Indiens tätigen, die Marktkapitalisierung und die Umsätze liegen höher als in allen drei anderen Metropolen zusammengenommen, desgleichen die Anzahl und die Geldmenge der eingelösten Schecks bei sämtlichen Banken. Besonders in die Augen springend ist die Tatsache, daß die Steuerleistungen Bombays ebenfalls höher sind als jene von Kalkutta, Delhi und Madras zusammengenommen! Dies gilt sowohl für die Einkommensteuern als auch für die Umsatzsteuern und die Zolleinnahmen. Die Metropole Bombay lukriert alleine ein Drittel der gesamtindischen Einkommensteuern!

Die Bankguthaben standen März 1992 bei über 20 Milliarden Dollar, das entsprach 79 Prozent aller Einlagen in Maharashtra, 18 Prozent aller Indiens und 21 aller in indischen Städten. Auch 1993 und 1994 nahm Bombay (selbstverständlich) den ersten Rang im „Banking" ein, egal, ob man die Anzahl der Bankinstitute und Filialen (1.200), die Einlagen oder die vergebenen Kredite als Kriterium heranzieht. In der Rangordnung folgten Delhi, Kalkutta, Madras und Bangalore. Bombay generiert 44 Prozent aller Einkommen im Banken- und Versicherungswesen Indiens. Es besitzt 18,6 Prozent aller „business enterprises" des Landes.

Als weiteres Beispiel für die ökonomische Vorrangstellung Bombays sei die Entwicklung von SEEPZ herausgegriffen. Eine der ältesten Sonderwirtschaftszonen Indiens, die 1974 in Bombay gegründete SEEPZ („Santa Cruz Electronics Export Promotion Zone") erlebt nach einer eher bescheidenen Entwicklung in den siebziger und achtziger Jahren nun einen Boom, der die Wartezeit für Neugründungen auf drei Jahre ausdehnt. Zum Jahreswechsel 1997/98 bestanden im Areal 107 Firmen für Elektronik and Software-Technologie sowie 50 Firmen für Schmuck- und Juwelenbearbeitung. Alle Exporte unterliegen keiner indischen Besteuerung! Die meisten dieser Firmen liefern übrigens nach Deutschland oder sind direkt „joint ventures" deutscher Partner. Diese beiden Branchen beschäftigen derzeit zusammen 33.000 Menschen und erbringen pro Jahr bis zu 20 Prozent der gesamten indischen Exportumsätze! Die Einkommensteuerleistungen Bombays bleiben trotz dieser global genutzten Begünstigungen immer noch so bedeutend wie oben angegeben.

Das Verkehrsaufkommen des Flughafens ist nahezu doppelt so groß wie jenes von Delhi (1996: 10 Millionen Passagiere) und viermal größer als jenes von Kalkutta oder Madras. Die Anzahl der Telephonanschlüsse beträgt das Dreifache von Kalkutta und das Fünffache von Madras. Alleine die S-Bahnzüge der Western und Central Railway befördern täglich im Durchschnitt 5,2 Millionen Fahrgäste – das heißt, ein Drittel der gesamten indischen Bahnpassagiere trotz des riesigen Bahnnetzes von mehr als 60.000 Kilometern –, die mehr als 3.000 Busse der Stadtwerke der Metropole (BEST) weitere 5,1 Millionen täglich.

Es existieren mehr als 5.000 Aktiengesellschaften, über 250 Handelsvereinigungen und auch Spezialbörsen für Baumwolle, Gold und – besonders wichtig – seit 1984 auch für den Diamantenhandel. Bombay dominiert weiterhin im Groß- wie Einzelhandel für Getreide und Gewürze, Garne und Textilien, Elektroartikel und Autos, aber auch im Luxusbedarf, obwohl oder weil die meisten Großmärkte aus binnenstädtischen Bezirken heute nach New Bombay verlagert sind, um bessere Vertriebsmöglichkeiten zu schaffen.

Die Positionen des Hafens und der Industrie, zweier weiterer tragender Säulen der Ökonomie Bombays, sind ebenfalls noch immer eindrucksvoll, doch nimmt ihre Bedeutung sowohl im gesamtindischen Kontext wie in bezug auf die Megastadt selbst stetig ab, worauf im nächsten Subkapitel eingegangen wird. Man muß MASSELOS Recht geben, wenn er die Rolle Bombay's in der indischen Wirtschaft folgendermaßen charakterisiert (1995, S. 207): „It has been more than dominant, it is pre-eminent within India".

2.4.3 Die Hafenfunktion in ihrer nationalen und innerstädtischen Bedeutung

Die herausragende wirtschaftliche Stellung, die Bombay gegenwärtig einnimmt, resultiert im ursprünglichen Stimulus wie in der aktuellen Bedeutung des Hafens. Während aller Phasen der britischen Kolonialherrschaft wurde seiner Funktionsfähigkeit höchste Priorität eingeräumt. Nach der Unabhängigkeit versuchte die Zentralregierung durch geraume Zeit, vor allem in den siebziger und achtziger Jahren, die Investitionen von den Metropolen verstärkt in andere städtische Zentren und periphere Regionen umzulenken, und auch die Geldmittel für den Ausbau der Häfen an andere Standorte zu lenken (etwa Kandla in Gujarat und Marmugao in Goa). Trotz dieser Restriktionen blieb die Dominanz des Hafens von Bombay weiterhin erhalten. Noch in den siebziger Jahren gingen mehr als 40 Prozent aller indischen Importe und 25 Prozent aller Exporte (nach Volumen) über Bombay. Der früher bedeutende Passagierverkehr ist gegenwärtig weitgehend erloschen. Das primäre Hinterland umfaßt etwa 500.000 Quadratkilometer, doch werden selbst noch aus Assam und Nagaland hier Güter umgeschlagen. Im Berichtsjahr 1993–1994 (Socio-Economic Review of Greater Bombay 1994–1995, S. 89 ff.) wurden 31 Millionen Tonnen Güter umgeschlagen. Im Lauf der Jahre schwankten die Umsätze beträchtlich, da sie die jeweiligen Aufschwungphasen und Krisen der Nationalökonomie Indiens widerspiegeln.

Trotz allmählichen Ausbaus anderer Hafenstandorte ist Bombay auch gegenwärtig der wichtigste Hafen Indiens geblieben. Erdöl, Benzin und Schmiermittel (vielfach abgekürzt als POL – „Petroleum, Oil & Lubricant" – bezeichnet) machen durch den Aufbau von zwei der fünf größten Raffinerien des Landes und die Errichtung eines „Marine Oil Terminal" (MOT) heute schon 67 Prozent des Umschlags aus. Der „Non-POL Traffic" liegt bei rund zehn Millionen Tonnen jährlich. In den siebziger und achtziger Jahren verschwand der Handel mit Eisenerz und Kohle nahezu vollständig wegen der Verlagerung an andere Standorte, im Gefolge der Grünen Revolution kam es auch zum Niedergang der früher so wichtigen Weizenimporte, und sowohl Baumaterialien wie Düngemittel wurden zunehmend im Land selbst produziert. Dafür stiegen die Umsätze bei Fertigprodukten des Maschinenbaus, von Pharmazeutika, Plastikwaren und Textilien. Phosphate, Ölkuchen, Eisen und Stahl sowie Früchte werden nach wie vor umgeschlagen. Einen großen Aufschwung hat, beginnend ab 1973, auch der Containerverkehr genommen. Heute werden Container im Ausmaß von 4,5 Millionen Tonnen im Jahr umgesetzt. Insgesamt deckt der Hafen immer noch 20 Prozent des indischen Seehandels ab. Er hat eine führende Position im Erdöl-Handling, im allgemeinen Stückgutverkehr sowie im Containerumschlag. Alleine die Küstenschiffahrt von und nach Bombay trägt 29 Prozent zum gesamten Umsatz bei (8,5 Millionen Tonnen). 55 Prozent aller Importe kommen aus dem Nahen Osten (Erdöl), während 52 Prozent aller Exporte dorthin und nach Südostasien laufen.

Die innerstädtische Bedeutung des Hafens ist nach wie vor immens. Nicht nur gehören nicht weniger als zwölf Prozent der gesamten Landfläche der Insel Bombay dem „Port Trust", wobei der Ruf nach städtischer Öffnung, Verbauung und Grünraumplanung immer lauter wird. Unbestritten bleibt die bedeutende Rolle des Hafens als Arbeitgeber für Stadt und Region. Für die Hafengesellschaft arbeiten nicht weniger als 35.000 Beschäftigte direkt, und weitere 50.000 in einer Reihe von mit dem Hafen verbundenen Aktivitäten, Transportfirmen, Import-/Exportfirmen, Schiffsmakler, Versicherungsagenturen, „forwarding and clearing agencies" usw.

Kombiniert man See-, Überland- und Luftverkehr, so beträgt der Anteil Bombays 37 Prozent bei allen Importen und 41,5 Prozent bei den Exporten (bei Importen und Exporten zusammen 39 Prozent), eine Bedeutung, die von keiner anderen Metropole Indiens auch nur annähernd errreicht werden könnte, wobei der Anteil am Luft-Cargo-Verkehtr mit über 50 Prozent besonders hoch ist (Air-Cargo-Traffic in Indien liegt bei ungefähr 25 Prozent des gesamten Verkehrsvolumens nach dem Wert). Der Flughafen Bombays setzt 75 Prozent des Güteraufkommens in der Luft beim Import um und 64 Prozent beim Export. Eine Verlaufsstatistik beweist, daß die Dominanz von Jahr zu Jahr noch gewachsen ist (Hauptgüter: Perlen, Edelsteine, Maschinen und Pharmazeutika).

2.4.4 Langanhaltender Aufstieg und rezenter Niedergang der Industrie

Das Bruttosozialprodukt von Bombay (nur Greater Bombay) wird für 1991/92 auf rund zehn Milliarden US-Dollar geschätzt, das entspricht einem etwa 30prozentigen Anteil am NDP („Net Domestic Product") des Bundestaates Maharashtra. Zur Wertschöpfung trägt dabei der Primärsektor 2,3 Prozent bei (vor allem Anlandungen der Fischer), der Sekundärsektor, der auch die Klein- und Heimindustrie umfaßt, 41 Prozent (Anteil an Maharashtra: 36 Prozent) und der Tertiärsektor 57 Prozent (Anteil an Maharashtra: 38 Prozent). Das Bruttosozialprodukt pro Kopf liegt in Bombay bei (1991/92) 19.270 Rupien gegenüber 7.997 Rupien in Maharashtra und 5.716 Rupien im indischen Bundesdurchschnitt, das heißt, um nahezu das Zweieinhalbfache über dem Bundesstaat (Index 241) und annähernd das Dreieinhalbfache (337) höher als in Indien. Im direkten Vergleich dazu lag das Bruttosozialprodukt pro Kopf in der Hauptstadtregion Delhi im gleichen Jahr nur bei 10.638 Rupien, war also um nahezu die Hälfte geringer als jenes von Bombay! Dies zeigt noch einmal von anderem Blickwinkel die Sonderstellung der Megastadt Bombay auf.

Die Industrie hat daran entscheidenden Anteil, obwohl sie in den neunziger Jahren in eine zunehmende Rezession und Umwandlung geriet – einerseits in eine Transformation von der Fabrikarbeit zur Heimarbeit und zum informellen Sektor, andererseits in einen Strukturwandel durch die Neuformierung von Hochtechnologie-Branchen, die eher kapital- denn arbeitsintensiv sind. Ende 1992 waren offiziell (unter dem „Factories Act" von 1948) 7.609 Fabriken mit 430.923 Industriearbeitern registriert, doch lag deren Anzahl 1985 noch bei 515.000.

Die Entwicklung der Textilindustrie ab Mitte des 19. Jahrhunderts gilt als Beginn der industriellen Transformation Indiens. Über Generationen dominierte sie im Wirtschaftsleben der Stadt. Noch 1932 stellte sie allein drei Viertel aller Industriearbeiter, 1957 mit nahezu 250.000 Beschäftigten immer noch 57 Prozent. Inzwischen mutierte sie zur „problem" oder „sick industry". Veraltete Produktionsstätten und Maschinenparks, Mißmanagement, der Siegeszug der Kunstfaser und der längste Arbeitskampf in der indischen Geschichte (1982–1983) über 18 Monate führten zur Schließung vieler Fabriken (vgl. VAN WERSCH 1996).

Aus der Textilfabrikation entwickelten sich ursprünglich über den Textilmaschinenbau die Stahl- und eisenverarbeitende Industrie und aus der Farbenproduktion für Stoffe und Garne die Chemische Industrie. Diese ist heute mit einem Sechstel aller Arbeitsplätze in der Industrie zur wichtigsten Branche geworden. Daneben zählen die Petrochemie – 150 Kilometer vor Bombay liegen in der Arabischen See die Off-Shore-Förderanlagen von „Bombay High", die rund 20 Millionen Tonnen Erdöl im Jahr fördern und damit zwei Drittel der gesamten indischen Produktion erbringen – mit zwei der größten Raffinerien des Landes (je fünf bis sechs Millionen Tonnen Kapazität), die Pharmaindustrie, der Fahrzeugbau und die Elektroindustrie zu den größten Arbeitgebern. Feinmechanik, Optik und Maschinenbau ergänzen die breitgestreute Palette.

Der schon angedeutete Niedergang der Industrie hat mehrere Ursachen. Zunächst versuchte der indische Staat, durch administrative Maßnahmen das Wachstum der Metropolen zu unterbinden. Bis zur „New Economic Policy" galt ein Ansiedlungsverbot für Industrien in einem Radius von 25 Kilometern um die Metropolen, doch ist dies inzwischen für exportorientierte Branchen wie etwa Elektronikfirmen aufgehoben. Von 1971 bis 1991 sind in der Stadt Bombay (Greater Bombay) die Arbeitsplätze im sekundären Sektor insgesamt um rund 150.000, von 600.000 auf 450.000, reduziert worden. Dies ist vor allem als Folge des Niedergangs in der Textilindustrie zu sehen, die 1965 mit 250.000 Arbeitern noch die Hälfte aller Beschäftigten in der Industrie umfaßte, seither aber auf gegenwärtig nur noch ca. 50.000 Beschäftigte absank.

Viele Industriebetriebe verlagerten jedoch ihre Produktion nur in das weitere Umfeld der Agglomeration (Bombay U.A.), da sie dem Druck der Immobilienpreise und Mieten auf Bombay Island nicht mehr standhalten konnten und viele Fabrikeigner inzwischen voll in die Immobilienspekulation eingestiegen sind. Sind doch die großflächigen Areale stillgelegter Textilfabriken im Herzen der Insel Bombay nach der Umwidmung zu Bauland etc. um ein mehrfaches ertragreicher als die Weiterführung der Betriebe und die Prouktion von Textilien, da diese in der Geschichte Bombays – und als Leitfigur der industriellen Revolution in Indien im 19. Jahrhundert – tief verwurzelte Branche durch die angesprochenen Probleme letztendlich rund 75.000 Textilarbeitern den Job kostete und einen tiefen Niedergang erlebte. In den letzten Jahren gerieten auch andere Industriesparten, die noch traditionelle Standorte in Citynähe aufweisen, unter massiven Druck: Eisen- und Stahlverarbeitung, Maschinenbau, „Cityindustrien" wie zum Beispiel Druckereien, Hinterhofindustrien usw.

Sowohl in der Industrie wie in verschiedenen Bereichen des Dienstleistungssektors finden nicht nur räumliche Verlagerungen vom Zentrum zur Peripherie statt, sondern es wächst auch ständig der Anteil des informellen Sektors. Diese Auslagerungen an Subunternehmer („Contractors") und verschiedene Formen der Heimarbeit (verstärkte Kinder und Frauenarbeit!) lösen die traditionelle Fabrikarbeit mit ihren genau fixierten Pflichten und Rechten, etwa einer in Gewerkschaften organisierten Arbeiterschaft, zunehmend auf. Allerdings hat sich das Arbeitsrecht zwischenzeitlich dermaßen aufgebläht, daß absurde „rules and regulations" ihrerseits unternehmerische Initiativen in Bombay weitgehend lähmten (dazu ebenfalls Beispiele bei van Wersch in Patel und Thorner 1996). Techniken der Verlagerung und konkrete Beispiele dazu finden sich im vorangegangenen Abschnitt über „Multinational Corporations".

2.4.5 Bombays Bedeutung als Hochschul- und Forschungsstandort

Bombay bedeutet für den indischen „Jedermann" Handel und Kommerz, und dann lange nichts. Die Metropole war eigentlich nie Hochburg der Schönen Künste, der Bildung und Forschung. Zumindest die gängige Meinung zum letztgenannten Bereich muß aber revidiert werden. Inzwischen besitzt die Metropole auch eine nahezu unüberschaubare Anzahl von Bildungs- und Forschungseinrichtungen, von denen die führenden Institutionen hier aufgeführt werden sollen (nach Socio-Economic Review 1994–1995, Chapter 6).

Die „Bombay University" wurde im gleichen Jahr wie jene von Kalkutta und Madras gegründet (1857). Eine junge Universität ist die „S.N.D.T. University", die ausschließlich Frauen aufnimmt! Beide zusammen betreuen 158 Colleges und eine Anzahl von „faculties".

Insgesamt gab es in Bombay Ende 1993 263.871 „Studenten", doch bleibt anzumerken, daß nach dem immer noch der britischen Tradition folgenden Hochschulsystem bereits 16jährige Schüler als solche gelten. Eine Reihe von nationalen Forschungsinstituten hat darüber hinaus den Status sogenannter „Deemed Universities" („Als-ob-Universitäten"). Dazu zählen das „Indian Institute of Technology" (IIT), das „Tata Institute of Social Sciences" (TISS), das „Tata Institute of Fundamental Research" (TIFR), das „National Centre of the Government of India for Nuclear Science and Mathematics" und das „University Department of Chemical Technology" (UDCT).

Andere wichtige Einrichtungen von nationaler Bedeutung sind das „National Institute of Training in Industrial Engineering" (NITIE), das „Indira Gandhi Institute of Development Research", das „Homi Bhabha Atomic Research Centre" (BARC), das „Tata Cancer Research Institute", das „Haffkine Institute for Medical Training Research", das „Central Institute of Fisheries Education" (ICAR), das „International Institute of Population Studies" (IIPS), das „Bajaj Institute of Management Studies", das „Central Labour Institute", die „J. J. School of Arts", das „National Centre for Performing Arts" (NCPA) und das „Nehru Planetarium".

Zu diesen gesellen sich eine große Anzahl von Erziehungs- und Trainingszentren sowie eine Reihe medizinischer Einrichtungen, Polytechnische Institute, Architekturschulen, Einrichtungen der Pharmaindustrie, Colleges der Technischen Ausbildung und Ingenieurwissenschaften u.a.m. Auch Ausbildungsstätten für klassischen indischen Tanz, traditionelle Ayurveda-Medizin etc. sowie rasch zunehmend Betriebsausbildungsstätten der Elektronikindustrie (Software-Technologie) sind vorhanden. Insgesamt scheinen also sowohl Quantität als auch Qualität der Bildungseinrichtungen inzwischen durchaus dem Rang und der Bedeutung Bombays in Indien angemessen zu sein. Vor wenigen Monaten erhielt auch die Universität Bombay eine Sonderdotation von 100 Millionen Rupien von der indischen Regierung, nachdem sie bei der Evaluierung die besten Ergebnisse hinsichtlich der Forschungsleistungen aller indischen Universitäten (ca. 330) in den letzten beiden Studienjahren erzielt hatte.

2.5 Anmerkungen zu jüngsten Entwicklungen in Bombay

In diesem Abschnitt werden die herausragenden politischen und ökonomischen Trends der letzten drei Jahre hinterfragt, die für die weitere Stadtentwicklung und die internationale Rolle der Megastadt vermutlich auch längerfristig von Bedeutung sein können. Nach einer Infragestellung der Sinnhaftigkeit der neuen Politik, exemplarisch dargestellt am Umbenennungswahn, geht es darum, wieweit sich Bombay als „global player" profilieren kann, sowie um die Fernwirkungen der Wirtschaftskrise in Südostasien auf Indien und Bombay.

2.5.1. Will Bombay „Mumbai" sein oder wer will was? Exkurs über die Umbenennung der Stadt

Der politischen Führung von „Shiv Sena" und BJP (die seit den Wahlen 1998 auch den Premierminister in „New Delhi" stellt) „verdankt" Bombay unter anderem die Umbenennung in „Mumbai" im November 1995. Es existierte historisch kein Ort dieses Namens, doch ist die Göttin Mumbadevi, an der sich die neue Bezeichnung orientiert, die Schutz-

Abbildung 7: Karikatur Bombay/Mumbai

Quelle: Karikatur im Artikel von Shashi THARDOOR: Our Obsession With Names. In: Indian Express, 19.1.1997.

patronin der Koli-Fischer, der ursprünglichen Bewohner der „Sieben Inseln". Im voluminösen Prachtband „Bombay to Mumbai" von ROHATGI, GODREJ und MEHROTRA (1996) findet sich eine Vielzahl von Faksimilekarten zur frühen Stadtentwicklung. Häufig treten die Bezeichnungen „Bom Bahia" (portugiesisch für „gute Bucht") oder „Bombahem" auf, hingegen findet sich niemals, auf keiner einzigen Karte, der Name Mumbai. In Wirklichkeit geht es wohl darum, daß Shiv Sena-Aktivisten koloniale Entstehung, Namengebung, Aufstieg und Bedeutung „ihrer" Hauptstadt nicht verwinden können und mit der Umbenennung Geschichte neu schreiben wollen. Die Medien sowie die Marathi-Sprechenden (42 Prozent der Bewohner) haben diese Änderung positiv aufgenommen und rasch umgesetzt. Andere Sprachgruppen der Megastadt, Intellektuelle und vor allem bedeutende Wirtschaftsorganisationen wie die Börse (BSE, „Bombay Stock Exchange") und die Handelskammer („Bombay Chamber of Commerce") weigern sich bis heute, die Umbenennung zu akzeptieren.

Eine Unzahl von Firmennamen (z.B. Bombay Dyeing, Bombay Furniture) hat den alten, vertrauten Begriff im Firmenlogo, da der Name der Metropole schon immer als Synonym für Fortschritt, Moderne, Weltoffenheit galt. Bis in das letzte Dorf Indiens hinein steht die Verballhornung „Bollywood" für das Zentrum der indischen Filmproduktion, in deren Traumfabriken mehr Filme als irgendwo sonst in der Welt produziert werden. Hingegen sind jene Institutionen, die von staatlichen Steuergeldern leben, gehalten, ihre Namen zu ändern: so mußte zum Beispiel die altehrwürdige Universität von Bombay (zugleich mit Kalkutta und Madras/Chennai die älteste Hochschule des Landes) 1998 ihr Statut ändern und auf „University of Mumbai" umstellen. Die Stadtwerke der Metropole, BEST, behelfen sich mit einem Trick: bedeutete diese Abkürzung vormals „Bombay Electrical Supply and Transport Co.", so steht sie nun für Brihanmumbai, das heißt, Groß-Bombay, EST; desgleichen bedeutete BMC früher „Bombay Municipal Corporation", heute „Brihanmumbai Municipal Corporation"; und auch BMRPB („Bombay Metropolitan Regional Planning Board") bedeutet nun – richtig – Brihanmumbai usw.

Weniger amüsant ist hingegen die Umbenennung von ca. 300 bis 400 Straßen, Plätzen und öffentlichen Bauten in den letzten Jahren. Die neuen Namen – zumeist nach „freedom fighters" und anderen Politikern, die bisher so gut wie niemand (außer Historikern) kannte, setzen sich nicht einmal unter Taxifahrern durch. Der nach Howrah (Kalkutta) größte Bahnhof Indiens – V.T. (dies bedeutete „Victoria Terminus", nach der englischen Königin und Kaiserin von Indien Queen VICTORIA, was aber kaum einem der täglich hunderttausenden Pendler bewußt gewesen sein dürfte), heißt nun C.T. – „Chhatrapati Shivaji Maharaj Terminus". SHIVAJI, „big hero" der Marathen im 18. Jahrhundert, verdient es, besonders geehrt zu werden, doch warum gerade mit Umbenennung eines Bahngebäudes, welches erst Generationen nach ihm entstand?

Im Februar 1997 erklärte die Zentralregierung in New Delhi die Umbenennung im nationalen Behördenverkehr und international für aufgehoben. Wegen massiver Proteste der Landesregierung von Maharashtra wurde dies wenige Tage später erneut revidiert. Die Einwohner der Stadt benutzen derzeit die beiden Namen wahlweise und, von wenigen Hardlinern abgesehen, pragmatisch und friktionsfrei. Zum Zeitpunkt der Abfassung dieses Beitrags läßt sich noch immer nicht abschätzen, ob diese Umbenennung auf lange Sicht greift oder ob – etwa bei einer veränderten regionalen Politlandschaft – die Umänderung rückgängig gemacht wird.

Im globalen Kontext hat sich der neue Name Mumbai bisher nicht durchgesetzt, mit Ausnahme der internationalen Flugpläne (politisch vorgeschrieben?). Etwa auf literarischer Ebene verwenden auch und gerade Bestseller der jüngsten Zeit ganz bewußt den Begriff Bombay: so das grandiose Indien-Epos von Leslie FORBES, „Bombay Ice" (1998), welches in Großbritannien als „Thriller des Jahres" nominiert wurde, oder Vikram CHANDRAS „Love and Longing in Bombay", welches ebenfalls 1998 den Preis der Commonwealth Writer für das „Best Book from the Eurasia Region" erhielt, und dies in Konkurrenz zum Megaseller „The God of Small Things" der Arundhati ROY ! (The Sunday Times, 8.3.1998).

Daher verwende auch ich in diesem Beitrag – da er international und global orientiert ist – durchgehend die in der Welt geläufige alte Bezeichnung mit folgender Ausnahme: die hier wiedergegebenen Gedichte der sogenannten „Dalits" (Unberührbaren, Unterdrückten) aus Maharashtra stellen eine Art „Poesie der Gosse" dar – diese schreiben ihre Verse in ihrer Muttersprache Marathi und verwenden genuin die Bezeichnung Mumbai, das heißt, in diesem Zusammenhang ist der Gebrauch des Marathi-Namens authentisch.

Diese durchaus kontrovers diskutierte, zuweilen scharf geführte, auch polemische Auseinandersetzung gibt nicht zuletzt Spannungen einer multikulturellen städtischen Gesellschaft im Konflikt zwischen lokaler, nationaler und globaler Orientierung wieder. Die daheim ökonomisch Entwurzelten bleiben es auch in der Metropole, jedoch unter geänderten Vorzeichen; nun gesellt sich die Kälte der sozialen und kulturellen Entfremdung hinzu und die Projektionen des Selbst- und Fremdenhasses finden ein konkretes Ziel – die Megastadt als solche.

2.5.2 Bombays Rolle als „Global Player"?

Im Tertiär- wie im Quartärsektor kommt Bombay in Indien nach wie vor eine Führungsrolle zu, obwohl in den neunziger Jahren die Hauptstadt New Delhi in vielfacher Weise stärkere Impulse gesetzt hat. Diese führende Position stärkt eher die „functional primacy" und ist gleichzeitig sich verstärkenden globalen Einflüssen ausgesetzt (Knoten im Netzwerk multinationaler Konzerne, ausländischer Banken etc.), als daß sie selbst als „global player" verstärkt in weltweite Austauschbeziehungen eingreifen könnte. Bombay ist auch im übertragenen Sinn der Hafen Indiens, in dem ausländische Firmen und Investoren ihren Anker auswerfen, doch ist dies nur eine Perpetuierung der Rolle der Megastadt als „Gateway of India".

Vorgenommen wird diese Koppelung mit dem globalen Markt über die lokalen und nationalen Eliten und über wirtschaftliche Einrichtungen (Bombay als Finanzzentrum: „Bombay Stock Exchange" ist die viertgrößte Börse Asiens mit einer Marktkapitalisierung von 70 Milliarden Dollar – in Indien führend, jedoch ist die weltweite Bedeutung (noch) nicht wirklich gegeben). In Bombay befinden sich die „Reserve Bank of India" (Central Monetary Authority), die größten Banken und Versicherungen („United Trust of India", UTI; „Securities and Exchange Board of India"). Um diesen Kern gruppiert sich eine große Anzahl kleinerer Finanzinstitutionen, Brokerhäuser etc. Während unmittelbar nach der Liberalisierung ausländische Broker – vor allem US-amerikanischer Provenienz – vehement auf den Markt drängten, ist in den letzten zwei Jahren weitgehend Ernüchterung eingetreten und manche Firmen haben sich wieder enttäuscht vom indischen Markt zurückgezogen.

Seit 1984 existiert die Diamantenbörse, die neben jenen von Amsterdam und Antwerpen eine führende Rolle spielt. Die annähernd 4.000 Diamantenhändler konnten jedoch bisher noch nicht ihren neuen Standort im Bandra-Kurla Komplex beziehen, da sich die Fertigstellung der Anlage um mindestens zwei Jahre verzögert (Stand 1998). Auch die Bedeutung der Börse („Bombay Stock Exchange" – BSE) muß gegenwärtig relativiert werden. Ende 1994 wurde als Konkurrenz – wegen steigender Unzufriedenheit der Geschäftswelt – die „National Stock Exchange" (NSE) errichtet, die ausschließlich „electronic trading" betreibt. Innerhalb von nur elf Monaten hat das Handelsvolumen jenes der traditionellen BSE bereits überflügelt. Inzwischen hat die NSE bereits Broker in annähernd 200 indischen Städten, online über Satellit (Stand Ende 1997). Nun möchte auch die BSE im Gegenschlag nach einer Umstrukturierungsphase innerhalb von zwei Jahren 400 Zentren in Indien aufbauen – geplant ist eine Vervielfachung des Verkaufsvolumens pro Tag von sechs auf 20 Milliarden Rupien (ein US-Dollar = 42 Rupien, Stand Herbst 1998). Bis zum Jahr 2000 sollen die Verbindungen weltweit ausgebaut werden, vor allem mit dem Nahen Osten, London, New York und Ostasien.

Insgesamt ergibt sich ein Bild der zunehmenden Umschichtung vom Sekundärsektor zu Dienstleistungen und kommerziellen Aktivitäten, doch ist dies nicht automatisch mit höherrangigen Aktivitäten gleichzusetzen. Beispielsweise fallen statistisch hunderttausende fliegende Händler („hawker") unter kommerzielle Aktivitäten, auch wenn nur 40.000 von ihnen lizensiert sind. Im Bereich der Telekommunikation stehen gerade jetzt große Veränderungen an. Die indische Regierung hat eine Reihe von ausländischen Firmen eingeladen, in alle Bereiche der Telekommunikation zu investieren. Im Telephonnetz sind seit dem Start der Liberalisierung bereits große Fortschritte erzielt worden, im Fernsehen können 24 Sender empfangen werden, von denen nur zwei von der staatlichen Gesellschaft Doordashan geführt werden. Es existieren jedoch nach wie vor deutliche Entwicklungsrückstände und Entwicklungshemmnisse: so glaubt die indische Regierung immer noch, den Zugang zum Internet reglementieren und kontrollieren zu können! Deshalb bestehen in Indien derzeit kaum mehr als 50.000 Internetanschlüsse.

Zu fragen bleibt allerdings, ob Bombays Rolle als Finanzzentrum Indiens längerfristig unangetastet bleibt, oder ob die neuen Möglichkeiten der Telekommunikation eine räumliche Zentrierung in wenigen Jahren überhaupt obsolet machen. Auch dürften die Wunschträume einiger führender Industrieller und Businessmen, wie sie etwa in der Organisation „Bombay First" versammelt sind, daß Bombay längerfristig international in Asien die Aufgaben Hongkongs übernehmen könnte, im Ordner Gedankenexperimente oder Luftschlösser abgelegt werden.

2.5.3 Auswirkungen der jüngsten Wirtschaftsrezession auf Bombay. Verfall der Immobilienpreise und Stagnation der städtebaulichen Expansion

Während Geoff MARSH von der internationalen Investmentfirma Chesterton Meghraj noch Ende März 1997 überheblich konstatierte, „Nariman Point", Indiens erste Wirtschaftsadresse, sei voll von „back offices in front office space" (Times of India, 29.3.1997) sowie „space must be available in South Mumbai – to provide for the Merrill Lynchs and the Arthur Andersons of this world to live in the manner in which they are accustomed", sieht die reale Entwicklung innerhalb des letzten Jahres in Nariman Point ganz anders aus.

Der häufige Wechsel der Firmennamen signalisiert eine schlechte Wirtschaftslage und ein Zurückstellen des reinen Prestigedenkens. In den ersten, fetten Jahren der Liberalisierung 1991 bis 1995 schnellten die Immobilienpreise in den besten Lagen der Stadt (Nariman Point, Cuff Parade und Malabar Hill) in schwindelerregende Höhen und übertrafen zur Jahresmitte 1995 sogar jene Manhattans und Tokios, bis zu 10.000 US-Dollar und mehr pro Quadratmeter. Im Jänner 1995 posaunte „Business World" noch in einem Leitartikel die Schlagzeile „Making Bombay the Big Apple" (Business World, 25.1.1997) in die Welt hinaus. Seither setzte ein Preisverfall ein, das heißt, besser gesagt eine Normalisierung auf ein realistischeres Niveau. Im März 1998 bewegte sich das Preisniveau zwar immer noch „in lichten Höhen", befand sich aber im Durchschnitt um 50 Prozent unter den Spitzenwerten von 1995, wobei interessanterweise der Preisverfall gerade im CBD höher lag (ca. 60 Prozent) als in den exklusiven Oberschichtwohnvierteln (um 40 Prozent).

Alle zwei Wochen erscheint die Immobiliengazette „Accomodation Times". Sie enthält laufend aktualisierte Tabellen mit Richtwerten für Immobilienpreise für die verschiedensten Stadtteile Bombays. Bestlagen rangieren derzeit bei 12.000 bis 16.000 Rupien (ca. 300 bis 400 US-Dollar) pro Quadratfuß, dies entspricht 3.000 bis 4.000 US-Dollar pro Quadratmeter, immer noch außerordentlich hoch für die angebotene mediokre Qualität der Businesshochhäuser, die, wie bereits erwähnt, nach drei Monsunjahren schon so aussehen, als ob sie 300 Jahre alt wären. Dabei handelt es sich nur um den jeweiligen „Richtpreis", besondere Lage (vor allem Meerblick) oder Ausstattungsqualität können den Preis noch einmal um 50 bis 150 Prozent anheben.

Der Einbruch der Wirtschaft und vor allem der Finanzmärkte hat gravierende Auswirkungen auf die Stadtentwicklung Bombays. Dies sei hier exemplarisch am Beispiel des zweiten Finanz- und Businessdistrikts dargestellt. Die Metropole war gerade dabei, sich von einer einpoligen CBD-Konzentration an der Südspitze der Insel Bombay hin zu einer polyzentrischen Entwicklung auszuweiten: Am Nordende der Insel, in rund 18 Kilometer Entfernung zum CBD und in günstiger Lage zum nationalen wie zum internationalen Air Terminal (fünf bzw. zehn Kilometer) ist ein zweiter Business- und Finanzdistrikt im Aufbau, „Bandra-Kurla" (benannt nach den beiden ersten Vororten nördlich der Insel). Dort ist auch noch immer die Diamantenbörse in Bau, die allein nahezu 2.500 Händlern für ihre Geschäfte dienen soll und damit Bombay in die erste Reihe der Weltzentren des Diamantenhandels (zugleich mit Amsterdam, Antwerpen und Tel Aviv) befördern würde. In den achtziger Jahren kam die Idee auf, diesen geplanten Business-Distrikt in den neuen Financial District Bombays umzuwandeln, in dem in- und ausländische Banken, Finanzagenturen, Broker etc. ihren Sitz haben sollten. Durch die massiven Einbrüche bei Firmengewinnen, Immobilien in Toplagen usw. erscheint dieser Standort vielen potentiellen Investoren plötzlich nicht mehr attraktiv genug.

Nach einem vollen Jahrzehnt bestehender Akquisition ist nicht einmal die Hälfte der Parzellen verkauft, und derzeit versucht eine Reihe von Firmen, bestehende Verträge über Anteile, Vorkaufsrechte etc. bei der Erschließungsgesellschaft, dem „Bombay Metropolitan Regional Planning Board", zu stornieren. Umweltschützer, die vor Gericht erfolgreich die Verbauung der Küstenzone anfechten, welche heute besonderen Schutzbestimmungen unterliegt, tragen ebenfalls zur Stagnation des Bandra-Kurla-Komplexes bei. Die am Gipfelpunkt des Marktbooms antizipierten Erwartungen konnten bisher nicht eingelöst werden.

Es bleibt die Frage offen, ob es sich um eine gigantische Fehlplanung handelt oder nur um eine vorübergehende Marktschwäche. „Irgendwann" werden auch in Indien Projekte fertig, wenn auch oft erst mit zehnjähriger Verspätung, wie zum Beispiel das größte Bahnprojekt in der indischen Geschichte, die Konkan-Railway von Bombay über Goa nach Mangalore entlang der indischen Westküste, die am 26. Jänner 1998 nach 15maliger Verschiebung (!) des Eröffnungstermins nun doch in Betrieb genommen wurde.

Der dritte große Business- und Finanzknoten entsteht in New Bombay (neuerdings auch „Navi Mumbai" genannt), und zwar im zukünftigen CBD „Belapur", derzeit noch quasi eine Geisterstadt, wobei die Infrastruktur und etliche Bürotürme fertiggestellt sind, die Firmen jedoch nicht aus Bombay umsiedeln wollen, weil Schulen, Krankenhäuser und das Freizeitangebot nicht bedarfsgerecht ausgebaut sind. Teilc von Neu Bombay sind ebenfalls schlüsselfertig, aber leer – wie zum Beispiel „Seawood Estate" in Nerul, wo an die 1.400 Luxuswohnungen in Wohntürmen in einem abgeschirmten Wohnpark errichtet wurden, die (Mitte 1998) bereits fast alle verkauft waren, jedoch an Non-Resident-Indians (NRIs), die hier für vergleichsweise wenig Geld – rund 50.000 US-Dollar – ein Appartement als Geldanlage oder für die alten Tage kaufen, jedoch überhaupt nicht in Bombay wohnen. Dieses Phänomen wird sich zweifellos in den nächsten Jahren noch verstärken.

Auch von seiten der Lohnabhängigen weht den „Globalisierern" ein immer schärferer Wind entgegen. So protestierten am 29. Dezember 1997 tausende Delegierte der „Federation of Medical Representatives Association" aus ganz Indien gegen die Pharmaindustrie, vor allem gegen die „anti-labour-policies of multinational pharmaceutical companies" (Times of India, 30.12.1997). Die Zerschlagung der gewerkschaftlichen Basis durch Franchising, Kontraktarbeit, Outsourcing und vor allem durch Ausnutzung von Heimarbeit ist in diesem Sektor besonders weit vorangeschritten. Es paßt zu diesen Auseinandersetzungen, daß wenige Tage nach dieser „Morcha" (Eigenname für Demonstrationsmarsch) Anfang 1998 die Innenstadt für künftige Großdemonstrationen gesperrt wurde, „da sich die Einwohner durch ständige Demos in ihren Rechten eingeschränkt fühlen" (Originalton des Chefinspektors der Polizei). Eigenartig auch deshalb, weil im CBD in der Fort Area (zumindest in der beanstandeten Südhälfte) kaum noch Menschen leben!

2.6 Soziale Entwicklung als soziale und sozialräumliche Polarisierung

Bombay ist heute eine Stadt in der Identitätskrise zwischen Hochkultur und zivilem Notstand – Traumtänzer zwischen Überlebenskampf, Lebensgier und Verschwendung, voll von Bewußtseinsgespaltenen, Hungerkünstlern und Geschäftemachern, die permanente Perpetuierung und Vertiefung des Oben und Unten, von Sein und Schein. Suketu MEHTA (1997, aus: Eine Metropole im Krieg gegen sich selbst, S. 23) charakterisiert die enormen Gegensätze treffend:

„In der *Bayview Bar des Oberoi Hotel* kann man eine Flasche *Dom Perignon* für 20.250 Rupien – mehr als das eineinhalbfache durchschnittliche Jahreseinkommen – bestellen; und das in einer Stadt, in der 40 Prozent aller Häuser über kein sauberes Trinkwasser verfügen. Mitten in einem Land, in dem noch immer etliche Menschen verhungern, bietet Bombay stolze 150 Diätkliniken. ‚Urbs prima in Indis' steht auf einem Schild vor dem ‚*Gateway of India*'. Bis zum Jahr 2020, so die Prognosen, wird Bombay die größte Stadt der Welt sein."

Gedanken zu jenen, die über das Wochenende zum Shopping nach London oder Paris fliegen, zu den 700.000 Obdachlosen, den „pavement dwellers", und zu jenen „in between" drängen sich auf.

2.6.1 Das schöne neue Leben der Eliten als Globalisierungsgewinner

Die soziale Polarisierung ist nicht nur vorhanden, sondern alle Indikatoren weisen darauf hin, daß sie ständig zunimmt. Während mindestens 40 Prozent der Haushalte unter der offiziellen Armutsgrenze leben (müssen), sind die Einkommen in den Führungspositionen seit der Liberalisierung um jährlich 20 Prozent und mehr gestiegen – im Vergleich dazu die Reallöhne im abgelaufenen Fiskaljahr hingegen nur um fünf Prozent. Multinationale Firmen zahlen im Schnitt für die gleiche Tätigkeit um 15 bis 20 Prozent höhere Einkommen als indische Firmen. Dazu kommen Begünstigungen wie Bereitstellung von Betriebswohnungen, Übernahme der Schulkosten teurer Privatschulen für die Kinder der Führungskräfte u.a.m. Eigentumswohnungen in Bestlage, wie schon erwähnt, kosteten Mitte 1995 bis zu 10.000 Dollar, Mietwohnungen zwischen 60 und 100 Dollar pro Quadratmeter und Monat, also vergleichbar mit Manhattan oder Monte Carlo. Ansprüche und Lebensstile der Eliten heben sich immer stärker vom Gros der Bevölkerung ab. Eigene Stromaggregate, Wassertanks auf den Dächern der Wolkenkratzer und Wachpersonal gehören schon lange zum Standardrepertoire der Oberschichten.

In jüngster Zeit entstehen nun erstmals eigene Business Parks in Bombay, Delhi und Bangalore, in denen vor allem Software-Spezialisten ihre eigene Lebens- und Arbeitswelt inszenieren, vollkommen abgekoppelt vom Leben im indischen „Mainstream". Der Wohnpark, die logische Weiterentwicklung des Business-Parks, kann etwa im bereits erwähnten Komplex in Nerul, New Bombay, elitär Gesinnte erfreuen. Früher bildete der zentrale Tempelkomplex sowohl die Stadtmitte der indischen Stadt wie des Universums, die neue Mitte ist das Clubhaus der wohnhaften Insider und ihrer Besucher, umgeben von Swimming-Pool, Tennis- und Golfplatz. Das Wachpersonal an den Außenmauern ist dezent in kleinen Wachhäusern untergebracht, Dienstpersonal und Zulieferer verwenden eigene Zufahrten, Eingänge und Lifte und bewegen sich würdig-leise. In den Luxusappartements zappen gelangweilte Kids zwischen den 24 Programmen, die bereits „Standard" sind, während ihre Eltern aus der „fully airconditoned flat" im klimatisierten Lift zur Garage im Keller fahren, um ihre klimatisierten Mercedes, BMW oder Chevrolets zu besteigen.

Doch Reichtum macht innovativ. Im Gespräch ist bereits ein Netz von Hubschrauberlandeplätzen in und um Bombay, um den Greueln des innerstädtischen Verkehrs zu entgehen. „Sahara Enterprises", ein führender Investor in Hochpreislagen, plant eine exklusive Gartenstadt im Bereich von Lonavla (Westghats), die vollkommen von der Außenwelt abgeschirmt sein soll – eine Idee geht dahin, daß dieser Traum der Schönen und Reichen nur mehr auf dem Luftweg erreichbar sein soll. Ein Luftschloß oder konkrete Utopie?

Diese Eliten, zu denen auch Filmstars, Politiker, Militärs, Diplomaten, „resident-foreigners" und vor allem Geschäftsleute zählen, treten auch unverhohlener denn je zuvor als „big spender" auf. Eigene Ladengalerien der „großen Namen" der Modewelt in Luxushotels, Restaurants, in denen das Menü mehr kostet, als andere im Jahr verdienen, Diskos, Bars und Clubs der „beautiful people" mit strenger Gesichtskontrolle und vor allem groß angelegte, Millionen Rupien teure Hochzeitsinszenierungen, zu denen als gesellschaftlichem Event Tausende geladen werden. Diejenigen, die dabei besonders übertreiben, füllen die Klatschspalten und werden noch dazu von der Masse der Armen insgeheim oder offen bewundert.

2.6.2 Die Globalisierungsverlierer, ihre Marginalisierung in der Lebens- und Arbeitswelt

Anmerkungen über die permanent voranschreitende Verelendung der „werktätigen" (wie der arbeitslosen) Massen als Globalisierungsverlierer sind nötig. Deren Marginalisierung in der Lebens- und Arbeitswelt und die daraus resultierende Entwicklung von Slums als stadtgeographischen Manifestationen dieses Prozesses sind ein unerschöpfliches Thema, das hier nur angerissen werden soll.

Als Kontrastprogramm zum „big spending" der Neureichen und der breiter werdenden „upper middle class" geht die Verelendung der Massen ungebremst weiter. Der Anteil von Menschen, die in Slums leben müssen (ursprünglich handelte es sich bei ihnen um nur als temporär gedachte Hüttensiedlungen) ist im Lauf der Jahrzehnte ständig gestiegen, 1966 waren es erst zehn Prozent, 1977 30 Prozent, heute leben in über 1000 Slums 5,5 Millionen Stadtbewohner, das heißt, mehr als die Hälfte der Gesamtbevölkerung. Im Vergleich der indischen Megastädte steht Bombay damit noch schlechter da als Kalkutta oder Delhi.

Eine idealtypische Sequenz der Slumentwicklung läßt sich in etwa wie folgt darstellen. Wenn ein Zuwanderer neu in der Stadt ankommt, versucht er zuerst in einer Ecke, einem ruhigen Straßenabschnitt, unter einer Brücke oder wo immer einen Platz zu ergattern – nicht leicht, da die „guten" Plätze immer schon vergeben sind. Daran anschließend geht es um die Suche nach einer Freifläche, auf der man eine provisorische Unterkunft errichten kann. Diese Fläche ist niemals „frei", sondern man wird von „slumlords", Unterwelt-Dons, Polizisten usw. „eingeladen", einen größeren Geldbetrag zum persönlichen Schutz und zum Schutz der Baufläche zu entrichten (die Summe kann ohne weiteres 20.000 Rupien betragen). Dafür darf man von eben diesen Personen auch das „Baumaterial" kaufen,

Plastikplanen, Pappe, Blechkanister, Wellblech, Äste usw. Gelingt es, in der Metropole Fuß zu fassen, kann man vielleicht die Familie nachholen, die im Heimatdorf zurückgelassen wurde, und allmählich wird die temporäre Unterkunft immer luxuriöser: Ziegelsteine ersetzen Wellblech bei Mauern und Dächern, es wird aufgestockt, ein Wald von Fernsehantennen läßt an der bitteren Armut der Bewohner zweifeln.

Möglich ist auch dies nur, wenn „Spenden" entrichtet werden, in Bombay insbesondere an die jungen Aktivisten der „Shiv Sena"-Partei – an die Registrierung im Wählerverzeichnis sind ja auch die rationierten Essenmarken für die Armenspeisungen und der Billigkauf von Lebensmitteln gebunden. Dies ist eine ideale Möglichkeit für Politik und Polizei, „gute" von „schlechten" Slumbewohnern zu trennen – Hindus von Moslems, Marathen von Biharis usw. Bei den Pogromen 1992/93 galten die Wählerverzeichnisse als erstklassige Richtschnur zur Markierung von Hütten – Plündern, Verbrennen, Umbringen konnte fein abgestimmt werden.

Für den zuständigen Abgeordneten ist der Slum eine Stimmbank, daher wirkt er auf seine Parteifreunde ein, in die Infrastruktur „guter" Slums zu investieren: Strom, Wasserzufuhr, befestigte Straßen und Wege usw. Langsam, aber sicher wird der Slum so zum voll entwickelten Stadtteil, und „shanty town" zum begehrten Immobilienobjekt. Es sind Beispiele bekannt, daß von Slumbewohnern, die wegziehen wollten, bis zu 100.000 Rupien Kompensation von den „slum landlords" verlangt wurden, quasi Ablösen nach dem Vorbild solcher in der Red Light Area.

Im „größten Slum Asiens" – Dharavi – mit ca. 800.000 Einwohnern, zeigt sich, wie weit der informelle Sektor mit dieser Wohnform gediehen ist. Es ist sicher ein Ort mit einer der weltweit effizientesten Recyclingstrukturen in bezug auf Plastik, Papier, Glas und Metallwaren. „India Today" schätzte 1993, daß in Dharavi täglich Waren im Wert von 400.000 US-Dollar produziert werden, und daß zwei Drittel der wohnhaften Erwerbstätigen auch im Slum selbst arbeiten. Zu den düsteren Aspekten gehört gerade hier die weit verbreitete Kinderarbeit in schmutzigen, gefährlichen Tätigkeiten (Abdeckereien, Gerbereien, Entsorgung von Giftstoffen usw.). Etliche der Bewohner sind in schwerer quantifizierbaren Aktivitäten beschäftigt: im Schmuggel (die Küste ist lang, Polizeiboote sind selten), in Schwarzbrennereien, in der Prostitution und als *„goonda"* (Mitglieder von Banden).

Dharavi erhielt viele Entwicklungsgelder (z.B. vom „Rajiv Gandhi Fund") und gehört heute zu den bestentwickelten Slumzonen Bombays. Ganz andere, international – und in der Fachliteratur – völlig unbekannte Gebiete sind ungleich schlimmer, hier sei auf ihre Nennung verzichtet. Ein Slum, direkt gegenüber der Skyline von Nariman Point, war auch Ziel zahlreicher Untersuchungen. Von ihm aus fahren noch immer die Koli-Fischer in ihren traditionellen Dhaus zum Fischfang aus. Sie wollten nicht aufgeben, obwohl das Land in Rufweite zum CBD Gold wert war. Innerhalb von 25 Jahren wurde diese Ansiedlung achtmal von „Unbekannten" gebrandschatzt (vermutlich im Auftrag von Bauspekulanten), erstand aber jedesmal neuerlich wie Phönix aus der Asche.

Vom „slum removal" spricht heute niemand mehr. Das gewinnbringende Zurückhalten von Brachflächen oder Bauerwartungsland verhindert sozialen Wohnungsbau selbst dann, wenn ausreichend Mittel dafür bereitgestellt werden könnten. Die jetzt in Bombay regierende rechtsradikale Partei „Shiv Sena" hat einen Plan zur Schaffung von Wohnraum für vier Millionen Menschen vorgelegt, doch sprechen Wohnbauexperten von einer politischen Seifenblase. Die Lebensbedingungen in vielen Slums werden nach und nach, vor allem durch Eigenleistungen der Bewohner, verbessert. In manche Projekte sind auch viele Millionen geflossen (wie oben erwähnt z.B in das „Rajiv Gandhi Scheme" für den größten Slum Asiens auf der Nordspitze der Insel Bombay, Dharavi). Trotzdem bleiben die hygienischen und sozialen Zustände vielerorts nach wie vor katastrophal. In manchen Slums stirbt jeder vierte Säugling im ersten Lebensjahr, mindestens 250.000 Frauen sind in die Prostitution abgedrängt und 500.000 bis 700.000 Menschen leben überhaupt ohne Dach über dem Kopf als „pavement dweller", kommen also nicht einmal in den „Genuß", irgendeine Unterkunft zu haben (alle Angaben aus verschiedenen Quellen, u.a. CHAKRAVORTY 1996; BANERJEE-GUHA 1994; PATEL und BURRA 1994; PATEL 1996; BABAT 1992; SEBASTIAN 1995).

Der „Socio-Economic Report" über Bombay 1994/95 zeigt auf (S. 39), in welchem Ausmaß der informelle Sektor gewachsen ist: 1961 umfaßte er 49 Prozent der Arbeitenden, 1971 50 Prozent, 1981 55,4 Prozent, 1991 65,6 Prozent. Dies ist auch eine indirekte Bestätigung für die stetig abnehmenden Möglichkeiten im organisierten Fabriksektor.

Neuere Untersuchungen zeigen, daß von der Fläche Greater Bombays (436 km^2, nach anderen Quellen 448 km^2) erstaunlicherweise nur ca. 15 km^2 von Slums bedeckt werden, damit liegt die Einwohnerdichte in ihnen bei 367.000 Menschen pro km^2! Diese Dichten provozieren förmlich die Schattenseiten der Metropole: Unterernährung, Hunger, Tuberkulose, Lepra, Rattenplage, Kriminalität und andere soziale Anomalien. In Bombay ist die Geschichte der Abfolge von der Slumbeseitigung zur Slumverbesserung und Slumumwandlung unendlich lang. Es gibt teilweise einander überlagernde, widersprüchliche Maßnahmen der Stadtverwaltung, der Landes- wie Bundesregierung, von NGOs, Weltbank und lokalen Selbsthilfeorganisationen (PANWALKAR 1996). „Low Cost Housing", „Squatter Upgrading", „Sites and Services" kommen zur Anwendung. Schwerpunkte liegen in der Bereitstellung von Infrastruktureinrichtungen, Kreditvergaben zur Wohnraumverbesserung und vor allem in der Legalisierung von Bodenrechten.

Die Mehrheit der Bevölkerung der Megastadt ist in vielfältiger Weise marginalisiert, „an den Rand gedrängt": In der Arbeitswelt in überwiegend informelle Tätigkeiten, in der Wohnwelt („temporäre" Hütten), im Raumgefüge der Stadt (leben auf minderwertigen, randstädtischen Flächen) und in der sozio-kulturellen Dimension (niedrige Kasten, „scheduled tribes", Minoritäten alle Art). Insgesamt ist es eben ein Elendsdasein „am Rand" des Überlebens.

Die übrigen Bewohner „in between" sind ebenfalls nicht auf Rosen gebettet. Drei von vier Haushalten in Bombay verfügen nur über einen einzigen Raum („one room tenements"). An die 20.000 Altbauten sind einsturzgefährdet, da wegen des „Rent Control Act" notwendige Reparaturen sträflich vernachlässigt werden. Kollaps der Infrastruktur ist inzwischen so „normal", daß dies mit stoischer Ruhe hingenommen wird (besonders in Monsunperioden). Ökologische Probleme, wie die Luftverschmutzung, sind schwer zu ertragen, aber noch nicht so extrem wie etwa in Delhi. S-Bahn Züge sind ganztags so überfüllt, daß man kaum noch zu- oder aussteigen kann (bis zu 4.500 Personen pro Zug bei einer Kapazität von 1.600).

Die Leidensfähigkeit, eine spezifische Stärke der indischen Mentalität, wird tagtäglich von den „Bombayites" aller Klassen und Kasten neu getestet.

3. Migrationsmuster in Bombay – Kontinuität und Wandel

Mumbai, Mumbai, My Beloved Whore
(Mumbai, Mumbai, mazhya priya rande)
von Namdeo DHASAL

Stanza 5
Years, years after years
They can't return to their places of origin
A great deal lost
A good deal gained
Time offers no solace
Save for me just one moment of pain
I won't go away from you
Like a ragged beggar
Mumbai
My beloved whore
I'll rob you and then go

from Stanza 10
O Sun
Drink this city up
O Earth, gather this city into your womb
O Water, smother this city to death
Man is the heir, only in dust and air ...

from Stanza 11
... O whore with the heart of gold
I won't go away from you like a ragged beggar
I'll strip you to your bone
Come, throw open the gates of heaven to the poor devils
Mumbai, my beloved whore
I'll take you for a ride
I'll strike you dumb
And go.

Aus: KHEL (1983). Übersetzt aus dem Marathi von Mangesh KULKARNI und Abhay SARDESAI. In: Sujata PATEL und Alice THORNER (1996): Bombay, Mosaic of Modern Culture. S. 155–156.

3.1 Vorbemerkung

Bis zum Zeitpunkt der Fertigstellung dieses Beitrags (Juni 1998) sind (immer) noch keine Migrationstabellen der jüngsten Volkszählung 1991 – des „Census of India" – in New Delhi oder von der zuständigen Behörde des Bundesstaates Maharashtra veröffentlicht. Nachfolgende Ausführungen stützen sich deshalb auf Auszüge der Originaldatenbank der Data Processing Division, Registrar General, Census of India, New Delhi. Die Datenauswertung basiert auf eigenen Berechnungen des Autors. Unterstützend werden die Ergebnisse einer Befragung von rund 11.000 Haushalten in der Bombay Metropolitan Region durch ORG („Operations Research Group") 1990 miteinbezogen, die zwar als Mehrzweckstudie konzipiert ist, jedoch auch migrationsspezifische Informationen enthält. Case Studies des „Department of Migration and Urban Studies" des „International Institute for Population Science", Bombay, ergänzen diese Angaben. Zu einigen interessanten Fragestellungen, für die kein neues Datenmaterial vorliegt, werden Ergebnisse früherer Volkszählungen herangezogen.

3.2 Limitierungen der Zensusdaten

Die Volkszählung definiert Migranten als Personen, die in Bombay gezählt werden, jedoch außerhalb der Stadtgrenze geboren wurden. Aus dieser Definition erwachsen Nachteile für die Analyse, z.B. kehren noch immer traditionsbedingt nicht wenige Mütter zur Geburt ihrer Kinder für einige Wochen in ihre Heimatdörfer zurück, während gleichzeitig Angehörige von Oberschichten aus anderen Teilen des Landes gerade eine Geburtsklinik in der Metropole wegen der führenden medizinischen Standards aufsuchen. Bereits seit 1881 gibt es Statistiken für Bombay nach der Herkunft der Zuwanderer aus den verschiedenen Landesteilen Indiens. Jedoch bestehen keine inversen Statistiken, die den Anteil von in Bombay Geborenen in anderen Landesteilen angeben. Somit ist es zwar möglich, ein recht genaues Bild der Komponenten der Zuwanderung zu entwerfen, nicht jedoch der Abwanderung oder Rückwanderung, damit auch nicht (direkt) der Gesamtwanderungsbilanz. Auch die – ohne Zweifel vorhandene – zirkuläre Migration – (z.B. Fabrikarbeiter fahren im jahreszeitlich bedingten Rhythmus zur Erntehilfe „nach Hause" oder Beamte werden alle drei Jahre versetzt etc.) ist mit dieser Datenlage nicht erfaßbar. In diese Analyse gehen also nur die außerhalb Bombays geborenen Zuwanderer ein.

Neben diesen Einschränkungen bestehen auch berechtigte Zweifel an der Totalerfassung der Gesamtbevölkerung insgesamt wie der Zuwanderer im speziellen. Darauf wird im folgenden Abschnitt genauer eingegangen. Dieses Mißtrauen gegenüber der Datenlage des letzten Zensus ist keineswegs auf Bombay allein beschränkt. So kommt etwa Ashish BOSE, einer der führenden Urbanisationsforscher Indiens, zu folgender Beurteilung (in BOSE 1994, S. 357): „The increasing urbanization and the greater mobility of persons make the task of census enumeration increasingliy difficult. The presence of large homeless and squatter populations also adds to the miseries of the census enumerators who go from house to house during the census. The possibility of a much higher under-count in the 1991 census in the big cities and towns may not be ruled out. We have roughly estimated that in the cities with populations of 100.000 and over, the undercount must have been approximately 10 percent, and in the other areas 5 percent." Diese Einschätzung präsentierte BOSE bereits in einem Vortrag im National Institute of Urban Affairs in New Delhi im September 1991. Und weiter 1994, ebenda: „Adjusting for this degree of under-count, we estimate that the urban growth rate during 1981–1991 must have been approximately 47.3 percent and not 36.1 percent as claimed in the official figures."

Damit wäre aber die gesamtindische Urbanisierungsrate in der letzten Dekade die bisher höchste (!) und würde allen Spekulationen über eine Trendwende widersprechen! Ich habe an dieser Stelle weiter ausgeholt, um noch einmal auf die grundsätzliche Problematik der Datenkonfiguration und -aufbereitung hinzuweisen, denn dies obliegt der Sorgfaltspflicht des Wissenschaftlers. Noch ein Vergleich aus der Demographie: es wäre kein Problem, aus dem vorhandenen Material über Bombay feinere demographische Kennziffern abzuleiten, etwa die Nettoreproduktionsrate (NRR = „net reproduction rate"); diese entspricht der Anzahl der Mädchengeburten von Frauen eines bestimmten Geburtenjahrgangs am Ende ihrer Fruchtbarkeitsperiode, die ihrerseits unter Berücksichtigung der vorherrschenden Sterbewahrscheinlichkeiten das gebärfähige Alter erreichen (liegt der Wert bei 1, ersetzt quasi die Töchter- ihre Müttergeneration). Doch welchen Sinn ergäbe eine derartige Scheingenauigkeit, wo doch schon die „primitive" Geburtenrate (CBR = „crude birth rate", gleich der Zahl der Lebendgeborenen je 1000 Einwohner) mit größter Vorsicht zu genießen ist. Wie in persönlichen Gesprächen mit führenden indischen Bevölkerungswissenschaftlern, etwa im „International Center for Population Science" in Bombay-Chembur, anklingt, ist es – aus den verschiedensten Gründen – durchaus denkbar, daß in Bombay (zumindest in den Slums) vielleicht jede zehnte Geburt überhaupt nicht von den Behörden registriert wird. Nachfolgende Ausführungen sind unter dem Vorbehalt dieser Limitierungen zu verstehen.

3.3 Wichtige Komponenten der Migration auf Grundlage des Zensus 1991

3.3.1 Umfang der Migration für den Zeitraum 1981 bis 1991 für „Greater Bombay" (BMC) und „Bombay Urban Agglomeration" (Bombay U.A.)

Innerhalb der Stadtgrenzen von 1981, das heißt, als „Bombay Municipal Corporation" (BMC) oder auch „Greater Bombay" (bestehend aus Bombay Island, Eastern Suburbs und Western Suburbs) stieg die Einwohnerzahl der Metropole auf einer Fläche von 448 km² zwischen 1981 und 1991 von 8,24 Millionen auf 9,93 Millionen Einwohner, also um ca. 1,7 Millionen. Dies entspricht der Gesamtbevölkerung Wiens! Trotz dieser Größenordnung blieb die Zählung jedoch deutlich hinter den Vorausschätzungen zurück. Während in den Jahrzehnten zwischen 1951 und 1981 die Stadt um durchschnittlich 3,4 Prozent im Jahr wuchs, und sich damit immer über den Zuwachsraten sowohl Indiens wie auch des Bundesstaates Maharashtra befand, tritt im letzten Jahrzehnt eine Trendumkehr ein. Das jährliche Wachstum liegt jetzt nur noch bei 1,9 Prozent und damit unter dem Landes- bzw. Bundesniveau. Zwischen den Stichjahren 1971 und 1981 betrug die Migration noch 47 Prozent des Gesamtwachstums der Metropole, also nahezu die Hälfte. Dieser Anteil sank für die Dekade 1981–1991 auf bloß noch 17 Prozent ab. Absolut gesehen, verrringerte sich der Zuwachs durch Zuwanderung von 1,068 Millionen (1971–1981) auf nur noch 283.000 (1981–1991).

Die Probleme der Dateninterpretation beginnen bereits hier. So schließt z.B. das „Centre for Research & Development" (1996) in seiner Studie „Socio-Economic Review of Greater Bombay 1994/95" größere Fehler im Erfassen der Population bei der Volkszählung im Mai 1991 überhaupt nicht aus (zit. S. 23): „The sharp fall in the population growth and migration's contribution to it raise some doubts regarding the reliability of the census count for Greater Bombay. These doubts are strengthened when one compares the enumerated population of 9.9 with 10.5 millions projected by the Registrar General using the urban-rural growth differential method evolved by the United Nations."

Diese Schätzung von 10,5 Millionen Einwohnern basierte auf einer angenommenen Wachstumsrate von jährlich 2,5 Prozent und einem Anteil der Migration am gesamten Wachstum in der Größenordnung um 39 Prozent. Möglich scheint aber auch, daß die Sättigung hinsichtlich Wohn- und Arbeitsmöglichkeiten längst eingetreten ist, zeigt doch die Insel Bombay (heute quasi der Kernbereich der Megastadt) innerhalb der BMC 1991 erstmals sogar Bevölkerungsverluste auf. Das Verschwinden von ca. 150.000 Arbeitsplätzen im sekundären Sektor und die horrenden Bodenpreise, Mieten und Ablösen im Wohnungswesen lassen eine solchermaßen gebremste Entwicklung durchaus möglich erscheinen.

Während bis zum Zensus 1981 die Metropole immer nur in den Grenzen von Greater Bombay als statistische Einheit der Zuwanderung fungierte, trat 1991 eine wichtige Änderung ein, wobei die statistische Erfassung als urbane Agglomeration schließlich die real stattgefundene Entwicklung zur Kenntnis nahm. Die Vergleiche mit den anderen Megastädten des Landes – Delhi, Kalkutta und Madras/Chennai – wurden dadurch verzerrt, daß jene schon zuvor mit ihren Trabantenstädten und rural-urbanen Siedlungseinheiten als Konurbationen ausgewiesen wurden. So bestand die Agglomeration von Kalkutta bereits 1981 aus 107 „constituent units", und 1991 aus 129. Die „Delhi Urban Agglomeration" wies 1991 drei „Statutory Towns" und weitere 23 „Census Towns" auf (Angaben aus Census of India, Series-1, 1991, Rural-Urban Distribution, S. 47 ff.). Die Erweiterung Bombays zur „Urban Agglomeration" (Bombay U.A.) schloß fünf weitere Städte des Thana (jetzt Thane) Districts ein, nämlich Kalyan M. C., Thane M. C., Ulhasnagar Municipality, New Bombay ST, und Mira Bhayandar Municipality. Mit diesen Eingemeindungen wuchs Bombay 1991 schlagartig auf 12,57 Millionen Einwohner und setzte sich damit erstmals an die Spitze der indischen Städtehierarchie.

Für die Analyse der Migrationsströme des Stichjahres 1991 ist es in jedem Fall sinnvoll, als Basis der Berechnungen die „Urban Agglomeration" (Bombay U.A.) heranzuziehen. In bezug auf die noch weiter ausgreifende „Bombay Metropolitan Region" (BMR) sind noch immer keine Zensusdaten zur Migration verfügbar, doch kann vergleichend und ergänzend auf den „Multi-Purpose-Household-Survey" von 1990 (Stichprobe von 11.000 Haushalten) zurückgegriffen werden.

Bei der Volkszählung 1981 deklarierten sich von der damals festgestellten Gesamtbevölkerung Greater Bombays von 8,2 Millionen Einwohnern 4,24 Millionen als Zuwanderer, das heißt, mit 51,5 Prozent mehr als die Hälfte der Bewohner. Für den Zensus 1991 sind zwar 4,436 Millionen als Migranten ausgewiesen, das wären um 200.000 Personen mehr als 1981, doch gilt dieser Absolutwert für „Bombay U.A." mit seinen 12,57 Millionen Einwohnern. Das bedeutet, daß nur noch etwas über ein Drittel der Bevölkerung, nämlich 35,3 Prozent, als Zuwanderer definiert sind. Bezogen auf die räumliche Basis von 1981, Greater Bombay, deklarierten sich 1991 3,7 Millionen der 9,91 Millionen Bewohner als Migranten, das entspricht einem Anteil von 37,4 Prozent. Jedenfalls ist es unwahrscheinlich, daß eine solch deutliche Verminderung der Migrantenquoten innerhalb eines Jahrzehnts nur auf Enumerationsfehlern basiert. Ob dies jedoch eine Abschwächung der Migrantenströme aus Gründen, die in Bombay und/oder in den Herkunftsgebieten oder in einer Kombination von beidem liegen, bedeutet, geht daraus noch nicht hervor. So könnte der Verlust zehntausender Arbeitsplätze in der Industrie eine forcierte Rückwanderung nach möglichem Scheitern in der Metropole bewirken, genau so schafft die Auslagerung von Produktionseinheiten in periphere Regionen Arbeitsmöglichkeiten in diesen und verhindert damit teilweise die Abwanderung.

3.3.2 Langfristige Trends der Zuwanderung und Sexualproportion

Verfolgt man die Quote der außerhalb Bombays Geborenen bis an den Beginn des Jahrhunderts zurück (Zensus 1901), so bewegte sich diese bis 1951 zwischen 72 und 84 Prozent (das heißt, daß z.B. im Jahr 1921 von 100 Einwohnern nur 16 aus der Stadt stammten), 1961 sank dieser Anteil auf 64,2 Prozent, 1971 auf 56,5 Prozent und 1981 auf 51,5 Prozent. Auch ohne die in Frage gestellten Resultate von 1991 findet also ein bereits seit Jahrzehnten andauernder Prozess der Zunahme des Anteils der Gebürtigen zuungunsten der Zuwanderer statt. Dies gilt nur für die Migranten insgesamt, nicht jedoch für spezifische Altersgruppen (etwa 30–34Jährige).

Mit dem sinkenden Anteil der Migranten an der Gesamtbevölkerung flacht sich auch die Ungleichverteilung in der Geschlechterproportion merklich ab. Standen noch 1951 nicht weniger als 1.659 Männer 1000 Frauen gegenüber, so verminderte sich diese Disparität

1961 auf 1.507, 1971 auf 1.395, 1981 auf 1.296 und schließlich 1991 auf 1.222 Männer auf 1000 Frauen oder umgekehrt 818 Frauen auf 1000 Männer. Da die Migrantenströme nach Bombay insgesamt einen deutlichen Männerüberhang zeigen, ist auch diese Entwicklung ein Indikator der abgeschwächten Migrationsneigung nach Bombay: 1991 sind von 100 Migranten (statistisch) 56,2 Männer und 43,8 Frauen. Dies bedeutet – absolut – immer noch einen Überhang von mehr als einer halben Million Männern (553.000), eine Tatsache, die ohne Zweifel zum Nährboden für soziale Anomalien (Prostitution, Kinderarbeit im informellen Sektor, politische Radikalisierung Jugendlicher etc.) nicht unwesentlich beiträgt.

Die Entwicklung der Sexualproportion in der Megastadt Bombay muß auch vor dem gesamtindischen Hintergrund interpretiert werden, besteht doch in Indien ein gewaltiges Minus von 31 Millionen Frauen (!) gegenüber dem Männeranteil (1991: 407 gegenüber 438 Millionen – vgl. Ergebnisse bei Census of India 1991, Series-1, Paper-2, S. 93) – während für die westlichen Industriestaaten ein Frauenüberschuß heute die Norm ist. Das Geschlechterverhältnis kann durchaus als Indikator für den Status von Frauen innerhalb einer Gesellschaft verwendet werden. Eine Reihe von Einflüssen wirkt auf die Sexualproportion ein, wie unterschiedliche Sterberaten bei Frauen und Männern, Geschlechterproportionen bei der Geburt in den Herkunftsregionen sowie das soziokulturelle Umfeld. Frauen in Indien erfahren eine Vielzahl von Diskriminierungen: Abtreibung von Millionen weiblicher Föten, eine grundsätzliche Bevorzugung der Knaben (etwa bei der Versorgung mit Nahrung), hohe Müttersterblichkeit u.a.m. Seit 1901 ist der Frauenanteil an der Bevölkerung Indiens aus diesen Gründen kontinuierlich gefallen. Kamen 1901 noch 972 Frauen auf 1000 Männer, so waren es 1991 nur noch 929. Jedoch gilt dieser Männerüberhang keineswegs für alle Migrantenströme nach Bombay, wie noch zu zeigen sein wird.

3.3.3 Internationale und nationale Zusammensetzung der Migrationsströme mit Sexualproportion und ruraler/urbaner Herkunft

Fast genau zwei Drittel der Migranten stammten 1991 aus dem ländlichen Raum (66,3 Prozent), ein Drittel (33,6 Prozent) aus anderen Städten. Da der Anteil der städtischen Bevölkerung Indiens an der Gesamtbevölkerung in diesem Stichjahr nur bei 25,2 Prozent lag, ist damit trotzdem ein überproportionaler Zuzug urbaner Migranten nach Bombay gegeben. Interessant ist dabei ein „gegenläufiger" Trend für den „eigenen" Bundesstaat Maharashtra: 70,8 Prozent der Zuwanderer sind aus Dörfern gekommen, nur 29,2 Prozent aus Städten, obwohl der Bundesstaat mit 38,7 Prozent Anteil (1991) von urbaner Bevölkerung an seiner Gesamteinwohnerschaft zu den am stärksten verstädterten Räumen Indiens gehört.

Hier sei die Hypothese gewagt, daß dies nicht aus einem besser entwickelten urbanen System (Zentrale Orte, Wachstumspole etc.) im eigenen Bundesstaat resultiert, welches die Städter stärker bindet, sondern aus den im Vergleich zu entfernteren Landesteilen besseren Möglichkeiten der Migranten aus dem ländlichen Raum zu saisonaler, zirkulärer oder episodischer Migration ohne völlige Aufgabe ihrer jeweiligen Herkunftsgebiete, Dörfer usw. Indien besteht heute aus 25 Bundesstaaten und sieben Unionsterritorien, und aus allen diesen Landesteilen kommen Migranten nach Bombay, wie aus Tabelle 1 hervorgeht (vgl. dazu auch Abbildung 1 zur Raumgliederung Indiens nach Bundesstaaten und Territorien in Kapitel 1). Die Tabelle soll die regionale Herkunft der Zuwanderer verdeutlichen, und zwar nach den wichtigsten Kriterien: Geschlechterverhältnis und Herkunft aus dem städtischen bzw. ländlichen Raum.

Tabelle 1: Migranten in „Bombay U.A." 1991, definiert nach ihrem letzten Aufenthaltsort vor der Zuwanderung

		Migranten insgesamt	davon Männer absolut	relativ*
Alle Migranten		4.436.167	2.494.516	56,2
A.	**zuletzt in Indien**	4.339.787	2.442.426	56,3
	rural	2.877.192	1.693.112	58,8
	urban	1.456.325	745.954	51,2
I.	**innerhalb von Maharashtra**	1.994.136	1.070.172	53,7
	rural	1.411.756	788.832	55,9
	urban	580.520	280.470	48,3
(a)	innerhalb von Bombay U.A.	57.490	26.190	45,5
	rural	26.010	11.550	44,4
	urban	31.380	14.600	46,5
(b)	aus den übrigen Distrikten	1.936.646	1.043.982	53,9
	rural	1.385.746	777.282	56,1
	urban	549.140	265.870	48,4
II.	**aus allen übrigen Bundesstaaten**	2.345.651	1.372.254	58,1
	rural	1.465.436	904.280	61,7
	urban	875.805	465.484	53,1
(1)	Andhra Pradesh	98.120	52.830	53,8
	rural	53.750	30.430	56,6
	urban	44.260	22.350	50,5
(2)	Arunachal Pradesh	420	220	
	rural	280	140	
	urban	140	80	
(3)	Assam	3.830	2.250	58,7
	rural	1.720	1.060	
	urban	2.070	1.150	
(4)	Bihar	59.310	39.650	66,8
	rural	43.050	29.890	69,4
	urban	16.170	9.680	60,0
(5)	Goa	40.390	18.200	45,0
	rural	17.290	7.860	45,5
	urban	22.770	10.160	44,6
(6)	Gujarat	474.600	236.190	49,8
	rural	280.520	144.240	51,5
	urban	193.000	91.520	47,4
(7)	Haryana	12.020	6.620	55,0
	rural	7.690	4.500	58,5
	urban	4.300	2.100	48,8
(8)	Himachal Pradesh	5.400	3.310	57,4
	rural	3.600	2.340	
	urban	1.770	950	
(9)	Jammu and Kashmir	4.010	2.340	58,3
	rural	1.320	820	
	urban	2.670	1.520	

		Migranten insgesamt	davon Männer absolut	relativ*
(10)	Karnataka	275.187	145.050	52,7
	rural	149.846	81.940	54,7
	urban	125.011	62.920	50,3
(11)	Kerala	127.480	75.940	59,5
	rural	69.840	42.660	61,1
	urban	57.360	33.090	57,9
(12)	Madhya Pradesh	44.910	21.870	48,7
	rural	17.830	9.330	52,3
	urban	26.900	12.440	46,2
(13)	Maharashtra	0	0	
(14)	Manipur	1.010	560	
	rural	670	380	
	urban	330	170	
(15)	Meghalaya	620	330	
	rural	210	150	
	urban	410	180	
(16)	Mizoram	1.670	870	
	rural	960	530	
	urban	700	330	
(17)	Nagaland	360	220	
	rural	250	150	
	urban	110	70	
(18)	Orissa	15.240	10.130	66,6
	rural	11.280	7.720	68,4
	urban	3.930	2.390	60,8
(19)	Punjab	30.840	16.310	53,0
	rural	13.120	7.470	56,8
	urban	17.640	8.790	49,8
(20)	Rajasthan	135.790	81.310	59,9
	rural	89.320	55.290	61,9
	urban	46.140	25.850	56,1
(21)	Sikkim	720	350	
	rural	430	210	
	urban	280	140	
(22)	Tamil Nadu	139.330	78.500	56,4
	rural	67.360	40.120	59,6
	urban	71.820	38.300	53,3
(23)	Tripura	900	540	
	rural	490	350	
	urban	410	190	
(24)	Uttar Pradesh	795.144	536.104	67,4
	rural	619.890	427.250	68,9
	urban	174.274	108.164	62,1
(25)	West Bengal	48.020	27.430	57,1
	rural	10.530	7.170	68,1
	urban	37.440	20.210	54,0
(26)	Andaman and Nicobar Islands	880	360	40,9
	rural	360	210	
	urban	510	140	

		Migranten insgesamt	davon Männer absolut	relativ*
(27)	Chandigarh	1.300	750	57,7
	rural	420	280	
	urban	880	470	
(28)	Dadra and Nagar Haveli	390	160	
	rural	130	270	
	urban	240	90	
(29)	Daman and Diu	910	360	39,5
	rural	240	50	
	urban	660	310	
(30)	Delhi	26.060	13.070	50,2
	rural	2.870	1.570	
	urban	22.990	11.400	
(31)	Lakshadweep	100	500	
	rural	20	10	
	urban	80	40	
(32)	Pondicherry	690	380	
	rural	150	90	
	urban	540	290	
B.	**Zuletzt außerhalb Indiens wohnhaft**	88.150	47.440	53,8
	1. Länder in Asien außer Indien	81.650	44.450	54,4
	2. Andere Länder	6.500	2.990	
C.	**Nicht klassifizierbar**	8.230	4.650	

Quelle: Census of India 1991, Migration Tables (1997), Auszug Tabelle D-3.
Die Summe für rurale und urbane Zuwanderer liegt zumeist etwas unter der Gesamtzahl des Bundesstaates, weil diese Tabelle auf einer Rohfassung vor der Abklärung strittiger Zuordnungen basiert.
*) Relative Anteile männlicher Migranten nach eigenen Berechnungen unter Vernachlässigung kleiner regionaler Segmente.

Aus dieser Tabelle der Wanderungsströme läßt sich eine Reihe von wichtigen Befunden ableiten: das Ausmaß der Migration und regionalspezifische Muster, differenziert nach ruralen und urbanen Anteilen sowie nach der Relation von Männern und Frauen. Trotz Hinweisen auf die abnehmende Bedeutung der Zuwanderung ist die Anzahl der Fremdgebürtigen in Bombay U.A. mit 4,44 Millionen die mit Abstand größte aller Metropolen Indiens, gefolgt von Delhi mit 3,65 Millionen und Kalkutta mit 2,62 Millionen. In Prozentwerten ausgedrückt liegen die Anteile der Migranten in Bombay und Delhi genau gleich hoch – je 35,3 Prozent, in Kalkutta dagegen deutlich niedriger bei 26 Prozent. Dies könnte mit der noch immer vorhandenen Attraktivität von Bombay und New Delhi für die Zuwanderer zu tun haben, während Kalkutta schon seit über 30 Jahren an einer Dauerkrise laboriert.

3.3.4 Deutungsversuch der internationalen „In- and Outmigration"

Von den Zuwanderern nach Bombay sind nur 88.150 Personen außerhalb Indiens geboren, das entspricht nicht einmal zwei Prozent. Darin kommt doch sehr deutlich zum Ausdruck, daß Indien (bisher) kein Einwandererland ist und die beginnenden Einwirkungen der Globalisierung auf die internationale Migration nach Bombay noch nicht greifen. Eine Differenzierung dieses Merkmals liegt nur für Greater Bombay vor (Migration Tables D-1), wobei von 78.020 außerhalb Indiens Geborenen 72.100, also 92,4 Prozent aus asiatischen Staaten stammen, von diesen wiederum 48.850 aus Pakistan (62,6 Prozent) und 12.860 aus Nepal (16,5 Prozent), das heißt, 79 Prozent aller Auslandszuwanderer kommen aus den beiden Nachbarstaaten, wobei die „Zuwanderer" aus Pakistan weitgehend identisch mit den bei der politischen Teilung vor 50 Jahren Vertriebenen aus Sindh, Punjab und Belutschistan im heutigen Pakistan sind – heute bereits eine „aussterbende" Gruppe. Desgleichen stellen die Nepali ein traditionelles Element der Migration nach Indien dar, ist doch die armutsbedingte Abwanderung aus Nepal seit Generationen üblich, wobei die bevorzugte Tätigkeit in spezifischen Berufen (Köche, Wächter) die Metropolen besonders attraktiv erscheinen läßt.

Die verschwindend geringen Anteile von ca. 3000 „Weißen" aus Europa, Amerika und Australien und etwa gleichviel Afrikanern zeigen, daß Indien auch in migrationsspezifischer Hinsicht ein international noch weitgehend abgeschlossenes „Endland" darstellt. Allerdings stammen diese Daten vom Zensus 1991; durch die schlagartige wirtschaftliche Öffnung des Landes im Zuge der Liberalisierung der Wirtschaft im gleichen Jahr und den sprunghaften Anstieg der MNCs dürften im bisherigen Verlauf der neunziger Jahre deutlich mehr westliche Führungskräfte temporär nach Bombay zugezogen sein, was auch in den exorbitanten Mieten für Bestlagen bis Mitte 1995 zum Ausdruck kommt. Vermutlich ist dies jedoch eine vorübergehende Erscheinung, da auch ausländische Firmen, die voll in die globalisierte Weltwirtschaft integriert sind, sehr rasch ihre Führungspositionen in der Megastadt mit indischen Managern besetzen.

Über die „Outmigration" aus Bombay und Indien existiert kein verläßliches Datenmaterial. Nach dem Länderbericht Indien des Statistischen Bundesamtes Wiesbaden 1995 (dort Tab. 3.13, S. 41) lebten 1987 12,7 Millionen Inder im Ausland, wobei rund 8,2 Millionen auch eine fremde Staatsbürgerschaft angenommen haben. Ungefähr 30 Prozent der Emigranten entfielen auf Nepal (mit dem auch ein lebhafter „kleiner Grenzverkehr" existiert), neun auf Malaysia, acht auf Sri Lanka; sieben Prozent lebten in Südafrika, sechs in Großbritannien. Zwischen 1980 und 1987 hatte sich die Wanderungsbewegung in die Länder des Nahen Ostens sprunghaft mehr als verzehnfacht (1987 acht Prozent aller indischen Migranten), sackte jedoch durch restriktive Maßnahmen der Golfstaaten in den neunziger Jahren wieder ab.

Andere Schätzungen der Personen indischer Abstammung im Ausland schwanken zwischen zwölf und 20 Millionen, wobei diese ganz unterschiedlich strukturierte Migrationsströme umfassen: Frühe Wanderungsziele im 19. Jahrhundert, als der britische Imperialismus indische Plantagenarbeiter („Kulis") nach Malaysia, Fidschi oder Surinam „vermittelte"; Wanderhändler und Kaufleute, die vor allem nach Ost- und Südafrika, aber auch nach Singapur oder in die Südsee zogen; nach dem Ende des Zweiten Weltkriegs eine Zuzugswelle nach Großbritannien, nach Hongkong und in andere kolonialzeitlich bedingte Ziele; in den siebziger und achtziger Jahren eine Welle der Arbeitsmigranten in die Golfstaaten, die phasenweise bis zu drei Millionen Inder, Pakistani und Bangladeshi im Nahen Osten leben und arbeiten ließ – wobei, wie schon erwähnt, die massiven politisch-ökonomischen Restriktionen einzelner arabischer Staaten in den neunziger Jahren diesen Strom kanalisierten und ausdünnten; schließlich die seit den achtziger Jahren existierende, aber in letzter Zeit stark zunehmende Auswanderung hochqualifizierter Spezialisten in die USA und nach Kanada.

Dieser „brain drain" dürfte gegenwärtig 50.000 bis 80.000 Personen pro Jahr umfassen. ROTHERMUND (1996, S. 355) rechnet mit rund einer halben Million (qualifizierter) Inder, die sich in den USA niedergelassen haben, sowie mit 300.000 in Kanada. Mit der massiven Entwicklung der indischen Software-Industrie (Zuwächse liegen bei 50 Prozent pro Jahr) und der Verlagerung multi- wie transnationaler Aktivitäten der Softwareindustrie nach Indien (siehe Kapitel 1.3.4) könnte jedoch auch dieser neueste Trend in wenigen Jahren zu Ende sein (Experten der indischen Softwareindustrie rechnen noch mit komparativen Kostenvorteilen der Produktion und des Softwareengineering in Indien für vier bis fünf Jahre, danach sollen die Löhne der Computerexperten jenen der USA oder Europas bereits angeglichen sein).

Ein beachtlicher Teil dieser Außenmigration sowohl in die Golfstaaten, nach Großbritannien wie nach Nordamerika muß über Bombay laufen, dies ergibt sich schon alleine aus der dominanten Position von Flughafen und Hafen innerhalb des indischen Kommunikationsnetzes und der Rolle der Stadt als „Gateway of India" in allen relevanten ökonomischen Belangen. Diese Außenmigration trägt zweifellos ebenso zur Einbindung Indiens in globale Austauschbeziehungen bei wie die Überweisungen von „Auslandsindern" in die Heimat, die jährlich mehrere Milliarden Dollar erreichen dürften. Die Investitionen durch NRIs („Non-Resident-Indians") in die indische Wirtschaft sind ebenfalls beträchtlich.

3.3.5 Regionale Muster der Binnenmigration – ein Vergleich von Bombay, Kalkutta und New Delhi

Obwohl nur rund zwei Prozent der Migranten nach Bombay aus dem Ausland stammen, ist es dennoch richtig, die besondere, kosmopolitische Rolle Bombays auch hinsichtlich der Zuwanderung zu verifizieren. Dürfte sowohl in Jakarta wie auch in Mexico City die Zuwanderung aus dem Ausland bedeutender sein, so existiert in Bombay eine kaum zu überbietende Vielfalt an Sprach- und Religionsgruppen aus dem indischen Subkontinent selbst (alleine über 40 verschiedene Sprachen).

Die *regionale* Aufsplittung der Migrationsströme belegt zuerst einmal die Tatsache, daß nur Bombay beträchtliche Zuwanderungspotentiale aus *allen* Regionen des Landes anzieht, während die Migranten in Delhi ganz überwiegend aus dem Nordwesten Indiens kommen und diejenigen Kalkuttas aus dem Nordosten, also diese beiden Megastädte – zumindest beim derzeitigen Stand – weitgehend nur regionsspezifische Anziehungspunkte darstellen.

In *Delhi* (Census 1991, Migration Tables D-1 ff.) ergibt sich folgende regionale Differenzierung der Migranten: über die Hälfte, nämlich 51 Prozent kommen aus dem benachbarten, übervölkerten Uttar Pradesh (vor allem aus den westlichen Distrikten), acht Prozent aus dem ebenfalls überaus dicht besiedelten „Armenhaus" Bihar, je sieben Prozent aus den benachbarten Bundesstaaten Punjab und Rajasthan, dies entspricht zusammen rund drei Viertel aller in Indien gebürtigen Zugewanderten. Über ein Zehntel der Migranten stammt noch aus Pakistan (genau wie in Bombay „Relikte" der Flüchtlingswelle von 1947/48).

In *Kalkutta* (Census 1991, Migration Tables D-1 ff.) kommt jeder vierte Zuwanderer aus Ostpakistan bzw. Bangladesh, ebenfalls zum Teil ein Erbe der Teilung des Subkontinents vor 50 Jahren, überwiegend jedoch eine Folge des Sezessionskrieges 1971!, der Unabhängigkeitserklärung von Bangladesh und daraus resultierender Flüchtlingswellen. Wegen der sprachlichen Identität zu beiden Seiten der Grenze (Bengali) und derselben kulturellen Tradition ist es fraglich, ob hier überhaupt von Auslandsmigration gesprochen werden kann, erfolgte doch die Grenzziehung bloß willkürlich im gleichen Kulturraum nach jeweiliger distriktweiser religiöser Mehrheit; dies gilt ebenso für die Zerschneidung des Punjab, der Kornkammer des Subkontinents, aus dem die Mehrheit der Flüchtlinge in das relativ nahe gelegene Delhi emigrierte (sowie die Mehrheit der „Sindhis" von ihrem Zentrum Karachi aus nach Bombay). Von den in Indien Geborenen kommen 54,5 Prozent aus dem eigenen Bundesstaat Westbengalen, das heißt, zwei Drittel aller Migranten nach Kalkutta besitzen Bengali als Muttersprache. Ein weiteres Viertel (25,8 Prozent) der aus Indien stammenden Migranten ist aus Bihar (Muttersprache Osthindi), nur rund ein Zehntel aus Uttar Pradesh (9,3 Prozent) und drei Prozent stammen aus dem Bundesstaat Orissa.

Bleibt festzuhalten: drei von vier Zuwanderern nach Delhi stammen (1991) muttersprachlich aus dem „Hindi-Belt", zwei von drei Zuwanderern nach Kalkutta sprechen Bengali. Die südindischen Megastädte Chennai (Madras), Bangalore und Hyderabad bleiben hier außer Betracht, da sie ganz überwiegend nur Migranten aus Südindien anziehen.

3.3.6 Regionale Herkunft der Migranten in Bombay aus Maharashtra und aus anderen Bundesstaaten nach wichtigen Indikatoren

Für *Bombay* ergibt sich ein ganz anderes, vielfältigeres Bild, das den kosmopolitischen Charakter der Megastadt unter allen Städten Indiens gerade auch bevölkerungsmäßig heraushebt. Auf Basis der in Indien Geborenen – dies entspricht ja 98 Prozent der Zugewanderten – rekrutieren sich aus dem „eigenen" Territorium Maharashtra „nur" 45,9 Prozent der Migranten, also weniger als die Hälfte. Aus dem zweiten Staat im westlichen Indien, Gujarat, stammt in etwa jeder Zehnte (10,9 Prozent), nahezu jeder Fünfte aus Uttar Pradesh (18,3 Prozent) und aus den südindischen Bundesstaaten Karnataka, Andhra Pradesh, Tamil Nadu und Kerala jeder Sechste (14,7 Prozent mit den jeweiligen drawidischen Muttersprachen Kanarese, Telugu, Tamil und Malayalam). Dazu sei nur angemerkt, daß die nordindischen Sprachen wie etwa Hindi, Marathi und Gujarati zur indoarischen Sprachfamilie gehören und damit linguistisch mit europäischen Sprachen, nicht jedoch mit den südindischen Drawidasprachen, verwandt sind, eine bedeutende Barriere zwischen dem Norden und Süden des Landes. Setzt man die Gesamtheit der nicht aus Maharashtra Kommenden gleich 100, so sind 20 von diesen aus Gujarat, 34 aus Uttar Pradesh und 27 aus den vier südindischen Landesteilen (darunter allein aus Karnataka zwölf).

Alleine aus den vier südindischen Bundesstaaten stammen in Bombay 640.000 Migranten, im Vergleich dazu nur 125.000 in Delhi und 27.000 in Kalkutta. Die Intensität der Wanderungsströme ist regional sehr unterschiedlich und hängt *nicht* von der geographischen Distanz ab. Der einwohnerstärkste Bundesstaat Uttar Pradesh entsendet 2,3mal mehr Migranten nach Bombay als in das ungleich nähere und verkehrsmäßig leichter erreichbare Kalkutta. Im Gegensatz dazu ist die Abwanderung aus dem zentral gelegenen Bundesstaat Madhya Pradesh in alle drei Megastädte nur gering. Es ist dies eine ebenfalls rückständige Region mit geringer Urbanisierungsquote, niedrigem Bildungsniveau und politischen Beharrungstendenzen.

Da der Umfang der Zuwanderungsströme nach Bombay keine abhängige Variable von der räumlichen Entfernung der Herkunftsgebiete ist, stellt sich die Frage, welche Determinanten für die Migration in die Megastadt ausschlaggebend sind. Zunächst kann festgehalten werden, daß alte, historisch bedingte, intergenerativ „vererbte" Mobilitätsmuster existieren, die sich seit Jahrzehnten nicht wesentlich veränderten. So bestand die Verwaltungseinheit „Bombay Presidency" in britischer Kolonialzeit aus Teilen der drei heutigen Bundesstaaten Maharashtra, Gujarat und Karnataka, und alle drei entsenden noch immer bedeutende Migrationsströme nach Bombay. Die regionale Verteilung der Zuwanderung in die Agglomeration hat sich im Lauf der Jahrzehnte nur etwas verlagert, so sind zum Beispiel die Zuwanderungsströme aus Gujarat schwächer geworden. Dies hängt vermutlich mit der Prosperität des eigenen Bundesstaates und dem Aufbau einer differenzierten Industrie vor Ort (Ahmedabad, Baroda, Kandla) zusammen.

Für die Volkszählung 1991 liegen bisher keine Tabellen über die distriktweise Verteilung der Herkunftsgebiete der Zuwanderer innerhalb des Bundesstaates Maharashtra vor. Der Chef des Statistischen Amtes des Bundesstaates teilte mir im März 1998 mit, daß alle Distriktdaten, welche die Migration betreffen, in New Delhi aufsummiert worden seien und keine Veröffentlichung von Tabellen auf Distriktebene zur Anwendung komme – sollte dies wirklich der Fall sein, wäre es höchst bedauerlich. Wie in allen Fragen der Migration, der Sprachen- und Religionskonflikte zeigt sich hier erneut die Hypersensibilität der Behörden und politischen Instanzen, wobei die Nicht-Information der Öffentlichkeit Teil des politischen Kalküls ist. Es bleibt mir nur, eigene frühere Analysen zu dieser Frage aufzugreifen (NISSEL 1982 und 1986), und zu unterstellen, daß seither, wenn überhaupt, eine regionale Gewichtsverlagerung nur graduell erfolgte.

Während auf der bundesstaatlichen Ebene die breite räumliche Streuung der Einzugsbereiche der Zuwanderer nach Bombay das auffälligste Charakteristikum schlechthin darstellt, kommt es innerhalb von Maharashtra zu einem reziproken Erscheinungsbild, nämlich einer auffälligen Konzentration der Zuwanderer aus nur wenigen Bezirken. Dies ist ebenfalls – so wie im indischen Gesamtrahmen – weder eine Funktion der Distanz von der Metropole noch der Einwohnerzahlen in den Herkunftsgebieten, da die Distrikte ganz überwiegend je drei bis vier Prozent der Gesamtbevölkerung umfassen. 1971 stellte ein einziger Distrikt – Ratnagiri im Konkan – noch immer allein 40 Prozent aller Zuwanderer aus Maharashtra, und dies bei ebenfalls bloß vier Prozent Anteil an der Landesbevölkerung.

Diese bemerkenswerte Tatsache läßt sich nur aus der Geschichte ableiten. Wie erwähnt, spielte in Bombay durch ca. 100 Jahre (Mitte 19. bis Mitte 20. Jahrhundert) die Textilindustrie eine wesentliche Rolle und die Arbeiter kamen ursprünglich aus diesem extrem armen und agrarisch unterentwickelten Küstenabschnitt südlich von Bombay. Die Vorarbeiter rekrutierten über Generationen weitere Arbeiter aus ihren Heimatdörfern (das lokal bekannte sog. „Dasturi"-System). Weitere drei Distrikte – Kolaba, ebenfalls Konkanküste und noch näher zu Bombay liegend als Ratnagiri, sowie Satara und Pune (vormals Poona) im Dekhan – trugen damals mit je zehn Prozent zum Migrationsstrom aus dem eigenen Bundesstaat bei. Von 25 Distrikten (ohne Bombay als 26.) stellten also bloß vier bereits 70 Prozent der Migranten, während der Großteil weiter entfernter Gebiete im Dekhan nur wenig oder kaum an der Entsendung von Menschen in die Landesmetropole beteiligt war.

Zwar ist das Hinterland (Regionen Vidarbha, Marathwada) nach 1961 etwas stärker in die innerregionale Wanderung miteinbezogen worden, doch blieben die Raummuster der historisch geprägten Schwerpunkte erhalten. Inzwischen ist durch Teilungen die Anzahl der Distrikte in Maharashtra auf 30 angestiegen, diese erfolgten jedoch an der Peripherie des

Bundesstaates („Bombay-fernste Bereiche"). Wesentlich größere Auswirkungen dürfte das im Jänner 1998 eröffnete größte Bahnprojekt Indiens, die „Konkan-Railway" von Bombay über Goa nach Mangalore, auf die Infrastruktur und Wirtschaftsentwicklung von Konkan und Ratnagiri haben, deren Distrikte sie quert. Die neue Linie zieht eine Vielfalt von Betrieben aus Bombay an, vor allem ökologisch bedenkliche Werke der chemischen Industrie, doch werden dadurch vor Ort viele neue Arbeitsplätze geschaffen. Dies könnte die traditionelle Abwanderung von jungen Arbeitswilligen aus diesem Raum nach Bombay zumindest einschränken.

Von Maharashtra nun zur Deutung der übrigen Regionen Indiens. Tabelle 1 liefert den Beweis, daß sich die diversen Migrationsmuster aus den einzelnen Bundesstaaten deutlich voneinander unterscheiden und dies sowohl in bezug auf ihre Geschlechterproportion wie auch ihre Zusammensetzung nach urbaner bzw. ruraler Herkunft. Wie zu erwarten, zeigt sich in Summe ein deutlicher Männerüberschuß – Männeranteil 56,3 Prozent –, der vor allem durch die Zuwanderer aus ländlichen Gebieten (58,8 Prozent) verursacht wird, während jene aus urbanen Zentren (mit 51,2 Prozent) eine fast schon ausgeglichene Sexualproportion aufweisen. Um zwei bis drei Prozentpunkte niedriger liegen die Werte für Maharashtra, das heißt, daß urbane Zuwanderer sogar einen Frauenüberschuß aufweisen (Heiratsmarkt, Familiennachführung?). Für den „Rest" Indiens hingegen gelten zwei bis drei Prozentpunkte höhere männliche Anteile, nahezu 62 Prozent bei ländlichen Migranten, immer noch 53 Prozent bei städtischen, im Gesamtdurchschnitt 58 Prozent. Mit Ausnahme von Goa und Madhya Pradesh ergibt sich für alle Regionen ein mehr oder weniger deutlich ausgeprägter Männerüberhang, wobei vor allem die Zuwandererströme aus Bihar, Orissa und Uttar Pradesh eine Relation von zwei Dritteln Männern zu einem Drittel Frauen zeigen.

In der Differenzierung nach ruraler und urbaner Herkunft ergeben sich Unterschiede von bis zu zehn Prozentpunkten höherer Männeranteile aus ländlichen Räumen für Bihar, Haryana, Orissa und am deutlichsten für Westbengalen. Alle diese von Bombay weit entfernten Regionen senden verstärkt junge, männliche Arbeitssuchende, während aus Maharashtra, Karnataka etc. stärker Familienzuzüge vorherrschen dürften. Die in Gujarat und Goa Geborenen weisen aufgrund ihrer Überalterung, verursacht durch schwächeren Zuzug, deutlich ausgeglichenere Geschlechterproportionen auf. Aus dem ruralen Segment von Uttar Pradesh kommen nicht weniger als 69 Männer von 100 Migranten und nur 31 Frauen, 68 Männer auf 100 aus dem ländlichen Raum Westbengalens und Orissas. Alle südindischen Regionen hingegen „beliefern" Bombay mit ausgeglicheneren Migrationsströmen.

Ebenso unterschiedlich sind die anderen Leitvariablen wie zum Beispiel die Alterszusammensetzung, das Bildungsniveau, die Aufenthaltsdauer in Bombay, die Berufsstruktur der Migranten aus den verschiedenen indischen Regionen. Zwischen der Altersstruktur eines Zuwandererstroms aus einer spezifischen Region und desen Aufenthaltsdauer in Bombay besteht ein direkter Zusammenhang. Die Zuwanderer aus Goa und Gujarat sind überaltert, weisen die längste Aufenthaltsdauer in Bombay auf und zusammen mit den Zuwanderern aus Madhya Pradesh als einzige einen Frauenüberschuß unter den Migranten. So sind etwa drei Viertel der Zuwanderer aus Goa schon mehr als zehn Jahre in Bombay, aber nur vier von zehn Biharis, einem der „jüngsten" Ströme nach Bombay.

Generell ist die Aufenthaltsdauer der Zuwanderer für Männer und Frauen nicht signifikant verschieden, was gegen die These spricht, daß zuerst männliche Zuwanderer zur

Arbeitssuche nach Bombay kommen und später ihre Frauen bzw. Familien nachkommen lassen. 1991 waren etwa vier von 100 Migranten vor weniger als einem Jahr nach Bombay gekommen, 22 lebten schon ein bis vier Jahre in der Stadt, 20 Personen fünf bis neun Jahre, 26 zwischen zehn und 19 Jahren und ebenfalls 26 schon mehr als 20 Jahre (2 von 100 keine Angabe). Bei diesem Indikator wird wieder einmal die Problematik der Migrationsdaten deutlich. Inwieweit kann es sinnvoll sein, Menschen als Migranten einzustufen, die schon mehr als 20 Jahre in der Metropole leben? (Definitionskriterium: Geburt außerhalb Bombays).

Hinsichtlich des Bildungsniveaus zeigt sich, daß praktisch alle Migranten ein höheres Bildungsniveau aufweisen als die „zurückgelassene" Bevölkerung in ihren Herkunftsgebieten und gleichzeitig ein niedrigeres Niveau besitzen als die in Bombay Gebürtigen. Die Unterschiede sind für die Neuankömmlinge am größten, und mit dem Verlauf der Aufenthaltsdauer paßt sich dann das Bildungsniveau immer mehr jenem der Gebürtigen an. Ein deutlich höheres Bildungsniveau weisen zum Beispiel die Zuwanderer aus New Delhi und aus Kalkutta auf (letztere stellen die Mehrheit der Zuwanderer aus Westbengalen), sodaß die Hypothese gewagt werden kann, daß zwischen den Megastädten in Indien eine entsprechende Attraktivität für Berufstätige aus höheren Bildungssegmenten und ein entsprechender Austausch besteht (Führungskräfte?). Auch die südindischen Migranten, vor allem jene aus Tamil Nadu und aus Kerala, weisen ein deutlich höheres Niveau auf. Sie stellen in Bombay traditionell Lehrer, Beamte, Verwalter etc., also typische „white collar people". Die Migration senkt insgesamt den Bildungsstand im Herkunfts- und ebenso im Zielgebiet. Verlieren die Dörfer auf diese Weise die Besten und bleiben so rückständig? Oder muß man von Glück sprechen, daß zumindest die abwandernden Aktiven nicht im ländlichen Raum „versauern" wollen, sondern ihre Fähigkeiten dorthin verlagern, wo sie optimal für ihre persönliche Lebensplanung verwertbar scheinen, nämlich in die Metropole.

Die Berufsstruktur generell zeigt die sehr unterschiedlichen Zusammensetzungen nach Herkunftsgebieten. Von 100 zugewanderten berufstätigen Migranten in Bombay arbeiten im Schnitt 18 im Handel, aus Gujarat jedoch 40. 16 Prozent aus Andhra Pradesh sind in der Bauindustrie beschäftigt, obwohl das Mittel für alle Migranten bei drei Prozent liegt. Das Bildungsniveau der Zugewanderten aus dem Punjab bewegt sich zwar auf der gleichen Höhe wie jenes für Leute aus Tamil Nadu, doch ihr Anteil an Jobs im Handel liegt doppelt so hoch.

In früheren Arbeiten (NISSEL 1977) konnte ich noch religionsspezifische Zusammenhänge ersehen, die aufgrund nicht mehr veröffentlichter Daten heute unmöglich wären: so arbeiteten bei der Volkszählung 1971 in der Industrie von Bombay 44 von 100 berufstätigen Buddhisten, aber nur 17 der Religionsgruppe der Jains. In Handel und Geldwesen wiederum arbeiteten nicht weniger als 72 von 100 Jains, jedoch bloß vier von 100 Buddhisten. Dies ist ein extremes Beispiel, doch ließe sich für Christen (Katholiken), Moslems und Parsen eine große Anzahl von solchen berufsgruppenspezifischen Präferenzen nachweisen.

Noch immer werden Zuwanderer eher in der Industrie beschäftigt als Gebürtige, sowie in Tätigkeiten, die weniger Bildung, Ausbildung, Startkapital erfordern. Die durchgehend auftretenden Differenzierungen zwischen Zugewanderten und Gebürtigen nach allen diesen Kriterien führen zur Frage, ob es eine traditionelle Rollenteilung im Berufsleben gibt, die sich intergenerativ „vererbt", weil sie nicht nur tradiert ist, sondern in hohem Ausmaß ökonomisch effizient? Dazu weitere Anmerkungen im folgenden Abschnitt.

Über andere Faktoren, die zweifellos auch von Bedeutung sind, kann nur spekuliert werden: Weisen ethnische oder religiöse Minoritäten eine verstärkte Migrationsneigung auf (da sie in ihren Heimatgebieten stärkerem sozialen Druck ausgeliefert sind) – etwa Moslems oder „Scheduled Castes and Tribes"? Besitzen spezifische Kasten – zum Beispiel „trading communities" – eine überdurchschnittliche Migrationsneigung nach Bombay? Zumindest historisch ist dies belegbar, war es doch die „East India Company", welche Händlerkasten der verschiedenen Religionen und Regionen Indiens förmlich aufforderte, gemeinsam die Hafen- und Handelsstadt Bombay auf den „Sieben Inseln" aufzubauen und zur vollen Entfaltung zu bringen.

3.3.7 Begründungen für die Aufbruchsentschlüsse von Migranten und Versuch, diese zu interpretieren

Der Zensus 1991 versucht, auch die hinter dem Aufbruchsentschluß der Migranten stehenden Gründe zu erfragen (vgl. Census 1991, Migration Table D-3). Von den männlichen Zuwanderern gaben nahezu die Hälfte, nämlich 46,5 Prozent, die Berufssuche als wichtigste Motivation an, weitere 12,9 Prozent „Business", 4,8 Prozent Bildung und/oder Ausbildung, 17,1 Prozent Umzug der Familie (Gesamt- oder Kernfamilie), nur 0,9 Prozent Heirat; Naturkatastrophen (Überschwemmungen, Dürre, Mißernten) bloß 0,03 Prozent und andere, nicht näher benannte Gründe 18,8 Prozent. Die weiblichen Zuwanderer nannten demgegenüber nur zu 3,5 Prozent die Berufssuche, 1,2 Prozent Business und 2,2 Prozent Bildung und/oder Ausbildung als Hauptmotiv, hingegen 28,3 Prozent Familienumzug und 45,4 Prozent Heirat, Umweltkatastrophen nur zu 0,03 Prozent und andere Gründe 19,4 Prozent.

Diese Kategorisierung ist nicht unproblematisch, da in den Antworten sicher nicht immer sauber zwischen „employment" und „business" oder zwischen „family moved" und „marriage" differenziert wird. Die letzte größere Umweltkatastrophe in Maharashtra waren die beiden Dürrejahre 1987/88, die einen Strom von Migranten aus Peripherrräumen Maharashtras in die Stadt trieben, doch treten sie in der Befragung 1991 so gut wie nicht in Erscheinung. Auch in den neunziger Jahren folgten praktisch nur gute oder normale Perioden von Monsunregen, sodaß eine aktuelle Umweltkatastrophe als Push-Faktor ausfällt. Hier sind ebenfalls Zweifel angebracht, sind es doch zum einen die schleichenden Wirkungen der „Grünen Revolution" mit ihren Ausweitungen ungleicher Verteilung sowie sozialer Ungerechtigkeit, zum anderen Flurzersplitterung durch traditionelle Erbteilung und damit Verarmung der Kleinbauern sowie kontinuierliche Unterdrückung und Diskriminierung insbesondere der Kleinpächter und Landlosen, welche immer mehr Menschen letztendlich zur Aufgabe ihres tradierten Lebens in ihren Heimatdörfern zwingen.

Hinsichtlich der Migrantinnen deuten die Zensusdaten auf das immer noch starr fixierte Rollenbild der Frau in der indischen Gesellschaft als „Frau und Mutter" hin, die ihrem Mann gehorsam „zu dienen und zu folgen" hat – unbenommen davon existieren selbstverständlich gerade in den Eliten Bombays heute stark emanzipatorische Tendenzen (die aber spätestens beim traditionellen Heiratsverhalten enden). Es braucht nicht betont zu werden, daß sich regionalspezifisch wiederum größere Abweichungen in diesen Antwortkategorien ergeben.

Als Hauptmotiv könnte man vielleicht diese Antworten dahingehend kumulieren, daß die Zuwanderer hoffen, in Bombay „ihr Glück zu machen", ist doch die Megastadt innerhalb des Subkontinents längst zum Synonym von Reichtum und Aufstiegsmöglichkeiten geworden. Verankert sind in den Köpfen der Einwohner Bombays regionale, tradierte Zugehörigkeiten innerhalb des Berufsspektrums: Sikhs werden mit LKW- oder Taxifahrern assoziiert, Marathen als Staatsbeamte oder Polizisten oder Arbeiter in Textilindustrie und Hafen, Tamilen als Restaurantbesitzer oder „white collar workers", Leute aus Andhra Pradesh als Arbeiter im Straßen- und Hausbau, Nepali als Köche oder Wächter, Afghanen als Türsteher, Bhora- und Koja-Muslime als Alteisenhändler und Schiffbauer, Jains als Juweliere und Makler, Araber als Parfumhersteller, Parsen und Katholiken als „mittlere" Büroangestellte usw. Es verbinden sich in diesen Traditionen religiöse, ethnische und sprachlich-regionale Strukturen.

Gibt es eine traditionelle Rollenteilung im Berufsleben, die bestehen bleibt, weil sie in hohem Ausmaß ökonomisch effizient ist? Berufliche Fähigkeiten können sowohl formaler Natur (Nachweis eines bestimmten Bildungsniveaus) wie funktioneller Natur sein (Weitergabe von Wissen und Techniken im generativen Prozeß), oder eine Kombination beider Faktoren. Nehmen einzelne Gruppen von Zuwanderern jene Aktivitäten in Bombay auf, für die sie am ehesten befähigt sind? Dies würde eine rationale Ausnützung des verfügbaren Potentials an Humankapital in der Megastadt darstellen. Oder geht es nicht viel mehr um die Perpetuierung der sozialen Diskriminierungen, der Kasten- und Standesbarrieren, um die Fragmentierung oder Atomisierung der sozialen Schichtung in Indien?

Jobs, die durch die Globalisierung, wenn überhaupt, geschaffen werden, fragen nicht nach solchen Unterschieden. Aber allein schon der Zugang zur Bildung ist nicht nur schichtabhängig, sondern gerade auch kastenspezifisch geprägt! In hochspezialisierten, „intelligenten" Berufsfeldern wie in der wissenschaftlichen Forschung, der Medizin und der Softwaretechnologie greifen die alten Kastennormen insgesamt offensichtlich nicht mehr. Doch gilt gleichermaßen für viele Toppositionen, zum Beispiel in der Mehrheit der Universitätsfächer, daß in diesen noch immer die Brahmanen (Priesterkasten, früher auch die Schriftgelehrten mit alleiniger Verfügungsgewalt über das geschriebene Wissen) dominieren.

3.4 Ergebnisse von Migrationsstudien auf Stichprobenbasis außerhalb der Volkszählung von 1991

In der „Bombay Metropolitan Region" (BMR) mit (1991) rund 12,5 Millionen Einwohnern wurden 1989/90 rund 11.000 Haushalte in einem „Multi-Purpose-Household-Survey" befragt: etwa die Hälfte der Probanden gab als Muttersprache Marathi an, 15 Prozent Gujarati, neun Prozent Hindi und sechs Prozent Urdu. Nahezu alle, die Urdu als Muttersprache angaben, sind Moslems, jedoch nur ein Teil der Moslems spricht Urdu (viele z.B. stattdessen oder auch Gujarati, Malayalam, Arabisch u.a.m.). 46 Prozent der Haushalte im Sample waren Migranten, also deutlich mehr als in der „Bombay Urban Agglomeration" mit nur 35 Prozent.

Dies macht Sinn, sind doch 150.000 bis 200.000 Arbeitsplätze aus „Greater Bombay" nach „Bombay U.A." und noch weiter in die Bombay Metropolitan Region hinausverlagert worden, wobei für die meisten Arbeitenden die Nähe von Wohn- und Arbeitsplatz aus Kosten- und Zeitgründen unabdingbar ist (ein wesentlicher Grund für die „patchwork"-

Anordnung von Slums und Viertel, Slums und Fabriken etc). Auch sind die Bodenpreise wie die Kosten neuer Wohnungen in Greater Bombay für Neuankömmlinge längst prohibitiv. So läßt sich nun auch das rasche und deutliche Absinken der Zuwanderungsquoten in Greater Bombay wie in Bombay U.A. erklären: die Migranten werden überwiegend bereits im „Vorfeld", das heißt, im Großraum der Bombay Metropolitan Region „abgefangen" – 70, 100 oder mehr Kilometer vom Stadtzentrum entfernt.

In der Stichprobe innerhalb der BMR konnte auch nachgewiesen werden, daß von den Migrantenhaushalten etwa 20 Prozent erst in den letzten zehn Jahren zugezogen sind. Von diesen stammten 43 je 100 aus Maharashtra, 57 kamen von außerhalb des Bundesstaates, zwei Drittel aus ländlichen, ein Drittel aus städtischen Bezirken. In groben Zügen decken sich diese Ergebnisse recht gut mit denen des Zensus in der „Bombay Urban Agglomeration".

Für beide Datenreihen gilt, daß die Migrationsströme in der Regel ganz spezifische Unterschiede zwischen den Herkunftsgebieten und den in Bombay Geborenen dergestalt überbrücken, daß sie jeweils eine intermediäre Position einnehmen. Die üblichen Unterschiede zwischen Zuwanderern und Gebürtigen wie Männerüberhang, Dominanz der Altersgruppen der 20 bis 35-Jährigen, niedrigeres Bildungsniveau usw. verflachen mit zunehmender Aufenthaltsdauer in der Metropole immer mehr. Hingegen kommen signifikant mehr Migranten aus dem städtischen Milieu ihrer Herkunftsgebiete als aus den Dörfern (jeweils auf die ruralen/urbanen Relationen in den Bundesstaaten bezogen), sie verfügen über ein überdurchschnittliches Bildungsniveau, die früher stärker ausgeprägten Diskrepanzen in der Geschlechterproportion verringern sich.

Auch Prof. Shekar MUKHERJI vom „International Institute for Population Studies" in Bombay hat einige Migrationsstudien anhand eigener Clusterstichproben in Teilen der Bombay Metropolitan Region vorgelegt, zuletzt 1996. Die Untersuchung wertet Daten aus den Jahren 1990/91 aus, wobei in der BMR 8.539 Personen befragt wurden, darunter 3.085 Migranten (entspricht ca. 36 Prozent). MUKHERJI zeigt zunächst, daß die Migrantenströme 1971–1981 bereits eine sehr ähnliche Zusammensetzung hinsichtlich wichtiger Leitvariablen aufweisen wie jene von 1981–1991, vor allem, daß drei von vier jobsuchenden Migranten „illiterate or semiliterate" gewesen seien und daher nur im informellen Sektor Aufnahme finden konnten.

Im Rahmen dieses Samples gaben 33,7 Prozent der Befragten an: „we came primarily to seek employment", 28 Prozent ordneten sich in die Kategorie „family moved" ein. Kommentar (1996, S. 38): „In short, a majority of the migrants moved for their survival, and another bulk were familial moves, directly or indirectly, linked with such migration for subsistence or employment; and very few actually moved for prospect of business, transfer, or moved after securing employment. Of course, marriage migration was also considerable."

MUKHERJI bezeichnet dieses Profil der Zuwanderer als „poverty induced migration". Die erst 1997 freigegebenen Wanderungsdaten des Zensus wiesen demgegenüber doch einen deutlich höheren Anteil für Migranten auf, die sich in Bombay „Geschäfte aller Art" (Business) erhofften. Die Unterschiede in den Aussagen dürften darauf zurückzuführen sein, daß MUKHERJI schwerpunktmäßig Cluster im Umfeld seines Institutes (10 km-Radius) untersuchte, welches sich in den östlichen Vororten Bombays befindet, in denen Industrien, Slums und Arbeit im informellen Sektor deutlich überrepräsentiert sind.

3.5 Mögliche Auswirkungen der Globalisierung auf die Migration

Die Auswirkungen der Globalisierung auf die Zuwanderung in die Megastadt dürften zweifacher Natur sein: auf der einen Seite verstärkter Zuzug von internationalen und indischen Führungskräften (z.B. Migranten aus Südindien besetzen in Bombay traditionell „white collar jobs", insbesondere in der Privatindustrie – in der Verwaltung, in Managementaktivitäten, als Buchhalter oder „eggheads" von Forschungseinrichtungen). Die beachtlichen Anteile von Zuwanderern aus Kalkutta und New Delhi (vor allem Gebildete!) signalisieren auch einen lebhaften Austausch von Führungskräften zwischen den Megastädten in Indien.

Auf der anderen Seite bedeutet der bereits angesprochene massive Verlust von Arbeitsplätzen in der Industrie (vor allem in der Textilindustrie), daß ohnehin nur einer Minderheit jobsuchender Zuwanderer mit geringer oder keiner Qualifikation der Einstieg in den formellen Sektor gelingen kann (vgl. Abschnitt Industrieentwicklung und die Fälle von „Outsourcing" der Produktion aus dem formellen Sektor in Bombay in informelle Bereiche der indischen Peripherie in jüngster Zeit: Frauen- und Kinderarbeit im ländlichen Raum in einer Art rentenkapitalistischem Verlagssystem – siehe Beispiele bei BANERJEE-GUHA 1997).

Doch werden unter dem Einfluß globaler Gestaltung der Profitmaximierung in transnationalen Firmen und Konzernen heute nicht nur einfache Tätigkeiten aus dem Stadtbild der Megastädte verdrängt, sondern auch hochwertige, kostenintensive Produktionsabläufe. Ein Beispiel dafür ist etwa die Pharmaindustrie Indiens, die noch vor wenigen Jahren von Bombay aus den indischen Subkontinent beherrschte, bei der jedoch durch verschiedene Stressfaktoren (steigende Bodenpreise, vergleichsweise hohes Lohnniveau der Arbeitenden, gewerkschaftliche Organisation und zunehmende Emanzipation (Streikbereitschaft), Steuerlast der Betriebe usw.) in den letzten Jahren eine massiver Exodus ausgelöst wurde, bei dem die meisten multinationalen Konzerne ihre Standorte in die Nähe des Flughafens Panjim in Goa verlagerten.

Als Gegenargument könnte etwa die Erfolgsstory von SEEPZ („Santacruz Electronics Export Processing Zone") in Bombay herhalten, einer Freihandelszone, in der im Frühjahr 1998 107 Elektronikfirmen und 50 Betriebe der Branche Gold und Juwelen mit insgesamt 33.000 Beschäftigten ausschließlich für den Export unter den neuen Rahmenbedingungen der Liberalisierung und damit der Zulassung globaler Investoren arbeiten. Doch existieren keine Unterlagen darüber, wieweit Gebürtige und Zuwanderer in diesen Firmen tätig sind.

Ein weiterer Aspekt der Globalisierung ist schließlich auch in der möglichen Abwanderung von Spitzenkräften aus indischen Universitäten, Instituten der Grundlagenforschung, außeruniversitären Forschungsstätten und von indischen Firmen, vorzugsweise der Softwaretechnologie und der Weltraumforschung, in das Ausland zu sehen, vor allem in die USA und nach Kanada. Dies ist ein typisches Brain-Drain-Phänomen, doch läßt sich nicht einmal annähernd abschätzen, wie viele dieser Experten dem Arbeitsmarkt Bombays direkt verloren gehen oder für die Bombay nur „Durchgangsstation" auf dem Weg in die „brave new world" der über alles geschätzten „green card" ist.

Mumbai
von Narayan SURVE

> *My father came down the Sahyadris*
> *a quilt over his shoulder*
> *He stood at your doorstep*
> *with nothing but his labour*
>
> *Here by the sea, my father died*
> *struggling to his last breath;*
> *I was hired then, by a wheezing foreman*
> *who put me on his loom.*
>
> *It is people like me*
> *builders of your grand edifice*
> *Who add to your glory*
> *day after day, O City.*
>
> *We live in hell-holes*
> *and clean your streets;*
> *Yet like stray hawkers*
> *cops drive us out.*
>
> *We know only two roads*
> *one which leads to the factory*
> *And the other,*
> *which leads to the Crematorium.*
>
> *They comfort me*
> *when I am alone*
> *The way the lights on the shore*
> *glimmer with the stars.*

Auszüge des Gedichts „Mumbai" aus dem Band Maze VIDYAPEETH (1975).
In: Sujata PATEL und Alice THORNER (1996): Bombay, Mosaic of Modern Culture. S. 147.

4. Zusammenfassung

Zur Einschätzung Bombays im globalen urbanen System seien thesenartig einige Anmerkungen skizziert:

- Es bestehen gleichzeitig Diskrepanzen zwischen nationalstaatlicher Dominanz und internationaler Abhängigkeit/Mediokrität im Wirtschaftsgeschehen.

- Globale Funktionen der Megastadt sind vorhanden, indem „anchor tenants" die Möglichkeiten des „Gateway of India" nutzen, insbesondere sind dies verschiedene Managementebenen der multinationalen Konzerne.

- Die „New Economic Policy" (NEP) Indiens seit 1991 setzt voll auf die Weltöffnung, die Liberalisierung der Wirtschaft und die Akzeptanz der Globalisierung.

- Die „*wahren*" „global player" sitzen jedoch anderswo; Entscheidungskompetenz, die über das Nationale hinausgeht, fehlt praktisch vollständig.

- Auch Bombay spielt eine Rolle bei der Integration der globalen Akkumulation, in dem die dort agierenden Eliten (Inder plus Nichtinder) den Subkontinent als „anchor tenants" aufbereiten.
- Nicht die indische Industrie erleidet aufgrund der Liberalisierung ein Desaster, sondern ausländische Firmen haben wegen krasser Fehleinschätzungen des Marktes immense Einstiegsprobleme.
- Es gibt die Herausbildung neuer, globaler (?) Lebensstile der Eliten und zugehöriger Transformationen des bewohnten Raums, aber ebenfalls erst inselförmig in einem Ozean der Armut.
- Es ist durch die Globalisierung kein Massenelend induziert worden, denn dieses war schon immer vorhanden (zumindest seit Beginn des Kolonialismus).
- Zu Einflüssen kultureller Globalisierung – Lifestylekonzepte bis McDonaldisierung – kommt es als Gegenbewegung jedoch auch zu einer Renaissance nationaler und regionaler Kulturformen.
- Luxus- und Glitzerwelt sind vielleicht nur Reibebäume, aber (noch) nicht Auslöser für soziale Unruhen wie etwa in Kairo, da andere „cross-pressures" durch Kasten, Religionen und Sprachen die Mehrheit der Bewohner in jeweils spezifische Kontexte und Lebensformen einbinden.
- In den Eliten sind hingegen – sicher ein Novum für Indien – Herkunft, Kaste, selbst Religion nicht mehr wichtiges Kriterium der Außenorientierung im sozialen Konsens, sondern Einfluß, Macht, Wohnstandort und Geld.
- Trotz vielfältiger Restriktionsversuche ist die „urban primacy" Bombays nicht nur erhalten, sondern sie nimmt weiterhin zu.
- Trotz aller Versuche einer ausgewogeneren regionalen Entwicklung bleibt das Gefälle zwischen der Megastadt und dem Bundesstaat Maharashtra evident.
- Die Wirtschaftskrise in Südostasien wirkt sich auf Indien und Bombay deutlich geringer aus als auf die beiden anderen Untersuchungsgebiete der vorliegender Projektstudie, da in Indien der internationale Kapitalzufluß später einsetzt und volumsmäßig nur einen Bruchteil Mexikos und Indonesiens erreicht.
- Obwohl in Bombay ebenso wie im Bundesstaat die rechtsnationalistische Partei Shiv Sena dominiert, scheint dies der Liberalisierung der Ökonomie nicht im Wege zu stehen, da hiebei keine unmittelbaren Parteiinteressen berührt werden.
- Jüngste Untersuchungen konzidieren sowohl der Megastadt Bombay wie dem Bundesstaat Maharashtra nach wie vor die besten Investitionsbedingungen.
- Die Massierung in- wie ausländischer potentieller Investoren von 1991 bis 1995 (heiße Phase der Liberalisierung) überhitzte den Wohn- und Immobilienmarkt, doch ist seither ein Preisverfall um rund 50 Prozent eingetreten.
- Die multinationalen Konzerne (MNCs) tragen jedoch nachweislich zum Verfall der organisierten Fabrikarbeit bei, ihre Methoden des „Outsourcing", der Produktionsverlagerung in den informellen Sektor und in die Heimarbeit (damit verstärkt Frauen- und Kinderarbeit) passen in weltweite Strategien.
- Auch hinsichtlich der Auswirkungen der Globalisierung auf die Immigration dürften sich Indien und Bombay grundlegend von den anderen Fallbeispielen unterscheiden.

Diese ist nahezu ausschließlich national orientiert, hat die regionalen Muster der Zuwanderung nicht verändert und vor allem im Umfang während des letzten Jahrzehnts eindeutig abgenommen!

- Dies ist erneut ein Hinweis darauf, daß die Globalisierung am Subkontinent später eingesetzt hat und wesentlich schwächer ausgeprägt ist.
- Im nationalen Kontext läßt sich die wesentlich größere Bedeutung Bombays für die Migrationsströme im Vergleich mit Delhi und Kalkutta aufzeigen.
- Es läßt sich nachweisen, daß die Globalisierungseinflüsse die oberen Lohnniveaus anheben und damit zu einer verstärkten sozialen Polarisierung beitragen.
- Die stärkere soziale Polarisierung schafft ebenso eine schärfere sozialräumliche Dichotomie im Stadtbild (Prozesse der „Gentrification" und der räumlichen Isolierung von Eliten).
- Die Globalisierungsverlierer erfahren eine beständige Marginalisierung ihrer Lebens- und Arbeitswelt, mehr als die Hälfte der Bevölkerung lebt bereits in Slums (Tendenz stetig steigend).

Literatur

Accomodation Times (Hrsg.) (1986–1998): Fortnightly on A to Z of Real Estate. Bombay/Mumbai.

AFS (Airline Financial Support Services India Pvt.Ltd.) (1998): AFS-Profile. Bombay.

APPADURAI, A. (1996): Modernity at Large. Cultural Dimension of Globalization. Public Worlds, Vol. 1, Minneapolis/London: University of Minnesota Press.

Architecture and Design, A Journal of Indian Architecture (1997): Themenheft Navi Mumbai. Vol. XIV, No 2, Mar-Apr.

ASSOCHAM (The Associated Chambers of Commerce and Industry of India) (Hrsg.) (1995): Foreign Direct Investment. Status and Prospects. ERU Monograph Series. New Delhi.

ASSOCHAM (Hrsg.) (1996): International Conference on Prospects for Foreign Direct Investment in India. Backgrounder. 29–30. August 1996. Mimeo. New Delhi, 25 S.

ASSOCHAM (Hrsg.) (1997): National Conference on Software and Telecom Industries. Background Paper. New Delhi.

BANERJEE-GUHA, S. (1990): Public Housing for the Poor and Its Accessibility to the Target Group: A Study of the Sites and Services Projects in Greater Bombay. In: Nagarlok, Urban Affairs Quarterly 22 (2), S. 45–57.

BANERJEE-GUHA, S. (1991): Third World Urbanisation, Underdevelopment and the Urban Informal Sector: An Overview. In: DIDDEE, J. und V. RANGASWAMY (Hrsg.): Urbanisation: Trends, Perspectives and Challenges. S. 74–90.

BANERJEE-GUHA, S. (1994): Bombay Urban Development Project: A Solution for the Shelter Problem of the Urban Poor? In: DUTT, A. K., COSTA, F. J., AGGARWAL, S. und A. G. NOBLE (Hrsg.): The Asian City: Processes of Development, Characteristics and Planning. Amsterdam: Kluwer Academic Publishers, S. 327–336.

BANERJEE-GUHA, S. (1996a): Dividing Space and Labour. Spatial Dynamics of Multinational Corporations. In: Economic and Political Weekly, Feb. 24, S. L21–L24.

BANERJEE-GUHA, S. (1996b): Changing Spatial Pattern of Socio-Economic Well-Being in India (1981–1991). In: TRIPATHI, R. S. und S. B. SINGHPARMAR (Hrsg.): Social and Economic Development in India. New Delhi: Asia Publishing House.

BANERJEE-GUHA, S. (1996c): Urban Development Process in Bombay: Planning for Whom? In:

SUJATA, P. und A. THORNER (Hrsg.): Bombay. Metaphor for Modern India. New Delhi: Oxford India Paperbacks, S. 100–120.

BANERJEE-GUHA, S. (1997): Spatial Dynamics of International Capital. A Study of Multinational Corporations in India. Calcutta: Orient Longman.

BAPAT, M. (1992): Bombay's Pavement-Dwellers. Continuing Torment. In: Economic and Political Weekly, Oct. 10, S. 2217–2219.

BASU, D. (1997): Reality Hits MNCs. In: The Economic Times, 24. Sept. 1997.

BIDWAI, P. (1996): The Misery of Mumbai. Notes on a Putrefying City. In: Frontline, Jan. 12, S. 120–122.

Bombay Chamber of Commerce (1994): Seminar on Bombay; The Emerging Global Financial Centre. Mimeo.

Bombay First (1997): Bombay as a Regional Financial Centre – A Recap. Mimeo by G. PANDE.

Bombay First (1998): Project Shift. Executive Summary, Mimeo. Jan 1998.

Bombay Metropolitan Region Development Authority (BMRDA) (1995): Draft Regional Plan for Bombay Metropolitan Region 1996–2011. Bombay.

BOSE, A. (1994): Trends and Implications of Urbanization in India During the 20th Century. In: DUTT, A. K. et al. (Hrsg.): The Asian City: Processes of Development, Characteristics and Planning. Amsterdam: Kluwer Academic Publishers, S. 353–368.

BRONGER, D. (1991): Dynamik der Metropolisierung als Problem der räumlichen Entwicklung in Asien. In: Internationales Asienforum 22 (1–2), S. 5–41.

BRONGER, D. (1993): Die Rolle der Megastadt im Entwicklungsprozeß – Das Beispiel Bombay. In: FELDBAUER, P., RÜNZLER, D., PILZ, E. und I. STACHER (Hrsg.): Megastädte. Zur Rolle von Metropolen in der Weltgesellschaft. Wien/Köln: Böhlau, S. 107–128.

BRONGER, D. (1996): Megastädte. In: Geographische Rundschau 48 (2), S. 74–82.

BRONGER, D. (1997): Megastädte – Global Cities. Fünf Thesen. In: FELDBAUER, P., HUSA, K., PILZ, E. und I. STACHER (Hrsg.): Mega-Cities. Die Metropolen des Südens zwischen Globalisierung und Fragmentierung. Frankfurt/Wien: Brandes & Apsel/Südwind, S. 37–65.

Business India (1997): Redefining Landscape (International Finance and Business Centre at Bandra-Kurla Complex). In: Business India, April 7–20, S. 151–152.

Business India (Hrsg.) (1998): Cover Story: Quitting Mumbai. Feb. 23 – March 8, S. 53–55.

Business Today (Hrsg.) (1997/98): The Best States to Invest In. A BT-Gallup MBA Research Project. In: Business Today, Dec. 22, 1997 – January 6, 1998.

BusinessWorld (1995): Making Bombay the Big Apple. 25. Jan.–7. Feb.

BusinessWorld (1997): Cover Story: The Big Losers. 22. Oct.

BusinessWorld (1998): Cover Story: The Financial Sector Whirlwind. 7. Jan.

Census of India (Hrsg.) (1991): Rural-Urban Distribution. Provisional Population Totals. Paper No 2, Series-1.

Census of India (Hrsg.) (1997 und 1998): Drei Disketten mit Migrationstabellen zum Zensus 1991 für Bombay, Kalkutta und New Delhi (Datenauszug aus den Originalbändern). New Delhi.

Census of Maharashtra (Hrsg.) (1991–1998): Verschiedene Tabellenauszüge, Tabellen (teilweise noch unveröffentlicht) über Bombay und Maharashtra, Wohnbevölkerung. Bombay.

Centre for Research and Development (Hrsg.) (1994): Socio-Economic Review of Greater Bombay 1993–94. Bombay.

Centre for Research and Development (Hrsg.) (1995): Socio-Economic Review of Greater Bombay 1994–95. Bombay.

CHACRAVORTY, S. (1996): Too Little, in the Wrong Places? Mega City Programme and Efficiency and Equity in Indian Urbanisation. In: Economic and Political Weekly, Special Number Sept., S. 2565–2572.

CHAKRAPANI, C. und A. MITRA (1995): Rural-to-Urban Migration: Access to Employment, Incidence of Poverty and Determinants of Mobility. In: Indian Journal of Social Work 56 (3), S. 377–386.

CHANDRA, P. und P. R. SHUKLA (1994): Manufacturing Excellence and Gobal Competitiveness. Challenges and Opportunities for Indian Industries. In: Economic and Political Weekly, Feb. 26, S. M2–M11.

CHAUHAN, A. (1998): Navi Mumbai, New Bombay. In: StadtBauwelt 89 (48), S. 2630–2635.

CHAWARE, D. (1997): Mumbai Can Replace Hong Kong as Asia's Financial Centre. In: The Times of India, Bombay, 8. Feb. 1997.

Chesterton-Meghraj (Hrsg.) (1997): India Property Research.

City and Industrial Development Corporation (CIDCO) (1984–1997): Annual Reports, diverse Presseaussendungen, Entwicklungspläne. Bombay/Mumbai.

CIDCO (Hrsg.) (1998): International Infotech Park Navi Mumbai. Destination for the 21st Century. Mumbai.

COOK, P. und C. KIRKPATRICK (1997): Globalization, Regionalization and Third World Development. In: Regional Studies 31 (1), S. 55–66.

CORREA, N. (1996): Financing Urban Centres. A Concept Note. Mimeo. ITC Classic Real Estate Ltd., Bombay.

DESAI, V. (1995): Community Participation and Slum Housing: A Study of Bombay. New Delhi: Sage Publications.

DESARDA, H. M. (1996): The Other Side of Development. Maharashtra's Backward Regions. In: Economic and Political Weekly, Dec 14, S. 3233–3234.

DESHPANDE, SUDHA und LALIT (o.J.): Are We One Too Many in Mumbai? Mimeo, Bombay/Mumbai: Department of Economics, Bombay University.

Deutsch-Indische Handelskammer (Hrsg.) (1996): Direktinvestitionen in China, Indien und Indonesien. Ein Vergleich der Investitionsstandorte. In: Deutsch-Indische Wirtschaft 3/96, S. 9–14.

DEVIDAYAL, N. (1998): The First City Now Qualifies as the Worst City. In: The Sunday Times, Sunday Special, 9 Aug 1998.

DHOLAKIA, R. H. (1994): Spatial Dimension of Acceleration of Economic Growth in India. In: Economic and Political Weekly, August 27, S. 2303–2309.

DIDDEE, J. und V. RANGASWAMY (Hrsg.) (1991): Urbanisation: Trends, Perspectives and Challenges.

DRAKAKIS-SMITH, D. (1996): Third World Cities: Sustainable Urban Development II – Population, Labour and Poverty. In: Urban Studies 33 (4–5), S. 673–701.

DUTT, A. K., COSTA, F. J., AGGARWAL, S. und A. G. NOBLE (Hrsg.): The Asian City: Processes of Development, Characteristics and Planning. Amsterdam: Kluwer Academic Publishers.

Economic Times, The (1997): Foreign Direct Investment in India. 5. Aug.

Economist, The (1997): Cover Story: India's Economy. Feb. 22, S. 3–30.

ENGINEER, A. A. (1993): Bombay Shames India. In: Economic and Political Weekly, January 16–23, S. 81–85.

ENGINEER, A. A. (1995): Lifting the Veil: Communal Violence and Communal Harmony in Contemporary India. Hyderabad: Sangam Books.

Financial Times (Hrsg.) (1997): Review of Information Technology: Special Report on India's Software Industry. Dec. 97.

Fischer Weltalmanach '99 (1998): Zahlen, Daten, Fakten. Darin: Indien – Chronik und Atomwaffentests, S. 343–347 sowie Pakistan, S. 565.

FORBES, L. (1998): Bombay Ice. Berlin: Ullstein (engl. Originalausgabe 1998, London: Phoenix House).

FRIEDMANN, J. (1986): The World City Hypothesis. In: Development and Change 17, S. 69–84.

GEISSBAUER, R. und H. SIEMSEN (1996): Strategies for the Indian Market. Experiences of Indo-German Joint Ventures. Bombay: Indo-German Chamber of Commerce.

GIBSON, K. und S. WATSON (1995): Postmodern Spaces, Cities and Politics: An Introduction. In: WATSON, S. und K. GIBSON: Postmodern Cities and Spaces. S. 1–10.

GILL, G. S., BHATTACHARYA, A. und U. ADUSUMILLI (1995): Sustainable Urban Development. The

Case of Navi Mumbai (New Bombay). Mimeo. Bombay: CIDCO.

Government of India, Ministry of Finance, Economic Division (Hrsg.) (1997): Economic Survey 1996–97. New Delhi.

Granta (1997): Ausgabe Nr. 57: India – The Golden Jubilee. London/New York.

GUPTA, R. G. (1993): Housing Situation in Various Metropolitan Cities of India and the Proposed Housing Strategy. In: Nagarlok, Urban Affairs Quarterly 25 (2), S. 57–78.

HARRIS, N. (1995): Bombay in a Global Economy. Structural Adjustment and the Role of Cities. In: Cities 12 (3), S. 175–184.

HEEKS, R. (1996): India's Software Industry: State Policy, Liberalisation and Industrial Development. New Delhi: Sage Publications.

HELBRECHT, I. (1997): Stadt und Lebensstil. Von der Sozialraumanalyse zur Kulturraumanalyse? In: Die Erde 128, S. 3–16.

HEUZE, G. (1992): Shiv Sena and ‚National' Hinduism. In: Economic and Political Weekly, Oct. 10, S. 2253–2263.

HUDCO (Housing and Urban Development Corporation) (1996): A Corporate Profile. New Delhi.

HUDCO (o.J.): Urban Infrastructure Financing. New Delhi

Indian Architect & Builder (1997): Cover Story – Mumbai's Mills. In: Indian Architect & Builder 1/97, Mumbai, S. 17–46 und 154–160.

Indian Investment Centre (1996): Foreign Investment Policy of the Government of India. New Delhi.

Indian Investment Centre (o.J.): Investment Opportunities Available to Non Resident Indians. New Delhi.

Infosys Technologies Ltd. (1996): Infosys Outline. Bangalore.

ISRO (Indian Space Research Organisation) (1997): India in Space; India's Remote Sensing Satellites; Geosynchronous Satellite Launch Vehicle (GSLV). Bangalore.

IYER, P. (1997): Bombay. In: lettre 37 (2), S. 28–30.

JOSHI, V. und I. M. B. LITTLE (1996): India's Economic Reforms 1991–2001. Oxford: Clarendon Press.

KNOX, P. und P. J. TAYLOR (1995): World Cities in a World-System. Cambridge: Cambridge University Press.

KORFF, R.(1991): Die Weltstadt zwischen globaler Gesellschaft und Lokalitäten. In: Zeitschrift für Soziologie 20 (5), S. 357–368.

KORFF, R. (1996): Globalisierung und Megastadt. Ein Phänomen aus soziologischer Perspektive. In: Geographische Rundschau 48 (2), S. 120–123.

KORFF, R. (1997): Globalisierung der Megastädte. In: FELDBAUER, P., HUSA, K., PILZ, E. und I. STACHER (Hrsg): Mega-Cities. Die Metropolen des Südens zwischen Globalisierung und Fragmentierung. Frankfurt/Wien: Brandes & Apsel/Südwind, S. 21–35.

KOSAMBI, M. und J. E. BRUSH (1988): Three Colonial Port Cities in India. In: Geographical Review 78 (1), S. 32–46.

KUMAR, N. (1995): Industrialisation, Liberalisation and Two Way Flows of Foreign Direct Investments. Case of India. In: Economic and Political Weekly, Dec. 16, S. 3228–3237.

KUNDU, A. und S. GUPTA (1996): Migration, Urbanisation and Regional Inequality. In: Economic and Political Weekly, Dec. 28, S. 3391–3398.

LEFEBVRE, H. (1991): The Production of Space. Oxford: Blackwell.

LELE, J. (1996): Saffronization of the Shiv Sena: The Political Economy of City, State and Nation. In: PATEL, S. und A. THORNER (Hrsg.): Bombay. S. 185–212 (erstmals publiziert in: Economic and Political Weekly, June 24, 1995, S. 1520–1528).

MANI, S. (1995): Economic Liberalisation and the Industrial Sector. In: Economic and Political Weekly, May 27, S. M38–M50.

Manorama Yearbook. 32. Jg. (1997): Kottayam, India: Malayala Manorama.

MARTIN, H.-P. und H. SCHUMANN (1996): Die Globalisierungsfalle. Reinbek bei Hamburg: Rowohlt.

MASSELOS, J. (1995): Postmodern Bombay: Fractured Discourses. In: WATSON, S. und K. GIBSON (Hrsg.): Postmodern Cities and Spaces. Oxford, UK/Cambridge, USA: Blackwell, S. 199–215.

MATHUR, O. P. (1993): The State of India's Urban Poverty. Mimeo, New Delhi: National Institute of Finance and Policy.

MEHROTRA, R. und G. NEST (Hrsg.) (1997): Public Places Bombay. Bombay: Max Mueller Bhavan, Urban Design Research Institute.

MEHROTRA, R. (1998): Ein Ort, zwei Welten. In: StadtBauwelt 89 (48), S. 2614–2619.

MEHTA, S. (1997): Mumbai. In: Granta 57, S. 97–126. Übertragung in das Deutsche: Mumbai. Eine Metropole im Krieg gegen sich selbst. In: lettre 37 (2), S. 23–27.

MUKHERJI, S. (1981): Mechanisms of Underdevelopment, Labour Migration and Planning Strategies in India. Calcutta: Prajna.

MUKHERJI, S. (1992): Migration, Regional Disparities and Urbanization in India. Research Monograph, Bombay: International Institute for Population Sciences.

MUKHERJI, S. (1996a): Poverty-induced Migration and Urban Involution in India – Alternative Planning Strategies. In: MOMEN und MOHANTI (Hrsg.): Census as a Social Document. Jaipur: Rawat Publishers, S. 41–91. (Original: 27th IGU Symposion on Population Geography, Univ. of California, Los Angeles 1992, S. 1–56).

MUKHERJI, S. (1996b): The Nature of Migration to Greater Bombay: The Need For Alternative Development Perspective. In: DAVID, M. D. (Hrsg.): Urban Explosion of Mumbai. Calcutta: Himalaya Publishing House, S. 26–56.

MUKHOPADHYAY, J. K. (1991): Maharashtra's Long-term Growth: Some Relevant issues. In: The Journal of Income and Wealth 13 (1), S. 78–84.

NADKARNI, M. (o. J.): Housing for the Urban Poor. Reachability of the Site and Service Projects in Greater Bombay to the Target Population. Unveröff. Diss., Bombay University.

NANDWANI, D. (1997): Brand Death. 34 Indian Firms Have Sold Out Since 1993. In: Sunday Observer, 19 Oct.

NARASIMHAN, R. (1996): Walking on One Leg. India's Software Industry. In: Economic and Political Weekly, August 3, S. 2073–2075.

NARAYANA, D. und K. J. JOSEPH (1993): Industry and Trade Liberalisation. Performance of Motor Vehicles and Electronics Industries, 1981–91. In: Economic and Political Weekly, Feb. 20–27, S. M13–M20.

National Institute of Urban Affairs (1992): The Informal Finance for Urban Housing: Status and Prospects. New Delhi (= Research Study Series 47).

National Institute of Urban Affairs (1995): Urban Statistics 1995 Handbook. New Delhi.

NIDUGALA, G. K. (1997): Capital Liberalisation and Currency Crisis. Experience of Mexico and India. In: Economic and Political Weekly, July 19, S. 1803–1810.

NISSEL, H. (1977a): Die indische Metropole Bombay. Entwicklung, funktionelle und sozialräumliche Typisierung. In: Geographischer Jahresbericht aus Österreich 45 (1973/74), Wien, S. 7–30.

NISSEL, H. (1977b): Bombay. Untersuchungen zur Struktur und Dynamik einer indischen Metropole. West-Berlin (= Berliner Geographische Studien 1).

NISSEL, H. (1980): Greater Bombay – An Explanation of Structures, Functions and Development. In: Bombay Geographical Magazine 25 (1), S. 1–31.

NISSEL, H. (1981): Determination of Social Areas by Using Multivariate Techniques: The Case of Greater Bombay. In: Bombay Geographical Magazine 26 (1), S. 1–24.

NISSEL, H. (1982): Jüngste Tendenzen der Zuwanderung nach Bombay. In: KULKE, H., RIEGER, H.-Ch. und L. LUTZE (Hrsg.): Städte in Südasien. Wiesbaden: Steiner, S. 213–231(= Beiträge zur Südasienforschung, Südasieninstitut der Universität Heidelberg 60).

NISSEL, H. (1984): Eine neue indische Metropole. Planung und Entwicklungsstand von New Bombay. In: Aktuelle Beiträge zur angewandten Humangeographie. Festschrift zum 80. Geburtstag von Hans Bobek. Wien, S. 56–68.

Nissel, H. (1985): Zur Dualstruktur des Geschäftslebens in Greater Bombay (Indien). Abschlußbericht an die Deutsche Forschungsgemeinschaft (Unveröff. Manuskript).

Nissel, H. (1986): Determinanten und rezente Auswirkungen der Urbanisierung in Indien. In: Husa, K., Vielhaber, Ch. und H. Wohlschlägl (Hrsg.): Beiträge zur Bevölkerungsforschung. Festschrift für Ernest Troger zum 60. Geburtstag, Band 1. Wien: Hirt, S. 267–284.

Nissel, H. (1989): Die indische Metropole Bombay. Ein Opfer ihres eigenen Erfolgs? In: Geographische Rundschau 41 (2), S. 66–74.

Nissel, H. (1994): Increase and Displacement of Population within Bombay. Vervielf. Manuskript zur Conference „Working and Living in Cities", Bombay University, Nov. 25.–26, 1994.

Nissel, H. (1997a): Megastadt Bombay – Global City Mumbai? In: Feldbauer, P., Husa, K., Pilz, E. und I. Stacher (Hrsg.): Mega-Cities. Die Metropolen des Südens zwischen Globalisierung und Fragmentierung. Frankfurt/Wien: Brandes & Apsel/Südwind, S. 95–111.

Nissel, H. (1997b): Functional Change and Population Displacement within Core Areas in Greater Bombay. In: Phadke, V. S. und S. Banerjee-Guha (Hrsg.): Society, Economy and Environment – Contemporary Issues. Im Druck. New Delhi: Vikas Publishing House.

Nissel, H. (1998a): Mumbai. Eine indische Metropole auf dem Weg zur Weltstadt? In: Österreichisch-Indische Gesellschaft: Newsletter 5/89, S. 3–6.

Nissel, H. (1998b): Bombay in Zeiten der Globalisierung. In: StadtBauwelt 89 (48), S. 2620–2629.

Operations Research Group (ORG) (1990): Multi-Purpose Household Survey of BMR (Bombay Metropolitan Region). Mimeo. Baroda.

Outlook (1997): Cover Story: The Discovery of India. Waterloo is an Indian Market. July 23, 1997. S. 51–55.

Panwalkar, P. (1996): Upgradation of Slums: A World Bank Programme. In: Patel, S. und A. Thorner (Hrsg.): Bombay. Metaphor for Modern India. New Delhi: Oxford University Press, S. 121–142.

Patel, Sheela und S. Burra (1994): Access to Housing Finance for the Urban Poor. Institutional Innovations in India. In: Cities 11 (6), S. 393–397.

Patel, Shirish B. (1995): Slum Rehabilitation: 40 Lakh Free Lunches? In: Economic and Political Weekly, Oct. 7, S. 2473–2476.

Patel, Shirish B. (1996): Slum Rehabilitation in Mumbai. Possible If Done Differently. In: Economic and Political Weekly, May 4, S. 1047–1050.

Patel, Sujata und A. Thorner (Hrsg.) (1996): Bombay. Metaphor for Modern India. New Delhi: Oxford University Press (Oxford India Paperbacks).

PHD Chamber of Commerce and Industry (1996): Pattern of Investment in the Post-Reforms Period. Mimeo. New Delhi.

Prabhu, K. S. und P. C. Sarker (1992): Identification of Levels of Development. Case of Maharashtra. In: Economic and Political Weekly, Sept. 5, S. 1927–1937.

Pradhan, K. (1997): Urban Green Space and Bombay. In: Mehrotra, R. und G. Nest (Hrsg.): Public Places Bombay. S. 54–58.

Presse, Die (1998): Fieberhaftes Wettrüsten am Subkontinent geht auf Kosten der Armen. Ausgabe vom 30. Mai 1998. Wien.

Pugh, C. (1996): „Urban Bias", The Political Economy of Development and Urban Policies for Developing Countries. In: Urban Studies 33 (7), S. 1045–1060.

Rohatgi, P., Godrej, P. und R. Mehrotra (Hrsg.) (1996): Bombay To Mumbai – Changing Perspectives. Bombay: Marg Publication.

Rohmund, S. (1997/98): Frustrierte Geldgeber. Die Finanzkrise der asiatischen Tigerstaaten droht auf Indien überzugreifen. In: Die Zeit, Nr. 1/98, 26.12.1997. Hamburg.

Rothermund, D. (1996): Wirtschaftsgesinnung im Hinduismus. In: Geographische Rundschau 48 (6), S. 352–357.

Sanghvi, M. (1996): Columne Salaam Bombay. In: Identity Crises? The Times of India, July 17, 1996.

SASSEN, S. (1991): The Global City. Princeton/New York/London/Tokyo: Princeton University Press.

SASSEN, S. (1994): Cities in a World Economy. Thousand Oaks/London/New Delhi: Pine Forge Press.

SASSEN, S. (1996a): Cities in the Global Economy. Conference Paper for United Nations University Panel on Globalization and the Urban Future. Habitat II, June 7, 1996, Istanbul.

SASSEN, S. (1996b): Metropolen des Weltmarkts. Die neue Rolle der Global Cities. Frankfurt: Campus.

SEBASTIAN, P. A. (1991): Beautifying Bombay at Cost of Poor. In: Economic and Political Weekly, August 3–10, S. 1840–1841.

SEEPZ (Santacruz Electronics Export Processing Zone), Office of the Development Commissioner (Hrsg.) (1998): List of Manufacturers-Cum-Exporters at SEEPZ 1997. Mimeo.

SHARMA, N. (1991): Land Grab, Bombay Style. In: Economic and Political Weekly, February 23, S. 413–417.

SHAW, A. (1996): Urban Policy in Post-Independent India. An Appraisal. In: Economic and Political Weekly, Jan. 27, S. 224–228.

SHOOL, S. H. (1991): Land Encroachment in Bombay. In: Economic and Political Weekly, Nov. 2, S. 2507–2510.

SICOM Ltd. (1993–1998): Unterlagen zu: Package Scheme of Incentives; Attractive Investment Opportunities in Maharashtra; SICOM's Vision; New Industry, Trade and Commerce Policy for Maharashtra.

SIMON, D. (1995): The World City Hypothesis: Reflections from the Periphery. In: KNOX, P. und P. J. TAYLOR (Hrsg.): World Cities in a World System. Cambridge: Cambridge University Press, S. 123–155.

SINGH, G. und P. K. DAS (1995): Building Castles in the Air. Housing Schemes for Bombay's Slum Dwellers. In: Economic and Political Weekly, Oct. 7, S. 2477–2487.

SITA, K. und M. RAY (1994): Bombay's Aspiration to be a Global City. Tagungsbeitrag zum Seminar „Working and Living in Cities", 25.–26.11.1994, Max Mueller Bhavan, Bombay.

SHORT, J. R., KIM, Y., KUUS, M. und H. WELLS (1996): The Dirty Little Secret of World Cities Research: Data Problems in Comparative Analysis. Oxford, UK/Cambridge, USA: Blackwell, S. 697–717.

SMITH, D. A. (1996): Third World Cities in Global Perspective. The Political Economy of Uneven Urbanization. Boulder/Oxford: Westview Press.

Society for Development Studies (1996a): Housing and Urban Indicators. India Case Study. New Delhi.

Society for Development Studies (1996b): Economic and Social Indicators for Managing the Growing Economies. New Delhi.

SOJA, E. (1989): Postmodern Geographics. London/New York: Verso.

StadtBauwelt, 89. Jg., Nr. 48, 29. Dez. 1998: Themenheft Bombay (Auswahl und Mitgestaltung: G. NEST).

Standard, Der (1997): Serie Indien 1947–1997. Vier Teile, August 1997. Wien.

Standard, Der (1997): Die Austrian Airlines lassen seit 1995 in Bombay rechnen. In: Ausgabe vom 10. Sept. 1997. Wien.

Standard, Der (1998): Asien stürzt im Bonitätsranking ab. In: Ausgabe vom 18./19. Juli 1998. Wien.

Statistisches Bundesamt (Hrsg.) (1995): Länderbericht Indien. Wiesbaden.

STROBEL, R.: Bombay, Delhi, Bangalore – drei indische Metropolen im Zeichen wirtschaftlicher Liberalisierung. In: FELDBAUER, P., HUSA, K., PILZ, E. und I. STACHER (Hrsg.): Mega-Cities. Die Metropolen des Südens zwischen Globalisierung und Fragmentierung. Frankfurt/Wien: Brandes & Apsel/Südwind, S. 67–93.

SUNDARESAN, S. (1997): Mumbai's Growth Pattern Resembles Other Cities. In: Times of India, March 24.

TATA Services Ltd., Department of Economics and Statistics (1997 und 1998): Statistical Outline of India, 1996–97 und 1997–98.

TINDALL, G. (1982): City of Gold. The Biography of Bombay. London: Temple Smith.

TRIPATHI, R. S. und S. B. SINGH PARMAR (Hrsg.) (1996): Social and Economic Development in India. New Delhi: Ashish Publishing House.

UNIDO (1995): India Towards Globalization. Wien: United Nations Industrial Development Organization (Industrial Development Series).

UNO (1996): An Urbanizing World. Global Report on Human Settlements 1996. Oxford: Oxford University Press.

VAN WERSCH, H. (1996): Flying a Kite and Losing the String: Communication during the Bombay Textile Strike. In: PATEL, S. und A. THORNER (Hrsg.): Bombay. Metaphor for Modern India. S. 64–85.

VINEK, P. (o. J.): Problem of Housing: A Socio-Historical Study of Bombay. Unveröff. Diss., Bombay University.

VIRMANI, A. (1997): India: Crisis, Reform and Growth. In: Economic and Political Weekly, August 9, S. 2064–2067.

VORA, R. (1996): Maharashtra – 1. Shift of Power from Rural to Urban Sector. In: Economic and Political Weekly, January 13–20, S. 171–173.

WATSON, S. und K. GIBSON (Hrsg.) (1995): Postmodern Cities and Spaces. Oxford, UK/Cambridge, USA: Blackwell.

WERLEN, B. (1996): Geographie globalisierter Lebenswelten. In: Österreichische Zeitschrift für Soziologie 21 (2), S. 97–128.

World Bank (Hrsg.) (1995): Country Study. India.

World Resources Institute, UN Environment Programme, UN Development Programme, The World Bank (Hrsg.) (1996): World Resources 1996–97.

WÜLKER, G. (1985): Anmerkungen zum Verstädterungsprozeß in der Dritten Welt. In: Zeitschrift für Bevölkerungswissenschaft 11, S. 261–275.

YADAVA, K. N. S., YADAVA, S. S. und R. K. SINHA (1992): Rural Out-Migration and its Economic Implications on Migrant Households in India: A Review. In: The Indian Economic Journal 44 (2), S. 21–38.

ZACHARIAH, K. C. (1968): Migrants in Greater Bombay. Bombay: Asia Publishing House.

ZACHARIAH, K. C. (1970): The Maharashtrian and the Gujarati Migrants in Greater Bombay. Unveröft. Manuskript, International Institute for Population Studies, Bombay-Chembur.

Globalisierung, Megastadtentwicklung und Migration: Mexico City, Jakarta und Bombay – Zusammenfassende Bemerkungen

Christof PARNREITER

Die erkenntnisleitenden Problemstellungen des in diesem Buch dargestellten Projekts[1] kreisen um den möglichen und vermuteten Zusammenhang zwischen Globalisierung einerseits, Binnenwanderungen und Megastadtentwicklung andererseits. Eine zentrale Annahme lautete dabei, daß Prozesse der Globalisierung, also die Öffnung der Märkte, das rasche Wachsen des Welthandels, die rasante Zunahme internationaler Investitionen oder der Schwenk von der importsubstituierenden zur exportorientierten Industrialisierung Migrationspotentiale vergrößern und die Muster der Wanderungen verändern. Eine andere Leithypothese war, daß die Megastädte der Dritten Welt von den Prozessen der Globalisierung erfaßt und betroffen sind, und daß diese globale Integration den Charakter und die Funktion der Städte verändert, und zwar sowohl, was ihre inneren sozioökonomischen und räumlichen Entwicklungen und Beziehungen betrifft, als auch, was ihre Rolle im Rahmen der Nationalstaates angeht.

In diesem abschließenden Beitrag sollen nun die Ergebnisse der drei Fallstudien über die Megastädte Mexico City, Jakarta und Bombay zusammengefaßt und einander gegenübergestellt werden. Damit wird es möglich sein, sowohl generelle Trends der Megastadtentwicklung und der Ausformung von Migrationsmustern auszumachen, als auch Spezifika aufzuzeigen, die sich aus den jeweils konkreten historischen und räumlichen Zusammenhängen ergeben. Allerdings ist darauf hinzuweisen, daß eine solche Gegenüberstellung vor einer Reihe methodologischer und theoretischer Probleme steht (siehe dazu Kapitel 3.3 im ersten Beitrag in diesem Buch); Probleme, die sich bei einem interdisziplinären Ansatz gewöhnlich ergeben.

Basis für eine Vergleichbarkeit der Fallstudien ist, daß die drei untersuchten Staaten einen mehr oder weniger offensiven *Globalisierungskurs* steuern. In Indonesien wurde bereits 1966 von Autarkiebestrebungen Abschied genommen und eine sogenannte „Neue Ordnung" proklamiert, die private Kapitalflüsse, ausländische Investitionen und internationale Handelsbeziehungen forcierte. Dokumentiert wurde die pro-westliche Kehrtwende durch die von Indonesien mitgetragene Gründung der „Association of South-East Asian Nations" (ASEAN) im Jahr 1967, die unter anderem das Ziel verfolgte, den Status Südostasiens als Produktions- und Investitionszentrum zu festigen. Die politischen Kooperationsbestrebungen der ASEAN werden gegenwärtig ergänzt durch ökonomische Bündnisse wie die AFTA („Asian Free Trade Area") und transnationale Wachstumsregionen wie die Wachstumsdreiecke Singapur – Südmalaysia – Riau bzw. Südwestthailand (Satun, Yala, Songkhla, Narathiwat) – Nordwestmalaysia (Perlis, Kedah, Penang, Perak) – Nordostsumatra (Medan).

Mexiko hat nach der Krise der importsubstituierenden Industrialisierung, die in den siebziger Jahren sichtbar und nach der Schuldenkrise von 1982 unübersehbar wurde, in den

---

[1] Vgl. dazu den Beitrag von Christof PARNREITER „Globalisierung, Binnenmigration und Megastädte der ‚Dritten Welt' – Theoretische Reflexionen", S. 17–58 in diesem Buch.

achtziger Jahren zahlreiche Schritte gesetzt, die das Land, seine Wirtschaft und seine Gesellschaft tiefer in internationale Zusammenhänge integrieren sollten. Nachdem Zoll- und andere Handelshemmnisse abgebaut, der Arbeits- und Bodenmarkt dereguliert, die industrielle Produktion auf Exportmärkte orientiert und ausländische Investitionen angeworben wurden, kulminierte der Globalisierungskurs im Beitritt zur nordamerikanischen Freihandelszone NAFTA im Jahr 1994.

In Indien erfolgte die radikale Kehrtwende der Wirtschaftspolitik relativ spät, nämlich erst im Jahr 1991. Von einem System gelenkter Planwirtschaft (mit Elementen einer kontrollierten Privatwirtschaft) abgehend, wurde die Wirtschaft schrittweise liberalisiert und geöffnet, wobei jedoch ein zentraler Unterschied zu Mexiko besteht: Während Mexiko den Weg einer radikalen Umstrukturierung beschritt, entschied sich Indien für einen graduellen Umschwung. Beispielsweise ging Indien bei der Neustrukturierung des Bankensektors wesentlich langsamer und konservativer (oder, in anderer Diktion: vorsichtiger) vor als der zentralamerikanische Staat. Auch die Anpassung der nationalen Industrie an die Konkurrenz des Weltmarktes erfolgt in Indien bedächtiger als in Mexiko, und Einschränkungen in Hinsicht auf ausländische Kapitalflüsse zählen nach wie vor zur indischen Politik.

Auch von ihrer *Größe* her sind die drei untersuchten Megastädte vergleichbar. Wird jeweils die gesamte urbane Agglomeration als Einheit genommen, so dürfte gegenwärtig die „Jabotabek-Region", gebildet aus Jakarta sowie den im Süden, Westen und Osten an den Kernstadtbereich angegliederten Städten Bogor, Tangerang und Bekasi, die größte Agglomeration darstellen (ca. 19 Millionen EinwohnerInnen). Die „Bombay Metropolitan Region" und die „Zona Metropolitana de la Ciudad de México" (ZMCM) folgen mit 17 (1996) bzw. 16,5 Millionen (1995) EinwohnerInnen. Wird nur der Kernstadtbereich gezählt, sind die Parallelen nicht geringer: „Greater Bombay" zählte 1991 fast 10 Millionen BewohnerInnen, der „Distrito Federal" mit Mexico City rund 8,5 Millionen (1995) und DKI Jakarta 8,2 Millionen (1990). Allerdings wachsen Greater Bombay und DKI Jakarta, wenn auch relativ moderat, weiterhin (mit jährlichen Wachstumsraten von ca. 2 bis 2,5 Prozent), während der Distrito Federal seit 1980 kaum mehr Bevölkerungszuwächse zu verzeichnen hat.

Erheblich sind die Unterschiede im nationalen Urbanisierungsgrad. Während Mexiko als verstädtertes Land gelten kann – 1990 lebten über 70 Prozent der Bevölkerung in Gemeinden mit mehr als 2.500 EinwohnerInnen –, liegen Indonesien und Indien weit unter diesem Maß. Zwar stieg in Indonesien die urbane Bevölkerung von 1960 bis 1994 von 15 auf 34 Prozent, der Anteil an StadtbewohnerInnen ist damit aber immer noch geringer als im Schnitt aller Entwicklungsländer. Noch geringer ist er in Indien, wo 1991 erst knapp mehr als ein Viertel der Gesamtbevölkerung in urbanen Räumen lebte.

Werden Mexico City, Bombay und Jakarta hinsichtlich ihrer Rolle im jeweiligen Nationalstaat betrachtet, so zeigt sich eine weitere Parallele. Alle drei Städte nehmen eine ausgeprägte Vormachtstellung ein. Sie üben in hohem Maße *funktionale „Primacy"* aus, das heißt, sie konzentrieren wirtschaftliche und politische Entscheidungsprozesse, sie verfügen über die beste Infrastruktur, sie konzentrieren Industrie und Dienstleistungsfunktionen usw. (im Falle von Bombay ist diesbezüglich allerdings einzuschränken, daß Bombay als einzige der drei untersuchten Megastädte nicht zugleich Hauptstadt des Landes ist).

Hinsichtlich der Auswirkung auf die Entwicklung der jeweiligen Megastadt zeitigt die verstärkte globale Integration in den untersuchten Ländern zum Teil stark voneinander abweichende Ergebnisse. In Mexiko etwa ist die Vormachtstellung der größten Metropole des Landes durch den neoliberalen Modernisierungskurs zunächst unzweifelhaft zurückgegangen, wie der regelrechte Einbruch des Anteils von Mexico City am nationalen Bruttoinlandsprodukt in der ersten Hälfte der achtziger Jahre zeigt. Auch der Anteil der ZMCM an der nationalen Beschäftigung war stark rückläufig.

Auf den Punkt gebracht war die Krise der achtziger Jahre eine Krise der *Industrie* im Distrito Federal. Der Anteil der Hauptstadt am Bruttoinlandsprodukt des Landes sank von 25 auf 21 Prozent, der Anteil an der industriellen Beschäftigung ging in den achtziger Jahren von rund 45 auf knapp 33 Prozent geradezu dramatisch zurück (trotz dieses Minus von mehr als 10 Prozentpunkten sollte jedoch nicht vergessen werden, daß Mexico City auch am Ende der achtziger Jahre das dominante Zentrum industrieller Fertigung blieb). Die Hauptstadt verlor aber nicht nur als industrieller Produktionsort an Bedeutung, sondern auch als ökonomisches Entscheidungszentrum, wie der Rückgang der Firmen, die dort ihr Hauptquartier hatten, zeigt.

Ein Rückgang der Industrie ist auch in Bombay zu registrieren. Von 1971 bis 1991 sind in der Stadt Bombay („Greater Bombay") die Arbeitsplätze im sekundären Sektor insgesamt um rund 150.000, von 600.000 auf 450.000, reduziert worden. Dies ist vor allem als Folge des Niedergangs in der Textilindustrie zu sehen, die 1965 mit 250.000 ArbeiterInnen noch die Hälfte aller Beschäftigten in der Industrie umfaßte, seither aber auf gegenwärtig nur noch ca. 50.000 Beschäftigte abgesunken ist. In den letzten Jahren gerieten auch andere Industriesparten, die noch traditionelle Standorte in Citynähe aufweisen, unter massiven Druck: Eisen- und Stahlverarbeitung, Maschinenbau, „Cityindustrien" wie zum Beispiel Druckereien, Hinterhofindustrien usw.

Allerdings ist in beiden Fällen Vorsicht geboten, den Rückgang der Industrie als „Entindustrialisierung" zu bezeichnen. Im Falle von Bombay nämlich verlagerten viele Industriebetriebe ihre Produktion nur in das weitere Umfeld der „Urban Agglomeration", weshalb eigentlich von einer Suburbanisierung der Industrie die Rede sein müßte. In Mexico City wiederum sind in den neunziger Jahren Anzeichen eines Wiedererstarkens bestimmter Industriezweige auszumachen. Branchen wie die chemische und die Metallindustrie waren offensichtlich durchaus fähig, sich den Bedingungen des Freihandels und der technologischen Modernisierung anzupassen und am Weltmarkt konkurrenzfähig zu werden.

Dem Erscheinungsbild nach sehr ähnlich, können die krisenhafte Entwicklungen der Industrie in Bombay und Mexico City zumindest teilweise auch auf die gleichen Ursachen zurückgeführt werden. In beiden Fällen handelt es sich nämlich um die Erschöpfung eines Modells industrieller Entwicklung, das über Jahrzehnte zwar erfolgreich war, schließlich aber an die Grenzen seiner mangelnden Produktivität gelangte. Während die Industrie in Mexiko im wesentlichen ab den dreißiger und vierziger Jahren aufgebaut wurde, hat die Textilindustrie in Bombay eine in das 19. Jahrhundert zurückreichende Geschichte als industrieller Leitsektor. Beide Typen industrieller Entwicklung sahen sich aber, und diese zeitliche Parallele ist auffällig, ab den siebziger Jahren mit zunehmenden Schwierigkeiten konfrontiert. Obwohl der Ausbruch der Krise in Mexiko unmittelbarer als in globalen Zusammenhängen stehend erkennbar war (Schuldenkrise), sind doch in beiden Fällen die Beschränkungen und strukturellen Probleme, die sich aus abhängiger Entwicklung und „nachholender" Industrialisierung ergeben, unverkennbar.

Dazu kommen weitere direkte Auswirkungen der jüngsten Etappe der Globalisierung. Die Absiedlung der Industrie in Bombay hat vor allem in letzter Zeit dadurch Dynamik gewonnen, daß viele Betriebe dem Druck der durch die steigende Nachfrage nach Immobilien emporschnellenden Preise von Grundstücken und Mieten auf „Bombay Island" nicht mehr standhalten konnten. Darüber hinaus sind viele Fabrikeigner inzwischen voll in die Immobilienspekulation eingestiegen, sind doch die großflächigen Areale stillgelegter Textilfabriken im Herzen der Insel Bombay nach der Umwidmung zu Bauland um ein Mehrfaches ertragreicher als die Weiterführung der Betriebe und die Produktion von Textilien.

In Mexiko wiederum zeigt die Marktöffnung und die damit verbundene Konkurrenz durch vor allem US-amerikanische Importprodukte auf manche Sparten ruinöse Auswirkungen. Darüber hinaus impliziert(e) die Umorientierung der Industrie von einem primär binnenmarktbezogenen Konzept auf *Exportproduktion* auch das Entstehen einer neuen räumlichen Ordnung der Produktion. Mit der „Maquiladora-Industrie", die zum überwiegenden Teil in den sechs nördlichen Bundesstaaten Mexikos, die an die USA grenzen, angesiedelt ist, wurde ein industrieller Pol geschaffen, der, wenigstens hinsichtlich der Zahl der Arbeitskräfte, der ZMCM mittlerweile ebenbürtig ist. Das Entstehen einer neuen Raumstruktur industrieller Fertigung ist übrigens auch in Indien zu beobachten. Zunehmend lagern Industriebetriebe ihre Produktion in (informelle) Bereiche der indischen Peripherie, insbesondere im ländlichen Raum, aus.

Ganz anders verlief die Entwicklung in Jakarta. Das Wachstum dieser Stadt ist eng verbunden mit der Politik der „Neuen Ordnung", wurde diese urbane Agglomeration doch als Motor der Entwicklung angesehen. 80 Prozent der Investitionen in Indonesien erfolgen auf der Hauptinsel Java, auf der auch Jakarta liegt, weshalb die industrielle Entwicklung, die mit der globalen Einbindung Indonesiens in die Internationale Arbeitsteilung untrennbar verbunden ist, als Hauptakteur in der physischen Stadterweiterung gelten kann. Die Expansion Jakartas ist jedoch auch stark davon geprägt worden, daß diese Stadt als Hauptstadt an der Spitze der nationalstaatlichen Entscheidungshierarchie liegt. Exemplarisch kann in diesem Zusammenhang die große Bedeutung der verstaatlichten Industrie oder die mehr oder weniger offene Verbindung der industriellen Konglomerate mit dem Präsidentenpalast genannt werden.

Anders als in Bombay oder Mexico City, wo der Anteil der Industrie an der urbanen Wirtschaft rückläufig ist, nimmt er in Jakarta zu. 1990 verdrängte er erstmals den Handel als wichtigsten Wirtschaftsfaktor der Jabotabek-Region, was die ökonomische Relevanz und Effizienz der staatlichen Deregulierungsprogramme zur Ansiedlung industrieller Produktionen innerhalb Jabotabeks dokumentiert. Auch der Anteil der industriellen Erwerbsbevölkerung in Jabotabek stieg erheblich, nämlich von 15 (1980) auf 22 Prozent (1990).

Der Verweis auf den urbanen Großraum Jabotabek ist durchaus wichtig. Denn die Kernstadt DKI Jakarta soll nach den Plänen der Regierung (und analog zur Entwicklung in den anderen untersuchten Städten) schrittweise de-industrialisiert werden und für die Funktion einer reinen „Service City" vorbehalten bleiben, während die boomende Industrialisierung in das angrenzende „Botabek" ausgelagert wird. Dafür sprechen neben dem erwähnten Plan einer „Service City" ökologische Motive (Wasser, Umweltbelastung), niedrigere Lohnkosten in der urbanen Peripherie sowie die bis in jüngste Vergangenheit horrend gestiegenen Bodenpreise, welche die Industrien in billigere suburbane Gebiete verdrängen.

Die Suburbanisierung der Industrie zeigt sich etwa daran, daß zwischen 1989 und 1991 73 Prozent aller neuen (formellen) Firmengründungen in Botabek erfolgten, und das trotz des Protektionsstatus zweier neuer Exportförderungszonen in DKI Jakarta. Dementsprechend findet der beschäftigungspolitische Take-Off seit zwei Jahrzehnten im unmittelbaren Kernstadt-Umland statt, wo die Zahl der Beschäftigten in den achtziger Jahren um 90 Prozent oder 1,3 Millionen zugenommen hat (zum Vergleich: in DKI Jakarta stieg die Beschäftigung um 1 Million oder 52 Prozent). Diese enorme Expansion des (formellen) Arbeitsmarktes stellt einen der wichtigsten Unterschiede zu Mexico City bzw. zu Bombay dar, sind doch in diesen beiden Metropolen die Beschäftigungszahlen allgemein keineswegs in (großer) Ausweitung begriffen, und ist die industrielle Beschäftigung stagnierend bzw. sinkend.

Wie stark urbane Entwicklung, exportorientierte Industrialisierung und Globalisierung im Falle Jakartas zusammenhängen, kann exemplarisch am Beispiel der ausländischen Direktinvestitionen („foreign direct investments", FDI) gezeigt werden. Diese versechsfachten sich innerhalb von nur vier Jahren (1987–1990), wobei zwei Drittel der Investitionen in die Industrie gingen. 70 Prozent der FDI-Projekte sind unmittelbar mit der Exportproduktion verbunden. So ist es etwa ein gemeinsames Merkmal sämtlicher Investitionen asiatischer „Newly Industrializing Countries" (NICs) in Indonesien, daß sie einen hohen Grad an Exportorientierung (80 Prozent!) aufweisen. Aber auch die japanischen Investitionen, die die umfangreichsten darstellen, zielen überwiegend (59 Prozent) auf Produktion für den Export. Als Folge verdoppelte sich der Anteil an Textilexporten auf rund 40 Prozent; auch 40 Prozent der gesamtindonesischen Schuhproduktion werden exportiert.

Schließlich unterstreicht der Umstand, daß zwei der derzeit drei indonesischen Sonderexportzonen in Jabotabek lokalisiert sind, die enge Verquickung zwischen exportorientierter Industrialisierung und urbanem Wachstum. Produktivität und Wertschöpfung gelten in international gelenkten Unternehmen als überdurchschnittlich hoch (im indonesischen Vergleich), die Lohnkosten sind (im Verhältnis zu Japan oder Singapur) sehr niedrig. Die globale Verflechtung einzelner Sektoren wird bei einer Analyse der Importquote deutlich, die bei international gesteuerten Konzernen überdurchschnittlich ist: In der Textilbranche etwa werden 91 Prozent der nötigen Inputs importiert, während lokale Betriebe nur knapp 30 Prozent einführen – eine ähnliche Entwicklung ist für die Schuh- und Elektrobranche feststellbar.

Gerade darin liegt aber eines der zentralen Probleme der indonesischen Exportindustrie. Wie die jüngste Krise in Südostasien zeigt, machen die strukturellen Probleme, mit denen Mexiko und Indien zu kämpfen haben, auch vor der Industrie Indonesiens nicht Halt. Der insgesamt niedrige Ausbildungs- und Technologiestand bedingt, daß Indonesien für sämtliche Exporte die Mehrzahl der Komponenten und Investitionsgüter importieren muß (70 Prozent der Gesamteinfuhren); die hohe budgetäre Ressourcenabhängigkeit führt zu Niedrigpreisexporten zur Importfinanzierung hochwertiger Technologieprodukte aus dem Ausland. Das Hauptmanko liegt jedoch in fehlenden Vor- und Rückkoppelungen, wodurch bislang nationale Zuliefernetzwerke in Industrie und Handwerk kaum zur Entstehung gelangen konnten; dieses Faktum gilt vollinhaltlich auch für die staatlich-strategischen Industrien, die etwa die Hälfte der ausländischen Hilfeleistungen (jährlich 5 Milliarden US-Dollar) in Anspruch nehmen.

Gemeinsam ist den drei untersuchten Städten, daß sie eine Tendenz zur *Tertiärisierung ihrer wirtschaftlichen Basis* aufweisen. Mexico City hat seit den achtziger Jahren einen tiefgreifenden Wandel seiner ökonomischen Struktur durchgemacht, bei dem Industrie und Handel Anteile an der städtischen Wirtschaft verloren, während das Transportwesen und vor allem der übrige Dienstleistungssektor (ohne Handel und Transportwesen) deutlich gewinnen konnten. Beide Entwicklungen spiegeln sich auch in der Beschäftigung wider – 1994 übertrafen die Dienstleistungen (ohne Handel) erstmals die Industrie als wichtigster Arbeitgeber der Stadt. Ähnlich verläuft die Entwicklung in Jakarta, allerdings nur auf den Kernstadtbereich DKI Jakarta bezogen. Die Suburbanisierung der Industrie und die Tertiärisierung der wirtschaftlichen Aktivitäten lassen sich etwa an der sich ändernden Bodennutzung ablesen. Zwischen 1990 und 1997 nahm die Bürofläche im Central Business District um 28 Prozent jährlich zu, womit der Flächenzuwachs von durchschnittlich 185.000 m^2 innerhalb der letzten fünf Jahre zu den höchsten Asiens zählt. Auch in Bombay nimmt der Dienstleistungssektor (in seiner gesamten Breite) eine immer wichtigere Stellung ein, und Bombay kommt innerhalb Indiens in der Produktion und Bereitstellung von Dienstleistungen eine Führungsrolle zu.

Die *Expansion des Dienstleistungssektors* geht in allen drei Städten nicht nur auf säkulare Trends – wie den der Suburbanisierung der Industrie – zurück, sondern auch auf die verstärkte globale Integration des jeweiligen Landes. In Mexiko etwa ist sehr deutlich zu beobachten, daß Mexico City bzw. der Distrito Federal als Bindeglied zwischen Weltmarkt und Nationalökonomie dienen. Die mexikanische Hauptstadt ist nicht nur der wichtigste Standort der größten in Mexiko registrierten Firmen, sie ist Standort insbesondere für jene Firmen, die mehrheitlich oder vollständig in ausländischem Besitz stehen. Oder: Rund zwei Drittel aller ausländischen Investitionen in Mexiko (Direkt- und Portfolio-Investitionen) flossen in den Distrito Federal bzw. wurden dort verbucht (1989–1996), wobei der Anteil der Hauptstadt seit dem Beitritt zur NAFTA noch weiter gestiegen ist. Diese hohe Konzentration von Kontroll- und Managementaufgaben oder von Kapitalströmen führt zu einer ebenfalls sehr hohen Konzentration von produktionsbezogenen Dienstleistungen (deutlich mehr als die Hälfte aller Arbeitskräfte im Bereich der Immobilien-, Finanz- und professionellen Dienstleistungen arbeiten in der ZMCM), die ja für das Funktionieren der Weltwirtschaft immer unverzichtbarer werden.

Auch Bombay ist sich verstärkenden globalen Einflüssen ausgesetzt, weil es als Knoten im Netzwerk multinationaler Konzerne und ausländischer Banken dient. Bombay ist damit auch im übertragenen Sinn der „Hafen Indiens", in dem ausländische Firmen und Investoren ihren Anker auswerfen. So ist beispielsweise die „Bombay Stock Exchange" die viertgrößte Börse Asiens, und die größten Banken und Versicherungen des Landes haben ihren Sitz in Bombay. Besonders sichtbar wurden die globalen Aspekte in dem die (mittlerweile verflogenen) Euphoriejahre der Liberalisierung begleitenden Boom des Immobiliensektors. Die Preise in den besten Lagen der Stadt stiegen in schwindelerregende Höhen (10.000 US-Dollar und mehr pro Quadratmeter) und übertrafen zur Jahresmitte 1995 sogar jene Manhattans und Tokios. Allerdings ist mittlerweile Ernüchterung eingetreten. Im März 1998 bewegte sich das Preisniveau zwar immer noch in lichten Höhen, lag aber im Durchschnitt um 50 Prozent unter den Spitzenwerten von 1995.

Auch Jakarta fungiert als Hafen zur Weltwirtschaft im wörtlichen wie im übertragenen Sinn. Die Forcierung der Exportindustrie impliziert die Bereitstellung der erforderlichen Infrastruktur, wobei am Transportsektor dem Hafen Jakartas das Hauptgewicht zukommt, genießt doch im Archipelstaat Indonesien der Seeweg im Güterverkehr überragende Bedeutung. Ein Drittel aller Importe und 30 Prozent des nationalen Exportwertes fließen durch Jakartas Hafen, dessen Kapazität mittelfristig sogar verdreifacht werden soll. Das Bindeglied zur Weltwirtschaft ist Jakarta auch bezüglich der Kapitalströme. Zwischen 1967 und 1991 flossen zwei Drittel aller Auslandsinvestitionen in Indonesien in die

Hauptstadtregion, wobei – ähnlich wie im Falle des Distrito Federal – die Tendenz steigend ist. Die Konzentration der ausländischen Investitionen in Jakarta übertrifft damit die der inländischen, die mit 45 Prozent ebenfalls beträchtlich ist. Im Trend der Tertiärisierung liegend gehen die ausländischen Investitionen in DKI Jakarta seit Anfang des Jahrzehnts vermehrt in den Dienstleistungssektor und lösen so die Schwerpunktsetzung auf Industrie innerhalb der Kernstadt allmählich ab. Schließlich zeigt sich der Zusammenhang zwischen der Rolle Jakartas als Bindeglied zur Weltwirtschaft und der Expansion gehobener Dienstleistungen am nicht zuletzt durch die Privatisierungspolitik ausgelösten Boom des Aktienmarktes und der Börse bis zum Beginn der „Asienkrise" im Jahr 1997, von der Indonesien allerdings besonders schwer getroffen wurde. Internationale Investoren zeichneten – wenn auch mit fallender Tendenz – für den Löwenanteil an den Umsätzen der Börse von Jakarta verantwortlich (1996: 67 Prozent).

Hinsichtlich der *sozialen Veränderungen* verlaufen die Entwicklungen in Jakarta zum Teil anders als in Mexico City und Bombay. Denn während in den beiden letztgenannten Städten die Tendenzen sozialer Polarisierung unübersehbar sind, war die Situation in Jakarta bis zum Wirksamwerden der Finanz- und Wirtschaftskrise ab 1997 wenigstens ambivalent. Zum einen gibt es Hinweise auf soziale Aufwärtsmobilität, wie etwa den Umstand, daß der Anteil der SlumbewohnerInnen von 60 Prozent (1970) auf etwa ein Drittel der Bevölkerung zurückgegangen ist, oder die Herausbildung einer gar nicht so kleinen kaufkräftigen Mittelschicht. Auch wenn die Richtlinien der Weltbank zur Armutsdefinition herangezogen werden, ist der Anteil der Armen in den letzten Jahrzehnten gefallen. Allerdings ist die absolute Zahl der Betroffenen dennoch gestiegen, und außerdem sind, werden andere Indikatoren herangezogen, die Erfolge in der Armutsbekämpfung zu relativieren. Die realen Löhne stagnieren, der von der Regierung festgelegte Mindestlohn reicht nicht aus, die wichtigsten physischen Bedürfnisse eines ledigen Arbeiters zu erfüllen, und die Chancen auf soziale Mobilität nehmen ab. Jedenfalls wird die Kluft zwischen Arm und Reich größer, und zwar sowohl zwischen Stadt und Land als auch in der Stadt selbst.

In Mexico City hingegen nehmen sowohl die absolute Armut als auch die soziale Polarisierung deutlich zu. Während die Mittelschicht schrumpft, wächst der Anteil der Armen stetig. Dies ist einerseits auf rasante Reallohnverluste zurückzuführen (1981–1993: minus 60 Prozent) und andererseits auf eine immer ungleichere Verteilung der Einkommen. Diese wiederum hängt unmittelbar mit der zunehmenden Fragmentierung und Polarisierung des urbanen Arbeitsmarktes zusammen. Während die klassischen Berufe der (unteren) Mittelschicht (administratives Personal, Industriearbeiter) relativ langsam wachsen, verzeichnen die Berufssparten am oberen und am unteren Ende der Arbeitsmarkthierarchie das schnellste Wachstum (technische Berufe und „profesionales" einerseits, Händler und Verkäufer andererseits).

Beide Tendenzen hängen nicht nur mit der allgemeinen Entwicklung in Mexiko zusammen, sondern gehen teilweise auch auf die spezifische Rolle von Mexico City im Prozeß der Globalisierung zurück. Während die drastischen Reallohnverluste als Beispiel für ein das gesamte Land betreffendes Problem gelten können, sind die Tendenzen der Fragmentierung und der Polarisierung des Arbeitsmarktes in ihrer starken Ausprägung ein vor allem metropolitanes Phänomen. So spiegelt etwa das Wachstum der Berufssparten am oberen und am unteren Ende der Arbeitsmarkthierarchie einerseits den Niedergang der industriellen Beschäftigung in der ZMCM und andererseits das überproportionale Wachstum des gehobenen Dienstleistungssektors wider. Beide Tendenzen aber stehen in unmittelbarem Zusammenhang mit der verstärkten Globalisierung Mexikos: Während der Rückgang der Industriebeschäftigung sowohl als Folge der Krise des industriellen Sektors als auch als Konsequenz der partiell gelungenen Anpassung an die neue Weltmarktkonkurrenz gedeutet werden kann, ist die Zunahme der Beschäftigung im gehobenen Dienstleistungssektor der ZMCM auf die Funktion dieser Stadt als Zentrum des ökonomischen Managements zu verstehen.

In Bombay weisen alle Indikatoren darauf hin, daß die soziale Polarisierung ständig zunimmt. Während mindestens 40 Prozent der Haushalte unter der offiziellen Armutsgrenze leben (müssen), sind die Einkommen in den Führungspositionen seit der Liberalisierung um jährlich 20 Prozent und mehr gestiegen (im Vergleich dazu haben die Reallöhne im abgelaufenen Fiskaljahr hingegen nur um 5 Prozent zugenommen). Aber auch der Anteil von Slums ist im Lauf der Jahrzehnte ständig gestiegen. 1966 mußten erst 10 Prozent der StadtbewohnerInnen in Slums leben, 1977 waren es 30 Prozent, heute leben in über 1.000 Slums 5,5 Millionen Menschen, das heißt, mehr als die Hälfte aller StadtbewohnerInnen. Im Vergleich der indischen Megstädte steht Bombay damit noch schlechter da als Kalkutta oder Delhi.

Parallel zur sozialen Polarisierung und zur Fragmentierung des Arbeitsmarktes wächst die *informelle Ökonomie*, und zwar in Bombay wie in Mexico City. In der indischen Metropole ist eine Entwicklung im Gang, die über den Ausbau von Franchising, Kontraktarbeit, Outsourcing und vor allem durch Ausnutzung von Heimarbeit die gewerkschaftliche Basis zu zerschlagen trachtet. In Mexico City dürften Mitte der neunziger Jahre rund 50 Prozent der erwerbstätigen Bevölkerung im informellen Sektor tätig gewesen sein. Die informelle Ökonomie stellt nicht nur einen integralen Bestandteil der urbanen Wirtschaft und des urbanen Lebens dar, sondern auch nationaler wie internationaler Akkumulationszusammenhänge.

Das rasche Wachsen des informellen Sektors in Mexiko geht nicht nur auf die zunehmende Armut oder die „Selbstbeschäftigung" der nunmehr Arbeitslosen zurück, sondern es ist ebenso Ergebnis einer Unternehmensstrategie, die Profitmaximierung auf Kosten der Arbeitenden anstrebt. StraßenhändlerInnen sind in ein komplexes Netzwerk von Lieferanten und Sublieferanten, von Geldverleihern und kommunalen Behörden eingebunden, und vertreiben Produkte nationaler und auch internationaler Unternehmen. Auch die kleinen, informellen Handwerks- und Industriebetriebe erfüllen oft eine Komplementärrolle zur großen Industrie, die manche Produktionen zunehmend in solche Kleinbetriebe auslagert.

Ganz ähnliche Tendenzen lassen sich in Bombay finden, wo sowohl die Industrie als auch verschiedene Bereiche des Dienstleistungssektors Produktionsschritte vom Zentrum zur Peripherie verlagern, und zwar in räumlicher wie sozialer Sicht. Mit der Auslagerung an Subunternehmer wächst der informelle Sektor, etwa in Form von Heimarbeit, bei der verstärkt auf Kinder- und Frauenarbeit zurückgegriffen wird. Damit löst sich die traditionelle Fabrikarbeit mit ihren genau fixierten Pflichten und Rechten, etwa einer in Gewerkschaften organisierten Arbeiterschaft, zunehmend auf.

Wiederum bildet Jakarta in gewisser Weise das Gegenbeispiel. Zwar ist auch dort der informelle Sektor ein fixer Bestandteil der Stadtökonomie (Anteil am Regionalprodukt von ca. 20 Prozent), allerdings wird vermehrt vom Rückgang der informellen Ökonomie gesprochen. Anders als in den beiden anderen Städten dürfte es also eine Tendenz der Formalisierung der Arbeitsverhältnisse geben. Allerdings gilt auch für Jakarta, daß der Stellenwert als industrieller Standort nicht zuletzt auf der engen Verflechtung mit vor- und nachgelagerten (informellen) Kleinbetrieben beruht, die hohe Innovationsfähigkeit und

Flexibilität (etwa im Reparaturbereich) aufweisen sowie kostengünstiger produzieren, weil sie etwa nicht an arbeitsrechtliche Auflagen gebunden sind.

Den urbanen Veränderungen wurde in der vorliegenden Studie unter anderem deshalb so breiter Raum gegeben, weil sie einen zentralen Faktor in der *Prägung und Transformation der Migrationsmuster* in den drei Ländern darstellen. Allerdings muß, bevor die diesbezüglichen Vergleiche angestellt werden können, eingeschränkt werden, daß die Gegenüberstellung der drei Städte in diesem Abschnitt nur bedingt möglich ist, da für Bombay nur Daten bis 1991 verfügbar sind, und die Auswirkungen der verstärkten Globalisierung auf die Migration damit statistisch noch nicht erfaßt sind.

Die drei Städte zeigen demographisch ein durchaus unterschiedliches Bild. Jakarta befindet sich, sowohl was den Kernstadtbereich als auch die gesamte urbane Agglomeration betrifft, noch in ungebremstem Wachstum. Die Bevölkerungszahl der Kernstadt hat sich von 1961 (2,9 Millionen) bis 1981 (6,5 Millionen) mehr als verdoppelt, und bis zur Jahrtausendwende wird vermutet, daß die 12-Millionen-Grenze erreicht wird. Für die gesamte Region Jabotabek wird ein Bevölkerungsanstieg von 17,1 Millionen (1990) auf nahezu das Doppelte (30 Millionen) im Jahr 2010 prognostiziert. Mexico City hingegen wächst wesentlich langsamer als vorhergesagt wurde. Die Bevölkerungszunahme hat sich ab den sechziger Jahren deutlich abgeschwächt (1960–1970: 5,6 Prozent jährlich; 1980–1990: 1,5 Prozent jährlich), woran die Reduktion des natürliches Wachstums ihren Anteil hatte. Die natürliche Wachstumsrate sank von jährlich durchschnittlich 3,3 Prozent in den sechziger Jahren auf 1,7 Prozent in den achtziger Jahren. Mit diesem Trend des verlangsamten Bevölkerungswachstums liegt die derzeitige EinwohnerInnenzahl deutlich unter den Prognosen der siebziger und achtziger Jahre – 1995 lebten 16,3 Millionen Menschen in Mexico City.

Die mexikanische Metropole ist somit auch nicht, wie oft fälschlicherweise behauptet wird, die größte Stadt der Welt, sondern nach Tokio und New York die drittgrößte (1990). Allerdings ist sie die bevölkerungsstärkste urbane Agglomeration der Dritten Welt, noch vor São Paulo, Shanghai oder Bombay. Auch in Bombay verläuft die urbane Expansion langsamer als prognostiziert. Während die Stadt in den Jahrzehnten von 1951 bis 1981 um durchschnittlich 3,4 Prozent im Jahr wuchs und sich damit immer über den Zuwachsraten sowohl Indiens wie auch des Bundesstaates Maharashtra befand, trat im letzten Jahrzehnt eine Trendumkehr ein. Das jährliche Wachstum liegt jetzt nur noch bei 1,9 Prozent und damit unter dem Landes- bzw. Bundesniveau. Die Zahl der EinwohnerInnen innerhalb der „Bombay Municipal Corporation" (Greater Bombay) stieg zwischen 1981 und 1991 von 8,2 auf 9,9 Millionen.

Der Anteil der Zuwanderer an der Stadtbevölkerung ist in Mexico City am geringsten. Im Kernstadtbereich war 1995 jede/r vierte BewohnerIn zugewandert (für die gesamte ZMCM fehlen diesbezügliche Angaben), während in Jakarta der Anteil bei fast 40 Prozent (1990) liegt. In Bombay waren 1981 gar mehr als die Hälfte aller BewohnerInnen ImmigrantInnen. Seither ist der Anteil allerdings stark gefallen – 1991 galt nur noch etwas mehr als ein Drittel der Bevölkerung als Zuwanderer. Das Sinken des Anteils der Zuwanderer sowohl in Bombay als auch in Mexico City legt einen Zusammenhang zur Krise der Industrie in diesen Städten nahe, durch die zehntausende Arbeitsplätze verlorengingen. Außerdem entstanden parallel dazu sowohl in Indien als auch in Mexiko in anderen Landesteilen alternative Beschäftigungsmöglichkeiten, was zu einer Umleitung der Migrationen geführt haben dürfte.

Die demographische Entwicklung ist hier insbesondere im Zusammenhang mit den Migrationsmustern von Interesse. Das spektakulärste der drei untersuchten Fallbeispiele ist gewiß Mexico City, zieht die mexikanische Metropole doch seit den achtziger Jahren entgegen dem immer wieder transportierten Klischee nicht „täglich Tausende Arme" an, sondern ist im Gegenteil zu einer Netto-Abwanderungsregion geworden. Diese Entwicklung geht insbesondere auf die gewandelte Position des Distrito Federal im mexikanischen Migrationssystem zurück. Die Hauptstadt hat sich zwischen 1980 und 1990 von dem Zuwanderungspol schlechthin, der sie über Jahrzehnte war, in das größte Nettoabwanderungsgebiet des Landes gewandelt. Der negative Wanderungssaldo der achtziger Jahre belief sich auf deutlich mehr als eine Million Personen und machte somit fast die Hälfte der kumulierten positiven Salden der Zeit zwischen 1930 und 1980 aus. Obwohl diesbezüglich noch keine gesicherten statistischen Angaben vorliegen, kann vermutet werden, daß der Trend zu einer Netto-Abwanderung aus dem Distrito Federal auch in der ersten Hälfte der neunziger Jahre anhalten dürfte, wenn auch in einem geringeren Ausmaß als in den Achtzigern.

Abwanderung aus den Kernstädten ist zwar generell ein weit verbreitetes Phänomen, daß aber die gesamte metropolitane Zone zu einem Netto-Emigrationsgebiet wird, dürfte eines der markantesten Merkmale von Mexico City in den achtziger Jahren sein. Zwischen 1985 und 1990 hatte die Stadt eine negative Migrationsbilanz von mindestens 290.000, vielleicht sogar von 440.000 Personen. Auch hier wird vermutet, daß sich der Trend in den neunziger Jahren fortsetzen wird. Allerdings inkludieren diese Angaben auch die intraurbane Mobilität zwischen dem Distrito Federal und Gemeinden, die zwar im angrenzenden Bundesstaat Estado de México liegen, aber ebenfalls zur Metropolitanen Zone von Mexico City gehören. Wird diese Mobilität aus der Migrationsstatistik ausgenommen, so verringern sich die negativen Wanderungssalden des Distrito Federal und der ZMCM zwar erheblich, bleiben aber – und das scheint unterstreichenswert – dennoch als solche bestehen. Um die intraurbane Mobilität bereinigt, reduziert sich der negative Wanderungssaldo des Distrito Federal um etwa zwei Drittel, der der ZMCM um ein Viertel bis die Hälfte (1985–1990: Distrito Federal: minus 279.149 Personen; ZMCM: minus 223.700 Personen).

Werden die Ursachen für diese Entwicklung gesucht, so können drei Faktoren ausgemacht werden. Erstens geht die Abnahme des natürlichen Wachstums der Bevölkerung und die Umkehrung der Migrationsströme in den achtziger Jahren auf die größer (oder zumindest bewußter) werdenden Agglomerationsnachteile zurück. Verkehrsüberlastung und Umweltverschmutzung sind in Mexico City nicht nur sprichwörtlich, sondern stellen tatsächlich Barrieren für weiteres Stadtwachstum dar. So gesehen trugen Faktoren wie Streß, Smog oder Kriminalität auch zur Wandlung von Mexico City von einem Zuwanderungspol in ein Gebiet der Nettoabwanderung bei. Neben den Agglomerationsnachteilen könnte ein zweiter wichtiger Grund für das verlangsamte Stadtwachstum und den radikalen Wandel der Migrationsmuster im Zusammenhang mit dem schweren Erdbeben aus dem Jahr 1985 entstanden sein. Obwohl es keine exakten Angaben darüber gibt, wieviele Personen unmittelbar nach oder wegen dieser Naturkatastrophe die Stadt verlassen haben, war das Unglück von nicht zu unterschätzender Bedeutung für die Umkehrung der Migrationsströme. Eine dritte Ursache für die Veränderung der Migrationsmuster ist in den aufgezeigten sozioökonomischen Entwicklungen in Mexico City zu suchen. Zum einen hat Mexico City durch die krisenhafte wirtschaftliche Entwicklung und die folgende neoliberale Modernisierung selbst an Attraktion für MigrantInnen eingebüßt, zum anderen sind – parallel dazu und mit der Krise in Mexico City in Verbindung stehend – neue, verheißungsvollere Migrationsziele in anderen Landesteilen entstanden. Beide Momente zusammengenommen führten zu vermehrter Abwanderung und verringerter Immigration.

Anders ist die Lage in Jakarta. Zwar hat auch hier die Kernstadt in der zweiten Hälfte der achtziger Jahre einen bemerkenswerten Wandel hin zu einem Nettoabwanderungsgebiet durchgemacht – während von 1980 bis 1985 die Migrationsbilanz ein Plus von 285.000 Personen aufwies, war sie in den folgenden fünf Jahren mit einem Minus von 160.000 MigrantInnen (netto) negativ –, doch ist diese Entwicklung ganz eindeutig auf Suburbanisierungsprozesse zurückzuführen und nicht – wie im Falle von Mexico City – auf eine abnehmende Attraktivität für MigrantInnen. Denn die Bruttoimmigration nach DKI Jakarta wuchs weiter – von 1985 bis 1990 war sie um knapp 22 Prozent höher als in den fünf vorangegangenen Jahren. Stark ansteigend ist die Abwanderung, obwohl diese Bezeichnung eigentlich irreführend ist, weil die Hauptdestination der von DKI-Jakarta Abwandernden die „out-ring-areas", die in der Jabotabek-Region liegen, sind. Es kommt somit zu einer Verschiebung innerhalb des urbanen Großraumes sowie zu weiterer Verstädterung in den Subzentren Bogor, Tangerang und Bekasi. Umgekehrt scheint auf längere Sicht die Kernstadt Jakarta als Wohnraum nur mehr gehobenen Einkommensgruppen zugänglich, die ihren Lebensbereich in zentral gelegene Appartements und Condominiums von privat errichteten vielstöckigen Towers verlegen.

Ausschlaggebend für die umland-destinierte Migration ist der Ansiedlungsprozeß internationaler Unternehmen seit Beginn der wirtschaftlichen Öffnung Indonesiens mit massiver staatlicher Unterstützung. Der Großraum Jabotabek, und hier vor allem der ökonomische Wachstumsgürtel an der Nordküste, ist das primäre Wachstumsgebiet, was mit sukzessiver Erhöhung der Arbeitsplatzdichte sowie mit einem Verdrängungsprozeß ruraler Strukturen im Stadtumland verbunden ist. Wie bereits erwähnt, unterstreicht der Umstand, daß zwei der derzeit drei indonesischen Sonderexportzonen in Jabotabek lokalisiert sind, die enge Verquickung zwischen exportorientierter Industrialisierung und urbanem Wachstum. Er zeigt aber auch den unmittelbaren Zusammenhang zwischen Globalisierung und Migrationsmuster, weil die enorme Nachfrage nach Arbeitskräften, die von den für den Weltmarkt produzierenden Firmen ausgeht, eine zentrale Triebfeder im Migrationsprozeß darstellt.

In Bombay ist, wie erwähnt, die jüngste Entwicklung statistisch noch nicht dokumentiert. Dazu kommt, daß kein verläßliches Datenmaterial über Abwanderung existiert, weshalb auch keine Gesamtwanderungsbilanz von Bombay erstellt werden kann. Generell büßt die Zuwanderung – ähnlich wie in Mexiko – als Faktor der Stadtexpansion Bedeutung ein, anders als dort bleibt sie aber ein relevantes Element derselben. Zwischen 1971 und 1981 trug die Migration noch 47 Prozent zum Gesamtwachstum der Metropole Bombay bei, also nahezu die Hälfte. Dieser Anteil sank für die Dekade 1981 bis 1991 auf bloß noch 17 Prozent ab. Absolut gesehen verringerte sich der Zuwachs durch Zuwanderung von knapp über einer Million (1971–1981) auf nur noch 283.000 (1981–1991). Vergleichbar den beiden anderen Städten sind auch in Bombay Tendenzen von Bevölkerungsverlusten im Kernbereich der Stadt („Bombay Island") zu erkennen, was mit dem Verschwinden von ca. 150.000 Arbeitsplätzen im sekundären Sektor und den horrenden Bodenpreisen, Mieten und Ablösen im Wohnungswesen zusammenhängt. Erklärbar ist die abnehmende Zuwanderung dadurch, daß viele MigrantInnen überwiegend bereits im „Vorfeld" der Stadt, das heißt, im Großraum der „Bombay Metropolitan Region" verbleiben, was unmittelbar mit der Suburbanisierung der Industrie zusammenhängt.

Eine auffällige Parallelität in den untersuchten Ländern ist, daß mit der vertieften Globalisierung die Migrationsraten und -volumina ansteigen. In Indonesien ist der Anteil der MigrantInnen an der Gesamtbevölkerung in den achtziger Jahren von 7,8 Prozent auf 9,9 Prozent gestiegen, was in Summe ein Migrationsvolumen von rund 17,8 Millionen Personen im Jahr 1990 bedeutet. In Mexiko erfolgte der abrupte Anstieg der Binnenwanderungen in den neunziger Jahren. Nachdem sich die Migrationsrate zwischen 1970 und 1990 lediglich wenig verändert hat, hat sie in der ersten Hälfte der neunziger Jahre um zwei Prozentpunkte auf 19,4 Prozent zugenommen. In absoluten Zahlen bedeutet dies, daß das Migrationsvolumen um ein Viertel auf 17,6 Millionen MigrantInnen angestiegen ist.

Eine zentrale Ursache für diese Entwicklung ist in Mexiko wie in Indonesien in den Transformationen des ländlichen Raumes und ländlicher Gesellschaften zu suchen. Die verstärkte Einbindung in den Weltmarkt, die (je nach Land unterschiedlich weit gehende) Liberalisierung der Märkte und damit verbundene Modernisierungsprozesse der landwirtschaftlichen Erzeugung führ(t)en in allen drei Staaten zu massiven *Entwurzelungsprozessen* am Land.

In Mexiko begann die Aushöhlung der wirtschaftlichen und sozialen Basis der ländlichen Gesellschaften zwar nicht erst mit der neoliberalen Modernisierung der achtziger Jahre, die agrarische Krise wurde dadurch aber massiv verstärkt. Die agrarische Produktion stagniert, das landwirtschaftliche Bruttoinlandsprodukt pro Kopf sinkt rapid, die landwirtschaftlich genutzte Fläche reduziert sich, die Erträge fallen, die Terms of Trade für landwirtschaftliche Erzeugnisse werden immer schlechter. Auch die Prognosen sind durchwegs düster, sind doch die Produktivitätsunterschiede zwischen den USA und Mexiko zu groß, als daß das Gros des mexikanischen Bauerntums angesichts der raschen Handelsliberalisierung überleben könnte. Millionen Menschen werden ihrer ländlichen Existenzgrundlage beraubt, wodurch eine Entwurzelungswelle in unbekanntem Ausmaß begründet wird. Es wird vermutet, daß mittelfristig bis zu fünfeinhalb Millionen Familien nicht als bäuerliche ProduzentInnen überleben werden können, was das sozio-ökonomische Aus für acht bis 15 Millionen Menschen bedeuten würde.

Für viele dieser Entwurzelten wird die Migration in eine mexikanische Stadt oder in die USA der Weg sein, auf die akzentuierte agrarische Krise und die soziale Not zu reagieren. Schon seit Jahrzehnten stellt in unzähligen Dörfern und Regionen Mexikos die zeitweise oder permanente Wanderung von einem oder mehreren Haushaltsmitgliedern einen fixen Bestandteil der Reproduktion des ländlichen Haushalts dar. Auch in der jüngeren Geschichte hat sich an diesem Muster nichts geändert. Haushalte wählen weiterhin und zunehmend Migration, um die kritische Situation zu meistern, in der sie sich befinden.

Auch in Indonesien reduziert eine Modernisierung des Agrarsektors nach den Leitlinien der sogenannten „Grünen Revolution" die Arbeitsmöglichkeiten drastisch – alleine in Java dürften rund 5 Millionen Menschen ihre Arbeit in der Landwirtschaft verlieren. Zwar konnte die Reisproduktion durch massiven Einsatz von Dünge- und Schädlingsbekämpfungsmitteln sowie den Anbau hochwertiger (synthetischer) Spezialreissorten gesteigert werden (was in den achtziger Jahren erstmals in der Geschichte des Landes die Selbstversorgung erlaubte), die Auswirkungen auf den Arbeitsmarkt aber waren verheerend. Beispielsweise sei angeführt, daß früher bis zu 500 (vorwiegend weibliche) Arbeitskräfte pro Hektar für die Reisernte beschäftigt waren, während es heute nur mehr 10 bis 20 (vorwiegend männliche) sind. Darüber hinaus steigt der Anteil der Landlosen in gleichem Ausmaß wie einige Reis-Tycoone Interesse an weiterem Landaufkauf zeigen, und zwar nicht zuletzt aus Spekulationsüberlegungen.

Mehr noch als in Mexiko sind in Indonesien Frauen von den strukturellen Veränderungen, die mit der Globalisierung einhergehen, betroffen. Die geänderten Produktionsbedingungen in der Landwirtschaft machen zunehmend weibliche Arbeitskräfte „überflüssig" – sie werden beispielsweise im arbeitsaufwendigen Ernteprozeß von kontraktgebundenen Männer(klein)gruppen ersetzt. Vor allem aber hat die exportorientierte Industrialisierung nicht nur die Beschäftigtenstruktur per se verändert, sondern auch das Geschlechterverhältnis am Arbeitsmarkt. Die weltweite Auslagerung arbeitsintensiver Produktionen – etwa im Textilbereich – in Niedriglohnländer schuf erhöhte Nachfrage nach jungen, unverheirateten Frauen, die allgemein als billig, effizient und anpassungsfähig gelten. Die Nachfrage nach (weiblichen) Billigarbeitskräften in der Fertigungsindustrie wuchs stetig, und mit ihr die Migration von Frauen in die urbane Agglomeration von Jabotabek.

Die informellen Netze, die Migrantinnen den Zugang zum städtischen Arbeitsmarkt erleichtert haben, zeigen allmählich Formalisierungstendenzen. Als Beispiel seien die boomenden Vermittlungsagenturen für Hausmädchen erwähnt, die den neu migrierten Arbeitskräften – gegen spätere Lohnbeteiligung – Einschulung in vielfach unbekannte Tätigkeiten, Unterkunft und Verpflegung bieten. Erwähnt werden muß aber auch, daß der Migrationsprozeß für Frauen nicht zwangsläufig mit Emanzipation von patriarchalen Strukturen verbunden ist. Ihre Wanderung bedeutet folglich nicht zwangsläufig eine Verbesserung ihrer Lebensumstände.

In Mexiko spielt – anders als in Indonesien – die Arbeitskräftenachfrage als Auslöser der Binnenmigrationen mittlerweile eine eher untergeordnete Rolle. Zwar gibt es zweifelsohne Pole dynamischer wirtschaftlicher Entwicklung jenseits der traditionellen Ballungsräume (Exportindustrie an der Nordgrenze, Tourismus im Süden), die einen Zusammenhang zwischen steigender Migration und Arbeitskräftenachfrage nahelegen, doch dürfte die Nachfrage nach Arbeitskräften an neu entstehenden Polen wirtschaftlichen Wachstums eher die konkrete Ausformung der Migrationsmuster, also die räumliche Verteilung der Migrationsströme, beeinflussen, als neue MigrantInnen mobilisieren. Damit haben sich die Migrationssysteme Mexikos in den achtziger Jahren zu diversifizieren begonnen, weil sich im Norden und im Südosten neue Subsysteme gebildet haben. Eine weitere Veränderung ist, daß Mittel- und Kleinstädte als Ziele von Migrationen erheblich an Bedeutung gewonnen haben.

In allen drei Städten sind *soziale Beziehungen und Netzwerke* eine der wichtigsten Ressourcen der ImmigrantInnen. In der Tat ist die Ähnlichkeit des Aufbaus, des Funktionierens und der Rolle informeller sozialer Beziehungen zwischen den Zuwanderern frappierend. Der informelle Sektor umfaßt ein komplexes Beziehungsgeflecht ökonomischer und sozialer Natur, über das zentrale Probleme wie Wohnen oder Arbeiten gelöst werden. Die räumliche Nähe und die soziale Nähe korrespondieren dabei vielfach, weshalb die Nachbarschaft in den indonesischen Kampungs ebenso überlebensnotwendig ist wie in den mexikanischen Barrios. Die sozialen Beziehungen sind dabei hochgradig zweckorientiert, allerdings auf gegenseitiger Basis, und werden vor allem durch verwandtschaftliche Bande getragen, ohne daß allerdings (vor allem in Mexiko) die Kooptierung von FreundInnen ausgeschlossen werden kann. Vor allem für Bombay und Mexico City gilt, daß nach dem massiven Verlust von Arbeitsplätzen in der Industrie nur einer Minderheit jobsuchender Zuwanderer mit geringer oder keiner Qualifikation der Einstieg in den formellen Sektor gelingen kann.

Wie lassen sich nun abschließend die wesentlichsten Untersuchungsergebnisse des vorliegenden Projektes vor dem Hintergrund der im ersten Beitrag dieses Buches dargestellten Ausgangshypothesen kurzgefaßt einschätzen?

Zusammenfassend ist festzuhalten, daß der vermutete Zusammenhang zwischen Globalisierung, Binnenwanderungen und Megastadtentwicklung im Vergleich der drei Fallstudien deutlich zum Ausdruck kommt. Auch die Hypothese, daß die Megastädte der Dritten Welt von den Prozessen der Globalisierung erfaßt und betroffen sind, und daß diese globale Integration ihren Charakter und ihre Funktion verändert, hat sich weitgehend als zutreffend erwiesen.

In allen drei Fallstudien stellen urbane Veränderungen einen zentralen Faktor in der Struktur und Transformation der Migrationsmuster in den jeweiligen Staaten dar. Eine auffällige Parallelität ist, daß die Migrationsprozesse mit der verstärkten Globalisierung an Dynamik gewinnen. Als zentrale Ursache für diese Entwicklung erweisen sich – wie vermutet – die Transformationen des ländlichen Raumes und der ländlichen Gesellschaften. Die zunehmende Einbindung in den Weltmarkt, die (je nach Untersuchungsgebiet unterschiedlich weit gehende) Liberalisierung der Märkte und damit verbundene Modernisierungsprozesse der landwirtschaftlichen Produktion bewirken in allen drei Staaten massive Entwurzelungsprozesse am Land.

Ebenso zählen in allen drei Städten soziale Beziehungen und Netzwerke zu den wichtigsten Ressourcen der Zuwanderer. Die Ähnlichkeit des Aufbaus, des Funktionierens und der Rolle informeller sozialer Beziehungen zwischen den Zuwanderern ist offensichtlich, wenngleich auch im Rahmen dieser Studie zu dieser Thematik nur ansatzweise Belege angeboten werden können. Hier wäre noch eine tiefergehende empirische Feldforschung vor Ort dringend notwendig.

Anhang

Ergänzende Tabellen und Abbildungen zum Beitrag von Christof Parnreiter: Megastadtentwicklung, Globalisierung und Migration – Fallstudie Mexico City

Tabelle A-1: Anteil der urbanen Bevölkerung an der Gesamtbevölkerung, 1900–1990 (in Prozent)

	1900	1910	1921	1930	1940	1950	1960	1970	1980	1990
Bevölkerung in Gemeinden mit mehr als 2.500 EinwohnerInnen	28,3	28,7	31,2	33,5	35,0	42,6	50,7	57,8	66,3	71,3
Bevölkerung in Gemeinden mit mehr als 15.000 EinwohnerInnen	10,5	11,7	14,7	17,5	20,0	28,0	41,2	49,4	56,2	60,8

Quellen: Bevölkerung in Gemeinden mit mehr als 2.500 EinwohnerInnen nach INEGI 1994, S. 42; Bevölkerung in Gemeinden mit mehr als 15.000 EinwohnerInnen nach GARZA und RIVERA 1994, S. 6.

Tabelle A-2: Bevölkerungsentwicklung des Distrito Federal und der ZMCM, 1900–1995

	Distrito Federal (in Tausend)	ZMCM (in Tausend)	Anteil des Distrito Federal an der Bevölkerung der ZMCM (in Prozent)
1900	541	–	100,0
1910	720	–	100,0
1921	906	–	100,0
1930	1.229	–	100,0
1940	1.757	1.802	97,5
1950	3.050	3.137	97,2
1960	4.870	5.251	92,7
1970	6.874	8.799	78,1
1980	8.831	13.354	62,3
1990	8.235	15.047	54,7
1995	8.489	16.294	52,0

Quellen: INEGI 1994; INEGI 1996.

Tabelle A-3: Anteile des Distrito Federal und der ZMCM am nationalen Bruttoinlandsprodukt, 1970–1993 (in Prozent)

	Distrito Federal	Eingemeindete Gebiete	ZMCM
1970	27,56	8,62	36,18
1975	26,14	10,25	36,39
1980	25,15	10,94	36,09
1985	20,96	11,11	32,07
1988	21,35	11,40	32,75
1993	24,06	10,52	34,58

Quelle: PRADILLA COBOS 1997, cuadro 2.

Tabelle A-4: Anteil der Beschäftigung in der ZMCM an der nationalen Gesamtbeschäftigung, 1980–1994 (in Prozent)

	Gesamt	Industrie	Handel	Dienstleistungen
1980	40,85	44,53	34,97	40,95
1986	33,46	34,48	30,97	34,68
1989	31,51	32,53	29,41	32,51
1994	29,78	28,12	28,39	33,08

Quelle: AGUILAR 1996, cuadro 8.1.

Tabelle A-5: Ansiedlung der 500 größten Unternehmen Mexikos nach Bundesstaaten

	1981	1982	1983	1984	1985	1986	1987	1988	1989	1990	1991	1992	1993	1994	1995	1996
Distrito Federal	288	287	270	167	167	158	149	156	145	159	211	223	228	244	233	213
Nuevo León	40	42	44	64	67	47	63	53	51	47	63	75	62	63	59	66
Edo. de México	75	79	86	81	77	91	78	90	92	90	76	58	53	48	49	55
Jalisco	20	22	21	35	35	39	36	39	40	37	32	36	34	45	43	41
Andere	77	70	79	153	154	165	174	162	172	167	118	108	123	100	116	125

Quelle: Expansión, verschiedene Ausgaben.

Tabelle A-6: Anteile der Sektoren am Bruttoinlandsprodukt der ZMCM, 1970 und 1990 (in Prozent)

	Industrie	Dienstleistungen	Handel	Bauwesen, Transport, Elektrizitätswesen
1970	29,6	23,6	35,3	6,8
1990	20,3	39,4	28,4	11,1

Quelle: Eigene Berechnungen, basierend auf GARZA und RIVERA 1994, S. 106–111.

Tabelle A-7: Anteile der Beschäftigung in der ZMCM nach Sektoren, 1980–1994 (in Prozent)

	Industrie	Dienstleistungen	Handel
1980	51,37	23,06	25,56
1986	46,42	25,29	28,28
1989	42,01	27,58	30,39
1994	33,59	35,20	31,19

Quelle: Eigene Berechnungen, basierend auf AGUILAR 1996, cuadro 8.2.

Tabelle A-8: Durchschnittliche jährliche Wachstumsrate der Bevölkerung der ZMCM, 1950–1995 (in Prozent)

	Gesamtwachstum	Natürliches Wachstum	Wachstum durch Wanderungsbilanz
1950 – 1960	5,25	3,29	1,51
1960 – 1970	5,67	3,34	1,64
1970 – 1980	3,88	2,99	0,50
1980 – 1990	1,54	1,77	-0,37
1990 – 1995	1,75	2,12	-0,37

Quellen: 1950–1990: PARTIDA BUSH 1994, S. 14; 1990–1995: PORRAS MACÍAS 1997a, S. 43.

Tabelle A-9: Anteil der zugewanderten Bevölkerung an der Gesamtbevölkerung im Distrito Federal, 1960–1995 (in Prozent)

	1960	1970	1980	1990	1995
Männer	38,66	32,29	27,14	22,35	22,39
Frauen	42,91	35,32	30,95	26,32	26,65

Quellen: 1960–1990: PARTIDA BUSH 1995, S. 6; 1995: INEGI 1996, S. 409. Zuwanderer sind Personen, die im Distrito Federal lebten, aber in einem anderen Bundesstaat geboren wurden.

Tabelle A-10: Anteile einzelner Herkunftsgebiete an der Gesamtzuwanderung in die ZMCM (in Prozent)

	„Migration stock" bis 1977	Zuwanderer 1975–1980	Zuwanderer 1978–1987	Zuwanderer 1985–1990	„Migration stock" 1990
Edo. de México	13	–	14	–	–
Puebla	9	12	15	15	13
Veracruz	–	11	8	14	10
Oaxaca	9	10	11	12	11
Hidalgo	–	8	8	12	11
Guerrero	–	8	6	7	6
Michoacán	11	8	6	7	12
Guanajuato	11	7	5	5	10
Jalisco	–	5	2	4	4
Rest	47	31	25	24	23

Quellen: Für „Migration stock" bis 1977: CONAPO 1994, S. 46; für Zuwanderer 1975–1980, 1978–1987 und 1985–1990: CORONA CUAPIO und LUQUE GONZÁLEZ 1992, S. 26; für „Migration stock" 1990: INEGI 1993b, S. 17. Die Angaben für Zuwanderer 1975–1980 bzw. 1985–1990 sowie für den „Migration stock" 1990 beziehen sich auf ImmigrantInnen in die ZMCM, die nicht aus dem Estado de México stammen. Bei den Angaben bezüglich des „Migration stock" bis 1977 und der Zuwanderer 1978–1987 handelt es sich um die Ergebnisse von Erhebungen, während die Daten betreffend die Zuwanderer 1975–1980 bzw. 1985–1990 aus dem Zensus stammen. Zur **Definition von „Migration stock"** vgl. Fußnote 17 im Textteil.

Tabelle A-11: Anteile einzelner Zielgebiete der Abwanderung aus der ZMCM (in Prozent)

	Abwanderer 1975–1980	Abwanderer 1985–1990
Morelos	4,8	6,6
Edo. de México	4,1	5,4
Querétaro	3,9	5,2
Baja California	2,5	4,8
San Luis Potosí	2,6	3,0
Tlaxcala	2,1	2,6
Aguascalientes	1,4	2,6
Quintana Roo	0,9	1,9
Baja California Sur	0,7	0,8
Rest	77,0	67,2

Quelle: CORONA CUAPIO und LUQUE GONZÁLEZ 1992, S. 27. Die Angaben hinsichtlich des Estado de México betreffen nur jene Gemeinden dieses Bundesstaates, die nicht Teil der ZMCM sind.

Tabelle A-12: Migrationssalden des Distrito Federal, 1930–1990

1930–1940	1940–1950	1950–1960	1960–1970	1970–1980	1980–1990
299.796	604.797	558.597	317.000	641.309	-1.159.935

Quelle: INEGI 1994, S. 48–50. Der Wanderungssaldo bezieht sich auf die Differenz jener Personen, die a) im Distrito Federal lebten, aber in einem anderen Bundesstaat geboren wurden, bzw. die b) im Distrito Federal geboren wurden, aber in einem anderen Bundesstaat lebten.

Tabelle A-13: Merkmale der Zuwanderer in den Distrito Federal, 1985–1990 (in Prozent)

	Ansässige Bevölkerung	ImmigrantInnen	EmigrantInnen
Frauenanteil	52,6	53,9	50,7
20- bis 29-Jährige	46,1	63,0	43,8
Indigene Bevölkerung	1,9	7,0	2,5
Ökonomisch aktiv	63,4	61,3	61,7
Beschäftigt in der Industrie	26,9	26,7	29
Beschäftigt im Dienstleistungssektor	68,5	68,2	64,5
Ohne Ausbildung	3,3	5,4	3,1
Höhere Bildung	22,2	25,9	24,4
Einkommen weniger als 1 Mindestlohn	17,2	22,1	11,8
Einkommen höher als 3 Mindestlöhne	22,3	18,9	32,9
Wohnung mit Fließwasser	96,3	93,6	88,4
Wohnung mit Dränage	93,8	90,1	83,4

Quelle: INEGI 1995, S. 143–145. Die Rubrik „Weniger als 1 Mindestlohn" umfaßt auch Personen ohne Einkommen.

Tabelle A-14: Industriebeschäftigte in der ZMCM und in der Maquiladora-Industrie

	ZMCM	Maquiladora
1987	1.163.114	
1988	1.231.109	398.245
1989	1.250.454	437.064
1990	1.281.071	446.258
1991	1.291.525	486.723
1992	1.249.504	511.339
1993	1.352.392	541.233
1994	1.363.575	600.229
1995	1.061.149	656.281
1996	1.195.420	815.290
1997		979.700

Quellen: Industriebeschäftigung ZMCM: INEGI, verschiedene Jahrgänge; Maquiladora-Beschäftigung: SÁNCHEZ MÚJICA und FLORES ROSAS 1996, S. 38, für 1997: La Jornada, 10.2.1998.

Tabelle A-15: Beschäftigte im gehobenen Dienstleistungssektor, 1987–1996

	ZMCM, absolut	ZMCM, Anteil an der Gesamtbeschäftigung (in Prozent)	Monterrey, absolut	Monterrey, Anteil an der Gesamtbeschäftigung (in Prozent)	Guadalajara, absolut	Guadalajara, Anteil an der Gesamtbeschäftigung (in Prozent)
1987	321.437	6,39	38.807	5,06	40.764	4,34
1988	350.261	6,73	50.191	5,83	48.663	4,87
1989	369.524	6,74	47.723	5,34	50.099	4,93
1990	352.545	6,42	59.177	6,32	52.622	5,16
1991	401.107	7,13	60.218	6,18	61.017	5,55
1992	419.754	7,14	71.642	6,83	62.208	5,17
1993	446.736	7,19	64.379	6,07	62.815	4,91
1994	449.725	7,43	82.707	6,93	75.666	5,54
1995	464.538	7,76	71.068	6,31	72.946	5,70
1996	607.833	9,61	94.383	7,64	96.604	6,68

Quelle: INEGI, verschiedene Jahrgänge. Als gehobener Dienstleistungssektor gelten Immobilien-, Finanz- und professionelle Dienstleistungen.

Tabelle A-16: Beschäftigung im gehobenen Dienstleistungssektor, 1992–1996

	1992 absolut	1992 Anteil (in Prozent)	1993 absolut	1993 Anteil (in Prozent)	1994 absolut	1994 Anteil (in Prozent)	1995 absolut	1995 Anteil (in Prozent)	1996 absolut	1996 Anteil (in Prozent)
Acapulco	6.470	0,79	8.068	0,94	7.700	0,88	8.817	0,99	11.373	1,03
Aguascalientes	6.699	0,82	7.835	0,91	6.126	0,70	8.953	1,01	8.654	0,78
Campeche	2.387	0,29	2.620	0,30	2.768	0,31	3.330	0,37	3.173	0,28
Cd. de México	419.754	51,80	446.736	52,19	449.725	51,41	464.538	52,52	607.833	55,13
Cd. Juarez	16.218	2,00	20.380	2,38	19.826	2,26	18.352	2,07	19.043	1,72
Chihuahua	12.903	1,59	13.031	1,52	10.526	1,20	10.297	1,16	10.207	0,92
Coatzacoalcos	3.615	0,44	5.855	0,68	4.760	0,54	4.958	0,56	5.962	0,54
Cuernavaca	8.254	1,01	9.545	1,11	11.194	1,27	9.780	1,10	8.429	0,76
Culiacan	9.872	1,21	10.987	1,28	10.799	1,23	9.115	1,03	9.908	0,89
Durango	3.882	0,47	4.217	0,49	6.531	0,74	5.300	0,59	5.917	0,53
Guadalajara	62.208	7,67	62.815	7,33	75.666	8,65	71.874	8,12	96.604	8,76
Hermosillo	11.091	1,36	9.591	1,12	11.433	1,30	12.781	1,44	11.080	1,00
Nuevo Laredo	3.554	0,43	3.954	0,46	4.204	0,48	3.291	0,37	3.683	0,33
León	13.551	1,67	15.905	1,85	11.935	1,36	12.568	1,42	14.771	1,33
Matamoros	4.489	0,55	3.258	0,38	3.569	0,40	4.120	0,46	3.372	0,30
Mérida	13.157	1,62	14.032	1,63	16.146	1,84	12.669	1,43	17.445	1,58
Monterrey	71.642	8,84	64.379	7,52	82.707	9,45	74.887	8,46	94.383	8,56
Morelia	8.395	1,03	8.563	1,00	10.648	1,21	10.507	1,18	9.289	0,84
Oaxaca	3.883	0,47	3.751	0,43	4.267	0,48	5.257	0,59	5.732	0,51
Orizaba	5.054	0,62	5.090	0,59	3.686	0,42	4.327	0,48	6.767	0,61
Puebla	24.448	3,01	27.756	3,24	23.130	2,64	26.791	3,02	33.112	3,00
Saltillo	7.245	0,89	6.556	0,76	8.075	0,92	7.282	0,82	8.445	0,76
San Luis Potosí	12.084	1,49	12.941	1,51	12.230	1,39	10.401	1,17	14.042	1,27
Tampico	7.661	0,94	9.314	1,08	10.048	1,14	8.623	0,97	8.608	0,78
Tepic	3.787	0,46	3.848	0,44	2.667	0,30	4.095	0,46	5.271	0,47
Tijuana	17.334	2,13	18.991	2,21	14.778	1,68	20.483	2,31	20.002	1,81
Toluca	10.917	1,34	10.699	1,25	12.049	1,37	13.149	1,48	12.417	1,12
Torreón	14.719	1,81	14.787	1,72	11.343	1,29	11.721	1,32	16.756	1,51
Tuxtla Gutierrez	4.766	0,58	6.015	0,70	5.303	0,60	5.342	0,60	7.110	0,64
Veracruz	11.089	1,36	15.380	1,79	11.963	1,36	11.221	1,26	11.218	1,01
Villahermosa	6.425	0,79	6.072	0,70	6.335	0,72	6.419	0,72	8.718	0,79
Zacatecas	2.635	0,32	2.852	0,33	2.601	0,29	3.093	0,34	3.152	0,28
Total	810.188	99,80	855.823	99,84	874.738	99,83	884.341	99,82	1.102.476	99,84

Quelle: INEGI, verschiedene Jahrgänge. 1992–1994: Daten für das erste Trimester; 1995: erstes Trimester, mit Ausnahme Cd. de México (zweites Trimester); 1996: viertes Trimester. Städte wie Cancún, Querétaro oder Tlaxcala sind 1992 noch nicht von der ENEU (Encuesta Nacional de Empleo Urbano) erfaßt worden.

Tabelle A-17: Verteilung der ausländischen Direktinvestitionen in Mexiko, 1989–1996 (in Prozent)

	1989	1990	1991	1992	1993	1994	1995	1996	1989–1993	1994–1996
Distrito Federal	51,7	58,7	67,0	56,4	61,1	73,2	58,2	69,6	59,6	67,5
Nuevo León	3,8	13,7	0,6	0,9	7,2	8,6	8,1	3,9	5,4	7,3
Edo. de México	7,4	5,7	8,8	8,7	6,0	2,8	7,3	3,6	7,2	4,5
Jalisco	2,9	2,9	6,1	4,6	2,4	0,6	1,3	1,4	3,2	1,0
Baja California	3,4	1,0	1,8	2,7	3,9	2,3	5,4	5,6	2,6	4,1
Baja California Sur	13,0	0,8	0,4	1,3	3,0	0,1	0,3	0,3	2,9	0,2
San Luis Potosí	1,0	0,4	0,7	0,1	1,6	0,1	1,6	0,3	0,8	0,7
Michoacán	0,0	2,5	0,1	9,8	0,7	0,1	0,6	0,0	2,6	0,2
Querétaro	1,5	0,3	1,2	2,0	1,3	1,2	0,5	1,0	1,2	0,9
Tamaulipas	4,5	1,2	1,7	1,0	1,0	2,8	3,4	1,3	1,7	2,7
Chihuahua	3,1	0,6	0,5	2,6	0,6	2,5	6,2	6,9	1,3	4,8
Andere	7,7	12,2	11,1	9,9	11,2	5,7	7,1	6,1	11,5	6,1

Quelle: SECOFI. Dirección General de Inversión Extranjera.

Tabelle A-18: Die zuwanderungsstärksten Bundesstaaten, 1970–1995

„Migration stock" und Anteil am gesamten „Migration stock"		
1970	1980	1995
Distrito Federal (2.289.097; 33,5%)	Edo. de México (2.875.372; 25,5%)	Edo. de México (5.445.233; 30,8%)
Edo. de México (1.034.960; 15,1%)	Distrito Federal (2.423.426; 21,5%)	Distrito Federal (2.088.686; 11,8%)
Nuevo León (403.336; 5,9%)	Nuevo León (616.886; 5,4%)	Baja California (994.961; 5,6%)
Veracruz (328.126; 4,8%)	Jalisco (560.278; 4,9%)	Jalisco (860.964; 4,8%)
Tamaulipas (321.966; 4,7%)	Baja California (512.284; 4,5%)	Nuevo León (817.612; 4,6%)
Jalisco (244.452; 3,5%)	Veracruz (499.425; 4,4%)	Veracruz (660.392; 3,7%)
Baja California (233.910; 3,4%)	Tamaulipas (447.836; 3,9%)	Tamaulipas (575.971; 3,2%)
Chihuahua (166.090; 2,4%)	Puebla (253.368; 2,2%)	Chihuahua (484.126; 2,7%)
Morelos (164.504; 2,4%)	Morelos (253.239; 2,2%)	Morelos (454.164; 2,5%)
Sonora (163.709; 2,4%)	Sonora (243.572; 2,1%)	Puebla (451.446; 2,5%)

Quelle: Tabelle A-24. Zur Erläuterung des in dieser Tabelle und im folgenden verwendeten Begriffs „Migration stock" siehe Fußnote 17 im Textteil.

Tabelle A-19: Zuwanderung nach Bundesstaaten, absolut und relativ, 1970

	„Migration stock" (absolut)	Anteil am „Migration stock" (in Prozent)
Distrito Federal	2.289.097	33,56
Edo. de México	1.034.960	15,17
Nuevo León	403.336	5,91
Veracruz	328.126	4,81
Tamaulipas	321.966	4,72
Jalisco	244.452	3,58
Baja California	233.910	3,42
Chihuahua	166.090	2,43
Morelos	164.504	2,41
Sonora	163.709	2,40
Puebla	150.494	2,20
Sinaloa	149.450	2,19
Coahuila	138.205	2,02
Guanajuato	127.141	1,86
Michoacán	85.996	1,26
San Luis Potosí	83.330	1,22
Nayarit	82.149	1,20
Colima	64.870	0,95
Durango	62.927	0,92
Aguascalientes	57.822	0,84
Oaxaca	54.416	0,79
Guerrero	52.713	0,77
Hidalgo	48.948	0,71
Tabasco	48.405	0,70
Zacatecas	43.767	0,64
Campeche	42.261	0,61
Querétaro	40.298	0,59
Quintana Roo	38.610	0,56
Chiapas	36.088	0,52
Tlaxcala	25.659	0,37
Baja California Sur	21.635	0,31
Yucatán	15.167	0,22
Republik Mexiko	6.820.501	100,00

Quelle: Eigene Berechnung, auf Basis von CONAPO 1994 und INEGI 1985, S. 11–21. Als Zuwanderer wird jene Bevölkerung verstanden, die zum Zeitpunkt des Zensus in einem anderem Bundesstaat lebte als dem, in dem sie geboren wurde (siehe Fußnote 17 im Textteil). Anmerkung: Die Zuwanderungsraten des CONAPO 1994 differieren zum Teil erheblich von jenen, die PARTIDA BUSH 1995, S. 6, angibt. Nach PARTIDA BUSH wäre die gesamtmexikanische Binnenwanderung um etwa eine Million höher. Für den Distrito Federal stimmen beide Quellen überein („Migration stock" von ca. 2,3 Millionen), für den Estado de México läge die Zuwanderung nach PARTIDA BUSH mit 1,2 Millionen etwas höher als die Angaben des CONAPO.

Tabelle A-20: Abwanderung nach Bundesstaaten, 1930–1970

	Migrationssaldo (absolut) 1930–1970	Emigrationsrate Männer, 1970 (in Prozent)	Emigrationsrate Frauen, 1970 (in Prozent)
Michoacán	-501.266	23,23	24,03
Oaxaca	-491.333	16,24	16,50
Hidalgo	-387.990	22,59	26,15
Zacatecas	-359.888	33,02	32,54
Guanajuato	-337.115	22,49	22,46
Puebla	-334.542	15,68	16,38
San Luis Potosí	-323.487	23,58	24,52
Durango	-219.368	24,08	25,38
Coahuila	-175.946	21,70	21,86
Guerrero	-156.912	13,62	14,43
Yucatán	-142.497	12,63	11,58
Jalisco	-103.723	17,35	17,12
Querétaro	-103.479	22,98	24,81
Tlaxcala	-100.387	23,08	24,47
Chiapas	-46.344	5,82	6,33
Aguascalientes	-33.522	26,79	25,34
Nayarit	-6.929	15,82	17,45

Quellen: Migrationssalden: INEGI 1994, S. 48f; Abwanderungsraten: PARTIDA BUSH 1995, S. 10.
Unter Emigrationsrate wird der Anteil der Abwanderer an der Gesamtbevölkerung verstanden.

Tabelle A-21: Binnenmigrationsrate in Mexiko und „Migration stock", 1970–1995

	Migrationsrate Männer (in Prozent)	Migrationsrate Frauen (in Prozent)	Migrationsrate Gesamt (in Prozent)	„Migration stock" Männer (in Tausend)	„Migration stock" Frauen (in Tausend)	„Migration stock" Gesamt (in Tausend)
1960	14,48	15,48	14,98	2.521	2.710	5.231
1970	16,11	16,64	16,37	3.877	4.020	7.897
1980	16,96	17,94	17,45	5.603	6.065	11.668
1990	17,02	17,74	17,38	6.790	7.336	14.126
1995	18,90	19,87	19,39	8.486	9.191	17.677

Quellen: PARTIDA BUSH 1995, S. 6; INEGI 1996, S. 409; eigene Berechnungen, basierend auf INEGI 1994, S. 47; INEGI 1996, S. 133, S. 409; PARTIDA BUSH 1995, S. 6. Die Binnenmigrationsrate meint den Anteil jener Bevölkerung, die in einem anderen Bundesstaat geboren wurde als dem, in dem sie zum Zeitpunkt des Zensus lebte. Der „Migration stock" bezieht sich auf die absolute Zahl derer, die zur Zeitpunkt der Zählung in einem anderen Bundesstaat lebten als dem, in dem sie geboren worden waren.

Tabelle A-22: Abwanderung nach Bundesstaaten, 1970–1990

	Saldo der Migration 1970–1990	Saldo der Migration 1970–1980	Saldo der Migration 1980–1990	Emigrationsrate Männer 1970 (in Prozent)	Emigrationsrate Frauen 1970 (in Prozent)	Emigrationsrate Männer 1980 (in Prozent)	Emigrationsrate Frauen 1980 (in Prozent)	Emigrationsrate Männer 1990 (in Prozent)	Emigrationsrate Frauen 1990 (in Prozent)
Michoacán	-1.179.772	-582.068	-597.704	23,23	24,03	21,69	23,17	20,32	21,81
Oaxaca	-979.700	-450.841	-528.859	16,24	16,50	19,68	20,79	19,45	20,02
Guanajuato	-887.665	-486.487	-401.178	22,49	22,46	20,48	21,04	15,97	16,35
Zacatecas	-852.390	-425.871	-426.519	33,02	32,54	31,67	32,76	30,56	31,79
Puebla	-761.773	-376.961	-384.812	15,68	16,38	17,12	17,95	16,21	16,56
San Luis Potosí	-706.364	-352.689	-353.675	23,58	24,52	23,66	25,35	22,33	23,74
Guerrero	-699.942	-307.187	-392.755	13,62	14,43	16,71	18,04	16,87	17,89
Hidalgo	-684.507	-348.222	-336.285	22,59	26,15	23,22	27,18	22,07	24,90
Distrito Federal	-518.626	+641.309	-1.159.935	13,55	12,87	23,04	22,46	34,18	33,62
Durango	-474.866	-223.260	-251.606	24,08	25,38	23,18	25,52	24,31	25,89
Veracruz	-418.970	-128.815	-290.155	9,49	10,17	11,42	12,26	13,22	13,73
Yucatán	-240.684	-107.931	-132.753	12,63	11,58	13,45	12,89	14,46	13,64
Chiapas	-219.206	-94.831	-124.375	5,82	6,33	7,43	8,41	6,75	7,22
Tlaxcala	-171.616	-102.644	-68.972	23,08	24,47	23,46	24,54	19,37	19,95
Coahuila	-167.872	-82.404	-85.468	21,70	21,86	19,39	20,23	17,86	18,46
Nayarit	-80.401	-38.529	-41.872	15,82	17,45	16,60	18,69	18,15	20,17
Sinaloa	-72.222	-12.030	-60.192	15,82	17,45	11,93	13,62	14,00	15,25
Jalisco	-56.553	-85.405	+28.852	17,35	17,12	14,66	15,35	12,74	13,41
Tabasco	-47.135	-26.814	-20.321	9,35	10,08	10,81	11,62	10,52	11,14
Querétaro	-47.070	-62.690	+15.620	22,98	24,81	18,22	20,73	14,92	16,87

Quellen: Migrationssalden: INEGI 1994, S. 50; Als Abwanderung gelten die Migrationssalden. Abwanderungsraten: PARTIDA BUSH 1995, S. 10. Unter Emigrationsrate wird der Anteil der Abwanderer an der Gesamtbevölkerung verstanden.

Tabelle A-23: Zuwanderung (positive Migrationssalden) nach Bundesstaaten, 1970–1990, und Immigrationsraten, 1970–1995

	Saldo der Migration 1970–1990	Saldo der Migration 1970–1980	Saldo der Migration 1980–1990	Immigrationsrate Männer 1970 (in Prozent)	Immigrationsrate Frauen 1970 (in Prozent)	Immigrationsrate Männer 1980 (in Prozent)	Immigrationsrate Frauen 1980 (in Prozent)	Immigrationsrate Männer 1990 (in Prozent)	Immigrationsrate Frauen 1990 (in Prozent)	Immigrationsrate Männer 1995 (in Prozent)	Immigrationsrate Frauen 1995 (in Prozent)
Edo. de México	5.537.671	2.228.978	3.308.693	31,55	31,90	38,53	39,30	39,45	40,23	46,22	46,79
Baja California	1.077.194	427.072	650.122	49,25	50,14	44,00	45,73	46,51	47,08	46,10	48,13
Nuevo León	926.738	432.065	494.673	25,46	25,80	24,62	25,31	22,67	23,42	22,22	23,84
Tamaulipas	370.667	171.285	199.382	24,41	25,23	23,23	24,79	22,78	24,38	21,41	24,15
Quintana Roo	366.361	110.505	255.856	46,58	42,40	55,57	53,73	58,25	56,32	55,38	54,22
Morelos	274.519	59.062	215.457	26,67	28,43	26,56	28,37	27,50	29,59	30,47	32,45
Sonora	223.845	96.610	127.235	16,44	15,34	16,80	16,29	16,89	16,10	16,33	17,91
Chihuahua	212.475	53.494	158.981	12,78	12,95	12,11	12,75	14,65	14,51	17,26	17,40
Baja California Sur	110.030	38.351	71.679	20,21	17,21	29,33	26,95	31,95	30,10	29,58	29,52
Colima	81.393	28.505	52.888	26,81	26,99	24,58	23,97	27,29	27,08	26,74	27,51
Campeche	74.817	25.999	48.818	17,38	16,34	19,12	17,90	22,73	21,59	26,06	25,20
Aguascalientes	11.624	-17.556	29.180	17,30	18,44	16,30	18,17	18,43	20,20	21,36	23,49

Quellen: Migrationssalden: INEGI 1994, S. 48–50; Zuwanderungsraten: 1970–1990: PARTIDA BUSH 1995, S. 6; 1995: INEGI 1996, S. 409f. Als Zuwanderung gelten die Migrationssalden. Unter Immigrationsrate wird der Anteil der Zuwanderer an der Gesamtbevölkerung verstanden.

Tabelle A-24: „Migration stock" nach Bundesstaaten, 1970–1995 (absolute Zahlen 1970, 1980, 1990, 1995 und Veränderung, differenziert nach fünf Zeitperioden)

	„Migration stock" 1970	„Migration stock" 1980	„Migration stock" 1990	„Migration stock" 1995	Veränderung 1970–1980	Veränderung 1980–1990	Veränderung 1990–1995	Veränderung 1980–1995	Veränderung 1970–1995
Aguascalientes	57.822	86.792	139.172	193.657	28.970	52.380	54.485	106.865	135.835
Baja California	233.910	512.284	777.188	994.961	278.374	264.904	217.773	482.677	761.051
Baja California Sur	21.635	59.399	98.641	110.961	37.764	39.242	12.320	51.562	89.326
Campeche	42.261	75.884	118.611	164.691	33.623	42.727	46.080	88.807	122.430
Coahuila	138.205	233.773	287.028	333.355	95.568	53.255	46.327	99.582	195.150
Colima	64.870	82.703	116.487	132.387	17.833	33.784	15.900	49.684	67.517
Chiapas	36.088	70.760	108.514	82.803	34.672	37.754	-25.711	12.043	46.715
Chihuahua	166.090	235.653	356.015	484.126	69.563	120.362	128.111	248.473	318.036
Distrito Federal	2.289.097	2.423.426	2.011.233	2.088.686	134.329	-412.193	77.453	-334.740	-200.411
Durango	62.927	109.981	147.845	175.508	47.054	37.864	27.663	65.527	112.581
Guanajuato	127.141	215.785	305.479	375.641	88.644	89.694	70.162	159.856	248.500
Guerrero	52.713	99.711	129.833	207.210	46.998	30.122	77.377	107.499	154.497
Hidalgo	48.948	115.175	186.113	246.638	66.227	70.938	60.525	131.463	197.690
Jalisco	244.452	560.278	717.918	860.964	315.826	157.640	143.046	300.686	646.512
Edo. de México	1.034.960	2.875.372	3.911.185	5.445.233	1.840.412	1.035.813	1.534.038	2.569.851	4.410.273
Michoacán	85.996	169.860	273.223	372.895	83.864	103.363	99.672	203.035	286.899
Morelos	164.504	253.239	341.417	454.164	88.735	88.178	112.747	200.925	289.660
Nayarit	82.149	92.982	124.067	157.775	10.833	31.085	33.708	64.793	75.626
Nuevo León	403.336	616.886	714.154	817.612	213.550	97.268	103.458	200.726	414.276
Oaxaca	54.416	100.305	168.659	230.633	45.889	68.354	61.974	130.328	176.217
Puebla	150.494	253.368	352.154	451.446	102.874	98.786	99.292	198.078	300.952
Querétaro	40.298	88.444	180.715	244.942	48.146	92.271	64.227	156.498	204.644
Quintana Roo	38.610	120.714	282.733	385.650	82.104	162.019	102.917	264.936	347.040
San Luis Potosí	83.330	133.829	187.409	199.716	50.499	53.580	12.307	65.887	116.386
Sinaloa	149.450	219.543	269.003	292.419	70.093	49.460	23.416	72.876	142.969
Sonora	163.709	243.572	300.829	356.947	79.863	57.257	56.118	113.375	193.238
Tabasco	48.405	90.038	143.562	201.905	41.633	53.524	58.343	111.867	153.500
Tamaulipas	321.966	447.836	530.665	575.971	125.870	82.829	45.306	128.135	254.005
Tlaxcala	25.659	50.280	93.860	133.063	24.621	43.580	39.203	82.783	107.404
Veracruz	328.126	499.425	586.775	660.392	171.299	87.350	73.617	160.967	332.266
Yucatán	15.167	42.191	74.914	96.409	27.024	32.723	21.495	54.218	81.242
Zacatecas	43.767	65.612	101.051	148.464	21.845	35.439	47.413	82.852	104.697
Mexiko	6.820.501	11.245.100	14.136.452	17.677.224	4.424.599	2.891.352	3.540.762	6.432.114	10.886.723

Quellen: Für 1970: Eigene Berechnung, auf Basis von CONAPO 1994 und INEGI 1985, S. 11–21. Für 1980: INEGI 1994, S. 50. Für 1990: Eigene Berechnung, beruhend auf PARTIDA BUSH 1995, S. 6; INEGI 1993a, S. 1–28. Für 1995: INEGI 1996, S. 133, S. 409f. Als „Migration stock" gilt die im jeweiligen Bundesstaat lebende, aber in einem anderen Bundesstaat geborene Bevölkerung.

Tabelle A-25: „Migration stock" nach Bundesstaaten, 1970–1995 (Reihung der Bundesstaaten nach dem Ausmaß der Veränderung, differenziert nach vier Zeitperioden)

Veränderung 1970–1995		Veränderung 1970–1980		Veränderung 1980–1990		Veränderung 1990–1995	
Edo. de México	4.410.273	Edo. de México	1.840.412	Edo. de México	1.035.813	Edo. de México	1.534.038
Baja California	761.051	Jalisco	315.826	Baja California	264.904	Baja California	217.773
Jalisco	646.512	Baja California	278.374	Quintana Roo	162.019	Jalisco	143.046
Nuevo León	414.276	Nuevo León	213.550	Jalisco	157.640	Chihuahua	128.111
Quintana Roo	347.040	Veracruz	171.299	Chihuahua	120.362	Morelos	112.747
Veracruz	332.266	Distrito Federal	134.329	Michoacán	103.363	Nuevo León	103.458
Chihuahua	318.036	Tamaulipas	125.870	Puebla	98.786	Quintana Roo	102.917
Puebla	300.952	Puebla	102.874	Nuevo León	97.268	Michoacán	99.672
Morelos	289.660	Coahuila	95.568	Querétaro	92.271	Puebla	99.292
Michoacán	286.899	Morelos	88.735	Guanajuato	89.694	Distrito Federal	77.453
Tamaulipas	254.005	Guanajuato	88.644	Morelos	88.178	Guerrero	77.377
Guanajuato	248.500	Michoacán	83.864	Veracruz	87.350	Veracruz	73.617
Querétaro	204.644	Quintana Roo	82.104	Tamaulipas	82.829	Guanajuato	70.162
Hidalgo	197.690	Sonora	79.863	Hidalgo	70.938	Querétaro	64.227
Coahuila	195.150	Sinaloa	70.093	Oaxaca	68.354	Oaxaca	61.974
Sonora	193.238	Chihuahua	69.563	Sonora	57.257	Hidalgo	60.525
Oaxaca	176.217	Hidalgo	66.227	San Luis Potosí	53.580	Tabasco	58.343
Guerrero	154.497	San Luis Potosí	50.499	Tabasco	53.524	Sonora	56.118
Tabasco	153.500	Querétaro	48.146	Coahuila	53.255	Aguascalientes	54.485
Sinaloa	142.969	Durango	47.054	Aguascalientes	52.380	Zacatecas	47.413
Aguascalientes	135.835	Guerrero	46.998	Sinaloa	49.460	Coahuila	46.327
Campeche	122.430	Oaxaca	45.889	Tlaxcala	43.580	Campeche	46.080
San Luis Potosí	116.386	Tabasco	41.633	Campeche	42.727	Tamaulipas	45.306
Durango	112.581	Baja California Sur	37.764	Baja California Sur	39.242	Tlaxcala	39.203
Tlaxcala	107.404	Chiapas	34.672	Durango	37.864	Nayarit	33.708
Zacatecas	104.697	Campeche	33.623	Chiapas	37.754	Durango	27.663
Baja California Sur	89.326	Aguascalientes	28.970	Zacatecas	35.439	Sinaloa	23.416
Yucatán	81.242	Yucatán	27.024	Colima	33.784	Yucatán	21.495
Nayarit	75.626	Tlaxcala	24.621	Yucatán	32.723	Colima	15.900
Colima	67.517	Zacatecas	21.845	Nayarit	31.085	Baja California Sur	12.320
Chiapas	46.715	Colima	17.833	Guerrero	30.122	San Luis Potosí	12.307
Distrito Federal	-200.411	Nayarit	10.833	Distrito Federal	-412.193	Chiapas	-25.711

Quelle: Tabelle A-24.

Tabelle A-26: Ab- und Zuwanderungsregionen 1985–1990

	ImmigrantInnen	EmigrantInnen	Saldo	Saldo, bereinigt um intraurbane Mobilität in der ZMCM
Aguascalientes	43.979	17.452	26.527	26.527
Baja California	220.564	40.309	180.255	180.255
Baja California Sur	29.460	11.735	17.725	17.725
Campeche	34.459	24.697	9.762	9.762
Coahuila	69.194	80.748	-11.554	-11.554
Colima	31.103	18.356	12.747	12.747
Chiapas	42.322	69.824	-27.502	-27.502
Chihuahua	118.079	40.146	77.933	77.933
Distrito Federal	298.235	1.035.758	-737.523	-279.149
Durango	41.148	82.359	-41.211	-41.211
Guanajuato	98.419	94.976	3.443	3.443
Guerrero	46.617	120.236	-73.619	-73.619
Hidalgo	66.964	85.909	-18.945	-18.945
Jalisco	178.011	138.366	39.645	39.645
Edo. de México	786.367	271.421	514.946	60.799
Michoacán	105.602	121.134	-15.532	-15.532
Morelos	91.227	39.613	51.614	51.614
Nayarit	35.865	38.769	-2.904	-2.904
Nuevo León	113.844	66.247	47.597	47.597
Oaxaca	73.892	138.780	-64.888	-64.888
Puebla	125.686	139.132	-13.446	-13.446
Querétaro	67.857	29.264	38.593	38.593
Quintana Roo	92.810	18.969	73.841	73.841
San Luis Potosí	64.399	77.650	-13.251	-13.251
Sinaloa	82.811	105.330	-22.519	-22.519
Sonora	72.121	53.840	18.281	18.281
Tabasco	47.815	54.412	-6.597	-6.597
Tamaulipas	115.296	75.599	39.697	39.697
Tlaxcala	35.858	25.028	10.830	10.830
Veracruz	163.586	236.281	-72.695	-72.695
Yucatán	38.364	47.384	-9.020	-9.020
Zacatecas	36.554	68.784	-32.230	-32.230
Republik Mexiko	3.468.508	3.468.508	0	(4.227)*

Quelle: INEGI 1995, S. 21. Die Angaben hinsichtlich der bereinigten Migrationssalden von Distrito Federal und Estado de México beruhen auf eigenen Berechnungen, basierend auf PARTIDA BUSH 1995, S. 19f, und INEGI 1995, S. 137f, S. 209, S. 438–440.
*) Die Abweichung ergibt sich aus Rundungsfehlern. Sie beträgt 0,12 Prozent der Gesamtmigration.

Tabelle A-27: Abwanderungsregionen 1985–1990

ImmigrantInnen brutto bereinigt um intraurbane Mobilität in der ZMCM		EmigrantInnen brutto bereinigt um intraurbane Mobilität in der ZMCM		Saldo bereinigt um intraurbane Mobilität in der ZMCM	
Edo. de México	285.538	Distrito Federal	530.702	Baja California	180.255
Distrito Federal	251.553	Veracruz	236.281	Chihuahua	77.933
Baja California	220.564	Edo. de México	224.739	Quintana Roo	73.841
Jalisco	178.011	Puebla	139.132	Edo. de México	60.799
Veracruz	163.586	Oaxaca	138.780	Morelos	51.614
Puebla	125.686	Jalisco	138.366	Nuevo León	47.597
Chihuahua	118.079	Michoacán	121.134	Tamaulipas	39.697
Tamaulipas	115.296	Guerrero	120.236	Jalisco	39.645
Nuevo León	113.844	Sinaloa	105.330	Querétaro	38.593
Michoacán	105.602	Guanajuato	94.976	Aguascalientes	26.527
Guanajuato	98.419	Hidalgo	85.909	Sonora	18.281
Quintana Roo	92.810	Durango	82.359	Baja California Sur	17.725
Morelos	91.227	Coahuila	80.748	Colima	12.747
Sinaloa	82.811	San Luis Potosí	77.650	Tlaxcala	10.830
Oaxaca	73.892	Tamaulipas	75.599	Campeche	9.762
Sonora	72.121	Chiapas	69.824	Guanajuato	3.443
Coahuila	69.194	Zacatecas	68.784	Nayarit	-2.904
Querétaro	67.857	Nuevo León	66.247	Tabasco	-6.597
Hidalgo	66.964	Tabasco	54.412	Yucatán	-9.020
San Luis Potosí	64.399	Sonora	53.840	Coahuila	-11.554
Tabasco	47.815	Yucatán	47.384	San Luis Potosí	-13.251
Guerrero	46.617	Baja California	40.309	Puebla	-13.446
Aguascalientes	43.979	Chihuahua	40.146	Michoacán	-15.532
Chiapas	42.322	Morelos	39.613	Hidalgo	-18.945
Durango	41.148	Nayarit	38.769	Sinaloa	-22.519
Yucatán	38.364	Querétaro	29.264	Chiapas	-27.502
Zacatecas	36.554	Tlaxcala	25.028	Zacatecas	-32.230
Nayarit	35.865	Campeche	24.697	Durango	-41.211
Tlaxcala	35.858	Quintana Roo	18.969	Oaxaca	-64.888
Campeche	34.459	Colima	18.356	Veracruz	-72.695
Colima	31.103	Aguascalientes	17.452	Guerrero	-73.619
Baja California Sur	29.460	Baja California Sur	11.735	Distrito Federal	-279.149
Republik Mexiko	3.468.508	Republik Mexiko	3.468.508	Republik Mexiko	(4.227)*

Quelle: INEGI 1995, S. 21. Die Angaben hinsichtlich der bereinigten Migrationssalden von Distrito Federal und Estado de México beruhen auf eigenen Berechnungen, basierend auf PARTIDA BUSH 1995, S. 19f und INEGI 1995, S. 137f, S. 209, S. 438–440.
*) Die Abweichung ergibt sich aus Rundungsfehlern. Sie beträgt 0,12 Prozent der Gesamtmigration.

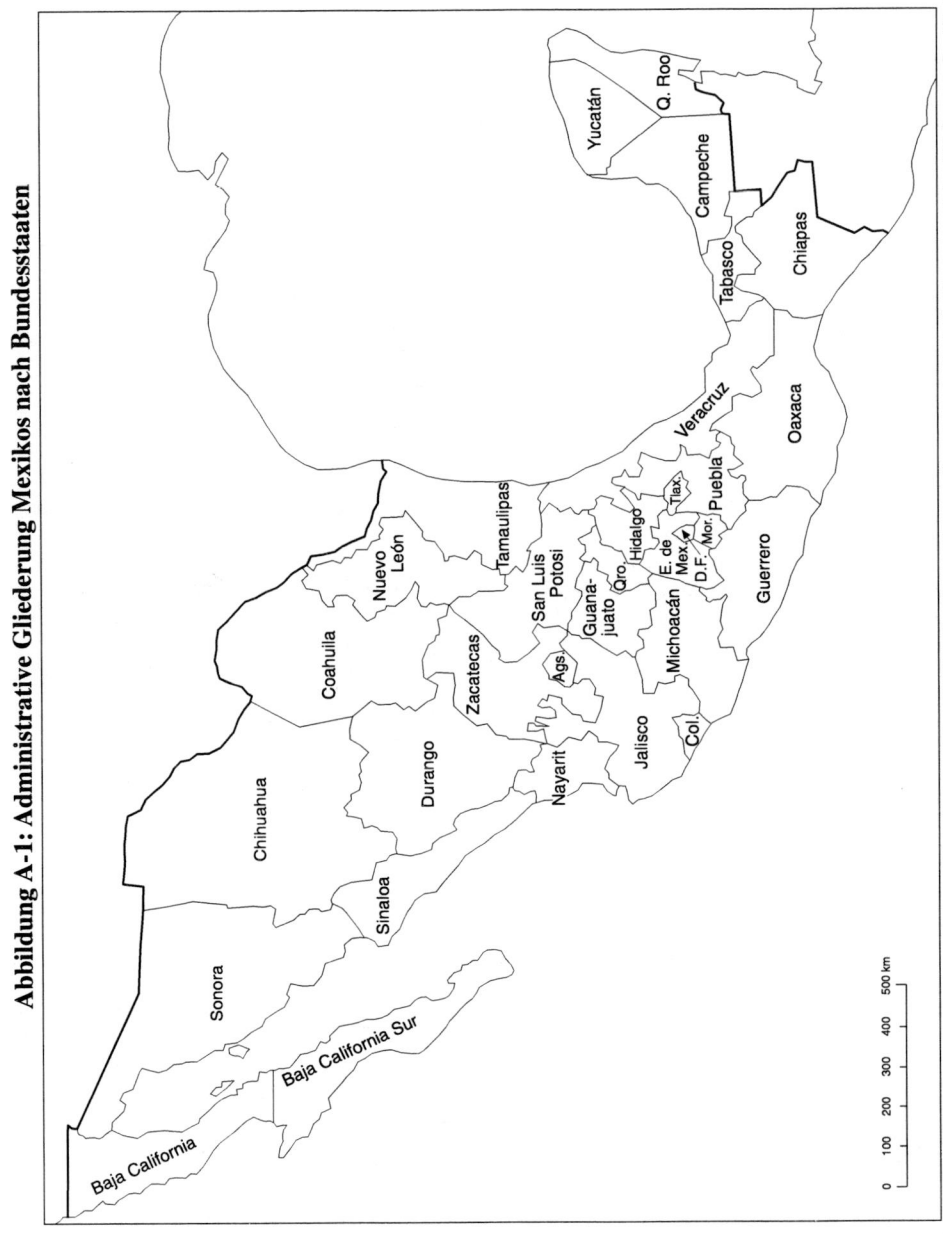

Abbildung A-1: Administrative Gliederung Mexikos nach Bundesstaaten

Quelle: Instituto Nacional de Estadísticas, Geografía y Informática (INEGI): Carta Geografica (vereinfacht). Kartographie: W. LANG, Institut für Geographie.

Abbildung A-2: Administrative Gliederung des Großraumes Mexico City und Abgrenzung der ZMCM

▬▬▬	Grenze der ZMCM	
———	Grenze der Bundesstaaten	
- - - -	Grenze der Bezirke	
Tl.	Tlaxcala	

- D.F. Distrito Federal
- E.M. Estado de Mexico
- andere Bundesstaaten

Quelle: Ediciones Sun-Rise, No. 82A (vereinfacht und modifiziert). Kartographie: W. LANG, Institut für Geographie.

Verzeichnis der Autoren

Martin Heintel, Mag., Dr., Assistent am Institut für Geographie der Universität Wien, A-1010 Wien, Universitätsstraße 7. E-Mail: martin.heintel@univie.ac.at. Fachliche Schwerpunkte: Regionalentwicklung, Ländlicher und Städtischer Raum, Dritte Welt. Regionaler Schwerpunkt: Südostasien.

Heinz Nissel, Dr., Assistent am Institut für Geographie der Universität Wien, A-1010 Wien, Universitätsstraße 7. E-Mail: heinz.nissel@univie.ac.at. Fachliche Schwerpunkte: Politische Geographie, Stadtforschung, Dritte Welt. Regionaler Schwerpunkt: Südasien.

Christof Parnreiter, Mag., Dr., Projektassistent am Institut für Geographie der Universität Wien, A-1010 Wien, Universitätsstraße 7. E-Mail: christof.parnreiter@univie.ac.at. Fachliche Schwerpunkte: Migrationsforschung, Globalisierung, Dritte Welt. Regionaler Schwerpunkt: Lateinamerika.

Günter Spreitzhofer, Mag., Dr., Projektmitarbeiter am Institut für Geographie der Universität Wien, A-1010 Wien, Universitätsstraße 7, BHS-Lehrer an der HTL Mödling. E-Mail: guenter.spreitzhofer@univie.ac.at. Fachliche Schwerpunkte: Tourismusforschung, Regionalentwicklung, Dritte Welt. Regionaler Schwerpunkt: Südostasien.

Herausgeber

Karl Husa, Ao. Universitätsprofessor am Institut für Geographie der Universität Wien, A-1010 Wien, Universitätsstraße 7. E-Mail: karl.husa@univie.ac.at. Fachliche Schwerpunkte: Bevölkerungsforschung, Migrationsforschung, Dritte Welt. Regionaler Schwerpunkt: Südostasien.

Helmut Wohlschlägl, Universitätsprofessor und Institutsvorstand am Institut für Geographie der Universität Wien, A-1010 Wien, Universitätsstraße 7. E-Mail: helmut.wohlschlaegl@univie.ac.at. Fachliche Schwerpunkte: Bevölkerungsforschung, Dritte Welt. Regionaler Schwerpunkt: Südostasien.

„Abhandlungen zur Geographie und Regionalforschung"

Band 1: Beiträge zur Bevölkerungsforschung. Hrsg. von K. HUSA, C. VIELHABER und H. WOHLSCHLÄGL. Wien 1986, 384 Seiten mit zahlreichen Abbildungen und Tabellen sowie einer farbigen Beilage. Mit Beiträgen von K. Husa, H. Wohlschlägl, R. Brunner, J. Kytir, W. Schwarz, K. Arnold, C. Staudacher, C. Vielhaber, V. Fleischhacker, S. Zafarpour, W. Keller, F. Stefl, H. Nissel, N. Islam und H.-D. Kammeier (= Festschrift Ernest Troger zum 60. Geburtstag, Band 1). ISBN: 3-7019-5025-3.

Band 2: Beiträge zur Didaktik der Geographie. Hrsg. von K. HUSA, C. VIELHABER und H. WOHLSCHLÄGL. Wien 1986, 288 Seiten, 20 Abbildungen und eine farbige Beilage. Mit Beiträgen von H. Köck, W.-D. Schmidt-Wulffen, G. Hard, J. P. Stoltman, M. Naish, W. Schramke, C. Vielhaber, H. Wohlschlägl, W. Malcik, G. Diem-Wille, M. Hofmann-Schneller, J. Kovacic, W. Rieß und K. Husa (= Festschrift Ernest Troger zum 60. Geburtstag, Band 2). ISBN: 3-7019-5025-3.

Band 3: M. M. FISCHER und G. MENSCHIK: Innovationsaktivitäten in der österreichischen Industrie. Eine empirische Untersuchung des betrieblichen Innovationsverhaltens in ausgewählten Branchen und Raumtypen. Wien 1994, 272 Seiten, 29 Figuren, 97 Tabellen. ISBN: 3-900830-22-3.

Band 4: E. AUFHAUSER: Wohnchancen – Wohnrisiken. Räumliche Mobilität und wohnungsbezogene Lebensführung in Wien im gesellschaftlichen Wandel. Wien 1995, 492 Seiten, 2 Karten, 34 Abbildungen, 46 Tabellen. ISBN: 3-900830-26-6.

Band 5: M. HEINTEL: Einmal Peripherie – immer Peripherie? Szenarien regionaler Entwicklung anhand ausgewählter Fallbeispiele. Wien 1998, 265 Seiten, 47 Abbildungen, 13 Tabellen. ISBN: 3-900830-32-0.

Band 6: Megastädte der Dritten Welt im Globalisierungsprozeß. Mexico City, Jakarta, Bombay – Vergleichende Fallstudien in ausgewählten Kulturkreisen. Hrsg. von K. HUSA und H. WOHLSCHLÄGL. Wien 1999, 467 Seiten, 56 Abbildungen, 41 Tabellen. Mit Beiträgen von M. Heintel, H. Nissel, C. Parnreiter und G. Spreitzhofer. ISBN: 3-900830-40-1.

Weitere Schriftenreihen des Instituts für Geographie der Universität Wien

„Beiträge zur Bevölkerungs- und Sozialgeographie" (1991ff., bisher 8 Bände)
„Geographischer Jahresbericht aus Österreich" (1894ff., bisher 56 Bände)
„Wiener Schriften zur Geographie und Kartographie" (1988ff., bisher 12 Bände)
„Materialien zur Didaktik der Geographie und Wirtschaftskunde" (1988ff., bisher 14 Bände)

Bestellung von Bänden und Anforderung von Informationen:

Institut für Geographie der Universität Wien, A–1010 Wien, Universitätsstraße 7/5;
Telefon: +43-1-4277-48603; Fax: +43-1-4277-9486; E-Mail: geographie@univie.ac.at